Allgemeines

Kent

Sussex

Surrey

Hampshire

Isle of Wight

Berkshire/Wiltshire

Bristol und Bath

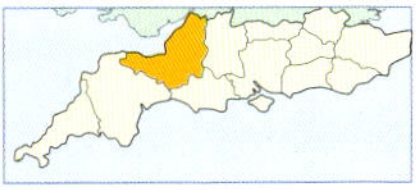

Somerset

Dorset

Devon

Cornwall

London

Text: Ralf Nestmeyer
Recherche: Ralf Nestmeyer, Dorothea Martin (Bristol, Bath und Dorset)
Lektorat: Claudia Martins, Steffen Fietze (Überarbeitung)
Redaktion & Layout: Christiane Schütz
Fotos: alle Fotos **Ralf Nestmeyer**, außer:
    Julien Lightfood: 335, 351
    Dorothea Martin: 281, 285, 288, 289, 291, 293, 294, 301, 305, 311, 340, 344, 348, 354, 368, 371, 372, 374, 377
    Gary Newman: 296
    www.britainonview.com: 437
    www.visitbath.co.uk: 298, 306, 308
Karten: Susanne Handtmann, Gábor Sztrecska, Judit Ladik, Michaela Nitzsche
Covergestaltung: Karl Serwotka
Coverfotos: oben: Stonehenge, unten: Porthcurno

Über den Autor: Ralf Nestmeyer, Jahrgang 1964, ist Historiker und Reisejournalist. Er lebt in Nürnberg und ist Autor mehrerer Reiseführer; zudem hat er die Texte zu Bildbänden über verschiedene europäische Regionen geschrieben und literarische Reiseführer veröffentlicht (Insel Verlag). Im Michael Müller Verlag sind von ihm auch Reiseführer über England, Cornwall, London, Paris, die Normandie, Südfrankreich, Languedoc, die Provence und Côte d'Azur, Nürnberg sowie über Franken erschienen. Weitere Informationen zum Autor: www.nestmeyer.de.

Die in diesem Reisebuch enthaltenen Informationen wurden vom Autor nach bestem Wissen erstellt und von ihm und dem Verlag mit größtmöglicher Sorgfalt überprüft. Dennoch sind, wie wir im Sinne des Produkthaftungsrechts betonen müssen, inhaltliche Fehler nicht mit letzter Gewissheit auszuschließen. Daher erfolgen die Angaben ohne jegliche Verpflichtung oder Garantie des Autors bzw. des Verlags. Beide Parteien übernehmen keinerlei Verantwortung bzw. Haftung für mögliche Unstimmigkeiten. Wir bitten um Verständnis und sind jederzeit für Anregungen und Verbesserungsvorschläge dankbar.

ISBN 978-3-89953-639-3

© Copyright Michael Müller Verlag GmbH, Erlangen 2001, 2005, 2008, 2011. Alle Rechte vorbehalten. Alle Angaben ohne Gewähr. Druck: Stürtz GmbH, Würzburg.

Aktuelle Infos zu unseren Titeln, Hintergrundgeschichten zu unseren Reisezielen sowie brandneue Tipps erhalten Sie in unserem regelmäßig erscheinenden Newsletter, den Sie im Internet unter **www.michael-mueller-verlag.de** kostenlos abonnieren können.

4. erweiterte und aktualisierte Ausgabe 2011

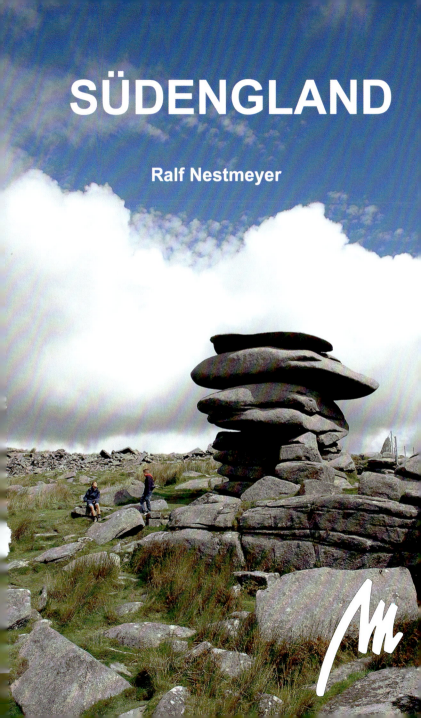

INHALT

Reisetipps für Südengland 14/15

Südengland erleben 16
Landschaft und Geographie 19
Klima und Reisezeit 21
Flora, Fauna und Naturschutz 24
Wirtschaft und Politik 26
Feste und andere kulturelle
Highlights 29

Geschichte 31
Stonehenge und Caesar 31
Vom römischen Britannia zum
angelsächsischen Königreich 32
1066 und die Folgen 35
Schwarzer Tod und Rosenkriege 38
Die Häuser Tudor und Stuart 39
Industrielle Revolution 44
Die Entdeckung der Küste 45
Viktorianisches Zeitalter 46
Erster und Zweiter Weltkrieg 47
Zwischen Kriegsende und
Millennium 48

Architektur 51

Literatur 54

Anreise 58
Mit dem Auto oder Motorrad 59
Mit dem Flugzeug 63
Mit dem Zug 65
Mit dem Bus 66
Mitfahrzentralen/Trampen 66

Unterwegs in Südengland 68
Mit dem eigenen Fahrzeug 68
Mit der Bahn 69
Mit dem Bus 72
Mit dem Fahrrad 72
Taxi 73

Übernachten 74
Hotels 75
Bed & Breakfast (B & B) 76
Ferienhäuser und -wohnungen 77
Wohnungstausch 77
Jugendherbergen 77
Camping 78

Essen und Trinken 79

Freizeit, Sport und Strände 85
Angeln und Fischen 85
Badminton 85
Birdwatching 86
Cricket 86
Fußball 86
Golf 87
Greyhoundracing 87
Heißluftballon 87
Reiten 87
Sauna 87
Segeln und Surfen 87
Strände und Baden 88
Tennis 88
Wandern und Bergsteigen 89

Wissenswertes von A bis Z 90

Behinderte	90	Notruf	96
Diplomatische Vertretungen	90	Öffnungszeiten	96
Dokumente	90	Parken	96
Feiertage	91	Post	96
Geld	91	Radio und Fernsehen	97
Gesundheit	92	Rauchen	97
Gezeiten	92	Reisegepäckversicherung	98
Goethe-Institut	93	Schwule und Lesben	98
Haustiere	93	Sprachkurse	98
Information	93	Strom	99
Internet	93	Telefonieren	99
Landkarten	94	Trinkgeld	100
Maße und Gewichte	94	Uhrzeit	100
Museen und Sehenswürdigkeiten		Zeitungen/Zeitschriften	100
(Vergünstigungen)	94	Zollbestimmungen	101

Südengland erleben   102/103

Kent 104

Dover	106	World Naval Base	137
Folkestone	110	Dickens World	137
Folkestone/Umgebung	112	Lullingstone Roman Villa	137
Kent Battle of Britain Museum	112	Maidstone	138
Port Lympne Wild Animal Park	112	Maidstone/Umgebung	139
Hythe	113	Leeds Castle	139
Romney Marshes	113	Cobtree Museum of Kent Life	140
Deal	113	Stoneacre	140
Deal/Umgebung	115	Isle of Sheppey	140
Walmer Castle & Gardens	115	Ashford	141
Sandwich	116	Royal Tunbridge Wells	142
Ramsgate	118	Royal Tunbridge Wells/	
Broadstairs	119	Umgebung	143
Margate	120	Tonbridge Castle	143
Canterbury	123	Tudeley	144
Canterbury/Umgebung	132	Hever Castle	144
Whitstable	132	Chiddingstone Castle	144
Herne Bay	132	Penshurst Place	145
Blean Woods	132	Knole	146
Chilham	133	Ightham Mote	146
Faversham	133	Chartwell	146
Rochester	134	Down House	147
Rochester/Umgebung	137	Groombridge Place Gardens	147

Bayham Abbey	149
Scotney Castle	149

Sussex ... 151

Rye	152	Monk's House	173
Rye/Umgebung	155	Sheffield Park	174
Winchelsea	155	**Brighton**	175
Bodiam Castle	156	Worthing	190
Great Dixter	157	Worthing/Umgebung	191
Hastings	157	Steyning	191
Hastings/Umgebung	160	Arundel	191
Battle	160	Arundel/Umgebung	194
Bateman's	160	Petworth House	194
Bexhill-on-Sea	161	Parham House	194
Eastbourne	161	Amberley	194
Eastbourne/Umgebung	165	Bignor Roman Villa	195
Pevensey Castle	165	Littlehampton	195
Herstmonceux	166	Chichester	195
Alfriston	167	Chichester/Umgebung	200
The Long Man of Wilmington	167	Fishbourne Roman Palace	200
Michelham Priory	167	Goodwood	201
Farley Farm House	168	Bognor Regis	201
Lewes	168	Uppark	202
Lewes/Umgebung	171	Weald & Downland Open Air Museum	202
Glyndebourne	171	Cowdray	202
Charleston Farmhouse	172		

Surrey ... 203

Guildford	204	Farnham	208
Guildford/Umgebung	207	Farnham/Umgebung	209
Clandon Park	207	Waverley Abbey	209
Hatchlands Park	208	Hampton Court Palace	210
Wisley	208		

Hampshire ... 212

Portsmouth	214	Chawton	230
Portsmouth/Umgebung	220	The Vyne	230
Portchester Castle	220	**Southampton**	230
Meon Valley	221	Southampton/Umgebung	236
Winchester	221	Netley Abbey	236
Winchester/Umgebung	229	New Forest	236
Romsey	229	Lyndhurst	238
Broadlands	229	Lymington	239
Mottisfont Abbey	229	Beaulieu	239
Bishop's Waltham	230	Buckler's Hard	240
Crawley	230	Exbury Gardens	240

Isle of Wight 241

Newport	244	Ventnor	250
Cowes	245	St Catherine's Point	250
Ryde	247	Yarmouth	250
Shanklin und Sandown	248	Yarmouth/Umgebung	251
Shanklin und Sandown/		Freshwater	251
Umgebung	249	The Needles	252
Brading	249	Alum Bay	252
Brading Roman Villa	249	Brighstone	252
Godshill	249	Calbourne	252
Appuldurcombe House	250		

Berkshire 253

Reading	253	Ascot	256
Windsor und Windsor Castle	254		

Wiltshire 257

Salisbury	258	Lacock Abbey	271
Salisbury/Umgebung	265	Bowood House	272
Old Sarum	265	Bradford-on-Avon	272
Wilton	266	Avebury	272
Heale House Garden	266	Avebury/Umgebung	274
Rockbourne Roman Villa	266	Silbury Hill	274
Stonehenge	267	Devizes	275
Woodhenge	270	Marlborough	276
Chippenham	270	Stourhead	276
Chippenham/Umgebung	271	Longleat	278
Castle Combe	271		

Bristol und Bath 280

Bristol	281	American Museum	
Bristol/Umgebung	295	(Claverton Manor)	309
Weston-super-Mare	295	Dyrham Park	309
Clevedon	296	Horton Court	310
Berkeley Castle	297	Badminton House	310
Tyntesfield	297	Bradford-on-Avon	310
Bath	298	Farleigh Hungerford Castle	310
Bath/Umgebung	309	Castle Combe und	
Prior Park	309	Lacock Abbey	310

Somerset 312

Wells	313	Shepton Mallet	318
Wells/Umgebung	317	Mells	318
Wookey Hole Caves and		Cheddar	318
Papermill	317	Cheddar/Umgebung	319

Axbridge	319
Burnham-on-Sea	319
Glastonbury	320
Yeovil	324
Yeovil/Umgebung	324
Lytes Cary Manor	324
Montacute House	324
Tintinhull	324
Cadbury Castle	325
Taunton	325
Taunton/Umgebung	327
Hestercombe House & Gardens	327
Bridgwater	327
Quantock Hills	328
Exmoor National Park	328
Minehead	330
Minehead/Umgebung	331
Exford	331
Tarr Steps	331
Porlock	331
Selworthy	332
Dunster	332
Dunster/Umgebung	334
Cleeve Abbey	334

Dorset 335

Bournemouth	338
Poole	344
Poole/Umgebung	347
Brownsea Island	347
Wimborne Minster	347
Wimborne Minster/Umgebung	349
Kingston Lacy	349
Badbury Rings	351
Isle of Purbeck	351
Swanage	352
Studland Heath	354
Corfe Castle	355
Lulworth	355
Wareham	356
Dorchester	356
Dorchester/Umgebung	361
Maiden Castle	361
Athelhampton House	361
Tolpuddle	362
Cloud's Hill	363
Cerne Abbas	363
Milton Abbas	364
Shaftesbury	364
Shaftesbury/Umgebung	366
Old Wardour Castle	366
Stourhead	366
Sherborne	366
Weymouth	369
Weymouth/Umgebung	373
Bennetts Water Gardens	373
Osmington	373
Isle of Portland	373
Chesil Beach	374
Abbotsbury	375
Sub-Tropical Gardens	375
Lyme Regis	375
Lyme Regis/Umgebung	378
Bridport	378
Beaminster	379
Forde Abbey	379

Devon 380

Lynmouth/Lynton	381
Barnstaple	384
Barnstaple/Umgebung	385
Arlington Court	385
Combe Martin	386
Ilfracombe	386
Woolacombe	390
Braunton Burrows	391
Bideford	391
Westward Ho!	391
Clovelly	392
Hartland Point	393
Morwenstow	393
Great Torrington	393
Lundy	394
Exeter	395
Exeter/Umgebung	402
Östlich von Exeter	402

Topsham	402
Ottery Saint Mary	402
Honiton	402
Seaton	403
Beer	403
Sidmouth	404
Budleigh Salterton	405
Exmouth	405
Nördlich von Exeter	406
Crediton	406
Tiverton	406
Südlich von Exeter	406
Powderham Castle	406
Dawlish	407
Teignmouth	407
Newton Abbot	408
Torquay	**408**
Torquay/Umgebung	412
Paignton	412
Brixham	412
Totnes	413
Totnes/Umgebung	415
Dartington Hall	415
Dartmouth	416
East Portlemouth	418
Kingsbridge	419
Salcombe	419
Hope Cove	420
Burgh Island	420
Plymouth	**421**
Plymouth/Umgebung	427
Cotehele House	427
Buckland Abbey	428
Saltram House	428
Mount Edgcumbe	428
Antony House	430
Rame Head	430
Kingsand/Cawsand	430
Whitsand Bay	430
St Germans	430
Dartmoor	**431**
Moretonhampstead	434
Chagford	435
Castle Drogo	436
Okehampton	436
Lydford	437
Tavistock	438
Princetown	439
Postbridge	440
Widecombe-in-the-Moor	441
Buckfast Abbey	441

Cornwall 442

Looe	445
Polperro	447
Fowey	449
Weiter in Richtung Westen	451
Lostwithiel	451
St Austell	451
Eden Project	451
Lost Gardens of Heligan	452
Mevagissey	453
Mevagissey/Umgebung	455
Portloe	455
Truro	**456**
Truro/Umgebung	460
Falmouth	460
Falmouth/Umgebung	466
Isle of Roseland	466
St-Just-in-Roseland	466
St Mawes	466
Trelissick Gardens	467
Glendurgan Garden	467
Trebah Garden	467
Helston	468
Lizard Peninsula	**469**
Porthleven	470
Mullion	470
Kynance Cove	470
Lizard Point	471
Goonhilly Satellite Earth Station Exporionco	472
Cadgwith	472
Coverack	473
Von St Keverne nach Helford	473
National Seal Sanctuary	473
Penzance	**473**

Penzance/Umgebung	477	Gwithian	498
St Michael's Mount	477	St Agnes	498
Newlyn	478	Perranporth	498
Mousehole	478	Holywell Bay	499
Lamorna	479	**Newquay**	499
Porthcurno	480	Newquay/Umgebung	504
Land's End	481	Trerice Manor	504
Von Land's End nach St Ives	481	St Columb Minor	504
St-Just-in-Penwith	482	Padstow	504
Geevor Tin Mine	484	Port Isaac	508
Zennor	484	Tintagel	509
Chysauster	484	Boscastle	511
Isles of Scilly	485	Bude	513
St Mary's	487	Bodmin Moor	513
Tresco	489	Bodmin	514
St Martin's	489	Lanhydrock House	514
St Agnes	489	Bolventor	515
Bryher	490	Dozmary Pool	515
St Ives	490	Altarnun	515
Von St Ives nach Newquay	497	Liskeard	516
Hayle	497	Launceston	516
Camborne	497	Camelford	516

London erleben

518/519

London

520

City of London	545	Chelsea	568
Strand, Fleet Street, Holborn		Kensington	569
und Clerkenwell	550	Notting Hill	573
Bloomsbury	552	Lambeth und Southwalk	574
Marylebone	554	East End	578
Soho und Covent Garden	558	Docklands	579
Mayfair und St James's	561	Greenwich	580
Westminster	564	Millennium Dome	580

Speiselexikon

582

Register

591

Danksagungen

600

ALLES IM KASTEN

Der englische Landschaftsgarten 20
Luke Howard, der „Erfinder der Wolken" 22
Der Ärmelkanal als atomare Müllkippe 25
Thomas Cook, der Erfinder des Massentourismus 28
Ein Prinz als Trendsetter 30
Der Brite ist blau und hat einen Schnurrbart 32
Kathedralen – Ausdruck des normannischen Herrschaftsanspruchs 37
When Adam delved and Eve span – who was then a gentleman? 38
Sechs Frauen und ein Mann 40
1588 – die gescheiterte Invasion 43
Die Weltausstellung von 1851 47
The Blitz and Baedeker Raids 48
Die Royals und kein Ende? 49
Aus einem Reisebericht von 1710 58
Spektakuläre Wege über den Kanal 64
Von den Beschwerden des Reisens 67
Englisches Duschvergnügen 75
Modern British 82
Cinque Ports 106
Tunnelpläne und die Angst vor einer Invasion 112
Mit der Schmalspureisenbahn durch die Romney Marshes 113
Ein Sandwich in Sandwich? 117
Mad Tracey from Margate 122
Ein Mord im Dom 124
Uwe Johnson, der Einsiedler von Sheerness 141
Charles Darwin – Revolutionär des Weltbildes 148/149
The Battle of Hastings 161
National Trust – Hüter des nationalen Kultur- und Naturerbes 166
Ein Zöllner als Revolutionär? 170
South Downs Way 171
Die Bloomsbury Group 173
Mods, Teds & Co 176
Ein Prinz als Bigamist 178
Britische Markentreue 186
Salzige Luft – ohne die Gefahr, seekrank zu werden 188
Chichester Festival 196
Pazifisten sind unerwünscht 198
Bognor Regis – Urlaub mit Sonnengarantie 202
Alice im Land der Pädophilen? 207
Die heilige Kunst der Zisterzienser 210
„England erwartet, dass jeder Mann seine Pflicht erfüllt!" 218
D-Day 219
England's Jane 222
Tauchen in der Kathedrale 227
Ein kleiner Jagdunfall 237
Das europäische Woodstock 242
„Ticket to Ride" 247

Wandern auf dem Tennyson Walk	252
„Oh beautiful world"	253
Old Sarum – ein „Rotten Borough"	265
Wundersames Steinerücken	267
Die Schlacht von Stonehenge	269
William Henry Fox Talbot – der Erfinder der Fotografie	272
Im Land der weißen Pferde	274
Ein menschenverachtendes Geschäft	284
Robinson Crusoe in Bristol	292
Beau Nash – the King of Bath	300
Von den Freuden der römischen Badekultur	307
Der Henker von Taunton	325
West Somerset Railway	328
Lorna Doone – die schöne Räubertocher	329
Exmoor-Ponys – prähistorische Relikte?	330
Von Hennen und Hirschen	339
May Day	345
Pilgerstätten	350
Mit der Swanage Steam Railway über die Isle of Purbeck zockeln	351
Enid Blyton im 5-Freunde-Land	352
Dorset Cost Path	354
Die tapfere Lady Mary Bankes	355
„Charlieville" – Prinz Charles' Lieblingsprojekt	357
Hardy Country	360
Lawrence von Arabien	362
Sir Walter Raleigh: Zum Dank aufs Schafott	367
Der Kaiser von Abessinien	370
Auf der Suche nach dem versteinerten Schatz	376
James Daniel – die Nadel im Heuhaufen	379
Auf dem Tarka Trail	385
Protest gegen die Popkultur	412
Francis Drake: Piratengold für England	427
Letterboxing – Auf der Suche nach dem Briefkasten	435
Wanderungen im Dartmoor	441
Britische Geschwindigkeitsrekorde	443
Hochseeangeln	446
Ein florierender Gewerbezweig mit hoher Gewinnspanne	448
Die Warmwasserheizung Europas	461
Wandern auf dem Cornwall Coast Path	472
Wanderung zum Tater-Du Lighthouse	479
Wanderung von Land's End nach Lamorna	480
An den Felsen der Isles of Scilly zerschellt	488
Künstler in St Ives	491
Cornisch – eine vergessene Sprache?	498
Wie Padstow zu Padstein wurde	505
Kurzwanderung zum Stepper Point	507
Mystischer Artus	510
Der Große Brand	546
Raub oder Kauf?	553

Little Venice	555
Chinatown	560
King's Road – Laufsteg modischer Provokationen	569
Notting Hill Carnival	573
Ein Mann names Jack the Ripper	578

KARTENVERZEICHNIS

Übersicht Südengland West			Umschlagklappe vorne
Übersicht Südengland Ost			Umschlagklappe hinten
Bath	202/203	Kent	104/105
Berkshire	254/255	London	
Bournemouth	343	City	528/529
Brighton	180/181	Greater London	522
Bristol	286/287	Mayfair und St. James's	563
Rund um Bristol	282/283	Soho/Covent Garden	558/559
Canterbury	127	Westminster	565
Chichester	197	Newquay	503
Cornwall	444/445	Penzance	475
Dartmoor National Park	432	Plymouth	423
Devon	382/383	Portsmouth	215
Dorset	336/337	Salisbury	261
Dover	107	Somerset	314/315
Eastbourne	162/163	Southampton	231
Exeter	397	St Ives	493
Fährverbindungen	60	Stonehenge	268
Falmouth	463	Surrey	204/205
Folkestone	111	Sussex	152/153
Guildford	206	Torquay	410/411
Hampshire	213	Truro	458/459
Ilfracombe	388/389	Wiltshire	258/259
Isle of Wight	243	Winchester	224
Isles of Scilly	487		

▲ Sommervergnügen am Strand von Brighton

Reisetipps für Südengland

Südengland erleben 16	Unterwegs in Südengland 68
Geschichte 31	Übernachten 74
Architektur 51	Essen und Trinken 79
Literatur 54	Freizeit, Sport und Strände 85
Anreise 58	Wissenswertes von A bis Z 90

Südenglands Küsten sind ideale Wandergebiete, vor allem rund um Cornwall

Südengland erleben

Südengland – das sind Normannenburgen, das ist grünes, sattes, liebliches Land mit reetgedeckten Häusern und akkurat gepflegten Vorgärten, das sind Moore im dichten Nebel, mystische Steinkreise, ehrwürdige Kathedralen und adelige Herrensitze. Englands Countryside bietet einen fast unüberschaubaren Reichtum an landschaftlicher Schönheit und kulturellen Sehenswürdigkeiten, gepaart mit einem Hauch von Exzentrik. Wer Südengland im Schnelldurchlauf sehen will, muss auf die Isle of Wight fahren. Mit ihren Kreideklippen und den reetgedeckten Häusern stellt die blumenreiche Insel ein England en miniature dar. Besonders für Individualreisende ist Südengland ein lohnendes Reiseziel, begegnet man ihnen doch zwischen Dover und Land's End mit der typisch englischen Höflichkeit.

… für Liebhaber von schönen Städten und Dörfern

Jeder Englandreisende hat seine Lieblingsstadt. Der eine schwärmt für Bath und dessen georgianische Eleganz, der andere ist beeindruckt von Canterburys kathedralem Charme. Wieder andere sind von den Kleinstädten wie Sherborne und Shaftesbury fasziniert. An der Küste reihen sich die *Seaside Resorts* wie Perlen auf einer Schnur. Und jedes besitzt ein besonderes Flair. Während sich auf der Pier von Eastbourne vorzugsweise ältere Herrschaften und Sprachschüler tummeln, hat sich Brighton in den letzten Jahren zum Trendbad für die Londoner Szene entwickelt. Nachtleben pur ist angesagt. Wer ein Faible für kleine, verträumte Dörfer hegt, wird in Südengland ebenfalls nicht enttäuscht: Castle Combe, Rye und das ruhige Chilham wetteifern um die Touristengunst. Clovelly gar ist ein Museumsfischer-

Südengland erleben

dorf, für dessen Besuch Eintritt erhoben wird. Im gleichfalls touristischen Mevagissey muss man aber nur für das Parken bezahlen. Stille, verträumte Küstendörfer wie Port Isaac existieren allerdings nur noch wenige.

... für kunstgeschichtlich Interessierte

Südengland hat Kulturschätze aus fünf Jahrtausenden zu bieten. Die Steinkreise von Stonehenge und Avebury zählen zu den bedeutendsten neolithischen Monumenten der Welt. Die Römer haben neben den einzigartigen Bädern von Bath noch zahlreiche Villen, darunter den Fishbourne Place, hinterlassen. Im Mittelalter entstanden mächtige Wehranlagen, allen voran das normannische Dover Castle. Wer einmal eine Bilderbuchburg samt Wassergraben besichtigen will, sollte einen Abstecher zum Leeds Castle unternehmen. Nicht zu vergessen: die lichtdurchfluteten Kathedralen von Salisbury, Exeter und Wells – Meisterwerke der gotischen Sakralarchitektur! Angesichts der zahllosen Herrenhäuser und adeligen Landsitze muss man sich fast zwangsweise auf ein paar Highlights beschränken. Kostbare Wandvertäfelungen und erlesenes Mobiliar haben nämlich nicht nur Kingston Lacy, Knole und das königliche Hampton Court Palace zu bieten.

... für Landschafts- und Naturgenießer

Die grüne, kultivierte *Countryside* mit ihren Blumen und Hecken, die die Engländer so sehr lieben, zeigt sich im Südosten der Insel von ihrer schönsten Seite. Selbst Bäume, Wiesen und Äcker erwecken den Eindruck, als wären sie absichtlich zu einem Landschaftsszenario arrangiert worden. Trotz der vielen

Mächtig: Tower of London

Städte und Dörfer ist Südengland ein dünn besiedeltes Land, die unwirtlichen Hochmoore sind von menschlicher Besiedelung weitgehend verschont geblieben. Dürres Heidekraut und mächtige Granitfelsen, dazwischen ein paar Ponys und Schafe – viel mehr Attraktionen wird man neben einigen Pflanzen in den zwei südenglischen Nationalparks nicht ausmachen können. Der Dartmoor National Park in der Grafschaft Devon sowie der Exmoor National Park, der zu Devon und Somerset gehört, bieten dafür ein eindrucksvolles Landschaftserlebnis. Doch auch die raue Küste von Cornwall mit ihrem glasklaren Wasser und goldgelben Sandstran-

18 Südengland erleben

A rainy day at the beach

den bietet Natur pur. Über steile Felsen hinweg lässt sich nicht nur Cornwalls Küste, sondern die gesamte südenglische Küste auf Schusters Rappen erkunden. Übrigens ist das Meer von keinem Ort Südenglands mehr als siebzig Kilometer entfernt. Ein Umstand, den auch die Briten zu schätzen wissen, wenn sie auf Klappstühlen sitzend ihre Meeressehnsucht stillen oder an der viel gerühmten „Englischen Riviera" ihren Lebensabend unter Palmen verbringen. Wer die grünen Hügel von Sussex bevorzugt, sollte auf dem South Downs Way von Steyning bis zu den Klippen von Beachy Head wandern. Romney Marsh zeichnet sich mit seinen Deichen und saftigen Schafweiden durch ein ganz anderes Flair aus. Wie eine Landzunge hat sich das größte südenglische Marschland zwischen Rye und Folkestone in den Ärmelkanal hineingeschoben.

... für Gartenliebhaber

Südengland ist ein Paradies für Gartenliebhaber: Rhododendren, Kamelien und Magnolien wachsen in den Himmel. Viele Engländer verbringen jede freie Minute in ihrem Garten, hegen und pflegen bunte Stauden und Rabatten. Kein Wunder also, dass Südengland einige der weltweit schönsten Gärten hervorgebracht hat, deren größte Kunst darin besteht, so auszusehen, als wären sie aus einer Laune der Natur heraus entstanden. In Stourhead, dem Klassiker unter den englischen Landschaftsgärten, ist dies besonders schön zu beobachten. Gelegentlich gehen – so im Dyrham Park – Garten und Herrensitz eine einzigartige Symbiose ein. Aber auch moderne Gärten wie der von Vita Sackville-West in Sissinghurst geschaffene White Garden besitzen eine faszinierende Wirkung. Aufgrund des milden Golfstromklimas gedeihen selbst Palmen und andere subtropische Pflanzen. In den Lost Gardens of Heligan kann man sogar durch ein „Dschungeltal" spazieren. Der jüngste neu angelegte Garten ist das Eden Project in Cornwall mit seinen riesigen subtropischen Gewächshäusern.

… für Familien mit Kindern

Sandburgen bauen und im Meer planschen gehört für Kinder in Südengland trotz der frostigen Wassertemperaturen zu den Lieblingsbeschäftigungen. Kinder sind bekanntlich sehr kritische Urlauber: Nachdem sie ein paar Tage im Sand gebuddelt haben, verlangen sie nach Abwechslung. Ein Abstecher zum Kinderspielplatz ist zwar ganz nett, die Begeisterung hält sich aber meist in Grenzen. Besser auf den kindlichen Aktionsdrang zugeschnitten ist eine Strandwanderung über Cornwalls Klippen. Das Interessante am Meer sind neben den Badefreuden natürlich die Meeresbewohner. Da man weder vom Boot, noch vom Strand aus viele Fische zu Gesicht bekommt, darf ein Aquariumsbesuch nicht fehlen. Attraktive Aquarien gibt es beispielsweise in Brighton und Plymouth. Träumt der Nachwuchs von Löwen, Tigern und Elefanten, so bietet sich ein Abstecher zum berühmten Longleat Safari Park an. Eine interessante Alternative ist auch eine Erkundung der historischen Kriegsschiffe, allen voran Nelsons *HMS Victory*, die in der Royal Naval Base in Portsmouth vor Anker liegen.

Landschaft und Geographie

England liegt bekanntlich auf einer Insel, doch das war nicht immer so: Während der letzten Eiszeiten waren die Britischen Inseln durch eine Landbrücke mit dem europäischen Kontinent verbunden, erst vor rund 10.000 Jahren schufen gigantische Schmelzwasserfluten die Straße von Dover.

Der größte Teil von Südengland besteht wie das gesamte Lowland Britain aus geologisch jungen Gesteinsformationen. Das Londoner Becken und das sich rund um Southampton erstreckende Hampshire-Becken werden durch das südostenglische Schichtstufenland getrennt, das drei markante Erhebungen aufweist: den ehemals dicht bewaldeten, bis zu 241 Meter ansteigenden High Weald sowie die North Downs und die High Downs, deren Kreidekalke an der „Straße von Dover" als Steilküsten mit markanten Kliffs am Meer abrupt abbrechen; *Beachy Head* bei Eastbourne ist mit rund 170 Metern die höchste Erhebung der South Downs. Nur das als Viehweide genutzte Romney Marsh weist eine andere Entstehungsgeschichte auf und lag zu Römerzeiten noch unterhalb des Meeresspiegels. Die Grafschaft Kent wird als „Garten Englands" gerühmt, und auch das benachbarte Sussex unterscheidet sich mit seinen grünen Hügelketten nur geringfügig von Kent. Bäume, Wiesen und Äcker bilden ein perfekt arrangiertes Landschaftsszenario. Wiltshire ist bekannt für seine baumlosen Plains, ein „onduliertes Land" mit durch Hecken großräumig abgegrenzten Feldern und Äckern, einzig die rollenden Kreidehügel der Marlborough Downs sorgen für Abwechslung. Das sanft gewellte Hinterland von Dorset ist ebenfalls noch sehr durch die Landwirtschaft geprägt, kleine Bauernhöfe gehören zum Alltagsbild. Die Grafschaft besitzt aber auch eine sehr vielgestaltige Küstenlandschaft mit zerklüfteten Abschnitten zwischen Lulworth Cove und Durdle Door bis hin zu dem zwanzig Kilometer langen Chesil Beach, der sich bis zur Halbinsel von

Verwitterte Feldmauern schützen vor dem Wind

20   Südengland erleben

Portland erstreckt sowie dem Fossilienstrand von Lyme Regis. In Somerset dominieren Milchfarmen und Apfelplantagen das Landschaftsbild. Nur die Mendip Hills ragen aus dem flachen, fruchtbaren Weideland empor. Und bis auf Taunton gibt es in der Grafschaft nur ein paar unbedeutende Marktstädtchen.

Die im äußersten Südwesten gelegenen Grafschaften Cornwall, Devon und Teile von Somerset sind geprägt von einer zum Plateau abgeflachten Felsformation, aus der einzelne Granitmassive wie die Quantock Hills, das Dartmoor oder das Bodmin Moor emporragen. Einzig das Exmoor unterscheidet sich unter geologischen Gesichtspunkten, Sandstein und Schiefer bilden hier den Sockel. Die höchste Erhebung Südenglands findet sich im Dartmoor: *High Willhays* weist eine Höhe von 622 Metern auf. Die südenglischen Moore sind eine unwirtliche Landschaft, in der sich nur Ponys und Schafe dauerhaft wohl zu fühlen scheinen. Wegen ihrer Einsamkeit und dem ungestörten Naturerlebnis zählen die Moore zu den beliebten englischen Wandergebieten. Cornwall selbst besitzt viele Bodenschätze und ist seit grauen Vorzeiten als Bergbaugebiet für Zinn und Kupfer bekannt. Erst vor wenigen Jahren sind die letzten cornischen Zinnminen wegen mangelnder Rentabilität geschlossen worden. Die den Atlantikstürmen ausgesetzte Nordküste Cornwalls ist wesentlich rauer als der Süden, der mit seinen tief eingeschnittenen fjordartigen Flussmündungen ein fast mediterranes Flair ausstrahlt.

Der englische Landschaftsgarten

Der englische Landschaftsgarten entstand als eine Abgrenzung vom französischen Barockgarten, den André Le Nôtre in Versailles zu seiner höchsten Blüte führte. Im Gegensatz zu den gestutzten, geometrischen Barockgärten mit ihren zentralen, ins Unendliche weisenden Achsen als Sinnbild des kontinentalen Absolutismus, galt der naturbelassene Landschaftsgarten als Symbol für die englische Demokratie. Trotz der konsequenten Abwendung vom geometrischen, axialen Entwurf mussten auch die englischen Gartenarchitekten in die Natur eingreifen; Hügel wurden abgetragen, Niederungen aufgefüllt, Seen mit geschwungenen Uferlinien aufgestaut, Bäume gefällt, nur damit das Ergebnis „natürlich" aussah. In dieser Hinsicht hatte die sich ankündigende Romantik einen großen Einfluss auf die Entfaltung der englischen Gartenkultur. Eine weitere bedeutende Neuerung war die Auflösung einer Hierarchie der Fluchtpunkte, so dass der Garten nun beliebige Rundgänge ohne einen festgelegten Ausgangspunkt oder ein bestimmtes Ziel erlaubte. Durch Einfriedungen entstand ein parkähnliches, manchmal auch als Weide genutztes Gelände, das vom eigentlichen Garten durch in Gräben versenkte Zäune getrennt wurde, so dass der Blick des Hausherren ungehindert in die Ferne schweifen konnte. Für eine räumliche Trennung sorgten Mauern, Hecken und Wege.

Herausragendster Vertreter des englischen Gartenbaus war *Lancelot „Capability" Brown* (1716–1783), der weit mehr als 100 Gärten entworfen hat. Auf Wunsch seiner Auftraggeber leitete er auch vor Ort den Umbau der Gartenanlagen. Im Jahre 1764 wurde er zum Königlichen Hofgärtner ernannt und durfte auch in Hampton Court zu Werke gehen. Einen Auftrag in Irland soll er mit der Bemerkung, er sei mit der Neugestaltung Englands noch nicht „fertig", abgelehnt haben.

Mieten und genießen …

Klima und Reisezeit

„Die ersten vier Tage regnete es. Ich konnte kaum erkennen, wo ich war." Diese ernüchternde Erfahrung musste der in Trinidad geborene Schriftsteller und spätere Nobelpreisträger V. S. Naipaul bei seiner Ankunft in England machen. Er blieb dennoch. Und auch das englische Wetter ist besser als sein Ruf, aber immer für eine Überraschung gut.

Es ist ein weit verbreitetes Klischee, dass es in England entweder ständig regnet oder man die eigene Hand vor lauter Nebel kaum sehen könne. Durch den Golfstrom besitzt Südengland ein vergleichsweise mildes Klima, Minusgrade haben Seltenheitswert. Feucht und neblig ist es in den Wintermonaten, bis sich der Frühling zeitig zu Wort meldet. Bereits im März blühen die ersten Narzissen und Hasenglöckchen in den Tälern. Die Küstenlandstriche von Cornwall, Devon und Dorset verdanken dem Golfstrom ein einzigartiges Mikroklima, in dem sich auch mediterrane Bäume und exotische Pflanzen wohl fühlen. Klimatisch besonders verwöhnt sind die Isle of Wight und die Isles of Scilly, die vergleichsweise geringe Niederschläge zu verzeichnen haben. Dies trifft auch allgemein auf den südenglischen Sommer zu; er ist relativ trocken und warm, wenngleich das Thermometer nur sehr selten über 30 Grad Celsius anzeigt. Doch es gibt auch Ausnahmen: Im Supersommer 2003 stellte das Städtchen Gravesend in der Grafschaft Kent einen neuen Hitzerekord auf: Mit 100,8 Grad Fahrenheit (dies entspricht 38,1 Grad Celsius) wurde erstmals die magische 100-Grad-Grenze durchbrochen! Im Herbst wird es regnerischer, und trotzdem kann man selbst noch im Oktober kurzärmelig im Park sitzen. Bei einem Ausflug oder einer Wanderung sollte man stets für alle Fälle gewappnet sein, denn das südenglische Wetter ist unberechenbar in seinen Launen. „Täglich einen Schauer, und sonntags zwei", weiß ein cornisches Sprichwort zu berichten, und im Radio wird ein Regentag mit ein paar Sonnenstrahlen als *„liquid*

22   Südengland erleben

sunshine" (flüssiger Sonnenschein) angekündigt. Eine wind- und regenfeste Kleidung ist daher unverzichtbar. Der Winter ist mild, Schneefall extrem selten. So waren Cornwalls Küsten letztmals im Winter 1978/79 schneebedeckt.

Luke Howard, der „Erfinder der Wolken"

Das Wetter ist in England seit jeher das bestimmende Thema. Da verwundert es auch nicht, dass es ein Engländer war, der die Wettervorhersage revolutionierte. Die Rede ist von dem in London geborenen Apotheker Luke Howard (1772–1864), ein überzeugter Quäker und Sonderling, der sich bereits in seiner Jugend mit meteorologischen Fragen befasst hatte, beeindruckt – wie viele seiner Zeitgenossen – durch das sogenannte Vulkanjahr 1783 mit seinem plötzlichen Klimawechsel, mit Hurrikans und Erdbeben, mit Ereignissen, die halb Europa in Panik versetzten. Hier offenbarte sich auch ein Defizit der Wettervorhersage, dem man mit Messungen und mit Ballonflügen zu begegnen versuchte.

Der Wunsch, das Wetter vorherzusagen und hierzu die Wolken zu studieren, war nicht neu – seit der Antike haben sich die Menschen mit bescheidenem Erfolg darin versucht. Vor allem die christlichen Autoritäten bremsten den Forscherdrang entschieden und führten die Aktivitäten in der Atmosphäre auf göttliche Interventionen zurück. Erst im Zeitalter der Aufklärung entwickelte sich die „Wolkenlehre" in mehreren Phasen, jeweils im Gefolge der Entdeckung der wichtigsten physikalischen Gesetze. Die Meteorologie ist keine exakte Wissenschaft. Sie sucht vielmehr nach einer ordnenden Sprache für Ereignisse, die von einer Fülle schwer durchschaubarer und erklärbarer Gesetzmäßigkeiten bestimmt werden, dazu von stochastischen und chaotischen Prozessen in der Atmosphäre. Und genau dieser Aufgabe hatte sich der überzeugte Quäker und Sonderling Luke Howard verschrieben. Mit seinen dem Lateinischen entnommenen Bezeichnungen *Cirrus* (Faser, Franse, Haar), *Stratus* (Decke oder Schicht) und *Cumulus* (Haufen bzw. aufgetürmte Masse) vermittelte Howard auf anschauliche Weise das Wesen seiner Einteilung der Wolkenformationen (nach ihrem Aussehen), so dass auch der Laie dieses Beobachtungsschema leicht anwenden und Mischformen benennen konnte. Die Grundformen der Wolken lassen teilweise auch auf die ihnen zugrunde liegenden physikalischen Prozesse und die in der Atmosphäre befindliche Feuchtigkeit schließen. Wenn etwa in sehr kalter Luft und großer Höhe Wassermoleküle zu Eis gefrieren, können hohe, faserartige Gebilde entstehen, die Howard als *Cirrus* klassifizierte.

Die Zeitgenossen erkannten schnell den bahnbrechenden Charakter von Howards Studien. Schon Goethe schrieb einen Hymnus auf den englischen Forscher: „Durch Howards glückliche Gedanken, die Wolkenbildungen zu sondern, zu charakterisieren und zu benennen, sind wir mehr als man glauben könnte, gefördert worden." Howards Wolkensystem veränderte unsere Wahrnehmung der Welt nachhaltig und hatte nicht nur einen großen Einfluss auf Wissenschaft, Kultur und Kunst; es ist bis heute ein elementarer Bestandteil der Meteorologie geblieben. Bis an sein Lebensende blieb Luke Howard vom Studium der Wolken fasziniert: „Der Ozean von Luft, in dem wir leben und uns bewegen, mit seinen Kontinenten und Inseln aus Wolken, kann für den denkenden Geist nie Objekt empfindungsloser Beobachtung sein."

Klima und Reisezeit   23

Als **Reisezeit** empfehlen sich vor allem die Sommermonate. Allerdings scheinen im Juli und August alle Engländer auf den Beinen zu sein. Hotels und Pensionen sind oft über Wochen hinweg ausgebucht oder vermieten die letzten freien Betten mit einem Preiszuschlag. Frühling und Herbst eignen sich hervorragend für einen Entdeckungsurlaub, aber auch für Besichtigungen der bekannten Sehenswürdigkeiten sowie für Streifzüge durch die in der Saison überlaufenen Tourismuszentren. Die viel gerühmten englischen Gärten zeigen sich im April und Mai von ihrer blühendsten Seite. Mit viel Glück lässt sich am Strand ein ausgedehntes Sonnenbad nehmen. Die niedrigen Wassertemperaturen werden allerdings selbst abgehärtete Zeitgenossen von einem Sprung in die Wellen abhalten. Selbst im August sind die Temperaturen nicht gerade verlockend. Gemeinhin kann man Familien mit Kindern empfehlen, einen Neoprenanzug zu kaufen oder vor Ort auszuleihen.

> „Die Engländer haben eine dicke Lufft und trüben Himmel", stellte der Theologe Henrich Ludolff Benthem 1694 zwar einschränkend fest, doch rühmte er die „Academische Disziplin" und die „gelahrten" Männer. Skeptikern legte er ans Herz: „Wann uns nichts anders übers Meer locken könte, so sollte es ihre fürtreffliche Kirchen-Zucht und Ordnung sein."

Wer sich im Urlaub am liebsten am Strand in der Sonne räkelt, sollte seine Ferien in Bognor Regis verbringen. Das kleine Seebad an der Küste von Sussex bietet die größte Sonnengarantie von allen Städten Großbritanniens: Pro Jahr scheint in Bognor Regis durchschnittlich 1903 Stunden die Sonne. Im Vergleich hierzu haben Eastbourne 1849 und Teignmouth immerhin noch 1710 Sonnenstunden aufzuweisen. Das sind Verhältnisse, wie man sie auch an der deutschen Ostseeküste vorfindet.

Klimadaten von Eastbourne

	Ø Höchsttemperaturen	Ø Tiefsttemperaturen	Sonnenstunden pro Monat	Tage mit Niederschl. >= 1 mm	Wassertemperaturen
Januar	7,8 °C	3,6 °C	65	13	9 °C
Februar	7,6 °C	3,2 °C	83	10	9 °C
März	9,7 °C	4,5 °C	127	10	9 °C
April	11,9 °C	5,9 °C	188	8	10 °C
Mai	15,3 °C	9,1 °C	235	8	11 °C
Juni	17,8 °C	11,8 °C	234	8	13 °C
Juli	20,1 °C	14,2 °C	244	7	15 °C
August	20,5 °C	14,4 °C	240	7	16,5 °C
September	18,2 °C	12,4 °C	169	10	15 °C
Oktober	14,9 °C	9,7 °C	126	11	14 °C
November	11,1 °C	6,3 °C	84	11	12 °C
Dezember	9,0 °C	4,7 °C	55	12	11 °C
Jahr	**13,7 °C**	**8,3 °C**	**1849**	**115**	**12 °C**

Hinweis: Die Temperaturen werden nur noch selten in Fahrenheit angegeben. Falls doch, so sollte man wissen, dass Null Grad Celsius 32 Grad Fahrenheit entsprechen. Mit einer kleinen Formel lassen sich die Temperaturen relativ schnell umrechnen: Man zieht von der Gradzahl Fahrenheit 32 ab, multipliziert das Ergebnis mit 5 und dividiert das Produkt anschließend durch 9. Alles klar?

Flora, Fauna und Naturschutz

Südengland kann zwar nicht als letztes Refugium für bedrohte Tier- und Pflanzenarten bezeichnet werden, Naturfreunde kommen aber dennoch auf ihre Kosten.

Einst war Südengland von einem dichten Wald überzogen. Über die Jahrhunderte hinweg holzten die Engländer ihre Wälder rigoros ab. Erst zu Beginn des 20. Jahrhunderts, als die Hochphasen des Schiffbaus und der Industrialisierung vorbei waren, wurden Maßnahmen zur Wiederaufforstung in Angriff genommen, doch pflanzte man damals unglücklicherweise hauptsächlich Nadelbäume. Nur wenige Waldgebiete, wie der sich westlich von Portsmouth erstreckende New Forest, blieben in ihrer ursprünglichen Form erhalten. Der unter Naturschutz stehende New Forest ist heute das größte zusammenhängende Waldgebiet Südenglands. Die Eichenforste und Buchenhaine wechseln einander mit Lichtungen und Heiden ab. Das kräftige Grün der Eichen, Birken, Kiefern, Stechpalmen, Eiben und Buchen sowie die eigenwilligen Erdfarben der Heide prägen die Szenerie. Bei einer Wanderung trifft man oft auf die halbwilden New Forest Ponys sowie auf Kühe, Ziegen und Wildschweine, seltener auf Rotwild. Ein ungetrübtes Naturerlebnis bieten auch die beiden südenglischen Nationalparks Dartmoor und Exmoor. In den beiden Hochmooren leben ebenfalls noch halbwilde Ponys sowie kleine Herden von Rotwild. Charakteristisch für Devon und Cornwall sind die säurehaltigen Böden,

Die englischen Gärten sind berühmt für ihre Blumenpracht

auf denen das dunkle Moorgras und die lilafarbene cornische Heide sowie Klee und Ginster besonders gut gedeihen. Sieht man einmal von Kaninchen, Dachsen, Ottern, Füchsen und Eichhörnchen – das graue Eichhörnchen ist aus Nordamerika eingewandert – ab, so gibt es keine weiteren erwähnenswerten Säugetiere zu verzeichnen. Besser bestellt ist es um die Vögel. Mehr als 120 Vogelarten sind in Südengland heimisch, darunter Bussarde, Turmfalken, Birkhühner und Wattvögel. Das im Bristol Channel gelegene Lundy gilt als Vogelparadies und ist vor allem als Brutplatz für die putzig anzusehenden Papageientaucher bekannt. Auf den Isles of Scilly tummeln sich Sturmtaucher sowie Eissturmvögel und mit ihnen zahllose Engländer, die dem Nationalsport *Birdwatching* nachgehen. Vor den Küsten lassen sich Seehunde sehen, hin und wieder Delphine und Wale sowie der kleine, für den Menschen vollkommen ungefährliche Nordseehai.

Der Ärmelkanal als atomare Müllkippe

Viele Reisende, die ein paar erholsame Tage an der Südküste Englands verbringen, wissen nicht, welch schaurige Zustände sich unter der Wasseroberfläche verbergen. Rund zehn Kilometer nordwestlich der englischen Kanalinsel Alderny erstreckt sich das atomare Verklappungsgebiet „Hurd Deep". Auf einer Fläche von rund 40 Quadratkilometern versenkte die britische Atomindustrie in den 1950er- und 1960er-Jahren rund 28.500 Fässer mit radioaktiven Abfällen; darunter kleine Mengen des hochgiftigen Plutoniums. Mit einer ferngesteuerten Unterwasserkamera gelang es Greenpeace im Juni 2000 erstmals, Bilder von den in einer Tiefe von 90 Metern liegenden Fässern aufzunehmen. Das Ergebnis ist erschreckend: Viele der Fässer waren zerbrochen, so dass die radioaktiven Substanzen nach und nach ins Meer und damit in die Nahrungskette gelangen. Seit den 1990er-Jahren ist es zwar verboten, radioaktive Abfälle im Meer endzulagern, doch dürfen die gleichen Substanzen immer noch ins Meer geleitet werden. So pumpen die beiden Wiederaufarbeitungsanlagen in La Hague (Frankreich) und Sellafield (Großbritannien) jährlich dreieinhalb Milliarden Liter radioaktiv belastete Abwässer in den Ärmelkanal sowie die Irische See. Von den Abwasserpipelines verteilen sich die strahlenden Partikel entlang der gesamten Küste. Der Meeresboden rund um die Abwasserrohre enthält so viel Plutonium, dass er nach deutschem Recht als Kernbrennstoff eingestuft werden müsste. Die einzige Alternative wäre es, das Einleiten radioaktiver Substanzen sofort zu untersagen, allerdings würde dies das sofortige Aus der beiden Wiederaufarbeitungsanlagen von La Hague und Sellafield bedeuten. Da dies wiederum die Atomkraftwerke in vielen europäischen Ländern – allein aus Deutschland gingen bisher rund 4600 Tonnen radioaktiver Abfälle nach La Hague – vor ein riesiges Entsorgungsproblem stellen würde, ist mit einem Ende der derzeitigen Praxis leider nicht zu rechnen.

Die Engländer lieben ihre gepflegten Parks über alle Maßen, doch zum **Naturschutz** haben sie ein sehr zwiespältiges Verhältnis. Zwar richtete die Regierung bereits 1970 ein Umweltministerium ein, dem 1973 die Gründung von Europas erster nationaler grüner Partei folgte – sie ist gegenwärtig nahezu bedeutungslos –, doch die konservative Revolution von Margaret Thatcher machten diese Anfänge zunichte: Umweltschutzmaßnahmen wurden als Einschränkung des freien Marktes angesehen und strikt abgelehnt. Die Umweltorganisation *Greenpeace* verpasste Großbritannien daher nicht grundlos den wenig schmeichelhaften Beinamen „The Dirty Man of Europe" und spielte darauf an, dass die Briten „dem Kontinent in Ökologiefragen immer hintergehinkt sind". Kein anderes Land in Europa hat stärker verschmutzte Küstengewässer als Großbritannien. Zu den diesbezüglichen EU-Vorschriften haben die Engländer schon aus Tradition eine reservierte Haltung; britische Abgeordnete im Europäischen Parlament unternahmen sogar den Versuch, das Königreich von der Badegewässerregelung befreien zu lassen. Auch neue Mehrheitsverhältnisse haben diesen Missstand nicht bewältigen können. Das Thema Umwelt spielt auch für die seit 1997 regierende Labourpartei nur eine untergeordnete Rolle. Vorbildlich für den Umweltschutz engagieren sich hingegen die mehr als eine Million Mitglieder der im Vogelschutz aktiven *Royal Society for the Protection of Birds* (www.rsp.org.uk) sowie der 1895 gegründete *National Trust* (www.nationaltrust.org.uk). Letzterer ist mit einer Fläche von mehr als 2.400 Quadratkilometern – darunter Berge, Moore und Inseln – längst einer der größten Grundbesitzer des Landes.

Wirtschaft und Politik

Südengland ist in elf Grafschaften unterteilt: Berkshire, Devon, Dorset, Hampshire mit der Isle of Wight, Kent, Somerset, Surrey, Sussex (East und West) und Wiltshire. Eine Sonderstellung genießt das Herzogtum Cornwall mit den Isles of Scilly und das Metropolitan County rund um Bristol.

Zusammen leben in allen **Grafschaften** *(Counties)* Südenglands knapp elf Millionen Menschen, das entspricht rund 22 Prozent der englischen Bevölkerung. Die höchste Bevölkerungsdichte besitzt die Hafenstadt Bristol, besonders spärlich besiedelt ist Cornwall, wo statistisch gesehen 134 Einwohner auf einem Quadratkilometer leben. Großstädtische Ballungsgebiete sind neben Bristol die beiden Schwesterstädte Bournemouth und Poole, die Region um Plymouth sowie die beiden Hafenstädte Southampton und Portsmouth. In politischer Hinsicht haben die Grafschaften keine Entscheidungskompetenzen, die mit den deutschen Bundesländern auch nur annähernd vergleichbar wären. Auch die übergeordneten Regionen (in diesem Fall: South East und South West) werden nicht durch parlamentarische Vertreter repräsentiert.

Das Vereinigte Königreich von Großbritannien und Nordirland ist eine parlamentarisch-demokratische **Erbmonarchie**, an deren Spitze das durch Königin Elizabeth II. vertretene Haus Windsor steht. Thronfolger ist der jeweils älteste Sohn (Prince Charles) respektive dessen ältester Sohn (Prince William). Eine weibliche Thronfolge ist nur möglich, wenn der Souverän keinen männlichen Nachfolger vorzuweisen hat. Außerdem muss der Monarch Mitglied der Anglikanischen Kirche sein, da er gleichzeitig als deren Oberhaupt fungiert; er darf daher auch keine Katholikin ehelichen. Das im fünfjährigen Turnus gewählte **Parlament** besteht aus dem im Mehrheitswahlrecht gewählten Unterhaus (*House of Commons*) und dem politisch unbedeutenden Oberhaus (*House of Lords*). Das wichtigste politische Amt hat der vom König ernannte Premierminister inne; er besitzt eine größere Machtfülle als der deutsche Bundeskanzler. So kann der *Prime Minister* eigenständig Minister berufen oder den Monarchen zur Auflösung des Parlamentes veranlassen. Die bedeutendsten Parteien sind die Labour Party und die Konservativen, Tories genannt. Zwar ist Großbritannien Mitglied der Europäischen Union, doch bevor-

Wirtschaft und Politik 27

Punk isn't dead

zugt man nicht nur in der Währungsfrage eine Politik der Splendid Isolation. Der Kontinent ist zwar nur 33 Kilometer entfernt, England und das restliche Europa trennen aber in mentaler Hinsicht bekanntlich Welten. Für Winston Churchill, der jahrzehntelang auf seinem vielgeliebten Landsitz Chartwell in Kent lebte, war der Kanal keine Wasserstraße, sondern „eine Weltanschauung".

Sieht man von einigen Problembereichen wie beispielsweise der Autoindustrie ab, so floriert die britische **Wirtschaft** seit Ende der 1990er-Jahre in ungeheurem Ausmaß. Während die Zahl der Einkommensmillionäre innerhalb von zehn Jahren von 6.600 auf 48.000 gestiegen ist, klafft allerdings die Schere zwischen Arm und Reich immer weiter auseinander. Gleichwohl bedeutet ein hohes Einkommen nicht zwangsläufig ein Leben in überschwänglichem Luxus. Die südenglischen Lebenshaltungskosten liegen erheblich über dem westeuropäischen Durchschnitt. Von der Arbeitslosigkeit besonders betroffen sind neben den Londoner Stadtvierteln Hackney, Tower Hamlets und Haringey auch die Städte Bristol und Portsmouth sowie manche Regionen von Cornwall, in denen jeder sechste Einwohner ohne Arbeit und ohne Perspektive ist. Ganz anders stellt sich die wirtschaftliche Situation im Südosten dar: Die Arbeitslosenquote liegt häufig unter zwei Prozent, die Zukunftsaussichten sind ausgezeichnet. Die Grafschaften Kent, Berkshire und Surrey profitieren selbstverständlich von ihrer räumlichen Nähe zu London. Selbst in Winchester leben Pendler, die jeden Tag in überfüllten Zügen in die Londoner City fahren. Gemeinhin spricht man daher vom *Stockbroker Belt*, da hauptsächlich Bezieher hoherer Einkommen ihren Traum vom Haus im Grünen verwirklicht haben. Schon George Orwell lästerte 1936 darüber, „die parasitäre Klasse der Dividenden-Besitzer" lebe aus klimatischen Gründen im Süden von London. Verständlich, dass die Wahlkreise meist von den Konservativen dominiert werden.

Größtenteils sind die Erwerbstätigen heute im Dienstleistungssektor beschäftigt, in Bristol kommt der Luft- und Raumfahrtindustrie eine größere Bedeutung zu. Sieht man einmal von der Themsemetropole ab, so ist Southampton vor Dover die bedeu-

28   Südengland erleben

tendste südenglische Hafenstadt. Die internationale Schiffbaukrise hat auch die britischen Werften erschüttert, ähnlich schlecht ist es um die Fischereiindustrie bestellt.
Die Erträge sind wegen Überfischung seit Jahren rückläufig, so dass mittlerweile
nur noch zwei Drittel der verspeisten Fische aus heimischen Gewässern stammen. In
vergleichbarer Weise hat auch die Bedeutung der Landwirtschaft abgenommen:
Nur noch zwei Prozent der Menschen in Südengland verdienen damit ihr Geld. Die in
Tweedjacken und Stiefel gekleideten Gutsbesitzer sind ein Stück lebendige Fassade.

Ein bedeutender Wirtschaftsfaktor ist auch der **Tourismus**. Bis zum 18. Jahrhundert war das Ziel einer Englandreise in erster Linie London; die Stadt bot Kunst,
Wissenschaft, warenästhetischen Genuss und das Erlebnis politischer Öffentlichkeit und weltstädtischen Lebensgefühls. Erst im Zeitalter des Massentourismus
richtete sich das Interesse verstärkt auf andere Regionen. Gegenwärtig sind Cornwall und Devon die beliebtesten englischen Reiseziele. Mit Canterbury, Stonehenge, Bath sowie der für ihre Fossilien berühmten Küste von Dorset und dem benachbarten East Devon finden sich in Südengland zudem vier historische Stätten, die
zum Weltkulturerbe der UNESCO gehören. Im West County ist jeder zehnte Arbeitsplatz von der Tourismusindustrie abhängig.

Thomas Cook, der Erfinder des Massentourismus

Die Geburtsstunde des organisierten Tourismus schlug bekanntlich 1845 in
England, als Thomas Cook das erste Reisebüro gründete. Cook, ein gelernter
Tischler und engagierter Wanderprediger, hatte 1841 seine erste Gesell-
schaftsreise von Leicester nach Loughborough organisiert, um 570 Mitstrei-
tern die Teilnahme an einer Veranstaltung gegen Alkoholmissbrauch zu ermöglichen – Tee und Gebäck inklusive. Nur vier Jahre später verkaufte der
Pionier des Massentourismus Reisen, Ferienaufenthalte und Ausflüge mit
der Eisenbahn. Zur Weltausstellung 1851 in London gelang es ihm, seinen
Kunden Sonderzüge und spezielle Einlasskonditionen zu bieten. Durch direkte Vertragsbindung von Beförderungsunternehmen und Beherbergungs-
betrieben sowie die Einrichtung von Reiseschecks und Kreditbriefen konnte
er seine Klientel bestens unterbringen und ausstatten.

Die englische Mehrwertsteuer beträgt 20 Prozent, der Pfundkurs hat sich längst
wieder stabilisiert. Das merken besonders die Touristen, die jetzt etwas tiefer in die
Urlaubskasse greifen müssen als in den Vorjahren. Eine Teilnahme der Briten an
der Europäischen Währungsunion liegt derzeit noch in weiter Ferne.

„Und dann England – Südengland, wahrscheinlich die gepflegteste Landschaft der Welt. Wenn man hier durchfährt, fällt es schwer zu glauben – besonders wenn man sich mit den eleganten Polstern eines Schiffszuges un-
term Hintern friedlich von einer Seekrankheit erholt–, dass irgendwo wirklich etwas passiert. Erdbeben in Japan, Hungersnöte in China, Revolutionen
in Mexiko? Keine Angst, die Milch wird morgen früh vor deiner Tür stehen,
der New Statesman wird am Freitag erscheinen."

George Orwell, Mein Katalonien (1937)

Feste und andere kulturelle Highlights

Die Engländer lieben ihre Festivals. Oft geben historische Jahrestage oder traditionelle Märkte den Anlass, sich farbenfroh in Szene zu setzen. Zwar ist das ganze Jahr über etwas geboten, doch reiht sich vor allem in den Sommermonaten ein Festival an das andere. Ein kurzer chronologischer Überblick über die wichtigsten, wiederkehrenden Ereignisse des Jahres:

Januar/Februar: Am 1. Sonntag nach dem Chinesischen Neujahr findet in der Londoner Chinatown das *Chinese New Year Festival* statt.

Ende Februar trifft sich die Literaturszene zum *Bath Literature Festival*.

März: Bei der *International Clown Convention* treffen sich Hunderte von Spaßmachern in Bognor Regis.

The Boat Race: Alljährlich Ende März oder Anfang April (Ostersamstag) findet auf der Themse das ultimative Ereignis statt, wenn die Teams der Universitäten von Oxford und Cambridge gegeneinander antreten, um die 4,25 Meilen von Putney Bridge nach Chiswick Bridge zu rudern.

April: Ende April bietet das *Portsmouth Festival* bis Anfang Mai zahlreiche Theater-, Musik- und Filmvorführungen.

Beim *London Marathon* rennen alljährlich mehr als 30.000 Teilnehmer durch die Themsestadt.

Mai: Ende Mai bis Anfang Juni zeigt das *Bath International Festival* eine faszinierende musikalische Bandbreite von Oper bis Jazz.

Bis zum September währt die Saison an der *Glyndebourne Opera*.

Das *Brighton Festival* zählt zu den größten Sommerfestivals in England. Drei Wochen lang werden Konzerte, Ausstellungen und Kinderumzüge gezeigt bzw. vorgeführt.

Ebenfalls drei Wochen lang, von Mitte Mai bis Anfang Juni, gastieren beim *Salisbury Festival* erstklassige Interpreten aus den Sparten Klassik, Jazz, World Music und Tanz.

Am 8. Mai ist beim *Furry Dance* in Cornwall ganz Helston auf den Beinen.

Juni: Pflichttermin für alle Monarchisten und die Regenbogenpresse: Am 11. Juni findet die Geburtstagsparade (*Trooping the Colour*) für die Queen statt.

Das Pferderennen *Royal Ascot* ist ein Höhepunkt für die englische Upper Class.

Seit 2002 findet wieder alljährlich am 2. Juniwochenende das *Isle of Wight Festival* statt.

Die *Royal Cornwall Show* gilt als eine der bedeutendsten Messen Großbritanniens zum Thema Landleben und Landwirtschaft.

Dickens-Festival in Broadstairs (zweite Junihälfte).

Zwei Wochen vor dem Wimbledonauftakt trifft sich alljährlich im Juni die Weltelite im Damentennis auf den Grasplätzen von Eastbourne zu den *International Ladies Tennis Championships*.

Am letzten Juniwochenende treffen sich alle Ex-Hippies, Musikfans und Spiritualisten auf dem *Glastonbury Festival*. Drei Tage lang campen bis zu 80.000 Menschen friedvoll auf der Worthy Farm bei Pilton.

Schrill geht es in Brighton auf der *Gay Pride* am 29. Juni zu, die alljährlich von einem großen Publikum gefeiert wird.

Juli: Klassikliebhaber pilgern zur *First Night* der Henry Wood Promenade Concerts in der Royal Albert Hall. Tennisfans fahren hingegen nach Wimbledon zu den *International All England Lawn Tennis Championships*, die auch ohne Boris und Steffi der unumstrittene Höhepunkt im Tenniszirkus sind.

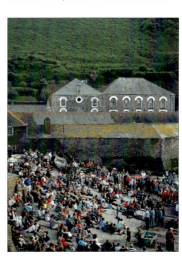

Hafenkonzert in Port Isaac

30   Südengland erleben

Scandals at the Spa: Fünf Tage im Juli wird in Royal Tunbridge Wells das goldene georgianische Zeitalter beschworen.

Reading bietet mit dem *WOMAD* (World of Music, Art and Dance) ein anspruchsvolles Festivalprogramm.

Während der *Chichester Festivities* stehen zwei Wochen lang zahlreiche Musik-, Tanz- und Theateraufführungen auf dem Programm.

Ebenfalls im Juli bietet das *Exeter Festival* Musik, Tanz und Theater rund um die Kathedrale.

August: Die *Cowes Week* (erste Augustwoche) war das Vorbild für die Kieler Woche und zählt bis heute zu den beeindruckendsten Segelregatten.

Das *Sidmouth International Festival of Folk Arts* bietet in der ersten Augustwoche traditionelle Musik, Tanz und Konzerte.

Der *Notting Hill Carnival* ist eines der weltweit größten Straßenfeste. Seit 1965 wird am letzten Augustwochenende in dem Londoner Stadtteil ein Stück Karibik zelebriert. www.nottinghillcarnival.net.uk

Am letzten Montag im August findet im historischen Zentrum von Royal Tunbridge Wells ein Sänftenrennen *(Sedan Chair Race)* statt.

Der Schlosshof von Arundel und andere Plätze der Stadt dienen als stimmungsvolle Bühne beim *Arundel Festival*.

Homosexuelle aus ganz Europa treffen sich im August bei der *Brighton Parade*.

September: Folkestone ist Anfang September eine Woche lang der Gastgeber für das *Kent Literature Festival* mit Lesungen internationaler Autoren.

Am ersten Sonntag im September fliegen erfindungsreiche Zeitgenossen mit selbst gebastelten Maschinen über die Bucht von Bognor (*Bognor Birdman*).

Oktober: *Canterbury-Festival* mit Oper, Jazz, Folk, Tanz und Theater. Alljährlich Mitte Oktober.

November: Am 2. Samstag im November präsentiert sich die *Lord Major's Show* als farbenprächtiger Umzug, den der neue Bürgermeister von London mit einer vergoldeten Kutsche anführt.

Das *London Film Festival* ist der alljährliche Höhepunkt aller Cineasten.

In Bridgwater feiert man am 5. November zur Erinnerung an Guy Fawkes, der einst das Londoner Parlament in die Luft jagen wollte, einen großen *Carnival*, während in Lewes das größte Feuerwerk Englands inszeniert wird und in Ottery St Mary brennende Holzfässer *(Tar Barrels)* durch die Stadt getragen werden.

Ein Prinz als Trendsetter

Prince Edward VII. war das Topmodell des 19. Jahrhunderts. Als der fünfjährige Prinz 1846 seine Sommerferien auf der königlichen Jacht *Victoria and Albert* verbrachte, nähte ihm der Bordschneider einen Matrosenanzug im Stil der Royal Navy, der seine Eltern über alle Maßen entzückte. Sie gaben bei dem Maler Franz Xaver Winterhalter ein Portrait in Auftrag, das Edward in seinem neuen Outfit zeigte: Weite weiße Hosen, dazu ein lockeres weißes Hemd, am Rücken rechteckig geschnitten, vorne mit spitz zulaufenden dunkelblauen Kragen und ein zum Knoten gebundenes schwarzes Halstuch; auf dem Kopf ein breitkrempiger, lässig in den Nacken geschobener Strohhut mit langen, schwarzen Bändern. Doch nicht nur Edwards Eltern, die gesamte englische High Society war von dem feschen Anzug begeistert. In den nächsten Jahren gab es kaum einen Jungen adeliger Abstammung, der sonntags nicht im Matrosenanzug umherspazierte. Ab 1860 kleideten auch die bürgerlichen Familien ihre Söhne im Matrosenoutfit. Der Triumphzug fand so bald kein Ende und schwappte auf den Kontinent über: Bis Mitte des 20. Jahrhunderts gab es in fast jedem Fotoalbum ein Bild, das den Nachwuchs im Marinelook zeigte. Auch Willy Brandt, Karl Carstens, Willy Millowitsch und Henri Nannen haben sich noch in ihrem Matrosenanzug fotografieren lassen ...

Geschichte

Stonehenge und Caesar

Die ältesten Spuren menschlichen Lebens lassen sich auf den Britischen Inseln rund 250.000 Jahre zurückverfolgen. Es waren zumeist Jäger und Sammler, die während der Eiszeit über eine Landbrücke vom europäischen Kontinent nach Nordwesten vorstießen. In den Kents Cavern bei Torquay wurde ein 30.000 Jahre alter Kieferknochen eines Menschen gefunden. Aus klimatischen Gründen fand eine systematische Besiedlung Englands erst nach Ende der letzten Eiszeit vor knapp 10.000 Jahren statt. Noch einmal 5.000 Jahre mussten vergehen, bevor die Jäger und Sammler sesshaft wurden und sich auf die Viehwirtschaft und den Ackerbau konzentrierten. An diesem Wandel maßgeblich beteiligt waren Einwanderer aus Frankreich und der Iberischen Halbinsel; Letztere brachten die Technik der Bronzeherstellung mit und werden in der wissenschaftlichen Literatur als „Glockenbecherleute" bezeichnet, da man bei ihren Toten häufig Grabbeigaben in Form eines glockenförmigen Bechers fand.

Selbst auf den heutigen Grabsteinen werden die keltischen Ahnen zitiert

Südengland ist reich an mythischen und prähistorischen Hinterlassenschaften. Das sicherlich herausragendste Monument ist das auf den Salisbury Plains gelegene Stonehenge, das wahrscheinlich als Sonnenheiligtum errichtet wurde. Dieses am besten erhaltene vorgeschichtliche Steindenkmal Europas entstand in zwei Bauphasen, wobei die tonnenschweren Steine aus Wales herbeigeschafft wurden – eine unglaubliche technische Leistung! In der Grafschaft Wiltshire steht bei Avebury noch ein weiterer, allerdings weniger beeindruckender Steinkreis. Rätselhaft ist auch die Entstehung des nahen Silbury Hill, ein künstlich aufgeschütteter Hügel von beeindruckenden Ausmaßen, dessen Sinn bis heute ungeklärt ist.

Vor rund 2500 Jahren erfolgte die Einwanderung keltischer Stämme in mehreren Wellen. Auf einer höheren kulturellen Stufe stehend, gelang es den **Kelten** die Urbevölkerung entweder zu unterwerfen oder nach Wales zurückzudrängen. Die Kelten konnten Eisen herstellen, führten neue Getreidesorten wie Hafer ein und steigerten den Ertrag durch bessere Pflugtechniken. Von den Kelten zeugen nicht nur materielle Hinterlassenschaften; Teile der Bevölkerung von Wales, Westschottland und Irland sprechen noch heute keltisch. Und auch in Südengland sind viele Grafschafts- und Flurnamen – beispielsweise Kent und Devon – keltischen Ursprungs.

32   Geschichte

Wirtschaftlich bedeutend war vor allem die Zinnproduktion in Cornwall; der Export der wertvollen Barren erfolgte bis nach Gallien.

Ein Brite ist blau und hat einen Schnurrbart

„Das Innere Britanniens wird von Ureinwohnern bewohnt, die Küste aber von denen, die in kriegerischer Absicht der Beute wegen gelandet und nach der Eroberung dort blieben und Ackerbau betrieben. Die Bevölkerungsdichte ist sehr groß. Die sehr zahlreichen Häuser stimmen fast völlig mit den gallischen überein. Der Viehbestand ist bedeutend. Als Geld benutzen sie Kupfer- oder Goldmünzen oder Eisenbarren von bestimmtem Gewicht. Im Binnenland wird Zinn gewonnen, im Küstengebiet Eisen; aber seine Ausbeute ist gering. ... Die meisten Binnenlandbewohner bauen kein Getreide an, sondern leben von Milch und Fleisch und sind mit Fellen bekleidet. Alle Britannier bemalen sich mit Waid, der eine blaue Farbe erzeugt und ihren Anblick im Kampf umso schrecklicher macht. Sie tragen langes Haupthaar, sind sonst rasiert, außer eben am Kopf und an der Oberlippe."

Julius Caesar, Der Gallische Krieg

Ins Licht der europäischen Geschichtsschreibung trat England erst relativ spät. Noch gegen Ende des fünften Jahrhunderts vor unserer Zeitrechnung gestand Herodot: „Ich weiß auch von den Zinn-Inseln nichts ..." Griechische Seefahrer aus Marseille hatten zwar schon hundert Jahre zuvor die *Insel der Albionen* „entdeckt" und von den dortigen Zinnvorkommen berichtet, doch erst mit **Caesar** fand die *Splendid Isolation* ein Ende. Als Caesar Gallien eroberte, gerieten auch die Kelten jenseits des Kanals in seinen Aktionsradius. Zweimal, in den Jahren 55 und 54 vor unserer Zeitrechnung, landete der geniale Feldherr mit seinen Truppen auf der englischen Insel; in gewohnter Weise kam, sah und siegte er, brach aber dann die Invasion ab, da sein Hauptaugenmerk der politischen Entwicklung in Rom galt. Die Insel erhielt den Namen *Britannia*, nach dem belgischen Stamm der *Britanni*, der sich im Südosten des Landes niedergelassen hatte.

Vom römischen Britannia zum angelsächsischen Königreich

Die römische Invasion Britanniens erfolgte im Jahre 43 unserer Zeitrechnung mit drei Legionen vom Rhein und einer von der Donau, die unter dem Kommando des Aulus Plautius standen; nur unterbrochen vom blutigen Aufstand der *Boudicca* wurde innerhalb weniger Jahre ganz Süd- und Mittelengland unterworfen. Der militärische Höhepunkt war die Einnahme von *Camulodunum* (Colchester), der Hauptstadt des mächtigsten Stammes, der *Trinovantes*. Der Sieger konnte sich der Gunst des herbeigeeilten Kaisers Claudius erfreuen, zu dessen Begleittross sogar Elefanten gehörten. Benachbarte Stämme, die die Herrschaft der Trinovantes nicht geschätzt hatten, nämlich die Iceni (im heutigen Norfolk) und die Leute im heutigen Sussex, ergaben sich den Römern, ihre Häuptlinge wurden zu römischen Klienten. Der Senat ehrte Claudius mit einem Triumphbogen, „da er der Erste war, der barbarische Stämme jenseits des Ozeans der Herrschaft des römischen Volkes unterworfen hat". Claudius erhielt außerdem den Beinamen Britannicus, den er selbst aber nicht annahm, sondern seinem Sohn übertrug.

Vom römischen Britannia zum angelsächsischen Königreich 33

Nach bewährtem Muster schufen die **Römer** in kürzester Zeit eine neue Provinz, die den Namen *Britannia* erhielt. In dem bei Chichester an der Südküste gelegenen Örtchen Fishbourne konnten bei Ausgrabungen nicht nur eine palastartige Villa mit eindrucksvollen Bodenmosaiken freigelegt, sondern auch militärische Vorratshäuser und eine kleine Hafensiedlung nachgewiesen werden; eine weitere römische Siedlung *(Glevum)* ging dem heutigen Gloucester voraus. Und an jener Stelle, wo sich das Tal der Themse verengte und zwei kleine Hügel den Sumpf des Nordufers überragten, gründeten die Römer *Londinium*. Der Platz war gut gewählt, denn hier gab es nicht nur in ausreichendem Maße trockenes Land für eine Stadt, die technisch versierten Eroberer verstanden es auch, eine Brücke über die Themse zu führen. Der Grundstein für Londons Aufstieg zu Britanniens großem Verkehrs- und Handelsknotenpunkt war gelegt. Zwar begehrten die Kelten 17 Jahre später noch einmal gegen die römische Fremdherrschaft auf und zerstörten Londinium, doch wurde die Stadt umgehend wiederaufgebaut und durch Mauern und ein mächtiges Kastell, das in der Nähe des heutigen Barbican Centre stand, abgesichert. Mit einer Ausdehnung von rund 140 Hektar war London um ein vielfaches größer als die Römerstädte Mailand, Turin und Verona, und der römische Historiker Cassiodorus stellte lobend fest: „Londinium war für seinen Handel berühmt und wimmelte nur so von Händlern." Zu den eindrucksvollsten römischen Hinterlassenschaften zählt neben den Ruinen des Londoner Mithrastempels und den Thermen von Bath vor allem die Villa von Lullingstone in der Grafschaft Kent. Mit ihren eindrucksvollen Mosaiken und Warmluftanlagen zeugt die Villa vom luxuriösen Standard der römischen Kultur. Eine weitere bleibende Hinterlassenschaft war die Einfuhr einer langwolligen Schafrasse, die aus Kleinasien stammte und die englische Landschaft bis auf den heutigen Tag prägt.

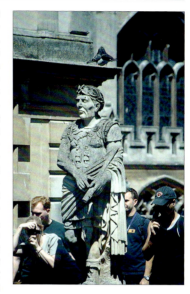

Römerstatue in Bath

Als im Zeitalter der Völkerwanderung die römische Vorherrschaft über Europa zu bröckeln begann, zogen sich auch die römischen Truppen aus Britannien zurück; die zivilisatorischen Errungenschaften verkümmerten, das städtische und kulturelle Leben erlahmte, einzig London behielt noch eine gewisse Zeit seine führende Stellung. Doch das Machtvakuum auf der Insel lockte potenzielle Eroberer an; die aus der Nordseeregion zwischen Weser und Niederelbe stammenden Sachsen, Angeln und Jüten brandschatzten England mehrfach, bis sie sich schließlich auf der Insel ansiedelten. Rasch dehnten sie ihren Machtbereich aus, die keltischen Briten wurden unterworfen oder nach Cornwall, Wales oder Schottland zurückgedrängt. Die Einwanderer teilten England untereinander auf, wobei die Grenzen anfangs noch fließend waren. Neben vielen kleinen Fürstentümern entstanden zu Beginn des 6. Jahrhunderts die drei großen Königreiche Wessex, Mercia und Northumbria. Gebietsbezeichnungen wie Sussex (Südsachsen), Wessex (Westsachsen) und Essex (Ostsachsen) erinnern noch heute an diese Einwanderungswelle. Im Gegensatz zu den Römern lebten die **Angelsachsen** bevorzugt in dörflichen Gemeinschaften, das römische Städtewesen verfiel weitgehend. Viele Orte, deren Namen auf -ham oder -ing enden, wie beispielsweise Chilham, Worthing oder Hastings, dürften in jener Epoche entstanden sein.

Als die Angelsachsen um das Jahr 600 geschlossen zum katholischen Glauben übertraten, beschleunigte sich die **Christianisierung** der Britischen Inseln. Richtungsweisend waren die Hochzeit von König Ethelbert von Kent, der im Jahre 597 die katholische Prinzessin Berta aus dem fränkischen Königshaus ehelichte, sowie die Konversion der Könige von Essex, Northumbria und East Anglia: England wuchs dauerhaft mit dem abendländisch-christlichen Kulturkreis zusammen. Der Klerus etablierte sich als neue geistige Führungsschicht und förderte mit seiner hierarchischen Ausrichtung den Aufbau eines prosperierenden Städtewesens. Zudem stärkte das Christentum die Stellung des Königs, dessen Amt durch die kirchliche Weihe und Salbung einen sakralen Charakter erhielt. Die Könige, so wurde verkündet, regierten von Gottes Gnaden. Eine der frühesten nachgewiesenen Sakralbauten ist die aus dem 7. Jahrhundert stammende Klosterkirche Saint Mary in Reculver in der Grafschaft Kent. Von den anderen frühmittelalterlichen Kirchen sind oft nur wenige Überreste erhalten, da sie der nordischen Tradition folgend in Holz errichtet wurden.

King Alfred der Große

Gegen Ende des 8. Jahrhunderts wurde Südengland dann wiederholt von den Wikingern heimgesucht, die mit ihren wendigen Schiffen überraschend an der Küste auftauchten oder die Themse hinauffuhren. Als wohlhabende Handelsstadt war vor allem London ein begehrtes Ziel. Ähnlich wie in der Normandie beschränkten sich die **Wikinger** seit der Mitte des 9. Jahrhunderts nicht mehr auf schnelle Beutezüge, vielmehr versuchten sie, die Angelsachsen zu unterwerfen und sich dauerhaft in England anzusiedeln. Die Königreiche Northumbrien und Mercia waren bereits im Besitz der dänischen Wikinger, als der König von Wessex, *Alfred der Große*, die nordischen Eroberer 878 bei Chippenham besiegte. Nachdem Alfred acht Jahre später schließlich London zurückerobern konnte, gelang es ihm, die angelsächsische Herrschaft zu konsolidieren. Stolz ließ Alfred, der bis 899 regierte, Münzen mit seinem Konterfei und dem Titel *Rex Anglorum* prägen. Das Haus Wessex wurde zum englischen Königshaus und das in der heutigen Grafschaft Hampshire gelegene Winchester zur Hauptstadt des Landes. Historiker erklären die mächtige Zentralgewalt des frühen englischen Königtums mit den geographischen Gegebenheiten; die – mit Frankreich oder Deutschland verglichen – geringe territoriale Ausdehnung ermöglichte dem König, seine Anweisung in jedem Landesteil durchzusetzen. Um Angriffe von außen besser abwehren zu können, ließ Alfred mehr als dreißig befestigte Plätze errichten. Rechts- und verwaltungstechnisch wurde England in 37 *Shires* aufgegliedert; diese *Shires* wurden später *Counties* genannt und entsprechen den deutschen Grafschaften. Das Londoner Zollverzeichnis, das unter *König Aethelred* erstellt wurde, zeigt anschaulich, dass bereits im Jahre 1000 deutsche, französische und flandrische Kaufleute Wolle, Öle und Fette ankauften, während die Angelsachsen braunes und graues Tuch, Gewürze, Wein und Fisch importierten. Wenig später konnte der Däne *Knut der Große* die angelsächsische Vormachtstellung durchbrechen und von 1018 bis 1035 die Insel als englischer König regieren. Die dänische Episode währte aber nicht lange: Unter *Eduard dem Bekenner* kehrten zwar die Angelsachsen auf den Thron zurück, allerdings brachte Eduard, der lange Zeit in der normannischen Heimat seiner Mutter als Flüchtling gelebt hatte, die dortigen Sitten und Bräuche mit auf die Insel. Der Bau der von ihm betriebenen Westminster Abbey zeigte deutlich den Einfluss der normannischen Sakralarchitektur.

1066 und die Folgen

Die normannische Eroberung Englands im Jahre 1066 war nicht etwa ein willkürlicher Angriff, wie beispielsweise die geplanten Invasionen von Napoleon. Vielmehr begab sich **Wilhelm der Eroberer**, so jedenfalls sahen es auch viele seiner Zeitgenossen, als legitimer Erbe des englischen Throns nach England, da ihn König Eduard der Bekenner schon zu Lebzeiten zu seinem Nachfolger bestimmt hatte. Als der Erbfall im Januar 1066 eintrat und sich *Harold Godwinson*, ein entfernter Verwandter von Eduard, der Wilhelm den Vasalleneid geleistet hatte, bereits einen Tag später selbst zum König krönte, „musste" Wilhelm handeln, wenn er seinen Machtanspruch aufrechterhalten wollte. Der berühmte Bildteppich von Bayeux schildert anschaulich die nun folgende Eroberung Englands: Wilhelm ließ eine ganze Schiffsflotte bauen und setzte mit 300 Schiffen sowie rund 7000 Mann über den Ärmelkanal. Am 28. September erreichten die hochbordigen normannischen Drachenschiffe bei Pevensey englischen Boden und stellten sich den aus Norden herbeieilenden Truppen Harolds zum Kampf. Trotz der taktisch besseren Stellung erlitten die Angelsachsen am 14. Oktober in der als *Battle of Hastings* berühmt gewordenen Schlacht eine vernichtende Niederlage. Der entscheidende Vorteil der Normannen lag in der besseren Ausrüstung: Die Reiterei konnte aus dem Sattel kämpfen, da die Normannen bereits über Steigbügel verfügten; zudem trugen die normannischen Ritter Kettenhemden, während sich das englische Heer zu einem Großteil aus schlecht bewaffneten Landarbeitern rekrutierte. Am Weihnachtstag des Jahres 1066 wurde Wilhelm in Westminster vom Erzbischof von York zum englischen König gekrönt, doch dauerte es noch weitere fünf Jahre, bis er de facto über ganz England herrschte.

Die **Normannen** waren der einheimischen Bevölkerung zahlenmäßig hoffnungslos unterlegen. Um seinen Machtanspruch militärisch abzusichern, ließ Wilhelm zahlreiche Burgen als Herrschaftsmittelpunkte errichten. Mit verhältnismäßig geringem Aufwand konnten so große Territorien militärisch kontrolliert werden. Der

36   Geschichte

Tower von London, der in dieser Zeit entstand, diente somit weniger der Verteidigung Londons, sondern vielmehr der Kontrolle der wankelmütigen Londoner Bevölkerung. Ein unumstrittenes Ergebnis der normannischen Eroberung war außerdem die fast vollständige Vernichtung der altenglischen Aristokratie durch Tod, Exil oder soziale Unterdrückung. An ihre Stelle traten die treuen Gefolgsleute Wilhelms und das aus Frankreich mitgebrachte System des Feudalismus. Unter den normannischen Landesherren gab es keine freien Bauern mehr, da alles Land in Lehensland verwandelt worden war. Oberster Lehensherr und zugleich alleiniger Inhaber des gesamten englischen Bodens war der König. Wilhelm ließ als eine seiner ersten Amtshandlungen das *Domesday Book* anlegen, eine Art genauen Besitzkatalogs, der die Grundlage für das neue Besteuerungsverfahren werden sollte. Am Hof sprach man fortan Französisch; das Angelsächsische wurde zur Volkssprache degradiert. Spuren davon finden sich noch im heutigen Englisch: Während die Tiere auf der Weide angelsächsische Namen *(cow)* tragen, wird ihr Fleisch auf der Tafel noch immer in der gallischen Form *(beef)* bezeichnet. Auch die Rechtsprechung, die Mode, das Heer und der Klerus wurden normannisiert. Ebenso bedeutend war aber sicherlich, dass England durch die Vermittlung der normannischen Prälaten kulturell und intellektuell vom breiten Strom der neuen, von Nordfrankreich ausgehenden Gelehrsamkeit erfasst wurde. Auch in architektonischer Hinsicht erlebte England durch die normannische Eroberung eine Revolution. Die Normannen führten nicht nur den Burgenbau – das Hauptmerkmal einer feudalen Gesellschaft – ein, sie bauten in den Jahrzehnten nach Hastings fast jede größere Kirche aus, wodurch die Reform der englischen Kirche auch optisch zum Ausdruck kam.

London selbst spielte in der normannischen Epoche noch nicht die führende Rolle im Königreich. Der Grundriss der Stadt war von den schachbrettartig verlaufenden Römerstraßen geprägt und noch nicht über die antiken Grenzen hinausgewachsen. Die Vorstadtsiedlungen Bishopsgate und Southwark lagen an der wichtigen, von Süden nach Norden verlaufenden Verbindungsstraße, die die Themse auf der bislang einzigen vorhandenen Brücke überquerte. Nach Osten schloss sich das Areal des königlichen Towers an, im Westen in einiger Entfernung das Kloster Westminster mit der Krönungskirche. Dazwischen entfaltete sich die kleinteilige mittelalterliche Stadt in der bis heute gültigen Unterteilung in *boroughs*. Erst im Jahre 1176 wurde die alte London Bridge durch eine steinerne Variante ersetzt. In London muss bereits damals ein raues Klima geherrscht haben, so zeichnete Richard von Devizes, ein Zeitgenosse von Richard Löwenherz, ein spottreiches Bild der Themsestadt: „Wenn du in England bist und kommst nach London, ziehe schnell weiter. Diese Stadt missfällt mir sehr. Es gibt dort alle Arten von Menschen, aus allen Völkern unter dem Himmel, und alle haben ihre Laster mitgebracht: Niemand dort ist unschuldig, in jedem Viertel gibt es bedauerliche Unsitten. Der größte Gauner gilt als der beste Mensch. … Ich habe keine Angst um dich, aber da sind lasterhafte Menschen, und die Berührung mit ihnen verdirbt die Sitten. Nun gut, geh nach London, wenn du willst, aber ich sage dir, alles Böse, alle Laster, die es in der Welt gib, findest du in dieser Stadt vereint." Devizes zählt genussvoll auf, welche Schrecken einen jungen Mann in London erwarten: „Komödianten, Schürzenjäger, Eunuchen, Zauberer, Verführer, Pädophile, Homosexuelle, Sodomiten, Herumtreiber, Drogenhändler, Parasiten, Wahrsagerinnen, Giftmischer, nächtliche Herumtreiber, Magier, Schauspieler, Bettelvolk, Possenreißer, kurz das ganze Pack, das dort die Häuser füllt." Vor Devizes strengen Augen hatte aber kaum eine Stadt in Südengland Bestand: „Rochester und Chichester sind kleine Dörfer, und man fragt sich, warum sie als Städte bezeichnet werden. Oxford hat Mühe, seine Menschen am Leben zu erhalten, vom Ernähren spreche ich erst gar nicht. In Exeter setzt man Menschen und Tieren dieselben Getreideabfälle vor. Bath liegt in einem Tal, die Luft ist so sehr von Schwefeldämpfen verpestet, dass man sich vor den Toren der Hölle wähnt."

Kathedralen – Ausdruck des normannischen Herrschaftsanspruchs

Eindrucksvolle Beispiele für die normannische Sakralarchitektur sind die Kathedralen von Winchester und Durham. Die normannischen Kirchen sind ein Ausdruck der Macht, Herrschaftsarchitektur mit entsprechend imposanten Ausmaßen. Bedingt durch den zahlreichen Kathedralklerus aus Ordensleuten entstanden eigene, geräumige Mönchschöre hinter dem Altar; Lettner und Schranken verwiesen die Laien in einen vorbestimmten Teil der Kirche. In den englischen Kathedralen herrscht ein Miteinander von Bauelementen, Seitenschiffe und Querhäuser werden nicht harmonisch einbezogen. Durchgehende Linien dominieren, die klare Struktur lässt wenig Platz für die private Andacht, konzipierten die Baumeister ihre Kathedralen doch als überdachten, öffentlichen Raum. Zumeist stehen die Kathedralen wie in Winchester und Salisbury isoliert auf dem Rasen; sie lassen sich umwandern, ohne dass der Wunsch entsteht, Details näher in Augenschein nehmen zu wollen. Wer dennoch genauer hinsieht, wird feststellen, dass im Gegensatz zu den Kathedralen von Amiens oder Regensburg die Fassade kaum filigrane Einzelheiten aufweist, alles ist der großen Form, dem absoluten Anspruch auf Gehorsam und Pflichterfüllung untergeordnet.

Nichtsdestotrotz erlebte England – und somit auch London – gegen Ende des 11. Jahrhunderts eine außerordentliche Blütezeit. Der in finanziellen Dingen recht geschickte *Richard Löwenherz* erkannte die Vorteile einer florierenden Wirtschaft,

38   Geschichte

richtete neue Märkte ein und verzichtete auf die Steuereinnahmen der deutschen Kaufleute in ihrer Londoner Niederlassung. England stellte für Richard Löwenherz in erster Linie eine Einnahmequelle dar, die sein Vater, Heinrich II., mit Gewalt und neuen Steuern der Krone erschlossen hatte. Richards Bruder und Nachfolger *Johann Ohneland*, ein rachsüchtiger und unfähiger Herrscher, musste im Jahre 1215 die 61 Artikel der **Magna Carta Libertatum** anerkennen, die die königliche Autorität zugunsten von Freiheiten und Privilegien für die Kirche, den Adel sowie das Bürgertum beschnitt und allen späteren konstitutionellen und demokratischen Entwicklungen Tür und Tor öffnete. Auch wirtschaftlich profitierte England von der neuen politischen Situation. Händler und Gilden erhielten Privilegien und Monopole, fremde Kaufleute ließen sich nieder. So richtete die Hanse, deren Kaufleuten zahlreiche Vorrechte eingeräumt wurden, gegen Ende des 13. Jahrhunderts ein Kontor in der Themsestadt ein.

Schwarzer Tod und Rosenkriege

When Adam delved and Eve span – Who was then a gentleman?

Die englische Gesellschaft war – sieht man einmal vom Klerus und von der Stadtbevölkerung ab – im Mittelalter in zwei Stände gegliedert: in Edelmänner und leibeigene Bauern. Durch den pestbedingten Rückgang der Bevölkerung verknappte sich die menschliche Arbeitskraft, so dass es zahlreichen Leibeigenen gelang, sich durch Freikauf und Landerwerb zu emanzipieren. Innerhalb kürzester Zeit bildeten sich zwei neue Stände: der freie Bauer mit eigenem Landbesitz und der einfache Landarbeiter, der sich als Knecht verdingte. Die verschiedenen gesellschaftlichen Rechte, die sich von dem Grundbesitz ableiteten, führten im letzten Viertel des 14. Jahrhunderts wiederholt zu örtlichen Unruhen. Zu den entschiedenen Gegnern des Feudalsystems gehörte der durch die Grafschaft Kent ziehende Wanderprediger *John Ball,* der offen für die gesellschaftliche Gleichheit und persönliche Freiheit eines Christen eintrat. Berühmt geworden ist er durch die provokante Frage: „When Adam delved and Eve span – Who was then a gentleman?" Als Ball wegen seiner aufrührerischen Predigten 1381 in Maidstone in Ketten lag, wurde er von ein paar Aufständischen unter Führung des Gerbers *Wat Tyler* aus dem Kerker geholt. Die Nachricht von Balls Befreiung verbreitete sich in Windeseile, aus den unzufriedenen Landarbeitern formierte Tyler ein Heer, mit dem er erst den Palast des Erzbischofs von Canterbury stürmte und dann nach London zog. Die Tore der Themsestadt öffneten sich ohne Widerstand, König Richard II. verhandelte mit Tyler und befahl die Aufhebung der Leibeigenschaft. Tyler war am Ziel, doch stieg ihm sein Erfolg zu Kopf: Mit ein paar Getreuen drang er in den Tower ein, um den verhassten Erzbischof von Canterbury hinrichten zu lassen. Die Stimmung schlug um, als die Aufständischen die Stadt plünderten. Der Londoner Lord Mayor erschlug Wat Tyler eigenhändig, woraufhin seine verwirrten Anhänger in kürzester Zeit aufgerieben wurden. Trotz des unrühmlichen Endes gebührt Tyler das Verdienst, den Niedergang des Feudalismus eingeleitet zu haben.

Die Häuser Tudor und Stuart   **39**

Das 14. und das 15. Jahrhundert waren von Kriegen und schweren Katastrophen gekennzeichnet. Im August 1348 erreichte die **Pest** England; fast jeder dritte Einwohner Londons starb in den darauf folgenden Monaten am „Schwarzen Tod". Eine zweite Pestepidemie breitete sich im Winter 1361 aus und forderte erneut Tausende von Opfern. Doch der Schrecken hatte noch kein Ende: 1369 und 1375 flackerte die Pest abermals auf. Modernen Schätzungen zufolge hat sich die englische Bevölkerung innerhalb weniger Jahrzehnte halbiert.

Zur gleichen Zeit bekriegten sich England und Frankreich auf dem Kontinent. Nach anfänglichen Erfolgen der Engländer trugen aber letztlich die Franzosen den Sieg im sogenannten *Hundertjährigen Krieg* (1337–1453) davon. Da sich das Kriegsgeschehen ausschließlich auf dem Kontinent abspielte, bekam die Bevölkerung Südenglands den Krieg nur durch höhere Steuerlasten zu spüren. Kaum herrschte Frieden, entbrannte zwischen den Häusern York und Lancaster ein gnadenloser Kampf um die Krone. Da beide mit den Plantagenets verwandten Adelsgeschlechter eine Rose im Wappen führten, gingen die von 1455 bis 1485 währenden Konflikte als **Rosenkriege** in die Geschichte ein. In einer Hinsicht waren die Rosenkriege paradox: Sie markierten das Scheitern einer traditionellen Form des Widerstands der Barone und brachten gleichzeitig immer noch die Forderung der Feudalaristokratie nach größerem Einfluss auf die Politik des Königs zum Ausdruck. Im Laufe dieses langen und erbitterten Konflikts wurde die Hocharistokratie durch Attentate und Kriegshandlungen dezimiert, während der niedere Adel und die freien Bürger um die volle Anerkennung der mittelalterlichen Rechte des Parlaments kämpften. Den unrühmlichen Höhepunkt der Rosenkriege bildete der von *Richard III.* in Auftrag gegebene Mord an den unmündigen Söhnen seines 1483 verstorbenen Bruders Eduard IV.; Heinrich Tudor, der Earl of Richmond, stellte sich daraufhin am 22. August 1485 mit Unterstützung des französischen Königs den Truppen Richards III. auf dem Schlachtfeld entgegen. Obwohl die Armee Richards zahlenmäßig überlegen war, trug Heinrich in Bosworth den Sieg davon. Dass Richard bei einer persönlichen Attacke auf seinen Herausforderer ums Leben kam, wurde von den Zeitgenossen als eine Art Gottesurteil interpretiert.

Die Häuser Tudor und Stuart

Mit Heinrich VII. saß erstmals ein Tudor auf dem Thron. Durch seine Heirat mit Elizabeth von York führte der geschickte Diplomat die verfeindeten Häuser York und Lancaster zusammen. Sein bleibendes Verdienst war es, die Stellung der Monarchie gefestigt zu haben. Diese Politik, die von seinen Nachfolgern bis hin zu Elizabeth I. fortgesetzt wurde, bildete die Grundlage für die weltweite Expansion Englands, die mit einem steten Zuwachs der Londoner Bevölkerung einherging. Als **Heinrich VIII.** 1509 den englischen Thron bestieg, konnte er auf eine gut gefüllte Staatskasse zurückgreifen. Obwohl höfische Manieren, körperliche Fähigkeiten und Bildung des 18-Jährigen von den Zeitgenossen hoch gerühmt wurden, sollte er als Despot in die Geschichte eingehen. Seine Geltungssucht, verbunden mit einem überzogenen Imponiergehabe, steigerte sich ins Unerträgliche. Architektonische Glanzpunkte seines Repräsentationsstrebens waren der St James's Palace und Hampton Court – beides eindrucksvolle Beispiele für die Tudor-Gotik. Letztlich waren es aber die Ehe- bzw. Nachfolgeprobleme Heinrichs VIII., die zu einer entscheidenden Wendung im Geschick des Landes führten. Da der Papst ihm die Scheidung von Katharina von Aragón verweigert hatte, sagte sich Heinrich VIII.

40   Geschichte

1534 von Rom los und machte die englische Kirche zu einer Nationalkirche, der sogenannten anglikanischen Staatskirche mit dem König selbst als *Supreme Head*. Trotz offener Proteste ging die Monarchie gestärkt aus diesem Konflikt hervor; es gelang ihr sogar, sich die Heiligkeit der Kirche für eigene Zwecke zu Nutze zu machen.

Sechs Frauen und ein Mann

Mit seinen Frauen hatte Heinrich VIII. – oder besser: sie mit ihm – nur wenig Glück. Britische Schüler lernen einen Reim, um sich das Schicksal der Frauen Heinrichs VIII. leichter einzuprägen: „Divorced, beheaded, died / divorced, beheaded, survived". Geschieden wurde der englische König von Katharina von Aragón, Anne Boleyn verlor ihren Kopf, Jane Seymour starb, Anna von Klewe wurde ebenfalls geschieden, Katherina Howard starb wiederum durch den Henker und nur Katharina Parr überlebte ihren Gatten.

Besonders bedeutend war Heinrichs Entscheidung, die Klöster aufzulösen und deren Güter an treue Gefolgsleute zu verteilen. Auf diese Weise schaffte er einen neuen, patriotischen Adel, der entschieden für den Protestantismus eintrat, um die Klostergüter nicht wieder herausgeben zu müssen. Teilweise wurden Ländereien zu Spottpreisen an vermögende Kaufleute veräußert, da Heinrich dringend Geld benötigte, um den Krieg gegen Frankreich zu finanzieren. Gleichzeitig mangelte es nun aber im ganzen Land an einer wirksamen Armenfürsorge; an die Stelle der Klöster und religiösen Stiftungen traten Armengesetze sowie eine Zwangsabgabe zur Unterstützung der Notleidenden. Typisch für die Architektur dieser Zeit sind die Landsitze im Tudor-Stil – beispielsweise das Montacute House in Somerset –, die bewusst auf jegliche Befestigung verzichteten und von parkähnlichen Gärten umgeben waren.

Die von Heinrich VIII. eingeleitete Entwicklung setzte sich auch unter **Elizabeth I.**, Heinrichs zweitältester Tochter, durch; sie vollendete während ihrer langen Regierungszeit (1558–1603) die religiöse Politik ihres Vaters. War bei ihrem Regierungsantritt – bedingt durch die Rekatholisierungsmaßnahmen ihrer Halbschwester Maria – die überwiegende Mehrzahl der Engländer wieder in den Schoß der alten Kirche zurückgekehrt, so dürfte die Zahl der Katholiken gegen Ende ihrer Herrschaft unter zwei Prozent gelegen haben. Angetrieben vom puritanischen Geist prosperierte die Wirtschaft: An der 1571 eröffneten Londoner Börse konnte erstmals ein ständiger Handel stattfinden. Nachdem Elizabeth 1587 die katholische Königin von Schottland, *Maria Stuart*, hatte köpfen lassen, weil sie Maria verdächtigte, einen Mordanschlag auf sie veranlasst zu haben, schickte Philipp II. seine Armada, um England wieder für den rechten Glauben zu gewinnen. Doch trotz der vermeintlichen militärischen Überlegenheit der spanischen Flotte glückte den von *Sir Francis Drake* angeführten Engländern ein historischer Sieg, der eine jahrhundertelange Vormachtstellung Englands auf allen Weltmeeren zur Folge hatte.

Auch in kultureller Hinsicht sollte das Elisabethanische Zeitalter als *Golden Age* in die Geschichte eingehen. *Christopher Marlowe* und vor allem *William Shakespeare* prägten die Epoche mit ihren Tragödien; am Südufer der Themse entstanden erstmals eigene Theatergebäude, die bis zu 3.000 Zuschauer fassen konnten, darunter das unlängst wieder rekonstruierte *Globe*. In der Architektur prägte Inigo Jones (1573–1652) einen klassizistischen Stil, der von dem Italiener Andrea Palladio be-

Die Häuser Tudor und Stuart   41

The Globe – perfekte Rekonstruktion

einflusst war. Auf dem Land entstanden mehrere klassizistische Herrensitze, darunter auch das Wilton House in Wiltshire.

Erst auf dem Sterbebett liegend, bestimmte Elizabeth I. den Sohn von Maria Stuart als *Jakob I.* zu ihrem Nachfolger. Der für seine liberale Einstellung bekannte Jakob war zu diesem Zeitpunkt bereits König von Schottland und sollte bis zu seinem Tod (1625) in Personalunion als König von Schottland und England herrschen. Beinahe wäre Jakob I. einem Anschlag zum Opfer gefallen. Der Katholik Guy Fawkes plante 1605 zusammen mit zwei Jesuiten, den König samt Parlament in die Luft zu sprengen. Der sogenannte *Gunpowder Plot* war die Antwort auf einen königlichen Erlass, mit dem die Jesuiten ins Exil gezwungen werden sollten. Die „Schießpulver-Verschwörung" flog jedoch auf, weil einer der Anführer einem Freund die Warnung zukommen ließ, dem Parlament am Tag des Anschlags fernzubleiben. Der Brief gelangte in die Hände königstreuer Beamter, woraufhin unter dem Parlamentsgebäude 36 Pulverfässer entdeckt wurden. Fawkes und seine Mitverschwörer wurden gefangen genommen, gefoltert und hingerichtet.

Die Erinnerung an das Haus Stuart, das bis 1714 über England herrschen sollte, bleibt von zwei dramatischen Ereignissen überschattet: Dem Bürgerkrieg, der 1649 in der Exekution Karls I. und der Abschaffung der Monarchie gipfelte – Oliver Cromwell stand als Lordprotektor an der Spitze des Staates –, sowie dem Großen Brand von 1666, dem große Teile Londons zum Opfer fielen. Bereits unter Jakob I. war es mehrfach zu Konflikten zwischen dem König und dem Parlament gekommen, die 1621 in der erzwungenen Entlassung des Lordkanzlers endeten. Als das Parlament Karl I. 1628 in der *Petitions of Rights* zu Zugeständnissen zwang, löste dieser wenige Monate später das Parlament kurzerhand auf und versuchte elf Jahre lang allein zu regieren. Die Auseinandersetzung mündete in zwei Bürgerkriege, der König wurde schließlich gefangen genommen und am 30. Januar 1649 hingerichtet,

42   Geschichte

weil er gegen sein eigenes Volk Krieg geführt und den Tod von Menschen verschuldet hatte. Cromwell, der erfolgreiche Anführer der parlamentarischen Armee, wollte zwar ein demokratisch legitimiertes Regime etablieren, stand aber de facto an der Spitze einer Militärdiktatur. Nach Cromwells Tod (1658) versuchte sich zwar sein Sohn Richard als Nachfolger, doch wandte sich die Armee bald von ihm ab und holte den Sohn des geköpften Königs als Karl II. auf den Thron zurück. Dessen katholischer Bruder und Nachfolger Jakob II. geriet erneut mit dem Parlament in Streit und wurde in einer unblutigen – und daher „glorreichen" – Revolution ins Exil getrieben und durch Wilhelm von Oranien, seinen protestantischen Neffen und Schwiegersohn, „ersetzt". Wilhelm, der bis dahin als Statthalter und Generalkapitän fungiert hatte, erkannte die *Declaration of Rights* an, und England mutierte zur konstitutionellen Monarchie. Nach der „Glorreichen Revolution" von 1689 stieg England innerhalb kürzester Zeit zur stärksten Wirtschaftsmacht Europas auf. London löste Amsterdam als weltweit bedeutendstes Handels- und Finanzzentrum ab und dehnte sich ständig weiter aus. 1694 wurde die Bank of England gegründet. Einen wichtigen Anteil am Aufschwung hatten die Hugenotten; Ende des 17. Jahrhunderts siedelten sich mehr als 50.000 aus Frankreich vertriebene Glaubensflüchtlinge in Südengland an. Die Ursache für die Flucht der Hugenotten war das Edikt von Fontainebleau vom 18. Oktober 1685, mit dem der französische König *Ludwig XIV.* das Toleranzedikt von Nantes (1598) widerrief. Der englische König Jakob II. hatte nicht nur den Flüchtlingen die Möglichkeit geben wollen, ihren Glauben auszuüben, sondern sich auch wirtschaftliche Vorteile sowie die Erschließung neuer Gewerbezweige erhofft.

Da weder Wilhelm III. noch Königin Anna ihre Linie durch einen Thronfolger weiterführen konnten, fiel gemäß der Erbfolge die englische Krone an das **Haus Hannover**. Mit *Georg I.* bestieg 1714 erstmals ein deutscher Fürst den englischen Thron. Das gesamte 18. Jahrhundert war eine Epoche, die sich vor allem im Londoner West End und in Marylebone durch eine rege Bautätigkeit auszeichnete. London wuchs weit über seine Stadtgrenzen hinaus. *Daniel Defoe* bezeichnete das aufstrebende London 1726 als „eine monströse Stadt" und stellte die Frage: „Wo kann hier eine Grenzlinie gezogen oder ein Umgrenzungswall angelegt werden?" Im Gegensatz zu anderen europäischen Städten fehlte in London ein umfassender Bebauungsplan. Weder die Regierung noch eine kleine herrschende Schicht gaben Richtlinien vor, vielmehr war die Stadtentwicklung das Ergebnis einer Vielzahl begrenzter privater Initiativen. Da zwischen 1714 und 1830 alle englischen Könige den Namen Georg trugen, werden die damals entstandenen Bauten unter dem Namen Georgianischer Stil subsumiert. Hierzu zählen die zahlreichen Backstein-Reihenhäuser, die weiträumigen, rechteckigen *Squares* und die abgerundeten *Crescents*. Bath, das zweifellos das schönste georgianische Stadtbild Englands besitzt, war in städtebaulicher Hinsicht wegweisend. Die von Vater und Sohn Wood zwischen 1727 und 1767 realisierten Straßenzüge wurden mustergültig für die englische Städtebaukunst des 18. Jahrhunderts. In London und anderen Städten wurde das lockere Zusammenspiel von Crescent, Square, Circus und Terrace kopiert. In der Themsemetropole ragt unter den damals errichteten Stadtpalästen vor allem das Somerset House am Strand heraus. Eine Sonderform ist der Regency-Stil von *John Nash* (1752–1835). Nash entwarf im Auftrag des Prinzregenten unter anderem den Regent's Park sowie zahlreiche Stadtvillen, zudem führte er um 1780 die weißen Stuckfassaden und Säulenarkaden ein, die noch heute viele Londoner Straßen-

Die Häuser Tudor und Stuart 43

züge kennzeichnen. Ebenfalls im 18. Jahrhundert führte *Lancelot „Capability"
Brown* (1716–1783) die englische Gartenbaukunst zu einem ungeahnten Höhepunkt. Die mehr als hundert von Brown geschaffenen Parkanlagen fügten sich harmonisch in die geographischen Gegebenheiten ein und riefen die Illusion hervor, sich in einer naturbelassenen Landschaft zu befinden.

1588 – die gescheiterte Invasion

Nicht nur die Hinrichtung von Maria Stuart, auch die steten Angriffe der englischen Freibeuter vom Schlage eines Hawkins und eines Drake waren dem spanischen König Philipp II. ein Dorn im Auge. Indem die englischen Freibeuter die spanischen Galeonen kaperten, die mit Silber und Gold beladen aus der Karibik kamen, fügten sie den Spaniern einen beträchtlichen materiellen Schaden zu und forderten den mächtigsten König des 16. Jahrhunderts damit heraus. Philipp II. reagierte: Er wollte England erobern und das verhasste protestantische Königreich ein für alle Mal vernichten. Für dieses Unterfangen stellte er eine gigantische Armada zusammen; die spanische Flotte bestand aus 130 Schiffen, bestückt mit 2000 Kanonen und 20.000 Soldaten. An Bord befanden sich Nahrungsmittel und Munition, die ausreichend waren, um ohne Nachschub sechs Monate auf der Insel ausharren zu können. Die gewaltige Flotte unter dem Kommando von Admiral Sidonia galt als unbesiegbar. Francis Drake erkannte jedoch, dass die Armada aufgrund ihrer Größe schwerfällig und daher verwundbar war. Nachdem sich die beiden Flotten mehrere Tage lang ohne nennenswerte Erfolge bekämpft hatten, fiel die Entscheidung in der Nacht des 28. Juni 1588. Die Engländer verfügten über die beweglicheren Schiffe, die erfahreneren Besatzungen und die bessere Artillerie. Entscheidend wirkte sich der strategische Nachteil für die Spanier aus, sich fern der Heimat in keinen gesicherten Hafen zurückziehen zu können. So sahen sie sich gezwungen, vor Calais im offenen Gewässer zu ankern und boten damit den Brandschiffen der Engländer ein lohnendes Ziel. Als diese deren sechs in den spanischen Flottenverband hineinmanövrierten, kappten die Spanier überstürzt die Ankertaue; die zerstreuten Schiffe waren dem englischen Angriff fast schutzlos ausgeliefert. Vier Schiffe sanken, tausende von Soldaten und Matrosen fanden den Tod. Den Rest besorgten die Stürme, denen die Armada bei ihrer Flucht um die Britischen Inseln an der Westküste ausgesetzt war: Die hochbordigen Galeonen zerschellten an den Felsküsten Schottlands, Irlands und Cornwalls. Nur die Hälfte der Schiffe kehrte Ende September wieder in einen spanischen Hafen zurück. Die Invasion war kläglich gescheitert.

Sieht man einmal von den Städten ab, so stellen vor allem die Landsitze des Adels und nicht etwa die königlichen Schlösser die architektonischen Hinterlassenschaften aus der Epoche zwischen Glorreicher und Industrieller Revolution dar. Petworth House und Hatchlands legen ein eindrucksvolles Zeugnis für die wirtschaftliche Macht, das gesellschaftliche Ansehen und den politischen Einfluss ihrer Besitzer ab. Doch nicht nur der Adel, sondern auch der große Teil der Bevölkerung partizipierte am Vorabend des industriellen Zeitalters am allgemeinen Wohlstand. Wer auf dem Land keine Zukunftschancen sah, suchte sein Glück in London, das in

Round Reading Room im British Museum in London

vielerlei Hinsicht eine Ausnahmestellung einnahm. Um 1750 lebte jeder zehnte Engländer in der Themsemetropole, die im Gegensatz zu den ländlichen Regionen ein deutliches Missverhältnis von Todes- und Geburtenrate aufzuweisen hatte. London wirkte nicht nur als demographisches Korrektiv, sondern bewirkte mit seiner wachsenden Nahrungsnachfrage das Entstehen eines nationalen Marktes, der eine Spezialisierung der landwirtschaftlichen Produktion nach sich zog. Der wachsame Chronist *Daniel Defoe* registrierte 1724 auf seiner *Tour through the whole Island of Great Britain*, dass alle Teile des Königreichs dazu beitrügen, die Versorgung der Hauptstadt zu gewährleisten.

Industrielle Revolution

Im 19. Jahrhundert, als Dampfschiffe eine zügigere Überquerung des Ärmelkanals ermöglichten, wurde England zunehmend als Reiseziel entdeckt. In erster Linie wollten die Reisenden die ungeheuren sozialen und politischen Dimensionen der „Weltstadt" London kennenlernen. Als *Heinrich Heine* 1828 in London eintraf, bot sich ihm folgendes Bild: „Ich habe das Merkwürdigste gesehen, was die Welt dem staunenden Geiste zeigen kann, ich habe es gesehen und staune noch immer – noch immer starrt in meinem Gedächtnisse dieser steinerne Wald von Häusern und dazwischen der drängende Strom lebendiger Menschengesichter mit all ihren bunten Leidenschaften, mit all ihrer grauenhaften Hast der Liebe, des Hungers und des Hasses ... Dieser bare Ernst aller Dinge, diese kolossale Einförmigkeit, diese maschinenhafte Bewegung, diese Verdrießlichkeit der Freude selbst, dieses übertriebene London erdrückt die Phantasie und zerreißt das Herz ... Ich erwartete große Paläste und sah nichts als lauter kleine Häuser. Aber eben die Gleichförmigkeit derselben und ihre unabsehbare Menge imponirt so gewaltig."

Die Entdeckung der Küste   45

Heines Enttäuschung war bedingt durch die Auswirkungen der Industriellen Revolution, die England und vor allem London damals voll erfasst hatte. Aus allen Teilen des Königreichs strömten die Menschen nach London, um in den dortigen Fabriken Arbeit zu finden. Die Einwohnerzahl begann in bis dato unbekanntem Ausmaß zuzunehmen; Ende des 18. Jahrhunderts überschritt London als erste europäische Stadt die Millionengrenze. Heine erlebte London als eine Stadt des Liberalismus, die infolge der Befreiungskriege von einer fortschreitenden wirtschaftlichen Depression geprägt war. Große Teile der Bevölkerung, vor allem die irische Minderheit, lebten unterhalb der Armutsgrenze. Dies führte zu sozialen Missständen, die Charles Dickens in seinen Werken so eindrucksvoll geschildert hat.

Auch die Schriften von Marx und Engels sind ohne die englische Erfahrung der beiden Begründer der Kommunistischen Partei nicht denkbar. Friedrich Engels charakterisierte 1845 die Lage der arbeitenden Klasse in England wie folgt: „Die brutale Gleichgültigkeit, die gefühllose Isolierung jedes einzelnen auf seine Privatinteressen tritt umso widerwärtiger und verletzender hervor, je mehr diese einzelnen auf den kleinen Raum zusammengedrängt sind; und wenn wir auch wissen, dass diese Isolierung des einzelnen, diese bornierte Selbstsucht überall das Grundprinzip unserer heutigen Gesellschaft ist, so tritt sie doch nirgends so schamlos unverhüllt, so selbstbewusst auf als gerade hier in dem Gewühl der großen Stadt."

Verfassungsgeschichtlich betrachtet war England seit dem späten 17. Jahrhundert eine parlamentarische Monarchie; allerdings krankte das Parlament daran, dass es sich fast ausschließlich aus Adeligen zusammensetzte. Selbst im Unterhaus wurde ein großer Teil der Sitze über Generationen hin vererbt. Viele Wahlen verliefen wie ein Ritual, bei dem sich die *Gentry* ihren gesellschaftlichen Vorrang und ihr Ansehen bestätigen ließ. Ausgedehnte Landsitze mit riesigen Gärten dokumentierten diese Vorrangstellung im öffentlichen Raum. Die gesellschaftlichen Umwälzungen der Französischen Revolution erschütterten die Macht des englischen Adels nicht im Geringsten. Im Gegenteil: Durch die Ereignisse in Frankreich waren jegliche Reformgedanken diskreditiert. Erst im Zuge der Industrialisierung kam es 1832 zu Veränderungen des Wahlrechts, die den Anteil der Wahlberechtigten auf 18,4 Prozent der männlichen Bevölkerung erhöhte. Stimmberechtigt waren nun auch diejenigen Mitglieder des Bürgertums, die ein Haus besaßen oder gemietet hatten, das steuerlich mit zehn Pfund im Jahr veranschlagt war. Dennoch blieb die politische Dominanz der Grundbesitzer ungebrochen. Erst durch den *Franchise Act* von 1884 erhielten auch die Landarbeiter das Wahlrecht, der Anteil der Stimmberechtigten erhöhte sich auf sechzig Prozent. Durch den Ersten Weltkrieg geriet das beschränkte Wahlrecht endgültig unter Druck: 1918 durften alle erwachsenen Männer und alle Frauen, die älter als 30 Jahre waren, wählen; nochmals zehn Jahre später erhielten auch die Frauen unter 30 Jahren das aktive Wahlrecht. England war damit politisch im 20. Jahrhundert angekommen. Der große Nutznießer des allgemeinen Wahlrechts war die *Labour Party,* die seit 1918 zu den wichtigsten politischen Gruppierungen gehört.

Die Entdeckung der Küste

Im Laufe des 18. Jahrhunderts wurde die Küste zu einem Ort, an dem man zwischen Körper und Meer eine neue ungeahnte Harmonie entdeckte, die in wohldosierter Form verabreicht, einen heilsamen Effekt gegen Melancholie und andere Krankheiten versprach. Medizinische Diskurse erörterten die heilsame Wirkung des kalten Meerwassers, des Wellenbades und des Strandspaziergangs. Die „Meeresheilkunde" wurde begründet und ein ganzes System von Anwendungspraktiken entwickelt, die der Gesundheit dienlich sein sollten. Von einem Badewärter überwacht, folgten die Kurgäste den ärztlichen Anordnungen bis ins kleinste Detail. Dies führte zu recht seltsam anmutenden Anwendungen, so wenn der Kurgast mitten im Winter frühmorgens um sechs Uhr eine Viertelstunde im kalten Wasser saß und dabei den Kopf, einer exakt ausgearbeiteten Vorschrift zufolge, zehnmal eintauchen musste.

Beachy Head:
Die höchsten Klippen Südenglands

Eine effiziente touristische Infrastruktur entwickelte sich in den englischen Seebädern in der zweiten Hälfte des 18. Jahrhunderts. In zunehmendem Maße stellte sich die einheimische Bevölkerung als Badewärter, Fischhändler oder Zimmervermieter auf die Bedürfnisse der Kurgäste ein. Am Strand von Scarborough tauchten 1735 die ersten Badewagen auf. Kurz darauf setzte sich ein Modell durch, das der Quäker Benjamin Beale am Strand von Margate entworfen hat. Je nach Ausführung waren die Badewagen mehr oder weniger komfortabel ausgestattet. Alle verfügten über eine Sitzbank, die häufig mit Samt bezogen war. Im Inneren lagen mehrere Handtücher und trockene Badekleidung, gelegentlich auch ein Mantel oder ein Umhang zum Aufwärmen bereit. Der Wagen wurde bis zu einer Tiefe von etwa zwanzig Zentimetern ins Wasser geschoben, so dass der Kurgast über eine Leiter bequem das Meer erreichen konnte. Die *bathing machines* waren vollständig verhängt, um die Intimität der badenden Frauen zu bewahren, denn der beliebteste Zeitvertreib der männlichen Badegäste war es, das Treiben am Strand mit dem Fernrohr zu verfolgen. Ein Badewärter aus Brighton beklagte 1796, dass die Frauen unentwegt von indiskreten Blicken verfolgt würden, „nicht nur, wenn sie aufgelöst aus dem Meer kommen, sondern auch, wenn sie wie lauter in Flanell gekleidete Najaden an den Ufern mit den Beinen strampeln, sich ungeniert im Sand wälzen oder durch Schlamm waten".

Viktorianisches Zeitalter

Während der langen Herrschaft von **Queen Victoria** (1837–1901), die als Mutter der Nation und Mutter von neun Kindern einem ganzen Zeitalter den Namen gab, nahm die englische Bevölkerung deutlich zu. Jeder fünfte Engländer wohnte in

London. Die Stadt umfasste beinahe das ganze, 30.000 Hektar große Gebiet der 1888 geschaffenen, gleichnamigen Grafschaft. In Europa gab es keinen vergleichbaren städtischen Ballungsraum.

Die Weltausstellung von 1851

Fast alle Anwesenden waren zu Tränen gerührt, als am 1. Mai 1851 Hunderte von Chorsängern das „Halleluja" aus Händels „Messias" anstimmten, nachdem Königin Victoria in Anwesenheit des Erzbischofs von Canterbury die „Great Exhibition of the Works of Industry of All Nations" im Londoner Kristallpalast feierlich eröffnet hatte. Dabei war der Anlass der Feierlichkeiten eigentlich ganz profaner Natur: Fast 14.000 Aussteller aus der ganzen Welt waren zusammengekommen, um ihre Produkte und technischen Errungenschaften auf der 1. Weltausstellung zu präsentieren. Die Vorreiterrolle spielte zweifellos Großbritannien, das sich als Vorbild für andere Nationen verstand. Konzipiert wurde die Ausstellung von Prinz Albert, dem eine Symbiose von Wissenschaft, Industrie und Kunst vorschwebte. Das Leitmotiv der Ausstellung war allerdings nicht der Fortschritt, sondern der „Frieden" zwischen den Völkern, weswegen der gläserne Kristallpalast auch als „Friedenstempel" bezeichnet wurde. Thomas Carlyle rümpfte allerdings die Nase angesichts dieses „Tempels zur Anbetung des Kommerzes". Auch in sozialintegrativer Hinsicht war die Wirkung der Ausstellung begrenzt: In erster Linie feierte sich die bürgerliche Industriegesellschaft; für die Arbeiterschaft war noch kein gleichrangiger Platz vorgesehen.

Erster und Zweiter Weltkrieg

Den Ersten Weltkrieg überstand England fast ohne Schäden, sieht man einmal von den Bomben ab, die von deutschen Zeppelinen über der City of London abgeworfen wurden. Die Anziehungskraft des Londoner Ballungsraums blieb ungebrochen, die Bevölkerung wuchs auf über neun Millionen Einwohner an. Gleichzeitig waren die Jahre zwischen den Kriegen vor allem die Zeit der Massenarbeitslosigkeit. Bereits 1921 betrug die Arbeitslosenquote 16,6 Prozent; sie ging dann leicht zurück, um 1931 und 1932 auf 21,1 beziehungsweise 21,9 Prozent hochzuschnellen. Die Hauptursache für die katastrophale wirtschaftliche Lage war die Schwäche der Exportindustrie und der Niedergang der britischen Werften. Doch im Gegensatz zu Deutschland oder Amerika ist das Fehlen politischer Unruhen bemerkenswert. Weder der Radikalismus des amerikanischen New Deal noch der Faschismus und Antisemitismus, die in Italien und Deutschland die Politik bestimmten, konnten in Großbritannien Fuß fassen. Zwischen 1919 und 1939 ging in England bei politischen und wirtschaftlichen Konflikten kein einziges Menschenleben verloren. Die von Sir Oswald Mosley angeführte *British Union of Fascists* blieb trotz Anfangserfolgen glücklicherweise eine Randgruppierung. In städtebaulicher Hinsicht war der Entschluss von 1938 bedeutsam, das Auswuchern der Stadtrandgebiete zu unterbinden und rund um London einen Grüngürtel freier Landschaft, den *green belt,* zu ziehen. Selbst mitten in den Wirren des Krieges beschäftigte sich die Regierung mit der Siedlungsproblematik und leitete die Umsiedlung der Bewohner des *green belt* in neu zu schaffende Ortschaften ein.

48   Geschichte

Weitgehend vergessen ist heute auch, dass England in den Dreißigerjahren ein bedeutender Zufluchtsort für aus dem nationalsozialistischen Deutschland vertriebene Künstler, Wissenschaftler und Schriftsteller war. Vor allem der Londoner Stadtteil Hampstead entwickelte sich zum Zentrum der deutschsprachigen Emigranten, zu denen so bedeutende Persönlichkeiten wie Elias Canetti, Erich Fried, Hermann Broch, Norbert Elias, Peter Weiss, Sebastian Haffner, Alfred Kerr, Hilde Spiel, Sigmund Freud, Fritz Kortner und Peter Zadek gehörten. Rund 50.000 Flüchtlinge aus Deutschland, Österreich und der Tschechoslowakei wurden 1939 in London gezählt, viele blieben auch nach Kriegsende in ihrer Exilstadt wohnen.

The Blitz und Baedeker Raids

Die Kriegserfahrungen spielen bis heute im Nationalbewusstsein der Engländer eine wichtige, häufig verklärte Rolle, wie man im Londoner *Britain at War Museum* anschaulich verfolgen kann. Besonders in Erinnerung geblieben ist „The Blitz“: Vom 7. September 1940 bis zum 10. Mai 1941 flog die deutsche Luftwaffe 58 nächtliche Angriffe auf die englische Hauptstadt. Besonders verheerend wirkte sich der letzte Angriff vom 10. Mai aus, an dem 550 Flugzeuge beteiligt waren. Insgesamt kamen zwischen 20.000 und 30.000 Menschen ums Leben, mehr als 250.000 Häuser wurden zerstört. Die einfachste und sicherste Möglichkeit, sich vor den Bombenangriffen zu schützen, war, die Nacht in der Underground-Bahn zu verbringen. Neben London mussten auch Bath, Canterbury und Dover schwere Schäden hinnehmen, weshalb die Angriffe auch als „Baedeker Raids“ bezeichnet wurden. Die Intention der Nazis war deutlich: Sie planten die bekanntesten historischen Sehenswürdigkeiten Englands zu zerstören und orientierten sich dabei offensichtlich an der alphabetischen Ordnung des Baedeker Reiseführers.

Zwischen Kriegsende und Millennium

Trotz seines internationalen Erfolgs durch den siegreichen Abschluss des Zweiten Weltkrieges musste Winston Churchill im Juli 1945 eine herbe Niederlage einstecken: Unter der Führung von *Clement Attlee* kam erstmals eine Labourregierung an die Macht, die eine parlamentarische Mehrheit hinter sich hatte. Neben der Verstaatlichung von Eisenbahnen, Fluggesellschaften und dem Bergbau wurde ein umfassendes **Sozialprogramm** verabschiedet, dessen wichtigste Pfeiler die Armenfürsorge und die Gesundheitspolitik waren. In den Fünfzigerjahren ließen sich zahlreiche Immigranten aus Indien und der Karibik in England nieder. London erhielt dadurch zwar seinen bis heute so faszinierenden multikulturellen Touch, doch gleichzeitig wuchs die Ablehnung der weißen Bevölkerung gegenüber der farbigen Minderheit. Die Konflikte entluden sich im Sommer 1958, als die ersten Rassenunruhen in London ausbrachen, geschürt von einem Steine werfenden Mob, der durch die Straßen von Notting Hill zog.

Die Sechziger- und Siebzigerjahre waren in sozialgeschichtlicher Hinsicht vor allem durch ökonomische Probleme und Arbeitslosigkeit geprägt. Der Londoner Hafen steuerte unaufhaltsam seinem Niedergang entgegen, ein Dock nach dem anderen

Zwischen Kriegsende und Millennium 49

Zu bestimmten Anlässen fährt die Queen mit der Kutsche durch London

Die Royals und kein Ende?

Mit der 1981 geschlossenen Hochzeit von Prince Charles und Lady Diana stand das britische Königshaus noch einmal voll im Glorienschein, danach folgte eine Hiobsbotschaft auf die andere. Geradezu symbolisch gingen Teile der königlichen Schlösser Hampton Court und Windsor in Flammen auf. Königin Elizabeth II. bezeichnete das Jahr 1992 als *annus horribilis* für die Royal Family. In der Öffentlichkeit wurde lebhaft über Sinn und Zweck der Monarchie diskutiert, vor allem nach dem Unfalltod von Prinzessin Diana, als man den Windsors ihre Unfähigkeit zu trauern vorhielt.

wurde geschlossen. Ein wirtschaftlicher Aufwärtstrend machte sich erst zu Beginn der **Ära Thatcher** (1979–1990) bemerkbar. Mit Unnachgiebigkeit regierte die „Iron Lady", hob die viktorianischen Werte auf den Schild und betrieb mit Eifer den staatlichen Rückzug aus Wirtschaft und Gesellschaft. Das Symbol für den wirtschaftlichen Erfolg jener Jahre sollte die umstrittene Umgestaltung der Docklands in ein modernes Büroviertel werden. In der Erinnerung vieler Engländer sind von der Ära Thatcher vor allem die politischen Unruhen und die soziale Kälte jener Jahre haften geblieben. *John Major* konnte den Abwärtstrend der Konservativen noch einmal kurz aufhalten, doch am 1. Mai 1997 triumphierte New Labour mit ihrem Premier *Tony Blair*, der angetreten war, um „Cool Britannia" betont jugendlich in das dritte Jahrtausend zu führen. Bei den Wahlen vom Mai 2005 wurde Tony Blair als Premierminister für weitere vier Jahre im Amt bestätigt. Blairs Amtszeit ist die längste aller regierenden Premierminister der Labour-Partei. Im Herbst 2006 kündigte Blair seinen Rücktritt an. Nach einem kurzen, aber erfolglosen Zwischenspiel seines langjährigen politischen Weggefährten *Gordon Brown* hat seit Mai 2010 der Konservative *David Cameron* das Amt des Regierungschefs inne.

Die englischen Herrscher auf einen Blick

Angelsächsische Könige

Edwin	955–959
Edgar	959–975
Eduard der Märtyrer	975–978
Sven Gabelbart	1013–1014
Knut der Große	1016–1035
Edmund Ironside (mit Knut)	1016
Harold I.	1035–1040
Hardknut	1040–1042
Eduard der Bekenner	1042–1066
Harold II.	1066

Normannische Könige

Wilhelm I. der Eroberer	1066–1087
Wilhelm II. Rufus	1087–1100
Heinrich I.	1100–1135
Stephan I.	1135–1154

Haus Plantagenet

Heinrich II.	1154–1189
Richard I. Löwenherz	1189–1199
Johann I. Ohneland	1199–1216
Heinrich III.	1216–1272
Eduard I.	1272–1307
Eduard II.	1307–1327
Eduard III.	1327–1377
Richard II.	1377–1399

Haus Lancaster

Heinrich IV.	1399–1413
Heinrich V.	1413–1422
Heinrich VI.	1422–1461

Haus York

Eduard IV.	1461–1483
Eduard V.	1483
Richard III.	1483–1485

Haus Tudor

Heinrich VII.	1485–1509
Heinrich VIII.	1509–1547
Eduard VI.	1547–1553
Maria I.	1553–1558
Elisabeth I.	1558–1603

Haus Stuart

Jakob I.	1603–1625
Karl I.	1625–1649

Commonwealth/Protektorat

Oliver Cromwell (Lordprotektor)	1653–1658
Richard Cromwell (Lordprotektor)	1658–1659

Haus Stuart

Karl II.	1660–1685
Jakob II.	1685–1688
Maria II. u. Wilhelm III.	1688–1702
Anna	1702–1714

Haus Hannover

Georg I.	1714–1727
Georg II.	1727–1760
Georg III.	1760–1820
Georg IV.	1820–1830
Wilhelm IV.	1830–1837
Viktoria	1837–1901

Haus Sachsen-Coburg

Eduard VII.	1901–1910

Haus Windsor

Georg V.	1910–1936
Eduard VIII.	1936
Georg VI.	1936–1952
Elisabeth II.	seit 1952

Houses of Parliament

Architektur

Ein kurzer Überblick über die wichtigsten Baustile Südenglands:

Normannisch (1066–1200)

Schon bevor Wilhelm der Eroberer die Insel mit seinen Truppen eingenommen hat, gab es normannische Einflüsse auf die englische Baukunst. Die Normannen waren als geübte Steinmetze bekannt; zahlreiche Kathedralen, Burgen und Abteien überlebten die Jahrhunderte. Auch der älteste Teil (White Tower) des *Londoner Towers* stammt aus dieser Periode. Typisch normannisch sind massive Mauern aus bearbeitetem Stein (dazwischen loses Geröll), gerundete Tor- und Fensterbögen sowie einfache Verzierungen. Die Pfeiler sind gänzlich unverziert. Zu den bekanntesten normannischen Sakralbauten gehört die Kathedrale von Chichester.

Gotik (1200–1480)

Die Gotik wird in der englischen Kunstgeschichte in drei Perioden unterteilt: Early English (Frühgotik), Decorated (Hochgotik) und Perpendicular (Spätgotik). Gekennzeichnet war die gesamte Epoche vom wirtschaftlichen Wachstum in Britannien.

Early English (1170–1240): Frühgotische Architektur ist an ihrer Schlichtheit erkennbar. Die Fenster sind größer und die Wände dünner als in normannischen Gebäuden. Auffällig ist auch, dass ein großer Vierungsturm das Äußere der Kathedralen bestimmt. Innen fallen die typischen Rippengewölbe ins Auge. Beispiele für Early English sind der Chor der Kathedrale von Canterbury sowie die Kathedralen in Wells und Salisbury.

52   Architektur

Decorated (1240–1330): Der Decorated-Stil war die Verfeinerung des Early-English-Stils. Wände und Fenster wurden jetzt mit Ornamenten versehen. Besonders realistisch wirken die Abbildungen von Blättern und Zweigen. Außerdem befinden sich in den Fenstern vertikale Mittelbalken. Ein Bau dieser Epoche ist zum Beispiel die *Exeter Cathedral.*

Perpendicular (1330–1530): Die englische Spätgotik führte zum Höhepunkt der dekorativen Formen. Die Kirchen und Kathedralen sind dank ihrer großen Fenster lichtdurchflutet und von fächerförmigen Netzgewölben überdacht. Die Torbögen wurden im Laufe der Zeit flacher, bis sie beinahe rechtwinklig waren. Das Langhaus der Kathedrale von *Winchester* wurde beispielsweise im Perpendicular-Stil errichtet.

Tudor (1480–1600)

In der Tudor-Ära entstanden weit mehr Land- und Bürgerhäuser sowie Paläste als zuvor. Dafür wurden weit weniger Burgen und Kirchen gebaut. Mehr und mehr Ziegelsteine (meist mit Verzierungen) fanden Verwendung, anfangs allerdings nur um die Fenster und an den Ecken der Häuser. Auch die windschiefen Fachwerkhäuser mit dem schwarzen Fachwerk und der weißen Füllung stammen aus dieser Zeit. Schornsteine wurden üblich und in die Häuser der Adeligen und reichen Kaufleute bereits Glasfenster eingesetzt.

Elisabethanisch (1558–1603)

Die Elisabethanische Ära war durch eine Blütezeit des britischen Handels gekennzeichnet. Es entwickelte sich eine Schicht reicher Kaufleute, die sich repräsentative Stadthäuser oder Landsitze bauen ließen. Erste Versuche wurden unternommen, die Renaissance-Architektur auch in England einzuführen. Charakteristisch sind runde Torbögen, Stützpfeiler und klassische Ornamentierung. Allerdings blieben die Formen der Gebäude dem Tudor-Stil verhaftet. Sehenswerte Landsitze aus dieser Epoche sind Longleat House und Montacute House.

Renaissance (1603–1714)

Ganze zwei Jahrhunderte nachdem die Italiener römische Architektur- und Kunstformen für sich wiederentdeckt hatten, schwappte die Renaissance auch nach England über. Berühmte Architekten und Baumeister wie *Inigo Jones* und *Sir Christopher Wren* übertrugen die italienische Renaissance und den *Barock* auf englische Verhältnisse. Das erste komplett im Renaissance-Stil errichtete Gebäude war das *Queen's House* in Greenwich von Inigo Jones (1616). Dieser baute auch von 1619 bis 1622 die *Whitehall* in London. Als 1666 große Teile Londons in Schutt und Asche lagen, wurde Christopher Wren die Verantwortung für den Bau von über fünfzig Kirchen übertragen, darunter auch *St Paul's Cathedral,* die er nach dem Vorbild der Peterskirche in Rom schuf.

Georgianisch (1714–1810)

Die Gebäude dieser Epoche waren filigraner als noch zur Renaissance-Zeit, ihr Inneres zumeist lichtdurchflutet. Die prächtigen Stadthäuser wurden recht funktional nebeneinander errichtet. Bemerkenswerte Beispiele für georgianische Stadtarchitektur finden sich vor allem in *Bath*, wobei besonders *The Royal Crescent, The Circle* und die *Pultney Bridge* erwähnenswert sind. Dort finden sich auch die eleganten Eingangstore mit den charakteristischen Oberlichtern. Typisch sind außerdem die symmetrischen Treppen links und rechts neben dem Eingangsportal. Vorgärten wurden angelegt und das Erdgeschoss mit Arkaden versehen.

Regency (1810–1830)

Als ein Regent (später Georg IV.) eingesetzt wurde, um den geistesgestörten und blinden König Georg III. zu vertreten, erfuhr auch die Architektur einige Veränderungen. Der Regency-Stil ist nicht unbedingt durch einen großen Abwechslungsreichtum geprägt; fast identische Reihenhäuser mit Säulengängen waren zu dieser Zeit ebenfalls modern. Zum ersten Mal wurde, beispielsweise bei Zäunen, Fensterriegeln und Fußmatten, Eisen verarbeitet. Ebenso fanden Stuckarbeiten häufig Verwendung. Aber auch die Industrielle Revolution beeinflusste den Architekturstil. Erste Fabrikanlagen, riesige Lagerhallen und Eisenbrücken wurden errichtet. Ein außergewöhnliches Beispiel für die Architektur des Regency ist der orientalisch anmutende Royal Pavilion in Brighton.

Penshurst Place

Viktorianisch (1830–1901)

Was sich im Regency-Stil schon angedeutet hatte, zeigte sich in der Viktorianischen Periode in noch stärkerem Maße: Der technische Fortschritt hielt Einzug in die Architektur. Zahlreiche Bahnhöfe wurden erbaut. Konstruktionen aus Gusseisen und Glas im Treibhaus-Stil herrschten vor. Ein weiteres Produkt dieser Zeit sind die typischen Reihenhäuser aus rotem Ziegelstein, in denen die Arbeiter der Industriezentren wohnten. Das 19. Jahrhundert war aber auch die Zeit des *Gothic Revivals*. Nach einem Feuer in den *Houses of Parliament* nutzte man die „Gelegenheit" und errichtete sie im neugotischen Stil. Auch die *Tower Bridge* entspricht diesem Baustil.

20. Jahrhundert

Die größten Veränderungen in der Architektur sind wohl im 20. Jahrhundert zu verzeichnen. Beton wurde zum bevorzugten Baumaterial und loste den Ziegelstein ab. Der Zweite Weltkrieg brachte große Zerstörungen durch die Deutsche Luftwaffe. Die so entstandenen Lücken versuchte man durch moderne Hochhäuser und Blockbauten zu schließen. Glas- und Stahlkonstruktionen beherrschen noch heute zahlreiche Stadtbilder. Diese Art von Architektur wird New Brutalism genannt. Sie wird am auffälligsten vom *National Theatre* in London repräsentiert. Ansprechende moderne Architektur verkörpern das *Lloyds Building* oder der *Millennium Dome*.

Literatur

Die Zahl der Bücher und Romane, deren Handlung in Südengland spielt, ist immens, so dass die folgende Auflistung nicht den Anspruch der Vollständigkeit erheben kann.

Belletristik

Austen, Jane: *Sanditon*. dtv Taschenbuch, München.

Baddiel, David: *Was man so Liebe nennt*. Rowohlt Taschenbuch, Reinbek 2001. Eine leidenschaftliche Liebesgeschichte, wobei Baddiel scheinbar schwerelos mit den Themen Sexualität und Tod umzugehen weiß. Schauplatz: London.

Barnes, Julian: *England, England*. btb Taschenbuch, München 2001. Barnes entwirft auf der Isle of Wight ein groteskes Tourismus-Bild der Zukunft.

Barnes, Julian: *Briefe aus London*. rororo Taschenbuch, Reinbek 1999. Fünfzehn witzige und hintergründige Essays, die Barnes als „Auslandskorrespondent im eigenen Land" für den New Yorker geschrieben hat. Auch als englisches Taschenbuch zu empfehlen.

Besson, Philippe: *Einen Augenblick allein*. dtv, München 2008. Ein Fischer kehrt aus dem Gefängnis zurück, wo er für den Tod seines Sohnes gebüßt hat, doch die Einwohner von Falmouth wollen ihm nicht verzeihen.

Chaucer, Geoffry: *Canterbury Tales / Die Canterbury Erzählungen*. Zweisprachige Ausgabe im Reclam Verlag, Stuttgart.

Dickens, Charles: *Oliver Twist* oder *David Copperfield*. Es gibt nur wenige Städte, die so eng mit dem Werk eines Schriftstellers verbunden sind, wie London mit dem von Charles Dickens. Zumeist nur als Kinder- oder Jugendbücher eingestuft, lassen sich Dickens Romane als eine illustre Sozialgeschichte des 19. Jahrhunderts lesen.

Doyle, Arthur Conan: *Der Hund von Baskerville*. Ullstein Taschenbuch, Berlin 2001. Der wohl bekannteste Fall des Meisterdetektivs Sherlock Holmes spielt in der schaurigen Atmosphäre des Dartmoors.

Falconer, Helen: *Primrose Hill*. Faber and Faber, London 1999. Tragische Geschichte zweier Jugendfreunde, die im Stadtteil Primrose Hill zwischen Liebe und Drogen ums Erwachsenwerden kämpfen. Nur als englisches Taschenbuch erhältlich.

Fontane, Theodor: *Glückliche Fahrt*. Aufbau Verlag, Berlin 2003. Fontane war ein großer Liebhaber von England. Vor allem die Weltstadt London faszinierte ihn auf mehreren Reisen.

Fowles, John: *Die Geliebte des französischen Leutnants*. Ullstein Taschenbuch, Berlin 1990. Spielt in Lyme Regis, einem traditionsreichen Seebad westlich von Dorset.

Garnett, Angelica: *Freundliche Täuschungen*. Wagenbach Verlag, Berlin 1990. Angelica Garnett, die Tochter von Vanessa Bell und Duncan Grant, schildert ihre ungewöhnliche Kindheit im Charleston Farmhouse der Bloomsbury Group.

Greene, Graham: *Am Abgrund des Lebens*. Rowohlt, Reinbek 1981. Greene schildert in seinem Roman – Originaltitel „Brighton Rock" – die Geschichte von Pinkie Brown, einem 17-jährigen Anführer einer Jugendbande, die in dem Seebad Brighton ihr Unwesen treibt. Derzeit vergriffen.

Grimes, Martha: *Die Treppe zum Meer*. Goldmann Taschenbuch, München 2002. Mysteriöse Todesfälle an der Küste Cornwalls wecken den kriminalistischen Spürsinn des Aristokraten Melrose Plant.

Hardy, Thomas: *Der Bürgermeister von Casterbridge*. Insel Verlag, Frankfurt 2001. Die eindrucksvolle Schilderung des Aufstiegs und Falls eines mächtigen Mannes gehört zu den großen Prosatragödien des ausgehenden 19. Jahrhunderts. Wie unschwer zu erkennen ist, verbirgt sich hinter Casterbridge Dorchester in Dorset.

Hildesheimer, Wolfgang: *Zeiten in Cornwall*. Insel Taschenbuch, Frankfurt 1998. Sehr persönliche Reiseprosa, die Cornwall zu einer fast geisterhaften Märchenwelt werden lässt.

Hobbs, Peter: *Am Ende eines kurzen Tages*. DVA, München 2007. Die Geschichte eines Laienpredigers, der 1870 in Cornwall mit seinem Glauben und der Liebe ringt. Stimmungsvolles Porträt der cornischen Küstenlandschaft.

Hornby, Nick: *Fever Pitch*. Kiepenheuer & Witsch, Köln 1994ff. Faszinierende Hom-

Belletristik 55

mage an die Gefühle eines Londoners für den Fußballsport. Wer an Hornby Gefallen gefunden hat, kann es auch mit seinem zweiten Bestseller *High Fidelity* versuchen. Knaur Taschenbuch. Erzählt das Leben eines 35-jährigen Londoners, der in Camden einen Plattenladen betreibt und ewig auf der Suche nach der richtigen Frau ist.

Ishiguro, Kazuo: *Was vom Tage übrig blieb.* rororo Taschenbuch, Reinbek 1992ff. Der japanische Romancier schildert das Leben eines Butlers auf einem alten englischen Herrensitz im Süden Englands. Wurde später mit Antony Hopkins verfilmt.

Jerome, Jerome K.: *Drei Männer in einem Boot.* Piper Verlag, München 1998. Pannenreiche Bootsfahrt von drei hypochondrischen Freunden samt ihrem neurotischen Foxterrier die Themse hinauf.

Johnson, Uwe: *Insel-Geschichten.* Suhrkamp Verlag, Frankfurt 1995.

Kureishi, Hanif: *Der Buddha aus der Vorstadt.* rororo Taschenbuch, Reinbek 2005. Witziger Entwicklungsroman über Karim, Sohn einer Engländerin und eines Inders, der in London seinen Durchbruch als Schauspieler feiert. Kureishi versteht es, das London der Hippies und Punks in ein zynisch-skurriles Licht zu tauchen. Wie alle Bücher von Kureishi auch als englisches Taschenbuch erhältlich (Faber & Faber).

Lessing, Doris: *Auf der Suche.* dtv Taschenbuch.

Llewellyn, Caroline: *Ein trügerisches Bild.* btb, München 1997. Kriminalistische Spurensuche im einsamen, mysteriösen Cornwall.

Marías, Javier: *Alle Seelen.* dtv Taschenbuch, München 1998ff. Ein faszinierender Roman über Oxford, komisch und melancholisch von einem der talentiertesten zeitgenössischen Romanciers.

Maurier, Daphne de: *Mein Cornwall.* Schönheit und Geheimnis. Schöffling & Co, Frankfurt 2001. Die 1989 verstorbene Schriftstellerin stellt in diesem Reisebuch Sagen und Mythen ihrer „verschwindenden" cornischen Wahlheimat vor (Originaltitel: *Vanishing Cornwall*).

McEwan, Ian: *Am Strand.* Diogenes Verlag, Zürich 2007. Im Zentrum des Romans steht die Hochzeitsnacht in einer Flitterwochensuite am Strand von Chesil Beach bei Weymouth, eingebettet in die Moral- und Gesellschaftsvorstellungen der frühen 1960er-Jahre.

Mitford, Nancy: *Englische Liebschaften.* rororo Taschenbuch. Gesellschaftsroman, der Einblicke in das Leben der englischen

Oberschicht in den Dreißigerjahren gewährt.

Naipaul, V. S.: *Das Rätsel der Ankunft.* Kiepenheuer & Witsch, Köln 2002. Der aus Trinidad stammende Naipaul schildert die Erfahrungen, die er als junger Mann in England gemacht hat. Von einem geradezu ethnographischen Spürsinn zeugen seine Beobachtungen der englischen Mentalität, die der Literaturnobelpreisträger auf einem alten Landgut in der Grafschaft Wiltshire anstellt.

Nicholson, Geoff: *London, London.* Haffmanns Verlag, Zürich 1999. Drei Menschen werden von unterschiedlichen Obsessionen durch die Straßen der Themsemetropole getrieben. Ungewöhnliche Annäherung an London, untermalt von viel Crime und Sex.

Orwell, George: *Erledigt in Paris und London.* Diogenes Verlag, Zürich 2001. Eindrucksvolle Reportage über die Armut in der englischen Metropole.

Pepys, Samuel: *Tagebuch aus dem London des 17. Jahrhunderts.* Reclam Verlag, Stuttgart 1999. Das Tagebuch des großen Chronisten zeichnet ein eindrucksvolles Bild vom damaligen London.

Pilcher, Rosamunde: *Die Muschelsucher.* rororo Taschenbuch. Der wohl bekannteste in Cornwall spielende Roman der Bestsellerautorin.

Powys, John Cowper: *Weymouth Sands.* Powys, einer der großen, aber wenig bekannten englischen Dichter, erinnert sich an die mythischen Orte seiner Kindheit. Ähnlich ist auch der Roman *Maiden Castle.* Beide sind nur in Englisch erhältlich.

Rathbone, Julian: *Der letzte englische König.* dtv Taschenbuch, München 2003. Historischer Roman, der sich der Vorgeschichte der normannischen Eroberung von 1066 widmet.

Richardson, Nigel: Breakfast in Brighton – Adventures on the Edge of Britain. Englisches Taschenbuch.

Rutherfurd, Edward: *London.* Knaur Verlag 2000. Fast 900-seitiges Mammutwerk zur Geschichte Londons, die Rutherford am Schicksal seiner Bewohner erzählt.

Rutherfurd, Edward: *Sarum.* Droemer & Knaur Verlag 1999. Lebendig erzählte Geschichte von Salisbury, der erzählerische Bogen spannt sich von Stonehenge über den Kathedralenbau bis die jüngste Vergangenheit.

Satterthwait, Walter: *Eskapaden.* dtv Taschenbuch, München 2000. Der typisch englische Landhauskrimi spielt im Jahre 1921 und nutzt das Schloss Maplewhite in Devon als stimmungsvollen Hintergrund.

56   Literatur

Smollett, Tobias: *Humphry Clinkers Reise*. Manesse Verlag, Zürich 1996. Bietet ein illustres Sittengemälde von Bath und anderen englischen Kurorten.

Warwick, Collins: *Herren*. Kunstmann Verlag, München 2002. Schelmenroman um drei Schwarze aus Jamaica, die als Reinigungspersonal in einer Londoner Herrentoilette arbeiten.

Wilde, Oscar: *Das Bildnis des Dorian Gray*. Suhrkamp Taschenbuch, Frankfurt 1998. Wildes berühmtester Roman spiegelt auch Londons Fin-de-siècle-Atmosphäre wider.

Woolf, Virginia: *Mrs. Dalloway*. Fischer Taschenbuch, Frankfurt 1997. Souverän erzählter Roman über das Leben der Londoner Upper Class in den Zwanzigerjahren.

Reiseliteratur

Görner, Rüdiger: *Londoner Fragmente*. Patmos Verlag, Düsseldorf 2003. Amüsante und kurzweilige Streifzüge durch das literarische London.

König, Johann-Günther: *Von Pub zu Pub*. Insel Verlag, Frankfurt 2003. Eine literarische Kneipentour durch London und Südengland.

Merian, *Englands Süden*. Eine Zeitreise mit dem Klassiker unter den Reisemagazinen. Hamburg 1977. Nur noch antiquarisch erhältlich.

Moritz, Karl Philipp: *Reisen eines Deutschen in Südengland*. Insel Verlag, Frankfurt 2000. Authentische Schilderung einer Wanderung durch Mittelengland und London im Jahre 1782.

Nestmeyer, Ralf: *England*. Ein Reisehandbuch. Michael Müller Verlag, Erlangen 2011. Ideal für all jene, die weiter in den Norden Englands wollen.

Nestmeyer, Ralf: *London*. Stadtführer mit ausführlich kommentierten Rundgängen. Michael Müller Verlag, Erlangen 2011.

Raulf, Andrea: *Bootsferien in Großbritannien und Irland*. Pietsch Verlag. Hilft bei der Planung von Bootsferien in zwölf Regionen.

Raykowski, Harald: *London – Elf Spaziergänge*. Insel Verlag, Frankfurt 2000. Elf informative Spaziergänge durch das literarische London von Shakespeare bis zur Gegenwart.

Reng, Ronald: *Gebrauchsanweisung für London*. Piper Verlag, München 2004. Amüsant zu lesende Huldigung an die englische Metropole, mit Kenntnis und Liebe geschrieben.

Sager, Peter: *England, mein England*. Insel Verlag, Frankfurt 2006. Mehr als ein Dutzend gut geschriebene Reiseessays, die für das Magazin der ZEIT geschrieben wurden.

Walter, Kerstin: *Gärten in Südengland*. DuMont Verlag, Köln 2000. Der ultimative Reisebegleiter für alle Gartenliebhaber.

White, Andrew: *London Walks*. Penguin Books 1999. 31 Stadtspaziergänge, auf denen die Londoner Metropole in ungewöhnlicher Weise durchstreift werden kann.

Geschichte und andere Sachbücher

Ackroyd, Peter: *London. Die Biographie*. Knaus Verlag, München 2006. Absolut gelungener Versuch die Londoner Stadtgeschichte „biographisch" zu erkunden.

Barley, Nigel: *Traurige Insulaner*. dtv, München 1999. Der bekannte Ethnologe Barley unterzieht die Engländer einer amüsanten Feldstudie, die zu einer gänzlich anderen Sichtweise anregt.

Brown, Richard Allen: *Die Normannen*. Artemis Verlag, München 1988. Ausführliche Würdigung der militärischen, politischen und kulturellen Leistungen der Normannen. Nicht mehr lieferbar.

Brüggemeier, Franz-Josef: *Geschichte Großbritanniens im 20. Jahrhundert*. C.H. Beck Verlag, München 2010. Umfassende und kompetente Darstellung der jüngeren Geschichte Englands.

Bryson, Bill: *Reif für die Insel*. Goldmann Taschenbuch, München 1999. Liebevoll-kritischer Streifzug durch England.

Corbin, Alain: *Meereslust*. Fischer Taschenbuch, Frankfurt 1994. Ausgezeichnetes kulturgeschichtliches Werk über die europäische Sehnsucht zum Meer und die Anfänge des Küstentourismus.

Defoe, Daniel: *Die Pest zu London*. Ullstein, Berlin 1990. Vergriffen.

Gelfert, Hans Dieter: *Kleine Kulturgeschichte Großbritanniens*. C. H. Beck Verlag, München 1999. Informative Überblicksdarstellung der wichtigsten Strömungen in der britischen Kulturgeschichte (Taschenbuch).

Görner, Rüdiger: *Streifzüge durch die englische Literatur*. Insel Verlag, Frankfurt 1998. Lesenswerte Essays über zwei Dutzend englische Schriftsteller.

Geschichte und andere Sachbücher

Daunt Bookshop: ein Buchladen mit großer Auswahl und viel Flair

Hagemann, Gerald: *London: Von Scotland Yard bis Jack the Ripper.* Eulen Verlag 2000. Ein Führer zu über 400 Kriminalschauplätzen.

Inwood, Stephen: *A History of London.* Macmillan Verlag. Die schwergewichtige Stadtgeschichte ist in allen Londoner Buchhandlungen erhältlich.

Klein, Stefan: *Der Fuchs kann noch mal gute Nacht sagen.* Picus Verlag, Wien 2002. Manchmal heitere, manchmal tiefgründige Reportagen des SZ-Korrespondenten für Großbritannien.

Macheiner, Judith: *Englische Grüße.* Eichborn Verlag, Frankfurt 2001. „Über die Leichtigkeit, eine fremde Sprache zu erlernen", lautet der Untertitel dieser angenehm zu lesenden Studie der Berliner Linguistin.

Maurer, Michael: *Kleine Geschichte Englands.* Reclam Verlag, Stuttgart 1998. Viele historische Fakten auf über 500 Seiten.

Ohff, Heinz: *Gebrauchsanweisung für England.* Piper Verlag, München 1997. Humorvolle, verständnisvolle Annäherung an die Mentalität des Inselkönigreiches.

Pernoud, Régine: *Der Abenteurer auf dem Thron.* dtv Taschenbuch, München 1996ff. Anregende und kenntnisreiche Biographie von Richard Löwenherz, Englands populärstem König.

Pross, Steffen: *In London treffen wir uns wieder.* Eichborn Verlag, Frankfurt 2000. Die Geschichte der deutschsprachigen Emigranten, die in den Dreißigerjahren in England lebten.

Sackville-West, Vita und Nicolson, Harold: *Sissinghurst.* Schöffling & Co. Frankfurt 1998. Anregende Beschreibung des wohl berühmtesten Gartens von Südengland.

Semsek, Hans-Günter: *Häuser englischer Dichter.* Insel Verlag, Frankfurt 2001. „Hausbesuch" bei 13 großen englischen Schriftstellern (Virginia Woolf, Lawrence von Arabien, Dylan Thomas etc.).

Sobel, Dava: *Längengrad.* btb Taschenbuch, München 1998. Sobel erzählt die spannende Geschichte des schottischen Uhrmachers John Harrison, der mit dem Bau eines exakten Chronometers das Problem der Längengradbestimmung löste. Fundierter Hintergrundbericht für alle Greenwich-Besucher.

Todd, Pamela: *Die Welt von Bloomsbury.* Fischer Taschenbuch, Frankfurt 2002. Großformatiger Band mit zahlreichen Abbildungen und Fotografien, der kenntnisreich auf den Spuren Virginia Woolfs und ihrer Freunde wandelt.

Wende, Peter: *Geschichte Englands.* Kohlhammer Verlag, Stuttgart 1995. Kompetente, gut lesbare Überblicksdarstellung.

Stilvolle Anreise …

Anreise

Wer nach England will, hat die Qual der Wahl. Der schnellste Weg führt durch die Luft, am umweltschonendsten ist die Bahn und am billigsten der Bus. Und wer mit dem eigenen Fahrzeug anreist, muss sich zwischen Fähre und Eurotunnel entscheiden. Wie dem auch sei, letztlich wird die Wahl des Transportmittels von den eigenen Vorlieben bestimmt werden.

Aus einem Reisebericht von 1710

Eine Überfahrt nach England stellte im 18. Jahrhundert noch ein kleines Abenteuer dar. Bei günstigem Wind war man mindestens zwölf Stunden unterwegs; oft mussten Reisende aber auch Wartezeiten von mehreren Tagen oder gar Wochen in Kauf nehmen, ehe ein Schiff in See stechen konnte. Ohne Seekrankheit ging es selten ab. *Conrad Zacharias von Uffenbach* hinterließ eine dramatische Beschreibung seiner 1710 erlebten Überfahrt: „In dem Schiffe nun, wo das gemeine Volk bey einander war, sah es ärger aus als in einem Schweine-Stalle. Denn da ist es nicht allein fast ganz dunkel, und liegt alles auf dem Boden unter einander her, sondern einer bricht sich hier, der andere dorthin. Etliche heulen …, etlichen will die Seele wirklich ausgehen; fast alle seufzen und gehaben sich übel. Da kann man sich nun leicht einbilden, was hier vor ein Gestank, Eckel und Unlust ist."

Mit dem Auto oder Motorrad

Für Reisende aus West- und Norddeutschland ist die An- und Abreise nach Südengland bequem in einem Tag zu bewältigen; wer jedoch in Süddeutschland, Österreich oder der Schweiz wohnt, sollte eventuell eine Übernachtung einplanen.

Je nach Wohn- und Zielort bieten sich mit dem eigenen Fahrzeug verschiedene Anreisemöglichkeiten. Günstig gelegen sind die Abfahrtshäfen Dunkerque, Calais und Hoek van Holland. Über Folkestone, Dover oder Harwich geht es weiter nach London. Calais ist hervorragend an das Autobahnnetz (A 10/E 5) angeschlossen. Wer über Luxemburg fährt, kann noch einmal günstig volltanken. Leicht zu erreichen sind außerdem Zeebrügge (über A 10/E 40 und N 31) und Hoek van Holland (A 15/E 31 oder A 12/E30). Wer direkt in den Südwesten Englands fahren will oder noch einen Zwischenstopp in der Normandie einlegen möchte, kann entweder von Dieppe, Caen bzw. Le Havre, Cherbourg oder Roscoff nach Newhaven, Portsmouth, Poole oder Plymouth übersetzen.

Entfernungen bis Calais			
Berlin	935 km	Hannover	690 km
Bern	806 km	Hamburg	807 km
Bonn	396 km	München	944 km
Düsseldorf	406 km	Nürnberg	776 km
Frankfurt	565 km	Salzburg	1082 km
Graz	1359 km	Stuttgart	721 km
Wien	1278 km	Zürich	837 km

Die **Fährpreise** schwanken je nach Saison stark; zumeist ist es aber unerheblich, ob zwei oder neun Personen mitfahren. Günstiger ist es fast immer, wenn Hin- und Rückfahrt innerhalb von fünf Tagen stattfinden oder die Fähre spätabends bzw. in den frühen Morgenstunden ablegt. Häufig gewähren die Fährgesellschaften bei rechtzeitiger Reservierung einen Frühbuchertarif, mit dem sich die Kosten um bis zu 50 Prozent reduzieren. Wer in der Nebensaison reist, kann ebenfalls leicht die Hälfte sparen. In der Hauptsaison empfiehlt es sich, rechtzeitig einen Platz auf der Fähre zu reservieren. Manche Fährgesellschaften, so beispielsweise P & O Ferries, bieten auch Gesamtarrangements mit Unterkünften an. Teilweise gibt es sogar Rabatte für Onlinebuchungen. Über den Daumen gepeilt, darf man mit mindestens 200 € rechnen (Hin- und Rückfahrt), allerdings gibt es auch Schnäppchenangebote für 2 Personen und ein Auto ab 30 € (einfach). Je weiter die Route, desto teurer wird es in der Regel. Rabatte gibt es auf „LateNight"-Abfahrten zwischen 21 Uhr und 6.30 Uhr.

Aktuelle Preise findet man im Internet unter der Homepage der jeweiligen Fährgesellschaft oder im Reisebüro:

P & O Ferries, Calais–Dover, Fahrzeit: 1.15 Std., tgl. bis zu 30 Verbindungen. ☎ 0180/5009437. www.poferries.com.

Seafrance, Calais–Dover, Fahrzeit: 1:30 Std., tgl. bis zu 15 Verbindungen. ☎ 06196/940911. www.seafrance.com.

60 Anreise

Fährverbindungen Großbritannien/Irland

Stena Line, Hoek van Holland–Harwich, Fahrzeit: 3:42 Std., tgl. drei Verbindungen. ✆ 01805/916666. www.stenaline.de.
Speed Ferries, Boulogne–Dover, Fahrzeit: 55 Min., tgl. bis zu zwölf Verbindungen. ✆ 0044/870/2200570. www.speedferries.com.
Norfolkline, tgl. zwölf Verbindungen von Dunkerque nach Dover, Fahrzeit: 1:45 Std. ✆ 0044/870/8701020. www.norfolkline.com.
Brittany Ferries, Verbindungen von Caen nach Portsmouth (4-mal tgl., 5:45 Std.), Cherbourg nach Poole (3-mal tgl., 4:30 Std.) sowie von Roscoff nach Plymouth (3-mal tgl. 6 Std.). ✆ 0044/870/3665333. www.brittany-ferries.co.uk.
LD Lines, Verbindungen von Boulogne nach Dover (4-mal tgl., 1:45 Std.), Dieppe nach Newhaven (2-mal tgl., 4 Std.) sowie von Le Havre nach Portsmouth (1-mal tgl., 3:15 Std. oder 5:30 Std.). ✆ 0033/232145209. www.ldlines.co.uk.

Als Alternative empfiehlt sich seit 1994 die Anreise durch den **Eurotunnel** von Calais nach Folkestone. Der *Channel* ist die direkte Verbindung von der französischen Autobahn A 16 zur englischen Autobahn M 20 (folgen Sie in Calais den Hinweis-

Mit dem Auto oder Motorrad

Der klassische Weg auf die Insel

schildern „*Tunnel sous la Manche*"). Die hochmodernen Pendelzüge, *Le Shuttle* genannt, unterqueren den Ärmelkanal in 35 Minuten. Sowohl Fußpassagiere als auch Pkw und Lastwagen werden befördert. Da die Züge alle 15 Minuten fahren, sind Reservierungen nicht erforderlich. Das Ticket kauft man vom Auto aus an einem Schalter und fährt dann in die doppelstöckigen Waggons. Passkontrolle und Zollformalitäten für beide Länder erfolgen vor der Auffahrt auf den Pendelzug. Mit dem Pkw oder Kleinbus mit bis zu neun Personen zahlt man je nach Tageszeit, Saison und Flexibilität bis zu 460 €.

Aktuelle Informationen Infos zu Preisen und Verbindungen erteilt: **Eurotunnel Passagierservice**, Giradetstr. 2, 45131 Essen, ✆ 0180/5000248. www.eurotunnel.com.

Allgemeine Hinweise für Autofahrer

Gleich nach der Ankunft auf englischem Boden wird man mit dem Schild „Keep left" konfrontiert. Linksfahren ist die schwierigste Hürde, die für den kontinentalen Autofahrer in England zu nehmen ist. Nach kurzer Zeit der Umgewöhnung ist aber auch das kein Hindernis mehr.

Probleme treten häufig beim Rechts- bzw. Linksabbiegen auf. Nach rechts abbiegen heißt hier, eine große Kurve fahren, links herum ist dagegen nur eine kleine Kurve, und man muss nicht die Gegenfahrbahn kreuzen. Schwierigkeiten bereitet aber auch das Überholen, da man im eigenen Fahrzeug links sitzt und nicht sehen kann, ob ein Wagen auf der rechten Seite entgegenkommt. Hat man keinen Beifahrer dabei, sollte man beim Überholen sehr vorsichtig sein. Wichtig und hilfreich ist ein Rückspiegel auf der rechten Seite, um den nachfolgenden oder überholenden Verkehr beobachten zu können.

Alkohol am Steuer: Die englische **Promillegrenze** liegt bei 0,8 Promille.

Fahrzeugpapiere: Der nationale Führerschein und der Fahrzeugschein genügen vollkommen; die internationale Grüne Versicherungskarte ist zwar nicht mehr Pflicht, sie kann aber bei Unfällen sehr hilfreich sein.

Gurtpflicht: Für FahrzeuglenkerInnen und alle Insassen besteht Gurtpflicht. Es droht eine Strafe von £ 50!

Karten: Für die Anreise nach England genügt in der Regel ein normaler Straßenatlas oder eine Karte mit kleinem Maßstab.

Kreisverkehr: Der im deutschsprachigen Verkehrsraum eher seltene Kreisverkehr erfreut sich in England als Alternative zur ampelgesteuerten Kreuzung großer Beliebtheit, wobei das sich bereits im Kreisverkehr befindliche Fahrzeug fast immer Vorfahrt hat. Beim Herausfahren aus dem Kreisverkehr sollte man das Blinken nicht vergessen. Bei zweispurigen Kreisverkehren wird vom einbiegenden und außen fahrenden Fahrzeug erwartet, dass es den Kreisverkehr bei der nächsten Gelegenheit wieder verlässt.

Linksverkehr: Nach einer gewissen Eingewöhnungsphase kommt der Kontinentaleuropäer erstaunlicherweise recht schnell mit dem englischen Linksverkehr zurecht. Bei vielen Fahrzeugen kann man übrigens die Scheinwerfer von Rechts- auf Linksverkehr umstellen.

Tempolimit: Innerhalb geschlossener Ortschaften 30 mph (48 km/h), auf zweispurigen Landstraßen 60 mph (96 km/h), auf vierspurigen Landstraßen und auf der Autobahn sind 70 mph (112 km/h) erlaubt.

Pannenhilfe: Die Grüne Versicherungskarte erweist sich bei Schadensfällen als sehr nützlich, ist aber nicht Pflicht. Die beiden englischen Pannendienste *The Automobile Association (AA)* und *The Royal Automobile Club (RAC)* sind Partnerclubs des ADAC. Sie können von ADAC-Mitgliedern kostenlos in Anspruch genommen werden. Neben der ADAC-Mitgliedschaft ist auch ein ADAC-Euro-Schutzbrief zu empfehlen, der zusätzlichen Service bietet. Tag und Nacht erreicht man beide Pannendienste gebührenfrei unter ✆ 0800/887766 (AA) und ✆ 0800/828282 (RAC).

Parken: Gelbe Linien am Straßenrand signalisieren Halteverbot, bei doppelt gezogenen gelben Linien herrscht absolutes Halteverbot. Bei Missachtung drohen Strafzettel oder Radsperren (*wheel-clamps*). Kostenlose Parkplätze sind sehr selten. In den meisten Städten und Badeorten muss man sich ein Ticket am „Pay & Display"-Automaten holen.

Vorfahrt: Die Vorfahrt wird anders als auf dem Kontinent gehandhabt. Straßenkreuzungen und Einmündungen sind mit Linien gekennzeichnet, die die Vorfahrt regeln (z. B. durchgezogene Linie heißt Vorfahrt achten!). Kreuzungen mit einem gelben, diagonalen Raster (*box*) dürfen nur befahren werden, wenn sich kein anderer Wagen in der Box befindet – „Do not enter box unless clear". Gibt es keinerlei Markierungen, so gilt überraschenderweise „rechts vor links", was als „give-right-way" bezeichnet wird.

Zusatzversicherung: Für wertvolle oder neuwertige Fahrzeuge, die nur Teilkasko versichert sind, empfiehlt sich der kurzfristige Abschluss einer Vollkaskoversicherung.

Benzin: Benzin und vor allem Diesel ist erheblich teurer als in Deutschland oder Österreich. Durchschnittliche Benzinpreise im Januar 2011:

Normal bleifrei (Unleaded, 95 Octane): ca. £ 1.25
Super bleifrei (Unleaded, 98 Octane): ca. £ 1.35
Diesel (Diesel): ca. £ 1.30

Mit dem Flugzeug **63**

Mit dem Flugzeug

Auf knapp zwei Stunden verkürzt sich die Anreise mit dem Flugzeug. Wer auf einem der fünf internationalen Flughäfen Londons gelandet ist, mietet sich entweder ein Auto oder benutzt die öffentlichen Verkehrsmittel. Falls man ausschließlich in den Südwesten will, kann man auch nach Exeter, Bournemouth, Bristol oder Newquay fliegen.

Die Fluggesellschaften *Air Berlin, Lufthansa, British Airways, Swiss, Austrian Airlines* sowie *KLM* fliegen London mehrmals täglich von verschiedenen Städten aus an. Die Lufthansa fliegt beispielsweise von Düsseldorf, Frankfurt, München, Stuttgart, Köln und Zürich nach Heathrow (Terminal 2). Chartermaschinen landen in der Regel in Gatwick. Von Düsseldorf aus bestehen mit Lufthansa auch Verbindungen nach Newquay; über London kann man zudem einmal täglich nach Bristol und Newquay (Ryanair) fliegen. Wer nach Exeter will, kann von Hannover aus mit flybe starten.

Sehr preisgünstig sind die Angebote von *Air Berlin*. Die Fluglinie bedient London-Stansted von Hamburg, Stuttgart, München, Münster, Paderborn, Berlin-Tegel, sowie von Salzburg, Wien und Zürich, Flüge von Nürnberg und Hannover landen in London-Gatwick. *Auskunft* www.airberlin.de.

Billigflieger: In den letzten Jahren bedienen zahlreiche Billigflieger den Flugverkehr zwischen Deutschland und England. Für Preise ab 10 € (einfach) landen die zumeist ohne Service auskommenden Flieger in London, vorzugsweise auf dem Flughafen Stansted. Derzeit fliegt *Ryanair* von Hahn/Hunsrück, Berlin, Düsseldorf, Friedrichshafen, Linz, Klagenfurt und Salzburg; *Germanwings* von Köln, Stuttgart und Hamburg; *easyJet* von Berlin, Basel, Hamburg, München und Dortmund in die englische Metropole sowie von Berlin nach Bristol. Gebucht wird im Internet. *Adressen* www.ryanair.com; www.germanwings.com; www.easyjet.com.

Londoner Flughäfen

London besitzt fünf Flughäfen, von denen Heathrow der mit Abstand größte ist. Ein weiterer Vorteil von Heathrow ist, dass er sich am leichtesten und günstigsten vom Zentrum aus erreichen lässt.

Heathrow: 24 Kilometer westlich der City gelegen, besitzt Heathrow die besten Verkehrsanbindungen. Der *Heathrow Express* düst in nur 15 Minuten für £ 16.50 zur Paddington Station. Wer will, kann beim Rückflug bereits am Bahnhof Paddington einchecken. Günstiger ist der *Heathrow Connect*, der in 32 Minuten zur Paddington Station fährt (£ 7.90, Hin- & Rückfahrt £ 15.80). Mit der *Piccadilly Line* gelangt man für £ 4 in 50 Minuten zum Piccadilly Circus. Tipp: Direkt an der Tube Station Heathrow befindet sich ein Schalter der städtischen Verkehrsbetriebe (London Transport), wo man sich bei Bedarf gleich eine Tages- bzw. Wochenkarte für die Untergrundbahn kaufen kann. *Information* www.heathrowexpress.com; www.heathrowconnect.com.

Gatwick: Der Charterflughafen liegt 45 Kilometer südlich von London. Passagiere können am Bahnhof Victoria einchecken. Der *Gatwick Express* fährt in einer halben Stunde zur Victoria Station (£ 16.90); 45 Minuten benötigen die Züge der *Southern Railway* (£ 9). Günstiger ist nur noch der stündlich verkehrende *National Express Bus*, der in 80 Minuten zur Victoria Station fährt (£ 7.50). *Information* www.gatwickexpress.com; www.southernrailway.com; www.national express.com.

64 Anreise

London – eine Stadt, fünf Flughäfen

Stansted: Der Flughafen mit seiner neuen, von Sir Norman Foster entworfenen Abfertigungshalle liegt 50 Kilometer nordöstlich des Zentrums. Mit dem *Stansted Express* gelangt man für £ 18 in 42 Minuten in das Zentrum. Als Alternative empfiehlt sich der Bus *Airbus A 6*, der für £ 10 in 90 Minuten zur Victoria Station fährt. Eine Taxifahrt von Stansted in die City kann £ 90 betragen.
Information www.stanstedexpress.co.uk; www.lowcostcoach.com.

> **Spektakuläre Wege über den Kanal**
> Drei Überquerungen des Ärmelkanals sind in die Geschichte eingegangen. Die erste spektakuläre Kanalüberquerung gelang dem Franzosen *Jean Pierre Blanchard* und dem Amerikaner *John Jeffries* 1785 in einem Heißluftballon. Fast wäre das tollkühne Unterfangen gescheitert, denn der Ballon verlor auf den letzten Metern vor der englischen Küste drastisch an Höhe. Kurzerhand entschlossen sich die beiden Ballonfahrer, allen – und zwar wirklich „allen" – überflüssigen Ballast von Bord zu werfen. Etwas fröstelnd, aber wohlbehalten landeten sie schließlich am Strand von Dover. Kalt war es sicherlich auch *Matthew Webb*, der 1875 als erster Mensch den Kanal durchschwommen hat. Eine letzte spektakuläre Überquerung gelang dem Franzosen *Louis Blériot* im Jahre 1909 mit dem Motorflugzeug.

Luton: Der relativ kleine Flughafen Luton befindet sich 53 Kilometer nordwestlich von London; die Züge nach King's Cross/St Pancras Station schlagen mit £ 10.90 für die 45-minütige Fahrt zu Buche. Die Busse der *Green Line* benötigen doppelt so lange, kosten zudem £ 11.
Information www.london-luton.co.uk.

City Airport: 14 Kilometer östlich der City gelegener, wenig frequentierter Flughafen. Mit der *Docklands Light Railway* gelangt man alle zehn Minuten für £ 1.80 (Oyster Card) in 22 Minuten zur Bank Station.
Information www.londoncityairport.com.

Mit dem Zug

Die Anreise mit der Bahn ist eine bequeme, umweltschonende und traditionsreiche Alternative – aber auf keinen Fall die billigste. Nur die ermäßigten Jugendpreise der Deutschen Bahn (DB) sind etwas günstiger als die entsprechenden Flugangebote.

Generell fahren die Züge aus Deutschland und Österreich über *Oostende* oder *Hoek van Holland*. Dort steigt man auf eine Fähre und nach der Ankunft in *Dover* oder *Harwich* wieder in den Zug – eine umständliche, zeit- und kostenintensive Möglichkeit, nach England zu reisen. Schneller und auch nicht teurer ist die Fahrt durch den Tunnel mit dem *Thalys*- bzw. weiter mit dem *Eurostar*-Zug ab Köln. Eine Rückfahrkarte ohne Ermäßigungen kostet z. B. von Köln nach London/Waterloo je nach Angebot aber ebenso viel wie ein Flug. Wer will, kann bereits in Ashford aussteigen. Die Fahrzeit von Köln nach London St Pancras beträgt mit dem Hochgeschwindigkeitszug Eurostar 5 Stunden und 25 Minuten. **Achtung**: Die direkte Mitnahme eines Fahrrads bis zum Urlaubsort in Südengland ist nur über den Hamburger Hafen oder die belgischen und niederländischen Fährhäfen möglich. Genaue Infos erteilt der VCD (Verkehrsclub Deutschland, www.vcd.org).
Information www.eurostar.com.

Ermäßigungen: Der Kauf eines **InterRail Global Pass** kostet für 5 in 10 Tagen 159 €, wer älter als 25 ist, zahlt 249 €, für 10 in 22 Tagen 239 € bzw. 359 €. Mit diesem Ticket können Sie für den gewählten Zeitraum das komplette Schienennetz Großbritanniens und Irlands nutzen. Für alle Strecken im Heimatland gibt es 25 Prozent Ermäßigung auf den regulären Fahrpreis. Mit dem InterRail-Global zahlt man außerdem auf den meisten Fähren nur den halben Preis. Der Kauf eines *InterRail Ein-Land-Pass* für Großbritannien rechnet sich nicht, da der *BritRail Euro England Flexi Pass* (siehe Kapitel Unterwegs in Südengland) vergleichsweise wesentlich günstiger ist.

Preise: Seitdem das neue Tarifsystem der Deutschen Bahn gilt, lohnt es sich, rechtzeitig zu buchen und die Vorteile der BahnCard zu nutzen. Leider lassen sich die Preise für Auslandsfahrten nicht im Internet ersehen, so dass man sich erst bei der Reiseauskunft erkundigen und dann den nächsten Schalter aufsuchen muss. Doch selbst der größte Bahnfan steigt irgendwann auf das Flugzeug um, wenn er die Erfahrung machen durfte, dass die Preisauskünfte erheblich divergieren. Die günstigsten Preise haben oft nur einen Werbeeffekt, da die Bahn auf den Thalys-Verbindungen zwischen Köln und Brüssel sowie auf dem Eurostar zwischen Brüssel und London nur über sehr geringe Kontingente zu diesen Lockangeboten verfügt. Das derzeitige System erscheint daher als umständlich, intransparent und wenig konkurrenzfähig.

● *Auskunft* Weitere Informationen zu Verbindungen und Vergünstigungen erteilt die Reiseauskunft der Deutschen Bahn (bundeseinheitliche Rufnummer, ☎ 0180/ 5996633). **Thalys-Hotline** ☎ 01805/215000 (0,12 € pro Minute). **VCD**, Eifelstraße 2, 53110 Bonn, ☎ 0228/085850, ☎ 0228/9858550

Dieser Oldtimer gehört zum öffentlichen Busnetz der Isles of Scilly

Mit dem Bus

Das preisgünstigste Verkehrsmittel für die Anreise ist der Bus! Die Eurolines verkehren regelmäßig zwischen der Bundesrepublik und Südengland.

Eurolines ist ein Konsortium verschiedener Busgesellschaften (Deutsche Touring, Continentbus etc.) und verfügt so über ein weit verzweigtes Netz. Deshalb kann man aus vielen Städten (München, Stuttgart, Mannheim, Dresden, Leipzig, Jena, Frankfurt a. Main, Mainz, Koblenz, Kassel, Remagen, Bonn, Köln, Aachen) auch über Zubringerbusse auf die Englandstrecke umsteigen. In den komfortablen Bussen ist das Reisen relativ angenehm. Die Anreisezeiten variieren je nach Abfahrtsort zwischen 8 und 20 Stunden. Eine Fahrt von Frankfurt nach London kostet hin und zurück 150 €. Es ist ratsam, Buchungen rechtzeitig vorzunehmen. Anschlussfahrten sind ab London in alle Zielgebiete möglich.

Information Deutsche Touring, Am Römerhof 17, 60486 Frankfurt, ✆ 069/7903501. www.touring.de

Pauschalreisen: Zahlreiche Reisebusunternehmen bieten Pauschalreisen nach England an. Die meisten Angebote beziehen sich überwiegend auf die Weltstadt London. Höchst unterschiedliche Preise und Unterkünfte lassen es ratsam erscheinen, die Offerten sorgfältig zu vergleichen. Informationen über die Reiseveranstalter Ihrer Region erhalten Sie in den Reisebüros.

Mitfahrzentralen/Trampen

Die goldenen Tramperzeiten sind – wenn es sie jemals gegeben hat – schon lange vorbei. Das Warten kann zur harten Geduldsprobe werden. Abhilfe schaffen die preiswerten Mitfahrzentralen.

Wer die Ungewissheit und Risiken des Trampens scheut, sollte sich an die Mitfahrzentralen (MFZ) wenden. Sie sind für Fahrer und Mitfahrer gleichermaßen eine feine Sache. Ersterer bekommt einen Fahrtkostenzuschuss, Letzterer gelangt zuverlässig und günstig an das gewünschte Ziel; die Kosten liegen erheblich unter denen eines Bahntickets. Genauere Informationen zu Mitfahrgelegenheiten und Preisen

Mitfahrzentralen/Trampen 67

können in den größeren deutschen Städten unter der **bundeseinheitlichen Rufnummer 1 94 40** erfragt werden. Frauen haben die Möglichkeit, auf Wunsch nur Frauen mitzunehmen bzw. nur bei ihnen mitzufahren.

> **Von den Beschwerden des Reisens**
>
> „Reisen im Postwagen", so vermerkte *Johann Georg Heinzmann* 1793 in seinem „Rathgeber für junge Reisende", „ermatten eben so sehr den Geist, als sie für den Körper schädlich sind. Wer nur ein paar Tage und eine Nacht im Postwagen gefahren ist, wird zu allen muntern Gesprächen nicht mehr fähig seyn, und alles was um und neben ihm vorgehet, fängt ihm an gleichgültig zu werden. Das unbequeme enge Sitzen, oft bey schwüler Luft, das langsame Fortrutschen mit phlegmatischen und schlafenden Postknechten, der oft pestilenzialische Gestanck unsauberer Reisegesellschaften, das Tobackdampfen und die zottigen schmutzigen Reden der ehrsamen bunten Reisekompagnie, lassen uns bald des Vergnügens satt werden, und verursachen schreckliche Langeweile und gänzliches Übelbefinden in allen Gliedern. ... Wer acht Tage so gefahren ist, wird fast ein ganz andrer Mensch geworden seyn; wunderlich, träge, gelähmt am ganzen Körper, wachend wird er schlafen, die Augen eingefallen, das Gesicht aufgedunsen, die Füsse geschwollen; der Magen ohne Appetit, das Blut ohne Spannkraft; der Geist abwesend und zerstreut, und wie im Taumel redend."

Die Preise errechnen sich aus einer *Benzinkostenbeteiligung* und einer *Vermittlungsgebühr*. Hinzu kommen noch die Kosten für die Fähre. Um spätere Schwierigkeiten zu vermeiden, sollte man unbedingt den von der MFZ ausgestellten Beleg mitführen. Für einen Euro kann jeder Mitfahrer bei der MFZ eine *Zusatzversicherung* abschließen.

Beliebt: Sightseeingtour mit dem Bus

Ein Motorradtrip durch Südengland?

Unterwegs in Südengland

Viele abgelegene Burgen und Herrensitze lassen sich mit öffentlichen Verkehrsmitteln nur schwer oder gar nicht erreichen. Reisende, denen die eigene Flexibilität wichtig ist, werden Südengland daher mit dem eigenen oder einem gemieteten Fahrzeug erkunden.

Mit dem eigenen Fahrzeug

Das englische Straßennetz ist ausgezeichnet. Einzig das Autobahnnetz ist nicht so gut ausgebaut wie in Deutschland, so gibt es in Cornwall keine Autobahn, nur Exeter und Bristol verbindet die M 5 miteinander. Wichtigste Ost-West-Verbindung ist die von London nach Bristol führende M 4. Rund um London verläuft der M 25, *Orbital* genannt, ein Autobahnring mit zahlreichen Ausfahrten, der wegen der vielen Staus ironisch als „Englands größter Parkplatz" bezeichnet wird. Von Dover nach London führt die M 20, die M 3 nutzen die Pendler aus Southampton und Portsmouth. Die in Richtung Brighton führende M 23 und die sich zwischen Canterbury und Ramsgate im Nichts auflösende M 2 sind eigentlich zu kurz, als dass sich die Bezeichnung Autobahn rechtfertigen würde. Die großen *A Roads*, die unseren Bundesstraßen entsprechen, sind dafür zumeist zweispurig ausgebaut *(dual carriageway)* und ermöglichen ein zügiges Vorwärtskommen. Selbst auf den kleinsten Seitenstraßen findet man Asphaltbelag – gerade auf den *B-* und *C Roads* macht das Autofahren Spaß – wenig Verkehr und richtig ländliches England. Allerdings sind besonders diese kleinen Straßen *(country lanes)* oft sehr schmal und unübersichtlich, so dass man vorsichtig fahren sollte; nicht nur in Cornwall und Devon scheinen die Nebenstraßen kaum für Gegenverkehr ausgelegt zu sein. Der Linksverkehr wird fast zur Nebensache, da zwei Autos einander nur an den Haltebuchten passieren können. Wer dem anderen großzügig den Vortritt gewährt, wird mit einem freundlichen Gruß des Entgegenkommenden belohnt. Eine Erkundungsfahrt kann manchmal aber auch leicht in eine kleine Odyssee ausarten, da die Straßenbeschilderung nicht immer den Richtlinien der Kartographie folgt. Zudem erschweren endlose, oft mehrere Meter hohe Hecken die Orientierung.

Autoverleih

Wer sich bei seinem Englandaufenthalt ein Auto oder Wohnmobil mieten will, kann dies ohne Probleme bei den zahlreichen großen Firmen tun. Es besteht die Möglichkeit, schon in Ihrem Reisebüro die Buchung vorzunehmen. Einige Autoverleihfirmen und Fluggesellschaften bieten einen *Fly-&-Drive-Service* an. Dabei wird einem sofort nach der Ankunft auf einem englischen Flughafen ein Auto zur Verfügung gestellt. Bei den größeren Firmen wie *Hertz, Avis, Budget, British Car Rental, Nationwide Vehicle Rentals*, die in ganz England Filialen besitzen, kann man den Wagen bei der einen Niederlassung abholen und bei einer anderen abstellen.

Will man für zwei- bis dreitägige Ausflüge ein Auto mieten, sollte man sich an die lokalen und oft preiswerteren Autoverleihfirmen wenden. Die Tourist Offices halten ein Verzeichnis bereit. Ein Vergleich der Unternehmen ist ratsam, da auch hier starke Preisunterschiede bestehen. Die günstigsten Angebote beginnen bei £ 30 pro Tag für die kleinste Fahrzeugklasse (inkl. Versicherung und „free mileage", also kein Kilometergeld). Bei den größeren Anbietern beginnen die Preise ab £ 35. Wochen- und Monatspreise sind reduziert. Bei Vorlage einer Kreditkarte muss man keine Kaution hinterlegen. Die meisten Firmen verleihen Autos sogar nur an Kreditkartenbesitzer. Zudem sollte man das Auto bei der Rückgabe immer vollgetankt abgeben, da die Vermieter oft überhöhte Benzinpreise in Rechnung stellen.

Tipp: Zumeist ist es am günstigsten, schon vorab in Deutschland ein Auto über das Reisebüro zu mieten. Einen guten Überblick über das günstigste Angebot findet man im Internet unter: www.billiger-mietwagen.de.

● *Bedingungen* Bei den meisten Autovermietungen muss der Vertragspartner, also der Kunde, mindestens 21 Jahre alt sein und seit mindestens einem Jahr einen Führerschein besitzen. Gelegentlich gibt es einen Aufpreis für Fahrer unter 25 Jahren. Bei Senioren wird gelegentlich ein Aufschlag berechnet, einige Firmen verleihen generell keine Autos an über 78-jährige Fahrer.

Achtung: Der englische Linksverkehr an sich ist für die meisten Autofahrer gewöhnungsbedürftig. Diese Unsicherheit erhöht sich mit einem gemieteten Fahrzeug: Vor allem, dass der Schalthebel links statt rechts ist, erschwert das Fahrvergnügen (die billigsten Autos besitzen keine Automatik). Hinzu kommt, dass der Fahrer, den Rückspiegel vergeblich suchend, häufig aus dem rechten Seitenfenster blickt ...

Mit der Bahn

England ist bekanntlich das Mutterland der Eisenbahn. Mit ihrem dichten Schienennetz stellt die Bahn eine Alternative dar, um den Süden Englands zu erkunden. Infolge der Privatisierung des Bahnwesens existiert allerdings keine durchgehende Verbindung entlang der Südküste.

Wenn man einmal großzügig über die permanente Unpünktlichkeit der British Rail hinwegsieht, so ist die Eisenbahn auch für Touristen ein empfehlenswertes Verkehrsmittel. Allerdings ist das Reisen mit der *British Rail* (BritRail) grundsätzlich

Unterwegs in Südengland

Mit dem Zug gelangt man bis nach St Ives

teurer als mit dem Bus. Beim Lösen von Fahrkarten ist zu beachten: *Single-Tickets* gelten für einfache Bahnfahrten, *Return-Tickets* entsprechen Rückfahrkarten. Daneben gibt es häufig noch die sogenannten *Cheap-Day-Return-Tickets (CDR)*, die manchmal sogar billiger als die Single-Tickets sind. CDR bedeutet, dass man noch am selben Tag wieder die Rückfahrt antreten muss. Da die CDR-Fahrkarte häufig das billigste Ticket ist, kann man die Rückfahrt notfalls auch ohne Gewissensbisse sausen lassen.

Ähnlich wie in Deutschland gibt es noch zahlreiche Angebote, die dem Reisenden unter den Namen *Bargain-Return, Apex-Return, Super-Advance-Return, Super-Saver-Return* begegnen. Als Faustregel gilt, je früher man sich auf einen Zug festlegt, der nicht zur Hauptverkehrszeit fährt, desto billiger ist man unterwegs. Achtung: Nicht eingelöste Tickets verfallen zumeist und werden nicht erstattet. Günstige Angebote auch über: www.firstminutefares.co.uk.

Hinweise: In den Zügen ist es außerhalb der Stoßzeiten erlaubt, **Fahrräder** mitzuführen. Da oft nur eine bestimmte Anzahl von Rädern geduldet wird, ist es ratsam, sich vorab zu informieren. Dieser Service ist zwar häufig kostenlos, in IC-Zügen zahlt man jedoch £ 9. Aus Angst vor Anschlägen gibt es nur noch auf den großen britischen Bahnhöfen die Möglichkeit der **Gepäckaufbewahrung**. Auf den kleinen und mittleren Bahnhöfen findet man nicht einmal mehr Schließfächer vor. Wenn man als Zugreisender Zwischenstopps einlegen möchte, um Sehenswürdigkeiten entlang der Strecke zu besichtigen, muss man sein gesamtes Gepäck dorthin mitnehmen – und kann nur hoffen, dass es bei der Sehenswürdigkeit eine Möglichkeit gibt, sein Gepäck loszuwerden. Aussteigen: Britische Züge muss man von außen öffnen, das bedeutet, man muss das Fenster herunterkurbeln und den Hebel herunterdrücken.

Mit der Bahn

• *Weitere Auskunft* Weitere Informationen zu Verbindungen und Vergünstigungen erteilt die **Reiseauskunft der Deutschen Bahn** (bundeseinheitliche Rufnummer, 11861). Hilfreich bei der Planung ist auch folgende Homepage: www.nationalrail.co.uk. Ticketverkauf auch über www.thetrainline.com.

BritRail Euro England Flexi Pass: Wer England mit dem Zug bereisen will, dem empfiehlt sich der Kauf eines BritRail Euro England Flexi Passes. Mit diesem Pass kann man sich an bestimmten, vorher festgelegten Tagen auf dem gesamten Schienennetz von England bewegen. Beispiel: Man ist vier Wochen in England, will aber länger an einem oder mehreren Orten bleiben. Mit dem Flexi Pass – er besitzt eine Gültigkeit von einem Monat – kann man nun zwei, vier, acht oder 15 Tage bestimmen, an denen dieser gültig sein soll. Man muss nur am jeweiligen Reisetag das Datum handschriftlich eintragen. Zudem erhält jeder Erwachsene einen kostenlosen Kinderpass! Weitere Kinder unter 16 zahlen den halben Preis. Achtung: Der BritRail Flexi Pass muss vor Reiseantritt in Deutschland, Österreich oder der Schweiz gekauft werden (in den Bahnhöfen und Reisebüros)!

• *BritRail Euro England Flexi Pass* 2 Tage: 95 € (Erwachsene) und 75 € (Jugendliche bis einschließlich 25 Jahre); 4 Tage: 155 €/ 125 €; 8 Tage: 225 €/179 €; 15 Tage: 339 €/ 275 €. Diese Preise gelten für die 2. Klasse. Tarife für die 1. Klasse liegen entsprechend höher. www.visitbritaindirect.com.

Jugend-/Studententicket: Studenten mit einem internationalen Studentenausweis und Jugendliche (16–25 Jahre) können eine *Young Person's Railcard* erstehen, mit der sie auf den meisten Strecken in England (2. Klasse) ein Drittel billiger fahren können. Der Pass kostet £ 26 und gilt ein Jahr. Dieselbe Vergünstigung gilt für Senioren *(Senior Railcard)* und Familien *(Family Railcard)*.

Internet www.youngpersons-railcard.co.uk; www.senior-railcard.co.uk.

Bahnhof Liverpool Street in London

Mit dem Bus

In England wird zwischen *Coaches* und *Buses* unterschieden. Coaches sind komfortable Fernbusse, die Ziele auf der gesamten Insel ansteuern. Buses sind nur für den Nahverkehr zuständig. Allerdings verbinden die *County Buses* auch zahlreiche Städte innerhalb einer Grafschaft miteinander. Das Reisen mit den Coaches ist immer etwas preisgünstiger als mit der Bahn. *National Express* unterhält das größte Netz an Fernbuslinien. Über Tarife und Fahrpläne kann man sich im Internet informieren.
Internet www.nationalexpress.com.

Wenn der Routemaster zum Rootmaster wird...

Als Jugendlicher zwischen 16 und 25 Jahren oder nach Vorlage eines internationalen Studentenausweises kann man sich für 10 € eine *NX2 Card* besorgen. Sie gilt ein ganzes Jahr und macht das Benutzen von National Express Coaches um 30 Prozent billiger.

Brit Explorer Pass: Mit diesem Pass kann man 7, 14 oder 28 Tage lang alle National Express und Caledonian Express Coaches in England, Schottland und Wales benutzen.

• *Preise* 7 Tage = £ 79; 14 Tage = £ 139; 28 Tage = £ 219. Erhältlich an den National-Express-Schaltern der Busbahnhöfe in größeren Städten (z. B. London, Dover, Bournemouth, Chester, Cambridge, Oxford, Portsmouth, Southampton usw.) sowie im Internet: www.nationalexpress.com.

Mit dem Fahrrad

Eine der schönsten Möglichkeiten, Südengland zu bereisen, ist eine Fahrradtour. Die zahlreichen schmalen Landstraßen abseits der Autoschlangen sind ideal für Radwanderungen. Mithilfe staatlicher Lotteriegelder ist in den letzten Jahren das Fahrradnetz für 400 Millionen Pfund erheblich ausgebaut worden. Entlang stillgelegter Bahntrassen, auf alten Treidelpfaden und wenig befahrenen Landstraßen

(Lanes) ist ein richtiges Fern-Radwanderwegnetz *(National Cycle Routes)* entstanden, das auf mehr als 10.000 Kilometer ausgebaut werden soll. Das *National Cycle Network* gibt Streckenkarten und Infopakete heraus.

Adresse National Cycle Network Information Department Sustrans, 35 King Street, Bristol BS1 4DZ, ✆ 0044/0117/9290888. www.sustrans.org.uk.

Empfehlenswert für die Erkundung Südenglands sind folgende markierte Radwanderwege:

Nr. 20: **Isle of Wight**, 99 Kilometer lange Inselrundfahrt.
Nr. 21: **South Downs Way**, 158 Kilometer von Eastbourne nach Winchester.
Nr. 17: **Avon Cycle Way**, 125 Kilometer rund um Bristol.
Nr. 16: **North Dorset Cycle Way**, 112 Kilometer lange Rundtour mit Ausgangspunkt Shaftesbury.
Nr. 14: **Schlösser in Süd-Somerset**, 160 Kilometer langer Rundkurs.
Nr. 13: **Dartmoor und Süd-Devon**, 304 Kilometer langer Rundkurs.
Nr. 2: **Devon Coast to Coast**, 164 Kilometer von Plymouth nach Ilfracombe.
Nr. 10: **Camel Trail**, 27 Kilometer auf einer stillgelegten Bahntrasse durch Cornwall.

Falls Sie nicht mit dem eigenen Rad unterwegs sind, finden Sie in diesem Reisehandbuch Adressen von Unternehmen, die Fahrräder verleihen. Es empfiehlt sich, zu der entsprechenden Region eine gute Karte zu kaufen. Praktisch sind z. B. die *Outdoor Leisure Maps* von *Ordnance Survey* (gibt es allerdings nur für einige Gegenden) oder eine andere Karte, die mindestens den Maßstab 1 : 100.000 haben sollte. In den Tourist Offices liegen meistens auch Tourenvorschläge aus, welche die schönsten Routen der Umgebung beschreiben. Weitere Informationen sind über die größte britische Radorganisation, den *Cyclists' Touring Club*, erhältlich. Der *CTC* bietet auch geführte Radtouren von 3 bis 21 Tagen an.

Adresse CTC National Office, Parklands, Railton Road, Guildford, Surrey GU2 9JX, ✆ 0044/870/8730060, ✆ 0044/870/8730064. www.ctc.org.uk.

Taxi

Eine Fahrt mit einem der zahlreichen *Black Cabs* – sie können auch rot, blau, grün oder weiß sein – gehört schon fast zum Pflichtprogramm eines Englandbesuchs. Taxistände finden sich an Bahnhöfen und zahlreichen öffentlichen Plätzen. Es ist aber jederzeit möglich, einen Wagen an der Straße anzuhalten, falls das gelbe Taxizeichen leuchtet („Taxi" oder „For Hire"). Zu Stoßzeiten und bei Regen sind die Taxis allerdings genauso rar wie in den Abendstunden, die viele Taxifahrer am liebsten zu Hause verbringen.

Nostalgie pur, Taxi in London

Pompös: Aufgang zum Ballroom im Royal Seven Stars Hotel in Totnes

Übernachten

Das Spektrum der Unterkünfte reicht von der Nobelherberge à la Ritz über das moderne Designhotel bis hin zur einfachen, persönlich geführten Herberge (B & B), die einen Einblick in die englische Lebensart bietet. Wo auch immer man wohnt, das hohe englische Preisniveau lässt sich nicht umgehen.

In England ist die Zimmersuche überhaupt kein Problem. Fast jeder Ort verfügt über eine *Tourist Information* – zu erkennen an dem blauen Schild –, die über alle B & Bs, Hotels und andere Unterkunftsmöglichkeiten informiert. Meist gibt es auch eine Adressenliste mit Preisen. Der *Accomodation Service* vermittelt ein Zimmer nach Wahl. Die zu entrichtende Gebühr wird dann häufig vom Übernachtungspreis abgezogen. Allerdings sollte man beachten, dass die meisten Offices um 17 Uhr schließen, und sich daher rechtzeitig um eine Unterkunft bemühen. Außerdem können Sie über das Tourist Information Centre ein Zimmer in einer anderen Stadt vorbestellen. Dies nennt sich *Book-A-Bed-Ahead* und ist gebührenpflichtig (ab £ 1.50). Kommt man in einen kleineren Ort oder ist die Informationsstelle geschlossen, geht man einfach in ein Hotel oder ein B & B, auch wenn alles belegt ist. Meist sind die Leute recht freundlich und suchen telefonisch ein passendes Quartier. That's English! Wer auf eigene Faust auf Quartiersuche geht, muss auf das Hinweisschild *Vacancies* achten. Während der englischen Sommerferien sowie rund um die englischen Feiertage (Ostern bzw. Bank Holiday) ist es sehr ratsam, rechtzeitig zu buchen. Die Auswahl ist größer und man erspart sich eine enervierende Suche vor Ort.

Bei den **Übernachtungspreisen** trifft der Südenglandbesucher auf ein breites, vor allem nach oben offenes Spektrum. Neben persönlichen Vorlieben setzt nur der ei-

Übernachten 75

gene Geldbeutel Grenzen: Manch einer gibt für eine Nacht im Luxushotel mehr Geld aus als andere für ihre ganze Reise. Die stetig wachsende Nachfrage der letzten Jahre hat leider dazu geführt, dass einige Hoteliers in der Hochsaison auch ihre „Besenkammer" vermieten. Da bei den Hotelpreisen in der gehobenen Kategorie häufig noch 20 Prozent Mehrwertsteuer (VAT = Value Added Tax) hinzugerechnet werden, sollte man sich bei der Buchung erkundigen, ob diese bei dem angegebenen Preis enthalten ist. Gleiches gilt für das Frühstück, das ebenfalls häufig extra berechnet wird. Reisende mit niedrigen Ansprüchen finden in Gemeinschaftsunterkünften für rund £ 15 ein Bett mit Frühstück, in *Guest Houses* werden rund £ 30 für B & B verlangt, wobei es auch luxuriöse Unterkünfte gibt, die pro Person auch mehr als £ 50 kosten können.

Englisches Duschvergnügen

Ein besonderes Erlebnis steht dem Englandreisenden im Badezimmer bevor. Da den Engländern Mischbatterien so gut wie fremd sind, muss der Kontinentaleuropäer seine Hände unter einem eiskalten und einem heißen Wasserhahn hin und her bewegen und dabei geschickt das Risiko vermeiden, sich zu verbrühen. Das Haarewaschen im Waschbecken erweist sich als gänzlich unmöglich, es sei denn man hält seinen Kopf tapfer unter den Kaltwasserhahn. Vor dem Duschvergnügen sind ebenfalls fast immer einige Hürden zu bewältigen, denn wer nicht kalt duschen will, muss sich manchmal erst auf die Suche nach einem versteckten Schalter oder einer Schnur begeben, um den Heißwasserboiler in Betrieb zu setzen. Nach einer angemessenen Wartezeit von ein paar Minuten klettert man erwartungsvoll in die Duschkabine, doch nur in den seltensten Fällen wird man sich unter einen dauerhaft wohltemperierten Wasserstrahl stellen können.

Hotels

Die Preise für ein Doppelzimmer (DZ) in einem günstigen Hotel liegen bei £ 60, in der gehobenen Mittelklasse bei £ 120, und in der Luxuskategorie beginnen sie bei £ 180. Nach oben hin ist preislich so gut wie alles offen. Als *Double Room* wird ein Doppelzimmer mit Doppelbett *(double beds)* bezeichnet, ein *Twin Room* weist auf zwei Einzelbetten *(twin beds)* hin; wer mit Kindern unterwegs ist, sollte nach einem *Family Room* fragen. Achtung: *Double Beds* bestehen aus einem großen französischen Bett mit gemeinsamen Laken und gemeinsamer Decke. Die ungeliebten Gäste des englischen Hotelwesens sind die Alleinreisenden. Wer sich höflich nach einem freien Zimmer erkundigt, wird mit einem skeptischen *It's only for you, then* begrüßt. Der offerierte *Single Room* hat oft nur die Größe einer Abstellkammer, wird aber dadurch aufgewertet, dass er preislich auf einer Stufe mit einem Doppelzimmer steht ...

Hinweis: Die englischen Hotelzimmer sind fast immer eine rauchfreie Zone. Wer sich unbedingt seiner Nikotinsucht hingeben will, muss sich vorher erkundigen oder vor die Tür gehen.

Aufgrund des hohen Preisniveaus der englischen Hotels kann es mitunter günstiger sein, das Hotel im heimischen Reisebüro pauschal samt Flug zu buchen. Kurzfristig

76   Übernachten

entschlossene Reisende mit einem Internetzugang können unter den Adressen www.hrs.de oder www.hotel.de freie Zimmerkapazitäten der angeschlossenen englischen Hotels abfragen und bei Interesse gleich ein Zimmer online buchen.

> „Selbst in den kleinsten Orten sind englische Gasthöfe sorgfältig gehalten. Immer sind darin Reinlichkeit, große Bequemlichkeit und sogar Eleganz vorhanden, und man mutet dem Fremden nie zu, in demselben Zimmer zu essen, zu wohnen und zu schlafen, wie das in deutschen Gasthäusern, wo es eigentlich nur Tanzsäle und Schlafstuben gibt, der Fall ist."
>
> *Hermann Fürst von Pückler-Muskau (1826)*

Bed & Breakfast (B & B)

Das Kürzel B & B steht für die Übernachtung bei einer Familie, die ein oder mehrere Zimmer an Gäste vermietet und morgens ein Frühstück serviert. Ganz ungezwungen ergeben sich so Kontakte zu den Gastgebern und Einblicke in den britischen Alltag. B & B ist eine typisch englische Einrichtung, die mittlerweile auch in anderen europäischen Ländern angeboten wird. Wann es das erste B & B gegeben hat, liegt im Dunkeln, doch nimmt man an, dass sofort nachdem das erste Fachwerkhaus eines Angelsachsen fertig war, das Gästezimmer von seiner Frau an einen vorbeiziehenden normannischen Eindringling vermietet wurde. Gerade in den ländlichen Gebieten kann man mit den Gastgebern schnell Kontakt schließen und allerhand über die Gegend erfahren. Von diesem herzlichen Umgang schwärmen viele Englandreisende.

Die Zimmer sind oft einfach, haben einen Fernseher, ein Waschbecken, Schrank, Nachttisch und manchmal eine Dusche. Je nach Ausstattung müssen pro Person zwischen £ 25 und £ 45 einkalkuliert werden. Darin ist nicht nur das reichliche Frühstück enthalten, sondern meist auch die Benutzung des Familienbads, Fernsehzimmers oder anderer Räume. In den meisten B & Bs befinden sich auch die unvermeidlichen Teekocher *(teaboiler)*. Mit ihnen kann man sich auf die Schnelle einen Tee oder Kaffee zubereiten. Teebeutel und lösliches Kaffeepulver liegen daneben. Wer keine Dusche im Zimmer hat, findet das Bad auf dem Flur. Morgens wird zur verabredeten Zeit das herzhafte Frühstück aufgetischt. Auf Wunsch kann man häufig auch ein *vegetarisches Frühstück* oder ein *Diätfrühstück* bestellen. Die meisten Zimmer besitzen ein eigenes Bad, was die Engländer als „*en suite*" bezeichnen. Das Übernachten in diesen Räumen ist häufig etwas teurer. Ein sehr schönes Angebot an landestypischen Unterkünften vermittelt die deutschsprachige Agentur **Bed & Breakfast**: ✆ 06251/702822. www.bed-breakfast.de.

> **Achtung**: Einige Besitzer von B & Bs vermieten nicht an Reisende mit Kindern unter 12 Jahren. Wer mit seinem Nachwuchs unterwegs ist, sollte dies bei der Buchung stets erwähnen.

Die englische Variante von **Urlaub auf dem Bauernhof** heißt *Stay on a farm* und bietet zahlreiche Unterkünfte vorzugsweise in ländlichen Regionen. Meist handelt es sich um schöne Landhäuser, die in der gehobenen Kategorie sogar einen Swim-

Jugendherbergen   77

mingpool besitzen können. Häufig werden auch Ferienwohnungen mit der Möglichkeit zum *Self-Catering* angeboten.

Information www.farmstayuk.co.uk bzw. www.farmstaydirect.com.

Ferienhäuser und -wohnungen

Ferienhäuser und Ferienwohnungen ermöglichen einen freien Tagesablauf, den nicht nur Familien mit Kindern zu schätzen wissen. Hinzu kommt, dass man nicht gezwungen ist, jeden Tag in ein Restaurant zu gehen und somit die Reisekasse schonen kann. Alle Tourist Information Centres führen in ihren Unterkunftsnachweisen auch die Möglichkeiten zum *Self Catering* auf. Die Vermietung erfolgt fast ausschließlich wochenweise. Faustregel: Ein *Apartment* kostet je nach Größe, Ausstattung und Saison zwischen £ 250 und £ 500 pro Woche.

● *Information* **Country Holidays**, Spring Mill, Earby, Barnoldswick, Lancashire BB94 0AA, ✆ 08700/781200. www.country-holidays.co.uk. **English Country Cottages**, Stoney Bank, Earby, Barnoldswick, Lancashire BB94 0EF, ✆ 08700/781100. www.english-country-cottages.co.uk.

Wer seine Ferien gerne in einem historischen Gebäude mit Flair verbringen möchte, findet selbst alte Leuchttürme im Angebot dieser Vereinigungen:

Landmarktrust, Shottesbroke, Maidenhead, Berkshire SL6 3SW, ✆ 01628/825925, 🖷 01628/825417. www.landmarktrust.org.uk.

National Trust, Holiday Booking Office, PO Box 536, Melksham, Wiltshire SN12 8SX, ✆ 0870/4584422, 🖷 0870/4584400. www.nationaltrustcottages.co.uk.

Classic Cottages, sehr schmucke, landestypische Cottages in Cornwall, Devon, Somerset und Dorset. www.classic.co.uk.

English Country Cottages, landesweites Angebot. www.english-country-cottages.co.uk.

Wohnungstausch

Wie wäre es mit einem Wohnungstausch mit einer englischen Familie? Auf diese Weise kann man seine Ferien mietfrei im jeweils anderen Land verbringen. Abgesehen von der Vermittlungsgebühr an eine Agentur entstehen keine Kosten (www.homelink.de).

Jugendherbergen

In Südengland existiert ein relativ dichtes Jugendherbergsnetz. Jugendherbergen gibt es beispielsweise in Bath, Brighton, Bristol, Canterbury, Dover, Exeter, London, Lynton, Margate, Penzance, Salisbury und Swanage.

Eine Übernachtung in einem *Youth Hostel* setzt auch jenseits des Ärmelkanals den Besitz eines Internationalen Jugendherbergsausweises voraus, eine Altersbegrenzung wie z. B. in Bayern gibt es hingegen nicht. Der internationale Jugendherbergsausweis kann entweder beim Deutschen Jugendherbergswerk oder seinem englischen Pendant erworben werden. Nur mit einem *Jugendherbergsschlafsack* oder Bettbezug ist das Übernachten in einer Jugendherberge gestattet. Wer beides nicht besitzt, bekommt die *Sheets* in jeder Herberge (im Preis enthalten). In vielen Einrichtungen ist eine *Gemeinschaftsküche* vorhanden. Hier bereitet man sich seine Mahlzeiten am preisgünstigsten zu. In den Kantinen wird Frühstück ausgegeben, das man bereits am Tag zuvor bezahlt. Häufig kann man auch ein Abendessen bestellen. Einige Hostels erlauben (meist für den halben Preis) das *Zelten* auf ihrem Grundstück. Die Benutzung der Einrichtungen des Hauses (Duschen, Küche usw.)

78   Übernachten

sind im Preis eingeschlossen. In kleineren Jugendherbergen ist es häufig tagsüber (10–17 Uhr) nicht möglich, das Zimmer zu betreten. Teilweise rigorose Sperrzeiten (23 Uhr) beschränken den Ausflug ins Nachtleben. Wer als Paar unterwegs ist, muss damit rechnen, in getrennten Schlafräumen untergebracht zu werden. Dafür sind für Familien oft spezielle *Family Rooms* vorhanden.

• *Informationen*   **Deutsches Jugendher-bergswerk**, Bismarckstr. 8, Postfach 1455, 32756 Detmold, ✆ 05321/99360. **Youth Hostel Association**, Trevelyan House, Dimple Road, Matlock, Derbyshire DE4 3YH, ✆ 0044/1629/592700, 📠 0044/1629/592627. www.yha.org.uk.

• *Reservierungen* Es ist ratsam, rechtzeitig zu reservieren. Dies lässt sich entweder telefonisch oder im Internet erledigen, wenn man über eine Kreditkarte verfügt. Andernfalls empfiehlt sich eine schriftliche Buchung. Bei kurzfristigen Vorbestellungen (weniger als eine Woche) sollte man bis spätestens 18 Uhr anreisen. Denn bei großem Andrang wird um diese Zeit auch das freigehaltene Bett vergeben.

• *Preise* Es gibt in England die Alterskategorien **Under 18** (Jugendliche und Kinder bis 18 Jahre) und **Adult** (Erwachsene ab 18 Jahren). „Under 18" bezahlen pro Übernachtung ca. £ 6–15, „Adults" £ 14–20. Die Jugendherbergen in touristisch interessanten Städten sind jedoch oft wesentlich teurer (London ca. £ 25).

• *Jugendherbergsausweis* Wer plant, seinen Urlaub in Jugendherbergen zu verbringen, benötigt einen **Internationalen Jugendherbergsausweis**, den man sich schon zu Hause besorgen sollte (in Jugendherbergen oder Fremdenverkehrsämtern).

Eine preisgünstige Alternative zur Jugendherberge sind die sogenannten **Backpackers Hostels**, die man in vielen Städten (Brighton, Glastonbury etc.) Südenglands vorfindet. Zum einen gibt es dort auch gemischt geschlechtliche Schlafräume (ab £ 8), zudem ist die Atmosphäre oft wesentlich lockerer. Auch die Universitäten bieten in den Sommermonaten preiswerte Übernachtungsmöglichkeiten an.

Information   **British Universities Accommodation Consortium**, Box No 1562E, University Park, Nottingham NG7 2RD, ✆ 0115/8466444. www.buac.co.uk.

Camping

Wer seinen Urlaub gerne in den „eigenen" (Zelt-)Wänden verbringt, kann dies auch in Südengland problemlos tun. Vor allem in Küstennähe sind viele Campingplätze zu finden. Bis auf wenige Ausnahmen haben alle Campingplätze von Juni bis Ende September geöffnet, manche sogar das ganze Jahr über. Trotz des großen Angebots empfiehlt es sich im Juli und August, rechtzeitig zu reservieren, da in der Hochsaison viele Zeltplätze hoffnungslos überfüllt sind. Achtung: Auf vielen Plätzen werden nur Familien oder Paare aufgenommen.

Seit dem Jahr 2000 lässt das *English Tourism Council* die Campingplätze von neutralen Prüfern besuchen, die je nach Sauberkeit, Service und Lage zwischen einem und fünf Sternen vergeben. Prinzipiell gilt: Ausstattung und Preise nehmen mit der Zahl der Sterne zu. Zumeist berechnet sich der Übernachtungspreis pro Stellplatz, unabhängig davon, ob man in einem Zelt oder Wohnwagen schläft. Je nach Ausstattungsstandard und Jahreszeit müssen für eine Übernachtung zwischen £ 8 und £ 25 einkalkuliert werden.

Günstiger als die kommerziellen Campingplätze, auf denen man manchmal zwischen Wohnwagen in der Masse versinkt, sind private Plätze auf *Bauernhöfen* oder anderen Wiesenflächen. Einige Farmer weisen per Schild auf diese Möglichkeiten hin. Oder fragen Sie einfach einen Bauern, ob Sie auf seiner Wiese ein Zelt aufschlagen dürfen. Tut man dies jedoch, ohne zuvor um Erlaubnis zu fragen, begeht man Landfriedensbruch, der mit einer empfindlichen Geldstrafe geahndet werden kann.

Pubs mit Atmosphäre: The Red Lion

Essen und Trinken

Der Gemeinplatz, ein Franzose lebe, um zu essen, und ein Engländer esse, um zu leben, lässt sich heute nicht mehr ohne weiteres aufrechterhalten. Vor allem London hat sich auf dem kulinarischen Sektor in den letzten beiden Jahrzehnten vom Entwicklungsland zum gastronomischen Trendsetter gemausert. Und nicht etwa Fish'n'Chips ist das Lieblingsgericht der Engländer, sondern Chicken Tikka Massala.

Für viele Engländer ist der Morgen die kulinarische Glanzstunde des Tages, die sie am liebsten mit einem opulenten Mahl zelebrieren. Zu jedem guten **Frühstück** gehören Orangen- oder Grapefruitsaft, Müsli *(cereals)*, Haferbrei *(porridge)*, wahlweise Spiegel- oder Rührei und zwei Scheiben knusprig gebratener Bacon. In besonders traditionellen Herbergen besteht ein *English Breakfast* zudem noch aus Würstchen – auf die man wegen ihres dubiosen Fleischgehalts besser verzichten sollte –, Grilltomaten und gegrillten Champignons sowie weißen Bohnen, manchmal auch noch aus Blutwurst, Bratfisch oder Bückling (Kippers). Auf alle Fälle werden zudem Toast, gesalzene Butter und die obligatorische bittere Orangenmarmelade *(marmalade)* gereicht. *Jam* heißen übrigens alle anderen Marmeladensorten. Je nach Wunsch bekommt man noch Tee oder Kaffee serviert. Kaffeesahne ist unbekannt.

Im Gegensatz zum *English Breakfast* besteht das sogenannte *Continental Breakfast* in der Regel nur aus Brötchen, Butter und Marmelade. Da in den meisten B & Bs beide Arten von Frühstück gleich viel kosten (im Übernachtungspreis enthalten), sollte man sich die gebratenen Leckereien nicht entgehen lassen.

80   Essen und Trinken

> „Die Butterscheiben, welche zum Tee gegeben werden, sind so dünne wie Mohnblätter. Aber es gibt eine Art, Butterscheiben am Kamin zu rösten, welche unvergleichlich ist. Es wird nehmlich eine Scheibe nach der anderen so lange mit einer Gabel ans Feuer gesteckt, bis die Butter eingezogen ist, alsdann wird immer die folgende drauf gelegt, so daß die Butter eine ganze Lage solcher Scheiben allmählich durchzieht: man nennt dies einen *Toast*."
>
> *Karl Philipp Moritz (1782)*

Nach einem derart üppigen Frühstück dauert es mehrere Stunden, bis sich wieder ein Hungergefühl einstellt. Für ein preiswertes Mittagessen *(lunch)* bieten sich die zahlreichen **Fish'n'Chips**-Restaurants oder Imbissbuden an, die in nahezu jedem Ort zu finden sind. Besonders gut schmecken die in einem Teigmantel gebackenen Fischfilets natürlich an der Küste – leider ist es um die Qualität der fetttriefenden Chips, gemeint sind Pommes, fast immer schlecht bestellt. Die Engländer salzen ihre Chips übrigens nicht, sondern würzen sie mit Essig *(vinegar)*. Wer seine in eine offene Papiertüte verpackten Fish'n'Chips in der richtigen Atmosphäre essen will, setzt sich an den Hafenkai, um gedankenverloren die Möwen zu beobachten und auf das Meer zu blicken.

Wer gerne günstig und bodenständig isst, sollte es einmal mit **Pub Food**, auch **Pub Grub** genannt, versuchen. Je nach der Gegend, in der man sich gerade aufhält, hat auch das Pub seinen individuellen Stil. Im Londoner Bankenviertel drängen sich beispielsweise die Gentlemen im Nadelstreifenanzug, aber auch einige Arbeiter im Overall stehen in der Ecke und schlürfen ihr Bier. Die sozialen Unterschiede kommen in den Pubs sehr deutlich zum Ausdruck. Einige Pubs, vor allem an den großen Straßen, bieten mittags auch ein *kaltes Büfett* an, bei dem man sich von allen Köstlichkeiten etwas nehmen kann. Auch die mittäglichen *Lunch Specials* sind sehr zu empfehlen und relativ preiswert (ab £ 4). Wie die Getränke, so bestellt und bezahlt man im Pub auch die Speisen direkt an der Theke.

Ein traditionelles Gericht ist der *Ploughman's Lunch:* Frisches, weißes Brot mit sauer eingelegten Zwiebeln, Butter und einem handfesten Stück Cheddar Cheese oder Ham and Egg Pie. Klassiker wie *Steak and Kidney Pie,* eine mit Nieren gefüllte Rindfleischpastete, sind sicherlich nicht jedermanns Sache. Leckerer sind der traditionelle *Shepherd's Pie* (Fleisch mit Zwiebeln und Kartoffelbrei) oder der *Devonshire Squab Pie,* eine delikate Lammfleischpastete. Gekochter Schinken wird oft als *Wiltshire Ham* angepriesen. Beim Salat ist Vorsicht angebracht, denn allzu oft wird er von einer dicken Schicht Mayonnaise *(salad cream)* erdrückt. England ist ein multikulturelles Land, so verwundert es auch nicht, dass selbst in den urigsten Pubs ein *Chicken Korma* und andere indische *Currys* auf der großen schwarzen Wandtafel stehen.

Eine weitere Spezialität sind die *Cornish Pasties,* welche auch in Bäckereien zum Mitnehmen verkauft werden. Die sowohl mit Gemüse und Fleisch, als auch mit Süßem gefüllten Teigtaschen besitzen einen knusprigen Rand, so dass sich die Fischer und Minenarbeiter stärken konnten, ohne sich die Hände waschen zu müssen: Der Rand des praktischen „Eintopfs" wurde nämlich nicht mitgegessen.

Wer nur einen kleinen Happen essen will, kann sich mit einem Sandwich begnügen. Als Alternative empfehlen sich die Lebensmittelabteilung eines Kaufhauses

Essen und Trinken 81

Der Klassiker: Fish'n'Chips

(Marks & Spencer) oder ein Supermarkt (Tesco), die Salate, leckere Sandwiches oder belegte Baguettes sowie exotische Spezialitäten in appetitlich zurecht gemachten Portionen feilbieten. Wer Wert auf biologische Kost legt, sollte auf den Hinweis *Organic Food* achten.

Tee ist nicht nur das obligatorische Frühstücksgetränk – seit der kleine gallische Held die ersten Teeblätter auf die Insel brachte (laut jüngeren, bildlichen Überlieferungen!), ist der Genuss einer „cuppa tea" kaum noch aus irgendeiner Situation wegzudenken. Die Verbundenheit, die zwischen den Menschen und ihrem milchig verdünnten, süßen Getränk besteht, brachte der viktorianische Premierminister Gladstone so zum Ausdruck: „Wenn Dir kalt ist, wird Dich Tee wärmen, wenn Du erhitzt bist, wird er Dich abkühlen; bist Du deprimiert, wird er Dich aufrichten, bist Du aufgeregt, wird er Dich beruhigen!" Wegen dieser Allround-Medizin wurden Kriege ausgefochten und parlamentarische Debatten geführt. Für die Teepause stehen in allen Fabriken die Maschinen still. Seit 1960 hat jeder englische Arbeiter das Recht auf zwei Teepausen pro Tag. Getrunken werden zumeist Earl Grey oder Darjeeling.

Zur nachmittäglichen *Tea Time* gehören Unmengen an Süßigkeiten, Kuchen, eingelegten Früchten und Sahne *(cream)* – sehr empfehlenswert ist die Devonshire *Clotted Cream*. Überall im Südwesten wird am Nachmittag *Cream Tea* serviert – ein Kännchen Tee mit süßen, noch warmen Brötchen *(scones),* Clotted Cream und Erdbeermarmelade. Während man in Devon erst die Cream und dann die Marmelade auf die Scones streicht, handhaben es die Einwohner Cornwalls genau umgekehrt. Außerdem ist Devon berühmt für seinen *Fudge*, Zuckerwerk, das es in verschiedenen Geschmacksrichtungen gibt.

Wenn es frisch ist, zergeht es auf der Zunge und ersetzt vom Nährwert her ein ganzes Mittagessen! Das Abendessen *(dinner)* wird in der Regel zwischen 19.00 und

82   Essen und Trinken

19.30 Uhr eingenommen und besteht in einem Restaurant zumeist aus drei oder vier Gängen. Manchmal wird man zunächst in die *Lounge* oder an die *Bar* gebeten, um einen Aperitif zu sich zu nehmen und die Speisekarte *(menu)* zu studieren. Erst kurz bevor das Essen serviert wird, wird man dann zu Tisch gebeten. Der Unter-

Modern British

„The same procedure as every year, James", instruiert die greise Miss Sophie ihren Butler zum x-ten Mal in „Dinner for one". Getreu diesem Motto wurde in britischen Restaurants jahraus, jahrein aufgetischt, was sich schon seit langer Zeit bewährt hatte. Wer einmal die Vokabeln „kidney pie", „sausage", „cod", „chips", „cabbage" und „peas" gelernt hatte, stieß bei der Lektüre der Speisekarte vor Ort auf keinerlei Schwierigkeiten. Doch seit einiger Zeit wird in London die altehrwürdige englische Küche mehr und mehr von der sogenannten „Modern British Cuisine" verdrängt. Was aber verbirgt sich hinter diesem Schlemmertrend?

Erfrischende Obstsalate, zartes Fleisch und knackige Gemüse hatten in der englischen Küche nichts zu suchen. „Fish'n'Chips" waren der Ausdruck britischer Esskultur. Seit den späten 1960er-Jahren entwickelte sich jedoch eine Konkurrenz zu fettigem Heilbutt und Pommes mit Essig, denn zahlreiche Commonwealth-Mitbürger ließen sich im Mutterland nieder und führten dort ihre Traditionen und Kochkünste weiter. Afrikanische, fern- und nahöstliche Restaurants öffneten überall in der Hauptstadt ihre Pforten. Tandooris und Taj Mahals boomten, was dazu führte, dass London sich in dem Ruf sonnen durfte, die beste und authentischste indische Küche außerhalb von Indien zu besitzen. Pikante Currygerichte mit Geflügel, Hack- und Rindfleisch sowie eine riesige Auswahl an feurigen Saucen, bunten Salaten und milden Joghurt-Dressings lockten Gäste aus Nah und Fern. Gewohnt gelassen reagierten alteingesessene Londoner Gastronomen auf diese Herausforderung mit Plumpudding, gekochten Erbsen und fetttriefenden Gammon Steaks. Die erhoffte Kundschaft aber blieb nun aus.

Innerhalb weniger Jahre verwandelte sich die gesamte Gastroszene und auch in den traditionellen Lokalen wird seither Neues ausprobiert. Damit auch Laien auf diese Entwicklung aufmerksam werden, nennt man den jüngsten Gourmet-Trend „Modern British". Haute Cuisine und die abwechslungsreiche Küche der entlegensten Länder werden dabei zu einem multikulinarischen Gaumenschmaus vermengt. Oberstes Gebot ist die hohe Qualität der Zutaten. Möhren, Tomaten, Bohnen, Paprika, Auberginen und Spargel werden deshalb täglich geliefert. Vitamine sind mittlerweile auch auf der Insel begehrt. Wo die Zutaten früher geduldig zerkocht wurden, wird heute blanchiert, mariniert und gedünstet. Ebenso bekommt der Geschmack plötzlich einen ungewohnt hohen Stellenwert. In den Gewürzregalen, wo jahrzehntelang Salz- und Pfefferstreuer vereinsamten, stehen nun Dutzende von Gläsern mit Aufschriften wie Kurkuma, Nelken, Koriander und Safran. Ende des 20. Jahrhunderts feierte die britische Kochbegeisterung ihren Siegeszug durch sämtliche Medien. Und *Jamie Oliver*, Englands bekanntester Fernsehkoch, hat sich auch bei uns als Markenzeichen für einfallsreiche Küchenfreuden etabliert.

schied zwischen einem guten und einem schlechten Restaurant zeigt sich nicht zuletzt beim Gemüse. Findet man auf seinem Teller eine Ansammlung von Erbsen oder Karotten vor, die weder Geschmack noch Biss aufweisen und samt ihren Farbstoffen den direkten Weg aus der Kühltruhe genommen haben, so ist man im falschen Restaurant gelandet. Wer die Reisekasse schonen will, geht am besten in ein Pub, das für seine gute Küche bekannt ist. Klassiker der englischen Küche sind Lammbraten *(roast lamb)* mit Pfefferminzsauce *(mint sauce)* und – trotz BSE – das sonntägliche *Roast Beef*. Die Restaurants legen längst Wert auf eine ambitionierte Küche. Statt *Gammon Steak* (Schinkensteak) mit Pommes frites werden Köstlichkeiten wie *Somerset Hare with Walnuts* (in Cider gegarter Hase mit Walnüssen) aufgetischt. Apropos Somerset: Dort sollte man zum Nachtisch eine delikate *Somerset Apple Cake* ordern. Positiv zu vermerken ist die wachsende Zahl vegetarischer Restaurants, die mittlerweile in allen größeren Städten vorzufinden sind. Zumeist finden **Vegetarier** auch in den indischen Restaurants mehrere fleischlose Gerichte auf der Speisekarte.

Das **Preisniveau** der englischen Restaurants ist ausgesprochen hoch. Für ein dreigängiges Menü muss man mindestens £ 15 bezahlen, besitzt das Restaurant ein gewisses Renommee, so sollte man ohne Getränke zwischen £ 20 und £ 40 pro Person veranschlagen. Lohnend ist es daher, in einem guten Restaurant nach einem *Set-Price-Menu* Ausschau zu halten, das oft nur halb so teuer ist wie das abendliche Dinner. In vornehmen Restaurants wird zumeist Wert auf eine entsprechende Kleidung gelegt.

Abschließend noch einige Anmerkungen: An der Eingangstür jedes Restaurants hängt eine Speisekarte. Darauf sind die aktuellen Preise inklusive Mehrwertsteuer (VAT) verzeichnet. In manchen Lokalen wird automatisch zu den angegebenen Preisen eine *Service Charge* von 10 bis 15 Prozent hinzugerechnet. Ist dies nicht der Fall, erwartet das Personal ein **Trinkgeld** *(tip)* in gleicher Höhe. Andere wiederum berechnen eine *Cover Charge* von £ 1 oder £ 2, man bezahlt also für Tischdecke, Brot, Butter, usw. Wichtig zu wissen ist, dass es Restaurants gibt, die keine Lizenz für alkoholische Getränke besitzen. Für Kontinentaleuropäer kurios sind die BYO-Gaststätten (BYO für Bring Your Own bottles), in die man seine Getränke selbst mitbringen darf. In beliebten Restaurants ist es ratsam, sich rechtzeitig einen Tisch reservieren zu lassen.

Pubs

Die Public Houses (Pubs) sind Treffpunkte für Jung und Alt. Nachdem die Öffnungszeiten jahrzehntelang rigoros bis 23 Uhr begrenzt waren, erlaubt ein neues Gesetz der Labourregierung, dass Gaststätten außerhalb von Wohngebieten rund um die Uhr ausschenken dürfen.

In manchen Pubs sind die Klassenunterschiede bis heute zu erkennen – an der rustikalen Public Bar trinken die einfacheren Leute ihr Bier, die „bessere" bis vorneh-

84   Essen und Trinken

me Kundschaft sitzt in der Saloon Bar auf Plüschsofas. Pubs sind eine Lebenseinstellung und mit kontinentalen Kneipen, Bistros oder italienischen Bars keinesfalls vergleichbar. Viele Engländer betrachten das Pub um die Ecke als ihr erweitertes Wohnzimmer, in dem sie zwanglos mit ihren Nachbarn und Freunden ins Gespräch kommen können. Und auch der Kontinentaleuropäer merkt schnell: Wenn an kalten Wintertagen das Kaminfeuer prasselt, gibt es keinen schöneren Ort als ein Pub. Achtung: Kindern und Jugendlichen unter 18 Jahren wird in vielen Pubs der Zugang verwehrt.

Normalerweise bestellt man sein Bier an der Bar, bekommt sein 1/2 Pint (ausgesprochen: Paint) oder 1 Pint (0,568 Liter) gezapftes Bier (Draught Beer, Ale, Stout, Bitter oder Lager) und muss gleich bezahlen; eine Bedienung am Tisch ist nicht vorgesehen, Trinkgeld wird nicht erwartet. Das gezapfte Bier ist weniger kalt als auf dem Kontinent und hat fast keinen Schaum. Die starren Öffnungszeiten, die durch uralte Gesetze geregelt waren – einst sollten sie im Ersten Weltkrieg die Arbeiter davon abhalten, betrunken in die Fabriken zu kommen –, sind erst unlängst etwas gelockert worden. Die meisten Pubs sind werktags in der Regel von 11 bis 23 Uhr sowie sonntags von 12 bis 15 und von 19 bis 22.30 Uhr geöffnet. Pünktlich zehn Minuten vor Feierabend wird eine Glocke geläutet: *„Last orders, please!"* Eine Viertelstunde später wird man mit einem trockenen *„Drink up"* zum Austrinken gedrängt. Außerhalb von Wohngebieten ist die Sperrstunde für Gaststätten ganz aufgehoben worden. In größeren Städten wie Bristol oder Brighton finden sich problemlos Pubs und Bars, die bis weit nach Mitternacht geöffnet haben. Weitere Informationen zum Thema britisches Bier finden sich im Internet unter www.great britishbeer.co.uk.

Die gängigsten Biersorten	
Bitter	dunkles Fassbier (draught), bitterer Geschmack
Lager	helles Bier
Stout	Starkbier – Guinness, bitter; Mackeson, süß
Barley Wine	extra starkes Bier
Brown Ale	kräftig, dunkel und süß
Light Ale	hell, schäumend
Mild	dunkel, geschmackvoll
Real Ale	Fassbier ohne Kohlensäure, bis 8 % Alkoholgehalt
Newcastle Brown	Starkbier

Man muss im Pub natürlich nicht zwangsweise Bier trinken. Diejenigen, die keinen Gerstensaft mögen, können *Cider* probieren. Cider ist ein moussierender Apfelwein, der je nach Region anders schmeckt. Einen hervorragenden Ruf genießt der Cider aus Somerset. Bevor man zu tief ins Glas schaut, sollte man bedenken, dass der englische Cider einen höheren Alkoholgehalt als der deutsche Apfelmost aufweist. Die meisten Pubs bieten auch mehrere gute Weine an (französische, italienische und spanische). Zwar wird auch in Sussex, Hampshire, Surrey, Kent und Somerset Wein angebaut, aber um ihn zu lieben, ist ein gehöriges Maß Lokalpatriotismus notwendig. Außerdem gibt es natürlich alle gängigen Marken von Softdrinks. Besonders beliebt sind Ginger Ale und Tonic Water.

Warum nicht? Eine Grillpause am Strand

Freizeit, Sport und Strände

Die Möglichkeiten, sich sportlich zu betätigen, sind beinahe grenzenlos. Geradezu klassisch ist ein Tennismatch auf Rasen oder eine Runde Golf, um die eigenen Leistungen zu verbessern. Wassersport genießt an der Küste selbstverständlich einen besonders hohen Stellenwert.

Angeln und Fischen

Südengland mit seinen zahlreichen Flüssen und Seen ist ideal zum Fischen. Wer seine Angel nach Brassen, Forellen, Flussbarschen, Hechten oder Plötzen auswerfen will, muss aber unbedingt einen Angelschein besitzen und über die Schonzeiten informiert sein. *National Rod Fishing Licences* (Angelscheine) sind in den örtlichen Postämtern erhältlich. Das Fischen im Meer erfreut sich großer Beliebtheit. Am besten beißen die Fische bei beginnender Ebbe. An der Küste steht das Hochseeangeln nach Haien, Dorschen, Meerbarsch, Seehecht etc. hoch im Kurs.

Information www.gethooked.co.uk; www.sharkanglingclubofgreatbritain.org.uk; www.swlakestrust.org.

Badminton

In Deutschland lange als „Federball" gering geschätzt, erfreut sich Badminton inzwischen auch auf dem Kontinent großer Beliebtheit. Seinen Namen erhielt das Spiel von dem in Gloucestershire gelegenen Landsitz des Duke of Beaufort, wo 1887 erstmals ein Turnier nach festen Regeln ausgetragen worden sein soll.

86   Freizeit, Sport und Strände

Birdwatching

Birdwatching ist eines der beliebtesten Freizeitvergnügen der Engländer. Bei nahezu jeder Witterung sitzen die Vogelfreunde mit Khakihosen, Ferngläsern und Teleobjektiven zwischen den Hecken und richten ihr Teleskop auf seltene Arten, nebenbei blättern sie in Vogelkundebüchern, Technikfreaks haben sogar einen iPod dabei und gleichen den Ruf der Wildnis mit der Tonkonserve ab. Vor allem in Cornwall und auf den Scilly-Inseln ist Birdwatching sehr beliebt. Die Begeisterung geht dabei quer durch alle Gesellschaftsschichten und reicht vom Briefträger bis zum Adeligen: Die Royal Society for the Protection of Birds (RSPB) hat mehr als eine Million Mitglieder. Insgesamt 573 Vogelarten soll es in Großbritannien geben, angefangen bei Rotkehlchen und Eisvogel über Papageientaucher und Wanderfalke bis hin zu seltenen Exemplaren wie dem Goldflügelwaldsänger.

Information www.rspb.org.uk.

Cricket

Der englische Nationalsport, der im gesamten Commonwealth verbreitet ist, lässt sich bis ins 13. Jahrhundert zurückverfolgen. Das Schlagballspiel wird von zwei Mannschaften mit jeweils elf Spielern auf einem mindestens 80 x 60 Meter großen Rasenplatz ausgetragen. Die Spielregeln sind sehr komplex und mit dem amerikanischen Baseball vergleichbar. Allerdings kann sich das Spiel wesentlich länger hinziehen: Ein Vergleichskampf zwischen zwei Grafschaften erstreckt sich manchmal sogar über fünf Tage.

Fußball

England ist bekanntlich das Mutterland des Fußballs. So verwundert es auch nicht, dass für so manchen überzeugten Fußballfan der Besuch eines Spiels der Premier League den Höhepunkt eines Englandbesuchs darstellt. Die Eintrittskarten der Spitzenclubs sind begehrt, daher sollte man sich rechtzeitig um einen Platz bemühen. Hilfreich ist folgende Homepage: www.fussballinlondon.de.

> „Ich verliebte mich in den Fußball, wie ich mich später in Frauen verlieben sollte: plötzlich, unerklärlich, unkritisch und ohne einen Gedanken an die Schmerzen und die Zerrissenheit zu verschwenden, die damit verbunden sein würden."
>
> *Nick Hornby, Fever Pitch*

FC Chelsea, Stamford Bridge, Fulham Road, SW6, ✆ 020/73867799. www.chelseafc.co.uk. Ⓤ Fulham Broadway.

Arsenal London, Emirates Stadium, Drayton Park, N5, ✆ 020/77044000. www.arsenal.co.uk. Ⓤ Arsenal.

West Ham United, Boleyn Ground, Green Street, E13, ✆ 020/85482748. www.whufc.co.uk. Ⓤ Upton Park.

Tottenham Hotspur, White Hart Lane, High Road, N17, ✆ 020/83655000. www.spurs.co.uk. Anfahrt: Mit dem Zug zur Station White Hart Lane.

FC Fulham, Craven Cottage, Stevenage Road, SW6, ✆ 020/77366561. Ⓤ Putney Bridge.

Wimbledon, Selhurst Park, Park Road, SE25, ✆ 020/87712231. Mit dem Zug bis Norwood Junction oder Selhurst.

Golf

Der in deutschsprachigen Ländern als elitär geltende Golfsport hat in England den Charakter eines Volkssports. Auf mehr als 1500 Plätzen können auch Urlauber versuchen, das eigene Handicap zu verbessern. Als besonders schöne Anlagen gelten die Golfplätze von Moretonhampstead und Burnham. Relativ günstig sind die öffentlichen Golfplätze mit rund £ 10 pro Runde, auf den privaten Golfplätzen ist der Preis zwei- bis fünfmal so hoch.

Information Im Internet kann man sich unter folgender Adresse über sämtliche Golfplätze der Region informieren: www.golfeurope.com/clubs/england.htm.

Greyhoundracing

In einer Rangliste der beliebtesten Freizeitvergnügen der Engländer steht der Besuch eines Windhunderennens nach dem Fußball an zweiter Stelle. Seit 1926 in Birmingham die erste Rennbahn eröffnet wurde, kennt die Begeisterung für die durchtrainierten Greyhounds, die mit bis zu 70 Stundenkilometern über die Rennbahn fegen, keine Grenzen mehr. Derzeit gibt es in ganz England mehr als 90 lizenzierte Windhunderennbahnen, die alljährlich rund 8 Millionen Besucher zählen. Die größte Hunderennbahn ist in Walthamstone im Londoner Norden. Spannend wird das Greyhoundracing natürlich erst durch die Wetten auf den jeweiligen Favoriten. Als eine Art Roulette mit lebendigen Kugeln soll Churchill dieses Wettvergnügen einst bezeichnet haben.

Heißluftballon

Für Kenner und Liebhaber gehört es zu den größten Erlebnissen, mit einem Heißluftballon lautlos über Wälder, Felder und Buchten zu schweben. Die Firma Aerosaurus Balloons veranstaltet zwischen März und Oktober an mehreren Standorten in Devon, Cornwall, Somerset, Dorset und Wiltshire Ballonfahrten. Preise je nach Verfügbarkeit ab £ 99.

Information www.ballooning.co.uk.

Reiten

Südengland hoch zu Ross zu erkunden, ist eine überaus reizvolle Alternative zum Wandern und Fahrradfahren. Vor allem in den Nationalparks und im New Forest werden Reiterferien für Anfänger und Fortgeschrittene angeboten. Beliebt ist auch das Pony Trekking.

Information Bei der British Horse Society, ☎ 0044/01936/707795. www.bhs.org.uk.

Sauna

Wer in einem Hotel mit Sauna übernachtet, sollte von den heimischen Gewohnheiten Abstand nehmen, alle Hüllen fallen zu lassen: Die Engländer schwitzen in öffentlichen Saunen fast ausschließlich in Badehose respektive Badeanzug oder Bikini.

Segeln und Surfen

Der Segelsport an der englischen Küste kann auf eine lange Tradition zurückblicken: Bereits 1812 wurde auf der Isle of Wight der *Royal Yacht Club* gegründet, und 1826 fanden die ersten Rennen vor *Cowes* statt. Attraktive Segelhäfen finden

88 Freizeit, Sport und Strände

sich beispielsweise in Brighton, Falmouth und St Ives. Häufig werden Segeltörns entlang der Küste und zu den vorgelagerten Inseln angeboten; Jachten in allen Größen kann man übrigens mit und ohne Skipper chartern. Zahlreiche Segelschulen bilden Anfänger zu standfesten Seglern aus.

Als südenglisches Surferparadies gelten die Strände an der Nordküste Cornwalls, da sich dort bei Flut die höchsten Wellen auftürmen. Vor allem Newquay gibt sich als die Surf City im UK. Wichtigstes Ausrüstungsstück ist ein Neoprenanzug. Wer seine Surfutenslien zu Hause gelassen hat, wird ohne größere Probleme ein Brett oder einen Neoprenanzug ausleihen können.

Information www.britsurf.co.uk, ℘ 01736/360250 bzw. www.rya.org.uk, ℘ 02380/604100.

Strände und Baden

Um es gleich vorwegzunehmen: Um die Wasserqualität ist es an Englands Küsten alles andere als gut bestellt. Wer sich von den niedrigen Wassertemperaturen nicht abschrecken lässt, kämpft weniger mit der Brandung als mit den in der Gischt lauernden Kolibakterien. Die britische Organisation *Surfers Against Sewage* (SAS) analysierte 800 dokumentierte Krankheitsfälle in den Badeorten und kam zu dem traurigen Ergebnis, dass 72 Prozent auf das Baden in verschmutztem Meerwasser zurückzuführen sind! Auch wer die inzwischen vollkommen veralteten Badewasser-Richtlinien der Europäischen Union von 1975 zum Maßstab nimmt, kommt zu dem Ergebnis: Nirgendwo ist das Wasser stärker verschmutzt als an Großbritanniens Stränden. Aktuelle Informationen über die Qualität und Sauberkeit der Strände bietet der *Good Beach Guide* von der *Marine Conservation Society:* www.goodbeachguide.co.uk.

Erfrischung verspricht das Meer im wahrsten Sinne des Wortes, selbst im Hochsommer klettern die Wassertemperaturen kaum über 17 Grad Celsius hinaus. Wer sich nicht überwinden kann, muss mit einem Schwimmbad vorlieb nehmen. Wegen der stellenweise starken Strömungen sowie dem durch die Gezeiten bedingten unterschiedlich hohen Wasserstand sollte man sich nur mit Vorsicht in die Fluten stürzen. Hinweisschilder und Warnungen sind unbedingt zu beachten. Bei einer roten Flagge sollte man unter keinen Umständen baden. Für glasklares, türkisfarbenes Wasser und einen goldgelben Sandstrand muss man nicht in die Karibik fahren: Die englische Südküste hat mehrere Traumstrände zu bieten. Zu den schönsten zählen Porthcurno Beach und Kynance Cove in Cornwall. Allgemein lässt sich behaupten, dass die Strände attraktiver werden und die Wasserqualität besser ist, je weiter man nach Westen fährt, doch auch die Kieselsteinstrände *(pebble beaches)* haben ihren Reiz. Wer in einer abgeschiedenen Bucht baden will, sollte sich vorab über die Gezeiten informieren, denn viele Strände werden bei Flut überschwemmt. Fast alle populären Strände werden in den Sommermonaten von Lifeguards überwacht. Übrigens: Engländer bauen keine Strandburgen.

Tennis

Die Freunde des „weißen Sports" finden in jedem größeren Küstenort Tennisplätze vor. Nicht nur in Wimbledon, dem Mekka der Tennisfans, bietet sich die Möglichkeit, auf einem Rasenplatz zu spielen. Zahlreiche Hotels der gehobenen Mittelklasse sowie komfortable Campingplätze halten ebenfalls Spielmöglichkeiten für Urlauber bereit. In der Saison ist eine Reservierung dringend zu empfehlen. Die Preise sind von der Tageszeit und der Exklusivität der Anlage abhängig.

Wandern und Bergsteigen

Engländer scheinen – neben anderen Eigenheiten – auch ein Faible fürs Wandern zu haben. Wanderwege findet man überall, und zu jeder Jahreszeit sind unermüdliche Wanderfreunde unterwegs. Wer das Land auf Schusters Rappen erkunden will, dem steht in England und Wales ein Wanderwegenetz von fast 200.000 Kilometern zur Verfügung. Das uralte, unverbriefte „Right of Way" erlaubt dem Wanderer, dass er sich auch auf privatem Grund und Boden frei bewegen darf, sofern er sich an die ausgeschilderten Fußpfade *(public footpath)* hält. Besonders beliebt sind Fernwanderwege wie beispielsweise der *Cornwall* und der *Devon Coast Path*, auf denen man die südwestlichste Ecke Englands umrunden kann. Die *South West Coast Path Association* vertreibt einen jährlich neu aufgelegten Wanderführer (£ 7), der neben Karten auch über die aktuellen Gezeiten informiert. Er ist direkt bei der Association oder im Buchhandel erhältlich. Ein weiterer außergewöhnlich schöner Fernwanderweg ist der *South Downs Way*, der von Eastbourne nach Winchester führt. Wert sollte auf die richtige Ausrüstung gelegt werden, hierzu zählen feste Wanderschuhe mit griffigem Profil genauso wie Regen- und Sonnenschutz. Bei Wanderungen durch das Marschland können sich *Wellington Boots* (Gummistiefel) als nützlich erweisen. Für mehrtägige Touren empfiehlt sich ein gutes Kartenmaterial, insbesondere die *Ordanance Survey Maps*. Die Landranger-Serie im Maßstab 1 : 50.000 leistet ebenfalls gute Dienste, in schwierigem Gelände erweist sich jedoch eine Karte der *Explorer*-Serie oder *Outdoor-Leisure*-Serie (Maßstab jeweils 1 : 25.000) als praktischer.

• *Informationen* **South West Coast Path Association**, Windlestraw, Penquit, Ermington, Devon PL21 0LU, ✆ 01752/896237. www.swcp.org.uk; **South Downs Way**, gut geeignet für Etappenplanung, Unterkunftssuche und sonstige Informationen ist die Home page: www.nationaltrail.co.uk/southdowns; **Rambler's Association**, Camelford House, Albert Embankment, London SE1 7TW, ✆ 020/73398500, ✉ 020/73398501. www.ramblers.org.uk.

Besonders beliebt sind die Küstenwanderwege

Wissenswertes von A bis Z

Behinderte	90	Notruf	96
Diplomatische Vertretungen	90	Öffnungszeiten	96
Dokumente	90	Parken	96
Feiertage	91	Post	96
Geld	91	Radio und Fernsehen	97
Gesundheit	92	Rauchen	97
Gezeiten	92	Reisegepäckversicherung	98
Goethe-Institut	93	Schwule und Lesben	98
Haustiere	93	Sprachkurse	98
Information	93	Strom	99
Internet	93	Telefonieren	99
Landkarten	94	Trinkgeld	100
Maße und Gewichte	94	Uhrzeit	100
Museen/Sehenswürdigkeiten		Zeitungen/Zeitschriften	100
(Vergünstigungen)	94	Zollbestimmungen	101

Behinderte

Wer mit einem Handicap unterwegs ist, kann bei Visit Britain ein kostenloses Faltblatt „Großbritannien für behinderte Besucher" bestellen. Weitere nützliche Hinweise sind bei folgender Organisation erhältlich:

Holiday Care Service, Enham Place, Enham Alamein, Andover SP11 6JS, ✆ 0845/1249974. www.holidaycare.org.uk.

Diplomatische Vertretungen

• *Ausländische Vertretungen in England* (ohne Landesvorwahl)

Deutschland: German Embassy, 23 Belgrave Square, London SW 1, ✆ 020/78241300, ✆ 020/78241435. www.london.diplo.de. Ⓤ Hyde Park Corner.

Österreich: Austrian Embassy, 18 Belgrave Mews West, London SW 1X 8HU, ✆ 020/7343250, ✆ 020/73440292. www.austria.org.uk; www.bmaa.gv.at/london. Ⓤ Hyde Park Corner.

Schweiz: Swiss Embassy, 16–18 Montague Place, London W1 H2BQ, ✆ 020/76166000, ✆ 020/77247001. www.swissembassy.org.uk. Ⓤ Baker Street.

• *Britische Vertretungen im Ausland*

Bundesrepublik Deutschland: Britische Botschaft, Wilhelmstr. 70–71, 10117 Berlin, ✆ 030/204570. www.britischebotschaft.de.

Schweiz: Britische Botschaft, Thunstr. 50, 3005 Bern, ✆ 031/3597700, ✆ 031/3597701. www.britain-in-switzerland.ch.

Österreich: Britische Botschaft, Jauresgasse 10, 1030 Wien, ✆ 01/716130, ✆ 01/716135900. www.britishembassy.at.

Dokumente

Für Bürger aus der Bundesrepublik Deutschland und Österreich genügt ein gültiger Personalausweis, Schweizer benötigen einen Reisepass beziehungsweise eine gültige Identitätskarte. In der Praxis hat sich die zusätzliche Mitnahme des Reisepasses bewährt: Der Ausweis bleibt an der Rezeption, mit dem Reisepass wechselt man Geld oder mietet ein Auto. Für Kinder unter 16 Jahren ist ein Kinderpass beziehungsweise der Eintrag im elterlichen Pass ausreichend. Mit dem internationalen Studentenausweis erhalten Berechtigte diverse Vergünstigungen.

Feiertage

Banken, Büros und Geschäfte, aber auch die meisten Museen und Sehenswürdigkeiten haben an den beweglichen Feiertagen wie beispielsweise **Karfreitag** *(Good Friday)* und **Ostermontag** *(Easter Monday)* sowie an folgenden Tagen geschlossen:

1. Januar	New Year's Day	**Letzter Montag im August**	Summer Bank Holiday
1. Montag im Mai	May Day	**25. Dezember**	Christmas Day
Letzter Montag im Mai	Spring Bank Holiday	**26. Dezember**	Boxing Day

Geld

Da Großbritannien bis dato nicht der Europäischen Währungsreform beigetreten ist, bleibt das **Pfund** (£) das einzige akzeptierte Zahlungsmittel im Königreich; ein **Pound Sterling** ist in 100 Pence (p) unterteilt. Es gibt Münzen zu 1 p, 2 p, 5 p, 10 p, 20 p und 50 p sowie zu £ 1 und £ 2, Scheine sind im Wert von £ 5, £ 10, £ 20 und £ 50 im Umlauf.

In den letzten Jahren blieb der **Wechselkurs** des Britischen Pfunds relativ konstant. Obgleich günstiger als in früheren Jahren, muss man sich darauf einstellen, dass die Lebenshaltungskosten in England etwa zwanzig Prozent höher liegen als in Deutschland. Bei Hotels und Restaurants kann man leider mit bis zu fünfzig Prozent höheren Preisen als in Deutschland rechnen. Im November 2010 musste man für £ 1 umgerechnet 1,14 € bezahlen. Wegen der relativ hohen Umtauschgebühren für Bargeld lohnt ein Vergleich zwischen den verschiedenen Banken. Am sinnvollsten ist es, sich schon zu Hause mit den für die ersten Tage nötigen Pfund einzudecken und nur eine kleine Barreserve mitzuführen; in England helfen dann Reiseschecks sowie ec- oder Kreditkarten weiter. Pfundbanknoten, ausländische Banknoten und Reiseschecks dürfen übrigens in beliebiger Höhe ein- und ausgeführt werden. Über den aktuellen Stand des Britischen Pfundes kann man sich im Internet informieren unter www.knowledgepoint.de/rechner.htm.

Kreditkarten sind weit verbreitet; sie werden von den meisten, jedoch nicht von allen Tankstellen, Hotels und Restaurants akzeptiert. Wegen der umständlichen Prozeduren am Bankschalter erweist sich eine **ec-Karte mit Geheimzahl** oder eine Kreditkarte als sehr hilfreich, denn Geldautomaten sind mittlerweile weit verbreitet. Von der heimischen Bank werden pro Abhebung mit ec-Karte 2,50 € berechnet, unabhängig von der Höhe des Betrags. Wer Geld mit seiner Kreditkarte abhebt, dessen Konto wird in der Regel mit 2 % des Betrags bzw. mindestens 5 € belastet. Inhaber von Postsparbüchern können mit der Postbank SparCard 3000plus zehnmal jährlich kostenlos im Ausland Geld abheben. Die Banken haben in der Regel von Mo–Fr von 9.30 bis 15.30 Uhr, gelegentlich auch bis 17.30 Uhr geöffnet. Beim Bargeldumtausch wird je nach Höhe eine Gebühr von £ 1 bis £ 4 erhoben. **Reiseschecks** werden immer seltener; die Tauschgebühr beträgt zumeist 1 Prozent.

● *Sperrnummer für Bank- und Kreditkarten* ✆ 0049/116116. Diese einheitliche Sperrnummer gilt mittlerweile für eine Reihe deutscher Banken, ausgenommen der HypoVereinsbank, der Postbank und der Deutschen Bank. www.sperr-notruf.de.

92   Wissenswertes von A bis Z

Der Strand, ein einziger großer Spielplatz

Gesundheit

Für Besucher aus den EU-Mitgliedsländern ist die *Notfallbehandlung* in den Ambulanz-Abteilungen der Krankenhäuser und bei Ärzten, die dem staatlichen Gesundheitswesen *(NHS = National Health Service)* angeschlossen sind, kostenlos. Wer die Sucherei umgehen will, wendet sich an eines der *Health Centres,* von denen es in fast jedem Stadtteil eines gibt. Ebenso verhält es sich mit einer Notbehandlung beim Zahnarzt. Bei Folgebehandlungen muss man oft das Geld vorstrecken, bekommt dieses aber gegen Vorlage der Quittung von seiner Versicherung zurückerstattet. Da ein Rücktransport von keiner Krankenversicherung finanziert wird, ist eine Auslandskrankenversicherung sehr ratsam. Sie garantiert freie Arzt- und Krankenhauswahl und übernimmt die Kosten für Behandlung, Medikamente, einen ärztlich verordneten Rücktransport und die Überführung im Todesfall. Die Versicherungen bieten Jahrespolicen für Einzelpersonen (ab 5 €) und Familien (ab 15 €).

Gezeiten

Das Spiel von Ebbe *(low tide)* und Flut *(high tide)* ist an der cornischen Küste besonders eindrucksvoll. Alle 12 Stunden und 25 Minuten wiederholt sich das Schauspiel. Mancherorts beträgt der Tidenhub (Höhenunterschied zwischen Hoch- und Niedrigwasser) über zehn Meter; daher ist beim Baden und Surfen auf spitze Felsen im Wasser zu achten. Ebenso sollte man bei Strandwanderungen bedenken, ob einem nicht der Rückweg durch die Flut abgeschnitten wird. Viele Halbinseln, Strände und Höhlen sind nur bei Ebbe zu erreichen. Teilweise können kleine Personenfähren, so beispielsweise beim Helford River, bei Niedrigwasser nicht anlegen. Es lohnt daher, sich vor Ort einen Gezeitenkalender zu besorgen.

Goethe-Institut

Wer sich während seines London-Aufenthaltes über das aktuelle politische Geschehen in Deutschland informieren möchte, findet in der Bibliothek des Goethe-Instituts eine große Auswahl an Zeitungen und Zeitschriften.

Adresse **Goethe-Institut**, 50 Princess Gate – Exhibition Road, SW7 2PH, ☎ 020/75964000, 🖷 020/75940240. www.goethe.de/london. Ⓤ South Kensington.

Haustiere

Seit dem 28. Februar 2000 sind die neuen Quarantäne-Bestimmungen für Haustiere in Kraft. Tiere dürfen nun mit einer tierärztlichen Bescheinigung über Impfung und Entwurmung einreisen, zudem muss ihr Blut mindestens sechs Monate zuvor von einem Tierarzt untersucht worden sein. Achtung: Jedem illegal eingeführten Tier droht die Todesstrafe!

Das Pet Travel Scheme (PETS) ist ein System von Bestimmungen, nach denen Sie mit Ihrem Haustier – Hund oder Katze – aus bestimmten Ländern nach Großbritannien einreisen dürfen, ohne Ihr Haustier in Quarantäne geben zu müssen, wenn bestimmte Bedingungen erfüllt sind. Gleichzeitig lässt PETS zu, dass Haustierhalter aus Großbritannien, die mit ihrem Haustier in eines der für PETS zugelassenen Länder gereist sind, ihre Haustiere ohne Quarantäne wieder nach Großbritannien zurückbringen dürfen.

Die Haustiere-Reiseverkehrsregelung (PETS) erstreckt sich nur auf Hunde and Katzen. Andere tollwutgefährdete Säugetiere, u. a. Chinchillas, Rennmäuse, Meerschweinchen, Hamster, Mäuse und Ratten, müssen auch weiterhin einer sechsmonatigen Quarantäne unterstellt werden. Weitere Informationen über die Quarantänebestimmungen in Großbritannien erhalten Sie bei der Botschaft (www.britischebotschaft.de).

Information

Die **Britischen Fremdenverkehrsämter** (Visit Britain) im europäischen Ausland erteilen keine persönlichen Auskünfte mehr. Alle Informationen gibt es seit 2009 nur noch im Internet unter den Adressen:

www.vistibritain.de,
www.visitbritain.at,
www.visitbritain.ch/de.
In **London**: Visit Britain, Thames Tower, Black's Road, London W6 9EL, ☎ 0044/20/ 88469000, 🖷 0044/20/85630302 bzw. London Tourist Board, Glen House, Stag Place, London SW1E 5LT, ☎ 0044/20/79322000, 🖷 0044/20/79320222. www.visitlondon.com.

Internet

Inzwischen verfügen die meisten Hotels in Südengland über einen drahtlosen, doch leider nicht immer kostenlosen Zugang zum Internet. In England spricht man dabei nicht von WLAN, sondern von Wi-Fi (*Wireless Fidelity*). Einige Cafés locken inzwischen ihre Gäste mit einem kostenlosen Zugang ins World Wide Web.

Wer sich bereits vorab beim Surfen im Internet über Südengland informieren möchte, kann dies unter folgenden Adressen tun:

www.visitbritain.com, die attraktive Homepage des Vereinigten Königreiches umfasst mehr als 40.000 Seiten; die Sprache ist frei wählbar. Auf der interaktiven Karte kann man sich bis in das kleinste Dorf hinunterklicken und nach Unterkünften und Veran-

94   Wissenswertes von A bis Z

staltungen suchen. Nützlich ist die Suche nach Sehenswürdigkeiten per Datenbank. Ganz England lässt sich so nach Schlössern durchforsten.

www.enjoyengland.de, erleichtert die Planung eines England-Urlaubs mit vielen Informationen.

www.royal.gov.uk, das ultimative Angebot für überzeugte Monarchisten.

www.timeout.com, aktuelle Infos aus dem bekannten Londoner Stadtmagazin.

www.fussballinlondon.de, Reiseführer für Fußballfans.

www.artsfestivals.co.uk, Hinweise zu aktuellen Ausstellungen und Konzerten.

www.kenttourism.co.uk

www.visitsoutheastengland.com
www.surreytourism.org.uk
www.westsussex.gov.uk
www.wiltshire-web.co.uk
www.somerset.gov.uk
www.thedorsetpage.com
www.cornwall-devon.de
www.nationaltrust.org.uk
www.english-heritage.org.uk
www.londontown.com
www.londonnet.co.uk
www.londonfreelist.com, Sehenswürdigkeiten mit einem Eintritt unter £ 3.
www.streetmap.co.uk, Detailstadtpläne zur ersten Orientierung.

Landkarten

Eine Landkarte, die von Kent bis Cornwall den gesamten Süden Englands abdeckt, gibt es leider nur in einem kleinen Maßstab (mind. 1 : 500.000). Wer einen größeren Maßstab bevorzugt, muss sich zwangsweise zwei Landkarten kaufen. Abgesehen von den deutschen Karten sind auch die Road Map South East England und die Road Map South West England von Ordnance Survey zu empfehlen; Maßstab jeweils 1 : 250.000. Preis: £ 4.99. Zum Wandern und Radfahren eignen sich die Landranger Maps im Maßstab 1 : 50.000. Graphisch besser gelöst sind die Karten von Kümmerly + Frey, die jeweils im Maßstab 1 : 200.000 (11,90 €) erschienen sind. Leider benötigt man für den gesamten Süden gleich drei Regionalkarten (Südwest-England, Mittleres Süd-England und Südost-England).

Für alle Karten englischen Ursprungs gilt: Sie sind im Urlaubsland günstiger als im heimischen Buchhandel.

Maße und Gewichte

Obwohl in Großbritannien offiziell im metrischen und dezimalen System gemessen wird, begegnet man im Alltag noch oft den sogenannten „Imperial Standards":

Längenmaße: 1 Inch (in) = 2,54 cm; 1 Foot (ft) = 30,48 cm; 1 Yard (yd) = 91,44 cm; 1 Mile = 1,609 km.

Hohlmaße: 1 Pint (pt) = 0,5683 l; 1 Gallon (gall) = 4,5459 l.

Gewichte: 1 Stone = 6,36 kg; 1 Pound (lb) = 453,59 g; 1 Ounce (oz) = 28,35 g.

Museen und Sehenswürdigkeiten (Vergünstigungen)

Südengland besitzt zahlreiche attraktive Museen und historische Monumente. Um das Reisebudget trotzdem zu schonen, gibt es diverse Sparmöglichkeiten. Besonders empfiehlt sich der Kauf des **Great British Heritage Pass**, der freien Eintritt zu rund 600 Sehenswürdigkeiten in ganz Großbritannien bietet, die dem National Trust oder English Heritage gehören. Im Text ist hinter den Eintrittspreisen der Sehenswürdigkeiten angegeben, wenn sie zum Verbund von English Heritage (EH) oder National Trust (NT) gehören. Kosten: Für vier Tage 52 €, für sieben Tage 75 €, für 15 Tage 99 € und für einen Monat 133 €. Erhältlich ist der Great British Heritage Pass beim Britain Visitor Centre oder in Deutschland bei der Britain Direct GmbH:

Museen und Sehenswürdigkeiten 95

Das London Transport Museum zeigt die Anfänge des öffentlichen Nahverkehrs

• *In Deutschland* **Visit Britain Direct**, Dorotheenstr. 54, 10117 Berlin, ✆ 030/31571974 (Ortstarif), ℻ 030/31571910, E-Mail: gb-info@visitbritain.org. www.visitbritaindirect.com.
• *In Österreich* ✆ 0800/150170 (kostenfrei), ℻ 0049/30/31571910, E-Mail: a-info@visitbritain.org. www.visitbritaindirect.com.
• *In der Schweiz* ✆ 0844/007007 (Ortstarif), ℻ 0049/30/31571910, E-Mail: ch-info@visitbritain.org. www.visitbritaindirect.com.

Da die meisten Sehenswürdigkeiten entweder dem National Trust (NT) oder English Heritage (EH) gehören, empfiehlt es sich auch, einer oder beiden Gesellschaften beizutreten. Die Mitgliedschaft berechtigt zum kostenlosen oder stark reduzierten Eintritt.

• *English Heritage Membership* Kostenloser Eintritt zu über 350 Sehenswürdigkeiten (Stonehenge, Dover Castle, Rievaulx Abbey, Hadrian's Wall usw.) für ein Jahr. Erwachsene bezahlen £ 44, Paare £ 77, Senioren ab 60 Jahre £ 32, Jugendliche unter 19 Jahre und Studenten £ 33. Zu erstehen in den Eintrittshäuschen der English-Heritage-Besitztümer oder bei English Heritage, Freepost WD 214, PO Box 570, Swindon, SN2 2UR. www.english-heritage.org.uk.
• *National Trust Membership* Kostenloser oder ermäßigter Eintritt zu den Einrichtungen des NT (z. T. auch für English Heritage) für ein Jahr. Die Mitgliedschaft kostet für einen Erwachsenen £ 48.50, für Jugendliche unter 25 Jahren £ 22, für Familien £ 84.50. Erhältlich beim National Trust Membership Department, PO Box 39, Warrington WA5 7WD, ✆ 0870/4584000, ℻ 020/84666824. www.nationaltrust.org.uk. Alternativ empfiehlt sich der *National Trust Touring Pass*, der für 7 Tage £ 21, für 14 Tage £ 26 und für eine Familie £ 42 bzw. £ 52 kostet. Die Pässe sind auch erhältlich über: www.visitbritaindirect.com.

Eine interessante Alternative für Londonbesucher ist der London-Pass; er gewährt freien Eintritt zu mehr als 50 Sehenswürdigkeiten und Museen (Windsor, London Zoo, Kew Gardens etc.). Im Preis inbegriffen ist außerdem ein Reiseführer. Der London Pass ist für Kinder und Erwachsene erhältlich, die Preise sind tageweise (1,

96   Wissenswertes von A bis Z

2, 3 oder 6) gestaffelt. Kosten: 46 €, 62,50 €, 73,50 € oder 98 € für Erwachsene bzw. 29 €, 43 €, 51,50 € oder 68,50 € für Kinder von 5 bis 15 Jahren. Der Pass kann in Deutschland bei Britain Direct (Ruhbergstr. 8, 69242 Mühlhausen, ✆ 06222/ 678050, 📠 06222/6780519. Internet: www.britaindirect.com) bestellt werden.

Studenten sollten ihren **Internationalen Studentenausweis** nicht vergessen, da sie damit fast alle Sehenswürdigkeiten zu einem ermäßigten Eintrittspreis besichtigen können.

Notruf

Polizei, Feuerwehr und Rettungsdienst erreicht man unter der Rufnummer 999. Der Anruf ist kostenlos, auch von allen Telefonzellen aus.

Öffnungszeiten

In England gibt es keine gesetzlichen Ladenöffnungszeiten. In der Regel sind die Geschäfte werktags von 9 bis 17.30 Uhr geöffnet, aber wie bei anderen Dingen macht man auch hier Ausnahmen. So gibt es in den Randbezirken einmal in der Woche einen *Early Closing Day,* an dem die Geschäfte bereits um 13 Uhr schließen. Im Großraum London wurden in den letzten Jahren viele riesige „Superstores" gebaut, die während der Woche mindestens bis 20 Uhr (oft bis 22 Uhr) und sonntags sogar bis 16 Uhr geöffnet haben. Zahlreiche Filialen der Supermarktkette Tesco haben werktags einen 24-Stunden-Betrieb. Der Donnerstag gilt gemeinhin als Late-Night-Shopping-Day, alle Läden sind bis 20 Uhr geöffnet. Mehrere Straßen Londons sind Nachtschwärmerparadiese – hier findet man Läden und Supermärkte, die zum Teil bis 1 Uhr nachts geöffnet haben.

Achtung: Bei den angegebenen Öffnungszeiten der Museen und Sehenswürdigkeiten gilt es zu beachten, dass der letzte Einlass zumeist 30 oder 45 Minuten vor Ende der Öffnungszeiten ist.

Parken

Wer in England parken will, benötigt immer das entsprechende Kleingeld und muss bei der üblichen Vorauszahlung genau abschätzen können, wie lange man vor Ort bleiben will. Die öffentlichen wie auch die privaten Strafgebühren sind hoch, wegen weniger Minuten kann man schon mit 80 Pfund zur Kasse gebeten werden; teilweise wird mit Radkrallen „gearbeitet". Mit einem Leihwagen kommt man um die Strafgebühren sowieso nicht herum, die sich auf 40 Pfund reduzieren, wenn man innerhalb von 14 Tagen bezahlt …

Post

Ähnlich wie in Deutschland sind die englischen Postämter Mo–Fr von 9 bis 17 Uhr sowie Sa von 9 bis 12.30 Uhr geöffnet. Das Porto für Postkarten sowie Briefe bis 20 Gramm beträgt innerhalb Europas 60 p. Innerhalb des Vereinten Königreiches kosten Briefe bis 100 Gramm 41 p – die als „First Class Mail" innerhalb von 24 Stunden ausgeliefert werden – und als „Second Class Mail" 32 p (Auslieferung innerhalb von 72 Stunden). www.royalmail.com.

Radio und Fernsehen

Radio und Fernsehen müssen innerhalb eines gesetzlich festgelegten Rahmens senden. Zunächst gibt es die in der ganzen Welt bekannte *British Broadcasting Corporation* (BBC), die zwei Fernseh- und vier Radioprogramme sowie 20 lokale Rundfunksender betreibt. Außerdem sendet BBC in 36 verschiedenen Sprachen nach Übersee (www.bbc.co.uk). Daneben existieren private Fernsehstationen (z. B. ITV oder Channel 5) und Radiosender, die von der *Independent Broadcasting Authority* kontrolliert werden. Das britische Innenministerium bestellt die Mitglieder dieser Kommission, die selbst keine Sendungen ausstrahlt, sondern nur Lizenzen an private Gesellschaften vergibt. Finanziert werden diese privaten Sender durch Werbeeinnahmen, die BBC vorwiegend aus Gebühren. Nur mit viel Glück wird man ein Hotelzimmer finden, dessen Fernseher auf den Empfang deutschsprachiger Sender eingestellt ist.

Großbritannien hat die größte Hörfunknutzung in Europa, wobei die meisten Engländer einen der fünf BBC-Sender hören. *BBC Radio 1* (Popmusik), *BBC Radio 2* (leichte Unterhaltung) und *BBC Radio 4* (Nachrichten, Hörspiele und allgemeine Informationen) haben den größten Höreranteil, während *BBC Radio 3* (Klassik) und *BBC Radio 5* (Sport und Nachrichten) über eine deutlich geringere Reichweite verfügen. Hinzu kommen die landesweit zu empfangenden, stark werbefinanzierten Privatradios *Classic FM* und *Virgin Radio* sowie mehr als 200 Lokalsender.

Wo ist Watson?

Rauchen

In den englischen Pubs gilt seit dem 1. Juli 2007 ein weitgehendes Rauchverbot. Auch Behörden, öffentliche Verkehrsmittel, Kinos und Theater sind rauchfreie Zonen. Bei Verstößen droht eine Geldstrafe von mindestens £ 50. Aber daran ist der Englandreisende gewöhnt, schließlich ist es schon seit Jahren in fast allen B & Bs und in den meisten Hotels verboten, im Zimmer zu rauchen.

Reisegepäckversicherung

Sicherheitsbewusste fahren nur mit Reisegepäckversicherung ins Ausland, andere halten dies für einen übertriebenen Luxus. Wie auch immer man es persönlich hält, Tatsache ist, dass Autoaufbrüche in London zur Tagesordnung gehören. Hier ein Preisbeispiel: Wer sein Gepäck im Wert von 1500 € für 24 Tage versichern will, muss mit etwa 30 € rechnen. Kaum teurer ist allerdings die Kombination mit einer Reiseunfall- und Reisekrankenversicherung. Achtung: Tritt ein Schadensfall ein, muss dieser polizeilich dokumentiert werden, da sonst keine Schadensregulierung erfolgen kann.

Schwule und Lesben

London besitzt eine überaus lebendige und bunte Gay-Szene, deren ganze Vielfalt zu schildern, einen eigenen Reiseführer füllen würde. Über aktuelle Veranstaltungen informiert man sich entweder im *Time Out Magazin* oder in den in einschlägigen Bars kostenlos ausliegenden Publikationen *Pink Paper*, *Boyz* und *qx*.

Als das Mekka der Londoner Gay-Szene gilt nach wie vor Soho (beispielsweise rund um die Old Compton Street), attraktive Viertel sind aber auch Earl's Court und Camden.

● *Nützliche Adressen* **Lesbian and Gay Switchboard**, Informationen rund um die Uhr, ✆ 020/78377324. www.llgs.org.uk. **Lesbian & Gay Accommodation Outlet**, Zimmervermittlung für Schwule und Lesben. 32 Old Crompton Street, W1, ✆ 020/72874244, ✆ 020/77342249. www.outlet.co.uk.

Eine weitere Hochburg der Schwulenszene ist das Seebad Brighton. Zahlreiche Hotels und Clubs haben sich dort auf ihre Klientel eingestellt. Spezielle Treffs in anderen englischen Städten findet man im Internet: www.gayguide.co.uk.

Sprachkurse

Es ist nach wie vor sehr beliebt, in Südengland an einem Englischkurs teilzunehmen. Dabei sollte beachtet werden, dass verschiedene Sprachniveaus zur Auswahl stehen und der Unterricht in Kleingruppen von höchstens zehn Personen stattfindet.

Eltern, die es sich leisten können, schicken ihre vom Englischunterricht geplagten Kinder für einen längeren Zeitraum auf eine private Sprachschule in Großbritannien. Oft hilft das nicht viel, denn Orte wie Bournemouth oder Torquay sind in den Sommerferien von Englisch lernenden deutschen Schülergruppen bevölkert – und außerhalb des Unterrichts wird eben Deutsch gesprochen. Weitaus empfehlenswerter ist es, als Paying Guest in einer englischen Familie zu wohnen. Oft behält man hier durch Hören und Sprechen mehr als im täglichen Unterricht an der Sprachschule. Schließlich kann man die Alltagssprache mit ein paar Jahren Schulenglisch als Hintergrund relativ schnell in den Griff bekommen. Englisch lernt man durch tagtägliche Gespräche und „Eintauchen" in die fremde Sprache. Deutschen Mitschülern oder Freunden sollte man während des Englandaufenthalts möglichst aus dem Weg gehen.

Private Sprachschulen: Privatschulen zu empfehlen, ist eine heikle Angelegenheit. Schwarze Schafe gibt es auch hier. Als Orientierungshilfe: Sämtliche Institute, deren Kurse vom Erziehungs- und Wissenschaftsministerium anerkannt sind, haben sich in der *English UK* zusammengeschlossen. *English UK* gibt jährlich einen umfangreichen Katalog heraus, in dem die verschiedenen Schulen aufgelistet und kommentiert sind. Viele dieser Schulen haben sich auf besondere Kurse spezialisiert, etwa für Techniker oder Manager, aber alle bieten Sprachkurse der verschiedenen Lernstufen an. Sie reichen von „complete beginners" bis „very advanced students". Man kann den Katalog bei *English UK* anfordern. Es ist nicht gerade billig, einen solchen Sprachkurs zu belegen. Daher sollte man sich zuvor umfassend informieren.

English UK: 56 Buckingham Gate, London SW1E 6AG, ✆ 0044/20/78029200. www.englishuk.com.
British Council: www.britishcouncil.org. Sehr informativ ist auch die Homepage

www.sprachkurse-weltweit.de/englisch/ sued.htm, auf der kommentierte Links zu zahlreichen Sprachschulen in Südengland ausführlich vorgestellt werden.

Strom

Normalerweise 230 Volt Wechselstrom. Da die englischen Steckdosen einer anderen Norm unterliegen – sie sind dreipolig und flach –, wird für die kontinentalen Zweistiftstecker ein Adapter benötigt, der vor Ort in Supermärkten oder im Fachhandel erhältlich ist. Elektrische Rasierer lassen sich in den Hotels zumeist problemlos ohne Adapter verwenden. Achtung: Wenn die Nachttischlampe oder andere elektrische Geräte nicht funktionieren, sollte man zuerst einen Blick auf die Steckdose werfen. Dort befindet sich ein kleiner Schalter, der so gestellt sein muss, dass ein winziger roter Punkt erscheint.

Telefonieren

Vorwahlen aus England: nach Deutschland: 0049, nach Österreich: 0043, in die Schweiz: 0041.

Achtung: Die Null der Ortskennzahl entfällt.

Vorwahl nach England: von D, A, CH: jeweils 0044, die Null der Ortsvorwahl entfällt.

Auskunft: Auskunft für Großbritannien: 192; Auslandsauskunft: 153; Operator: 100; Auslandsoperator: 155.

In England existiert ein dichtes Netz öffentlicher Telefonzellen. Die öffentlichen Fernsprecher, die berühmten fotogenen roten Häuschen, sind mittlerweile alle frisch gestrichen und mit modernen Münz- bzw. Kartenapparaten ausgestattet, die wie auf dem Kontinent benutzt werden. Die Mindestgebühr beträgt 10 Pence. Es werden 10-p-, 20-p-, 50-p- und 1-£-Münzen angenommen. Ertönt während des Gesprächs ein Signal, müssen neue Münzen eingeworfen werden, sonst wird man schnell unterbrochen. Von den neuen Telefonhäuschen stehen meist zwei nebeneinander. Eines mit der Aufschrift Telefone, in dem man mit Münzen telefonieren kann, und ein anderes mit der Aufschrift *Phonecard* oder *Coins & Cards*, das (auch) mit Telefonkarten funktioniert. Telefonkarten zu verschiedenen Werten sind bei Postämtern und Geschäften, die das BT-Symbol tragen erhältlich. Die Phonecards kosten zwischen £ 2 und £ 20. Vor allem das Telefonieren ins Ausland ist mit diesen Phonecards viel einfacher. Einige Apparate akzeptieren auch Kreditkarten (z. B. Mastercard) mit Magnetstreifen, die Mindestgebühr beträgt allerdings 50 p. In jeder Telefonzelle Englands kann man sich anrufen lassen, z. B. dann, wenn das Kleingeld ausgegangen ist. Die Nummer ist am Apparat angegeben.

Achtung: Hochgewachsene sollten sich in den alten roten Häuschen etwas bücken, damit ihnen nicht das ölige Türscharnier an den Kopf schlägt.

Trinkgeld

Obwohl fast alle Hotelrechnungen ein Bedienungsgeld *(service charge)* beinhalten, freuen sich das Servicepersonal und die Zimmermädchen über ein Trinkgeld *(tip)*. In den meisten Restaurants ist das Bedienungsgeld ebenfalls bereits in der Rechnung enthalten; dennoch sollten auf den Rechnungsbetrag noch einmal rund zehn Prozent aufgeschlagen werden – je nachdem, ob und wie sehr man zufrieden war. Ein ähnlicher prozentualer Betrag gilt auch bei einer Taxifahrt als angemessen. Bei Kurzfahrten bis zu £ 3 erwartet der Fahrer ein Trinkgeld von mindestens 30 p. In den Pubs wird hingegen an der Theke ohne Trinkgeld bezahlt.

Uhrzeit

Die Uhren orientieren sich an der GMT *(Greenwich Mean Time)*, die eine Stunde hinter der MEZ (Mitteleuropäischen Zeit) zurückliegt. Die Uhrzeiten sind immer mit den Zusätzen „am" (0–12 Uhr) bzw. „pm" (12–24 Uhr) angegeben. Wer also um 9 *pm* verabredet ist, muss sich um 21 Uhr am Treffpunkt einfinden.

Zeitungen/Zeitschriften

Die überregionalen deutschsprachigen Tages- und Wochenzeitungen *(Süddeutsche Zeitung, Frankfurter Allgemeine Zeitung, Spiegel, ZEIT,* selten auch die *Welt)* sind in London noch am Erscheinungstag in den gut sortierten Zeitungsgeschäften erhältlich. In der Provinz ist es am aussichtsreichsten in einer Filiale von W. H. Smith

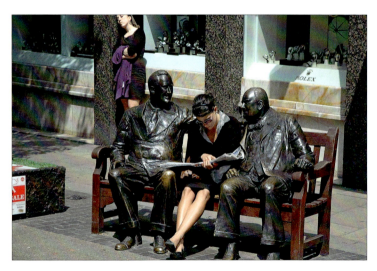

Bei der Zeitungslektüre vergisst man sogar seine Banknachbarn

oder einem gut sortierten News Agent nach deutschen Zeitungen zu suchen. Doch je weiter man nach Südwesten vordringt, desto schwieriger wird es; fast immer stammen die Zeitungen vom Vortag. Wer sich jenseits der Boulevardpresse mit der englischen Politik und Kultur beschäftigen möchte, hat die Wahl zwischen der traditionsreichen und auflagenstarken *Times*, dem liberalen *Independent,* dem links angesiedelten *Guardian* oder dem konservativen, ebenfalls auflagenstarken *Daily Telegraph*. Am Sonntag kann man zusätzlich den linken *Observer* oder die seriöse *Sunday Times* lesen. In London informieren die Stadtmagazine *Time Out* (jeden Mittwoch für £ 2.50) und *What's On* umfassend über das Kulturleben. Kostenlos gibt Visit Britain monatlich den rund 100 Seiten starken *London Planer* heraus, der auf aktuelle Ausstellungen, Konzerte und diverse Veranstaltungen hinweist sowie nützliche touristische Informationen liefert.

Wer sich schon einmal vorab im Internet über die englische Presselandschaft informieren will, kann dies unter folgenden Adressen tun:

www.thetimes.co.uk

www.independent.co.uk

www.dailytelegraph.co.uk

www.guardianunlimited.co.uk

www.sunday-times.co.uk.

„Diejenigen, die das Land regieren, schauen in die *Times*. Der *Mirror* wird von den Leuten gelesen, die denken, dass sie das Land regieren. Der *Guardian* wird von denjenigen gelesen, die denken, dass sie das Land regieren sollten. Den *Independent* lesen diejenigen, die das Land regieren möchten. In der *Financial Times* blättern diejenigen, denen das Land gehört. Die *Mail* wird von den Frauen der Männer gelesen, die das Land regieren. Der *Express* wird von den Leuten gelesen, die denken, das Land sollte so regiert werden, wie es früher regiert wurde. Aus dem *Daily Telegraph* informieren sich diejenigen, die glauben, dass das Land regiert wird, wie es früher regiert wurde. Der *Morning Star* wird von denjenigen gelesen, die denken, das Land sollte von einem anderen Land regiert werden. Und die *Sun* wird von denjenigen gelesen, denen es völlig egal ist, wer das Land regiert, solange das Mädchen auf der Seite Drei große Brüste hat."

Ryan Chandler

Zollbestimmungen

Seit dem 1. Januar 1993 existieren an den Binnengrenzen der Europäischen Union keine mengenmäßigen Ein- und Ausfuhrbeschränkungen mehr. Tabak, Alkohol und andere Waren können problemlos eingeführt werden, soweit erkennbar ist, dass sie ausschließlich für den Privatgebrauch bestimmt sind. Als Richtmenge gelten 800 Zigaretten bzw. 400 Zigarillos, 200 Zigarren oder 1 Kilo Tabak, 10 Liter Spirituosen sowie 90 Liter Wein und 110 Liter Bier. Für Schweizer gelten die üblichen Mengenbeschränkungen: 50 ml Parfüm oder 0,25 Liter Eau de Toilette, 1 Liter Spirituosen oder 2 Liter Wein, 200 Zigaretten oder 100 Zigarillos oder 50 Zigarren oder 250 Gramm Tabak.

▲ Skurril verwittert: das Durdle Door bei Lulworth

Südengland erleben

Kent 104	Wiltshire 257
Sussex 151	Bristol und Bath 280
Surrey 203	Somerset 312
Hampshire 212	Dorset 335
Isle of Wight 241	Devon 380
Berkshire 253	Cornwall 442

Kent

Als „Garten Englands" gerühmt, gehört die Grafschaft Kent zu den touristisch attraktivsten Landschaften Südenglands. Mächtige Burgen, stattliche Kathedralen, vornehme Herrensitze und üppige Gärten – was will man mehr?

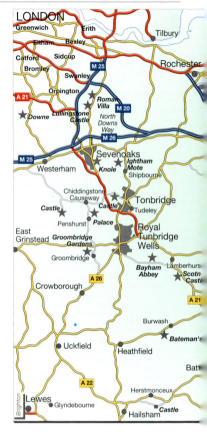

Die weißen Kreidefelsen von Dover sind zumeist das Erste, was ein Reisender von England zu sehen bekommt. In umgekehrter Richtung fungiert Kent dagegen als Ausfallstor – „Gateway to the Continent" lautet der englische Beiname der Grafschaft. Bis in die jüngste Vergangenheit versagten die Engländer ihre Zustimmung zu dem Kanalprojekt aus Angst vor einer Invasion. Wer feindliche Invasoren abwehren will, benötigt verständlicherweise auch eine schlagkräftige Flotte. Aus diesem Grund schlossen sich die Städte Dover, Sandwich, Folkestone, Hythe und New Romney im Mittelalter zu den mächtigen *Cinque Ports* zusammen und kontrollierten den Schiffsverkehr auf dem Ärmelkanal, während in den Werften von Chatham viele stolze Kriegsschiffe gezimmert wurden, darunter Admiral Nelsons berühmtes Flaggschiff *H M S Victoria*. Vor diesem Hintergrund lässt sich zweifellos die Behauptung aufstellen: Die Grundpfeiler für Englands Aufstieg zur führenden Seemacht standen in Kent.

Doch, keine Sorge, Kent hat auch seine friedlichen Seiten: Mit ihren Obstplantagen gilt die Grafschaft als der „Garten Englands". Bereits in römischer Zeit wurden Apfelbäume und Weinstöcke gepflanzt, die Normannen machten den Birnbaum heimisch. Zu einem bedeutenden landwirtschaftlichen Erzeugnis entwickelte sich der im 16. Jahrhundert vom Kontinent eingeführte Hopfen. Die vielen *Oast Houses*, kegelförmige Hopfentürme mit weißen „Mützen", die zum Trocknen der Ernte benutzt werden, sind das allgegenwärtige Wahrzeichen der Grafschaft. Vereinzelte, noch erhaltene Windmühlen sind weitere Farbtupfen in der gewiss nicht eintönigen Landschaft. Es besteht kein Zweifel: Die grüne, kultivierte *Countryside* mit ihren Blumen und Hecken, die die Engländer so sehr lieben, zeigt sich im Südosten der Insel von ihrer schönsten Seite. Viele wohlhabende Engländer, die in London ihr Geld verdienen, ziehen es vor, im ruhigen Kent zu wohnen, um sich in ihren gepflegten Gärten vom harten Berufsalltag zu erholen. Unter den zahllosen Gartenanlagen ragt vor allem der Sissinghurst Garden heraus. Die Schriftstellerin Vita

Sackville-West und ihr Ehemann Harold Nicholson haben sich in jahrzehntelanger Arbeit ihren eigenen Paradiesgarten geschaffen. Wer die „ungezähmte" Natur bevorzugt, kann ausgedehnte Streifzüge auf den Kreidehügeln der North Downs oder durch den einst dicht bewaldeten *Weald* unternehmen, der sich rund um die Kurstadt Royal Tunbridge Wells erstreckt.

Der Südosten Englands ist auch eine geschichtsträchtige Landschaft: Keine andere englische Grafschaft besitzt mehr Burgen und historische Herrenhäuser als Kent. Unter den anmutigen Adelssitzen ragen Leeds Castle, „the loveliest castle in the world", und das imposante Knole heraus. Den kunsthistorischen Höhepunkt stellt aber sicherlich ein Besuch der altehrwürdigen Bischofsstadt Canterbury mit ihrer Kathedrale dar. Seit der Heiligsprechung von Thomas Becket war Canterbury die bedeutendste Pilgerstätte Englands, auf die noch immer alle Straßen der Grafschaft zulaufen.

Information Kent Touricm Alliance, CT1 2EE9, 3 The Precincts, Canterbury, Kent, ✆ 01271/336020, ✆ 01227/455987. www.visitkent.co.uk.

Dover

Die weißen Kreideklippen von Dover sind das Wahrzeichen von Englands berühmtestem Fährhafen. Daniel Defoes 1724 getroffene Feststellung, der Hafen sei „in schlechtem Zustand, gefährlich und von geringem Nutzen" hat sich als klassisches Fehlurteil erwiesen.

Dover teilt mit anderen Fährhäfen das gleiche Schicksal: Es sind in erster Linie Durchgangsstationen. Hier steigt man um, wechselt von der Fähre auf das Auto oder den Zug. Die kurze Zeit des Aufenthaltes wird zumeist genutzt, um sich mit Reiseproviant einzudecken und sich die Beine ein wenig zu vertreten; den Bahnhof oder Hafen zu verlassen, ist dazu nicht nötig, der Ort des Umsteigens nebensächlich. Dover ist für die meisten Durchreisenden schon lange kein Ort mehr, an dem man längere Zeit verweilt, geschweige denn seine Ferien verbringen möchte. Dover kündet vom alltäglichen Schicksal eines Fährhafens im Zeitalter des Massentourismus. Wenn das Ziel bereits in greifbare Nähe gerückt ist, hält die wenigsten noch etwas zurück. Doch abgesehen von der Mittlerfunktion zwischen England und dem Kontinent, gebührt Dover wegen seiner Sehenswürdigkeiten eigentlich ein längerer Aufenthalt. Zumindest eine Besichtigung von Dover Castle sollte man nicht versäumen.

Cinque Ports

Die normannische Eroberung von 1066 hatte eindrucksvoll demonstriert, wie verwundbar Englands Küsten waren. Um die Gefahr feindlicher Angriffe möglichst frühzeitig abwehren zu können, ersonnen die englischen Könige ein schlagkräftiges Abwehrsystem. Die Hafenorte Sandwich, Dover, Romney, Hythe und Hastings – später kamen noch Rye und Winchelsea hinzu – sicherten ab 1278 als „Cinque Ports" die englische Küste. Ausgestattet mit Handelsprivilegien, Gerichtshoheit und Steuerfreiheit, mussten die fünf unter der Führung von Dover stehenden Städte an 15 Tagen im Jahr eine bemannte Flotte von 57 Schiffen stellen und im Bedarfsfall den Transport von Truppen und Nachschub organisieren. Nachdem Heinrich VIII. den Aufbau einer königlichen Flotte in die Wege geleitet hatte, nahm der Stellenwert der Cinque Ports stetig ab. Als 1685 auch noch die Privilegien abgeschafft wurden, fielen die Häfen, bis auf Dover, der Bedeutungslosigkeit anheim.

Geschichte

Dovers Geschichte geht auf das römische *Dubris* zurück. Wenige Jahrzehnte nach der erfolgreichen Invasion machten die Eroberer Dover zum Stützpunkt ihrer nordischen Flotte und errichteten auf dem späteren Burgberg einen Leuchtturm (Pharos), der als das älteste erhaltene römische Bauwerk in Großbritannien gilt. Ein weiteres Zeugnis für die antike Vergangenheit ist ein 1970 durch Zufall entdecktes römisches Haus mit Wandmalereien und Mosaiken. Die anglo-normannischen Könige, die Dovers strategische Bedeutung erkannt hatten, errichteten unter Heinrich II. eine mächtige Burganlage, die später mehrfach erweitert wurde. Dover Castle überstand die deutschen Angriffe im Zweiten Weltkrieg relativ unbeschadet, während der Hafen und die Stadt durch die Bomben stark in Mitleidenschaft gezogen worden sind.

Dover 107

Essen & Trinken
2 Wallett's Court
5 Chaplin's
6 The Eight Bells
8 The Ellie Cafe
9 Dino's

Übernachten
1 Blériot's Guest House
2 Wallett's Court
3 Amanda Guest House
4 East Lee Guest House
7 Blakes of Dover

Kent
Karte S. 104/105

- *Information* **Tourist Information Centre**, The Old Town Goal, Biggin Street, Dover, Kent CT16 1JR, ℡ 01304/205108, ℻ 01304/245409. www.dover.gov.uk oder www.whitecliffscountry.org.uk.
- *Einwohner* 38.000 Einwohner.
- *Verbindungen* **Zug** – Hauptbahnhof in der Folkestone Road westlich des Zentrums. Verbindungen nach Canterbury, Sandwich, Deal und London. ℡ 0845/7484950 www.nationalrail.co.uk. **Bus** – Busbahnhof in der Pencester Road (ausgeschildert), ℡ 01304/240024; regelmäßige Busverbindungen nach London-Victoria, Canterbury, Folkestone, Deal und Sandwich. Fahrkarten im National Office oder im Bus. www.nationalexpress.com.
- *Kino* **The Silver Screen**, ℡ 01304/228000. www.silverscreencinemas.co.uk.
- *Museum* **Dover Transport Museum**, gezeigt werden historische „Verkehrsmittel" vom Fahrrad bis zum Bus. Old Park, Whitfield. Von Ostern bis Sept. So 10.30–17 Uhr, Mi–Fr 13.30–16.30 Uhr. Eintritt: £ 4, erm. £ 2.50. www.dovertransportmuseum.homestead.com.
- *Schwimmen* **Dover Leisure Centre**, tgl. 8–18 Uhr, werktags 6.30–22 Uhr. www.vistaleisure.com.
- *White Cliffs Boat Trips* Mit dem Ausflugsboot zu den weißen Klippen von Dover. Abfahrt stündlich von Dover Marina. Kosten: £ 8, erm. £ 4. www.doverwhiteclifftours.com.
- *Übernachten* **Wallett's Court (2)**, das Hotel liegt etwas außerhalb, gut zwei Kilometer östlich von Dover, in einem historischen Gebäude in St-Margaret's-at-Cliffe. Einladende Zimmer, Hallenbad und Sauna sorgen für die nötige Entspannung nach der Anreise. Das Restaurant gilt als eines der besten in der Region, die richtige Adresse, um die bekannte *Dover Sole* zu ver-

Kent

Mächtig: Dover Castle

suchen. Drei-Gang-Menü £ 25 (mittags) oder £ 40 (abends). Kostenloses WLAN. B & B je nach Saison und Zimmer £ 65–95 pro Person. ✆ 01304/852424, ✉ 01304/853430, www.wallettscourthotel.com.

East Lee Guest House (4), das elegante Gästehaus in der Stadtmitte ist ein Lesertipp wurde von Bärbel Lach und Konrad Hahn. WLAN vorhanden. B & B im DZ £ 30–32.50. 108 Maison Dieu Road, ✆ 01304/210176, ✉ 01304/206705. www.eastlee.co.uk.

Blakes of Dover (7), nettes B & B mit Restaurant mitten im Zentrum. Ordentliche Zimmer. B & B ab £ 25 pro Person. 52 Castle Street, ✆ 01304/202194, www.blakesofdover.com.

Amanda Guest House (3), das gemütliche viktorianische Haus abseits vom Straßenlärm wurde von Lesern gelobt; drei Zimmer mit riesigen Bädern, gemütlich und stilvoll. £ 28–32.50 pro Person. 4 Harold Street, ✆ 01304/201711, www.amandaguesthouse.homestead.com.

Blériot's Guest House (1), der freundliche Besitzer Mr. Casey führt gerne ein Gespräch mit seinen Gästen und informiert über Dover. Die acht Zimmer mit Dusche/WC sind in einem ordentlichen Zustand, das Frühstück ist reichhaltig. Schallschutzfenster. Freundliche Atmosphäre, ein paar Parkplätze stehen vor dem Haus zur Verfügung. B & B im DZ £ 27–32 pro Person, Wochenendrabatte! 47 Park Avenue, ✆ 01304/211394, www.bleriots.net.

• *Camping* **Hawthorn Farm**, über 100 Zeltplätze in schöner ländlicher Lage, jedoch nahe der Bahnlinie. Die Parzellen sind durch Hecken abgegrenzt. Von Dover die A 258 Richtung Deal, in Martin Mill links ab (ausgeschildert). Nov.–Febr. geschlossen. Caravan/Zelt ab £ 15. ✆ 01304/852658, www.keatfarm.co.uk.

• *Essen/Trinken* **The Ellie Cafe (8)**, mit seiner großen sonnigen Terrasse erinnert das Café schon (oder noch) an das nahe Frankreich. Market Place, ✆ 01304/215685.

Dino's (9), italienisches Restaurant mit vielen Zweiertischen. Gedämpftes Licht und jede Menge italienischer Weine sorgen für eine angenehme Atmosphäre. Nudelgerichte um £ 7, Pizza £ 7–8 und Fisch ab £ 10. 58 Castle Street, ✆ 01304/204678.

Chaplin's (5), ein beliebter Treff ist dieses Restaurant mit Bar; Sandwiches ab £ 3.50, ein Frühstück bis £ 4.95. Mo–Sa 8.30–21 Uhr, So 10.30–21 Uhr. 2 Church Street, ✆ 01304/204870.

The Eight Bells (6), ansehnliches Pub in der Fußgängerzone, preiswerte Gerichte und viel einheimisches Publikum. WLAN. 19 Cannon Street, ✆ 01304/205030.

Sehenswertes

Dover Castle: Dover Castle ist nicht nur eine der imposantesten mittelalterlichen Wehranlagen an der englischen Küste, sondern von ganz Europa. Unter Heinrich II. begonnen, steht der normannische Bergfried *(Keep)* mit seinen sechs Meter dicken Mauern im Zentrum der Burganlage. Er beherbergt verschiedene Ausstellungen zur englischen Geschichte, beispielsweise „Siege of 1216" oder „Preparations for the visit of Henry VIII.". Auf dem Areal steht zudem ein Leuchtturm (Pharos) aus römischer Zeit, der der benachbarten angelsächsischen Kirche *St-Mary-in-Castro* lange Zeit als Glockenturm diente.

Eine weitere Attraktion des Burgbergs sind die *Secret Wartime Tunnels,* die nur im Rahmen einer Führung besichtigt werden können. Die Kasematten und unterirdischen Gänge wurden größtenteils während der napoleonischen Kriege angelegt und im Zweiten Weltkrieg reaktiviert. Winston Churchill und Admiral Ramsay planten hier 1940 die legendäre Evakuierung der alliierten Truppen aus Dünkirchen („Operation Dynamo").

April bis Sept. tgl. 10–18 Uhr, im Aug. ab 9.30 Uhr, Okt. bis März tgl. 10–16 Uhr. Von Nov. bis Jan. Di und Mi geschlossen. Eintritt: £ 13.40, erm. £ 11.40 oder £ 6.70. Family Ticket: £ 33.50 (EH).

Dover Museum: Wer den klassischen Museumsbesuch vorzieht, dem bietet das Stadtmuseum auf drei Etagen einen umfassenden Einblick in die Geschichte von Dover. Anhand von Stadtmodellen lässt sich die 2000-jährige Entwicklung zu einem modernen Fährhafen anschaulich nachvollziehen. Die neueste Attraktion ist „The Bronze Age Boat Gallery", in deren Zentrum ein 1992 bei Straßenarbeiten entdecktes, 4000 Jahre altes Boot steht, welches aufschlussreiche Erkenntnisse über die Bronzezeit geliefert hat.

Adresse Market Place. tgl. 10–17.30 Uhr, So ab 12 Uhr. Eintritt: £ 3, erm. £ 2. www.dovermuseum.co.uk.

Die weißen Klippen von Dover

110   Kent

Roman Painted House: Unweit des Dover Museum entdeckte man 1970 bei Bauarbeiten für einen Parkplatz die Ruinen eines römischen Gästehauses. Das kleine Ensemble samt Hypokaustenheizung und Mosaiken wurde konserviert und als Museum für Besucher zugänglich gemacht.

Adresse New Street. ① April bis Okt. tgl. außer Mo 10–17 Uhr. Eintritt: £ 2, erm. £ 1.

Shakespeare Cliff: Westlich von Dover erhebt sich *Shakespeare Cliff*, das weißeste, steilste und imponierendste Kliff Englands. Es wird vermutet, dass Shakespeare die Kliffszene in *King Lear* an diesem Kreidefelsen spielen ließ; aus *Richard II.* stammt der angesichts der Klippen viel zitierte Ausspruch: „This precious stone set in the silver sea." Auch wer seinen Shakespeare nicht gelesen hat, wird von der Szenerie beeindruckt sein: An klaren Tagen reicht die Fernsicht bis hinüber zur französischen Küste.

Wandern

St Margaret's-at-Cliffe: Reizvoll ist außerdem ein Spaziergang über die Kreidefelsen in Richtung Osten. Der Weg ist mit dem Symbol eines gehörnten Helmes größtenteils als „Saxon Shore Way" gekennzeichnet. Auf dem Weg kommt man an einem Leuchtturm (*South Foreland Lighthouse*, März bis Okt. Fr–Mo 11–17.30 Uhr, im Aug. auch Di–Do 11–17.30 Uhr. Eintritt: £ 4, erm. £ 2, NT) und einer Mühle vorbei und erreicht nach etwa sieben Kilometern das in einer Bucht gelegene *St Margaret's-at-Cliffe*. Mit dem Bus gelangt man wieder zurück nach Dover.

Folkestone

Das viktorianische Seebad Folkestone ist heute vor allem durch den Eurotunnel bekannt geworden. Wenige Kilometer nordwestlich der Stadt taucht das Jahrhundertbauwerk unvermutet aus dem Untergrund auf.

Trotz seiner Bedeutung als Fährhafen und trotz des einladenden Sandstrandes hält sich der Tourismus in Folkestone in überschaubaren Grenzen. Nur wenige Ankömmlinge legen einen längeren Zwischenstopp ein, obwohl es auch in Folkestone einiges zu entdecken gibt. So beispielsweise das alte Fischerviertel *The Stade*, das sich mit seinen gedrungenen roten Steinhäusern ein ursprüngliches Flair erhalten hat, aber auch schon bessere Zeiten gesehen hat; einen eindrucksvollen Kontrast hierzu bilden die in Sichtweite ankernden Passagierschiffe. Nett anzusehen ist auch der etwas oberhalb liegende alte Stadtkern *The Bayle*. Enge Gassen, dicht aneinander gereihte Häuser, eine Fußgängerzone und jede Menge uriger Pubs erfreuen das Touristenherz. Die über den Klippen thronende Promenade *The Leas* bietet einen schönen Ausblick, der bei entsprechendem Wetter bis zur französischen Küste reicht. Die Promenade selbst ist nicht weniger sehenswert: Wie ein Bollwerk stemmen sich viktorianische Hotels und Gasthöfe aus dem 19. Jahrhundert zusammen mit ein paar hässlichen modernen Hotelkomplexen gegen Wind und Wetter. Wer will, kann bis ins nahe Hythe hinüber spazieren. Leider wurde der Strand von Folkestone in den letzten Jahren mehrfach in die wenig rühmliche Liste von „Britain's Dirtiest Beaches" aufgenommen; angesichts der schlechten Wasserqualität ist von einem Bad daher dringend abzuraten.

● *Information* **Tourist Office**, untergebracht in einem kleinen „Holzbungalow" in der Ortsmitte (ausgeschildert). Harbour Street, Folkestone, Kent CT20 1QN, ✆ 01303/258594, 📠 01303/259754. www.discoverfolkestone.co.uk.

Folkestone 111

- *Einwohner* 45.000 Einwohner.
- *Verbindungen* **Bus** – Busbahnhof (Bouverie Square) am Middelburg Square. Ashford (Bus 10), Hastings (Bus 11, 12, 711), Canterbury (Bus 16, 17), Dover (Bus 90, 93, 94, 711) sowie London sind direkt und regelmäßig zu erreichen. Regionalbusse auch nach Hythe, New Romney und Lydd. www.nationalexpress.com. **Zug** – drei Bahnhöfe in Folkestone: *Central Station* (Cheriton Road), *Harbour Station* (am Ferry Terminal), *West Station* (Station Road). Regelmäßiger Zugverkehr nach London; nach Canterbury in Ashford oder Dover umsteigen. www.nationalrail.co.uk.
- *Fahrradverleih* **Activ Shop**, 145 Sandgate Road, ☎ 01303/240110. www.activfolkestone.com.
- *Golf* **Lydd Golf Course**, Romney Marsh. 18-Loch-Anlage. ☎ 01797/320808. www.lyddgolfclub.co.uk
- *Kino* **The Silver Screen**, Old Town Hall. Guildhall Street, ☎ 01303/221230. www.silverscreencinemas.co.uk.
- *Markt* Do und Sa in der Guildhall Street. Der Sonntagsmarkt an der Uferpromenade gilt als einer der größten im Südosten Englands.
- *Schwimmen* **Sports Centre**, Radnor Park Avenue. www.folkestonesports.ndo.co.uk.
- *Übernachten* **Sunny Lodge (3)**, das Eckhaus mit den hellen großen Räumen genießt einen sehr guten Ruf. TV und Wasserkocher auf jedem Zimmer, Etagendusche, Parkplätze vor dem Haus vorhanden. Kostenloses WLAN. B & B ab £ 25 pro Person. Unweit des Bahnhofs. 85 Cheriton Road, ☎ 01303/251498, ☎ 01303/258267, www.sunnylodge.co.uk.

Chandos Guest House (2), familiär geführtes kleines Haus mit sieben ordentlichen Zimmern; kostenloses WLAN. B & B ab £ 25 pro Person, nür Übernachtung ab £ 22.50. 77 Cheriton Road, ☎ 01303/851202, www.chandosguesthouse.com.

- *Camping* **Black Horse Farm**, ein Campingplatz mit sehr guter Sanitärausstattung befindet sich nördlich von Folkestone in dem Ort Densole. Zelt und Caravan (inkl. zwei Personen) ab £ 10. In der Hochsaison unbedingt vorher buchen (ganzjährig geöffnet). 385 Canterbury Road, ☎ 01303/892665.
- *Essen/Trinken* **Googies (1)**, schönes Tagescafé mit einladender Atmosphäre und alternativem Künstler-Flair. Kostenloses WLAN. 15 Rendovouz Street, ☎ 01303/246188. www.googies.co.uk.

Cliff Top Café, wie der Name schon andeutet, besticht das Café vor allem durch seine Lage auf den Klippen mit Blick auf den Ärmelkanal. Zwei Kilometer östlich von Folkestone, an der Straße nach Dover.

Tunnelpläne und die Angst vor einer Invasion

Im Jahre 1751 veranstaltete die Akademie der nordfranzösischen Stadt Amiens erstmals einen Wettbewerb zur Erforschung neuer Möglichkeiten der Kanalüberquerung; der erste ernsthafte Vorschlag wurde allerdings erst 1802 von dem französischen Ingenieur *Albert Mathieu* vorgelegt. Obwohl Napoleon – was er auch immer im Schilde geführt haben mag – das Vorhaben wohlwollend unterstützte, kamen die Pläne für eine von Öllampen erhellte Kutschenröhre durch den Ärmelkanal nicht zur Ausführung. Im Laufe der Jahrzehnte wurden bei der Kommission zahlreiche abenteuerliche Vorschläge eingereicht: Brücken aller Art, Tunnel, die zwecks Pferdewechsel auf künstliche Inseln im Kanal führten sowie gigantische Fähren, die ganze Eisenbahnzüge aufnehmen konnten. Ein ebenso großes Hindernis wie die technischen Probleme war die ureigene britische Angst vor einer möglichen Invasion. Im Jahre 1882 trieb man einen Probestollen in die Shakespeare Cliffs, doch wurden die Arbeiten wieder eingestellt, nachdem sich zahlreiche Honoratioren in einer Petition an die Königin dafür ausgesprochen hatten, England als „virgo intacta" zu erhalten. Im Zweiten Weltkrieg befürchteten die Engländer gar, die Deutschen könnten heimlich einen Graben unter dem Kanal hindurch buddeln. Die Royal Navy erteilte daraufhin ihren Schiffen die Anweisung, nach verräterisch schlammigem Wasser Ausschau zu halten. Erst 1987 wurde dann der Bau des etwa 50 Kilometer langen Eurotunnel ernsthaft in Angriff genommen. Nach drei Jahren, am 1. Dezember 1990, war es so weit: französische und englische Arbeiter konnten sich unter dem Meeresgrund symbolträchtig die Hände schütteln.

Umgebung

Kent Battle of Britain Museum

Der deutsche Angriff auf England kam glücklicherweise über den Luftkrieg nicht hinaus. Wer sich für abgestürzte Messerschmitts, Spitfires und Hurricanes interessiert, findet auf dem ehemaligen Flugplatz der Royal Airforce in Hawkinge ein umfangreiches historisches Waffenarsenal vor.

Adresse Aerodrome Road, Hawkinge Airfield. ☉ Ostern bis Okt. tgl. außer Mo 10–16 Uhr, von Juni bis Sept. bis 17 Uhr. Eintritt: £ 5, erm. £ 4.50. www.kbobm.org.

Port Lympne Wild Animal Park

Eingebettet in die Küstenlandschaft oberhalb von Romney Marsh leben in dem 130 Hektar großen Tierpark Gorillas, Elefanten, Nashörner, Schneeleoparden, Löwen und Tiger. Ein historisches Herrenhaus und ein prachtvoller Garten gehören ebenfalls zu diesem Areal. Wer will, kann sich mit dem Safari-Shuttle durch den Park fahren lassen.

☉ Ostern bis Sept. tgl. 10–18 Uhr, im Winter 10–17 Uhr (letzter Einlass 90 Minuten vor Schließung). Eintritt: £ 16.95, erm. £ 12.95. www.aspinallfoundation.org/portlympne.

Hythe

An Folkestone grenzt von Westen her das Küstenstädtchen Hythe an, das im Mittelalter als einer der „Cinque Ports" die Küste sicherte. Von seiner schönsten Seite zeigt sich der Ort aber nicht an der Küste, sondern im historischen Zentrum nördlich der High Street. Ein gruseliges Szenario erwartet den Besucher im mittelalterlichen Beinhaus der St Leonard's Church.

Romney Marshes

Südwestlich von Folkestone erstrecken sich über 20.000 Hektar die Romney Marshes, ein für seine Schmuggler- und Geistergeschichten bekannter Landstrich. Mit ihren Deichen, Kanälen und Wassergräben erinnern die Romney Marshes an die deutsche Nordseeküste. Entlang der sauberen Strände lassen sich geruhsame Stunden oder Tage verbringen, während auf den Deichen die Schafherden weiden. Ein Teil des Areals steht unter Naturschutz, da hier seltene Vogelarten wie Seeschwalben und Steinbrachvögel nisten.

Römische Spuren wird man in den Romney Marshes vergeblich suchen, denn das Gebiet lag vor zweitausend Jahren noch unter dem Meeresspiegel, dafür gibt es dreizehn mittelalterliche Kirchen zu besichtigen, darunter die als „Cathedral of the Marsh" gerühmte All Saints Church in Lynn. Hauptort der Marshes ist New Romney, ein traditionsreicher Seehafen, der allerdings längst verlandet ist. Sehenswert ist die St Nicolas Church, eine normannische Pfarrkirche, die im 14. Jahrhundert im spätgotischen Stil verändert wurde. Henry James, der im nahen Rye lebte, erinnerten die Marschen gar an Italien: „Wenn die Sonne sinkt, die Schatten länger werden und die berittenen Schafherden mit ihren Hunden in der gräsernen Wildnis an Ihnen vorüberreiten, finden Sie in der sachten englischen Marsch einen Widerhall der Campagna Romana."

Mit der Schmalspureisenbahn durch die Romney Marshes

Ein ungewöhnliches Beförderungsmittel zur Erkundung der Romney Marshes ist die *Romney, Hythe & Dymchurch Railway,* die kleinste öffentliche Eisenbahn der Welt. Die Züge der Dampflokbahn verkehren von April bis September täglich auf der 23 Kilometer langen Strecke von Hythe über New Romney nach Dungeness, wo der Derek Jarman's Garden und ein alter Leuchtturm besichtigt werden können (Infos: ✆ 01797/362353 oder www. rhdr.org.uk, ab £ 9). Einzig das nahe Atomkraftwerk ist ein wenig erfreulicher Anblick.

Deal

Deal ist ein ruhiges, friedliches Städtchen. In hellen Farben leuchten die Häuser an der Promenade. Nur wenige Meter entfernt liegen bunte Fischerboote aneinandergereiht auf dem lang gestreckten Kiesstrand.

An Sonntagen scheint der ganze Ort auf den Beinen zu sein. In einer frischen Brise spazieren Familien samt ihren Hunden am Kiesstrand entlang. Zum Einkaufen geht man in die parallel zur Promenade verlaufende High Street. Am (weniger schönen)

Kent

Deal Castle diente einst der Küstenverteidigung

Betonpier, der weit ins Meer reicht, treffen sich die Angler, um Tee trinkend ihrem Hobby nachzugehen. Sie haben sich den Platz ausgesucht, der den besten Blick auf Deal bietet. Doch so friedlich ist es hier nicht immer zugegangen. Im Jahre 55 vor unserer Zeitrechnung soll Julius Caesar in Deal gelandet sein, um von hier aus Britannien zu erobern. Um weiteren Eroberungen vorzubeugen, ließ Heinrich VIII. knapp 1600 Jahre später diese Küstenlinie befestigen und in Deal sowie im angrenzenden Walmer zwei mächtige Verteidigungsanlagen errichten. Als Baumeister zeichnete mit Stephan von Haschenperg ein Deutscher verantwortlich.

- *Information* **Tourist Office**, Town Hall, High Street, Deal, Kent CT14 6BB, ✆ 01304/369576, ℻ 01304/380641. www.whitecliffscountry.org.uk.
- *Einwohner.* 28.500 Einwohner.
- *Verbindungen* **Zug** – Der Bahnhof ist in der Queen Street (westlich), ausgeschildert. Deal liegt an der Strecke Dover-Isle of Thanet (Ramsgate) mit Verbindungen nach Sandwich. **Bus** – Busbahnhof in der South Street am Anfang der High Street (Fußgängerzone). Regelmäßiger Busverkehr nach Dover, Folkestone, Sandwich, Canterbury.
- *Schwimmen* **Tides Leisure Centre**, Victoria Road. Mit Wellenbad, Riesenrutsche, Sauna und Whirl-Pool. ⏲ tgl. 7–22 Uhr, Sa und So nur bis 18 Uhr. www.vistaleisure.com.
- *Veranstaltungen* **Deal Summer Music Festival**, Ende Juli. www.dealfestival.co.uk.
- *Übernachten* **Channel View**, Unterkunft im Zentrum, nur einen Katzensprung vom Hafen. B & B ab £ 30 pro Person. 9 Beach Street, ✆ 01304/368194, ℻ 01304/364182, www.kingsheaddeal.co.uk.

Number One, modernes B & B in einer viktorianischen Villa unweit des Meeres. Die komfortablen Zimmer mit ihren schönen Bädern haben Stil und Atmosphäre. Extras: Kostenloses WLAN und Ipod-Docking-Stations. B & B £ 37.50–45 pro Person. 1 Ranelagh Road, ✆ 01304/364459. www.numberonebandb.co.uk.

Cannongate Guest House, alle drei Zimmer des Guest House haben eine Waschgelegenheit, einen Teekocher und TV. Übernachtung mit Frühstück ab £ 25. 26 Gilford Road, ✆ 01304/375238.

- *Essen/Trinken* **Dunkerley's**, ausgezeichnetes Restaurant (englische Küche, Menü mittags ab £ 11.95, abends ab £ 19.95) mit

Walmer Castle & Gardens **115**

Hotelbetrieb. Geschmackvolle Gästezimmer, B & B ab £ 50 pro Person, günstig ist die Halbpension ab £ 70. 19 Beach Street, ✆ 01304/375016, ✆ 01304/380187. www.dunkerleys.co.uk.

The King's Head, maritim-gemütliches Pub – seit dem 18. Jahrhundert in Familienbesitz! – mit großer Terrasse, von der man einen schönen Blick auf den Ärmelkanal hat. Zu loben ist auch das Seafood. Zimmervermietung, B & B ab £ 30 pro Person. 9 Beach Street, ✆ 01304/368194. www.kingsheaddeal.co.uk.

The Bohemien, das sich auf zwei Etagen erstreckende Pub und Restaurant (unten trinkt, oben isst man) ist ein Lesertipp von Peter Ritter: „Das Pub glänzt mit einer Fülle unterschiedlicher Biere und Snacks, das Restaurant mit einer begrenzten Zahl ambitionierter Gerichte, die täglich um ein paar Specials ergänzt werden. Geboten wird Modern English Kitchen mit erkenn- und schmeckbar frischen Zutaten, alles sehr hübsch angerichtet und von netten Menschen serviert. Fisch, Fleisch, Pasta, Gemüse – von allem ist etwas dabei. Wenn man einen Fensterplatz hat, schaut man aufs Meer. Der Raum ist allerdings nicht sonderlich groß und das Restaurant begehrt, deswegen ist eine Reservierung zumindest in der Saison ratsam." 47 Beach Street, ✆ 01304/374843.

Sehenswertes

Deal Castle: Heinrich VIII. ließ zur Verteidigung der englischen Südküste mehrere Forts errichten, von denen Deal Castle das am besten erhaltene ist. Ungewöhnlich ist der einer sechsblättrigen Tudorrose nachempfundene Grundriss. Im Zentrum der Bastion steht ein dreistöckiger Geschützturm, der von einem doppelten Ring halbkreisförmiger Bastionen sowie einem Graben umschlossen wird. Bei einer Besichtigung der dunklen und kühlen Gewölbe wird man ansprechend über die Geschichte der Befestigungsanlage informiert.

⏰ April bis Sept. tgl. 10–18 Uhr, Okt. tgl. 10–17 Uhr, Nov. bis März tgl. 10–16 Uhr. Eintritt: £ 4.50, erm. £ 3.80 oder £ 2.30 (EH).

Deal Maritime & Local History Museum: Im Mittelpunkt des lokalgeschichtlichen Museums von Deal steht natürlich die Seefahrt.

Adresse St George's Road. ⏰ Ostern bis Sept. tgl. außer Mo und So 13.30–17 Uhr. Eintritt: £ 2, erm. £ 1.

Timeball Tower: Jahrhundertelang war das größte Problem der Schifffahrt die korrekte Bestimmung des richtigen Längengrads, der für eine exakte Navigation unerlässlich ist. Vor dem Bau des Chronometers von Harrison war das wichtigste Hilfsmittel die genaue Uhrzeit. Der Time Ball Tower von Deal, in dem sich heute ein Kommunikations- und Telegraphiemuseum befindet, signalisierte den Segelschiffen die korrekte Zeit. Jeden Tag um 13 Uhr fiel der Ball am Mast hinunter.

⏰ von Mai bis Sept. Sa und So 10–16 Uhr, von Juni bis Sept. auch Mi–Fr 11–16 Uhr. Eintritt: £ 2, erm. £ 1.

Umgebung

Walmer Castle & Gardens

In einer knappen halben Stunde kann man von Deal in südlicher Richtung zum Walmer Castle spazieren. Die ebenfalls unter Heinrich VIII. errichtete Befestigungsanlage ist die offizielle Residenz des Lord Warden of the Cinque Ports. Es handelt sich dabei um einen Ehrentitel, der lange Zeit an die Königinmutter Elizabeth vergeben war. Wenn ihre „Lordschaft" Walmer Castle mit ihrer Gegenwart beehren, bleiben die Pforten für Besucher geschlossen. Zu ihren berühmtesten Amtsvorgängern zählten Churchill und der Duke of Wellington. Der Held von Waterloo ist am 14. September 1852 in Walmer Castle gestorben. In seinem Sterbezimmer stehen noch die legendären schwarzen Stiefel des Herzogs. Eine Erkundung lohnen auch die Wallgräben, die in eine ausgedehnte Gartenanlage verwandelt wurden.

Adresse Kingsdown Road. ① April bis Sept. tgl. 10–18 Uhr, Okt. Mi–So 10–17 Uhr, März Mi–So 10–16 Uhr, Jan. und Febr. nur Sa und So 10–16 Uhr. Eintritt: £ 7, erm. £ 6 oder £ 3.50 (EH).

Sandwich

Mit seinen kopfsteingepflasterten Gassen und den vielen Fachwerkhäusern strahlt Sandwich noch viel mittelalterliches Flair aus. Dennoch ist es schwer vorstellbar, dass der Ort zu Zeiten der normannischen Eroberung die viertbedeutendste Stadt Englands war.

Egal ob Sachsen, Dänen oder Becket-Pilger vom europäischen Kontinent – sie alle betraten in Sandwich erstmals englischen Boden. Händler und Seefahrer mehrten den Reichtum der Stadt am River Stour, die im Mittelalter zu den Cinque Ports gehörte. Der Niedergang von Sandwich setzte aber unaufhaltsam ein, als der Hafen zu versanden begann: Heute liegt der Ort fast drei Kilometer vom Meer entfernt! In touristischer Hinsicht kann man dem Niedergang auch positive Seiten abgewinnen, denn in Sandwich blieb gewissermaßen die Zeit stehen. Bei einem Rundgang durch die von einem gut erhaltenen Verteidigungswall umgebene Stadt stößt man fast unweigerlich auf eine malerische Zugbrücke, die über den River Stour führt. Eindrucksvoll sind auch das Fisher Gate, ein Stadttor aus dem 14. Jahrhundert sowie die fachwerkgesäumte Strand Street.

Sandwich: Fachwerk und Flair

Sandwich   117

- *Information* **The Guildhall**, Cattle Market, Sandwich, Kent CT13 9AH, ℘ 01304/613565. Nur April bis Sept. tgl. 11–16 Uhr geöffnet. www.whitecliffscountry.org.uk.
- *Einwohner* 5.000 Einwohner.
- *Verbindungen* **Bus** – am Cattle Market (bei Guildhall); regelmäßig von Deal über Sandwich nach Canterbury. **Zug** – Bahnhof an der Delfside Street; Verbindungen nach Deal, Dover, London, Ashford, Ramsgate und Margate.
- *Kino* **Empire**, Delft Street.
- *Markt* Donnerstags.
- *Schwimmen* Sandwich Leisure Centre, Deal Road. ⊘ tgl. 9–22 Uhr. www.freedom-leisure.co.uk.
- *Veranstaltungen* **The Sandwich Festival** am August Bank Holiday.
- *Übernachten/Essen* **Bell Hotel**, keine Frage, das erste Haus am Platz, hier trifft sich auch der örtliche Rotary-Club. Das

Restaurant hat sich auf Fisch spezialisiert. Hauptgerichte £ 13. Auch als Hotel ist das Anwesen eine gute Wahl, die Zimmer sind großzügig und gepflegt. Dezentes Understatement ist angesagt. Kostenloses WLAN. Übernachtung inkl. Frühstück je nach Ausstattung £ 55–107.50 pro Person, günstigere Wochenendtarife. Barbican, ℘ 01304/613388, www.bellhotelsandwich.co.uk.

Solley Farm House, das zwischen Sandwich und Deal in der Ortschaft Worth gelegene Gehöft bietet luxuriöse B & Bs mit Landhausflair. Ab £ 35. ℘ 01304/613701, www.solleyfarmhouse.co.uk.

Fisherman's Wharf, nettes Restaurant mit schönem Innenhof, ausgezeichnete Fischküche zu moderaten Preisen. Lecker ist der gegrillte Seeteufel (*Monkfish*) in Schinken gewickelt auf einem Pilzrisotto für £ 14.50. Quayside, ℘ 01304/613636.

Ein Sandwich in Sandwich?

Bei dem Ortsnamen Sandwich haben die meisten Menschen eine bestimmte Assoziation, und die ist gar nicht mal falsch: Als Erfinder des Sandwiches gilt John Montagu, seines Zeichens der 4. Earl of Sandwich. Montagu war ein begeisterter Kartenspieler und nichts war ihm mehr verhasst, als eine spannende Partie wegen einer Mahlzeit unterbrechen zu müssen. Irgendwann im Jahre 1762 ließ er sich ein zwischen zwei Brotscheiben eingeklemmtes Stück Fleisch reichen, und das Sandwich war geboren! Die Idee machte Schule und die einfach zuzubereitende Zwischenmahlzeit war fortan nicht mehr vom englischen Speisezettel wegzudenken. Bekannt für besonders leckere Sandwiches sind die Lebensmittelabteilungen von Marks & Spencer sowie die Londoner Kette Prêt à Manger.

Sehenswertes

Guildhall: Ein Wappen mit drei halben Löwen und drei halben Schiffen erinnert an der Guildhall noch an die Cinque Ports, zu denen auch Sandwich gehörte. Bei einer Führung durch das Gebäude aus dem 16. Jahrhundert werden der historische Gerichtssaal und Fotos aus viktorianischer Zeit gezeigt.

Adresse New Street. ⊘ April bis Sept. Di, Mi, Fr, Sa 10.30–12.30 Uhr und 14–16 Uhr, Do und So 14–16 Uhr, im Winter tgl. außer Mo 14–16 Uhr. Eintritt: £ 1, erm. £ 0.50.

Richborough Roman Fort: Zwei Kilometer nördlich von Sandwich erheben sich die Ruinen von *Rutupiae*, die zu den imposantesten Hinterlassenschaften der Römer in Südengland gehören. Das Kastell wurde bereits kurz nach der Invasion errichtet, um einen festen Brückenkopf zum Kontinent zu besitzen. Erhalten sind noch die Grundmauern eines Triumphbogens, den Kaiser Claudius bei seiner Ankunft auf

118   Kent

einem Elefanten durchritten haben soll. Trotz erweiterter Verteidigungsanlagen konnte das Kastell im 5. Jahrhundert dem zunehmenden Druck der Sachsen nicht mehr standhalten.

Adresse Richborough Road. ⏲ April bis Sept. tgl. 10–18 Uhr. Eintritt: £ 4.50, erm. £ 3.80 oder £ 2.30 (EH).

Ramsgate

Zusammen mit Broadstairs und Margate bildet Ramsgate das touristische Dreigestirn der Isle of Thanet. Und genau wie seine Nachbarorte auf der Halbinsel besitzt auch Ramsgate lange, einladende Sandstrände.

Das am nordöstlichen Zipfel der Grafschaft Kent gelegene Ramsgate lebt noch heute von seinem viktorianischen Flair, überall leuchtet der für diese Epoche typische rote Ziegelstein. Während der Sommermonate drängen sich die sonnenhungrigen Urlauber nordöstlich des Hafens an den *Ramsgate Sands,* dem lokalen Sandstrand, der sich etwa zwei Kilometer weit in Richtung Broadstairs erstreckt. An Regentagen kann man sich vor Ort im Maritime Museum ein eindrucksvolles Bild über die Gefahren der *Goodwin Sands* machen. Auf den heimtückischen Sandbänken, die sich rund zehn Kilometer südöstlich der Stadt erstrecken, strandete schon so manches Schiff.

• *Information* **Tourist Information Centre**, neben Zimmervermittlung und Prospektmaterial auch Theaterkartenverkauf. Hat als einzige Informationsstelle auf der Isle of Thanet auch So geöffnet. 17 Albert Court, Ramsgate, Kent CT11 9DN, ✆ 01843/583333, ✉ 01843/585353. www.tourism.thanet.gov.uk.

• *Einwohner* 38.000 Einwohner.

• *Verbindungen* **Bus** – National Express, Harbour Street (am Jachthafen) gegenüber dem Ticket Office. Busse Richtung Dover, Canterbury und London. **Zug** – Bahnhof in der Wilfred Road (vom Tourist Office die Queen Street in östliche Richtung, links in die High Street, dann rechts in die Chatham Street und direkt nach der Kreuzung links in die Station Approach Road); Verbindungen nach Margate, Broadstairs, Canterbury und Dover.

• *Markt* Freitags.

• *Museum* **Maritime Museum**, direkt am Hafen. Von Ostern bis Sept. tgl. außer Mo 10–17 Uhr geöffnet. Eintritt: £ 1.50, erm. £ 0.75. www.ramsgatemaritimemuseum.org.uk.

• *Schwimmen* **Swimming Centre**, Newington Road.

• *Veranstaltungen* **Heineken Race of the Classics**, Mitte Mai versammeln sich zahlreiche große Segelschiffe zu dem traditionsreichen Rennen.

• *Übernachten* **Oak Hotel**, unlängst renoviert, bietet dieses direkt am Hafen gelegene Hotel viel Komfort in einem zeitlosen Ambiente. WLAN. B & B im EZ £ 49.50, für das DZ £ 57.50–115 (beim teuersten mit Whirlpoolbadewanne). Harbour Parade, ✆ 01843/583686, ✉ 01843/581606, www.oakhotel.co.uk.

• *Camping* **Nethercourt Touring Park**, kleiner Platz mit nur 52 Stellplätzen drei Kilometer südwestlich des Zentrums. Von April bis Okt. geöffnet. Übernachtung mit Zelt und Auto ab £ 14. ✆ 01843/595485, http://barrowcliffe.net/nethercourt/index.htm.

• *Essen/Trinken* **Surin Thai**, eines der besten südostasiatischen Restaurants in Kent, auch laotische und kambodschanische Spezialitäten werden serviert. Mittagsmenüs für £ 5.95 bzw. £ 8.95. 30 Harbour Street, ✆ 01843/5920001. www.surinrestaurant.co.uk.

Alexandra, mit Blick auf das Meer lassen sich hier Pizza und Pasta genießen. Straßenterrasse. 70 Harbour Parade, ✆ 01843/590595. www.alexandraristorante.co.uk.

Jazz Room, angenehmes Barambiente direkt am Hafen. 68 Harbour Parade, ✆ 01843/595459.

Broadstairs

Broadstairs ist untrennbar mit seinem berühmtesten Feriengast verbunden: Charles Dickens schrieb in dem traditionsreichen Seebad seine bekanntesten Romane.

„The healthiest and freshest of all places" nannte Charles Dickens den Ort, in dem er zwischen 1837 und 1850 seinen alljährlichen Urlaub verbrachte und an seinen berühmten Romanen, so auch an „David Copperfield" und „Nicholas Nickleby", schrieb. Wahrscheinlich würde Dickens sein einstiges Feriendomizil noch auf Anhieb wiedererkennen, denn Broadstairs konnte sein viktorianisches Flair bis in die Gegenwart bewahren. Statt großer Hotelkomplexe dominieren enge Gassen und zweistöckige Häuser das Stadtbild des wohl schönsten Ortes auf der Isle of Thanet.

- *Information* **Tourist Information Centre**, 6B High Street, Broadstairs, Kent CT10 1LH, 01843/583333, 01843/868373.
www.tourism.thanet.gov.uk.
- *Einwohner* 25.000 Einwohner.
- *Verbindungen* **Bus** – Verbindungen nach Margate oder Ramsgate. **Zug** – Bahnhof an der Kreuzung High Street/Lloyd Road (ausgeschildert, 750 Meter westlich des Strandes); Verbindungen nach Margate, Ramsgate, Canterbury und Dover.
- *Kino* **Palace Cinema**, Harbour Street, 01843/865726.
www.palacebroadstairs.co.uk.
- *Veranstaltungen* **Dickens Festival** in der zweiten Junihälfte.

www.broadstairsdickensfestival.co.uk.
- *Übernachten* **Royal Albion Hotel**, vornehmes Hotel mit Meerblick beim Dickens House Museum. Kostenloses WLAN. B & B im EZ ab £ 70, im DZ ab £ 100. Extrabett sowie Meerblick kosten £ 10 Aufpreis. Albion Street, 01843/868071, 01843/861509,
www.albionbroadstairs.co.uk.
Hanson Hotel, alteingesessenes, aber unspektakuläres Hotel. B & B £ 30 bis £ 33. 41 Belvedere Road, 01843/868936,
www.hansonhotel.co.uk.
- *Essen/Trinken* **Tamarind**, indische Küche in einem modernen Rahmen. *Lamb Tikka* für £ 6.95. 1–3 Albion Street, 01843/860100.

Auf des Dichters Spuren: Dickens House

120   Kent

Osteria Posillipo, italienisches Restaurant mit gutem Preis-Leistungs-Verhältnis und schönem Ambiente. Gartenterrasse mit Meerblick. Pasta £ 6–8. Guter Kaffee! Albion Street. ✆ 01843/862559. www.posillipo.co.uk.

Aqua, zumeist ältere Liebhaber der englischen Küche (steak and kidney pie etc.) treffen sich in dem kleinen Restaurant. 43 Albion Street.

Chiappini's, nettes Café mit Straßenterrasse und Blick auf den Hafen. Neben Eisspezialitäten werden auch warme Gerichte serviert.

Neptune's Hall, einladendes Pub aus dem 19. Jahrhundert (die Fassade steht unter Denkmalschutz), nicht nur für den Abend. Vielleicht hat ja Dickens hier schon ein Pint geordert. Harbour Street.

Sehenswertes

Bleak House: In eindrucksvoller Lage auf einem schroffen Kliff erhebt sich das zinnenbekrönte Bleak House. Das eher an eine Festung erinnernde Gebäude diente Dickens 1850 und 1851 als Unterkunft bei seinen Aufenthalten in Broadstairs. Die Räume, die der Schriftsteller bewohnte, sind gut erhalten und beherbergen eine interessante Ausstellung. Besonders beeindruckend ist das „luftige" Zimmer mit Seeblick, in dem „David Copperfield" geschrieben wurde. Ein Schmuggelmuseum und eine „Maritime Section" ergänzen die Sammlung.

⏰ März bis Nov. tgl. 10–18 Uhr. Eintritt £ 3, erm. £ 2.50. www.bleakhouse.info.

Dickens House Museum: Eine zweite Pflichtadresse für Verehrer von Charles Dickens. Das hübsche Häuschen direkt am Strand diente Englands berühmtestem Schriftsteller einst als „Vorbild" für das Haus von Miss Betsey Trotwood, einem Charakter aus „David Copperfield". Ausgestellt sind persönliche Gegenstände von Dickens sowie Briefe.

Adresse 2 Viktoria Parade. ⏰ April bis Mitte Okt. tgl. 14–17 Uhr. Eintritt: £ 3.25, erm. £ 1.80. www.dickenshouse.co.uk.

Margate

Margate ist seit rund 250 Jahren eines der beliebtesten englischen Seebäder. Mit seinen feinen Sandstränden, den alten Hotels und Vergnügungsparks bietet die Kleinstadt all das, was sich der Durchschnittsengländer für ein paar gelungene Ferientage wünscht. In der Nebensaison liegt hingegen eine nicht zu übersehende Tristesse über dem Ort.

Das größte Seebad auf der Isle of Thanet kann sich einer „bahnbrechenden" Erfindung rühmen. Der aus Margate stammende Quäker *Benjamin Beale* sorgte sich in der Mitte des 18. Jahrhunderts um das Treiben der Badegäste. Vor allem, dass Frauen mit entblößten Beinen ins Meer wateten, um ein Bad zu nehmen, erschien ihm als ein moralischer Frevel höchsten Ausmaßes. Doch Beale sann auf Abhilfe und erfand einen von einem Pferd gezogenen Badewagen, mit dem sich die Badegäste ins Wasser ziehen lassen konnten, um über eine Stufe unbeobachtet in den Fluten unterzutauchen. Beales Erfindung schien dem moralischen Empfinden seiner Zeitgenossen zu entsprechen, denn innerhalb der nächsten Jahrzehnte wurde sein Badewagen zum Modell für zahllose Nachbauten. Der deutsche Gelehrte Christoph Lichtenberg war nach einem Besuch von Margate zutiefst beeindruckt und fragte 1793 im „Göttinger Taschen Calender": „Warum hat Deutschland noch kein öffentliches Seebad?" Eine zweite, und in diesem Fall wirklich revolutionäre Erfindung aus Margate war der 1815 errichtete, heute nicht mehr vorhandene „New Pier"; es handelte sich dabei um das erste Modell eines als *parade* konzipierten Damms, der alsbald von allen anderen englischen Seebädern nachgeahmt wur-

Margate 121

de. Für nur einen Penny konnten die Feriengäste den ganzen Tag auf dem New Pier verweilen und das Meer betrachten, bei schönem Wetter sogar mit Orchestermusik im Ohr.

Mit anderen Worten: Margate ist ein Klassiker unter den englischen Seebädern, leicht erreichbar für die badefreudigen Arbeiter aus dem Londoner Eastend. Bewusst begann auch der Reiseschriftsteller *Paul Theroux* seine Erkundung Großbritanniens an einem Feiertag in Margate. Ein breiter Sandstrand, Vergnügungsarkaden, Rummelplätze, Fish'n'Chips-Buden und dazwischen ein paar Tea Rooms – mehr Erwartungen stellt der typische John Smith nicht an seinen Urlaubsort. Eine architektonische Perle ist die von dem Architekten *David Chipperfield* errichtete Turner Contemporary, eine Galerie für zeitgenössische Kunst an der Promenade. Die Stadtväter erhoffen sich davon eine Signalwirkung, um Margate ein zukunftsfähiges Image zu verschaffen.

- *Information* **Tourist Information Centre**, 12–13 Parade, Margate, Kent CT9 1EY, ✆ 01843/583333, ✆ 01843/292019. www.tourism.thanet.gov.uk.
- *Einwohner* 55.000 Einwohner.
- *Verbindungen* **Zug** – Bahnhof an der Stichstraße zur Marine Terrace (nahe Tourist Office); stündlich Züge Richtung Dover und London. www.nationalrail.co.uk. **Bus** – ab Cecil Square; Verbindungen nach Ramsgate und Canterbury sowie London-Victoria. www.nationalexpress.co.uk.
- *Dreamland* Vergnügungspark mit zahlreichen Attraktionen.
- *Übernachten* **The Walpole Hotel & Museum**, das stattliche Hotel in Cliftonville strahlt noch den Charme der 1920er-Jahre aus. Es wurde seit dem Jahr 1995 liebevoll renoviert, besitzt durchaus Museumscharakter und kann samt Gitterlift auch besichtigt werden. Herrlich sind der alte Speisesaal sowie der Ballsaal und die Bar mit ihren alten, tiefen Clubsesseln. Mit Glück begegnet man sogar Tracey Emin, die sich hier häufig mit ihrer Mutter zum Tee trifft. Gutes Restaurant, serviert wird beispielsweise ein *Braised English Shank of Lamb* für £ 11.50. Fast alle umsichtig re-

Verblichener Glanz früherer Tage

novierten Zimmer haben einen Balkon und WLAN gibt es auch! B & B ab £ 35 pro Person in der Nebensaison. Fifth Avenue, ✆ 01843/221703, ✆ 01843/297399, www.walpolebayhotel.co.uk.

The Reading Rooms, dieses herrliche Designer-B & B liegt nur fünf Fußminuten vom Strand entfernt in einem schmucken georgianischen Haus. Jedes der drei herrlichen Zimmer erstreckt sich über ein gesamtes Stockwerk. B & B £ 67.50–80. 31 Hawley Square, ✆ 01843/225166. www.thereadingroomsmargate.co.uk.

- *Jugendherberge* **Beachcomber Hotel**, unlängst eröffnete Herborgo an der Westbrook Bay mit 60 Betten, ganzjährig geöffnet, Self Catering. Erwachsene ab £ 14, Jugendliche ab £ 11.50. 3–4 Royal Esplanade, ✆ 0845/3719130, ✆ 01843/229539, margate@yha.org.uk.
- *Essen/Trinken* **Cate G**, nettes Café mit kleiner Straßenterrasse. High Street.

Mad Tracey from Margate

Als berühmteste Tochter der Stadt gilt die 1963 geborene *Tracey Emin*. Anfangs umstritten, gehört sie als Vertreterin der Young British Art längst zu den renommiertesten zeitgenössischen Künstlern Großbritanniens. Ihr wurde sogar die Ehre zu Teil, mit einem Raum in der Tate Britain vertreten zu sein. Tracey Emin betreibt eine Kunst der Enthüllung, in deren Zentrum ihr eigenes Leben steht. Schonungslos gibt sie dabei ihre Intimsphäre preis, wobei die Grenzen zur Fiktion oft verschwimmen. Als Ausdrucksformen wählt sie dabei Installationen, Erzählungen, Fotografien, textile Objekte, Filme, Zeichnungen und Performances. Liebe ist für Emin keine romantische Angelegenheit. Stattdessen verletzt man oder wird verletzt. Den Themen Liebe und Sex sind auch ihre beiden bekanntesten Arbeiten gewidmet: Die Zeltinstallation *Everyone I Have Ever Slept With 1963–95*, für die sie die Namen all derjenigen Partner auf Zelttuch verewigte, mit denen sie je das Bett geteilt hatte, inklusive der Familienmitglieder und ihren zwei abgetriebenen Kindern (das Zelt wurde bei einem Brand in einem Lagerhaus zerstört) sowie die Installation *My Bed*, die 1999 auf der Shortlist des Turner Prize stand. £ 150.000 bezahlte der Kunstsammler Charles Saatchi für Traceys Bett samt zerwühlter Matratze, leerer Wodkaflaschen, benutzter Kondome und blutiger Unterwäsche.

Tracey Emin wuchs in Margate auf, wo ihr Vater das Hotel International besaß. Es war eine schwierige unruhige Jugend, die sie später in *Why I Never Became a Dancer* (1995) und *Top Spot* (2004) selbst verfilmt hat und die vor allem durch ihren großen Freiheitsdrang geprägt wurde. Mit 13 brach Tracey die Schule ab, um sich in Cafés und am Strand herumzutreiben, bis sie schließlich den Sex entdeckte und sich mit zahllosen Jungs und Männern aus Margate vergnügte. Mit 15, als Tracey bei einem Tanzwettbewerb als Schlampe ausgebuht wurde, hatte sie genug: Sie verließ Margate, widmete sich fortan der Kunst, studierte Design und Malerei, letzteres am Royal College of Art in London. Ihre Verbindungen zu Margate brachen aber nie ab. Sie stellte sich als „Mad Tracey from Margate" vor oder ließ den Leser eines Ausstellungskatalogs wissen: „Tracey Emin has big tits and comes from Margate." Später kaufte sie sich eine Fischerhütte am Strand, in der sie im Jahre 2000 zwei nackte Selbstporträts aufnahm. In einer Neon-Kunstinstallation am neoklassizistischen Droit Haus an der Promenade ließ sie Margate 2009 wissen: „I Never Stopped Loving You." Margate und Tracey – eine lebenslange Hassliebe und so verwundert es auch nicht, dass sie Margate am Ende ihres Films *Top Spot* von einem Hubschrauber aus bombardieren lässt …

Sehenswertes

Turner Contemporary: Die im Frühjahr 2011 eröffnete Galerie für zeitgenössische Kunst liegt direkt an der Promenade. Die 17,5 Millionen Pfund teure Gallery wurde von dem Architekten David Chipperfield errichtet und ist nach dem berühmten Landschaftsmaler William Turner benannt, der in Margate zur Schule ging und das Städtchen zeitlebens gerne besuchte.

Adresse 17–18 The Parade. Öffnungszeiten und Eintrittspreise standen zum Zeitpunkt der Recherche noch nicht fest. www.turnercontemporary.org.

Shell Grotto: Die Grotte mit Muschelmosaiken, die wahrscheinlich mehr als 2.000 Jahre alt sind, wurde 1835 zufällig von Schulkindern entdeckt. Millionen von Muscheln wurden gebraucht, um die gewundenen Gänge (ca. 600 m^2 Fläche!) zu dekorieren.

① Ostern bis Okt. 10–16 Uhr, im Sommer bis 17 Uhr, im Winter nur Sa und So 10–16 Uhr. Eintritt: £ 3, erm. £ 1.50. www.shellgrotto.co.uk.

Canterbury

Die altehrwürdige Bischofsstadt mit ihrer Kathedrale, den Klöstern und Pilgerherbergen ist die touristische Perle der Grafschaft Kent. Schon Virginia Woolf wusste: „There is no lovelier place in the world than Canterbury."

Das „Rom der Anglikaner" wird von den lichten Türmen seiner Kathedrale überragt. Mauerbewehrt und von den Flussarmen des Stour durchzogen präsentiert sich Canterbury als ein mittelalterliches Traumstädtchen mit Brücken und Stegen, viel Fachwerk und romantischen Butzenscheiben. Der kulturhistorischen Bedeutung des Bischofssitzes hat man auch offiziell Rechnung getragen: 1988 ernannte die UNESCO Canterbury mit der Kathedrale, der ehemaligen Abtei St Augustin und der St Martin's Church zum Weltkulturerbe. Glücklicherweise ist Canterbury nicht zum Freilichtmuseum erstarrt. Die Stadt besitzt Flair und Atmosphäre, denn Canterbury ist seit 1965 Sitz der University of Kent. Das rege studentische Leben spielt sich in den Gassen und Kneipen der Altstadt ab. Ein modernes Einkaufszentrum im nördlichen Teil der Altstadt verhindert, dass die Kaufkraft ins Umland abwandert. Hinzu kommen alljährlich mehr als fünf Millionen Touristen, die aber zumeist nur einen Tagesausflug unternehmen.

Zu den berühmtesten Persönlichkeiten, die mit Canterbury verbunden sind, zählen neben Thomas Becket auch sein Amtsvorgänger *Anselm von Canterbury* (1033–1109). Anselm gilt als einer der herausragendsten Gelehrten des Mittelalters; einen Namen machte sich der Scholastiker durch die These, dass die Vernunft der unumstößliche Beweis für die Existenz Gottes sei: „Gott ist dasjenige, größer als welches nichts gedacht werden kann." Dieser sogenannte ontologische Gottesbeweis wurde schon zu

Canterbury Christ Church Gate – das Tor zur Domfreiheit

124   Kent

Anselms Lebzeiten heftig mit dem Hinweis bekämpft, dass sich auf diese Weise so ziemlich alles, auch die Existenz von Fabelwesen oder die der sagenhaften Insel Atlantis beweisen ließe. Der Dramatiker *Christopher Marlowe,* ein Zeitgenosse von Shakespeare, erblickte in der Bischofsstadt das Licht der Welt und der Schriftsteller *Somerset Maugham* besuchte einst die King's School von Canterbury, um sie in seinem Roman „Der Menschen Hörigkeit" literarisch zu verewigen.

Ein Mord im Dom

Der englische König *Heinrich II.* und *Thomas Becket* (1118–1170) unterhielten trotz ihrer unterschiedlichen gesellschaftlichen Herkunft seit ihrer Jugend ein enges freundschaftliches Verhältnis. Als Kanzler verwaltete Becket die königlichen Finanzen mit viel Umsicht und Geschick. Um die beständigen Auseinandersetzungen mit dem Klerus besser in den Griff zu bekommen, ernannte Heinrich Plantagenet seinen treuen Becket gegen dessen ausdrücklichen Wunsch 1162 zum Erzbischof. Eine Entscheidung, die der englische König bitter bereuen sollte, da Becket nicht gewillt war, zwei Herren zu dienen. Als Heinrich II. versuchte, die Übergriffe von Papst und Kirche auf die königlichen Befugnisse zu unterbinden, stieß er schnell auf den erbitterten Widerstand von Thomas Becket, dem Erzbischof von Canterbury, der die kirchlichen Privilegien fanatisch verteidigte und sich insbesondere dagegen verwehrte, dass sich ein Geistlicher für seine Taten vor einem weltlichen Richter verantworten müsse. Vom königlichen Hofgericht als Verräter und Meineidiger verurteilt, ging Becket ins Exil nach Frankreich. Nach England zurückgekehrt, fürchtete man, Becket würde den König exkommunizieren, woraufhin er am 29. Dezember 1170 in der Kathedrale von Canterbury von vier Rittern aus dem königlichen Gefolge ermordet wurde. Schlagartig setzte eine Wallfahrt zu seinem Grab ein, und 1173 wurde Becket vom Papst heilig gesprochen. Seltsamerweise brannte die Kathedrale ein Jahr später lichterloh ... Heinrich II. verlor durch diesen heimtückischen Mord außerordentlich viel Prestige; Papst und Kirche entfesselten in der gesamten Christenheit eine zündende Propaganda für den heilig gesprochenen Becket, dem man in kürzester Zeit mehr als 100 Wunder zuschrieb. Quasi über Nacht wurde Canterbury zum Mittelpunkt der größten Wallfahrt des Spätmittelalters. Selbst Könige legten am Grab von Thomas Becket ihre Kronen nieder. Zynisch warnte der Geistliche Richard von Devizes vor der übertriebenen Becket-Verehrung: „Wenn du in die Gegend von Canterbury kommst, läufst du Gefahr, vom Weg abzukommen. Alles, was sich dort befindet, gehört ich weiß nicht wem; jedenfalls wird er seit langer Zeit verehrt, als sei er ein Gott – ein früherer Erzbischof von Canterbury. Dies geht so weit, dass die Menschen in der Sonne auf den Plätzen sterben, nichts zu essen haben und herumlungern." Berühmt geworden sind auch die „Canterbury Tales" von *Geoffrey Chaucer* (1343–1400). Der Sohn eines Londoner Weinhändlers schildert in seinem Meisterwerk, wie frivol es auf einer Wallfahrt von London zum Becket-Grab in Canterbury zugehen konnte.

Canterbury 125

Geschichte

Canterbury gehört zu den wenigen englischen Städten, die auf eine kontinuierliche Besiedlung zurückblicken können, die über die römische Epoche hinausreicht. Wahrscheinlich befand sich hier die Hauptstadt der *Cantii*, ein keltischer Stamm, auf den der Name der Grafschaft Kent zurückgeht. Die Römer nannten den Ort *Durovernum Cantiacorum* und legten ein rechtwinkliges Straßennetz an; die sich von Ost nach West erstreckende High Street markiert noch immer den Verlauf der römischen Hauptverkehrsachse. Nach dem Zusammenbruch des Römischen Reiches nahmen die Angelsachsen von der Stadt Besitz. Der *heilige Augustinus* – nicht zu verwechseln mit dem gleichnamigen Kirchenvater und Bischof von Hippo –, der vom Papst den Auftrag zur Bekehrung der englischen Heiden erhalten hatte, ließ sich Ende des 6. Jahrhunderts im angelsächsischen *Cantwarabyrig* nieder, wo er die Reste einer römischen Kirche vorfand. Zum ersten Erzbischof von Canterbury avanciert, begründete Augustinus auch die bis heute währende Vorrangstellung der Diözese.

Seit der englischen Reformation rückte Canterbury zunehmend in den Schatten von Westminster Abbey. Einen großen Anteil an diesem Wandel hatte Heinrich VIII., für den die Becket-Verehrung ein steter Dorn im Auge war, hatte dieser doch die königliche Autorität unbotmäßig herausgefordert. Von Zorn erfüllt, machte er 1538 dem Märtyrer posthum den Prozess und ließ den goldenen, mit kostbaren Juwelen besetzten Schrein zerstören, der Klosterschatz verschwand in den königlichen Schatztruhen. Doch nicht genug: Beckets Gebeine wurden auf Geheiß des Königs verbrannt und die Asche in alle Winde zerstreut.

Einen wirtschaftlichen Aufschwung erlebte Canterbury, als sich mehrere hugenottische Weberfamilien, die durch das 1685 erlassene Edikt von Fontainebleau aus

Fachwerkhäuser in Canterburys Altstadt

126   Kent

Frankreich vertrieben worden waren, in der Stadt ansiedelten. Die Hugenotten lebten und arbeiteten in den Weavers' Houses, einem malerischen Fachwerkensemble am Ufer des Stour. Einschneidendere historische Ereignisse hat die Stadtchronik erst wieder im Zweiten Weltkrieg zu verzeichnen: Am 1. Juni 1942 legten heftige deutsche Bombenangriffe große Teile von Canterbury in Schutt und Asche. Sie wurden als „Baedeker Raids" bezeichnet, da der Angriff derjenigen englischen Stadt galt, die im deutschen Baedeker als historisch am bedeutsamsten eingestuft war. Glücklicherweise überstand die Kathedrale die Flugzeugattacken unversehrt.

Information/Verbindungen/Diverses

● *Information* **Tourist Information Centre**, Sun Street, Canterbury, Kent CT1 2HX, ☎ 01227/378100, ✆ 01227/378101. www.canterbury.co.uk.
● *Einwohner* 39.000 Einwohner.
● *Verbindungen* **Zug** – In Canterbury gibt es zwei Bahnhöfe, von denen unterschiedliche Ziele angefahren werden. East Station ist der Hauptbahnhof, während West Station eher Nahverkehrsverbindungen anbietet. *East Station*, Station Road East; ein bis zwei Züge stündlich nach London Victoria Station (ca. 80 Min.) über Chatham; Verbindungen nach Dover mit Anschluss an Folkestone. ☎ 0845/7484950, www.nationalrail.co.uk. *West Station*, Station Road West; Züge nach Londons Charing Cross (ca. 100 Min.) über Ashford; Nahverkehrslinie zur Isle of Thanet mit Anschluss an Rye, Maidstone und Hastings. **Bus** – Busbahnhof in der St George's Lane; Ticket Office, ☎ 01227/766567. Mit *National Express* zu den Fährhäfen (Dover, Folkestone, Ramsgate) sowie nach London und an die Südostküste. www.nationalexpress.com. Wer mit dem Bus die Gegend um Canterbury erkunden will, sollte nach einem Explorer Ticket fragen.
● *Bootsfahrt* Für £ 6.50 kann man bei der King's Bridge den River Stour mit Boot erkunden. Tgl. 10–17 Uhr. www.canterburyrivertours.co.uk.
● *Fahrradverleih* **Downland Cycles**, Canterbury West Station, ☎ 01227/479643. www.downlandcycles.co.uk.

● *Internet* **Dot Café**, 21 St Dunstan's Street. www.ukdotcafe.com.
● *Kino* **Odeon Cinema**, 43–45 St George's Place, ☎ 0871/2244007. www.odeon.co.uk.
● *Markt* Canterbury Street Market: Jeden Mi und Fr von 8–17 Uhr.
● *Parken* Rund um die Stadtmauer gibt es zahlreiche Langzeitparkplätze.
● *Stadtführungen* Von April bis Okt. tgl. um 14 Uhr, im Juli und Aug. auch um 11.30 Uhr. Treffpunkt: Visitor Information Centre. Teilnahmegebühr: £ 5, erm. £ 4. Dauer: 90 Min. www.canterbury-walks.co.uk. Eine „The Canterbury Ghost Tour" startet jeden Fr, Sa und So um 20 Uhr vor Alberrys Wine Bar in der Saint Margaret's Street. Kosten: £ 8, erm. £ 6. www.canterburyghosttour.com.
● *Theater* Nicht versäumen sollte man eine Vorstellung im renommierten **New Marlowe Theatre**, das seit 2011 in einem ansprechenden Neubau zu Hause ist. Das Programm reicht von Tragödien über Komödien bis zu Konzerten mit bekannten Künstlern. Kartenreservierungen sind direkt am Theater (The Friars, ☎ 01227/787787) oder über das Tourist Office möglich. www.newmarlowetheatre.com.
● *Veranstaltungen* Alljährlich Mitte Oktober findet das **Canterbury Festival** statt. Zwei Wochen lang werden in der großzügig geschmückten Stadt eine Vielzahl von Konzerten, Theateraufführungen, Tanz sowie Ausstellungen geboten. www.canterburyfestival.co.uk.

Übernachten

Sun Hotel (7), mehr als zwei Jahre lange Renovierungsarbeiten waren nötig, um 2007 dieses wohl schönste Hotel von Canterbury eröffnen zu können. Direkt neben der Kathedrale in einem mittelalterlichen Haus untergebracht, genießt man hier höchsten Komfort (LCD-Fernseher etc.) gepaart mit dem Charme eines alten Fachwerkbaus. Die sieben individuell eingerichteten Zimmer besitzen herrliche Bäder, die geschickt zwischen die alten Mauern eingefügt wurden, die größeren zudem ein Sofa. Das

Canterbury 127

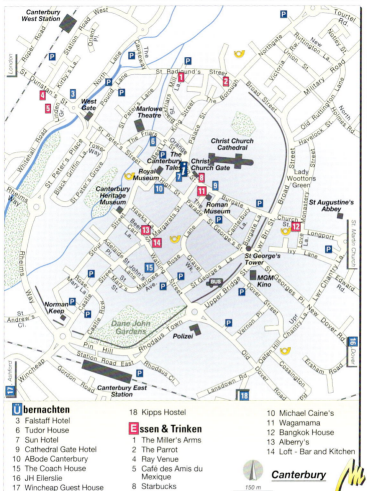

Kent Karte S. 104/105

Übernachten
- 3 Falstaff Hotel
- 6 Tudor House
- 7 Sun Hotel
- 9 Cathedral Gate Hotel
- 10 ABode Canterbury
- 15 The Coach House
- 16 JH Ellerslie
- 17 Wincheap Guest House
- 18 Kipps Hostel

Essen & Trinken
- 1 The Miller's Arms
- 2 The Parrot
- 4 Ray Venue
- 5 Café des Amis du Mexique
- 8 Starbucks
- 10 Michael Caine's
- 11 Wagamama
- 12 Bangkok House
- 13 Alberry's
- 14 Loft - Bar and Kitchen

Canterbury — 150 m

Frühstück wird im Erdgeschoss serviert, wo der Tea Room tagsüber auch für andere Gäste offen steht. WLAN vorhanden. B & B für zwei Personen je nach Zimmer £ 95 bis £ 165. 7–8 Sun Street, 01227/769700, www.sunhotelandtearooms.co.uk.

ABode Canterbury (10), die Nobelherberge von Canterbury ist dieses von der feinen ABode-Kette übernommene Hotel Zeitgenössisches Hoteldesign auf hohem Niveau. Und das Ganze in erstklassiger Lage, mitten in der Altstadt nur drei Fußminuten von der Kathedrale entfernt. Kostenloses WLAN. DZ ab £ 150 (für 2 Pers. inkl. Frühstück). High Street, 01227/766266, 784874. www.abodehotels.co.uk.

Falstaff Hotel (3), nur ein paar Schritte vom West Gate entfernt, befindet sich dieses Hotel in einer historischen Postkutschenstation und Pilgerherberge aus dem 15. Jahrhundert, das auf wohltuend moderne Art renoviert wurde. Weitere, weni-

128   Kent

ger attraktive Zimmer befinden sich in den angrenzenden Gebäudetrakten. Anspruchsvolles Restaurant. WLAN. Kostenloser Parkplatz hinter dem Haus. B & B ab £ 50 pro Person, EZ £ 80. 8–10 St Dunstan's Street, ✆ 01227/462138, ✉ 01227/463525, www.thefalstaffincanterbury.com.

Cathedral Gate Hotel (9), komfortables Hotel in einem Gebäude aus dem frühen 15. Jahrhundert (über dem Starbucks-Café). Die Lage könnte nicht zentraler sein: direkt am Christ Church Gate neben der Kathedrale. Pro Person bezahlt man für das B & B je nach Zimmer (teilweise ohne Bad und WC) £ 37.50–52.50. 36 Burgate, ✆ 01227/464381, ✉ 01227/462800, www.cathgate.co.uk.

The Coach House (15), sechs große, helle Zimmer mit TV. Zu jedem Zimmer gehört ein eigenes Bad, das allerdings teilweise über den Gang zu erreichen ist. Zu loben ist das ausgezeichnete Continental Breakfast. Kleiner Garten im Hinterhof. Vier Parkplätze direkt vor dem Haus. Kostenloses WLAN. B & B ab £ 35. Zentrale Lage. 34 Watling Street, ✆ 01227/784324, ✉ 450586, www.coachhouse-canterbury.co.uk.

Tudor House (6), ein 450 Jahre altes, stimmungsvolles Tudor-Haus, direkt im Zentrum in einer der engen Gassen. TV und Teekocher auf jedem der neun hellen Zimmer, einige davon mit Bad und Toilette. Wegen seiner optimalen Lage und der freundlichen Besitzer im Sommer oft auf Wochen hinaus ausgebucht. Mehrfach von Lesern gelobt! B & B ab £ 29.50 pro Person, en-suite £ 34.50. 6 Best Lane, ✆/✉ 01227/765650, www.tudorhousecanterbury.co.uk.

Wincheap Guest House (17), viktorianisches Gebäude an der A 28 Richtung Ash-

ford, nahe der East Station. Privater Parkplatz. Sieben Zimmer ab £ 32.50 pro Person, EZ ab £ 40. 94 Wincheap, ✆ 01227/762309, www.wincheapguesthouse.com.

Canterbury University, Unterbringung im Studentenwohnheim nur während der Semesterferien Anfang April und von Juli bis Mitte Sept. 1600 Zimmer, zumeist EZ mit Bad und Küche. B & B ab £ 30 pro Person. 20 Fußminuten vom Zentrum entfernt., ✆ 01227/828000, ✉ 01227/828019, www.kent.ac.uk/hospitality.

Kipps Hostel (18), einfaches Backpacker-Hostel ein paar hundert Meter außerhalb der Altstadt. Übernachtung £ 16 im Schlafsaal, £ 18 im DZ. Continental Breakfast £ 1.95. 40 Nunnery Fields, ✆ 01227/786121, ✉ 01227/766992. www.kipps-hostel.com.

● *Jugendherberge* **Youth Hostel Ellerslie (16)**, die schlichte Herberge befindet sich in einer viktorianischen Villa im Südosten der Stadt (östlich der Eastern Railway Station und 800 Meter vom Busbahnhof). Im Sommer empfiehlt es sich, vorher anzurufen, ob noch ein Bett frei ist! Wenn die Jugendherberge voll ist, besteht die Möglichkeit hinter dem Haus zu zelten (halber Normalpreis). Erwachsene ab £ 12, Jugendliche ab £ 9. 54 New Dover Road, ✆ 0845/3719010, ✉ 01227/470752, canterbury@yha.org.uk.

● *Camping* ****** Camping and Caravaning Club**, etwa zwei Kilometer östlich der Stadtmauer in Bekesbourne an der A 257 (Richtung Sandwich), gut ausgeschildert. Stadtbusse fahren alle 30 Minuten hierher. Ganzjährig geöffnet. WLAN. Stellplatz ab £ 15. Bekesbourne Lane, ✆ 01227/463216, www.campingandcaravanningclub.co.uk.

Essen/Trinken (siehe Karte S. 127)

Michael Caine's (10), das Restaurant im ABode Hotel ist das mit Abstand beste in Canterbury. Serviert wird eine leichte Küche mit deutlichen europäischen Einflüssen, wobei der Chefkoch auf regionale Zutaten viel Wert legt. Zu empfehlen ist beispielsweise das *Romney Marsh Lamb*, das butterweich serviert wird. Zwei-Gang-Menü bis 19 Uhr £ 15.95, sonst ab £ 20. High Street, ✆ 01227/826684.

Wagamama (11), Englands beliebteste japanische Noodle Bar hat jetzt auch eine Filiale in Canterbury eröffnet. Wie üblich sitzt man im unterkühlten Design an langen Holztischen. Egal, ob als Suppe oder als

Currygericht – alles wird mit marktfrischen Zutaten zubereitet. Leckere Säfte, schneller Service. Günstige Preise (ab £ 7 für die Hauptgerichte). Longmarket, ✆ 01227/454307.

Café des Amis du Mexique (5), das bei den Studenten beliebte Lokal liegt direkt neben dem West Gate. Authentische mexikanische Küche, angenehme Atmosphäre. *Pollo Verde* £ 10.95. 95 St Dunstan's Street, ✆ 01227/464390.

Ray Venue (4), gleich daneben werden im modernen Ambiente indische und nepalesische Gerichte serviert. *Lamb gurka* zu £ 8.50. 92 St Dunstan's Street, ✆ 01227/462653.

Canterbury 129

Bangkok House (12), wer eher thailändische Gaumenfreuden bevorzugt, sollte es in der Nähe der St Augustine's Abbey versuchen. Nach einer würzigen Tom Yum Suppe für £ 3.95 folgt ein delikates Gai Pad Khing für £ 7.50. 13 Church Street St Paul, ✆ 01227/471141.

Alberry's (13), die Adresse für ein Pint oder ein Glas Wein nach der Sperrstunde (geöffnet bis 24 Uhr, Fr/Sa bis 2 Uhr). An manchen Donnerstagen gibt es Dancefloor, von einem DJ aufgelegt. 38 St Margaret's Street, ✆ 01227/452378.

Loft – Bar and Kitchen (14), schräg gegenüber treffen sich hier Freunde von unterkühlter Atmosphäre zu lockeren Downbeats. Serviert werden kleine Gerichte. Abends legen DJs auf. 5 St Margaret's Street.

The Parrot (2), beliebtes Pubrestaurant am Rande der Altstadt in einem denkmalgeschützten Gebäude aus dem 13. Jahrhundert Im Sommer sitzt man im schön möblierten Garten. 9 Church/St Radigund's Street (Nähe Kreuzung mit The Borough), ✆ 01227/762355.
www.theparrotcanterbury.com.

The Miller's Arms (1), abends treffen sich Einheimische und Reisende bei einer Pint. Auch Zimmervermietung. Mill Lane, ✆ 01227/456057.

Starbucks (8), eine bekannte Kette, aber der Kaffee ist ausgezeichnet und die Lage neben dem Cathedral Gate phantastisch. 36 Burgate.

Sehenswertes

> Hinweis: Mit dem *Attractions Passport* spart man beim Eintritt in die Kathedrale, in St Augustine's Abbey, in Canterbury Tales und ein Museum. Kosten £ 20, erm. £ 15.50. Weitere Infos in der Tourist Info.

Christ Church Gate: Das als Haupteingang zur Domfreiheit *(Cathedral Precinct)* dienende Christ Church Gate ist ein architektonisches Prunkstück, verziert mit himmlischen Heerscharen und den bunten Wappensteinen der Kirchenfürsten. Das 1517 errichtete Tor führt ins geistige Zentrum von Canterbury, in dem sich neben der Kathedrale auch die traditionsreiche *King's School* befindet.

Cathedral: Die Kathedrale von Canterbury gehört zu den kunsthistorisch bedeutsamsten Sakralbauten Englands. Wenige Jahre nach der normannischen Eroberung legte Bischof Lanfranc den Grundstein zu einem Kirchenbau im romanischen Stil, der sich an der Klosterkirche Saint-Etienne im normannischen Caen orientierte, an der Lanfranc zuvor als Abt gewirkt hatte. Die Bauarbeiten – ein Brand vernichtete Ende des 12. Jahrhunderts einen großen Teil des Bauwerks – zogen sich ganze 600 Jahre hin, ehe das mächtige Gotteshaus in seiner heutigen Form vollendet wurde. Ein typisches Merkmal für die englische Gotik ist das doppelte Querhaus. Der 75 Meter hohe Vierungsturm, der Bell Harry Tower, gilt mit seiner filigranen Fächerornamentik an der Decke als das herausragendste Beispiel englischer Turmarchitektur.

Das Innere der Kathedrale überwältigt. Die Farbenpracht der zum Teil mittelalterlichen Glasfenster bestimmt die Atmosphäre, die gewaltigen Säulen und Rundbögen lassen das Auge kaum zur Ruhe kommen. Besonders stimmungsvoll ist eine Besichtigung während der abendlichen Gottesdienste mit liturgischen Chorgesängen.

Ausgetretene Stufen führen hinauf zur Dreifaltigkeitskapelle *(Trinity Chapel)* mit dem farbenprächtigen Becket-Fenster an der Nordseite, das glücklicherweise von der Zerstörungswut Heinrichs VIII. verschont geblieben ist. Im Chor der Kirche finden sich weitere eindrucksvolle Glasarbeiten aus der Zeit um 1200 und zwei Gräber: Das Grabmal Heinrichs IV. und das Grabmal von Prinz Eduard von Wales, dem „Schwarzen Ritter", der sich als Feldherr im Hundertjährigen Krieg mehrfach ausgezeichnet hat. Das von 1377 bis 1380 entstandene Grabmal des Schwarzen Ritters ist aus Kupfer gearbeitet, vor allem die Rüstung ist mit viel Sorgfalt und großer heraldischer Detailtreue ausgeführt worden.

Die stimmungsvolle *Krypta* mit ihren bemerkenswert-skurrilen Kapitellen stammt noch aus romanischer Zeit, während der *Kreuzgang* im spätmittelalterlichen Perpendicular Style errichtet wurde. Der Kreuzgang wird von mehr als 800 Wappensteinen geziert, deren Bemalung sorgfältig restauriert worden ist; sie erinnern an die Familien der Spender, die seinen Bau finanzierten. An der Ostseite des Kreuzgangs liegt der Kapitelsaal, der von einem eindrucksvollen Tonnengewölbe überspannt wird. Margaret Thatcher und François Mitterrand unterzeichneten hier 1986 den Vertrag zum Bau des Kanaltunnels.

Beeindruckend: die Kathedrale von Canterbury

① Im Sommer Mo–Sa 9–18.30 Uhr, im Winter Mo–Sa 9–16.30 Uhr, So 12.30–14 Uhr. Eintritt: £ 8, erm. £ 7 (So Eintritt frei!). Gottesdienste mit liturgischem Chorgesang (Evensong): Mo–Fr 17.30 Uhr, Sa/So 15.15 Uhr; Dauer ca. 45 Minuten. www.canterburycathedral.org.

Museum of Canterbury und Rupert Bear Museum: Das stadtgeschichtliche Museum präsentiert seine Schätze in einem ehemaligen Armenhaus für Priester, das im 14. Jahrhundert eingerichtet wurde. In ansprechender Weise wird dem Besucher ein Überblick über die Geschichte Canterburys von den Römern bis zum Bombenterror des Zweiten Weltkrieges vermittelt. Interessant ist ein 30-minütiger Videofilm, der die Umstände der Ermordung von Thomas Becket anschaulich erläutert. Technikfans können sich an der ersten Dampfeisenbahn von George Stephenson erfreuen, die 1830 von Canterbury nach Whitstable fuhr.

Adresse Stour Street. ① tgl. außer So 10.30–16 Uhr, von Juni bis Okt. auch So 13.30–16 Uhr. Eintritt: £ 3.60, erm. £ 2.30. www.canterbury-museums.co.uk.

Roman Museum: Das im Untergeschoss eines Stadthauses untergebrachte Museum vermittelt einen Einblick in die römische Vergangenheit der Stadt. Mithilfe einer Computeranimation wird gezeigt, wie es vor zweitausend Jahren in *Durovernum Cantiacorum* ausgesehen haben könnte. Das Prunkstück des Museums ist aber fraglos der antike Mosaikboden, der nach den deutschen Bombenangriffen

Canterbury **131**

entdeckt wurde. Sehenswert ist zudem die Ausstellung über das Alltagsleben in einer römischen Provinzstadt.

Adresse Butchery Lane. ⏲ tgl. außer So 10–16 Uhr, von Juni bis Okt. auch So 13.30–16 Uhr. Eintritt: £ 3.10, erm. £ 2.10. www.canterbury-museums.co.uk.

Royal Museum & Art Gallery: In der Gemäldesammlung werden in erster Linie Werke regionaler Künstler gezeigt, daneben archäologische Funde sowie eine respektable Porzellansammlung. Bis zum Frühjahr 2012 wegen Renovierung geschlossen.

Adresse High Street. ⏲ tgl. außer So 10–17 Uhr. Eintritt frei!

The Canterbury Tales: Unterstützt durch zahlreiche audiovisuelle Effekte, werden die berühmten „Canterbury Tales" wieder zum Leben erweckt. Das unvollendete Werk stammt aus der Feder des wohl meistgelesenen englischen Autors seiner Zeit – des Londoners Geoffrey Chaucer (1343–1400). Darin pilgert eine Gruppe unterschiedlichster Charaktere von London zum Schrein des heiligen Thomas. Die Reise geht aber keineswegs zurückhaltend-fromm von statten, sondern lustig, frivol und derb. Jeder Reisende muss eine Geschichte – die Canterbury Tales – erzählen, von denen die beste prämiert werden soll. Die Inszenierung der Chaucer-Geschichten ist teilweise so authentisch, dass sich die Besucher vor Entsetzen die Nase zuhalten …

Adresse St Margaret's Street. ⏲ tgl. 11–16.30 Uhr. Eintritt: £ 7.75, erm. £ 6.75 oder £ 5.75. www.canterburytales.org.uk.

West Gate Museum: Mit seinen Rundtürmen, Fallgittern, Pechnasen und der Zugbrücke gehört das West Gate zu den imposanten englischen Torbauten; es wurde 1380 von dem königlichen Baumeister Henry Yevele errichtet und lange als Gefängnis genutzt. Wer sich die steile Wendeltreppe emporgekämpft hat, wird mit einem schönen Blick auf die St Peter's Street belohnt. Das in dem Torturm untergebrachte Museum zeigt eine respektable Waffensammlung, bei den jüngeren Besuchern sind die original nachgebauten Rüstungen, in denen man sich wie Richard Löwenherz fühlen darf, besonders beliebt.

Adresse St Peter's Street. ⏲ tgl. außer So 11–12.30 Uhr und 13.30–15.30 Uhr. Eintritt: £ 1.25, erm. £ 0.75 oder £ 0.65.

Eastbridge Hospital: Ein großer Teil der Pilger, die nach Canterbury strömten, war weitgehend mittellos. Um ihnen ein Dach über dem Kopf zu bieten, entstanden zahlreiche Unterkünfte, so auch das aus dem 12. Jahrhundert stammende Eastbridge Hospital. Die Pilger schliefen in den Kellergewölben, ihre Speisen nahmen sie unter den normannischen Arkaden des Refektoriums ein. Der imposante Raum wird von einem Fresko aus dem 13. Jahrhundert geziert, das den thronenden Christus zeigt.

Adresse St Peter's Street. ⏲ Mo–Sa 10–16.45 Uhr. Eintritt: £ 1, erm. £ 0.75 oder £ 0.50. www.eastbridgehospital.org.uk.

St Augustine's Abbey: Nur einige hundert Meter östlich der Kathedrale, aber außerhalb der Stadtmauer, befindet sich die Ruine der St Augustine's Abbey. Umgeben von einer Mauer, liegt sie heute auf dem Anwesen des St Augustine's College, das im vorigen Jahrhundert entstand. Der heilige Augustinus errichtete hier im Jahre 598 eine Abtei, die auch als Begräbnisstätte für Erzbischöfe und Könige diente. Friedhöfe mussten nach einem damaligen Gesetz außerhalb der Stadt liegen. Der angelsächsische Gebäudekomplex, der in etwa die Größe der heutigen Kathedrale hatte, wurde im Laufe der Zeit durch eine normannische Kirche ergänzt und galt

132   Kent

als eine der reichsten und bedeutendsten Benediktinerabteien Europas. Im Zuge
der englischen Reformation fiel St Augustine's Abbey 1538 der Zerstörungswut
zum Opfer.

① Juli und Aug. tgl. 10–18 Uhr, April bis Juni Mi–So 10–17 Uhr, Sept. bis März Sa und So
10–16 Uhr. Eintritt: £ 4.50, erm. £ 3.80 oder £ 2.30. www.english-heritage.org.uk/
staugustinesabbey.

St Martin's Church: Die kleine zierliche Kirche östlich der Altstadt gilt als der älteste Sakralbau Englands. Wahrscheinlich stammt ein Teil des Mauerwerks am Chor
noch aus der Römerzeit. Im Jahre 597 war die St Martin's Church der Schauplatz
eines für die weitere Geschichte Englands bedeutenden Ereignisses: Der König
Ethelbert von Kent ließ sich vom heiligen Augustinus taufen, wodurch die Christianisierung Englands einen entscheidenden Anschub erhielt.

Adresse North Holmes Road. ① April bis Sept. Di, Do und Sa 11–16 Uhr, im Winter Di, Do
und Sa 11–15 Uhr. Eintritt frei! www.martinpaul.org.

Canterbury Castle: Die Burg von Canterbury zählte einst zu den mächtigsten normannischen Festungsanlagen in Südengland. Im Jahre 1381 wurde die Burg von
aufständischen Bauern unter Führung des Gerbers Wat Tyler gestürmt und niedergebrannt.

Adresse Castle Street. ① tgl. von 8 Uhr bis zur Dämmerung. Eintritt frei!

Umgebung

Whitstable

Das lebhafte Küstenstädtchen ist unter Feinschmeckern seit mehr als 2000 Jahren
für seine Austernbänke bekannt. Im Mittelalter wurden die Delikatessen nach ganz
Europa exportiert. Im 19. Jahrhundert standen zeitweise so viele Austern zur Verfügung, dass sie Charles Dickens als „Essen für die Armen" bezeichnete. Durch einen
verheerenden Sturm wurde vor rund 50 Jahren der größte Teil der Austernfarmen
zerstört – eine Katastrophe, von der sich die heimische Fischwirtschaft nicht mehr
erholen sollte. Über den Austernfang und die Seefahrertradition des Ortes kann
man sich im städtischen Museum in der Oxford Street informieren (tgl. außer So
10–16 Uhr, Eintritt frei!). Sehenswert ist auch das aus dem späten 18. Jahrhundert
stammende Whitstable Castle, das von den Whitstable Gardens umgeben ist. In
den letzten Jahren wurde Whitstable wieder von den Londonern entdeckt, die vor
allem die räumliche Nähe zu dem Küstenstädtchen schätzen. Die Einheimischen
leiden allerdings unter den gestiegenen Miet- und Immobilienpreisen.

Herne Bay

Die zehn Kilometer östlich von Whitstable gelegene Herne Bay ist ein traditionsreiches Seebad, dessen große Zeit allerdings schon lange vorbei ist. Besonders lebhaft geht es auf dem großen Samstagsmarkt zu, die meisten Reisenden fahren allerdings nach Reculver, das mit zwei Attraktionen lockt: den Grundmauern des Rö-
merkastells *Regulbium* und den imposanten Ruinen der angelsächsischen Kirche St
Mary, die zu den ältesten Sakralbauten Englands gezählt wird (drei Kilometer östlich der Stadt).

Blean Woods

Die westlich von Canterbury gelegenen Blean Woods sind eines der größten Wald-
reservate Englands. Wer mit offenen Augen und Ohren durch den Wald spaziert,

Chilham Castle

kann Spechte und Nachtigallen beobachten. Auf insgesamt vier Wanderwegen, die zwischen eineinhalb und zehn Kilometer lang sind, lässt sich das Naturschutzgebiet erkunden.

Chilham

Auf einem alten Pilgerpfad von London nach Canterbury gelegen, präsentiert sich Chilham als ein reizvolles Dorf mit kleinen Cottages, viel Fachwerk und einem anmutigen Dorfplatz. Das Chilham Castle (Privatbesitz) ist von einem weitläufigen Landschaftspark umgeben, der 1777 von dem königlichen Hofgärtner *Lancelot „Capability" Brown* angelegt wurde und im Sommer besichtigt werden kann. Der englische Landschaftsgarten ist ein typisches Produkt des 18. Jahrhunderts. Damals lebten viele Adelige und reiche Leute ständig auf dem Lande. Soweit sie nicht dem von Fielding und Hogarth gegeißelten Lotterleben mit Fuchsjagd und Saufgelage huldigten, was vor allem der niedere Adel tat, kultivierten sie sich und ihre Domänen, suchten durch Verbesserungen die Erträge anzuheben, um ihrem aufwändigen Bau- und Lebensstil gerecht zu werden. Die Krönung des Landlebens stellte ein ausgedehnter Landschaftsgarten dar, der einen „weichen" Übergang zu den landwirtschaftlich genutzten Ländereien schuf.

Faversham

Fährt man von Canterbury weiter durch die Gartenlandschaft Kents in Richtung Westen, erreicht man nach 15 Kilometern die kleine Hafenstadt Faversham. Ihr historisches Zentrum (Abbey Street) wurde im letzten Jahrhundert renoviert. Die alte Abtei ist heute Teil des *Arden House* und kann nur an einigen Samstagen im Juli besichtigt werden. Im Ort gibt es vierzig Pubs, zum größten Teil in historischen Gebäuden. Wen wundert es, da in dieser Gegend überwiegend Hopfen angebaut

134   Kent

wird und sich einige Brauereien in der Nähe befinden. Auch die älteste unabhängige Brauerei Kents (*Shepherd Neame*, gegründet 1698) ist in Faversham zu Hause. Vor lauter Bierfreude sollen schon manche Ausflügler den letzten Anschluss nach Canterbury verpasst haben.

● *Information* **Fleur de Lis Heritage Centre and Museum**, 13 Preston Street, Faversham, Kent ME13 8NS, ✆ 01795/534542, ✆ 01795/533261.

● *Verbindungen* **Bus** – Von Canterbury fahren die Buslinien 602 und 603 nach Faversham. **Zug** – Auch Zugverkehr besteht zwischen den beiden Städten (Rückfahrkarte etwa £ 5).

Rochester

Rochester, das längst mit seinen Nachbarorten Gillingham und Chatham zu einem industriellen Ballungsgebiet zusammengewachsen ist, besitzt mit seiner Kathedrale und seinem Castle zwei eindrucksvolle Sehenswürdigkeiten. Fast alle Restaurants und Hotels erstrecken sich entlang der High Street.

Vom römischen *Durobrivae* haben sich keine nennenswerten Spuren erhalten. Die Christianisierung der Sachsen fiel in Rochester auf fruchtbaren Boden, bereits im Jahre 604 bestimmte Ethelbert von Kent die Stadt zum Sitz des zweitältesten englischen Bistums. Die Normannen erkannten die strategische Bedeutung des Ortes und errichteten eine mächtige Burg zur Kontrolle des Medway, der bei Rochester in den Ärmelkanal mündet. Normannische Baumeister zeichneten sich auch für den Neubau der Kathedrale verantwortlich, die zu den eindrucksvollsten normannischen Sakralbauten Südenglands gerechnet werden darf. Weder Daniel Defoe („zwar alt, aber nichts besonderes") noch Charles Dickens konnten sich in ihren Büchern für die Bischofsstadt erwärmen. In seinem fragmentarisch gebliebenen Roman „The Mystery of Edwin Drood" beschrieb Dickens einen imaginären Ort namens „Cloisterham", wobei ihm Rochester als Vorlage diente: „Eine eintönige, schweigsame Stadt ist es, durchtränkt vom Erdgeruch der Krypta ihrer Kathedrale, überreich an Resten klösterlicher Gräber; ihre Kinder pflanzen Salatgärtchen im Staub von Äbten und Äbtissinnen, sie backen Sandkuchen aus dem Staub von Nonnen und Mönchen …"

In Wirklichkeit fühlte sich Dickens, der im benachbarten Chatham aufgewachsen war, sehr zu Rochester hingezogen; der meistgelesene englische Schriftsteller verbrachte nicht nur seine Ferien in der Stadt am Medway, in der er auch am 9. Juli 1870 im Alter von 58 Jahren verschied. Rochester bewahrt die Erinnerung an seinen berühmten Literaten mit Enthusiasmus: Während des *Dickens Festivals,* das alljährlich eine Viertelmillion Menschen anlockt, verwandelt sich die Fußgängerzone in ein Meer von Menschen, gekleidet im Stil des 19. Jahrhunderts. Verschiedene Stände, Buden, Umzüge und zahlreiche historische Aufführungen stehen auf dem Programm.

● *Information* Medway Visitor Information Centre, 95 High Street, Rochester, Kent ME1 1LX, ✆ 01634/843666, ✆ 01634/847891. www.medway.gov.uk.

● *Einwohner* 50.500 Einwohner.

● *Verbindungen* **Zug** – Der Bahnhof an der High Street liegt nur einen knappen Kilometer südöstlich der Kathedrale, regelmäßige Verbindungen nach London Charing Cross und Victoria (Dauer 45 Min.) sowie nach

Canterbury, Dover und zur Isle of Thanet. Von der Strood Station geht es auch direkt nach Maidstone. www.nationalrail.co.uk. **Bus** – Lokale Buslinien nach Chatham, Strood, und Gillingham (z. B. von der Bushaltestelle auf der A 2 Corporation Street am Information Centre).

● *Einkaufen/Antiquitäten* Entlang der High Street finden sich im verkehrsberuhigten Zentrum zahlreiche Antiquitätenläden.

- *Markt* Di und Sa auf der Gillingham High Street, Fr auf der Corporation Street; dort wird Sa auch ein Flohmarkt abgehalten.
- *Veranstaltungen* **Dickens-Festival** Ende Mai, Anfang Juni. Dickensian Christmas am ersten Dezemberwochenende. www.rochesterdickensfestival.org.uk.
- *Übernachten* **The Royal Victoria & Bull Hotel**, das traditionelle Hotel mitten in der Altstadt. Bereits Queen Victoria stieg 1836 im „Bull" ab, und auch in der Literatur, nämlich in Dickens „Pickwick Papers", fand es Erwähnung. Allerdings hat das Treiben in der „Silent High Street" hörbar zugenommen. Die Zimmer sind ein wenig altertümlich ohne großen Reiz. EZ ab £ 52.50, DZ ab £ 57.50. 16–18 High Street, ✆ 01634/846266, ✉ 01634/832312, www.rvandb.co.uk.

The Gordon House Hotel, eine Alternative in der gleichen Preisklasse. EZ £ 60, DZ ab £ 70. Jeweils inkl. English Breakfast. 91 High Street, ✆ 01634/831000, ✉ 01634/814769, www.gordonhousehotel.net.
- *Jugendherberge* **Capstone Farm**, die nächste Herberge (40 Betten) befindet sich in einer schönen Farm bei Gillingham. Kosten: Erwachsene ab £ 14, unter 18 Jahren ab £ 10.50. Capstone Road, ✆ 0845/3719649, ✉ 01634/400794, medway@yha.org.uk.
- *Essen/Trinken* **City Wall Wine Bar**, in der angenehmen zeitlos-modernen Kneipenatmosphäre werden auf den einfachen Tischen leckere Snacks wie ein *chicken tikka masala* für £ 6.95 serviert. 120 High Street, ✆ 01634/832366. www.citywallrochester.co.uk.

Rochesters Cathedral von außen ...

Sehenswertes

Cathedral: Auf den Grundmauern der angelsächsischen Kathedrale legte der normannische Bischof Gundulf den Grundstein für einen imposanten Neubau, der sich am Stil der französischen Kathedralen seiner Heimat orientierte. Die imposante Krypta und der Gundulf-Turm sind die ältesten Teile der Kirche. Besonders beeindruckend ist das Westportal, dessen Tympanon ein Relief mit Christus als Weltenrichter ziert. Im Inneren verdient das aus dem frühen 13. Jahrhundert stammende Chorgestühl Beachtung. Die Einheit des Stils wird allerdings durch spätere Erweiterungen und eine unsachgemäße Restaurierung geschmälert. Nach Süden hin schließt sich ein nur noch teilweise erhaltener Kreuzgang an.
Adresse 70a High Street. Eintritt: „freiwillige Spende" von £ 3.

Castle: Wo heute das Rochester Castle steht, befand sich einst ein römisches Gebäude, das zur Bewachung des hier vorbeiführenden Handelsweges zwischen Dover und London („Watling Street") diente. Kein Geringerer als Wilhelm der Eroberer erteilte den Auftrag für den Bau einer Burg an der Mündung des Medway. Mit sei-

Rochester Castle ist eine der ältesten Burgen Englands

nem imposanten, viereckigen Bergfried (schöne Aussicht!) gilt das Castle als eine der besterhaltenen normannischen Wehranlagen in England. Als Baumeister wirkte Bischof Gundulf, der neben der Kathedrale auch den White Tower in London geplant hatte. Zuletzt sei noch der Schriftsteller *Henry James* zitiert, der sich dem eigenartigen Reiz der Burg nicht entziehen konnte: „Ich habe viele moderne Burgen gesehen, aber ich erinnere mich nicht, dass auch nur eine von ihnen diesen Ausdruck von Verlorenheit, Hilflosigkeit, Beraubtheit gehabt hätte."
⏰ tgl. 10–18 Uhr, im Winter nur bis 16 Uhr. Eintritt: £ 5, erm. £ 4 (EH).

Guildhall Museum: Das Rathaus von Rochester stammt aus dem Jahr 1687 und gilt als eines der schönsten Stadthäuser in der Grafschaft Kent. Im Conservancy Wing des Rathauses ist seit 1994 eine neu konzipierte Ausstellung untergebracht. Mithilfe von audiovisueller Technik werden längst vergangene Zeiten wieder zum Leben erweckt. Ein interessanter Rundgang führt durch mehrere Epochen bis zur Viktorianischen Ära, eine Dokumentation schildert das Leben auf den im Medway verankerten Gefängnisschiffen. Gezeigt werden außerdem Spielzeug und Fotografien des 19. Jahrhunderts.
Adresse High Street. ⏰ tgl. 10–16.30 Uhr. Eintritt frei!

Eastgate House: Das einstige Charles Dickens Centre im Eastgate House ist seit November 2004 nur noch von außen zu besichtigen. Im Garten des Hauses wurde das *Swiss Chalet*, seine Arbeitslaube von Gad's Hill Place, wiedererrichtet. Hier arbeitete der Schriftsteller noch unmittelbar vor seinem Tod an dem Roman „The Mystery of Edwin Drood". Für das dort beschiebene Nun's House diente das Eastgate House als literarische Vorlage, ebenso für das Westgate House in „The Pickwick Papers".
Adresse High Street (Eastgate House).

Watts' Charity: *Richard Watts*, der als Abgeordneter für Rochester im Londoner Parlament saß, verfügte 1579 testamentarisch, dass das elisabethanische Haus (in einem von der High Street abzweigenden Innenhof) als Unterkunft für sechs arme

Reisende („six poor travellers") dienen sollte. Dieses edle Vorhaben war allerdings nicht so einfach zu realisieren. Häufig musste aus einer großen Anzahl von Kandidaten ausgewählt werden, wobei die Quartiersuchenden gezwungen waren, ihre Armut zu beweisen – welch undankbare Aufgabe. Wie das Auswahlverfahren tatsächlich verlief, bleibt ein Rätsel. Inspiriert von der wohltätigen Einrichtung, schrieb Dickens 1854 die Weihnachtsgeschichte „Seven Poor Travellers". Bis zum Zweiten Weltkrieg hat die Herberge noch als Armenhaus (Charity) gedient; danach wurde die Sehenswürdigkeit einer musealen Nutzung zugeführt.

Adresse High Street. ⏰ März bis Okt. Di–Sa 14–17 Uhr. Eintritt frei!

Umgebung

World Naval Base

Um gegen eine befürchtete spanische Invasion besser gewappnet zu sein, begründete Heinrich VIII. 1547 den Schiffsbau an der Medway-Mündung. Bis die in Chatham gelegene Werft 1984 stillgelegt wurde, sind hier mehr als vierhundert englische Kriegsschiffe vom Stapel gelaufen, darunter auch die *HMS Victoria*, das Flaggschiff, auf dem Lord Nelson in der Schlacht von Trafalgar sein Leben ließ. Den Holländern war der rege englische Schiffsbau ein steter Dorn im Auge, weshalb sie die Werften 1667 mit einem Überraschungsangriff attackierten. Die erhaltenen Dockanlagen wurden nach 1984 in ein ausgedehntes Freilichtmuseum umgewandelt. Mithilfe von Videos, Modellen und Illustrationen wird die Geschichte der ortsansässigen Werft anschaulich dargestellt. Für eine Besichtigung sollte man sich mindestens drei Stunden Zeit nehmen. Besonders eindrucksvoll sind in erster Linie die Schiffe, zu denen ein Zerstörer aus dem Zweiten Weltkrieg, das Aufklärungs-U-Boot Ocelot sowie Rettungsboote gehören. Interessant ist auch ein Besuch der Seilerei oder der „Wooden Walls", in denen man anschaulich den Schiffsbau im 18. Jahrhundert erklärt bekommt.

Adresse Historic Dockyard. ⏰ Ende März bis Okt. tgl. 10–18 Uhr, im Nov. nur Sa und So 10–16 Uhr, von Mitte Febr. bis Ende März tgl. 10–16 Uhr. Eintritt: £ 15, erm. £ 12.50 oder £ 10.50, Familienticket £ 42.50. www.chdt.org.uk.

Dickens World

Ebenfalls in Chatham wurde im Mai 2007 ein neuer Dickens-Themenpark für 62 Millionen Pfund eröffnet. Dickens verbrachte den größten Teil seiner Kindheit in Chatham, wo sein Vater als Marinezahlmeister lebte. Die glücklichen Erinnerungen an diese Zeit spiegeln sich in vielen seiner Bücher wider. Dickens World ist eine authentische Nachbildung der damaligen Lebensverhältnisse samt Kopfsteinpflaster und viktorianischem Klassenzimmer. Der Besucher unternimmt eine Zeitreise durch das frühe 19. Jahrhundert mit den typischen Geschäften, auch das „verwunschene Haus der Ebenezer Scrooge" fehlt nicht.

Adresse Historic Dockyard. ⏰ tgl. 10–19 Uhr. Eintritt: £ 12.50, erm. £ 10.50 oder £ 7.50. www.dickensworld.co.uk.

Lullingstone Roman Villa

Rund 15 Kilometer westlich von Rochester liegen die Ruinen der Villa von Lullingstone im fischreichen Darent Valley. Das wahrscheinlich schon im 1. Jahrhundert errichtete Landhaus besitzt großflächige Mosaiken, die einen hervorragenden Einblick in die antike Wohnkultur geben. Die Wandmalereien im Stil der christlichen Ikonographie lassen vermuten, dass die Villa im 3. Jahrhundert als Kapelle genutzt wurde und somit das früheste Beispiel christlicher Kunst in England darstellt. Die Erklärungen erhält man per Audio-Tour.

⏱ tgl. 10–18 Uhr, im Winterhalbjahr tgl. bis 16 Uhr, im Dez. und Jan. nur Mi–So 10–16 Uhr. Eintritt: £ 5.90, erm. £ 5 oder £ 3 (EH).

Maidstone

Maidstone ist das wirtschaftliche und administrative Zentrum der Grafschaft Kent. Von seiner schönsten Seite zeigt sich die Stadt an den Ufern des River Medway.

Die Geschichte von Maidstone ist eng mit den Erzbischöfen von Canterbury verknüpft. Schon im Domesday Book wurde erwähnt, dass den Bischöfen Land in „Maddestone" gehört. Im Jahre 1381 scharte Wat Tyler in Maidstone unzufriedene Landarbeiter um sich. Mit dem Kampfruf „Als Adam grub und Eva spann, wo war da der Edelmann?" auf den Lippen brachen die Bauern auf, um erst Canterbury und dann London zu stürmen. Ein weiterer Höhepunkt der Stadtgeschichte ereignete sich im Jahr 1559, als Queen Elizabeth I. Maidstone zum eigenständigen „Borough" erklärte. Als Verwaltungs- und Agrarzentrum kommt der Stadt am River Medway noch immer eine gewisse Bedeutung zu. Maidstone besitzt mit der Week Street eine lang gestreckte Fußgängerzone, die sich zusammen mit der Royal Shopping Arkade für einen längeren Einkaufsbummel eignet.

• *Information* **Maidstone Tourist Information Centre**, Town Hall, High Street, Maidstone, Kent ME15 6 YE, ☎ 01622/602169, 🖷 01622/673581. www.tour-maidstone.com.

• *Einwohner* 121.000 Einwohner.

• *Verbindungen* **Bus** – Tgl. rund 10 Busverbindungen nach London Victoria Station. Weitere Verbindungen nach Canterbury und Brighton. www.nationalexpress.com. **Zug** – East Station (Hbf.) an der Sandling Road; Züge nach London Victoria Station (30-minütig), Canterbury, Folkestone, Ashford, Dover (stdl.). *West Station* (Haltestelle), Zugang über Tonbridge Road; Linie Paddock Wood–Strood (Nahverkehr). www.nationalrail.co.uk.

• *Golf* **Cobtree Manor Golf Course**, Chatham Road, ☎ 01622/75327. www.cobtreemanorgolfcourse.co.uk.

• *Markt* Di und Sa.

• *Schwimmen* **Maidstone Leisure Centre**, Mote Park. Mit Riesenrutsche. www.maidstoneleisure.com.

• *Übernachten* **Marriott Tudor Park Hotel**, in Bearstead, wenige Kilometer östlich von Maidstone. Unlängst renoviert mit großräumigen Zimmern. Modernes Ambiente mit einem großzügigen Hallenbad. WLAN. DZ ab £ 125. Ashford Road, ☎ 01622/734334, 🖷 01622/735360. www.marriott.com/tdmgs.

Rock House Hotel, angenehmes Hotel in einem viktorianischen Haus, einen knappen Kilometer vom Zentrum entfernt (Richtung Tonbridge). B & B ab £ 28 pro Person im DZ. 102 Tonbridge Road, ☎ 01622/751616, 🖷 01622/756119, www.rockhousebandb.co.uk.

Langley Oast, vier sehr gut ausgestattete Gästezimmer in einem alten Hopfenhaus. B & B im EZ ab £ 35, im DZ £ 55–85. Langley Park, ☎/🖷 01622/863523, margaret@langleyoast.freeserve.co.uk.

Wilderness, das erst 2007 eröffnete B&B ist ein Lesertipp von Julia Hartwig, die von der zu einem alten Farmhaus gehörenden Unterkunft begeistert war. Sehr gastfreundliche Besitzer. Im Sommer frühstückt man im Innenhof. B&B £ 37.50–40. 12 km südöstlich von Maidstone nahe der Ortschaft Headcorn, ☎ 01622/891757, www.wildernessbandb.co.uk.

• *Camping* ***** **Pine Lodge Touring Park**, bei dem kleinen Dorf Hollingbourne, in der Nähe des Leeds Castle. Schönes Wiesengelände, ausgezeichnete Sanitärausstattung, ganzjährig geöffnet. Stellplatz: £ 10–16. Ashford Road, ☎ 01622/730018, www.pinelodgetouringpark.co.uk.

• *Essen/Trinken* **Ye Old Thirsty Pig!**, urgemütliches Pub mit niedriger Decke (Vorsicht!) und schwarzen Holzbalken, die aus den Wänden ragen. Makkaroni mit Käse oder Gemüse-Lasagne (lecker!) £ 5.50, preisgünstige Specials. Livemusik in unregelmäßigen Abständen. 4a Knightrider Street, ☎ 01622/755655.

Lockmeadow Leisure Complex, in dem unweit des Bischofspalastes gelegenen Freizeitkomplex mit Multiplex-Kino, Nachtclub, Restaurants, Cafés und Bars findet man leicht Zerstreuung. Hart Street.

The George and Dragon, in Headcorn findet man dieses gemütliche englische Restaurant, das uns Julia Hartwig empfahl. 29 High Street, ☎ 01622 890239.

Sehenswertes

Parish Church of All Saints: Die Pfarrkirche von Maidstone ist der größte spätgotische Sakralbau in Kent. Beachtenswert ist im Inneren eine Gedenktafel, die zu Ehren von *Lawrence Washington,* einem Großonkel des amerikanischen Präsidenten, angebracht wurde. Das Familienwappen weist unter anderem auch das Motiv der „Stars 'n' Stripes" auf.

Adresse Palace Gardens. ⏰ von Mai bis Sept. Mo–Do 10–16 Uhr, Sa 10.30–12.30 Uhr.

Archbishop's Palace: Maidstone liegt auf halbem Wege zwischen Canterbury und London. Für die Erzbischöfe von Canterbury war die Stadt der ideale Ort für einen Zwischenstopp, weswegen sie sich im 14. Jahrhundert am River Medway eine stattliche Residenz errichten ließen. Heute wird das Gebäude zu repräsentativen Zwecken, so für Empfänge und Hochzeiten, genutzt.

⏰ Mai bis Aug. Mi 13–17 Uhr. Eintritt frei!

Tyrwhitt-Drake Museum of Carriages: In den einstigen Stallungen des erzbischöflichen Palastes wird heute eine Sammlung mit prunkvollen Kutschen, Kaleschen und Schlitten präsentiert. Der namensgebende Major hatte frühzeitig begonnen, die durch das Automobil verdrängten Kutschen zusammenzutragen. Das Museum wurde 1946 als erstes seiner Art eröffnet.

Adresse Mill Street. ⏰ von Mai bis Mitte Sept. Mi–So. 12–16 Uhr. Eintritt frei!

Maidstone Museum & Bentlif Art Gallery: Das städtische Museum beherbergt ein buntes Sammelsurium mit Gemälden, Keramik, Glas, Möbeln und Textilien aus den letzten 400 Jahren. Hinzu kommen eine lokalgeschichtliche, eine archäologische, eine japanische und eine naturhistorische Dauerausstellung. Letztere bietet einen Einblick in die regionale Fauna und Flora, inklusive einem Mammut und einem Dinosaurier namens „Iguanodon". Kinder sind vor allem von der ägyptischen Mumie fasziniert.

Adresse St Faith's Street. ⏰ Mo–Sa 10–17.15 Uhr, So 11–16 Uhr. Eintritt frei!

Umgebung

Leeds Castle

Das sechs Kilometer östlich von Maidstone gelegene Leeds Castle präsentiert sich als wahres Bilderbuchschloss. Umgeben von einem künstlichen See, auf dem schwarze Schwäne gemütlich dahinpaddeln, könnte das auf zwei kleinen Inseln errichtete Leeds Castle den adäquaten Hintergrund für eine Hollywoodromanze abgeben. Über ein schmales Torhaus gelangt man in das Hauptgebäude, das aus einer normannischen Festung hervorgegangen ist; eine doppelstöckige Brücke führt zur sogenannten Gloriette, die unter Heinrich VIII. entstand. Im Jahre 1924 wurde das der Ritterromantik entsprechend umgebaute Leeds Castle zum Verkauf angeboten. Der amerikanische Pressezar Randolph Hearst zeigte Interesse, doch angesichts des geringen Komforts und der hohen Renovierungskosten nahm er von seinen englischen Burgträumen Abstand, so dass Lady Baillie, eine reiche Erbin, zum Zug kam. In ihrem Auftrag wurde das Schloss restauriert und mit kostbaren Antiquitäten

140   Kent

ausgestattet, da das ursprüngliche Mobiliar im 19. Jahrhundert versteigert worden war. Lady Baillie gründete kurz vor ihrem Tod im Jahre 1974 die Leeds Castle Foundation, so dass das Schloss weiterhin für Besucher zugänglich bleiben konnte.

Umgeben ist Leeds Castle von einer mehr als 200 Hektar großen Parklandschaft mit Heckenlabyrinth, Gewächshäusern, einer Vogelvoliere und einem Golfplatz. Sehenswert ist auch der Culperer Garden; der historische Kräutergarten ist eine Schöpfung von Russell Page, einem der herausragendsten Landschaftsarchitekten des 20. Jahrhunderts. Im Gate Tower befindet sich das *Dog Collar Museum*, eine ungewöhnliche Sammlung von kostbaren Hundehalsbändern aus den letzten fünf Jahrhunderten. Über das ganze Jahr verteilt, finden in Leeds Castle zahlreiche Veranstaltungen von der Ballonwettfahrt bis zum Open-Air-Konzert statt.

⏱ April bis Sept. tgl. 10.30–17.30 Uhr, Okt. bis März tgl. 10.30–17 Uhr (Garten ab 10 Uhr). Eintritt: £ 17.50, erm. £ 15 oder £ 10 (EH). www.leeds-castle.com.

Cobtree Museum of Kent Life

Das nahe an der viel befahrenen M 20 gelegene Museum ist dem Wandel im Alltagsleben der Grafschaft Kent gewidmet. Die einstige Farm besitzt auch einen Abenteuerspielplatz und einen Streichelzoo. Wer will, kann im Sommer von Maidstone aus mit der „Kentish Lady" zum Museum schippern.

Adresse Loch Lane, Sandling. ⏱ März bis Okt. 10–17 Uhr. Letzter Einlass: 16 Uhr. Eintritt: £ 8.50, erm. £ 7.50 bzw. £ 6.50. www.museum-kentlife.co.uk.

Stoneacre

Das Fachwerkensemble aus dem späten 15. Jahrhundert gehört dem National Trust und ist typisch für die ländliche Architektur des Weald. Umgeben ist das Anwesen von einem gepflegten Park.

⏱ Ende März bis Okt. nur Sa 11–17.30 Uhr. Eintritt: £ 3.50, erm. £ 1.50 (NT).

Isle of Sheppey

Durch die Meerenge The Swale vom Festland getrennt, ist die Isle of Sheppey ein bekanntes Vogel- und Naturreservat. Kulturelle Sehenswürdigkeiten wird man hingegen vergeblich suchen.

Der nur wenige Meter über dem Meeresspiegel liegende Süden der Insel ist größtenteils Marsch- und Ödland, während der Norden gut mit Straßen erschlossen ist. Der Norden wurde nachweislich erst relativ spät, nämlich im 7. Jahrhundert, mit einem Frauenkloster besiedelt. Als bedeutende, wenngleich traurige historische Ereignisse gelten das Jahr 1667, als die Holländer die Insel besetzten, und das Jahr 1914, als Sheerness der erste englische Ort war, der von der deutschen Luftwaffe bombardiert wurde. Mehrere Inselgenerationen lebten vor allem von der Marine, erst nach dem Zweiten Weltkrieg wurde die Garnison aufgelöst.

Der größte Ort der Isle of Sheppey ist das schon erwähnte, 18.000 Einwohner zählende Sheerness-on-Sea, in dem der Schriftsteller Uwe Johnson seine letzten Lebensjahre verbrachte. Fans von Lord Nelson können auch in die High Street pilgern, wo Englands Seeheld im Haus Nr. 149 zu Beginn des 19. Jahrhunderts sein Domizil hatte. Im Church House des benachbarten Queensborough machte er Lady Hamilton mit Erfolg seine Aufwartung.

Information **Sheerness Tourist Information Centre**, Sheppey Leisure Centre, Seafront, Sheerness, ✆ 01795/668061. www.clcshe.eclipse.co.uk.

Uwe Johnson, der Einsiedler von Sheerness

Uwe Johnson (1934–1984) gilt neben Heinrich Böll und Wolfgang Koeppen als der bedeutendste Vertreter der deutschen Literatur des Nachkriegszeitalters. Bekannt wurde er vor allem durch seine „Mutmaßungen über Jakob" und die vier Bände umfassenden „Jahrestage". Im Oktober 1974 zog Johnson mit seiner Frau Elisabeth und seiner Tochter auf die Isle of Sheppey. In Sheerness-on-Sea fanden sie an der Marine Parade 26 ein weißes Reihenhaus mit Spitzgiebel, das damals noch eine ungeschmälerte Sicht auf den Strand ermöglichte. Als offiziellen Grund für seine Auswanderung nannte Johnson die englische Sprache, die für seine Tochter nach zwei entscheidenden Jahren in New York zu einem Lebenselement geworden war. Wenige Jahre nach der Übersiedlung geriet Johnsons Privatleben in eine tiefe Krise, seine Frau trennte sich von ihm, und er verfiel zusehends dem Alkohol und der Einsamkeit. In der Nacht vom 23. auf den 24. Februar 1984 starb Uwe Johnson an den Folgen eines Herzversagens. Da er keinen Kontakt zu seiner Familie und seinen Nachbarn unterhielt, wurde er erst nach drei Wochen tot in seiner Wohnung aufgefunden.

Sehenswertes

Elmley Marshes: Rund eineinhalb Kilometer von der Kingsferry Bridge entfernt, befindet sich das Naturschutzreservat Elmley Marshes, in dem mehrere tausend Enten, Gänse und andere Wattvögel leben. Auf fünf ausgewiesenen Pfaden können Interessierte die Vögel in ihrer natürlichen Umgebung beobachten.

 ⊙ tgl. außer Di von 9 Uhr bis Sonnenuntergang. Eintritt: £ 2.50, erm. £ 1. www.rspb.org.uk.

Ashford

Die Provinzmetropole mit direktem Bahnanschluss nach Europa liegt im Herzen von Kent. Wichtige Sehenswürdigkeiten hat Ashford nicht zu verbuchen, doch lockt ein großes Factory Outlet Centre zahlreiche Schnäppchenjäger aus Nah und Fern.

Ashford ist die erste Station auf der Insel, an der Zugreisende, die mit dem Eurostar gefahren sind, aussteigen und englische Luft schnuppern können. Wer Ende Juni nach Ashford kommt, kann der Musik vergangener Epochen lauschen. Dann findet nämlich zehn Tage lang das beliebte Stour Music Festival statt. In der näheren Umgebung lohnen die historische Windmühle Willesborough Windmill und das Dörfchen Wye einen Abstecher.

• *Information* **Ashford Tourist Office**, The Churchyard, Kent TN23 1QG, ✆ 01233/629165, ✆ 01233/639166. www.ashford.gov.uk.

• *Einwohner* 48.500 Einwohner.

• *Verbindungen* **Zug** – Verbindungen nach London, Maidstone, Canterbury, Folkestone, Margate, Brighton und Tonbridge. www.nationalrail.co.uk. **Bus** – Verbindungen nach Canterbury, London, Dover und Folkestone. www.nationalexpress.com.

• *Markt* Jeden Di, Fr und Sa in der Lower High Street.

• *Veranstaltungen* Die Konzerte des **Stour Music Festivals** (Ende Juni) werden in der All Saint's Boughton Aluph Church aufgeführt. Die Karten sind allerdings schon oft im Mai ausverkauft. Buchungen über das Tourist Office. www.stourmusic.org.uk.

142 Kent

• *Camping* ***** **Broadhembury Holiday Park**, drei Kilometer südlich von Ashford bei dem Dorf Kingsnorth. Ganzjährig ge-öffnet. Stellplatz ab £ 15. Steeds Lane, ☏ 01233/620859, ✆ 620918, www.broadhembury.co.uk.

Royal Tunbridge Wells

Zusammen mit Bath und Brighton gehörte Royal Tunbridge Wells zu den eleganten Bädern des 18. Jahrhunderts. Die Quellen sollen ihre heilsame Kraft vor allem bei Magen- und Darmkrankheiten entfalten. Bis 1909 hieß das Städtchen noch schlicht Tunbridge Wells, dann wurde es per königlichem Dekret mit dem Zusatz „Royal" geadelt.

Als Entdecker gilt Dudley, der dritte Lord North, der im Jahre 1606 bei einem Reitausflug durch den Waterdown Forest auf die eisenhaltigen Quellen *(wells)* stieß. Innerhalb kürzester Zeit entwickelte sich ein reger Kurbetrieb, selbst Queen Henrietta Maria zählte 1629 zu seinen Gästen. Der königliche Besuch war gewissermaßen der Startschuss zu einer regen Bautätigkeit. Im 18. Jahrhundert galt Tunbridge Wells als Modebad der High Society. Als Zeremonienmeister begrüßte eine Zeit lang der Dandy Richard „Beau" Nash die vornehmen Kurgäste, die *Daniel Defoe* zynisch charakterisierte: „Those people who have nothing to do any where else, seem to be the only people who have any thing to do at Tunbridge." Im 19. Jahrhundert war dann Schluss: Die Badeorte an der Küste hatten Tunbridge Wells den Rang abgelaufen.

Mit der Promenade *The Pantiles* besitzt Royal Tunbridge Wells die älteste Fußgängerzone Englands. Einer Anekdote zufolge soll 1698 der Sohn von Queen Anne auf dem glitschigen Boden ausgerutscht sein und sich dadurch verletzt haben, weshalb die Königin anregte, die Straße zu pflastern. Ausgewählt wurden rote Pfannenziegel aus Holland, *pan-tiles*, die der Promenade ihren Namen gaben. Die letzten original erhaltenen Pantiles sind heute im Museum ausgestellt, *The Pantiles* ist schon seit langem mit grauen Steinplatten gepflastert. Nichtsdestotrotz bildet die Promenade mit ihren weißen Kolonnaden und historischen Ladenzeilen ein malerisches Ensemble. Wer mit offenen Augen durchs Zentrum schlendert, entdeckt anmutige Fassaden, Erker und verspielte Balkone. Royal Tunbridge Wells ist auch ein beliebtes Ziel von Sammlern alter Möbel: In der Stadt haben sich mehr als 35 Antiquitätenhändler niedergelassen.

• *Information* **Tourist Information Centre**, The Old Fish Market, The Pantiles, Royal Tunbridge Wells, Kent TN2 5 TN, ☏ 01892/ 515675, ✆ 01892/534660. www.visittunbridgewells.com.
• *Einwohner* 59.000 Einwohner.
• *Verbindungen* **Zug** – Von der Central Station (Mount Pleasant Road) verkehren regelmäßig Züge nach Maidstone (umsteigen in Paddock Wood), nach London (Charing Cross) sowie zu den Kanalhäfen. ☏ 0845/ 7484950, www.nationalrail.co.uk.
• *Markt* Mi und Sa auf dem Market Square.
• *Stadtführungen* Do und Sa um 11.30 Uhr am Tourist Information Centre, Kosten: £ 3.50.
• *Veranstaltungen* **Scandals at the Spa**,

fünf Tage im Juli wird das goldene georgianische Zeitalter beschworen. **Sedan Chair Race**, am letzten Mo im Aug. findet im historischen Zentrum ein Sänftenrennen statt.
• *Übernachten* **The Spa Hotel**, vornehmes Herrenhaus mit großem Garten und Hallenbad. Eine hervorragende Adresse für entspannte Tage in gediegenem Ambiente. Kostenloses WLAN. EZ ab £ 105, DZ ab £ 150 (zzgl. Frühstück). Mount Ephraim, ☏ 01892/520331, ✆ 01892/510575, www.spahotel.co.uk.
Hotel du Vin & Bistro, elegantes Hotel in einem georgianischen Stadthaus, individuell gestaltete Zimmer mit CD-Player, Ausgezeichnetes Bistro, das nicht nur Weintrinker begeistern wird. DZ ab £ 99. Frühstück

Tonbridge Castle

The Pantiles

£ 9.95. Crescent Road, ℡ 01892/526455, ℡ 01892/512044, www.hotelduvin.com.

The Swan Hotel, alteingesessenes Hotel direkt an den Pantiles im historischen Zentrum. Die großen Zimmer sind individuell eingerichtet. Kostenlose Parkplätze, kostenloses WLAN. EZ £ 55, DZ ab £ 75 (zzgl. Frühstück). The Pantiles, ℡ 01892/7500110, ℡ 01892/7504888,
www.theswanonthepantiles.co.uk.

• *Essen/Trinken* **Wagamama**, etwas außerhalb des historischen Zentrums unweit des Bahnhofs bietet dieses japanische Nudelrestaurant fernöstliche Küche zu günstigen Preisen. Es wird besonders auf frische Zutaten geachtet, das Design ist minimalistisch. Kein Ruhetag. 54–58 Mont Pleasant Road, ℡ 01892/616514.

Woods, schöne Kreuzung aus Produce Store, Café und Restaurant. Besonders nett ist es auf der sonnigen Terrasse. 62 The Pantiles, ℡ 01892/614411.
www.woodsrestaurant.co.uk.

Kirphon, gleich nebenan für die Freunde der indischen Küche. 60 The Pantiles, ℡ 01892/526633.

Sehenswertes

Tunbridge Wells Museum and Art Gallery: Das städtische Museum von Tunbridge Wells bietet einen Einblick in die Lokalgeschichte. Neben archäologischen und naturgeschichtlichen Exponaten gibt es in dem Museum auch Spielzeug und „Tunbridge Ware". Letztere sind fein gearbeitete hölzerne Schachteln. In der Art Gallery finden regelmäßig Wechselausstellungen statt.
Adresse Civic Centre, Mount Pleasant. ⓘ Mo–Sa 9.30–17 Uhr, So 10–16 Uhr. Eintritt frei! www.tunbridgewellsmuseum.org.

Umgebung

Tonbridge Castle

In dem kleinen Marktflecken Tonbridge stehen noch die Ruinen einer von den Truppen Oliver Cromwells geschleiften Burganlage. Nur das Torhaus blieb von den Zerstörungen des Puritanerheeres verschont. Tonbridge hieß übrigens bis ins

19. Jahrhundert noch Tunbridge, da es jedoch allzu oft mit dem gleichnamigen Kurort verwechselt wurde, musste der Ort seinen Namen ändern.

Mo–Fr 9–17 Uhr, Sa 9–17 Uhr, So 10.30–16.30 Uhr. Eintritt: £ 6.50, erm. £ 3.90. www. tonbridgecastle.org.

Tudeley

Die Dorfkirche All Saints in dem unscheinbaren Tudeley ist ein Geheimtipp für Kunstfreunde. Kein Geringerer als Marc Chagall schuf nämlich die Glasmalereien im Auftrag des ortsansässigen Kunstsammlers Sir Henry d'Avigdor-Goldsmid. Allerdings ging der Stiftung ein tragisches Ereignis voraus: Sir Henrys Tochter Sarah Venetia war im Alter von 21 Jahren beim Segeln ertrunken. Das Ostfenster zeigt, wie Sarah in der Tiefe des Meeres ruht, bevor sie über eine Leiter zu Christus aufsteigt.

Hever Castle

Die von einem Wassergraben umgebene Burg ist vor allem durch *Anne Boleyn,* der zweiten Frau Heinrichs VIII., in die Geschichte eingegangen. Anne Boleyn wurde 1507 auf Hever Castle geboren und wuchs auch in dem väterlichen Schloss auf. Das Leben der 18-jährigen Anne nahm einen dramatischen Verlauf, als sich Heinrich VIII. in sie verliebte. Um sich von Katharina von Aragón scheiden lassen zu können, brach Heinrich VIII. bekanntermaßen mit der päpstlichen Kirche. Glücklich wurde Heinrichs zweite Ehe allerdings nicht: Drei Jahre nach ihrer Hochzeit ließ Heinrich Anne Boleyn im Jahre 1536 wegen Hochverrats und Ehebruchs hinrichten, da sie dem despotischen König nicht den erhofften Thronfolger gebar. Anne wurde zwar später von ihrer Tochter Elizabeth I. rehabilitiert, doch die Familie Boleyn war gesellschaftlich ruiniert. Als Annes Vater 1538 starb, verfiel Heinrich auf die taktvolle Idee, das Schloss seiner vierten Frau Anna von Kleve als Scheidungsdomizil zu überlassen ...

Hever Castle verkam zusehends, erst als der Amerikaner *William Waldorf Astor* das Schloss 1903 erwarb, konnte der Verfall aufgehalten werden. Astor, ein Nachfahre deutscher Emigranten aus Walldorf bei Heidelberg, ließ nicht nur das Schloss restaurieren und mit kostbaren Antiquitäten ausstatten, sondern auch rund um das ganze Ensemble einen weitläufigen Park mit Renaissance-Skulpturen anlegen. In nur vier Jahren verwandelten rund 1000 Arbeiter das vollkommen ebene Grundstück in eine hügelige Landschaft samt künstlichem See – heute ist der Garten ideal für ein Picknick! Da die Räumlichkeiten des Schlosses für die Ansprüche des Besitzers der *Times* und der Waldorf-Astoria-Hotels ebenfalls zu klein waren, errichtete er nebenan ein Disney-Dorf im Tudor-Stil. Hinter der Dorfstruktur verbirgt sich ein weitläufiger Komplex mit mehr als 100 Zimmern. Im Schloss selbst trug Astor aus Verehrung für Anne Boleyn mehrere Portraits zusammen.

März bis Okt. tgl. 10.30–17 Uhr, Castle ab 12 Uhr, Nov. und Dez. Do–So 11–15 Uhr, im März Mi–So 11–16 Uhr. Jan und Febr. geschlossen. Eintritt: £ 13, erm. £ 11 oder £ 7, Familien £ 33. Nur Garten: £ 10.50, erm. £ 9 oder £ 6.50, Familien £ 27.50. www.hevercastle.co.uk.

Chiddingstone Castle

Nur einen Katzensprung von Hever Castle entfernt liegt Chiddingstone, ein kleines Straßendorf mit alten Fachwerkhäusern und einem neugotischen Schloss, dem Chiddingstone Castle. Das Anwesen diente teilweise auch als Drehort für den Film „Zimmer mit Aussicht". Ausgestellt sind Sammlungen fernöstlicher Kunst, darunter Lackarbeiten und Schwerter. Zudem wurde im Jahr 2009 ein 35 Hektar großer japanischer *Stroll Garden* (Schlendergarten) angelegt.

① von Ostern bis Sept. So–Mi 11–17 Uhr. Eintritt: £ 7, erm. £ 4. www.chiddingstonecastle.org.uk.

Penshurst Place

Zinnenbekrönt überragt das stattliche Herrenhaus das idyllische Dorf Penshurst mit seiner Kirche St John the Baptist. Besonders eindrucksvoll ist die große, 1340 im Auftrag des reichen Kaufmanns Sir John de Pulteney errichtete *Baron's Hall;* die repräsentative, 18 Meter hoch aufragende Halle gilt als ein Meisterwerk der englischen Zimmererkunst und ist einer der größten profanen Säle des Spätmittelalters. Von der heute zur Eingangshalle degradierten Baron's Hall gelangt man in die ehemals privaten Räume, so in die als Porträtgalerie genutzte *Long Gallery*.

Nicht versäumen sollte man eine ausgedehnte Besichtigung der zugehörigen Gartenanlagen, die im 17. Jahrhundert angelegt wurden und als eine Hommage an den Apfelbaum verstanden werden können.

① April bis Okt. tgl. 10.30–18 Uhr (House 12–16 Uhr), Sa und So im März zur gleichen Zeit. Eintritt: £ 9.50, erm. £ 7.50 oder £ 6. Nur Garten: £ 7.50.www.penshurstplace.com.

• *Übernachten/Essen* **The Leicester Arms Hotel**, zünftiger Gasthof mit Straßenterrasse in unmittelbarer Nähe des Penshurst Place gelegen. Es werden auch Zimmer vermietet. High Street, ✆ 01892/870551. www.leicesterarmspenshurst.co.uk.
Salmans Farm, ein Lesertipp von Gerhard Sautter und Rita Pietig, die das drei Kilometer vom Castle entfernte B & B lobten: „Unser Zimmer war sehr geräumig, gut eingerichtet, Fenster von zwei Seiten, schöne Aussicht auf die umliegende Landschaft". B & B ab £ 65 für zwei Personen. ✆ 01892/870079, karahtempleton@btinternet.com.

Penshurst Place

Knole

Das am Rand von Sevenoaks gelegene Knole ist einer der ältesten und größten Herrensitze im Süden Englands. Angeblich besitzt Knole so viele Innenhöfe wie die Woche Tage hat, so viele Treppen wie das Jahr Wochen und so viele Zimmer wie das Jahr Tage. Wie dem auch sei, der Herrensitz wurde bereits im 13. Jahrhundert erwähnt, später bauten ihn die Erzbischöfe von Canterbury zu einem herrschaftlichen Anwesen aus, das den Neid Heinrichs VIII. weckte, bis er Knole 1536 für die Krone reklamierte. Elizabeth I. schenkte den Palast schließlich ihrem Vetter Sir Thomas Sackville. Bis zum heutigen Tag leben die Sackvilles in Knole, wenngleich das Schloss seit 1947 vom National Trust verwaltet wird. Das Innere ist mit kostbaren Möbeln aus dem 17. und 18. Jahrhundert – darunter das sogenannte Knole Settee, der Urahn zahlloser Sofas – ausgestattet, an den Wänden hängen Gemälde von Joshua Reynolds, van Dyck und Gainsborough.

Die berühmteste Bewohnerin von Knole war die Schriftstellerin *Vita Sackville-West* (1892–1962), die aufgrund ihres gleichgeschlechtlichen Liebeslebens für so manchen Skandal sorgte. Durch Vita Sackville-Wests Roman „Schloß Chevron" und Virginia Woolfs „Orlando" hat Knole sogar Einzug in die Weltliteratur gefunden. Das Originalmanuskript von „Orlando" ist in der Großen Halle ausgestellt. Kinder begeistern sich aber vor allem für das zahme Rotwild, das den weitläufigen Park in großer Zahl bevölkert.

Knole: 365 Zimmer und 52 Treppen

① Ende März bis Okt. Mi–So 12–16 Uhr. Eintritt: £ 9.50, erm. £ 4.75, Familien £ 23.75 (NT).

Ightham Mote

Das verwunschene Wasserschlösschen Ightham Mote („I-tam" ausgesprochen) stammt aus dem 14. Jahrhundert und gilt als das am besten erhaltene Englands. Zu den ältesten Teilen der Bausubstanz gehören die Old Chapel mit ihrem bemalten Tonnengewölbe und die Krypta.

① März bis Okt. tgl. außer Di und Mi 11–17 Uhr, von Nov. bis Mitte Dez. Do–So 11–15 Uhr. Eintritt: £ 10, erm. £ 5, Familien £ 25 (NT).

Chartwell

Winston Churchill dürfte wohl fraglos der bedeutendste Politiker sein, den England im 20. Jahrhundert hervorgebracht hat. Eine Vorstellung von der Aura, die den Pre-

Groombridge Place Gardens   147

miermister umgeben hat, bekommt man in Chartwell, dem Haus, in dem Churchill mit seiner Familie von 1924 bis zu seinem Tod im Jahre 1965 gelebt hat. Churchill hat den in der Nähe von Westerham gelegenen – damals völlig heruntergekommenen – Landsitz zufällig entdeckt und war von der Aussicht geradezu überwältigt. Sein besonderes Augenmerk galt daher auch dem Park, dessen Anlage er selbst überwachte, schließlich war eine der Lieblingsbeschäftigungen des großen Staatsmannes das Füttern der schwarzen Schwäne. Das breit angelegte Backsteinhaus erachtete Churchill zwar als „irredeemably ugly", doch der Blick über die Felder inspirierte ihn: „A day away is a day wasted." Chartwell wurde in dem Zustand von 1965 belassen und vermittelt eine recht authentische Atmosphäre.

Der Park mit seinem Water Garden, Swan Pool und Lady Churchill's Rose Garden bietet viel für Platz zum Spazierengehen und wird an den Wochenenden von den Engländern auch gerne zum Picknicken genutzt. Am höchsten Punkt des Areals steht das dreistöckige Backsteinhaus. Bei großem Andrang wird der Zugang zum Haus durch ein Time Ticket gesteuert, das an der Kasse ausgegeben wird. Die Besucher können sich frei durch das Gebäude bewegen, das mit zahlreichen Memorabilien ausgestattet ist. Churchills Orden, Uniformen und Hüte gehören zum Inventar. Neben dem Wohnzimmer und den getrennten Schlafzimmern kann man auch Churchills unter dem Dach gelegenes Arbeitszimmer besichtigen. Eine Ausstellung im Untergeschoss gibt Einblicke in Churchills Leben und sein politisches Wirken. Anschließend sollte man noch Churchills abseits gelegenes Atelierhaus (*Studio*) besichtigen. Die mehr als hundert dort ausgestellten Gemälde beweisen, dass er nicht grundlos Aufnahme in die Royal Academy fand.

⏲ Mitte März bis Okt. Mi–So 11–17 Uhr, Juli und Aug. auch Di 11–17 Uhr. Eintritt: £ 10.60, erm. £ 5.30, Familien £ 26.50 (NT).

Down House

Downe ist ein recht unbedeutendes Örtchen rund 25 Kilometer südlich von London. Doch es gibt einen Grund nach Downe zu fahren, und der heißt Charles Darwin. Der Begründer der Evolutionstheorie lebte die letzten vierzig Jahre seines Lebens zusammen mit seiner Familie in einer viktorianischen Villa am Ortsrand. Charles Darwin (1809–1882) nannte die Villa, in der große Teile seines 1859 publizierten Werkes „Von der Entstehung der Arten" verfasst wurden, liebevoll *Down House*. Seit dem frühen 20. Jahrhundert ist das Haus öffentlich zugänglich, doch erst seit *English Heritage* 1998 das Szepter in die Hand nahm, fanden umfangreiche Restaurierungen statt. Inzwischen wurde das Down House zum englischen Denkmal erster Kategorie ernannt. Zu sehen sind unter anderem das Arbeitszimmer, in das sich Darwin schon frühmorgens zurückzog, sowie das Wohn- und Billardzimmer. Sehr repräsentativ ist der im Regency-Stil eingerichtete Speisesaal. Ein Nachbau von Darwins Kajüte auf der HMS Beagle gehört ebenso zur Ausstellung im ersten Stock wie eine kompetente Einführung in die Evolutionstheorie. Abschließend bietet sich noch ein Spaziergang durch den sieben Hektar großen Garten an, in dem Darwin stets viel Zeit verbracht hatte.

⏲ April bis Okt. Mi–So 11–17 Uhr, von Nov. bis Mitte Dez. und März Mi–So 11–16 Uhr, im Juli und Aug. auch Mo und Di geöffnet. Eintritt: £ 9.30, erm. £ 7.90 oder £ 4.70 (EH).

Groombridge Place Gardens

Die Groombridge Place Gardens gehören zum Pflichtprogramm aller Gartenliebhaber und Cineasten. Richtig: Cineasten – denn in den Groombridge Place Gardens drehte der Kultregisseur *Peter Greenaway* 1982 seinen Film „Der Kontrakt des

Charles Darwin – Revolutionär des Weltbildes

Kaum einem anderen Naturwissenschaftler ist so viel Skepsis und Widerstand entgegengebracht worden wie Charles Darwin. Und mehr noch als Marx und Nietzsche hat Darwin mit seiner Evolutionstheorie das Denken seiner Zeitgenossen sowie zukünftiger Generation verändert und geprägt.

Darwin, der am 12. Februar 1809 als Sohn eines wohlhabenden Arztes im englischen Shrewsbury geboren wurde, studierte erst Medizin, dann Theologie, bevor sich ihm 1831 überraschend die Gelegenheit bot, als Privatgelehrter auf der HMS Beagle – einem Vermessungsschiff der Royal Navy – mitzufahren. Auf dieser fünfjährigen Weltumsegelung, die ihn unter anderem auf die Galápagos-Inseln führte, sammelte Darwin einen reichen Schatz an Beobachtungen und Erfahrungen, der seinen Schöpfungsglauben ins Wanken brachte und die Grundlage für seine späteren Arbeiten bilden sollte.

Zurück in England hatte er zunächst – wie sein großes Vorbild Alexander von Humboldt – als Schriftsteller mit seinem Bericht „Reise eines Naturforschers um die Welt" großen Erfolg. Bis er 1859 sein bahnbrechendes Werk „On the Origin of Species" publizierte, sollten allerdings noch über zwei Jahrzehnte vergehen. Lange Zeit hatte er sich mit Vorstudien begnügt, erst als er erfuhr, dass der Naturforscher Alfred Russel Wallace an einer ähnlichen Theorie arbeitete und ihm zuvorzukommen drohte, entschloss er sich zur Veröffentlichung seiner „Entstehung der Arten".

Darwin wusste um die Sprengkraft seiner Erkenntnisse: „Ich war so ängstlich darauf bedacht, Vorurteile zu vermeiden, dass ich mich entschloss, eine Zeitlang auch nicht einmal die kürzeste Skizze davon niederzuschreiben", erinnerte er sich später in seiner Autobiographie. Wohlweislich widmete sich Darwin erst in einem späteren Werk der Frage nach der Abstammung des Menschen, stattdessen erklärte er in der „Entstehung der Arten" anhand von Pflanzen und Tieren wie sich bestimmte Merkmale und Eigenschaften ausgebildet haben, weil sie den Individuen im steten Ringen ums Überleben nützlich waren. Alle Kreaturen, und somit auch der Mensch, sind das Resultat einer endlosen Kette von Zufällen, ein natürlicher Mechanismus aus Variation und Selektion, so unvorhersehbar wie ziellos.

Nicht nur Unzulänglichkeiten und Erklärungslücken in seiner Schrift riefen die Kritiker auf den Plan. Fehlinterpretationen begründeten den „Sozialdarwinismus", auf den sich teilweise die nationalsozialistische Rassenideologie stützte. Insbesondere die Behauptung, dass sich alles Leben ohne die lenkende Hand eines höheren Wesens oder Schöpfergottes entwickelt hat, forderte heftigen Widerspruch heraus. Während sich die Kirchen mit dem Kopernikanischen Weltbild noch hatten anfreunden können, empfanden sie Darwins Evolutionstheorie als Angriff auf ihr religiöses Fundament. Es nimmt nicht wunder, dass bis heute über die Vereinbarkeit von Religion und Forschung heftig gestritten wird. Vor allem in Amerika hat der Kreationismus, der sich gegen jede wissenschaftliche Erkenntnis wendet, die der biblischen Schöpfungslehre widerspricht, eine große Anhängerschaft. Die Kreationisten bestehen auf Gleichbehandlung beider Ansätze in Schule und Lehre und entwickelten unter dem Stichwort „Intelligent Design" einen Gegenentwurf im Kleid einer Pseudowissenschaft, der sich aber einzig durch Irrationalität und Wissenschaftsfeindlichkeit auszeichnet. Auf der anderen Seite stehen engagierte Verfechter von Darwins Theorien, wie der wortgewaltige Evolutionsbiologe Richard Dawkins, der in Deutschland durch seinen „Gotteswahn" bekannt wurde. Manche Wissenschaftler wie der Religionsanthropologe Pascal Boyer vertreten gar die Meinung, dass auch die Religion evolutionär erklärt werden kann, da der Glaube dem Menschen hilft, sich in der Komplexität der Welt zurechtzufinden. Doch welche Richtung auch immer die Diskussion um die Evolutionstheorie in Zukunft nehmen wird, fest steht, dass Darwin alle Lebewesen zu einer biologischen Gemeinschaft verschmolzen hat – ohne Darwin ist die heutige Biologie als Wissenschaft nicht denkbar.

Zeichners" (1982). Im Gegensatz zu dem gleichnamigen Herrenhaus (Privatbesitz) sind die Ende des 17. Jahrhunderts angelegten Gärten öffentlich zugänglich und präsentieren sich als ein verspieltes Areal mit Kunstobjekten und mysteriösen Phantasiegebilden aus gestutzten Eiben und Buchsbäumen. Witzige Details wie die skurrile Vogelscheuche im Gemüsegarten lockern die Atmosphäre auf, aber am eindrucksvollsten sind die Themengärten, wie der Oriental Garden oder der Secret Garden. Die kleinen Besucher begeistern sich vor allem für eine Fahrt mit dem Canal Boat Jenny, das auf einem Flüsschen zu weiteren Attraktionen wie einem Tipi, einer Burg und einem Mini-Labyrinth führt.
① April bis Okt. tgl. 10–17.30 Uhr. Eintritt: £ 9.95, erm. £ 8.45, Familien £ 33.95. www. groombridge.co.uk.

Bayham Abbey
Die Ruinen von Bayham Abbey – ein Prämonstratenserkloster aus dem 13. Jahrhundert – werden von den Engländern gerne als romantischer Picknickplatz aufgesucht. Was nicht verwundert, denn die ins Leere gähnenden Spitzbögen der Abtei strahlen eine besonders pittoreske Ruinenatmosphäre aus.
① April bis Sept. tgl. 11–17 Uhr. Eintritt: £ 4, erm. £ 3.40 oder £ 2 (EH).

Scotney Castle
In unmittelbarer Nähe des freundlichen Lamberhurst liegt das romantische Scotney Castle. Umgeben von einem Park mit Rhododendrongarten – hier lohnt vor allem ein Besuch im Mai – und einem Wassergraben, ist das Castle ein Gothic-Revival-Produkt. *Edward Hussey* ließ sich 1837 sein stattliches Wohnhaus direkt neben den Ruinen einer mittelalterlichen Wasserburg errichten, wobei er die pittoresken Gemäuer samt einem Rundturm zu einem märchenhaften Landschaftsszenario zusammenfügte. Heute gehört das Areal, neben so vielen anderen historischen Stätten Englands, dem *National Trust,* der sich vorbildlich um den Erhalt der alten Gemäuer kümmert. Sehenswert ist auch der von William Sawrey Gilpin gestaltete Garten. Gilpin fühlte sich dem ästhetischen Programm des pittoresken Landschaftsgartens verpflichtet und orientierte sich an den Gemälden von Claude Lorrain und Nicolas Poussin. Auf einer kleinen Insel in der Nähe der Burg steht eine Skulptur von Henry Moore, die eine zurückgelehnte Frau zeigt.
① Garten von Mitte März bis Okt. Mi–So 11–17.30 Uhr, Castle von Anfang Juni bis Okt. Mi–So 11–17 Uhr. Eintritt: £ 9, erm. £ 4.50, nur Garten £ 7, erm. £ 3.75 (NT).

Sissinghurst
Sissinghurst ist ein Mekka der Gartenliebhaber. Die vielfach als „schönster Garten Englands" gerühmte Anlage wurde von der Schriftstellerin *Vita Sackville-West* und

ihrem Mann, dem Historiker und Diplomaten *Sir Harold Nicolson* (1886–1968), in jahrzehntelanger Arbeit geschaffen. Um ihre Gartenträume zu verwirklichen, kaufte das Ehepaar 1930 das verfallene, aus dem 16. Jahrhundert stammende Herrenhaus samt seines mit Brennnesseln überwucherten Gartens. Das Familienleben war auf verschiedene Gebäude verteilt, Vita Sackville-West richtete sich ihr Arbeitszimmer im Turm ein, Harold Nicolson arbeitete im South Cottage, während die Zimmer der Kinder Nigel und Ben im Priest House untergebracht waren, wo man sich auch zu den gemeinsamen Mahlzeiten zusammenfand. Im Mittelpunkt ihres Lebens stand die Pflege und Anlage des zweieinhalb Hektar großen Gartens mit seinen zehn verschiedenen „Zimmern", die über das Jahr verteilt in ihrer faszinierenden Blütenpracht leuchten. Rückblickend schrieb Vita Sackville-West: „Wir waren uns völlig einig über den Gesamtentwurf des Gartens: lange Wegachsen von Nord nach Süd und von Ost nach West, gewöhnlich mit einer Statue, einem Torbogen oder einem Paar von Pappeln als Endpunkt, kombiniert mit der intimen Überraschung kleiner geometrischer Gärten, die von den Wegen abgehen, wie die Zimmer eines riesigen Hauses von seinen Hauptkorridoren." Eindrucksvoll ist vor allem der „weiße Garten", in dem nur weiße und silbergraue Blüten und Stauden zu einem lebendigen Gefüge arrangiert wurden. Seine Anlage bewirkte eine Revolution in der Gartenwelt, da das bis dahin geltende Schönheitsideal nur Gärten vorsah, die in allen denkbaren Farbkombinationen abgestimmt waren – nur nicht in Weiß, denn Weiß galt als Unfarbe, stand es doch für Trauer und Tod. Neben dem „weißen Garten" faszinieren der Rosengarten (Blütezeit Juni), der Bauerngarten sowie ein Kräutergarten mit über 100 Kräuterarten. Der beste Blick auf das Areal bietet sich vom Aussichtsturm, auf dessen Plattform eine Wendeltreppe führt.
① Mitte März bis Okt. tgl. außer Mi und Do 11–18 Uhr. Eintritt: £ 9.50, erm. £ 4.70, Familienticket £ 23.50 (NT). Achtung: Es wird nur eine begrenzte Zahl von Besuchern in den Garten gelassen, so dass im Hochsommer Wartezeiten einzuplanen sind.

Prachtvoller Landsitz: Scotney Castle

Rye: Städtchen mit Aussicht

Sussex

Sussex ist die altenglische Bezeichnung für das Territorium der South Saxons, der südlichen Sachsen. Heute zerfällt dieses Gebiet in die beiden Grafschaften East und West Sussex. Malerische Städtchen wie Rye und Chichester sowie das altehrwürdige, aber alles andere als langweilige Seebad Brighton sind die touristischen Highlights von Sussex.

Sussex ist ein beliebtes Naherholungsgebiet der Londoner. Wenn in der Hauptstadt die Geschäfte, Fabriken und Verwaltungsgebäude ihre Pforten schließen, wälzt sich nur wenig später eine schier endlose Schlange Richtung Süden. Die meisten fahren in die bekannten Seebäder, vor allem in das quirlige Brighton, aber auch nach Eastbourne, Worthing oder Bognor Regis. Die Landschaft wird vorwiegend durch die flache Küstenlinie mit ihren zahlreichen Sandstränden geprägt. Einzig westlich von Eastbourne fallen Steilklippen fast senkrecht ins Meer: Beachy Head und die Seven Sisters leuchten in hellen Farben und sind eine ernstzunehmende Konkurrenz für die weißen Klippen von Dover. Weiter in Richtung Landesinnere geht es allmählich bergauf. Erst die South Downs bilden einen Gegensatz zu dem sonst flachen Land. Die sanft geschwungene Hügelkette verläuft parallel zur Küste. Hunderttausende von Schafen grasen in der schönen Weidelandschaft. Nördlich davon erstreckt sich dann wieder eine weite Ebene, die zum Teil mit Lärchen-, Birken- und Kiefernwald bewachsen ist. Nicht nur optisch bietet der Ashdown Forest eine angenehme Abwechslung zur Küste.

Daneben lohnen Ausflüge in historische Orte wie Rye oder das ehemals römische Chichester mit den faszinierenden Mosaiken, die den nahen Fishbourne Roman Palace zieren. Geschichtsfreunde pilgern vorzugsweise nach Hastings. Im Jahre 1066 kam es dort zur normannischen Eroberung Englands. William the Conqueror

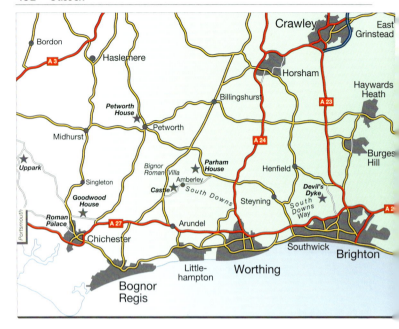

setze seine Ansprüche auf den Thron gegen Harold I. im Waffengang durch. In Battle – so der heutige Name einer Ortschaft auf dem einstigen Kriegsschauplatz – bei Hastings kam es zur folgenreichsten Schlacht in der Geschichte Englands. Bekanntlich siegten Williams Normannen und nahmen in kurzer Zeit ganz England ein. Literaturliebhaber wandeln hingegen vorzugsweise auf den Spuren der Bloomsbury Group und besuchen das Charleston Farmhouse von Vanessa und Clive Bell sowie Virginia Woolfs Monk's House.

Information **Visit Sussex Ltd**, 4 The Chambers, 28 Chapel Street, Chichester West Sussex PO19 1DL, 01243/382244, 01243/382248. www.visitsussex.org.

Rye

Das sich auf einem Hügel aus der flachen Romney Marsh erhebende Rye wird zu Recht eines der schönsten Städtchen von England genannt. Mit seinen verwinkelten, malerischen Gassen und den schmucken Fachwerkhäusern repräsentiert Rye die perfekte Kleinstadtidylle.

Als Mitglied der Cinque Ports gehörte Rye im Mittelalter zu den bedeutendsten Hafenorten an der englischen Südküste und war den Franzosen daher stets ein Dorn im Auge. Wiederholt wurde Rye von feindlichen Schiffen attackiert und einmal, 1377, sogar bis auf die Grundmauern niedergebrannt. Nichtsdestotrotz florierten Handel und Handwerk, so dass die Bewohner in einem respektablen Wohlstand leben konnten. Erst als der Hafen gegen Ende des 16. Jahrhunderts versandete, setzte ein unaufhaltsamer Niedergang ein und Rye verfiel in eine Art Dornröschenschlaf. Die Stadt erstarrte in ihren Mauern, die bis auf das Landgate – das gut be-

Rye 153

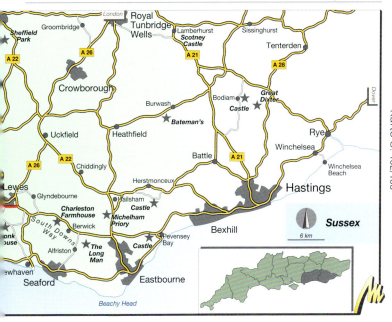

Sussex — Karte S. 152/153

festigte Stadttor erinnert noch eindrucksvoll an die einstige militärische Bedeutung von Rye – im Laufe der Zeit abgetragen wurden.

Heute erfreuen sich alljährlich mehr als hunderttausend Touristen an den denkmalgeschützten Häuserensembles. Statt Schmugglern und Fischern haben längst Antiquitätenhändler, Galeristen und Töpfer den finanziellen Reiz der Stadt entdeckt. Besonders pittoresk ist die gepflasterte Mermaid Street, in der mit dem Mermaid Inn auch der schönste Gasthof des Ortes steht.

- *Information* **Rye Tourist Information Centre**, 4/5 Lion Street, Rye, East Sussex TN31 7 EY, ✆ 01797/29049, ✆ 01797/223460. www.rye-tourism.co.uk.
- *Einwohner* 4.200 Einwohner.
- *Verbindungen* **Bus** – Busse mit zahlreichen Fernzielen halten am Bahnhof (dort hängen auch Fahrpläne aus); Information: Stagecoach (nach Dover und Brighton), ✆ 0870/484950; Local Rider (nach Hastings und Tunbridge Wells), ✆ 01273/474747, **Zug** – Bahnhof in der Cinque Ports Street, nördlich des Zentrums; Rye liegt an der Linie Ashford–Hastings, Züge verkehren stündlich in beide Richtungen. www.nationalrail.co.uk.
- *Audio Guided Tour of Rye* Erhältlich im Rye Heritage Centre, Strand Quay. Kosten: £ 4, erm. £ 2. www.ryeheritage.co.uk.
- *Fahrradverleih* **Rye Hire**, 1 Cyprus Place, ✆ 01273/223033.
- *Markt* Mittwochvormittag am Strand Quay.
- *Rye Art Galleries* Easton Rooms, 107 High Street. Tgl. von 10.30–17 Uhr geöffnet, Eintritt frei.
- *Veranstaltungen* Anfang Sept. findet eine Woche lang das **Rye Festival** mit Theater- und Musikaufführungen statt. www.ryefestival.co.uk.
- *Übernachten* **Mermaid Inn**, das stattliche Fachwerkhaus aus dem 15. Jahrhundert beherbergt das traditionsreichste Gasthaus von Rye. Angeblich haben sich hier einst die Schmuggler getroffen. Antik ist auch die Einrichtung. Mehr zünftige Atmosphäre findet man in Rye nicht. Das Restaurant genießt einen guten Ruf, das

154   Sussex

viergängige Dinnermenü schlägt allerdings mit stolzen £ 35 zu Buche. Auch in den Gästezimmern dominiert rustikales Fachwerk. B & B ab £ 80 pro Person, Samstagabend £ 100 pro Person. Mermaid Street, ✆ 01797/223065, ✆ 01797/225069, www.mermaidinn.com.

Rye Lodge, einladender Gasthof mit verspielten Zimmern am Rande der Altstadt, Hallenbad und Sauna sowie kostenloses WLAN vorhanden. Übernachtung ab £ 47.50 pro Person zzgl. Frühstück, ab zwei Nächten Ermäßigung. Hilder's Cliff, ✆ 01797/223838, ✆ 01797/223585, www.ryelodge.co.uk.

The George Inn, mitten im Zentrum der Altstadt bietet dieses Hotel gehobenen Komfort im zeitlosen Ambiente zu entsprechenden Preisen. Allerdings hat bei den Renovierungsarbeiten die historische Atmosphäre etwas gelitten, manche Zimmer wie das mit der Nr. 7 sind auch nicht gerade großzügig bemessen. Trotzdem eine tolle Adresse mit gut geschultem Personal und einem empfehlenswerten Restaurant. Terrasse hinter dem Haus sowie kostenloses WLAN vorhanden. Ausgezeichnetes Frühstück mit Croissants und Pain au Chocolat. B & B ab £ 67.50 pro Person, EZ ab £ 100. 98 High Street, ✆ 01797/222114, ✆ 01797/224065, www.thegeorgeinrye.com.

White Vine House, zentrales Hotel mit stimmungsvollem Ambiente. Kostenloses WLAN. Es werden auch sieben ansprechende Zimmer vermietet. B & B im EZ £ 80, im DZ ab £ 65 pro Person. 24 High Street, ✆ 01797/224748, www.whitevinehouse.co.uk.

Rye Windmill, die Windmühle (wenige Fußminuten nordwestlich der Altstadt) ist sicherlich eine der ungewöhnlichsten Übernachtungsmöglichkeiten in der Region.

Sehr modernes Ambiente, geschmackvolle Bäder mit Designerwaschbecken sowie frei stehender Badewanne in der Suite. Insgesamt gibt es zwei Zimmer in der Mühle sowie acht weitere im angrenzenden Gebäude. B & B je nach Zimmer und Reisetag £ 32.50–67.50 pro Person. ✆ 01797/224027, www.ryewindmill.co.uk.

Iden Coach House, das ehemalige Kutschenhaus liegt drei Kilometer nördlich von Rye und ist ein Lesertipp von Thomas Sauer, der die geschmackvoll und zweckmäßig eingerichteten Zimmer (mit Bad und TV) lobt, die Paul und Branda Abrams an Gäste vermieten. Paul, ein ehemaliger Ingenieur, ist begeisterter Modelleisenbahner und hat seine Anlage in den Garten integriert. B & B pro Zimmer £ 65 (£ 55 ab zwei Nächten, EZ ab £ 50). Wittersham Road, Iden, ✆ 01797/7280118, www.idencoachhouse.co.uk.

Olde Tudor, noch ein Stück weiter Richtung Norden empfiehlt Stefan Brumme in Iden ein B & B: „Ruhiges, sehr gediegenes altes Haus aus dem 15. Jahrhundert mit stilvoll eingerichteten Zimmern und großzügiger Lounge mit TV." B & B £ 25–30. Readers Lane, Iden, ✆ 01797/280202, www.olde-tudor.co.uk.

● *Essen/Trinken* **The Flushing Inn**, ansehnliches Fachwerkhaus neben dem Rathaus. Erlesene Küche mit wechselnden Menüs (ab £ 26), bekannt für seine Fischgerichte, doch auch die Romney Marsh Lamb Cutlets zu £ 11.90 mundeten vorzüglich. 4 Market Street, ✆ 01797/223292, www.theflushinginn.com.

Simon the Pieman, gemütlicher Tea Room nahe der Kirche, bereits 1920 gegründet. An kühlen Tagen wärmt ein Kamin; leckere Lunch-Angebote zu moderaten Preisen, köstlich sind die selbst gemachten Kuchen. Lion Street.

Sehenswertes

Rye Heritage Centre and The Story of Rye: Wer sich einen schnellen Überblick über die Ortsgeschichte verschaffen will, sollte die multimediale Show „The Story of Rye" besuchen. In rund 20 Minuten erfährt man (auch in deutscher Sprache) allerlei Wissenswertes über die Stadt. Zur besseren Veranschaulichung dient ein maßstabsgetreues Modell der mittelalterlichen Hafenstadt. Interessanter ist es sicherlich, im Heritage Centre einen Audioguide auszuleihen (£ 4) und durch Rye zu streifen.

Adresse Strand Quay. ⏰ tgl. 10–17 Uhr, im Winter bis 16 Uhr. Eintritt: £ 3.50, erm. £ 2.50 oder £ 1.50. www.ryeheritage.co.uk.

Rye Castle Museum: Der Ypres Tower, der in der Mitte des 13. Jahrhunderts errichtet wurde, um die Stadt gegen drohende Übergriffe aus Frankreich zu schützen, bildet zusammen mit dem einstigen Gefängnis in der East Street das „Rye Castle

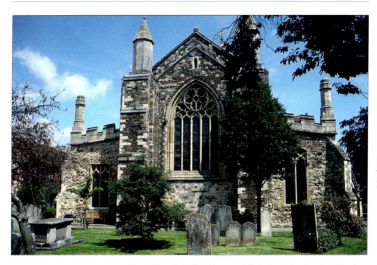

Rye: Der Friedhof ist am höchsten Punkt des Dorfes

Museum". Im Mittelpunkt der Dauerausstellung stehen Exponate zur Lokalgeschichte, darunter ein mit Holzfeuer betriebener Motor sowie Töpferwaren und alte Fotografien.
Adresse 3 East Street. ⏱ Sa und So 10.30–17 Uhr, im Winter nur bis 15.30 Uhr. Ypres Tower tgl. 10.30–17 Uhr. Eintritt: £ 5, erm. £ 4, Kinder unter 16 Jahren frei! www.ryemuseum.co.uk.

St Mary Church: Die Pfarrkirche von Rye besitzt die wahrscheinlich älteste, noch funktionierende Turmuhr Englands; sie stammt aus dem Jahre 1561 und wurde im nahen Winchelsea gefertigt. Lohnenswert ist es, den engen Weg zur zinnenbekrönten Plattform des Turmes hinaufzusteigen, da sich von dort ein herrlicher Blick auf Rye und die Romney Marshes bietet.
⏱ tgl. von 10 Uhr bis zum Einbruch der Dämmerung. Eintritt: £ 2.50, erm. £ 1.

Lamb House: Verehrer des Schriftstellers *Henry James* (1843–1916) pilgern zu dem georgianischen Haus im Stadtzentrum. James wohnte die letzten achtzehn Jahre seines Lebens in diesem Haus in Rye, wo er auch seine Romane „Die Gesandten" und „Die goldene Schale" geschrieben hat.
Adresse West Street. ⏱ April bis Okt. Do u. Sa 14–18 Uhr. Eintritt: £ 4, erm. £ 2.10 (NT).

Umgebung

Winchelsea

Während Daniel Defoe kritisierte, Winchelsea sei „mehr ein Skelett als eine richtige Stadt", begeisterte sich Henry James für „die Unberührtheit vornehmer Zurückhaltung", welche er dem Ort zuschrieb. Winchelsea – mit 600 Einwohnern die kleinste „Stadt" Englands – ereilte ein ähnliches Schicksal wie Rye: Als der Hafen versandete, setzte ein langer, aber unaufhaltsamer Niedergang ein. Dennoch lohnt ein Ausflug, denn Winchelsea ist eine mittelalterliche Planstadt und besitzt daher

Sussex

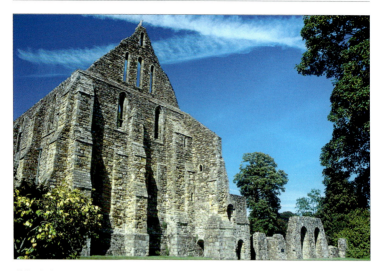

Winchelsea

ein ungewöhnliches Stadtbild. Nachdem das ursprüngliche Winchelsea, das zu den Cinque Ports gehörte, im 13. Jahrhundert von einer Flut zerstört worden war, ließ König Edward I. den Ort zwei Kilometer entfernt wieder aufbauen. Die Straßen von Winchelsea verlaufen auf einem schachbrettartigen Grundriss, in dessen Zentrum die St Thomas Church steht. Über dem Portal prangt das Wappen der Cinque Ports: dreimal das gleiche Emblem, halb Königslöwe, halb Schiff. Die Kirche mit ihren schönen Grabmälern und auch die Stadt sind unvollendet geblieben, da aufgrund der Versandung des Hafens weitere Baumaßnahmen eingestellt wurden. Einen Einblick in die Stadtgeschichte bietet das Winchelsea Court Hall Museum in der High Street. Wer lieber einen Abstecher ans Meer machen will, kann im nahen Winchelsea Beach am Strand entlang spazieren.

• *Übernachten/Essen* **New Inn**, ein imposanter georgianischer Gasthof, nahe der Kirche in Winchelsea. An kalten Tagen sitzt man vor dem wärmenden Kaminfeuer. Bodenständige Küche mit Lammleber oder *Classic Sausage and Mash*, Hauptgerichte rund £ 10. Passable Zimmer. Kostenloses WLAN. B & B ab £ 35 im DZ, im EZ ab £ 50. German Street, ✆ 01797/226252, www.newinnwinchelsea.co.uk.

Bodiam Castle

In vielerlei Hinsicht entspricht Bodiam Castle den idealisierten Vorstellungen, die die meisten Menschen von einer Ritterburg haben. Von einem breiten Wassergraben umgeben, wirkt die Burg mit ihren Wehrgängen, Zinnen und Rundtürmen so, als könnte der Schwarze Prinz gleich höchstpersönlich zum Tor hinaus reiten. Gegen Ende des 14. Jahrhunderts errichtet, um auch im Hinterland gegen eine französische Invasion gewappnet zu sein, gehörte Bodiam Castle zu den imposantesten Wehranlagen des Spätmittelalters. Im Zeitalter der Kanonen und Schusswaffen ließ sich die Wasserburg allerdings relativ leicht einnehmen, wie Oliver Cromwells Sol-

Eine Wasserburg wie aus dem Bilderbuch: Bodiam Castle

daten eindrucksvoll unter Beweis gestellt hatten, als sie die Burg bis auf die Außenmauern zerstörten.
⏰ tgl. von 10.30–17 Uhr, Nov. bis Febr. nur Sa und So 11–16 Uhr. Eintritt: £ 5.80, erm. £ 2.90 (NT).

Great Dixter

In unmittelbarer Nachbarschaft von Bodiam Castle liegt Great Dixter, ein aus dem 15. Jahrhundert stammender Herrensitz, der sich seit 1910 im Besitz der Familie Lloyd befindet. Bekannt ist Great Dixter vor allem für seinen Garten, der auf nur zwei Hektar eine außergewöhnliche Vielfalt bietet. Neben seiner Farbenpracht beeindruckt der Garten auch durch eine naturnahe Wiese mit skurril beschnittenen Eiben.
⏰ April bis Okt. Di–So 11–17 Uhr, House ab 14 Uhr. Eintritt: £ 8.50, erm. £ 4, nur Garten £ 7, erm. £ 3.50. www.greatdixter.co.uk.

Hastings

Der Name Hastings ist untrennbar mit der englischen Geschichte verbunden. Und so verwundert es nicht, dass in dem Küstenstädtchen alles im Zeichen des Jahres 1066 steht, wenngleich die eigentliche Schlacht im benachbarten Battle stattgefunden hat.

Hoch über Hastings thront die Ruine der Burg von Wilhelm dem Eroberer, der am 28. September 1066 ein paar Kilometer weiter westlich bei Pevensey englischen Boden betreten hatte, um seinen Anspruch auf den englischen Königsthron durchzusetzen. Hastings war bereits zu jener Zeit ein lebendiges Küstenstädtchen und spielte später eine führende Rolle bei den *Cinque Ports*. Im Hundertjährigen Krieg wurde Hastings zweimal von den Franzosen niedergebrannt, woraufhin der Ort seine Bedeutung verlor und zum geruhsamen Fischerdorf mutierte. Erst im Laufe

158 Sussex

des 19. Jahrhunderts erlebte Hastings als Badeort eine zweite Blütephase, von der noch einige viktorianische Bauten in der sich nach Westen hin erstreckenden New Town zeugen. Mehr Atmosphäre hat die Altstadt mit der kopfsteingepflasterten High Street und dem Hafenviertel The Stade zu bieten. Charakteristisch für die Fischertradition von Hastings sind die „Net Shops", hoch aufragende Speicherschuppen, in denen die Fischer ihre Netze zum Trocknen aufhängen; sie werden mit schwarzem Teer angestrichen, damit sie dem rauen Seewetter besser trotzen können. Apropos Fischen: Mit 53 intakten Booten besitzt Hastings die größte Flotte Europas, die ihre Schiffe vom Strand zu Wasser lässt. Derzeit versuchen die Stadtväter, Hastings für das dritte Jahrtausend fit zu machen. Mehrere Prachtbauten an der Promenade wurden renoviert. Leider ist der 300 Meter lange historische Pier aus dem Jahr 1872 mit seinen Cafés, Bars und Geschäften im Oktober 2010 vollkommen abgebrannt. Zurück blieb nur ein verkohltes Gerüst.

• *Information* **Tourist Information Centre**, Queen's Road, Priory Meadow, Hastings, East Sussex TN34 ITL, ✆ 01424/781111, 🖅 01424/781186. www.hastings.gov.uk bzw. www.visit1066country.com.

• *Einwohner* 85.000 Einwohner.

• *Verbindungen* **Bus** – Von Queens Road am Shopping Centre; regelmäßiger Busverkehr über Royal Tunbridge Wells nach London sowie nach Folkestone, Eastbourne, Rye, Battle und Bexhill. www.national express.com. **Zug** – Bahnhof an der Upperton Road. Verbindungen nach London Victoria Station (85 Min.), Ashford und Battle. Hastings liegt an der Bahnlinie, die die gesamte Südküste entlangführt (Eastbourne, Brighton usw.). www.nationalrail.co.uk.

• *Aquarium* **Bluereef Aquarium**, Rock-a-Nore Road. Tgl. 10–17 Uhr, im Winter 11–16 Uhr. Eintritt: £ 10.95, erm. £ 6.95.

• *East Hill und West Hill Railway* Mit den beiden Zahnradbahnen kann man hinauf auf die Cliffs fahren. Die West Hill Cliff Railway führt zum Castle hinauf. Kosten: £ 2.20, erm. £ 1.30.

• *Hastings Museum & Art Gallery* Lokalgeschichte, Ausstellungen. Cambridge Road. Mo–Sa 10–17 Uhr, So 14–17 Uhr. Eintritt frei! www.hmag.org.uk.

• *Sport/Freizeit* Neben den Ausflügen und sportlichen Aktivitäten, die die Sprachschulen oft in ihrem Programm haben, bietet das **Hastings Sports Centre** (Summerfields, Bohemia Road, Schwimmen sowie Squash, Sauna und Solarium an; ✆ 01424/781777 (geöffnet tgl. 9–22.30 Uhr, Schwimmen meistens ab 7 Uhr bis ca. 20 Uhr).

• *Theater* **White Rock Theatre**, White Rock, ✆ 01424/781000. www.whiterocktheatre.org.uk.

• *Veranstaltungen* **Hastings Carnival Week** in der ersten Augustwoche.

• *Übernachten* **Zansibar Hotel**, dieses traumhafte Boutique-Hotel im Stadtteil St Leonards-on-Sea liegt direkt an der Seafront und ist ein Lesertipp von Ute Zumholte. Jedes Zimmer ist nach einem Kontinent oder Land gestaltet und im entsprechenden Stil eingerichtet (Bali, Südamerika, Marokko etc.). Achtung: Kinder unter 5 Jahren sind nicht erwünscht. Die Zimmerpreise variieren stark nach Saison und Ausstattung und reichen von £ 105 bis £ 205 (inkl. Frühstück, im Winter etwas günstiger). 9 Eversfield Place, Tel. 01424460109. www.zanzibarhotel.co.uk**.**

The White Rock Hotel, modernes erst 2010 eröffnetes Hotel direkt an der Promenade unterhalb der Klippen. Zimmer teilweise mit toller Aussicht. Kostenloses WLAN. DZ £ 59–99. White Rock, ✆/🖅 01424/432350, www.thewhiterockhotel.com.

Hotel Lindum, sauberes, ordentlich geführtes Nichtraucherhotel an der Promenade, drei Minuten vom Pier entfernt. Wie Leser schrieben, gibt es kein englisches Frühstück, sondern nur abgepackte Lebensmittel in einer Tüte an der Tür. B & B ab £ 20 in den einfachen Zimmern. 1a Carlisle Parade, ✆ 01424/434070, 🖅 01424/718833, www.hotellindum.co.uk.

Grand Hotel, familiäres Hotel an der Promenade mit 20 etwas altertümlichen Zimmern. B & B von £ 25–55 pro Person. St Leonards, Grand Parade, ✆ 01424/428510, 🖅 257025, www.grandhotelhastings.co.uk.

• *Essen/Trinken* **Black Pearl**, das kulinarisch ansprechendste Restaurant in der Altstadt. Unser Tipp: *Romney Marsh Leg of Lamb Steak with White Bean Parmigiana & Samphire* für £ 14. Kleine Straßenterrasse. 9 George Street, ✆ 01424/719919. www.blackpearlrestaurant.co.uk.

Die schwarzen „Net Shops" sind das Wahrzeichen von Hastings

Harris, nette Kneipe, serviert werden Tapas zwischen £ 4 und 6. Lecker sind die Gambas à la Plancha. Mo Ruhetag. 58 High Street, ✆ 01424/437221.

Mermaid, in den Farben weiß und blau gehaltenes Imbiss-Restaurant mit Blick auf die Net Shops, ist bekannt für die besten Fish and Chips der Stadt. 2 Rock-a-Nore.

Ye Olde Pump House, uriges Pub in einem alten Fachwerkhaus. George Street. Die Fischer treffen sich im **Lord Nelson**, unweit der Seepromenade.

Sehenswertes

Hastings Castle „1066 Story": Die Burg von Hastings war die erste Festung, die Wilhelm der Eroberer auf englischem Boden errichten ließ. Längst zur Ruine verkommen, kann man nach Lust und Laune durch die alten Gemäuer streifen. Mithilfe einer audiovisuellen Show werden in einem Zelt die Ereignisse des Jahres 1066 noch einmal zum Leben erweckt.

⊙ von April bis Sept. tgl. 10–17 Uhr, im Winter 11–15 Uhr. Eintritt: £ 4.25, erm. £ 3.95 oder £ 3.50. Anfahrt: mit der West Hill Cliff Railway; £ 2.20, erm. £ 1.30.

Fisherman's Museum: Das Gebäude, in dem sich das Museum befindet, sollte eigentlich eine Kapelle für die Fischer von Hastings werden; es wurde aber nie geweiht und 1956 in ein Museum verwandelt. Anschaulich wird die lokale Fischfangtradition dargestellt. Das größte Exponat ist die „Enterprise" – kein Raumschiff, sondern der letzte in Hastings gebaute Fischkutter, der im Jahr 1912 vom Stapel lief.

⊙ April–Okt. tgl. 10–17 Uhr, im Winter 11–16 Uhr. Eintritt frei! www.hastingsfish.co.uk.

Shipwreck Heritage Centre: In dem benachbarten Museum dreht sich alles um die Schiffskatastrophen, die sich in den letzten Jahrhunderten vor der Küste Hastings ereignet haben, insbesondere um das Schicksal der 1749 gestrandeten *Amsterdam*. Sehenswert ist die audiovisuelle Vorführung; die Stimme des Erzählers ist übrigens die des berühmten englischen Schauspielers Christopher Lee, auch bekannt als Graf Dracula.

⊙ von April bis Okt. tgl. 10–17 Uhr, im Winter tgl. außer Mo und Fr 11–16 Uhr. Eintritt frei! www.shipwreck-heritage.org.uk.

160 Sussex

Smuggler's Adventure: Auf dem Weg zur High Street im Osten kommt man an den St Clements Caves vorbei. Es handelt sich dabei um ein labyrinthartiges Höhlensystem, das zum Teil während des Zweiten Weltkrieges zu Luftschutzbunkern ausgebaut worden ist. Innen befindet sich das Smuggler's Adventure. Mithilfe von Wachsfiguren und diversen Animationen wird das Leben der Schmuggler, die hier ebenfalls Unterschlupf fanden, nachgestellt.

⏰ Ostern bis Sept. tgl. 10–17.30 Uhr, im Winter 11–16.30 Uhr. Eintritt: £ 7.20, erm. £ 6.20 bzw. £ 5.20.

Umgebung

Battle

Das in einem lieblichen Tal, zehn Kilometer nordwestlich von Hastings gelegene Battle ist – wie der Name andeutet – der Ort, an dem sich die normannischen und angelsächsischen Ritter jene denkwürdige Schlacht lieferten, die König Harold Reich und Leben gekostet hat. Zur Erinnerung an seinen Sieg und zur Buße für das Blutvergießen gründete Wilhelm der Eroberer ein Benediktinerkloster, das während der englischen Reformation zum größten Teil abgerissen wurde. Rund um das Kloster entstand später ein kleines Dorf, das noch immer sein mittelalterliches Flair bewahren konnte.

● *Information* **Tourist Office**, Battle Abbey Gatehouse, Battle, East Sussex TN33 0AQ, ✆ 01424/773721, 🖷 01424/773436. Zimmervermittlung, reichlich Informationen zur „Battle of Hastings". www.visit1066country.com.
● *Einwohner* 5.000 Einwohner.

● *Verbindungen* **Bus** – Lokale Busse regelmäßig ab Hastings. **Zug** – Battle Station liegt auf der Hauptstrecke zwischen Hastings und London (Züge alle 30 Min.). www.nationalrail.co.uk.

Sehenswertes

Battlefield & Battle Abbey: Da von der eigentlichen Schlacht keine Spuren erhalten sind, werden die Besucher in der für England typischen Weise auf eine multimediale Reise in die Vergangenheit eingeladen. Es gibt zwei Rundgänge rund um die Abtei, wobei die Schlacht aus angelsächsischer sowie aus normannischer Perspektive dargestellt wird.

Adresse High Street. ⏰ April bis Sept. tgl. 10–18 Uhr, Okt. bis März 10–16 Uhr. Eintritt: £ 7, erm. £ 6 bzw. £ 3.50 (EH).

Bateman's

Der Literaturnobelpreisträger *Rudyard Kipling* (1865–1936) ließ sich 1902 am Rande von Burwash nieder. Bis zu seinem Tode bewohnte der weltberühmte Autor des „Dschungelbuchs" diesen aus dem 17. Jahrhundert stammenden Landsitz, den er nach und nach durch Landkäufe auf über 100 Hektar vergrößerte. Als einer der erfolgreichsten englischen Schriftsteller seiner Zeit konnte er sich sogar einen Rolls Royce leisten. Kipling, der in seinen Kinderbüchern „Puck of Pook's Hill" die Hügellandschaft des Weald anschaulich beschrieben hat, gestaltete den vier Hektar großen Garten von Bateman's nach seinen Vorstellungen, wobei er sich an den Idealen des englischen Gartenbaus orientierte. Die Innenräume des Anwesens wurden in dem Zustand von 1936 belassen, so dass sie noch immer eine recht authentische Atmosphäre ausstrahlen.

⏰ von Mitte März bis Okt. Sa–Mi 11–17 Uhr. Eintritt: £ 7.45, erm. £ 3.70 (NT).

The Battle of Hastings

Die Schlacht von Hastings gehört zu den großen Ereignissen, durch deren Ausgang die Weltgeschichte einen anderen Verlauf genommen hat. Es soll hier einmal dahingestellt bleiben, wessen Herrschaftsanspruch berechtigter war – beide Thronanwärter konnten plausible Gründe ins Feld führen, so dass die Entscheidung im Kampf fallen musste. Obwohl Wilhelm, seines Zeichens Herzog der Normandie, über eine besser ausgerüstete Streitmacht – seine Reiterei besaß schon Steigbügel und konnte daher vom Pferd aus kämpfen – verfügte, war er Harold in taktischer Hinsicht unterlegen, da er sich mit einem relativ kleinen Heer in einem feindlichen Land befand und daher gezwungen war, mit seiner Flotte in Verbindung zu bleiben und baldmöglichst eine Entscheidung auf dem Schlachtfeld zu suchen. Wilhelm reizte seinen Gegner, indem er die Südküste systematisch verwüstete. Anstatt die Ruhe zu bewahren und die Zeit für sich arbeiten zu lassen, eilte Harold mit seinen Truppen in Gewaltmärschen aus Nordengland herbei, wo er soeben den norwegischen König Harald Hardrada besiegt hatte. Am Morgen des 14. Oktober 1066 trafen die beiden gleich starken Heere – jeweils rund 7.000 Mann – in Battle aufeinander. Harolds Truppen hatten sich auf einem strategisch günstig gelegenen Hügel verschanzt, den die normannischen Reiter mehrmals vergeblich zu stürmen versuchten. Immer wieder brachen ihre Attacken unter den Hieben der angelsächsischen Streitäxte zusammen – einmal musste Wilhelm sogar seine ganze Autorität aufbieten, um seine Ritter an der Flucht zu hindern. Schließlich gelang es den Normannen, ihren Gegner mithilfe einer taktischen Finte aus der Defensive zu locken: Sie täuschten eine Flucht vor und rieben die disziplinlos hinterher stürmenden Angelsachsen auf. Von einem Pfeil ins Auge getroffen, fand Harold mit einem großen Teil des einheimischen Adels auf dem Schlachtfeld den Tod.

Bexhill-on-Sea

Bexhill, ein wenig aufregendes Seebad, liegt auf halbem Weg zwischen Hastings und Eastbourne. Auf der Promenade begegnet man zumeist Langzeiturlaubern älteren Semesters. Einen Besuch wert sind jedoch die *St Peter's Church*, mit deren Bau im Jahre 1070 begonnen wurde, sowie der *De La Warr Pavilion*, ein großer Unterhaltungskomplex aus den Dreißigerjahren, der durch seine ungewöhnlich moderne Formensprache gefällt.

Eastbourne

Eastbourne gehört zu den beliebtesten englischen Seebädern und ist seit Jahrzehnten fest in der Hand von Rentnern und Sprachschülern. Lohnend ist ein Ausflug zu den im Westen gelegenen Kreideklippen von Beachy Head. Wer sich ins Nachtleben stürzen will, muss nach Brighton fahren.

Noch zu Beginn des 19. Jahrhunderts war Eastbourne ein unbedeutender Küstenort mit weniger als 2.000 Einwohnern. Erst als Eastbourne 1849 an das englische Eisenbahnnetz angeschlossen wurde, setzte ein rasanter Bauboom ein. *William Cavendish*, der 7. Duke of Devonshire, erkannte die Zeichen der Zeit und ließ auf

162 Sussex

seinem ausgedehnten Grundbesitz ein modernes Seebad samt Pier errichten. Dies erklärt auch, weshalb der alte Ortskern mit der St Mary's Kirche aus dem 12. Jahrhundert 500 Meter weiter landeinwärts liegt. Schnell wurde Eastbourne zu einem der populärsten Seebäder, in dessen imaginärer Gästeliste sich so bekannte Persönlichkeiten wie Claude Debussy – er vollendete hier *La Mer* –, Karl Marx, Friedrich Engels, Bernhard Shaw, Charles Dickens und Lewis Carroll eingetragen haben.

An der knapp fünf Kilometer langen Uferpromenade, von der man einen schönen Blick auf den gepflegten Kieselstrand hat, durften sich laut Cavendish keine Geschäfte niederlassen. Die breite Promenade war ursprünglich an den Seiten mit Bäumen bepflanzt, doch dann brach am 16. Oktober 1987 ein gewaltiger Herbststurm über Eastbourne herein. Zahllose Garagen, Fenster und Kamine wurden zerstört, selbst Dächer abgetragen. Am verheerendsten für das Stadtbild waren die Baumschäden: Mehr als 2.000 Bäume im Stadtgebiet wurden entwurzelt, die Uferpromenade verlor ihren gesamten Baumbestand. Der Beliebtheit von Eastbourne fügte dies keinen Schaden zu: Erst unlängst wurde das gemächliche Eastbourne zum *friendliest resort* von ganz England gewählt.

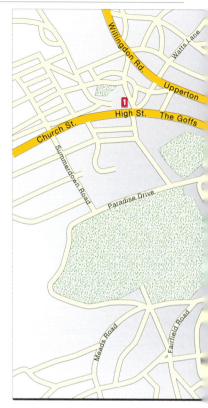

- *Information* **Tourist Information Centre**, 3 Cornfield Road (in Nähe des Arndale Centres), Eastbourne, East Sussex BN21 4NZ, ✆ 01323/411400, ✆ 01323/649574. www.eastbourne.org oder www.eastbourne.gov.uk.
- *Einwohner* 88.000 Einwohner.
- *Verbindungen* **Bus** – Informationen: The Bus Stop Shop im Arndale Centre; ✆ 01323/416416. Busse fahren regelmäßig ab Terminus Road (Arndale Centre nahe dem Bahnhof) nach Lewes, Hastings, Rye, Newhaven und Brighton. **Zug** – Bahnhof an der Terminus Road, Informationen über ✆ 08457/484950. Züge (75 Min.) stdl. nach London über Lewes oder St Leonards Warrior Square (bei Hastings). www.nationalrail.co.uk.
- *Fahrradverleih* **Cuckmere Cycle Company**, ✆ 01323/870310. www.cuckmere-cycle.co.uk.
- *Golf* **Downs Golf Course**, East Dean Road, ✆ 01323/720827, www.ebdownsgolf.co.uk; **Royal Eastbourne Golf Course**, Paradise Drive, ✆ 01323/736986, www.regc.unospace.net.
- *Kinos* **Virgin Multiplex**, The Crumbles Centre, Pevensey Bay Road, ✆ 01323/555159; **Curzon**, Langney Road, ✆ 01323/731441, www.eastbournecurzon.net.
- *Markt* **Eastbourne Enterprise Centre Open Market**, jeweils Fr und Sa in der Nähe des Bahnhofs.
- *Schwimmen* **Sovereign Centre**, Wellenbad mit Riesenrutsche, Royal Parade, ✆ 01323/738822, www.sovereigncentre.org; **Motcombe Swimming Pool**, Motcombe Road, ✆ 01323/410748.
- *Veranstaltungen* **International Ladies**

Eastbourne 163

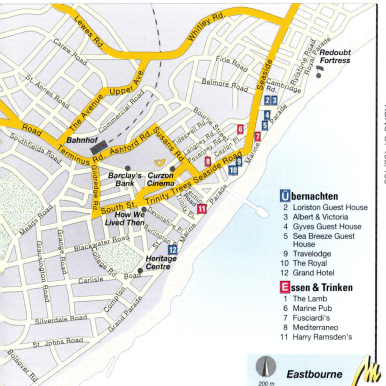

Übernachten
- 2 Loriston Guest House
- 3 Albert & Victoria
- 4 Gyves Guest House
- 5 Sea Breeze Guest House
- 9 Travelodge
- 10 The Royal
- 12 Grand Hotel

Essen & Trinken
- 1 The Lamb
- 6 Marine Pub
- 7 Fusciardi's
- 8 Mediterraneo
- 11 Harry Ramsden's

Sussex
Karte S. 152/153

Tennis Championships, zwei Wochen vor dem Turnier von Wimbledon trifft sich alljährlich im Juni die Weltelite im Damentennis auf den Grasplätzen von Eastbourne.

• *Übernachten* **Grand Hotel (12)**, traditionell das erste Haus am Platz. Musikliebhaber erinnern sich an Claude Debussy, der bei einem Aufenthalt „La Mer" komponierte. Das Haus wurde unlängst renoviert und bietet Hotelkomfort auf hohem Niveau, schöner Garten mit großzügigem Swimmingpool. DZ ab £ 195. King Edward's Parade, ℡ 01323/412345, ℻ 01323/412233, www.grandeastbourne.com.

The Royal (10), in zentraler Lage direkt an der Seefront, daher lohnt es auch, ein Zimmer mit Meerblick zu buchen. Kostenloses WLAN. B & B im EZ ab £ 42, im DZ ab £ 35. 8–9 Marine Palace, ℡ 01323/649222, www.eastbourneroyal.co.uk.

Travelodge (9), zuerst das Negative: Travelodge ist ein Kettenhotel. Doch jetzt zum Positiven: Im Sommer 2007 direkt an der Hafenpromenade eröffnet, bietet das Hotel viel Komfort zu einem günstigen Preis. Ein wenig anonym, aber dafür kosten die Zimmer rund £ 65 (teilweise mit tollem Meerblick). Wer rechtzeitig im Internet bucht, kann sogar ein Zimmer ab £ 29 reservieren. Marine Parade, ℡ 08700/850950, www.travelodge.co.uk.

Albert & Victoria (3), das nur eine Minute vom Meer entfernte Hotel mit den großzügigen Zimmern samt Himmelbetten ist ein Lesertipp von Johann Baumer, der das romantische Flair lobte. B & B ab £ 35. 19 St Aubyns Road, ℡ 01323/730948, www.albertandvictoria.com.

Loriston Guest House (2), gemütliche Zimmer (zwei EZ, zwei DZ sowie ein großes

164 Sussex

Nicht nur für alte Damen: der Pier von Eastbourne

Mehrbettzimmer), die von den neuen Besitzern Harry und Pam Pope unlängst renoviert wurden. B & B mit TV, Dusche und WC en suite £ 30–48. 17 St Aubyns Road, ✆ 01323/726193, www.loriston.co.uk.

Gyves Guest House (4), ein Lesertipp von Lars Rehl, den das „eher unbritisch eingerichtete" Haus und die Atmosphäre begeisterten: „Es gibt echtes Parkett und nicht so viel kitschigen Schnickschnack und versinktiefe Teppiche." B & B ab £ 30 pro Person. 20 St Aubyns Road, ✆ 01323/721709, www.gyveshouse.com.

Sea Breeze Guest House (5), sechs saubere Zimmer ohne großen Schnickschnack, dafür gibt es im ganzen Haus kostenloses WLAN. B & B ab £ 32. 6 Marine Road, ✆ 01323/725440, www.seabreezeguesthouseeastbourne.co.uk.

• *Camping* *** **Fairfields Farm**, fünf Kilometer östlich der Stadt. Übernachtung ab £ 15. Von April bis Okt. geöffnet. Eastbourne Road, Westham, ✆ 01323/763165, 📠 01323/499175, www.fairfieldsfarm.com.

• *Essen/Trinken* **Harry Ramsden's (11)**, beliebtes Fish and Chips an der Promenade, Cod, Haddock & Co im frittierten Bierteigmantel zu günstigen Preisen, auch zum Mitnehmen. Kein Ruhetag. 258 Terminus Road, ✆ 01323/417454, www.harryramsdens.co.uk.

Mediterraneo (8), das wohl beste italienische Restaurant der Stadt bietet wohlfeile Kost. Mittagsmenü £ 12.50, ein Klassiker wie Saltimbocca alla Romana kostet £ 12.95. Sonntag geschlossen. 72 Seaside Road, ✆ 01323/736964.

Marine Pub (6), ausgezeichnetes Pub Food mit „Biergarten". Internationale Küche (*Cajun Chicken* etc.). 61 Seaside Road, ✆ 01323/720464.

The Lamb (1), direkt neben der Church of St Mary, mit Abstand das älteste Public House in Eastbourne: Seit mehr als 750 Jahren wird hier der Durst der Gäste gelöscht. High Street.

Fusciardi's (7), geräumiger Coffee/Tea-Room mit gutem Kaffee; auch der entkoffeinierte ist sehr stark und wird in Riesentassen serviert. Stadtbekannt sind die Eisspezialitäten. Straßenterrasse mit Blick auf das Meer. Carlisle Road.

Tiger Inn, „ein Pub, so schön, dass man es gar nicht weiter verraten sollte", meinte Leser Johann Baumer und verriet es uns dennoch. Das Pub liegt in East Dean an der A 259 (in Richtung Seaford). Bei gutem Wetter kann man im Freien auf einer Grünanlage sitzen. Es werden abwechslungsreiche Gerichte serviert. Gute Weine. Auch Zimmervermietung. ✆ 01323/423209, www.beachyhead.org.uk.

Sehenswertes

Redoubt Fortress: Das konzentrisch angelegte Redoubt Fortress, das 1810 zur Abwehr eines befürchteten napoleonischen Angriffs erbaut wurde, beherbergt heute ein Militärmuseum. Zahlreiche Uniformen, Orden und Waffen dokumentieren die letzten 300 Jahre britischer Militärgeschichte. In den Sommermonaten wird der Innenhof des Gebäudes auch als Konzertsaal genutzt.

Adresse Royal Parade. ⏲ April bis Anfang Nov. tgl. außer Mo 10–17 Uhr. Eintritt: £ 4, erm. £ 3. www.eastbournemuseums.co.uk.

How We Lived Then: Verteilt auf drei Stockwerke, bietet das Museum einen Einblick in die Geschäftswelt des viktorianischen Zeitalters. Ganze Ladenzeilen wurden originalgetreu nachgebildet und mit zeitgenössischem Interieur eingerichtet.

Adresse 20 Cornfield Terrace. ⏲ tgl. 10–17.30 Uhr. Eintritt: £ 4.50, erm. £ 4 oder £ 3.50.

Eastbourne Heritage Centre: Das stadtgeschichtliche Museum beschäftigt sich mit Eastbournes Geschichte vom 18. Jahrhundert bis in die Gegenwart.

Adresse 2 Carlisle Road. ⏲ von Ostern bis Sept. tgl. außer Sa 14–17 Uhr. Eintritt: £ 2.50, erm. £ 2 oder £ 1. www.eastbourneheritagecentre.co.uk.

Wandern

Beachy Head und Seven Sisters

Eine der eindrucksvollsten Küstenwanderungen Südenglands beginnt an der Strandpromenade von Eastbourne und führt auf einem Teilstück des South Downs Way (Markierung: Eichelsymbol) in südwestlicher Richtung zu den spektakulärsten Kreideklippen der Küste. Nach rund eineinhalb Stunden und einem steilen Aufstieg erreicht man die Klippen Beachy Head. Mit einer Höhe von 170 Metern sind die senkrecht abfallenden Klippen die höchsten Englands. Eindrucksvoll ist auch der Größenvergleich mit dem vorgelagerten rot-weiß gestreiften Leuchtturm: Trotz seiner 44 Meter wirkt er ein wenig zwergenhaft. Von dem atemberaubenden Panorama fasziniert, wünschte sich der an Speiseröhrenkrebs leidende *Friedrich Engels,* dass seine Asche von hier aus in alle Winde zerstreut werde. Im August 1895 erwiesen ihm seine Freunde diesen letzten Dienst. Passiert man den alten Leuchtturm „Belle Tout" und die Bucht von Birling Gap, so erreicht man nach weiteren 90 Minuten die „Seven Sisters", sieben steile Hügel in Folge. Das Flüsschen Cuckmere weist den Weg landeinwärts zur A 259, wo man den Bus zurück nach Eastbourne nehmen kann.

Achtung: Wer keine suizidalen Neigungen verspürt, sollte stets einen Sicherheitsabstand zur Abbruchkante einhalten. Das Gestein ist sehr brüchig (erst 1999 stürzte ein breiter Streifen ins Meer), zudem droht Gefahr bei plötzlichen Windböen.

Umgebung

Pevensey Castle

Die größte Sehenswürdigkeit des kleinen Seebades Pevensey an der gleichnamigen Bucht sind die Ruinen einer Burganlage, deren Ursprünge bis in die Römerzeit zurückreichen. Wilhelm der Eroberer, der der Überlieferung zufolge in Pevensey erstmals englischen Boden betreten haben soll, erteilte den Auftrag, Teile der von den

166   Sussex

Sachsen zerstörten römischen Festung zum Bau einer Burg normannischen Musters zu verwenden.

ⓣ April bis Sept. tgl. 10–18 Uhr, Okt. tgl. 10–16 Uhr, Nov. bis März nur Sa und So 10–16 Uhr. Eintritt: £ 4.50, erm. £ 3.80 oder £ 2.30 (EH).

• *Information* am Castle, High Street, East Sussex BN24 5LE, ✆/✉ 01323/761444.

• *Verbindungen* Zweimal pro Stunde fahren **Busse** von der Terminus Road in Eastbourne nach Pevensey.

National Trust – Hüter des nationalen Kultur- und Naturerbes

Der National Trust (NT) ist fraglos eine der erfolgreichsten Bürgerinitiativen in der Welt. Im Jahre 1895 von dem Pastor Hardwicke Rawnsley, dem Notar Sir Robert Hunter und der Sozialarbeiterin Octavia Hill gegründet, hat der „National Trust for Places of Historic Interest or Natural Beauty" in den über 100 Jahren seines Bestehens hunderte von Häusern und Kirchen vor dem Abriss bewahrt und sich für den Erhalt von einzigartigen Naturräumen eingesetzt. Das erste Haus, das der National Trust vor der Spitzhacke bewahrt hat, war das gotische Old Clegly House in Alfriston, das für zehn Pfund erworben wurde. Ende der Dreißigerjahre stieg die gemeinnützige Stiftung nach Staat und Krone zum drittgrößten Grundbesitzer Großbritanniens auf. Eine drastische Erhöhung der Erbschaftssteuern zwang zahlreiche aristokratische Familien, sich von ihren Landsitzen zu trennen oder sie der Obhut des National Trust zu übergeben; andere wiederum konnten die immensen Unterhaltskosten nicht mehr länger bestreiten. Neben Schlössern und Parkanlagen gehören dem National Trust auch Berge, Moore, Inseln und Küstenabschnitte. Seine Einnahmen bezieht der National Trust aus den Beiträgen seiner mehr als zwei Millionen Mitglieder, aus Eintrittsgeldern, Spenden, Stiftungen und Schenkungen sowie den Erträgen der Souvenirläden und Teestuben. Da Mitglieder freien Eintritt zu den Sehenswürdigkeiten haben und die Eintrittspreise ziemlich hoch sind, kann sich eine Mitgliedschaft (£ 48.50 pro Jahr) auch für ausländische Touristen lohnen.

Weitere Informationen: National Trust, 36 Queen Anne's Gate, London SW1H 9AS, ✆ 020/2229251. www.nationaltrust.org.uk.

Herstmonceux

Der Name des Dorfes erinnert noch an die Familien de Herst und de Monceux, die im Zuge der normannischen Eroberung mit diesem Gebiet belehnt worden waren. Allerdings lassen fast alle Besucher das Dorf mit seiner Pfarrkirche All Saints links beziehungsweise rechts liegen, und begeben sich direkt zum Herstmonceux Castle, einem prächtigen Renaissanceschloss, umgeben von Wassergräben. Architektonisch lehnten sich die Bauherren an den mittelalterlichen Burgenbau an. Ein Wehrbau war Herstmonceux nie, denn der rote Backstein ist kaum geeignet, Kanonenkugeln abzuwehren. Auf dem Schlossareal befindet sich auch das Herstmonceux Science Centre, von dem aus das *Royal Observatory* drei Jahrzehnte lang seine Himmelsbeobachtungen betrieben hat, bevor es in den Achtzigerjahren in den Pazifikraum umzog.

ⓣ von April bis Sept. tgl. 10–18 Uhr, im Okt. tgl. 10–17 Uhr. Eintritt für den Garten: £ 6, erm. £ 3. Innenräume sind nur im Rahmen einer Führung (£ 2.50) zugänglich. Termine: ✆ 01323/834444. Eintritt für das Science Centre: zusätzlich £ 6.10, erm. £ 4.70. www.herstmonceux-castle.com.

Alfriston

Für Freunde schöner südenglischer Dörfer gehört ein Abstecher nach Alfriston zum Pflichtprogramm. Unter dem malerischen Häuserensemble aus Tudorfachwerk ragen das reetgedeckte Old Clegly House (tgl. außer Di und Fr 10.30–17 Uhr, Eintritt £ 4.05, erm. £ 2.05), ein ehemaliges Pfarrhaus aus dem 14. Jahrhundert sowie die imposante Pfarrkirche St Andrews – sie wird wegen ihrer Größe gerne als „Kathedrale der South Downs" bezeichnet – heraus. Sehenswert ist auch der Fachwerk-Gasthof Star Inn, der um 1520 errichtet wurde. Bei einem Streifzug durch die Straßen lassen sich an den Häusern viele Zunftzeichen entdecken, die darauf hinweisen, welches Gewerbe dort einst ausgeübt wurde. Der soziale Treffpunkt des Ortes ist aber der liebevoll geführte Village Store mit dem integrierten Post Office.

• *Übernachten/Essen* **The Star**, der Gasthof ist ein Fachwerktraum, allerdings befinden sich die meisten Zimmer in einem modernen Anbau. Im Restaurant wird italienische Küche serviert, 3-Gang-Menü £ 29. WLAN vorhanden. DZ inkl. Frühstück £ 95–145. High Street, ✆ 01323/870495, 📠 01323/870922, www.thestaralfriston.co.uk.

Deans Place Hotel, zwei Fußminuten vom Dorf entfernt, liegt dieses schöne Landhotel in einem Anwesen aus dem 15. Jahrhundert samt herrlicher Terrasse und einem Swimmingpool. Individuelle Zimmer in unterschiedlichen Größen. Kostenloses WLAN. DZ inkl. Frühstück ab £ 125. Seaford Road, ✆ 01323/870248, 📠 01323/870918, www.deansplacehotel.co.uk.

Wingrove House, ein Hotel in einem schmucken Anwesen im Kolonialstil. Einladende Zimmer, teilweise mit Messingbetten, zeitlos modern. DZ inkl. Frühstück (ab 9 Uhr) £ 95–155. ✆ 01323/870276, www.wingrovehousealfriston.com.

Jugendherberge Alfriston, Landhaus aus dem 16. Jahrhundert in landschaftlich reizvoller Lage über dem Cuckmere Valley, etwa ein Kilometer außerhalb von Alfriston. Erwachsene £ 14, Jugendliche £ 10 (ganzjährig geöffnet). Frog Firle, Polegate, ✆ 0845/3719101, 📠 01323/870615, alfriston@yha.org.uk.

The Long Man of Wilmington

Östlich von Alfriston leuchten auf einem sanft ansteigenden Hügel die weißen Konturen einer überdimensionalen menschlichen Figur, die in den weißen Kalk geritzt wurden sind. Ob es sich bei dem rund 73 Meter „großen" Long Man of Wilmington tatsächlich um eine eisenzeitliche Darstellung eines Menschen handelt, ist zweifelhaft. Eine genaue Datierung ist schwer, aber wahrscheinlich stammt die Kreidezeichnung erst aus sächsischer Zeit.

Michelham Priory

Zwei Kilometer westlich von Hailsham liegt Michelham Priory, eine 1229 von Gilbert L'Aigle gegründete Augustinerabtei. Knapp drei Jahrhunderte später wurde das Kloster auf Anordnung Heinrichs VIII. aufgelöst; die Klosterkirche wurde zerstört, die anderen Gebäude mehrfach umgebaut. Noch heute ist der stattliche Landsitz vom größten wassergefüllten Burggraben Englands umgeben; er zeugt zusammen mit dem rund 20 Meter hohen mittelalterlichen Torhaus von den unruhigen Zeiten des Hundertjährigen Krieges, als sich die Mönche vor französischen Angriffen zu schützen versuchten. Damals gab es sogar noch eine hölzerne Zugbrücke, die später durch eine steinerne ersetzt worden ist.

🕑 März bis Okt. tgl. außer Mo 10.30–16.30 Uhr, im April, Juli und Sept. bis 17 Uhr, im Aug. bis 17.30 Uhr. Eintritt: £ 6.80, erm. £ 5.80 bzw. £ 3.60. www.sussexpast.co.uk/michelham.

168　Sussex

Farley Farm House

Mitten im ländlichen Sussex, zwischen Herstmonceux und Lewes, erstreckt sich unweit der Ortschaft Chiddingly ein Landsitz, der zum Treffpunkt von surrealistischen Malern, Dichtern und Schriftstellern wurde. Der englische Maler *Roland Penrose* erwarb Farley Farm 1949 zusammen mit seiner Frau, der amerikanischen Fotografin Lee Miller. Beide, Miller – sie war zeitweise mit Man Ray liiert – wie Penrose, bewegten sich in der Pariser Surrealistenszene, waren mit Picasso, Paul Eluard, Max Ernst und Joan Miró befreundet. Die Kontakte rissen auch nach dem Krieg nicht ab, denn Roland Penrose organisierte Ausstellungen, die die surrealistische Kunst in England bekannt machten und so kamen zahlreiche Künstler zu Besuch nach Farley Farm, darunter auch Picasso im Jahre 1950.

Während Roland Penrose weiterhin Erfolge feierte (er schrieb auch mehrere Künstlerbiographien), wurde es still um Lee Miller. Lee, die schon in jungen Jahren als Fotomodell für Vogue gearbeitet hatte, fühlte sich in dem schmucken Backsteinhaus nicht wohl und kämpfte mit Depressionen und Alkoholproblemen; das Fotografieren gab sie auf. Erst nach ihrem Tod wurde sie weltbekannt. Nicht nur wegen ihrer surrealistischen Arbeiten („Akt mit Kettenhemd"), sondern auch wegen ihrer Reportagen aus dem besiegten Nazi-Deutschland gehört sie zu den bedeutendsten Fotografen des 20. Jahrhunderts.

Lee Miller starb 1977, Roland Penrose 1984 – beide auf Farley Farm. Seither kümmert sich der gemeinsame Sohn Anthony, der auf dem Anwesen lebt, um das künstlerische Erbe seiner Eltern. Vor ein paar Jahren wurden mehrere Räume der Farley Farm für die Öffentlichkeit zugänglich gemacht. Zwischen Wohn- und Arbeitszimmer kann man im Rahmen einer Führung Fotografien von Man-Ray sowie Bilder von Roland Penrose bewundern. Farley Farm beherbergt außerdem das Lee Miller Archiv, das rund 40.000 Negative, Manuskripte und Briefe umfasst.

Die Führungen kosten £ 25 und finden an ca. 15 Terminen pro Jahr statt (www.rolandpenrose.co.uk), zusätzlich ist es möglich für Gruppen zwischen 12 und 15 Personen Zusatztermine zu vereinbaren. ✆ 01825/872691, ✆ 01825/872733, tours@leemiller.co.uk.

Lewes

Auf einem Ausläufer der South Downs, hoch über dem Flüsschen Ouse, liegt Lewes, ein betriebsames Marktstädtchen mit Fachwerkhäusern, Kieselsteinmauern und einer alten normannischen Burg. Übrigens ist Lewes und nicht das viel größere Brighton die Hauptstadt der Grafschaft East Sussex.

Lewes ging aus einem kleinen Fischerdorf hervor, doch schon in angelsächsischer Zeit wurde der Ort befestigt, wobei sich das Ortszentrum auf den Hügel verlagerte – der Name Lewes leitet sich von der angelsächsischen Bezeichnung *hlaew* für „Hügel" ab. Der Normanne *William de Warenne* ließ an seiner höchsten Stelle eine Burg errichten und gründete die erste Cluniazenserabtei Englands. Im Jahre 1264 ereignete sich vor Lewes eine der bedeutendsten Schlachten des 13. Jahrhunderts: Die mehr politische Mitbestimmung fordernden englischen Barone besiegten unter der Führung von *Simon de Montfort* die königlichen Truppen und nahmen Heinrich III. gefangen, woraufhin dieser die Forderungen seiner Barone und somit die Bildung des ersten englischen Parlaments akzeptieren musste. Theodor Fontane besuchte Lewes im Jahre 1854 und war von dem historischen Flair begeistert: „Das

Lewes

Städtchen ist nur interessant durch seine altertümliche Physiognomie, ein malerischer Reiz, dem man nirgends seltener begegnet als in England, wo die Städte alle hundert Jahre ihr Kleid wechseln und ihre Geschichte in Büchern und Balladen haben, aber nicht in Stein."

Wer durch Lewes schlendert, wird Fontanes Einschätzung noch in vielerlei Hinsicht bestätigen können: Durch das Zentrum schlängeln sich enge, mit Kopfstein gepflasterte Gassen, man sieht Tudorfachwerk, georgianische Bürgerhäuser, und auf der geschwungenen High Street reihen sich Antiquitätengeschäfte, Buchhandlungen und Feinkosttheken aneinander. Die Stadt ist reich, die Häuserpreise gewaltig, denn dank guter Bahnverbindungen gehört Lewes längst zum Londoner Speckgürtel. Neben Börsenmaklern finden sich unter den Einwohnern auch zahlreiche Dozenten und Professoren der nahen Sussex University. Der Engländer liebt sein Kleinstadtflair und in Lewes gibt es reichlich davon.

Auch bei Schulklassen beliebt

- *Information* **Tourist Information Centre**, 187 High Street, Lewes, East Sussex BN7 2DE, ✆ 01273/483448, ℻ 01273/484003, www.enjoysussex.info.
- *Einwohner* 16.000 Einwohner.
- *Verbindungen* **Bus** – Busbahnhof an der Eastgate Street, ✆ 01273/474747 (Country Busline), ✆ 0990/808080 (National Express). **Zug** – Nach London Victoria (Southern Railway), Brighton, Gatwick Airport, Eastbourne und entlang der Südküste; Bahnhof in der Station Road, südlich der High Street. ✆ 0345/484950, www.nationalrail.co.uk.
- *Markt* Farmer's Market immer am ersten Sa des Monats.
- *Schwimmen* **Lewes Leisure Centre**, ✆ 01273/483448, www.waveleisure.co.uk.
- *Veranstaltungen* **Lewes Festival** mit Musik, Tanz und Theater, Ende April. **Guy Fawkes' Night** mit riesigem Feuerwerk (5. Nov.).
- *Übernachten* **White Hart Hotel**, ehemalige Postkutschenstation mitten im Zentrum von Lewes. Thomas Paine war auch schon zu Gast. Durch einen Anbau wurde die Hotelkapazität auf 52 Zimmer erweitert und besitzt seither ein tropisches Hallenbad. Feines Restaurant mit Hauptgerichten um die £ 12, beispielsweise bei einem *Trio of lamb cutlets* auf einem Kartoffel-Spinat-Beet. B & B ab £ 54.50, im EZ £ 75. 55 High Street, ✆ 01273/476694, ℻ 01273/476695, www.whitehartlewes.co.uk.

The Shellys, stattliches Herrenhaus, das ehedem im Besitz des Earl of Dorset war. Komfortable großzügige Zimmer mit dicken Vorhängen, allerdings zu happigen Preisen. EZ ₤ 115, DZ ab £ 145, jeweils zzgl. 17,5 % VAT. High Street, ✆ 01273/472361, www.the-shelleys.co.uk.

Crown Hotel, eines der ältesten Hotels in Lewes, mit hübschem Wintergarten. DZ ab £ 60, EZ ab £ 40. 191 High Street, ✆ 01273/480070, ℻ 01273/480679. www.crowninnlewes.co.uk.

170　Sussex

• *Essen/Trinken* **Bill's Pruduce Store**, gegenüber der Harveys Brewery werden Café, Tee und einfache Gerichte sowie Snacks in der Atmosphäre eines Gemüse- und Feinkostladens an langen Tischen serviert. Straßenterrasse. Nur tagsüber geöffnet. 56 Cliff High Street, www.billsproducestore.co.uk.

Ask, einladendes italienisches Restaurant mit einem guten Preis-Leistungs-Verhältnis. Pizza ab £ 7. Helle, freundliche Räume. 185 High Street.
Famiglia Lazzati's, ein weiterer sehr preiswerter Italiener. Kleiner und gemütlich. Pizza ab £ 6. So Ruhetag. 17 Market Street, ✆ 01273/479539. www.lazzatis.co.uk.

Ein Zöllner als Revolutionär?

In Lewes war der radikale Humanist *Thomas Paine* (1737–1809) mehrere Jahre als Zollbeamter beschäftigt. Paine debattierte leidenschaftlich im „Headstrong Club" und veröffentlichte revolutionäre Pamphlete. Nachdem er dadurch wiederholt Schwierigkeiten bekommen hatte und 1774 schließlich aus dem Zolldienst entlassen worden war, ging Paine nach Amerika, wo er sich als überzeugter Vertreter des Unabhängigkeitskampfes schnell einen Namen machte. Paine engagierte sich leidenschaftlich für seine humanistischen Ideale; er forderte ein Ende der Sklaverei, trat für die Rechte der Frauen und das allgemeine Wahlrecht ein. Berühmt geworden ist seine 1791, im Zuge der Französischen Revolution veröffentlichte Schrift „The Rights of Man", die eine Auflage von mehr als einer Million erreichte. Paine griff darin die englische Monarchie und die bestehende Kirche vehement, aber folgenlos an: Der revolutionäre Funke wollte nicht über den Ärmelkanal springen.

Sehenswertes

Lewes Castle: Eindrucksvoll überragen die Ruinen der normannischen Burg den Ort. Ein wuchtiger wie schlichter Bau: Lewes Castle gehörte zu den ersten Festungen, die die Normannen errichteten, um ihren Herrschaftsanspruch zu unterstreichen und gleichzeitig den Zugang zum Meer abzusichern. Oben angekommen, kann man sich über das phantastische Panorama freuen, die welligen Hügel der South Downs rollen hinunter bis zum Meer; schon Daniel Defoe lobte die „Aussicht, wie ich sie in keinem anderen Teil von England je gehabt habe". In dem aus dem frühen 14. Jahrhundert stammenden Barbican House wird anhand eines historischen Stadtmodells die Geschichte von Lewes und die der Normannen in Südengland erläutert. Zu dem Ensemble gehören noch eine mächtige Barbakane sowie Reste der Befestigung. Ungewöhnlich für die Normannen ist, dass die Burganlage von Lewes auf zwei sogenannten „Motten" (künstlich aufgeschütteten Erdhügeln) errichtet wurde. Dies gibt zu Spekulationen Anlass, ob die Motten eventuell schon vor der normannischen Eroberung für einen Vorgängerbau errichtet worden sind?
⏲ tgl. außer Mo 10–17.30 Uhr, So erst ab 11 Uhr. Eintritt: £ 6, erm. £ 4.40 oder £ 3. Kombiticket mit Anne of Cleves House: £ 8.80, erm. £ 7.60 oder £ 4.85. www.sussexpast.co.uk.

Anne of Cleves House: Anna von Kleve, die vierte Frau Heinrichs VIII., erhielt das kleine, verspielte Anwesen nach der Scheidung (1541) als Abfindung übereignet. Obwohl sie dort nie gewohnt hat, gewährt das hübsche, als Heimatmuseum genutzte Fachwerkhaus einen guten Einblick in die Wohnkultur des 16. Jahrhunderts. *Adresse* 52 Southover High Street. ⏲ Di–Do 10–17 Uhr, So und Mo erst ab 11 Uhr. Eintritt: £ 4.20, erm. £ 3.70 oder £ 2.10. Kombiticket mit Lewes Castle: £ 8.80, erm. £ 7.60 oder £ 4.40.

South Downs Way

Lewes liegt in unmittelbarer Nähe des South Downs Way, einem der schönsten Fernwanderwege Englands. Von Eastbourne aus erstreckt sich der South Downs Way auf einer Hügelkette nach Westen, die das Prädikat „outstanding natural beauty" verdient. Zunächst geht es von Eastbourne in Serpentinen hinauf zum Beachy Head, dann nach *Burling Gap* (kleiner Ort direkt an den Klippen), vorbei an den *Seven Sisters* (Steilklippen) und durch den gleichnamigen Country Park. Jetzt biegt der Wanderweg ins Landesinnere in Richtung Wilmington ab, Lewes wird in einem gewissen Abstand umrundet. Nächste Station ist Devil's Dyke, eine imposante Schlucht, die der Teufel in nur einer Nacht geschaffen haben soll, bevor das Adur Valley mit der Ortschaft Steyning erreicht wird. Die nächsten Höhepunkte sind Aberley und die römische Villa von Bignor; in der zur Grafschaft Hampshire gehörenden Bischofsstadt Winchester endet der South Downs Way nach rund 160 Kilometern.

Als Wanderausrüstung empfiehlt sich festes Schuhwerk, eine Regenjacke und gutes Kartenmaterial (Ordnance *Survey*, 1 : 50.000, Nr. 197–199 je nach Wanderabschnitt, im örtlichen Buchhandel oder Tourist Office erhältlich). Gut geeignet für Etappenplanung, Unterkunftssuche und sonstige Informationen ist die Homepage: www.nationaltrail.co.uk/southdowns.

Umgebung

Glyndebourne

Hinter dem Namen Glyndebourne steht bei allen europäischen Opernfans ein großes Ausrufezeichen. Seit *John Christie* am 28. Mai 1934 die Opernfestspiele von Glyndebourne begründet hat, pilgern von Ende Mai bis August zahllose Musikliebhaber in das wenige Kilometer östlich von Lewes gelegene Dorf, dessen Festspiele sich durchaus mit denen von Bayreuth und Salzburg messen können. Doch zurück zur Vorgeschichte: Der Opernfreund Christie hatte 1920 ein Herrenhaus und Ländereien in Glyndebourne geerbt, auf denen er ein kleines Theater mit Orchestergraben errichten ließ. Doch erst als Christie 1933 zwei deutsche Exilanten kennenlernte, wurde daraus ein professionelles Opernfestival, das höchsten Ansprüchen genügte. Christie engagierte nämlich Fritz Busch, den Leiter der Dresdner Semperoper, als Dirigenten sowie den Berliner Carl Ebert als Produzenten und sicherte ihnen jegliche künstlerische Freiheit zu. Der Zweite Weltkrieg zwang den Deutschland-Liebhaber Christie zeitweise, sein Festival einzustellen und das Opernhaus in ein Heim für aus London evakuierte Kinder umzufunktionieren. Erst nach 1945 entsprachen die Vorstellungen wieder dem gewohnten Anspruch. Glyndebourne ist dafür bekannt, sich auch an gewagten Inszenierungen zu versuchen und jungen Talenten den Vorzug vor kostspieligen Stars zu geben. Die alte Privatoper wurde 1994 durch einen modernen Ziegelsteinbau ersetzt, der seither Platz für 1250 Zuschauer bietet. Die Aufführungen beginnen bereits am späten Nachmittag und werden durch eine 80-minütige Pause unterbrochen, während der sich die englische High Society im Park zum Champagner-Picknick mit Hummerhäppchen zusammenfindet.

● *Kartenvorverkauf* Trotz der sehr hohen Preise sind die Vorstellungen oft schon lange im Voraus ausverkauft. Es gibt aber noch die Möglichkeit, kurzfristig einen Stehplatz zu ergattern. Informationen und Kartenvorverkauf: ☎ 01273/813813, 🖷 01273/814686.

www.glyndebourne.com/About/ab0000.cfm.

Charleston Farmhouse

Charleston Farmhouse ist eine Wallfahrtsstätte für die Fans der Bloomsbury Group. In dem Landhaus lebten ab 1916 die Malerin *Vanessa Bell* (1879–1961) – eine Schwester von Virginia Woolf –, ihre Kinder, ihr Mann *Clive Bell* und ihr Geliebter, der Maler *Duncan Grant* (1885–1978), sowie dessen Freund David Garnett. Vanessa hatte drei Kinder: Zwei Söhne von ihrem Mann und eine Tochter von Duncan, die später den Liebhaber ihres Vaters heiraten sollte. Das Zentrum dieser Künstler-WG mit wechselnden homo- und heteroerotischen Affären bildeten Vanessa und Duncan, die beide im Charleston Farmhouse gestorben sind. Sie verwandelten ihr Domizil in ein einzigartiges Gesamtkunstwerk. Wände und Türen sind mit Ornamenten bedeckt, die Tische wurden bemalt, Stoffe und Möbel nach individuellen Vorstellungen entworfen. Der Komfort war sehr bescheiden: Das nächste Geschäft lag zehn Kilometer entfernt. Es gab kein Telefon, kein Auto, keinen Strom; die Plumpsklos mussten ständig entleert werden. Das Wasser pumpte man mit der Hand aus dem Pumpenhaus und erhitzte es auf Holzöfen, für die die Bewohner auch das Holz hacken mussten. Im Winter war das Haus eisig kalt und das Wasser für die Morgenwäsche oft gefroren. Ganz so schlimm kann es aber nicht gewesen sein, schließlich beschäftigten die Bewohner Dienstboten, Hausmädchen und eine Köchin, die ihnen die lästigen Arbeiten wie das Abspülen abnahmen.

Nachdem Duncan Grant 1978 im Alter von 93 Jahren gestorben war, vermachte seine Tochter *Angelica Garnett* das Charleston Farmhouse einer Stiftung, deren Zweck die Erhaltung des Anwesens war. Das stark baufällige und heruntergekommene Haus wurde sorgsam restauriert, um den Stil und Geist seiner Bewohner für die Nachwelt zu erhalten. Seit 1986 kann das Charleston Farmhouse mit dem angrenzenden idyllischen Garten samt Teich besichtigt werden, und es führt dem Be-

Domizil der Bloomsbury Group: Charleston Farmhouse

Monk's House 173

sucher vor Augen, dass die „Bloomsbury Group" nicht nur ein literarisch-intellektueller Zirkel war, sondern auch eigene künstlerische Ausdrucksformen entwickelt hat. Duncan und Vanessa liegen übrigens nebeneinander auf dem Friedhof von Firle begraben. „Bloomsbury Fans" pilgern zudem in die Dorfkirche von Berwick – fünf Kilometer östlich –, die Wandmalereien von Duncan Grant sowie Vanessa und Quentin Bell besitzt.

ⓘ April bis Okt. Mi–Sa 12–18 Uhr, So 11–17.30 Uhr. Außer Sonntag Zugang nur im Rahmen einer Führung. Eintritt: £ 9, erm. £ 5. www.charleston.org.uk.

Die Bloomsbury Group

Der Name der Bloomsbury Group geht auf den Londoner Stadtteil Bloomsbury zurück, in dem Virginia Woolf (1882–1941) zwischen den beiden Weltkriegen einen literarischen Salon unterhielt. Zu der losen Vereinigung avantgardistischer Schriftsteller, Künstler, Wissenschaftler und Philosophen gehörten Virginia und Leonard Woolf, Clive und Vanessa Bell, Lytton Strachey, Duncan Grant, Edward Morgan Forster, Bertrand Russell sowie John Maynard Keynes. Mit anderen Worten: Sehr unterschiedliche Charaktere, die jedoch in der Ablehnung der viktorianischen Moral einen gemeinsamen Nenner fanden und ein für die damalige Zeit ausschweifendes Sexualleben führten. Obwohl die „Bloomsburries" von ihren Kritikern als eine Clique mittelmäßiger Künstler geschmäht wurden, ist es ihr bleibendes Verdienst, dass sich das britische Kulturleben für die Moderne geöffnet und sein puritanisches Korsett abgelegt hat.

Ein besonderes Merkmal für den Bloomsbury-Kreis war der bisexuelle Lebensstil. Virginia Woolf und Vita Sackvill-West waren beide verheiratet und hatten sexuelle Beziehungen zu Frauen. Harold Nicolson hatte zeit seines Ehelebens Affären mit Männern. Der Maler Duncun Grant war mehr als sechs Jahre der Liebhaber des Ökonomen John Maynard Keynes, später hatte er eine Liebesaffäre mit Virginia Woolfs Bruder Adrian und verbrachte den Rest seines Lebens in einer *ménage à trois* mit Woolfs Malerschwester Vanessa Bell und dem Schriftsteller David Garnett, der wiederum Angelica, die Tochter von Duncan und Vanessa heiratete. Und Keynes ging später eine Ehe mit der Tänzerin Lydia Lopokova ein. Selbst Lytton Strachey machte einmal Virginia Stephen vor deren Ehe mit Leonard Woolf einen Heiratsantrag und lebte etliche Jahre mit Dora Carrington zusammen, die sich heftig in ihn verliebt hatte.

Monk's House

Das in der Nähe des Dörfchens Rodmell gelegene Monk's House gehört ebenfalls zum Pflichtprogramm für die Verehrer der Bloomsbury Group, insbesondere für die Fans von *Virginia Woolf*. Diese hatte das unscheinbare Landhaus im Jahre 1919 zusammen mit ihrem Mann *Leonard Woolf* für 700 Pfund ersteigert, um sich hier in Ruhe dem Schreiben widmen zu können. Der Name Monk's House trügt, das Haus diente nie als Mönchsklause, aber ein findiger Makler wollte so Kapital aus der benachbarten Gemeindekirche schlagen. Die Woolfs fühlten sich schnell wohl. Oft kam auch Virginias im nahen Charleston Farmhouse lebende Schwester Vanessa zu

Künstleridylle: Charleston Farmhouse

Besuch: „Hier sitzen wir, essen, spielen Grammophon, strecken unsere Füße zum Feuer und lesen endlose Bücher", schrieb Virginia in einem Brief. Nach den literarischen Erfolgen von „Mrs. Dalloway" und „Orlando" wurde Monk's House modernisiert und um ein Schlafzimmer für Virginia erweitert, das sich nur über den Garten betreten lässt. Apropos Garten: Leonard machte sich mit Begeisterung an die Aufgabe, den Garten in eine blühende Oase mit Rosenbeeten und Dahlien zu verwandeln. Die letzten beiden Jahre vor ihrem Freitod – „die einzige Erfahrung, die ich nicht beschreiben werde" – lebte Virginia ständig in dem spartanisch eingerichteten Cottage mit seinem grünen Wohnzimmer und den schweren Eichenbalken. Am 28. März 1941 stopfte sich Virginia die Taschen voller Steine und ertränkte sich in dem nahe vorbeifließenden River Ouse; ihr Mann Leonard starb 1969 im Monk's House. Die Asche der Woolfs wurde im Garten unter einer Ulme verstreut.
⌚ April bis Okt. Mi und Sa 14–17.30 Uhr. Eintritt: £ 4, erm. £ 2 (NT).

Sheffield Park

Zu dem rund zwölf Kilometer nördlich von Lewes gelegenen Landschaftspark gehören vier Seen, die für die beschauliche Atmosphäre des Gartens verantwortlich sind. Entstanden ist der Garten in seiner heutigen Form in der zweiten Hälfte des 18. Jahrhunderts, als John Baker Holroyd, der erste Earl of Sheffield, das Anwesen erwarb und den berühmten Lancelot „Capability" Brown für die Neugestaltung des Parks gewinnen konnte. Besonders schön ist Sheffield Park im Herbst, wenn die Sträucher und Bäume in den schillerndsten Rottönen leuchten. Sheffield Park House selbst ist leider nicht zu besichtigen.
⌚ tgl. 10.30–17.30 Uhr, im Winter nur bis 16 Uhr, Jan. und Febr. nur am Wochenende. Eintritt: £ 7.40, erm. £ 3.70 (NT).

Brighton

Brighton ist der Klassiker unter den englischen Seebädern, Fontane nannte es gar „das Neapel des Nordens". Der exotische Royal Pavilion, der weit ins Meer hineinragende Brighton Pier und eine kilometerlange Uferpromenade sind auch heute noch beliebte Ziele. Doch keine Angst vor Langeweile: Brighton ist fraglos die toleranteste und lebendigste Stadt an der Südküste.

Brighton, das de facto mit seiner Nachbarstadt Hove zusammengewachsen ist, präsentiert sich rund 250 Jahre nach seiner Entdeckung immer noch als illustres Seebad mit vielen Möglichkeiten zur Zerstreuung. Früher wählten Liebespaare Brighton als Ziel für ein *Dirty Weekend* – gemeint war ein Wochenendausflug in ein plüschiges Hotel, wobei man sich vorzugsweise als Mr. und Mrs. Smith ins Gästebuch eintrug, um alle kompromittierenden Spuren zu verwischen. Heute kommen neben Sprachschülern vor allem viele Kongress- und Tagungsteilnehmer, darunter auch die Abgeordneten der Konservativen, die in dem Seebad gerne ihre Parteitage abhalten. Der seit 1961 in dem Vorort Falmer beheimatete Campus der University of Sussex hat viel studentisches Flair in die Stadt gebracht: So verwundert es auch nicht, dass in Brighton als einziger Stadt Englands bei den Parlamentswahlen im Mai 2010 mit Caroline Lucas eine Direktkandidatin der Grünen ins Unterhaus einzog. Zudem besitzt Brighton eine besonders lebendige Gay Community mit rund 35.000 Mitgliedern, von denen sich im Sommer viele am Nacktbadestrand tummeln. Nicht nur für die Journalistin und bekennende Lesbierin Julie Burchill ist Brighton „the sexiest place in England". Brighton gilt als *London-by-the-Sea*. 93 Prozent der Einwohner Brightons bezeichnen sich laut einer Umfrage der National Lottery als glücklich, keine andere Stadt im Königreich weist eine solche Quote auf! Vielleicht liegt es auch daran, dass es nirgendwo in England mehr Dancing Clubs pro Einwohner gibt. Nicht nur unterhalb der Promenade befinden sich interessante Szenebars und Diskos. Historische Atmosphäre strahlt hingegen das Fischerviertel The Lanes aus, das sich rund um den Brighton Square erstreckt. Schmale Gassen, gesäumt von Boutiquen, Restaurants, Cafés, Antiquitäten- und Schmuckgeschäften laden zu einem ausgedehnten Bummel ein. Ein Stückchen weiter nördlich lässt sich die Einkaufstour durch die *North Laine* fortsetzen (hier wurde 1976 übrigens der erste „Body Shop" der Welt eröffnet). Die besten der rund 300 Läden findet man entlang der Gardener Street, die weiter nördlich in die Kensington Gardens und die Sydney Street übergeht. Das Angebot ist sehr vielfältig, selbst ein „vegetarisches Schuhgeschäft" hat sich niedergelassen, ein paar Häuser weiter befindet sich das Büro der lokalen Alzheimer Gesellschaft neben einem Tattoo-Shop und einem Sex-Shop namens „Lust", zudem zahlreiche Cafés und Secondhand-Läden. Wer will, kann auch mit der elektrischen „Volks Railway" entlang der Küste bis Brighton Marina fahren. Der Jachthafen zählt zu den größten in Europa; rund 2000 Boote schaukeln im Wasser des Hafenbeckens. Interessant ist auch ein Spaziergang durch Kemp Town, ein trendiges Stadtviertel zwischen Brighton Pier (Palace Pier) und Brighton Marina mit kleinen Geschäften, darunter mehrere Secondhand-Bookshops. Brighton genießt ohne Zweifel einen Kultstatus. *Bohemia-by-the-Sea*! Die Immobilienpreise haben kräftig angezogen, drei von vier Wohnungen sind im Besitz von Londonern. Die Kreativszene und Schickeria fühlt sich in Brighton pudelwohl. Zudem besuchen alljährlich mehr als acht Millionen Touristen das Trendbad. Dies hat allerdings zur Folge, dass man im Sommer und vor allem am Wochenende

176 Sussex

ohne rechtzeitige Reservierung kein freies Zimmer bekommt. Party ohne Ende! Manch einer schläft dann aber auch seinen Rausch am Kiesstrand aus …

Mods, Teds & Co

In den 1960er- und 1970er-Jahren war die Stadt für die regelmäßig stattfindenden Schlägereien zwischen Mods, Teds und Rockern berüchtigt. Die bis aufs Blut verfeindeten Jugendgruppen – später kamen auch noch die Punks hinzu – reisten jedes Wochenende an, feierten wüste Strandpartys und trugen nebenbei ihre Rivalitäten öffentlich aus. Nur wenn mit der Polizei ein gemeinsamer Feind auftauchte, vergaßen sie ihren Streit und rauften sich zusammen. Die Stimmung jener Jahre wurde in dem Musikfilm „Quadrophenia" der Rockband *The Who* gut eingefangen – der junge *Sting* ist in der Hauptrolle zu bewundern. Apropos Musik: Im Jahre 1974 war Brighton der Austragungsort des „Grand Prix d'Eurovision", den eine unbekannte schwedische Popgruppe mit dem Song „Waterloo" gewann … Und drei Jahre später fand am 10. Oktober im Brighton Centre der letzte öffentliche Auftritt von *Bing Crosby* statt. Dann war erst einmal lange Zeit Schluss, bevor der Brightoner *DJ Fatboy Slim* im Juli 2002 mit seiner kostenlosen Big Beach Boutique den Strand zwischen West und Palace Pier in eine einzige Partymeile verwandelte. Mehr als 250.000 Menschen tanzten damals durch die Nacht. Inzwischen haben sich zahlreiche Musiklabels angesiedelt, und Brighton hat die Nachfolge Bristols als Zentrum der englischen Popmusik angetreten. Bands wie *Go!Team*, *Blood Red Shoes*, *Pipettes* und *Electric Soft Parade* haben dieses Image gefestigt.

Geschichte

Brighton, ein von den Angelsachsen gegründetes Fischerdorf, wandelte sich im Zuge des aufkommenden Küstentourismus innerhalb weniger Jahrzehnte zum internationalen Seebad. Im Jahre 1736 berichtete der Geistliche *William Clark* von seinen Sommerfreuden in Brighton: „Jetzt lassen wir uns am Strand von Brighthelmstone von der Sonne bescheinen. Meine morgendlichen Beschäftigungen bestehen darin, dass ich baden gehe und Fisch einkaufe. Abends reite ich aus, schaue mir die Überreste der alten sächsischen Anlagen an und zähle die Schiffe auf der Rede oder die mit Netzen ausfahrenden Fischerboote." Doch ein paar Jahre später war es mit der Ruhe in dem Fischerdorf vorbei: *Richard Russell,* ein Arzt aus dem nahen Lewes, pries die Heilkraft von Meeresbädern bei Drüsenkrankheiten und verordnete seinen Patienten eine Trinkkur. Über seine Erkenntnisse promovierte er 1753 mit einer „Dissertation Concerning the Use of Sea Water in Diseases of the Glands". Damals war der später viel besuchte „Steyne" noch ein wüstes Gelände im kommunalen Besitz, den die Fischer zum Trocknen ihrer Netze nutzten; kleine schwarze Schweine liefen frei herum und ein verschmutzter, bei Hochwasser schnell anschwellender Bach verwandelte den Boden in einen Sumpf. Die Spaziergänger konnten den schmalen Pfad, der damals den Felsen hinaufführte, kaum verlassen. Erst Jahrzehnte später wurde der „Steyne" entwässert, bepflanzt und 1806 schließlich gepflastert.

Bereits in der zweiten Hälfte des 18. Jahrhunderts kam Brighton *en vogue*, wohlhabende Besucher pilgerten in großer Zahl an die Küste. Typisch für die damalige

Zeit war, dass das gesellschaftliche Leben in streng kodifizierten und ritualisierten Bahnen verlief. Auf einem kleineren Raum als in London konnte man sich seiner Position vergewissern und sich nach einem geeigneten Heiratskandidaten umsehen. Die beschränkten Sehenswürdigkeiten, die es zu besuchen galt, die wenigen Ziele für Spaziergänge und Ausflüge, die geringere Zahl der Versammlungsräume und der Schauspielbühnen vereinfachte die Begegnungen, die den Anschein eines zufälligen Treffens haben sollten. Vor allem Ballsäle, Konversationshäuser und Spielsalons boten sich an, die Abende auf angenehme Weise zu verbringen. Das *Castle Hotel* und das *Old Ship* buhlten um die Gunst der Kurgäste. 1766 richtete das erste einen Ballsaal ein, ein Jahr später verfügte das zweite über einen ganzen Komplex von Versammlungsräumen, bestehend aus einem Tanzsaal, einem Salon für Kartenspieler und einer Konzertgalerie. Zwischen 1770 und 1807 organisierte der „Zeremonienmeister" *William Wade* das gesellschaftliche Leben in Brighton. Wade stellte die Gäste einander vor und regelte Streitigkeiten um die richtige gesellschaftliche Rangfolge.

Letztendlich verdankte Brighton seinen Aufstieg zum führenden Seebad aber dem Prinzregenten und späteren König *Georg IV.* (1762–1830). Als 21-Jähriger erstmals nach Brighton gekommen, machte der lebenslustige „Prinny", so sein Spitzname, den Küstenort zum beliebten Tummelplatz für die High Society.

Die besten Architekten des Landes kamen damals nach Brighton, um Häuser für die adeligen Kurgäste zu errichten, ganze Straßenzüge wurden im Regency Style gestaltet. Den Glanzpunkt setzte natürlich „Prinny" mit seinem exotischen Royal Pavilion. Die Beliebtheit von Brighton wuchs beständig an. Das bunte Treiben veranlasste 1827 den Fürsten von Pückler-Muskau zu der Annahme, Brighton müsse die Winterresidenz der „Einwohner Londons" sein, und J. D. Parry schrieb 1835: „Die Meeresfront in Brighton erstreckt sich jetzt von der östlichen Kemp Town über gut

Brightons Schokoladenseite

178 Sussex

drei Meilen ... eine fortlaufende Aneinanderreihung stufenförmiger Bauwerke, die
ihresgleichen nur in Sankt Petersburg hat." Ein paar Jahre später rühmte der anglo-
phile Theodor Fontane Brighton als „die schönste Stadt, die ich jemals kennenlernte: Nie und nimmer hab ich etwas dem Ähnlichen gesehen; Natur und Kunst wetteifern hier, den Menschen staunen zu machen; wohin man blickt, wird einem ein
bewunderndes >Ah!< abgerungen."

Ein Prinz als Bigamist

In Brighton ließ der Prinzregent sprichwörtlich die Seele baumeln und verliebte sich unsterblich in die schöne *Maria Anne Fitzherbert*. Losgelöst von
den starren Konventionen des Hofes, konnte George mit seiner Geliebten
ungestört zusammenleben. Seine Zuneigung ging sogar so weit, dass er sie
1785 heimlich heiratete. Die Liaison entwickelte sich zum Skandal, und dies
nicht etwa, weil Maria aus bürgerlichen Verhältnissen stammte, gläubige Katholikin und zweifach verwitwet war, sondern weil der Prinzregent zehn Jahre später aus finanziellen Erwägungen Karoline von Braunschweig ehelichte
und munter der Bigamie frönte. In vielen Büchern wird Karoline als „reizlos"
beschrieben, wobei die meisten Autoren allerdings höflich übersehen, dass
der aufgedunsene und kränkelnde George, der wegen seiner Leibesfülle gerne als „Prince of Whales"– Prinz der Wale – verspottet wurde, selbst alles
andere als eine „reizvolle" Partie war. Nach der Geburt der Tochter Charlotte
trennte sich der von Gicht und Wassersucht geplagte George offiziell von
Karoline, um wieder frei für seine geliebte Maria zu sein. Doch die blieb
standhaft und kehrte erst im Jahre 1800 an die Seite des Prinzregenten zurück, nachdem ihr der Papst die Gültigkeit ihrer Ehe bestätigt hatte.

Einzig *Queen Victoria* konnte diesem frühen „Massentourismus" wenig abgewinnen. Bis 1845 logierte sie im Royal Pavilion, dann war sie des „Mobs müde, der bis
in die Gemächer stiert und den ganzen Platz zu einem Gefängnis macht". Victoria
verließ „London-by-the-Sea" und kam nie wieder. Für die örtlichen Honoratioren
stellte dies keinen allzu großen Verlust dar, die sittenstrenge Regentin hatte eh im
heiteren Badeleben wie ein Fremdkörper gewirkt. Für Ersatz war gesorgt: Vier Jahre
bevor Königin Victoria Brighton den Rücken kehrte, war die Eisenbahnlinie nach
London eingeweiht worden. Anstatt mühsam mit der Postkutsche durch Sussex zu
schaukeln, konnten die Londoner seither das Seebad bequem mit dem Zug erreichen. Allein 1844 wurden mehr als 700.000 Besucher gezählt! Alsbald setzte ein
steter Niedergang ein: Nach dem Hochadel und der Bourgeoisie eilte erst die Mittelklasse herbei, bevor sich schließlich das Proletariat am Strand niederließ und sich
in den Bingohallen und Pubs amüsierte.

Information/Diverses

● *Information* **Visitor Information Centre**,
Royal Pavilion Shop, 4–5 Pavilion Buildings,
Brighton, East Sussex BN1 1JS, ✆ 01273/
292590 (national 0906/7112255), ✉ 01273/292594,
www.visitbrighton.com oder www.
brigthon.co.uk. Informationsbroschüre über
Brighton und Hove auch in deutscher Spra-

che; Zimmervermittlung. Detaillierte Informationen zu Veranstaltungen, Übernachtungsmöglichkeiten, Sporteinrichtungen
sowie Nachtleben. Informationen zur Gay-
Szene: www.gscene.com.
● *Einwohner* 255.000 Einwohner (zusammen
mit Hove).

Brighton 179

Ein Bier mit Blick auf den Pier

- *Verbindungen* **Zug** – Von der Central Station (Queen's Road) benötigt der zweimal pro Stunde Zug nur 51 Minuten nach London Victoria (auch über Gatwick), gute Anbindung an alle Südküstenstädte. ✆ 08457/484950, www.nationalrail.co.uk. **Bus** – National Express und Southdown ab Old Steine (St James Street); Verbindungen nach Worthing, Bognor Regis, Chichester, Portsmouth, Arundel; häufige Busverbindungen nach London (Expressbus nach Victoria Busstation). Information über Nahverkehrsbusse ebenfalls bei One Stop Travel. www.nationalexpress.com.
- *Baden* Brighton hat eine über elf Kilometer lange Küste, die zur Hochsaison mit Badefreunden voll belegt ist. Etwa eine Meile östlich des Brighton Piers befindet sich der örtliche Nacktbadestrand. Alternativen zu Brighton sind die kleineren Badeorte Littlehampton, ca. 32 Kilometer westlich an der A 25, und Newhaven, ca. 16 Kilometer östlich (Busverbindungen).
- *Bowling* Brighton Marina, ✆ 01273/818180.
- *Einkaufen* Das **Churchill Square Shopping Centre** bietet ein umfangreiches Angebot. Zudem empfiehlt sich selbstverständlich ein Bummel durch die Lanes und die North Laine.
- *Fahrradverleih* **M's Cycle Hire**, ✆ 07852/986165, www.m-cyclehire.co.uk; **Bike for Life**, 5 Titan Road, ✆ 01273/676278, www.bikeforlife.org.uk; **Planet Cycle Hire**, Madeira Drive, ✆ 01273/74888. Tourenräder und Mountainbikes; Kaution und Ausweisvorlage werden gefordert.
- *Golf* Hollingbury, ✆ 01273/500086; Waterhall, ✆ 01273/508658.
- *Greyhound Racing* Nevill Road, Hove, ✆ 01273/204601.
- *Konzerte* Rock- und Pop-Konzerte finden regelmäßig in den beiden großen Hallen von Brighton statt: **The Brighton Dome** (29 New Road, ✆ 01273/709709, www.brightondome.org.uk) und **Brighton Centre** (King's Road, ✆ 0870/79009100). Aktuelle Infos auch im wöchentlichen Stadtmagazin *The Latest* (www.thelatest.co.uk) oder im kostenlosen *The Brighton Source* (liegt in Bars und Kneipen aus).
- *Literaturtipp* Ein Klassiker ist **Graham Greenes** „Brighton Rock" (dt. „Am Abgrund des Lebens"), lesenswert ist auch **Nigel Richardsons** „Breakfast in Brighton – Adventures on the Edge of Britain".
- *Märkte* Mindestens sechs verschiedene Märkte, z. B. **Upper Gardener Street Market** mit vielen Antiquitäten (So 7–13 Uhr) oder **London Road Market**, ein Lebensmittelmarkt (Mo 7–13 Uhr, Di–Do 7–17 Uhr, Fr/Sa 6–18 Uhr). Der Sonntagsmarkt auf dem **Brighton Station Car Park** (9–14 Uhr)

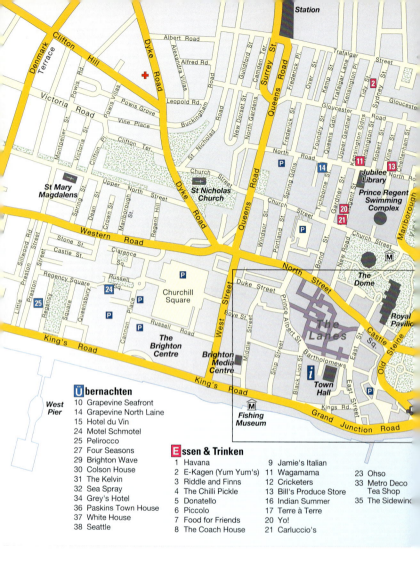

Übernachten

- 10 Grapevine Seafront
- 14 Grapevine North Laine
- 15 Hotel du Vin
- 24 Motel Schmotel
- 25 Pelirocco
- 27 Four Seasons
- 29 Brighton Wave
- 30 Colson House
- 31 The Kelvin
- 32 Sea Spray
- 34 Grey's Hotel
- 36 Paskins Town House
- 37 White House
- 38 Seattle

Essen & Trinken

- 1 Havana
- 2 E-Kagen (Yum Yum's)
- 3 Riddle and Finns
- 4 The Chilli Pickle
- 5 Donatello
- 6 Piccolo
- 7 Food for Friends
- 8 The Coach House
- 9 Jamie's Italian
- 11 Wagamama
- 12 Cricketers
- 13 Bill's Produce Store
- 16 Indian Summer
- 17 Terre à Terre
- 20 Yo!
- 21 Carluccio's
- 23 Ohso
- 33 Metro Deco Tea Shop
- 35 The Sidewind

bietet ein buntes Sammelsurium von Antiquitäten, Lebensmitteln und Kleidung.

• *Parken* Park & Ride am Withdean Stadium (Nähe A 23). Kostenpflichtige Parkplätze an der Trafalgar Street, London Road und an der Brighton Station.

• *Schwimmen* **Prince Regent Swimming Complex** (mit Riesenrutsche), Church Street, ✆ 01273/685692; **King Alfred Leisure Centre**, Kingsway, Hove, ✆ 01273/290290, www.kingalfredleisure.co.uk.

• *Skatingverleih* Pulse Station, 23–25 Kings Road Arches, ✆ 01273/572098.

• *Tennis* Das Visitor Information Centre informiert über Freiplätze.

• *Theater* Für Bühnen-Enthusiasten ist das viktorianische **Theatre Royal** (New Road, ✆ 01273/328488) die erste Adresse. Viele Ensembles reisen aus ganz England an, um hier spielen zu können. Die leichteren Seiten des Lebens werden im **Komedia** (Gardner Street, ✆ 01273/647100, www.komedia.

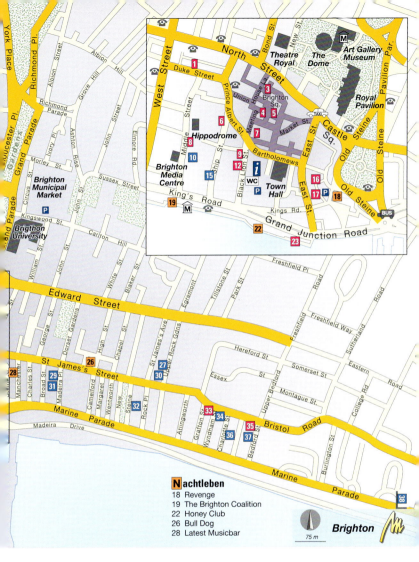

Nachtleben
18 Revenge
19 The Brighton Coalition
22 Honey Club
26 Bull Dog
28 Latest Musicbar

co.uk) aufgeführt. Und schließlich gibt es noch das **Gardner Arts Centre**, ein Theater auf dem Uni-Gelände (℡ 01273/685861). Hier führen vor allem Studenten experimentelle Stücke auf. Allgemeine Infos unter: www.gardnerarts.co.uk.

• *Veranstaltungen* Drei Wochen lang findet alljährlich im Mai das **Brighton Festival** statt. Mehr als 900 Veranstaltungen vom klassischen Konzert über Theater, Tanz und Ausstellungen bis hin zu Kinderumzügen und Straßentheater locken zahlreiche Besucher nach Brighton (www.brightonfestival.org). Schrill geht es auf der **Summer Pride** zu, die alljährlich von einem großen Publikum gefeiert wird. Homosexuelle aus ganz Europa treffen sich Ende Juli, Anfang August in Brighton (www.brightonpride.org). Ein Überblick über die Ereignisse findet sich im Internet: www.brighton-festival.org.uk. Ende Oktober wird bei der **White Night** die Nacht zum Tag: www.whitenightnuitblanche.com/brighton.

182   Sussex

Übernachten (siehe Karte S. 180/181)

Keine andere Stadt in Südengland hat in den letzten Jahren einen größeren Wandel im Hotelgewerbe erlebt als Brighton. Jedes Jahr eröffnen neue Trend- bzw. Designerhotels. Ein Hinweis: Am Wochenende sind die Hotel preise etwa 50 Prozent höher.

Pelirocco (25), ein junges Londoner Pärchen, das in Brighton stets vergeblich nach einem trendigen Hotel Ausschau gehalten hatte, eröffnete im Mai 2000 sein eigenes Traumhotel. Das Pelirocco (19 Zimmer) kann mit einer besonderen Attraktion aufwarten: Alle individuell gestylten Räume zitieren Themen aus der Rock- und Popgeschichte und verfügen über eine Playstation. Wer schon immer einmal mit Graffiti an den Wänden und einem Modell des Raumschiffs Enterprise als Telefon einschlafen wollte, ohne deshalb auf Komfort zu verzichten, ist hier genau richtig. Und dann gibt es auch noch den Durex Play Room (ab £ 240) für alle, die ein richtiges Dirty Weekend samt Spiegel über dem Bett verbringen wollen. Die Hotellounge besitzt Clubatmosphäre. Zentrale, aber ruhige Lage, nur unweit vom Meer entfernt. Auch am Frühstück gibt es nichts auszusetzen. Nichtraucherhotel! je nach Wochentag £ 50–160. Regency Square, ☏ 01273/327055, ✆ 01273/733845, www.hotelpelirocco.co.uk.

Seattle (38), erst im Februar 2003 eröffnetes Design-Hotel mit schönen, hellen Zimmern und einem tollen Blick aufs Meer. Abends geht man ins zugehörige Restaurant und am Morgen lässt man sich die Frühstücks-Bento-Box ins Zimmer bringen. Inmitten des Einkaufszentrums Brighton Marina gelegen. Die Rezeption ist über einen Aufzug zu erreichen. DZ £ 125–190. ☏ 01273/679799, ✆ 01273/679899, www.hotelseattlebrighton.com.

Brighton Wave (29), klein, aber fein könnte das Motto dieses Hotels in Kemp Town sein. Die acht Zimmer sind liebevoll in einem modernen Stil mit Sisalteppich eingerichtet und verfügen meist über ein schönes großes Bad sowie über einen großen LCD-Fernseher sowie DVD- und CD-Player. Tolle Matratzen! Selbst WLAN ist für Internetfreunde (kostenlos!) verfügbar. Besonders schön ist das Zimmer Nr. 2, denn es besitzt einen kleinen Balkon mit schrägem Blick zum Meer. Das kleine Zimmer Nr. 5 mit Blick über die Dächer von Brighton hat aber auch seinen Reiz. Zum tollen Frühstück (Unser Tipp: Zur Abwechslung einmal die herrlichen Pfannkuchen probieren!) trifft man sich in dem Aufenthaltsraum im Erdgeschoss, der für Ausstellungen lokaler Künstler genutzt wird. Die Besitzer Richard und Simon helfen gerne mit Restaurant- und Nightlifetipps weiter. Ein weiteres Plus: Die Nähe zum Meer und zu den Lanes. Viel Gay-Publikum, keine Dreibettzimmer. Achtung: Nichtraucherhotel! DZ inkl. Frühstück je nach Wochentag und Ausstattung £ 80–190. 10 Madeira Place, ☏ 01273/676794, www.brightonwave.com.

Hotel du Vin (15), nur einen Steinwurf vom Meer entfernt, befindet sich dieses ansprechende, erst 2003 eröffnete Hotel mit einem schönen Innenhof und Restaurant. Thematisch dreht sich alles um den edlen Rebensaft. Jedes Zimmer wurde von einem Weingut gesponsert. DZ ab £ 170, Frühstück exklusive. Ship Street, ☏ 01273/718588, ✆ 718599, www.hotelduvin.com.

Sea Spray (32), modernes Themenhotel, dessen Zimmer alle in einem anderen Stil eingerichtet sind. Wer will, kann im marokkanischen oder im Renaissance-Ambiente schlafen, Kunstfreaks bevorzugen den Warhol Room. Je nach Zimmer und Reisezeit £ 49–150 pro Nacht. 25 New Steine, ☏ 01273/680332, www.seaspraybrighton.co.uk.

Paskins Town House (36), ein weiteres Hotel (20 Zimmer) in Kemp Town, besonders für Ökofreaks und Vegetarier zu empfehlen. Es gibt Recyclingpapier auf der Toilette und Eier von glücklichen Hühnern. Keine Sorge: Wer will, bekommt auch seinen Schinken. Die Zimmer sind teilweise im asiatischen Stil, teilweise traditionell eingerichtet. In der Rezeption und im Frühstücksraum grüßen Art-déco-Elemente. Kostenloses WLAN. Gayfriendly. B & B je nach Zimmer ab £ 45 pro Person. 18/19 Charlotte Street, ☏ 01273/601203, ✆ 621973, www.paskins.co.uk.

Colson House (30), das ideale Hotel für Cineasten. Jedes Zimmer ist einem anderen Filmstar gewidmet (James Dean, Humphrey Bogart, Marylin Monroe). Alle Zimmer sind mit Bad, TV und WLAN ausgestattet. Achtung: Nichtraucherhotel, keine Kinder unter 12 Jahren! Gayfriendly. DZ mit Frühstück je nach Ausstattung £ 59–99

Brighton 183

Sussex
Karte S. 152/153

(werktags gilt der günstigere Tarif). Die teuersten Zimmer verfügen über einen Balkon zur Straße. 17 Upper Rock Gardens, ✆/℡ 01273/694922, www.colsonhouse.co.uk.

Four Seasons (27), zeitlos modern eingerichtetes B & B im Kemp Town. Sechs Doppelzimmer (£ 70–120) und ein sehr kleines Einzelzimmer (£ 50 oder £ 65). Die höheren Preise gelten am Wochenende. 3 Upper Rock Gardes, ✆ 01273/673574, www.fourseasonsbrighton.com.

Grey's Hotel (34), das im Frühjahr 2007 komplett renovierte Hotel besitzt viel Komfort und Stil. Zudem ist es nur ein Katzensprung bis zum Meer. B & B im DZ £ 90–98, EZ ab £ 50. 11 Charlotte Street, ✆ 01273/603197, www.greyshotel.co.uk.

The Kelvin (31), sechs ansprechende Zimmer in zentraler Lage, nur eine Minute vom Meer entfernt. EZ ab £ 28, DZ je nach Ausstattung und Reisezeit £ 60–150. 9 Madeira Place, ✆ 01273/603735, www.thekelvin.co.uk.

White House (37), das Boutiquehotel in Kemp Town reiht sich nahtlos in die schmucken kleinen Hotels der Stadt ein. Kostenloses WLAN. EZ £ 50–65, DZ £ 60–200 (jeweils inkl. B & B). 6 Bedford Street, ✆ 01273/626266, www.whitehousebrighton.com.

Motel Schmotel (24), hinter dem eigenartigen Namen verbirgt sich ein ansprechendes Hotel, das im Jahr 2008 komplett reno-

viert und aufgepeppt wurde, wobei uns das Zimmer Nr. 4 mit seinem Balkon besonders gut gefallen hat. EZ £ 50–70, DZ £ 60–150 (jeweils inkl. B & B). 37 Russell Square, ✆ 01273/326129, www.motelschmotel.com.

Grapevine Seafront (10), das alte Backpackerhostel hat seinen Besitzer gewechselt, doch dafür wurde das Haus vollkommen renoviert und bietet besseren Komfort zu einem immer noch günstigen Preis. Kostenloses WLAN. Saubere Mehrbett-Zimmer ab £ 15 pro Person und Nacht, am Wochenende ab £ 37.50 bei einem Mindestaufenthalt von zwei Nächten. 75–76 Middle Street, ✆ 01273/777717, www.grapevinewebsite.co.uk.

Grapevine North Laine (14), der Low-Budget-Tipp für Brighton: Mitten in der umtriebigen North Laine, allerdings mit wenig Charme und Stockbetten. Kostenloses WLAN. Keine Reservierungen. Saubere Mehrbett-Zimmer ab £ 15 pro Person und Nacht. 29/30 North Road, ✆ 01273/703985, www.grapevinewebsite.co.uk.

● *Jugendherberge* Die Jugendherberge in Brighton wurde 2007 geschlossen. Die nächste Herberge liegt nördlich der A 27:

Tottington Barn, Erwachsene ab £ 18, Jugendliche ab £ 13.50. Truleigh Hill, Shoreham-by-Sea, nahe des South Downs National Park gelegen, ✆ 0845/3719047, ℡ 01903/812016, trugleigh@yha.org.uk.

Essen/Trinken/Nachtleben (siehe Karte S. 180/181)

Abgesehen von London hat keine Stadt in Großbritannien eine größere Restaurantdichte. Auf 400 Einwohner kommt in Brighton ein Restaurant! An der King's Road und in der Ship Street finden sich zahlreiche Dancing Clubs. Einige Londoner DJs jetten auch mal auf ein Wochenende hierher und zeigen, was sie können.

Jamie's Italian (9), als Hansdampf in allen kulinarischen Gassen hat Fernsehkoch Jamie Oliver inzwischen auch in Brighton ein Restaurant seiner Italian-Kette eröffnet. In bester italienischer Tradition werden einfache, frische Zutaten verwendet, um traditionelle und trotzdem phantasievolle Gerichte zu zaubern, die den Geldbeutel nicht überfordern. Das moderne Gebäude hat ein geschickter Innenarchitekt in ein Restaurant mit Marktatmosphäre verwandelt, hinter den Glasfenstern sieht man ein Dutzend Köche vor sich hin werkeln. Unaufgefordert bekommt man eine Karaffe Wasser auf den Tisch gestellt, dann wird aus der reichen Auswahl an Vorspeisen, Nudeln und Hauptgerichten geordert. Ein Tipp sind die würzi-

gen *Monachelle Putanesca* für £ 9.25, dazu trinkt man den Öko-Hauswein. Kein Ruhetag. 11 Black Lion Street, ✆ 01273/273915480, www.jamieoliver.com/italian/brighton.

Riddle and Finns (3), eine ausgezeichnete Adresse in den Lanes, um Fisch und Meeresfrüchte zu essen. Im lockeren Ambiente sitzt man auf Barhockern an hohen Tischen und erfreut sich am fangfrischen Angebot (Austern!). Ausgezeichnet ist das Preis-Leistungs-Verhältnis beim Zwei-Gang-Menü für £ 9.95 (nur zwischen 12 und 19.30 Uhr), bei dem auf die ausgezeichneten Muscheln in Knoblauchsoße eine gebratene Seebrasse mit florentinischen Kartoffeln folgte. Hinzu kommen allerdings noch *cover charge* (£ 1) und *service charge* (10 %).

Bill's Produce Store: alternativ und sehr beliebt

Große Weinkarte, auf der auch englische Tropfen(!) zu finden sind. 12 Meeting House Lane, ℡ 01273/323008, www.riddleandfinns.co.uk.

E-Kagen (Yum Yum's) (2), die Noodle Bar in der North Laine ist bekannt für frische asiatische Kost zu günstigen Preisen (ab £ 6.50). Im ersten Stock über dem asiatischen Supermarket Yum Yum's. Di und Mi 11.30–18 Uhr, Do–Sa 11.30–15.30 und 18.30–22 Uhr, So 12–16 Uhr. 22–23 Sydney Street, ℡ 01273/606777.

Wagamama (11), japanische Noodle Bar im modernen zeitlosen Ambiente. Auch wer noch nie etwas von *Ramen* oder *Teppan* gehört hat, wird schnell in die Geheimnisse der Nudelküche eingeweiht. Wer es scharf liebt, sollte das *Chicken Chilli Men* ordern. Tolle frisch gepresste Fruchtsäfte! Hauptgerichte £ 7–10. Kein Ruhetag. Kensington Street, ℡ 01273/688892.

Terre à Terre (17), das zentral gelegene, in wohligen Erdfarben gehaltene Restaurant genießt den Ruf eines vegetarischen Gourmettempels, allein die Präsentation der Speisen ist ein Augenschmaus, egal ob Salate oder die Hauptgerichte. Zweigängiges Mittagsmenü £ 10, drei Gänge £ 15. Mittags keine Tischreservierung möglich! Mo Ruhetag. 71 East Street, ℡ 01273/729051, www.terreaterre.co.uk.

Indian Summer (16), direkt nebenan wird hier indische Küche auf hohem Niveau zelebriert. Nicht gerade billig, dafür in einem durchgestylten Ambiente. 69 East Street, ℡ 01273/711001, www.indian-summer.org.uk.

Donatello (5), der wohl beliebteste Italiener von Brighton, mitten in den Lanes. Trotz der großen Räumlichkeiten samt Straßenterrasse fällt es manchmal schwer, einen freien Platz zu ergattern. Geboten wird die ganze Bandbreite der italienischen Küche einschließlich Pizza. Lecker sind die Fischgerichte, wobei man am günstigsten mit einem der Menüs fährt: Menü mit zwei Gängen £ 6.95, mit drei Gängen £ 8.95. Bei den Preisen verständlich, trifft man auch auf auf viele Jugendgruppen. 1–3 Brighton Place, ℡ 01273/775477.

Piccolo (6), empfehlenswertes italienisches Restaurant. Leckere Pizzen und Pasta ab £ 5. 56 Ship Street, ℡ 01273/203701.

Food for Friends (7), günstiges vegetarisches Restaurant in einem Eckhaus in den Lanes. Internationale Küche von Thaisalat bis zu orientalischen Gerichten (Hauptgerichte £ 10). Kleine Straßenterrasse. 17 Prince Albert Street, ℡ 01273/202310, www.foodforfriends.com.

Bill's Produce Store (13), ein Lesertipp von Karin Oppolzer, die dieses in einer alten Lagerhalle untergebrachte Geschäft lobte:

Brighton 185

„Es handelt sich um eine Art Marktraum, in dem Blumen, Gemüse und Obst gekauft werden können, aber auch ein Bistro eröffnet wurde, in dem man essen, herrliche dekorierte Torten kaufen und Kaffee (Fair Trade!) trinken kann – tolle Atmosphäre!" Keine Reservierung möglich. Tgl. 8–22 Uhr, So 9–22 Uhr. 100 North Road, ✆ 01273/692894, www.billsproducestore.co.uk.

Carluccio's (21), italienisches Feinkostgeschäft mit angegliedertem Restaurant. Helle moderne Räume mit langen Tischen und bunten Stühlen. Leckere Pasta zu zivilen Preisen. Jubilee Street, ✆ 01273/690493, www.carluccios.com.

Yo! (20), die derzeit angesagteste Sushi-Bar in Brighton. Die kalorienarmen japanischen „Fischröllchen" (£ 1.50–5) verführen Augen und Gaumen gleichermaßen. Gefällig ist auch das minimalistische Design. 6–7 Jubilee Street, ✆ 0871/7040931.

The Coach House (8), in einem ansprechenden Ambiente wird eine preiswerte internationale Küche von Gazpacho über Thailändisch bis hin zu *Local Sussex Sausage* serviert. Netter Garten neben dem Haus. Hauptgerichte um die £ 10. 59 Middle Street, ✆ 01273/719000, www.coachhousebrighton.com.

The Chilli Pickle (4), ein beliebtes zeitgenössisches indisches Restaurant in den Lanes. Auf der Karte finden sich Klassiker wie ein Thali ebenso wie ein aus der Himalaya-Region stammendes *Sagarmatha Lamb Curry* für £ 13.95. Sonntagsbrunch, Mo und Di Ruhetage. 42 Meeting Lane, ✆ 01273/323824, www.thechillipicklebistro.co.uk.

Havana (1), Bar und Restaurant in wohltuend puristischem Outfit. Die Küche zeigt sich Modern British, einfallsreiche und leichte Kost dominiert die Speisekarte. Von Restaurantführern gelobt. 32 Duke Street, ✆ 01273/773388.

Ohso (23), in unmittelbarer Nähe zum Brighton Pier werden hier auch kleine Gerichte und leckere Salate serviert (ca. £ 9). Nett sitzt man auf der Terrasse direkt am Strand. Abends gleitet man dann locker ins Nachtleben und freut sich auf die Dirty Sunset Disco. King's Road Arches (unterhalb der Grand Junction Road), www.ohsosocial.co.uk.

The Sidewinder (35), Szenekneipe mit einfachen Holztischen und einer Terrasse im Hinterhof. Lockere Atmosphäre, viele Anwohner aus Kemp Town. Kostenloses WLAN. 65 Upper St James's Street, ✆ 01273/679927.

Metro Deco Tea Shop (33), eine ungewöhnliche Kombination von einem Tea Shop und Antiquitätengeschäft. Zwischen Art-deco-Mobiliar aus den 1930er-Jahren

Jamie Oliver lädt nach Italien ein...

186　Sussex

werden leckere Tees und Kuchen serviert. Kleine Straßenterrasse. Mo–Fr 9.30–18 Uhr, Sa 11–19 Uhr, So 11–17 Uhr. 38 Upper St James Street, www.metro-deco.com.

Cricketers (12), das älteste Pub von Brighton ist immer für einen Abstecher gut. Schon Graham Greene gehörte zu den Stammgästen. 15 Black Lion Street, ✆ 01273/329472.

Latest Musicbar (28), Stand-up Comedy mit Barbetrieb nach Vorstellungsende. Auch Restaurant. 14–17 Manchester Street, ✆ 01273/687171, www.thelatest.co.uk/musicbar.

Honey Club (22), kaum vorstellbar, dass bis Anfang der 1990er-Jahre die Bars und Restaurants unterhalb der Promenade fehlten. Heute tummeln sich allabendlich zahllose Freaks am Strand und in den dortigen Clubs. Besonders beliebt ist der Honey Club, eine Lounge und Beach Bar mit vielen Sitzplätzen im Freien. Am späteren Abend verlagert sich das Geschehen ins Innere, wo dann bekannte DJs auflegen und an sechs Bars ausgeschenkt wird. 214 King's Road Arches (unterhalb der Grand Junction Road), ✆ 01273/202807, www.thehoneyclub.co.uk.

The Brighton Coalition (19), ein paar Schritte weiter dröhnt aus den Boxen House Musik bis an den Strand. Diskobetrieb. 171 King's Road Arches (unterhalb der Grand Junction Road), ✆ 01273/726858, www.brightoncoalition.co.uk.

Revenge (18), der größte Gayclub Südenglands erstreckt sich über zwei Stockwerke. Tgl. ab 22.30 Uhr geöffnet, Sonntagnachmittag gibt es Cabareteinlagen. 32 Old Steine, ✆ 01273/606064. www.revenge.co.uk.

Bull Dog (26), eine beliebte Schwulenbar in Kemp Town. 31 St James's Street.

Britische Markentreue

Der Brite Peter Johnson war so von seiner Lieblingsfrittenbude in Brighton überzeugt, dass er sich den Namen und die Telefonnummer des Imbisses auf die Stirn tätowieren ließ. Vielen Einwohnern Brightons ist Johnson jetzt ein Begriff, aber noch mehr Menschen kennen nun das Fast-Food-Restaurant von Nasser Bandar (Fish and Chips, Pizza und Kebab) – oder wenigstens Bandars Telefonnummer. Nur Peter Johnson hat Pech, muss er doch trotz seiner Werbeaktion seine Rechnung wie jeder andere Gast selbst bezahlen.

Sehenswertes

Royal Pavilion: Bereits als Prinz hatte George 1785 ein Landhaus in Brighton erworben, um dort mit seiner Maria Anne Fitzherbert ungestört zusammenleben zu können. Doch schon nach zwei Jahren genügte ihm das einfache Domizil nicht mehr. George ließ das Landhaus von dem Architekten Henry Holland zu einer prächtigen Villa ausbauen, verziert mit gebogenen Fensterfronten und schmiedeeisernen Gittern – eben jenen Attributen, die für den „Regency Style" so typisch sind. Ein Wintergarten und ein neuer Eingang kamen 1801 hinzu, dem Jahr, als *Frederick Crace* die Inneneinrichtung im Chinesischen Stil umgestaltete. Als auch noch die Stallungen mit Kuppeln und indischen Malereien verziert wurden, beauftragte „Prinny" 1815 seinen Lieblingsarchitekten *John Nash* mit dem Umbau des königlichen Pavillons. Der Royal Pavilion war weniger eine Ferienresidenz als ein fernöstlicher Märchenpalast. Nash ließ die alte Villa stehen und schuf außen herum ein verspieltes Phantasiegebilde, mit Minaretten und Zwiebelkuppeln, das sich stilistisch an persischen, indischen und chinesischen Vorbildern orientierte, von seinen Kritikern aber als Geschmacklosigkeit eingestuft wurde. Die öffentliche Stimmung schlug schließlich um, als bekannt wurde, dass die Bauarbeiten rund eine halbe Million Pfund Sterling verschlungen hatten.

Royal Pavilion

Königin Victoria, der Brighton regelrecht verhasst war, verkaufte 1850 den Palast für 50.000 Pfund Sterling an die Stadtverwaltung. Zuvor ließ sie allerdings noch die Kunstschätze und die kostbaren Einrichtungsgegenstände in den Buckingham Palast bringen. Für die Stadt machte sich die Investition schnell bezahlt, einzig im Ersten Weltkrieg war der Palast für die Öffentlichkeit geschlossen, diente er doch als Militärhospital für indische Soldaten. Erst Elizabeth II. machte schließlich den Kunsttransfer rückgängig, so dass der Palast seither wieder in seinem alten Glanz erstrahlt. Der Royal Pavilion gehört zu den am meisten besuchten Sehenswürdigkeiten des Königreichs: Alljährlich lassen sich mehr als 350.000 Besucher von der exotischen Pracht faszinieren. Im Gegensatz zu den vergleichsweise schlichten Privaträumen beeindrucken vor allem der Banqueting Room, dessen Kristalllüster rund eine Tonne wiegt, sowie der opulente Music Room. Eine riesige Küche, drei Salons und ein farbenfrohes Obergeschoss vervollständigen den „königlichen Bauernhof".
Adresse Old Steine. ⏲ April bis Sept. tgl. 9.30–17.45 Uhr, von Okt. bis März tgl. 10–17.15 Uhr. Eintritt: £ 9.50, erm. £ 7.50 oder £ 5.40 (inkl. Audioguide). www.royalpavilion.org.uk.

Brighton Museum and Art Gallery: Das städtische Museum – es befindet sich in der einstigen, ebenfalls im indischen Stil errichteten Hofreitschule – beherbergt eine große Sammlung erlesener Kunstgegenstände und Möbel im Art Nouveau und Art-déco-Stil, Porzellan, eine Modegalerie mit den Trendoutfits Jugendlicher von den frühen Rockern bis zu den Punks sowie eine ethnographische und eine archäologische Abteilung. Im Erdgeschoss wird anschaulich die abwechslungsreiche Geschichte des Seebads von seinen Anfängen bis zur Gegenwart inklusive der „Dirty Weekends" erläutert. Im Rahmen der umfangreichen Renovierungsarbeiten hat das Museum unlängst einen neuen Eingang sowie ein Café im Obergeschoss erhalten.
Adresse Church Street. ⏲ tgl. außer Mo 10–17 Uhr, Di bis 19 Uhr, So erst ab 14 Uhr. Eintritt frei!

188 Sussex

Brighton Fishing Museum: Einen „echten" Fischer wird man in Brighton nicht mehr zu Gesicht bekommen. Dafür bietet das direkt an der Promenade gelegene Fischereimuseum anhand von historischen Fotos und Videos einen Überblick über die lokale Fischfangtradition.

Adresse Arch 201. ⏱ tgl. 10–17 Uhr. Eintritt frei!

Sea Life Centre: Die Topattraktion im größten Aquarium Südenglands ist der gläserne Unterwasser-Tunnel. Die Besucher fühlen sich wie auf dem Meeresboden, während über ihnen Haie durch das Wasser gleiten. Zwei Dutzend weitere Aquarien und diverse Animationen vervollständigen die Unterwasserwelt.

Adresse Marine Parade. ⏱ tgl. 10–17.30 Uhr. Eintritt: £ 15.50, erm. £ 13 oder £ 10.50. www.sealifeeurope.com.

Salzige Luft – ohne die Gefahr, seekrank zu werden

Noch zu Beginn des 19. Jahrhunderts verfügte Brighton weder über einen Damm noch über einen richtigen Kai; die Passagiere von und nach Dieppe mussten auf Schaluppen ausgebootet werden. Der Prinzregent verhinderte höchstpersönlich den Bau eines Verkehrs- oder Handelshafens, da er sein Badewasser nicht durch Kohlenstaub verschmutzt sehen mochte. Erst 1823 wurde der *Chain Pier* eingeweiht, eine durch zahlreiche Stützpfeiler getragene Kettenbrücke, die sich über eine imposante Länge von 1134 Fuß erstreckte. Die 1869 durch einen Sturm zerstörte Plattform ermöglichte es, „salzige Luft zu atmen ohne jede Gefahr und vor allem eine Seekrankheit befürchten zu müssen"– so behauptete es jedenfalls eine zeitgenössische Werbebroschüre. Hohe Persönlichkeiten mischten sich auf dem *Chain Pier* unter das Volk, darunter König Wilhelm IV., der regelmäßig von Mitte November bis Mitte Februar in Brighton residierte. Königin Victoria erwartete im Oktober 1837 Fürst Metternich und 1843 den französischen König Louis-Philippe auf dem Pier, um beide in ihrem englischen Exil willkommen zu heißen. Die Aristokratie hatte einen neuen Paradeplatz gefunden, der das Repräsentationsbestreben mit dem Wunsch verband, das Meer zu sehen, zu fühlen und zu empfinden.

Brighton Pier (Palace Pier): Der mehr als 550 Meter ins Meer hinausragende Brighton Pier ist der Nachfolger des Chain Pier, der 1833 durch einen Brand vernichtet wurde. Im Jahre 1899 eingeweiht und im folgenden Jahrzehnt um ein Theater und einen Pavillon erweitert, ist er zusammen mit dem Royal Pavilion das Markenzeichen der Badestadt Brighton. Nachdem der Pier im Zweiten Weltkrieg arg in Mitleidenschaft gezogen wurde, erstrahlt er seit seiner letzten Renovierung wieder im alten Glanz. Noch heute ist der berühmte Steg ein Vergnügungstreff, der nachts von 13.000 Glühbirnen illuminiert wird. Zwei riesige Spielhallen, Geschäfte, Fish 'n' Chips-Buden, Eisdielen und ein Spielautomaten-Museum locken zum Besuch. Wer sich produzieren will, kann dies in einer Karaoke-Bar tun. Alljährlich schlendern rund viereinhalb Millionen Besucher über den Pier. Vom Ende des Brighton Pier bietet sich ein guter Blick über die Stadt und die sich über sieben Kilometer erstreckende Strandpromenade.

Information www.brightonpier.co.uk.

Coole Shops: North Laine

Volks Railway: Die 1883 in Betrieb genommene elektrische Bahn gilt als die älteste der Welt. Die nach ihrem Erbauer Magnus Volk benannte Bahn pendelt auf einer rund zwei Kilometer langen Strecke zwischen Brighton Pier und Marina hin und her.
Betriebszeiten Von Ostern bis Mitte Sept. tgl. 11–17 Uhr, Sa und So bis 18 Uhr. Abfahrt: alle 15 Min. Fahrpreis: £ 2.80, erm. £ 1.40 (Return Ticket). www.volkselectricrailway.co.uk.

West Pier: Der denkmalgeschützte West Pier ist der älteste noch erhaltene Pier Englands. Als Napoleon III. 1870 dort landete, sprach er vom „schönsten Bauwerk Britanniens". Auch in literarischer Hinsicht hat er seine Spuren hinterlassen, so in Graham Greenes 1938 erschienenem Roman „Brighton Rock" (dt. „Am Abgrund des Lebens"), in dessen Zentrum Pinkie Brown, der 17-jährige Anführer einer Jugendbande steht, die in dem Seebad ihr Unwesen treibt. Cineasten werden sich hingegen an Richard Attenboroughs 1968 gedrehten Film „Oh! What a Lovely War" erinnern. Nach dem Zweiten Weltkrieg rottete der West Pier unaufhaltsam vor sich hin und wurde 1975 für die Öffentlichkeit geschlossen. Jahrzehntelang lag der Landungssteg wie ein lecker Ozeandampfer vor Anker, erst als er fast unterzugehen drohte, entschlossen sich die Verantwortlichen zu einer „Rettungsaktion". Doch hatte niemand mit den Winterstürmen gerechnet, die den West Pier im Dezember 2002 stark beschädigten. Ein Jahr später kam ein verheerender Brand hinzu, so dass er jetzt endgültig unterzugehen droht und nur noch eine Ruine im Meer steht.
Information www.westpier.co.uk.

Jubilee Library: Auch der 2005 eröffnete Neubau der Stadtbibliothek steht für den Wandel von Brighton. Für 14,5 Millionen Pfund errichtete das Architekturbüro Bennetts Associates einen außergewöhnlichen Bibliotheksbau, der sogar für den renommierten Stirling Prize nominiert war. Doch nicht nur die Architektur (die dreigeschossige Bibliothek ist zwar vollständig verglast, zitiert jedoch mit seinem

190   Sussex

Mittelrisalit das für Büchereien so typische Tempelmotiv), sondern auch die energiesparenden und umweltschonenden Aspekte überzeugen: Mithilfe der natürlichen Energiequellen Sonne und Wind liegt die Energiebilanz des Gebäudes rund 50 Prozent unter der vergleichbarer konventioneller Bauten. Abgesehen von den üblichen Bibliothekseinrichtungen beherbergt das Gebäude noch eine Buchhandlung sowie ein Restaurant-Café.

Adresse Jubilee Street. ⏱ Mo und Di 10–19 Uhr, Mi 10–17 Uhr, Do 10–20 Uhr, Fr 10–17 Uhr, Sa 10–16 Uhr. www.citylibraries.info.

Preston Manor: Drei Kilometer nördlich des Zentrums befindet sich Preston Manor, ein stattliches, zweistöckiges Herrenhaus, umgeben von einem schönen Park. Im Jahre 1738 errichtet und zu Beginn des 20. Jahrhunderts umgebaut, bietet das Haus mit seinen Möbeln und Gemälden einen Einblick in die edwardianische Wohnkultur, angefangen von den Quartieren der Bediensteten bis hin zu den luxuriösen Repräsentationsräumen wie dem Drawing Room.

Adresse Preston Drove. ⏱ April bis Sept. Di–Sa 10–17 Uhr, So 14–17 Uhr. Eintritt: £ 5, erm. £ 4 oder £ 3.

Booth Natural History Museum: Das etwas außerhalb gelegene naturhistorische Museum besitzt eine bunte Sammlung, die von ausgestopften Vögeln über Schmetterlinge bis hin zu Dinosaurierknochen und dem Skelett eines Killerwals reicht.

Adresse 194 Dyke Road. ⏱ tgl. 10–17 Uhr, So erst ab 14 Uhr. Eintritt frei!

Worthing

Aufgrund seines milden Klimas gehört Worthing seit mehr als 200 Jahren zu den bekanntesten Seebädern an der englischen Südküste. Große Sehenswürdigkeiten hat die Stadt allerdings nicht zu bieten.

Jahrhundertelang war Worthing nur ein unbedeutender Fischerort. Dies änderte sich erst, als Prinzessin Amelia, eine Tochter Georgs III., Worthing gegen Ende des 18. Jahrhunderts „entdeckte". Straßen und Wege wurden befestigt, Hotels und Gästehäuser eröffnet. Um den Wünschen der Kurgäste entgegenzukommen, die der Brandung des Meeres möglichst nahe sein wollten, ließ der Stadtrat 1862 einen über 300 Meter langen Pier anlegen, der 1913 zerstört und ein Jahr später in doppelter Breite wiederaufgebaut wurde.

- *Information* **Tourist Information Centre**, Marine Parade, West Sussex BN11 3PX, ☎ 01903/210066, ✆ 01903/236277, www.visitworthing.co.uk.
- *Einwohner* 99.000 Einwohner.
- *Verbindungen* **Zug** – Mehrmals tgl. Verbindungen nach Brighton und London Victoria. www.nationalrail.co.uk. **Bus** – Ebenfalls mehrmals tgl. Verbindungen nach Brighton und London (Victoria Coach Station). www.nationalexpress.co.uk.
- *Markt* Jeden Mittwoch auf der Montague Street.
- *Golf* **Hilbarn Golf Course**, 18-Loch-Anlage. ☎ 01903/237301.
- *Schwimmen* **Aquarena mit Riesenrutsche**, tgl. ca. 9–18 Uhr. Brighton Road, ☎ 01903/231797, www.aquarena.co.uk.

- *Übernachten/Essen/Trinken* **Heenefields Guest House**, ein Lesertipp von Ina Wojaczek: „Sehr schönes und komfortables Bed & Breakfast. Sehr empfehlenswert ist auch das gute englische Frühstück. Hier wählt der Gast aus verschiedenen Cornflakes- und Müsli-Sorten und bekommt frisches und eingelegtes Obst. Die Zimmer sind mit einer eigenen Toilette und Dusche sowie dem obligatorischen Tee-/Kaffeekocher ausgestattet." WLAN. Der Preis ist mit mindestens £ 32 angemessen. 98 Heene Road, ☎ 01903/538780, www.heenefields.com.

Camelot House, sehr kleines und sehr familiäres B & B auf der Cannon Road, etwa 300 Meter vom Meer entfernt. Die Besitzer – Christine und Martin Gregory – sind früher selber oft und gerne gewandert, so dass sie Reisenden immer wieder mit einem Wandertipp zur Seite stehen können. Kostenloses WLAN. (Ebenfalls ein Tipp von Worthing-Fan Ina Wojaczek). B & B ab £ 29. 20 Cannon Road, ✆ 01903/204334, www.camelotguesthouse.co.uk.

The Brunswick, gemütliches Pub mit einem umfangreichen Angebot an kleineren und größeren Gerichten. Mit Cottage Pie kann man hier genauso wenig etwas falsch machen wie mit Chili con Carne. Ganz nebenbei hat der unerfahrene Großbritannien-Reisende die Möglichkeit, die verschiedenen Soßensorten auszuprobieren. Ein großes Plus sind die Preise. Da kann auch der studentische Geldbeutel mithalten. Thorn Road, ✆ 01903/202141, www.thebrunswickworthing.com.

Sehenswertes

Worthing Museum and Art Gallery: Das städtische Museum von Worthing bietet einen Einblick in die Lokalgeschichte, mit Schwerpunkten auf Geologie, Archäologie, Trachten und Kostümen sowie Spielzeug und Puppenhäusern. Kunstfreunde sollten die regelmäßig stattfindenden Wechselausstellungen und den Skulpturengarten besuchen.

Adresse Chapel Road. ◷ Di–Sa 10–17 Uhr. Eintritt frei!

Umgebung

Steyning

Als die Normannen in England landeten, war Steyning noch ein bedeutendes Hafenstädtchen. Nachdem der Fluss Adur seinen Lauf veränderte hatte, begann der Hafen zu versanden. Heute liegt das denkmalgeschützte Dorf rund acht Kilometer vom Meer entfernt. Neben zahlreichen Fachwerkbauten aus der Tudorzeit und den obligatorischen Rosengärten gilt die auf die Normannen zurückgehende Pfarrkirche St Andrew als die größte Sehenswürdigkeit des Ortes; ihr hoch aufragendes Kirchenschiff ist sogar von der Küste aus zu sehen.

Arundel

Das pittoreske Städtchen wird von einer imposanten Burganlage gekrönt. Ein perfektes Szenario, das nur einen Nachteil hat: Nicht alles, was alt aussieht, hat bereits im Mittelalter Regen und Stürmen getrotzt.

Vom Ufer des River Arun, der gemächlich zum Meer mäandert, ziehen sich die winkeligen Gassen den Burgberg hinauf. Die Burg selbst ist der Stammsitz der Dukes of Norfolk, der ältesten Herzöge und zugleich der bedeutendsten katholischen Familie des Landes. Dies erklärt auch, warum in Arundel eine große katholische Gemeinde zu Hause ist. Der 15. Herzog von Norfolk ließ für seine, seit der Reformation stets bedrängten Glaubensbrüder eine Kathedrale errichten, deren Bau sich stilistisch an den Vorbildern der französischen Gotik orientiert. Das Städtchen selbst ist übersichtlich und gemütlich zu Fuß zu erkunden, da sich die Attraktionen links und rechts der High Street erstrecken. Antiquitätengeschäfte und Kunsthandwerker verführen zu Spontankäufen, während sich zahlreiche Pubs und Teestuben für eine kurze Pause anbieten.

• *Information* **Tourist Information Centre**, 61 High Street Arundel, West Sussex BN18 9AJ, ✆ 01903/882268, ✆ 01903/882419. www.arundel.org.uk bzw. www.sussex-by-the-sea.co.uk.

• *Einwohner* 2.700 Einwohner.

• *Verbindungen* **Bus** – Nahverkehrsbusse halten auf der High Street und fahren nach Littlehampton und Worthing. Am Town

192 Sussex

Arundel Castle thront über dem Ort

Quay (unteres Ende der High Street) fahren die Busse nach Chichester und Bognor Regis ab. **Zug** – Arundel liegt an der Eisenbahnlinie, die zum Gatwick Airport und zur Londoner Victoria Station (90 Min. Fahrzeit) führt; außerdem besteht eine Anbindung an die Bahnlinie nach Chichester, Portsmouth und Brighton (über Ford, dort umsteigen). Der Bahnhof befindet sich einen knappen Kilometer südlich des Zentrums.
✆ 0870/6082608, www.nationalrail.co.uk.

• *Markt* **Farmers Market**, jeden 3. Samstagvormittag des Monats.

• *Post* Ecke High Street und Mill Road.

• *Schwimmen* Arundel besitzt ein beheiztes Freibad am Ufer des River Arun.

• *Veranstaltungen* Beim **Arundel Festival** (zehn Tage Ende Aug./Anfang Sept.) dreht sich alles um Shakespeare.
www.arundelfestival.co.uk.

• *Übernachten* **Town House**, gemütliches Restaurant mit einem Mini-Hotel in einem Gebäude aus dem 18. Jahrhundert. Schöner Speiseraum mit einer goldverzierten Stuckdecke. Hauptgerichte um die £ 15, Menüs ab £ 14 (mittags), abends ab £ 22. Es werden vier schmucke Zimmer vermietet. Im Restaurant bleibt die Küche Mo, Di und Sonntagabend geschlossen. B & B £ 42.50–60 pro Person, lohnenswert ist Halbpension ab £ 60. 65 High Street, ✆ 01903/883847,
www.thetownhouse.co.uk.

Arden Guest House, liegt etwas südlich der Altstadt auf der anderen Flussseite, die Zimmer besitzen teilweise eine schöne Holzdecke. Ein DZ kostet ab £ 60 (mit Bad und WC) pro Nacht. 4 Queens Lane, ✆ 01903/882544, www.ardenguesthouse.net.

Arundel House, eine weitere Alternative im Ortszentrum. Tolles Hotel mit einem lobenswerten Restaurant in dezent modernem Ambiente, die Küche zeigt sich französisch inspiriert (Mittagsmenü ab £ 16). B & B je nach Zimmergröße ab £ 40 pro Person, am Wochenende £ 10 teurer, dafür gibt es einen Last-Minute-Discount. Zimmer mit LCD-Fernseher und WLAN. 11 High Street, ✆ 01903/882136,
www.arundelhouseonline.com.

Norfolk Arms, die historische Postkutschenstation ist ein typischer englischer Landgasthof mit viel Holz und knarrenden Dielen, weshalb sich hier auch die Herren des örtlichen Rotary Clubs treffen. Geboten wird eine zuweilen bodenständige Küche, so bei einer in Brand zubereiteten Hühnerleber. In den komfortablen Hotelzimmern gibt es B & B ab £ 35. Kostenloses WLAN, eigener Parkplatz im Hof. 22 High Street, ✆ 01903/882101, ✆ 01903/884275,
www.norfolkarmshotel.com.

Arundel **193**

• *Jugendherberge* **Youth Hostel Warning-camp**, kleine Jugendherberge in einer georgianischen Villa, östlich des Flusses Arun, ca. zwei Kilometer nördlich des Bahnhofs; Anfahrt vom Bahnhof auf der A 27 rechts (in östlicher Richtung), nach wenigen Metern links ausgeschildert; erste links, dann zweimal rechts. Im Sommer ist auch das Zelten auf dem Grundstück der Jugendherberge möglich. Von Nov. bis Febr. nur an Wochenenden geöffnet. Erwachsene ab £ 16, Jugendliche ab £ 12. ✆ 0845/3719002, ✆ 01903/882776, arundel@yha.org.uk.

• *Camping* ***** Ship & Anchor Marina**, drei Kilometer südlich von Arundel, in Ford (Bahnverbindung). Zelt und zwei Personen kosten ab £ 15, von März bis Okt. geöffnet. ✆ 01243/551262.

• *Essen/Trinken* **The Swan Hotel**, Pub/Restaurant mit Kaminzimmer als Speiseraum. In angenehmer Atmosphäre werden hier Mahlzeiten der mittleren Preisklasse ser-

viert, an der Bar tummelt sich überwiegend junges Publikum. Hauptgerichte £ 8–11. B & B je nach Zimmer £ 35–62.50. 27 High Street, ✆ 01903/882314.

Shades, attraktive Weinbar in einem modernen Ambiente mit blank gescheuerten Holztischen, die Küche bietet internationale Kost, so Spargel mit einem *Red Pepper Risotto* für £ 11.75. Netter Garten hinter dem Haus. Kostenloses WLAN. Mo Ruhetag. 51 High Street, ✆ 01903/884500.

Pappardelle, einladend eingerichtet, im Erdgeschoss befindet sich die Osteria mit großen Tischen vor der Fensterfront. Hier werden günstige, einfache Gerichte (*Focaccia, Bruschette* etc.) serviert, im Restaurant darüber geht es anspruchsvoller zu, lecker ist die *Salsiccia Cinghiale*, eine Art Bratwurstgehäck in einer Chianti-Zwiebel-Soße für £ 11.95. Montagmittag und Sonntag geschlossen. 14a High Street, ✆ 01903/882025, www.pappardelle.co.uk.

Sehenswertes

Arundel Castle: Arundel Castle erinnert fraglos an eine Hollywood-Kulisse – dies ist nicht verwunderlich, wurde doch der größte Teil der Burg erst an der Wende zum 20. Jahrhundert im Stil der Neugotik errichtet. Aus normannischer Zeit stammen nur noch das Torhaus und der Bergfried, der Rest wurde im Bürgerkrieg bis auf die Grundmauern zerstört. Arundel Castle beherbergt die wertvolle Sammlung der Herzöge von Norfolk (Geschlecht der Howards) mit Gemälden (van Dyck, Rubens, Holbein, Gainsborough, Reynolds etc.) sowie Möbeln, Uhren, Roben und Uniformen. Die lang gestreckte Baron's Hall mit einem Deckengewölbe aus Eichenholz ist mit prunkvollen Möbeln des 16. Jahrhunderts ausgestattet. Ein Rundgang durch das Schloss führt außerdem durch eine Bibliothek, die Ahnengalerie und eine Waffenkammer.

ⓘ von April bis Okt. tgl. außer Mo 10–17 Uhr. Eintritt: £ 16, erm. £ 13.50 oder £ 7.50, Familienticket £ 39. www.arundelcastle.org.

Cathedral of Our Lady & St Philip Howard: Die Kirche ist neben dem Castle das auffälligste Gebäude in Arundel. 1868 wurde sie in Anlehnung an französische Kathedralen der Gotik unter Leitung von Joseph Hansom erbaut. Hier fand ein Mitglied des Howard-Geschlechts (St Philip) seine letzte Ruhestätte, nachdem er 1588 hingerichtet worden war, weil er in der englisch-spanischen Auseinandersetzung für die Spanier Partei ergriffen hatte.

ⓘ tgl. 9–18 Uhr, im Winter bis zur Dunkelheit. www.arundelcathedral.org.

Arundel Museum & Heritage Centre: Stadtgeschichte von der Frühzeit bis heute ist das Ausstellungsthema des städtischen Museums, aufbereitet mit Alltagsgeschichte und historischen Fotografien.

Adresse 61 High Street. Bis zur Neueröffnung auf unbestimmte Zeit geschlossen. www.arundelmuseum.org.uk.

194   Sussex

Umgebung

Petworth House

Direkt am Marktplatz des altertümlichen Städtchens Petworth gelegen, beeindruckt das Petworth House allein schon durch seine Dimensionen: Die Gartenfront erstreckt sich über 100 Meter! Bereits im Mittelalter erwähnt, erhielt der Landsitz sein heutiges Aussehen vor mehr als 300 Jahren unter Charles Seymour, dem 6. Herzog von Somerset. Seine überregionale Bedeutung verdankt das Petworth House einem späteren Besitzer, dem Kunstmäzen *Sir George O'Brien Wyndham* (1758–1837). Wyndham, seines Zeichens 3. Earl of Egremont, unterhielt rege Kontakte zu den angesehensten englischen Malern. John Constable und William Turner lebten und arbeiteten längere Zeit im Petworth House – Turner richtete sich sogar ein Atelier ein. Es verwundert daher nicht, dass Wyndham nach und nach eine überaus respektable Kunstsammlung anhäufte; die mehr als 300 Gemälde, darunter Werke von William Turner, Van Dyck, Tizian, Lorrain, Bosch, Roger van der Weyden, Gainsborough, Reynolds und Blake, sind noch heute an ihrem ursprünglichen Ort zu bewundern. Unter den prunkvollen Räumen des Herrenhauses sticht der getäfelte Carved Room hervor, der von Grinling Gibbons meisterhaft aus Lindenholz gefertigt wurde.

Keineswegs versäumen sollte man einen Spaziergang durch den Park von Petworth. Von dem späteren königlichen Hofgärtner *Lancelot „Capability" Brown* angelegt, gilt er als ein Musterbeispiel vollendeter englischer Gartenbaukunst. Obwohl genau geplant, beherrscht der Garten nicht die Landschaft, sondern geht eine Symbiose mit ihr ein. Petworth Park erstarrt nicht zu einem künstlichen Gebilde wie die französischen Barockgärten, vielmehr erweckt er den Eindruck eines fließenden Übergangs zur sich öffnenden Landschaft. Hierzu gehören der serpentinenförmige See in der Nähe des Herrschaftshauses sowie gewundene Wege und lose verstreute Baumgruppen.

ⓘ von April bis Okt. Sa–Mi 11–17 Uhr. Eintritt: £ 9.90, erm. £ 5 (NT). Die Gartenanlage ist ganzjährig von 8 Uhr bis Sonnenuntergang geöffnet und kostet keinen Eintritt.

Parham House

Südlich von Pulborough erhebt sich inmitten eines riesigen Gartens mit Rotwild das Parham House, ein stattliches elisabethanisches Herrenhaus. Sehenswert sind die holzgetäfelte, 54 Meter lange *Long Gallery* mit ihrer reich verzierten Tonnendecke, die *Great Hall* sowie zahlreiche Portraits aus der Tudor- und Stuartepoche.

ⓘ von April bis Sept. jeweils Mi, Do und So 12–17 Uhr (Parham Garden), Parham House ab 14 Uhr. Eintritt: £ 8, erm. £ 7.50 oder £ 3.50, Familien £ 22. www.parhaminsussex.co.uk.

Amberley

Liebhaber schöner Dörfer sollten einen Zwischenstopp in Amberley einlegen. Als Belohnung warten zahlreiche denkmalgeschützte Häuser mit Reetdächern, die normannische Pfarrkirche St Michael und ein nettes Schloss mit wuchtigem Torhaus, das einst den Bischöfen von Chichester gehörte und heute ein luxuriöses Landhotel birgt.

• *Übernachten* **Amberley Castle**, die ideale Herberge für Freizeitburggrafen. Das rund 900 Jahre alte Schloss beherbergt zwanzig individuell eingerichtete Hotelzimmer. Billig ist das Vergnügen nicht gerade, dafür besitzt aber auch jedes Bad einen Whirlpool. „Besser kann man nicht übernachten", schrieb uns eine Leserin: „Die Zimmer sind derart burgartig, wie man es sich kaum vorstellen kann!" Zimmer ab £ 190 pro Nacht. ✆ 01798/831992, 🖂 831998, www.amberleycastle.co.uk.

Bignor Roman Villa

Anfang des 19. Jahrhunderts von einem Bauern zufällig beim Pflügen entdeckt, zählt die aus dem 2. Jahrhundert stammende römische Villa mit einer Grundfläche von 50 mal 80 Metern zu den größten des Landes. Der Komfort, den die Villa ihren Bewohnern bot, wurde erst im georgianischen England wieder erreicht. Neben prachtvollen Bodenmosaiken lassen sich in einem kleinen Museum die bei den Grabungen gefundenen Münzen sowie Schmuck und Keramiken bewundern.

ⓘ von Juni bis Sept. tgl. 10–18 Uhr, März bis Mai sowie Okt. tgl. außer Mo 10–17 Uhr. Eintritt: £ 5.50, erm. £ 4 oder £ 2.50. www.bignorromanvilla.co.uk.

Littlehampton

Wenige Kilometer südlich von Arundel liegt das Seebad Littlehampton. Bereits von den Angelsachsen als Hampton an der Mündung des River Arun gegründet, wurde es von den Seeleuten im 14. Jahrhundert als Littlehampton bezeichnet, um Verwechslungen mit dem nahen Southampton zu vermeiden. Bis ins frühe 20. Jahrhundert gehörten große Teil des Ortes den Dukes of Norfolk, die im nahen Arundel Castle residierten. Durch den 1863 erfolgten Anschluss an das Eisenbahnnetz begann Littlehamptons Aufstieg zum Ferienort. Bis zum Februar 2000 war in Littlehampton die Zentrale des bekannten Kosmetikkonzerns *The Body Shop*.

● *Übernachten* **Jugendherberge**, direkt am Hafen am Ostufer des River Arun (Fisherman's Wharf) gelegen, bietet diese unlängst eröffnete Herberge insgesamt 32 Betten in 8 Zimmern. Erw. ab £ 16, unter 18 Jahre ab £ 12. 63 Surrey Street, ☎ 0845/3719670, ☎ 01903/733090.

● *Essen/Trinken* **East Beach Café**, das Café liegt wie ein Stück verwittertes Treibholz am Strand. Das vom Architekten Thomas Heatherwick gebaute Café wurde sogar schon von der Times für seinen „Guggen-

heim-Effekt" gelobt. Aus der Ferne erinnert die Stahl- und Glaskonstruktion an eine Muschel, ist sie doch gleichzeitig Fremdkörper und zur Landschaft gehörig. Abgesehen von Kaffee und kleinen Snacks werden auch ansprechende internationale Gerichte (ca. £ 10) serviert, die Zutaten stammen fast ausschließlich von lokalen Produzenten. Mo–Fr 10–17 und 18.30–21.30 Uhr, Sa 9–17 und 18.30–21.30 Uhr, So nur 9–17 Uhr. ☎ 01903/731903, www.eastbeachcafe.co.uk.

Chichester

Die lebendige Kleinstadt besitzt zwei große Attraktionen: Eine normannische Kathedrale und das Chichester Festival Theatre, in dem alljährlich eines der renommiertesten englischen Theaterfestivals stattfindet.

Wie die Endung „chester" bereits andeutet, geht Chichester auf eine römische Gründung zurück. Der rechteckige Grundriss der Römerstadt *Noviomagus Regnensium* bestimmt noch immer den Straßenverlauf. Den Schnittpunkt von *Decumanus* (Längsachse) und *Cardo* (Querachse) markiert seit 1501 das Market Cross. In angelsächsischer Zeit als „Cissecaestre" urkundlich erwähnt, wurde Chichester wenige Jahre nach der normannischen Eroberung zum Bischofssitz erhoben. Schon von weitem sieht man den Glockenturm der Kathedrale, der eindrucksvoll aus der Dächerlandschaft herausragt. Im Spätmittelalter durch einen regen Woll-, Tuch- und Weizenhandel zu Reichtum gekommen, hat sich die Kleinstadt ihr altertümliches Erscheinungsbild bis heute bewahren können. Das Auto lässt man am besten zeitig stehen, da die Stadtverwaltung von Chichester das halbe Zentrum lobenswerterweise in eine Fußgängerzone verwandelt hat. Leider ist noch keinem der verant-

196   Sussex

wortlichen Herren und Damen aufgefallen, dass es dem Flair der Stadt gut ins Gesicht stehen würde, dürften die zahlreichen Cafés und Restaurants ein paar Tische
im Freien aufstellen. Nachtleben? Nicht erwünscht, stattdessen herrscht nach Ge-
schäftschluss provinzielle Ruhe ...

Chichester Festival

Das 1962 begründete Theaterfestival von Chichester kam durch seinen
langjährigen Leiter *Sir Lawrence Olivier* zu Weltruhm. Mehr als 50 Produk-
tionen wurden später auch am Londoner West End aufgeführt. Olivier gelang es, zahlreiche renommierte Schauspieler zu verpflichten. Auf der Bühne
des Festivalhauses standen bereits Ingrid Bergman, Julie Christie, Richard
Chamberlain, Alec Guinness, Anthony Hopkins, Omar Sharif, Kathleen Turner und Peter Ustinov. Das Festival dauert von März bis Oktober, abgerundet wird das Rahmenprogramm durch ambitionierte Theaterworkshops.

- *Information* **Tourist Information Centre**,
29a South Street, Chichester, West Sussex
PO19 1AH, ☏ 01243/775888, 🖷 01243/539449,
www.visitingchichester.org.
- *Einwohner* 28.000 Einwohner.
- *Verbindungen* **Bus** – Chichester Bus Station, Southgate; Busse fahren von hier aus
halbstündlich nach Selsey und Witterings;
stündlich nach Brighton, Portsmouth, Bognor Regis, Pagham und Emsworth; seltener nach Barsham. Coach Services auch
nach London, Exeter, Southampton und
Brighton. **Zug** – Chichester Station, Southgate; halbstündlich nach Portsmouth und
Brighton; stündlich Züge nach London (Victoria Station) über Arundel und direkt nach
London (Waterloo Station).
www.nationalrail.co.uk.
- *Kino* **New Park Film Centre**, New Park
Road, ☏ 01243/786650,
www.chichestercinema.org.
- *Internet* **Internet Junction**, Southgate,
☏ 01243/776644.
- *Schwimmen* **Westgate Leisure Centre**, 3
Pools, 55-Meter-Riesenrutsche sowie
Squash und Badminton. Cathedral Way,
☏ 01243/785651.
- *Stadtführungen* Sa um 14.30 Uhr, von Mai
bis Sept. auch Di um 11 Uhr. Treffpunkt:
Tourist Office.
- *Veranstaltungen* Das **Chichester Festival
Theatre** gilt als das beste Theater Englands
– abgesehen von den Londoner Bühnen.
Über 350.000 Zuschauer werden hier in der
von März bis Oktober dauernden Saison
gezählt. Wer sich diesen kulturellen Lecker-
bissen nicht entgehen lassen will, sollte

sich rechtzeitig um ein Ticket bemühen.
Die Preise liegen zwischen £ 10 und £ 40;
wenn man am Spieltag ab 18 Uhr an der
Kasse ansteht, gibt es eventuell noch günstigere Restkarten. Reservierungen unter:
☏ 01243/781312, www.cft.org.uk.
In Erinnerung an die Einweihung der Kathedrale wird alljährlich das **Chichester Festivities** (zwei Wochen im Juli) zelebriert. Auf
dem Programm stehen Jazz, Film, Tanz,
Oper und anderes mehr. Viele Veranstaltungen finden dann auch in der Kathedrale
statt. www.chifest.org.uk.
- *Übernachten* **The Ship Hotel (2)**, sehr
zentral gelegenes, komfortables Hotel aus
dem 18. Jahrhundert. Herrliches Treppenhaus! Insgesamt 36 moderne Zimmer mit
hohen Decken und sehr gut ausgestatteten
Bädern. Ein Lob verdient auch das Frühstück, wo zur Abwechslung frische Croissants und Pain au Chocolat aufgetischt
werden. Kostenloses WLAN sowie Parkplätze hinter dem Haus. Übernachtung und
Frühstück kosten hier ab £ 49.50 pro Person
im DZ, £ 75 im EZ (in der Nebensaison Angebote erfragen). North Street, ☏ 01243/
778000, 🖷 01243/788000, www.shiphotel.com.
Suffolk House Hotel (3), stilvolles georgianisches Hotel mit nicht gerade überwältigenden Zimmern ab £ 95 (B & B), EZ ab
£ 60. 3 East Row, ☏ 01243/778899, 🖷 01243/
787282, www.suffolkhousehotel.co.uk.
Trents (10), modernes Restaurant mit Bar
(Hauptgerichte £ 10), in dem auch fünf geschmackvolle, aber nüchterne Zimmer für
Puristen vermietet werden (Flat Screen, Po-
werdusche etc.). Netter bewirtschafteter

Chichester 197

Ü bernachten
1 The George & Dragon Inn
2 The Ship Hotel
3 Suffolk House Hotel
4 Mrs Campbell-White
6 The Nags Head
10 Trents
11 Old Orchard Guesthouse

E ssen & Trinken
1 The George & Dragon Inn
5 Costa Coffee
7 Ask
8 Cloisters Café
9 The Buttery at the Crypt
10 Trents

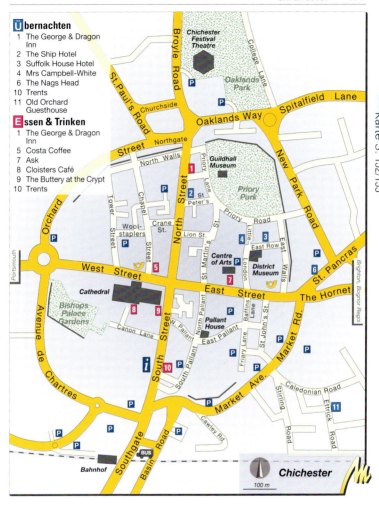

Garten hinter dem Haus (eine Seltenheit in Chichester!). WLAN. EZ £ 65, DZ £ 85 (Sa £ 109). 50 South Street, 01243/773714, www.trentschichester.co.uk.

The Nags Head (6), hinter der Fachwerkfassade des Pubs werden elf Zimmer ab £ 35 pro Person vermietet. 3 St Pancras, 01243/785823. www.thenagshotel.co.uk.

Old Orchard Guesthouse (11), drei komfortable Gästezimmer außerhalb des Stadtzentrums. B & B £ 35–50. 8 Lyndhurst Road, 01243/536547.

www.oldorchardguesthouse.co.uk.

Mrs Campbell-White (4), Privathaus im Zentrum. Die Besitzerin vermietet ein EZ ausschließlich an Frauen; B & B ab £ 35. Rechtzeitig anmelden. 5a Little London, 01243/788405.

• *Camping* **** Southern Leisure Lakeside Village**, riesiges Campingareal mit 1500 Stellplätzen am südlichen Stadtrand. Mit beheiztem Freibad. Von März bis Okt. geöffnet. Übernachtung ab £ 15. Vinnetrow Road, 01442/787715, 01442/533643.

198 Sussex

Stubcroft Farm, ganzjährig geöffneter Zeltplatz, es werden aber auch Zimmer vermietet. Fahrradverleih. Auf dem kleinen Campingplatz zahlen Sie pro Zelt je nach Saison ab £ 10. Stubcroft Lane, East Wittering (etwa elf Kilometer südwestlich von Chichester an der A 286), 01243/671469, www.stubcroft.com.

***** **Wicks Farm Caravan Park**, im Nachbarort, ländlich gelegen, mit kleinem Geschäft, Telefon und heißen Duschen. Zelt je nach Saison £ 16–25. Ganzjährig geöffnet. Redlands Lane, West Wittering, 01243/513116, 01243/511296, www.wicksfarm.co.uk.

In dieser Gegend gibt es noch weitere Campingplätze; das Tourist Office hält eine Broschüre bereit.

● *Essen/Trinken* **The Buttery at the Crypt (9)**, stilvoll sitzt man in einem rund 800 Jahre alten Gewölbe und kann sich an günstigen kleinen Gerichten erfreuen. 12a South Street, 01243/537033.

The George & Dragon Inn (1), das Lokal wurde von den Lesern der örtlichen Presse 2005 zum „Pub of the Year" gewählt. Kostenloses WLAN. Es werden auch zehn ansprechende Zimmer für £ 75–85 vermietet. North Street, 01243/785660, www.georgeanddragoninn.co.uk.

Cloisters Café (8), das im Kreuzgang der Kathedrale gelegene Café begeistert vor allem mit seinem herrlichen Garten. Kleine Snacks und Getränke zu günstigen Preisen. Tgl. 9–17, So 10–16 Uhr, 01243/782595.

Ask (7), italienisches Restaurant, besticht durch seine breite Auswahl an frischer Pasta und Pizza, jeweils zwischen £ 6 und £ 8. 38 East Street, 01243/775040.

Costa Coffee (5), direkt gegenüber der Kathedrale gibt es ausgezeichneten Kaffee. West Street. Starbucks und Cafè Nero betreiben ebenfalls eine Filiale in Chichester.

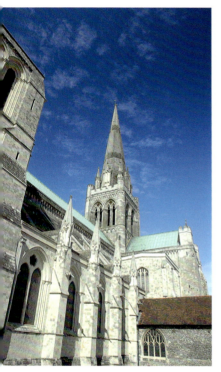

Chichester Cathedral

Pazifisten sind unerwünscht

Diese Erfahrung musste *George Bell*, der Bischof von Chichester, während des Zweiten Weltkrieges machen. Anfang der Vierzigerjahre galt er als der designierte Nachfolger des Erzbischofs von Canterbury. Doch als der überzeugte Pazifist Bell bei einer Predigt den Bombenkrieg gegen die deutsche Zivilbevölkerung kritisierte, war es mit seinen Aussichten für das höchste Amt der anglikanischen Kirche vorbei. Bell blieb in Chichester, wo seine Asche unter dem Altar ruht.

Sehenswertes

Chichester Cathedral: Die 1075 erfolgte Erhebung zum Bischofssitz – noch heute der einzige in Sussex – machte den Bau einer Kathedrale erforderlich. Gut drei Jahrzehnte später wurde das Gotteshaus geweiht. Während das Langhaus noch die typischen normannischen Arkaden und Triforien aufweist, ist vor allem das Äußere der Kathedrale aufgrund zahlreicher Brände sowie mehrerer Um- und Anbauten im gotischen Stil verändert worden. Ungewöhnlich ist der spätmittelalterliche Campanile, handelt es sich doch um den einzigen freistehenden Glockenturm Englands. Südlich der Kathedrale schließt sich ein trapezförmiger Kreuzgang an, der allerdings meistens verschlossen ist.

Dem langjährigen Dekan *Walter Hussey* ist es zu verdanken, dass die Kathedrale mit mehreren modernen Kunstwerken verschönert wurde. Von John Piper stammt ein abstrakter Gobelin hinter dem Hochaltar, Marc Chagall hat ein in hellem Rot leuchtendes Glasfenster im nördlichen Chorseitenschiff geschaffen und Graham Sutherland malte das Altarbild „Noli me tangere", das in der Südostkapelle zu bewundern ist.

Adresse West Street. ① 7.15–19 Uhr, im Winter bis 18 Uhr. Spende (Eintritt): £ 5, erm. £ 3. Führungen: von Ostern bis Okt. tgl. außer So um 11 und 14.15 Uhr. www.chichestercathedral.co.uk.

Market Cross: Das spätgotische, auf oktogonalem Grundriss errichtete Marktkreuz steht mitten im Zentrum der historischen Altstadt. Der Pavillon mit seinen elegant geschwungenen Spitzbögen aus Caen-Stein wird von einer steinernen Laterne gekrönt. Einst durften hier die armen Bürger Chichesters ihre Waren feilbieten, ohne dafür die üblichen Abgaben entrichten zu müssen.

Pallant House Gallery: Der schon erwähnte Dekan Walter Hussey war ein enthusiastischer Liebhaber moderner Kunst. Auch in seinen Privaträumen trug er eine mehr als respektable Kunstsammlung zusammen, die er der Stadt Chichester vermachte. Nach Husseys Tod stellte die Stadt das stattliche Pallant House zur Verfügung, um dessen Kunstschätze angemessen präsentieren zu können. Ausgestellt sind rund 160 Werke, darunter Arbeiten von Piper, Moore, Nash, Sutherland, Hepworth, Freud, Sickert, Klee, Léger, Derain und Cézanne sowie Porzellan. Architekto-

Das Market Cross im Zentrum von Chichester

nisch sehr gelungen ist der moderne Erweiterungsanbau, der 2007 mit dem 150.000 Euro dotierten Gulbenkian Prize für Museen and Gallerien ausgezeichnet wurde. Dadurch verfügt das Museum jetzt auch über ein ansprechendes Café und einen schönen Bookshop.
Adresse 9 North Pallant. ⏱ Di–Sa 10–17 Uhr, Do bis 20 Uhr, So 12.30–17 Uhr. Eintritt: £ 7,50, erm. £ 4 oder £ 2.30. www.pallant.org.uk.

Chichester District Museum: Das Museum bietet einen Einblick in das Alltagsleben im römischen, mittelalterlichen, georgianischen und viktorianischen Chichester. Nicht gerade spektakulär, aber dafür ist der Eintritt kostenlos.
Adresse 29 Little London. ⏱ Di–Sa 10–17.30 Uhr. Eintritt frei!

Umgebung

Fishbourne Roman Palace

Als eindrucksvolles Zeugnis der römischen Zivilisation gelten die herrschaftlichen Villen, die im gesamten *Imperium Romanum* zu finden sind. Auch in dem drei Kilometer östlich von Chichester gelegenen Dorf Fishbourne ließ sich wahrscheinlich der keltische Stammesfürst Cogidubnus einen palastartigen Landsitz samt Badehaus errichten, wobei er den Stil der römischen Besatzer übernahm. In der zweiten Hälfte des 3. Jahrhunderts bei einem Brand zerstört, fiel der Palast der Vergessenheit anheim. Nachdem man das Anwesen durch Zufall bei Kanalisationsarbeiten entdeckt hatte, wurde ab 1960 damit begonnen, den Palast ausgegraben. Ein Unterfangen, das bis heute noch nicht abgeschlossen ist, da zu dem Palast mehr als 100 Räume gehören, die sich über eine Fläche von 1500 Quadratmetern rund um einen Innenhof erstrecken. Faszinierend sind die freigelegten Bodenmosaike im Nordflügel, darunter die Darstellung eines auf einem Delfin reitenden Amor. Um den Gesamteindruck des Palastes wiederzugeben, hat man versucht, einen Teil der Gartenan-

Fishbourne Palace: prachtvolle römische Mosaike

Bognor Regis **201**

lagen in ihrem ursprünglichen Zustand zu rekonstruieren. Wie weitere Grabungen ergeben haben, befanden sich neben dem Palast auch militärische Vorratshäuser und eine kleine Hafensiedlung (Fishbourne lag vor 2000 Jahren noch am Meer). Ein kleines Museum und eine Videoinszenierung geben zusätzliche Erläuterungen.

Adresse Salthill Road. ⏲ von Febr. bis Mitte Dez. tgl. 10–17 Uhr, im August bis 18 Uhr, von Mitte Dez. bis Anfang Febr. nur Sa und So 10–16 Uhr. Eintritt: £ 7.60, erm. £ 6.80 oder £ 4. www.sussexpast.co.uk.

Goodwood

In einem 5.000 Hektar großen Park liegt das Ende des 18. Jahrhunderts erbaute **Goodwood House**, das nach der Renovierung 1997 in neuem Glanz erstrahlt. (Anfahrt über die A 27 Richtung Westen, kurz hinter Chichester links ausgeschildert). Ein Rundgang führt durch die Staatsgemächer mit alten Möbeln, Porzellan und einer ansehnlichen Gemäldesammlung (van Dyck, Hogarth, Reynolds usw.). Gleich nebenan befindet sich eine renommierte Pferderennbahn, die zusammen mit Ascot und Epsom zu den bedeutendsten in England zählt. Kunstliebhaber erfreuen sich an einem zeitgenössischen Skulpturenpark (**Sculpture at Goodwood**), den das Sammlerehepaar Jeanette und Wilfred Cass angelegt hat. Da die Kunstwerke jedes Jahr neu arrangiert und durch Zukäufe ersetzt werden, stellt der Park stets eine neue Herausforderung dar. Am dritten Septemberwochenende findet eine interessante Oldtimerveranstaltung (*Goodwood Revival*) statt – spannende Rennen, super Flugshow und liebevoll hergerichtete Verkaufsstände inklusive.

⏲ **Goodwood House** Ostern bis Sept. So u. Mo 13–17 Uhr, im Aug. So–Do 13–17 Uhr. Eintritt: £ 9, erm. £ 7.50. www.goodwood.co.uk.

Bognor Regis

Bognor Regis ist eines der zahlreichen Seebäder an der englischen Südküste mit dem üblichen Pier, diversen Bingo Halls, einem Sport- und Freizeitzentrum und einer Promenade. Einst muss die Gegend ziemlich morastig gewesen sein – der Name *bog* bedeutet im Englischen „Sumpf". Bis 1929 hieß der Ort schlicht Bognor; erst nachdem König Georg V. hier erfolgreich eine Kur absolviert hatte, mutierte das Seebad zu „Bognor Regis". Heute verbringen Tausende von Engländern alljährlich ihren Urlaub in den örtlichen Holiday Centres und Caravan Parks. Ein Höhepunkt ist die im März stattfindende *International Clown Convention*, während der sich Hunderte von Spaßmachern in Bognor Regis treffen. Einen guten Eindruck von der hiesigen Atmosphäre bekommt man im Butlin's Holiday Centre, dessen Skyline-Pavilion schon von weitem auszumachen ist. Während der Hochsaison sind hier mehr als 6.000 Urlauber untergebracht! Billy Butlin gilt als Pioneer im organisierten Ferienentertainment mit Indoor-Aktivitäten. Seine in den Siebzigerjahren entstandenen Holiday Camps waren gewissermaßen das proletarische Pendant zum Club Méditerranée. Von den ursprünglich neun Camps existieren heute allerdings nur noch drei, darunter das in Bognor Regis.

● *Information* **Tourist Information Centre**, Belmont Street (hinter der Esplanade im Zentrum), West Sussex PO21 1BJ, ✆ 01234/823140, ▤ 01234/820435. www.bognor-regis.org.
● *Einwohner* 22.500 Einwohner.
● *Verbindungen* **Bus** – Southdown Busse nach Brighton, Portsmouth, Chichester; Informationen unter ✆ 01903/237661. **Zug** – Bahnhof an der Station Road; Züge nach Chiches-

ter, Brighton und London Victoria Station.
● *Fahrradverleih* Das Tourist Office hält eine Liste bereit.
● *Übernachten* In Bognor Regis gibt es relativ günstige Hotels, z. B.:
Selwood Lodge, kleines, ansprechendes Guest House. B & B ab £ 27.50 pro Person. 93 Victoria Drive, ✆/▤ 01234/865071, www.selwoodlodge.com.

Hotels und B & Bs vermieten nur ungern für eine Nacht. Wer seine Ferien gerne in **Butlin's Resort** verbringen möchte, kann sich unter der Rufnummer 0870/2425678 oder im Internet unter www.butlinsonline.co.uk informieren.

Bognor Regis – Urlaub mit Sonnengarantie

Die Engländer wissen genau, weshalb sie Bognor Regis als Urlaubsort wählen: Sieht man einmal von dem Jahr 1997 ab, so ist Bognor Regis seit 1990 stets der Ort in Großbritannien gewesen, der die meisten Sonnenstunden verzeichnen konnte. Mit durchschnittlich 1903 Sonnenstunden pro Jahr – das sind mehr als fünf Stunden pro Tag – bietet Bognor Regis beste Voraussetzungen für sonnige Ferientage.

Uppark

Uppark, ein reizvoller Landsitz in den South Downs, bietet eine faszinierende Aussicht auf die Küste bis hinüber zur Isle of Wight. Das klar proportionierte zweistöckige Backsteinhaus mit Mittelrisalit wurde 1690 für Lord Grey, den späteren Earl of Tankerville, errichtet. Zwei „Bewohner" von Uppark sind später berühmt geworden: Die junge *Emma Hart* (1765–1815) war eine Zeit lang die Gespielin des Hausherren Sir Harry Fetherstonhaugh, bevor sie als Lady Hamilton Nelsons Geliebte wurde, und der Schriftsteller *H. G. Wells* (1866–1946), der im Souterrain seine ersten Geschichten schrieb, da seine Mutter in Uppark als Haushälterin angestellt war. Bei einem verheerenden Brand wurde der Landsitz 1989 bis auf die Mauern zerstört, die wertvolle Innenausstattung konnte gerettet werden. In einer fast beispiellosen Restaurierungsaktion ließ der National Trust Uppark wieder in seinen ursprünglichen Zustand zurückversetzen. Sechs Jahre Arbeit und sechzehn Millionen Pfund investierten britische Denkmalpfleger in dieses Unterfangen.
ⓘ April bis Okt. So–Do 12.30–16.30 Uhr (Garten ab 11.30 Uhr). Eintritt: £ 7.60, erm. £ 3.80, Familienticket £ 19 (NT).

Weald & Downland Open Air Museum

Das in der Nähe von Singleton liegende Freilichtmuseum vermittelt einen hervorragenden Eindruck von der ländlichen Architektur Südenglands vom Spätmittelalter bis ins 19. Jahrhundert. In einem parkähnlichen Areal wurden rund 40 historische Gebäude originalgetreu wiederaufgebaut und mit dem entsprechenden Mobiliar eingerichtet, darunter eine Mühle, ein viktorianisches Schulhaus und ein Bauernhof mit Kühen, Schweinen, Schafen, Hühnern und allem, was sonst noch dazu gehört.
ⓘ April bis Okt. tgl. 10.30–18 Uhr, Nov. bis März. nur Mi, Sa und So 10.30–16 Uhr. Eintritt: £ 9, erm. £ 8.15 und £ 4.80, www.wealddown.co.uk.

Cowdray

Das bei Midhurst gelegene Cowdray – es wurde im 16. Jahrhundert vom Earl of Southampton errichtet – gehörte zu den eindrucksvollsten Tudor-Palästen Englands. Und obwohl Cowdray 1793 bei einem Feuer bis auf die Außenmauern zerstört wurde, ist ein Besuch sehr reizvoll. Die leeren Fenster, das Torhaus und die Küche wirken fast surreal, besonders wenn Cowdray vom Nebel eingehüllt ist. Umgeben ist das Schloss von einem großen Park mit drei Poloplätzen, auf denen sich die englische Upper Class trifft.
ⓘ April bis Okt. Mi–So 10.30–17 Uhr. Eintritt: £ 6, erm. £ 5 und £ 3.50, www.cowdray.org.uk.

Surreys Hauptstadt: Guildford

Surrey

Fragt man einen Engländer, der in der Grafschaft Surrey zu Hause ist, nach seiner Herkunft, so antwortet er höchstwahrscheinlich „London". Tatsächlich scheint die ganze Region ein Vorgarten der Hauptstadt zu sein.

Als „Grüngürtel der Börsenmakler" wird Surrey gerne ironisch bezeichnet. Schon im 17. Jahrhundert pendelten die Bewohner von hier nach London. An den Wochenenden versuchen heute die Londoner der Großstadthektik zu entfliehen, quälen sich über verstopfte Autobahnen und genießen schließlich in Surrey einen Tag im Grünen, beispielsweise beim Pferderennen im Sandown Park nahe Esher oder beim Derby von Epsom. Landschaftlich wird Surrey von den North Downs bestimmt; der hügelige Gebirgszug steigt westlich von Guildford an und kann auch entlang eines Fernwanderweges (North Downs Way) erkundet werden. Höchste Erhebung Südostenglands ist der Leith Hill mit 295 Metern.

Von seinem „Gipfel" lassen sich an klaren Tagen der Ärmelkanal im Süden und die Londoner Metropole im Norden ausmachen. Der Box Hill in der Nähe von Dorking gehört seit Generationen zu den beliebtesten Picknickplätzen der Londoner. Berühmte Literaten wie John Keats ließen sich von einem Spaziergang auf dem Box Hill inspirieren. Neben Guildford, der munteren Hauptstadt der Grafschaft, bietet sich das Städtchen Farnham für einen Aufenthalt an. Surrey gilt zudem als Geburtsort der britischen Demokratie: Im Jahre 1215 musste Johann Ohneland in Runnymede die berühmte Magna Carta unterzeichnen. Lohnenswert ist ein Abstecher zum Hampton Court Palace, dem wohl eindrucksvollsten königlichen Schloss.

Information **Surrey Tourism**, County Hall, Kingston upon Thames, Surrey KT1 2DY, ✆ 020/85419081, ✆ 020/85419172, www.visitsurrey.com.

Guildford

Die Hauptstadt der Grafschaft Surrey ist das am River Wey gelegene Guildford. Eine Universität, eine Kathedrale, eine Burgruine und eine wunderschöne Altstadt prägen den Ort, der sich auch gut als Ausgangspunkt für einen Abstecher nach London eignet.

Aufgrund der guten Verkehrsanbindungen und der räumlichen Nähe zu London erfreut sich Guildford als Wohnsitz für gestresste Großstädter einer steigenden Beliebtheit. Durchaus verständlich: Das historische Zentrum – Guildfords Wurzeln reichen bis in die angelsächsische Zeit zurück – vermittelt die Geborgenheit einer Kleinstadt, so dass Guildford nicht Gefahr läuft, zur reinen Schlafstadt zu mutieren. Zudem ist Guildford seit 1966 Sitz der University of Surrey, wodurch sich die alten Gassen ein wenig im studentischen Flair sonnen können. Die steile, kopfsteingepflasterte High Street mit ihren feinen Boutiquen lädt zum Einkaufsbummel ein, dominiert wird die Hauptstraße von der Guildhall im Tudor-Stil mit ihrer markanten Uhr sowie dem Archbishop Abbot's Hospital, einem stattlichen Armenhaus aus dem Jahre 1619.

- *Information* **Tourist Information Centre**, 14 Tunsgate, Guildford, Surrey GU1 3QT, ✆ 01483/444333, ✆ 01483/302046. www.visitguildford.com.
- *Einwohner* 63.000 Einwohner.
- *Verbindungen* **Zug** – Guildfords Bahnhof liegt ungefähr eine halbe Meile nordwestlich des Zentrums. Es bestehen regelmäßige Verbindungen nach Portsmouth und London Waterloo. www.nationalrail.co.uk. **Bus** – Zwischen dem Bahnhof und der Altstadt befindet sich der Busbahnhof am westlichen Ende der North Street (Verbindungen nach Winchester, Portsmouth und London). www.nationalexpress.com.
- *Aktivitäten* **Guildford Spectrum**, attraktive Indoor-Freizeitanlage mit Schwimmen, Eislaufen, Bowling, Aerobic und weiteren Sportarten. Tgl. 8–23 Uhr. Parkway, ✆ 01483/443322, www.guildfordspectrum.co.uk.
- *Markt* Großer Straßenmarkt (**Farmer's Market**) von 10.30–15.30 Uhr am ersten Di des Monats auf der High Street; **North Street Market** jeden Fr und Sa.
- *Stadtführungen* Kostenlose Stadtführungen von Mai bis Sept. Mo um 11 Uhr, Mi und So um 14.30 Uhr, Do um 19 Uhr (bis Aug.). Treffpunkt: Tunsgate Arch in der High Street.
- *Theater* **Yvonne Arnaud Theatre**, Opern, Ballett und West End Shows; gilt als eines der besten Regionaltheater Englands. Millbrock, ✆ 01483/440000, www.yvonne-arnaud.co.uk. **The Electric Theatre**, Onslow Street, ambitioniertes Amateurtheater, ✆ 01483/444789, www.electrictheatre.co.uk.
- *Kino* **Odeon**, Bedford Road, ✆ 0871/2244007. www.odeon.co.uk.
- *Übernachten* (→ Karte S. 206) **The Angel Hotel (2)**, das altehrwürdige Hotel gilt seit mehr als sieben Jahrhunderten als das erste Haus am Platz und lässt sich diesen Ruf auch gut bezahlen. Verspielte Zimmer für Liebhaber von Himmelbetten. B & B

Guildford 205

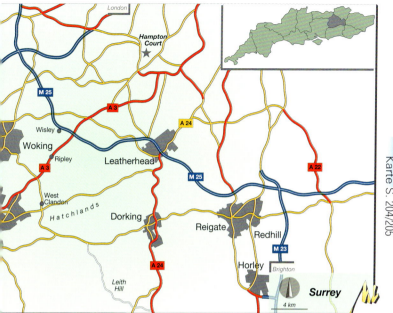

im DZ £ 155. 91 High Street, ☏ 01483/64555, ✉ 01483/33770,
www.angelpostinghouse.com.

Asperion (4), für alle, die mit dem englischen Plüschstil nichts am Hut haben. Das kleine Hotel (15 Zimmer) gefällt durch sein modernes zeitgenössisches Design, gut ausgestattet mit Flat-Screen und kostenlosem WLAN. Zum Frühstück werden nur Bioprodukte serviert. B & B ab £ 50 im EZ, ab £ 85 pro DZ. 73 Farnham Road, ☏ 01483/579299, ✉ 01483/457977,
www.asperion-hotel.co.uk.

Blanes Court Hotel (1), ruhiges familiäres Hotel in einem edwardianischen Haus, etwa zehn Fußminuten vom Zentrum. Zum Frühstück gibt es hausgemachte Marmelade. D & B ab £ 86 pro DZ, £ 64 im EZ. 4 Albury Road, ☏ 01483/573171, ✉ 01483/532780, www.blanes.demon.co.uk.

● *Essen/Trinken* (→ Karte S. 206) **Cambio (8)**, vorzüglicher und nicht teurer Italiener unweit des Castle. Bei einem zweigängigen Menu für £ 13.50 (nur mittags, abends ab £ 25.50, jeweils zzgl. Service Charge) folgten auf ein leckeres Erbsenrisotto ebenso vorzügliche Schweinemedaillons. Sonntagabend geschlossen. 10 Chapel Street, ☏ 01483/577702, www.cambiorestaurant.co.uk.

Olivio (6), ein weiterer sehr sympathischer Italiener, den uns eine Leserin empfahl, die hier „die besten Gnocchi ihres Lebens" gegessen hat. Mittagsmenü für £ 9.90. Pizzas ab £ 8.50, Nudelgerichte ab £ 8. So geschlossen. 53 Quarry Street, ☏ 01483/303535, www.olivo.co.uk.

Wagamama (3), eine Filiale der in London sehr beliebten japanischen Noodle Bar (Motto: *postive eating is positive living*). Nüchternes modernes Design und keineswegs überteuert (Hauptgerichte £ 7–11). 29 High Street, ☏ 01483/457779,
www.wagamama.com.

Zinfandel (5), der Name der Weinrebe lässt es schon erahnen: In dem hellen Ambiente wird die internationale Küche von thailändisch bis zu einem *Voodoo Steak* (mit einer kreolischen Soße für £ 15.50) gepflegt. Hauptgerichte ab £ 10. Es gibt aber auch Pizza ab £ 8. So Ruhetag. 4–5 Chapel Street, ☏ 01483/455155,
www.zinfandel.org.uk.

Café de Paris (7), Freunde der französischen Küche finden drei Häuser weiter eine

206 Surrey

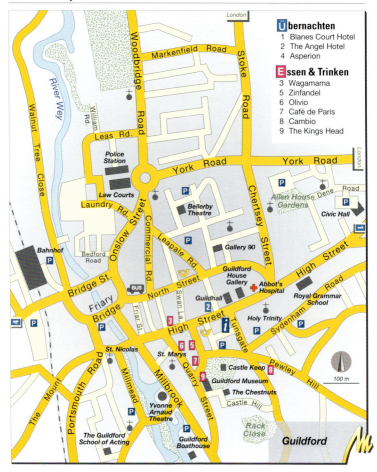

verspielte Brasserie, die ein zweigängiges Mittagsmenü für £ 12.50 anbietet. An der Seebrasse in Safransoße gab es nichts zu bemängeln. 35 Castle Street, ✆ 01483/534896.

The Kings Head (9), einladendes, rund 400 Jahre altes Pub in der Nähe der Burg. Im Sommer sitzt man im Hof, im Winter vor dem warmen Kaminfeuer. Hauptgerichte ab £ 6. Quarry Street, ✆ 01483/575004, www.thekingsheadpub.co.uk.

Sehenswertes

Castle: Die von einer schönen Gartenanlage eingerahmte Ruine der normannischen Burg diente im Hochmittelalter als königliche Residenz. Wahrscheinlich ist Johann Ohneland von hier aus nach Runnymede aufgebrochen, um die Magna Carta zu unterzeichnen. Nach dem Abschluss umfangreicher Restaurierungsarbeiten ist der Tower jetzt wieder begehbar. Ein Modell zeigt den Zustand der Burg im

Jahre 1300, vom Dach hat man einen herrlichen Panoramablick auf die Stadt. In einem Teil der ehemaligen Befestigungsanlage befindet sich das Guildford Museum.
⌚ von April bis Sept. tgl. 10–17 Uhr, Okt. bis März Sa und So 11–16 Uhr. Eintritt: £ 2.60, erm. £ 1.30.

Guildford Museum: Ausgestellt sind Zeugnisse zur Lokal- und Frühgeschichte, daneben widmet sich das Museum vor allem Charles Lutwidge Dodgson, besser bekannt unter seinem Pseudonym *Lewis Carroll*. Der Autor von „Alice im Wunderland" erwarb im Jahre 1868 für seine sechs unverheirateten Schwestern das Haus The Chestnuts in der Quarry Street (Gedenktafel!). Während seiner Semesterferien kam er oft nach Guildford, wo er auch am 14. Januar 1898 gestorben ist. Sein Grab befindet sich auf der anderen Seite des River Wey, auf dem Friedhof The Mount.
Adresse Castle Arch, Quarry Street. ⌚ tgl. außer So 11–17 Uhr. Eintritt frei! www.guildfordmuseum.co.uk.

Alice im Land der Pädophilen?

„Alice im Wunderland" gehört zu den bekanntesten und großartigsten Werken der Literaturgeschichte. Die Erzählung gilt gemeinhin als Kinderlektüre, wenngleich Lewis Carrolls (1832–1898) hintersinnige Wortspiele und sein Jonglieren mit abstrakten Begriffen das kindliche Denkvermögen eigentlich überfordern. Carroll – ein menschenscheuer, eigenbrötlerischer Dozent für Logik und Mathematik am Christ Church College in Oxford – hat die phantastische Geschichte für die Tochter seines Dekans, Alice Pleasance Liddell, geschrieben. Carroll pflegte eine sehr innige Beziehung zu der kleinen Alice, die für ihn die Liebe seines Lebens war. Als er mit ihr Freundschaft schloss, war sie siebeneinhalb und er achtundzwanzig; vier Jahre später kam es – aufgrund eines nicht bekannten Vorfalls – zu einem Zerwürfnis zwischen der Familie Liddell und Carroll, woraufhin die Mutter von Alice alle an ihre Tochter gerichteten Briefe verbrannte. Von dieser Trennung erholte sich Carroll nur schwer; im Sommer fuhr er fortan gerne nach Brighton oder Eastbourne, wo er am Strand nach kleinen Mädchen – Jungs hasste er hingegen regelrecht – Ausschau hielt. Hatte er deren Vertrauen erworben, lud er sie in seine Wohnung ein, um sie zu fotografieren. Manche Mütter waren anscheinend blind für Carrolls heimliche Leidenschaften und gaben ihre minderjährigen Töchter sogar für mehrere Tage in seine Obhut. Apropos Fotos: Carrolls stilisierte Mädchenportraits zeugen von einer außerordentlichen künstlerischen Qualität und gehören heute zu den teuersten Fotografien der Welt, da sich von Carrolls viktorianisch-kitschigen Aktfotografien nur vier bis in unsere Tage erhalten haben.

Umgebung

Clandon Park

Clandon Park ist der Familiensitz der Onslows. Der 2. Lord Onslow beauftragte den venezianischen Architekten Giacomo Leoni, östlich von Guildford ein Herrenhaus im palladianischen Stil zu errichten. Während das Äußere eher schlicht gehalten ist, überraschen die opulent ausgestatteten Innenräume; Aufmerksamkeit ver-

208   Surrey

dient eine Sammlung chinesischer Porzellanvögel. Die Parkanlagen gehen auf keinen Geringeren als den königlichen Hofgärtner „Capability" Brown zurück. Neuseelandfans können dort übrigens ein „Maori Meeting House" bewundern, das der 4. Lord Onslow, der einst Gouverneur von Neuseeland war, als Andenken mitbrachte.

ⓘ von Mitte März bis Okt. Di–Do sowie So 11–17 Uhr. Eintritt: £ 7.70, erm. £ 3.80, Familienticket £ 20. Kombiticket mit Hatchlands Park: £ 11, erm. £ 5.50 (NT). www.clandonpark.co.uk.

Hatchlands Park

Nur drei Kilometer von Clandon Park entfernt ließ sich Admiral Edward Boscawen 1758 von Thomas Ripley einen repräsentativen Landsitz errichten. Für die Innenausstattung des Ziegelsteinbaus zeichnete sich Robert Adam verantwortlich. Besonders sehenswert sind die Bibliothek und der Salon mit ihren kunstvollen Stuckarbeiten. Ausgestellt ist dort die *Cobbe Collection*, die weltweit die wohl größte Sammlung alter Tasteninstrumente besitzt. Ein Teil des Gartens wurde von der Gartenbaukünstlerin Gertrude Jekyll gestaltet.

ⓘ von April bis Okt. Di–Do sowie So 14–17.30 Uhr, im Aug. auch Fr 14–17.30 Uhr, der Park ist tgl. von 11–18 Uhr zugänglich. Eintritt: £ 6.30 oder £ 3.60 (nur Park). Kombiticket mit Clandon Park: £ 11, erm. £ 5.50 (NT).

Wisley

In der Nähe der Ortschaft Ripley, rund acht Kilometer nordöstlich von Guildford (von der A 3 ausgeschildert), befindet sich in Wisley seit 1904 ein Mustergarten der *Royal Horticultural Society* (*RHS*), der gegenwärtig mehr als 240.000 Mitglieder aus aller Welt angehören. Das Gelände wurde der Gesellschaft 1903 von Sir Thomas Hanbury gestiftet. Wahrzeichen der Anlage ist ein lang gestrecktes Gebäude im Tudor-Stil. Jahr für Jahr strömen Hobbygärtner aus ganz England herbei, um sich über die neuesten Gartentrends zu informieren. Das Spektrum spannt sich vom Gewürz- und Kräutergarten über einen Pinienhain bis hin zum Arboretum. Aber auch zarte Gewächse wie Orchideen und Fuchsien lassen sich bewundern. Besonders lohnenswert ist ein Besuch Ende April oder Mai, wenn der gesamte Garten in voller Blüte steht. Wer will, kann im zugehörigen Geschäft gleich vor Ort seltene Samen und Pflanzen erwerben.

ⓘ tgl. 10–18 Uhr, am Wochenende ab 9 Uhr, im Winter nur bis 16.30 Uhr. Eintritt: £ 9.50, erm. £ 3. www.rhs.org.uk.

Farnham

Das beschauliche Farnham liegt am Rande des Londoner Speckgürtels. Mehrere Kunstgalerien und The Surrey Institute of Art and Design weisen positiv auf den ästhetischen Dunstkreis von London hin.

Der Ortsname leitet sich vom sächsischen *Fearnhamme* ab, den „Flusswiesen, an denen Farnkraut wächst". Einen großen Einfluss auf das prosperierende Wirtschaftsleben von Farnham nahmen die Bischöfe von Winchester, die hier auf halbem Weg zwischen ihrer Diözese und London eine Nebenresidenz unterhielten. Im Mittelalter war Farnham ein bedeutendes Zentrum der Wollindustrie, später stieg die Stadt zu einem der größten Weizenmärkte Englands auf. Optisch wird das Stadtbild weitgehend von Bauten aus dem 18. Jahrhundert geprägt, jener Epoche, in welcher die Bürger Farnhams durch den Hopfenanbau und -handel zu Wohlstand kamen. Daniel Defoe beschrieb den Getreidemarkt als größten nach London, zu dem 1100 voll beladene Wagen in die Stadt kamen. Nach dem Zweiten Weltkrieg rückte Farnham immer stärker in den Einzugsbereich von London, so dass sich die Bevölkerung seither verdoppelt hat. Die Eröffnung des *Surrey Institute of Art and Design* hat sich belebend auf das Flair von Farnham ausgewirkt. Kunststudenten sind nach Farnham gezogen, Galerien wurden eröffnet.

- *Information* **Farnham Town Council**, South Street, Farnham, Surrey GU9 7RN, ✆ 01252/715109, ℻ 01252/725083. www.farnham.gov.uk.
- *Einwohner* 38.000 Einwohner.
- *Verbindungen* **Zug** – Verbindungen nach London (Waterloo), Alton Aldershot und Woking. Der Bahnhof liegt einen halben Kilometer südlich der Altstadt. www.nationalrail.co.uk. **Bus** – Nach Guildford, Aldershot, Midhurst und Winchester. www.nationalexpress.com.
- *Galerien* **James Hockey Gallery**, West Surrey College of Art Design, The Hart; **New Ashgate Gallery**, Wagon Yard; **Maltings Gallery**, Farnham Maltings, East Wing.
- *Stadtführungen* Von April bis Okt. jeden ersten So des Monats um 15 Uhr. Treffpunkt: Wagon Yard Car Park/Ecke Downing Street. Kosten £ 3. www.farnhamtownwalks.org.uk.

Farnham Castle

Sehenswertes

Farnham Castle: Farnham Castle ist die am besten erhaltene Burg in der Grafschaft Surrey. Sie wurde 1138 auf Anordnung von Henry de Blois, dem Bischof von Winchester, errichtet und diente seinen Amtsnachfolgern noch bis ins Jahr 1927 als Residenz. Von dem mächtigen normannischen Bergfried bietet sich ein schöner Blick auf die Dächer von Farnham, die ehemalige Bischofsresidenz ist nur im Rahmen einer Führung zugänglich.

⏰ von April bis Sept. tgl. 9–17 Uhr, am Wochenende bis 16 Uhr. Eintritt frei (EH)!

Museum of Farnham: Das in einem georgianischen Gebäude untergebrachte Museum bietet einen Überblick über die Stadtgeschichte, wobei auch *William Cobbett*, ein aus Farnham stammender, sozial engagierter Journalist des 18. Jahrhunderts gewürdigt wird. Zudem finden regelmäßig Wechselausstellungen statt.

Adresse 38 West Street. ⏰ Di–Sa 11–17 Uhr. Eintritt frei!

Umgebung

Waverley Abbey

Nur noch ein paar pittoreske Ruinen erinnern heute daran, dass die drei Kilometer südöstlich von Farnham gelegene Waverley Abbey 1128 die erste Abtei war, die der aufstrebende Zisterzienserorden in England gründet hat. Bis ins späte 15. Jahrhundert hinein stand das klösterliche Leben in voller Blüte. Im Rahmen der 1536 von Heinrich VIII. verfügten Klosterauflösungen wurde Waverley zerstört; sofern man die Steine als Material für Bauvorhaben in der Umgebung gebrauchen konnte, wurden die Gebäude sukzessive abgetragen, so dass heute nur noch Teile des Querschiffs zu bewundern sind. Eintritt frei!

Die heilige Kunst der Zisterzienser

Die Zisterzienser waren die bedeutendste Ordensgründung des Hochmittelalters. Getreu dem Wortlaut der benediktinischen Klosterregeln wollten sie in der weltabgeschiedenen Einsamkeit eine hohe Vollkommenheit erreichen. Hierzu schotteten sich die Mönche hinter den dicken Klostermauern vom Lärm und Geschrei der Welt ab. Vor allem die alles dominierende Leitfigur des Zisterzienserordens, der heilige *Bernhard von Clairvaux,* hatte schon wenige Jahre nach seinem Eintritt in den Zisterzienserorden (1112) eine gewaltige Neuorientierung des abendländischen Klosterwesens in die Wege geleitet, die auch eine Erneuerung der klösterlichen Baukunst nach sich ziehen sollte. Schon die Organisation der Klöster zielte auf Wachstum ab. Nie mehr als zwölf Brüder und ein Abt mit etwa der gleichen Anzahl Laienbrüder sollten in einem Kloster leben. Wurde diese Zahl überschritten, sandte man die Überzähligen aus, sich einen neuen Ort zu suchen. Durch diese Selbstbeschränkung auf die Zahl der Apostel entstanden zahllose Tochtergründungen, die den jeweiligen Mutterklöstern unterstellt waren; die stammbaumartige Verästelung führte schließlich zurück zum Urkloster von Cîteaux, von dem der Orden auch seinen Namen hat. Bis ins 13. Jahrhundert hinein verbreiteten die Ordensbrüder den Typus des Zisterzienserklosters in der gesamten westlichen Christenheit. Das Prinzip des „Alleinseins mit sich selbst", die in der Einsamkeit der Meditation sich entfaltende Kraft des Glaubens spiegelt sich in der Weltabgeschiedenheit der Klöster wider; die Mönche erinnerten mit der asketischen Einfachheit ihrer Bauten an die Armut und Anspruchslosigkeit des frühen Christentums; das Verständnis von körperlicher Arbeit als Teilnahme an Gottes Werk zeigt sich im Funktionalismus der Anlagen.

Hampton Court Palace

Zu Recht wird Hampton Court Palace als die schönste königliche Residenz gerühmt. Umgeben von ausgedehnten Gartenanlagen, leuchtet der Palast noch immer im Glanz der Tudor-Zeit.

Ursprünglich wurde Hampton Court zu Beginn des 16. Jahrhunderts im Auftrag von *Thomas Wolsey* (1475–1530), seines Zeichens Lordkanzler und Erzbischof von York, errichtet, doch *Heinrich VIII.* hatte nicht nur ein Faible für das weibliche Geschlecht, sondern auch für schöne Schlösser und forderte von seinem kirchlichen Gegenspieler, ihm Hampton Court zu „überlassen". Nachdem die Zwangsenteignung vollzogen war, wurde Hampton Court systematisch zu einem der größten

Hampton Court Palace   211

englischen Königspaläste ausgebaut. Genau genommen ist Hampton Court das größte Backsteinbauwerk, das in England seit der Römerzeit errichtet wurde. Das Anne-Boleyn-Tor (Gateway) zeugt eindrucksvoll von der Verschwendungssucht des unberechenbaren Königs. Bis zum Tod Georgs II. wurde der Palast von den englischen Königen zeitweilig bewohnt. Queen Victoria machte Hampton Court 1838 schließlich für die Öffentlichkeit zugänglich. Als am Ostermontag 1986 die Flammen aus dem Palast loderten, schien sich eine Katastrophe anzubahnen, doch konnte das Feuer noch rechtzeitig gelöscht werden, so dass nur vier historische Räume zerstört wurden.

Kaum dem Zug entstiegen, strömen die meisten Besucher über die Themsebrücke dem Haupteingang des Hampton Court Palace entgegen. Mit seinen roten Backsteinen, weißen Zinnen sowie den zahlreichen kleinen Türmchen und Kaminen ist der Hampton Court Palace ein Musterbeispiel für die Tudorarchitektur. Farbig gekennzeichnete Rundgänge führen vom *Clock Court* durch die verschiedenen Bereiche des Palastes. Der Hof erhielt seinen Namen, als Heinrich VIII. 1540 eine astronomische Uhr anbringen ließ, die nicht nur die Zeit anzeigt, sondern auch Tag, Monat, Mondphase und die Gezeiten der Themse! Besonders eindrucksvoll sind die *Henry VIII's State Apartments* mit der Great Hall und der königlichen Kapelle. Ebenfalls sehr repräsentativ wirken die im Barockzeitalter entstandenen Gemächer des Königs *(The King's Apartments)* und der Königin *(The Queen's State Apartments). The Georgian Rooms* waren ein privates Refugium für das Herrscherpaar. Vom Alltagsleben im Hampton Court erzählen die *Tudor Kitchens;* in der wohl größten noch erhaltenen Küche des 16. Jahrhunderts mussten täglich über 500 Personen versorgt werden. Die ausgestellten Gerätschaften und Lebensmittel geben einen authentischen Einblick in die Essgewohnheiten dieser Epoche am englischen Hof. Kunstgenuss versprechen *The Wolsey Rooms & Renaissance Picture Gallery;* sie beherbergen eine wertvolle Gemäldesammlung mit Werken von Tintoretto, Tizian, Lucas Cranach, Peter Brueghel d. Ä. und Holbein.

Umgeben ist Hampton Court von ausgedehnten barocken Gartenanlagen, die Wilhelm III. anlegen ließ, um seinen Rivalen, den französischen König Ludwig XIV., zu übertrumpfen. In der *Lower Orangery* ist eine Gemäldeserie („Die Triumphe des Cäsar") von *Andrea Mantegna* ausgestellt, im Norden des Areals grenzen die Tudor Tennis Courts an, in denen bereits der übergewichtige Heinrich VIII. dem Ball hinterherjagte. Bei Kindern steht vor allem der kleine, durch Eibenhecken abgetrennte Irrgarten *(The Maze)* hoch im Kurs. Er wurde bereits 1691 angelegt und gilt somit als das älteste Heckenlabyrinth Englands.

Noch ein Hinweis: Da in den Räumen selbst nur wenige Informationen vorzufinden sind, empfiehlt es sich, an einer Führung durch die *Henry VIII's State Apartments* bzw. *The King's Apartments* (jeweils 35 Min.) teilzunehmen. Für *The Tudor Kitchens*, *The Georgian Rooms* und *The King's Apartments* gibt es jeweils eine Audio Tour. Eine Besichtigung des Hampton Court Palace nimmt leicht mehrere Stunden in Anspruch. Wer will, kann sich zwischendurch im Schnellrestaurant der *Privy Kitchen* stärken.

Anreise Mit dem Zug von London Waterloo Station oder Ⓤ Richmond + Bus R 68. ① tgl. 10–18 Uhr, im Winter bis 16.30 Uhr. Eintritt: £ 14, erm. £ 11.50 oder £ 7, Familienticket £ 38 (inklusive Führung und Irrgarten). www.hrp.org.uk.

Portsmouth: traditionsreiche Hafenstadt

Hampshire

Mit Portsmouth und Southampton liegen zwei der bedeutendsten englischen Seehäfen in der Grafschaft Hampshire. Die beiden anderen Attraktionen sind der New Forest und die altehrwürdige Bischofsstadt Winchester.

Der Name der Grafschaft Hampshire stammt aus dem Altenglischen und bedeutet so viel wie „wasserreiche Wiesenlandschaft". Southampton hieß ursprünglich *Hamptun*, also „die Farm in der Flusslandschaft". Leider trifft diese liebliche Beschreibung nicht mehr auf die moderne Hafenstadt zu. Ähnlich wie in Portsmouth wurde der historische Stadtkern durch deutsche Bombenangriffe im Zweiten Weltkrieg fast völlig zerstört. In beiden Städten dominieren heute verkehrsreiche Schnellstraßen sowie moderne Wohn-, Büro- und Einkaufsblöcke das Stadtbild. Die ruhmreiche Vergangenheit lebt nur in den Museen und einigen gut erhaltenen oder restaurierten Gebäuden fort. Doch Portsmouth und Southampton schrieben Seefahrtsgeschichte, die es in jedem Fall zu erkunden lohnt.

Wer dem städtischen Trubel aus dem Weg gehen will, der kann im New Forest, einem ehemaligen königlichen Jagdrevier im Südwesten von Southampton, die Natur auf ausgedehnten Wanderungen und Radtouren genießen. Der unter Naturschutz stehende New Forest ist das größte zusammenhängende Waldgebiet Südenglands. Die Eichenforste und Buchenhaine wechseln sich mit Lichtungen und Heiden ab, die von den „Commoners", den Bewohnern des Forest, traditionell als Weiden genutzt werden. Ihnen gehören auch die frei umherziehenden New Forest Ponys, die

Hampshire 213

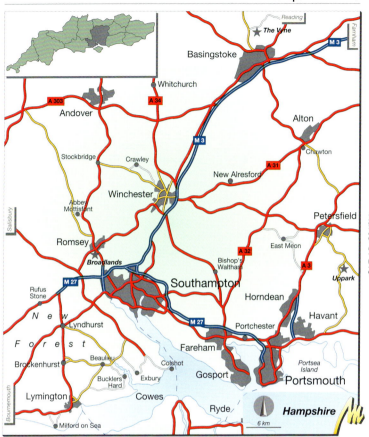

auf allen Straßen des Waldes Vorfahrt genießen. Seit den Zeiten Wilhelms des Eroberers haben die *Commoners* das sich weiter vererbende Recht, im New Forest Brennholz und Baumaterial für ihre Cottages zu sammeln und ihre Tiere weiden zu lassen. Allerdings kann heute fast niemand mehr seinen Unterhalt allein durch Pferde- und Schafzucht bestreiten, so dass die *Commoners* gezwungen sind, noch einen Hauptberuf auszuüben. Auch Hampshires Hinterland ist landschaftlich recht abwechslungsreich mit seinen fruchtbaren Tälern, die die Kreidehügel der North und South Downs durchziehen. Am Ufer des River Itchen, dreißig Kilometer von der Küste entfernt, liegt Winchester, die einstige Hauptstadt des Königreichs Wessex. Die längste mittelalterliche Kathedrale Europas und andere bedeutende historische Bauten erinnern noch an die Zeit, als die englischen Könige in Winchester Hof hielten.

Portsmouth

Die moderne Hafenstadt ist stolz auf ihre große Seefahrertradition. Wo sich heute die Docks mit ihren zahlreichen Lagerhallen, Kränen und Masten befinden, stachen vor Jahrhunderten Abenteurer und Admirale in See, um für England Geschichte zu schreiben.

Durch einen schmalen Kanal vom Festland getrennt, erstreckt sich Portsmouth auf einer Landzunge (Portsea Island), die in Form einer Spitze nordöstlich der Isle of Wight in den Ärmelkanal hineinragt. Flankiert von zwei weiteren Landzungen stellte dieser Küstenabschnitt seit jeher einen optimalen, leicht zu verteidigenden Naturhafen dar. Schon die Römer legten mit ihren Galeeren hier an. Später förderte Richard Löwenherz die Einrichtung einer Werft, aber erst als Heinrich VII. Ende des 15. Jahrhunderts Portsmouth zum „Royal Dockyard and Garnison" machte und hier das erste Trockendock der Welt in Betrieb nahm, begann der ruhmreiche Aufstieg der Hafenstadt. Von Portsmouth aus stachen Entdecker, Kauffahrer, Admirale, Freibeuter und Abenteurer in See. Wer ein Faible für historische Kriegsschiffe hat, sollte einen Besuch der aufwendig sanierten Royal Dockyards nicht versäumen. Drei Schiffe und ein Marinemuseum künden von der großen Vergangenheit der Royal Navy.

Noch heute ist Portsmouth in erster Linie Hafenstadt; Dockanlagen mit georgianischen Lagerhäusern aus Ziegelstein gibt es zwar noch einige, doch wird das Stadtbild in erster Linie von Industrieanlagen, Bürohäusern und viel Verkehr dominiert. Strandleben bietet Southsea, ein sich nach Südosten erstreckender Stadtteil, der sich überraschenderweise als angenehmes Seebad mit dem obligatorischen Pier und einem hellen Kieselstrand entpuppt. Aufgrund seiner militärischen Bedeutung wurde das Zentrum von Portsmouth im Zweiten Weltkrieg von den Bomben der deutschen Luftwaffe schwer verwüstet und bietet daher wenig Historisches, sieht man einmal vom Southsea Castle und dem Round Tower ab, der 1418 zur Verteidigung der Hafeneinfahrt errichtet wurde und für Besucher geöffnet ist. Wer den Turm erklimmt, kann den Schiffsverkehr mitsamt den Fähren zur Isle of Wight beobachten. Im Rahmen eines Millenniumsprojektes wurden 86 Millionen Pfund bereitgestellt, um das alte Hafengebiet mit Promenaden, einem Einkaufszentrum *(Gunwharf Quays)*, mit Bars und Restaurants sowie Wohnungen und einem Multiplex-Kino für das neue Jahrtausend aufzupeppen. Der optische Fixpunkt des Areals ist der 170 Meter hohe futuristische *Spinnaker Tower*. Und schon jetzt steht fest: ein gelungener Versuch, wieder Leben in die Hafenregion zu bringen.

Information/Verbindungen/Diverses

● *Information* **Tourist Information Centre**, The Hard, Portsmouth, Hampshire PO5 3PB, ☏ 023/92826722, ☏ 023/92827519, www.visitportsmouth.co.uk.
Ein weiteres Informationsbüro befindet sich beim Blue Reef Aquarium in Southsea an der Seafront, Clarence Esplanade.
● *Einwohner* 210.000 Einwohner.
● *Verbindungen* **Zug** – In Portsmouth gibt es zwei Bahnhöfe, in der Stadtmitte (ausgeschildert) und am Hafen. Von beiden fahren

Züge entlang Englands Südküste. Regelmäßige Anbindung an Londons Waterloo Station. www.nationalrail.co.uk. **Bus** – National Express fährt von der Haltestelle Hard (neben dem Bahnhof am Hafen) regelmäßig alle größeren Städte an. Im 90-Minuten-Takt nach London. www.nationailexpress.com. Tickets gibt es im Sealink Office. **Fähren** – Stündlich legen vom Hafen Passagier- bzw. Autofähren zur *Isle of Wight* ab (Dauer ca. 35 Min., Preise siehe Isle of

Portsmouth 215

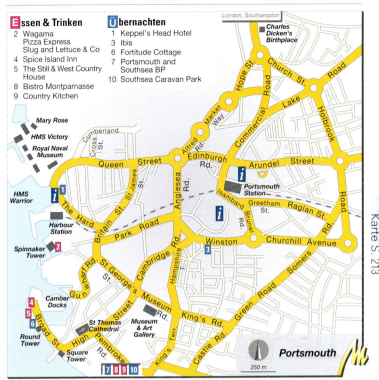

E ssen & Trinken
2 Wagama
  Pizza Express
  Slug and Lettuce & Co
4 Spice Island Inn
5 The Still & West Country House
8 Bistro Montparnasse
9 Country Kitchen

Ü bernachten
1 Keppel's Head Hotel
3 Ibis
6 Fortitude Cottage
7 Portsmouth and Southsea BP
10 Southsea Caravan Park

Hampshire Karte S. 213

Wight). Von Southsea fahren die schnellen Hovercraft-Boote innerhalb von 9 Min. zur Isle of Wight (£ 11.80, nur für Fußgänger). www.hovertravel.co.uk.

• *Bowling* **AMF Bowl**, Arundel Street, ✆ 023/92591018.

• *City Museum* Multimediale Stadtgeschichte, Museum Road, tgl. 10–17 Uhr. Eintritt frei!

• *Hafenrundfahrt* Von Ostern bis Okt. finden tgl. mehrere 45-minütige Hafenrundfahrten statt. Abfahrt: The Hard. Kosten: £ 5, erm. £ 3.50.

• *Markt* Do, Fr und Sa, Charlotte Street.

• *Schwimmen* **The Pyramids**, Freizeitbad mit Riesenrutschen, Clarence Esplanade, Southsea, ✆ 023/92799977, www.pyramids.co.uk; **Victoria Swimmingpool**, Anglesea Road, ✆ 023/9283822.

Übernachten/Essen/Trinken

• *Übernachten* **Ibis (3)**, günstiges Kettenhotel mitten im Zentrum von Portsmouth, unlängst renoviert. Leider ist das Frühstück recht lieblos. DZ ab £ 79. Winston Churchill Avenue, ✆ 023/92640000, ✆ 023/92641000, www.ibishotel.com.

Keppel's Head Hotel (1), altertümliches Hotel direkt beim Eingang zum Royal Navy Historic Dockyard. Einige Zimmer haben einen schönen Blick auf die Schiffe und das Meer. DZ ab £ 79, EZ £ 65 (inkl. Frühstück). 24–26 The Hard, ✆ 023/92833231, ✆ 023/838688, www.keppelsheadhotel.co.uk.

Fortitude Cottage (6), nettes B & B direkt am Hafen auf Spice Island, modern und geschmackvoll eingerichtet. Das Zimmer im 3. Stock verfügt sogar über eine Terrasse. Übernachtung je nach Reisezeit pro Person £ 30–60, EZ ab £ 45. 51 Broad Street, ✆/✆ 023/92823748, www.fortitudecottage.co.uk.

Portsmouth and Southsea Backpackers (7), ungezwungenes, sympathisches Back-

216 Hampshire

packers Hostel in zentraler Lage nicht weit vom Strand in Southsea. 50 Betten, urgemütlicher Aufenthaltsraum, große Küche. Keine Sperrstunde, WLAN. Übernachtung ab £ 17 im Mehrbettzimmer bis £ 40 für das DZ. 4 Florence Road, ✆/🖷 023/92832495, www.portsmouthbackpackers.co.uk.

● *Camping* **Southsea Caravan Park (10)**, in Southsea die Küstenstraße (A 288) in östlicher Richtung entlang; Ganzjährig geöffnet. Zelt, zwei Personen ab £ 16. Melville Road, ✆ 023/92735070, www.southsealeisurepark.com.

● *Essen/Trinken* **Spice Island Inn (4)**, einladendes Gasthaus am alten Hafen, von den großen Fenstern oder von der Terrasse kann man die Schiffe in den Hafen einfahren sehen. Gutes Fischangebot, und wie der Name schon andeutet, liebt es der Koch, die Gerichte kräftig zu würzen. Bath Square, ✆ 023/92870543.

The Still & West Country House (5), ein Pub direkt an der Seafront mit herrlicher Terrasse. Serviert werden einfache Gerichte, günstiges Preisniveau. Bath Square, ✆ 023/821567.

Wagamama, Pizza Express, Slug and Lettuce & Co (2), zahlreiche englische Restaurantketten befinden sich beim Einkaufszentrum am Spinnaker Tower.

Bistro Montparnasse (8), gute französische Küche zu angemessenen Preisen, lobenswert sind die Fischgerichte. Hauptgerichte ab £ 15, 3-Gang-Menü £ 34.50. So und Mo Ruhetage. 103 Palmeston Road, Southsea, ✆ 023/92816754, www.bistromontparnasse.co.uk.

Country Kitchen (9), die Adresse für Vegetarier und Teespezialisten. Viele preiswerte Gerichte, Selbstbedienung. Abends geschlossen, So Ruhetag. 59 Marmion Road, Southsea, ✆ 023/92811425.

Sehenswertes

Flagship (Royal Navy Historic Dockyard): Seit rund fünf Jahrhunderten ist Portsmouth einer der wichtigsten Stützpunkte der Royal Navy. Diesem Umstand trägt auch das Flagship-Areal Rechnung. Die Hauptattraktionen auf dem Royal Navy Historic Dockyard sind drei berühmte historische Kriegsschiffe *(Mary Rose, HMS Victory* und *HMS Warrior)* sowie das Royal Naval Museum mit einer Nelson-Ausstellung. Es besteht zudem die Möglichkeit, das Areal mithilfe einer Tonbandführung oder vom Wasser aus *(Warships by Water)* zu erkunden.

Adresse Queen Street. ① tgl. 10–17.30, im Winter nur bis 17 Uhr (HMS Victory nur bis 16.30 bzw. 15.45 Uhr). Eintritt: £ 19.50, erm. £ 16.50, Familienticket £ 55. *HMS* www.flagship. org.uk; www.hms-victory.com.

HMS Warrior: Gleich in der Nähe des Visitor Centres liegt die 120 Meter lange *HMS Warrior* – HMS steht für *Her Majesty Ship* – vor Anker. Der 1860 vom Stapel gelaufene Dreimaster galt bei seiner Indienststellung als der Stolz der englischen Flotte. Rundum mit Eisen gepanzert und mit Dampfmaschinen angetrieben, galt das Schiff mit seiner 700 Mann starken Besatzung als eine schwimmende Festung. Da die Dampfmaschinen bei voller Fahrt pro Stunde elf Tonnen Kohle benötigten, war der Aktionsradius des Schiffes auf 3.500 Kilometer begrenzt – bei einer Atlantikpassage musste man wohl oder übel auf die bewährten Segel zurückgreifen. Die *HMS Warrior* gehörte bis 1883 zur viktorianischen Kriegsflotte, war jedoch nie in ein Gefecht verwickelt. Interessant ist auch der Vergleich zwischen den Mannschafts- und Offizierskajüten des noch immer voll ausgestatteten Schiffes: Während die einfachen Seeleute auf engstem Raum schlafen und essen mussten, verfügte der Kapitän über eine luxuriöse Suite. Bevor die *Warrior* ab 1979 restauriert und ab 1987 als Museumsschiff vor Anker ging, fristete sie ein tristes Dasein als Verladeponton in Milford Haven.

Mary Rose: Die *Mary Rose* erinnert an einen der schmachvollsten Tage der königlichen Flotte. Am 19. Juli 1545 sollte das Flaggschiff Heinrichs VIII. einen Schiffsver-

Portsmouth 217

band anführen, der die vor der Isle of Wight liegende französische Flotte angreifen sollte. Bei starkem Seegang geriet die zu schwer und wahrscheinlich auch falsch beladene *Mary Rose* in eine gefährliche Schieflage; durch die geöffneten Geschützluken drang Wasser ein und der Viermaster versank vor den Augen des entsetzten Königs mitsamt seiner 700 Mann Besatzung im Solent.

Im Oktober 1982 wurde das Wrack in einer aufwendigen Aktion gehoben und restauriert. Um zu verhindern, dass das Schiff verrottet, wird es in der Ship Hall gehegt und gepflegt. Steter Seewassersprühregen und eine konstante Temperatur von fünf Grad Celsius simulieren die Bedingungen auf dem Meeresgrund; diese Behandlung ist nötig, bis geeignete Konservierungsmethoden entwickelt sind und das Wrack getrocknet werden kann. Eine Besichtigung dieses Relikts aus der Tudor-Zeit gibt Aufschluss über das Leben an Bord eines Kriegsschiffes im 16. Jahrhundert. Ausgestellt sind auch zahlreiche Objekte, die auf dem Meeresgrund neben der Mary Rose gefunden wurden. Neben Videoaufnahmen über die Bergung erfährt man auch viel über das Leben auf einem Kriegsschiff vor 500 Jahren. Achtung: Bis Ende 2012 ist das Schiff nicht zu besichtigen, da ein Museumsneubau in Planung ist.

HMS Victory: Die *HMS Victory* ist das mit Abstand berühmteste Kriegsschiff der Welt, untrennbar verbunden mit *Admiral Lord Horatio Nelsons* Triumph bei der Schlacht von Trafalgar. Lord Nelsons 1765 erbautes Flaggschiff ist rund 60 Meter lang und besitzt fünf Decks, die Platz für 104 Kanonen bieten. Die traditionsliebenden Engländer haben die *HMS Victory* nicht einfach abgewrackt, sondern halten den schmucken Dreimaster bis heute in Ehren (wenngleich inzwischen die alten Eichenhölzer durch Tropenholz ersetzt wurden): Das Schiff hat einen Kapitän, gilt als voll einsatzfähig und ist das

Lord Nelsons HMS Victory

Flaggschiff des Lord Lieutenant der Royal Navy, Home Command. Selbstverständlich werden die Besucher hin und wieder von einem Kadetten ihrer Majestät durch das Schiff geführt. Zwischen Steuerrad und Achterdeck ist die Stelle mit einer Messingtafel markiert, an der Lord Nelson gestorben ist. Eindrucksvoll ist die Admirals's Cabin mit Nelsons Nobel-Hängematte. Wer mehr Details zum Verlauf der Schlacht von Trafalgar erfahren möchte, sollte sich unbedingt die Sonderausstellung im Royal Naval Museum ansehen.

218   Hampshire

Royal Naval Museum: Das in einer historischen Lagerhalle untergebrachte Museum widmet sich der militärischen Vergangenheit der englischen Marine, wobei allerdings der Falkland Krieg sehr unkritisch dargestellt ist. Ausgestellt sind zahllose Schiffsmodelle, Seekarten, Uniformen, Galionsfiguren sowie Dioramen von Seeschlachten, und Lord Nelson darf selbstverständlich auch nicht fehlen.

„England erwartet, dass jeder Mann seine Pflicht erfüllt"

Seit der normannischen Invasion wussten die Engländer, dass sie sich nur durch eine schlagkräftige Flotte gegen zukünftige Invasoren wappnen konnten. Wer über den Ärmelkanal herrscht, der ist auch vor einem feindlichen Einmarsch sicher. Wiederholt entschied sich das englische Schicksal auf dem Meer, so 1588, als Francis Drake die spanische Armada besiegte. Und auch am 21. Oktober 1805 stand Englands Zukunft spitz auf Knopf. Napoleon plante bereits eine Invasion, als vor Trafalgar die von Admiral Lord Nelson geführte englische Flotte auf einen zahlenmäßig überlegenen französisch-spanischen Flottenverband stieß. Nelson war sich der Dramatik der Situation bewusst und ließ seinen Schiffen signalisieren: *„England expects that every man will do his duty."*

Der militärischen Überlegenheit seines Gegners zum Trotz gelang es Nelson, die feindliche Linie zu durchbrechen, das französische Flaggschiff manövrierunfähig zu schießen und Napoleons Flotte in drei Teile zu spalten und aufzureiben. Die Franzosen konnten vernichtend geschlagen werden, wodurch nicht nur die Gefahr einer Invasion gebannt war, sondern England hatte zugleich seine maritime Vorrangstellung auf Jahrzehnte hin gefestigt. Nur Nelson musste den Sieg teuer bezahlen: Kurz nachdem sein Flaggschiff die feindliche Linie durchbrochen hatte, wurde er von einer Kugel getroffen und unter Deck getragen. In der Gewissheit des Sieges erlag Nelson drei Stunden später seinen schweren Verletzungen.

Spinnaker Tower: Anlässlich des 200. Jahrestags der Seeschlacht von Trafalgar am 27. Juni 2005 wurde das neue Wahrzeichen von Portsmouth am Hafen eröffnet. Sein Name und seine Form „Spinnaker" sollen an die maritime Tradition der Hafenstadt erinnern. Der Entwurf – er stammt vom Design-Büro Scott Wilson – wurde mit zahlreichen Architekturpreisen ausgezeichnet. Der Turm besitzt drei übereinander liegende Aussichtsplattformen in 100, 105 und 110 Metern Höhe und ist damit das höchste öffentlich begehbare Bauwerk Großbritanniens. Der Zugang zu den Plattformen erfolgt entweder über einen im Turm befindlichen Fahrstuhl oder einen gläsernen Außenfahrstuhl. Der Besucher hat von den Plattformen aus einen Panoramablick über den Hafen von Portsmouth und die umliegende Gegend bis hin zur Isle of Wight.
⏰ tgl. 10–18 Uhr. Eintritt: £ 7.25, erm. £ 6.50 oder £ 5.75. www.spinnakertower.co.uk.

Charles Dickens Birthplace Museum: *Charles Dickens* erblickte am 7. Februar 1812 in Portsmouth das Licht der Welt, zu der Zeit, als sein Vater bei der Marine beschäftigt war. Dickens Geburtshaus wurde später renoviert, mit Möbeln des frühen 19. Jahrhunderts ausgestattet und der Öffentlichkeit zugänglich gemacht. Zu sehen sind Briefe, Erstausgaben, Portraits und persönliche Erinnerungsstücke. Das einzige Ausstellungsstück, das wirklich Dickens gehörte, ist das samtgrüne Sofa, auf dem er starb.

Adresse 395 Old Commercial Road. ① April bis Sept. tgl. 10–17.30 Uhr, Okt. bis März tgl. bis 17 Uhr. Eintritt: £ 3.50, erm. £ 3 oder £ 2. www.charlesdickensbirthplace.co.uk.

Southsea Castle: An der Clarence Esplanade steht eine Festung, die Heinrich VIII. 1545 zur Sicherung der Küste erbauen ließ. Der Überlieferung nach beobachtete er von hier den Untergang der *Mary Rose*. Das neu erbaute Flaggschiff der königlichen Flotte ging am 19. Juli 1545, kurz nach dem Auslaufen, mit 700 Mann Besatzung unter.

① April–Sept. tgl. 10–17.30 Uhr. Eintritt: £ 3.50, erm. £ 3 od. £ 2. www.southseacastle.co.uk.

D-Day Museum: Unter dem Codewort „D-Day", das als Abkürzung für *Deliverance Day* („Tag der Erlösung") steht, bereiteten die Alliierten an der Südküste Englands das größte Landungsunternehmen der Kriegsgeschichte vor.

Der Spinnaker Tower überragt den Hafen

D-Day

Begonnen hatte alles 1943 auf einer Konferenz im kanadischen Quebec; dort wurde der Entschluss gefasst, durch eine, in ihrer Größe bis dato noch nicht da gewesene Landungsoperation („Overlord") die Befreiung Europas einzuleiten. Die Deutschen, die einen Angriff auf den französischen Küstenabschnitt bei Calais erwartet hatten, wurden von der sorgsam vorbereiteten Offensive an der normannischen Küste vollkommen überrascht. In den frühen Morgenstunden des 6. Juni 1944 betraten die ersten alliierten Landungstruppen französischen Boden; bereits am Abend hatten sie weite Teile der Küste erobert. Innerhalb weniger Wochen brach die deutsche Verteidigung zusammen, der Zweite Weltkrieg erhielt eine entscheidende Wende: Hitlers Ende war nur noch eine Frage der Zeit; die nun folgende Befreiung Frankreichs mündete in die elf Monate später vollzogene Befreiung Deutschlands vom nationalsozialistischen Joch.

Das 1984, am vierzigsten Jahrestag der Landung eröffnete Museum veranschaulicht mithilfe von Videos, Ton- und Bilddokumenten sowie Fotos und Landkarten die dramatischen Ereignisse jenes denkwürdigen 6. Juni. Neben zahlreichem Kriegsgerät (Panzer, Gewehre etc.) gilt es auch einen 83 Meter langen Wandteppich („Overlord Embroidery") zu bewundern. Als modernes Gegenstück zum Teppich

220 Hampshire

Keine Hafenstadt ohne zünftige Kneipen

von Bayeux, der die normannische Eroberung Englands verherrlicht, thematisiert der Overlord-Teppich die einzige kontinentale Invasion, die von England ausging.
Adresse Clarence Esplanade, Southsea. ⏱ April bis Okt. tgl. 10–17.30 Uhr, Nov. bis März tgl. außer Mo 10–16 Uhr. Eintritt: £ 6, erm. £ 5 oder £ 4.20. www.portsmouth museums.co.uk.

Blue Reef Aquarium: Das moderne Seewasseraquarium begeistert nicht nur Kinder und Jugendliche mit seiner bunten Unterwasserwelt. Neben einigen seltsam anmutenden Meeresbewohnern können auch ein paar Haie bestaunt werden.
Adresse Clarence Esplanade, Southsea. ⏱ tgl. 10–17 Uhr, im Winter nur bis 16 oder 15 Uhr. Eintritt: £ 9.20, erm. £ 7.20, Familienticket £ 30.80. www.bluereefaquarium.co.uk.

Royal Naval Submarine Museum: Eine äußerst interessante Ausstellung zur Geschichte der U-Boote – vom ersten (1902) bis hin zu modernen, atomar angetriebenen U-Booten. Erst wenn man in die Submarines hineinsteigt, sieht man, wie eng und beklemmend es innen ist. Das Museum liegt in Gosport und ist mit dem Auto über die M 275 und die A 32 oder per Fähre (ab The Hard) zu erreichen.
Adresse Haslar Jetty Road. ⏱ tgl. 10–17.30, Nov. bis März bis 16.30 Uhr. Eintritt: £ 10, erm. £ 8 bzw. £ 7. www.rnsubmus.co.uk.

Umgebung

Portchester Castle

Zehn Kilometer nordwestlich von Portsmouth (an der M 27) liegt ein Kastell, das man sich nicht entgehen lassen sollte. Im 3. Jahrhundert von den Römern als *Portus Adurni* errichtet, ist diese Anlage so massiv konstruiert, dass die Normannen es nicht für nötig hielten, sie zu erweitern. Das Gemäuer zählt zu den am besten erhaltenen römischen Forts des nördlichen Europa. Heinrich II. baute später innerhalb der Mauern eine Burg, Heinrich V. sammelte hier seine Truppen für einen Feldzug gegen Frankreich.

⏰ April bis Sept. tgl. 10–18 Uhr, im Winter tgl. bis 16 Uhr. Eintritt: £ 4.50, erm. £ 3.80 oder £ 2.30 (EH).

Meon Valley

In der Nähe von Portchester Castle, nördlich von Wickham, erstreckt sich das malerische Meon Valley bis hinauf nach West Meon und den South Downs. Viele Einheimische halten dieses Tal für den schönsten Teil der Grafschaft Hampshire. Lohnenswert ist ein Abstecher in das kleine Dorf East Meon. Reetgedeckte Häuser, ein Fluss plätschert durch den Ort und am Rande wacht eine stattliche Kirche über das Seelenleben der Gemeinde.

Winchester

Das kleine Winchester, nicht etwa Southampton oder Portsmouth, ist die Hauptstadt der Grafschaft Hampshire. Wer die mächtige Kathedrale erblickt, ahnt, dass dieser Umstand historische Gründe hat.

Winchester ist ein beschauliches Landstädtchen am River Itchen, das wegen seiner Kathedrale einen festen Platz im Besichtigungsprogramm aller kunstinteressierter Englandreisenden hat. Zu Ehren Alfreds des Großen, dem Winchester seinen Aufstieg zur englischen Hauptstadt zu verdanken hat, ließ die Stadt am östlichen Ende des Broadways eine Bronzestatue errichten. Der Broadway und seine Verlängerung, die bis zum Westgate führende High Street, markieren noch den Verlauf der einstigen römischen Hauptstraße *(Decumanus)*. Gesäumt wird die High Street von mehreren stattlichen Fachwerkhäusern. Beim Einkaufsbummel kommt man auch am *Buttercross* vorbei, einem imposanten Marktkreuz aus dem 14. Jahrhundert. Durch die Ansiedlung mehrerer Betriebe aus der High-Tech-Industrie befindet sich Winchester seit einem Jahrzehnt im Aufwind – dies spiegelt sich auch in den Auslagen der Geschäfte und dem kulinarischen Angebot wider. Selbst Bulthaup und Bang & Olufsen haben ihren Weg nach Winchester gefunden.

Geschichte

Unter dem Namen *Caer Gwent* muss Winchester bereits in vorrömischer Zeit eine exponierte Stellung in Südengland eingenommen haben. Als *Venta Belgarum* war Winchester eine der bedeutendsten Römerstädte Britanniens. Die römische Infrastruktur nutzend, ließen sich die eingewanderten Sachsen in *Wintanceaster* nieder, das alsbald zur Hauptstadt des Königreiches Wessex aufstieg. Nachdem *Alfred der Große,* der König von Wessex, im Jahre 886 in ganz England als König anerkannt worden war, avancierte Winchester zur Hauptstadt des englischen Königreiches. Winchesters herausragende Bedeutung lässt sich auch daran erkennen, dass in der Kathedrale neben Alfred dem Großen und Eduard dem Älteren auch der Däne Knut der Große und der Normanne Wilhelm II. Rufus begraben liegen. Die am 3. April 1043 in der Kathedrale von Winchester vollzogene Krönung von Eduard dem Bekenner war ein letzter, glanzvoller Höhepunkt in der Stadtgeschichte, danach verlagerte sich das englische Machtzentrum immer mehr nach London. Wilhelm der Eroberer ließ sich, um seinen Anspruch auf den englischen Thron zu unterstreichen, in Winchester ein zweites Mal zum König krönen. Der Kronschatz und das Domesday Book wurden weiterhin in Winchester aufbewahrt.

222　Hampshire

Jane Austens Haus in Chawton

England's Jane

In der Kathedrale von Winchester fand auch *Jane Austen* (1775–1817) ihre letzte Ruhestätte. Eine Grabplatte – England's Jane gewidmet – und ein Gedenkfenster erinnern im nördlichen Seitenschiff an die in Winchester gestorbene Schriftstellerin. Austens realistische Romane besitzen viel Lokalkolorit und sind geprägt von der Vernunft der Aufklärung und einem modernen klassizistischen Geschmack. Über die romantischen Exzesse der Schauerromane macht sie sich genauso lustig wie über den sentimentalen Gefühlskult. *Sensibility* heißt Austen nur gut, wenn diese Empfindsamkeit durch einen vernünftigen *sense* kontrolliert wird. Ihre Romane, so beispielsweise „Stolz und Vorurteil", sind geprägt von einer subtilen Didaktik und schildern Menschen, die von einem Fehlverhalten abgebracht und zu einem normativen Verhalten hingeführt werden. Jane Austen stammte aus Hampshire, lebte dann mehrere Jahre mit ihrer Familie in dem mondänen Bath, gegen das sie aber eine tiefe Abneigung hegte. Im Jahre 1809 kehrte sie nach Hampshire zurück, um bei ihrem Bruder Edward in Chawton zu leben. Erst kurz vor ihrem Tod zog sie nach Winchester in die College Street Nummer 8, weil sie sich in der Stadt eine bessere ärztliche Versorgung erhoffte.

Als Wallfahrtsort für die Gläubigen, die zum Grab des heiligen Swithun pilgerten, sowie als Residenz der einflussreichen Bischöfe von Winchester blieb Winchester im Mittelalter eine der bedeutendsten Städte Englands. Und so begannen die Normannen 1079 mit dem Bau der größten englischen Kathedrale. *Richard von Devizes,* der im 12. Jahrhundert zahlreiche englische Städte von ihrer schlechtesten Seite charakterisiert hatte, kannte nur eine Ausnahme: Winchester – schließlich lebte er als Mönch im dortigen Kloster Saint-Swithun. In seiner „Chronik" lobte er das „Jerusalem der Juden" in höchsten Tönen: „Allein hier genießen sie dauernden Frie-

Winchester   223

den, es ist eine wahre Schule des Wohlergehens und Wohlverhaltens; hier findet man wirkliche Menschen. Brot und Wein kosten fast gar nichts. Und in der Stadt gibt es Mönche von solcher Milde und Erbarmen, freizügig gesinnte Kleriker, die gerne Rat geben, schöne und tugendhafte Frauen, so dass es mir schwer fällt, nicht in diese Stadt zu gehen und dort als Christ unter solchen Christen zu leben. Dort musst du hin, in die Stadt der Städte, die Mutter von allen und die beste von allen."

Winchesters Niedergang begann 1645 mit der Schlacht von Naseby, als Oliver Cromwells Truppen die Stadt eroberten. Die Puritaner beabsichtigten kurzzeitig sogar, die Kathedrale dem Erdboden gleichzumachen, was aber im letzten Moment durch das beherzte Eingreifen couragierter Bürger verhindert werden konnte. Der unaufhaltsame Abstieg war dennoch nicht aufzuhalten, den Schlusspunkt setzte im 19. Jahrhundert die Verlegung der Bischofsresidenz nach Farnham, Winchester verkam zum reizvollen Provinzstädtchen.

Information/Verbindungen/Diverses

- *Information* **Tourist Information Centre**, Guildhall, The Broadway, Winchester, Hampshire, SO23 9LJ, ☎ 01962/840500, 🖷 01962/850348. www.visitwinchester.co.uk.
- *Einwohner* 35.000 Einwohner.
- *Verbindungen* **Zug** – Bahnhof an der Stockbridge Road (eineinhalb Kilometer nordwestlich der Kathedrale); regelmäßige Verbindungen nach Londons Waterloo Station (1 Std.), Bournemouth, Poole, Portsmouth und Southampton. www.nationailrail.co.uk. **Bus** – Busbahnhof am Broadway, Information unter ☎ 01256/464501; sieben Busse tgl. nach London-Victoria über Heathrow Airport, weitere Busse nach Bournemouth über Southampton sowie nach Oxford, Portsmouth, Romsey und Salisbury. www.nationalexpress.com.
- *Fahrradverleih* Bei der Tourist Information.
- *Hampshire Technology Centre/Intech* Zahlreiche Animationen zu den Themen Wissenschaft und Technik. Ideal für Kinder. Romsey Road. Tgl. 10–16 Uhr. Eintritt frei!
- *Historic Resources Centre* Historisches Forschungsinstitut in der Nähe der Hyde Abbey, wo das Grab Alfreds des Großen

entdeckt wurde. 75 Hyde Street. Mo–Fr 9–16.30 Uhr. Eintritt frei!
- *Kino* **Screen Cinema**, Southgate Street, ☎ 01962/877007. www.everymancinema.com.
- *Markt* Mi, Fr und Sa auf der Middlebrook Street. Sehenswert ist der Famers' Market am zweiten und letzten Sonntag des Monats. www.hampshirefarmermarkets.co.uk.
- *Parken* Für £ 5 kann man den ganzen Tag am Chesil Multi-Storey parken (5 Min. zum Zentrum).
- *Stadtführungen* Alle Führungen beginnen am Tourist Office. Mai bis Sept. Mo–Sa um 11 und 14.30 Uhr, So nur 14.30 Uhr; Apr. und Okt. Mo–Sa um 11 und 14.30 Uhr; Nov. bis März nur Sa um 11 Uhr (£ 4).
- *Veranstaltungen* Nach Ostern findet in Winchester das beliebte **Folk Festival** statt. Zwei Monate später, nämlich Ende Juli, sind die Straßen von Gauklern und Artisten bevölkert: „It's Hat Fair". Ein Wochenende lang werden dann Theateraufführungen angeboten, und überall in der Stadt sind die merkwürdigsten Kopfbedeckungen zu begutachten.

Übernachten/Essen/Trinken (siehe Karte S. 224)

- *Übernachten* **The Winchester Royal (3)**, angenehmes Hotel in einem Haus aus dem 16. Jahrhundert mit prächtigem Garten. Zentrale Lage. 75 gemütliche Zimmer mit allem Komfort, wobei die Zimmer im Haupthaus vorzuziehen sind; in den schönsten schläft man in einem Himmelbett. Kostenloses WLAN. B & B ab £ 85.50 für 2 Personen im DZ. St Peter Street,

☎ 01962/840840, 🖷 01962/841582, www.thewinchesterroyalhotel.co.uk.

Wykeham Arms (15), das beste Pub in der Nähe des Winchester College ist nicht nur für ein Bier gut. Ausgezeichnete Lunches (12–14.30 Uhr) ab £ 7, exzellente Bedienung und gute Weine. Abendessen ab £ 15, herrlich der Lammrücken mit Kartoffelgratin und mediterranem Gemüse! Dazu flackert

224 Hampshire

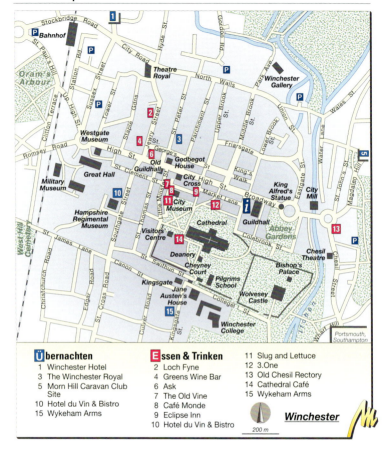

Übernachten
1. Winchester Hotel
3. The Winchester Royal
5. Morn Hill Caravan Club Site
10. Hotel du Vin & Bistro
15. Wykeham Arms

Essen & Trinken
2. Loch Fyne
4. Greens Wine Bar
6. Ask
7. The Old Vine
8. Café Monde
9. Eclipse Inn
10. Hotel du Vin & Bistro
11. Slug and Lettuce
12. 3.One
13. Old Chesil Rectory
14. Cathedral Café
15. Wykeham Arms

Winchester

das Feuer im Kamin! Im Sommer sitzt man im Garten hinter dem Haus. Wer zu tief ins Glas geschaut hat, kann in einem der 14 DZ ab £ 115 nächtigen (B & B); EZ ab £ 85. Die Zimmer sind nicht allzu groß, aber haben Charme und ein tolles Bad. Hunde und Kinder unter 14 Jahren sind nicht erwünscht! Achtung: Anfahrt nur über die Southgate Street möglich, kleiner Parkplatz im Hof. 75 Kingsgate Street, ☏ 01962/853834, ℻ 01962/854411, www.accommodating-inns.co.uk/wykeham.

Hotel du Vin & Bistro (10), wunderschönes unlängst eröffnetes Designhotel in einem historischen Gebäude unweit des Zentrums. Nicht nur Weintrinker werden von dem Flair begeistert sein. Toller Garten hinter dem Haus. Empfehlenswertes Restaurant, dessen Einrichtung einen glauben macht, man sitze mitten in Frankreich. Mittagsmenü für zwei Personen £ 20, Hauptgerichte ab £ 15.50. Alle Zimmer sind mit einem CD-Player ausgestattet, kostenloses WLAN sowie Parkplätze vorhanden. DZ ab £ 99 (am günstigsten im Internet), meist ab £ 140. 14 Southgate Street, ☏ 01962/841414, ℻ 01962/842458, www.hotelduvin.com.

Winchester Hotel (1), komfortables Kettenhotel am Stadtrand mit beheiztem Hallenbad, Fitnesscenter, Sauna und Whirlpool. Einen Kilometer vom Zentrum entfernt. EZ ab £ 99, DZ ab £ 99. Worthy Lane, ☏ 01962/709988, ℻ 01962/840862, www.pedersenhotels.com.

Winchester 225

B & B, Winchesters Unterkünfte sind fast ausschließlich in der gehobenen Preisklasse zu finden. Selbst die Jugendherberge in der Water Mill wurde 2005 geschlossen.

● *Camping* ****** Morn Hill Caravan Club Site (5)**, fünf Kilometer östlich des Stadtzentrums, auf einem zweigeteilten Wiesengelände, durch Bäume und Hecken geschützt. 2 Pers. im Zelt zahlen £ 8.50. Von April bis Okt. geöffnet. Morn Hill, ✆ 01962/869877.

● *Essen/Trinken* **Wykeham Arms (15)**, siehe Übernachten.

Old Chesil Rectory (13), dieses Restaurant in einem zünftigen, altertümlichen Steinhaus bietet französische Küche auf höchstem Niveau und wird von einigen Gourmets sogar als das beste in der Grafschaft Hampshire bezeichnet. Ein Gedicht war das *Rump of Hampshire Lamb, Peas & Lettuce, Potato Fondant and Mint Emulsion*. Sehr günstig ist das zweigängige Mittagsmenü für £ 14.95. Sonntagabend geschlossen. 1 Chesil Street, ✆ 01962/851555. www.chesilrectory.co.uk.

Cafe Monde (8), sehr nettes Café unweit der Kathedrale, ideal für einen Kaffee oder einen kleinen Snack. 22 The Square, ✆ 01962/877177.

Slug and Lettuce (11), schräg gegenüber trifft man vorzugsweise jüngeres Publikum, das seinen Hunger an leckeren Snacks stillt. Salate, Wraps und Hauptgerichte ab £ 7. 5 Great Minster Street.

Ask (6), in einem alten Fachwerkhaus in der Fußgängerzone werden annehmbare Pizzen und Pasta zu angemessen Preisen serviert (ab £ 7.50). Straßenterrasse. High Street.

Cathedral Café (14), unweit der Kathedrale, mit schönem, sonnigem Garten. Preisgünstige und leckere Lunches (£ 8), Kuchen und Tee. Mo–Sa 9.30–17 Uhr, So ab 10 Uhr. ✆ 01962/857258.

Loch Fyne (2), das Restaurant in einem mehr als 500 Jahre alten Fachwerkhaus hat sich auf Seafood spezialisiert, das teilweise direkt aus Schottland eingeflogen wird. *Seafood Selection* mit Lachs, Seebrasse und King Prawns für £ 16.50. Tgl. außer Fr und Sa gibt es für zwei Personen ein Menü für £ 30 inkl. einer Flasche Wein. 5 Jewry Street, ✆ 01962/872930, www.lochfyne.com.

Greens Wine Bar (4), eine Weinbar im Stil eines französischen Bistros. Nette Straßenterrasse. 4 Jewry Street, ✆ 01962/860006.

Eclipse Inn (9), kleines Pub mit Straßenterrasse, die Küche hat sich auf deftige Kost wie *Steak and Kidney Pie* spezialisiert (£ 7.75). The Square, ✆ 01962/865676.

The Old Vine (7), beliebtes Restaurant unweit der Kathedrale. Die Gäste loben das gute Bier und Essen gleichermaßen. Risotto mit Lammschulter für £ 11.95. Es werden auch ein paar geschmackvolle großzügige Zimmer vermietet. DZ inkl. Frühstück £ 100–170. 8 Great Minster Street, ✆ 01962/854616, www.oldvinewinchester.com.

3.One (12), die trendige Bar mit Loungeatmosphäre ist vor allem bei der Jugend beliebt. The Square.

Sehenswertes

Cathedral: Winchesters Kathedrale beeindruckt alleine durch ihre Ausmaße. Das Kirchenschiff ist mit 170 Metern Länge nach der Peterskirche in Rom das zweitlängste in Europa! Trotz der verschiedenen Baustile, von der Romanik bis zur Spätgotik, präsentiert sich das Gotteshaus als eine harmonische, aber prunklose Einheit. „Das Äußere der Kirche ist schlicht und rau, als hätten die Gründer alle Ornamente verabscheut, oder als wäre William of Wykeham Quäker gewesen oder zumindest Pietist. Da kann man am ganzen Außenbau nicht eine Statue sehen oder auch nur eine Nische für eine Statue, keine Steinmetzarbeiten, keine Turmspitzen, Türme, Fialen oder Balustraden oder etwas dieser Art, sondern nichts als nackte Wände, Strebepfeiler, Fenster und Vorsprünge, wie sie zur Abstützung und Gliederung des Baues notwendig sind: Sie hat auch keine spitzen Turmhelme, sondern nur einen kurzen, flachgedeckten Stumpf, als wäre seine Spitze abgebrochen und man habe ihn in Eile neu gedeckt, damit es nicht hereinregne, bis man einen neuen Turm errichten kann", so resümierte Daniel Defoe, dessen Beschreibung noch heute zutrifft.

Hampshire
Karte S. 213

Winchesters erste Kathedrale datiert zurück in die Mitte des 7. Jahrhunderts, sie wurde ein paar Jahrzehnte, nachdem die Sachsen zum Christentum übergetreten waren, errichtet. Der Grundriss dieses den angelsächsischen Königen als Grablege und Krönungskirche dienenden Gotteshauses ist im Rasenboden nördlich des Langhauses markiert. Nach der normannischen Eroberung wurde im Jahre 1079 ein Neubau der Kathedrale in Angriff genommen. Der **Chor** und das **Querhaus** mit seinen Rundbögen und Würfelkapitellen strahlen noch spürbar den Geist der klaren romanischen Architektur aus. Auch der Vierungsturm zählt – obwohl er recht flach und stumpf ausgefallen ist – zu den typischen Kennzeichen der anglonormannischen Sakralarchitektur. Schön ist das geschnitzte Chorgestühl mit Baldachinen, hinter dem Altar steht der frühgotische Schrein des heiligen Swithun. Letzterer soll gegen seinen Willen in der Kathedrale begraben worden sein. Aus Verärgerung ließ er es vierzig Tage lang in Winchester regnen. Sollte es also am St Swithun's Day (15. Juli) regnen, so wird jeder Einwohner Winchesters bestätigen können, dass das trostlose Wetter noch weitere vierzig Tage anhalten wird. Im südlichen Querschiff befindet sich die Triforium Gallery & Library (siehe unten). Die imposante Länge des Kirchenschiffs liegt in ihrer mittelalterlichen Doppelfunktion als Kathedrale sowie als Klosterkirche einer Benediktinerabtei begründet. Während die Laien im Langhaus beteten, blieb den Mönchen der östliche Teil der Kirche vorbehalten. Um diesen sogenannten **Retrochor** samt Totenmesskapellen *(Chantry Chapels)* und die abschließende **Marienkapelle** wurde die Kathedrale an der Wende zum 13. Jahrhundert erweitert, die gotische Umgestaltung des normannischen **Langhauses** mit den hierfür typischen großen Fenstern, Spitzbögen und Fächergewölben folgte zu Beginn des 14. Jahrhunderts durch den Baumeister William Wynford. Aufmerksamkeit verdient das normannische Taufbecken aus schwarzem Tournai-Marmor (12. Jh.). Die schon erwähnten *Chantry Chapels* sind freistehende Grabmäler mit aufwendigen Baldachinen und wurden vor allem für hoch stehende Persönlichkeiten, egal ob Kleriker oder Laien, errichtet. Von Winchester ausgehend, verbreiteten sich die Kapellen in ganz England. Besonders stimmungsvoll ist eine Besichtigung, wenn der Knabenchor seinen *evensong* ertönen lässt (tgl. außer So, Mi und Schulferien um 17.30 Uhr).

Kunst in der Krypta

Die normannische **Krypta** strahlt eine tiefe Harmonie aus und gilt zurecht als

Winchester 227

die schönste ihrer Art in ganz England. Sie ist fast ausschließlich im Sommer zugänglich, da sie die meiste Zeit des Jahres unter Wasser steht (der feuchte Untergrund ließ den Bau eines mächtigen Chors nicht zu). Wer das Glück hat, an einem solchen Tag hier zu sein, der kann eine im Jahre 1992 aufgestellte, lebensgroße Bleifigur (Sound II) des Bildhauers Antony Gormley bewundern, die der Krypta eine besondere Aura verleiht.

Die herausragende mittelalterliche Stellung von Winchester und seiner Kathedrale lässt sich vor allem daran erkennen, dass das Gotteshaus zur letzten Ruhestätte vieler bedeutender englischer Herrscher wurde. Neben den Gebeinen von Alfred dem Großen und den Dänenkönigen Knut und Hardiknut, die man in die neue normannische Kathedrale überführte, wurde auch Wilhelm II. Rufus in der Bischofskirche beigesetzt. Der Sohn von Wilhelm dem Eroberer war wegen seiner hohen Steuern verrufen, die er dem Klerus aufzwang. Als der Vierungsturm sieben Jahre nach Rufus' Tod über seinem Sarkophag zusammenbrach, deuteten die Gläubigen dies als ein Zeichen Gottes, der damit gegen dessen Beisetzung in der Bischofskirche protestierte.
Adresse The Close. ① tgl. 8.30–18 Uhr. Eintritt: prinzipiell frei, aber ohne eine Spende von £ 6 (erm. £ 4.80 oder £ 3) kommt man nicht rein. www.winchester-cathedral.org.uk.

> ### Tauchen in der Kathedrale
>
> Neben Königen, Bischöfen und anderen berühmten Persönlichkeiten wurde auch *William Walker,* genannt „Will the Diver", die Ehre zuteil, in der Kathedrale bestattet zu werden. William Walker hatte sich diese Ehre hart erarbeitet, tauchte er doch fünf Jahre lang im Grundwasser der normannischen Krypta. „Will the Diver" war kein spleeniger Brite, der sich einen Eintrag im Guinnessbuch der Rekorde sichern wollte, sondern er rettete die Kathedrale vor dem drohenden Einsturz, indem er von 1901 bis 1906 in harter Arbeit die maroden Holzfundamente durch Beton und Ziegel ersetzte.

Triforium Gallery & Library: Im südlichen Querschiff befinden sich Skulpturen sowie Metall- und Holzarbeiten, die die über tausendjährige Geschichte der Kathedrale dokumentieren. Wertvollstes Exponat der Bibliothek ist die berühmte Winchester-Bibel (um 1160), ein eindrucksvolles Beispiel mittelalterlicher Buchkunst. Winchester war im Hochmittelalter ein Zentrum der Buchmalerei in Europa.
① Ostern bis Sept. tgl. außer So 10.30–16.30 Uhr. Im Winter Termine unter ✆ 01962/857209.

Wolvesey Castle and Palace: An die einstige Burg des Bischofs Henry de Blois, in der Maria I. Tudor ihre Flitterwochen mit Philipp II. von Spanien verbrachte, erinnert heute nur noch ein Ruinenensemble; der Westflügel wurde von Christopher Wren zu Beginn des 18. Jahrhunderts erneuert und diente danach als Bischofspalast.
① tgl. 10–18 Uhr, im Winter nur bis zum Einbruch der Dämmerung. Eintritt frei.

Winchester College: Winchester College ist die älteste englische Public School. Die von Bischof *William of Wykeham* – Wykeham war zweimal englischer Kanzler – gestiftete Lehranstalt datiert ins Jahr 1382 und wurde zwölf Jahre später eröffnet! Die Schulkapelle, einige Schulräume und Teile des Speisesaals stammen noch aus dem Spätmittelalter, während die nach Süden angrenzenden Trakte erst im 19. Jahrhundert errichtet wurden. Im Kreuzgang haben sich Generationen von Schülern verewigt, indem sie ihren Namen in die Säulen ritzten. Im College selbst

228   Hampshire

wohnen derzeit 70 *scholars*, hinzu kommen rund 500 Externe, die zumeist aus wohlhabenden Familien stammen, denn Winchester College ist eine teure Privatschule.

Adresse College Street. Führungen: Mo, Mi, Fr und Sa um 10.45, 12, 14.15 und 15.30 Uhr, Di und Do 10.45 und 12 Uhr, So 14.15 und 15.30 Uhr. Eintritt: £ 4, erm. £ 3.50. www.winchestercollege.org.

Great Hall & King Arthur's Round Table: An der Stelle, wo bereits Wilhelm der Eroberer einen mächtigen Bergfried errichtete, ließ im Mittelalter Heinrich III. eine Burg erbauen. Nach der Eroberung durch Oliver Cromwell blieb nur noch die dreischiffige Great Hall, ein schönes Beispiel für die gotische Profanarchitektur, stehen. An der Stirnwand hängt der sagenumwobene runde Tisch („Round Table"), an dem sich König Arthurs Tafelrunde versammelt haben soll. Allerdings stammt der Tisch nur aus dem 14. Jahrhundert und wurde 1522 in den Tudorfarben Grün und Weiß bemalt, um als Tisch für ein Festmahl zu dienen, das Heinrich VIII. zu Ehren Kaisers Karl V. gab.

Adresse Castle Avenue. ① tgl. 10–17 Uhr, im Winter bis 16 Uhr. Eintritt frei!

Guildhall: Das aus viktorianischer Zeit stammende Rathaus beherbergt neben der Tourist Information die Guildhall Gallery, in der Wechselausstellungen (Bildende Kunst, Fotografie und Handwerk) stattfinden.

City Museum: Das stadtgeschichtliche Museum bietet einen interessanten Einblick in die lokale Historie von der Römerzeit bis in die Gegenwart, inklusive zweier rekonstruierter Geschäfte aus dem 19. Jahrhundert. Ein Besuch lohnt sich, zudem ist der Eintritt frei.

Adresse The Square. ① Mo–Sa 10–17 Uhr, So nur 12–17 Uhr. Im Winter nur bis 16 Uhr.

Westgate Museum: Das aus dem Spätmittelalter stammende Stadttor – es wurde im 17. Jahrhundert zum Schuldturm umfunktioniert – beherbergt eine umfassende Sammlung alter Maße und Gewichte. Was nicht verwundert, waren doch Winchesters Eichmaße im Mittelalter neben den Eichmaßen von London in ganz England bindend. Das Museum bietet zudem einen netten Blick über die High Street.

Adresse High Street. ① April bis Okt. Mo–Sa 10–17 Uhr, So 12–17 Uhr, im Winter nur bis 16 Uhr. Eintritt frei!

City Mill: Die 1744 an Stelle eines mittelalterlichen Vorgängerbaus errichtete Wassermühle liegt direkt am River Itchen. Ausführlich wird die Funktionsweise einer wieder in Betrieb genommenen historischen Getreidemühle erklärt.

Adresse Bridge Street. ① Mitte März bis Nov. tgl. 10.30–17 Uhr. Eintritt: £ 3.60, erm. £ 1.80 (NT).

Hospital of St Cross: Das mittelalterliche Armenhaus wurde von dem schon erwähnten Henry de Blois im Jahre 1136 gegründet und nahm seiner Statuten gemäß 13 Bürger als Brüder auf. Im 14. Jahrhundert kam noch der Orden „of noble poverty" hinzu, der sich aus 25 verarmten Adeligen zusammensetzte. Bekannt ist die älteste Wohlfahrtseinrichtung Englands, die noch heute existiert (als Seniorenheim), wegen des noch immer gepflegten Brauchs, jedem Bedürftigen auf dessen Wunsch hin „a horn of beer and a crust of bread" zu reichen. Jeder Besucher, der möchte, bekommt diese „Wayfarer's Dole" angeboten. Das Hospital of St Cross liegt eineinhalb Kilometer südlich des Colleges in der Nähe des River Itchen.

① tgl. 9.30–17 Uhr, So 13–17 Uhr (Sommer), im Winter tgl. außer So 10.30–15.30 Uhr. Eintritt: £ 3, erm. £ 2 oder £ 1. www.stcrosshospital.co.uk.

Winchester's Military Museums: In den Peninsula Barracks hinter der Great Hall befinden sich gleich fünf militärgeschichtliche Museen, die sich mit den verschiedenen Facetten des englischen Militärs auseinandersetzen: The King's Royal Hussars Museum, The Light Infantry Museum, The Gurka Museum, The Royal Green Jackets Museum sowie The Royal Hampshire Regiment Museum.

Adresse Peninsula Barracks, Romsey Road. ⏱ tgl. ca. 10–17 Uhr, So 10–16 Uhr. Eintritt: £ 2, erm. £ 1. www.winchestermilitarymuseums.co.uk.

Umgebung

Romsey

Romsey ist ein kleines Städtchen im Südwesten von Winchester, das aus einer im Jahre 907 gegründeten Benediktinerinnenabtei hervorging. Die Abteikirche hat sich, als eine der wenigen Kirchen Englands, bis heute ihre normannische Formensprache bewahren können und ist die einzige größere Sehenswürdigkeit des Ortes. Die späteren Veränderungen im Perpendicular Style stören den Gesamteindruck nur unwesentlich. Fast wäre die Kirche 1539 der Zerstörungswut Heinrichs VIII. zum Opfer gefallen, doch konnten die Bürger Romseys dem König das Kloster für 100 Pfund abkaufen. Im Inneren sticht das um 1650 errichtete prachtvolle Grabdenkmal der Familie Saint Barbe ins Auge.

Broadlands

Drei Kilometer südlich von Romsey steht Broadlands, ein vornehmer Herrensitz im palladianischen Stil, umgeben von einem schönen Landschaftspark. Dies allein würde wahrscheinlich nur wenige Besucher anlocken, doch Broadlands ist in Großbritannien vor allem als einstiger Wohnsitz von *Louis Lord Mountbatten* (1900–1979) bekannt. Mountbatten – 1917 wurde der ursprüngliche Name Battenberg in Mountbatten anglisiert – zählte zu den bedeutendsten englischen Militärs: Er war Oberbefehlshaber der alliierten Streitkräfte in Südostasien, Vizekönig von Indien, Erster Seelord und bis zu seiner Pensionierung fungierte er als Chef des britischen Verteidigungsstabes. Im Jahre 1979 ging der Name Mountbatten ein letztes Mal durch die Weltpresse: Die IRA hatte im August ein Boot, auf dem sich der Urenkel von Königin Victoria und Großonkel von Prinz Charles befand, in die Luft gesprengt. Mehr über das bewegte Leben von Lord Mountbatten erfährt man in einer Ausstellung und in einer audiovisuellen Schau.

⏱ Bis 2012 wegen Renovierung geschlossen. Von Mitte Juni bis Anfang Sept. Mo–Fr 13–17.30 Uhr. Eintritt: £ 8, erm. £ 2 oder £ 4. www.broadlands.net.

Mottisfont Abbey

Die ehemalige Augustinerabtei im Tal des River Test besitzt einen herrlichen Landschaftsgarten, der vor allem für seine umfangreiche Sammlung alter Rosenarten (350) berühmt ist. Besonders eindrucksvoll ist daher ein Besuch im Juni, wenn der Garten seine ganze Blütenpracht entfaltet. Wer will, kann sich mit Samen für den heimischen Garten eindecken. Von der einstigen Mottisfont Abbey sind nur zwei Räume zugänglich: Der Keller und der sogenannte Whistler Room, der 1938 von *Rex Whistler* vollständig in *trompe-l'oeil* ausgemalt wurde. Whistler gelang es dabei, zahlreiche dekorative Elemente so meisterhaft in Szene zu setzen, dass man sie für echt hält. Besonders gelungen ist eine Nische mit einer rauchenden Urne – die perfekte Illusion.

Anreise Busse ab Romsey oder Zugverbindung von Southampton nach Dunbridge (15 Fußmin. entfernt). ⏱ März bis Sept. Sa–Do 11–17 Uhr. Eintritt: £ 7.60, erm. £ 3.80 (NT),

Bishop's Waltham

Bishop's Waltham gefällt durch sein unverbautes Straßenbild; die Szenerie in der High Street ist geprägt von stattlichen georgianischen Häusern. Der Name der Kleinstadt erinnert noch daran, dass das Gebiet einst dem Bischof von Winchester gehörte, der sich hier einen Palast errichten ließ, von dem heute allerdings nur ein paar frei zugängliche Ruinen zeugen.

Crawley

Das kleine Dorf mit seinem Ententeich zählt zu den schönsten in der Grafschaft Hampshire. Abgesehen von dem Herrensitz Crawley Court sticht zwar kein Gebäude besonders hervor, doch zeigt sich Crawley als nettes, verträumtes Gesamtensemble.

Chawton

Chawtons (bei Alton, etwa 25 Kilometer nordöstlich von Winchester gelegen) größte Attraktion ist ein rotes Backsteinhaus aus dem 17. Jahrhundert, besser bekannt als **Jane Austen's House**. Die als Schriftstellerin zu Weltruhm gekommene Pfarrerstochter aus Hampshire lebte von 1809 bis 1817 bei ihrem Bruder in Chawton. Während dieser Zeit schrieb sie beispielsweise an den Romanen „Pride and Prejudice" und „Emma". Das Haus birgt ein kleines Museum, das Gegenstände aus dem Besitz der Dichterin zeigt.

⏰ März bis Dez. tgl. 10.30–16.30 Uhr, von Juni bis Aug. tgl. 10–17 Uhr. Eintritt: £ 7, erm. £ 6. www.jane-austens-house-museum.org.uk.

The Vyne

Ein paar Kilometer nördlich von Basingstoke liegt das Herrenhaus The Vyne. Ursprünglich wurde es in der Tudor-Zeit für Lord Sandys of the Vyne, den Haushofmeister Heinrichs VIII., errichtet. Lord Sandys war einer der wenigen hohen Würdenträger, die der despotische König nicht dem Henker überantwortete. Sehenswert sind die repräsentative, holzgetäfelte *Long Gallery* sowie die Hauskapelle im spätgotischen Stil. Der an der Nordseite angebrachte klassizistische Portikus stammt übrigens aus dem Jahre 1645 und dürfte damit der älteste in ganz England sein.

⏰ April bis Okt. Sa–Mi 11–17 Uhr (das Haus ist Mo–Mi erst ab 13 Uhr geöffnet, ab 11 Uhr nur Garten und Restaurant). Eintritt: £ 8.60, erm. £ 4.30, Familien £ 21.50 (NT).

Southampton

Seit jeher spielte der Hafen von Southampton eine zentrale Rolle. Im Mittelalter schifften sich die Kreuzritter – unter ihnen Richard Löwenherz – ein, später brachen die Pilgerväter mit der Mayflower in die Neue Welt auf, und auch für die Titanic war Southampton der Ausgangspunkt zu ihrer tragischen Jungfernfahrt.

Southampton liegt auf einer Halbinsel am Ende einer schmalen, langen Bucht, die in den Solent mündet. Zusammen mit Portsmouth bildet Southampton den größten städtischen Ballungsraum an der englischen Südküste. Seit kurzem haben beide Hafenstädte sogar eine gemeinsame telefonische Vorwahl. Wer aus dem Westen nach Southampton reist, dem fallen sofort die riesigen modernen Dockanlagen auf, die sicherlich wenig einladend wirken. Zusammen mit dem Kabel- und Maschinenbau sind die Docks noch immer der größte Arbeitgeber der Stadt. Der Transatlantik-

Southampton 231

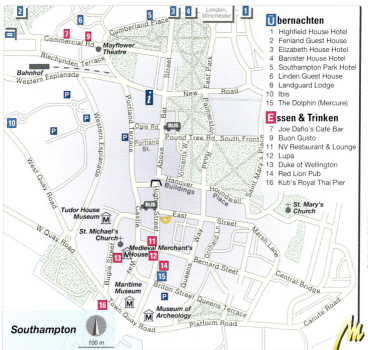

Passagierverkehr spielt zwar längst keine große Rolle mehr, doch ist Southampton immer noch der Stammsitz der Reederei Cunard, zu deren Flotte auch das größte Passagierschiff der Welt, die *Queen Elizabeth 2*, gehört. Doch keine Sorge, als Universitätsstadt bietet Southampton viel Freizeitvergnügen für jüngere Semester. Überall in der Stadt gibt es Discos, Bars und Kneipen mit viel Livemusik, die zu ausgedehnten Streifzügen durch das Nacht- und Kulturleben einladen.

Geschichte

Schon die Römer hatten sich im heutigen Stadtteil Bitterne niedergelassen, die Sachsen nannten die Siedlung *Hamwic* oder *Hamptun* und gaben der Stadt so ihren Namen. Die Normannen errichteten um den Hafen eine Mauer, die dann im 14. Jahrhundert bis zu einer Höhe von 12 Metern aufgestockt wurde, um drohende französische Angriffe besser abwehren zu können. Diese teilweise noch erhaltene Stadtmauer und einige schöne Fachwerkhäuser lassen das ehemalige Stadtbild erahnen, das in den letzten Jahrzehnten zusehends verschwunden ist. Was nicht im deutschen Bombenhagel zu Bruch gegangen ist (30.000 Bomben zerstörten 4.000 Häuser), fiel in der Nachkriegszeit einer katastrophalen städtischen Baupolitik zum Opfer, die erst in den letzten Jahren mit modernen Baumaßnahmen in der Altstadt ein wenig korrigiert wurde. Bei einem Spaziergang um die Town Walls kommt man an sieben Stadttoren vorbei. Das eindrucksvollste ist das Bargate am nördlichen Ende der High Street; es wurde früher als Rathaus und Gefängnis genutzt. Der

232 Hampshire

Überseehandel stellte bereits damals eine wichtige Einkommensquelle für die städtische Wirtschaft dar. So verwundert es auch nicht, dass sich die Pilgerväter gerade hier, am Zusammenfluss von Itchen und Test, auf der *Mayflower* einschifften, um über Plymouth nach Amerika aufzubrechen. Southampton war auch der Hafen, von dem aus die *Titanic* am 10. April 1912 ihre Jungfernfahrt startete, die bekanntlich nicht sehr lange dauerte.

*I*nformation/*V*erbindungen/*D*iverses

• *Information* **Tourist Information Centre**, 9 Civic Centre Road, Southampton, Hampshire SO14 7FJ, ✆ 023/80833333, ✆ 023/80833381, www.visit-southampton.co.uk.
• *Einwohner* 215.000 Einwohner.
• *Verbindungen* **Bus** – National Express Coach Station (Informationen unter ✆ 0871/7818181, www.nationalexpress.com), Western Esplanade, fährt in 2,5 Std. nach London Victoria sowie nach Bournemouth und weiter die Südküste entlang. Auch Verbindungen nach Salisbury, Oxford, Liverpool, Plymouth, Exeter, Bristol und Bath. **Zug** – Hauptbahnhof an der Blechynden Terrace, Information unter ✆ 0345/484950. Verbindungen nach Bournemouth, Portsmouth, Bristol, Exeter, Winchester, Salisbury und Londons Waterloo Station (1 Std.). www.nationalrail.co.uk. **Fähre** – Zur Isle of Wight fahren regelmäßig die Red Funnel Ferries, ✆ 023/80334010. Ein Day-Return-Ticket kostet £ 19.10 (www.redfunnel.co.uk). Für £ 5.50 kann man mit der Fähre nach Hythe und zurück fahren (www.hytheferry.co.uk). **Flugzeug** – Etwa sechs Kilometer nördlich befindet sich der Southampton International Airport (Eastleigh). Anfahrt mit Airlink (Zug) vom Bahnhof. Inlandsflüge nach Manchester, Birmingham, Glasgow und zu den Kanalinseln, ✆ 023/80620021.
• *Cricket* Wer typisch englischen Sport sehen möchte, sollte im Sommer zum Cricket gehen (und Zeit mitbringen – ein Spiel kann manchmal recht lange dauern): **Hampshire County Cricket Ground**, Northlands Road, ✆ 023/80333788, www.rosebowlplc.com.
• *Fußball* Fußballfreunde kommen im Stadion „The Dell" auf ihre Kosten. Der Spielort der rotweißen *Saint*s, wie die Kicker des **Southampton Football Clubs** von ihren Anhängern genannt werden, liegt an der Milton Road. Anstoß ist samstags um 15 Uhr oder bei Abendspielen um 17.30 Uhr. ✆ 023/80220505, www.saintsfc.co.uk.
• *Hallensport* Squash, Tischtennis, Sauna und Solarium im **St Mary's Leisure Centre** in der gleichnamigen Straße; ✆ 023/80227579.
• *Kino* **Harbour Lights**, Ocean Village (am Jachthafen), Information unter ✆ 023/80234234, Kartenbestellung unter ✆ 023/80335533 (www.picturehouses.co.uk); **Odeon**, Ocean Village, ✆ 0870/5050007; **Cineworld**, Ocean Village, ✆ 0870/1555132 (www.cineworld.co.uk).
• *Konzerte* Wer klassische Musik mag, kommt bei den Konzerten in der **Turner**

Southamptons historische Relikte

Southampton   233

Sims Concert Hall (ebenfalls an der Universität; ☎ 023/80595151) auf seine Kosten.

● *Markt* Do, Fr und Sa auf dem Kingsway.

● *Schwimmen* **The Quays Eddie Read**, 27 Harbour Parade, ☎ 023/80720900, www.turnersims.co.uk.

● *Skifahren* Für alle, die auf künstlichen „Schneematten" den Hang hinabwedeln wollen. Sports Centre, Basset, ☎ 023/80790970.

● *Stadtführungen* Die informativen Stadtführungen durch Southampton starten von The Bargate und sind kostenlos! Termine: Juli, Aug. und Sept. tgl. 10.30 Uhr, im Aug. auch tgl. 14.30 Uhr, sonst jeden So um 10.30 Uhr.

● *Theater* Oper, Ballett, Musical und Theater bietet das **Mayflower Theatre** (Commercial Road, ☎ 023/80711811, www.the-mayflower.com). Gute Theateraufführungen auch im **Nuffield Theatre** an der Universität (☎ 023/80671771, www.nuffieldtheatre.co.uk).

● *Veranstaltungen* Neben den üblichen Veranstaltungen (Theater, Galerien) gibt es noch ein anderes Highlight. Anfang Juni findet für etwa zwei Wochen das **Southampton Film Festival** statt. Im Kino „Harbour Lights" (Ocean Village, siehe Kinos) werden dann Filme der Extraklasse gezeigt.

Übernachten (siehe Karte S. 231)

*** The Dolphin (Mercure) (15), nur 200 Meter vom Meer entfernt, ist dieses 2003 eröffnete Hotel die erste Wahl für all jene, die Wert auf Komfort und Design legen. Das Haus hat Charakter und die jeweils individuell eingerichteten DZ sind keineswegs überteuert. Restaurant- und Barbetrieb. WLAN. DZ ab £ 100. 33 High Street, ☎ 023/386460, ☎ 023/386740, www.mercure.com.

*** Southampton Park Hotel (5), zentral gelegenes Hotel, zu dessen Gästen auch viele Geschäftsreisende zählen. Geräumige Zimmer, guter Service. Hallenbad, Sauna und Fitnessstudio vorhanden. WLAN. B & B ab £ 60. Cumberland Place, ☎ 023/80343343, ☎ 023/80332538, www.southamptonparkhotel.com.

*** Highfield House Hotel (1), angenehmes Hotel in einem ruhigen Vorort von Southampton, allerdings drei Kilometer vom Zentrum entfernt. B & B ab £ 35 (im Internet, sonst 30 Prozent teurer). Highfield Lane, Portswood, ☎ 023/80359955, ☎ 023/80581914, www.highfieldlanehotel.co.uk.

** Elizabeth House Hotel (3), stilvolles Hotel mit komfortablen Zimmern, etwa einen Kilometer vom Zentrum entfernt. Kostenloses WLAN. DZ £ 65–77.50 (inkl. Frühstück). 43–44 The Avenue, ☎/☎ 023/80224327, www.elizabethhousehotel.com.

* Ibis (10), funktionales Kettenhotel mit 93 Zimmern, das aber auch in der Hochsaison noch ein paar freie Betten hat, Zentrale Lage. Zimmer ab £ 77. West Quay Road, ☎ 023/80634463, ☎ 023/80223273, www.ibishotel.com.

Banister House Hotel (4), preiswertes, familiär geführtes Hotel mit 23 Zimmern, etwas außerhalb des Stadtzentrums. B & B ab etwa £ 27 pro Person. Banister Road, ☎ 023/80221279, ☎ 023/80226551, www.banisterhotel.co.uk.

Landguard Lodge (8), zehn gemütliche und saubere Zimmer mit TV und eigenem Bad (auch EZ). B & B ab £ 30 pro Person. Nordwestlich des Zentrums. 21 Landguard Road, ☎ 023/80636904, ☎ 023/80632258, www.landguardlodge.co.uk.

Fenland Guest House (2), Haus in zentraler Lage. Sieben Zimmer mit Waschgelegenheit. Nur für Nichtraucher. B & B ab £ 30 pro Person. 79 Hill Lane, ☎ 023/80220360, ☎ 023/80226574, www.fenlandguesthouse.co.uk.

Linden Guest House (6), 13 einfache Zimmern mit TV, Waschgelegenheit und Teekocher für Reisende ohne große Ansprüche. B & B ab £ 20 pro Person. Weitere B & Bs in der gleichen Straße. 51–53 Polygon Street, ☎ 023/80225653, ☎ 80630808, www.lindenguesthouse.net.

Essen/Trinken (siehe Karte S. 231)

NV Restaurant & Lounge (11), das größte Restaurant der Stadt begeistert mit seiner Ballroom-Atmosphäre. Englische Küche, viel Fischgerichte, günstig sind die Lunch- und Early-Dinner-Angebote. 129 High Street, ☎ 023/80332255, www.nvsouthampton.com.

Lupa (12), modernes italienisches Restaurant in guter Lage. Lichtdurchflutetes Ambiente. Auf der Karte stehen auch Klassiker wie *Spaghetti alla Carbonara* für £ 8.95. Mittags kostet jede Pizza und jedes Pastagericht nur £ 5.95. 123–124 High Street, ☎ 023/80331849, www.luparestaurant.co.uk.

Hampshire
Karte S. 213

Kuti's Royal Thai Pier (16), in einem weißen herrschaftlichen Pavillon am Meer wird eine ansprechende Thaiküche serviert. Schöne Terrasse mit Meerblick. Kein Ruhetag. Royal Pier, ✆ 023/80339211, www.kutis.co.uk.

Duke of Wellington (13), eines der wenigen historischen Bauwerke im Zentrum, sehenswertes Fachwerk. Für Traditionalisten gibt es u. a. *Ploughman's Lunch* für £ 5.95, Lasagne und Spaghetti für etwa £ 7–8. Buggle Street, ✆ 023/80339222.

Buon Gusto (9), empfehlenswerter Italiener in der Nähe des Theaters. So geschlossen. Pizza und Pasta ab £ 7.50. 1 Commercial Road, ✆ 023/780331543.

Red Lion (14), noch aus dem 12. Jahrhundert stammen Bauteile des ältesten Pubs von Southampton. Hunderte von Möglichkeiten, den Durst zu stillen! In der stilvollen Bar soll Heinrich V. Gericht gehalten haben. *Whole Rack of Rips with Jacket Potatoe* für £ 9.95. 55 High Street, ✆ 023/80339860.

Joe Daflo's Café Bar (7), die Bar besitzt ein ungewöhnliches Ambiente, befindet sie sich doch in einer mittelalterlichen Kirche. Breites Angebot an englischer Küche, Hauptgerichte ab £ 10. 61 Commercial Road, ✆ 023/80231101, www.joedaflos.com.

Sehenswertes

St Michael's Church: Die kurz nach der normannischen Eroberung errichtete Kirche ist das älteste Bauwerk von Southampton. Sehenswert ist ein aus dem 12. Jahrhundert stammendes Taufbecken aus Tournai-Marmor.

Medieval Merchant's House: In England sowie in ganz Europa gibt es nur noch wenige spätmittelalterliche Fachwerkhäuser. Aus diesem Grund ist das im Jahre 1290 erbaute Kaufmannshaus in Southampton eine Rarität, die trotz mehrfacher Beschädigung (zuletzt im Zweiten Weltkrieg) bis in unsere Zeit erhalten geblieben ist. Das Haus wurde aufwendig renoviert und ist im Stil des 13. Jahrhunderts mit bunten Möbeln und Wandbespannungen eingerichtet. Im Rahmen einer Audioführung erhält man interessante Einblicke in das Alltagsleben einer wohlhabenden Kaufmannsfamilie im Spätmittelalter.

Adresse 58 French Street. ⏲ April bis Okt. So 12–17 Uhr. Eintritt: £ 4, erm. £ 3.40 oder £ 2 (EH).

Museum of Archaeology: Ganz im Süden der Altstadt, in der Winkle Street, erhebt sich der God's House Tower, ein Wehrturm aus dem 15. Jahrhundert. In seinem Inneren ist das Archäologische Museum untergebracht: Interessierte finden hier überwiegend Exponate aus der römischen Vergangenheit, daneben gewinnt man mithilfe von Stadtmodellen einen Eindruck von Southamptons Aussehen in römischer, sächsischer und mittelalterlicher Zeit.

Adresse Winkle Street. ⏲ Di–Fr 10–16 Uhr, Sa 10–12 Uhr und 13–16 Uhr, So 13–16 Uhr. Eintritt frei!

Maritime Museum: Das Marinemuseum ist im Wool House, einem Wollstapelhaus aus dem 14. Jahrhundert, untergebracht, in welchem später napoleo-

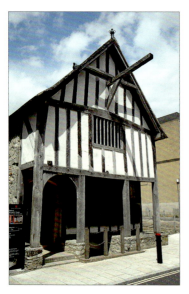

Medieval Merchant's House

Maritime Museum

nische Gefangene inhaftiert wurden. Heute kommen die Besucher freiwillig in das städtische Seefahrtsmuseum – ein kleines, aber interessantes Museum. Ein Modell verschafft Überblick über die modernen Dockanlagen. In einer anderen Abteilung sind die Antriebsmaschinen einiger alter Dampfboote ausgestellt. Selbstverständlich wird auch der *Titanic* und ihrem Schicksal viel Platz eingeräumt. Tonbandaufzeichnungen von Zeitgenossen, die den Untergang miterlebten, sorgen für ein authentisches Flair. Weiterhin ist auch ein Modell der *Queen Mary* zu sehen, ein anderer Ozeanriese, der 1936 von Southampton zu seiner, allerdings glücklicheren Jungfernfahrt aufgebrochen ist.

Adresse Bugle Street. ⊙ Mo–Fr 10–18 Uhr, Sa und So 11–18 Uhr. Eintritt: £ 2.50, erm. £ 1.50.

Tudor House Museum: Das im typischen Tudorstil gehaltene Fachwerkhaus mit seinen senkrecht verlaufenden Balken wurde 1495 errichtet; es beherbergt ein Museum, dessen Räume im Stile des 16. bis 19. Jahrhunderts eingerichtet sind. Mithilfe originaler Gegenstände wird das Leben einer Familie im Viktorianischen Zeitalter nachgestellt. Neben den Ausstellungen zur Lokalgeschichte lohnt noch ein Blick auf den nach historischen Vorbildern angelegten Kräutergarten. Im Jahre 2011, nach Ende der Restaurierungsarbeiten, ist die Wiedereröffnung mit einem Café geplant.

Adresse St Michael's Square.

City Art Gallery: Ein Besuch der hochkarätigen städtischen Galerie sollte nicht versäumt werden. Neben Werken von Michelangelo und Leonardo da Vinci (Leihgaben von Windsor Castle) sowie Gemälden von englischen Klassikern wie Gainsborough und Reynolds gehören auch Werke moderner Maler wie Graham Sutherland und Paul Nash zum Fundus der Galerie.

Adresse North Guild Arts Complex, Commercial Road. ⊙ tgl. außer Mo 10–17 Uhr, So 13–16 Uhr. Eintritt frei!

Umgebung

Netley Abbey

Netley ist ein Vorort von Southampton, etwa fünf Kilometer südöstlich am Southampton Water gelegen, dessen größte Attraktion die Ruinen einer 1239 gegründeten Zisterzienserabtei sind. Seit den Zerstörungen während der englischen Reformation blicken nur noch imposante Fassaden gen Himmel und erinnern an den klösterlichen Geist, der das strenge Gemäuer einst erfüllte. Angeblich lastet auf der Ruine ein Fluch, der jeden trifft, der Steine von hier wegschleppt. Also Vorsicht … Im *Royal Victorian Country Park* picknicken viele Leute aus Southampton. Anfahrt per Bus oder Zug möglich.

⏱ tgl. bis zum Einbruch der Dämmerung. Eintritt frei!

New Forest

Der New Forest, eines der letzten großen Waldgebiete Englands, erstreckt sich zwischen dem River Avon und Southampton. Wilhelm der Eroberer erklärte den „Nova Foresta" vor mehr als 900 Jahren zu seinem königlichen Jagdrevier. Noch heute gelten hier seine Gesetze zum Schutz des Rotwilds.

Der Name *forest*, mit dem inzwischen alle Waldgebiete bezeichnet werden, signalisierte einst ein ausschließlich dem König vorbehaltenes Jagdrevier. Wilderern, die sich erwischen ließen, wurden damals die Hände abgehackt oder die Augen ausgestochen. Die eigentliche Bedrohung für den Wald und dessen Flora und Fauna stellte jedoch nicht der Jägersmann dar. Im 18. Jahrhundert benötigte England eine

Der New Forest ist ein Paradies für Pferde

Kriegsflotte, um die drohende Invasion der Franzosen abwehren zu können. So entstanden im nahen Buckler's Hard aus dem Holz des New Forest unter anderem jene Schiffe, mit denen Lord Nelson die spanisch-französische Flotte vor Trafalgar vernichtend schlug. Und wäre man nicht Mitte des 19. Jahrhunderts dazu übergegangen, Dampfschiffe aus Eisen zu bauen, bestünde der New Forest heute wohl ausschließlich aus Weideland. Gegenwärtig besitzen noch etwa zwei Drittel des Naturschutzgebietes eine ursprüngliche Flora und Fauna. Seit 2006 gilt der New Forest als Nationalpark; ein insgesamt 571 Quadratkilometer großes Gebiet steht unter Naturschutz.

Das kräftige Grün der Eichen, Birken, Kiefern, Stechpalmen, Eiben und Buchen sowie die eigenwilligen Erdfarben der Heide prägen die Szenerie. Bei einer Wanderung trifft man oft auf die halbwilden New Forest Ponys sowie auf Kühe, Ziegen und Wildschweine, seltener auf Rotwild. Des Öfteren kommen die Tiere bis an die Straße heran, weshalb Autofahrer sehr umsichtig und zurückhaltend fahren sollten. Auf den meisten Straßen im New Forest gilt eine Höchstgeschwindigkeit von 40 Meilen pro Stunde (64 km/h). Eine ungewohnte englische „Waldesruh", die sich regen Zuspruchs erfreut. Jährlich verzeichnet das Erholungsgebiet nämlich bis zu acht Millionen Besucher, die auf der Suche nach Einsamkeit und unberührter Natur sind. An den Wochenenden, in den Ferien und besonders im Hochsommer ist diese Suche allerdings nicht allzu Erfolg versprechend. Den Menschenmassen kann man jedoch vor allem im Frühjahr und Spätherbst entgehen. In dieser Zeit lädt der New Forest zu ausgedehnten Wanderungen ein.

Ein kleiner Jagdunfall …

Fünf Kilometer nordwestlich von Lyndhurst kommt man zu einem vielbesuchten Denkmal, dem *Rufus Stone*. Im Jahre 1745 wurde der Stein zum Gedenken an Wilhelm II., genannt Wilhelm Rufus, errichtet. Der Stein markiert die Stelle, an der Wilhelm II. Rufus am 2. August 1100 bei der Jagd im New Forest gestorben ist – ein verirrter Pfeil soll ihn getroffen haben. Wahrscheinlicher als ein Jagdunfall erscheint aber ein politisch motiviertes Attentat auf den bei Adel und Klerus verrufenen König. „Glücklicherweise" gehörte auch sein jüngerer Bruder Heinrich zur Jagdgesellschaft, um sogleich zielstrebig nach der verwaisten Krone zu greifen …

Ein beliebtes Wanderziel ist zum Beispiel die 600 Jahre alte *Knightwood Oak*, eine Eiche, deren Umfang rund sieben Meter misst. Sie steht im Mark Ash Wood, knappe fünf Kilometer südwestlich von Lyndhurst. Angeblich ist sie die älteste und größte Eiche Englands. In dieser Gegend um Lyndhurst steht auch der dichteste Wald. Zahlreiche markierte Wanderrouten bieten die Möglichkeit, die Schönheit der Natur zu Fuß zu erkunden. Lohnenswert ist auch eine Fahrradtour zu den kleinen Orten im Forest. Wer keinen eigenen Drahtesel besitzt, kann sich ein Fahrrad ausleihen.

● *Information* **New Forest Visitor Information Centre**, Lyndhurst, The Main Car Park, Hampshire SO43 7NY ✆ 023/80282269, ✆ 023/80284404, www.thenewforest.com oder www.newforest-nationalpark.com.

● *Verbindungen* **Zug** – Durch den New Forest führen die Bahnstrecke Southampton–Bournemouth und die Stichbahn nach Lymington. Bahnhöfe befinden sich in Totton zwischen Beaulieu und Totton sowie zwi-

238 Hampshire

schen Lyndhurst und Beaulieu, in Sway, Lymington, New Milton, Hinton und Brockenhurst; alle zwei Stunden fahren Züge über Southampton und Winchester nach London Waterloo. www.nationalrail.co.uk. **Bus** – Die Wiltshire-Dorset-Busse fahren von Bournemouth nach Southampton durch den New Forest. Der County-Bus bedient von Lyndhurst und Brockenhurst aus fast jede Ecke des New Forest. www.nationalexpress.com.

• *Wanderkarte* Wanderkarte von Ordnance Survey Map 22, Maßstab 1 : 25.000.

• *Baden* Entlang der Küste gibt es Sandstrände in **Calshot** und **Lepe**. In **Milford-on-Sea** sowie **Barton-on-Sea** tummeln sich die meisten Strandliebhaber.

• *Fahrradverleih* **New Forest Cycle Experience**, 2–4 Brookley Road, Brockenhurst, ✆ 01590/624204, www.cyclex.co.uk, Fahrräder ab £ 10 pro Tag, auch Tandem- und Mountainbike-Verleih sowie Helme und Kindersitze. **Bike Hire New Forest**, vergleichbares Angebot in Lyndhurst (✆ 023/80283349, www.aabikehirenewforest.co.uk). Zum Ausleihen von Fahrrädern ist in jedem Fall ein Ausweis vonnöten, außerdem muss eine Kaution hinterlegt werden! **Fern Geln**, Gosport Lane, Lyndhurst, ✆ 023/80283349. Weitere Leihmöglichkeiten auch in Beaulieu (✆ 01590/611029) bzw. Burley (✆ 01425/403584), beide www.forestleisure cycling.co.uk.

• *Jugendherberge* **Burley Youth Hostel**, die einzige Jugendherberge im New Forest (Okt. bis März geschlossen). Im Sommer empfiehlt es sich, vorher anzurufen oder zu reservieren. Hübsches Anwesen aus Viktorianischer Zeit. Anfahrt: A 35 von Lyndhurst nach Burley Dorfmitte, dann die Brockenhurst Road hinauffahren, an der Gabelung links vorbei am Golfplatz. Mit dem Bus X34/5 (Bournemouth–Southampton) an der Durmast Corner aussteigen, von dort noch etwa einen halben Kilometer. Erwachsene ab £ 18, Jugendliche ab £ 13.50. Cottesmore House, Cott Lane, Ringwood, ✆ 0845/3719303, burley@yha.org.uk

• *Camping* Es gibt insgesamt zehn Campingplätze im New Forest. Eine Broschüre verschickt: Forest Holidays, Forest Commission, ✆ 0131/3340066.
Hollands Woods, besonders schön, mitten im Wald, einen Kilometer nördlich von Brockenhurst. Ende März bis Ende Sept. geöffnet. ✆ 0845/1308224, www.forestholidays.co.uk.

Lyndhurst

Lyndhurst mit seinen 3.000 Einwohnern ist der zentrale Ort im New Forest. Neben vielen Geschäften, die zu einem Bummel entlang der Hauptstraße einladen, hat auch die Forstverwaltung im Queen's House, einer ehemaligen königlichen Jagdresidenz aus der Tudorzeit, ihren Sitz. Lohnend ist ein Besuch der viktorianischen Gemeindekirche St Michael. Die Buntglasfenster sind von Edward Burne-Jones entworfen und von William Morris angefertigt worden. Ein Schmankerl für Literaturliebhaber gibt es auch noch: Mrs. Reginald Hargreaves liegt auf dem Friedhof von Lyndhurst begraben. Who's that? – Keine Geringere als jenes bezaubernde Mädchen namens Alice Liddell, für die Lewis Carroll seine wundersamen Geschichten von „Alice im Wunderland" geschrieben hat. Südwestlich von Lyndhurst kann man dem an der A 35 gelegenen New Forest Reptile Centre einen Besuch abstatten und einen Blick auf die Schlangenvielfalt des Waldes werfen.

• *Information* **New Forest Museum & Visitor Centre**, Main Car Park, Lyndhurst, Hampshire SO43 7NY, ✆ 023/80282269, www.thenewforest.co.uk.

• *Museum* Das **New Forest Museum** in der High Street informiert über die Geschichte des Waldes und seiner Bewohner. Tgl. 10–17 Uhr. Eintritt: £ 3, erm. £ 2.50. www.newforestmuseum.org.uk.

• *Übernachten* **Knightwood Lodge Hotel**, komfortables Hotel mit 15 Zimmern; zum Relaxen stehen ein beheiztes Schwimmbad, Sauna und Whirlpool zur Verfügung. B & B ab £ 35 pro Person. Southampton Road, ✆ 023/80282502, ✆ 023/80283730, www.knightwoodlodge.co.uk.
Ormonde House, ebenfalls gut ausgestattete Unterkunft. Mit B & B £ 36–44 pro Person. Southampton Road, ✆ 023/808282806, ✆ 023/80282004, www.ormondehouse.co.uk.

Kurze Pause am Hafen von Lymington

Lymington

Lymington (13.000 Einwohner) ist ein beliebtes Seebad mit viel Flair. Vom Hafen führen mit Kopfstein gepflasterte Gassen vorbei an georgianischen Häusern durch die Altstadt. Ältestes Gebäude der Stadt ist die Kirche *St Thomas the Apostle*, die zum Teil aus dem 13. Jahrhundert stammt. Das nur einen Steinwurf entfernte St Barbe Museum (Mo–Sa 10–16 Uhr) zeigt eine ansprechende Dauerausstellung zur Lokalgeschichte. Von Lymington setzen alle halbe Stunde Auto- und Passagierfähren nach Yarmouth über. Die Fahrt zur Isle of Wight dauert etwa eine halbe Stunde.

• *Markt* Samstags.
• *Übernachten* **Stanwell House Hotel**, das erste Haus am Platz mit gutem Restaurant (Hauptgerichte £ 15). Die Zimmer sind mit wuchtigen Holzmöbeln ausgestattet. B & B ab £ 69 pro Person im DZ bzw. £ 99 im EZ. High Street, ✆ 01590/677123, ✉ 01590/677756, www.stanwellhousehotel.co.uk.
Angel Inn, mitten im Zentrum werden in der einstigen Postkutschenstation auch einige Zimmer vermietet. Wer will, kann aber auch nur auf ein Pint einkehren. B & B ab £ 35 pro Person. 108 High Street, ✆ 01590/672050, ✉ 01590/671661.
The Olde Barn, fünf Kilometer östlich von Lymington vermieten Julie und Simon Benford zwei Zimmer in einem umgebauten Stall aus dem 17. Jahrhundert. Kinder erst ab 10 Jahren. B & B ab £ 30 in der Nebensaison, sonst £ 37.50. Christchurch Road, Downton, ✆ 01590/644939, www.theoldebarn.co.uk.

Beaulieu

An einem Fjord gelegen, bildet die Ortschaft Beaulieu (ausgesprochen wie „Bjulie") den südöstlichsten Rand des New Forest. Mitten in einem schönen Waldgebiet erheben sich die Ruinen von Beaulieu Abbey. Im Jahr 1204 ließ Johann Ohneland eine Abtei für die Zisterziensermönche erbauen. Diese wurde jedoch im 16. Jahrhundert weitgehend zerstört. Das ehemalige Torhaus der Anlage wird heute als *Palace House* bezeichnet und stammt aus dem 14. Jahrhundert. Seit dem 16. Jahrhundert

240   Hampshire

residiert in dem „schönen Ort" die geschäftige Familie der Montagu. Um verstärkt Besucher nach Beaulieu zu locken, öffnete Lord Montagu in den 1950er-Jahren seine private Oldtimersammlung als *National Motor Museum* für das Publikum. Seither reist alljährlich rund eine halbe Million Autoliebhaber in den New Forest. Mit derselben Eintrittskarte wie für das Palace House kann man in einer modernen Ausstellungshalle rund ein Jahrhundert Automobilgeschichte sowie 250 Fahrzeuge bewundern. Das Spektrum reicht vom Rolls Royce über Bugatti, Cadillac und einem Sunbeam von 1927 bis hin zu einem McLaren F1, der einen Wert von einer Million Euro haben soll.

Im Zweiten Weltkrieg war Beaulieu übrigens das Hauptquartier des englischen Geheimdienstes MI 6, der in der Abgeschiedenheit zukünftige Auslandsagenten in das Geschäft der Sabotage einwies.

⏰ tgl. 10–18 Uhr, Okt. bis April bis 17 Uhr. Eintritt: £ 17, erm. £ 10 oder £ 8.75, Familienticket £ 46.50. www.beaulieu.co.uk.

Buckler's Hard

Buckler's Hard ist gewissermaßen eine vorindustrielle Mustersiedlung für die Arbeiter des 2. Duke of Montagu. Dieser plante 1724 an der Küste von Hampshire eine riesige Zuckerraffinerie zu errichten, um den kostbaren Rohstoff von seinen Ländereien auf den Westindischen Inseln sofort nach seiner Ankunft weiterverarbeiten zu können. Bedingt durch neue politische Konstellationen – die Franzosen hatten St Lucia erobert – platzte das Geschäft, doch Rettung nahte: Um sich die Vorherrschaft auf den Weltmeeren zu sichern, musste England seine Flotte ausbauen. Das am River Beaulieu gelegene Buckler's Hard eignete sich geradezu ideal für die Inbetriebnahme einer neuen königlichen Werft, da das Holz, das wichtigste Material für den Schiffsbau, im New Forest mehr als reichlich vorhanden war (zum Bau einer Fregatte benötigte man rund 2000 Eichen). Und so zogen ab 1749 Werftarbeiter in die leer stehenden Ziegelreihenhäuser von Buckler's Hard ein. Bis die königliche Werft Mitte des 19. Jahrhunderts geschlossen wurde, liefen mehr als 50 Kriegsschiffe vom Stapel, darunter auch Nelsons Flaggschiff *HMS Agamemnon*. Ein letztes Glanzlicht fiel 1966 auf den Ort, als Sir Francis Chichester mit seiner *Gipsy Mouth IV* von hier aus zur ersten Einhandumseglung der Welt aufbrach.

Heute liegt ein nostalgisches Flair über Buckler's Hard, im **Maritime Museum** ist die Geschichte der Werft anschaulich dokumentiert.

⏰ tgl. 10.30–17 Uhr, im Winter 11–16 Uhr. Eintritt: £ 5.95, erm. £ 5.60 oder £ 4.30. Parken: £ 3 (anschließend ermäßigter Eintritt). www.bucklershard.co.uk.

Exbury Gardens

Gartenliebhaber sollten unbedingt einen Abstecher zu den Exbury Gardens unternehmen. Die zu Beginn des 20. Jahrhunderts von Lionel de Rothschild angelegte Parkanlage – der Bankier beschäftigte für das 80 Hektar große Areal mehr als 250 Gärtner! – ist berühmt für die Farbenpracht ihrer mehr als einer Million Rhododendren und Azaleen. Im Jahre 2001 wurde sie als „Garden of the Year" ausgezeichnet. Die beste Besuchszeit ist daher zwischen Mitte April und Mitte Juni. Der Steingarten zählt zu den größten in ganz Europa. Im zugehörigen Gartencenter kann man Samen für den heimischen Garten erwerben.

⏰ von Mitte März bis Okt. tgl. 10–17.30 Uhr. Eintritt: £ 8.50, erm. £ 8 oder £ 1.50. www.exbury.co.uk.

Calbourne: England wie aus dem Bilderbuch

Isle of Wight

Mit ihren Kreideklippen, den goldenen Sandstränden und den reetgedeckten Cottages bietet die Isle of Wight auf kleinstem Raum all jene landschaftlichen Merkmale, die den Reiz Südenglands ausmachen. Zahlreiche Dichter wie Swinburne, Keats und Tennyson schwärmten von der Insel.

Bis vor rund 8.000 Jahren war die Isle of Wight noch mit dem Festland verbunden, doch dann stieg der Meerwasserspiegel an, und der Fluss Solent verwandelte sich in eine Meerenge. Die dadurch entstandene 400 Quadratkilometer große Insel nahm aufgrund der geographischen Gegebenheiten stets eine gewisse Sonderstellung in der englischen Geschichte ein. Von der römischen Vergangenheit der von Sueton als *Vectis* bezeichneten Insel zeugen zwei ausgegrabene Villen bei Brading und Newport. Weitere sechs antike Landhäuser konnten ebenfalls lokalisiert werden. Nach der normannischen Eroberung war die Insel persönlicher Lehensbesitz der Familie Redvers, die das Eiland wie ein kleines Königreich regierte; erst nach deren Aussterben fiel die Isle of Wight 1293 an die englische Krone zurück und wurde fortan von einem Lord oder Captain verwaltet. Im Jahre 1812 wurde auf der Isle of Wight mit dem *Royal Yacht Squadron* der wohl exklusivste Segelclub der Welt gegründet; das viktorianische England sah im Wassersport das Symbol seiner imperialen Berufung. Die wenige Jahrzehnte später stattfindenden Rennen inspirierten William Turner zu mehreren Gemälden und wurden als „Cowes Week" zu einem bedeutenden gesellschaftlichen Ereignis, bei dem sich die europäische Hocharistokratie ein Stelldichein gab. Der deutsche Kaiser Wilhelm II., der oft als Gast des englischen Königshauses auf der Isle of Wight weilte, war von der Cowes Week so sehr angetan, dass er nach ihrem Vorbild die Kieler Woche ins Leben rief.

242　Isle of Wight

Seit 1890 ist die Isle of Wight verwaltungstechnisch weitgehend selbstständig; die Hauptstadt der kleinsten englischen Grafschaft ist Newport. Den 135.000 Insulanern stehen mehr als eine Million Besucher gegenüber, die alljährlich auf die vom Klima begünstigte Isle of Wight kommen. Verständlicherweise bildet der Tourismus neben der Landwirtschaft (Weinbau!), dem Schiffsbau und der Elektroindustrie die Haupteinnahmequelle der Insel, die sich von der Nord- zur Südküste über 20 Kilometer und von Ost nach West über rund 35 Kilometer erstreckt. Mit anderen Worten: Die Isle of Wight ist ein beschauliches Eiland, das sich auch gut mit öffentlichen Verkehrsmitteln oder bequem mit dem Drahtesel erkunden lässt. Angesichts der hohen Fährpreise für Kraftfahrzeuge ist es überlegenswert, das eigene Auto auf dem Festland stehen zu lassen. Günstig ist ein Urlaub auf der Isle of Wight sicherlich nicht; schon John Lennon und Paul McCartney wussten in ihren Träumen vom Rentnerdasein, denen sie in „When I'm Sixty-Four" nachhingen: „We can rent a cottage on the Isle of Wight, if it's not too dear."

Das europäische Woodstook

Gemeinhin gilt Woodstock als das unübertroffene Happening der Flower-Power-Generation. Dabei wird ganz vergessen, dass im August 1970 auf der Isle of Wight bei dem kleinen Ort Freshwater ein Open-Air-Festival stattgefunden hat, welches sein amerikanisches Vorbild in vielerlei Hinsicht übertraf. Mehr als 500.000 Menschen hatten sich versammelt, um mehrere Tage lang einem imposanten Staraufgebot friedvoll zuzujubeln. Zahlreiche Bands und Interpreten, die in Freshwater aufgetreten sind, haben noch heute einen klangvollen Namen: Jimi Hendrix, Joan Baez, Procol Harum, Ten Years After, The Who, The Doors, Jethro Tull, Donavan, Leonard Cohen, Miles Davis, Keith Jarrett sowie Emerson, Lake and Palmer. Und im Gegensatz zu Woodstock hat es in Freshwater auch nicht geregnet …

Allgemeine Informationen

• *Information* **Isle of Wight Tourism**, Westridge Centre, Brading Road, Ryde, Isle of Wight PO33 1QS, ✆ 01983/813813, ✉ 01983/823031. www.islandbreaks.co.uk.
• *Literatur* **Julian Barnes**: *England, England.* btb Taschenbuch.
• *Veranstaltungen* **Cowes Week**, Segelregatta im August. www.cowesweek.co.uk.
Isle of Wight Festival, im Jahre 2002 wurde das berühmte Festival wiederbelebt. Erste Junihälfte. www.isleofwightfestival.com.
• *Wetter* Weather Information, ✆ 09068/505303.

Anreise

Drei Fährgesellschaften teilen sich den Verkehr zwischen dem Festland und der Isle of Wight und bedienen folgende Verbindungen: Von Portsmouth bzw. Southsea nach Ryde oder Fishbourne, von Lymington nach Yarmouth sowie von Southampton nach Cowes. Alle angegebenen Preise beziehen sich auf ein Hin- und Rückticket. Wer mit dem Auto auf die Isle übersetzen will, sollte die Overnight- oder 5-Tage-Angebote der Fährgesellschaften nutzen, die um etwa 35 Prozent günstiger sind.

Wightlink Ferries: Bedient die Strecken Portsmouth–Ryde (alle 30–60 Min., 15 Min. Überfahrt; ab £ 14.50, nur für Fußgänger) sowie Portsmouth–Fishbourne und Lymington–Yarmouth (jeweils alle 30–60 Min., 30 Min. Überfahrt; ab £ 11.70 für Fußgänger

Reisepraktisches 243

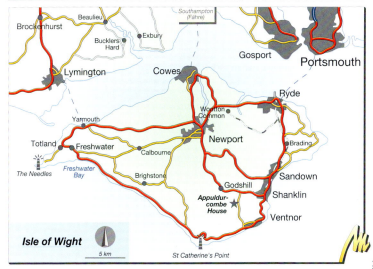

(day return), Auto je nach Abfahrtszeit ab £ 40). ✆ 0870/5827744. www.wightlink.co.uk.
Red Funnel: Bedient die Strecken von Southampton nach East Cowes (alle 1 bis 2 Std., 55 Min. Überfahrt; ab £ 13.40 für Fußgänger, Auto je nach Abfahrtszeit und Aufenthaltsdauer ab £ 30) und von Southampton nach West Cowes (alle 30–60 Min., 22 Min. Überfahrt; ab £ 13.40, nur für Fußgänger). ✆ 0870/4448889. www.redfunnel.co.uk.
Hovertravel: Von Southsea nach Ryde (alle 15–30 Min., 9 Min. Überfahrt; £ 17 nur für Fußgänger). Achtung: Letzte Fähre um 20.30 Uhr! ✆ 01983/811000. www.hovertravel.co.uk.

Unterwegs auf der Insel

Mit dem eigenen Fahrzeug: Das insgesamt 800 Kilometer lange Straßennetz der Insel befindet sich in einem ausgezeichneten Zustand und ist gut beschildert. Die Nebenstraßen sind allerdings oft nur sehr schmal und unübersichtlich, so dass man die Insel lieber mit Vorsicht erkunden sollte.

Öffentliche Verkehrsmittel: Die Isle of Wight besitzt ein hervorragendes öffentliches Verkehrsnetz. Zwischen Ryde und Shanklin besteht zudem eine Zugverbindung mit einer alten Londoner Tube (£ 3). In allen Tourist Offices ist ein Busfahrplan (Southern Vectis, £ 0.50) erhältlich. Stündlich fahren Explorer-Busse einmal um die Insel (ca. 4 Std.). Freie Fahrt für einen Tag erlaubt das Day Rover Ticket (Sommer £ 10, im Winter billiger) und für eine Woche das Weekly Rover Ticket (£ 20). www.islandbuses.info.

Mit dem Fahrrad: Das Fahrrad ist ein ideales Fortbewegungsmittel, um die Insel zu erkunden. Die Fährgesellschaften transportieren Fahrräder kostenlos. Wer kein eigenes Fahrrad besitzt, kann sich bei einer der zwölf Fahrradvermietungen der Insel für rund £ 14 einen Drahtesel (auch Mountainbikes) mieten. Adressen erfährt man in den örtlichen Tourist Offices. Ein großer Anbieter ist Wight Cycle Hire, ✆ 01983/761800. www.wightcyclehire.co.uk.

Wandern: Die Isle of Wight besitzt ein gut gepflegtes Wandernetz mit einer Gesamtlänge von rund 800 Kilometern. Wer will, kann die Insel auf einem rund 80 Kilometer langen Wanderweg umrunden *(coastal path)*.

Autovermietung: Esplanade, 9–11 George Street, Ryde, ✆ 01983/562322, ✉ 01983/811156.

Newport

Newport, die einzige im Inselinneren gelegene Stadt, ist zugleich die Hauptstadt der Isle auf Wight. Doch Newport ist auch ein alter Hafenort, der durch den Fluss Medina mit dem Meer verbunden ist.

Newport stellt den „natürlichen" Mittelpunkt der Insel dar. Wie eine Spinne liegt die Stadt im Zentrum des Straßennetzes der Isle of Wight. Da die Insulaner immer wieder in ihre Hauptstadt müssen, findet man in der kleinen Fußgängerzone ein vielfältiges Einkaufsangebot vor. In kultureller Hinsicht ist das stattliche Carisbrooke Castle die größte Sehenswürdigkeit von Newport. Auf dem zentralen St James Square stehen die Denkmäler für Queen Victoria und den 1979 bei einem IRA-Attentat ums Leben gekommenen Gouverneur Lord Louis Mountbatten.

- *Information* **Tourist Information**, South Street, ✆ 01983/813818, ✉ 01983/823033.
- *Einwohner* 18.500 Einwohner.
- *Autovermietung* **Alpha Rental**, 34 Mayfield Drive, Staplers, ✆ 01983/280280.
- *Kino* **Cineworld**, Fairlee, ✆ 0871/2002000. www.cineworld.co.uk.
- *Markt* Tgl. auf der Sea Street oder Mo–Sa in der Lugley Street (überdacht). Großer Markttag ist Dienstag.
- *Reiten* **Great Pan Farm Stables**, ✆ 01983/521870.
- *Schwimmen* **Medina Leisure Centre**, ✆ 01983/523767.
- *Theater* **Apollo**, Pyne Street, ✆ 01983/527267.
- *Essen/Trinken* **Daish's Diner at the Wheatsheaf Hotel**, zünftiges Gasthaus im Zentrum. Freunde der englischen Küche kommen bei *Lambs Liver and Bacon* auf ihre Kosten. St Thomas Square, ✆ 01983/523865.

Eight Bells, Pub mit empfehlenswerter Küche unweit von Carisbrooke Castle. Carisbrooke High Street.

Bargeman's Rest, Restaurant mit großer Terrasse und Blick auf den Hafen. Serviert werden selbstgemachte Suppen, Curries und Steaks. ✆ 01983/525828. www.bargemansrest.com.

Sehenswertes

Carisbrooke Castle: Die am südwestlichen Stadtrand gelegene Burg erhebt sich malerisch auf einer Anhöhe. Bereits die Römer hatten an dieser exponierten Stelle eine Festung errichtet. Während der imposante normannische

Kathedrale von Cowes

Bergfried noch aus dem 13. Jahrhundert stammt, sind die Festungsbastionen jüngeren Datums. Der berühmteste „Bewohner" von Carisbrooke war der englische König Karl I. Wahrscheinlich hat er sich an der schönen Aussicht nur wenig erfreut, da er hier von 1647 bis 1648 gefangen gehalten worden war, bevor man ihn in London hinrichtete. Ein Fluchtversuch scheiterte kläglich: Karl blieb zwischen den Gitterstäben stecken ...

⏰ April bis Sept. tgl. 10–17 Uhr, im Winter bis 16 Uhr. Eintritt: £ 6.70, erm. £ 5.70 oder £ 3.40 (EH). www.carisbrookecastlemuseum.org.uk.

Museum of Island History: In der Guildhall kann man sich einen Einblick von der Inselgeschichte verschaffen. Der Bogen spannt sich von der Zeit der Dinosaurier bis in die Gegenwart, wobei auch moderne Medien wie Touch-Screen-Computer zum Einsatz kommen.

⏰ tgl. außer So 10–17 Uhr, So 10.30–15.30 Uhr. Eintritt: £ 2, erm. £ 1.20.

Roman Villa: Nicht so eindrucksvoll wie die römische Villa in Brading, aber dennoch sehenswert. In dem antiken Landhaus aus dem 3. Jahrhundert sind vor allem Mosaikfußböden und die Reste einer Bodenheizung zu besichtigen. Bei den Ausgrabungen wurde das Skelett einer jungen Frau entdeckt, die wahrscheinlich gewaltsam zu Tode gekommen ist.

Adresse Cypress Road. ⏰ tgl. außer So 10–16.30 Uhr, im Juli und Aug. So 12–16 Uhr. Eintritt: £ 2.50, erm. £ 1.75.

Isle of Wight Bus and Coach Museum: Eine bunte Sammlung von Fahrzeugen, die auf der Insel seit 1890 zum Personentransport im Einsatz waren.

Adresse The Quay. ⏰ von April bis Okt. Di–Do sowie So 10.30–16 Uhr, im Aug. tgl. 10.30–16 Uhr. Eintritt: £ 3, erm. £ 2.50.

Cowes

Bei dem Gedanken an Cowes, der nördlichsten Stadt auf der Isle of Wight, schlagen die Herzen aller Segelfans höher, gilt doch die „Cowes Week" als der Klassiker unter den Segelregatten.

Das Schicksal von Cowes war stets eng mit dem Meer verbunden. Florierte der Schiffsbau und waren die Fischer erfolgreich, so prosperierte auch der kleine Hafenort. Heinrich VIII. ließ links und rechts des Flusses Medina jeweils eine Festung errichten, um die hiesigen Werften vor französischen und spanischen Angriffen zu schützen (nur noch die westliche ist erhalten). Die englischen Könige sorgten auch später für das Ansehen von Cowes, der Prinzregent unterstützte die Gründung des *Royal Yacht Squadron* mit Wohlwollen. Der wohl exklusivste Segelclub der Welt – das Clubhaus darf nur von den 300 Mitgliedern, darunter auch Prince Charles, sowie deren Gästen betreten werden – richtet die berühmte Cowes Week aus. Alljährlich trifft sich Anfang August die High Society in Cowes, um die Regatta zu verfolgen; alle zwei Jahre wird auch der Admiral's Cup, das Segelereignis schlechthin, in Cowes ausgetragen. Zu den großen Verehrern von Cowes zählten neben dem deutschen Kaiser Wilhelm II. auch Queen Victoria, die sich in ihrem Sommersitz Osborne House immer besonders wohl gefühlt hat. Zur besseren Orientierung: Cowes wird von dem River Medina geteilt, wobei der westliche Stadtteil der ältere ist und mehr Atmosphäre besitzt. Eine Flussfähre, die für Fußgänger kostenlos ist, verbindet West Cowes mit dem industrielleren Ost Cowes, wo sich auch das Osborne House befindet.

246 Isle of Wight

- *Information* **Tourist Information**, Fountain Quay, West Cowes, ℅ 01983/813818.
- *Einwohner* 20.000 Einwohner.
- *Fahrradverleih* **Offshore Sports**, 2–4 Birmingham Road, ℅ 01983/290514.
- *Übernachten/Essen/Trinken* **New Holmwood Hotel**, das komfortable Hotel (Best Western) mit beheiztem Pool lässt kaum Wünsche offen. Zum Meer sind es auch nur ein paar Meter. B & B je nach Lage ab £ 84.50 im EZ oder ab £ 100 für das DZ. Queens Road, ℅ 01983/292508, ℅ 01983/295020, www.newholmwoodhotel.co.uk.

Anchor Inn, das älteste und traditionsreichste Pub von Cowes besitzt einen netten Garten. Am Wochenende finden häufig Konzerte statt. Wer nach dem guten Essen zu viele Biersorten probiert hat, kann sich gleich in einem der sieben schönen Zimmer einquartieren. DZ £ 60 ohne Frühstück. ℅ 01983/292823, www.theanchorcowes.com.
- *Camping* **** **Holiday Village**, großes, ländliches Areal mit vielen Freizeitmöglichkeiten (Tennis, Swimmingpool, Kino, Restaurant etc.). ℅ 01983/292395. www.gurnardpines.co.uk.

Sehenswertes

Osborne House: Der Sommersitz von Queen Victoria und ihrem früh verstorbenen Gemahl Albert von Sachsen-Coburg-Gotha befindet sich auf dem östlichen Ufer des Flusses Medina, gut einen Kilometer vom Stadtzentrum entfernt. Als 12-jährige Prinzessin hatte Victoria eine wunderschöne Zeit in Cowes verbracht, so dass sie als Königin beschloss, sich im Alter auf die Isle of Wight zurückzuziehen. Prince Albert und Thomas Cubitt entwarfen das königliche Landhaus in den späten Vierzigerjahren des 19. Jahrhunderts. Das Osborne House mit seiner Loggia und dem doppelten Campanile wirkt nicht zufällig wie eine italienische Villa; Albert fühlte sich von dem Blick auf den Solent an den Golf von Neapel erinnert und schuf sich, von der Italiensehnsucht der Deutschen geplagt, auf der Isle of Wight sein englisches Arkadien. Da Albert bekanntlich früh (1861) verschied, strömt Osbourne House vor allem die Aura von Victoria aus. Die Königin hatte bis zu ihrem Tod einen großen Teil des Jahres in Cowes verbracht; am 22. Januar 1901 ist sie mit 81

Mehrere Fährlinien verbinden die Isle of Wight mit dem Festland

Jahren in ihrem geliebten Osborne House gestorben. Zum Gedenken an die Königin wurden die Räumlichkeiten nach ihrem Tod kaum verändert, ebenso wie seinerzeit Alberts Privatgemächer.

Öffentlich zugänglich sind der Pavillon-Flügel sowie der 1891 angefügte Durbar-Flügel, der mit seinem schwelgerischen indischen Stil dem Sitz eines Maharadschas nachempfunden ist. Die Privaträume beherbergen zahlreiche persönliche Erinnerungen; angefüllt mit Vasen, Bildern und anderem Nippes sind sie ein Musterbeispiel für den bürgerlichen Geschmack des viktorianischen Zeitalters. Manche Bilder wie das Deckenfresko im Treppenhaus – es stammt von Franz Xaver Winterhalter – führen das Klischee von der königlichen Prüderie ad absurdum, zeigen sie doch nackte Nymphen, die sich in einer arkadischen Landschaft tummeln. Koloniale Exotik durfte natürlich auch nicht fehlen. In dem von Prinz Albert angelegten Garten steht ein „importiertes" Schweizerhäuschen, das erst als Spielzimmer für Victorias Kinder und später für die Enkelkinder diente. Eine Ausstellung gibt Einblicke in die Organisation des königlichen Haushaltes von damals.

⊙ tgl. 10–17 Uhr, im Winter Mi–So 10–16 Uhr. Eintritt: £ 10.90, erm. £ 9.30 oder £ 5.50 (EH).

Ryde

Ryde, die größte Stadt der Insel, ist zugleich der beliebteste Fährhafen („Gateway to the Garden Isle"). Zwischen Portsmouth und Ryde nahm Mitte der Sechzigerjahre der weltweit erste regelmäßige Hovercraft-Dienst seinen Betrieb auf.

Mit seiner lang gezogenen Strandpromenade, dem 800 Meter langen Pier und seiner Esplanade entspricht das einstige Fischerdorf Ryde in vielerlei Hinsicht dem Bild eines viktorianischen Seebads. Sehenswert sind die Royal Victoria Arcade, eine der Londoner Burlington Arcade nachempfundene Ladenpassage, die Brigstocke Terrace sowie die Kirche All Saints. Letztere wurde von 1868 bis 1872 von *Sir George Gilbert Scott*, dem Architekten der Londoner Battersea Power Station, geplant und gilt seither als Wahrzeichen der Stadt.

„Ticket to Ride"

Nur die wenigsten Beatles-Fans wissen, dass der Song „Ticket to Ride" aus einem Wortspiel mit dem Fährhafen Ryde hervorging. Im April 1963 hatten John Lennon und Paul McCartney von Portsmouth aus einen Tagesausflug zur Isle of Wight unternommen, um dort Freunde zu treffen. Bei der späteren Studioaufnahme des Songs soll John Lennon unter dem Einfluss von Drogen gestanden haben. Der schwere Rhythmus von „Ticket to Ride" gilt unter Musikhistorikern als Lennons erste kreative Antwort auf seine Erfahrungen mit LSD.

• *Information* **Tourist Information**, Western Esplanade, ☎ 01983/813818.

• *Einwohner* 30.000 Einwohner.

• *Golf* **Ryde Golf Club**, Binstead Road, ☎ 01983/614809. www.rydegolfclub.org.

• *Kino* **Commodore**, 2 Star Street, ☎ 01983/564064. www.leoleisurecommodore.co.uk.

• *Markt* Mittwochs.

• *Schwimmen* **Waterside Pool**, 25-Meter-Becken und Schiebedach für den Sommer, Esplanade, ☎ 01983/563656.

• *Theater* **Ryde Theatre**, Lind Street, ☎ 01983/568099. www.rydetheatre.co.uk.

Isle of Wight

• *Weinverkostung* **Rosemary Vineyard**, Rosemary Lane, ✆ 01983/811084. www.rosemaryvineyard.co.uk.

• *Übernachten* **Priory Bay Hotel**, bei St Helens, fünf Kilometer östlich von Ryde, wurde eine mittelalterliche Abtei in ein schönes Landhotel verwandelt. Parkähnlicher Garten mit Swimmingpool sowie eigener Strand. Die individuell eingerichteten Zimmer sind ihren Preis wert. Es werden auch Cottages vermietet. B & B ab £ 80 pro Person. ✆ 01983/613146, ✉ 01983/616539, www.priorybay.co.uk.

Kasbah, das wohl ungewöhnlichste Hotel auf der Insel. Die neun Zimmer sind im marokkanischen Stil eingerichtet. Kostenloses WLAN. Im Ortszentrum gelegen. B & B im DZ ab £ 32.50. 76 Union Street, ✆ 01983/8180088, www.kas-bah.co.uk.

Abingdon Lodge Hotel, kleines Hotel mit großzügigen hellen Zimmern. B & B £ 32.50 pro Person. 20 West Street, ✆ 01983/564537, ✉ 01983/566722. www.abingdonlodge.com.

Yelf's Hotel, das komfortable Hotel mitten im Zentrum wird auch gerne von Geschäftsreisenden besucht. B & B ab £ 47.50. 40 Union Street, ✆ 01983/564062, ✉ 01983/563937, www.yelfshotel.com.

> ### Isle of Wight Steam Railway
> Ein Highlight für Eisenbahnfreunde ist die historische Dampfeisenbahn, die von Ostern bis Oktober durch den Nordosten der Insel zuckelt. Ausgangspunkt der nostalgischen Reise ist Wotton Bridge, fünf Kilometer westlich von Ryde. Fahrzeiten: tgl. 10.30–16.15 Uhr. Kosten: £ 9.50 für ein Tagesticket auf den beiden Inseleisenbahnen. www.iwsteamrailway.co.uk.

• *Essen/Trinken* **Joe's Café Bar**, die Cafébar mit den hellen, hohen Räumen ist immer einen Abstecher wert. Große Weinauswahl. 24 Union Street, ✆ 01983/567047.

Ryde: Pier ohne Ende

Shanklin und Sandown

Die beiden Nachbarorte Shanklin und Sandown erstrecken sich über rund drei Kilometer die Ostküste entlang. Die beiden Orte ergänzen sich gut: Während Sandown mit einem schönen Sandstrand lockt, besitzt Shanklin eine reizvolle Altstadt.

Shanklin und Sandown gelten als das beliebteste Ferienzentrum der Insel. Sandown war bereits im 19. Jahrhundert ein bekanntes Seebad, so dass das Ortsbild noch heute von einigen schmucken viktorianischen Gebäuden geprägt wird. Auf den Besucher warten einladende Sandstrände, steile Klippen, viele Kneipen und Restaurants, Wassersport sowie andere Freizeitmöglichkeiten. Als einziger Ort der Insel

Godshill 249

besitzt Sandown einen Vergnügungspier. Shanklins Old Village mit seinen reetge-deckten Cottages spricht vor allem die romantischeren Gemüter an. Auch der Lyriker *John Keats* (1795–1821) ließ sich von der Atmosphäre inspirieren und dichtete: „A thing of beauty is a joy for ever." Interessant ist ein Spaziergang durch den *Shanklin Chine*, eine tief eingeschnittene Schlucht, die man von der südlichen Esplanade erreicht (£ 3.80 Eintritt!). Gesäumt von Farnen, Moosen und Sträuchern, hat sich ein kleiner Bach den Weg durch das Gestein gebahnt.

● *Information* **Tourist Information**, 67 High Street in Shanklin, ✆ 01983/813818 oder 8 High Street in Sandown, ✆ 01983/403886.

● *Einwohner* Shanklin hat 8.000, Sandown 5.000 Einwohner.

● *Bowling* **Shanklin Bowling Club**, Pavillion Brook Road, ✆ 01983/868777.

● *Geological Museum* Sandown, High Street. Tgl. außer So 9.30–16.30 Uhr. Eintritt frei!

● *Isle of Wight Zoological Gardens* Vor allem Tiger (Bengalische, Sibirische und Chinesische), Panther, Löwen und andere Raubkatzen kann man in dem bei Yaverland gelegenen Zoo bewundern. ⏱ Ostern bis Okt. tgl. 10–18 Uhr, im Winter bis 16 Uhr. Eintritt: £ 58.25, erm. £ 6.45. www.isleofwightzoo.com.

● *Kino* Sandown, **Screen Deluxe**, 35 Sandown Road, ✆ 01983/404050.

● *Markt* Im Sommer montags auf der Fort Street in Sandown.

● *Übernachten* **Keats Green Hotel**, familiär geführtes Hotel in Shanklin mit großem Wintergarten, Restaurant und beheiztem Swimmingpool. Halbpension ab £ 64 pro Person. Von März bis Okt. geöffnet. 3 Queens Road, ✆ 01983/862742, 📠 01983/868572,
www.keatsgreenhotel.co.uk.

St. Catherine's Hotel, ein kleines Hotel mit viel Flair. Die Zimmer sind einfach, aber gepflegt. Kostenloses WLAN. B & B ab £ 33, Halbpension ab £ 48. 1 Winchester Park Road, ✆/📠 01983/402392. www.stcatherines-hotel.co.uk.

● *Essen/Trinken* **Barnaby's**, günstiges Restaurant in Sandown, gutes Angebot an vegetarischen Gerichten, Snacks und Fisch (ab £ 7). Im Winter geschlossen. 4 Pier Street, ✆ 01983/403368.
www.barnabysrestaurant.co.uk.

Isle of Wight
Karte S. 243

Umgebung

Brading

Brading ist ein nettes historisches Städtchen – einst *The Kinges Towne of Bradynge* genannt – mit einer schmucken Kirche, einem alten Rathaus sowie einem wenig aufregenden Wachsmuseum zur Inselgeschichte. In der Kirche St Mary verdient das heitere Grabmal für *Good Sir John Oglanger* Beachtung. Bekannt geworden ist der Adelige durch seinen selbstlosen Einsatz für Karl I., dem er trotz Parlamentsübermacht treu ergeben war. Bis zu dessen Gefangennahme hatte Oglander den König wiederholt auf der Insel beherbergt.

Brading Roman Villa

Die südlich von Brading gelegene, 1880 entdeckte römische Villa bietet einen Einblick in den komfortablen Lebensstil der römischen Oberschicht. Die Räume sind mit Mosaikfußböden (mysteriös: ein Mensch mit Vogelkopf) und einer Fußbodenheizung ausgestattet. Typisch ist der mediterrane Aufbau der Villa, wobei sich drei Flügel um einen Innenhof gruppieren.

⏱ März–Okt. tgl. 9.30–17 Uhr. Eintritt £ 6.50, erm. £ 4.95 oder £ 3. www.bradingromanvilla.org.uk.

Godshill

Das Bilderbuchdorf Godshill ist eines der beliebtesten Ausflugsziele im Inselinneren, weshalb es auch über einen riesigen Parkplatz verfügt. Unterhalb der Church of All Saints gruppieren sich die strohgedeckten Steinhäuser, von denen etliche

250   Isle of Wight

Souvenirgeschäfte, Cafés und Restaurants beherbergen. Die Keimzelle von Godshill soll eine heidnische Kultstätte gewesen sein, deren Platz seit dem Mittelalter die Church of All Saints einnimmt. Wer nach einem Spaziergang immer noch nicht genug hat, kann sich das Dorf auch in einer Miniaturausgabe (Godshill Model Village) ansehen.

Appuldurcombe House

Rund einen Kilometer südlich von Godshill steht das Appuldurcombe House; das 1701 für Sir *Robert Worsley* errichtete Herrenhaus war bis zum Bau des Osborne House der größte Landsitz auf der Insel. Im Zweiten Weltkrieg schwer beschädigt, konnte das Appuldurcombe House nach aufwändigen Renovierungsarbeiten vor dem Verfall gerettet werden. Sehenswert ist auch der von Capability Brown angelegte Landschaftspark.

🕐 April bis Sept. tgl. 10–16 Uhr. Im Winter geschlossen. Eintritt: £ 3.50, erm. £ 3.25 oder £ 2.50 (EH).

Ventnor

Das Städtchen Ventnor kann sich rühmen, das mildeste Klima der Insel zu besitzen. In die illustre Gästeliste des einstigen Heilbads reihten sich bereits Karl Marx und Österreichs Märchenkaiserin Sissy ein. Geschützt vor den kalten Nordwinden, liegt der Ort in reizvoller Lage auf einem Plateau oberhalb der Badebucht. Subtropische Pflanzen am Wegesrand machen die mediterrane Atmosphäre perfekt. Lohnend ist ein Besuch des *Botanic Garden,* dem auch ein in einer Felshöhle untergebrachtes *Museum of Smuggling History* angegliedert ist (April bis Sept. tgl. 10–17 Uhr, Eintritt: £ 3).

Von Ventnor oder von den Vororten *St Lawrence* und *Bonchurch* aus lässt sich die Südküste mit ihren senkrecht abfallenden Kreidefelsen, Schluchten und Stränden erwandern. Gleich hinter Bonchurch – hier verbrachte einst Charles Dickens seine Ferien – erhebt sich der höchste Berg der Insel. *Boniface Down* ist zwar nur 240 Meter hoch, doch bietet die äußerst steil abfallende Küste einen faszinierenden Anblick.

St Catherine's Point

Über den Coast Path erreicht man schließlich den südlichsten Punkt der Insel: *St Catherine's Point,* markiert durch einen modernen Leuchtturmkomplex. Etwas zurückversetzt steht noch ein weiterer, aus dem 14. Jahrhundert stammender Leuchtturm, der von den Einheimischen „Pepper Pot" genannt wird.

Yarmouth

Alle, die von Westen her zur Isle of Wight fahren, kommen in Yarmouth an. Der einst bedeutsame Hafenort lebt heute in erster Linie von seiner Funktion als Fährhafen.

Im Mittelalter war Yarmouth die wohl wichtigste Stadt auf der Insel, doch nachdem die Franzosen den Ort zweimal (1377 und 1524) erobert und geplündert hatten, verlor Yarmouth seine herausragende Stellung. Auch eine von Heinrich VIII. in Auftrag gegebene Festung konnte den Niedergang nicht mehr aufhalten. Die Überreste des *Yarmouth Castle* und das *Fort Victoria* (19. Jahrhundert; heute mit Aquarium) sind heute die Attraktionen, aber auch einige nette Pubs im Zentrum machen die Stadt zu einem schöneren Ankunfts- oder Abfahrtshafen als Ryde. In der

Freshwater

Umgebung locken mit der Totland Bay oder der Freshwater Bay sowie den fotogenen Needles mehrere attraktive Ausflugsziele.

- *Information* **Tourist Information**, 34 High Street, ✆ 01983/813818.
- *Einwohner* 1.000 Einwohner.
- *Fahrradverleih* **Isle Cycle Hire**, Wavells Fine Foods, ✆ 01983/760738.
- *Übernachten/Essen/Trinken* **The George Hotel**, die ehemalige Gouverneursresidenz aus dem 17. Jahrhundert beherbergt eines der schönsten Hotels auf der Insel, allerdings belastet eine Übernachtung die Reisekasse nicht unerheblich. Die geschmackvoll eingerichteten Zimmer und das gute Restaurant (Modern British mit französischen Einflüssen) vervollkommnen den Aufenthalt. B & B £ 137.50–287 für zwei Personen im DZ. Quay Street, ✆ 01983/760331, ✉ 01983/760425, www.thegeorge.co.uk.

Farringford Hotel, das einstige Wohnhaus des Dichters Alfred Tennyson („A miracle of beauty") in Freshwater ist längst in ein angenehmes Landhotel mit beheiztem Swimmingpool und Tennisplatz umgewandelt worden. B & B ab £ 50 pro Person, Halbpension ab £ 78 pro Person. Bedbury Lane, ✆ 01983/752700, ✉ 01983/756515, www.farringford.co.uk.

Sandpipers Hotel, familiär geführtes Hotel in Freshwater, nur 50 Meter von der Freshwater Bay entfernt. Umgeben von einem netten Garten, hält das Hotel viele Annehmlichkeiten bereit, zudem verdient es das Prädikat, besonders kinderfreundlich zu sein. Zu loben ist auch das zugehörige Restaurant, das Lamm mit Rosmarin war ausgezeichnet. Zweigängiges Menü zu £ 18.95. Wer sich spätabends noch einen kleinen Schluck genehmigen will, kann dies im hoteleigenen Pub tun. B & B ab £ 55 pro Person (im Winter ab £ 45). Coastguard Lane, ✆ 01983/758500, ✉ 01983/754364, www.sandpipershotel.com.

Klein, aber fein: Yarmouth

King's Head, das beliebteste Pub des Ortes. ✆ 01983/760351.

- *Jugendherberge* **Totland Bay**, an der gleichnamigen Bucht im Südwesten von Yarmouth am Hurst Hill gelegen. Erwachsene ab £ 15.95, Jugendliche ab £ 11.95. Hurst Hill, Summers Lane, ✆ 0845/3719348, ✉ 01983/756443, totland@yha.org.uk.
- *Camping* ***** **The Orchards**, komfortabler Campingplatz für Zelte und Wohnmobile auf einem abfallenden Wiesengelände bei Newbridge, sechs Kilometer östlich von Yarmouth. Swimmingpool (auch überdacht). Vermietung von Caravans mit bis zu sechs Betten. ✆ 01983/531331350, ✉ 531666, www.orchards-holiday-park.co.uk.

Umgebung

Freshwater

Freshwater, ein einladendes Dorf mit einer Pfarrkirche, die auf die Normannen zurückgeht, ist in erster Linie als ehemaliger Wohnsitz des 1884 geadelten Dichters Alfred Lord Tennyson berühmt. Eine weitere bekannte Persönlichkeit, die hier gelebt hat, war die Fotopionierin *Julia Margaret Cameron* (1815–1879). Oberhalb der

252   Isle of Wight

Freshwater Bay steht die Dimbola Lodge (www.dimbola.co.uk, tgl. außer Mo 10–17 Uhr, £ 4), ihr einstiges Wohnhaus. Julia Cameron, eine Großtante von Virginia Woolf, begann 1863 mit einem geschenkten Fotoapparat – *nomen est omen* – zu experimentieren, richtete sich eine Dunkelkammer ein und wurde schnell zu einer der angesehensten Fotokünstlerinnen, die so prominente Zeitgenossen wie Charles Darwin, Thomas Carlyle sowie Kronprinz Friedrich von Preußen porträtiert hat. Über ein paar „ältere Herrschaften", die mit gelegentlich verklärtem Blick auf eine Wiese der Afton Down Farm blicken, sollte man sich nicht wundern. Letztere denken an das Open-Air-Festival vom August 1970 zurück, das als europäisches Woodstock in die Geschichte eingegangen ist.

Wandern auf dem Tennyson Walk

Der Dichter *Alfred Lord Tennyson* (1809–1892) hatte mehr als drei Jahrzehnte in Freshwater gelebt. Der Lieblingswanderweg des Literaten – heute als „Tennyson Walk" bekannt – führt von Freshwater an der atemberaubenden Steilküste entlang zu den an versteinerte Segel erinnernden Needles. Gesamtentfernung: etwa sechs Kilometer.

The Needles

Westlichster und zugleich auch beeindruckendster Punkt der Isle of Wight ist eine Reihe von drei etwa 30 Meter hohen Kalknadeln, treffend *The Needles* genannt. Ein Leuchtturm schmückt die äußerste Erhebung. Den besten Blick hat man bei einer Bootstour oder vom Aussichtspunkt auf dem Festland – die *Needles* selbst kann man nicht begehen. Der Aussichtspunkt lässt sich nur mit einem ständig verkehrenden Minibus erreichen, da der Weg für Privatfahrzeuge gesperrt ist.

Alum Bay

Die nordöstlich an die Needles angrenzende Bucht ist aufgrund ihrer Sandklippen, die in den verschiedensten Farben leuchten, von großem geologischen Interesse. Die Gesteinsschichten verlaufen nicht horizontal, sondern vertikal und sind damit für jedermann sichtbar. Jede Schicht hat eine andere Farbe, so dass diese Bucht vor allem in der Abendsonne in den buntesten Schattierungen schillert. Mit einem Sessellift wird man von den Klippen hinunter zum Strand transportiert.

Brighstone

Mit seinen reetgedeckten Cottages gilt Brighstone als „Perle der Insel". Die ältesten Teile der Pfarrkirche St Mary stammen noch aus dem 12. Jahrhundert. Wer ein Faible für beschauliche Dörfer hegt, wird nicht enttäuscht.

Calbourne

Ähnlich wie Brighstone und Godshill gehört auch Calbourne zu den Vorzeigedörfern der Insel. Die Fotografen und Hobbymaler zieht es in die Winkle Street, wo ein kleiner Bach an liebevoll herausgeputzten Häusern vorbeiplätschert. Ein Stück den Bach entlang, stößt man auf eine historische Wassermühle aus dem 17. Jahrhundert, deren Besichtigung allerdings £ 7 kostet.

Berkshire   253

Berkshire

Neben Wiltshire und Surrey ist Berkshire – sprich „Barkscher"– die einzige südenglische Grafschaft ohne Zugang zum Meer. Abgesehen von Windsor und Ascot ist die Region touristisch gesehen eher von geringem Interesse.

Reading

Reading, die Hauptstadt von Berkshire, ist ein aufstrebendes Städtchen im Themsetal, das auf eine mehr als 1500-jährige Geschichte zurückblicken kann. Dank seiner Universität und einem zukunftsorientierten Gewerbe (Microsoft, Compaq, Racal Telecom etc.) muss Reading nicht fürchten, zum Londoner Vorort herabzusinken.

Das am Südufer der Themse gelegene Reading wurde von den Sachsen gegründet und erhielt im 9. Jahrhundert das königliche Privileg, Münzen prägen zu dürfen. Heinrich I. legte 1121 in Reading den Grundstein für eine Benediktinerabtei, die von Thomas Beckett geweiht wurde. Heinrich VIII. löste das Kloster auf, um sich an den Schätzen bereichern zu können; seit dem Bürgerkrieg erinnern nur noch Ruinen an die einst so reiche Abtei.

„Oh beautiful world"

In die Literaturgeschichte fand Reading Eingang durch Oscar Wildes „Ballade vom Zuchthaus zu Reading", die der skandalumwitterte Schriftsteller 1898 schrieb, nachdem er aus dem Gefängnis von Reading entlassen worden war. Zur Erinnerung an den berühmten Häftling, der zu zwei Jahren Zuchthaus wegen Homosexualität verurteilt worden war, hat die Stadt im Jahre 2000 einen „Oscar-Wilde-Gedenkweg" anlegen lassen. Auf einem Tor stehen die ersten Worte, die Wilde sprach, als er freigelassen wurde: „Oh beautiful world".

Vielfältige Einkaufsmöglichkeiten (Oracle Centre) und eine lebendige Kulturszene sorgen in Reading für Abwechslung. Wer Lust hat, kann einen Bootsausflug auf der Themse unternehmen. Über den Fluss Kennet und den Kennet-Avon-Kanal kann man mit einem schmalen Hausboot sogar bis nach Bath oder Bristol schippern. Interessant ist es, im Juli zum WOMAD (World of Music, Art and Dance) nach Reading zu kommen. Das 1982 von *Peter Gabriel* ins Leben gerufene Festival ist bekannt für sein anspruchsvolles Programm. Apropos Musiker: Der Klangvirtuose Mike Oldfield, der mit *Tubular Bells* einen weltweiten Erfolg hatte, wurde am 15. Mai 1953 in Reading geboren.

• *Information* **Reading Tourist Information Centre**, Church House, Chain Street, Reading RG1 1QH, ✆ 0118/9566226, 📠 0118/9399885. www.readingtourism.org.uk.

• *Einwohner*. 144.000 Einwohner.

• *Verbindungen* **Zug** – Verbindungen nach Oxford und London Paddington Station (25 Min.). Über Slough auch Zugverbindungen nach Windsor und Eton. www.nationalrail. co.uk. **Bus** – Verbindungen nach London. Abfahrt Station Hill, ✆ 0118/9594000. www.nationalexpress.com.

• *Bootsfahrten* **Thames Rivercruise**, ✆ 0118/9481088. www.thamesrivercruise.co.uk.

• *Museum of Reading* Blagrave Street, ✆ 0118/93998000. Geöffnet: tgl. außer Mo

Berkshire
Karte S. 254/255

254 Berkshire

10–16 Uhr, So ab 11 Uhr.
www.readingmuseum.org.uk.

● *Sport/Schwimmen* **Rivermead Leisure Complex**, Freizeitzentrum mit Badminton und einem Wellenbad. Richfield Avenue, ✆ 0118/9015000.

● *Veranstaltungen* **WOMAD** (Juli), ✆ 01225/744494. Ticket-Line: ✆ 0118/9390930. www.womad.org. **Reading Festival** im August. www.readingfestival.com.

● *Übernachten* **The George Hotel**, seit mehr als 500 Jahren dient die einstige Postkutschenstation als Herberge, seit ein paar Jahren allerdings zur Mercure-Gruppe gehörend. EZ £ 50–95, DZ £ 58–120 (günstige Wochenendtarife). 10/12 King Street, Reading, ✆ 0118/9573445, ✉ 0118/9508614, www.georgehotelreading.com.

The Old Forge, familiäres B & B in zentraler Lage. WLAN vorhanden. EZ £ 30–37.50, DZ £ 45–55 (die günstigen mit Etagendusche). 109 Grovelands Road Reading, ✆ 0118/9582928, www.readingbedbreakfast.co.uk.

Windsor und Windsor Castle

Wilhelm der Eroberer erbaute hier schon eine Burg, die Teil eines London umspannenden Befestigungssystems war. Heinrich I. heiratete im Windsor Castle Adeliza of Louvain, Karl I. wurde hier gefangen gehalten, bis sein Kopf rollte, und Königin Victoria trauerte hier um ihren toten Albert – kurzum, ein Schloss, das auf das Engste mit der Geschichte Englands verbunden ist.

Windsor selbst ist eine typische englische Kleinstadt mit vielen Backsteinbauten und zwei kopfsteingepflasterten Straßen, der *Church Street* und der *Market Street*, einer Menge Antiquitätenläden sowie vielen Pubs und Restaurants. Über die Themse führt eine Brücke hinüber nach *Eton*, der wohl berühmtesten Public School in England. Ganze Generationen britischer Premierminister sind im Eton College zur Schule gegangen. Das von Heinrich VI. gegründete Eton weiß sich seinen exklusiven Ruf zu bewahren: Wer nicht zu den Stipendiaten gehört, muss jährlich rund £ 30.000 Schulgeld aufbringen. Auch William und Harry, die Söhne von Prince Charles und Lady Diana, besuchten selbstverständlich das berühmte College. Die größte Sehenswürdigkeit des Städtchens ist das auf einer kleinen Anhöhe liegende Schloss, das dem englischen Königshaus seinen Namen gab. Bis 1918 hießen die Windsors übrigens noch Sachsen-Coburg-Gotha, doch da sich Großbritannien und Deutschland im Ersten Weltkrieg bekriegten, beschloss Georg V., seine Linie nach dem Sommersitz der Königsfamilie zu benennen. Noch heute residiert ab und an Königin Elizabeth II. hier; dann weht das königliche Banner über dem Round Tower und zeigt an, dass die königlichen Gemächer nicht besichtigt werden können. Besucher erhalten dann Tickets zu einem ermäßigten Preis.

Windsor und Windsor Castle 255

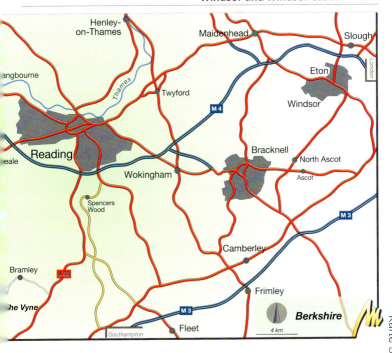

Der älteste Teil von Windsor Castle, der *Round Tower,* ist nicht öffentlich zugänglich. Als mächtiger Bergfried ruht der in der Regierungszeit von Heinrich II. errichtete Turm inmitten der Burganlage. Um ihn herum führt der Weg zum Eingang der *State Apartments.* In den Sommermonaten und am Wochenende bilden sich hier lange Warteschlangen, daher empfiehlt es sich, frühzeitig nach Windsor Castle aufzubrechen. Von dem verheerenden Brand im November 1992 ist heute kaum mehr etwas zu sehen. Die Brandschäden der *State Apartments* und der *St George's Hall* wurden in den letzten Jahren für 60 Millionen Pfund behoben, die Kosten musste die Queen aus eigener Tasche aufbringen, da sie es versäumt hatte, das Schloss zu versichern. Die unersetzlichen Gemälde von Rubens, Holbein, Dürer und Rembrandt konnten glücklicherweise rechtzeitig in Sicherheit gebracht werden. Ein kostbares Puppenensemble ist im *Queen Mary's Dolls' House* zu bewundern, mit dessen Einrichtung in den Zwanzigerjahren 1500 Handwerker drei Jahre lang beschäftigt waren! Im unteren Teil des Schlosses, dem sogenannten Lower Ward, lohnt eine Besichtigung der spätgotischen *St George's Chapel.* Die Kapelle ist nach der Westminster Abbey die bedeutendste Grablege der englischen Könige. Auch der berühmt-berüchtigte Heinrich VIII. fand hier seine letzte Ruhestätte.

Hinweis: Für Familien mit Kindern bietet sich abschließend noch ein Abstecher zum Freizeitpark *Legoland* an, der von Windsor Castle aus mit einem Shuttlebus in wenigen Minuten zu erreichen ist.

256 Berkshire

- *Anreise* **Windsor Castle**: Züge von der Waterloo Station bis Windsor & Eton oder von Paddington Station bis Windsor & Eton Central. Über Slough auch Zugverbindungen nach Reading.
- *Öffnungszeiten* **Windsor Castle**: tgl. 9.45–17.15 Uhr, im Winter nur bis 16.15 Uhr (Achtung: Sonntags ist die St George's Chapel geschlossen, last admission jeweils eine Stunde vor Schließung.). Eintritt: £ 16, erm. £ 14.50 oder £ 9.50, Familientickets £ 42. www.royalcollection.org.uk. **Legoland**: geöffnet Ostern bis Anf. Nov. 10–18 Uhr, im Hochsommer bis 20 Uhr. Eintritt: £ 38, erm. £ 28 (günstiger im Internet). www.legoland.co.uk.

Ascot

Ascot ist nicht nur das renommierteste Pferderennen der Welt, es ist zugleich ein High-Society-Ereignis ersten Ranges. Wer in der englischen Gesellschaft Rang und Namen hat, trifft sich alljährlich in Ascot.

Seit dem Jahre 1711 wird in Ascot alljährlich in der zweiten Junihälfte das Royal Gold Cup Meeting ausgetragen. Queen Anne lud damals die Aristokratie zu einem Pferderennen ein, das schnell zu einem der beliebtesten Ereignisse im englischen Gesellschaftsleben aufstieg. Der absolute Höhepunkt ist das Eintreffen der königlichen Familie, die mit der Kutsche aus dem nahen Windsor „anreist". Wer richtig „dazugehören" will, muss allerdings eines der 8.000 Tickets für die königliche Loge vorweisen können. Selbstverständlich muss auch die strenge Kleideretikette gewahrt werden: Exzentrische Hüte auf den Köpfen feiner Ladys, standesgemäße Zylinder auf dem noblen Haupt des Mannes. Vorbei sind allerdings die Zeiten, als Geschiedenen der Zutritt zur königlichen Tribüne verwehrt blieb. Heute genügen Geld und ein paar gute Beziehungen, um sich Zugang zum Royal Enclosure zu verschaffen. Wer sich in Ascot gezeigt hat, ist in den Gesellschaftsspalten der Londoner Zeitungen am nächsten Tag nachzulesen.

Information 01344/22211, 01344/28299. www.ascot.co.uk.

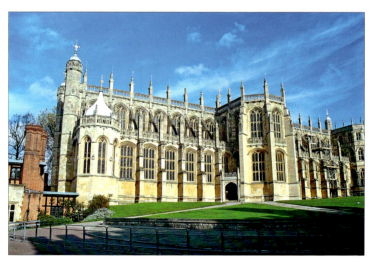

Grablege der Könige – Windsors St George's Chapel

Weltkulturerbe: Stonehenge

Wiltshire

Mit dem rätselhaften Megalith-Denkmal Stonehenge besitzt Wiltshire eines der bedeutendsten Kulturdenkmäler Europas. Doch sollte man die Grafschaft nicht verlassen, ohne auch die Kathedralenstadt Salisbury besucht zu haben.

Mit knapp einer halben Million Einwohner gehört Wiltshire zu den am dünnsten besiedelten Grafschaften Südenglands. Das geographische Zentrum der Region ist die von schier endlosen Getreidefeldern geprägte Salisbury Plain; die sich nördlich der Bischofsstadt Salisbury erstreckende, baumlose Hochebene aus Kalkstein war eine beliebte Siedlungsstätte prähistorischer Kulturen. Ihre Spuren sind noch heute in Form von Megalithgräbern und Steinzirkeln auszumachen. Die bekanntesten Zeugnisse dieser Zeit sind Stonehenge, Avebury und Silbury Hill. Doch Wiltshire hat mehr zu bieten als eindrucksvolle prähistorische Denkmäler. Naturfreunde spazieren durch den Savernake Forest, ein ehemals königliches Jagdrevier südöstlich von Marlborough mit alten Buchen- und Eichenbeständen. Der südwestliche Zipfel der Grafschaft beherbergt den wohl eindrucksvollsten englischen Landschaftsgarten: Stourhead. Rund 250.000 Besucher kommen jedes Jahr nach Stourhead, über dessen einzigartigem Szenario ein Hauch Italien weht. Gleich doppelt so viele Menschen unternehmen alljährlich einen Kurztrip durch die afrikanische Savanne: Longleat Safari Park lockt mit Löwen und Giraffen sowie zahlreichen anderen Attraktionen. Wer lieber auf klassischen kunsthistorischen Pfaden wandelt, dem empfiehlt sich ein Besuch der Bischofsstadt Salisbury: Die Kathedrale ist ein Meisterwerk der Frühgotik. Als schönster Landsitz der Grafschaft gilt Wilton House, dessen prächtige Innenausstattung von Inigo Jones entworfen wurde.

Information www.visitwiltshire.co.uk.

Salisbury

Salisbury ist eine mittelalterliche Planstadt, die aus der alten Römerstadt Sarum hervorging. Die Kathedrale von Salisbury besitzt nicht nur den mit 123 Metern höchsten Kirchturm des Landes, sondern gilt als ein Musterbeispiel für die englische Frühgotik.

Salisbury, die Hauptstadt der Grafschaft Wiltshire, liegt an der Mündung der Flüsse Nadder und Bourne in den Avon. Wie alle englischen Kathedralstädte, so ist auch Salisbury ein schmuckes Städtchen; die Gassen sind gesäumt von schwarz-weißen Tudorfachwerkhäusern mit vorragenden Obergeschossen. Besonders lebendig ist der Ort an den Markttagen, wenn sich der große Market Place mit den Ständen der Händler füllt. Straßennamen wie Fish Row und Butcher Row erinnern an die einst in den Gassen betriebenen Gewerbe. Sehenswert sind das nicht weit entfernte spätmittelalterliche Marktkreuz auf dem Poultry Cross sowie die Pfarrkirche St Thomas of Canterbury – beide stammen aus dem 15. Jahrhundert. Durch das North Gate hindurch führt der Weg zur Domfreiheit mit der Kathedrale. Die große Rasenfläche eignet sich hervorragend für eine erholsame Pause. Der Reiseschriftsteller Bill Bryson lobte die Domfreiheit gar als „allerschönsten Platz in England". Wer Kleinstädte liebt, wird in Salisbury sicherlich glücklich. Zudem ist die Stadt groß genug, dass einige Buchläden und Kinos auch ein paar kulturelle Ansprüche befriedigen.

Geschichte

Die Anfänge von Salisbury liegen ein paar Kilometer nördlich der Stadt in *Old Sarum*. Bereits in der Eisenzeit war die Festung besiedelt, die Römer nannten den an einem Straßenknotenpunkt gelegenen Ort *Sorbiodunum*. Gekrönt

Salisbury 259

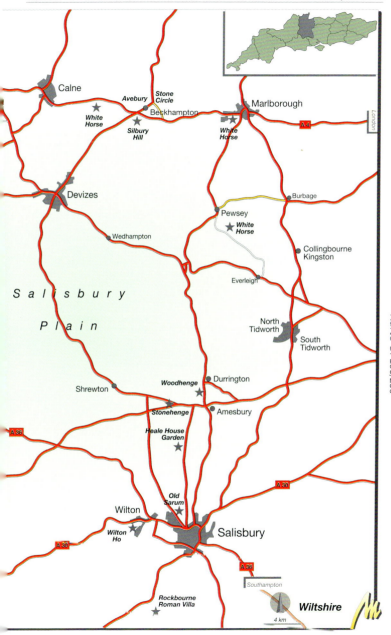

260   Wiltshire

wurde der Aufstieg von Old Sarum durch die 1092 erfolgte Ernennung zur Bischofsstadt. Auf Drängen des Bischofs Robert Poore siedelten sich die Bewohner zu Beginn des 13. Jahrhunderts in der nahen fruchtbaren Ebene an. Zwei Gründe waren dafür ausschlaggebend: Das Wachstum des Ortes wurde von mächtigen Wällen begrenzt, hinzu kamen Zwistigkeiten zwischen dem Bischof und der königlichen Burggarnison. Im Jahre 1219 wurde mit dem Bau von *New Sarum* begonnen; eine prächtige Kathedrale durfte selbstverständlich auch nicht fehlen. Der weitgehend schachbrettartige Grundriss der Altstadt erinnert noch an die planmäßige Gründung, die Häuserzeilen schließen Gartenhöfe ein. Der Umstand, dass der Bischof vom König 1244 das Marktrecht erwirken konnte, zog einen steten wirtschaftlichen Aufschwung nach sich. Allerdings stand den Bürgern nur eine begrenzte Selbstbestimmung zu, erst 1611 konnte sich die Stadt von der bischöflichen Herrschaft emanzipieren und einen Bürgermeister wählen.

Information/Diverses

• *Information* **Tourist Information Centre**, Fish Row, Salisbury, Wiltshire SP1 1EJ, ℡ 01722/334956, 🖷 01722/422059. www.visitsalisburyuk.com.

• *Einwohner* 39.200 Einwohner.

• *Verbindungen* **Bus** – Busbahnhof in der 8 Endless Street. Infos über ℡ 08457/090899. Fahrkarten im Travel Office. Für den Raum Wiltshire, Dorset, Hampshire wird das Freedom Ticket angeboten, es ist eine Woche gültig. Busse auch nach Stonehenge, Stourhead und Avebury. Mit National Express nach London Victoria sowie nach Portsmouth, Bath und Bristol, ℡ 01722/334957. www.nationalexpress.com. **Zug** – Bahnhof in der South Western Road. Verbindungen über Andover nach Londons Waterloo Station in knapp 90 Minuten (nahezu stdl.) sowie nach Brighton, Exeter, Paignton, Winchester, Southampton, Portsmouth, Bath und Bristol. Hier gibt es auch Schließfächer für das Gepäck. Auskunft: ℡ 0845/7484950. www.nationalrail.co.uk. **Parken** – Beehive Park and Ride im Norden der Stadt.

• *Fahrradverleih* **Hayball & Co Cycles**, diverse Bikes ab £ 12 pro Tag, £ 70 pro Woche. 26–30 Winchester Street, ℡ 01722/411378. www.hayball.co.uk.

• *Internet* **Starlight Internet**, 1a Endless Street.

• *Kino* **The Odeon**, New Canal, ℡ 0871/2244007. www.odeon.co.uk.

• *Literaturtipp* **Edward Rutherfurd**: *Sarum*. Droemer & Knauer Taschenbuch.

• *Markt* Di und Sa auf dem Market Square.

• *Stadtführungen* Von April bis Okt. tgl. um 11 Uhr sowie im Juli und Aug. Fr um 20 Uhr. Im Winter nur Sa und So um 11 Uhr. Treffpunkt: Tourist Information (dort sind auch die Tickets erhältlich). Teilnahmegebühr: £ 4, erm. £ 2. www.salisburycityguides.co.uk.

• *Schwimmen* **Five Rivers Leisure Centre**, Hulse Road, ℡ 01722/339966.

• *Theater* Bekannt für renommierte Theatervorstellungen ist das **Playhouse** in der Malthouse Lane, ℡ 01722/320333 (rechtzeitig reservieren). www.salisburyplayhouse.com. Moderne Inszenierungen kommen im **Salisbury Arts Centre** auf die Bühne, Bedwin Street, ℡ 01722/321744.

• *Veranstaltungen* Ende Mai/Anfang Juni findet das **Salisbury Festival** statt. Die ganze Stadt ist auf den Beinen. Musik, Tanz, Theater und Weinproben sorgen für Abwechslung. Informationen: ℡ 01722/320333 oder www.salisburyfestival.co.uk. Hinweise auf andere Veranstaltungen finden sich in dem zweimonatlich erscheinenden Magazin *What's On in Salisbury* (kostenlos).

Übernachten/Essen/Trinken

• *Übernachten* **Grasmere House Hotel (14)**, komfortables Hotel in einem viktorianischen Ziegelsteinbau (von Lesern gelobt). Von einigen Zimmern hat man einen tollen Blick auf die Kathedrale. Restaurant vorhanden. B & B im DZ ab £ 53. 70 Harnham Road, ℡ 01722/338388, 🖷 01722/333710, www.grasmerehotel.com.

The Red Lion (9), der bereits 1230 urkundlich erwähnte Gasthof (Best Western) mit

Salisbury 261

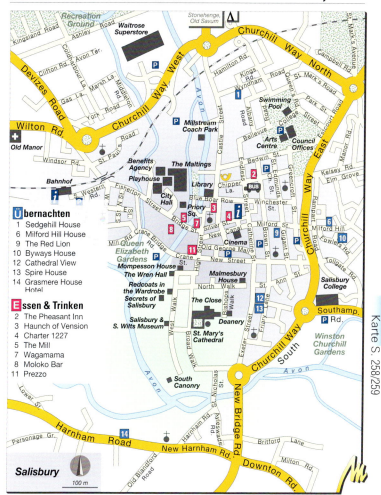

seinem schönen Innenhof liegt mitten im Zentrum von Salisbury. Wer Fachwerk, Antiquitäten und diversen Nippes schätzt und dennoch komfortabel wohnen will, ist hier genau richtig. Abends trifft man sich vor dem lodernden Kaminfeuer, im Sommer sitzt man im lauschigen Innenhof. Gutes Restaurant mit englischer Küche. Hier trifft sich auch der örtliche Rotary Club. Kostenloses WLAN. B & B ab £ 57,50 pro Person im DZ, im EZ ab £ 105. 4 Milford Street,

✆ 01722/323334, ✆ 01722/325756, www.theredlion.co.uk.

Cathedral View (12), das zentral an einer viel befahrenen Straße gelegene B & B mit der blauen Tür wird von vielen Lesern empfohlen, die die vier schönen sauberen Zimmer, die freundlichen Gastgeber und die familiäre Atmosphäre lobten. Kostenloses WLAN. Die Zimmer (B & B £ 75 für 2 Personen) zum Garten sind sehr ruhig (dann allerdings ohne Blick auf die Kathedrale …). 83

Wiltshire

Exeter Street, ✆ 01722/502254 oder 07710/297053 (mobil),
www.cathedral-viewbandb.co.uk

Spire House (13), direkt nebenan werden hinter einer roten Haustür auf vergleichbar hohem Niveau ebenfalls vier Zimmer vermietet. Liebevolle Ausstattung, so beim großen Erkerzimmer im ersten Stock, wenngleich auch das intime Gartenzimmer im zweiten Stock seinen Reiz hat. Fazit: Ein B & B wie aus dem Bilderbuch. Kostenloses WLAN. B & B ebenfalls £ 75 für das DZ (leider auch bei alleiniger Nutzung), Dreibettzimmer für £ 85. 84 Exeter Street, ✆ 01722/339213,
www.salisbury-bedandbreakfast.com.

Sedgehill House (1), dieses „absolut stillvolle viktorianische B & B mit einem ausgesprochen gutem Preis-Leistungs-Verhältnis." ist ein Lesertipp von Elke Gawlich und Jörg Heinsohn: „Der Besitzer Richard ist sehr bemüht um seine Gäste und gibt auch gerne weitergehende Empfehlungen für Stadt, Ausflüge und das Dinner!" B & B im DZ £ 40, im EZ £ 45–50, Ermäßigung bei längerem Aufenthalt. 9 Wyndham Road, ✆ 01722/415241. http://sedgehillhouse.co.uk.

Byways House (10), mittelgroße Herberge (23 Zimmer) mit Garten östlich des Zentrums. Zeitlos modern, nicht ohne Stil. Kostenloses WLAN. B & B £ 27.50–40. 31 Fowlers Road, ✆ 01722/328364.
www.bywayshouse.co.uk.

● *Jugendherberge* **Milford Hill House (6)**, nur einige Fußminuten östlich der Kathedrale. Vom Busbahnhof links in die Endless Street, über die Winchester Street hinweg, dann links in die Milford Street, die zum Milford Hill führt. Mit dem Auto sollte man allerdings den Stadtring benutzen und auf die Beschilderung achten. WLAN. Erwachsene ab £ 16, Jugendliche ab £ 12. Nebenan kann man auch zelten (zum halben Normalpreis). Milford Hill, ✆ 0845/3719537, ✆ 0172/330446, salisbury@yha.org.uk.

● *Camping* Eine Liste mit Zeltplätzen der Umgebung gibt es im Tourist Office.

**** Coombe Nurseries Caravan Park, etwa fünf Kilometer südwestlich von Salisbury liegt der Coombe Nurseries Caravan Park (Raceplain, Netherhampton). Von Netherhampton fährt man die A 3094 auf die Stratford Tony Road, dann die zweite links. Saubere Toiletten und Duschen. zwei Personen mit Zelt ab £ 14. Strom extra (ganzjährig geöffnet)., ✆ 01722/328451.
www.coombetouringpark.co.uk.

● *Essen/Trinken* **The Mill (5)**, große Taverne mit überwiegend jugendlichem Publikum. Vorne befindet sich das Restaurant/Café, hinten die Bar. Auf zwei Etagen Sitzmöglichkeiten mit günstigem Überblick; neun Biersorten vom Fass, 50 Flaschenbiere. Großer Garten zum River Avon. Am Wochenende abends gut besucht, Popmusik. Bridge Street, The Maltings, ✆ 01722/412127.

Wagamama (7), die expandierende japanische Noodle-Bar-Kette ist jetzt auch in Salisbury vertreten. Healthy Food zu angemessenen Preisen, leckere, frisch gepresste Fruchtsäfte. Hauptgerichte £ 7–11. Kleine Straßenterrasse. 8–10 Bridge Street, ✆ 01722/412165.

Prezzo (11), nettes italienisches Restaurant in einem uralten Fachwerkhaus in unmittelbarer Nähe zur Kathedrale. Pizza und Pasta ab £ 7. 52 High Street, ✆ 01722/341333.

Market Cross

Salisbury 263

The Pheasant Inn (2), das zünftige Pub aus dem 15. Jahrhundert wurde in ein modernes Bistro mit mediterraner Küche verwandelt; junges Publikum, Lunch ab £ 6, auch vegetarische Angebote. Dreigängiges Abendmenü für £ 17.95 inkl. einem Glas Wein, beispielsweise mit marinierten Muscheln als Hauptgang. Ecke Salt Lane und Rollestone Street, ℡ 01722/414926.

Charter 1227 (4), im ersten Stock eines direkt am Marktplatz gelegenen Hauses. Bodenständige Küche. Gegrillte Scholle oder eine Roulade vom Huhn. Mittagsmenü für £ 12.50 (Zwei Gänge). Montagmittag und Sonntag geschlossen. Ox Row/Market Square, ℡ 01722/333118. www.charter1227.co.uk.

Haunch of Vension (3), gut besuchtes Pub gegenüber dem Marktkreuz. Bodenständige englische Küche; Menü für £ 11. 5 Minster Street, ℡ 01722/411313.

Moloko Bar (8), Loungeatmosphäre für den abendlichen Chillout auf drei Etagen. Für Stimmung ist gesorgt: Es werden 50 verschiedene Wodka-Sorten ausgeschenkt. Montag Ruhetag, sonst ab 19 Uhr geöffnet, am Wochenende bis 4 Uhr morgens. Bridge Street. www.themolokobar.co.uk.

Starbucks, Costa Coffee und Café Nero, das Dreigestirn der Coffeshops ist im Zentrum der Stadt gut vertreten.

Sehenswertes

Cathedral: Die Kathedrale von Salisbury steht in gewohnter Weise isoliert auf dem Rasen, dem *Cathedral Close*. Die geräumige Domfreiheit – die größte Englands! –, die teilweise noch ummauert ist, wird von am Rande stehenden Kanonikerhäusern gesäumt. Kunsthistoriker heben die Kathedrale als Musterbeispiel des sogenannten frühenglischen *(Early English)* Stils der Gotik hervor, da sie zwischen 1220 und 1260 gewissermaßen aus einem Guss entstanden ist; spätere Ein- und Anbauten wurden bei der Restauration Ende des 18. Jahrhunderts entfernt. Wie in vielen englischen Kathedralen, so wird auch in Salisbury heute mehr dem Nationalgefühl als der Frömmigkeit gehuldigt. Die Hochkirche würdigt Gott, was zugleich Dienst an England bedeutet, steht doch die Königin an ihrer Spitze.

Der frühgotische Kalksteinbau zeichnet sich durch eine nüchterne Strenge aus, die durch die regelmäßige Wiederholung gleicher Bauelemente noch erhöht wird – ein lang gezogener Schrein aus Stein und Glas, der wenig Platz lässt für eine private Andacht, definiert er sich doch durch klare Formen und Licht. Fünfundzwanzig Meter ragt das aufstrebende Gewölbe des Hauptschiffs empor. Dominiert wird die Kathedrale von ihrem filigranen Vierungsturm, der mit seinen 123 Metern als höchster Kirchturm Englands gilt; den Konservatoren gibt der Turm seit jeher Anlass zur Sorge, da er auf einem sumpfigen Gelände errichtet wurde und die in den Untergrund gerammten Pfeiler seinem enormen Gewicht von 6.400 Tonnen kaum gewachsen sind. Mit Strebepfeilern und Stahlbändern hat man sich gegen einen Einsturz gewappnet. Die Westfassade der Kathedrale ist mit Skulpturen geschmückt, der wohlproportionierte Innenraum aus hellem, gelbgrauen Kalkstein wird von schlanken Säulen aus schwarzen Purbeck-Marmor geziert – angeblich sollen es, den Stunden eines Jahres entsprechend, 8760 Säulen sein. Der Grundriss mit zwei Querschiffen und einem quadratischen Chorabschluss ähnelt dem der im gleichen Jahr errichteten Kathedrale von Amiens. Allerdings begnügten sich die Bauherren von Salisbury mit einem dreischiffigen Langhaus, das nur den Laien zugänglich war. Der einst durch einen Lettner abgetrennte Chorbereich östlich der Vierung war für den Klerus reserviert.

An der Südwestseite der Kathedrale schließt sich der um 1300 vollendete Kreuzgang mit dem Kapitelhaus an, in dem heute ein Cafe-Restaurant untergebracht ist. Der Kreuzgang wurde übrigens nur aus ästhetischen Gründen errichtet – ein Klos-

Wiltshire
Karte S. 258/259

ter war der Kathedrale nie angeschlossen. In dem auf einem oktogonalen Grundriss errichteten *Chapter House* (Kapitelhaus) zeigen Wandreliefs Szenen aus dem Alten Testament, doch das Interesse der meisten Besucher ist auf die hier ausgestellte Magna Carta gerichtet – vier originale Abschriften sind noch erhalten. Die dem ungeliebten König Johann Ohneland abgetrotzten 61 Artikel der Magna Carta (1215) beschnitten die königliche Autorität zugunsten von Freiheiten und Privilegien für die Kirche, den Adel sowie das Bürgertum: eine Grundlage für die späteren konstitutionellen und demokratischen Entwicklungen in England.

⌚ tgl. 7.15–18.15 Uhr, im Juli und Aug. bis 19.15 Uhr. Chapter House 9.30–17.30 Uhr. Choral Evensong um 17.30 Uhr. Die Türme können Mo–Sa um 11.15, 14.15, 14.45 und 15.15 Uhr besichtigt werden. Zwangsspende: £ 5.50, erm. £ 4.50 oder £ 3.50, Familienticket £ 13. www.salisburycathedral.org.uk.

Mompesson House: Direkt an die Domfreiheit grenzt das 1701 für Charles Mompesson errichtete Haus an. Sehenswert sind die stuckverzierten Innenräume mit wertvollen zeitgenössischen Möbeln und einer Sammlung von Trinkgläsern aus dem 18. Jahrhundert. In dem Garten samt Tea Room findet die Besichtigung einen netten Ausklang.
Adresse The Close. ⌚ Mitte März bis Okt. Sa–Mi 11–17 Uhr. Eintritt: £ 5, erm. £ 2.50; nur Garten: £ 1 (NT).

Dem Himmel nah: Salisbury Cathedral

Salisbury and South Wiltshire Museum: Die äußerst informative Ausstellung vermittelt einen Überblick über die stadtgeschichtliche Entwicklung von Salisbury, mit Fundstücken aus Old Sarum. Wer einen Ausflug nach Stonehenge machen will, kann sich hier mit den neuesten Theorien über den Sinn und Unsinn der Megalithen-Anordnung befassen. Wertvolle Glas-, Keramik- und Porzellanarbeiten sowie Aquarelle von William Turner gehören ebenfalls zum Museumsfundus.
Adresse 65 The Close. ⌚ Mo–Sa 10–17 Uhr, So nur im Juli und Aug. 12–17 Uhr. Eintritt: £ 6, erm. £ 4 oder £ 2. www.salisburyuseum.org.uk.

The Wardrobe: Das im Jahre 1254 errichtete Zeughaus beherbergt ein Museum zur Geschichte des Infanterieregiments von Wiltshire und Berkshire.
Adresse 58 The Close. ⌚ April bis Okt. tgl. 10–17 Uhr, im Winter nur Di–Sa, im Jan. geschlossen. Eintritt: £ 3.50, erm. £ 2.75 oder £ 1. www.thewardrobe.org.uk.

The Medieval Hall: In der mittelalterlichen Banqueting Hall wird eine multimediale Informationsshow (40 Min.) zur Geschichte Salisburys gezeigt. Auch in deutscher Sprache.
Adresse West Walk. Beginn: tgl. um 11, 12, 13, 14, 15, 16 und 17 Uhr. Eintritt: £ 2, erm. £ 1.50. www.medieval-hall.co.uk.

Old Sarum 265

Auf den Wällen von Old Sarum

Umgebung

Old Sarum

Ein grüner Erdwall mit einem Durchmesser von 1500 Metern, der einen weiteren Wall samt zugehörigem Grabensystem umschließt, diente schon in der Eisenzeit als Fliehburg, in die sich die Bevölkerung bei Gefahr samt Vieh und Kegel zurückzog. Die Römer errichteten in den Wällen die Stadt *Sorbiodunum*, die später von den Sachsen besiedelt wurde, bevor die Normannen das strategisch günstig gelegene Old Sarum 1077 zum Bischofssitz erhoben. Neben einer Kathedrale wurde noch ein wehrhaftes Castle im Inneren der Befestigung errichtet. Doch die wachsende Siedlung bot nicht genügend Raum und Trinkwasser für seine Bewohner. So ent-

---

Old Sarum – ein „Rotten Borough"

Für Jahrhunderte war Old Sarum ein Wahlbezirk, der zwei Parlamentsabgeordnete nach London entsenden durfte. Das änderte sich auch nicht, als der Ort verwaiste und im 19. Jahrhundert niemand mehr dort lebte. Die Landeigentümer durften immer noch einen Kandidaten bestimmen und ins Londoner Parlament entsenden. Diese menschenleeren Wahlbezirke, die der damaligen Bevölkerungsverteilung nicht mehr entsprachen, nannte man „Rotten Boroughs" („Verrottete Flecken"). Berühmtester Abgeordneter von Old Sarum war *William Pitt d. Ä.* (1708–1778), der mehrere Jahre lang Premierminister war. Erst die Wahlreform von 1832 (Reform Act) teilte die Wahlbezirke in Großbritannien neu auf und berücksichtigte dabei neu entstandene Zentren wie Manchester, Liverpool und Birmingham, die zuvor keinen Vertreter stellen durften. Die „Rotten Boroughs" verschwanden von der politischen Landkarte.

266 Wiltshire

schloss man sich 1220 zu einem Umzug in die unterhalb des Hügels gelegene fruchtbarere Ebene. Die romanische Kathedrale, von der im äußeren Ring noch die Grundmauern erhalten sind, wurde abgebaut, um aus ihren Steinen die neue Stadtmauer zu errichten. Auch die Bevölkerung wanderte nach New Sarum, dem heutigen Salisbury, ab. Es dauerte allerdings noch bis zum 19. Jahrhundert, bis Old Sarum von den letzten Bewohnern verlassen worden war.

🕐 April bis Sept. tgl. 10–17 Uhr, Juli und Aug. bis 18 Uhr, Nov. bis März Mi–So 11–15 Uhr. Eintritt: £ 3.50, erm. £ 3 oder £ 1.80 (EH). Anfahrt: über die A 345 Richtung Stonehenge oder mit den Bussen 3 und 5–9 (viertelstündlich ab Salisbury Busbahnhof).

Wilton

Die wenige Kilometer westlich von Salisbury gelegene Kleinstadt Wilton ist in der Grafschaft Wiltshire für drei Dinge bekannt: Die älteste, 1665 gegründete Teppichmanufaktur Englands (Wilton Carpet Factory), ein Einkaufsdorf (Wilton Shopping Village) sowie das **Wilton House**. Letzteres ging aus einem Nonnenkloster hervor und gilt als einer der prachtvollsten Landsitze im Umkreis von zwanzig Meilen. König Jakob I. bezeichnete den Stammsitz der Earls of Pembroke gar als „the finest house in the land". Als Architekt zeichnete sich Inigo Jones (1573–1652) verantwortlich, der auch die Repräsentationsräume samt des mit mythologischen Szenen ausgestalteten Double Cube Room entwarf. Zur gräflichen Kunstsammlung gehören Gemälde von van Dyck, Rembrandt, Rubens, Frans Hals, Reynolds und Breughel. Umgeben ist Wilton House von einer Parklandschaft mit Wasser- und Rosengärten sowie einer palladianischen Brücke über den River Naddar. Kinder freuen sich auf den Abenteuerspielplatz, die Erwachsenen auf die Restaurants.

🕐 Mai bis Aug. tgl. außer Fr und Sa 11.30–16.30 Uhr, Ausnahme: 24.–31.5. geschlossen. Eintritt: £ 12, erm. £ 9.75 oder £ 6.50, Familienticket £ 29.50, nur Garten £ 5. Anfahrt: Regelmäßig fahren Busse von Salisbury nach Wilton (Nr. 25–27, 60, 61 oder X4). www.wiltonhouse.com.

Heale House Garden

Ein paar Kilometer nördlich von Salisbury bei der Ortschaft Middle Woodford erstreckt sich am Ufer des Avon der wenig bekannte Heale House Garden. Das Herrenhaus – ein schmucker Backsteinbau aus dem 16. Jahrhundert – ist nicht zu besichtigen, dafür entschädigt der acht Hektar große Garten mit seinen Bachläufen und Terrassen. Man schlendert vorbei an Strauchrosen, schönen Laubengängen bestückt mit Spalierobst, zwischen den Sandsteinstufen wächst Frauenmantel, und über allem liegt ein morbider Charme. Einen Kontrapunkt setzt jener Teil des Gartens, der an eine fernöstliche Wasserlandschaft erinnert samt einem Teehaus und einer auffallend roten Holzbrücke.

🕐 von Febr. bis Okt. tgl. außer Mo und Di 10–17 Uhr. Eintritt: £ 4.50, erm. £ 2.50. www.healegarden.co.uk.

Rockbourne Roman Villa

Die spätantike römische Villa bei Rockbourne (12 Kilometer südwestlich von Salisbury) wurde 1942 durch Zufall von einem Landwirt entdeckt und behutsam ausgegraben. Vom komfortablen Leben der Römer zeugen noch die kostbaren Bodenmosaike und die Grundmauern eines Hypokaustums (Warmluftheizung). Die Grabungen haben ergeben, dass der Landsitz bereits in der Früheisenzeit besiedelt war.

🕐 von April bis Sept. tgl. 10–18 Uhr. Eintritt: £ 2.50, erm. £ 1.50.

Stonehenge

Stonehenge ist ein prähistorisches Monument von einzigartiger Bedeutung, das die UNESCO 1986 zum Weltkulturerbe ernannt hat. Umgeben ist Stonehenge von den Überresten zeremonieller Siedlungsstrukturen, die zum Teil älter als das Monument sind.

„Sie stehen genauso einsam in der Geschichte wie auf der großen Ebene von Salisbury", bemerkte der Schriftsteller Henry James, als er zum ersten Mal diese stummen Zeugen der Vergangenheit sah, um sie später als „Tempel der Winde" literarisch zu verewigen. Heute sind viele Besucher, die erstmals nach Stonehenge kommen, enttäuscht. Das Megalithdenkmal ist großräumig abgezäunt und nur durch einen Tunnel zu erreichen, zwei viel befahrene Landstraßen rauschen dicht vorbei, und nicht zuletzt sorgen jährlich mehr als eine Million Touristen dafür, dass eine geheimnisumwitterte Stimmung kaum aufkommen will – dies vor allem, weil man die Steine nur in großem Abstand umrunden kann. „Stones of Shame" titelte die renommierte *Times*. Mit etwas Glück wird sich dieser Zustand in naher Zukunft ändern, denn es gibt Pläne, den Verlauf der A 344 zu ändern und die A 303 durch eine Tunnelröhre – Kostenpunkt 300 Millionen Pfund – zu führen. Weiterhin ist vorgesehen, das Visitor Centre um eineinhalb Kilometer zu verlegen, damit Stonehenge wieder etwas von seiner ursprünglichen, mystischen Atmosphäre zurückgewinnen kann.

Ein Tipp: Wer zumindest den Menschenmassen entgehen will, sollte bereits am frühen Vormittag vor den ersten Reisebussen kommen oder bis kurz vor der Schließung ausharren.

Wundersames Steinerücken

In Stonehenge ist kaum ein Stein mehr zu finden, der seit 1901 nicht mindestens einmal bewegt worden ist – diesen skandalösen Umstand hat der englische Historiker Brian Edwards in seiner im Jahre 2000 veröffentlichen Doktorarbeit nachgewiesen. Bei höchst fragwürdigen Restaurierungen in den Jahren 1901, 1919, 1958 und 1964 wurden „mehrere schräge und umgestürzte Steine gerade gerückt und wieder aufgestellt". Teilweise schreckte man nicht davor zurück, Steine in ein solides, mit Erde und Gras überdecktes Betonfundament zu setzen. Einen großen Teil der Schuld trägt die Denkmalschutzorganisation English Heritage, die 1970 aufhörte, die wundersamen Erneuerungen des Steinkreises im offiziellen Handbuch zu erwähnen. Selbst der leitende Archäologe David Batchelor musste angesichts der Faktenlage einräumen: „Wenn es die Arbeiten nicht gegeben hätte, dann sähe Stonehenge heute sicherlich ganz anders aus." Wahrscheinlich muss man sich Stonehenge so vorstellen, wie der Landschaftsmaler John Constable den Steinkreis 1835 mit viel Liebe zum Detail festgehalten hat: Da stehen nur wenige der 120 Steinblöcke aufrecht, die meisten sind umgefallen, geborsten oder gefährlich geneigt. Doch auch hier ist Vorsicht angebracht, denn es könnte sein, dass der Spätromantiker Constable die Anlage hinfälliger gezeichnet hat, als sie sich ihm damals darbot.

Wiltshire

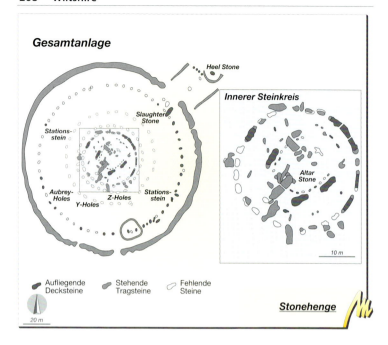

Baugeschichte: Stonehenge entstand in mehreren „Bauabschnitten". In der ersten Bauphase vor fünf Jahrtausenden wurde der Ringwall mit dem äußeren kreisförmigen Graben ausgehoben und der sogenannte *Heel Stone* platziert. Auch die als Prozessionsallee genutzte Avenue könnte eventuell schon in dieser Phase markiert worden sein. Innerhalb des Grabens legte man einen Kreis aus 56 Gruben an, die mit einem Gemisch aus Erde und menschlicher Asche gefüllt sind und nach ihrem Entdecker, dem Altertumsforscher *John Aubrey* (1626–1687), Aubrey Holes genannt werden. In einer zweiten Bauphase vor 4000 Jahren wurden mit einem ungeheuren technischen Aufwand tonnenschwere Basaltsteine aus Pembrokeshire in Wales herangeschafft (in einem nachgestellten Experiment gelang es 1999, vier Tonnen schwere Felsquader aus dem fast 400 Kilometer entfernten Preseli Mountains auf Holzrollen und einem selbst gebauten Floß nach Stonehenge zu transportieren). Aus diesen „Blausteinen" bildete man im Zentrum der Anlage einen Doppelkreis, der allerdings nicht vollständig zur Ausführung kam, da in einer dritten Bauphase die Blausteine entfernt und durch sogenannte Sarsensteine ersetzt wurden. Diese gewaltigen, bis zu 50 Tonnen schweren Sarsensteine stammen aus den rund 30 Kilometer entfernten Hügeln der Marlborough Downs. Die Sandsteinfindlinge mussten mit riesigen Schlitten über eine Bahn aus Holzrollen gezogen worden sein, da die Briten zu dieser Zeit das Rad noch nicht kannten. Vor Ort wurden die Steine behauen, geglättet und in einem Kreis von 25 Trilithen – zwei aufrecht stehende Monolithen, die einen mit Steinzapfen verankerten Querstein tragen – aufgestellt (diese *hanging stones* waren es auch, die Stonehenge seinen Namen gaben), darin waren hufeisenförmig fünf weitere Trilithen um einen zentralen Altarstein angeordnet.

Bedeutung: Bei keinem anderen europäischen Monument wird so rege über Herkunft und Zweck diskutiert wie bei dem prähistorischen Steinkreis von Stonehenge. Warum haben mehrere Generationen diese ungeheuren Anstrengungen auf sich genommen, um die tonnenschweren Steine herbeizuschaffen? Selbstverständlich kursieren auch einige obskure Theorien und Legenden: Der Zauberer Merlin habe die Steinblöcke von Irland hierher gebracht, besagt die eine, andere schreiben den Ursprung der Steinkreise den Druiden, Römern oder Dänen zu. Es gibt sogar einige „Spezialisten", die Stonehenge als Beweis für die Existenz einer außerirdischen Intelligenz interpretieren. Und auch die Theorie einer Landeplatzmarkierung für UFOs wird von einigen Vertretern verfochten.

Die Schlacht von Stonehenge

Stonehenge übt vor allem auf Esoteriker verschiedenster Kategorien eine magische Anziehungskraft aus. Der Zustrom selbst ernannter Druiden und New-Age-Jünger nahm zu Beginn der 1980er-Jahre in einem dramatischen Ausmaß zu und gipfelte alljährlich zur Sonnenwende am 21. Juni. Scharenweise pilgerten die Esoterik- und New-Age-Freaks zur *Summer Solstice* nach Stonehenge, um anschließend noch ein paar Wochen gemeinsam auf den Feldern zu campieren. Doch blieb die sommerliche Zusammenkunft nicht ohne Folgen: Archäologen schlugen Alarm, da sie befürchteten, dass die New Age Traveller nicht nur den Steinkreis selbst, sondern vor allem die zahlreichen kleineren Monumente in den umliegenden Feldern zerstören könnten. Zwischen der Polizei, die das Gelände schützen sollte, und den „Sonnenanbetern" kam es jedes Jahr zu Konflikten, die 1985 im Battle of the Beanfield gipfelten. Vor laufenden Fernsehkameras konnten die Zuschauer mitverfolgen, wie die Polizei trotz vieler Frauen und Kinder zu ziemlich rüden Methoden griff, um die unerwünschte Sonnwendfeier aufzulösen. Im nächsten Jahr errichtete die Polizei eine sechs Kilometer breite Sperrzone, um die Lage besser kontrollieren zu können.

Nach den damaligen Ausschreitungen durfte die Sonnenwende erstmals wieder im Jahre 2000 in Stonehenge begangen werden. Zu den Feierlichkeiten reisten zahlreiche Anhänger des keltischen Druidenkultes an, die allerdings enttäuscht waren, als die über dem *Heel Stone* aufgehende Sonne von den dicken Wolken verdeckt blieb.

Wahrscheinlicher ist es allerdings, dass Stonehenge der Sonnenbeobachtung oder einem Sonnenkult gedient hat. Die Baumeister verfügten jedenfalls über erstaunliche astronomische und mathematische Kenntnisse: Der *Heel Stone* und die dahinter liegende Prozessionsallee zum Avon sind genau auf die am 21. Juni aufgehende Sonne ausgerichtet. Da die astronomischen Berechnungen eine exakte Bestimmung der idealen Saat- und Erntezeiten ermöglichten, könnten in der Anlage auch Fruchtbarkeitszeremonien abgehalten worden sein. Zudem legt die Tatsache, dass rund um Stonehenge mehr als 350 Hügelgräber mit teilweise wertvollen Grabbeigaben ausgemacht werden konnten, die Vermutung nahe, dass die Fürsten der Wessex-Kultur Stonehenge auch als Stätte eines Totenkultes genutzt haben.

⏰ tgl. 9.30–18 Uhr, Juni bis Aug. 9–19 Uhr, im Winter nur bis 16 Uhr. Eintritt: £ 6.90, erm. £ 5.90 oder £ 3.50, Familienticket £ 17.30, inklusive Audiotour (EH & NI). www.english heritage.org.uk/stonehenge.

270   Wiltshire

- *Anfahrt* Wer nicht mit einem Touristenbus fährt, kommt auch mit dem Fahrrad oder Auto über die schöne, jedoch schmale Straße entlang dem Avon (18 km) von Salisbury nach Stonehenge. **Bus** – Busse fahren regelmäßig ab Salisbury-Zentrum und Bahnhof; Informationen über ✆ 01722/336855; ebenfalls Busverbindungen von De-

vizes. Außerdem werden für ca. £ 15 (inkl. Eintritt) in Salisbury Bustouren angeboten. Doch die Anfahrt mit Linienbussen (s. o.) ist preisgünstiger, und man hat wenigstens die theoretische Chance, in Stonehenge „allein" zu sein. **Taxi** – Eine Taxifahrt von Salisbury nach Stonehenge kostet etwa £ 50.

Umgebung

Woodhenge

Rund drei Kilometer nordöstlich von Stonehenge befinden sich die Überreste eines weiteren prähistorischen Monuments, das 1925 aus der Luft entdeckt wurde. Älter als Stonehenge, lässt sich Woodhenge gewissermaßen als dessen hölzerner Prototyp bezeichnen. Zur besseren Vorstellung ist der Standort der Pfähle durch Betonsäulen markiert. Da im Zentrum der Anlage das Grab eines Kindes mit gespaltenem Schädel ausgegraben wurde, wird vermutet, dass man in Woodhenge rituelle Versammlungen abgehalten hat.

⏲ von Tagesanbruch bis zur Dämmerung. Eintritt frei!

Chippenham

Chippenham ist bekannt für seinen Viehmarkt, der zu den größten in England gezählt wird. Obwohl die Stadt keine großen Sehenswürdigkeiten besitzt, kommt ihr eine gewisse Zentrumsfunktion zu.

Aus diesem Grund besitzt Chippenham auch die besten Einkaufsmöglichkeiten in der Region. Die Altstadt wurde unlängst in eine großzügige Fußgängerzone umgewandelt. Obwohl Chippenhams Wurzeln bis in die angelsächsische Zeit zurückreichen, entwickelte sich die am River Avon gelegene Stadt erst im 14. Jahrhundert zu einer bedeutenden Marktstadt, die vor allem für ihren Viehmarkt bekannt ist. Zu den historisch auffälligsten Bauten gehören die spätgotische St Andrew Church und das repräsentative Ivy House in der Bath Road.

- *Information* **Tourist Information Centre**, Yelde Hall, Market Place, Chippenham, Wiltshire SN15 3HL, ✆ 01249/665970, ✆ 01249/460776. www.chippenham.gov.uk/tourist-information.aspx.
- *Einwohner* 22.000 Einwohner.
- *Verbindungen* **Bus** – Verbindungen nach Lacock Abbey und Castle Combe (einmal tgl. um 7 Uhr). www.traveline.org.uk. **Zug** – Verbindungen nach London und Bath. www.nationalrail.co.uk.
- *Markt* Fr und Sa.
- *Übernachten* **Angel Hotel**, die 400 Jahre alte Postkutschenstation besitzt noch

heute viel Charme. Längst wurde das Anwesen aber in ein komfortables Hotel (Best Western) mit großzügigen Zimmern, Hallenbad und Fitnessstudio verwandelt. EZ ab £ 81, DZ ab £ 86 (ohne Frühstück). Market Place, ✆ 01249/652615, ✆ 01249/443210, www.bw-angelchippenham.co.uk.

New Road Guest House, nette Unterkunft in einem viktorianischen Haus unweit des Zentrums. Gepflegte Zimmer, einige im zugehörigen Coach House. B & B £ 25–32.50, im EZ ab £ 35. 31 New Road, ✆ 01249/657259. www.newroadguesthouse.co.uk.

Umgebung

Castle Combe

Castle Combe ist ohne Zweifel einer der malerischsten Orte Südenglands. Dementsprechend groß ist der Besucherandrang; die Gemeinde versucht die Automassen durch einen abgelegenen Großparkplatz vom Dorfzentrum fernzuhalten. Als Castle Combe in den 1960er-Jahren als Filmkulisse für „Doctor Doolittle" ausgewählt worden war, hat der Bekanntheitsgrad des 350-Seelen-Dorfes noch einmal zugenommen. Wie der Name *combe* („Mulde") bereits andeutet, liegt Castle Combe in einer kleinen Senke und besteht genau genommen nur aus einer einzigen lang gestreckten Hauptstraße. Von dem namensgebenden Castle sind zwar nur noch die Grundmauern erhalten, dafür sorgen aber unter anderem das Marktkreuz aus dem 13. Jahrhundert sowie die mittelalterliche St Andrew's Church für ein historisches Flair. Das Postkartenklischee ist nahezu ungetrübt, die alten steinernen Häuser sind mit Blumen liebevoll herausgeputzt, und selbst das größte Hotel des Ortes hat seine Zimmer unauffällig über mehrere Cottage-Reihen verteilt.

Verbindungen Da nur einmal täglich eine Busverbindung mit Chippenham besteht, ist man zwangsweise auf das eigene Fahrzeug angewiesen.

Castle Comb: Zu schön für die Wirklichkeit?

Lacock Abbey

Wie Castle Combe, so wurde auch Lacock Village längst als Filmkulisse entdeckt; das unzerstörte Dorfambiente musste für die Verfilmung von Jane Austens „Pride and Prejudice" herhalten. Bekannt ist Lacock Abbey allerdings in erster Linie für seine 1229 gegründete Benediktinerinnenabtei. Das Kloster wurde 1539 aufgelöst und von Heinrich VIII. an Sir William Sharington verkauft, der das alte Gemäuer

272 Wiltshire

zu einer stattlichen Residenz umbaute. Da Sharington trotz dreier Ehen kinderlos verstarb, ging der Besitz nach seinem Tod an die Familie *Talbot*, die die Abtei mit dem angrenzenden Dorf 1944 dem National Trust vermachte. Übrigens: Bei den Dreharbeiten zum Harry-Potter-Film wurden einige Szenen, die in der Zauberschule Hogwarts spielen, in der Lacock Abbey gedreht.

● *Öffnungszeiten* März bis Okt. tgl. 11–17 Uhr. Eintritt: £ 10, erm. £ 5, Familienticket £ 25.40 (NT).

● *Verbindungen* **Bus** – Verbindungen nach Chippenham.

William Henry Fox Talbot – der Erfinder der Fotografie

Das berühmteste Mitglied der Familie Talbot war der Fotopionier *William Henry Fox Talbot* (1800–1875). Zeitgleich mit dem Franzosen *Louis Daguerre* beschäftigte sich Talbot mit dieser neuen Kunsttechnik und entwickelte das bahnbrechende Negativ-Positiv-Verfahren, das ermöglichte, beliebig viele Abzüge zu machen. Von den meisten Zeitgenossen wurde Daguerre als Erfinder der Fotografie gepriesen, obwohl sich von dessen mithilfe von Kupferplatten gemachten Aufnahmen nur ein Unikat herstellen ließ. Wer sich für die Geburtsstunde der Fotografie und die Technik der Talbotypie interessiert, sollte unbedingt das Fox Talbot Museum aufsuchen.

Bowood House

Fünf Kilometer östlich von Chippenham liegt dieses Herrenhaus aus dem 18. Jahrhundert inmitten eines herrlichen Parks samt Rhododendrongarten. Während die Erwachsenen die repräsentativen Räumlichkeiten mit großen Augen durchstreifen, tummeln sich die Kinder lieber auf dem tollen Abenteuerspielplatz.

⏲ April bis Okt. tgl. 11–17.30 Uhr. Eintritt: £ 8.60, erm. £ 7.60 bzw. £ 7, Familienticket: £ 26.50. www.bowood-house.co.uk.

Bradford-on-Avon

Siehe Bath/Umgebung.

Avebury

Neben Stonehenge ist Avebury der Lieblingstreff aller selbst ernannten Druiden. New-Age-Fans werden von den Steinkreisen geradezu magisch angezogen, und wer sich gerne die Zukunft vorhersagen lassen will, findet mit Glück jemand auf dem Parkplatz, der sie ihm aus den Tarotkarten liest.

Mit einem Durchmesser von mehr als 300 Metern übertrifft Avebury die viel berühmtere Anlage von Stonehenge zwar deutlich, doch steht die neolithische Kultstätte ganz im Schatten ihrer bekannteren Schwester. Avebury steht nicht isoliert inmitten einer Ebene, das Monument ist von einem mächtigen Wall umgeben, der von vier, in alle Himmelsrichtungen weisenden Straßen durchschnitten wird. Eine davon ist die High Street des Dorfes Avebury. Richtig: Der Steinkreis ist so groß, dass ein ganzes Dorf darin Platz fand. Und hierin liegt auch der besondere Reiz von Avebury. Die Besucher sind nicht durch einen Zaun von dem Steinkreis getrennt,

Avebury 273

sondern können darin nach Lust und Laune umherwandeln oder picknicken. Leider griffen die Dorfgründer beim Hausbau bis ins 18. Jahrhundert allzu gerne auf die so praktisch herumstehenden Monolithen zurück, so dass heute nur noch die westliche Hälfte des Kreises zu bewundern ist.

Errichtet wurde Avebury rund 2500 Jahre vor unserer Zeitrechnung, aller Wahrscheinlichkeit nach von dem gleichen Volk, das Stonehenge geschaffen hatte. Im Gegensatz zu Stonehenge blieben die Steine unbearbeitet und trugen auch keine Decksteine. In der Mitte des schon erwähnten äußeren Kreises befanden sich noch zwei kleinere, allerdings unregelmäßig angeordnete Steinzirkel mit einem Durchmesser von rund 100 Metern. In dem südlicheren von beiden sind mehrere Steine D-förmig angeordnet, im anderen Ring stehen nur noch drei Blöcke.

Der Archäologe *Alexander Keiller* hat sich in den 1930er-Jahren um die Rekonstruktion des Steinkreises bemüht. Das nach ihm benannte **Alexander Keiller Museum** zeigt Ausgrabungsfunde und bietet Hintergrundinformationen zu Avebury. Eine weitere Attraktion ist **Avebury Manor**, ein stattliches Herrenhaus, das bereits in elisabethanischer Zeit errichtet, aber später verändert wurde.

- *Information* **Tourist Information Centre**, Green Street, Avebury, Wiltshire SN8 1RE, ☏ 01672/734669, ✆ 0162/539296.
- *Einwohner* 500 Einwohner.
- *Öffnungszeiten* Der Zugang zum Steinkreis von Avebury ist unbeschränkt möglich. **Museum**: April bis Okt. tgl. 10–18 Uhr, Nov. bis März tgl. 10–16.30 Uhr. Eintritt: £ 4.40, erm. £ 2.20 (NT & EH). **Avebury Manor**: April bis Okt. tgl. außer Mi und Do 12–17 Uhr. Eintritt: £ 4.40, erm. £ 2.20 (NT). Parken in Avebury: £ 5, erm. ab 14.30 Uhr £ 3.
- *Verbindungen* Sechs Busverbindungen tgl. nach Salisbury. Fahrtzeit: 90 Min. Weitere Busverbindungen nach Devizes und Marlborough.

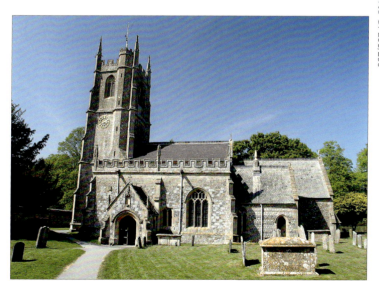

Avebury: nicht nur New Age

Umgebung

Silbury Hill

Der Silbury Hill gehört zu den rätselhaftesten Anlagen der Jungsteinzeit. Der künstlich aufgeschüttete Hügel gilt als das größte von Menschenhand errichtete Bauwerk im frühgeschichtlichen Europa. Da er kein Grab enthält, rätseln die Wissenschaftler bis heute, aus welchem Grund er angelegt wurde. Auch die Theorie, dass Silbury Hill als riesige Sonnenuhr zur Bestimmung der Jahreszeiten und der Jahreslänge diente, konnte bisher nicht überzeugend nachgewiesen werden, wenngleich der Hügel nach dem archaischen Sonnengott „Sil" benannt wurde. Mit einfachen Schaufeln häuften 2600 Jahre vor unserer Zeitrechnung Siedler eine fast 40 Meter hohe Erdschicht zur „größten Pyramide Europas" auf. Der Hügel hat einen Durchmesser von 182 Metern und ist nicht zu begehen, man muss sich mit einem Blick von einem Parkplatz aus zufrieden geben. Gleich gegenüber führt ein Fußweg zum knapp einen Kilometer entfernt liegenden *West Kennet Long Barrow*. In diesem 110 Meter langen Dolmengrab aus dem dritten Jahrtausend vor unserer Zeitrechnung sind die sterblichen Überreste von mehr als 40 Menschen sowie Keramikfragmente gefunden worden.

Rocking Druids

Im Land der weißen Pferde

Wiltshire ist das Land der weißen Pferde, genau genommen uralter weißer Pferde. Reiten kann man auf ihnen allerdings nicht, denn die White Horses sind überdimensionale, in den Kalk gekerbte Pferdezeichnungen. Rund um Avebury befinden sich mehrere dieser Landschaftskunstwerke; die meisten stammen aus dem 18. und 19. Jahrhundert, so das White Horse von Cherchill (sieben Kilometer westlich von Avebury), das White Horse bei Pewsey, das südlich von Marlborough in den Kalkboden geritzte White Horse sowie das weiße Pferd bei Westbury. Bei Devizes wurde das jüngste Pferd gezeichnet, um das Millennium zu ehren. Die älteste Kalkzeichnung befindet sich weiter nordöstlich an der B 4057 zwischen Swindon und Wantage: Wahrscheinlich wurde vor mehr als 2000 Jahren die Grasnarbe abgetragen, um das 114 Meter lange Uffington White Horse in den Boden zu ritzen.

Devizes

Devizes ist eine lebendige Marktstadt an der Westgrenze der Grafschaft. Bereits in normannischer Zeit gegründet, liegt der Ort im Zentrum des Moonraker Country. Reste einer Burganlage und die St John's Church erinnern noch an die mittelalterlichen Anfänge. Auf dem weiträumigen Marktplatz steht ein stattliches Marktkreuz, das allerdings erst zu Beginn des 19. Jahrhunderts errichtet wurde – hier befindet sich auch der Zugang zu einer historischen Markthalle. Wer sich für die prähistorischen Funde interessiert, sollte das lokalgeschichtliche Museum besuchen *(Wiltshire Heritage Museum)*. Nördlich der Stadt kann man entlang des Kennet and Avon Canal spazieren gehen oder die Boote im Wharf bestaunen.

- *Information* **Devizes Visitor Centre**, Cromwell House, Market Place, Devizes, Wiltshire SN10 1JG, ✆ 01380/734669, ✉ 01380/729146. www.devizes.org.uk.
- *Einwohner* 12.500 Einwohner.
- *Verbindungen* **Busse** nach Stonehenge und Salisbury.
- *Kino* **Palace Cinema**, 19/20 Market Place ✆ 01380/725863. www.palacedevizes.co.uk.
- *Markt* Donnerstags.
- *Museum* **Wiltshire Heritage Museum**, 41 Long Street. Mo–Sa 10–17 Uhr, So 10–16 Uhr. Eintritt: £ 4.50, erm. £ 3.50, So Eintritt frei. www.wiltshireheritage.org.uk.
- *Übernachten/Essen* **The Bear Hotel**, traditionell das erste Haus der Stadt mit dem Flair des 16. Jahrhunderts. Zünftige Räume sowie zwei Restaurants. Die Zimmer wurden unlängst renoviert. B & B im EZ ab £ 80, im DZ ab £ 105. The Market Place, ✆ 01380/722444, ✉ 01380/722450, www.thebearhotel.net.

The Castle Hotel, die Zimmer des 1738 erstmals erwähnten Hotels machen einen recht kommoden Eindruck, schön ist die Dachterrasse mit Blick auf die Kirche, die Zimmer zur Straße sind allerdings nicht leise. Restaurant und Bar vorhanden. B & B im EZ £ 60, im DZ £ 80–95. New Park Street, ✆ 01380/729300, ✉ 01380/729155, www.hotelsdevizes.co.uk.

- *Camping* **Foxhangers Canal Holidays**, kleiner Campingplatz (10 Stellplätze), aber auch Vermietung von Kanalbooten. Ab £ 8 pro Nacht. ✆/✉ 01380/828254, www.foxhangers.co.uk.

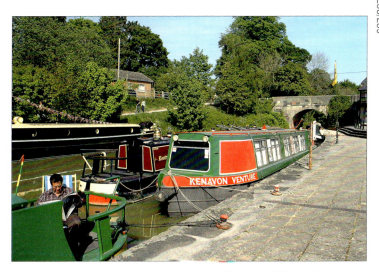

Devizes: Muße am Avon Canal

Wiltshire

Marlborough

Das in sächsischer Zeit gegründete Marlborough liegt im Zentrum der Marlborough Downs, einer hügeligen Region, die für ihre Sandsteinfindlinge bekannt ist. Der Artus-Sage zufolge ist Marlborough der Ort, an dem der Zauberer Merlin begraben wurde. Der Name der Stadt soll sich von *Merle Barrow* ableiten. Da die Handelsstraße von London nach Bath durch Marlborough führte, entwickelte sich schon früh ein reges Handelsleben, was auch den Grundriss des ungewöhnlich breiten und lang gestreckten Marktplatzes erklärt, der zugleich als High Street fungiert. Umgeben von stattlichen georgianischen Häusern ist der Marktplatz die gute Stube der Stadt. Landesweit bekannt ist Marlborough für seine Public School, die zu den renommiertesten Colleges in England gehört.

- *Information* **Tourist Information Centre**, George Lane, Marlborough, Wiltshire SN8 1EE, ✆/✉ 01672/513989. www.marlboroughtowncouncil.gov.uk.
- *Einwohner* 6.000 Einwohner.
- *Verbindungen* **Busse** nach Avebury.
- *Markt* Mi und Sa.
- *Übernachten* **Ivy House**, angenehmer Gasthof in einem efeubewachsenen georgianischen Haus. Jedes Zimmer ist individuell eingerichtet. Kostenloses WLAN. B & B £ 80–110 für 2 Pers. im DZ, EZ ab £ 70. 43 High Street, ✆ 01672/515333, ✉ 01672/515338, www.ivyhousemarlborough.co.uk.

Merlin Hotel, ein paar Häuser weiter präsentiert sich dieses kleine Hotel (nur zehn Zimmer) ebenfalls als ansprechende Unterkunft. Im Erdgeschoss befindet sich eine Filiale des Pizza Express. EZ £ 50, DZ £ 60–80, Continental Breakfast £ 5 pro Person. 36–39 High Street, ✆ 01672/512151, ✉ 01672/515310, www.merlin-bed-and-breakfast-marlborough.co.uk.

Castle and Ball, historische Postkutschenstation aus dem 15. Jahrhundert. Viel Flair, preislich attraktive Lunches, Parkmöglichkeiten im Hof. Kostenloses WLAN. B & B ab £ 80 (EZ) und £ 80–125 (DZ). High Street, ✆ 01672/515201, ✉ 01672/515895, www.castleandball.com.

Markttag in Marlborough

Stourhead

Stourhead gilt für viele Kenner als die Krönung der englischen Gartenbaukunst: „Einer der malerischsten Schauplätze der Welt", urteilte schon der Schriftsteller Horace Walpole Ende des 18. Jahrhunderts. Dem Erfinder der Gothic Novel ist nicht zu widersprechen: Hier wurde Gartenkunst als Landschaftsmalerei verstanden.

Genau genommen ist Stourhead die Schöpfung eines einzigen Mannes: *Henry Hoare d. J.* Der kunstliebende Bankier Hoare, der längere Zeit in Italien gelebt hatte, begann

Stourhead 277

Stourhead: Englands schönster Garten?

ab 1743 den von seiner Familie 1718 erworbenen Landsitz umzugestalten. Inspiriert von den Gemälden von Claude Lorrain, der antiken Mythologie und geblendet von den Monumenten Roms – die er auf seiner Grand Tour durch Italien gesehen hatte – entwarf Hoare einen Landschaftspark, der seinen Vorstellungen von moralisierter Natur entsprach. Das halbe Dorf Stourhead musste weichen, damit Hoare einen See mit tief eingeschnittenen Buchten und Landzungen aufstauen konnte, um anschließend die Ufer zu befestigen und mit Buchen zu bepflanzen; die Rhododendren sind eine Beigabe des 19. Jahrhunderts. Im Jahre 1765 krönte Hoare sein einzigartiges Unterfangen, indem er Alfred dem Großen (849–899) zu Ehren einen 49 Meter hohen Turm errichten ließ. Als Standort für den gotischen *King Alfred's Tower*, der dem Campanile von San Marco nachempfunden ist, wurde der höchste Punkt des Areals auserkoren.

Ein dreieinhalb Kilometer langer Rundweg *(belt walk)* führt entgegen dem Uhrzeigersinn durch den Park, vorbei an Tempeln, Eremitagen, Druidensitzen, Grotten und künstlichen Wasserfällen, die allesamt mit der altenglischen Landschaft korrespondieren und somit einen Brückenschlag zwischen Antike, den keltischen Ursprüngen und der idealisierten englischen Geschichte versuchen. Gebannt von dieser märchenhaften Szenerie, verzichten viele Besucher auf eine Besichtigung des Herrenhauses. Der schmucke Landsitz im palladianischen Stil mit den kolossalen Säulen an der Schauseite wurde 1722 von Colen Campbell im Auftrag von Henrys Vater gebaut und ist mit wertvollen Möbeln ausgestattet. Besonders schön ist die Bibliothek: Kein Geringerer als Thomas Chippendale d. J. hat das gesamte Interieur auf Wunsch des Privatgelehrten Sir Richard Colt Hoare gefertigt.

Wiltshire
Karte S. 258/259

• *Öffnungszeiten* **Garden**: tgl. 9–18 Uhr bzw. bis Sonnenuntergang. **House und King Alfred's Tower**: Mitte März bis Okt. Fr–Di 11–17 Uhr. Eintritt: House & Garden: £ 11.60, erm. £ 5.80; nur Garden: £ 7, erm. £ 3.80. Familienticket: £ 27.60 (NT). www.nationaltrust.org.uk/stourhead.

• *Anreise* Stourhead ist mit öffentlichen Verkehrsmitteln schwer zu erreichen. Die nächste Eisenbahnstation befindet sich im zehn Kilometer entfernten Gillingham.

Longleat

Longleat kann gleich mit zwei Attraktionen aufwarten: Neben einem stattlichen Herrensitz streifen Löwen und Giraffen durch die englische „Savanne". Dank seines Safariparks ist Longleat das ideale Ziel für einen Familienausflug.

Auch Adelige bleiben von Geldsorgen nicht verschont, vor allem wenn sie einen kostspieligen Landsitz unterhalten und zudem noch hohe Erbschaftssteuern begleichen müssen. Nach vielen schlaflosen Nächten verfiel der 6. Marquess of Bath, seines Zeichens Herr über Longleat, zum Entsetzen der englischen Hocharistokratie auf eine spektakuläre Idee: Statt sich von seinem Besitz zu trennen, öffnete er nicht nur Longleat als erstes *Stately Home* für das zahlende Publikum, nein, er überließ den 1757 von Capability Brown angelegten Landschaftsgarten einer Löwenherde! Eine brillante Geschäftsidee. Der 1966 eröffnete erste Safaripark Europas zog die Besucher in Scharen an, und der Marquess war von seinen Geldsorgen befreit und konnte in aller Ruhe seinem Hobby nachgehen: dem Sammeln von Churchill- und Hitlermemorabilien. Auch sein Sohn, Alexander Thynn, der 1992 Schloss und Titel erbte, erwies sich als genauso geschäftstüchtig. Seine Lordschaft – ein Ex-Hippie, der am liebsten barfuß geht – eröffnete auf seinen Ländereien ein Center Parc Feriendorf, damit die Besucher keine weite Anreise auf sich nehmen müssen.

Hervorgegangen ist Longleat aus einem aufgelösten Augustinerkloster, an dessen Stelle Sir John Thynne zwischen 1566 und 1580 ein elisabethanisches Schloss mit 118 Zimmern und zwei Innenhöfen errichtete. Das dreistöckige Gebäude gefällt vor allem durch seine Symmetrie, unterstützt durch die mit Pilastern getrennten, übereinander liegenden Fensterpaare. Die Innenausstattung stammt großteils aus dem 19. Jahrhundert, hinzu kommen flämische Gobelins, wertvolle Gemälde (Tizian, Tintoretto etc.) und eine Privatbibliothek mit über 40.000 Bänden. Im Safaripark, den man im PKW durchquert, tummeln sich neben Löwen auch Tiger, Giraffen, Elefanten, Zebras, Kamele und Antilopen. Weitere Attraktionen sind das aus 16.000 Eiben bestehende, größte Heckenlabyrinth der Welt, ein abwechslungsreicher Abenteuerspielplatz für Kinder sowie ein Streichelzoo. Um den jährlich 400.000 Besuchern weitere Attraktionen zu bieten, ist gar geplant, im Park eine Kopie von Stonehenge aufzustellen.

● *Öffnungszeiten* **Safaripark**: Ostern bis Okt. tgl. 10–16 Uhr, am Wochenende bis 17 Uhr. **House**: Ostern bis Okt. tgl. 10–18 Uhr, Nov. bis Ostern nur Sa und So 10–16 Uhr. Eintritt: Safari Park £ 12, erm. £ 8; House und Garten £ 12, erm. £ 8; Kombiticket mit weiteren Attraktionen (Irrgarten, Adventure Castle etc.) £ 24, erm. £ 19 bzw. £ 17. www.longleat.co.uk.

● *Anreise* Die nächsten Bahnhöfe sind in Warminster und Frome, jeweils sieben Kilometer entfernt. Der Lion-Link-Bus bringt Besucher von Warminster (11.10 Uhr) nach Longleat (Rückfahrt von Longleat um 17.15 Uhr). Der Service ist für Zugreisende kostenlos. Allerdings müssen Besucher ohne eigenes Auto mit dem Safari-Bus durch den Park fahren (£ 1).

King Alfred's Tower

Neues Leben im alten Hafenbecken von Bristol

Bristol und Bath

Bristol ist die große Metropole im englischen Südwesten. Spürbar weniger touristisch als Bath präsentiert sich Bristol als eine kosmopolitische Stadt, die in den letzten Jahren zu einem der wichtigsten kreativen Zentren in England aufgestiegen ist. Apropos Bath: Einen Abstecher in das altehrwürdige Kurbad sollte dennoch kein Englandreisender versäumen.

Für gut zwei Jahrzehnte bildeten Bristol, Bath und einige kleinere Städte im Umland das Herz einer 1974 geschaffenen Grafschaft. Diese Verwaltungsreform erwies sich jedoch als nicht praktikabel, da Bristol in politischer und wirtschaftlicher Hinsicht zu dominierend war; im Jahre 1996 wurde die Reform rückgängig gemacht und die nach dem River Avon benannte Grafschaft wieder aufgelöst; Bristol verwaltet sich seither wieder selbst. Die Region besitzt die höchste Bevölkerungsdichte Südenglands und ist ein viel gefragter Industriestandort. Touristisch liegt Bristol allerdings im Schatten des nur 20 Kilometer entfernten Bath. Kein Wunder, der Ort, der sich stolz so nennt, als sei er das Kurbad schlechthin, wird vielfach als die schönste Stadt Englands gepriesen. Bath hat sich bis in die Gegenwart seine Anziehungskraft auf Künstler und Prominente bewahren können, so wohnt beispielsweise der Musiker Peter Gabriel in der unmittelbaren Umgebung. Ausflüge in die östlich von Bath gelegenen South Cotswolds bieten sich an. Zu den attraktivsten Zielen zählen Dyrham Park, Horton Court und Bradford-on-Avon. Wer sich lieber am Strand tummelt, kann in Weston-super-Mare lange Strandspaziergänge unternehmen (das braune Wasser ist allerdings wenig attraktiv).

Bristol

Bristol, die geschichtsträchtige und traditionsreiche Hafenstadt am Avon, hat in den letzten Jahrzehnten einen atemberaubenden Wandel vollzogen. Die Pop-Hauptstadt der 1990er-Jahre bietet ein aufregendes Nachtleben mit vielen Clubs und Bars.

Bristol – mit 430.000 Einwohnern nach London die zweitgrößte Stadt Südenglands – hat zwei berühmte Stadtteile: Der gemeine Tourist flaniert gern durch das Hafenviertel Harbourside, das einst zu den Zentren des Sklavenhandels gehörte und sich jetzt mit Galerien, Medienzentren sowie vielen Restaurants und Bars in moderner Gestalt präsentiert. Die kommerzielle Schifffahrt hat sich längst an die Flussmündung verlagert, war doch der Avon mit seinen Windungen und starken Gezeiten (mit bis zu 15 Metern verfügt er über den zweithöchsten Tidehub der Welt) für moderne Frachter nicht mehr schiffbar. Heute verbringt man hier seine Freizeit mit Wassersport oder im Pub, die alten Speicher und Lagerhallen wurden in Wohnungen oder Büros umgewandelt, moderne Wohnanlagen sind entstanden. Wenige Kilometer westlich vom Hafen, auf den steil aufragenden Klippen der Avonschlucht, liegt der noble Vorort Clifton, der mit seinen eleganten Häuserreihen und Plätzen sogar mehr klassische Architektur zu bieten hat als die Nachbarstadt Bath. Den Aufstieg des Dorfes Clifton zum wohl beliebtesten und teuersten Stadtteil Bristols haben die Schiffseigner und Händler herbeigeführt, die sich in den vergangenen 200 Jahren hier niederließen, um dem Dreck und Lärm des Hafens zu entkommen, der sie so reich gemacht hat. Sklaven, Alkohol und Tabak gelten als die drei Waren, denen Bristol seine Rolle als der nach London zweitwichtigste Hafenstadt des Landes zu verdanken hatte. Über viele Jahrhunderte erwiesen sich die Einwohner als ausgesprochen entdeckungs- und experimentierfreudig, nicht nur zur See. Der genialste britische Ingenieur des 19. Jahrhunderts, Isambard Kingdom Brunel, schuf hier einige seiner Meisterwerke des Industriezeitalters, gut hundert Jahre später wurden Teile der Concorde hier gebaut. Vor rund fünfzehn Jahren hatte die Musikszene von Bristol ihre Blütezeit als hier der sogenannte „Sound of Bristol" kreiert wurde, eine Mischung aus Trip-Hop und Cross-Over Drum & Bass. Die bekanntesten Vertreter sind Massive

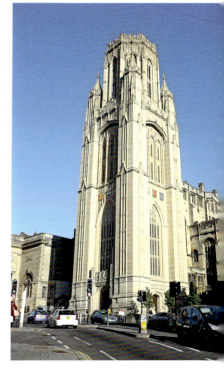

Neugotisch: Wills Memorial Building

282 Bristol und Bath

Attack, Roni Size & Reprazent, Portishead, Tricky und Smith & Mighty. Das BMMI (Brighton and Bristol Institute of Modern Music) versucht nunmehr, an diese Erfolge anzuknüpfen und jungen Musikern und Bands den Weg in die Musikindustrie zu ebnen. Auch in Film und Fernsehen setzt Bristol Zeichen, *Aardman Animations* kassierten gar einen begehrten Oskar: das Zeichentrickstudio hat „Wallace und Gromit" und „Chicken Run" produziert. „Arthur Christmas" und „The Pirates!" sind derzeit in Vorbereitung. Auch wenn im Fernsehen mit Dinosauriern spazieren gegangen oder die Tiefe des Meeres erkundet wird, dürfte die Produktion aus Bristol stammen. Die lokale BBC Bristol zeichnet für die meisten Natur- und Tierfilme verantwortlich, deren finanzieller und technischer Aufwand einmalig sind. Nicht nur in kultureller, sondern auch in wirtschaftlicher Hinsicht gehört Bristol zu den aufstrebendsten Städten Englands, wobei auch hier die Rolle der alteingesessenen Industrien wie Flugzeug- *(British Aerospace)* oder Autobau (*Rolls Royce*) immer kleiner wird. Die ehemalige Industrie- und Hafenstadt hängt wie der Rest des Landes zunehmend am Tropf der Telekommunikation, Finanz- und Versicherungswirtschaft. Die Arbeitslosenrate ist im Zuge der Weltwirtschaftskrise auf 7,2 % angestiegen, sie liegt damit allerdings

immer noch um 0,2 % niedriger als im Landesdurchschnitt. Auch die drastischen Sparmaßnahmen der Koalitionsregierung David Camerons und Nick Cleggs bei den Ausgaben der öffentlichen Hand treffen Bristol besonders hart, sind hier doch 60 % aller Arbeitskräfte in der öffentlichen Verwaltung, im Gesundheits- oder Bildungswesen angestellt. Beide Universitäten (Bristol University und die University of the Southwest of England) zählen zu den größten und beliebtesten Englands (auf jeden Studienplatz kommen zwölf Bewerber!). Prinz William gab angeblich nur knapp der St Andrews Universität im schottischen Edinburgh den Vorzug, weshalb der berühmteste Student in Bristol eine Zeit lang Euan Blair hieß. Der Spross des ehemaligen Premierministers studierte hier Antike Geschichte. Schattenseiten gab es natürlich auch schon immer. So besitzt Bristol beispielsweise eine sehr hohe Obdachlosenrate, die Kriminalität vor allem in Zusammenhang mit Drogen ist höher als andernorts, und wer im Stau steht, muss sich nicht wundern, schließlich gibt es in keiner anderen englischen Stadt mehr Autos pro 1.000 Einwohner als in Bristol.

Bristol 283

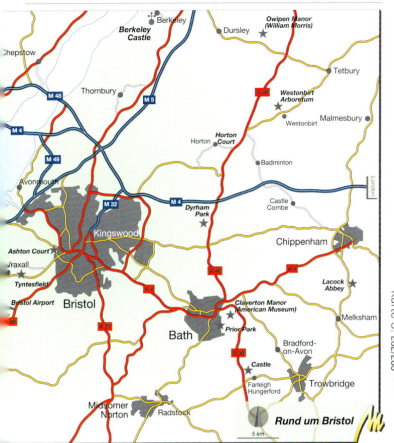

Geschichte

Bristol geht im Gegensatz zu anderen wichtigen Städten Englands nicht auf eine römische Gründung, sondern auf eine sächsische Ansiedlung zurück. Und schon die Sachsen trieben regen Handel mit den Wikinger-Kolonien in Irland. Die wirtschaftliche und strategische Bedeutung Bristols blieb auch den normannischen Eroberern nicht verborgen. Im 12. und 13. Jahrhundert machte man sich daran, die Hafenanlage durch Kanäle erheblich zu erweitern. *Brigstowe,* das seit 1373 den Status einer Freien Stadt besaß, war der wichtigste Umschlaghafen für Wolle aus den Cotswolds, aber auch der Seifenhandel florierte, weshalb der Mönch Richard von Devizes lästerte: „In Bristol gibt es niemanden, der nicht Seifenhändler wäre oder es zumindest war, und man weiß, dass die Franzosen Seifenhändler ebenso schätzen wie Müllträger."

Im 15. Jahrhundert stieg Bristol zum führenden Seehafen Englands auf. Die Schiffe der ortsansässigen Kaufleute, die nicht in die Geschäfte der Hanse verwickelt wa-

284   Bristol und Bath

ren, fuhren nach Portugal und Spanien sowie bis nach Alexandria, um dort orientalische Gewürze zu laden. Auf der Suche nach neuen Fischgründen entdeckten Schiffe aus Bristol unter dem Kommando von *John Cabot* 1497 die „Bänke" von Neufundland. Der in Italien als Giovanni Caboto geborene Seefahrer betrat somit noch ein Jahr vor Kolumbus den amerikanischen Kontinent und wird daher in Bristol als der wirkliche Entdecker Amerikas gehandelt! Erst der englische Bürgerkrieg konnte den bis dahin steten Aufschwung der Stadt bremsen. Bei den wechselnden Belagerungen durch die Royalisten und Parlamentarier wurden große Teile der Stadt sowie die normannische Burg zerstört. Dennoch war sich Samuel Pepys sicher, im Sommer 1668 „ein zweites London" besucht zu haben.

Ein menschenverachtendes Geschäft

Das 18. Jahrhundert gilt als die große Blütezeit der Stadt Bristol, die im Rückblick allerdings dadurch getrübt wird, dass sich der Reichtum zu einem bedeutenden Teil auf dem Sklavenhandel gründete, der von 1698 bis 1807 mit großem „Erfolg" betrieben wurde, vor allem seit England im Frieden von Utrecht 1713 das Monopol für den afrikanischen Sklavenhandel zugesprochen worden war. Die Schiffe der *Society of Merchant Ventures* lieferten billige Stoffe nach Schwarzafrika, tauschten diese dann gegen Sklaven ein, die in der Karibik wie Vieh an die Plantagenbesitzer verhökert wurden. Beladen mit Baumwolle, Tabak, Rum und Zuckerrohr segelten die Schiffe wieder nach Bristol zurück, und der traurige Geschäftszyklus begann von Neuem. Bristol spielte bei diesem menschenverachtenden Geschäft eine unrühmliche Rolle: Von den durchschnittlich 20.000 Sklaven pro Jahr, die im 18. Jahrhundert in die amerikanischen Kolonien „verfrachtet" wurden, erreichten mehr als 40 Prozent die Neue Welt auf einem Schiff der *Society of Merchant Ventures*. Die meisten Zeitgenossen waren für derartige Fragen aber noch nicht sensibilisiert und so schwärmte *Johanna Schopenhauer*, die Mutter des Philosophen, nach einer Stadtbesichtigung in den höchsten Tönen: „Man vergleicht Bristol mit Rom; denn wie jene Königin der Städte thront es ebenfalls auf sieben Hügeln, und einige davon gewähren von ihren Gipfeln eine sehr schöne Aussicht in das Land rings umher." Doch mehrten sich Ende des 18. Jahrhunderts die kritischen Stimmen: Neben den Quäkern und Methodisten, die die Sklaverei verurteilten, hielt *Samuel Taylor Coleridge* 1795 eine berühmt gewordene Rede gegen die Sklaverei.

Schon wenige Jahrzehnte vor dem Ende des Sklavenhandels geriet Bristol in eine Phase des wirtschaftlichen Niedergangs, Arbeitslosigkeit und Armut gehörten zum Alltag. John Wesleys Methodisten konnten sich über einen regen Zulauf nicht beklagen, gleichzeitig kam es mehrfach zu öffentlichen Missfallenskundgebungen. Unvergessen ist der Arbeiteraufstand von 1831, als der Bischofspalast gestürmt wurde und die bischöfliche Bibliothek in Flammen aufging. Dies konnte allerdings nichts an der Tatsache ändern, dass die Werften und Docks von Bristol den Erfordernissen des 19. Jahrhunderts nicht mehr genügten und die Wollweber in den industrialisierten Norden abwanderten. Einzig der Import des teuren Sherry florierte noch. Zeitweise wurden mehr als zwei Drittel des spanischen Exports in Bristol umgeschlagen und von hier aus vertrieben. Die bekannteste Sorte war und ist

Bristol

„Harvey's Bristol Cream", ein dunkelgoldener Südwein mit ausgewogen mildem Geschmack. Erst als die wirtschaftliche Vormachtstellung der *Society of Merchant Venture* gebrochen und die Stadtverfassung demokratisiert werden konnte, setzte eine Phase des Aufschwungs ein. Katastrophal waren die Folgen der deutschen Bombenangriffe während des Zweiten Weltkrieges, die große Lücken in die historische Bausubstanz rissen. Sicherlich genauso schwerwiegend wirkte sich das fehlende Fingerspitzengefühl der Stadtväter beim Wiederaufbau. Viele dieser Sünden und gesichtslosen Bauten im Betonstil der 1950er- und 1960er-Jahre wurden im letzten Jahrzehnt jedoch mit Neubauprojekten erfolgreich getilgt. Rund um den Bahnhof entstand mit Temple Quay ein gelungenes neues Büroviertel, die alten Gaswerke am Canon's Marsh am Hafen verwandelten sich in die eher umstrittene „Harbourside". Viel Zustimmung erntete dagegen das Vorzeigeprojekt „Cabot Circus" – das Shoppingzentrum am Ende der M 32, das mit seinem Harvey-Nichols-Flaggschiff neue Maßstäbe für Kauffreudige setzt.

Shopping Mall Cabot Circus

*I*nformation/*D*iverses

• *Information* **TIC Harbourside** (Destination Bristol), E-Shed, 1 Canon's Road, Bristol BS1 5TX, ✆ 0333/3210101, aus dem Ausland ✆ 0870/4440654; ticharbourside@destinationbristol.co.uk, www.visitbristol.co.uk oder www.bristol-city.gov.uk oder www.tourism.bristol.gov.uk.

• *Einwohner* 430.000 Einwohner.

• *Verbindungen* **Bus** – Der Busbahnhof befindet sich in der Marlborough Street gegenüber dem Einkaufszentrum Broadmead/Cabot Circus (Information für Stadtbusse ✆ 0871/2002233, www.traveline.org.uk und National Express über ✆ 08717/818181, www.nationalexpress.com). Im First Badgerline Ticket Office wird ein First Day South West Ticket angeboten, mit dem man einen ganzen Tag bis Salisbury, Taunton, Gloucester oder selbst nach Cornwall fahren kann (£ 7.10 nach 9 Uhr und am Wochenende, sonst £ 8). Außerdem verkehren von hier Busse nach Bath, Cheltenham, Bridgwater, Wells und zum Flughafen. **Zug** – Ab der neugotischen Temple Meads Station Verbindungen in alle Richtungen. Alle zwei Stunden verkehren Züge nach London Paddington Station, Portsmouth, Exeter, Liverpool und Salisbury. Etwas außerhalb liegt der Bahnhof Parkway. **Flugzeug** – Der Bristol International Airport liegt 15 Kilometer südwestlich der Stadt an der A 38, Busverbindungen (Flyer Airport Express Link) vom Busbahnhof an der Marlborough Street über die Temple Meads Station, Busse A1 (Bristol–Flughafen) und A2 (Flughafen–Bristol). Single £ 6, Return £ 9, airportexpress@bristolairport.com, www.bristolairport.co.uk.

• *Bustouren* Von Ostern bis Ende Sept beginnen tgl. ab 10 Uhr bis 16 Uhr kommen-

286 Bristol und Bath

tierte Busführungen durch das Zentrum. Es ist möglich, den Bus an den verschiedenen Haltepunkten zu verlassen. Kosten: £ 10, erm. £ 9, ein Kind pro Erwachsener frei, sonst £ 5. Ein Single Ticket (ohne Hopp-on-Hopp-off Option) gibt es schon für £ 1. www.citysightseeingbristol.co.uk.

• *Einkaufen* Das Einkaufszentrum **Broadmead** liegt nordöstlich der Altstadt. Die Fußgängerzone wurde mit viel Aufwand zum **Cabot Circus** (www.cabotcircus.com; geöffnet bis 20 Uhr) umgestaltet. Für ausgefallenere Clubwear ist das Westend (**Parkstreet**) ein guter Anlaufpunkt, und im Clifton Village findet man individuelle Geschäfte.

• *Eislaufen* **Bristol Ice Rink**, Frogmore Street, ✆ 0117/9292148. www.jnlbristol.co.uk.

• *Fahrradverleih* **Blackboy Hill Cycles**, 180 Whiteladies Road, ✆ 0117/9731420. Mountainbikes £ 10 pro Tag. Mo–Sa 9–17.30 Uhr, So 11–16 Uhr; www.blackboycycles.co.uk.

• *Hafentaxi* Alle 40 Minuten fahren die orangefarbenen **Waterbuses** der Bristol Ferry Boat Company zu verschiedenen Anlegepunkten. www.bristolferry.com.

• *Internetzugang* **Bristol Central Library**, College Green. Öffnungszeiten: Mo, Di, Do 9.30–19.30 Uhr, Mi 10–17 Uhr, Fr–Sa 9.30–17 Uhr, So 13–17 Uhr. **The Flow Internet Cafe**, 108 Stokes Croft, ✆ 0117/9241999. Mo–Sa 10–21 Uhr, So 11–18 Uhr. 1 Stunde: £ 2.

• *Klettern* **Bristol Climbing Centre** in der St Werburgh's Kirche (!), Mina Road. Die 12-Meter-Wand bietet mehr als 150 Routen von Schwierigkeitsgrad F3 bis F8a. ✆ 0117/9413489; Buchung: 0117/9083491; www.undercover-rock.com.

• *Markt* **St Nicholas Market**, Corn Exchange, 58 Corn Street. Tgl. außer So 9.30–17 Uhr; angeboten werden Radios, Kunsthandwerk und Kleidungsstücke. www.stnicholasmarketbristol.co.uk. Mi: **Farmer's Market**. Jeden ersten So des Monats **Slow Food Market** (www.slowfoodbristol.org).

• *Post* 12 Baldwin Street im Co-op-Geschäft oder The Galleries, Union Street.

• *Stadtführungen* Highlights-Walk samstags um 11 Uhr, Start am Rhinozeros-Käfer beim Anchor Square. Das Tourist Information Centre nahebei informiert auch über weitere themenorientierte Stadtrundgänge von Blue Badge Guides oder den Pirate Walk. Teilnahmegebühr: £ 3.50. Von der Webseite können Sie eine MP3-Walking-Tour kostenlos herunterladen.

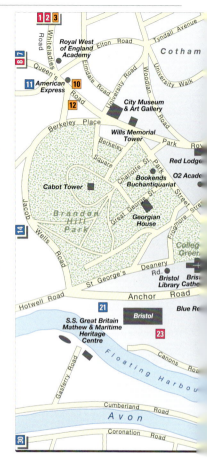

• *Schwimmen/Spa* **The Bristol Lido**, restaurierter, beheizter Freiluftpool (24 m) mit Sauna, sehr gutem Spa (*rainforest facials* £ 60) und hervorragendem Restaurant (mediterrane Küche, viele Produkte aus dem eigenen Küchengarten). Für Nichtmitglieder Mo–Fr 13–16 Uhr, £ 15, erm. £ 7.50. Oakfield Place, ✆ 0117/9339530; www.lidobristol.com.

• *Theater* **Bristol Theatre Royal**, das älteste, durchgängig bespielte Theater Englands wird derzeit unter seinem neuen künstlerischen Leiter Tom Morris (ehem. Vizedirektor des Royal National Theatre) renoviert und soll dann 5 flexible Bühnen besitzen, der Spielbetrieb geht aber weiter. Daniel

Bristol 287

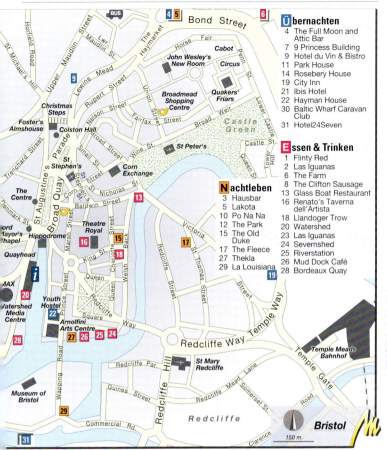

Übernachten
- 4 The Full Moon and Attic Bar
- 7 9 Princess Building
- 9 Hotel du Vin & Bistro
- 11 Park House
- 14 Rosebery House
- 19 City Inn
- 21 Ibis Hotel
- 22 Hayman House
- 30 Baltic Wharf Caravan Club
- 31 Hotel24Seven

Essen & Trinken
- 1 Flinty Red
- 2 Las Iguanas
- 6 The Farm
- 8 The Clifton Sausage
- 13 Glass Boat Restaurant
- 16 Renato's Taverna dell'Artista
- 18 Llandoger Trow
- 20 Watershed
- 23 Las Iguanas
- 24 Severnshed
- 25 Riverstation
- 26 Mud Dock Café
- 28 Bordeaux Quay

Nachtleben
- 3 Hausbar
- 5 Lakota
- 10 Po Na Na
- 12 The Park
- 15 The Old Duke
- 17 The Fleece
- 27 Thekla
- 29 La Louisiana

Bristol und Bath Karte S. 282/283

Day-Lewis (Gangster von New York) hatte hier seine erste Rolle, Jeremy Irons und Billy Wilder wurden hier ausgebildet. King Street, Kartenvorbestellung unter ☏ 0117/9877877. www.bristololdvic.co.uk.

• *Veranstaltungen/Feste* Ashton Court Estate ist alljährlich Mitte Juli der Schauplatz für das **Bristol Community Festival** mit Jazz- und Rockkonzerten sowie Opern. Mitte August starten an gleicher Stelle die Ballonfahrer zur **Bristol Balloon Fiesta** (www.bristolfiesta.co.uk). Beim **St Paul's Carnival** ist Anfang Juli nicht nur die aus der Karibik stammende Bevölkerung auf den Beinen. Buntes Treiben herrscht im Hafen auch Ende Juli zum **Bristol Harbour Festival**.

• *Veranstaltungsorte* **The Hippodrome**, St Augustine's Parade: Musicals, Ballett, Konzerte (auch Jazz) und Opern. Ticketmaster: ☏ 0844/8472325.
www.bristolhippodrome.org.uk.

St George's, Brandon Hill: Oper, Orchester- und Kammerkonzerte, ☏ 0117/9294929. Karten: ☏ 0845/4024001,
www.stgeorgesbristol.co.uk.

Colston Hall, diese Konzerthalle, die gerade für 20 Millionen Pfund mit viel Glas und Kupfer ausgebaut wurde, fasst um die 2000 Besucher in 2 Hallen, die hier Klassik, aber auch Jazz, Pop oder Comedy erleben können. In den neuen Restaurationen (u. a. dem exzellenten **H-Bar-Bistro**) kann man

Moderne Konzerthalle: Colston Hall

auch gut essen und trinken. Colston Street, ✆ 0117/9223686. www.colstonhall.org.
O2Academy, Rock, Pop und Clubbing. Frogmore Street, Info: ✆ 0905/0203999 (25 p/Min.), Box Office: ✆ 0844/4772000. www.O2academybristol.co.uk.

Übernachten (siehe Karte S. 286/287)

Hotel du Vin and Bistro (9), luxuriös umgebaute ehemalige Zuckerraffinerie in zentraler Lage. Jedes Zimmer ist stilvoll und individuell eingerichtet, auch schon mal mit ägyptischem Leinen, und nach einem der großen Weinhäuser benannt. Ausgezeichnetes Restaurant und entspannte Cocktailbar. Wie zu erwarten gute Weinliste. Zigarren aus dem begehbaren Humidor können im ersten Stock beim Billardspiel geraucht werden. 40 Zimmer, EZ £ 135–160, DZ £ 145–215. Frühstück extra. The Sugar House, Narrow Lewins Mead, ✆ 0117/9255577, www.hotelduvin.com.

City Inn (19), das 1999 eröffnete Stadthotel gefällt durch sein zeitlos modernes Ambiente. Preislich liegt das anonyme Hotel kaum über den meisten B & Bs, bietet dafür aber viel Komfort, so steht in jedem Zimmer ein Sofa samt TV. Wer will, kann sich im Fitnessraum betätigen. Direkt hinter dem Hotel lädt ein kleiner Park zum Relaxen ein, zu Fuß gelangt man in zehn Minuten ins Stadtzentrum. Die Zimmerpreise richten sich nach dem jeweiligen Wochentag: Das City Café ist ausgezeichnet. Parkplätze vor dem Hotel. Mo–Do £ 119, Fr–So £ 90. Temple Way, ✆ 0117/9251001, ✆ 0117/9074116, www.cityinn.com.

Ibis Hotel (21), mit der Bebauung der Harbourside entstand jüngst auch dieses Budget Hotel mit 182 Zimmern, alle en suite mit Klimaanlage, TV und WiFi. 24-Stunden-Bar! DZ £ 60–90 ohne Frühstück. Explore Lane, Harbourside, ✆ 0117/9897200, www.ibishotel.com. Das Ibis in Temple Meads in der Avon Street ist etwas billiger, DZ £ 40–75.

Park House (11), hinter Efeu verstecktes (Achtung: kein Hinweisschild!) B & B in einer georgianischen Villa im Stadtteil Clifton. Delia McDonald vermietet 2 Zimmer en suite. £ 75 (Einzelbelegung £ 55). 19 Richmond Hill, ✆ 0117/9736331.

9 Princess Building (7), das Ehepaar Fuller hat die vier Zimmer in ihrem georgianischen Haus (direkt neben dem Avon Gorge Hotel) kürzlich modernisiert. Sie sind großzügig geschnitten, en suite und haben Ka-

Bristol

mine. Fragen Sie nach den Zimmern mit Blick über die Avonschlucht. EZ £ 50, DZ £ 80–84. 9 Princess Building in Clifton (kein Schild!), ℡ 0117/9734615, www.9pb.co.uk.

Hotel24Seven (31), Budget Hotel ohne Rezeption (Zugang mit Code), zentral gelegen, EZ £ 35 (Toilette im Flur), DZ £ 45–55, Familienzimmer £ 70. Parkplatz £ 5/Nacht. 15 Acramons Road/1 Dean Lane, Southville, BS3 1DQ. ℡ 0844/7709411 (Inland), 0044/(0)7711626662 (Ausland), 📠 0871/7146695; www.hotel24seven.com.

Rosebery House (14), drei sehr schöne Zimmer in einem gepflegten klassischen Reihenhaus. Ruhige Lage, aber zentral in Clifton, EZ £ 60, DZ £ 89 mit reichhaltigem Frühstück. 14 Camden Terrace, Clifton, BS8 4PU, ℡ 0117/9149508; mobil: 0777/1871251; roseberyhouse@aol.co.uk.

University of Bristol, günstige Alternative während der Semesterferien Juli bis Sept., Wochenmieten für Wohnungen/Studios in den residential halls der Studenten (ab £ 15 pro Nacht, £ 105/Woche), z. B. im Hawthorns. Woodland Road, Clifton, ℡ 0117/9545555. www.bristol.ac.uk/hawthorns/summerlet/. Zu buchen über ℡ 0117/9545555. Buchungsformular und Preise für alle 7 Häuser unter www.bristol.ac.uk/studenthouses/sum-vac/.

• *Jugendherberge* **Hayman House (22)**, moderne Zwei- bis Vierbettzimmer mit teilweise schönem Blick auf Bristol. Gute und heiße Duschen auf dem Flur. TV-Raum, Self-Service-Küche, Bücher zum Ausleihen und Waschmaschine. Zentrale Lage, das heißt vor allem am Wochenende auch laut. Nur zehn Minuten Fußweg von Bahnhof und Busstation (von dort ausgeschildert). Erwachsene £ 16, Jugendliche £ 12 inkl. Frühstück. Achtung Autofahrer, wer vor der Herberge (Prince Street) parkt, wird – wie uns ein Leser schrieb – erbarmungslos abgeschleppt: Kostenpunkt £ 145! 14 Narrow Quay, ℡ 0845/3719726, 📠 0117/9723789, bristol@yha.org.uk.

The Full Moon and Attic Bar (4), günstige Backpackerunterkunft mit Biorestaurant, zwei „lively" Bars (an Wochenenden DJs), Pooltable, Großleinwand und Wäscheservice. Betten ab £ 16.50 im Schlafsaal, bis zu 20 % Nachlass bei längerem Aufenthalt. Privates Twin-Zimmer für £ 39. Zentral und nicht gerade ruhig gelegen in Stokes Croft in der Nähe des Busbahnhofs, BS1 3PN, ℡ 0117/9245007, 📠 9245017, www.fullmoonbristol.co.uk.

• *Camping* **Baltic Wharf Caravan Club (30)**, entlang dem Floating Harbour und Maritime Heritage Centre, dann rechts drei Kilometer zum Zentrum. 55 Stellplätze für Caravans, keine Zelte! Ganzjährig geöffnet. Preise je nach Saison von £ 5.15–8.50 pro Nacht für den Stellplatz plus £ 5.10–6.90 pro Erwachsener. Cumberland Road, ℡ 0117/9268030, www.caravanclub.co.uk.

Brook Lodge Farm, ein kleiner ländlicher Platz 15 Kilometer südwestlich der Stadt. Extrem umweltfreundlich mit solarbeheiztem Wasser. Cowslip Green, Wrington, BS40 5RB, ℡/📠 01934/862311, www.brooklodgefarm.com.

Denkmal für den Seefahrer John Cabot

290   Bristol und Bath

Essen/Trinken/Nachtleben (siehe Karte S. 286/287)

Bristol ist bekannt für sein abwechslungsreiches Nachtleben mit vielen Jazzclubs und Discos. Da die Beliebtheit der Clubs und Discos einem permanenten Wandel unterworfen ist, ist es empfehlenswert, sich über die aktuellen Trends und die aktuellen Musikveranstaltungen unter www.whatsonbristol.co.uk oder im wöchentlich erscheinenden Venue (£ 1.50) zu informieren, erhältlich in Zeitungsläden und im Tourist Office.

Bordeaux Quay (28), das Restaurant für Bio- und Umweltfreunde direkt an selbigem Quay. Brasserie, Restaurant, Verkaufstheke, Bäckerei und Kochschule in einem, die Speisen werden mit saisonalen Bioprodukten (organic) aus der Region zubereitet. Groß und mitunter laut. Zwei-Gänge-Lunch für £ 16.50. Hauptgerichte in der Brasserie bis zu £ 12.50, Kinderportionen für £ 5. Brasserie: ✆ 0117/9065559; Restaurant 1. Stock: ✆ 0117/9431200. www.bordeaux-quay.co.uk.

Glass Boat Restaurant (13), hinter der Bristol Bridge auf der Victoria Street. Restaurant auf einem schwankenden Schiff mit nobler Einrichtung und gemütlicher Lounge. Hauptgerichte £ 11–17.50 (für ein Sirloin Steak), dreigängiges Mittagsmenü mit einem Glas Wein (Summer Offer) £ 15. ✆ 0117/9290704. www.glassboat.co.uk.

Las Iguanas (2), lateinamerikanisches Restaurant und beliebte Bar (super Margueritas, Caipirinhas und Batidas) auf Bristols „Goldener Meile". Früh kommen lohnt sich, Happy Hour und zweigängiges Menü zu Lunchpreisen für £ 6.90, sonst Hauptgerichte zwischen £ 7.90 und £ 13.90. Die Tortillas kann man sich hier selbst füllen. An der Bar gibt's Tapas. 113 Whiteladies Road, Clifton, ✆ 0117/9730730. Seit Juni 2007 gibt es ein zweites Restaurant **(23)** an der Harbourside (Unit A, South Building, Anchor Square) mit tropischem Ambiente und vielen Specials.

The Clifton Sausage (8), wie der Name schon sagt, gibt es hier Würste, acht verschiedene zur Auswahl (auch eine vegetarische), die mit Kartoffelbrei und Zwiebelsoße serviert werden. Außerdem klassisches britisches Essen, 30 Weine und sonntags *Roast*. Oft Events wie Weinproben. 7–9 Portland Street, Clifton, ✆ 0117/9731192. www.cliftonsausage.co.uk.

Flinty Red (1), kleines, urgemütliches Kiez-Restaurant mit täglich wechselndem Menü und umfangreicher offener Weinliste. Lunch (£ 8.50, mit Hors d'Oevre und Wein £ 12.50) Di–Sa 12–15 Uhr, Dinner Mo–Sa 18.30–22 Uhr. 34 Cotham Hill. ✆ 0117/9238755; www.flintyred.co.uk.

Renato's Taverna dell'Artista (16), bei diesem Italiener neben dem Old Vic Theater verkehren viele Schauspieler, wovon die Fotowand beredtes Zeugnis ablegt. Superleckere Pizzen, Di–Sa von 17.30 bis 2 Uhr geöffnet. 33 King Street, ✆ 0117/9297712.

Mud Dock Café (26), interessante Mischung aus einem Bikeshop mit Bar-Café und Restaurant am Flussufer. Einen sehr schönen Blick bietet der große Balkon. So und Mo nur bis 17 Uhr, Di–Do bis 22 Uhr, Fr und Sa bis 23 Uhr. Mo–Fr Lunch mit einem Getränk für nur £ 5. 40 The Grove, ✆ 0117/9349734. www.mud-dock.co.uk. Die Straße weiter liegen auch die beliebten Restaurants **Riverstation (25)**, www.riverstation.co.uk und **Severnshed (24)**, www.severnshed.co.uk, beide mit Terrassen direkt am Wasser.

Watershed (20), entspannte Café-Bar im gleichnamigen Medienzentrum (drei Kinos) am Hafenquai, 1 Canon's Road. ✆ 0117/9275100; www.watershed.co.uk/info/cafe_bar.php.

The Park (12), coole Loungebar mit langen Öffnungszeiten (am Wochenende bis 4 Uhr) und DJ-Nights. So geschl. 37 Triangle West, Clifton, ✆ 0117/9406101. www.theparkbristol.com.

The Farm (6), Graffitibesprühtes Pub in ländlicher Umgebung nördöstlich des Zentrums. Im Winter brennt Holz im Kamin, im Sommer ist der hübsche Biergarten immer gut gefüllt. Überdachte und beheizte Raucherecke. Hopetoun Road, St Werburgh's. ✆ 0117/9442384; www.thefarmpub.weebly.com. www.eventbars.com.

Llandoger Trow (18), das dreigiebelige Fachwerkhaus beherbergt das wohl älteste Pub der Stadt. Alexander Selkirk soll hier die Bekanntschaft von Daniel Defoe gemacht haben, der die Erlebnisse des schottischen Seemanns zu seinem Buch „Robinson Crusoe" verarbeitete. King Street, Ecke Welsh Back. ✆ 0870/9906424.

The Fleece (17), Live-Musik Venue in historischem Woll-Lagerhaus (The Wool Hall), überwiegend Rock. Nirvana haben hier einst gespielt. 12 St Thomas Street, ℅ 0117/0450996; www.thefleece.co.uk.

La Louisiana („The Louie") (29), die anspruchsvollere Alternative für Rockfans. Auch berühmtes Sunday Roast. Wapping Road, Bathurst Terrace, ℅ 0117/9299008; www.thelouisiana.net.

Thekla (27), Bar, Club (verschiedene Clubnächte, dienstags Indie, freitags rotierend, samstags Disco) und Live-Musik-Schiff (Gigs £ 10) im Mud-Dock. The Grove, East Mud Dock, ℅ 0117/9293301; www.theklabristol.co.uk.

Lakota (5), es ist nicht leicht, in Bristols angesagtestem Club für underground music Einlass zu finden. Dafür legen dort die besten DJs des Landes auf. 6 Upper York Street, www.lakota.co.uk. Wer Mainstream sucht ist hier falsch, und wer nicht reingelassen wird, kann es um die Ecke im **Blue Mountain Club** versuchen, 2 Stokes Croft.

Po Na Na (10), Nachtclub mit House- und Technomusik in Uni-Nähe, marokkanisches Flair. Viele Studenten. Mi Ruhetag. 67 Queens Road. ℅ 0117/9256225; www.bristolponana.com.

The Old Duke (15), ein absolutes Muss für Anhänger des traditionellen Jazz ist der älteste Jazzclub Bristols in der 55 King Street/Ecke Queen Charlotte Street. Fast jeden Abend findet ein Konzert statt. www.theoldduke.com.

Hausbar (3), urbane Cocktailbar mit jazzigen Tunes in Clifton. Besitzer Aurelius Braunbarth (einst Green Door in Berlin) mixt meist selbst. Geöffnet tgl. 20–2 Uhr. 52 Upper Belgrave Road, Clifton, ℅ 0117/9466081. www.hausbar.co.uk.

Sehenswertes

St Mary Redcliffe: Bis ins 15. Jahrhundert war Redcliffe eine eigenständige Gemeinde, erst dann wurde der noble Vorort von dem aufstrebenden Bristol geschluckt. Die prachtvolle Pfarrkirche ist das letzte Zeugnis von Redcliffe, da die deutschen Bombengeschwader im Zweiten Weltkrieg ganze Arbeit leisteten. Wie durch ein Wunder blieb das hochgotische Gotteshaus auf den roten Klippen unversehrt. An der Nordwand des Hauptschiffs befindet sich das Grab von *Sir William Penn*, einem königlichen Admiral. Sein gleichnamiger Sohn gründete die Quäkerkolonie Pennsylvania. Im Undercroft Café (Mo–Fr 10–16 Uhr) gibt's Erfrischungen.

Adresse 11 Redcliffe Parade West. ⊕ tgl. 9–17 Uhr, So 8–19.30 Uhr, www.stmaryredcliffe.co.uk.

Bristol Cathedral

Cathedral: Die Kathedrale von Bristol ging aus einer 1140 gegründeten Augustinerabtei hervor. Nach der von Heinrich VIII. verfügten landesweiten Auflösung der Klöster erhielt die Abtei 1542 den Status einer Kathedrale. Von dem ursprünglich normannischen Bau sind nur noch der Kapitelsaal und ein Torhaus erhalten, wenngleich der Vierungsturm ein typisches Merkmal der normannischen Sakralar-

292 Bristol und Bath

chitektur ist; die Querschiffe entstanden gemeinsam mit dem Vierungsturm zwischen 1470 und 1515. Abgeschlossen wurde der Bau der Bischofskirche erst im 19. Jahrhundert mit der Vollendung des Hauptschiffs und der Westtürme. Ungewöhnlich für England ist, dass die Kirche als dreischiffige Hallenkirche konzipiert wurde, wobei große Arkaden das breite Mittelschiff zu den schmalen Seitenschiffen hin öffnen. Auffällig im Inneren sind die hoch aufstrebenden Arkaden des Chors, die höchsten in England.

Adresse Deanery Road. ⏰ tgl. 8 Uhr bis zum Evensong (17.15 Uhr), Sa und So bis 15.30 Uhr. Spende erbeten. www.bristol-cathedral.co.uk.

Robinson Crusoe in Bristol

Als der Schriftsteller Daniel Defoe eines Tages in Bristol in ein Pub namens Llandoger Trow ging, traf er dort den schottischen Seemann Alexander Selkirk (1676–1721), der ihm eine unglaubliche Geschichte erzählte. Selkirk hatte vier Jahre seines Lebens auf einer einsamen Insel verbracht. Allerdings hatte Selkirk keinen Schiffbruch erlitten, sondern er war im September 1704 nach einem Streit mit seinem Kapitän auf der Insel zurückgelassen worden. Selkirk hatte auf einem Kaperschiff namens *Cinque Ports* angeheuert, dessen Zustand so erbärmlich war, dass er glaubte, der Pott würde keinen weiteren Kampf mehr durchhalten. Alkohol, Krankheiten, wüste Auseinandersetzungen, schimmeliges Brot und fauliges Wasser prägten die trostlosen Tage der Besatzung über Monate hinweg, so dass die Stimmung auf einen Tiefpunkt sank. Selkirk machte sich zum Rädelsführer der Unzufriedenen, doch im entscheidenden Moment wollte ihm keiner folgen. Wütend ließ sich der für seinen Jähzorn bekannte Selkirk auf der Juan-Fernandez-Insel vor der chilenischen Küste aussetzen; nur ausgerüstet mit Bibel, Flinte und Schießpulver. Er sollte jedoch recht behalten. Wenige Wochen später wurde die *Cinque Ports* von den Spaniern erobert und versenkt. Selkirk selbst wurde von dem englischen Kapitän Woodes Rogers gerettet und landete schließlich in Bristol, wo er in zweiter Ehe eine Witwe heiratete.

Daniel Defoe war nicht der Erste, der die Geschichte vermarktete, dafür der Erfolgreichste. Allerdings ließ er seinen „Robinson Crusoe" nicht vier, sondern gleich 28 Jahre auf einer einsamen Insel schmachten. Zudem verlegte er den Schauplatz in die tropische Karibik und erfand noch die Figur des Einheimischen Freitag hinzu. Um seine puritanischen Leser zu befriedigen, führt er ihnen anschaulich vor Augen, dass unerschütterliches Gottvertrauen hilft, auch ausweglose Situationen zu meistern. Dichtung hin, Moral her, fest steht: „Robinson Crusoe" ist ein Schlüsseltext der Moderne und zugleich der erste realistische Roman, der dem Bürgertum den Zugang zur hohen Literatur öffnete.

City Museum & Art Gallery: Das direkt neben der Universität gelegene Museum bietet ein wahres Sammelsurium an Kunstschätzen unterschiedlichster Art. Angefangen von lokalen Ausgrabungsfunden, Geologie und Naturgeschichte, besitzt das Museum die größte Sammlung chinesischer Glaskunst außerhalb Chinas. Die im zweiten Stock untergebrachte Kunstgalerie zeigt u. a. Werke von Cranach, Bellini, Seurat und Delacroix. Einen Blick wert ist auch der angrenzende Wills Memorial

Direkt am Hafen: Museum of Bristol

Tower, der 1920 als Wahrzeichen der Universität errichtet wurde. Der neogotische Turm wurde, wie sein Name verrät, vom größten Gönner der hiesigen Hochschule, dem Tabak-Großhändler Wills, gespendet.

Adresse Queen's Road. ◉ Do–Di 10.30–17 Uhr, Mi bis 20 Uhr. Eintritt frei!. ✆ 0117/9223571.

Blaise Castle House Museum: Das in einem schmucken georgianischen Haus untergebrachte Museum beherbergt eine Ausstellung zur Alltagsgeschichte von Bristol. Zu sehen sind Spielzeug, Kleidungsstücke, Haushaltsgeräte etc. Berühmter Fan war Jane Austen, die es in ihrem Roman „Kloster Northanger" als „one of the finest places in England" beschreibt. Ein unscheinbares schwarzes Eisentor an der Hallen Road führt zum Blaise Hamlet, einer Ansammlung malerischer strohgedeckter Cottages, die einst für die Bediensteten des Hausherrn gebaut worden waren, die hier ihren Lebensabend verbringen konnten.

Adresse Henbury Road. ◉ Juli–Okt. Mi–So 10.30–16 Uhr, in den Ferien Di–So 10.30–16 Uhr, Nov.–April nur Sa, So 10.30–16 Uhr. Eintritt frei!

Museum of Bristol (ehem. Bristol Industrial Museum): Das am Hafen gelegene Museum wird derzeit zum Museum of Bristol umgebaut und soll auf drei Etagen mit einer Ausstellungsfläche von 2500 Quadratmetern im Jahre 2011 wiedereröffnen. Dokumentiert wird die industrielle Entwicklung der Region und des Hafens von Bristol. Ausgestellt sind u. a. Fahrzeuge aus der heimischen Autoindustrie, Flugzeugturbinen und das Modell eines Cockpits der Concorde. Hinzu kommen der älteste Dampfschlepper der Welt und ein Feuerwehrboot aus den 1930er-Jahren.

Adresse Princes Wharf, Wapping Road. Derzeit wegen Umbaus noch geschlossen.

The Georgian House: Wie der Name schon andeutet, handelt es sich um ein typisches georgianisches Haus aus dem späten 18. Jahrhundert. Damals wurde es für den wohlhabenden Kaufmann John Pinney als Wohnhaus erbaut, und heute beherbergt es ein hübsches Museum. Die Zimmer sind mit alten Möbeln eingerichtet

294 Bristol und Bath

und geben einen Einblick in die Wohnwelt dieser Epoche. Die Pinneys waren wie viele andere auch zu Wohlstand gekommen durch Zuckerrohrplantagen in der Karibik, auf denen Sklaven arbeiteten. Die Fußgängerbrücke am St Augustine's Reach im Hafen wurde nach ihrem Hausklaven „Pero" benannt. John Pinney hatte Pero im Alter von zwölf Jahren für umgerechnet £ 5.600 gekauft und ihn als Bediensteten mit nach Bristol gebracht, wo er im Alter von 45 Jahren verstarb.

Adresse 7 Great George Street. ⏱ Mitte April bis Okt. Mi, Do, Sa und So 10.30–16 Uhr, in den Ferien Di–So 10.30–16 Uhr. Nov. bis Mitte April geschl. Eintritt frei! ☏ 0117/9211362.

The Red Lodge: Die Red Lodge ist eines der wenigen Gebäude Bristols, die noch aus elisabethanischer Zeit stammen. Das um 1590 errichtete Kaufmannshaus ist gar nicht leicht zu finden, da es von modernen Bauten umgeben ist. Nach einer „Zwischennutzung" als Mädchenschule steht die Red Lodge als Museum interessierten Besuchern offen. Die Räume sind stilvoll eingerichtet, so beispielsweise der Oak Room: Stuckdecke, Eichentäfelung und ein alter Kamin. Hinter dem Haus lädt ein kleiner Garten im Tudorstil zum Verweilen ein.

Adresse Park Row. ⏱ Mitte April bis Okt. Mi, Do, Sa und So 10.30–16 Uhr, in den Ferien Di–So 10.30–16 Uhr, Nov. bis Mitte April geschl. Eintritt frei! ☏ 0117/9211360.

John Wesley's Chapel (New Room): Mit der schlichten John Wesley's Chapel besitzt Bristol die älteste methodistische Kirche der Welt – allerdings wirkt das inmitten des hektischen Einkaufszentrums gelegene Gotteshaus etwas verloren. In der von Armut und Arbeitslosigkeit schwer gebeutelten Stadt fanden die Gläubigen Trost in der methodistischen Lehre des Predigers *John Wesley* (1703–1791). Wesley verkündete keine neue Theologie, sondern verfolgte das Ziel, durch intensive religiöse Erfahrung, durch das Erlebnis der existentiellen Sündhaftigkeit irdischen Daseins, dem Einzelnen die Überzeugung zu vermitteln, dass Christus auch zur Vergebung seiner Sünden gestorben sei. Es gibt ein kleines Museum oben im Preacher's Room und einen Shop, der Hof wird gerade hübsch begrünt.

Adresse 36 The Horsefair. ⏱ Mo–Sa 10–16 Uhr. Eintritt frei! www.newroombristol.org.uk. Freitags Lunchtime, Konzerte nach dem kurzen Gottesdienst (13 Uhr tgl.) um 13.20 Uhr.

SS Great Britain: Verglichen mit modernen Luxuslinern, nimmt sich die *SS Great Britain* geradezu bescheiden aus, doch galt das von Isambard Kingdom Brunel erbaute Eisenschiff bei seinem Stapellauf 1843 als das luxuriöseste und zugleich als das erste propellergetriebene Dampfschiff der Welt, das den Atlantik überquerte. Insgesamt 43 Jahre lang verrichtete die *SS Great Britain* als Fracht- und Passagierschiff ihren Dienst, dann wurde sie 1886 in einem Sturm vor Kap Horn so schwer beschädigt, dass das stolze Schiff nur noch als

SS Great Britain

Warenlager Verwendung fand. Im Jahre 1970 kam die *SS Great Britain* nach Bristol zurück, wo sie mit viel Liebe von den Restauratoren in ihren Originalzustand zurückversetzt wurde. Bevor man auf das Schiff gelangt und als Passagier per Audioguide ins 19. Jahrhundert zurückversetzt wird, bekommt man im Dockyard Museum das wissenswerte Rüstzeug für diese Erfahrung. 2010 wurde ein neues Besucherzentrum in Brunels alter Dampfmaschinenfabrik eröffnet. Direkt neben der 98 Meter langen *SS Great Britain* liegt übrigens auch ein Nachbau der berühmten *Matthew* vor Anker, mit der John Cabot 1497 Neuengland wiederentdeckte. Angeschlossen ist zudem ein informatives Maritime Heritage Centre.

Adresse Gas Ferry Road. ⏲ tgl. 10–17.30 Uhr, im Winter bis 16.30 Uhr. Eintritt: £ 11.95, erm. £ 9.50 oder £ 5.95 (inklusive Audioguide, Tickets sind 12 Monate gültig). www.ssgreatbritain.org.

Clifton Suspension Bridge: Was der Eiffelturm für Paris ist die Clifton Suspension Bridge für Bristol. Clifton ist eines der vornehmsten Stadtviertel von Bristol und besitzt mit der Hängebrücke über den Avon das Wahrzeichen der Stadt. Das Meisterwerk des genialen Ingenieurs *Isambard Kingdom Brunel* (1806–1859) überspannt den Fluss in einer Höhe von knapp 80 Metern. Die zwischen zwei burgartigen Türmen aufgespannte Brücke entfaltet trotz ihrer 210 Meter Länge eine filigrane Wirkung. Brunel erbaute die Brücke zwischen 1831 und 1864 und verwendete dabei Teile der alten Londoner Hungerford Bridge. Wer die Brücke überquert (mit dem Auto kostet es £ 0.50 Gebühren), kommt auf der anderen Seite zu einem dichten Wald- und Parkgebiet, den Leigh Woods. Zurück in Clifton lädt etwas oberhalb der Hängebrücke das *Observatorium* mit der einzigen Camera Obscura Englands zum Besuch ein (£ 2, erm. £ 1).

Das Visitor Centre finden Sie am Leigh Woods Ende der Brücke. ⏲ tgl. 10–17 Uhr. ☎ 0117/974 4664. www.cliftonbridge.org.uk.

Bristol Zoo Gardens: Nordöstlich der Clifton Bridge befindet sich der städtische Zoo, in dem mehr als 300 verschiedene Tierarten sowie seltene Baumarten zu finden sind. Als Attraktionen gelten eine Vogelfreiflughalle, der Flamingosee und die Gorillainsel. Beliebt ist die künstliche Seehund- und Pinguinküste, wo Besucher die Möglichkeit haben, die Tiere über und unter Wasser zu beobachten.

Adresse Clifton. ⏲ tgl. 9–17.30 Uhr, im Winter bis 17 Uhr. Eintritt: £ 13, erm. £ 8. www. bristolzoo.org.uk.

@Bristol: Das Millenniumprojekt am Hafen von Bristol besteht aus dem Blue-Reef-Aquarium mit zwei 10.000-Liter-Fischtanks (karibische See und Black Reef Sharks), angeschlossenem IMAX-3D-Kino und „Explore" sowie einem Wissenschaftsmuseum, das an das Vorstellungsvermögen der Besucher appelliert, zu Experimenten ermuntert und auch ein Planetarium enthält.

Adresse Explore Lane. ⏲ tgl. 10–17 Uhr, an Wochenenden und in den Ferien bis 18 Uhr. Eintritt Blue Reef: £ 13.50, erm. £ 11.50, Kinder bis 14 Jahre £ 9.20 (Kinofilme sind im Preis inbegriffen); www.bluereefaquarium.co.uk. Explore: £ 10.80, erm. £ 9.90, Kinder bis 15 Jahre £ 7.70. Auch Familientickets. www.at-bristol.org.uk.

Umgebung

Weston-super-Mare

Weston super Mare, das größte Seebad am Bristol Channel, ist ein beliebtes Ausflugsziel für sonnenhungrige Besucher aus Bristol. Mit seinem bröckelnden viktorianischen Charme ist das einstige Fischerdorf aber auch für Touristen vom Konti-

Meisterwerk der Brückenbaukunst: Clifton Suspension Bridge

nent von Interesse. An warmen Sonntagen zeigen sich die Besucher oft in ihren besten Kleidern an dem breiten, langen Sandstrand, bauen Burgen, die der Union Jack krönt, picknicken im Familien- und Freundeskreis und hoffen, von der raren Sonne verwöhnt zu werden, derweil sie auf die im Dunst der Bucht gelegene Insel Flat Holm blicken. Im Wintergarten spielt eine Blaskapelle zum Tanz auf, auf dem großen Pier (der Pavillon auf dem Grand Pier entstand nach einem Brand 2008 neu) amüsiert man sich im neuen Themenpark wahlweise beim Go-Kartenspiel, im Laser- oder Spiegellabyrinth, gruselt sich im Haus des Horrors oder den waghalsigen Fahrgeräten oder besucht das 4D-Kino. Man ist nicht nur hier auf Familienurlaub eingestellt: Ponyreiten am Strand, ein Modelldorf und ein Mini-Zoo fehlen selbstverständlich auch nicht.

Information **Tourist Information Centre**, an den Beach Lawns, Weston-super-Mare BS23 1AT, ✆ 01934/888800, ✆ 01934/641741. westontouristinfo@n-somerset.gov.uk.

Clevedon

Im Gegensatz zu Weston-super-Mare ist das zwanzig Kilometer südwestlich von Bristol gelegene Clevedon ein Ausflugsort mit beschaulicherem Flair. Spaziergänge auf dem Poet's Walk an der hübschen Strandpromenade werden mit Ausblicken auf Wales belohnt. Vom Pier aus lassen sich auch Bootsausflüge nach Bristol, Gloucester oder Wales unternehmen (Tickets am Pier).

Lohnenswert ist zudem ein Besuch von **Clevedon Court**, einem Herrenhaus aus dem 14./15. Jahrhundert, das einige Kilometer östlich der Stadt liegt. Ausgestellt sind hier Töpferwaren und alte Möbel. Der berühmte viktorianische Schriftsteller *William Makepeace Thackeray* schrieb hier große Teile seiner Gesellschaftssatire „Vanity Fair".

- *Adresse* Tickenham Road. ⏰ April bis Sept. Mi, Do und So 14–17 Uhr. Eintritt: £ 6, erm. £ 2.80 NT). ☎ 01275/872257; www.clevedoncourt.co.uk.
- *Information* **Tourist Information Centre**, in der Clevedon Library, 37 Old Church Road, ☎ 01934/426020. Mi Ruhetag.

Berkeley Castle

Berkeley Castle, eine der schönsten Burgen der Region, liegt rund dreißig Kilometer nordöstlich auf halbem Weg von Bristol nach Gloucester. Umgeben ist die Festung, die aus dem 12. Jahrhundert stammt, von einer weitläufigen Parkanlage. Im Jahr 1327 war die Burg Schauplatz eines politischen Attentats: Der englische König Eduard II. wurde der Homosexualität bezichtigt und von seiner Gemahlin Isabella und deren Liebhaber Mortimer ermordet. Eine Innenbesichtigung führt unter anderem in den Raum, in dem diese hinterhältige Tat geschah.

Anfahrt Mit dem Auto über die A 38 oder mit dem Bus 308 ab Bristol (Mo–Sa im Zweistunden-Rhythmus). Unregelmäßige Öffnungszeiten: in Ferienzeiten So–Do 11–17.30 Uhr. Eintritt: £ 7.50, erm. £ 6 oder £ 4.50. www.berkeley-castle.com.

Tyntesfield

Tyntesfield gilt als der besterhaltene englische Landsitz aus dem 19. Jahrhundert und liegt etwa zehn Kilometer südlich von Bristol bei der Ortschaft Wraxall. Der neugotische Bau mit seinen Dutzenden von Türmchen und Giebelchen wurde erst 2002 nach einem nationalen Spendenmarathon für 26 Millionen Pfund vom National Trust erworben. Der letzte Besitzer, der 2. Lord Wraxall, lebte hier allein und völlig zurückgezogen. Einige Zimmer wie das rote Empfangszimmer lagen daher 70 Jahre lang ungenutzt und unverändert in einer Art Dornröschenschlaf. Die Familie hatte durch den Import von Guano aus Südamerika einen ungeheuren Reichtum angehäuft. Guano sind Seevogel-Exkremente, die im 19. Jahrhundert das beliebteste Düngemittel waren. Für die Herrschaften war nur das Beste gut genug, entsprechend schmücken kostbare Gemälde die Wände, sind die Teppiche handgeknüpft und die meisten Möbel speziell für das Haus gefertigt. Prunkstück ist ein Billardtisch mit eingebauter Heißwasserheizung, damit die Kugeln auf dem Filz im Winter problemloser liefen. Während der Konservierungs- und Inventararbeiten, die noch viele Jahre dauern werden, ist das Haus für kleinere Besuchergruppen offen. Inzwischen wurde die Sägemühle restauriert, auf dem Dach gibt es einen Aussichtsturm sowie der Küchengarten und die Orangerie sind zu bestaunen.

Anfahrt Mit dem Bus 354 Bristol–Nailsea oder der B 3128 Wraxall (ausgeschildert) oder dem Bus 361 Bristol-Clevedon. ⏰ Ende März bis Anf. Nov. Sa–Mi 11–17 Uhr, Garten 10.30–17.30 Uhr. Eintritt: Haus und Garten £ 10, erm. £ 5; nur Garten £ 5, erm. £ 2.50. ☎ 0844/8004966 (Infoline) oder 01275/461900. www.nationaltrust.org.uk/tyntesfield.

Pultney Bridge

Bath

Der viel besuchte Kurort besitzt die vorzüglich restaurierten Ruinen eines römischen Heilbades, die in England beispiellos sind. Die wenigsten Besucher wissen allerdings, dass Bath das eindrucksvollste und am besten erhaltene Beispiel für den Renaissance-Städtebau in Großbritannien ist. Die UNESCO hat die einzigartigen Kulturschätze von Bath längst gewürdigt und die Stadt 1987 zum Weltkulturerbe ernannt.

Der Besuch von Bath gehört fraglos zu den Höhepunkten eines Südengland-Aufenthaltes. Die in einem Talkessel gelegene Stadt wird als „Florenz des Nordens" gerühmt, und dies nicht nur, weil die 1770 von Robert Adam errichtete Pulteney Bridge mit ihren kleinen Ladengeschäften dem weltberühmten Ponte Vecchio nachempfunden ist. Bath präsentiert sich als ein einzigartiges Architekturensemble; der harmonische Gesamteindruck ist vor allem auf die gleiche Bauhöhe der Häuser und das einheitliche Baumaterial, ein weicher, leicht gelblicher Kalkstein, zurückzuführen. Die Stadt besitzt rund 5.000 denkmalgeschützte Häuser, doch der halbmondförmig geschwungene Royal Crescent mit seinen ionischen Säulen verdient es, besonders hervorgehoben zu werden. Dieses einzigartige Ensemble, das den Royal Victoria Park nach Norden hin abschließt, und der nur unweit entfernte kreisrunde Circus sind Werke der Architekten John Wood – Vater und Sohn, die gemeinsam das größte zusammenhängende palladianische Architekturensemble der Welt entwarfen. Doch auch abseits der bekannten Pfade gibt es viel zu entdecken: Wer in die ruhigeren Seitenstraßen vordringt, glaubt sich ins 18. Jahrhundert zurückversetzt. Im Zentrum von Bath – seit 1966 Universitätsstadt – finden sich hervorragende Einkaufsmöglichkeiten mit attraktiven Boutiquen und Designergeschäften, zahlreiche Coffee Bars und Pubs. Besonders schön ist die neu gestaltete

Passage Milsom Place, wo man u. a. bei Jamie Oliver italienisch speisen kann. Auch das alte Einkaufszentrum South Gate erstrahlt inzwischen in nagelneuem, neoklassischem Glanz. Neben dem sich unterhalb des Royal Crescent erstreckenden Royal Victoria Park sind die eintrittspflichtigen Parade Gardens am Ufer des Avon der schönste Platz, um auf den bunten Liegestühlen einen Tag zu verträumen. Nachdem 1978 nach einem Meningitis-Fall der Badebetrieb eingestellt worden war, sprudelten die heißen Quellen unverständlicherweise ungenutzt. Erst als die staatliche Lotterie-Stiftung 7,8 Millionen Pfund unter der Voraussetzung, dass andere Investoren noch einmal den gleichen Betrag aufbringen, zur Verfügung stellte, konnte Bath wieder an die einstige Tradition als Kurbad anknüpfen. Nach langwierigen rechtlichen Auseinandersetzungen mit der Baufirma wurde das moderne Thermalbad im August 2006 eröffnet. Zwei historische Bäder, das Hot Bath sowie das Cross Bath, wurden restauriert und in einen modernen Baukomplex integriert. Das Highlight ist ein Open-Air-Dachpool mit grandiosem Ausblick auf die Stadt. Die Pläne für den Neubau entwarf der Architekt Nicholas Grimshaw, der sich bereits durch den Eurostar Terminal in London-Waterloo einen Namen gemacht hat. Statt auf klassische Kuren verlegt sich das neue Thermalbad als Wellness-Zentrum nun auf Schönheitsbehandlungen. Störend sind nur die happigen Eintrittspreise, die lassen einen nämlich ganz schön alt aussehen …

Geschichte

Der Ursprung von Bath sind natürlich seine Thermalquellen, die bereits in frühgeschichtlicher Zeit bekannt waren. Der Sage zufolge soll der als Schweinehirt umherziehende leprakranke Prinz Bladud – der Vater von König Lear – durch ein Bad im Thermalschlamm von seinem Leiden befreit worden sein. Da in Bath die einzigen heißen Quellen Britanniens sprudeln, erscheint es im Rückblick fast unumgänglich, dass sich die Römer dieses Naturpotential zu Nutze machten, um komfortable Badeanlagen zu errichten. Im Jahre 44 unserer Zeitrechnung begannen die Bauarbeiten, die unter Agricola abgeschlossen wurden. Das heitere Badetreiben währte nur drei Jahrhunderte. Als sich die Römer im Zuge der Völkerwanderung aus Britannien zurückzogen, verfiel das nach der keltischen Gottheit Sul benannte *Aquae Sulis* innerhalb kürzester Zeit. Im Jahre 577 wurde die Stadt von den Angelsachsen erobert. Zwar lebte im 11. Jahrhundert unter dem Normannenkönig William Rufus die Badekultur noch einmal kurz auf, geriet dann aber fast in Vergessenheit. Samuel Pepys notierte 1668 verwundert in seinem Tagebuch: „Sehr schöne Damen, auch mit guten Manieren; jedoch – mich deucht, es kann doch nicht sauber sein, so viele Körper in dasselbe Wasser gehen zu lassen." Damals war es noch üblich, dass Männer und Frauen gemeinsam nackt badeten – ein Umstand, der Johanna Schopenhauer, die Mutter des berühmten Philosophen, 1805 bei ihrem Bath-Aufenthalt schockierte.

Letztlich war es aber einem Besuch von Queen Anne zu verdanken, dass die Tuchhändlerstadt Bath im 18. Jahrhundert ihren Aufstieg zum Modebad nahm. Seit dem Besuch der Königin (1702) galt es in adeligen Kreisen als gesellschaftliches Muss, eine Kur in Bath zu machen. Bath, das damals gerade einmal 2.000 Einwohner zählte, verwandelte sich in kürzester Zeit in einen mondänen Kurort; die Bevölkerung verfünffachte sich innerhalb weniger Jahrzehnte, bis zum Beginn des 18. Jahrhunderts wurden 7.000 Häuser gebaut! Wer im gesellschaftlichen Leben Englands eine Rolle spielen wollte, durfte die Saison von Bath nicht versäumen. Abgesehen von

300   Bristol und Bath

der High Society versammelte sich hier alljährlich ein buntes Publikum: Abenteurer, Kurtisanen, Spieler, Höflinge und Admiralswitwen. „Here are variety of amusements, a variety of things to be seen and done all day long. I really believe I shall always be talking of Bath I do like it so much ... Oh, who can ever be tired of Bath?", charakterisierte Jane Austen, die von 1801 bis 1806 in Bath gelebt hatte, das mondäne Flair. Erst als im Laufe des 19. Jahrhunderts der Adel die aufstrebenden Küstenorte wie Brighton oder Weymouth bevorzugte, um dem Meer nahe zu sein, geriet Bath aus der Mode. Das Thermalbad wurde zwar noch bis 1978 weiter betrieben, doch blieb der Adel fern.

Beau Nash – the King of Bath

Der Aufstieg von Bath zum weltberühmten Kurbad ist untrennbar mit Richard Nash (1674–1761) verbunden. Mehr als vier Jahrzehnte war der „King of Bath" der gesellschaftliche Mittelpunkt der Stadt. Beau Nash, ein ehemaliger Offizier und leidenschaftlicher Spieler, war der Prototyp eines Dandys und fungierte mehr als fünf Jahrzehnte als Zeremonienmeister in Bath – seinen ironischen Beinamen „Beau" erhielt er wegen seines stets attraktiven Aussehens. Er insistierte auf einen von ihm genau festgelegten Verhaltenskodex, der für Adel und Bürgertum gleichermaßen bindend war. Wer beispielsweise mit Reitstiefeln im Ballsaal erschien, wurde umgehend wieder hinausgeworfen. Die abendlichen Bälle begannen um Punkt 18 Uhr mit einem Menuett, das von den beiden gesellschaftlich am höchsten stehenden Personen eröffnet wurde. Duelle waren Nash genauso verhasst wie rauchende Herren in öffentlichen Gebäuden – beides bekämpfte er erfolgreich. Doch behielt Nash nicht nur die richtige Etikette im Auge, er sorgte auch dafür, dass die Straßen instand gesetzt wurden und nahm Einfluss auf Architektur und Stadtplanung. Die Stadtväter erwiesen ihrem Beau Nash eine hohe Gunst: Der ungekrönte König von Bath erhielt seine letzte Ruhestätte in der Bath Abbey.

Information/Verbindungen/Diverses

● *Information* **Bath Tourism Plus**, hier sind auch sehr nützliche Faltblätter zu Wanderungen durch die Umgebung erhältlich. Abbey Chambers, Abbey Church Yard, Bath, Somerset BA1 1LY, ✆ 0044/(0)844/8475257 (aus dem Ausland), ✆ 0906/711/2000 (innerhalb Englands), 🖷 01225/477221. www.visitbath.co.uk.
● *Einwohner* 84.500 Einwohner.
● *Verbindungen* **Bus** – Gegenüber dem neuen Shopping Centre Southgate in der Dorchester Street (Kreuzung zur Southgate Street neben dem Bahnhof). ✆ 01225/464446. NatEx fährt von hier direkt nach London (✆ 08717/818181). Nach Bristol kann man mit Badgerline fahren (Busse X39, 339, 639 und 649; ✆ 0845/6064446; www.firstgroup.com), nach Wells mit dem Bus 173. **Zug** – Railway Station Bath Spa an der Kreuzung Dorches-

ter Street und Manvers Street. Praktisch jede Viertelstunde Verbindungen nach Bristol (Dauer 20 Min.) und stündlich mit dem Intercity nach London Paddington Station (Dauer 90 Min.), 2-mal tgl. nach London Waterloo, 15-mal tgl. nach Exeter und 6-mal tgl. nach Oxford.
● *Fahrradverleih* Der nächste Fahrradverleih ist **Dundas** im Limpley Stoke Valley, wo man auch Narrowboats leihen kann. £ 7 für die erste Stunde, £ 1 für jede weitere. Brass Knocker Basin, Monkton Combe, tgl. 10.30-17.20 Uhr. ✆ 01225/722292. www.bathcanal.com.
● *Film* **Vanity Fair – Jahrmarkt der Eitelkeiten**, für die Verfilmung des Romans von William Makepeace Thackeray mit Reese Witherspoon und Bob Hoskins wurde 2003 ausschließlich in Bath gedreht.

Bath 301

- *Kino* **Odeon**, Kingsmead Leisure Centre, James Street West, ℡ 0871/2244007. www.odeon.co.uk.
- *Kurbad* **Thermae Bath Spa**, der Wellness-Tempel bietet in den historischen, total renovierten Räumlichkeiten viel Entspannung. Besonders attraktiv ist der Dachpool mit einer tollen Aussicht auf Bath und das Umland. Tgl. 9–22 Uhr geöffnet. Eintritt ab £ 24 (für 2 Std.). Hot Bath Street. ℡ 01225/331234; www.thermaebathspa.com.
- *Literatur* **Tobias Smollett**: *Humphry Clinkers Reise*. Manesse Verlag, Zürich 1996. Bietet ein illustres Sittengemälde von Bath im 18. Jahrhundert. **Jane Austen**: *Die Abtei von Northanger*. Insel Verlag.
- *Markt* **Guildhall Market**, High Street.
- *Post* Broad Street/Ecke Green Street.
- *Shopping* Richtig schön geworden ist die Einkaufspassage **Milsom Place**, die einen Bummel lohnt (auch viele Restaurants). Der Bekleidungsladen der Kette **Jigsaw** in alten Postamt ist schon wegen der Architektur einen Besuch wert. Im Schuhladen **Duo** in der 33 Milsom Street gibt es Stiefel in 21 Schaftweiten und Schuhe in drei Breiten pro Größe. Günstige Secondhand-Mode mit Stil von bekannten Designermarken verkauft die **Oxfam Boutique** in der George Street (Ecke Gay Street). Antiquitäten gibt's u. a. im **Bartlett Street Antique Market**, wo elf Aussteller alles von Uhren und Schmuck über Porzellan und Textilien bis hin zu Briefmarken bieten. Mo–Sa 10–17 Uhr.
- *Spielplatz* **Royal Victoria Park**, großer Abenteuerspielplatz mit Halfpipe, Rutschen und Kutschenwagen.
- *Stadtführungen* **Bizarre Bath**, die etwas andere Stadtführung startet von April bis Ende Okt. jeden Abend um 20 Uhr am Huntsman Inn. Teilnahmegebühr: £ 8, erm. £ 5.50. www.bizarrebath.co.uk. Wer davor oder danach im Huntsman isst, erhält 20 % Rabatt.

Bei diesen herrlichen Fassaden braucht man sich nicht über die Immobilienpreise zu wundern

- *Veranstaltungen* **Bath International Music Festival**, von Mitte bis Ende Mai wird in Bath mit Ausstellungen und Konzerten aller Stilrichtungen gefeiert. ℡ 01225/463362. www.bathmusicfest.org.uk. **Jane Austen Festival** im Sept., ℡ 01225/443000, www.janeaustenfestival.co.uk. **Bach Festival** im Oktober, ℡ 01225/401149.

Übernachten (siehe Karte S. 302/303)

Die Hotelpreise in Bath überbieten inzwischen sogar die der Hauptstadt London. Durchschnittlich kostete 2010 ein Zimmer in der Stadt £ 111/Nacht. Preisbewusste Urlauber werden daher vielleicht eine Alternative im Umland oder in der Nachbarstadt Bristol erwägen.

Manor Farm Corston (31), Landleben und Landluft schnuppert, wer auf dieser Farm aus dem 16. Jh. in einem der drei Zimmer (die beiden Double Rooms sind riesig) übernachtet. Liebe Hunde, 150 Milchkühe und ein Pool sind inklusive. EZ £ 45–55, DZ £ 65–70. Ideal für kleine Gruppen und Familien. 5 Minuten Autofahrt von Bath entfernt, nahe der Uni. BA2 9AT, ℡ 01225/874867; www.manorfarmcorston.co.uk.

Kennard Hotel (7), nur einen Katzensprung von der Pulteney Bridge entfernt, bietet das

302 Bristol und Bath

kleine in-time Hotel von Giovanni und Mary Baiano italienisches Flair und den idealen Rahmen zur Erkundung von Bath. Ausgezeichnet ist das Frühstück: Es werden Croissants und frisch gepresster Orangensaft gereicht, zudem darf man zwischen verschiedenen Kaffeesorten auswählen. Hunde und Kinder unter 8 Jahren (die bellen doch gar nicht?) sind nicht erwünscht. Neu angelegter georgianischer Garten zum Entspannen. EZ ab £ 58, DZ ab £ 98. 11 Henrietta Street, 01225/310472, 01225/460054, www.kennard.co.uk.

Three Abbey Green (25), Derrick und Sue haben ihre sieben Zimmer englisch-traditionell ausgestattet und bieten eine familiäre Betreuung. Direkt im Zentrum gelegen, aber trotzdem ruhig und idyllisch. £ 95–195/Zimmer. Auch nagelneue self-catering Apartments mit TV und Espresso-Maschine für £ 195 pro Nacht (4–6 Personen). 3 Abbey Green, 01225/428558, www.threeabbeygreen.com.

Anabell's Guest House (29), zentral zwischen Bahnhof und römischen Bädern kann man in neun eher einfachen Zimmern wohnen, dafür deutlich günstiger: EZ ab £ 35, DZ ab £ 55. 6 Manvers Street, 01225/330133; www.anabellesguesthouse.co.uk.

Apsley House (13), eine Meile westlich des Zentrums gelegen, verspricht das einst für den Duke of Wellington errichtete Haus mit seinem großen Garten einen angenehmen Aufenthalt. Gediegene Atmosphäre. EZ £ 55–145, DZ £ 70–180. Apartment im Kutschenhaus £ 160 für 5 Personen. 14 Newbridge Hill, 01225/336966, 01225/425462, www.apsley-house.co.uk.

Oldfields (33), das stattliche viktorianische Haus bietet viel Komfort, liegt aber ziemlich weitab vom Schuss. EZ ab £ 49, DZ £ 65–170. 102 Wells Road, 01225/317984, 01225/444471, www.oldfields.co.uk.

Bailbrook Lodge Hotel (1), ein altes georgianisches Landhaus im Stadtteil Batheaston, etwa 1,5 Meilen östlich des Zentrums. Himmelbetten, schöner Garten, Champagner zum Frühstück. EZ ab £ 60, DZ ab £ 85. 35–37 London Road West, 01225/859090, 01225/852299, www.bailbrooklodge.co.uk.

Abbey Rise (32), das B & B ist ein Lesertipp von Guido Roßkopf, der die „sauberen und komfortablen" Zimmer genauso lobte wie das „schmackhafte und reichhaltige Frühstück". B & B je nach Ausstattung der Zimmer £ 35–90. 97 Wells Road, /01225/316177, www.abbeyrise.co.uk.

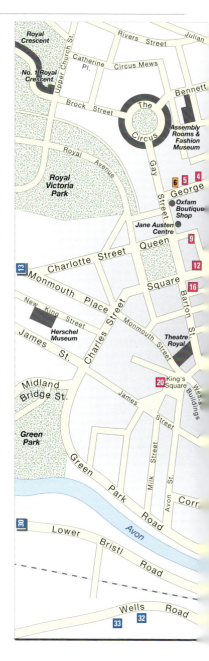

Bath 303

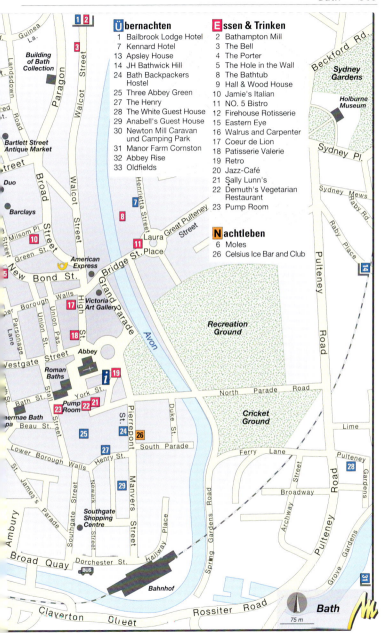

Übernachten
1 Bailbrook Lodge Hotel
7 Kennard Hotel
13 Apsley House
14 JH Bathwick Hill
24 Bath Backpackers Hostel
25 Three Abbey Green
27 The Henry
28 The White Guest House
29 Anabell's Guest House
30 Newton Mill Caravan und Camping Park
31 Manor Farm Cornston
32 Abbey Rise
33 Oldfields

Essen & Trinken
2 Bathampton Mill
3 The Bell
4 The Porter
5 The Hole in the Wall
8 The Bathtub
9 Hall & Wood House
10 Jamie's Italian
11 NO. 5 Bistro
12 Firehouse Rotisserie
15 Eastern Eye
16 Walrus and Carpenter
17 Coeur de Lion
18 Patisserie Valerie
19 Retro
20 Jazz-Café
21 Sally Lunn's
22 Demuth's Vegetarian Restaurant
23 Pump Room

Nachtleben
6 Moles
26 Celsius Ice Bar and Club

Bristol und Bath
Karte S. 202/203

304 Bristol und Bath

The Henry (27), in unmittelbarer Nähe der Abtei gelegen, bietet das Guest House sieben frisch renovierte Zimmer in freundlichhellen Beigefarben. EZ £ 50, DZ ab £ 95. 6 Henry Street, ☏ 01225/424052, www.thehenry.com.

The White Guest House (28), hübsches Gasthaus, fünf Zimmer, fünf Minuten vom Zentrum entfernt. An den Fenstern hängen bunte Blumenkästen, deren Wirkung dem B & B schon einige Preise eingebracht hat. EZ £ 35–45, DZ £50–60. 23 Pulteney Gardens, ☏/✆ 01225/426075, www.whiteguesthouse.co.uk.

Bath Backpackers Hostel (24), einfache Herberge mit internationalem Flair. Absolut zentrale Lage. Laut Eigenwerbung „a totally fun-packed mad place to stay". Nun ja, wenigstens sprudelt unter dem Rezeptionsschalter ein Aquarium und die Wände im Treppenaufgang zieren grelle Comics. Neue Teppiche und Wandanstrich. Übernachtung im Schlafraum (4–10 Betten) £ 11–22, kontinentales Frühstück frei. 13 Pierrepoint Street, ☏ 01225/446787, ✆ 01225/465199, www.hostels.co.uk.

SACO Serviced Apartments, vermieten luxuriöse Studios und Wohnungen für 2–4 Leute. Studios ab £ 59, Wohnungen ab

£ 132. 37 St James Parade, ☏ 0845/1220405, www.apartmentsbath.co.uk.

● *Jugendherberge* **Bathwick Hill (14)**, ganzjährig geöffnete Herberge in einem hübschen Haus im italienischen Stil, etwa einen Kilometer östlich des Zentrums. Mit Badgerline 18 oder 418 (ab Busbahnhof in Richtung Universität) kommt man hin. Erwachsene ab £ 14, Jugendliche ab £ 10.50. Bathwick Hill, ☏ 0845/3719303, ✆ 01225/482947, bath@yha.org.uk.

● *Camping* ****** Newton Mill Caravan und Camping Park (30)**, der perfekt ausgestattete und videoüberwachte Campingplatz liegt fünf Kilometer westlich von Bath (A 39) in einer landschaftlich sehr reizvollen Umgebung. 90 Caravanstellplätze und 105 Plätze für Zelte; Zelt und zwei Personen etwa £ 22. Restaurant und Bar vorhanden. Ganzjährig geöffnet. Anfahrt mit Bus 5 vom Busbahnhof bis Newton Road oder auf der A 4 Richtung Bristol bis zur Ausfahrt Newton St Loe, dann nach einer Meile auf der linken Seite. Newton St Loe, ☏ 01225/333909, www.newtonmillpark.co.uk.

Bath Marina and Caravan Park, für alle, die mit dem Wohnmobil unterwegs sind. Ab £ 16. Brass Mill Lane, ☏ 01225/424301.

Essen/Trinken/Nachtleben (siehe Karte S. 302/303)

Hall & Woodhouse (9), Bar, Restaurant, Home. Auf drei Etagen eines ehemaligen Auktionshauses wird hier im Erdgeschoss Gemütlichkeit (Home), im 1. Stock Eleganz (mit Kronleuchtern und Silberdecke im Restaurant) und auf der Dachterrasse (Bar) Lebensart versprüht. Gehört der gleichnamigen Brauerei aus Dorset. Unten fast alle Gerichte unter £ 10 (Tomatensuppe £ 4.95; Macaroni Cheese £ 8.50). 1 Old King Street, ☏ 01225/469259; www.hall-woodhousebath.co.uk.

The Hole in the Wall (5), modernes Restaurant in historischem Gewölbe, sehr gut zum Lunch oder pre-theatre („under a tenner" – 2 Gänge für £ 9.95), einheimische Produkte, selbstgemachtes Brot und Eis, 70 Weine. Mo 18.30–22 Uhr, Di–So 12–14 Uhr und 18–22 Uhr. 16 George Street, ☏ 01225/425242. www.theholeinthewall.co.uk.

NO. 5 Bistro (11), Weinbar und Restaurant, im Hintergrund ertönt dezente Jazzmusik. Gute Küche, gehobenes Preisniveau. So Ruhetag. 5 Argyle Street, ☏ 01225/444499; www.no5restaurant.co.uk.

The Bathtub (8), gleich um die Ecke versteckt sich dieses kleine (aber größer als es von außen erscheint), romantische Restaurant im Bistrostil. Deftig ist der Mexican Pot au Feu für knappe £ 10. Mo und Di Ruhetage. 2 Grove Street, ☏ 01225/460593. www.bathtubbistro.co.uk.

Jamie's Italian (10), für ein Jamie-Oliver-Restaurant erstaunlich unaufdringlich und entspannt. Günstige Pastagerichte (£ 8.75–15.99) und Burger, aber Finger weg von den Antipasti, die sind wenig für viel Geld. Im Sommer um einen Platz auf der Terrasse bitten. Keine Reservierungen unter 8 Personen. 10 Milsom Place, ☏ 01225/510051; www.jamieoliver.com/italian/bath.

The Eastern Eye (15), das indische Restaurant erstreckt sich über eine ganze Etage eines georgianischen Hauses und wird durch mehrere Glaskuppeln natürlich beleuchtet. Verwirrend riesige Auswahl. Wer es cremig mit Kokosmus mag, probiere *Chicken Korma* (£ 8.95). 8a Quiet Street, 1. OG, ☏ 01225/422323. www.easterneye.com.

Sally Lunn's (21), gutes Restaurant im ältesten Haus von Bath, das ins Jahr 1482 datiert. Einladend wirkt die verspielte Atmosphäre. Lunch Specials ca. £ 12. 4 North Parade Passage, ℡ 01225/461634.
www.sallylunns.co.uk.

Demuth's Vegetarian Restaurant (22), kleines vegetarisches Restaurant, die Wände sind in freundlichen, gelben Tönen gehalten. Angeboten werden sogar Biere und Weine aus biologischem Anbau. Hauptgerichte ab £ 8. Lecker ist das *stuffed courgette flowers* mit Auberginenpüree, Paprika, Tabouleh (libanesischer Salat), Kichererbsen und gefüllter Zucchini. 2 North Parade Passage, ℡ 01225/446059. www.demuths.co.uk.

Firehouse Rotisserie (12), wohltuend schlichtes Ambiente, gegessen wird an einfachen Holztischen. Spezialisiert auf Pizza (£ 9–11.95) und kalifornische Küche. Hauptgerichte ab £ 12.95. So Ruhetag. 2 John Street, ℡ 01225/482070.
www.firehouserotisserie.co.uk.

Bathampton Mill (2), drei Kilometer nordwestlich vom Stadtzentrum befindet sich diese beliebte Ausflugsgaststätte mit großer Terrasse am River Avon.
www.thebathamptonmill.co.uk.

Pump Room (23), gediegener Tearoom über den römischen Bädern. Distinguierte Atmosphäre mit mächtigen Kronleuchtern. Das Wasser für Tee und Kaffee kommt direkt aus der Quelle. Letzter Einlass 16.30 Uhr. Abbey Churchyard, ℡ 01225/444477.

Walrus and Carpenter (16), Restaurant/Bistro in der Nähe des Theatre Royal. Bei Kerzenlicht und Musik isst man Burger, Steaks, Geflügel oder vegetarische Gerichte zu angemessenen Preisen. Mo–Sa 12–14.30 u. 18–23 Uhr, So 12–23 Uhr, 28 Barton Street, ℡ 01225/314864. www.thewallybath.co.uk.

Retro (19), einfaches, aber sehr einladendes Tagescafé mit viel jungem Publikum. Es gibt Mittagsgerichte (wie das Retro Skyscraper Sandwich) und Salate für Preise um die £ 7. Mo–Fr 8.30–16.30 Uhr, Sa 9–17 Uhr, So 10-17 Uhr. 18 York Street, ℡ 01225/339347; www.caferetro.co.uk.

The Porter (4), das einzige vegetarische Pub in Bath. Es wird auch Ökobier ausgeschenkt. 15 George Street, ℡ 01225/424104. www.theporter.co.uk.

Patisserie Valerie (18), endlich ein Kaffeehaus im europäischen Stil mit einer riesigen Auswahl an Torten und Kuchen, aber auch Frühstück und herzhaften Kleinigkeiten zum Lunch. Kein Wunder, dass die Kette in vielen Städten Erfolg hat. Mo–Sa 7.30–19.30 Uhr, So erst ab 8.30 Uhr. 20 High Street, ℡ 01225/444826; www.patisserie-valerie.co.uk/bath-cafe.aspx.

Jazz-Café (20), beliebtes Café mit auffällig blau-weiß-karierten Tischdecken, Straßenterrasse. Neben einem vielfältigen Frühstücksangebot orientiert sich die Speisekarte an der italienischen und mexikanischen Küche. Oft Livejazz. Lasagne £ 8.50. Mo–Sa 8.30–18 Uhr, Sonntag 10.30–16 Uhr. 1 Kingsmead Square, ℡ 01225/329002; www.bathjazzcafe.co.uk.

Celsius Ice Bar and Club (26), trinken aus Eisgläsern auf Eishockern in einer Winterlandschaft bei minus 5–8 Grad. Es gibt dicke Jacken, Handschuhe und Pudelmützen zum Warmhalten. Im Club ist es wärmer, in jeder Hinsicht. Mo–Do 22–2 Uhr, Fr 20–3 Uhr, Sa 13 Uhr. Eintritt: £ 3.50–7. 1–3 South Parade, ℡ 01225/312800;
www.celsiusicebar.co.uk.

The Bell (3), nettes Pub, dreimal in der Woche mit Livemusik. 103 Walcot Street, ℡ 01225/460426. www.walcotstreet.com.

Coeur de Lion (17), einladendes, kleines Pub im Zentrum. Northumberland Place, ℡ 01225/463568. www.coeur-de-lion.co.uk.

Moles (6), beliebter Nightclub, in dem häufig sehr trendige Livemusik gespielt wird. In den 1980ern standen hier sogar schon The Cure und Peter Gabriel auf der „Bühne". So geschlossen, Eintritt bis zu £ 10. 14 George Street, ℡ 01225/404445. www.moles.co.uk.

Erholsam: North Parade Gardens

Bristol und Bath

Sehenswertes

Roman Baths: Die größte Sehenswürdigkeit von Bath sind zweifellos die römischen Bäder, die der Stadt ihren Namen gaben – zu Römerzeiten hieß sie allerdings noch Aquae Sulis. Die römischen Thermen wurden erst 1755 wiederentdeckt und sukzessive ausgegraben; sie liegen mehrere Meter unter dem heutigen Straßenniveau, da man die Originalfundamente unangetastet lassen wollte. Die heiße Quelle (konstante 46,5 Grad Celsius), die schon die Kelten nutzten, wurde von den Römern der Göttin der Heilkunst, Minerva, geweiht. Ihr zu Ehren errichteten sie einen Tempel über der heiligen Quelle. Mithilfe von Bleileitungen wurde das heiße Wasser – 13 Liter pro Sekunde! – in die einzelnen Bäder befördert.

Jeder Besucher wird mit einer informativen Audioführung durch den römischen Badekomplex geführt. Holzmodelle, Mosaikreste und 3D-Videorekonstruktionen dienen der besseren Vorstellung, zudem sind Skulpturen, Votivgaben und Schmuckstücke, die bei den Ausgrabungen gefunden wurden, ausgestellt. Die Hauptattraktion der Roman Baths ist der von einer schönen Säulenhalle umgezogene *Natatio*. Das 12 x 24 Meter große und eineinhalb Meter tiefe Schwimmbecken wurde erst 1880 vollständig freigelegt; es war ursprünglich überdacht (die grüne Färbung des Wassers ist eine Folge des Lichteinfalls), die Säulenhalle mit den Figuren ist eine spätere Ergänzung. An das zentrale Schwimmbad grenzen noch verschiedene Warm- und Kaltbäder an.

• *Adresse* Abbey Churchyard. ⏲ Jan.–Febr. 9.30–17.30 Uhr, März–Juni 9–18 Uhr, Juli–Aug. 9–22 Uhr, Sept.–Okt. 9–18 Uhr, Nov.–Dez. 9.30–17.30 Uhr. Letzter Einlass eine Stunde vor Schließung. Eintritt: £ 11.50 (Juli/Aug. £ 12.25), erm. £ 10. Kombiticket mit Fashion Museum: £ 15, erm. £ 13. Die im Eintrittspreis enthaltenen elektronischen Audioguides gibt es auch in Deutsch. ✆ 01225/477785, www.romanbaths.co.uk.

Imposant: die römischen Bäder

Von den Freuden der römischen Badekultur

Die römischen Bäder von Bath sind ein hervorragendes Beispiel für den hohen Standard der römischen Zivilisation. Die antiken Badehäuser dienten nicht der Reinlichkeit, sie waren viel mehr ein Ort des Vergnügens, vergleichbar mit dem heutigen sommerlichen Trubel an den Badeständen; es bereitete Spaß, sich unter die Menge zu mischen, sich zu amüsieren, Bekannte zu treffen, Gesprächen zu lauschen, sonderbare Typen zu beobachten, vor allem aber, sich zu zeigen. Der Gong *(discus),* der jeden Tag die Öffnung des Bades bekannt gab, klang laut Cicero lieblicher als das Stimmengewirr der Philosophen in der Schule. Hinzu kam, dass in einer Zeit, da selbst bei klirrender Kälte in den meisten Häusern nur mit Kohlebecken geheizt werden konnte, die Bäder als Wärmestuben willkommen waren, zu denen jeder Römer gegen ein vergleichsweise geringes Entgelt Zutritt hatte. Für angenehme Temperaturen in den Räumen sorgte eine aufwendige Fußbodenheizung. Der Boden ruhte auf kleinen Säulen, durch diesen so entstandenen Hohlraum strömte die heiße Luft. Bath war allerdings nicht nur eine einfache Therme, sondern ein Heilbad und wurde deshalb schon in römischer Zeit von „Kurgästen" aufgesucht.

The Pump Room: Über dem römischen Bad befindet sich der *Pump Room.* Er wurde entworfen, um den Bädern einen seriösen und zugleich luxuriösen Anstrich zu geben und fungierte vor allem als zwangloser Ort des Kennenlernens. Auch in unseren Tagen ist noch die Gediegenheit des prunkvollen Gebäudes zu spüren. Mächtige Kronleuchter hängen von der Decke, Säulen zieren die Wände, und die großen Fenster werden von langen Vorhängen geschmückt. An kleinen Holztischen genießt man sein Frühstück oder den Tee, lauscht dabei der klassischen Musik, die morgens (im Sommer auch nachmittags) gespielt wird. Das Wasser für Tee und Kaffee wird übrigens von der Quelle hierher hochgeleitet, das laut Charles Dickens allerdings „nach Bügeleisen schmeckt".

Mo–Sa 9.30–17.30 Uhr (letzter Einlass 16.30 Uhr). Im Aug. bis 22 Uhr (letzter Einlass 21 Uhr.

Bath Abbey: Die 675 gegründete Abtei von Bath ist ein historisch bedeutsamer Ort: Im Jahre 973 wurde mit Edgar erstmals ein König von ganz England gekrönt, später residierten hier eineinhalb Jahrhunderte lang die Bischöfe „von Bath and Wells". Die heutige Kirche ist allerdings weitgehend im Perpendicular-Stil des 16. Jahrhunderts errichtet worden. Besonders prächtig sind das Westportal, das in Richtung Pump Room blickt, sowie das reich ornamentierte Chorgewölbe. Vollendet war die Abteikirche, als Heinrich VIII. die Auflösung der Klöster verfügte. Da die Bürger von Bath nicht gewillt waren, dem König die Kirche abzukaufen, wurde sie dem Verfall preisgegeben. Erst im 17. Jahrhundert leitete man Restaurierungsmaßnahmen ein.

Mo–Sa 9–18 Uhr, So 13–14.30 und 16.30–17.30 Uhr; eine Spende von £ 3.50 wird erwartet. Tower Tours zur vollen Stunde. £ 5, Kinder £ 2.50. www.bathabbey.org.

Holburne Museum of Art: Das in einem der elegantesten georgianischen Gebäude von Bath – der Kunstkritiker Friedrich Sieburg rühmte es wegen seiner vollkommenen Proportionen als das schönste Haus Englands – untergebrachte Museum besitzt einen großen Fundus bildender und dekorativer Kunst aus dem 18. Jahrhundert,

Filigrane Steinmetzkunst: Bath Abbey

darunter Gemälde von Gainsborough, Turner, Stubbs, Guardi und Raeburn. Die meisten Exponate stammen aus der Sammlung von Sir William Holburne (1793–1874). Ergänzt wird die Dauerausstellung durch Werke führender britischer Künstler aus dem 20. Jahrhundert. Das Museum ist noch bis Sommer 2011 wegen Umbauten geschlossen.
Adresse Great Pulteney Street. www.bath.ac.uk/holburne.

Assembley Rooms & Fashion Museum: Während des Zweiten Weltkrieges zerstört und später rekonstruiert, erstrahlen die früheren Gesellschafts- und Ballräume nun wieder in ihrem alten Glanz. Man benötigt nur wenig Phantasie, um sich festlich gekleidete Herrschaften trinkend, tanzend und spielend in diesen Räumlichkeiten vorzustellen. Wer mehr über die Garderobe der vergangenen Jahrhunderte erfahren will, sollte das im Untergeschoss untergebrachten *Kostümmuseum* besuchen. Die mehr als 200 Puppen tragen kostbarste Gewänder aus der Zeit des späten 16. Jahrhunderts bis in die Gegenwart. Besonders interessant sind allerdings die stilistischen Wandlungen des 20. Jahrhunderts, die so manchen ins Staunen versetzen. Als sehr informativ erweist sich die Audioführung. Sonderausstellungen zeigen auch schon mal Modefotografien oder die Roben der Königin oder Prinzessin Dianas.
Adresse Bennet Street. ⏱ tgl. 10.30–17, Nov.–Febr. bis 16 Uhr. Eintritt: £ 7, erm. £ 6.25 od. £ 5. Kombiticket mit Roman Baths: £ 15, erm. £ 13 od. £ 9. www.museumofcostume.co.uk.

Building of Bath Collection: Das in einer ehemaligen Methodistenkapelle untergebrachte Museum erklärt mithilfe eines großen Stadtmodells und zahlreichen Entwürfen die Architekturgeschichte von Bath. Interessant sind auch die Exkurse zur Inneneinrichtung.
Adresse The Countess of Huntingdon's Chapel. ⏱ Sa, So, Mo 10.30–17 Uhr. Eintritt: £ 4, erm. £ 3.

No. 1 Royal Crescent: Der Royal Crescent mit seinen Wohnhäusern im palladianischen Stil zählt zu den schönsten Beispielen der europäischen Städtebaukunst. *John Wood der Ältere* (1704–1754) und später sein Sohn *John Wood der Jüngere* (1727–1781) errichteten diese halbrunde, 184 Meter lange Häuserzeile in der Mitte des 18. Jahrhunderts und wurden dadurch zu Wegweisern für den englischen Städtebau. Die Anlage mit den prachtvollen Großbürgerhäusern entstand auf halber Höhe an einem Hang, wodurch die Parklandschaft in das Gesamtkonzept integriert wurde. Das als Museum genutzte ehemalige Haus des Herzogs von York zeigt anschaulich, wie die Menschen im georgianischen Bath lebten. Die Innenräume wurden aufwendig restauriert und atmen spürbar den Geist des 18. Jahrhunderts.

Adresse Royal Crescent. ⏰ Febr.–Okt. tgl. außer Mo 10.30–17 Uhr, Nov.–Dez. tgl. außer Mo 10.30–16 Uhr. Mitte Dez bis Mitte Febr. geschl. Eintritt: £ 6, erm. £ 5.

Jane Austen Centre: Das Jane Austen Centre befindet sich in einem georgianischen Haus in der Gay Street, nur unweit von jenem Gebäude mit der Hausnummer 25 entfernt, in dem Jane Austen nach dem Tod ihres Vaters mehrere Monate lang gelebt hat. Austen, die in Bath ihre berühmten Romane „Persuasion" (dt. „Überredungskunst") und „Northanger Abbey" (dt. „Die Abtei von Northanger") schrieb, fühlte sich in der Kurstadt mit dem mondänen Flair allerdings nie richtig heimisch. Das Zentrum bietet ausführliche Informationen zum Leben und Wirken der Schriftstellerin, in einem kleinen Laden kann man Bücher und diversen Nippes (Fächer, Sonnenschirme etc.) im Jane-Austen-Stil erwerben und sich im Regency Tea Room stilvoll erfrischen.

Adresse 40 Gay Street. ⏰ Mo–Sa 10–17.30 Uhr, So ab 10.30 Uhr. Eintritt: £ 5.95, erm. £ 4.50 oder £ 2.95. ☎ 01225/443000. www.janeausten.co.uk/deutsch.

William Herschel Museum – Museum of Astronomy: Vom Garten ihres Häuschens in Bath entdeckten William Herschel und seine Schwester Caroline aus Hannover 1871 den Planeten Uranus. Sie erforschten das Sternensystem und bauten hervorragende Teleskope. Einige astronomische Instrumente sind als Leihgabe des Museum of Science in London hier ausgestellt.

Adresse 19 New King Street. ⏰ Mo, Di sowie Do, Fr 13–17 Uhr, Sa–So ab 11 Uhr. Eintritt: £ 4.50, erm. £ 4, Studenten £ 3. Einführungsfilm und Audioguide (nur englisch).

Umgebung

Prior Park

Schöner Landschaftsgarten in einem Tal zu Füßen der gleichnamigen Privatschule (einst Wohnhaus Ralph Ellens). Der berühmte Gartenarchitekt Lancelot Capability Brown soll den Unternehmer bei der Gestaltung beraten haben. Die kleine palladinische Brücke (eine von vieren auf der Welt) überspannt die Serpentine und zeugt vom Geschmack des 18. Jahrhunderts.

Adresse Ralph Allen Drive. ⏰ Mitte Febr. bis Ende Okt. Mi–So 11–17.30 Uhr. Eintritt: £ 5, Kinder £ 2.80 (NT). Bus Service 2 fährt vom Busbahnhof nach Prior Park.

American Museum (Claverton Manor)

Ein Museum über amerikanisches Landleben in Südengland ist zwar alles andere als naheliegend, doch bietet das drei Kilometer östlich der Stadt gelegene Claverton Manor interessante Einblicke in das Alltagsleben Amerikas in der Zeit zwischen dem 17. und 19. Jahrhundert. Im Jahre 1961 von zwei Amerikanern als erstes seiner Art in Großbritannien gegründet, reicht das Spektrum der Dauerausstellung von den ersten Siedlern in New Orleans bis hin zum Bürgerkrieg, aber auch der amerikanische Westen und die indianische Kultur kommen nicht zu kurz. Selbst der Garten wurde nach einem amerikanischen Vorbild gestaltet: Er ist George Washingtons Mount Vernon nachempfunden.

⏰ Ende März bis Okt. tgl. außer Mo 12–17 Uhr. Eintritt: £ 8, erm. £ 7 bzw. £ 4.50. Bus Nr. 18 u. 418 fährt von Bath nach Claverton Manor. ☎ 01225/460503. www.americanmuseum.org.

Dyrham Park

Dyrham Park ist einer der beeindruckendsten Landsitze Westenglands! Von weitläufigen Gärten umgeben, liegt das Schloss versteckt in einer Senke – doch umso

310 Bristol und Bath

eindrucksvoller ist die Wirkung, wenn man die kleine Anhöhe hinter dem Parkplatz überwunden hat. Es gibt zwar auch einen Pendelbus, doch sollte man diesen erhebenden Eindruck langsam auf sich einwirken lassen. Der Landschaftspark und das barocke Schloss samt Orangerie wurden von 1691 bis 1702 für *William Blathwayt*, den Staatssekretär Wilhelms III., errichtet. Sehenswert ist auch das kostbare Interieur: Wandbespannungen aus Leder, Delfter Porzellan und Täfelungen aus Eiche, Zedern- und Nussbaumholz.

⏲ Mitte März bis Okt. Haus: Fr–Di 11–17 Uhr, Park: Juli/Aug. auch Mi und Do. Eintritt: £ 10, erm. £ 5.15; nur Garten: £ 4, erm. £ 2 (NT).

Horton Court

Der kleine Landsitz unweit von Dyrham Park stammt aus normannischer Zeit. Ungewöhnlich ist, dass er nicht mit Wällen und Mauern befestigt ist. Derzeit wegen Umbaus geschlossen.

Badminton House

Für die Öffentlichkeit leider nicht zugänglich, pilgern eingeschworene Badminton Fans aber dennoch zum Geburtsort ihres geliebten „Federballspiels". In der Great Hall des Landsitzes pflegte man ab 1850 Badminton zu spielen – die Abmessungen der Halle dienen noch heute als offizielles Spielfeldmaß. Der 9. Duke of Beaufort gründete 1887 den Bath Badminton Club und verhalf dem aus Indien „importierten" Spiel zu seinem späteren Weltruhm. Pferdefreunde zieht es zu Ostern zu den berühmten Badminton Horse Trials, den Vielseitigkeitsturnieren.

Bradford-on-Avon

Bradford-on-Avon ist ein altertümliches Marktstädtchen mit schmucken Kalksteinhäusern. Der Name des Ortes erinnert an eine breite Furt („broad ford") durch den Avon, die allerdings schon im 13. Jahrhundert durch eine Brücke „ersetzt" wurde, da man das andere Ufer lieber trockenen Fußes erreichen wollte. Durch den Tuchhandel reich geworden, besitzt Bradford-on-Avon ein recht ansehnliches Stadtbild. Ein Kleinod ist die angelsächsische St Laurence Church, die jahrhundertelang in Vergessenheit geraten war. Erst 1856 wurde die kleine Kirche von dem ortsansässigen Vikar wiederentdeckt. Die gut erhaltene Tithe Barn (Zehntscheune) stammt aus dem 14. Jahrhundert.

● *Information* **Tourist Information Centre**, 50 St Margaret's Street, Bradford-on-Avon BA15 1DE, ✆ 01225/865797. tic@bradfordon avon.co.uk. www.bradfordonavon.co.uk.

● *Einwohner* 9.000 Einwohner.

● *Verbindungen* Häufige Zug- und Busverbindungen nach Bath sowie Bristol.

Farleigh Hungerford Castle

Fünf Kilometer südwestlich von Bradford-on-Avon steht die Ruine des Farleigh Hungerford Castle. Die im Tal des River Frome gelegene Burg wurde ab 1369 für Sir Thomas Hungerford errichtet. Mit ihrem inneren und äußeren Burghof steht sie noch deutlich in der Tradition der edwardianischen Burganlagen. Sehenswert ist die Kapelle mit mittelalterlichen Wandmalereien und den Bleisärgen in der Krypta.

⏲ Juli/Aug. tgl. 10–18 Uhr, April–Juni und Sept. tgl. 10–17 Uhr, Okt.–März nur Sa/So 10–16 Uhr. Eintritt: £ 3.80, erm. £ 3.20, Kinder £ 1.90 (Audiotour inkl., EH). ✆ 01225/754026.

Castle Combe und Lacock Abbey

Siehe Wiltshire, Chippenham/Umgebung.

Die Kathedrale von Wells ist eine der schönsten Englands

Somerset

Somerset ist eine der ländlichsten englischen Grafschaften. Es gibt kaum größere Städte und wenig Industrie, dafür ist Somerset für seine Käse- und Milchproduktion im ganzen Königreich bekannt. Nicht zu vergessen: Cider – die englische Variante des Apfelweins.

Somerset bestand einst größtenteils aus Sumpfland, aus dem nur an wenigen Stellen größere Erhebungen wie der *Glastonbury Tor* emporragten. Die Menschen siedelten in der Frühgeschichte in Pfahlbauten oder in Höhlen am Rande der Mendip Hills, die nördlich von Wells bis auf 326 Meter ansteigen. Weitere Hügelketten sind die Blackdown Hills und die Brendon Hills, die sich bis zum Exmoor National Park erstrecken. Letzterer ist ein Muss für alle Naturliebhaber, vor allem die Küste zwischen Minehead und Lynton bietet ein faszinierendes Landschaftsszenario mit steil abfallenden Klippen. Weitere touristische Höhepunkte sind die New-Age-Hochburg Glastonbury sowie die altehrwürdige Kathedralenstadt Wells. Vor allem die sanft geschwungenen Hügel, die von uralten Hecken zu einem riesigen Flickenteppich geformt wurden, begeistern den Besucher. Während der Zeit der Apfelblüte bietet sich rund um die Grafschaftshauptstadt Taunton ein besonders farbenfrohes Bild. Ein paar Monate später presst man die reifen Äpfel, lässt den Saft gären und schenkt ihn schließlich im alkoholischen Zustand aus. Cider nennt sich das erfrischende Getränk, das hier besonders gut schmeckt. Eine andere kulinarische Delikatesse ist der Cheddar Cheese, der auf keinem englischen Speisezettel fehlen darf.

Wells

In keiner anderen englischen Stadt besteht ein größeres Missverhältnis zwischen der Dimension ihrer Kathedrale und ihrer Einwohnerzahl. Über der Domfreiheit, den schmucken Fachwerkbauten und den gelben Sandsteinhäusern scheint stets eine Ferienstimmung zu liegen.

„Wells … ist eigentlich nicht eine Stadt mit einer Kathedrale, sondern eine Kathedrale, zu deren Füßen sich die Häuser eines Städtchens scharen, nicht viel mehr als ein Anhängsel der ausgedehnten Domfreiheit. Man fühlt überall die Gegenwart der schönen Kirche", befand schon Henry James zu Beginn des 20. Jahrhunderts. Und noch heute liegt Wells im Schatten seiner Kathedrale, die nur durch ein altes Torhaus *(Penniless Porch)* von der Stadt getrennt wird. Wer sich der Altstadt von Wells von Süden her nähert, sollte allerdings nicht den Fehler begehen, St Cuthbert mit der Kathedrale zu verwechseln. St Cuthbert ist zwar die größte Pfarrkirche von Somerset, doch wird sie von der Bischofskirche noch weit übertroffen. Rund um den schmucken Marktplatz laden zahlreiche Gasthöfe zu einer Pause ein.

Geschichte

Die Geschichte von Wells ist untrennbar mit dem Bischofssitz verbunden. Bereits im Jahre 909 ist mit Athelm ein erster Bischof urkundlich verbürgt. Aus heute nicht mehr genau nachvollziehbaren Gründen wurde der Bischofssitz 1088 von den Normannen nach Bath verlegt – ein Umstand mit dem sich Wells nicht abfinden wollte. Mehr als zweieinhalb Jahrhunderte lang stritten sich die beiden Städte um dieses Vorrecht, bis der Papst mit einem Schlichtungsversuch per Dekret Erfolg hatte: Seither residiert der jeweilige Kirchenfürst in Wells und führt den Titel „Bischof von Bath und Wells".

● *Information* **Tourist Information Centre**, Town Hall Wells, Wells, Somerset BA5 2RB, ☎ 01749/672552, ✆ 01749/670869. www.wellstourism.com.

● *Einwohner* 10.400 Einwohner.

● *Verbindungen* **Bus** – ab Priory Road/Princess Road. Busse fahren von hier aus regelmäßig nach Bristol, Bath, Glastonbury und Street, National Express nach London, ☎ 0870/6082608. **Zug** – Die nächsten Bahnhöfe befinden sich in Bath, Bristol und Castle Cary.

● *Stadtführungen* Jeden Mi und Sa um 11 Uhr. Treffpunkt: Tourist Info. Dauer: 1 Std. Kosten: £ 4.

● *Fahrradverleih* **Bike City**, Union Street, ☎ 01749/671711. £ 10 für den ersten Tag.

● *Kino* **Wells Film Centre**, Princess Road, ☎ 01749/673195. www.wellsfilmcentre.co.uk.

● *Markt* Mi und Sa findet neben der Kathedrale ein großer Markt statt.

● *Parken* Mehrere große, gut ausgeschilderte Parkplätze rund um die Altstadt.

● *Post* Market Place.

● *Veranstaltungen* Von März bis Dez. finden in der Kathedrale zahlreiche **Konzerte** statt. Prospekte, z. B. „Music in Wells", sind bei der Tourist Information erhältlich und geben über die genauen Termine Auskunft. Mitte Juni steigt im Cathedral Green das **Wells Dance Festival** mit Prozessionen und Volkstanz.

● *Übernachten* **Canon Grange**, traumhaft gelegenes B & B (fünf geräumige Zimmer mit Bad und WC) mit Blick auf die Kathedrale. Freundlich geführt, auch vegetarisches Frühstück erhältlich. B & B £ 30–37.50 pro Person. Cathedral Green, ☎ 0174/9671800, www.canongrange.co.uk.

Beryl, liebevoll geführtes B & B in einem neogotischen Landhaus mit ländlichem Flair und Swimmingpool, knapp zwei Kilometer von der Kathedrale entfernt. Die Zimmer sind mit viel Nippes und Antiquitäten (Himmelbett etc.) eingerichtet. B & B ab £ 37.50 pro Person (bis £ 65), im EZ ab £ 65. Hawkers Lane ☎ 01749/678738, ✆ 01749/670508, www.beryl-wells.co.uk.

Somerset

Wookey Hole Inn, wer statt englischem Plüschstil lieber nüchterne Designzimmer mit asiatischem Touch bevorzugt, ist in diesem Hotel genau richtig. Ein schöner Garten und ein gutes Restaurant mit kreativer Küche vervollständigen die angenehme Atmosphäre. Nur fünf DZ mit TV und CD-Player für £ 45–50 pro Person inkl. Continental Breakfast. Nördlich von Wells in der Ortschaft Wookey Hole, ℘ 01749/676677, www.wookeyholeinn.com.

Swan Hotel, zünftiger Gasthof aus dem 16. Jh. (Best Western). Viel Komfort in typisch englischem Stil, die günstigeren Zimmer gehen allerdings nach hinten hinaus. Einige (teurere) Zimmer haben einen tollen Blick auf die Kathedrale. Gutes Restaurant sowie eine wunderschöne Caféterrasse zur Kathedrale. Kostenloses WLAN und Parkplätze verfügbar. B & B im DZ ab £ 58 pro Person, im EZ ab £ 94. Sadler Street, ℘ 01749/836300, ℘ 01749/836301, www.swanhotelwells.co.uk.

The Crown at Wells, in uriger Atmosphäre werden in der ehemaligen Postkutschenstation 15 charmante Zimmer vermietet, von denen sechs auf den schmucken Market Place und die Kathedrale blicken. Schön und hell ist beispielsweise das Zimmer Nr. 15. Einzig die Bäder/Duschen könnten modernisiert werden. Kostenloses WLAN und Parkplätze vorhanden. Das zugehörige Bistro bietet bodenständige Kost mit internationalem Flair, leider hinken die Kochkünste dem gastronomischen Anspruch etwas hinterher, Hauptgerichte £ 12–15. Nette Terrasse hinter dem Haus. Unterkunft ab £ 45 pro Person im DZ, im EZ ab £ 60 (jeweils inkl. Frühstück). Market Place, ℘ 01749/673457, ℘ 01749/679792, www.crownatwells.co.uk.

Hallow Tree Farm, auf der Glastonbury Road (Richtung Glastonbury) bei Browne's

Wells 315

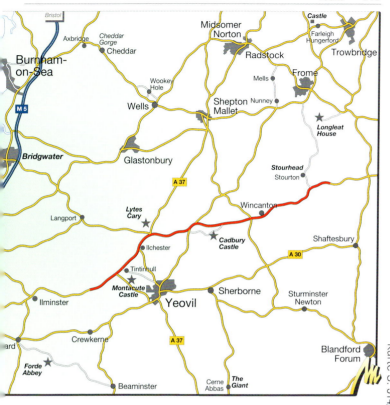

Somerset Karte S. 314/315

Garden Centre links abbiegen, nach ca. eineinhalb Kilometern kommt auf der rechten Seite der Bungalow. Von hier aus hat man einen phantastischen Blick auf die Stadt. Sehr angenehm ist auch die ruhige Lage. Zu mieten sind zwei Zimmer ab £ 25 pro Person. Launcherley, ℡ 01749/673715.

• *Jugendherberge* Siehe Cheddar.

• *Camping* **Homestead Park**, in Wookey Hole, gut ausgestattet, dafür aber auch teuer; Von Ostern bis Okt. geöffnet. Zelt, Auto und zwei Personen £ 16. ℡ 01749/673022, www.homesteadpark.co.uk.

• *Essen/Trinken* **The Old Spot**, ausgezeichnetes Restaurant (mediterrane wie auch traditionelle Küche) im altertümlichen Bistrostil. Zweigängiges Menü £ 18.50, dreigängiges Menü £ 21.50. Mo und Do sowie Sonntagabend geschlossen. 5 Sadlers Street, ℡ 01749/609009.

Café Romna, modernes bengalisches Restaurant gleich bei der Kathedrale. Ausgezeichnetes *Vindaloo Curry* für £ 5.95! Auch Take-Way. Kein Ruhetag. 13 Sadlers Street, ℡ 01749/670240. www.caferomna.co.uk.

Ancient Gate House (Rugantino's), auf der anderen Straßenseite befindet sich ein paar Häuser weiter ein Restaurant mit guter italienischer Küche. Lecker sind die selbstgemachten Nudelgerichte (rund £ 12), Menü zu £ 22.50. Es werden auch ein knappes Dutzend ansprechender Zimmer vermietet, teilweise mit Himmelbett (DZ mit B & B ab £ 91, EZ ab £ 76). WLAN. Sadlers Street, ℡ 01749/672029.

www.ancientgatehouse.co.uk.

Piano Café, nettes Café-Restaurant in einem von der Sadlers Street abzweigenden Hinterhof. Samstagabend Jazzkonzerte. Mo und Do sowie Sonntagabend geschlossen. 9 Heritage Court, ℡ 01749/677772.

Somerset

Chapter Two, in einem Nebentrakt der Kathedrale befindet sich ein nettes Selbstbedienungsrestaurant, das ein schönes Kreuzrippengewölbe besitzt. Gereicht werden kleinere Mahlzeiten (Suppen, Hähnchen usw. für £ 2–5). Tgl. 10–17 Uhr, So 11–17 Uhr, ✆ 01749/676543.

Sehenswertes

Cathedral: Die Kathedrale von Wells gilt als ein Juwel der englischen Sakralarchitektur. Ein gotischer Traum, der von seinem genialen Baumeister geschaffen wurde, ohne auf die berühmten französischen Vorbilder zurückzugreifen – so wurden die abgebrochen wirkenden Türme nicht ans Ende der Seitenschiffe, sondern außerhalb neben sie gesetzt. Besonders prachtvoll ist die außergewöhnlich breite Westfassade, deren Schirmfassade *(screen façade)* von einem einzigartigen Skulpturen-Zyklus geschmückt wird: Von den einst über 400 Figuren sind noch rund 300 erhalten.

Die Bauarbeiten begannen um 1180 und waren rund eineinhalb Jahrhunderte später abgeschlossen. Die Weihe der Kathedrale erfolgte im Jahre 1239. Das vergleichsweise niedrige Langhaus, die westlichen Querschiffe und der Chor sind ein Musterbeispiel für den *Early English Style* (englische Frühgotik). Im Inneren beeindrucken die doppelt geschwungenen „Scherenbögen", die den Vierungsturm stützen. Trotz ihrer großen Proportionen schmälern die Stützbögen den Gesamteindruck des feingliedrigen Gotteshauses nicht, im Gegenteil: Sie sind eine architektonische Meisterleistung und verleihen der Kathedrale eine geradezu schwerelose Wirkung. Sehenswert ist auch das Chorgestühl im *Quire*. Vom nördlichen Querschiff führt eine ausgetretene Steintreppe hinauf zum oktogonalen *Chapter House*, das von Kunsthistorikern als das schönste von ganz England gerühmt wird: Das Deckengewölbe des um 1300 errichteten Kapitelhauses wird von einem einzigen fragilen Pfeiler getragen! Wie eine Palme trägt die stämmige Mittelstütze den sich ausbreitenden Gewölbekegel mit seinen unzähligen Rippen. Ein Kleinod ist auch die astronomische Uhr im Nordschiff. Über dem Zifferblatt der aus dem Jahr 1390 stammenden Uhr tragen vier Ritter ein imaginäres Turnier aus. Alle fünfzehn Minuten geht einer der kämpfenden Ritter zu Boden. Südlich an die Kathedrale grenzt ein Kreuzgang an, dessen nördlicher Flügel ein nettes Café beherbergt.

Markant: die gotischen Scherenbögen

⏰ tgl. 7–19 Uhr, im Winter bis 18 Uhr. Spende (Eintritt): £ 5.50, erm. £ 4 bzw. £ 2.50. www.wellscathedral.org.uk.

Vicar's Close: Vicar's Close gilt als die älteste erhaltene „Reihenhaussiedlung" Europas. Die Szenerie hat sich seit dem 14. Jahrhundert kaum verändert: Westlich der Kathedrale zieht sich eine holprige Kopfsteinpflastergasse an zwei ansehnlichen Häuserreihen mit gepflegten Vorgärten entlang. Die insgesamt 42 Häuser der Sackgasse besitzen einen markanten, hoch aufragenden Schornstein, und noch immer leben hier, wie vor über 600 Jahren, Angestellte des Bistums sowie die Lehrer des örtlichen College. Übrigens: Virginia Woolf wohnte ein paar Tage im Vicar's Close, als sie 1908 einen zweiwöchigen Urlaub in Wells verbrachte.

Bishop's Palace: Die Quellen *(Wells)*, die in den Gärten des Bischofspalastes entspringen, gaben der Stadt ihren Namen. Im 13. Jahrhundert erbaut, wurde dem Sitz des Bischofs von Bath und Wells später ein Wassergraben hinzugefügt, um vor rebellischen Bürgern geschützt zu sein – deshalb auch der Festungscharakter des Palastes. Ein idyllisches Szenario samt Schwänen! Der eigentliche Palast beherbergt ein paar repräsentative Räumlichkeiten mit zahlreichen Bischofsporträts.

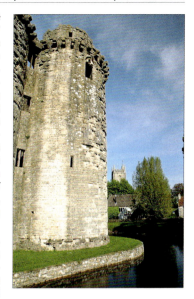

Bishop's Palace

⏰ April bis Okt. tgl. 10.30–18 Uhr, Sa bis 14 Uhr, im Winter 10–16.30 Uhr, Sa bis 14 Uhr. Eintritt: £ 5.50, erm. £ 4.40 oder £ 2.20. www.bishopspalacewells.co.uk.

Wells and Mendip Museum: Schräg gegenüber der Kathedrale liegt das Wells and Mendip Museum. Besonders interessant sind hier die Funde aus den nahen Wookey Hole Caves. In diesen Höhlen entdeckte man nicht nur Fossilien, sondern auch Zeugnisse von Höhlenbewohnern aus der frühen Eisenzeit.
Adresse 8 Cathedral Green. ⏰ Ostern bis Okt. 11–17 Uhr, Nov. bis Ostern tgl. 11–16 Uhr. Eintritt: £ 3, erm. £ 1. www.wellsmuseum.org.uk.

Umgebung

Wookey Hole Caves and Papermill

Die Höhlen von Wookey Hole – sie befinden sich etwa drei Kilometer nordwestlich von Wells in den Mendip Hills – sind eine riesige unterirdische Touristenattraktion. Bereits vor mehr als 2.000 Jahren bewohnt, aber erst 1914 wiederentdeckt, öffnet sich dem Besucher ein Blick in die Welt aus Stalaktiten, Stalagmiten und unterirdischen Seen. Um die teilweise bizarren Tropfsteine ranken sich Legenden, beispielsweise um die „Witch of Wookey", eine versteinerte „Hexe". Neben den Höhlen – darunter eine imposante Felskuppel – kann man auch eine Papiermühle, eine antike Kirmes, ein prähistorisches „Dinosauriertal" und ein Spiegellabyrinth besu-

318   Somerset

chen. Wie Leser zu Recht kritisierten, ist der hohe Eintrittspreis für die Höhle samt Multimediaspektakel leider nicht gerechtfertigt.

Anfahrt Von Wells mit dem Minibus 172 (stündlich). ☉ Ostern bis Okt. tgl. 10–17 Uhr, im Winterhalbjahr 10–16 Uhr. Eintritt: £ 16, erm. £ 11. www.wookey.co.uk.

Shepton Mallet

Der Wohlstand der alten Marktstadt beruht auf der Schafzucht und dem Wollhandel, weswegen sich der Name von Shepton Mallet auch von *Sheep Town* ableitet. Neben dem schmucken Marktplatz samt spätgotischem Market Cross beeindruckt die spätgotische Pfarrkirche St Peter and Paul mit ihrer prächtigen hölzernen Kassettendecke. Wer will, kann einen Ausflug nach **Nunney** unternehmen. Das zwölf Kilometer östlich von Shepton Mallet gelegene Straßendorf besitzt eine pittoreske Burgruine samt Wassergraben (14. Jh.), die noch eine starke mittelalterliche Atmosphäre ausstrahlt.

Markt Freitagvormittag.

Mells

Mells gilt als eines der schönsten Dörfer der Grafschaft Somerset. John Selwood, seines Zeichens Abt von Glastonbury, leitete Ende des 15. Jahrhunderts einen Neubau des Dorfes in die Wege, wobei er sich an mediterranen Vorbildern orientierte.

Cheddar

Cheddar – wer denkt dabei nicht an den gleichnamigen Käse? Neben dieser Gaumenfreude ist Cheddar vor allem für eine spektakuläre Schlucht bekannt, die nördlich des Städtchens ein faszinierendes Naturszenario bietet.

Der Cheddar Cheese ist der bekannteste englische Käse. Schon Daniel Defoe war des Lobes voll: „Zweifellos ist der Cheddar der beste Käse, den England, wenn nicht die ganze Welt, anzubieten hat." Heute gilt Cheddar als Synonym für einen gelblichen, mittelharten Käse, der dem Gouda ähnelt. Leider wird er oft als langweiliges, abgepacktes Industrieprodukt verkauft, das sich geschmacklich stark von dem handgeschöpften Original unterscheidet. Die Stadt Cheddar selbst ist touristisch nur von marginalem Interesse, sieht man einmal von der Kirche und dem historischen Marktkreuz ab.

● *Information* **Tourist Information Centre**, The Gorge, Cheddar BS27 3QE, ✆ 01934/744071, ✆ 01934/744614; im Sommer 10–17 Uhr, im Winter nur So 11–16 Uhr. www.cheddarvillage.co.uk.

● *Einwohner* 2.500 Einwohner.

● *Verbindungen* Von Wells fährt Badgerline 126 stündlich über Cheddar nach Weston-super-Mare.

● *Jugendherberge* **Jugendherberge Cheddar**, Im Ort nahe der Feuerwehr gelegen. Wer von Wells über die A 371 kommt, lässt die Abfahrt zur Schlucht links liegen und biegt dafür ca. 800 Meter weiter in The Hayes ein, dann wieder links (Hillfield). Da die Herberge (59 Betten) häufig ziemlich voll ist, sollte man im Voraus buchen oder schon vormittags ankommen. Erwachsene ab £ 12, Jugendliche ab £ 9. Hillfield, Cheddar, ✆ 01934/742494 oder 0845/3719730, ✆ 01934/744724, cheddar@yha.org.uk.

● *Camping* ****** Broadway House Holiday Touring Caravan and Camping Park**, Zelturlauber finden in der Nähe einen Vier-Sterne-Campingplatz, der besonders Kindern gut gefällt (kleiner Pool vorhanden). Anfahrt über die A 371 Richtung Axbridge. Am anderen Ortsende gibt es noch zwei weitere Plätze. Ab £ 12 pro Stellplatz (März bis Nov. geöffnet). ✆ 01934/742610, ✆ 744950, www.broadwayhousepark.uk.com.

Sehenswertes

Cheddar Caves: Die Tropfsteinhöhlen von Cheddar wurden durch unterirdische Flüsse nach der letzten Eiszeit geformt. Funde belegen, dass sie schon vor 10.000 Jahren bewohnt waren. Der 1877 freigelegte Eingang zur Höhle ist aufgrund der Menschenmenge nicht zu verfehlen. Im *Cheddar Cave Museum* sind die Funde aus den Höhlen ausgestellt, darunter das 9.000 Jahre alte Skelett eines Mannes.

⏱ Mai bis Mitte Sept. tgl. 10–17 Uhr, Mitte Sept. bis April tgl. 10.30–16.30 Uhr. Eintritt: £ 17, erm. £ 11 (inkl. deutschem Audioguide). www.cheddarcaves.co.uk.

Cheddar Gorge: In den Sommermonaten und am Wochenende wälzen sich wahre Autoschlangen durch die knapp zwei Kilometer lange Schlucht des River Yeo. Bis zu 138 Meter ragen die Kalksteinformationen links und rechts der Straße empor. Über die 322 Stufen der Jacob's Ladder gelangt man zur Spitze der Felsen, von wo aus sich bei einem kurzen Rundgang ein schöner Rundblick über die *Mendip Hills* bietet. Mit anderen Worten: Ganz nett, aber für Liebhaber rauer Landschaften wohl eher enttäuschend. Zudem wird das Naturerlebnis durch die zahlreichen Parkplätze, Souvenirshops und Imbissläden getrübt.

Umgebung

Axbridge

Cheddar Gorge

Axbridge liegt nördlich der Schlucht und ist nicht so stark von Touristen überlaufen wie Cheddar. Hier sollen die leckersten Erdbeeren der Gegend wachsen. Verwinkelte Häuser aus der Tudorzeit schmücken die High Street. Im Ortszentrum ist die *King John's Hunting Lodge* sehenswert, ein schöner Fachwerkbau aus dem 16. Jahrhundert (Eintritt frei).

Burnham-on-Sea

Das an der Mündung des River Parrett gelegene Burnham-on-Sea gehört zu den ruhigeren Seebädern an der Westküste. Einen längeren Aufenthalt rechtfertigt es dennoch kaum und angesichts der traurigen Tatsache, dass der Ortsstrand zu den am stärksten verschmutzen von England gehört, sollte man sowieso besser von einem Bad Abstand nehmen. Kunsthistorisch interessierte Reisende können die Pfarrkirche St Andrew besichtigen, die einen schönen Schnitzaltar (Whitehall-Altar) besitzt.

Glastonbury

Glastonbury ist der Wallfahrtsort aller New-Age-Jünger, die Gralsburg der letzten Hippies. Biokuchen, Heilkristalle, Kräutertees und Spiritual Sky Oils sind angesagt. Doch auch wer mit dem ganzen Esoteriktrubel nichts anzufangen weiß, sollte sich eine Besichtigung der Ruinen der Glastonbury Abbey nicht entgehen lassen.

Glastonbury ist eine Stadt voller Geschichte und interessanter Geschichten. Wenn man den sächsischen und keltischen Überlieferungen Glauben schenken darf, ist diese Stadt die Wiege des englischen Christentums. Danach begann im Jahre 63 unserer Zeitrechnung *Joseph von Arimathäa* mit der Missionierung der Insel. Die ersten Bekehrungsversuche bei den skeptischen Druiden wurden durch ein Wunder erleichtert. Denn als der Fremde seinen Wanderstab in die Erde steckte, begann dieser Knospen zu treiben und entwickelte sich zu einem blühenden Dornbusch. In Glastonbury errichtete Joseph dann eine kleine Kapelle, die mit dem größer werdenden Heer von Gläubigen ausgebaut wurde und bis zum 12. Jahrhundert die bedeutendste Abtei Englands blieb. Hier sind auch die Sachsenkönige Edmund the Magnificent sowie Edgar und Edmund Ironside im 10. und 11. Jahrhundert begraben worden. Tatsache ist aber, dass am Wearyall Hill (die Hill Lane Richtung Osten) ein Dornbusch wächst, der ursprünglich aus Palästina stammt. Ob es sich nun um einen Ableger des legendären Wanderstocks handelt, sei dahingestellt.

Joseph soll noch einen weiteren Gegenstand mit sich geführt haben – den *Heiligen Gral*. Diesen Kelch, mit dem Jesus sein letztes Abendmahl feierte und in dem das Blut des Gekreuzigten aufgefangen wurde, vergrub Joseph am *Chalice Hill*. Um den „Holy Grail" ranken sich wiederum andere Legenden: Artus schickte seine Ritter nach dem Kelch aus, um sich und sein Königreich zu retten. Seine letzte Ruhestätte fand Artus der Überlieferungen zufolge auf der Isle of Avalon. Tatsächlich war Glastonbury einmal eine Insel (Lake Village), umspült vom Bristol Channel – ein weiteres Indiz für die Existenz König Artus? Überzeugte Esoteriker hegen daran keinen Zweifel: Für sie ist der Glastonbury Tor mit der mythischen Isle of Avalon identisch; statt nach dem Heiligen Gral zu suchen, sind sie aber auf der Suche nach ihrem eigenen Gral, ihrer eigenen Erleuchtung. Die Alternativszene hat sich im Zentrum von Glastonbury längst ihre eigene Soziokultur geschaffen. Die Insider wissen einen Rainbow Hippie sofort von einem Celtic Hippie oder Cider Punk zu unterscheiden. Dementsprechend groß ist das Angebot an esoterischen Buch- und Bioläden, Tarot legen, Räucherstäbchen, Kräuterzigaretten und Yogakursen. Ein alljährlicher Höhepunkt ist das zur Zeit der Sonnenwende stattfindende Glastonbury Festival. Englands größtes Sommerfestival lockt seit 1970 Jahr für Jahr abertausende von Besuchern an. Drei Tage lang zelten die Zuschauer auf einer Farmwiese, um alle Auftritte mitverfolgen zu können.

● *Information* **Tourist Information Centre**, befindet sich im selben Gebäude wie das Lake Village Museum. Hier erhält man selbstverständlich viel Lektüre zur Artuslegende, außerdem eine Straßenkarte und den „Glastonbury Guide" mit Informationen zu den Sehenswürdigkeiten. Tribunal Building, 9 High Street, Glastonbury, Somerset BA6 9HG, ✆ 01458/832954, ✉ 01458/832949.

www.glastonburytic.co.uk oder www.isleof avalon.co.uk.

● *Einwohner* 9.500 Einwohner.

● *Verbindungen* **Bus** – Busse halten an der Town Hall auf der Magdalene Street, *Badgerline* (✆ 01458/123456) bedient die Westküste, der Bus Nr. 376 fährt stündlich über Wells nach Bristol. *National Express* fährt bis zu zweimal täglich nach London Victoria

Glastonbury 321

„Esoteriksupermarkt"

(℡ 08705/808080, www.nationalexpress.com). Wer nach Bath reisen will, muss in Wells umsteigen. **Zug** – Der nächste Bahnhof befindet sich in Bridgwater, regelmäßige Zugverbindungen jedoch nur in Bath und Bristol.

• *Markt* Dienstagvormittag.

• *Fitness* **Glastonbury Leisure Centre**, St Dunstan's Community School, ℡ 01458/830090.

• *Markt* Dienstagvormittag auf der Magdalene Street; am 4. Samstag des Monats großer Farmer's Market auf dem St John's Car Park.

• *Veranstaltungen* **Glastonbury Festival**, drei Tage im Juni auf der Worthy Farm (Pilton) mit zahlreichen Musik-, Theater- und Kunstaufführungen. Eintritt nur mit einem Ticket für das ganze Festival (um die £ 90). ℡ 01458/834596. www.glastonbury.co.uk.

• *Übernachten* **George & Pilgrims**, die mehr als 500 Jahre alte Pilgerherberge im Herzen von Glastonbury besitzt ein Restaurant mit gepflegter Atmosphäre und ein paar zünftige Zimmer. Schon Heinrich VIII. war hier zu Gast. Heute trifft man sich zum Lunch (um £ 6, z. B. für gebackenen Camembert) oder genießt einfach ein leckeres Lamb Steak (£ 7,50). WLAN. EZ ab £ 60, DZ £ 52–120 (günstigere Tarife im Internet). 1 High Street, ℡ 01458/831146, www.relaxinnz.co.uk.

Parsnips, unweit der Abbey, am Rand der Altstadt, bietet dieses kleine, in einem Ziegelsteinbau untergebrachte B & B viel Komfort und ist geschmackvoll eingerichtet. Internet vorhanden, Parkplätze im Hof. B & B im EZ £ 55, DZ £ 70. 99 Bere Lane, ℡ 01458/835599, www.parsnips-glastonbury.co.uk.

The Crown (Glastonburys Backpackers Hostel), das ehemalige Backpackers Hostel ist eine preiswerte Alternative. Ein Café mit Straßenterrasse und ein Restaurant runden das Angebot ab. Kostenloses WLAN. DZ £ 40–50, im Schlafraum ab £ 15. 4 Market Place, ℡ 01458/833353, ℻ 01458/835988. www.glastonburybackpackers.com.

Magadalene House, diese gut ausgestattete Herberge ist ein Lesertipp von Werner Exel, Zimmer teilweise mit Blick auf Glastonbury Abbey. B &B ab £ 40. Magdalene Street, ℡ 01458/830202. www.magdalenehouseglastonbury.com.

• *Jugendherberge* **The Chalet**, in dem Ort Street, Anfahrt über die A 39, dann B 3151 Richtung Somerton. Nach ca. dreieinhalb Kilometern rechts Richtung Bridgwater (ausgeschildert), nach weiteren 500 Metern auf der rechten Seite. Auf einer Anhöhe bietet die Jugendherberge einen schönen Blick über die Moorlandschaft. Geöffnet Ostern bis Okt., Möglichst vorher anrufen, denn das Haus hat nur 28

Somerset Karte S. 314/315

Betten. Erwachsene ab £ 14, Jugendliche ab £ 10.50. Ivythorn Hill Street, ✆ 0845/3719143, 🖷 0148/840070.

● *Camping* **Isle of Avalon**, großer, gut ausgestatteter Platz im Nordwesten des Ortes: Northload Street (später Meare Road) folgen, dann rechts und der Beschilderung nach. £ 7 pro Zelt, £ 3 pro Person. Godney Road, ✆ 01458/833618.

● *Essen/Trinken* **Hundred Monkeys**, lockere Atmosphäre mit blankpolierten Holztischen. Neben Snacks gibt es auch italienische Küche, beispielsweise *Spaghetti alla Trapanese* (£ 9). Sonntag Ruhetag. 52 High Street, ✆ 01458/833386.

Heaphy's Café, nettes Café mit Straßenterrasse direkt am Marktplatz. Als Spezialität gelten die mit ausschließlich biologisch angebauten Zutaten zubereiteten Crêpes. Es werden auch vier Zimmer vermietet, B & B £ 35, gefrühstückt wird im Café. 16 Market Place, ✆ 01458/837935. www.heaphys.net.

La Terre Café, schlichtes, nettes Café mit einfachen Holztischen. Serviert werden kleine internationale Gerichte. 22 High Street,

Blue Note Café, beliebter Treff für Kaffee mit Kuchen, gelegentlich finden Konzerte statt. Serviert werden auch vegetarische Gerichte. Schön sitzt man im Sommer im Hinterhof. 4 High Street, ✆ 01458/832907.

Sehenswertes

Glastonbury Abbey: Die Geschichte von Glastonbury ist in erster Linie die Geschichte seiner Abtei. Heute zeugen nur noch die von einer weitläufigen Parkanlage umgebenen Ruinen der Abbey von der einstigen klösterlichen Pracht. Die Abtei von Glastonbury wurde gegen Ende des 7. Jahrhunderts von dem angelsächsischen König Ina von Wessex gegründet. Nach einem verheerenden Brand, der im späten 12. Jahrhundert das normannische Kloster zerstörte, „entdeckten" die findigen Benediktinermönche die Gräber von Artus, Genoveva und Joseph von Arimathäa. Schnell entwickelte sich der Ort zur landesweit bekannten Pilgerstätte und brachte den Klosterbrüdern das nötige Kleingeld für den kostspieligen Wiederaufbau der Abtei. Die Klosterkirche war mit einer Länge von 177 Metern der längste

Glastonbury Abbey

Glastonbury 323

Sakralbau Englands. Dem vorgeblichen Schrein, in welchem angeblich die Gebeine von Artus ruhten, gebührte selbstverständlich ein Ehrenplatz im Chor (die Stelle ist noch heute markiert). Auf Befehl Heinrichs VIII. wurde das Kloster 1539 zerstört, die Schätze und Reichtümer der Glastonbury Abbey fielen an die Krone. Die Bewohner von Glastonbury nutzten die Abtei fortan als Steinbruch zum Bau ihrer Häuser. Erst als das Areal im Jahre 1908 in den Besitz der Church of England kam, wurden die Ruinen unter Denkmalschutz gestellt und restauriert. Beeindruckend sind vor allem die Ausmaße der Abtei, die ihre einstige Bedeutung erahnen lassen. Die pittoresken Ruinenmauern bewirken eine reizvolle Szenerie, deren Zauber man sich nur schwer entziehen kann. Das am besten erhaltene Gebäude der einstigen Abtei sind die spätnormannische Lady Chapel und die achteckige *Abbot's Kitchen*. Die wuchtige ehemalige Küche der Mönche besitzt ein trichterförmiges Dach und gehört zu den wenigen Beispielen einer mittelalterlichen Großküche.

🕐 tgl. 9.30–18 Uhr, Juni, Juli und Aug. 9–18 Uhr, im Winter 10 Uhr bis Einbruch der Dämmerung. Eintritt: £ 5, erm. £ 4.50 oder £ 3. www.glastonburyabbey.com.

Somerset Rural Life Museum: Das Somerset Rural Life Museum ist in der ehemaligen Zehntscheune (14. Jh.) der Abtei und den umliegenden Gebäuden untergebracht. Beispielhaft werden hier die ländlichen Arbeitsweisen des 19. und frühen 20. Jahrhunderts vorgestellt. Weitere Schwerpunkte sind das Torfstechen und die Herstellung von Cider.

🕐 Ostern bis Okt. Di–Fr 10–17 Uhr. Eintritt frei! www.somerset.gov.uk/museums.

Glastonbury Tor: Der aus dem Marschland 150 Meter hoch aufragende Bergkegel wird von den Verehrern von König Artus als Isle of Avalon angesehen. Für alle New-Age-Anhänger ist eine Besteigung des Hügels ein Muss, denn hier oben lassen sich die magnetischen Erdströmungen besonders gut spüren. Die markante Bergkuppe krönt seit dem 14. Jahrhundert eine Kirchturmruine. Wie auch immer man es mit König Artus hält: Der herrliche Ausblick ist beeindruckend! Bei günstigen Sichtverhältnissen kann man sogar die Umrisse der Kathedrale von Bristol erkennen. Hier, wo einst die *St Michael's Chapel* stand und heute nur noch ihr Turm erhalten ist, wurde der letzte Abt der Glastonbury Abbey hingerichtet. Er hatte den Befehl Heinrichs VIII., alle katholischen Klöster aufzulösen, „unglücklicherweise" nicht umgesetzt. Der Turm ist jederzeit für jedermann zugänglich. Wer sich den Fußmarsch ersparen will, kann von Mai bis Mitte September auch den halbstündigen Buspendelverkehr nutzen (£ 1), der von der Abtei startet.

Chalice Well: Der legendären Heilquelle am Fuße des Tors werden besondere Heilkräfte zugeschrieben. Angeblich hatte Joseph von Arimathäa den Kelch mit dem Blut Jesu hier versteckt, worauf eine blutrote Quelle entsprang. Heute weiß man freilich, dass die rote Färbung des Wassers auf Rostrückständen zurückzuführen ist. Nichtsdestoweniger wird dem Wasser eine heilende Wirkung nachgesagt. Im Oktober 1990 hat sich sogar Prinz Charles hierher bemüht, nachdem er sich beim Polo den Arm gebrochen hatte. Ob ihm das Trinken aus der Heilquelle geholfen hat, blieb trotz intensiver Nachforschungen unklar. Die eigentliche Quelle ist heute ein trockenes Loch voller Geldstücke, die die Besucher hier hineinwerfen. Wer das Wasser probieren will, muss sich etwas weiter den Berg hinauf bemühen. Dort nämlich fließt es aus einem Löwenkopf.

🕐 Ostern bis Okt. 10–17.30 Uhr, Nov. bis März 10–16 Uhr. Eintritt: £ 3.25, erm. £ 2.70. www.chalicewell.org.uk.

Yeovil

Yeovil, eine lebendige Marktstadt im Süden von Somerset, bietet sich für einen Zwischenstopp zu den Herrensitzen und Burgen der Umgebung an. Im 14. Jahrhundert war Yeovil in England vor allem für seine Lederwaren und Handschuhe bekannt. Einen längeren Aufenthalt lohnt die Stadt allerdings nicht, sehenswert sind nur die gotische Kirche St John the Baptist und ein paar Straßenzüge rund um die High Street.

● *Information* **Tourist Information Centre**, Petter's House, Petter's Way, Yeovil, Somerset BA20 1SH, ✆ 01935/845946, ✆ 01935/845940.

www.yeoviltown.com/touristinformation. aspx.
● *Einwohner* 30.000 Einwohner.

Umgebung

Lytes Cary Manor

Unweit von Ilchester – der kleine Ort geht auf eine römische Gründung zurück – liegt Lytes Cary Manor, ein aus dem 14. Jahrhundert stammender Landsitz. Er gehörte zu den ersten Herrenhäusern in England, die ohne Mauern und Wälle errichtet wurden. Sehenswert sind die Kapelle sowie die Great Hall.

⏲ Mitte März bis Okt. tgl. außer Do 11–17 Uhr. Eintritt: £ 7, erm. £ 3.50 (NT).

Montacute House

Das Montacute House ist der wohl beeindruckendste Herrensitz der Grafschaft Somerset. Der Auftraggeber für den Bau war Sir Edward Phelips, seines Zeichens Speaker im House of Commons. Mit seinen großen Erkerfenstern, den hohen Schornsteinen und dem symmetrischen E-Grundriss ist das Montacute House ein klassisches Beispiel für einen elisabethanischen Landsitz. Am eindrucksvollsten ist die mehr als 50 Meter lange Long Gallery, die sich im zweiten Stock über die gesamte Länge des Hauses erstreckt. In der Long Gallery und in den angrenzenden Räumen ist heute eine große Porträtsammlung ausgestellt. Die mehr als 100 Gemälde aus der Tudor- und Stuartzeit sind eine Dauerleihgabe der National Portrait Gallery. Trotz der Anmut des Herrenhauses sollte man eine längere Besichtigung des eleganten Gartens nicht versäumen. Kein anderer Garten Englands besitzt so formvollendet geschnittene Hecken. Je nach Blickwinkel sorgen Licht- und Schattenzonen für überraschende Effekte.

⏲ Mitte März bis Okt. tgl. außer Di 11–17 Uhr, von Nov. bis März ist nur der Garten geöffnet (Mi–So 11–16 Uhr). Eintritt: £ 8.90, erm. £ 4.20, Familienticket £ 24.70, nur Garten £ 5.40 bzw. £ 2.60 (NT).

Tintinhull

Wer das kleine, drei Kilometer nordöstlich von Yeovil gelegene Dorf besucht, sollte eine Besichtigung von Tintinhull House & Garden nicht versäumen. Das dem National Trust gehörende Anwesen mit einem Herrenhaus aus dem 17. Jahrhundert ist ein schönes Beispiel für die moderne englische Gartenbaukunst. Auf vergleichsweise engem Raum legte die Gartenliebhaberin Phyllis Reiss ab 1935 eine sehr abwechslungsreiche Anlage mit Wasserspielen, Steinpfaden und einem „Kitchen Garden" an. Vorherrschend war der Wunsch, einen zu jeder Zeit reizvollen Garten zu schaffen. Besonders attraktiv ist der Wassergarten, der nach Norden hin von einem offenen Pavillon, dem Summer House, abgeschlossen wird.

⏲ April bis Okt. Mi–So 11–17 Uhr. Eintritt: £ 5.30, erm. £ 2.60 (NT).

Cadbury Castle

Cadbury Castle – nur wenige hundert Meter von dem liebevoll herausgeputzten Dorf South Cadbury entfernt – ist keine Burg, sondern ein eisenzeitliches Hügelfort. Hartnäckig hält sich die Legende, dass es sich hier um König Artus' Camelot handelt.

Taunton

Taunton ist das Verwaltungszentrum von Somerset. Eingekeilt zwischen Quantock, Brendon und Blackdown Hills, ist der Ort ein idealer Ausgangspunkt für Erkundungen der landschaftlich reizvollen Grafschaft Somerset.

Taunton zählt sicherlich nicht zu den touristischen Highlights von Südostengland. Die meisten Reisenden lassen die Hauptstadt der Grafschaft Somerset rechts liegen, wenn sie auf der M 5 nach Cornwall unterwegs sind. Doch die „Town on Tone", die Stadt am River Tone, lohnt sich durchaus für einen Zwischenstopp. Berühmt ist die historische Marktstadt – noch heute wird hier einer der größten Viehmärkte Englands abgehalten – für ihren Somerset-Cider. Alljährlich im Oktober wetteifern im „Cider Barrel Rolling Race" zahlreiche Zweierteams aus der Umgebung, wer ein 40-Liter-Fass am schnellsten durch die Straßen rollen kann. Die beste Adresse für Cider-Proben ist die Sheppy's Farm im fünf Kilometer entfernten Bradford-on-Tone. Abgesehen von den Ruinen einer normannischen Burg konzentriert sich das Interesse der Kunstliebhaber auf die spätgotische St Mary Magdalena Church, deren stattlicher Westturm das Stadtzentrum bis heute überragt. Wer sich für historische Landsitze interessiert, sollte Cothay Manor, Hatch Court oder Gaulden Manor besuchen.

Der Henker von Taunton

Als der englische König Karl II. 1685 kinderlos starb, folgte ihm sein Bruder Jakob von York auf den Thron. Doch vielen Bewohnern von Südwestengland war es ein Greuel, dass nun ein katholischer König an der Spitze der Anglikanischen Kirche stand. Die Unzufriedenen fanden sich zusammen und riefen am 20. Juni 1685 auf dem Marktplatz von Taunton den protestantischen Duke of Monmouth, einen unehelichen Sohn Karls II., zum Gegenkönig aus. Doch wurde diese Rebellion von der königstreuen Armee im Keim erstickt. In der Schlacht von Sedgemoor, fünf Kilometer von Bridgwater entfernt, prallten die beiden Heere aufeinander. Die unerfahrene und zahlenmäßig unterlegene Armee der Rebellen wurde aufgerieben, der Duke of Monmouth nach London abgeführt und später hingerichtet. Für die Bürger von Taunton war dies aber erst der Anfang des Leids. Der oberste Henker der Krone, Judge Jeffreys, wurde unverzüglich nach Somerset geschickt, um die Schuldigen hart zu bestrafen. In der großen Halle des Castle fand ein Standgericht statt, das 500 Aufständische zum Tode verurteilte. Noch heute sind diese Schreckensverhandlungen als „Bloody Assize" bei den Bewohnern von Somerset gegenwärtig. Legenden besagen, dass in den Räumen der Gerichtsverhandlung die Geister der Opfer umherwandeln. Flüche sollen auf der Burg und dem Tudor-Haus (heute Restaurant) liegen, in dem einst Judge Jeffreys wohnte.

326 Somerset

- *Information* **Tourist Information Centre**, Paul Street, Taunton, Somerset TA1 3XZ, ✆ 01823/336344, ✉ 01823/340308. www.heartofsomerset.com.
- *Einwohner* 60.000 Einwohner.
- *Verbindungen* **Bus** – Southern National Bus Company, Tower Street, ✆ 01823/272033. Busse nach London, Glastonbury, Bridgwater, Bristol und Exeter sowie ins Exmoor. **Zug** – In Taunton gabelt sich die Bahnlinie nach Norden (Bristol) und Osten (London). Verbindungen z. B. nach Bristol, Weston-super-Mare, Exeter. Informationen ✆ 08457/484950. www.nationalrail.co.uk.
- *Cider* **Sheppy's Farm**, Three Bridges, Bradford-on-Tone, ✆ 01823/461233. www.sheppyscider.com.
- *Übernachten* **The Castle**, das im Herzen von Taunton gelegene Hotel bietet viel Flair, denn es befindet sich in den Räumlichkeiten einer ehemaligen Burg. Die Zimmer sind mit LCD-Fernseher und WLAN ausgestattet. Schöner Garten, vorzüglicher Service. Erstklassiges Restaurant, Reservierung empfehlenswert. Drei-Gang-Menü ab £ 22.95. EZ ab £ 140, DZ ab £ 230 zzgl. VAT. Castle Green, ✆ 01823/272671, ✉ 01823/336066, www.the-castle-hotel.com.

Acorn Lodge, die Wellington Road ist in Taunton die B & B-Straße: Einfamilienhaus mit fünf Gästezimmern. B & B ab £ 22.50. 22 Wellington Road, ✆ 01823/337613.

Heathercroft, familiär geführtes B & B mit hellen freundlichen Zimmern. B & B ab £ 25 im DZ. 118 Wellington Road, ✆ 01823/275516, http://heathercroft-guesthouse.co.uk.

The Treehouse, eine ganz ungewöhnliche Unterkunft, zehn Kilometer nordwestlich von Taunton in der Ortschaft Halse. Ab £ 965 kann man eine Woche in einem luxuriösen Baumhaus wohnen. ✆ 01823/431622 bzw. 07813/821475. www.treehouseholidays.com.
- *Camping* **** Ashe Farm Caravan and Campsite**, fünf Kilometer südöstlich von Taunton. Von April bis Okt. geöffnet. Stellplätze ab £ 10. ✆ 01823/442567, www.ashefarm.co.uk.
- *Essen/Trinken* **The Castle**, siehe Übernachten.

Brazz, moderne Brasserie und Café direkt am Castle. North Street.

Starbucks, Café-Bar im American-Style. Der Caffè Latte sucht seinesgleichen. Fore Street.

Taunton:
St Mary Magdalena Church

Sehenswertes

Museum of Somerset: Das hiesige, größtenteils verfallene Castle wurde im frühen 12. Jahrhundert erbaut. In einem erhaltenen Teil der Burg ist das Museum of Somerset untergebracht. Zu sehen sind dort Ausstellungsstücke, die die Geschichte der Grafschaft von der Römerzeit bis zur Gegenwart dokumentieren. Ein Portrait des berühmten Richters Judge Jeffreys fehlt selbstverständlich auch nicht. Nach einer umfangreichen Renovierung wird das Museum im Laufe des Jahres 2011 wieder eröffnet.

ⓘ April bis Okt. Di–Sa 10–17 Uhr, Nov. bis März Di–Sa 10–15 Uhr. Eintritt frei!

Umgebung

Hestercombe House & Gardens

Rund sechs Kilometer nördlich von Taunton befindet sich eines der schönsten Beispiele für die Gartenarchitektur des 20. Jahrhunderts. Für Gartenliebhaber gehört ein Abstecher nach Hestercombe zum Pflichtprogramm, denn es ist einer der wenigen erhaltenen Gärten, die Gertrude Jekyll und Sir Edwin Lutyens zusammen im Stil der Arts-and-Crafts-Bewegung anlegten. Lutyens, der berühmteste Architekt seiner Zeit, entwarf die architektonischen Elemente, die die kongeniale Gärtnerin Gertrude Jekyll (1843–1932) raffiniert bepflanzte. Symmetrische Terrassen und Wasserläufe strukturieren das Areal, dessen Zentrum ein abgesenkter Parterregarten bildet, um den Blick auf die Ebene von Taunton und die fernen Blackdown Hills nicht zu verstellen.

ⓘ tgl. 10–18 Uhr. Eintritt: £ 8.90, erm. £ 8.30 bzw. £ 4.45, Familienticket £ 22. www.hestercombegardens.com.

Bridgwater

Bridgwater war einst einer der wichtigsten Häfen von Somerset. Im Gegensatz zu den hässlichen Außenbezirken dominieren im Zentrum rote Backsteinhäuser. Bekannt ist die Stadt als Geburtsort von *Admiral Robert Blake* (1598–1657), dem Oberbefehlshaber von Cromwells Flotte. Die Stadt errichtete ihrem großen Sohn ein Denkmal, und in seinem Geburtshaus in der Blake Street wurde das *Blake Museum* eingerichtet. Hier befinden sich Erinnerungsstücke an die Schlacht von Sedgemoor. Wer sich intensiver mit der britischen Geschichte beschäftigen will, kann den Originalschauplatz fünf Kilometer südöstlich der Stadt besichtigen. Im Bürgerkrieg wurden große Teile der Stadt zerstört, so dass nur wenige alte Bauwerke zu sehen sind. Eines davon ist die St Mary's Church aus dem 13. bis 15. Jahrhundert. Wenn man dem Parrett-Fluss vorbei an den alten Docks (am Westufer) in Richtung Norden folgt, gelangt man nach etwa acht Kilometern auf eine Landzunge, die als Naturschutzgebiet für besonders seltene Vogelarten ausgewiesen ist (keine guten Wege).

● *Information* **Tourist Information Centre**, King's Square, Bridgwater, Somerset TA6 3BL, ✆ 01278/436438.
www.bridgwatertown.com.
● *Einwohner* 33.000 Einwohner.
● *Verbindungen* **Bus** – Von Bridgwater aus fährt Southern National in alle Richtungen, z. B. Nr. 17 nach Glastonbury, Nr. X96 nach Bristol. **Zug** – Wie Taunton liegt auch Bridgwater an der Bahnlinie Bristol–Exeter, allerdings halten die Züge hier seltener. Man

fährt besser mit dem Bus.
● *Blake Museum* Hier dreht sich alles um Robert Blake. Blake Street, Di–Sa 10–16 Uhr. Eintritt frei.
www.blakemuseum.org.uk.
● *Übernachten* **Watergate Hotel**, einfaches Hotel am Rand der Altstadt, zehn einfache Zimmer, einige mit Blick auf den Fluss. Im Restaurant gibt es Tex-Mex-Küche. West Quay, ✆ 01278/423847,
www.thefountainpub.com.

Quantock Hills

Die Quantock Hills sind eine markante Erhebung im Nordosten der Grafschaft Somerset. Auf einer Länge von zwanzig Kilometern und einer Breite von knapp fünf Kilometern erstreckt sich die aus rotem Sandstein bestehende Hügelkette von Taunton nach Westen, wo sie in den Exmoor National Park übergeht. Eine spektakuläre Berglandschaft darf man sich nicht erwarten, an ihrem höchsten Punkt erreichen die Quantock Hills gerade einmal 385 Meter. Der größte Teil der waldreichen Quantock Hills steht heute unter Naturschutz und gehört dem National Trust. Von Taunton über die A 358 kommend, erreicht man zunächst den Ort Bishops Lydeard. Ein hübscher, spätgotischer Kirchturm lädt zu einer Besichtigung ein. Hier befindet sich auch der Bahnhof für die West Somerset Railway, eine private Bahnlinie, die bis nach Minehead führt. Etwa zwölf Kilometer westlich von Bridgwater liegt am Fuß der Quantock Hills das kleine Nest Nether Stowey. Bekannt wurde es durch *Samuel Taylor Coleridge*, der sich mit seiner Familie 1796 hierher zurückzog. Kurze Zeit später suchte sich auch *William Wordsworth* in den Quantock Hills eine Bleibe, die er in Alfoxton fand. Zusammen schufen die beiden Dichter die „Lyrical Ballads", ein Hauptwerk der englischen Romantik. Wer will, kann das *Coleridge Cottage* besichtigen. Von Nether Stowey windet sich eine kleine Straße zum höchsten Berg der Quantock Hills, dem 385 Meter hohen *Wills Neck*. Vom Triscombe Stone am Rande des Quantock Forest führt ein Fußweg hinauf zum Gipfel.

West Somerset Railway

Die West Somerset Railway ist die älteste privat betriebene Dampfeisenbahn in Großbritannien. Auf einer Strecke von dreißig Kilometern verkehrt die Bahnlinie längs der Quantock Hills von Bishops Lydeard bis zum Küstenort Minehead. Die Züge verkehren von Juni bis September täglich und halten in Crowcombe, Doniford Beach, Stogumber, Williton, Watchet, Washford, Blue Anchor und Dunster.

Information ✆ 01643/707650 (Fahrplan) oder 01643/704996. Tageskarte: £ 14.80, erm. £ 13.60, Kinder zahlen die Hälfte. www.west-somerset-railway.co.uk.

Exmoor National Park

Der Exmoor National Park erstreckt sich über die Grafschaften Somerset und Devon. Im Süden des Nationalparks ist das Land noch flach, ehe es langsam nach Norden hin hügeliger wird und am Bristol-Kanal schließlich steile Klippen abrupt ins Meer stürzen.

Auf einer Fläche von annähernd 700 Quadratkilometern umfasst der kleinste Nationalpark Englands das Gebiet von Combe Martin bis Minehead, im Süden reicht er bis Dulverton und gehört zu den Grafschaften Devon und Somerset. Seinen Namen erhielt das Exmoor Moor durch das Flüsschen Exe, das bei Exeter in den Ärmelkanal mündet. Jahrhundertelang war hier ein königliches Jagdrevier, doch nach der Hinrichtung Karls I. (1649) wurde das Land verkauft. Nur wenige Teile sind heute noch von Wald bedeckt. Der größte Teil des fruchtbaren Bodens wurde im

Exmoor National Park   329

Lauf der Zeit in Weide- und Ackerland umgewandelt, lediglich das Hochmoor behielt seine ursprüngliche Form. Auf den gut ausgeschilderten Wanderwegen quer durch den Nationalpark begegnet man mit viel Glück dem frei lebenden Rotwild sowie den halbwilden Exmoor-Ponys; hinzu kommen noch rund 30.000 Schafe und mehr als 200 Vogelarten, darunter Bussarde, Wanderfalken und Eisvögel. Ausgesprochen schön ist die Gegend um den *Dunkery Beacon,* den mit 570 Metern höchsten Berg des Nationalparks. Besonders bei gutem Wetter lohnt sich der leichte Aufstieg, für den der „Kletterer" mit einer herrlichen Sicht belohnt wird. Doch sollte man sich nicht zu früh freuen: Im dichten Nebel reicht der Blick allzu oft nur ein paar hundert Meter weit. Der schönste Wanderweg ist wahrscheinlich der *Somerset and North Devon Coastal Path,* der sich über rund fünfzig Kilometer entlang der Küste erstreckt und bei guter Sicht immer wieder den Blick bis auf Wales freigibt. Rund zwölf Kilometer südlich von Exford führen die Tarr Steps, eine 55 Meter lange Clapper Bridge, über den River Barle.

Lorna Doone – die schöne Räubertochter

Der Name Lorna Doone ist aufs engste mit dem Exmoor verbunden: Richard Doderidge Blackmores 1869 erschienener Roman „Lorna Doone" um die vermeintliche Räubertochter Lorna machte die legendäre Bande der Doone, die im 17. Jahrhundert das Exmoor verunsicherte, auch überregional bekannt. Lorna Doone, die als Kind gekidnappt wurde, verliebt sich in den aufrichtigen Bauernburschen John Ridd. Dies führt unweigerlich zu Konflikten mit ihrer Räuberfamilie, doch das Gute obsiegt: Lorna wird zwar vor dem Traualtar niedergeschossen, überlebt aber trotz ihrer Verletzungen, während der tapfere John an den Attentätern Vergeltung übt. Seit der Roman als Fernsehfilm die englische Nation erreichte, gehört das so genannte Doone Valley, das Blackmore als Handlungsort und dem Film als Kulisse diente, zu einem der meistbesuchten Gebiete des Exmoors. Zahlreiche Wanderwege führen durch das Tal und die hügelige Landschaft. Ausgangspunkt ist der Weiler Malmsmead südlich der A 39.

• *Information* **Exmoor National Park**, Exmoor House, Dulverton, Somerset TA22 9HL, ✆ 01398/323841.
www.exmoor-nationalpark.gov.uk.
• *Verbindungen* **Bus** – National Express fährt nach Bristol, Plymouth und Exeter. Im Moor ist der Busverkehr sehr unregelmäßig. Es ist daher ratsam, sich aktuelle Fahrpläne bei den Informationsbüros zu besorgen. **Zug** – Intercity-Züge verbinden Taunton und Exeter mit London. Um von hier in das Exmoor zu gelangen, muss man auf Busse umsteigen. Vom östlich gelegenen Taunton fährt die West Somerset Railway auch nach Minehead (Informationen unter ✆ 01643/704996).
• *Geführte Wanderungen* Ein Verzeichnis der geführten Wanderungen ist ebenfalls

im *Exmoor Visitor* zu finden. Ausflüge, die von Mitarbeitern des **National Park** durchgeführt werden, kosten je nach Dauer ab £ 1. Wanderungen des **National Trust** sind kostenlos (allerdings wird eine Spende erwartet).
• *Reiten* Auf dem Rücken eines Pferdes kann man das Exmoor ausgezeichnet erkunden. Im *Exmoor Visitor* sind die Farmen verzeichnet, die Tiere „verleihen" und geführte Ausritte unternehmen.
• *Übernachten* Eine ausführliche Liste mit **Hotels**, **B & Bs** (ab £ 25 pro Person und Nacht) und **Farmen** enthält die Zeitung *Exmoor Visitor.* Bei der Zimmersuche helfen außerdem die lokalen Informationsbüros. **Jugendherbergen** in Exford sowie in Ilfracombe, Lynton und Minehead. **Camping.**

Somerset
Karte S. 314/315

330 Somerset

Zelten im Exmoor bereitet keine Schwierigkeiten. Der Exmoor Visitor hilft auch in diesem Fall weiter. Viele Farmbesitzer erlauben das Zelten auf ihrem Anwesen. Am besten vor Ort nachfragen!

Exmoor-Ponys – prähistorische Relikte?

Schon lange bevor in Britannien erste Siedler der Abschlag- und Faustkeilkulturen (Altsteinzeit) auftauchten, gab es die Exmoor-Ponys. Ihr dunkelbraunes, zotteliges Fell, an dem kein Haar weiß sein darf, und ihre beigen Stellen um Maul und Augen sind seit Jahrtausenden unverändert geblieben. Und so sieht man auch heute noch ihre Nachkömmlinge im Exmoor friedlich weiden. Freilich handelt es sich bei dieser Ponyart nicht um reine Wildponys. Vielmehr werden sie auf ausgewählten Farmen gezüchtet. So wird gewährleistet, dass sie sich nicht mit anderen Arten paaren. Zudem gibt es mittlerweile nur noch 600 Exemplare dieser ältesten und ursprünglichsten Ponyrasse. Eine Zucht ist daher zur Arterhaltung sinnvoll. Fast das ganze Jahr über tummeln sich die Vierbeiner in kleinen Herden auf dem Wiesen- und Weideland des Exmoors. Selbst die rauesten Winterstürme können ihnen nichts anhaben.

Minehead

Minehead ist das größte Seebad der Grafschaft Somerset und dementsprechend gut besucht. Abgesehen von seinem viktorianischen Flair besitzt Minehead eine nette, winkelige Altstadt.

Minehead eignet sich gut als Ausgangspunkt für Touren durch das Exmoor. Wanderwege führen durch die bewaldete Küstenlandschaft. Vom kleinen Hafen, in dem ehemals Schmuggler Zuflucht fanden, fahren heute, 350 Jahre später, Ausflugsboote zum Küsten-Sightseeing nach Westen (Ilfracombe), Osten (Bristol) und nach Wales (Cardiff). Mit seinem milden Klima, einem Ferienzentrum mit typisch englischen Vergnügungen (Modellstadt und Mini-Eisenbahn) und dem Strand ist Minehead ein beliebter Ferienort für Familien. Lohnenswert ist ein Gang durch die engen, verwinkelten Gassen der Oberstadt zur spätgotischen St Michael's Church aus dem 14. Jahrhundert. Im Spätmittelalter war Minehead noch eine wichtige Handelsstadt, in der Wolle, Wein und Kohle umgeschlagen wurden. Dann verschlickte der Hafen und die Heringsschwärme blieben aus, so dass Minehead zum Provinzort herabsank, der erst durch den Tourismus eine zweite Blüte erfuhr. Auffällig groß ist das bei Engländern beliebte *Butlins Holiday Camp* mit seinen zahlreichen Freizeitattraktionen, das sich am östlichen Ende des Strandes befindet.

● *Information* **Tourist Information Centre**, hier gibt es Informationen zum Exmoor National Park und zum South-West Peninsula Coast Path, auf dem man die Küste von Devon und Cornwall erwandern kann. 17 Friday Street, Minehead, Somerset TA24 5UB, ✆ 01643/702624, ✆ 01643/707166. www.minehead.co.uk.

● *Einwohner* 8.500 Einwohner.

● *Verbindungen* **Bus** – Verbindungen nach Lynton, Exford, Dunster, Tiverton, Porlock und Bridgwater. www.firstbus.co.uk. Der nächste Bahnhof befindet sich in Taunton.

● *Markt* Dienstags und donnerstags.

● *Übernachten* In der Tregonwell Road konkurrieren viele B & Bs um den günstigsten Preis. Empfehlenswert ist das **Tregonwell House**, acht nett eingerichtete Zimmer mit TV und Teekocher. B & B ab £ 24 im DZ, Family Room ab £ 65. Tregonwell Road,

Porlock 331

☎ 01643/709287.
www.tregonwellhouse.co.uk.
Old Ship Aground, allein wegen seiner Lage direkt am Hafen zu empfehlen. Hier trifft sich auch der örtliche Lions Club. Das Unterkunftsangebot ist allerdings nicht spektakulär, das Bar Food akzeptabel. Im Sommer sitzt man auf der Straßenterrasse. B & B ab £ 25. Zwei Zimmer haben Zugang zu einem kleinen Balkon. Quay Street, ☎ 01643/702087.

Northfield Hotel, komfortables Best Western Hotel mit geräumigen Zimmern, Entspannung findet man im Hallenbad. B & B im Sommer ab £ 72.50. Northfield Road, ☎ 01643/705155. www.northfield-hotel.co.uk.
• *Jugendherberge* **Alcombe Combe**, eine kleine Herberge (35 Betten) liegt westlich der Stadt (A 39), etwa zwei Kilometer außerhalb von Alcombe. Ganzjährig geöffnet. Erwachsene ab £ 14, Jugendliche ab £ 10.50.
☎ 0845/3719033, ✆ 01643/703016.

Umgebung

Exford

Das kleine Dörfchen Exford am River Exe liegt tief im Inneren des Exmoor National Park. Es eignet sich als Ausgangspunkt für eine Wanderung auf den 570 Meter hohen Dunkery Beacon (fünf Kilometer nordöstlich) oder für einen Abstecher zu den Tarr Steps (sieben Kilometer südlich).

Jugendherberge **Exe Mead**, in einem viktorianischen Haus im Ortszentrum. Erwachsene ab £ 10, Jugendliche ab £ 7.50. ☎ 0845/3719634, ✆ 0163/831650.

Tarr Steps

Die etwa acht Kilometer südlich von Exford gelegenen Tarr Steps sind ein beliebtes Ausflugsziel, was schon an dem großen Parkplatz zu erkennen ist. Nur 500 Meter sind es zu Fuß zu der *Clapper Bridge*, die über den River Barle führt. Mächtige flache Granitsteine wurden so aufeinander geschichtet, dass sie über 17 Bögen bis zum anderen Ufer führen. Eine beeindruckende Leistung, wenn man bedenkt, dass die Steine bis zu zwei Tonnen wiegen und nur durch ihr eigenes Gewicht der Konstruktion Halt verleihen. Über die Entstehungszeit der Tarr Steps wurde viel gerätselt, fest steht, dass sie erstmals in der Tudor Epoche schriftlich erwähnt wurden. Wahrscheinlich stammt die Brücke aus keltischer, vielleicht sogar aus der Bronzezeit. So, und jetzt eine kleine „Enttäuschung": Die Brücke befindet sich nicht mehr in ihrem Originalzustand. Eine riesige Flutwelle hat sie 1952 fortgerissen. Anschließend wurden die Steine wieder zusammengefügt und nummeriert, damit die Arbeit im Falle eines Falles leichter geht. Lohnend ist eine Einkehr in der benachbarten, aus dem 17. Jahrhundert stammenden Tarr Farm. Hier gibt es gutes Essen und ein paar nette Bänke im Freien.

Porlock

Der knapp zehn Kilometer westlich von Minehead gelegene Ort mit seinen schmucken Cottages schirmt die gleichnamige Porlock Bay zum Hinterland hin ab (regelmäßig Pendelbusse von/nach Minehead). Der beschauliche Hafen Porlock Weir war einst ein wichtiger Stützpunkt für den Handel mit Wales. Heute kommen vor allem die Ausflügler an den steinigen Strand. Besonders schöne Ausblicke auf das Meer gewährt eine gebührenpflichtige Straße (£ 1.50), die von Porlock Weir in westlicher Richtung auf den steil abfallenden Klippen entlang der Küste verläuft.

• *Information* **Visitor Centre**, The Old School, West End, High Street, TA24 8QD Polock, ☎ 01643/863150. www.porlock.co.uk.
• *Einwohner* 1350 Einwohner.

• *Verbindungen* Tgl. 4 Busse nach Lynmouth.
• *Übernachten/Essen/Trinken* **Miller's at the Anchor**, ein herrlicher Gasthof direkt

Somerset Karte S. 314/315

332 Somerset

Porlock Weir

am Meer in Porlock Weir, dessen Wurzeln bis ins 15. Jahrhundert zurückreichen. Die Räumlichkeiten sind mit Antiquitäten und viel Nippes eingerichtet, die Wände sind teilweise in kräftigen Farben gestrichen. Im Restaurant (Mo und Di Ruhetage) gibt es abends Menüs ab £ 22. B & B im EZ ab £ 65, DZ ab £ 85. ✆ 01643/862753. www.millersattheanchor.co.uk.

Andrews on the Weir, exquisites Feinschmeckerrestaurant in Porlock Weir, das sich genauso auf die Zubereitung von Fisch- wie Lammgerichten versteht. Verspieltes Dekor. Mittagsmenüs ab £ 12.50 (Mi–Sa), abends ab £ 31.50, vegetarisches Menü £ 35. Es werden auch fünf, etwas schwülstig-plüschig eingerichtete Zimmer (geräumig!) vermietet. Das Restaurant ist Mo und Di geschl. B & B ab £ 50. ✆ 01643/863300, www.andrewsontheweir.co.uk.

Sparkhayes Farmhouse, das altertümliche Farmhouse aus dem 17. Jahrhundert ist ein Lesertipp von Kerstin Gehrmann, die sich wie in einen Jane-Austen-Roman (Stofftapete, Kamin im Gästewohnzimmer und Möbel mit Schnörkeln) versetzt fühlte. „Jackie und David (und Hund Chess) sind wirklich lieb, haben uns mit Infomaterial versorgt und uns zu einer zweiten Nacht „überredet". Mit etwas Glück bekommt man das Full English Breakfast sogar in Form eines Gesichtes angerichtet (ist aber auch anders lecker). Außerdem sehr sauber und mit £ 27.50–30 pro Person (en suite) echt günstig." Porlock, Sparkhayes Lane, ✆ 01643/862765.

Selworthy

Der Weiler Selworthy gehört zum umfangreichen Besitz des National Trust. Mit seinen reetgedeckten Häusern ist Selworthy dank seiner Pfarrkirche All Saints eines der schönsten Dörfer von Somerset. Die Bilderbuchkulisse lockte bereits Filmteams an, so wurde Thomas Hardys „The Return of the Native" hier verfilmt.

Dunster

Dunster liegt im Schatten einer mächtigen Burganlage. Angesichts der wenigen Häuser, die sich links und rechts der High Street entlangziehen, kann man sich nur schwer vorstellen, dass Dunster einst eine florierende Weberstadt war.

Tag für Tag bummeln hunderte von Ausflüglern durch die High Street, denn Dunster ist einer der ansehnlichsten Orte am Rande des Exmoor. Die Hauptstraße, die

Dunster 333

mitten im Dorf einen Knick macht, ist so eng, dass der Verkehr mit einer Ampel geregelt werden muss. Glücklicherweise ist der Ort vollkommen von Bausünden verschont geblieben. Besonders sehenswert sind der achteckige, überdachte Yarn Market aus dem Jahre 1609, der die High Street dominiert, sowie der Dove Cote, ein mittelalterlicher Taubenturm. Die meisten Häuser sind mehr als 500 Jahre alt, am Ende der Mill Lane kann man noch eine historische Wassermühle bewundern. Und dann gibt es noch Dunster Beach, einen steinigen Strand, der nicht allzu weit vom Dorf entfernt ist.

- *Information* www.dunster-exmoor.co.uk.
- *Einwohner* 800 Einwohner.
- *Verbindungen* **Bus** – Stündlich Verbindungen nach Minehead, sonntags nur vier Busse pro Tag. Seltener auch nach Tiverton. www.firstgroup.com.
- *Übernachten/Essen* **Yarn Market Hotel**, alteingesessenes Hotel mit zugehörigem Restaurant am Marktplatz. Die Zimmer sind modern, in hellen Farben eingerichtet und machen einen einladenden Eindruck. Besonders schön sind die Luxury Rooms. Im Restaurant The Gapples täglich wechselnde englische Küche, Hauptgerichte rund £ 15. EZ ab £ 60, DZ ab £ 100 (inkl. Frühstück, am Wochenende £ 10 teurer). 25–31 High Street, ✆ 01643/821425, ✉ 01643/821475, www.yarnmarkethotel.co.uk.

Luttrell Arms, angeblich eines der ältesten englischen Pubs, in dem bereits General Blake im Bürgerkrieg sein Hauptquartier aufgeschlagen hatte und die Äbte von Cleeve ihre Gäste bewirteten. Gemütliche Atmosphäre mit brennendem Kamin. Im Sommer sitzt man in dem tollen Garten hinter dem Haus. Gutes Restaurant! Jedes der Zimmer ist individuell ausgestattet. B & B im DZ ab £ 50, im EZ ab £ 80 (am Wochenende zwei Nächte Mindestaufenthalt). High Street, ✆ 01643/821555, ✉ 01643/821567.

Dunster Castle Hotel, ein weiteres gut ausgestattetes Hotel in der High Street. Moderne, gepflegte Zimmer. Restaurant mit gastronomischem Anspruch, so beim *Grilled Fillet of Hake with a Thai Style Coconut & Mussel Sauce*. Hauptgerichte £ 10 (mittags) bzw. £ 15 (abends). B & B ab £ 45. High Street, ✆ 01643/823030, ✉ 01643/823036. www.thedunstercastlehotel.co.uk.

Reeves, das kulinarische Highlight von Dunster. Angenehme Atmosphäre mit blankpolierten Holztischen. Anspruchsvolle

Die Markthalle von Dunster

französisch inspirierte Küche, die Hauptgerichte kosten £ 16–20, beispielsweise eine gegrillte Entenbrust. Sonntagabend und Montag geschlossen. High Street, ✆ 01643/821414.

Sehenswertes

Dunster Castle: Durch ein Torhaus führt der Weg hinauf zu der fast 1000 Jahre alten Burg. Im englischen Bürgerkrieg schwer beschädigt, wurde Dunster Castle im 19. Jahrhundert im Stile der Burgenromantik renoviert. Rund sechs Jahrhunderte war die Burg im Besitz der Familie Luttrell. Sehenswert sind vor allem das Treppenhaus sowie die Stuckdecke des Speisesaals. Umgeben ist die Burg von einer großen Parkanlage, die in geradezu tropischer Pracht erblüht. Selbst Sequoia-Bäume wurden hier akklimatisiert.

⌚ April bis Okt. tgl. außer Do 11–17 Uhr. Eintritt: £ 8.10, erm. £ 4, Familien £ 19.50 (NT).

Umgebung

Cleeve Abbey

Das stimmungsvolle Gate House enttäuscht nicht: Die 1198 gegründete Zisterzienserabtei Cleeve Abbey ist ungewöhnlich gut erhalten. Zwar wurde die Klosterkirche samt Kreuzgang größtenteils zerstört, doch haben die Klostergebäude, darunter auch das Refektorium, die von Heinrich VIII. verfügte Auflösung überdauert. Eine Dauerausstellung informiert über das Leben der Mönche.

⌚ April bis Sept. tgl. 10–18 Uhr, Okt. tgl. 10–17 Uhr, Nov. bis März 10–13 und 14–16 Uhr. Eintritt: £ 4, erm. £ 3.40 oder £ 2 (EH).

Torhaus zur Cleeve Abbey

Viel Trubel in der Swannery von Abbotsbury

Dorset

Dorset ist eine der kleinsten, dafür aber umso abwechslungsreicheren südenglischen Grafschaften. Das landschaftliche Spektrum reicht von eher altmodischen Seebädern mit schönen Sandstränden über schroffe Kalksteinklippen bis hin zu einem sanft gewellten Hinterland. Aber auch kulturelle Highlights fehlen nicht.

Genau genommen ist Dorset eine beschauliche Region mit verschlafenen malerischen Kleinstädten und Dörfern. Die meisten Touristen zieht es meist gleich weiter ins herbere Cornwall, und für Tagesausflügler aus London scheint die Grafschaft glücklicherweise eine Ewigkeit entfernt zu sein. Im Zentrum von Dorset liegt Dorchester, die Hauptstadt der Grafschaft, deren einzige Städte mit mehr als 100.000 Einwohnern Bournemouth und Poole an der Südküste sind. Bereits in römischer Zeit war Dorchester eine bedeutende Stadt, und noch heute kreuzen sich hier die wichtigsten Landstraßen. Auch die anderen traditionsreichen Städtchen, beispielsweise Sherborne und Shaftesbury, liegen im Landesinneren. Dorset war lange Zeit eine dem Meer abgewandte Grafschaft, Hafenstädten wie Lyme Regis, Swanage und Poole kam nur eine regionale Bedeutung zu, und Bournemouth, das übrigens erst seit 1974 zu Dorset gehört, ist ein Produkt des neuzeitlichen Küstentourismus.

Weymouth, das zweite große Seebad, besitzt zwar weniger schöne Strände als Bournemouth, dafür aber eine attraktivere Altstadt und einen lebendigen Hafen. Landschaftlich besonders reizvoll ist die felsige Isle of Purbeck mit dem Corfe Castle und der fast kreisrunden Lulworth Cove, die nicht nur Geologen fasziniert. Literaturfreunde wandeln auf den Spuren von Thomas Hardy, dessen „Wessex-Romane" alle im ländlichen Dorset angesiedelt sind. Wer sich für die keltischen Hinter-

336 Dorset

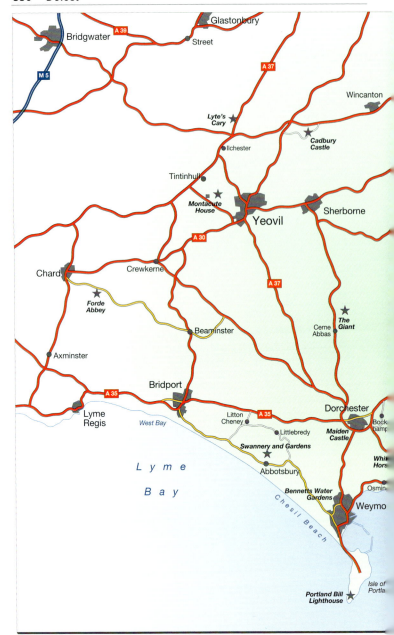

338   Dorset

lassenschaften interessiert, sollte die gigantische Hügelfestung Maiden Castle sowie den nackten Riesen von Cerne Abbas – eine mysteriöse Kreidezeichnung – näher in Augenschein nehmen. Noch viel älter sind die Fossilien, die Lyme Regis berühmt gemacht haben. Anfang des 19. Jahrhunderts entdeckte man hier das versteinerte Skelett eines Ichthyosaurus. Aufgrund der zahllosen Fossilienfunde wurde die Küste von Dorset und dem benachbarten East Devon im Jahre 2001 von der UNESCO als „Jurassic Coast" sogar zum Weltkulturerbe erklärt. Gewerkschaftsmitglieder pilgern vorzugsweise nach Tolpuddle, wo die Wiege der englischen Gewerkschaftsbewegung stand. Der schönste Adelssitz der Grafschaft ist zweifelsohne Kingston Lacey, ein klassizistischer Bau mit ausgedehnten Gartenanlagen.

● *Information* **Dorset Tourism**, County Hall, Collinton Park, Dorchester, Dorset DT1 1XJ, ✆ 01305/221001 und 01305/267992. www.visit-dorset.com.; **West Dorset District Council**, Leisure & Tourism Division, Stratton House, High West Street, Dorchester, Dorset DT1 1UZ, ✆ 01305/252241, ✉ 01305/257039, www.westdorset.com oder www.dorset-new forest.com.

Bournemouth

Das touristische Kapital von Bournemouth ist ein zehn Kilometer langer, goldgelber Sandstrand. Keine Industrie, kein Hafen – dafür besitzt die Stadt zahlreiche Parks und Gärten, die das Auge mit ihrem satten Grün erfreuen.

Es ist nur schwer vorstellbar, dass dort, wo heute 160.000 Menschen leben und mehr als doppelt so viele ihre Ferien verbringen, noch vor 200 Jahren nur eine unbewohnte Heidelandschaft existierte. Im Jahre 1811 verliebte sich *Henrietta Tregonwell* in den einsamen Küstenabschnitt und überredete ihren Mann *Captain Lewis Tregonwell*, an der Mündung des River Bourne ein Sommerhaus zu errichten. Das Beispiel machte Schule und schon nach ein paar Jahrzehnten galt Bournemouth als kleine, vornehme Sommerfrische, die von ein paar hundert Menschen bevölkert wurde. Doch dann kam die Eisenbahn und ein schier grenzenloser Bauboom setzte ein, der Bournemouth – laut Thomas Hardy – zu einem „fashionablen Bad, einem mediterranen Ort des Müßiggangs und der Erholung" werden ließ. Der englische Dichter *John Betjeman* charakterisierte Bournemouth einst als „eine der wenigen englischen Städte, die man getrost als weiblich bezeichnen kann." Weniger gute Erfahrungen machte sein an Tuberkulose erkrankter Schriftstellerkollege *D. H. Lawrence*; bitter von Bournemouth enttäuscht, wandte er sich 1912 an einen Freund: „Ich rate Dir, niemals hierher zu kommen. … Dieser Platz existiert nur für die Kranken. … Er ist wie ein riesiges Hospital. … An jeder Ecke kreuzt man den Weg von Invaliden, die gerade vorbeigeschoben oder -gezogen werden."

Wer heute nach Bournemouth kommt – was 2010 sein 200-jähriges Bestehen gefeiert hat –, trifft auf ein vornehmes Seebad mit weißen und pastellfarbenen Villen, die noch vom Flair des viktorianischen Zeitalters zeugen und auf bunte „beach huts" (Strandhütten), die für schlappe £ 30.000 den Besitzer wechseln. Zum Stadtteil Boscombe mit seinem Pier (Landebrücke) kann man sich mit einer kleinen Bimmelbahn am Strand entlangfahren lassen. Ein breites Angebot an Sport- und Unterhaltungsmöglichkeiten wartet auf das Zerstreuung suchende Publikum. Dies sind vor allem Sprachschüler, denn Bournemouth gilt als das britische Sprachschulzentrum schlechthin, sowie die Teilnehmer der zahlreichen alljährlich abgehaltenen Konferenzen und Pensionäre, die ihren Lebensabend nicht im verregneten Manchester, sondern an der sonnenverwöhnten Südküste verbringen wollen. Neueste

Bournemouth 339

Zielgruppe sind die Surfer, für die eigens am Strand von Boscombe Europas erstes künstliches Riff aufgeschüttet wurde, damit es beim Wellenreiten höher hinaus gehen kann. Traditionellere Unterhaltung wie Musicals, Konzerte, Shows und andere kulturelle Veranstaltungen finden im Pavilion, im Pier Theatre und im modernen BIC (Bournemouth International Centre) statt. Freunde klassischer Musik sollten sich ein Konzert des Bournemouth Symphony Orchestras (in Poole zu Hause) nicht entgehen lassen, das auf Festivals und auch in zahlreichen Landhäusern der Umgebung Gastspiele gibt. Zum Shoppen lädt die großzügige Fußgängerzone ein. Im Gegensatz zu Brighton und anderen Seebädern an der Südküste ist der Strand von Bournemouth durch steil aufragende Klippen von der Stadt abgegrenzt, so dass er einerseits von den kalten Nordwinden geschützt ist, andererseits eine naturbelassene Stimmung ausstrahlt. Zum Strand hinunter gelangt man über Treppen sowie zwei Lifte. Für Naturfreunde interessant ist eine Erkundung der sogenannten „Chines". Die hügelige Küstenlandschaft wird von Schluchten durchzogen, die mit ihren Kiefern (als Wahrzeichen auch im Stadtwappen zu finden) und mehr als 100 verschiedenen Rhododendren eine wohltuende Abwechslung zum Strandleben bieten. Besonders schön sind der Alum Chine, wo man sich in einem subtropischen Gärtchen die Beine vertreten kann, während die Kinder auf einem großen Spielplatz Beschäftigung finden, und der Durley Chine.

Von Hennen und Hirschen

Eine besondere Klientel steuert Bournemouth gern an lauen Sommerwochenenden an. Dann begegnen einem mitunter Nonnen, Krankenschwestern, Playboy-Hasen oder Teufel, die in den Pubs und Clubs der Stadt ihr Unwesen treiben. Es handelt sich um Freundeskreise, die sich um eine Braut oder einen Bräutigam geschart haben, um mit diesen so richtig Abschied vom Junggesellendasein zu feiern. Die Erwartungshaltung bei allen Beteiligten ist hoch, und so sind diese *Hennights* und *Stagnights* allzu oft mit eher schlüpfrigen Mutproben verbunden, die nur unter dem Einfluss sinnesbenebelnder Substanzen zu ertragen sind. Unbeteiligte üben sich in Toleranz oder voluntieren in „selbstloser" Unterstützung. Das Nachtleben hat sich mit entsprechenden Angeboten wie Striplokalen und Tabledancing auf diesen Poltertourismus eingestellt.

Freunde des Gruselromans können auf dem Friedhof der Gemeindekirche St Peter's das Grab von Mary Shelley aufsuchen. Sie war die Autorin von „Frankenstein" und ihres Zeichens Ehegattin des romantischen Dichters Percy Bysshe (sprich: Beischie) Shelley, der mit 30 Jahren bei einem Segelunglück im Mittelmeer ertrank. Sein mitreisender Freund Lord Byron ließ ihn noch am Strand kremieren, doch das Herz wollte einfach nicht in Flammen aufgehen. Man brachte es daher nach England zurück, wo es Shelleys Witwe übergeben und später neben ihr bestattet wurde. Der turbulenten Literatenfamilie wurde auch mit dem Shelley Park in Boscombe ein Denkmal gesetzt. Vielleicht sollten noch zwei Große der Literaturgeschichte hier Erwähnung finden: Robert Louis Stevenson, Verfasser der „Schatzinsel", suchte in Bournemouth drei Jahre lang Heilung von seiner Tuberkulose und J. R. R. Tolkien, der „Herr der Ringe", fand hier den Tod.

Karte S. 336/337

Dorset

340 Dorset

Information/Verbindungen/Diverses

- *Information* **Bournemouth Visitor Information Bureau**, Westover Road, Dorset BH1 2BU. Hilfreiches Informationsmaterial zu Sportmöglichkeiten, Veranstaltungen usw., Stadtplan £ 1.50. ✆ 0845/0511701, ✉ 01202/451799. www.bournemouth.co.uk.
- *Einwohner* 160.000 Einwohner.
- *Verbindungen* **Bus** – Stadtbusse sind die Yellow Buses (www.yellowbuses.co.uk). Nahverkehrsbusse ab The Square; an der Travel Interchange beim Bahnhof (Holdenhurst Road) fahren die Regionalbusse und die National Express-Fernbusse (u. a. nach London) ab. Günstig ist ein Explorer Ticket (£ 7.50, erm. £ 50), mit dem man alle Wiltshire & Dorset-Busse (✆ 01202/673555, www.wdbus.co.uk) nach Lyndhurst und Poole einen Tag lang benutzen kann. Ein Open Top Bus (Nr. 140) fährt von Sandbanks zur Purbeck Halbinsel nach Swanage. Bus Nr. 50 geht von Bournemouth nach Swanage.
Zug – Der Hauptbahnhof liegt in der Holdenhurst Road, eineinhalb Kilometer östlich des Zentrums (Busse vor dem Bahnhof). Stündlich Verbindungen nach Southampton, Portsmouth (in Farnham umsteigen), Winchester und Bristol; zwei Züge stündlich nach London Waterloo Station (ca. 2 Std.). South West Train Zugauskunft: ✆ 0845/6000/650, www.southwesttains.co.uk.
Flughafen – Bournemouth International Airport, fünf Kilometer nördlich der Stadt, wird u. a. von Ryanair, easyJet, flybe und bmi angeflogen. Mit dem neuen Terminal kamen auch neue Routen in beliebte Urlaubsdestinationen, etwa nach Ägypten und in die Türkei. ✆ 01202/364000, www.bournemouthairport.com.
- *Ausflüge* Discover Dorset Tours bietet Ausflüge (halbe und ganze Tage) von Bournemouth nach Stonehenge, in den New Forest, zur Juraküste oder auf die Isle of Purbeck, sowie weiter bis nach Bath oder London. Kleine Gruppen bis zu 16 Personen, Kommentar auf Englisch. ✆ 01202/557007; www.discoverdorset.co.uk.
- *BIC* Bournemouth International Centre: Exeter Road, ✆ 01202/456400, www.bic.co.uk.
- *Bootsfahrten* **Speed-boat-Fahrten** und **Cruise-Fahrten** mit der Dorset Belles nach Brownsea Island vom Pier. www.dorsetcruises.co.uk.
- *Fahrradverleih* **Front Bike Hire**, Bournemouth Pier. Tgl. 10–17 Uhr; ab £ 5/Std. und £ 15/Tag. ✆ 01202/557007. Auch Hotelservice. www.Front-bike-hire.co.uk.

Mit der Bimmelbahn am Strand von Bournemouth entlang

Bournemouth 341

- *Golfen* Dorset ist ein Paradies für Golfer, es gibt 46 Golfplätze für alle Handicaps (z. B. **Solent Meads Golf Club**, Rolls Drive, Hengistbury Head; ℡ 01202/420795; www. solentmeads.co.uk). Tipps geben die Touristen-Information oder der Golf Superstore in der Nähe des Bahnhofs (**American Golf Discount**, Holdenhurst Road 130–138).
- *Heißluftballon* **Bournemouth Balloon** im Lower Garden, fasst bis zu 30 Personen, tgl. 9–22 Uhr. Erw. £ 12.50, Senioren/Studenten £ 9.50, Kinder £ 7.50. ℡ 01202/314539; www.bournemouthballoon.com.
- *Internet* **The Cyber Place**, tgl. 10–22 Uhr, Tagesrate 30 Min. £ 1.50, 25 St Peter's Road, ℡ 01202/290099.
- *Markt* Do und Sa.
- *Pavilion Theatre and Ballroom* Veranstaltungssaal aus den 1920ern, wo Theater, Ballett, Opern und Musicals aufgeführt werden. Derzeit entsteht ein regionales Zentrum für Tanz. Westover Road, ℡ 01202/456400, Box Office/Kasse: ℡ 0844/5763000. www.bic.co.uk.
- *Schwimmen* **Littledown Sports Centre**, zwei Pools, Rutschen und Wellness. Chaseside, ℡ 01202/417600, www.littledowncentre.co.uk.
- *Sightseeing* **Open Top Bus**, von Ende Mai bis Ende Sept. mit Stopps an 19 Haltestellen, hop-on/hop-off ab Bournemouth Pier. Das Ticket ist 24 Std. gültig, der Kommentar in Englisch. £ 7, erm. £ 5. www.citysightseeing.com.
- *Surfen* **Bournemouth Surfing Centre**, ℡ 01202/433544. www.bournemouth-surfing.co.uk. Oder **Surfsteps**, ℡ 0800/0437873, mobil 07733/895538; www.bournmouthsurfschool.co.uk. Anfängerkurs im Sommer tgl. 10 und 14 Uhr.
- *Veranstaltungen* **Powerboat Racing** an verschiedenen Wochenenden im Sommer; jeden Freitag im August gibt es **Feuerwerk** am Pier, und mittwochs wird der Park mit Kerzen beleuchtet. Mitte Juni oder im Juli findet auch ein **Schwimmwettkampf** von Pier zu Pier statt und zum **Bournemouth Air Festival** fliegen Düsenjets Formationen während das Volk am Boden 4 Tage lang Rummel genießt.

Übernachten/Essen/Trinken/Nachtleben (siehe Karte S. 343)

Außerhalb der Sommersaison lässt sich problemlos ein Plätzchen in einem der zahlreichen Hotels und B & Bs von Bournemouth oder Poole finden. Während der Saison ist eine Reservierung ratsam, ansonsten wendet man sich gleich an die Tourist Offices, die gegen eine geringe Gebühr Zimmer vermitteln. In Poole gibt es einige preisgünstige B & Bs in der Bournemouth Road, Richtung Parkstone. In Bournemouth sucht man am besten in folgenden Straßen: Christchurch Road, Lansdowne Road oder Almhurst Road (etwas teurer). Am East Cliff befinden sich große Hotels.

- *Übernachten* **Langtry Manor (7)**, das einstige Domizil Eduards VII. und seiner Mätresse Lillie Langtry wurde in ein komfortables Hotel verwandelt. Die Zimmer in dem von einem großzügigen Garten umgebenen Fachwerkhaus sind in üppiges Dekor gehüllt. Im King's Room schlief Eduard, die Lillie Langry Suite gehörte seiner Mätresse und die Princess Alexandria Suite seiner Frau. Sehr gutes Restaurant mit Buntglasfenstern und Sängergalerie, 3 Gänge £ 35. B & B £ 100–230. 26 Derby Road, East Cliff, ℡ 01202/553887, ✆ 01202/290115, www.langtrymanor.com.

Cumberland Hotel (9), direkt am Eastcliff gelegen, wurden das Haus und seine 102 Zimmer kürzlich im Art-Deco Stil eingerichtet: Der Aufenthalt ist eine Zeitreise. Blickfang ist der Außenpool mit Deck und toller Lounge, es gibt Parkplätze, ein gutes Bistro und eine Cocktailbar. Zimmer £ 30–70 pro Person. East Overcliff Drive, ℡ 01202/290722; ✆ 01202/311394; www.cumberlandbournemouth.co.uk.

Riviera Hotel (19), etwas in die Jahre gekommenes Hotel in exzellenter Lage am Alum Chine. Indoor- und Outdoor-Pool, viele Zimmer gegen kleinen Aufpreis mit Meeresblick und Balkon, es lohnt sich! Kostenloses WLAN. B & B ab £ 47.50, je nach Saison (Hochsaison £ 70), unbedingt nach Specials erkundigen. 14 Burnaby Road, Alum Chine, ℡ 01202/763653, ✆ 01202/768422, www.rivierabournemouth.co.uk.

The Bondi (10), eine der preisgünstigeren Unterkünfte im Zentrum von Bournemouth mit fünf Zimmern, vor allem schwules Publikum. EZ ab £ 25, DZ ab £ 65. 43 St Michael's Road, ℡ 01202/554003, www.thebondi.co.uk.

Karte S. 336/337 **Dorset**

342 Dorset

Marlin's Hotel (17), kleines, familiengeführtes Hotel eine Minute vom westlichen Strand entfernt. Auch Nichthotelgäste schätzen das tolle Frühstück (eigenes Café). Die Zimmer sind picobello in freundlichen grünen und beigen Tönen. B & B £ 30–45 pro Person. 2 Westcliff Road, West Cliff, ☎ 01202/299645; www.marlinshotel.co.uk.

Balincourt (3), dieses kleine B & B-Hotel in englischem Landhausstil wurde von unseren Lesern Josef Loibl und Barbara Karling entdeckt. Das 5-Sterne-Haus verdient diese auch. Wirtin Alisons Frühstück ist ebenfalls preisgekrönt. Nur 5 Minuten bis zum Strand, gegenüber liegt ein gemütliches Pub. B&B ab £ 37 pro Person. 58 Christchurch Road, ☎ 01202/552962; www.ballincourt.co.

Topaz (13), liebevoll gepflegte viktorianische Stadtvilla mit 12 modernen, hellen Zimmern, Parkplatz und Fahrradverleih. Kostenloses WLAN. £ 20–35 pro Person. 79 St Michael's Road, West Cliff, ☎ 01202/553714; www.tapazhotel.co.uk.

The Cransley (2), Arts & Crafts-Villa der 1930er-Jahre, Lounge und Frühstücksraum mit Zugang zum hübschen Garten. 11 mit Liebe fürs Detail eingerichtete Zimmer. Wer bleiben bleibt, bekommt das größte Sonnenzimmer. Etwa 5 Minuten bis zum Strand. B & B ab £ 35 pro Person. 6 Knyveton Road, ☎ 01202/290067; info@cransley.com.

• *Camping* Eine Liste mit Zeltplätzen der Umgebung ist im Tourist Office erhältlich. Es gibt zwar in Bournemouth einen Campingplatz, doch dort sind nur Wohnmobile und Wohnwagen erlaubt. Ausweichen kann man in den östlich gelegenen Vorort Christchurch oder auf die Isle of Purbeck:

**** Mount Pleasant Touring Park, März bis Okt. geöffnet, 95 Zeltplätze. £ 8–16 pro Zelt und zwei Personen. Matchams Lane, Hurn, Christchurch, ☎ 01202/475474, 🖷 0870/4601701, www.mount-pleasant-cc.co.uk.

• *Essen/Trinken* Bournemouth hat rund 250 Restaurants und Bistros, einige liegen direkt am Strand:

Vesuvio Bar & Ristorante (20), moderner Italiener in einem Glaspavillon direkt am Strand, klasse Atmosphäre und immer viel los. Von Fisch bis Pizza, besonders lecker sind die *Farfalle Vesuvio* mit geräuchertem Lachs für £ 9.95 oder die *Linguine al Aragosta* – Spaghetti mit Hummer in einer Knoblauchweinsoße – für £ 13.50. Alum Chine, ☎ 01202/759100. www.vesuvio.co.uk.

Westbeach Restaurant (18), nur etwa 100 m vom Pier entfernt wird Seafood aufgetischt (Austern: £ 2/pro Stück). Hauptgerichte £ 11–19.90 (Sea Bass), man kann auch draußen auf einer Beachveranda sitzen. Do ab 20 Uhr Live-Jazz. Pier Approach, ☎ 01202/587785. www.west-beach.co.uk.

Bistro on the Beach (1), moderne englische Küche mit viel Fisch, Panoramablick über Bournemouth Bay bis zu den Needles der Isle of Wight. Café tagsüber, nur Fr–Sa Dinner von 18.30–21 Uhr. Drei-Gänge-Menü ab £ 28.50. Solent Promenade, Southbourne Coast Road, ☎ 01202/431473. www.bistroonthebeach.com.

Urban Reef (14), Bar, Café, Feinkostgeschäft und Restaurant im neuen Viertel am Beach von Boscombe. Informell und funky mit Blick vom Sonnendeck über Bournemouth Bay. Die Saison und das lokale Angebot bestimmt die Speisekarte, viel Fisch. Undercliff Drive, ☎ 01202/443960; www.urbanreef.com.

Aruba Bar and Restaurant (16), englische (Sunday Roast £ 9.95, englisches Frühstück £ 10) und internationale Küche (extrem scharfe karibische Muscheln für £ 6.50, Pizzas, Currys und Stir Fries), Blick über Strand und Pier. Alle Cocktails £ 6–7. Pier Approach, ☎ 01202–554211; www.aruba-bournemouth.co.uk.

The Slug and Lettuce (8), Mischung aus Bar, Café und Lounge. Auf der Balkonterrasse lässt sich das Treiben im Zentrum gut beobachten. Sandwiches und eine große Salatauswahl zwischen £ 5 und £ 9. Auch Brunch. The Square, 4–15 Bourne Avenue/11 Richmond Hill. www.slugandlettuce.co.uk.

Café Obscura (12), der Pavillon mit der sonnigen Straßenterrasse ist ideal für eine kurze Pause. Die Camera Obscura im ersten Stock ist auch ganz witzig (wenn sie denn funktioniert). The Square.

Lord Sandwich (6), in der Nähe des Hauptpostamts befindet sich das wirklich winzige Take-Away, in dem gerade einmal zwei Kunden Platz haben. Hier gibt es preiswerte und herzhafte Stullen für fast jeden Geschmack: Fleisch, Fisch oder vegetarisch. 9–17.30 Uhr. 7 Post Office Road.

• *Nachtleben* Am besten besorgt man sich das Listed Magazin (www.listedmagazine. com) mit dem vollständigen und sehr hilfreichen Programm für Bournemouth und Poole. Eine gute Webseite ist www.bournemouthbynight.com. Viele **Discos** und **Clubs** in der Firvale Road (**Lava & Ignite (4)**,

Bournemouth 343

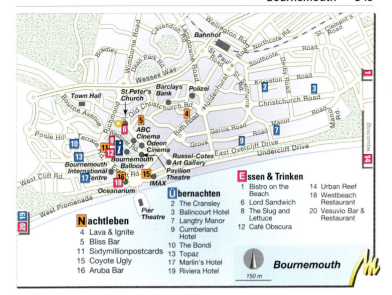

Di Ruhetag) sowie Glen Fern Road zwischen Old Christchurch und St Peter's Road (**Bliss-Bar (5)**). Hen- und Stagparties (Junggesellenabschied) u. a. bei: **FYEO**, For Your Eyes Only, Tabledance-Bar, 136 Old Christchurch Road, geöffnet bis 4 Uhr, Fr–Sa bis 6 Uhr, So geschlossen (www.fyeo.co.uk). Ebenfalls ein riesiger, kommerzieller Club in Bournemouth ist: **Coyote Ugly (15)**, The Waterfront, Pier Approach (www.coyotebournemouth.co.uk). Wer weniger Mainstream bevorzugt, gehe ins **Sixtymillionpostcards (11)**, 19–21 Exeter Road.

Sehenswertes

Russel-Cotes Art Gallery and Museum: Das nach einer umfangreichen Renovierung wieder eröffnete Museum befindet sich in einer verspielten Villa. Zu der Sammlung, die auf den einstigen Bürgermeister Sir Russel-Cotes zurückgeht, gehören viktorianische Gemälde sowie ostasiatische Kunstgegenstände. Zudem werden Wechselausstellungen gezeigt. Es gibt ein Café mit Tischen im traumhaften Garten, wo der beste Cream Tea von Bournemouth serviert wird.
 tgl. außer Mo 10–17 Uhr. Eintritt frei! www.russel-cotes.bournemouth.gov.uk. Samstags oft Gallery Talks.

Christchurch Priory: Christchurch, der östliche, mittlerweile aber längst mit Bournemouth zusammengewachsene Nachbarort, besitzt eine mächtige Pfarrkirche, die von ihrer Dimension schon fast an eine Kathedrale erinnert. Der Bau des Gotteshauses wurde Ende des 11. Jahrhunderts von den Normannen begonnen und 100 Jahre später von Augustinermönchen vollendet (www.christchurchpriory.org).

Oceanarium: In diesem interaktiven Aquarium am Pier geht man auf eine Reise zu den berühmtesten Gewässern der Welt – samt ihrer Bewohner, versteht sich: Von der Karibik über die Korallen des Great Barrier Reef kann man den afrikanischen Nil mit exotischen Tigerfischen oder den Amazonas mit Fleisch fressenden Piranhas besuchen. Nach dem Erfolg des Disney-Zeichentrickfilms „Findet Nemo" wur-

344 Dorset

den jüngst zwei Clownfische (Amphiprion ocellaris) angeschafft, die zusammen mit Seeponys und dem Löwenfisch im Research Laboratory zu finden sind. Witziger Zeitvertreib für einen verregneten Tag.

Adresse Pier Approach, West Beach. ☏ tgl. 10–17 Uhr, Schließzeiten je nach Saison variabel. Eintritt: £ 8.95, erm. £ 7.95, Kinder £ 6.40. www.oceanarium.co.uk.

Alice in Wonderland Park: Das Wunderland von Lewis Carroll wurde Anfang der 1990er-Jahre in Hurn, gleich neben dem Flughafen von Bournemouth, von einem Jungbauern ins Leben gerufen, der genug von Milchquoten und Butterbergen hatte. Es handelt sich um einen Themenpark für Familien, in dem man auf Elefanten fliegen oder Rollercoaster fahren kann, dessen Hauptattraktion aber ein fast zwei Kilometer langes Heckenlabyrinth darstellt, in das man stilecht durch ein Kaninchenloch gelangt. In den Buchenhecken begegnet man den Illustrationen vieler der traumhaften Helden der Kindergeschichte, bis man irgendwann hoffentlich durch eine Kaskade von Spielkarten den Ausgang findet.

☏ Ostern bis Mitte Sept. tgl. 10–18 Uhr (letzter Einlass 16 Uhr), im Okt. nur an Wochenenden. Eintritt: £ 10.75, Senioren £ 8.95, Kinder unter 2 Jahren frei, Familienticket £ 39.99. www.adventurewonderland.co.uk.

Poole

Die Bucht von Poole gilt mit ihren sage und schreibe achtzig Kilometern verschlungener Küste nach Sydney als zweitgrößter Naturhafen der Welt. Poole selbst ist ein ehemaliges Seeräubernest, eine Hafenstadt mit langer Tradition, netten Kneipen und einem gut erhaltenen historischen Zentrum.

Obwohl Poole bereits im 12. Jahrhundert gegründet wurde, steht die Stadt heute zu Unrecht im Schatten von Bournemouth, denn mit seinen alten Lagerhäusern und urigen Pubs – in der Altstadt stehen mehr als hundert denkmalgeschützte Häuser

Pool: Hafenstadt mit Flair

Poole 345

– besitzt Poole mehr Flair als Bournemouth. Doch auch an Poole sind die Jahrhunderte nicht spurlos vorübergegangen: Heute sind es nicht mehr die Neufundlandfischer (die ihre Netze in den Gewässern von Großbritanniens ältester Kolonie nach Kabeljau auswarfen) und Handelsschiffe, sondern in erster Linie die Freizeitkapitäne, die den Naturhafen okkupieren. Der Jachthafen von Poole ist einer der beliebtesten an der englischen Südküste! Besonders oft sieht man die luxuriösen Motorjachten von Sunseeker, die seit rund 40 Jahren in Poole gebaut werden. Hier werden 20 verschiedene Wassersportarten praktiziert, und wen es nicht aufs Wasser treibt, den laden die sandigen Buchten zum Sonnenbaden und Picknicken ein. Ein Besuch der Compton Acres Gardens gehört zum Pflichtprogramm aller Gartenliebhaber. Wer von Poole nach Swanage fahren will, kann von Sandbanks mit einer Fähre über den Poole Harbour übersetzen. Dort kann man an traumhaften Sandstränden baden. Nicht versäumen sollte man auch die Austern (schlürf), die hier gezüchtet werden und so gut sind, dass sie ihren Weg bis in die Nobelrestaurants von Paris (!) finden. Ein Anflug von Dekadenz kann ja nicht schaden.

May Day

Einen traurigen Rekord hält Poole in Sachen Seenot. Im Jahr 2008 mussten die Rettungsboote der RNLI (Royal National Lifeboat Institution, die hier ihren Firmensitz hat) landesweit 8300-mal auslaufen, um vor allem unerfahrene Wassersportler aus dem Atlantik zu fischen, die Lifeguards zählten 9500 Vorfälle. Mit am häufigsten geschieht etwas in der Bucht von Poole, wo 90 Einsätze nötig waren. Die Geretteten (22 Menschen am Tag landesweit!) haben ihr Leben den ehrenamtlich arbeitenden Helfern zu verdanken, die oft umsonst mahnen, die zerklüftete Küste Englands mit ihren extrem starken Strömungen nicht zu unterschätzen. Die Institution ist über 180 Jahre alt und verfügt von der millionenschweren Hochseejacht bis hin zum orangefarbenen Gummischlauchboot über eine Flotte von mehr als 400 Rettungsbooten in 235 Stationen. Die Kosten für ihren Einsatz: 139 Millionen Pfund pro Jahr. Um dem stetig wachsenden Bedarf an furchtlosen und erfahrenen Seeleuten für diesen Dienst gerecht zu werden, wurde im Juli 2004 in Poole beim RNLI Hauptquartier das erste College für den Rettungsnachwuchs eröffnet.

● *Information* **Poole Welcome Centre**, Enefco House, Poole Quay, Poole, Dorset BH15 1 HJ, ☎ 01202/253253. tourism@poole tourism.com; www.pooletourism.com.
● *Einwohner* 140.000 Einwohner.
● *Verbindungen* **Zug** – Verbindungen nach Weymouth (37 Min.) oder London Waterloo (1 Std. 55 Min.) von Poole Station in der Serpentine Road, Southwest Trains, ☎ 0845/6000650. **Bus** – Zahlreiche Busverbindungen von der 2–8 Parkstone Road nach Bournemouth, Wimborne und Wareham, ☎ 01202/673555. **Fähren** – Condors bedienen St Malo und die Channel Islands (www.condor ferries.co.uk), Britanny fahren nach Cherbourg (www.britanny-ferries.com).

● *Festivals* **Summer Breeze Fireworks**, Beachparty jeden Donnerstagabend von Anfang Juni bis Ende Aug. mit Beach-Sport, Grillen und spektakulärem Feuerwerk am Strand von Sandbanks. **British Beach Polo Championships** im Juli, eine Woche später **Sandbanks Beach Volleyball Festival**.
● *Bootsfahrten* **Blue Line Cruises**, Poole Quay, ☎ 07802/435654. www.bluelinecruises. co.uk. Jurassic Coast Cruises, Fahrten zu den Old Harry Rocks und nach Swanage. **Greenslade Pleasure Boats**, Poole Quay, www.greensladepleasureboats.co.uk. Ähnliches Programm, das Unternehmen fährt auch nach Brown Sea Island.

Dorset Karte S. 336/337

346 Dorset

- *Hochseefischen* **Sea Fishing Poole**, Fisherman's Dock, Halbtages- und Ganztagestrips für Anfänger und erfahrene Angler. ✆ 01202/679666. www.seafishingpoole.co.uk.
- *Markt* Farmers Market im Falkland Square, Do 9–14 Uhr.
- *Poole Pottery Studio* Verkauf von Töpferwaren und Einblick in die lokale Töpfertradition. Man kann sogar seinen eigenen Pott designen. Mo–Sa 9.30–18 Uhr, So 10–16.30 Uhr. The Quay, ✆ 01202/668681. www.poolepottery.co.uk.
- *Schwimmen* **Splashdown**, mit elf Riesenrutschen, Sauna und vielem mehr. Tower Park Leisure Complex, ✆ 01202/716123. www.splashdownpoole.com.
- *Surfen* **Poole Harbour Boardsailing**, Sandbanks Road 284, ✆ 01202/700503. www.pooleharbour.co.uk. **The Watersports Academy**, Sandbanks, ✆ 01202/708283; www.thewatersportsacademy.com. Auch Kitesurfen und Wakeboarding.
- *Übernachten* **Antelope Hotel**, eine der ältesten Unterkünfte in Poole, im historischen Zentrum gelegen und frisch renoviert. B & B ab £ 45. High Street, ✆ 01202/672029, www.antelopeinn.com.

Salterns Harbourside Hotel, vergleichsweise günstiges Hotel, dessen Lage kaum zu überbieten ist: mitten im Geschehen direkt am Jachthafen. Essen kann man neben den Booten, abends gibt es oft Büfett mit indischen oder thailändischen Spezialitäten. DZ ab £ 75, EZ ab £ 65. 38 Salterns Way, Lilliput, ✆ 01305/707321, 🖷 707488, www.salternsharbourside.co.uk.

- *Essen/Trinken* **Storm**, die beste Adresse für delikate Fischgerichte in verschiedenen Variationen. Der Besitzer ist Fischer und fängt das Menü selbst!! Auch das Gemüse kommt aus dem eigenen Garten und der Honig von den eigenen Bienen. Hauptgerichte ab £ 17. Nettes, rustikales Ambiente mit wuchtigen Holztischen. Auch Kochschule. Sonntagmittag geschlossen. 16 High Street, ✆ 01202/674970. www.stormfish.co.uk.

King Charles, historisches Pub in unmittelbarer Hafennähe, serviert werden leckere Currys. Thames Street.

Bar Custom und Maison Custom House, nette Café-Bar (Hauptgerichte £ 8–10), deren großes Plus die Straßenterrasse mit Blick auf den Hafen ist. Wer will, kann sich an einer *Bouillabaisse* versuchen. Das Zwei-Gänge-Menü im Restaurant im 1. Stock kostet um die £ 28.50, als Lunch wochentags nur £ 13.95. Poole Quay, ✆ 01202/676767. www.customhouse.co.uk.

Cafe Shore, das minimalistische Restaurant bietet moderne Küche mit mediterranem Einschlag, gut zum „sehen und gesehen werden". 10–14 Banks Road, Sandbanks, ✆ 01202/707271. www.cafeshore.co.uk.

Branksome Beach Restaurant and Terrace Bar, wirbt mit dem besten Seeblick des Landes – und er IST schön. Britische Küche je nach Saison, viel Fisch. Hauptgerichte zwischen £ 12 und £ 20. Mittwochs Jazz von 19.30–21.30 Uhr, freitags wechselnde Live-Musik 20–22 Uhr. Pinecliff Road, Branksome Chine, ✆ 01202/767235; www.branksomebeach.co.uk.

Sehenswertes

Poole (Waterfront) Museum: Das in einem Lagerhaus aus dem 18. Jahrhundert und in mehreren mittelalterlichen Kellergewölben untergebrachte Museum wurde kürzlich modernisiert und bietet einen umfangreichen Überblick über die maritime Vergangenheit der Stadt. Viel bestaunt ist ein unlängst entdecktes Boot aus der Eisenzeit. Im Foyer steht ein beeindruckendes neues Modell des Hafens von Poole, den man auch von der neuen Aussichtsterrasse im Blick hat.

⏱ April bis Okt. tgl. 10–17 Uhr, So erst ab 12 Uhr, Nov. bis März Di–Sa 10–16 Uhr, So ab 14 Uhr. Eintritt frei !

Scaplen's Court Museum: Eines der ältesten mittelalterlichen Häuser von Poole beherbergt eine Ausstellung zur Stadtgeschichte samt einer historischen Apotheke und einer viktorianischen Küche.

⏱ nur im August, tgl. 10–17 Uhr, So erst ab 12 Uhr. Eintritt frei!

Compton Acres Gardens: Die etwa fünf Kilometer südöstlich von Poole gelegene Gartenlage wird zu Recht als eine der schönsten von Südengland bezeichnet. Genau genommen handelt es sich um mehrere verschiedene Gärten, die unterschiedliche Stile (italienisch, englisch, japanisch etc.) zeigen und einen weiten Blick auf die Bucht bis zur Halbinsel von Portland freigeben. Mit ihren Skulpturen, einem Seerosenteich und vielen anderen liebevoll arrangierten Details strahlen die Compton Acres Gardens eine zauberhafte Atmosphäre aus. Angelegt wurde der nur vier Hektar große Garten von dem Finanzier Thomas William Simpson, der das Areal im Jahre 1918 erwarb, um seinen persönlichen Gartentraum zu verwirklichen. Starbucks Coffee bietet nicht nur ein neues Café, sondern auch einen herrlichen Blick über die Bucht von Poole.

Anfahrt 164 Canford Cliffs Road, von Poole Bus Station mit den Bussen 150 und 151. ⏰ April bis Okt. tgl. 9–18 Uhr, im Winter 10–16 Uhr. Eintritt: £ 6.95, erm. £ 6.45, Kinder £ 3.95. ☎ 01202/700778. www.comptonacres.co.uk.

Umgebung

Brownsea Island

Die unter Verwaltung des National Trusts stehende Vogelschutzinsel liegt in der Hafenbucht von Poole. Ursprünglich gehörte das kleine Eiland der Abtei von Cerne, nach mehrfachen Besitzerwechseln – im Jahre 1907 hielten die von Lord Robert Baden-Powell gegründeten Pfadfinder ihr erstes Boy Scout Camp auf der Insel ab – erbte 1961 der National Trust Brownsea und hat sich in vorbildlicher Weise für das Seevogelparadies engagiert. Besucher können auf ausgewiesenen Wanderwegen über die Insel streifen. Es gibt auch ein Schloss auf dem Eiland, dieses steht allerdings nur den Angestellten der Kaufhauskette John Lewis offen, die hier fortgebildet werden. Seit 2007 sitzt Lord Baden-Powell lebensgroß im Hafen von Poole Quay und blickt auf die Insel hinüber.

Anreise Mit dem Schiff von Poole Harbour (mit Brownsea Island Ferries: 25 Min., £ 8.50, erm. £ 5.50) oder von Sandbanks (£ 5, erm. £ 4). Schiffe fahren von April bis Sept. tgl. 10–17 Uhr. Eintritt: £ 5.50, erm. £ 2.70 (NT).

Wimborne Minster

Wimborne Minster ist eines der ältesten Marktstädtchen der Grafschaft Dorset und ist – wie der Ortsname bereits andeutet – aus einem Münster hervorgegangen.

Die Ursprünge des Münsters reichen bis ins frühe 8. Jahrhundert zurück. Lassen Sie sich von dem eher düster und unscheinbar wirkenden Äußeren nicht abschrecken, eine Innenbesichtigung lohnt sich. Das Kloster war mit Schenkungen reich begütert und hatte als Ort der Bildung einen so guten Ruf, dass zeitweise 500 Nonnen auf einmal hier unterrichtet wurden und viele von ihnen als Missionarinnen durch Europa zogen. Handwerker und Bauern ließen sich im Umkreis nieder, und im Laufe der Jahre entstand ein kleines Städtchen. Seit Heinrich VIII. landesweit die Klöster aufgelöst hatte, diente das Minster als Pfarrkirche. Man sollte nicht nur das Minster besichtigen, sondern noch ein wenig durch Wimborne bummeln, denn die unspektakuläre Kleinstadt am Stour besitzt einige schöne Winkel und einen niedlichen Markt, den Grand Bazaar.

• *Information* **Tourist Information Centre**, 29 High Street, Wimborne Minster BH21 1HR, ☎ 01202/886116. www.visiteastdorset.co.uk.
• *Einwohner* 15.000 Einwohner.

• *Verbindungen* **Bus** – gute Verbindungen nach Bournemouth und Poole.
• *Bootsverleih* Ruderboote für Spritztouren auf dem Fluss Stour (£ 13/Std.) verleiht **Dreamboats** vom Riverside Point nahe des

Dorset

Die Klosterkirche von Wimborne Minster

Marktes. Ostern bis Sept. am Wochenende 11–17 Uhr. ✆ 07794/507001. www.dream-boats.org.uk.
- *Markt* Farmers Market Fr 7–14 Uhr. Jeden 2. Sa des Monats Dorset Farmers Market in der Mill Lane, 9–13 Uhr, Market Sa 8–13 Uhr, Flohmarkt Sa 8–13 Uhr und So 9–16 Uhr.
- *Streichelfarm* **Dorset Heavy Horse Centre**, Fahrten mit Kutsche, Zigeunerwaggons oder Traktor, Streichelzoo und Lamas. Bei Verwood auf der B 3081. Ostern bis Okt. tgl. 10–17 Uhr. Eintritt: £ 7.75, Kinder £ 6.75, Familien £ 25.95. www.dorset-heavy-horse-centre.co.uk.
- *Übernachten* **The Kings Head**, 27 typisch englische Zimmer in massivem Bau aus dem 18. Jahrhundert, direkt gegenüber dem Minster. DZ ab £ 85. The Square, BH21 1JG, ✆ 01202/880101; www.kingsheadhotel-wimborne.co.uk.
Ashton Lodge, modernes B & B mit nettem Garten und hausgemachter Marmelade zum Frühstück. EZ £ 38, DZ ab £ 34 pro Person. 10 Oakley Hill, ✆ 01202/883423, ✉ 01202/886180, www.ashton-lodge.co.uk.
- *Camping* ***** **Shorefield Court Touring Park**, gut ausgestatteter und blitzend sauberer Platz, zweieinhalb Kilometer südöstlich von Wimborne. Hat 2004 den „5 Star Loo of the Year Award" gewonnen, einen Preis für Toiletten! Im Jan. geschlossen. Zelt/Caravanplatz £ 12–40. Merley House Lane, ✆ 01590/648331, ✉ 01590/645610, www.shorefield.co.uk/merley/index.asp.

Sehenswertes

Minster of St Cuthburga: Die namensgebende, ehemalige Klosterkirche präsentiert sich trotz ihrer verschiedenen Stilarten als einheitliches Gebilde. Aus normannischer Zeit stammen noch die Arkaden, Teile des Querschiffs und der Vierungsturm, der Chor ist im Early English Style ausgeführt. Den spätgotischen Westturm (um 1450) ziert eine astronomische Uhr aus dem späten 16. Jahrhundert, an der eine um einen Erdball kreisende Sonne die Stunden zeigt und ein Mond die Tage. Eine weitere Attraktion stellt die Chained Library über der Sakristei dar; sie wurde 1686 als eine der ersten Bibliotheken des Landes für die Gemeindemitglieder zugänglich gemacht und ist somit eine der ältesten öffentlichen Bibliotheken Englands. Die wertvollsten Bücher wurden angekettet, um sie vor Diebstahl zu schützen. Das Design ist eine Kopie Michelangelos für die Medici Bibliothek in Florenz. Ein berühmter Besucher war Charles Dickens, der die Namen „Snodgrass" und „Wardell", die er in den „Pickwick Papers" verwandte, auf Grabsteinen in dieser Kirche fand.

① **Chained Library** Ostern bis Ende Oktober Mo–Fr 10.30–12.30 und 14–16 Uhr. **Minster** Mo–Sa 9.30–17.30 Uhr, So ab 14.30 Uhr. www.wimborneminster.org.uk.

Priest's House Museum: Unweit des Münsters befindet sich das Priest's House Museum in einem Gebäude aus dem 15. Jahrhundert. Alle Räume sind originalgetreu im Stil vergangener Epochen (viktorianische Küche, georgianischer Empfangsraum etc.) eingerichtet.

Adresse High Street 23–27. ① April bis Okt. Mo–Sa 10–16.30 Uhr. Eintritt: £ 3.50, erm. £ 2.50; Kinder £ 1; www.priest-house.co.uk.

Umgebung

Kingston Lacy

Südengland ist reich an großartigen Landsitzen und schönen Gartenanlagen, und Kingston Lacy ist einer der prächtigsten! Dementsprechend groß ist der Besucherandrang. Nachdem Cromwell Corfe Castle in Schutt und Asche gelegt hatte, ließ sich die Familie Bankes 1663 im Nordwesten von Wimborne Minster ein Landschloss von Sir Roger Pratt errichten. Sein heutiges, klassizistisches Aussehen erhielt Kingston Lacy aber erst eineinhalb Jahrhunderte später, als *William John Bankes* (1786–1855) Sir Charles Barry mit dem Umbau beauftragte. William John Bankes war ein begeisterter Kunstsammler, der aufgrund seiner Sammelleidenschaft und seines Forscherdrangs selbst Reisen durch den unsicheren Orient nicht scheute. Zu seinen „Errungenschaften" zählten unter anderem ein Obelisk, ein Sar-

Prachtvoll: Kingston Lacy

350 Dorset

kophag sowie ein kürzlich restauriertes Fresko des Italieners Guido Reni, das die Trennung von Tag und Nacht zeigt. Bankes ließ kaum eine Gelegenheit aus, um wertvolle Gemälde, beispielsweise von Rubens, Tizian, Velázquez, Rembrandt, Van Dyck, Veronese, Murillo und Ribalta zu „erwerben". Als Mitglied von Wellingtons siegreicher Armee in Spanien riss er sich bei Plünderungen einige exquisite Kunstwerke unter den Nagel, um seinen Landsitz zu verschönern. Vieles davon ist in dem spanischen Zimmer mit der vergoldeten Ledertapete zu sehen. Da Bankes aufgrund seiner Homosexualität in einen Skandal verwickelt wurde und außer Landes fliehen musste, war es ihm nicht vergönnt, den Abschluss der Umbauarbeiten bewundern zu können.

Die Familie Bankes war im Gegensatz zu anderen Adelsfamilien glücklicherweise nicht gezwungen, das kostbare Interieur zu verkaufen, so dass Kingston Lacy nach dem Tod von Ralph Bankes 1981 komplett eingerichtet in den Besitz des National Trust überging. Zu der überaus großzügigen Schenkung gehörten auch ein Landbesitz im Wert von damals umgerechnet 50 Millionen Euro sowie die Ruinen von Corfe Castle und die eisenzeitlichen Badbury Rings. Allerdings hatte die Übereignung einen Hasenfuß: Kingston Lacy befand sich in einem ruinösen Zustand; der National Trust musste Millionen investieren, bis das Schmuckstück für die Öffentlichkeit zugänglich gemacht werden konnte. Insgesamt fünf Jahre hatten die Restaurateure benötigt, um die Schäden zu beheben. Sicherlich genauso sehenswert wie das Schloss ist der 100 Hektar große Landschaftsgarten mit seiner Zedernallee und dem rosafarbenen Obelisk – den der weit gereiste William Bankes aus Ägypten mitgebracht hatte – sowie der japanische Garten.

① Mitte März bis Ende Okt. Mi–So 11–17 Uhr. Gärten: März bis Okt. tgl. 10.30–18 Uhr, Nov. bis Dez. tgl. 10.30–16 Uhr, Febr./März Fr bis So 10.30–16 Uhr. Eintritt: £ 10.50, erm. £ 5.25, Familienkarte £ 26.25, nur Garten und Park £ 5.25, erm. £ 2.70, Familien £ 13 (NT). Achtung: An Sommerwochenenden werden teilweise zeitlich begrenzte Tickets ausgegeben. ℡ 01202/883402; www.national trust.org.uk/main/w-kingstonlacy.

Pilgerstätten

Wenn je ein Wissenschaftler nicht zu den ihm gebührenden Ehren kam, so muss das für Alfred Russel Wallace gelten. Das lag vor allem an seinem miesen Timing, weshalb seine bahnbrechende Theorie von der „natürlichen Selektion" nicht als solche, sondern als „Evolutionstheorie" oder „Darwinismus" in die Geschichte eingegangen ist. Wallace hatte seine Erkenntnisse auf zahlreichen Reisen zu den Südpazifischen Inseln und in den Amazonas erworben. Mit Darwin stand er in regem Briefwechsel, und so schickte er ihm sein Manuskript vor der Veröffentlichung zur Durchsicht und Korrektur. Nicht, dass Darwin ihm die Idee geklaut hätte, die beiden Wissenschaftler hatten sie schlicht zur gleichen Zeit entwickelt. Als Darwin klar wurde, dass ihm Konkurrenz erwachsen war, die ihn um die Früchte seiner eigenen Arbeit bringen würde, ließ er seine 20 Jahre lang zurückgehaltenen Theorien kurzerhand als Erster drucken. Der Freundschaft tat das keinen Abbruch, man schrieb sich weiter und bezog sich anerkennend aufeinander. Alfred Russel Wallace starb am 7. November 1913 und liegt in Broadstone nahe Wimborne begraben, wo er seine letzten Lebensjahre verbrachte. Das Grab wurde im Jahr 2000 restauriert und mit einer Gedenktafel versehen.

Badbury Rings

Die mehrere Meilen nordwestlich von Wimborne Minster an der B 3082 gelegene, 100 Meter hohe Hügelfestung besteht aus drei kreisförmigen Erdwällen, die ein heute baumbestandenes Plateau von sieben Hektar umschließen. Von seiner Bedeutung mit Maiden Castle und Old Sarum vergleichbar, diente das Fort nach seiner Eroberung den Römern zur Sicherung der Handelsstraße zwischen Dorchester und Salisbury. Der Artuslegende zufolge soll der legendäre König hier im Jahre

516 die Sachsen in der ersten von zwölf Schlachten besiegt haben. Eine Seite ist Teil des Kingston Lacy Anwesens und gehört dem National Trust.

Isle of Purbeck

Die Isle of Purbeck ist keine echte Insel, sondern eine Halbinsel. Der „Inselstatus" ist historisch bedingt, denn Purbeck war jahrhundertelang nur über eine einzige, an Corfe Castle vorbeiführende Straße zu erreichen. Als „Area of Outstanding Natural Beauty" eingestuft, ist die Isle of Purbeck ein Paradies für Naturliebhaber.

Bekannt ist die Isle of Purbeck vor allem für den gleichnamigen „Purbeck-Marmor", ein schwarzer muschelhaltiger Kalkstein, der für den Bau zahlreicher Kathedralen und Kirchen in Südengland verwendet wurde. Im polierten Zustand glänzt er tiefschwarz, wie man an den Säulen der Salisbury Cathedral sehen kann. Eine pittoreske Küstenlandschaft mit skurrilen Gesteinsformationen (Durdle Door) und die unter Naturschutz stehende Heidelandschaft Studland Heath sind weitere „Markenzeichen" der Isle of Purbeck. Eine Küstenstraße existiert nicht, das Meer und kleinere Ansiedlungen erreicht man über enge, kurvige Straßen, die von mannshohen Hecken gesäumt werden. Oft bilden nur wenige Natursteinhäuser, zum Teil mit Reet gedeckt, und eine gedrungene Kirche ein Dörflein.

Information **Purbeck Tourist Information and Heritage Centre**, Holy Trinity Church, South Street, Wareham, Dorset BH20 4LU, ☎ 01929/552740. tic@purbeck-dc.gov.uk; www.dorsetforyou.com.

Mit der Swanage Steam Railway über die Isle of Purbeck zockeln

Nicht nur Eisenbahnfreunde begeistern sich für eine Fahrt mit der Dampflok von Swanage, die fast 10 Kilometer an Corfe Castle vorbei über die Isle of Purbeck bis zur Ortschaft Norden führt. Schon von weitem sind die weißen Rauchschwaden der durch die Landschaft zockelnden Railway am Himmel auszumachen. Wenn die Restaurierungsarbeiten einmal abgeschlossen sind, soll die Swanage Steam Railway bis nach Wareham verkehren.

Betriebszeiten April–Okt. tägl., im Winter nur am Wochenende. Hin- und Rückfahrt £ 9, erm. £ 7. Booking Line: ☎ 01929/425800. www.swanagerailway.co.uk.

352 Dorset

Swanage

Swanage, das sich gerne als „Dorsets Perle" rühmt, ist ein unspektakulär beschauliches Seebad mit einem schönen Sandstrand, das sich gut als Ausgangsbasis für die Erkundung der Isle of Purbeck eignet.

Bereits in angelsächsischer Zeit als Hafenort bekannt, kam Swanage vor allem als Umschlagplatz für den Purbeck-Mamor zu Reichtum. Als sich London im 19. Jahrhundert anschickte, sich zur Weltstadt zu entwickeln, lieferten *John Mowlem* und *George Burt*, zwei ortsansässige Steinbruchbesitzer, das Rohmaterial in die Themsemetropole. Auf dem Rückweg transportierten sie Fragmente abgerissener Häuser nach Swanage, um diese zum Bau verschiedener Gebäude zu verwenden. So wird beispielsweise das Rathaus von Swanage von dem von Christopher Wren für die Londoner Mercers' Hall entworfenen Frontispiz geziert. Wer mit offenen Augen durch das Seebad läuft, kann einen Torbogen vom Hyde Park, dorische Säulen vom Zollhaus der Waterloo Bridge und vieles mehr entdecken, ein Architekturpuzzle, das der Stadt den Spitznamen „Old-London-by-the-Sea" bescherte. Der malerischste Flecken ist der Mühlenteich, Mill Pond, wo sich eine kleine Künstlerkolonie angesiedelt hat. Das Wasser ist glasklar, der goldene Sandstrand fällt sanft ab und bietet ein preisgekröntes Badevergnügen.

Enid Blyton im Fünf-Freunde-Land

Nein, geboren wurde die Kinderbuchautorin in Kent, nicht in Dorset, doch verbrachte sie 20 Jahre lang mindestens drei Urlaube im Jahr in der Grafschaft und pflegte genau die Dinge zu tun, die auch heute noch bei den meisten Touristen auf dem Programm stehen. Die Erlebnisse, Erfahrungen und Erzählungen von Land und Leuten sind in ihre Bücher eingeflossen, vor allem in die berühmte „5 Freunde" Serie. Zum Teil wurden die Örtlichkeiten von Mrs Blyton selbst enträtselt, sie hinterließ entsprechende Anmerkungen in den älteren Originalausgaben. So bekennt sie, für die Whispering Island oder Keep-away Island in „Five have a Mystery to Solve" (5 Freunde und der Zauberer Wu) Brownsea als Vorbild genutzt zu haben. Heute liegt die größte Insel in der Poole Bay friedlich da, doch in den 1960er-Jahren hauste dort eine Einsiedlerin namens Florence Bonham Christie, die niemanden auf ihrem Eiland duldete und über die zahlreiche Gerüchte kursierten. Auch das Geraune von unterirdischen Geheimpassagen und die Geschichten von Schmugglern, die ihre Kontrabantenware in Nacht- und Nebelaktionen an der zerklüfteten Küste anzulanden und im Labyrinth der Steinbrüche zu verstecken wussten, beflügelten die Fantasie der Schriftstellerin. Heraus kam „Moonfleet". Schließlich kaufte Enid Blyton mit ihrem Mann Kenneth sogar eine Farm in der Nähe von Sturminster Newton, die eingefleischte Blyton Fans vielleicht als „Finniston Farm" zu identifizieren wüssten. Am 11. August wird alljährlich Enid Blytons Geburtstag im Corfe Castle gefeiert.

● *Information* **The White House**, Shore Road, Swanage, Dorset BH19 1LB, ✆ 0870/4420680, ✆ 01929/423423. Zimmervermittlung, Wanderkarten. www.swanage.gov.uk.

● *Einwohner* 8.200 Einwohner.

● *Verbindungen* **Bus** – Busbahnhof in der King's Road bei der Swanage Railway Dampfeisenbahn. **Zug** – Verbindungen ab

Swanage 353

Ideal für ein paar geruhsame Tage: Swanage

Wareham, dorthin etwa stündlich mit den Wilts & Dorset Bussen 142 und 143 (✆ 01202/ 673555), zudem regelmäßige Busverbindungen nach Bournemouth (Bus 150) und Poole (Bus 40; www.wdbus.co.uk).

• *Fahrradverleih* **The Globe Inn & Cycle Hire**, £ 15/Tag, für 2 Erw. nur £ 25, Kids-Bikes £ 8. 3 Bell Street, ✆ 01929/423515; crisp1986@hotmail.co.uk; www.thegolbeswanage.co.uk. Die Fahrt einmal um die Purbeck Halbinsel herum beträgt 47 Meilen.

• *Internet* Kostenloser Internetzugang in der **Library** in der High Street. Mo 10–19 Uhr, Di 9.30–13.30 Uhr, Mi 9.30–17 Uhr, Do geschl., Fr 9.30–19 Uhr, Sa 9–16 Uhr, So geschl.

• *Markt* Di 8–15 Uhr auf dem Strandparkplatz.

• *Tennis* **Beach Gardens Sports Park**, Courthire £ 7.50/Std., £ 2.65 für Kids, auch Schlägerverleih für £ 0.80 plus £ 0.60 für einen Ball. ✆ 01929/424339 (auch Bowling und Pitt & Putt-18-Loch-Golf).

• *Übernachten* **Purbeck House Hotel und Louisa Lodge**, stattliches Anwesen, nur fünf Fußminuten vom Strand entfernt. Teile des Gebäudes stammen aus abgerissenen Londoner Bauten. Die Lodge mit 20 Zimmern ist neu. B & B EZ £ 82, DZ £ 124 (Hauptsaison). 91 High Street, ✆ 01929/422872, ✉ 01929/ 421194, www.purbeckhousehotel.co.uk.

Buddies B & B, super Unterkunft für aktive Besucher, 3 schlichte Zimmer, teilweise mit Doppelstockbetten; extrem sauber, kinderfreundlich und herzlich. B & B ab £ 25 pro Person. Frühstück in der Woche kontinental (mit selbstgebackenem Brot), am Wochenende englisch. 75 King's Road West, ✆ 01929/423319, mobil: 07788/597567; www.buddies-b-and-b.co.uk.

Swanage Haven Guest House, Designerunterkunft mit Spa zu fairen Preisen, B & B DZ ab £ 60. 3 Victoria Road, ✆ 01929/423088; www.swanagehaven.com.

• *Jugendherberge* **Cluny**, eine der attraktivsten Jugendherbergen Englands. Der Gemeinschaftsraum gleicht einem Clubzimmer mit Holzvertäfelung und Ledergarnituren. Aus einigen Zimmern hat man einen tollen Blick aufs Meer (z. B. Zimmer Nr. 5), die Betten sind abenteuerlich ineinander geschachtelt (Vorsicht Kopf!). 100 Betten in 2–8-Bett-Zimmern. Erwachsene ab £ 16, Jugendliche ab £ 12. Cluny Crescent, ✆ 0845/3719346, ✉ 01929/420327, swanage@yha.org.uk.

• *Camping* Beim Tourist Office ist ebenfalls eine Liste mit Campingplätzen der gesamten Halbinsel erhältlich. Sehr gut ausgestattet sind:

**** Ulwell Cottage Caravan Park, schicke Anlage mit Indoor-Pool, außen Spielplatz;

im Febr. geschlossen. Das Village Inn Bar & Restaurant bietet eine abwechslungsreiche Küche. Standplatz ab £ 23 Zelt ab £ 7 pro Person. Ulwell, ℡ 01929/422823, ℡ 421500, www.ulwellcottagepark.co.uk.

Swanage Coastal Park, nicht nur zelten, auch Zelte mieten kann man hier. Von Ostern bis Ende Okt. geöffnet, ab £ 9.50. Priestway, ℡ 01929/421822, Buchungen: ℡ 01590/648331, ℡ 01590/645610, www.shorefield.co.uk/swanage/index.asp.

Dorset Coast Path

Der Dorset Coast Path ist die beste Möglichkeit, die Isle of Purbeck zu erkunden. Der mit dem South West Coast Path identische Wanderweg führt an der Küste von Studland bis Osmington entlang, wobei man Swanage sowie die Naturschönheiten Lulworth Cove und Durdle Door streift. Achtung: Der knapp neun Kilometer lange Küstenabschnitt zwischen Kimmeridge und Lulworth Cove ist militärisches Sperrgebiet (Schießübungen!) und nur am Wochenende und in den Ferien passierbar. Im verlassenen Dorf Tyneham üben die Militärs sogar den bewaffneten Häuserkampf. Zur Warnung werden gelbe Wimpel gehisst. www.jurassiccoast.com.

Studland Heath

Wer nicht die Zeit hat, von Swanage oder Poole aus einen Ausflug in die Heide- und Dünenlandschaft der Studland Heath zu unternehmen, sollte zumindest die Straße durch das Naturschutzgebiet benutzen. Einige Wiltshire & Dorset-Busse fahren durch dieses reizvolle Gebiet, so dass man einen kleinen Eindruck von dieser eigenartigen Landschaft aus Seen und Sümpfen, Sandstränden und Heide bekommt. Zu Fuß geht es weiter über den *Dorset Coast Path* die Küste entlang oder mit dem Auto über die Straße nach *Studland*, einem Dorf mit normannischer Kirche. Von

Zu Füßen von Castle Corfe liegt das beschauliche Örtchen Corfe

hier aus führt ein ausgeschilderter Weg in einer knappen Stunde zu den *Old Harry Rocks*, einer grellen Kalksteinformation, umspült vom tiefblauen Meer.

Corfe Castle

Die Bilderbuchruine Corfe Castle liegt im Herzen der Isle of Purbeck. Schon vor der Jahrtausendwende befand sich hier eine bedeutende sächsische Festung, in der im Jahre 978 König Eduard im Auftrag seiner Stiefmutter Elfrieda ermordet wurde, da sie ihren leiblichen Sohn auf dem Thron sehen wollte. Nach 6-wöchiger Belagerung von den Parlamentstruppen im Bürgerkrieg (1646) zerstört, stehen heute nur noch die Ruinen der einstmals weitläufigen Anlage. Zu Füßen der Burg liegt das nicht minder attraktive Örtchen Corfe, das häufig Ziel ganzer Besucherscharen ist.

April bis Sept. 10–18 Uhr, März und Okt. 10–17 Uhr, Nov. bis Febr. 10–16 Uhr. Eintritt: £ 5.63, erm. £ 2.81, Familienticket £ 14.09 (NT). Führungen tgl. 11 und 14.15 Uhr.

Die tapfere Lady Mary Bankes

Die prominente Bankes Familie ist uns bereits in Kingston Lacy begegnet, doch geht es diesmal um die Gattin von Sir John Bankes. Die Mutter seiner 13 Kinder blieb nämlich während des Bürgerkrieges gezwungenermaßen allein in Corfe Castle zurück. Ihr Mann war Karl II. und dessen Hof nach Oxford gefolgt. Im nahen Wareham wurde sogleich ein Parlamentsbeschluss verlesen, der Böses ahnen ließ. Der Bevölkerung wurde untersagt, Lady Bankes Nachrichten zukommen zu lassen oder sie mit Proviant zu versorgen. Sie sollte auf der Burg isoliert und ausgehungert werden. 13 Wochen lang hielt sie mit einer kleinen Mannschaft Getreuer Stand bis endlich Hilfe in Gestalt königlicher Truppen nahte. Auch fiese Tricks der parlamentarischen Truppen Oliver Cromwells, wie sich als Jagdgesellschaft zu verkleiden, hatte sie spielend enttarnt. 1644 starb ihr Mann, ein halbes Jahr später wurde die Burg zum zweiten Mal belagert. Diesmal jedoch gab es kein Happy End, denn die Burgherrin wurde von ihrem eigenen Offizier, der bestochen worden war, verraten. Dennoch: Als Anerkennung für ihren Mut und ihre Tapferkeit wurde ihr von den Gegnern das Leben geschenkt und sie durfte Schlüssel und Siegel der Burg behalten. Die Burg wurde mit Dynamit in die Luft gesprengt. Schlüssel und Siegel befinden sich bis heute in Lady Bankes einstigem Landsitz Kingston Lacy.

Lulworth

Auf halbem Weg zwischen Bournemouth und Weymouth liegt Lulworth. Lulworth existiert genau genommen nicht. Es gibt nur die beiden Dörfer East und West Lulworth sowie Lulworth Cove, eine fast kreisrunde Bucht, die für ihren Fossil Forest bekannt ist. Versierte Geologen können den ertrunkenen, versteinerten Wald rund um die Bucht wie ein offenes Buch lesen. Vor Millionen Jahren wucherten hier Riesenfarne und andere tropische Gewächse. Allen anderen ist ein Besuch des am gebührenpflichtigen Parkplatz (£ 5) gelegenen Heritage Centre (Eintritt frei, www. lulworth.com) zu empfehlen. Die informative Dauerausstellung widmet sich den geologischen Besonderheiten der Region. Lohnenswert ist noch ein knapp einstündi-

356   Dorset

ger Spaziergang (sehr steil!) entlang der Küste nach Westen zum Durdle Door, einem malerisch verwitterten Felstor, das in das Meer ragt. Die Ruine des ein Stück landeinwärts bei East Lulworth gelegenen Lulworth Castle (17. Jh.) ist nur von marginalem Interesse. Die Burg war ursprünglich als Hunting Lodge, als Jagdhütte, gedacht.

• *Verbindungen* Im Sommer Busverbindung Purbeck Coastlinx X43 von Swanage nach Weymouth. Oder man kommt mit der Jurassic Coast Day Minibus Tour, die von Bournemouth und Poole die Buchten der Juraküste anfährt (→ Bournemouth).

• *Jugendherberge* **Lulworth Cove**, kleine Herberge (eher eine Holzhütte) in West Lulworth mit nur 34 Betten, die auf sieben Zimmer verteilt sind. Für Kinder ist das Tower Park Leisure Centre in der Nähe. Erw. ab £ 16, Jugendliche ab £ 12. School Lane, ✆ 0845/3719331, ✆ 01929/400640, lulworth@yha.org.uk.

Wareham

Das die Isle of Purbeck nach Norden hin abschließende Städtchen besitzt noch einen gut erhaltenen Wall aus angelsächsischer Zeit; auffällig ist auch der schachbrettartige Grundriss des an der Mündung des River Frome gelegenen Wareham. In der *St Mary's Church* befindet sich der steinerne Sarg von Eduard dem Märtyrer. Ein weiteres Grabmal erinnert an einen anderen berühmten Toten: Thomas Edward Lawrence, besser bekannt als Lawrence von Arabien, liegt allerdings auf dem Friedhof von Moreton begraben. Seine letzten Lebensjahre verbrachte Lawrence im elf Kilometer entfernten Landhaus Clouds Hill, nach Wareham kam er oft, um im Coffee Shop an seinen „Seven Pillars of Wisdom" zu schreiben. Das Grabmal hätte eigentlich in der Kathedrale von Salisbury stehen sollen, doch lehnte dies der dortige Dekan ab, da er Lawrence' sexuelle Neigungen zutiefst verabscheute. (→ Kasten S. 362)

• *Information* **Tourist Information**, Trinity Church, South Street, Wareham, Dorset BH20 4LU, ✆ 01929/552740, ✆ 01929/554491. Zimmervermittlung, Wanderkarten.

• *Übernachten/Essen* **Worgret Manor Hotel**, der klassische Landsitz nordwestlich von Wareham an der A 352 Richtung Dorchester ist im englischen Countrystil gehalten. Nur noch B & B: EZ ab £ 60, DZ £ 90, Honeymoonsuite £ 100. Worgret Road, Wareham, ✆ 01929/552957, ✆ 554804, www.worgretmanorhotel.co.uk.

Old Granary, das direkt am Uferkai des Fromes gelegene Pub/Restaurant gehört der Dorset Brauerei Hall & Woodhouse. Modernes britisches Pubessen, schöner Blick durch die Glastüren. The Quay. ✆ 01929/552010.

• *Camping* ******* Wareham Forest Tourist Park**, komfortabler Campingplatz mit beheiztem Swimmingpool, Café, Laden und Waschsalon – ein paar Kilometer nordwestlich von Wareham gelegen. Ganzjährig geöffnet. Stellplatz £ 16.50 in der Hochsaison. Bere Road, North Trigon, ✆ 01929/551393, ✆ 558321, www.wareham-forest.co.uk.

Dorchester

Dorchester, eine römische Gründung, steht heute ganz im Zeichen von Thomas Hardy. Als „Casterbridge" literarisch verewigt, sonnt sich die gemütliche Hauptstadt der Grafschaft Dorset im Glanz ihres berühmtesten Sohnes, der 1840 im nahen Higher Bockhampton das Licht der Welt erblickte.

Vom römischen *Durnovaria* zeugen nur noch wenige Spuren. Neben den als Amphitheater genutzten Maumbury Rings ist der einzige erhaltene Teil der römischen Stadtmauer an der Albert Road zu finden. Hinter der County Hall wurden das komplette Fundament sowie der Mosaikboden eines römischen Stadthauses freigelegt, Reste eines römischen Aquädukts finden sich im Nordosten der Stadt. An drei

Seiten wird Dorchester von Kastanien- und Ahornalleen gesäumt, den „walks", die anzeigen, wo einst die Mauer der Römerstadt verlief. Auch in sächsischer und normannischer Zeit war Dorchester kontinuierlich besiedelt, allerdings war die erst 1685 mit Stadtrechten ausgestattete Siedlung nur von regionaler Bedeutung. Daran hat sich bis heute nichts geändert: Obwohl Dorchester die Hauptstadt der Grafschaft Dorset ist, gibt sich die Atmosphäre sehr kleinstädtisch. Es gibt kaum Industrie und auch von einem Nachtleben kann nicht die Rede sein. Wenigstens tut das Bier seine Wirkung. Das lokale Gebräu zeichnet sich durch seinen hohen Alkoholgehalt aus. Als der Weinhandel mit Frankreich Anfang des 18. Jahrhunderts wegen einer der vielen Kriege brachlag, etablierte sich in Dorchester eine Firma, die den besten Malzlikör herstellte. Das Bier heißt selbstredend „Hardy Ale" und wird hier immer noch gebraut. Statt bedeutender kunsthistorischer Schätze hat Dorchester immerhin drei Museen zu bieten. Noch heute kann man der Beschreibung des Schriftstellers Karl Philipp Moritz beipflichten, der 1782 durch England reiste und seine Eindrücke in Briefen festhielt: „Dies ist nur ein kleiner Ort, hat aber eine große und ansehnliche Kirche. Indessen standen die Damen mit frisiertem Haar vor den Häusern, wo ich vorbei ging, und es schien mir hier wieder alles ein viel zu vornehmes Ansehen zu haben, als dass ich hätte bleiben sollen, wie ich anfänglich willens war."

„Charlieville" – Prinz Charles' Lieblingsprojekt

In Poundbury am Stadtrand von Dorchester hat Prince Charles mithilfe des Städteplaners Leon Krier begonnen, seine Vorstellungen vom urbanen Wohnen im 21. Jahrhundert zu verwirklichen. In dem Retortendorf, in welchem weder Ampeln noch Vorgärten gewünscht sind, sollen auf die 168 Hektare Land, die ihm als Duke of Cornwall gehören, einmal 5.000 Menschen leben. Gern führt der Prinz Politiker und Journalisten durch die Mustersiedlung, um ihnen seine Philosophie zu erklären. Eine „altmodische Sache namens Charakter" wolle er hier einführen, schwärmt er, und dem Leben ein bisschen „charm" wiedergeben. Einer der Grundpfeiler von Prince Charles' Konzept ist, dass in der Siedlung alle sozialen Schichten in derselben Straße nebeneinander wohnen. Jedes fünfte Haus ist sozialer Wohnungsbau. Die aus traditionellem Baumaterial errichteten Häuser (Baubeginn war 1993) verfügen über Zentralheizung und Isolierglasfenster – Solarpaneele sind verboten, die mag der Prinz optisch nicht. Aber Fußgängerfreundlichkeit wird groß geschrieben. Die meisten Bewohner sollen ihren Arbeitsplatz in der direkten Umgebung finden, wozu Büros und Werkstätten angesiedelt wurden. Inzwischen gibt es ein eigenes Krankenhaus, Kindergarten, Freizeitcenter, Schulen und sogar einen eigenen Fernsehsender. Allerdings gibt es auch strenge Vorschriften, so müssen die Fensterrahmen einheitlich weiß gestrichen sein, Telefonleitungen und Antennen unsichtbar verlegt bzw. angebracht werden. Dass Satellitenschüsseln verboten sind, versteht sich fast von selbst. Obwohl der Baustil von vielen Kritikern als konservativ und wenig innovativ bezeichnet wird, erfreut sich Poundbury großer Beliebtheit, was auch an den immens gestiegenen Immobilienpreisen deutlich wird. Dasselbe Haus, das hier 235.000 Pfund kostet, wäre woanders für 180.000 Pfund zu haben.

358   Dorset

● *Information*   **Tourist Information Centre**, Unit 11, Antelope Walk, Dorchester, Dorset DT1 1BE, ✆ 01305/267992, 📠 01305/266079. www.westdorset.com. Zimmervermittlung, Wanderkarten und Wegbeschreibungen, Stadtführer „All about Dorchester" mit Beschreibung der Sehenswürdigkeiten. www. westdorset.com.
Poundbury: www.poundburyvillage.com.
Ghost Walks jeden Di und Do um 20 Uhr, Treffpunkt am Kings Arms Pub. Kosten: £ 5.

● *Einwohner* 20.000 Einwohner.

● *Verbindungen* **Bus** – Dorset ist leicht mit dem Bus zu erreichen. Verbindungen nach London (NatEx, ✆ 08717/818178; www. nationalexpress.com) sowie Exeter, Truro, Oxford, Southampton, Poole oder Weymouth. Die meisten Busse starten vom Parkplatz an der Acland Road oder vom Südbahnhof. **Zug** – Südbahnhof, Weymouth Avenue, regelmäßige Verbindung nach London Waterloo Station (2 Std. 15 Min.) und nach Exeter. Westbahnhof nahe der Maumbury Road, Züge nach Bristol, Bath und Weymouth (15 Min.).

● *Einkaufen*   Die Fußgängerzone befindet sich in der South Street.

● *Fahrradverleih*   **Dorchester Cycles**, 31a Great Western Road, ✆ 01305/268787. Mountainbike oder Hybridbike £ 12 pro Tag. Dazu gibt es eine kopierte Karte und Routenvorschläge.   www.corchestercycles.co.uk. **Cycloan**, 49 London Road, März–Okt. tgl. von 9 Uhr bis Sonnenuntergang, Bikes £ 13/ Tag, auch guided tours und Wegevorschläge. ✆ 01305/251521, mobil: 07876/378453; info@cycloan.co.uk. www.cyclone.co.uk.

● *Film*   Jane Austens **Emma** (1996) mit Gwyneth Paltrow und Ewan McGregor wurde in Evershot, Mapperton/Beaminster und Dorchester gedreht.

● *Literatur*   **Thomas Hardy**: Der Bürgermeister von Casterbridge. Insel Taschenbuch 2001.

● *Markt* Mi an der South Railway Station.

● *Wandern*   **Hardy Way**, eine Pilgerroute aus dem 19. Jahrhundert auf den Spuren des Dichters Thomas Hardy. Beginnt an seinem Geburtshaus in Higher Bockhampton und endet 320 Kilometer später an seinem Grab in Stinsford, wo sein Herz bestattet liegt. Hardy selbst liegt in der Abtei von Westminster in der Poet's Corner.

● *Übernachten*   **Yalbury Cottage Hotel**, sehr angenehmes, kleines Landhotel (acht Zimmer) im Südosten von Dorchester. Das Restaurant (nur abends geöffnet) gilt

als das beste der Region. Das dreigängige Menü belastet die Reisekasse allerdings mit £ 34, eine Reservierung ist ratsam. Achtung: Der kleine Weiler Lower Bockhampton ist nicht einfach zu finden. EZ £ 82.50, DZ ab £ 115. ✆ 01305/262382, mobil: 0791/8760537, 📠 01305/266412; www.yalburycottage.com.

The Casterbridge Hotel, zentral gelegenes georgianisches Haus mit 15 Zimmern. EZ £ 60–70, DZ £ 99–120. 49 High East Street, ✆ 01305/264043, 📠 01305/260884, www.casterbridgehotel.co.uk.

The White House, gepflegtes Haus im Art-Deco-Stil (grüner Flur) mit Vorstadt-Charme (ruhig) und drei großzügigen Zimmern mit Blick ins Grüne. B & B £ 25 pro Person. 9 Queens Avenue, Dorchester DT1 2EW; ✆ 01305/266714; www.whbandb.co.uk.

Yalbury Park, in dem wuchtigen steinernen Farmhaus werden drei Zimmer (en suite) vermietet. B & B ab £ 32. Frome Whitfield Farm, ✆ 01305/250336, 📠 01305/260070; yalburypark@tesco.net.

The Three Compasses, Charminster, gut drei Kilometer nördlich von Dorchester. Das Pub hat ein Einzel- und zwei Mehrbettzimmer, eines en suite. B & B ab £ 35. The Square, ✆ 01305/263618.

Lower Rew Farmhouse, das 200 Jahre alte Farmhaus mit schönem Garten (fünf Kilometer von Dorchester) wurde von unseren Lesern Alice und Axel Pater entdeckt. Zwei Zimmer, besonders gemütlich ist die Lounge mit Kamin. B & B EZ £ 40–45, DZ £ 65. Martinstown, Dorchester, ✆ 01305/ 889291, www.bandbmartinstown.co.uk.

● *Jugendherberge* → Weymouth.

● *Camping* **Giant's Head Zeltplatz**, etwa elf Kilometer nördlich liegt dieser sehr einfache Zeltplatz, März bis Okt. geöffnet. Zelt und zwei Personen £ 8–13, mit Elektrik £ 11–16. Old Sherbourne Road, Cerne Abbas, ✆/📠 01300/341242, www.giantshead.co.uk.

● *Essen/Trinken* **Yalbury Cottage Hotel**, → Übernachten.

Prezzo, in dem restaurierten Haus von Judge Jeffrey's (Blutrichter nach der Monmouth Rebellion) verkauft eine italienische Restaurantkette ihre Pizzen und Pasta. In den stilvollen Räumen aus dem 15. Jahrhundert mit Holzbalken oder dem kleinen Garten schmeckt es bestimmt. Hauptgerichte kosten zwischen £ 7.95 und £ 15. 6 High West Street, ✆ 01305/259678. www.prezzorestaurants.co.uk.

Dorchester

Nappers Mite, in dem einstigen Armenhaus (almshouse) aus dem 17. Jahrhundert wohnten nach dem Brand von Dorchester im Jahre 1613 zehn obdachlose Senioren. Heute wird in den historischen Gemäuern morning coffee, lunch und afternoon tea (Cream Tea £ 4.60) serviert, in der Weinbar wird auch Kräftigeres ausgeschenkt.

Taste, in der italienischen Coffeebar werden auch kleine Snacks serviert. Trinity Street.

The Townmill Bakery, in dieser rustikalen Bäckerei mit Restaurant gibt es das beste Brot und Gebäck der Stadt, alles bio. Frühstück 8.30–11.30 Uhr, englisches oder hausgemachtes Müsli. Später Pizzen. Tgl. 8.30–17 Uhr. 7a Tudor Arcade, www.townmillbakery.com.

George Café, preiswertes Imbissrestaurant mit recht gemütlicher Einrichtung. Jacket Potatoes, verschiedene Füllungen ab £ 1.95, großes englisches Frühstück £ 3.75. Täglich 7.15–18.30 Uhr, So 9–17 Uhr. 39 South Street. ✆ 01305/264207.

Old Ship Inn, ältestes Pub der Stadt. Nur Lunch. High West Street.

Sehenswertes

Maumbury Rings: Die Römer gründeten Durnovaria im Jahre 70 unserer Zeitrechnung. Doch weisen Ausgrabungsfunde in und um Dorchester darauf hin, dass hier schon in der Steinzeit Menschen siedelten. Auch die Maumbury Rings (nahe des Südbahnhofs) stammen aus dieser Epoche. Die Römer bauten die prähistorische Kultstätte zu einem Amphitheater aus, das rund 10.000 Zuschauern Platz bot. Als solches ist es heute auch noch zu erkennen. Im Mittelalter nutzte man das Areal als Gerichtsort und zum Vollzug öffentlicher Hinrichtungen. Auch die 74 Rebellen, die der berühmt-berüchtigte Richter George Jeffreys nach dem Scheitern des Monmouth-Aufstandes in Dorchester zum Tode verurteilte, wurde hier hingerichtet (www.maumburyrings.co.uk).

Dorchesters Pfarrkirche

Roman Town House: In der nunmehr aufwendig restaurierten römische Stadtvilla, die bereits 1937 beim Bau der County Hall entdeckt worden war, erhält man einen kurzen Einblick in die Lebenswelt der Bewohner Durnovarias. Einige Mosaike sowie die Fußbodenheizung (Hypocaust) wurden freigelegt.
Adresse Colliton Park hinter der County Hall, Eintritt frei! www.romantownhouse.org. Eine MP3-Audio-Tour kann man sich von dort herunterladen oder unter ✆ 01305/230042 auf das Handy schicken lassen (£ 1.50).

Dorset County Museum: Das Grafschaftsmuseum bietet einen interessanten Überblick über Naturgeschichte, Geologie, Archäologie und Lokalhistorie der Grafschaft Dorset von der Jungsteinzeit bis zur Gegenwart. Die Geschichte des Maiden Castle darf ebenso wenig fehlen wie das Arbeitszimmer von Thomas Hardy. Mit den Ori-

360 Dorset

ginalmöbeln eingerichtet, kann man einen Eindruck von Hardys Arbeitsatmosphäre gewinnen. Eine schöne Raumwirkung erzeugt die doppelstöckige viktorianische Ausstellungshalle, in der ein großer Teil der Exponate präsentiert wird.

Adresse High West Street. ☉ April–Okt. Mo–Sa 10–17 Uhr, im Winter nur bis 16 Uhr. Eintritt: £ 6.50, erm. £ 5, Kinder frei. www.dorsetcountymuseum.org.

Dinosaur Museum: Ein Besuch des Dinosaurier-Museums ist nicht nur bei schlechtem Wetter eine Alternative. Vor allem Kinder haben ihren Spaß an den lebensgroßen Rekonstruktionen der Urviecher, die neben Skeletten und Fossilien die Hauptattraktion des Museums sind.

Adresse Icen Way. ☉ April bis Okt. tgl. 9.30–17.30 Uhr, Nov. bis März nur bis 16.30 Uhr. Eintritt: £ 6.95, erm. £ 5.95, Kinder £ 5.50, Familienticket £ 22.50. www.thedinosaurmuseum.com.

Hardy Country

Was Theodor Fontane für die Mark Brandenburg, ist Thomas Hardy für Dorset. Der Schriftsteller ist in und um Dorchester beinahe allgegenwärtig. Sein von Eric Kennington geschaffenes Bronzedenkmal steht am westlichen Ende der High West Street und zeigt Hardy als alten Mann. Unweit von Dorchester ist sein Geburtshaus (Thomas Hardy's Cottage) zu bewundern. Max Gate, Hardys letzter Wohnsitz. steht ebenfalls für Besucher offen. Von 1885 bis zu seinem Tod im Jahre 1928 lebte er zurückgezogen in dem von ihm selbst entworfenen Haus.

Thomas Hardy, der wie kaum ein anderer Dichter mit der südenglischen Landschaft in Verbindung gebracht wird, wurde 1840 in Higher Bockhampton als Sohn eines Steinmetz' geboren. Bis auf fünf Jahre, die Hardy in London wohnte, verbrachte er sein gesamtes Leben in Dorset, die meiste Zeit im Umkreis von Dorchester. Und so verwundert es auch nicht, dass die dörfliche und kleinstädtische Atmosphäre seiner Heimat im Zentrum seines Œuvres steht. In seinen Erzählungen und Romanen entwarf Hardy ein eigenes literarisches Koordinatensystem – „Wessex". Aus Dorchester wurde Casterbridge, Weymouth mutierte zu Budmouth Regis, Swanage zu Knollsea, Bournemouth zu Sandbourne usw. Von seiner Mutter literarisch gefördert, macht er zuerst eine Lehre bei einem Architekten, doch konnte er seinen Beruf schon in jungen Jahren aufgeben und sich dank seines Erfolgs ausschließlich der Schriftstellerei widmen. Trotz seines viktorianischen Hintergrundes war Hardy aber durchaus zur Gesellschaftskritik fähig. So verursachte er 1895 mit seinem Roman „Jude the Obscure" (dt. „Juda der Unberührbare") einen Skandal, da er die Protagonistin Sue Bridhead nicht nur als geistig emanzipierte Frau darstellte, die sich von ihrem Mann trennt, sondern auch in wilder Ehe lebend an den gesellschaftlichen Zwängen scheitert. Thomas Hardy war über den Aufruhr, den der Roman auslöst, derart entsetzt, dass er sich bis zu seinem Tod ausschließlich der Lyrik widmete. Seine letzte Ruhestätte fand Thomas Hardy in der Poet's Corner von Westminster Abbey, sein Herz wurde seinem Wunsch gemäß auf dem kleinen Friedhof von Stinsford beigesetzt.

☉ **Thomas Hardy's Cottage**: April bis Okt. tgl. außer Di und Mi 11–17 Uhr. Eintritt: £ 4 (NT); **Max Gate**: April bis Sept. So, Mo und Mi 14–17 Uhr. Eintritt: £ 3, Kinder £ 1.50 (NT).

Tutankhamun the Exhibition: Eine Ausstellung ganz anderer Art ist die Tutankhamun Exhibition (nicht von der Schreibweise ablenken lassen, er ist es!). Detailgetreu ist das Grab im Tal der Könige nachgebildet, in dem der Engländer Sir Howard Carter 1922 den goldenen Sarkophag des Pharaos gefunden hat. Angesichts der kleinen und insgesamt dürftig präsentierten Ausstellung kommen allerdings Zweifel auf, ob der Eintrittspreis nicht doch etwas überteuert ist ...

Adresse High West Street. ☉ tgl. 9.30–17.30 Uhr, Nov. bis März Mo–Fr 9.30–17 Uhr, Sa/So 10–17 Uhr. Eintritt: £ 6.95, erm. £ 5.95, Kinder £ 5.50, Familienticket £ 22.50. www.tutankhamun-exhibition.co.uk.

Terracotta Warriors Museum: Als Achtes Weltwunder gelten die Tonfiguren, die das Grab des ersten Kaisers von China bewachten. Chin She Huang Di, der Erbauer der Chinesischen Mauer, war von der Idee seiner Unsterblichkeit besessen. Er ließ sich von 70.000 Arbeitern eine Gruft bauen, die ihm Schätzen gefüllt wurde, und in die ihm seine 3.000 Frauen und Konkubinen folgen mussten. Er ließ das grausige Grab von 6.000 Tonkriegern bewachen. Die Restauratoren dieser Original Warrior schufen auch die Gruppe von Kopien, die in Dorchester zu sehen sind. Die Nachbildungen der Krieger sind lebensgroß und tragen authentische Kostüme und Waffen. Mit Soundeffekten! Im selben Haus befindet sich auch das Teddymuseum.

Adresse High East Street. ☉ tgl. 10–17.30 Uhr, Nov–März bis 16.30 Uhr. Eintritt: £ 5.75, erm. £ 5, Kinder £ 4 (unter 5 Jahren frei), Familienticket £ 18. www.terracottawarriors.co.uk. **Teddymuseum**: ☉ tgl. 10–17 Uhr, Nov–März bis 16.30 Uhr; Eintritt: £ 5.75, erm. £ 5, Kinder £ 4. www.teddybearmuseum.com.

Umgebung

Maiden Castle

Maiden Castle ist die größte und bedeutendste keltische Hügelfestung in Großbritannien. Bis zu einer Höhe von 27 Metern erheben sich die gewaltigen Erdwälle drei Kilometer südlich von Dorchester. Das zwanzig Hektar große Hügelplateau, das von den Wällen umschlossen wird, war wahrscheinlich schon in der frühen Bronzezeit besiedelt und diente Mensch und Tier im Kriegsfall als Rückzugsgebiet. Errichtet wurden die terrassenförmigen Erdwälle von den Kelten, die von hier aus das Umland beherrschten. Dem Ansturm der römischen Legionäre war Maiden Castle allerdings nicht gewachsen. Im Jahre 44 unserer Zeitrechnung eroberten die Römer Maiden Castle und massakrierten die keltische Bevölkerung; die Überlebenden wurden im neu gegründeten *Durnovaria* (Dorchester) angesiedelt. Auf dem Plateau errichteten die Römer später einen kleinen Tempel, dessen Grundriss noch heute zu erkennen ist.

Maiden Castle ist jederzeit frei zugänglich, ein Eintritt wird nicht erhoben.

Athelhampton House

Das unweit von Puddletown gelegene Athelhampton House ist einer der wenigen spätmittelalterlichen Landsitze, die in der Grafschaft Dorset zu finden sind. Ursprünglich für den Londoner Bürgermeister Sir William Martyn errichtet, gilt Athelhampton House als Musterbeispiel für die Profanarchitektur im Perpendicular-Stil. Besonders schön ist die holzgetäfelte Great Hall mit einer Sängergallerie und ein oder zwei Geistern. Thomas Hardys Vater war einer der an der Restauration beteiligten Arbeiter, und der Dichter verewigte das Haus in seinem Gedicht „The Dame of Athel Hall". 1971 wurde hier Joseph L. Mankewicsz' „Mord mit klei-

362   Dorset

nen Fehlern" mit Michael Caine und Laurence Olivier gedreht. Der Westflügel beherbergt eine Galerie mit den Werken der russischen Kubistin Marevna, die hier eine zeitlang mit ihrer Tochter Marika von Diego Rivera lebte. Nach einer Besichtigung bieten sich die französischen Gartenanlagen für einen erholsamen Spaziergang an.
⏱ März bis Okt. So–Do 10.30–17 Uhr, Nov. bis Febr. nur So 10.30 Uhr bis Sonnenuntergang. Eintritt: £ 9.25, Senioren £ 8.75, Kinder frei. www.athelhampton.co.uk.

Lawrence von Arabien

Als der am 15. August 1888 in Wales geborene Thomas Edward Lawrence in Oxford sein Studium der Orientalistik und Archäologie aufnahm, hätte sich keiner seiner Professoren und Kommilitonen träumen lassen, dass der schlaksige Jüngling zehn Jahre später als Wüstenheld gefeiert werden würde. Bereits im Rahmen seines Studiums nahm Lawrence an Ausgrabungen im Nahen Osten teil und lernte die arabische Sprache. Aufgrund seiner guten Kenntnisse von Land und Leuten nahm der britische Geheimdienst Lawrence „unter Vertrag". Nach Ausbruch des Ersten Weltkrieges war er zuerst in Kairo stationiert, bevor er ab 1916 zusammen mit dem späteren irakischen König Feisal den arabischen Aufstand gegen die mit den Deutschen verbündeten Türken organisierte. An die Stelle des Osmanischen Reiches sollte ein arabischer Staat treten. Entgegen aller Erwartungen war den Beduinenkämpfern mit der von Lawrence erfundenen Guerillataktik Erfolg beschieden. Lawrence, der sich zutiefst mit dem arabischen Unabhängigkeitskampf identifizierte, gelang es nach einem spektakulären 1000-Kilometer-Ritt die Wüste Aqaba zu nehmen, wenig später eroberten die von ihm geführten Beduinen Damaskus.

Aus Protest gegen die britische Nahostpolitik, die sich rigoros über ihre Versprechungen hinwegsetzte, degradierte sich Oberst Lawrence selbst und trat unter dem Namen John Hume Ross als einfacher Soldat in die Royal Air Force ein. Als er von der Presse entlarvt wurde, unternahm Lawrence unter dem Namen T. E. Shaw einen zweiten Versuch und leistete seinen Dienst im Royal Tank Corps von Bovington Camp. Wenige Wochen, nachdem sich Lawrence endgültig vom Militärdienst verabschiedet hatte, verunglückte er mit seinem Motorrad am 13. Mai 1935 unter nie ganz aufgeklärten Umständen nur eine Meile von Cloud's Hill entfernt; sechs Tage später erlag Lawrence seinen schweren Verletzungen im Militärkrankenhaus von Bovington Camp. Als er auf dem Friedhof der St Nicholas Church im nahen Moreton beigesetzt wurde, war unter den Trauergästen auch der irakische König Feisal. Seinen Platz unter den britischen Nationalhelden hat T. E. Lawrence spätestens durch den 1962 gedrehten Monumentalfilm „Lawrence von Arabien" mit Peter O'Toole in der Hauptrolle gefunden.

Tolpuddle

Sechs Landarbeiter aus dem kleinen Dörfchen Tolpuddle haben Geschichte geschrieben, als sie sich 1831 zusammenfanden, um eine kleine Lohnerhöhung zu fordern, weil ihre Familien Hunger leiden mussten. Aufgrund dieses Vorfalls gilt Tolpuddle als der Geburtsort der englischen Gewerkschaftsbewegung. Damals war die Festsetzung der Löhne eine Staatsangelegenheit, und die sechs Männer wurden 1834 in Dorchester zu sieben Jahren Verbannung nach Australien verurteilt. Erst als der öffentliche Unmut über das Urteil nach zwei Jahren zu einem richtigen Entrüstungssturm anschwoll, wurden die Deportierten begnadigt und in ihre Heimat zurückgebracht. Wissenswerte Informationen zu den damaligen Vorfällen gibt es im *Tolpuddle Martyrs Museum.* Jedes Jahr im Juli findet ein einwöchiges Festival statt mit Vorstellungen der Volksoper „Tolpuddle Man" und Rummel.

⏱ April bis Okt. Di–Sa 10–17 Uhr, So erst ab 11 Uhr. Im Winter Do–Sa 10–16 Uhr, Sonntag ab 11 Uhr. Eintritt frei! www.tolpuddlemartyrs.org.uk.

Cloud's Hill

Wer sich für T. E. Lawrence, besser bekannt als Lawrence von Arabien, interessiert, sollte einen Abstecher zum 16 Kilometer von Dorchester entfernten Cloud's Hill erwägen. Der Besuch des spartanisch eingerichteten Landarbeiterhäuschens mit seinen drei Zimmern, die seit den 1930er-Jahren fast unverändert blieben, gibt wahren Verehrern von T. E. Lawrence einen Einblick in sein Leben, seine Persönlichkeit und seine Liebe zum Orient. Er selbst beschrieb es allerdings einmal als „so hässlich wie meine Sünden". Der wohl letzte und zugleich mysteriöseste Abenteurer des britischen Empire hat zusammen mit seinem Freund und Lebensgefährten John Bruce seine letzten Lebensjahre in dem kleinen Cottage verbracht. Und das von Rhododendren umgebene Cloud's Hill ist fürwahr ein bescheidenes Anwesen, im Erdgeschoss steht ein großes lederbezogenes Bett, umgeben von Bücherregalen und ein paar Fotografien. Eine schmale, enge Treppe führt hinauf zu zwei weiteren Zimmern: einer kargen Küche, die diesen Namen kaum verdient und dem Music Room, dessen wichtigste Utensilien ein Grammophon und Schallplatten mit klassischer Musik sind.

⏱ April bis Okt. jeweils Do–So 12–17 Uhr. Eintritt: £ 4.50, Kinder £ 2 (NT).

Achtung: Da Cloud's Hill nicht allzu gut ausgeschildert ist, sollte man sich an den Wegweisern zum Bovington Camp orientieren. Freunde von Militaria können im Bovington Camp das älteste Panzermuseum der Welt besichtigen. Die Purbeck Verwaltung hat einen 3 Meilen langen Spaziergang auf den Spuren von Lawrence ausgewiesen, erhältlich in den Touristen-Informationen oder unter www.purbeck.gov.co.uk.

Cerne Abbas

Der keulenschwingende Riese von Cerne Abbas ist schon von weitem an einem Hang der North Downs auszumachen. Umso erstaunlicher, dass die Figur erst 1764 das erste Mal schriftlich erwähnt wurde: im Männermagazin „Gentleman". Die Umrisse des knapp sechzig Meter großen *Cerne Giant* wurden in grauer Vorzeit in den Kalk geritzt. Manche sehen in dem Riesen mit dem sechs Meter erigierten Phallus ein keltisches Fruchtbarkeitssymbol aus dem zweiten vorchristlichen Jahrhundert, andere halten die Zeichnung für eine Herkulesfigur und datieren sie auf das 2. Jahrhundert unserer Zeitrechnung, als der römische Kaiser Commodus einen Herkuleskult einführte und sich selbst als einen Nachfahren des griechischen Helden ausgab. Überliefert ist, dass Frauen, die sich Nachwuchs wünschten, jahrhundertelang den Riesen aufsuchten, um sein Fruchtbarkeit verheißendes Glied zu berühren.

Die meisten Besucher sind von dem Riesen so fasziniert, dass sie fast vergessen, das Dörfchen Cerne Abbas zu besuchen. Aus einer im 9. Jahrhundert gegründeten Be-

364 Dorset

nediktinerabtei hervorgegangen, von der heute allerdings nur noch Ruinen zeugen, besitzt Cerne Abbas schön herausgeputzte Tudor-Häuser und einladende Pubs, beispielsweise *Red Lion* oder *Royal Oak*.

Milton Abbas

Was macht ein englischer Adeliger, der sich in seinem neuen Herrenhaus, einer umgebauten Abtei, von den im nahen Middleton wohnenden Untertanen belästigt fühlt? Diese Frage stellte sich Joseph Damer, seines Zeichens 1. Earl of Dorchester, im Jahre 1780, und er fand eine ungewöhnliche und wenig demokratische Lösung: Da ihm das Dorf auch die Aussicht auf seine von Lancelot „Capability" Brown entworfenen Gartenanlagen verstellte, ließ er einen Kilometer entfernt das Musterdorf Milton Abbas errichten, siedelte die Bewohner zwangsweise um und befahl anschließend, alle Häuser von Middleton kurzerhand abzureißen. Aus diesem Grund gibt es heute nur zwei Sehenswürdigkeiten: die zweistöckigen reetgedeckten Häuser von Milton Abbas, die sich mit ihren offenen Vorgärten die Dorfstraße entlangreihen sowie den mittlerweile eine Public School beherbergenden Landsitz Milton Abbey. In der einstigen Abteikirche lohnt das marmorne Grabdenkmal von Lady Caroline Milton einen Abstecher. Sanft schlummert die Tote in wallenden Gewändern, von ihrem geliebten Gatten schwermütig betrauert.

Shaftesbury

Der kopfsteingepflasterte Gold Hill von Shaftesbury entspricht dem Klischee vom ländlichen England bis aufs i-Tüpfelchen und ist auf den Reklameplakaten einiger Immobilienmakler wiederzufinden. Über reetgedeckte Häuser hinweg schweift der Blick bis zu den grünen Hügeln des Blackmore Vale.

Die Keimzelle von Shaftesbury ist ein im Jahre 888 von König Alfred gegründetes Kloster der Benediktinerinnen, dem Alfreds Tochter Ethelgiva als Äbtissin vorstand. Als in der Abtei 980 die sterblichen Überreste von Edward dem Märtyrer ihre letzte Ruhestätte fanden, wurde Shaftesbury zu einem beliebten Pilgerort, auch König Knut setzte man 1035 in der Abtei bei. Zwölf Kirchen, von denen nur noch die St Peter's Chuch übrig geblieben ist, soll das Marktstädtchen im Mittelalter gezählt haben. Der immense Landbesitz des Klosters begründete die geflügelte Redensart: Wenn die Äbtissin von Shaston (Shaftesbury) den Abt von Glaston (Glastonbury) heiraten würde, wäre sie reicher als jedes Königshaus. Doch dann kam das Ende der klösterlichen Pracht: Heinrich VIII. löste 1539 die über 100 Nonnen zählende Abtei auf, und Shaftesbury sank zum unbedeutenden Marktflecken herab.

Die meisten Reisenden streben heute dem Gold Hill zu, der genau genommen kein Hügel, sondern eine kopfsteingepflasterte Gasse ist, die sich einen Steilhang hinunter windet. Die reetgedeckten Häuser mit ihren markanten Schornsteinen heben sich malerisch von der hügeligen Weidelandschaft im Hintergrund ab. Der Name „Gold Hill" hat übrigens nichts mit verborgenen Goldschätzen zu tun, sondern ist nur eine Abwandlung von „Guildhall Hill".

● *Information* **Tourist Information Centre,** hier findet man auch einen Link zur Hovis Brotwerbung von 1973, die den Gold Hill berühmt gemacht hat. 8 Bell Street, Shaftesbury, Dorset SP7 8AE, ✆ 01747/853514. 🖂 850593; www.shaftesburydorset.com.

● *Einwohner* 4.900 Einwohner.

● *Verbindungen* Shaftesbury ist nicht be-

Shaftesbury 365

Der berühmte Gold Hill von Shaftesbury

sonders gut mit öffentlichen Verkehrsmitteln zu erreichen. Busverbindungen nach Salisbury, Dorchester und Gillingham.

• *Markt* Donnerstags, Farmers Market am 1. Samstag des Monats.

• *Übernachten* **Grosvenor Hotel**, seit 400 Jahren werden in dem stattlichen Haus Gäste bewirtet, mit dem einzigen Unterschied, dass diese heute nicht mehr mit der Postkutsche vorfahren. 16 super-schicke Boutique-Zimmer. Schöner Innenhof, gute englische Küche, Bar mit Terrasse. EZ ab £ 75, DZ ab £ 125. The Commons, ✆ 01747/850580, www.hotelgrosvenor.com.

3 Ivy Cross, viktorianische Villa 5 Minuten vom Zentrum, 3 Zimmer (pink, gelb und blau), B & B £ 30 pro Person. 3 Ivy Cross, ✆ 01747/853837, mobil: 07855/773904, ✉ 01747/858807; www.3ivycross.co.uk.

The Chalet, modernes Haus, von Architekton für die Vorbesitzer entworfen. Drei Zimmer, fünf Minuten vom Stadtzentrum weg, toller Ausblick. B & B EZ £ 45, DZ £ 70, Triple £ 90. Christy's Lane, ✆ 01747/853945, www.thechalet.biz.

• *Camping* **Blackmore Vale Caravan & Camping Park**, kleiner, intimer Campingplatz, drei Kilometer westlich des Ortszentrums. Ab £ 10 pro Zelt (je nach Größe). Sherbourne Causeway, ✆ 01747/851523, ✉ 851671, www.bmvcaravans.co.uk.

• *Essen/Trinken* **La Fleur de Lys**, ansprechendes Hotel und Restaurant in einem alten Mädcheninternat mit Kerzenbeleuchtung, gekocht wird Modern British zu gehobenen, aber angemessenen Preisen. Zwei-Gänge-Menüs £ 25, drei Gänge £ 30. Sonntagabend geschlossen, Lunch nur mit Buchung Mi–So 12–14.30 Uhr. Zimmer ab £ 125. 25 Salisbury Road, ✆ 01747/853717. www.lafleurdelys.co.uk.

Salt Cellar, mit seiner wunderbaren Aussicht auf den Gold Hill gehört eine Einkehr in den Salt Cellar zum Pflichtprogramm eines Shaftesbury-Besuchs. Glücklicherweise ist das Restaurant keine Touristenfalle und zudem günstig. Auch wer nur einen Kaffee und Kuchen wünscht, ist willkommen. Mo–Sa 9.30–17 Uhr, So ab 10 Uhr. Gold Hill Parade, ✆ 01747/851838.

Ship Inn, wuchtiges altes Steinhaus mit nettem Garten, Pooltisch und Spielezimmer direkt am Parkplatz im Zentrum. 4 Bars, und wer Hunger hat: Das Essen liefern umliegende Restaurants. Bleke Street, ✆ 01747/853219. www.shipinnfroghouse.co.uk.

366   Dorset

Sehenswertes

Shaftesbury Abbey Museum & Garden: Das lokalhistorische Museum widmet sich der Benediktinerinnenabtei von Shaftesbury, die einst zu den bedeutendsten Klöstern des Landes gehörte. Mithilfe eines Modells kann man sich einen guten Eindruck von der Größe des Klosters verschaffen.

⊙ April bis Okt. tgl. 10–17 Uhr. Eintritt: £ 2.50, erm. £ 2 oder £ 1. www.shaftesburyabbey. co.uk.

Umgebung

Old Wardour Castle

Die ein paar Kilometer östlich von Shaftesbury in einem einsamen Waldstück gelegene Ruine von Old Wardour Castle gehört eigentlich schon zur Grafschaft Wiltshire. Die Burg mit ihrem ungewöhnlichen sechseckigen Grundriss wurde 1393 errichtet, im Bürgerkrieg allerdings schwer beschädigt, so dass sich die Besitzer später ein Schloss im palladianischen Stil bauen ließen, das heute als Mädchenpensionat genutzt wird. Die Hollywoodversion von „Robin Hood – König der Diebe" aus dem Jahre 1991 wurde zum Teil hier gedreht.

⊙ April bis Juni und Sept. tgl. 10–17 Uhr, Juli/Aug. 10–18 Uhr, Okt. bis 16 Uhr, Nov. bis März Mi–Sa und So 10–16 Uhr. Eintritt: £ 3.80, erm. £ 3.20 oder £ 1.90 (EH). Audioguide.

Stourhead

Siehe Wiltshire.

Sherborne

Im Gegensatz zu vielen anderen Städten hat Sherborne gleich zwei prächtige Herrensitze aufzuweisen. Wer lieber nach kleineren Kulturschätzen sucht, wird vielleicht in einem der Antiquitätengeschäfte entlang der Cheap Street fündig.

Sherborne ist eine verträumte Kleinstadt in den warmen Farbtönen des Ham-Hill-Steins am nordwestlichen Rand von Dorset, die bis 1077 Sitz des Bischofs von Wessex war. Von Neubauten kaum verschandelt, eignet sich das am River Yeo gelegene Sherborne auch als Ausgangspunkt für Streifzüge durch die Umgebung. Die Pfarrkirche diente einst als Kathedrale, das Old Castle und das Sherborne Castle erinnern noch an Sir Walter Raleigh, den erklärten Liebling von Elizabeth I.

● *Information* **Tourist Information Centre**, Digby Road, Sherborne DT9 3NL, ✆ 01935/815341. www.sherbornetown.com.

● *Einwohner* 7.500 Einwohner.

● *Verbindungen* **Bus**verbindungen nach Dorchester und Yeovil.

● *Markt* Do und Sa in der Cheap Street (9–16 Uhr).

● *Übernachten* **Eastbury Hotel**, traditionelles georgianisches Stadthaus mit stilvoll eingerichteten Zimmern. EZ ab £ 70, DZ ab £ 95 (So–Do), sonst ab £ 125. Long Street, ✆ 01935/813131, ✎ 01935/817296,

www.theeastburyhotel.co.uk.

The Pheasants, in diesem 300 Jahre alten Steinhaus im Stadtzentrum gibt es 2 Zimmer für £ 35 pro Person (am Wochenende £ 40). Elegant und gemütlich mit Kamin. 24 Greenhill, ✆ 01935/815252, ✎ 01935/812938; www.thepheasants.com.

Half Moon Inn, etwas günstigere Alternative. Hübsches Pub mit 13 Zimmern, DZ ab £ 85. Half Moon Street, ✆ 01935/812017. www.marstonsinns.co.uk.

● *Essen/Trinken* **Oliver's**, das Coffee House ist ein beliebter Treff, um delikate

Sherborne 367

selbst gemachte Kuchen zu genießen. Alle Gäste finden sich an einer einzigen langen Tafel zusammen. 19 Cheap Street.

The Green, in dem hochgelobten, eleganten Restaurant werden einfache Gerichte aus lokalen Zutaten (Fisch aus West Bay) mit europäischem Einschlag serviert. So Ruhetag. Dinner um £ 43. 2 The Green, ✆ 01935/813821.

Alweston Post Office, eine ganz ungewöhnliche Post mit einem Eckladen. Hier werden Produkte von mehr als 50 umliegenden Farmern und Produzenten verkauft: Fleisch, Obst, Gemüse, Oliven, Brot, Eier und Honig – alles von umliegenden Höfen. Auch Schmuck und Taschen stammen von den Nachbarn. Alweston, DT9 5HS, ✆ 01963/23400.

Sir Walter Raleigh: Zum Dank aufs Schafott

Im Ohrensessel soll er gesessen und gemütlich eine Pfeife geschmaucht haben, als plötzlich sein Lakai in Panik angerannt kam, und ihm einen Eimer Wasser über den Kopf schüttete. Der Diener hatte noch nie in seinem Leben eine Pfeife gesehen, dachte folglich, sein Herr stehe in Flammen und wollte ihn löschen. Nicht nur den Tabak, auch die Kartoffel haben wir in Europa Sir Walter Raleigh zu verdanken, dem Höfling Elizabeth I., der für seine Queen nicht nur Virginia gründete, sondern ihr auch seinen kostbaren Umhang auf den verschlammten Boden warf, damit sie trockenen Fußes weitergehen konnte. Er war einer der Lieblingscourtiers der jungfräulichen Königin, bis er heimlich und ohne ihre Erlaubnis zu erbitten ihre Kammerzofe heiratete, auch eine Elizabeth, allerdings Throckmorton, genannt Bess. Die eifersüchtige Queen warf die beiden für dieses Vergehen einige Monate in den Tower, mit unerwünschtem Nebeneffekt: Bess gebar ihren ersten Sohn Walter. Die Familie wurde ins Exil nach Sherborne verbannt. Raleigh rief die Monarchin bald wieder zu sich, Bess wurde nie verziehen. Doch das Glück sollte nicht lange währen: Als Elizabeth I. starb, ließ ihr Nachfolger Jakob I. Raleigh wegen Hochverrats zum Tode verurteilen, konfiszierte seinen Besitz und warf ihn erneut in den Tower. Dort verfasste Raleigh nicht nur seine Weltgeschichte, sondern auch Sohn Nummer zwei wurde geboren. Der König gab ihm eine letzte Chance. Er sollte auf einer Expedition nach Südamerika einen Goldschatz bergen, dann würde er begnadigt. Doch die Mission lief schief, Raleigh kam gescheitert zurück und das Todesurteil wurde vollstreckt. Bevor die Axt des Henkers auf ihn niedersauste, soll er die Klinge geprüft und befunden haben, dass sie „starke Medizin sei, die alle seine Leiden heilen werde". Als der Henker schließlich den vom Hals getrennten Kopf wie damals üblich in die Menge hielt, brach kein Jubel aus, sondern es herrschte eisiges Schweigen. Endlich rief ein Mann respektvoll aus der Menge: „England hat keinen zweiten solchen Kopf zu verlieren!" Der vom Volk so verehrte Schopf ging an die Witwe, die ihn bis zu ihrem Tod in einer Ledertasche mit sich herumtrug.

Sehenswertes

Abbey Church: Die Abteikirche St Mary The Virgin wurde bereits im Jahre 705 gegründet und diente zeitweise als Kathedrale, bevor der Bischof nach Salisbury umzog. Das heutige Gotteshaus, ein ansehnlicher Bau aus gelbbraunem Stein, stammt größtenteils aus dem 15. Jahrhundert und besitzt ein außergewöhnlich feingliedri-

ges Fächergewölbe. Die nahe der Abtei gelegenen St John's Almshouses gehören zu den wenigen erhaltenen spätmittelalterlichen Hospitälern.
Führungen Di 10.30 Uhr und Fr 14.30 Uhr; im Mai steigt das Abbey Festival. www.sherborneabbey.com.

Old Castle: Das Old Castle wurde im 12. Jahrhundert für den Bischof Roger von Salisbury errichtet. Später verliebte sich *Sir Walter Raleigh*, der Günstling von Queen Elizabeth I., in die Burg. Raleigh muss seiner Königin damit so sehr in den Ohren gelegen haben, dass diese den Besitz 1593 konfiszieren ließ und ihrem galanten Favoriten zum Geschenk machte. Wie das Schicksal so will, verlor Raleigh die Burg wenige Jahre später ebenfalls durch Konfiskation. Seine Renovierungsarbeiten hatte Raleigh schon vorher eingestellt, da er ins komfortablere Sherborne Castle übersiedeln wollte. Die Mühe wäre auch umsonst gewesen: Im Bürgerkrieg 1645 schossen die Truppen Oliver Cromwells das Old Castle sturmreif, so dass heute nur noch eine Ruine übrig geblieben ist.

tgl. außer Mo und Fr April bis Juni und Sept. 10–17 Uhr, Juli/Aug. 10–18 Uhr, Okt. 10–16 Uhr. Eintritt: £ 3.20, erm. £ 2.70, Kinder £ 1.60 (EH).

Sherborne Castle: Da das Old Castle den Ansprüchen von Sir Walter Raleigh nicht genügte, erteilte er 1594 den Auftrag, auf den zugehörigen Ländereien ein neues Schloss zu errichten. Nachdem Raleigh am Hof noch während der Herrschaft Elizabeth I. in Ungnade gefallen war, wurde der charmante Abenteurer von König Jakob I. enteignet; der König verkaufte Sherborne Castle an einen Getreuen, bevor es 1617 schließlich von John Digby, dem Earl of Bristol, erworben wurde. John Digby – bis heute ist das Sherborne Castle im Besitz der Familie Digby geblieben – ließ vier Flügel anbauen, wodurch das Schloss einen H-förmigen Grundriss erhielt. Keinem Geringeren als Lancelot „Capability" Brown ist die im 18. Jahrhundert erfolgte

Seit dem Bürgerkrieg nur noch eine Ruine: Old Castle

Neugestaltung des Landschaftsgartens zu verdanken, wobei die Ruine des Old Castle als Staffage geschickt integriert wurde.

⏱ April bis Okt. Di, Do, Sa und So 11–16.30 Uhr (letzter Einlass). Eintritt: £ 9.50, erm. £ 9, Kinder bis 15 Jahre frei. Nur Garten £ 5. www.sherbornecastle.com.

Weymouth

Die alte Hafenstadt an der Mündung des Wey kann auf eine mehr als 200-jährige Tradition als Seebad zurückblicken. Ein breiter Sandstrand mit lang gestreckter Promenade und ein überschaubares Zentrum sind die touristischen Aktivposten.

Weymouth besitzt viel Charme, obwohl die Stadt keine großen Sehenswürdigkeiten vorzuweisen hat und daher heute eher als ein Seebad für die „kleinen Leute" gilt. Rund um den alten Hafen stehen ein paar Tudorhäuser, an der Esplanade hat das georgianische Zeitalter seine Spuren hinterlassen. Obwohl weniger betriebsam als das benachbarte Bournemouth, tummeln sich in den Sommermonaten zahllose Familien mit Kleinkindern am Sandstrand, der am Nachmittag zudem von vielen Sprachschülern bevölkert wird. Trotz aller Liebe zu Weymouth ist es schwer nachvollziehbar, warum Virginia Woolf 1936 in einem Brief an Vanessa Bell Weymouth als „schönsten Küstenort Europas" pries, der „die Anmut Neapels mit der Besonnenheit Georg des Dritten verbindet".

Geschichte

Am Anfang der Geschichte Weymouths steht ein tragisches Ereignis: Wahrscheinlich wurde die Pest 1348 nach England von einem Handelsschiff eingeschleppt, das in Weymouth seine Ladung löschte. Das nächste größere Ereignis, das die Stadtchronik vermerkt, ist erfreulicher: Im Jahre 1628 segelte John Endicott von Weymouth in die Neue Welt und gründete den Ort Salem in Massachusetts. Weymouths Aufstieg zu einem populären Seebad ist eng mit dem Herzog von Gloucester verbunden. Im Jahre 1780 verbrachte der Bruder des Königs den Winter in Weymouth, um bei seiner Abreise den Bau der „Gloucester Lodge" in Auftrag zu geben, das zur königlichen Residenz aufstieg, als Georg III. (1760–1820) aus medizinischen Gründen zu einer Wasserbehandlung nach Weymouth fuhr. Anlässlich seines ersten Bades im Jahre 1789 wurde gar eine rührende Wasserzeremonie veranstaltet, denn erstmals verbrachte ein Monarch seine Ferien am Meer und nicht in einem Kurort wie Bath. Fortan besuchte Georg III. das Seebad regelmäßig, wobei die Presse detailliert den Tagesablauf der königlichen Familie schilderte – die englischen Seebäder wurden gesellschaftsfähig. Weymouth – Thomas Hardy nannte es „Budmouth" – sonnte sich in dem herrschaftlichen Glanz und stieg zu einem der beliebtesten Seebäder Englands auf, dessen Attraktivität durch den 1857 erfolgten Eisenbahnanschluss nochmals einen Anschub erhielt. Weymouth wurde zu einem wichtigen Fährhafen mit Verbindungen nach Nordfrankreich und zu den Kanalinseln.

Bis heute verfügt der Ort über eine eigene kleine Fischfangflotte, für die 1994 sogar ein neuer Kai gebaut wurde. Entsprechend wird im alten Fischmarkt von 1855 noch immer fangfrischer Fisch verkauft und jedes Jahr im Mai findet im Brewers Quay das Weymouth Oyster & Fish Festival statt. 2012 werden die Weymouth Bay und Portland Harbour Austragungsorte für die Segelolympiade sein.

370   Dorset

Der Kaiser von Abessinien

Die Schriftstellerin Virginia Woolf gilt heute als kühne und unnahbare Persönlichkeit, dabei begeisterte sie ihre Freunde durchaus mit lustigen Einfällen. Bekannt wurde vor allem der „Dreadnought-Streich", der tagelang die Schlagzeilen bestimmte und sogar zu einer Anfrage im Oberhaus führte. Pechschwarz geschminkt und in Männerkleidern reiste Virginia Woolf mit der Bahn – selbstverständlich Erster Klasse – nach Weymouth, um dort als „Kaiser von Abessinien" das Kriegsschiff *HMS Dreadnought* zu besichtigen. Von einem Leutnant wurde sie am Bahnhof protokollarisch begrüßt und zum Hafen eskortiert. Zu den fünf Delegationsmitgliedern gehörte auch der Maler Duncan Grant, der in einen bestickten Kaftan gehüllt war und einen Turban trug, weshalb ihn die Marineoffiziere mit besonderer Aufmerksamkeit betreuten.

• *Information* **Tourist Information Centre**, Pavilion Theatre, The Esplanade, Weymouth, Dorset DT4 8ED, ✆ 01305/785747, ✆ 01305/788092. TIC@weymouth.gov.uk; www.visitweymouth.co.uk.

• *Einwohner* 61.000 Einwohner.

• *Verbindungen* **Bus** – National Express fährt von der Kings Statue, The Esplanade, regelmäßig nach Bournemouth, Bristol, Bath und London; Southern National fährt die nähere Umgebung (z. B. Dorchester) an. Tickets im Southern National Büro. **Zug** – Bahnhof in der Ranelagh Road, regelmäßige Verbindungen nach London Waterloo, Bournemouth, Poole, seltener nach Bristol.

• *Fähre* **Condor** hat einen Katamaran Service zu den Kanalinseln. In zwei Stunden ist man in Guernsey, in dreieinhalb in Jersey. Preis: ab £ 25.99 return. Booking Line: ✆ 01202207216. www.condorferries.co.uk.

• *Baden* Weymouth besitzt einen schönen Sandstrand, der sehr flach und daher kinderfreundlich ist. Wer bis zum Hals im Wasser stehen will, muss einen längeren Marsch in Kauf nehmen. Vom Baden am Chesil Beach sollte man wegen der gefährlichen Strömungen lieber Abstand nehmen.

• *Bootsfahrten* **Jurassic Coast Cruises** (White Motor Boats), 1,5 Stunden mit Kommentar, tgl. 12.45 und 15 Uhr. £ 12.50, erm. £ 10. Harbourside Kiosk, ✆ 01305/785000, mobil: 07749/732428. WhiteMotorBoat@freeuk. com. www.whitemotorboatfree.uk.com.

• *Fahrradverleih* **Tilley's**, pro Tag £ 15, £ 50 Pfand. 9 Frederick Place, ✆ 01305/785762.

• *Golf* **Weymouth Golf Club**, „freundlichster Golfclub von Südengland", Links Road.

Green Fees pro 18-Loch-Runde: Wochentags £ 34, Wochenende £ 40. EGU-Handicap-Nachweis erforderlich. www.weymouthgolfclub.co.uk.

• *Hallenbad* **Weymouth Swimming Pool**, Knightsdale Road, ✆ 01305/774373.

• *Internet* **Cobwebs Internet Café**, 28 St Thomas Street, 20 Min. £ 1. ✆ 01305/779688. www.ecobwebs.co.uk.

• *Literatur* **John Cowper Powys**: Weymouth Sands.

• *Markt* Donnerstags, nur Ostern bis Oktober.

• *White-Knuckle-Ritt* Im Schlauchboot mit 45 Sachen über die Wellen rasen und dabei die Küste bestaunen. £ 18, erm. £ 12 für eine Stunde Fast Fun Ride. **Weymouth Whitewater**, ✆ 0789/9892317. www.weymouth-whitewater.co.uk.

• *Übernachten* **Glenthorne Castle Cove**, das viktorianische Anwesen der alten Rektorei verfügt über Außenpool, Privatstrand und herrlichen Meeresblick. Viel Charme! 15 Min. bis zum Stadtzentrum entlang des Coastal Paths. B & B £ 35–60 pro Person, auch self-catering-Apartments. Castle Cove, 15 Old Castle Road. ✆ 01305/777281; mobil: 07831/751526; www.glenthorne-holidays.co.uk.

Beach View Guest House, perfekte Lage mit Meeresblick, sauber und freundlich, Eleanor und Glenn sind bei der Urlaubsgestaltung behilflich. 3 The Esplanade, DT4 8EA, ✆ 01305/786528; www.beachviewguesthouse.com.

Chandlers Hotel, Fünf-Sterne-B & B im modernen Kolonialstil nur wenige Meter vom

Weymouth 371

Strand entfernt. Zimmer recht klein, aber sehr elegant und komfortabel mit Jetduschen. Super Frühstück (mit Obstsalat). EZ £ 60–95, DZ £ 95–155. 4 Westerhall Road, ✆ 01305/771341, ℻ 830122, www.chandlershotel.com.

Warwick Court Guesthouse, etwas außerhalb des Stadtzentrums mit Parkplatz. 9 einfache, moderne Zimmer. B & B £ 24.50–29.50. 20 Abbotsbury Road, ✆/℻ 01305/783261, www.thewarwickcourt.co.uk.

• *Jugendherberge* **Litton Cheney**, weiter nach Westen in Richtung Lyme Regis gelegen. Das in einer ehemaligen Käsefabrik untergebrachte Youth Hostel nahe dem Chesil Beach ist eine preiswerte Alternative. Meistens von Okt. bis Dez. geschlossen. Zwischen der A 35 und der Küstenstraße. Erwachsene ab £ 16, Jugendliche ab £ 12. ✆ 0845/3719329.

• *Camping* **Sea Barn Farm**, rund um Weymouth gibt es mehrere Campingplätze (Infos beim Tourist Office). Dieser hier ist besonders nett, da er auf dem Gelände eines Bauernhofes bei Fleet über selbiger Lagune liegt. £ 11–20 pro Zelt. ✆ 01305/782218, ℻ 775396, www.seabarnfarm.co.uk.

• *Essen/Trinken* **Crab House Café und Oyster Farm**, Seafood Bar mit eigener Austernzucht. Christian Lohez aus der Normandie serviert gigantische Portionen, vom TV-Koch der Nation und Times-Kolumnisten Rick Stein gepriesen. Ein halbes Dutzend Austern als Take-Away £ 6.50, im Restaurant £ 8.50. Ferryman's Way, Portland Road, Wyke Regis. ✆ 01305/788867. www.crabhousecafe.co.uk.

Perry's, das am Hafen gelegene Restaurant ist bekannt für seine exzellenten Fischgerichte. Das Lokal wurde auch vom Reisebuch-Entertainer Bill Bryson empfohlen. Hauptgericht £ 11.95–21.95, Mittagstisch

Weymouth verfügt über zahlreiche Guest Houses

preiswerter. 4 Trinity Road, ✆ 01305/785799. www.perrysrestaurant.co.uk.

Mallam's, ein Haus weiter wird ebenfalls gute Fischküche serviert (nur abends). Zweigängiges Menü £ 24.50. So geschl. Auch Wohnung zu mieten für £ 99 pro Nacht (2 Gäste) oder für £ 150 mit bis zu 4 Gästen (inkl. Parkerlaubnis). 5 Trinity Road, ✆ 01305/776757. www.mallamsrestaurant.co.uk.

The Ivy Coffee House, kleines Café-Restaurant mit Tischen al fresco im Old Harbour. Spezialität ist Krebsfleisch (crab). 7 Cove Row, ✆ 01305/89737.

Sehenswertes

Brewers Quay: Eine alte Brauerei am Old Harbour wurde in ein Geschäftszentrum umgewandelt und bietet diverse Unterhaltungs- und Einkaufsmöglichkeiten. Restaurants und Cafés runden das Angebot ab.
Adresse Hope Square. ⏲ tgl. 9.30–17.30 Uhr. www.brewers-quay.com.

The Time Walk: Die beliebteste Touristenattraktion von Weymouth befindet sich ebenfalls im Brewers Quay und bietet einen illustren Rundgang zum angucken, hören und (ieh!) riechen durch die Stadtgeschichte. Puppen und Modelle erinnern an Pest, Schmuggel und höfische Bälle. Außerdem ist hier das Stadtmuseum untergebracht.
Adresse Hope Square. ⏲ tgl. 10–16.30 Uhr. Eintritt: £ 4.75, erm. £ 4.25 oder £ 3.50, Familienticket £ 15. www.brewers-quay.com.

Umtriebig: Hafen von Weymouth

Nothe Fort: Das Nothe Fort ist eine imposante Festung, die zwischen 1860 und 1872 zur Verteidigung des Marinestützpunktes im Portland Harbour errichtet wurde. Nachdem das Fort keinen militärischen Nutzen mehr hatte, wurde es 1961 an die Stadt Weymouth verkauft und der Öffentlichkeit zugänglich gemacht. Die Dauerausstellung arbeitet mit Displays und Dioramen, wobei der Schwerpunkt auf der Zeit des Zweiten Weltkrieges liegt. Jeden zweiten und vierten Sonntag des Monats gibt es eine Militär-Kostümparade.

① Mai bis Sept. tgl. 10.30–17.30 Uhr, außerhalb der Saison nur So ab 14.30 Uhr. Eintritt: £ 6, erm. £ 5, Familienticket £ 13, Kinder 5–15 Jahre £ 1. www.nothefort.org.uk.

Tudor House: Das Kaufmannshaus aus dem 17. Jahrhundert ist einer der wenigen erhaltenen Bauten aus der Tudorzeit. Eingerichtet mit zeitgenössischen Möbeln, vermittelt das Haus einen Einblick in das Leben einer wohlhabenden Familie.

Adresse 3 Trinity Street. Besichtigung nur mit Führung. ① Juni bis Sept. Di–Fr 13–15.45 Uhr, Okt. bis Mai nur jeden ersten So des Monats 14–16 Uhr. Eintritt: £ 3.50, erm. £ 1.50 oder Kinder £ 1.

Sea Life Park: Der Meerespark steht vor allem bei Kindern und Jugendlichen hoch im Kurs. Zu den größten Attraktionen der riesigen Anlage zählen neben der tropischen Hailagune und den Seepferdchen die Pinguine, Seerobben und Krokodile. Interessant sind aber auch die Quallen und allerlei skurriles Meeresgetier. Es gibt auch ein Becken mit Wasserschildkröten von den Kaimaninseln. Kein anderes Meerestier kommt natürlich gegen die Haie an, die neuerdings hier im Shark Breeding Centre gezüchtet werden. Zu den regelmäßigen Fütterungen drängeln sich die Besucher. Auf dem Spielplatz Adventure Island können sich die Kleinen danach richtig austoben.

Adresse Lodmoor Country Park. ① tgl. 10–18 Uhr, letzter Einlass 17 Uhr. Eintritt: £ 17.50 (online £ 12.50), erm. £ 17 (online £ 12), Kinder £ 14.95 (online £ 9.95). www.sealife europe.com.

Umgebung

Bennetts Water Gardens

Drei Kilometer von Weymouth in Richtung Bridport (B 3157) liegt die berühmte Sammlung von Wasserlilien, die ihre Farbenpracht in einem eigens gestalteten Seenpark zur Schau stellen. Das Gewächshaus und eine Replik von Monets Brücke gehören zu den Attraktionen. Es gibt ein Museum, einen Laden, ein Blumencenter und ein Café. Putton Lane, Chickerell.

⏰ Mitte März bis Ende Okt. So–Fr 10–17 Uhr. Eintritt: £ 6.95, erm. £ 6.25, Kinder £ 3.95. 📞 01305/785150. www.waterlily.co.uk.

Osmington

Weymouths Ruhm als Seebad gründet sich bekanntlich auf Georg III.; die Bürger Weymouths dankten ihrem König mit einem Denkmal in der Stadt und einem überdimensionalen Reiterbild (White Horse), das sie bei Osmington in einen Kalkhang gravierten. Ein Tipp: Kehren Sie unbedingt im The Smuggler's Inn in Osmington Mills ein (📞 01305/833125; www.innforanight.co.uk). Hier kann man auch übernachten (DZ £ 85).

Isle of Portland

Die Isle of Portland ist nur durch den Chesil Beach mit dem Festland verbunden. Thomas Hardys „Gibraltar von Wessex" ist acht Kilometer lang und bis zu drei Kilometer breit. Der grauweiße Portland-Stein ist seit dem 17. Jahrhundert der beliebteste Exportartikel der Insel. Inigio Jones hat ihn als erster für sein Londoner Banqueting House verwendet; auch Christopher Wren fand Gefallen an dem harten Kalkstein und „schlichtete" ihn zum größten anglikanischen Gotteshaus, der St Paul's Cathedral, auf. Auch die Bauherren der UNO-Zentrale in New York entschlossen sich, das Gebäude mit dem Portland-Stein zu verkleiden. Zur besseren Verteidigung der Küste gegen eine Invasion der Franzosen hat Heinrich VIII. eine Reihe von Verteidigungsanlagen an der Südküste Englands angelegt, von denen das 1540 errichtete **Portland Castle** das am besten erhaltene ist. Dies war zugleich der Beginn einer langen militärischen Nutzung der Insel. Ab 1873 war der von riesigen Wellenbrechern geschützte Portland Harbour die Basis der britischen Kanalflotte, weshalb im Zweiten Weltkrieg auch rund eine halbe Million amerikanischer Soldaten auf Portland stationiert waren, um die Invasion der Normandie vorzubereiten.

Heute leben rund 12.000 Menschen auf der Insel, zumeist in den Ortschaften Fortuneswell, Southwell und Easton, wo auch das kleine *Portland Museum* beheimatet ist. Am südlichen Zipfel der Insel ragt das aus dem Jahre 1906 stammende *Portland Bill Lighthouse* in den Ärmelkanal. Der 35 Meter hohe Leuchtturm, dem ein Visitor Centre angegliedert ist, gewährt einen herrlichen Blick über die Insel und den Ärmelkanal. Sein Vorgängerbau, das *Old Higher Lighthouse,* steht heute Feriengästen zur Verfügung. Die Isle of Portland wird Austragungsstätte für die Segelwettbewerbe bei den Olympischen Spielen 2012 sein.

● *Verbindungen* Im Sommer verkehrt ein „Open-top-bus" (Linie 1 bzw. 601) tgl. alle 10 Min bis halbe Stunde von Weymouth nach Portland Bill. Tagesticket (gültig für die engere Region!) £ 3.80. 📞 0870/0106022 oder Ansage Timetable: 0871/2002233. www.firstgroup.com.

● *Portland Castle* April bis Okt. tgl. 10–18 Uhr. Eintritt inkl. Audioguide: £ 4.20, erm. £ 3.60, Kinder £ 2.10 (EH). www.english-heritage.org.uk/portlandcastle.

● *Portland Museum* April bis Okt. tgl. 10.30–17 Uhr. Eintritt: £ 2.

374 Dorset

*35 Meter hoch:
Portland Bill Lighthouse*

• *Portland Bill Lighthouse* April bis Juni So–Do 11–17 Uhr, Juli bis Sept. So–Fr 11–17 Uhr. Eintritt: £ 2.50, erm. £ 1.50, Familienticket £ 6.50.

• *Jugendherberge* **Jugendherberge Castletown**, Im Haus eines Admirals der Royal Navy (Thomas Hardy, wie der Schriftsteller!) gibt es 28 Betten (vier 6-Bett-Zimmer und ein 4-Bett-Zimmer), manche mit Blick über die Lyme Bay. Erwachsene ab £ 20, Jugendliche ab £ 15., Sureline Service 1, First Bus Service 1 und Jurassic Coast Bus X53 fahren zum Hardy House in Castletown. ℡ 0845/3719339, portland@yha.org.uk.

• *Essen/Trinken* **Cove House Inn**, Pub mit Schwerpunkt auf Fisch, Blick über Chesil Beach. Oft Live-Musik. Jakobsmuscheln £ 5.50, große Portion £ 10.95. 91 Chiswell, DT5 1 AW, ℡ 01305/820895; wwww.thecovehouseinn.co.uk.

• *Wassersport* **Weymouth and Portland National Sailing Academy (WPNSA)**, trägt die Segelregatten der Olympischen Spiele aus. Osprey Quay, DT5 1SA, ℡ 01305/866001; www.wpnsa.org.uk.

Chesil Beach

Von der Isle of Portland bis nach Abbotsbury erstreckt sich der Chesil Beach auf rund 29 Kilometern. Durch die Wellen werden Millionen von Kieselsteinen bewegt, die den Strand in ein stets malmendes Geräusch einhüllen. Die Kiesel wiegen so um die 50 Millionen Tonnen, und vor ein paar Hundert Jahren konnten die Schmuggler in finsteren Nächten ihre Lage nur durch die Größe der Kieselsteine ziemlich exakt bestimmen – heißt es. Ein paar Spaziergänger und Angler, die auf ihren Klappstühlen sitzen, genießen die Atmosphäre dieses einzigartigen Küstenabschnittes. Die eigentliche Attraktion des bis zu 14 Meter hohen und 200 Meter breiten Chesil Beach ist die dahinter liegende Lagune The Fleet. Im Brackwasserbereich der unter Naturschutz stehenden Lagune brüten seltene Wasservögel wie Kormorane und Seereiher. Achtung: Auch wenn der Gedanke verlockend ist, sollte man vom Baden Abstand nehmen, die Böschung ist sehr steil und aufgrund starker Strömungen besteht Lebensgefahr! Der Schriftsteller John Cowper Powys, der seine Asche am Chesil Beach in den Ärmelkanal streuen ließ, hat sich in jungen Jahren einmal leichtsinnig in die Fluten gestürzt und dies später als „one of the most daring things I ever did" bezeichnet. Die Seeleute bezeichnen das Gewässer ehrfurchtsvoll als die „Bucht der tausend Wracks", denn es gibt in Großbritannien keinen Küstenabschnitt, an dem mehr Schiffbrüchige starben. Vor allem bei Stürmen ist man der Gewalt des Meeres schutzlos ausgeliefert, da es entlang des Chesil Beach kaum einen sicheren Ankerplatz gibt. Seit 1824 ein Fährschiffer in einem Sturm getötet wurde, gibt es die Ferry Bridge. Hier findet man neun Austernfarmen, denen ein Seafood Restaurant angeschlossen ist. Schlürf! (Crab House Cafe and Oyster Farm, → Weymouth)

Abbotsbury

Hervorgegangen aus einer Benediktinerabtei, präsentiert sich Abbotsbury als ein relativ intaktes Dorset-Dörfchen mit steilen Straßen und alten, steinernen Häusern, die alle noch nach traditioneller Art mit Stroh gedeckt sind. Die Abtei ist lange verschwunden, nur die mittelalterliche Scheune und die Schwanenzucht zeugen noch von ihrer Existenz. Auf einem kleinen Hügel über dem Ort steht die St Catherine's Chapel, ein architektonisches Kleinod mit steinernem Tonnengewölbe, das den Seeleuten seit Jahrhunderten die Orientierung erleichtert. Berühmt ist Abbotsbury wegen seiner *Swannery;* der Schwanenteich (einen knappen Kilometer südlich des Ortes), eine Meereslagune mit einer Kolonie von rund 800 Tieren, wurde seit 1393 von Mönchen zur Aufbesserung ihres Speisezettels angelegt. Wer sich darüber wundert, dem sei gesagt, dass Schwäne bis in die Fünfzigerjahre des 20. Jahrhunderts noch als besonderer Leckerbissen auf der königlichen Tafel galten. Schwäne zu züchten war ein Privileg, das in der Regel dem Monarchen vorbehalten war. Nicht nur der Braten, auch die Daunen waren hoch begehrt. Da Schwäne eigentlich Wandervögel sind und in diesen Breiten nur unter den günstigsten Bedingungen zum Brüten anzuregen sind, wurden eigens Schwanenhäuser angelegt. Das von Abbotsbury dient heute zusätzlich als Vogelwarte. Und: noch heute gehören alle Schwäne (nun ja, die meisten) der Königin. Besonders zu empfehlen ist ein Besuch im Mai, wenn die Jungschwäne schlüpfen.

Wer ein Faible für die intakte südenglische Dorfwelt hegt, sollte unbedingt in das ein paar Kilometer nördlich gelegene *Littlebredy* fahren. Belohnt wird man mit einem Bilderbuchweiler samt reetgedeckten Häusern.

Swannery ⏲ April bis 3. Okt. tgl. 10–18 Uhr, Okt. 10–17 Uhr. Eintritt: £ 9.50, erm. £ 9, Kinder £ 6.50. www.abbotsbury-tourism.co.uk/swannery.html.

Sub-Tropical Gardens

Interessant ist ein Abstecher von Abbotsbury aus zu den nahen Sub-Tropical Gardens, die auf den Earl of Ilchester zurückgehen. Der Adelige mit einem Hang zur Botanik hatte auf seinen Reisen durch Asien und Amerika subtropische Pflanzen und Samen gesammelt, um mit diesem Grundstock in seiner Heimat einen Garten anzulegen. Im Jahre 1750 fand er bei Abbotsbury eine windgeschützte Talsenke, die hervorragend dazu geeignet war, exotische Pflanzen wie Magnolien oder Kamelien zu akklimatisieren. Einfach herrlich!

⏲ April bis Okt. tgl. 10–18 Uhr, im Winter tgl. von 10 Uhr bis zur Dämmerung. Eintritt: £ 9.50, erm. £ 9, Kinder £ 6.50. ✆ 01305/871858. www.abbotsbury-tourism.co.uk/gardens.html.

Lyme Regis

Lyme Regis ist ein altertümlicher Hafenort mit steilen, schmalen Straßen, die zum alten Ortskern führen. Seit fast 200 Jahren geben sich die Fossiliensucher mit ihren Hämmerchen am Strand ein Stelldichein.

Ausgelöst wurde das Fossilienfieber im Jahre 1811 von der damals erst zwölfjährigen *Mary Anning* (1799–1849), die am Strand das versteinerte Skelett eines elf Meter langen Ichthyosaurus (Fischsaurier) fand. Mary blieb ihren beeindruckenden Kindheitserfolgen ein Leben lang treu und wurde eine der renommiertesten Paläontologinnen Englands. Lyme Regis ist zwar bedeutend jünger als die hier gefundenen Versteinerungen, dennoch wurde der Ort bereits im 13. Jahrhundert zur königlichen (= Regis) Stadt ernannt. Später stieg Lyme Regis zu einem der ersten bekannten Seebäder auf, in dem Jane Austen 1818 ihren Roman „Persuasion" ansiedelte. Auch John Fowles Roman „The French Lieutenant's Woman" spielt in Lyme Regis und wurde 1980 mit Meryl Streep und Jeremy Irons in den Hauptrollen an den Originalschauplätzen verfilmt.

Auf der Suche nach dem versteinerten Schatz

Lyme Regis und das benachbarte Charmouth sind ein El Dorado für Fossilienjäger. Ausgerüstet mit einem Hämmerchen streifen sie mit am Boden haftenden Augen die Küste entlang. Vor allem nach Erdrutschen und Steinschlägen sind die Chancen groß, in den aus Jura, Trias und Kreidezeit stammenden Gesteinsformationen fündig zu werden, da sie einen schier unermesslichen Reichtum an prähistorischen Funden beherbergen. Um die Bedeutung des Fundortes zu würdigen, hat die UNESCO die Küste von Dorset und dem benachbarten East Devon im Jahre 2001 zum Weltkulturerbe erklärt. Alle Versteinerungen dürfen übrigens mit nach Hause genommen werden, da der National Trust als Besitzer der Fundstätten auf seine Ansprüche verzichtet hat. Dies hat vor allem einen praktischen Hintergrund: Die Fossilien werden von Ebbe und Flut schnell zerstört, nur das schnelle Handeln der Fossilienjäger garantiert, dass die steinernen Relikte der Urzeit für spätere Generationen bewahrt werden können.

Obwohl sich Lyme Regis eines regen Besucherandrangs erfreut, ist die dörfliche Atmosphäre noch weitgehend erhalten geblieben. Der Hafen wird durch eine gekrümmte Mole („The Cobb") vor Stürmen geschützt; eine frisch renovierte Uferpromenade und die neugestalteten Langmore und Lister Gardens laden zum Spaziergang ein. Wer bei Ebbe auf die Suche nach Fossilien geht, sollte sich über die Gezeiten informieren, um vor unangenehmen Überraschungen verschont zu bleiben. Lohnenswert ist auch ein Abstecher zum Golden Cape mit seiner rund 190 Meter hohen Klippe, der höchsten Erhebung Südenglands, die zehn Kilometer östlich von Lyme Regis ins Meer ragt (Wanderparkplatz bei Chideock Hill).

• *Information* **Tourist Information Centre**, hier gibt es Tickets, Hilfe bei der Suche nach einer Unterkunft und Souvenirs. Guildhall Cottage, Church Street, Lyme Regis, Dorset DT7 3BS, ✆ 01297/442138. www.lymeregis.org, www.westdorset.co.uk.

• *Einwohner* 4.600 Einwohner.

• *Verbindungen* **Bus** – Bushaltestelle an der Broad Street; Bus 31 kommt von Axminster und fährt nach Weymouth, Nr. 899 nach Sidmouth (nur im Sommer). Der Doppeldecker-Bus X53, genannt „Giraffic Coast Bus", kommt von Exeter und fährt im Winter bis nach Weymouth, im Sommer bis Poole. National Express fährt nach London, Plymouth und Bristol. Infos über ✆ 0871/

2002233 (Travelline). **Zug** – nächster Bahnhof in Axminster (Bus 31/631 fährt dorthin). Auskunft: ✆ 08457/484950.

• *Baden* Entlang der Küste in östlicher Richtung befinden sich weitere Badestände, z. B. in Charmouth. Danach windet sich die Straße steil nach oben, unten am Fuß der Klippen liegt der kleine Ort Seatown.

• *Festivals* Im Juli Jazz-Festival; Ende September Lyme Regis Art Festival.

• *Kino* **Regent Cinema**, Broad Street, ✆ 0871/23032000. www.scottcinemas.co.uk.

• *Theater* **Marine Theatre**, Church Street, ✆ 01297/442138. www.marinetheatre.com.

• *Übernachten* **Old Lyme Guest House**, B & B in gepflegtem Cityhaus (ehem.

Lyme Regis

Post) aus dem 18. Jahrhundert in der Old Town nahe der Kornmühle, etwa 3 Minuten vom Strand. Fünf Zimmer en suite, DZ £ 75, Familienzimmer £ 100. 29 Coombe Street, DT7 3PP. ℡ 01297/442929, www.oldlymeguesthouse.co.uk.

Clovelly, zwei Doppelzimmer mit Seeblick und ein Twinzimmer werden ab £ 25 pro Person in diesem hübschen Haus aus den 1920er-Jahren oberhalb der Altstadt vermietet (5 Min. zum Wasser). View Road, ℡ 01297/444052 oder 07815/495492, www.lymeregisbnb.com.

Clappentail House, zu dem alten Farmhaus von 1638 gehören Deckenbalken, King-size-Betten, eine Gästelounge, ein hübsch angelegter Garten und ein Vier-Gänge-Frühstück. Warme, urige Atmosphäre. £ 35–42.50 pro Person. Uplyme Road, ℡ 01297/445739, www.clappentailhouse.com.

Newhaven Hotel, sieben Zimmer, teilweise mit Blick aufs Meer. B & B ab £ 25 ohne Bad, sonst £ 35, im Winter £ 2 billiger. 1 Pound Street, DT7 3 HZ, ℡ 01297/442499, www.lymeregis.com/newhaven/.

Springfield, sechs Zimmer mit en suite oder privaten Bädern in modernisiertem, georgianischem Stadthaus mit Blick über die Küste. £ 34–36 pro Person. Woodmead Road, ℡ 01297/443409, www.springfield.vu.

• *Jugendherberge* **Bovey Combe**, die nächste Jugendherberge befindet sich in einem Landhaus westlich des Fischerdorfes Beer. Erwachsene ab £ 12, Jugendliche ab £ 9. Townsend, Beer, Seaton. 15 km westlich von Lyme Regis, ℡ 0845/3719502.

• *Camping* **Hook Farm**, das Zelten ist zweieinhalb Kilometer westlich von Lyme Regis (Richtung Axminster) möglich. Ab £ 10. Gore Lane, Uplyme, ℡ 01297/442801, www.hookfarm-uplyme.co.uk.

• *Essen/Trinken* **Hix Oyster and Fish House**, angesagtestes Fischrestaurant vor Ort mit Blick über den Cobb. Mark Hix gründet derzeit so etwas wie ein Restaurant-Imperium. Brownsea Island Austern für £ 1.75 das Stück, Portland Pearls kosten £ 1.95. Ein 2-Gänge-Fischmenü ist für £ 17 zu haben. Cobb Road, DT7 3JP, ℡ 01297/446910; www.hixoysterandfishhouse.co.uk.

The Bell Cliff Restaurant, urgemütlicher Tea Room mit alten Erkerfenstern. Im Hintergrund läuft sanfte Musik. Von der einfachen Tea Time (Tea & Tea Cake) bis zum zünftigen englischen Frühstück (Cornflakes, dann Spiegelei, Toast, Marmelade, Speck, Würstchen, Tomaten, Champignons und natürlich eine Kanne Tee); für £ 5–6.50 durchweg leckere Hauptgerichte. 5–6 Broad Street, ℡ 01297/442459.

Typisch für Dorset sind die reetgedeckten Häuser

378   Dorset

Lyme's Fish Bar, das Take-Away liegt etwa auf halber Höhe des Dorfes, doch schon für die Fish'n'Chips (Kabeljau in Teighülle mit Pommes, £ 4.50) lohnt es sich, vom Hafen hierher hochzulaufen. 34 Coombe Street. www.lymesfishbar.co.uk.

Royal Lion, ein Tipp unserer Leserin Christine Golawski, die ihr Steak mit karamellisierten Kirschtomaten und Zwiebelringen in diesem Coaching Inn von 1601 nur empfehlen kann. Auch B & B, Broad Street, ✆ 01297/445622. www.royallionhotel.com.

Sehenswertes

The Town Mill: Diese idyllische, voll funktionstüchtige Wassermühle von 1340 beherbergt heute Kunstgalerien, Studios, eine Töpferwerkstatt, ein Café-Restaurant (Clemence), eine Bäckerei (kontinentale Brote und Brötchen!), einen kleinen Shop und den Mills Garden. Es werden auch Führungen durch die Mühle angeboten.
Adresse Mill Lane (geht von der Coombe Street ab). ⏲ Di–So 11–16 Uhr, Nov. bis Ostern nur an den Wochenenden. Öffnungszeiten für Galerien und Studios variieren. Eintritt inkl. Führung: £ 2.50, Kinder £ 1, Familien £ 6. ✆ 01297/443579. www.townmill.org.uk.

Lyme Regis Museum: Das kleine stadtgeschichtliche Museum befindet sich neben dem Rathaus. Gezeigt werden eine Ausstellung zur Ortsgeschichte sowie in Lyme Regis gefundene Fossilien. Selbstverständlich darf auch die Geschichte von Mary Anning nicht fehlen. Literaturfreunde können sich mit Jane Austen und John Fowles beschäftigen.
Adresse Bridge Street. ⏲ April bis Okt. Mo–Sa 10–17 Uhr, So 11–17 Uhr, Nov. bis März nur Mi–So 11–16 Uhr. Eintritt: £ 3.50, erm. £ 3, Kinder frei. ✆ 01297/443370. www.lymeregis museum.co.uk.

Dinosaurland Fossil Museum: Eine bunte Ausstellung zum Leben der Dinosaurier in der Kirche, in der Mary Anning getauft wurde. Hobby-Fossiliensammler können hier bestaunen, was an der Küste gefunden wurde.
Adresse Coombe Street. ⏲ tgl. 10–17 Uhr. Eintritt: £ 5, erm. £ 4. ✆ 01297/443541. www.dinosaurland.co.uk.

Marine Aquarium: Das Museum am alten Hafen zeigt Fischereigerätschaften aller Art und einige Meeresbewohner der einheimischen Gewässer.
Adresse The Cobb. ⏲ Ostern bis Okt. tgl. 10–17 Uhr. Eintritt: £ 5, erm. £ 4.50.

Umgebung

Bridport

Bridport ist eine hübsche Ortschaft zwischen Lyme Regis und Weymouth, deren Wurzeln sich bis in die sächsische Zeit zurückverfolgen lassen. Auffallend sind die breiten Straßen, die an den einstigen Haupterwerbszweig der Einwohner erinnern: Früher wurden in Bridport nämlich Seile für die Schifffahrt hergestellt, die zwischen den Häusern aufgespannt werden mussten. Sehenswert sind die mittelalterliche Kirche, zahlreiche georgianische Häuser sowie das **Stadtmuseum**, welches sich in einem Tudor-Haus befindet. Der Hafen der Stadt ist *West Bay*, der sich langsam mausert und von wo man einen guten Blick auf einige Kliffformationen hat.

• *Information* **Tourist Information Centre**, 47 South Street, Bridport, Dorset, DT6 3NQ, ✆ 01308/424901. 🖷 266079; www.westdorset.com.
• *Essen/Trinken* **Riverside Restaurant**, schlichtes Dekor, aber das Essen kommt direkt von den Fischern im Hafen. 2-Gänge-Lunch £ 16, Dinner £ 24. Mitte Febr. bis November, Lunch Di–So 11.45–14.30 Uhr, Dinner Di–Sa 18.30–21 Uhr. West Bay, ✆ 01308/422011;
www.thefishrestaurant-westbay.co.uk.
• *Markt* Mi und Sa. 2. Sa des Monats 9–13 Uhr Farmers Market.

Forde Abbey 379

- *Schwimmen und Squash* **Bridport Leisure Centre**, ☎ 01308/427464. www.bridportleisure.com.
- *Stadtmuseum* April bis Okt. tgl. außer So 10–17 Uhr. The Coach House, Gundry Lane. Eintritt frei. www.bridportmuseum.co.uk.

- *Wandern* Entlang des Flüsschens Brit führt der Brit Valley Way durch unberührte Landschaft, er beginnt nahe der Quelle 13 Kilometer nördlich von Bridport. Infos ☎ 01308/268731.

Beaminster

Das alte Marktstädtchen Beaminster (sprich Beminster oder Bem'ster) besaß in früheren Zeiten einige florierende Handwerksbetriebe, die sich auf die Seilmacherei, Wollverarbeitung sowie Papier- und Uhrenherstellung verstanden. Zehn Kilometer von der Küste entfernt, steht Beaminster heute für das beschauliche, ländliche West Dorset. Im Ortszentrum (200 denkmalgeschützte Häuser!) steht ein historisches Marktkreuz, ein paar nette kleine Geschäfte laden zum Bummeln ein. Wer sich für die Lokalgeschichte interessiert, sucht das Museum in der Whitcombe Road auf. Interessant ist ein Ausflug zur Forde Abbey.

- *Beaminster Museum* Ostern bis Sept. Di, Sa u. Feiertage 10.30–12.30 und 14.30–16.30 Uhr, So nur 14.30–16.30 Uhr. Eintritt frei.
- *Essen/Trinken* **Beaminster Brasserie**, im 700 Jahre alten Bridge House (Hotel). Die Küche hat einen französischen Einschlag und man kann auch draußen essen. Hauptgerichte ab £ 15.50. Auch 13 teure Luxuszimmer. Prout Bridge. ☎ 01308/862200; www.bridge-house.co.uk.

James Daniel – die Nadel im Heuhaufen

Eine lokale Berühmtheit ist James Daniel, ein Rechtsanwalt aus Beaminster, der vor über 400 Jahren an der Rebellion des Duke of Monmouth beteiligt war. Nach der Niederlage der Rebellen floh er zu sich nach Hause. Das Haus ist das letzte links in der Shadrack Street. Daniel wurde gewarnt, dass die Soldaten des Königs im Anmarsch seien, um ihn zu verhaften. Er floh erneut, diesmal in eine alte Scheune bei Stoke Abbot, wo er sich im Stroh versteckt hielt. In guter alter Hollywood-Manier stocherten seine Verfolger mit ihren Bayonetten im Heu herum ohne auf ihn zu stoßen. Er kam mit dem Leben davon, konnte nach ein paar Jahren wieder als Rechtsanwalt arbeiten und verfügte, dass er am Ort seiner Rettung begraben werden wolle. Er kaufte die Scheune, ließ sie abreißen und richtete einen Friedhof ein, auf dem er seine letzte Ruhe fand.

Forde Abbey

Die 1141 als Filiation von Waverly gegründete Zisterzienserabtei ist im Gegensatz zu zahlreichen anderen englischen Klöstern weitgehend von den Zerstörungen der Reformation verschont geblieben. Wer die zwölf Kilometer nordwestlich von Beaminster gelegene Abtei besucht, findet ein monastisches Ensemble vor, das im 17. Jahrhundert von der Familie Prideaux zu einem feudalen Landsitz umgebaut wurde. Das heute als Kapelle genutzte Kapitelhaus sowie das Dormitorium (Schlafsaal) samt Krypta besitzen noch ihre klare romanische Formensprache. Der Kreuzgang und die Abbot's Hall stammen aus dem frühen 16. Jahrhundert.

🕐 April bis Okt. So, Di, Mi, Do, Fr 12–16.30 Uhr. Eintritt: £ 8.80 (inkl. Garten), erm. £ 8.20, Kinder unter 15 Jahren frei. Der Garten ist ganzjährig von 10–16.30 Uhr geöffnet. Eintritt: £ 10.50, erm. £ 9.50. www.fordeabbey.co.uk.

Am Hartland Point brodelt die Gischt

Devon

Zwei Küsten, zwei Moore – Devon ist eine äußerst kontrastreiche Region. Mit den kleinen, sich über Hügel und satte Wiesen schlängelnden Landstraßen belebt Devon die Träume von einem authentischen, unberührten England.

Devon, die flächenmäßig größte Grafschaft Südenglands, hat viele Gesichter. Wenn an der Südküste strahlender Sonnenschein herrscht, kann es im Dartmoor oder im Exmoor völlig anders aussehen. Hier ist das Wetter launisch, schnell braut sich eine dicke Wolkendecke zusammen, und alles verschwindet im Nebel. Die Badeorte an der „English Riviera" hingegen sind wegen ihres für englische Verhältnisse überdurchschnittlich milden Klimas gerade bei älteren Leuten beliebte Orte zum Überwintern. Im Gegensatz zur Küste am British Channel ist die am Bristol Channel nicht ganz so sonnenverwöhnt. Man sollte sich jedoch dadurch nicht den Norden verleiden lassen, scheint doch gerade das wechselhafte Wetter viel besser zu der rauen Landschaft der Steilküste und der Moore zu passen. Mit Clovelly befindet sich eines der schönsten Fischerdörfer Englands an diesem Küstenabschnitt.

Bedingt durch das unwirtliche Dartmoor und das Exmoor, besitzt Devon eine vergleichsweise geringe Bevölkerungsdichte. Jeder vierte Einwohner der Grafschaft wohnt in der Hafen- und Industriestadt Plymouth. Weitere größere Städte sind Exeter mit seiner in kultureller Hinsicht herausragenden Kathedrale und die vom Klima verwöhnten Badeorte Torquay und Paignton. Mit alljährlich mehr als neun Millionen Touristen gehört Devon zu den beliebtesten englischen Urlaubsregionen. Kein Wunder, eignet sich die Grafschaft doch hervorragend für einen Aktivurlaub, egal ob nun Wandern, Fahrradfahren, Reiten oder Schwimmen auf dem Programm steht. Gut ausgebaute Wanderwege führen sowohl an der Nord- wie auch an der

Devon **381**

Südküste entlang. In den weitläufigen Gebieten des *Dartmoor* und des *Exmoor* kann man ungehindert von Hecken und Zäunen einfach querfeldein wandern. Auch eine Fahrradfahrt über die schmalen Landstraßen von Dorf zu Dorf kann viel Spaß machen, denn nur wenige Autos sind hier unterwegs. Radfahrer sollten bei der Planung ihrer Route das ständige Auf und Ab der Straßen und Wege berücksichtigen. Weil viele Nebenstraßen kaum breiter als ein Lastwagen sind, sollte man entsprechend vorsichtig sein. Pferde kann man vor allem in den Dörfern rings um das Dartmoor mieten. Wer ungeübt ist, kann sich einige Reitstunden gönnen, bevor er allein mit seinem Pony loszieht. Auch auf einigen Farmen kann man an Reitkursen teilnehmen.

● *Information* Informationen über das gesamte West Country (Cornwall bis Wiltshire) erhält man beim **South West Tourism Ltd**, Woodwater Park, Exeter, EX2. www.westcountrynow.com oder www.sw tourism.co.uk. Infos über das nördliche Devon erteilt: **The North Devon Marketing Bureau**, Rolle Quay House, Rolle Quay Barnstaple, North Devon EX31 1JE, ✆ 0845/ 2412043. www.northdevon.co.uk.

Lynmouth/Lynton

Romantische Naturen gaben den beiden Zwillingsorten – der eine am Meer, der andere an den Berg geschmiegt – im 19. Jahrhundert den Beinamen „Little Switzerland of England". Noch heute gelten die beiden Dörfer als vornehmste Adresse für einen Aufenthalt an Devons Nordküste.

Lynmouth mit seinen eng in das schmale Tal des River Lyn gezwängten Häusern ist an stürmischen Tagen kein angenehmer Aufenthaltsort. Im Jahre 1952 trat der River Lyn nach tagelangen heftigen Regenfällen über die Ufer und riss alles, was sich ihm in den Weg stellte, mit sich. Insgesamt wurden 98 Häuser zerstört, ein nur einen Kilometer von Lynmouth entferntes Dorf versank mit seinen zehn Häusern komplett im Meer; 34 Menschen kamen damals zu Tode. Eine Vorstellung von der damaligen Katastrophe vermittelt eine Dauerausstellung in Lynmouth (Lyn and Exmoor Museum).

Geruhsam geht es in Lynmouth nicht zu. An sonnigen Tagen drängen sich die Touristen auf den schmalen Straßen, die zum Meer führen. Interessant ist eine Fahrt mit der 1870 in Betrieb genommenen Standseilbahn in das ruhigere Lynton hinauf. Die beiden in Gegenrichtung laufenden Wagen werden Energie sparend mithilfe von Wassertanks im steilen Winkel knapp 150 Meter hinaufgezogen. Oben angekommen, bietet sich ein herrlicher Panoramablick über die Küste. In Lynton befinden sich auch verschiedene öffentliche Einrichtungen sowie die meisten Unterkünfte.

● *Information* **Tourist Information Centre**, eine brauchbare Broschüre zu beiden Orten und ihrer Umgebung sowie eine Hotelliste und Informationsblätter (gegen Gebühr) für Touren in die Umgebung sind hier erhältlich.The Town Hall in der Lee Road, Lynton, Devon EX35 6BT, ✆ 01598/752225, 🖷 01598/ 752755. www.lyntourism.co.uk.
● *Einwohner* 2.100 Einwohner.
● *Verbindungen* **Bus** – Nahverkehrsbusse fahren nach Barnstaple (Linie 311) und Ilfracombe. Nach Exeter nimmt man den Bus 295 bis Dulverton und von dort die Linie 290. Zweimal tgl. gibt es auch Busverbindungen

nach Minehead und Taunton. **Zug** – Ab Barnstaple besteht Anschluss mit British Rail.
● *Bootsausflüge* Von April bis Oktober entlang der Exmoor-Küste. Je nach Dauer zwischen £ 9 und £ 12.
● *Woody Bay Station* Seit 2004 hat die alte Schmalspureisenbahn wieder ihren Betrieb aufgenommen und veranstaltet Zugfahrten durch das Heddon Valley. Die Woody Bay Station liegt auf der A 39 in der Mitte zwischen Blackmoor Gate und Lynton (1,5 Kilometer von Parracombe entfernt). Fahrpreis: £ 6, erm. £ 4 bzw. £ 3 (Hin- und Rückfahrt). www.lynton-rail.co.uk.

Karte S. 382/383

Devon

382 Devon

- *Cliff Railway* Die Wasserballastbahn ohne elektrischen Antrieb verkehrt zu folgenden Zeiten: Mo–Sa 10–18 Uhr, in der Hochsaison bis 21 Uhr; £ 2, Hin- und Rückfahrt £ 3. www.cliffrailwaylynton.co.uk.
- *Übernachten/Essen/Trinken* Zahlreiche Hotels stehen direkt am Hang und bieten eine herrliche Sicht über das Meer und die Küste. Dafür muss man aber tiefer in die Tasche greifen. Einige Cafés und Restaurants findet man rund um den Hafen von Lynmouth.

The Turret, schönes, stattliches viktorianisches Nichtraucherhotel in Lynton. Kinder unter 14 Jahren sowie Haustiere sind nicht erwünscht. B & B je nach Zimmer und Ausstattung £ 28–32, etwas günstiger bei längerem Aufenthalt. 33 Lee Road, Lynton, ✆ 01598/753284, www.turrethotel.co.uk.

Seawood Hotel, rosafarbenes Haus mit gepflegter Einrichtung, zwölf individuelle Räume. Abends mit Restaurantbetrieb. B & B ab £ 50 pro Person. North Walk, Lynton, ✆ 01598/752272, www.seawoodhotel.co.uk.

South View Guest House, ab £ 28 gibt es eine Übernachtung in einem der fünf Mehrbettzimmer mit eigener Dusche, EZ £ 34. 23 Lee Road, Lynton, ✆ 01598/752289, www.southview-lynton.co.uk.

North Cliff Hotel, Hotel mit Restaurant (Dinner £ 22) in herrlicher Einzellage. B & B £ 44, je nach Aufenthaltsdauer ab £ 36. North Walk, Lynton, ✆ 01598/752357, www.northcliffhotel.co.uk.

Tors Hotel, die Hotels unten in Lynmouth wie auch das Tors Hotel auf dem östlichen Hügel gehören zu den teuersten Unterkünften mit Preisen zwischen £ 60 und £ 100 pro Person (die teureren mit Meerblick). Zu den Extras des im Schweizer Stil errichteten viktorianischen Gästehauses gehören auch ein beheizter Pool (Ostern bis Ende Sept.) und WLAN. Tors Park, ✆ 01598/753236, ✉ 01598/752544.
www.torshotellynmouth.co.uk

Bath Hotel, hübsches Hotel am Hafen von Lynmouth. Alle 24 Zimmer haben ein eigenes Bad. Der Frühstücksraum gefällt mit seiner schönen Fensterfront. B & B ab £ 37.50 pro Person, Dinner und B & B ab £ 56. Harbourside, Lynmouth, ✆ 01598/752238, www.bathhotellynmouth.co.uk.

Rising Sun Hotel, wem das nötige Kleingeld für eine Übernachtung fehlt, sollte dennoch einen Blick in das Pub werfen. Das direkt am Hafen gelegene Haus aus dem

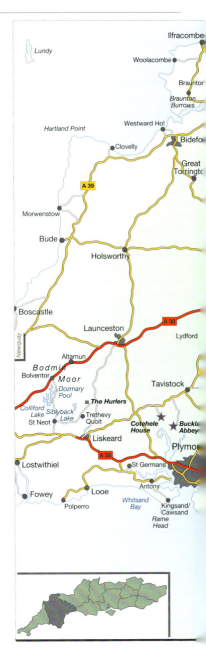

Devon 383

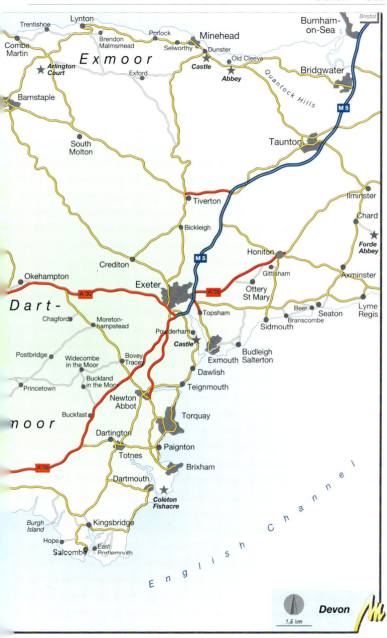

14. Jahrhundert besitzt noch ein reetgedecktes Dach, und auch im Inneren ist alles recht traditionell mit viel Eiche eingerichtet (von Lesern gelobt). Ausgezeichnetes Restaurant, viele Meeresfrüchte – Hauptgerichte £ 15–18. Geschmackvoll eingerichtete Zimmer mit einem romantischen Touch, teilweise mit freistehender Badewanne. B & B £ 60–80. Harbourside, Lynmouth, ☎ 01598/753223, ✆ 01598/753480, www.risingsunlynmouth.co.uk.

Riverside Cottage, kleine Herberge direkt am Hafen, von den acht Zimmern haben sechs einen direkten Blick auf das Meer und zudem einen kleinen Balkon. B & B je nach Dauer und Zimmer £ 35–40 im DZ. Riverside Road, ☎ 01598/752390. www.riversidecottage.co.uk.

The Esplanade Fish Bar, das Fish'n'Chips Restaurant am Hafen wurde 2009 und 2010 zum beliebtesten von North Devon gewählt. Fish'n'Chips rund £ 5. ☎ 01598/753798.

● *Camping* **Sunny Lyn Holiday Park**, netter Campingplatz in einem engen Tal oberhalb der Küste. WLAN vorhanden. Lynton. ☎ 01598/753384. www.caravandevon.co.uk.

Barnstaple

Das nahe der Mündung des Taw-Flusses gelegene Barnstaple ist die größte Stadt und das traditionelle Verwaltungszentrum von Nord-Devon. Die Straßen weisen auffallend viel Blumenschmuck auf, weshalb Barnstaple bereits mehrfach ausgezeichnet wurde, so beispielsweise 1996 als „Prettiest Floral Town in Europe".

Von den Sachsen an einer Furt gegründet, entwickelte sich Barnstaple schnell zu einem der bedeutendsten Orte der Region. Im Jahre 930 von King Athelstan zur königlichen Stadt *(borough)* erhoben, wurden hier noch vor der Jahrtausendwende Münzen geprägt. Letztlich hatten die Bürger ihren Wohlstand im Mittelalter vor allem dem Woll- und Tuchhandel, aber auch dem Schiffbau zu verdanken. In dieser Zeit entstand auch der schmucke Queen Anne's Walk am alten Kai. Erst als der River Taw im 19. Jahrhundert zunehmend verlandete, erinnerte man sich verstärkt an das agrarisch genutzte Hinterland.

Das ursprüngliche Zentrum von Barnstaple lag etwa zwischen der *St Peter's Church* und der *Long Bridge*, die beide im Spätmittelalter errichtet wurden (die Brücke musste allerdings schon mehrmals erneuert werden). Töpfereien findet man in der Litchdon Street und der Newport Road. Im Pannier Market ist fast jeden Tag etwas los. Seit 1855 wird in dieser Halle mit kunstvollen Holzverstrebungen der Markt abgehalten. Sehenswert ist auch die nahe Butchers Row, eine Geschäftsstraße, in deren 33 Arkaden zumeist Metzger ihre Produkte durch offene Ladenfenster feilbieten.

● *Information* **Tourist Information Centre**, Boutport Street, Barnstaple, Devon EX31 1RX, ☎ 01271/375000, ✆ 01271/374037. www.staynorthdevon.co.uk.

● *Einwohner* 24.500 Einwohner.

● *Verbindungen* **Bus** – Bahnhof an der Castle Street; Verbindungen nach Exeter, Ilfracombe und Westward Ho!, National Express fährt nach London. Regionalbusse nach Bideford und Exeter. **Zug** – Eine Stichbahn führt von Exeter nach Barnstaple.

● *Fahrradverleih* **Tarka Trail Cycle Hire**, Mountainbike £ 10.50 pro Tag, sonst £ 8 pro Tag. Von Ostern bis Okt. geöffnet. ☎ 01271/324202. www.tarkatrail.co.uk.

● *Kino* **Central Cinema**, Boutport Street, ☎ 0871/2303200. www.scottcinemas.co.uk.

● *Markt* Mo–Sa im **Pannier Market** (Mi: Antiquitäten, Mo und Do: Craft Market).

● *Museum of Barnstaple and North Devon* Im Mittelpunkt stehen die Landschaft, die Natur und die Menschen von North Devon. The Square. Di–Sa 9.30–17 Uhr. Eintritt frei! www.devonmuseums.net.

● *Sport* **North Devon Leisure Centre**, Swimmingpool, Squash und Fitness. Seven Brethren Bank, ☎ 01271/373361.

● *Theater* **The Queen's Theatre**, Boutport Street, ☎ 01271/324242.

● *Veranstaltungen* **Jazz Festival** Ende Mai, Anfang Juni.

● *Übernachten/Essen/Trinken* **Royal & Fortescue Hotel**, traditionell das erste Haus am Platz. Allein die Eingangshalle samt Res-

Arlington Court

taurant und Bar ist ein stimmungsvoller Auftakt. Die Zimmer variieren allerdings deutlich in Ausstattung und Preisniveau. WLAN. Dinnermenü £ 22 (2 Gänge), B & B ab £ 40, ohne Frühstück ab £ 30. Boutport Street, ℅ 01271/342289, www.royalfortescue.co.uk.

Bromhill Art Hotel, das Kunst-Hotel mit angeschlossenem Skulpturengarten (tgl. 11-16 Uhr, Eintritt £ 4.50, erm. £ 3.50) liegt rund drei Kilometer nördlich von Barnstaple hinter dem N.D.D. Hospital. B & B £ 50 im EZ, £ 37.50 im DZ, am Wochenende nur mit Halbpension, glücklicherweise ist auch das Restaurant (Biokost, Slow Food, Mi–Sa auch mittags geöffnet) sehr zu empfehlen. Muddiford Road, ℅ 01598/850262. www.broomhillart.co.uk.

The Olive Branch, beliebter Pub mit eher mordernem Touch in einem Eckhaus im Zentrum. Geboten wird eine traditionelle Küche mit leichtem mediterranem Einschlag. Es werden auch einige ordentliche Zimmer vermietet, die je nach Ausstattung und Reisezeit £ 25–35 kosten (B & B pro Person). 40 Boutport Street, ℅ 01271/370784. www.olivebranchdevon.co.uk.

Zena's, direkt neben dem Panier Market findet sich dieses Café-Restaurant mit seiner herrlichen Straßenterrasse. Eine Adresse mit Flair und guter internationaler Küche. Hauptgerichte abends £ 15. 1 Market Street, ℅ 01271/378844. www.zenasrestaurant.com.

Giovannis, günstiges italienisches Restaurant. Nudelgerichte und Pizzen ab £ 5.95. Sonntag Ruhetag. 5 Boutport Street, ℅ 01271/321274. www.giovannisdevon.co.uk.

Barnstaple ist eine lebendige Kleinstadt

Auf dem Tarka Trail

Eine der schönsten Möglichkeiten, North Devon zu erkunden, ist eine Wanderung oder Fahrradtour (nur teilweise möglich) auf dem Tarka Trail. Der Rundwanderweg beginnt am Alten Bahnhof von Barnstaple und führt über rund 280 Kilometer hinweg bis zum Dartmoor. Benannt ist der Fernwanderweg nach einem 1927 erschienenen Buch von *Henry Williamson*. Da große Teile des Romans „Tarka the Otter" im Taw Valley spielen, nutzten Devons Tourismusämter den Bekanntheitsgrad des tierischen Helden, um einen Wanderpfad anzulegen. „Tarka" ist übrigens ein altes keltisches Wort, das Wasserläufer bedeutet. Die lokalen Tourismusämter informieren über den genauen Wegverlauf.

Umgebung

Arlington Court

Der rund zehn Kilometer nordöstlich von Barnstaple gelegene Herrensitz samt schönem Park ist eng mit der Sammelleidenschaft einer Frau verbunden. Rosalie Chichester lebte bis zu ihrem Tod im Jahre 1949 insgesamt 84 Jahre in Arlington.

386 Devon

Auf ihren ausgedehnten Reisen sammelte sie Kutschen, Modellschiffe, Kostüme, exotische Muscheln und vieles mehr. Wer will, kann nach der Besichtigung in dem Park auch ausgiebig picknicken.

☉ Mitte März bis Okt. tgl. 10.30–17 Uhr, Mitte Febr. bis Mitte März und Nov. bis Mitte Dez. nur Sa und So 12–16 Uhr. Eintritt: £ 7.45, erm. £ 3.70, Familien £ 18.60, nur Garten: £ 5.35, erm. £ 2.65 (NT). www.nationaltrust.org.uk/arlington.

Combe Martin

Combe Martin – acht Kilometer östlich von Ilfracombe gelegen – ist ein attraktives Straßendorf, das sich über mehrere Kilometer das schmale Umber-Flusstal fast bis zum kleinen, aber schönen Strand hinunter erstreckt. Die schmale Hauptstraße gilt als längste Englands. Mehrere Hotels und B & Bs haben sich auf Feriengäste eingestellt, während sich die Landwirte vor allem dem Anbau von Erdbeeren widmen. Der Ortsname geht auf die Bezeichnung für ein bewaldetes Tal (*combe*) und den normannischen Adeligen Martin de Touron zurück, der die Gegend als Lehen von Wilhelm dem Eroberer erhielt.

Eine landschaftlich reizvolle Strecke führt von Combe Martin weiter nach Osten durch das Exmoor. Wer die zwanzig Kilometer nach Lynton und Lynmouth zu Fuß zurücklegen will, kann auf dem *North Devon Coast Path* durch die wilde Klippenlandschaft wandern. Empfehlenswert ist besonders die zweite Hälfte der Tour ab *Trentishoe*. Durch das Felsental, das *Valley of Rocks*, sollte man den *North Walk* (Richtung Meer) nehmen. Hier besticht der Blick über das Tal inmitten pittoresker Felsformationen.

● *Information* **Tourist Information Centre**, Cross Street, Combe Martin, EX34 0DH, ✆ 01271/883319. www.visitcombemartin.com.
● *Einwohner* 2.500 Einwohner.
● *Camping* **Big Meadow Camping Park**, schön gelegener Campingplatz westlich von Combe Martin. Stellplatz £ 12–14. ✆ 01271/862282, www.bigmeadow.co.uk.
● *Essen/Trinken* **Pack O' Cards**, das Pub gehört zu den ungewöhnlichsten von ganz England. Der Legende nach wurde es von den Gewinnen eines Kartenspiels errichtet. Seine bizarre Form soll an ein Kartenhaus erinnern. Den vier Farben, dreizehn Symbolen und 52 Karten entsprechend, besitzt das Haus vier Stockwerke mit dreizehn Türen und 52 Fenstern. Schöner Garten und Kinderspielplatz vorhanden. Komfortable Zimmer. B & B ab £ 27.50. King Street, ✆ 01271/882300. www.packocards.co.uk.

Ilfracombe

Ilfracombe, das älteste und bekannteste Seebad von North Devon, zieht sich einen steilen Hügel hinauf. Vor allem in den Sommermonaten ist das ehemalige Fischerdorf fest in der Hand von Erholungssuchenden, obwohl man an den viktorianischen Glanz nicht mehr anknüpfen kann.

Die Strände von Ilfracombe liegen hinter den Klippen und sind durch künstliche, im frühen 19. Jahrhundert gegrabene Tunnel zu erreichen; sogenannte Rock Pools laden auch bei Ebbe zum Baden ein – falls man sich angesichts der kühlen Wassertemperaturen überwinden kann. Apropos Temperaturen: Ilfracombe ist die englische Stadt mit den zweithöchsten Jahresdurchschnittswerten.

Neben einer von Fish-&-Chips-Duft begleiteten Hafenbesichtigung bietet sich ein Ausflug zur kleinen *St Nicholas Chapel* (aus dem 14. Jh.) an. Den Schiffen diente sie als Orientierungspunkt bei der Einfahrt in den Hafen. Man hat von hier eine gute Aussicht; außerdem gibt es in der Kapelle alte Stiche der Stadt zu sehen. Etwas de-

Ilfracombe

plaziert wirkt allerdings die Betonarchitektur des Kulturzentrums, das an die Kühltürme eines Kernkraftwerkes erinnert. Vogelfreunden empfiehlt sich ein Ausflug zur Insel Lundy. Lohnenswert sind Wanderungen über die Klippen nach Westen, beispielsweise nach *Lee*, einem Dorf in einer kleinen Bucht mit teils noch reetgedeckten Häusern. Ein schmaler, unebener Pfad führt weiter über *Bull Point* nach *Morte Point*.

- *Information* **Tourist Information Centre**, The Landmark, Sea Front, Ilfracombe, Devon, EX34 9BX, 01271/863001, 01271/862586. www.visitilfracombe.co.uk.
- *Einwohner* 10.500 Einwohner.
- *Verbindungen* **Bus** – Busbahnhof in der Broad Street. Red Bus und Devon Bus fahren regelmäßig nach Barnstaple und über Croyde nach Woolacombe, weitere Busse nach Taunton und Exeter. National Express verbindet mit London (tgl.) und Nordengland über Bristol und Birmingham. www.nationalexpress.com. **Zug** – Der nächste Bahnhof befindet sich in Barnstaple. **Fähre** – Im Sommer (April bis Okt.) bestehen Fährverbindungen nach Wales und zur Insel Lundy ab Pier oder Hafen.
- *Aquarium* Die Unterwasserwelt der Flüsse und Küsten von Devon. Tgl. 10–16.30 Uhr, im Juli und Aug. bis 17.30 Uhr. Eintritt: £ 3.95, erm. £ 3.50 bzw. £ 2.95. The Pier. www.ilfracombeaquarium.co.uk.
- *Ilfracombe Museum* Nettes Heimatmuseum. April bis Okt. tgl. 10–17 Uhr, Nov. bis März Di–Fr 10–13 Uhr. Eintritt: £ 2.50, erm. £ 2. Wilder Road.
- *Kino* High Street, 01271/863484.
- *Tunnels Beaches and Rock Pools* Das viktorianische Felsenschwimmbad hat Ostern bis Okt. 10–18 Uhr, im August ab 9 Uhr geöffnet. Eintritt: £ 1.95, erm. £ 1.50. www.tunnelsbeaches.co.uk.
- *Veranstaltungen* Mitte Juni führt die **Victorian Celebration** zurück ins 19. Jahrhundert. Die Einwohner verkleiden sich mit historischen Kostümen. www.ilfracombevictoriancelebration.org.uk.
- *Übernachten* Es gibt eine ganze Reihe von Guest Houses in Ilfracombe. Die meisten liegen in der St Brannocks Road und am Torrs Park.

Epchris Hotel (10), dieses Nichtraucherhotel bietet mehrere komfortable Zimmer und eine schöne Terrasse. Kinder erst ab 10 Jahren erwünscht. B & B £ 30–45. Torrs Park, 01271/862751, www.epchrishotel.co.uk.

Acorn Lodge (1), nettes Hotel unweit des Hafens mit Terrasse vor dem Haus. Einfache Zimmer. B & B ab £ 23 (Etagendusche), sonst £ 26–29 pro Person. 4 St James Place, 01271/862505, 01271/879574, www.theacornlodge.co.uk.

Harleigh House Hotel (7), schmuckes viktorianisches Eckhaus mit ansprechenden Zimmern, die durchaus geschmackvoll eingerichtet sind. Schön ist beispielsweise, das Erkerzimmer Nr. 5. Freundliche Besitzer, kostenloses WLAN. B & B im DZ je nach Ausstattung £ 30–35. Wilder Road, 01271/862733.www.harleighhouehotel.co.uk.

The Avalon (3), näher am Meer kann man in Ilfracombe nicht wohnen. Kleine, aber or-

Ilfracombe. Blick von der Fore Street zum Hafen

dentliche Zimmer. B & B £ 27.50, mit Meerblick £ 32.50. 6 Capstone Crescent, ✆ 01271/863325, ✉ 01271/866543.
www.avalon-ilfracombe.co.uk.

The Towers (9), diese Herberge ist ein Lesertipp von Ulrike Münker, die den Komfort ebenso wie die Wirtin lobte. Keine Hunde. B & B je nach Saison £ 28–34 pro Person.

Chambercombe Park, ✆ 01271/862809.
www.thetowers.co.uk.

Wentworth House (11), günstiges Nichtraucher-B & B mit geräumigen Zimmern, 15 Fußminuten zum Hafen. Die Zimmer sind altertümlich eingerichtet, aber sehr sauber. Fernseher vorhanden. Parkmöglichkeiten im Hof. B & B ab £ 26 (Winter), im Sommer

ab £ 29.50, im EZ sowie bei nur einer Übernachtung £ 26.50. Für £ 12.50 gibt es ab 18 Uhr ein dreigängiges Abendmenü. 2 Belmont Road, ✆ 01271/863048.
www.hotelilfracombe.co.uk.

Ocean Backpackers (4), wer die lockere Travelleratmosphäre liebt, ist hier am Hafen sicher richtig aufgehoben. Im Sommer treffen sich vor allem die Surffreaks. Kostenloses WLAN. Im Gemeinschaftsschlafraum £ 10–14, Wochenpreis £ 70. Im DZ etwas teurer (£ 17.50 pro Person). Im EG befindet sich ein passables Restaurant, das Hauptgerichte ab £ 6.50 bietet. 29 St James Place, ✆/℻ 01271/867835,
www.oceanbackpackers.co.uk.

Devon

Restaurant mit Künstlerflair: 11 The Quay

• *Camping* Ein Campingplatz in der Hele Bay östlich der Stadt: **Hele Valley Caravan Park (8)**, auch Vermietung von Cottages und Caravans, für Zelte: ab £ 12 pro Stellplatz. ✆ 01271/862460, ✉ 867926, www.helevalley.co.uk.

• *Essen/Trinken* **11 The Quay (2)**, als Englands derzeit wohl bekanntester wie umstrittenster Künstler Damien Hirst (Stichwort: Haie in Formaldehyd) im Sommer 2004 in Ilfracombe ein neues Restaurant eröffnete, war das mediale Echo groß – verdientermaßen, wie sich schnell herausstellen sollte. Weder am Design noch an der Leistung des Küchenchefs gibt es etwas zu bemängeln. In der „White Hart Bar" im Erdgeschoss (ab 10 Uhr) werden Tapas und Mezze serviert, die Gourmetträume werden einen Stock weiter oben im „Atlantic Room" befriedigt (Sonntagabend, Mo und Di Ruhetag). Gekocht wird Modern British, Hauptgerichte rund £ 18. die Menüpreise beginnen bei £ 35. 11 Quay, ✆ 01271/868090. www.11thequay.co.uk.

La Gendarmerie (5), modernes Restaurant mit Brasserieflair in der ehemaligen Polizeistation an der Straße vom Hafen zur High Street. Blanke Holztische, schöner Parkettboden und ein ansprechendes Angebot, das auch auf Öko-Gerichte (wie beim Lachs) zurückgreift. Gekocht wird modern british, Hauptgerichte £ 12–15. Nur abends geöffnet, Mo Ruhetag, im Winter auch Di. 22 Fore Street, ✆ 01271/865984.

Woolacombe

Woolacombe ist ein beliebter – allerdings langweiliger – Ferienort, dessen großer touristischer Pluspunkt ein lang gestreckter Sandstrand ist, der immer wieder für seine Sauberkeit und Strandsicherheit ausgezeichnet wurde. Obwohl Woolacombe bei Surfern und Familien gleichermaßen hoch im Kurs steht, findet sich auch im Hochsommer noch ein freies Plätzchen auf dem Strand, wenngleich im Ortsbereich akute Parkplatznot herrscht. Weiter südlich, am Ende der *Morte Bay*, erheben sich die steilen Klippen des *Baggy Point*. Im Herbst wimmelt es hier von Möwen, Kormoranen und Sturmtauchern. Beliebt bei Surfern ist die *Croyde Bay* südlich des Baggy Point.

Westward Ho! 391

• *Camping* **Woolacombe Sands Holiday Park**, beliebter, wenn auch nicht ruhiger Campingplatz, der sich in Terrassen hinunterzieht. Etwa eine knappe Meile bis zum Meer. Beheizter Outdoor- und Indoorpool. Es werden auch Cottages und Caravans vermietet. ✆ 01271/870569. www.woolacombe-sands.co.uk.

Braunton Burrows

Die Dünenlandschaft der Braunton Burrows liegt wenige Kilometer westlich von Braunton. Auf zwei Naturlehrpfaden kann man das 400 Hektar große Naturreservat durchstreifen und dabei Schmetterlinge und Seevögel beobachten.

Bideford

Bideford – ausgesprochen „Biddiford" – ist eine Markt- und Hafenstadt an der Mündung des Torridge-Flusses. Ursprünglich wurden in dem noch immer geschäftigen Hafen Wolle und Holz umgeschlagen, wovon auch noch eine alte Markthalle zeugt. Seit dem späten 16. Jahrhundert wurden die Handelsbeziehungen mit Virginia jedoch weitaus profitabler, so dass sich schnell ein gewisser Wohlstand bemerkbar machte (Bideford war zeitweise der drittgrößte Hafen von Großbritannien). Der aus Bideford stammende *Richard Grenville* war der verantwortliche Kapitän der Schiffe, welche die ersten Siedler nach Virginia brachten. Von dieser Zeit künden noch das alte Tabaklagerhaus in der Bridgeland Street und das Grab des ersten von den Engländern aus Amerika nach Europa mitgebrachten Indianers. Er hieß Raleigh und liegt auf dem Friedhof an der Parish Church begraben. Am nördlichen Ende des Hafenkais steht ein Denkmal von *Charles Kingsley* (1819–1875). Der sozialkritische Dichter aus Bideford beschäftigte sich in seinem Roman „Westward Ho!" mit den Erfahrungen der ersten Auswanderer nach Amerika. Sehenswert ist auch eine 1535 errichtete Steinbrücke mit 24 Bögen, die alle eine unterschiedliche Spannweite aufweisen.

• *Information* **Tourist Information Centre**, das Personal hilft bei der Suche nach einer Unterkunft. Hier gibt es auch die Tickets für die Überfahrt nach Lundy sowie für Ausflugsboote. The Quay, Kingsley Road, Bideford, Devon, EX39 2QQ, ✆ 01237/477676, ✆ 01237/421853. www.torridge.gov.uk.

• *Einwohner* 14.000 Einwohner.

• *Verbindungen* **Bus** – Regelmäßige Verbindungen nach Barnstaple.

• *Fahrradverleih* **Bideford Bicycle Hire**, Mountain-Bike ca. £ 11 pro Tag. Auch Kajakverleih. Torrington Street, ✆ 01237/424123. www.bidefordbicyclehire.co.uk.

• *Übernachten* **Tantons Hotel**, größeres, gut geführtes Hotel direkt am Hafenkai bei der großen Steinbrücke. 50 große Zimmer, B & B ab £ 40, je nach Reisezeit bei längerem Aufenthalt bis zu 35 Prozent günstiger. New Road, ✆ 01237/473317, ✆ 01237/473387. www.tantonshotel.co.uk.

Westward Ho!

Der kleine, leider wenig attraktive Ort mit dem Ausrufezeichen verdankt seinen ungewöhnlichen Namen einem 1855 erschienenen Roman von Charles Kingsley. Mit dem Ausruf Westward Ho! stießen jahrhundertelang alle Schiffe in See, deren Ziel die Neue Welt war. Übrigens besuchte *Rudyard Kipling*, der spätere Literaturnobelpreisträger, hier das College. Die meisten Gäste lockt der Sandstrand an der Bideford Bay zum Surfen und Schwimmen. Von Westward Ho! aus kann man an einem der schönsten Küstenabschnitte den *North Devon Coast Path*, der in den *Cornwall Coast Path* übergeht, entlang bis zum Land's End wandern. Von den Höhen der Kliffe begeistert die Aussicht über die Bideford Bay.

Karte S. 382/383

Devon

Devon

Hartland Abbey mit ihrer üppigen Gartenpracht

Clovelly

Clovelly ist eigentlich kein Fischerdorf, sondern ein Museumsdorf, das in der Hochsaison täglich den Ansturm von mehreren hundert Besuchern über sich ergehen lassen muss. Wer sich ein geruhsames Dorfleben erhofft, wird schon am gigantischen Parkplatz enttäuscht. Alle Besucher werden durch das Visitor Centre mit seinen Einkaufsgelegenheiten geschleust, bevor sie auf einer gewundenen, von dicht gedrängten Häusern gesäumten Kopfsteinpflastergasse zum Miniaturhafen hinunter spazieren können. Da die Gasse mit ihren Treppchen für Autos ungeeignet ist, werden noch heute flache Holzschlitten und Esel zum Tragen der Lasten eingesetzt. Ein weiteres Kuriosum: Das gesamte Dorf befindet sich seit mehr als 200 Jahren im Privatbesitz der Familie Rous. Von den Eintrittsgeldern wird die Erhaltung des unter Denkmalschutz stehenden Ortes finanziert. Keine Angst: Die Bewohner sind keine Leibeigenen, alle Häuser sind vermietet, wobei die Mieter sich verpflichten müssen, mindestens 200 Tage im Jahr in Clovelly zu verbringen und nichts an dem Gebäude ohne Erlaubnis zu verändern.

Ein schöner Spaziergang am *Hobby Drive* (Abzweigung von der A 39, oberhalb der Stadt) führt fünf Kilometer weit in Richtung Meer zum *Windbury Point*; der Blick von dem bewaldeten Klippenweg ist grandios.

- *Information* **Tourist Information Centre**, Clovelly, Devon, EX39 5TF, ✆ 01237/431781. www.clovelly.co.uk.
- *Eintritt zum Dorf* £ 5.95, erm. £ 3.95, Familien £ 15.90.
- *Einwohner* 400 Einwohner.
- *Verbindungen* **Bus** – Verbindungen nach Bideford und Barnstaple (Western National Nr. 319).
- *Übernachten/Essen* Falls noch Betten frei sind, kann man z. B. im **Red Lion Hotel** unten am Hafen übernachten. B & B in einem der stimmungsvollen Zimmer je nach Saison £ 65–68 pro Person. Im Hotelrestaurant gibt es oft frisch gefangenen Hummer. Dreigängiges Menü £ 25. ✆ 01237/431237, 01237/431044. redlion@clovelly.co.uk.

Donkey Shoe Cottage, reizendes B & B mit nur vier Zimmern (Gemeinschaftsbad und -WC) für £ 27 pro Person. Lynda Simms kümmert sich liebevoll um ihre Gäste. In der Hochsaison schnell ausgebucht. ✆ 01237/431601. www.donkeyshoecottage.co.uk.

Hartland Point

Über kleine Straßen geht es von Clovelly knapp 15 Kilometer nach Westen zum Hartland Point. Sehr viel attraktiver ist jedoch der Küstenwanderweg dorthin. Kurz vor der Landspitze führt er an einem schönen Sandstrand, *Shipload Bay*, vorbei. Hartland Point selbst besteht aus senkrecht abfallenden Granitklippen, gegen die das Meer unaufhörlich ankämpft. So manches Schiff ist hier auf Grund gelaufen. Mahnend ruht am Strand das Wrack des Frachters *Johanna*, der 1982 vor der Küste zerschellte. Etwas weiter südlich liegt *Hartland Quay*, ein einst geschäftiger Hafen, der von so berühmten Seefahrern wie Raleigh und Drake finanziert wurde. Touristisch interessant ist auch noch ein Besuch der in der Nähe des Dörfchens Stoke gelegenen **Hartland Abbey**. Das schmucke neugotische Herrenhaus ist aus einem 1539 aufgelösten Augustinerkloster hervorgegangen und besitzt einen attraktiven Garten, der sich mit seinen Rhododendren, Fuchsien, Magnolien und Azaleen weitläufig um das Haus erstreckt. Heinrich VIII. schenkte das Haus seinem Kellermeister, dessen Nachfahren Sir Hugh Stucley und Lady Angela sich mit Liebe um das Anwesen kümmern. Wer will, kann eine Wildblumenwanderung durch die Wälder bis ans Meer unternehmen.

🕐 Juni bis Sept. Mo–Do und So, im April und Mai Mi, Do und So jeweils 14–17 Uhr, der Garten ist von 12 bis 17 Uhr zugänglich. Eintritt: £ 9.50, erm. £ 3.50 oder £ 2.50, nur Garten £ 5, erm. £ 1.50. www.hartlandabbey.com.

• *Übernachten* **Hartland Quay Hotel**, ideal, um das einsame Küstenflair zu erleben. Grüner Teppichboden führt zu den 17, zumeist geräumigen Zimmern (viele mit Meerblick, herrliches Panorama von Nr. 4). Mit Restaurant. B & B ab £ 40 pro Person. ☎ 01237/441218. www.hartlandquayhotel.com.

Morwenstow

Noch einmal rund 15 Kilometer südlich von Hartland Point – und damit genau genommen schon in Cornwall – liegt der verträumte Weiler Morwenstow, der mit der sehenswerten Kirche St Morwenna samt Pfarrhaus mit Meerblick zu glänzen versteht. Nicht nur weil auf dem Friedhof zahlreiche Schiffbrüchige beerdigt wurden liegt eine melancholische Stimmung über dem vollkommen abgeschiedenen Ort. Bekannt wurde Morwenstow durch Robert Stephen Hawker, der der Pfarrei von 1834 bis 1875 vorstand. Der dichtende Vikar rauchte so manche Opiumpfeife und hatte einen nicht zu leugnenden Hang zur Spiritualität.

• *Übernachten/Essen/Trinken* **Old Vicarage**, das alte Pfarrhaus ist in Privatbesitz und beherbergt ein stilvolles B & B. Liebevoll verspielte Zimmer! Ab £ 40, keine Kreditkarten. ☎ 01288/331369, ✉ 01288/356077. www.rshawker.co.uk.

Rectory Farm Tea Rooms, in einem historischen Farmhaus aus dem 13. Jahrhundert befindet sich dieser einladende Tea Room mit guter Küche (ein Lesertipp von Brigitte Schäfer). Von der ursprünglichen Bausubstanz ist allerdings nicht mehr viel vorhanden, dafür begeistert die heimelig verspielte Atmosphäre und der schöne sonnige Garten vor dem Haus. Zum Essen gibt es leckere Snacks wie Baguettes und *Jacket Potatoe*. Viele Ökoprodukte, *Cream Tea* für £ 6.95. ☎ 01288/331251. www.rectory-tearooms.co.uk.

Great Torrington

Great Torrington liegt nur elf Kilometer südöstlich von Bideford. Die Aussicht, die das normannische Castle bietet, lohnt sich. Besonders im Frühjahr sollte man auf einen Besuch der östlich der Stadt gelegenen *Rosemoor Gardens* nicht verzichten.

Morwenstow: einer der schönsten Friedhöfe von Devon

Eine Touristenattraktion ist auch die *Glasbläserei Dartington Glass* an der A 386. Gegen Eintritt können die Glasbläser hier bei der Arbeit beobachtet werden.

Lundy

Als „haven of tranquillity" wird die im Bristol Channel gelegene Insel von der Tourismusindustrie vermarktet. Wer ein paar Tage in relativer Einsamkeit verbringen will, wird sich in dem unter Naturschutz stehenden Vogelparadies sicherlich wohl fühlen.

An klaren Tagen sind vom Festland aus die Umrisse von Lundy im Bristol-Kanal zu erkennen. Auf der felsigen, gerade mal fünf Kilometer langen und 4,22 Quadratkilometer großen Insel steht das Naturerlebnis im Vordergrund. Die Insel erhielt ihren Namen von den Wikingern: Aus „Lunde" (Papageientaucher) und „ey" (Insel) wurde „Lundy". Die schwarz-weiß gefiederten Papageientaucher (engl. *puffins*) können übrigens nur während der Paarungszeit (April und Mai) beobachtet werden.

Im 12. Jahrhundert kam die Insel in den Besitz der berüchtigten *Marisco-Familie*. Sie machte die Schifffahrt im Bristol Channel unsicher. Von ihrer Beute konnte sie wohl ganz gut leben, wovon die Ruine des Marisco Castle heute noch zeugt. Doch als sich ein Mitglied des Clans 1242 an einem Komplott gegen den König beteiligte und daraufhin in London gehängt und geviertelt wurde, war es aus mit dem Reichtum der Mariscos. Im Jahre 1834 erwarb dann William Hudson Heaven die Insel, um hier sein „Kingdom of Heaven" zu errichten. Unter Philatelisten gilt das Eiland als das Territorium mit den wenigsten Einwohnern, das je eine Briefmarke herausgebracht hat. Die beiden ersten Marken von 1929 kosteten einen halben und einen ganzen „Puffin".

Seit 1969 gehört die Insel dem National Trust. Die meisten Besucher kommen hierher, um auszuspannen und spazieren zu gehen. Oder man setzt sich in das Pub und genießt ein Glas „Old Light Bitter", das es nur auf Lundy gibt. Das touristische Angebot beschränkt sich auf ein Hotel, einen Laden, zahlreiche Ferienwohnungen (alle recht teuer), zwei Kirchen, drei Leuchttürme und eine alte Ruine (wo gibt's in England keine?). Hinzu kommen mehr als 400 verschiedene Vogelarten, 32 Einwohner und eine von Autoabgasen freie Natur.

• *Informationen* **The Lundy Shore Offices**, The Quay, Bideford, North Devon, EX39 2LY, ☎ 01271/863636, ☎ 01237/477779. www.lundyisland.co.uk.

• *Verbindungen* Mit **Dampfbooten** oder **Segelschiffen** setzt man von Ilfracombe Pier und Clovelly (mit Segelbooten nur im Sommer) oder Bideford Quay (ganzjährig) über. Tickets sind auf dem Schiff erhältlich. Die Überfahrt dauert etwa 2 Std. 15 Min. Der Preis für ein Day-Return-Ticket beläuft sich auf £ 32. Während der Hochsaison ist es ratsam, mindestens einen Tag im Voraus zu buchen. Auskünfte zum Fahrplan bei den Tourist Offices in Ilfracombe, Bideford oder über ☎ 01237/863636 (24-Std.-Service). www.lundyisland.co.uk. Eine schnellere und teurere Art überzuset-

zen, ist ein Flug mit dem **Helikopter** (10 Minuten) ab Bideford: Hin- und Rückflug £ 95. ☎ 01237/421054. www.lomashelicopters.co.uk.

• *Übernachten* Die wenigen Unterkünfte (B & B ab £ 25) sind für die Hochsaison meist schon monatelang im Voraus ausgebucht. Prospektmaterial zu Ferienwohnungen kann man sich zusenden lassen. Da Kurzaufenthalte maximal zwei Wochen vorher gebucht werden dürfen, hat man in der Vor- und Nachsaison gute Chancen, eine Unterkunft zu ergattern. Buchungen über Landmark Trust, ☎ 01237/470422. Fragen Sie, ob der Leuchtturm *(lighthouse)* noch frei ist. Zudem steht ein Zeltplatz zur Verfügung. www.landmarktrust.org.uk bzw. www.lundyisland.co.uk.

Exeter

Exeter, die Hauptstadt von Devonshire, fungiert gleichzeitig als Einkaufs-, Verwaltungs-, Industrie- und Kulturzentrum der Grafschaft. Geistiger Mittelpunkt der Stadt ist die altehrwürdige Kathedrale, ein eindrucksvolles Beispiel für den Formenreichtum der englischen Hochgotik.

Die Zentrumsfunktion hat auch einen Nachteil: Zur Hauptverkehrszeit kommen die Busse und Autos nur im Schritttempo voran. Ist das Zentrum erreicht, so zeigt sich Exeter von seiner freundlicheren Seite. Die breite High Street – heute eine belebte Einkaufsstraße – ist seit jeher die wichtigste Achse, die die Stadt durchquert. Hier steht auch die Guildhall, eines der ältesten Zunft- und Rathäuser Englands. Unverkennbar haben die Bomben des Zweiten Weltkrieges schwere Lücken in die historische Bausubstanz gerissen, die mittlerweile durch diverse Shoppingcenter geschlossen wurden. Von seiner stimmungsvollsten Seite zeigt sich Exeter immer noch am Cathedral Close rund um die Kathedrale. Als Universitätsstadt besitzt Exeter aber auch viel jugendliches Flair und nette Pubs mit Livemusik. Die Universität von Exeter gehört übrigens zu den renommiertesten Lehranstalten Englands und wird vor allem von Mitgliedern der *Upper Class* besucht. Wirtschaftlich bedeutend ist die Textilindustrie, in der ein großer Teil der Bevölkerung beschäftigt ist. In den letzten Jahren ist es durch das ansprechende Einkaufszentrum Princesshay gelungen, die Innenstadt mit ansprechender, moderner Architektur wieder zu beleben.

Geschichte

Exeter geht auf eine Gründung der Römer zurück, die den am schiffbaren River Exe gelegenen Ort um das Jahr 55 unserer Zeitrechnung zum Verwaltungszentrum für den Westen der eroberten Insel auserkoren. Eine Legion mit 5.000 Mann wurde stationiert, und sofort begannen die Römer ihr Lager mit einer Mauer zu befesti-

396   Devon

gen, deren Reste noch in der Bartholomew Street und nahe der Paris Street sowie auch an den Northernhay Gardens zu sehen sind. Noch heute ist am Grundriss deutlich die römische Stadt auszumachen: Die High und Fort Street markieren den *Cardo* (Querachse), die North und South Street den *Decumanus* (Längsachse). Das römische *Isca Dumnoniorum* wurde später zum sächsischen *Escancestre*. Im Jahre 876 erstürmten die Dänen die Stadt, und knapp zweihundert Jahre später zog Wilhelm der Eroberer nach einer 18-tägigen Belagerung ein – bis 1068 hatte Exeter gegen die normannischen Invasoren aufbegehrt. Noch vor den Normannen wurde Exeter im Jahre 1050 zum Bischofssitz erhoben und blieb bis 1877 der einzige Bischofssitz von Devon und Cornwall. Im Spätmittelalter war Exeter eine reiche Handelsstadt, in der die Merchant Adventures, eine Kaufmannsgilde, und die Zunft der Schneider den Ton angaben. Selbst als die Gräfin von Devon den Fluss durch ein Wehr abriegeln ließ, konnte dies dem Wohlstand der Stadt nur wenig anhaben. Da der River Exe infolge dieser „Maßnahme" versandete, wurde 1563 der erste schiffbare Kanal Großbritanniens angelegt. Das letzte einschneidende Datum, das die Stadtchronik verzeichnet, ist der 5. Mai 1942: Bei einem Bombenangriff der deutschen Luftwaffe wurde die Altstadt weitgehend zerstört und auch die Kathedrale schwer getroffen.

Information/Verbindungen/Diverses

• *Information* **Tourist Information Centre**, Civic Centre, Dix's Field, Exeter, Devon EX1 1DF, ✆ 01392/665700, ✆ 01392/265260. www.exeter.gov.uk/visiting.

• *Einwohner* 110.000 Einwohner.

• *Verbindungen* **Bus** – Der Busbahnhof befindet sich in der Paris Street, ✆ 01392/427711. Verbindungen in alle Richtungen. Express-Busse nach Plymouth über die A 38. Täglich etwa acht Busse nach London Victoria (4 Std. 30 Min.), weitere Busse nach Bath, Bristol, Dorchester und Portsmouth. www.nationalexpress.com. Weitere Busse in die Umgebung nach Teignmouth, Exmouth oder Sidmouth. **Zug** – Der Hauptbahnhof, Exeter St David's Station, liegt am St David's Hill im Norden der Stadt; CDR Tickets u. a. nach Torquay, Exmouth, Plymouth, Penzance, Salisbury und London (stdl. nach Waterloo oder Paddington). Züge nach Barnstaple, Exmouth und Paignton halten außerdem an der zentrumsnahen Central Station (Queen Street). ✆ 08457/7000125. www.firstgreatwestern.co.uk. **Flugzeug** – Flüge vom Exeter Airport (zwölf Kilometer östlich, ✆ 01392/367433) nach Hannover, Salzburg, Irland, Birmingham und auf die Isles of Scilly. www.exeter-airport.co.uk.

• *Fahrradverleih* **Saddles & Paddles**, 4 Kings Wharf, The Quay, ✆ 01392/424241. www.sadpad.com. Mountainbike- und Kanuvermietung.

• *Kino* **Odeon Cinema**, Sidwell Street, ✆ 0871/2244007. www.odeon.co.uk.

• *Post* Bedford Street.

• *Stadtführungen* Ganzjährig werden von den Red Coat Guides mehrere (meist um 10.30, 11, 14 und 14.30 Uhr) kostenlose Stadtführungen angeboten. www.exeter.gov.uk/guidedtours. Weitere Infos unter ✆ 01392/265203. Treffpunkt ist vor dem Abode Royal Clarence Hotel im Cathedral Yard.

• *Theater* Regelmäßige Theatervorstellungen präsentiert das **Northcott Theatre** (an der Universität). Box Office, Northcott Theatre, Stocker Road, ✆ 01392/493493. www.exeternorthcott.co.uk.

• *Veranstaltungen* Im Juli wird drei Wochen lang das **Exeter Festival** veranstaltet. Hauptschauplatz ist dabei die Kathedrale, in der Konzerte stattfinden. Im Cathedral Close wird getanzt und gefeiert, während gleichzeitig Trödelmärkte abgehalten und verschiedene Ausstellungen präsentiert werden. Nähere Hinweise hält das Tourist Office bereit. www.exeter.gov.uk/summerfestival. Ein weiteres Volksfest ist die **Devon County Show** im Mai (in Westpoint, 15 Min. von Exeter, Busverbindung). Geboten werden Theater, Paraden, Hunde-/Pferdeshows und allerlei Gerät für den Bauernhof.

• *Zeitschriften* Deutsche Zeitungen gibt es beim Newsagent in der Queen Street, Hausnummer 85.

Exeter 397

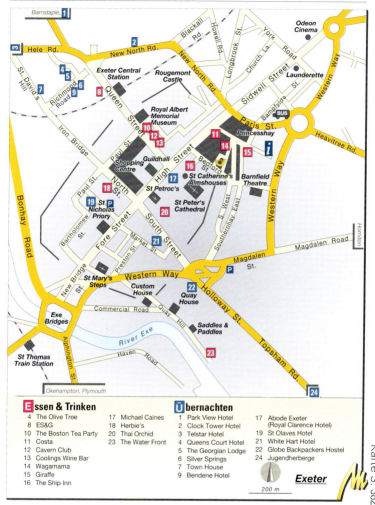

Essen & Trinken
- 4 The Olive Tree
- 8 ES&G
- 10 The Boston Tea Party
- 11 Costa
- 12 Cavern Club
- 13 Coolings Wine Bar
- 14 Wagamama
- 15 Giraffe
- 16 The Ship Inn
- 17 Michael Caines
- 18 Herbie's
- 20 Thai Orchid
- 23 The Water Front

Übernachten
- 1 Park View Hotel
- 2 Clock Tower Hotel
- 3 Telstar Hotel
- 4 Queens Court Hotel
- 5 The Georgian Lodge
- 6 Silver Springs
- 7 Town House
- 9 Bendene Hotel
- 17 Abode Exeter (Royal Clarence Hotel)
- 19 St Olaves Hotel
- 21 White Hart Hotel
- 22 Globe Backpackers Hostel
- 24 Jugendherberge

Exeter

200 m

Karte S. 382/383 — Devon

Übernachten/Essen/Trinken

● *Übernachten* **Abode Exeter (Royal Clarence Hotel) (17)**, das traditionsreichste Hotel von Exeter, in unmittelbarer Nachbarschaft zur Kathedrale. Als es im Jahre 1769 eröffnet wurde, galt es als die erste Herberge Englands, die als „Hotel" beschrieben wurde. Zu den Gästen, die in dem georgianischen Bau abgestiegen sind, zählten schon Lord Nelson, Zar Nikolas I. und Bill Bryson. Die unlängst vollkommen renovierten Zimmer sind sicherlich ihr Geld wert. Fitness-Raum vorhanden. B & B ab £ 64.50 pro Person im DZ (im EZ ab £ 99), die Zimmer mit Blick auf die Kathedrale sind etwas teurer. Sonderangebote im Internet, ✆ 01392/319955, ✆ 01392/430420. www.abodehotels.co.uk/exeter.

St Olaves Hotel (19), das in einem georgianischen Stadthaus untergebrachte Hotel

398 Devon

befindet sich direkt im historischen Zentrum von Exeter. Die 15 Zimmer lassen weder Geschmack noch Komfort vermissen und besitzen eine angenehme Größe. Das zugehörige Treasury Restaurant bietet ein zweigängiges Mittagsmenü für ansprechende £ 14.95 (Parken bis 16 Uhr inkl.), abends kostet das kulinarische Abenteuer schon £ 27.50 bzw. £ 31.95 für drei Gänge. Apropos Preise: Die Doppelzimmer inkl. Frühstück kosten je nach Ausstattung £ 115–155. Mary Arches Street, ✆ 01392/217736, ℻ 01392/413054, www.olaves.co.uk.

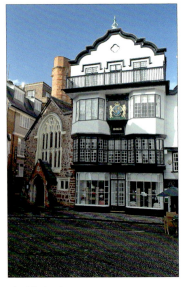

Architekturkontraste

Queens Court Hotel (4), sehr geschmackvoll eingerichtetes Hotel, in den individuellen Zimmern mit den einladenden Bädern fühlt man sich schnell wohl. Gutes Restaurant (The Olive Tree). WLAN. B & B £ 55–60. Bystock Terrace, ✆ 01392/272709, ℻ 01392/491390. www.queenscourt-hotel.co.uk.

Bendene Hotel (9), unweit des Bahnhofs gelegen, begeistert dieses B & B nicht nur durch seinen beheizten Swimmingpool im Garten hinter dem Haus. Der Flur macht bereits deutlich, dass die Zimmer alle sehr gepflegt sind. Von den nach hinten gehenden Räumen blickt man auf die abends erleuchteten Türme der Kathedrale. Extras: Fernseher, kostenloses WLAN. B & B ab £ 25 (ohne WC), sonst ab £ 32.50. 15–16 Richmond Road, ✆ 01392/213526, ℻ 01392/254162, www.bendene.co.uk.

Silver Springs (6), ein Haus daneben befindet sich ein weiteres ebenfalls sehr gepflegtes Guest House mit Stil. Kein Pool, dafür komfortablere Zimmer und Bäder. WLAN. B & B im EZ ab £ 57.50, im DZ ab £ 37.50. 12 Richmond Road, ✆/℻ 01392/494040, www.silversprings.co.uk.

White Hart Hotel (21), alte Postkutschenstation mit Flair, angeblich hat hier schon Oliver Cromwell sein Pferd „abgestellt". Verwinkelte Räume mit Bibliothek und einem wunderschönen Kamin. Besonders hübsch sind die Tab Bar und der Innenhof im Sommer. Stilvolle Zimmer, im modernen Anbau haben die Zimmer leider nicht so viel Flair. Parkplätze im Hof. 66 South Street. Zimmer ab £ 60 (Wochenende, 2 Pers. inkl. Frühstück). ✆ 01392/279897, ℻ 01392/250159, www.whitehartpubexeter.co.uk.

Town House (7), zeitgenössisches B & B in einem edwardinischen Haus unweit des Zentrums. Die farbenfrohen Zimmer sind nach literarischen Figuren benannt. Zum Frühstück gibt es Fair-Trade-Kaffee. WLAN. B & B £ 35. 54 St David's Hill, ✆ 01392/494994. www.townhouseexeter.co.uk.

Clock Tower Hotel (2), unlängst teilrenoviertes B & B mit toller Terrasse vor dem Haus. Hervorragendes Preis-Leistungs-Verhältnis. Die 16 komfortablen Zimmer sind alle mit TV und Teekocher sowie WLAN ausgerüstet. Übernachtung mit Frühstück ab £ 35, im EZ £ 50. 16 New North Road, ✆ 01392/424545, ℻ 01392/218445, www.clocktowerhotel.co.uk.

The Georgian Lodge (5), ein weiteres angenehmes B & B, zudem zentral gelegen. Nichtraucherhotel, WLAN. B & B ab £ 35, £ 50 im EZ. 5 Bystock Terrace, ✆ 01392/213079, ℻ 01392/218445, www.georgianlodge.com.

Park View Hotel (1), hübsches georgianisches Gebäude, nur wenige Fußminuten von der St David's Station entfernt. Der namensgebende Park liegt gleich schräg gegenüber. 15 Zimmer mit Telefon, TV und Teekocher, die von einem Leser als zu klein und unpersönlich beschrieben wurden und sich nicht mehr auf dem neuesten Stand befinden. Gutes Frühstück. B & B ab £ 29. 8 Howell Road, ✆ 01392/271772, ℻ 01392/253047, www.parkviewexeter.co.uk.

Exeter 399

Telstar Hotel (3), nettes kleines B & B in der Nähe von Bahnhof und Innenstadt. Übernachtung und Frühstück ab £ 30, mit Bad/WC ab £ 35. 77 St David's Hill, ✆/℡ 01392/272466, www.telstar-hotel.co.uk.

Globe Backpackers Hostel (22), gut geführte, viel besuchte Unterkunft für Rucksackreisende aus aller Welt. Zentrale Lage, fünf Fußminuten südlich der Kathedrale. Kostenloses WLAN. Im Schlafraum nächtigt man ab £ 16.50, aber das DZ ist mit £ 42 sicher auch noch erschwinglich. 71 Halloway Street, ✆ 01392/215521, ℡ 01392/215531, www.exeterbackpackers.co.uk.

Jugendherberge (24), etwa drei Kilometer südöstlich der Stadt, fast am Fluss, befindet sich die Jugendherberge in einem Haus aus dem 17. Jh. Mit Bus (K oder T) Richtung Topsham, beim Postamt Countess Wear aussteigen; von dort noch 400 Meter zu Fuß. Erwachsene ab £ 16, Jugendliche ab £ 12 (Zelten möglich). 47–49 Countess Wear Road, Topsham, ✆ 0845/3719516, ℡ 01392/876939, Exeter@yha.org.uk.

● *Camping* Mehrere Campingplätze in der Umgebung von Exeter; Liste im Tourist Office.

● *Essen/Trinken* **Michael Caines (17)**, das zum Abode Exeter Hotel gehörende Restaurant (im ersten Stock) ist der unbestrittene Gourmettempel von Exeter. Serviert wird anspruchsvolle europäische Küche zu angemessenen, wenngleich nicht gerade niedrigen Preisen (Hauptgerichte £ 20). Vergleichsweise günstig sind die Mittagsmenüs und das Early Evening Dining (2 Gänge £ 14.95), ✆ 01392/223638. Im gleichen Gebäude an der Ecke ist auch die preisgünstige Café-Bar untergebracht. Mittagsmenü mit beispielsweise einem *Coq au vin* als Hauptgericht zu £ 9.95. Sonntag Ruhetag. Cathedral Yard, ✆ 01392/223626. www.michaelcaines.com.

Wagamama (14), auch in Exeter gibt es seit 2007 eine Filiale der derzeit populärsten englischen Noodle-Bar-Kette. Im kühl designten Ambiente sitzt man an langgestreckten Holztischen und erfreut sich an absolut frisch zubereiteten japanischen Nudelgerichten. Egal, ob als Suppe *(Ramen)* oder in anderen Variationen zubereitet. Mit anderen Worten: unsere Lieblingsadresse in Exeter! Hauptgerichte etwa £ 8–10. Leckere Fruchtsäfte. Von der Terrasse hat man im Sommer einen Blick auf die Türme der Kathedrale. Kein Ruhetag, durchgehend warme Küche. Princesshay, ✆ 01392/274810. www.wagamama.com.

Exeter ist eine junge Stadt

Giraffe (15), interessant designtes „Ethno-Restaurant" mit vielen Orangetönen am Rande des Einkaufszentrums neben der Stadtmauer. Passend zur musikalischen Berieselung mit World Music werden an den lang gestreckten Tischen Delikatessen aus der ganzen Welt serviert. Auf der kleinen, netten Straßenterrasse kann man aber auch einfach nur einen Cappuccino genießen. Zu loben sind die Salate, das ausgezeichnete Brunchangebot (bis 16 Uhr), der zuvorkommende Service und die nicht überteuerten Preise. 1–2 Princesshay, ✆ 01392/494222. www.giraffe.net.

Thai Orchid (20), anspruchsvolle thailändische Küche mit Blick auf die Kathedrale. Was will man mehr? Hauptgerichte ab £ 9. Samstagmittag und Sonntag geschlossen. 5 Cathedral Yard, ✆ 01392/214215.

Herbie's (18), seit mehr als 20 Jahren der Treffpunkt für Vegetarier mit alternativem, leicht schummeligem Flair. Hauptgerichte zwischen £ 7 und £ 9. Lecker schmeckt die Lasagne mit Champignons und Spinat. Ausgeschenkt werden Ökoweine. So und Montagabend geschlossen. 14 North Street, ✆ 01392/258473.

The Ship Inn (16), zwischen Kathedrale und High Street, uriges Pub mit Fachwerkfassa-

Devon Karte S. 382/383

400   Devon

de; Sir Francis Drakes Lieblingspub in Exeter, über das er schrieb: „Next to mine own shippe, I do must love that old ‚Shippe' in Exon, a tavern in Fyssh Street, as the people call it, or as the clergie will have it, St Martin's Lane." Hauptmahlzeiten (meist große Portionen) ab £ 4. Restaurant im ersten Stock. 1–3 St Martin's Lane, ℘ 01392/272040.

Olive Tree (4), das im Queens Court Hotel untergebrachte Restaurant gefällt durch sein nüchternes, modernes Ambiente und die Leistungen von Küchenchef Darren Knockton, der seine Gäste mit einer modernen britischen Küche mit mediterranem Einschlag verwöhnt, so bei einer Seebrasse auf mediterranem Gemüse für £ 18.25. By stock Terrace, ℘ 01392/272709. www.queenscourt-hotel.co.uk.

ES&G (Exeter Sausage & Grill) (8), keine Würstchengrillbude, sondern ein zeitgenössisches Restaurant, das sich der gegrillten Wurst auf hohem Niveau verpflichtet fühlt. Das Fleisch stammt nur aus regionalen Betrieben mit Freilandhaltung. An blanken Holztischen werden aber auch gegrillte Steaks serviert. Dreigängiges Mittagsmenü £ 7.95. 44 Queen Street, ℘ 01392/4042299. www.exetersausageandgrill.com.

Coolings Wine Bar (13), in einer kleinen Gasse in der Innenstadt befindet sich diese nette Weinbar. Es werden Fassbier und mehr als 20 Weine glasweise ausgeschenkt. Zu essen gibt es Pasta wie auch englische Küche: *Cumberland Sausage Swirl* in Weißweinsoße. Kostenloses WLAN. 11 Gandy Street, ℘ 01392/434184. www.coolingsbar.co.uk.

The Water Front (23), direkt am alten Hafen von Exeter. Serviert werden Grillgerichte und leckere Pizzen (ab £ 6.90). Schöne sonnige Terrasse, kostenloses WLAN. Tgl. 11–23 Uhr geöffnet. The Quay, ℘ 01392/210590. www.waterfrontexeter.co.uk.

Costa (11), hier wird definitiv der beste Kaffee der Stadt ausgeschenkt. Zu essen gibt es italienisches Gebäck und Sandwiches. Zwei Filialen in der High Street.

The Boston Tea Party (10), kurz vor dem Royal Albert Museum, modernes Bistro-Café mit erlesenen Tee- und Kaffeesorten (Fair Trade). Außerdem gibt es auch leckere Salate und Sandwiches. 84 Queen Street.

Cavern Club (12), in dem beliebten Kellerclub treten fast jeden Abend Bands auf. Geringe Eintrittsgebühr. 83–84 Queen Street, ℘ 01392/495370. www.cavernclub.callo.uk. Weitere Nachtclubs finden sich in der Fore Street (**X$** und **Eden Lounge**) sowie an der Old Quayside am River Exe.

Sehenswertes

St Peter's Cathedral: Die Kathedrale von Exeter ist der bedeutendste Kirchenbau der Grafschaft Devon. Der Kathedrale gingen mehrere Sakralbauten voraus, darunter ein um 690 errichtetes Kloster, aus dem der heilige Bonifatius hervorging; die heutige St Peter's Cathedral wurde weitgehend im 13. und 14. Jahrhundert erbaut. Nur die Türme stammen noch aus normannischer Zeit, ansonsten verkörpert die dreischiffige Kathedrale den Stil der englischen Hochgotik (Decorated Style). Die hell leuchtende Sandsteinfassade dominiert die verhältnismäßig kleine Domfreiheit, die das Gotteshaus umfasst und im Westen von gut erhaltenen historischen Häusern abgegrenzt wird. Sie ist ein wunderschönes Beispiel formvollendeter Ornamentik, welche die horizontale und vertikale Linienführung gleichzeitig hervorhebt. Die drei übereinander angeordneten Skulpturenreihen an der Westfassade – sie waren ursprünglich bemalt – zeugen von der Kunst der gotischen Steinmetze. In der untersten Reihe sind Engel dargestellt, darüber thronen die Könige und Richter, die wiederum von den Aposteln und Propheten überragt werden.

Faszinierend ist aber auch der Innenraum: Ein filigranes Rippengewölbe überspannt das Mittelschiff, das mit einer Länge von 105 Metern das längste gotische Gewölbe der Welt ist. Im *Chor* stechen die *Miserikordien* (um 1260) hervor, die mit mythologischen Figuren verziert sind. Miserikordien nennt man die meist aus Holz geschnitzten Vorsprünge an den Sitzen des Chorgestühls, die beim Stehen als Stütze dienen. In unmittelbarer Nähe steht der 18 Meter hohe *Bischofsthron*, der

Exeter 401

Glanzvolle Gotik: Exeter Cathedral

1316 für den Bischof Stapledon angefertigt wurde und ebenfalls mit beeindruckenden Schnitzereien verziert ist. Er ist ohne einen einzigen Nagel gearbeitet! Nur Zapfen und Nuten halten ihn zusammen. Im Zweiten Weltkrieg wurde der Bischofsstuhl aus Angst vor Bombenangriffen abgebaut und später wieder in seinem ursprünglichen Zustand zusammengesetzt. Ein weiteres Prunkstück ist die nicht öffentlich zugängliche Dombibliothek im *Bishop's Palace*. Sie beherbergt unter anderem das *Exeter Book* aus dem Jahr 950, eine der wenigen großen Sammlungen altenglischer Versdichtung.

tgl. 7–18.30 Uhr, Sa nur bis 17 Uhr. „Spende": £ 5, erm. £ 3. Chorprobe: Mo–Fr 18.30 Uhr, Sa und So 15 Uhr. www.exeter-cathedral.org.uk.

Underground Passages: Mitten im Zentrum von Exeter befindet sich Großbritanniens einziges unterirdisches Aquädukt. Um Exeter mit Trinkwasser zu versorgen, legte man im Mittelalter mühsam ein unterirdisches Gangsystem an. Im Rahmen einer 45-minütigen Führung kann man das mehr als 600 Jahre alte Wassersystem erkunden. Klaustrophob Veranlagten ist der Rundgang nicht zu empfehlen, denn ab und zu wird es ganz schön eng.

Adresse Romangate Passage, Off High Street. Juni bis Sept. tgl. 9.30–17.30 Uhr, So 10.30–16 Uhr, Okt. bis Mai Di–Fr 11.30–17.30 Uhr, Sa 9.30–17.30 Uhr, So 10.30–16 Uhr. Eintritt: £ 5, erm. £ 3.50.

Royal Albert Memorial Museum: Das Museum widmet sich der Geschichte von Exeter und Devon und ist unbedingt einen Besuch wert – nicht nur weil es keinen Eintritt kostet. Das Spektrum der Dauerausstellung reicht von archäologischen Funden über Kunsthandwerk und Aquarelle bis hin zu einer Sammlung exotischer Schmetterlinge. Vor allem die römische Geschichte wird sehr ausführlich dargestellt. Bei Grabungen gefundene Mosaike sowie eine Rekonstruktion eines antiken Badehauses geben einen plastischen Eindruck von dieser Epoche. Selbstverständlich wird auch das mittelalterliche Exeter ausführlich vorgestellt. Angegliedert ist noch eine naturhistorische Galerie, in der zahlreiche heimische Tiere im ausge-

402   Devon

stopften Zustand sowie exotische in einer maßstabsgetreuen Nachbildung (Tiger, Elefant, Giraffe, Eisbär etc.) zu bewundern sind.

Adresse Queen Street. ⓘ tgl. außer So 10–17 Uhr. Eintritt frei! www.rammuseum.org.uk.

Rougemont Castle & Gardens: Die Bezeichnung „Castle" erscheint angesichts der kargen Ruine etwas übertrieben. Rougemont Castle wurde 1068 im Auftrag von Wilhelm dem Eroberer auf dem höchsten Punkt von Exeter errichtet, erhalten sind nur noch die Burgmauer und ein Torhaus. Links an das Burggelände grenzen die Rougemont Gardens an, ein hübscher Park mit bunten Blumenbeeten. Ein weiterer Park, Northernhay Gardens, breitet sich gleich dahinter aus. Hier kann man auch Teile der römischen Stadtmauer bewundern. Im Sommer finden Freiluftaufführungen von Shakespeares Werken statt.

Old Quayside: Exeter war einst eine bedeutende Hafenstadt, allerdings ist davon im Stadtzentrum nichts zu spüren. Die alten Hafenanlagen liegen im Südwesten der Altstadt am River Exe. Das denkmalgeschützte *Customs House* (1681), mehrere Lagerhäuser und Pubs (Prospect Inn) sorgen noch heute für ein stimmungsvolles Ambiente. Wer dem Fährmann ein paar Pence gibt, wird zum anderen Flussufer gezogen.

Umgebung

Östlich von Exeter

Topsham

Das fünf Kilometer südöstlich von Exeter gelegene Topsham ist ein altertümlicher Hafen mit historischen Lagerhallen. Bereits im 13. Jahrhundert war Topsham zur königlichen Marktstadt erhoben worden. Alles andere als spektakulär, doch haben der Hafenkai, die schmalen Gassen, die zünftigen Pubs und die traditionsreichen Geschäfte viel Flair.

Ottery Saint Mary

Die geruhsame Kleinstadt – der Geburtsort des Dichters *Samuel Taylor Coleridge* – lohnt in erster Linie wegen der schmucken Kirche einen Abstecher. Das aus dem 14. Jahrhundert stammende Gotteshaus wurde wiederholt mit der Kathedrale von Exeter verglichen, die auch fraglos als Vorbild gedient hat. Dem Beispiel Exeters folgend, besitzt die im Auftrag von Bischof John de Grandisson errichtete Kirche eine astronomische Uhr, auf deren Gehäuse Sonne, Mond und Sterne um die Erde kreisen.

Honiton

Honiton ist einer der größten Marktorte Ost-Devons mit einer Vielzahl von teuren Antiquitäten- und Kunstgewerbeläden (Spitzenklöppelei). Die Webertradition reicht bis in das Spätmittelalter zurück, als sich hier flämische Weberfamilien niederließen. Überregional bekannt sind die Produkte der Honiton Pottery in der High Street. Schon seit über 200 Jahren wird hier getöpfert und gebrannt. Im Sommer öffnet auch das *Allhallows Museum* neben der St-Paul's-Kirche seine Pforten. Ein schönes Dorf mit reetgedeckten Häusern ist *Gittisham,* südwestlich von Honiton.

Information **Tourist Information Centre**, Lace Walk, Honiton, Devon, EX14 1LT, ✆ 01404/43716. www.eastdevon.gov.uk. Markt: Di und Sa in der High Street.

Seaton

Direkt über eine steile Klippe am Meer – *The Landslip* genannt – führt der Coast Path von Lyme Regis nach Seaton. Der 5.000-Seelen-Ort liegt an der Mündung der Axe. Die Promenade ist eher langweilig, einladender wirkt die Altstadt. Bei Spaziergängen am Kieselstrand kann man mit viel Glück Halbedelsteine finden. Mit der *Seaton Tramway*, einer alten Zahnradbahn, kann man in den Sommermonaten die sechs Kilometer lange Strecke nach Colyton zurücklegen.

• *Information* **Tourist Information Centre**, The Underfleet, Seaton, Devon, EX12 2TB, 01297/21660, 01297/21689, www.eastdevon.net/tourism/seaton.

• *Seaton Tramway* Von Ostern bis Okt. tgl. 10–17 Uhr. Verbindungen alle 20 Min. Tagesticket: £ 12.50, erm. £ 11.25 oder £ 8.75. www.tram.co.uk.

Beer

Kurz hinter Seaton schließt sich der Ort mit dem wohlklingenden Namen Beer an. Die kleine Badebucht von Beer liegt gut geschützt. In dieser Gegend hatten die Schmuggler keinerlei Probleme, einsame Buchten und Fischerdörfer zu finden, wo sie ihr Schmuggelgut entladen konnten. In der Zeit des Massentourismus und der EU erinnern nur noch einige Souvenirs in den alten Pubs an das illegale Treiben vergangener Zeiten. Bei den hohen Weinpreisen in England wäre es allerdings nicht verwunderlich, wenn es eine moderne Variante der alten Schmuggler gäbe – wo doch Frankreich vor der Tür liegt. Bekannt ist Beer auch für seine Steinbrüche. Bereits die Römer schätzten den Beer Stone, im Mittelalter wurden zahlreiche Kirchen in Devon, darunter auch die Kathedrale von Exeter, mit dem schönen Kalkstein errichtet.

Der Ort selbst scheint sich bis auf seine zahlreichen Besucher seit Jahrhunderten nicht verändert zu haben. Ein kleiner in Stein gefasster Bach rauscht dem Meer

Beer – nicht nur bei den Jüngeren beliebt ...

404 Devon

entgegen, am Kieselstrand warten ein paar Dutzend Liegestühle. Nur im August während der Beer Regatta kommt etwas Trubel in die Gassen.

Eine herrliche Klippenwanderung führt von Beer ins benachbarte *Branscombe*, in dem noch viele reetgedeckte Cottages stehen und wo unten am Meer ein schöner Strand lockt. Aber auch nach Osten hin ist eine tolle Küstenwanderung ins drei Kilometer entfernte *Easton* reizvoll.

● *Einwohner* 1.400 Einwohner.

● *Verbindungen* Im Sommer fahren Busse nach Exeter und Lyme Regis.

● *Übernachten/Essen/Trinken* **The Mansons Arms**, das efeubewachsene Pub in Branscombe ist ein Lesertipp von Brigitte Schäfer, die die schöne Terrasse und die gemütliche Atmosphäre mit dem brennenden Kamin lobte. Der Gasthof stammt aus dem 14. Jahrhundert. Serviert wird englische Küche mit französischem Einschlag. In der Bar Hauptgerichte ab £ 10, im Restaurant 3-Gänge-Menü £ 25. Auch Zimmervermietung (DZ £ 40–85). ✆ 01297/680300. www.masonsarms.co.uk.

The Dolphin, der traditionsreiche Gasthof unweit des Meeres bietet neben einfachen Mahlzeiten auch B & B ab £ 42 (im Winter £ 36), wobei einige Gästeräume im Anbau sind. Leser lobten die großen Portionen im Restaurant. Die Zimmer sind recht klein, aber hell und einladend. Parkplatz hinter dem Haus. Fore Street, ✆ 01297/20068. www.dolphinhotelbeer.co.uk.

● *Jugendherberge* In Beer befindet sich das einzige Youth Hostel auf der Strecke zwischen Lyme Regis und Torbay. Ansprechende Lage, gutes Flair. Erwachsene ab £ 12, Jugendliche ab £ 9. Bovey Combe, Townsend, Beer, ✆ 0845/3719502, ✆ 01297/23690. beer@yha.org.uk.

Sidmouth

Bereits im Mittelalter war Sidmouth *(Sedemuda)* ein bekannter Fischerort. Seinen Aufstieg zum bedeutenden Seebad verdankt der Ort einem Besuch von Queen Victoria, die mit ihren Eltern im Jahre 1819 hier die Weihnachtsferien verbrachte. Auch der Herzog von Kent wählte Sidmouth als seinen Alterssitz. Im Stadtinneren prägen noch heute Gebäude im Regency-Stil das Ambiente. Links und rechts, überall Architektur im Zuckerbäckerstil: Schön anzusehen sind die schmiedeeisernen Balkone, die säulenumrahmten Holzterrassen sowie die verspielten Gärten. An der Strandpromenade treffen sich vorwiegend ältere Semester, nur Anfang August während des Sidmouth Festival strömt eine Woche lang ein gänzlich anderes Publikum in den Ort. Straßenkünstler ziehen durch die Gassen, und zu den Hauptveranstaltungen drängen bis zu 5.000 Zuschauer in eine Freiluftarena. Der große Zuspruch verwundert nicht, schließlich gilt das 1954 gegründete Sidmouth Festival als eines der renommiertesten Folkfestivals von ganz England.

Ein großes Plus stellen die Strände dar, die in Sidmouth schöner sind als in den umliegenden Orten. Das trifft insbesondere auf *Jacob's Ladder* zu, ein von der Steilküste eingerahmter Sandstrand westlich des Ortes. Zudem eignet sich die Umgebung bestens für kurze Wanderungen und kleine Klettertouren. Nicht nur Kinder begeistert ein Besuch des nahen *Donkey Sanctuary*. Rund 500 alte, kranke oder nicht mehr „gebrauchte" Esel werden dort gepflegt und liebevoll betreut.

● *Information* **Tourist Information Centre**, Ham Lane, Sidmouth, Devon EX10 8XR, ✆ 01395/516441, ✆ 01395/519333. www.visitsidmouth.co.uk.

● *Einwohner* 11.000 Einwohner.

● *Verbindungen* Werktags fahren stdl. zwei **Busse** nach Exeter sowie nach Exmouth.

● *Donkey Sanctuary* Vier Kilometer östlich von Sidmouth kümmert sich eine gemein-

nützige Stiftung um das Wohl alter und kranker Esel. Tgl. von 9 Uhr bis zum Einbruch der Dämmerung geöffnet. Eintritt frei! www.thedonkeysanctuary.org.uk.

● *Sidmouth Museum* Zahlreiche Gemälde und eine Darstellung der Lokalgeschichte. Church Street. Ostern bis Okt. tgl. 10–12.30 und 14–16.30 Uhr. Montagvormittag geschlossen.

Exmouth **405**

- *Veranstaltungen* Das **Sidmouth International Festival of Folk Arts** bietet in der ersten Augustwoche traditionelle Musik, Tanz und Konzerte. Kartenvorbestellung ratsam. Auf einer Wiese können Festivalbesucher campen. www.sidmouthfestival.com.

- *Übernachten* **Riviera**, traditionsreiches Hotel im Regency-Stil. Traumhafter Meerblick, Komfort und Service lassen keine Wünsche offen. Viel älteres Publikum, gutes Restaurant. Kostenloses WLAN. Im Winter B & B £ 109 pro Person, im Sommer Halbpension erwünscht (ab £ 135). The Esplanade, ✆ 01395/515201, ✉ 01395/577775, www.hotelriviera.co.uk.

Elizabeth Hotel, günstigere Alternative in vergleichbarer Lage direkt am Meer. Übernachtung mit Halbpension pro Person je nach Saison und Zimmerausstattung £ 59–82, günstigere Wochenangebote. The Esplanade, ✆ 01395/516367, ✉ 578000, www.kingswood-hotel.co.uk.

Salty Monk, das von Gourmetführern gelobte Restaurant liegt drei Kilometer landeinwärts mitten in Sidford. Abwechslungsreiche Küche, die großteils auf regionale Produkte zurückgreift. Abendmenü £ 39.50. Es werden auch sechs schmucke Zimmer vermietet und ein Mini-Spa gibt es auch,

B & B £ 55–100 pro Person. Chruch Street, ✆ 01395/513174. www.saltymonk.co.uk.

The Old Farmhouse, reetgedecktes Farmhouse aus dem 16. Jh. mit viel Atmosphäre. Leider werden die *scrambled eggs* aus Fertigpulver zusammengerührt. B & B ab £ 30 pro Person. Von März bis Okt. geöffnet. Hillside Road, ✆ 01395/512284.

- *Camping* **★★★★ Salcombe Regis Camping and Caravan Park**, der Platz befindet sich zwei Kilometer östlich von Sidmouth (ausgeschildert). Gut ausgestatteter Campingplatz mit Waschmöglichkeit und kleinem Geschäft. 100 Stellplätze für Zelte, ebenso viele für Caravans. Zweimannzelt ab £ 12, April bis Okt. geöffnet. Salcombe Regis, ✆/✉ 01395/514303. www.salcombe-regis.co.uk.

- *Essen/Trinken* **Mocha**, direkt hinter der Promenade sitzt man recht nett auf der kleinen Straßenterrasse. Serviert werden viel Seafood, aber auch einfache Gerichte zu passablen Preisen. The Esplanade.

Zur zünftigen Einkehr empfehlen sich hingegen der **Anchor Inn** und das **Old Ship**. Letzteres ist das älteste Pub der Stadt und stammt aus dem Jahre 1350. Beide im Ortszentrum in der Old Fore Street gelegen.

Budleigh Salterton

Budleigh Salterton ist ein ausgesprochen ruhiger Ferienort, der im Westen von über 150 Meter hoch aufragenden roten Klippen begrenzt wird. Im Zentrum sind noch einige Häuser aus dem frühen 19. Jahrhundert (Fore Street) erhalten. Bei klarem Wetter empfiehlt es sich, den Berg *West Down Beacon* hinaufzusteigen. Fünf Kilometer weiter östlich stößt man auf die von Klippen geschützte *Ladram Bay* mit ihrem netten Kieselstrand, und in *East Budleigh* erblickte der berühmte Seefahrer Sir Walter Raleigh das Licht der Welt.

Information **Tourist Information Centre**, Fore Street, Budleigh Salterton, Devon, EX9 6NG, ✆ 01395/445275. www.visitbudleigh.com.

Exmouth

Bereits die Römer nutzten Exmouth als Hafenort, im Jahre 1001 landeten hier dann eine Hand voll Wikingerschiffe, um die Küste Devons zu verwüsten. Später nutzten die Schmuggler den Ort, doch alles änderte sich schlagartig, als im 18. Jahrhundert der Badeurlaub in Mode kam. Seither ist Exmouth ein Erholungszentrum, vor allem für die Bevölkerung von Exeter. An sommerlichen Wochenenden strömen die Familien mit Kind und Kegel hierher, entsprechend viele Vergnügungseinrichtungen für Kinder wurden die Esplanade entlang aufgebaut. Ein netter, zwei Kilometer langer Sandstrand und ein geschäftiges Zentrum ergänzen das Angebot. In der Straße The Beacon logierten einst die Gattinnen von Nelson und Byron (Plaketten an den entsprechenden Häusern). Am Ortsausgang Richtung Exeter erhebt sich *A La Ronde*, ein ungewöhnliches, im späten 18. Jahrhundert errichtetes Haus mit

Devon Karte S. 382/383

406   Devon

sechzehneckigem Grundriss. Die Erbauer, Jane und Mary Parminter, ließen sich von einer byzantinischen Basilika inspirieren und sorgten für eine sehr exaltierte Einrichtung.

● *Information* **Tourist Information Centre**, Alexandra Terrace, Devon EX8 1NZ, ✆ 01395/222299 (ganzjährig geöffnet, im Winter nur vormittags). www.exmouthguide.co.uk.

● *Einwohner* 33.000 Einwohner.

● *A La Ronde* Mitte März bis Okt. Sa–Mi 11–17 Uhr, Juli und Aug. auch Fr 11–17 Uhr. Eintritt: £ 6.70, erm. £ 3.40 (NT).

● *Übernachten* **Royal Beacon Hotel**, das in einem weißen Eckgebäude gelegene Hotel gilt als das beste der Stadt, wenngleich die Zimmer keinen außergewöhnlichen Reiz besitzen. Zum Essen hat man die Wahl zwischen dem italienischen Restaurant **Donato's** oder dem klassischen **Fenneis**. B & B £ 52.50–72.50. The Beacon, ✆ 01395/26486, ✆ 01395/268890. www.royalbeaconhotel.co.uk.

Nördlich von Exeter

Crediton

Crediton, zwölf Kilometer nordwestlich von Exeter, ist ein durchschnittliches südenglisches Landstädtchen, das sich eines großen Sohnes rühmen kann: Auf nicht zu übersehenden Schildern wird auf den berühmten Missionar *Bonifatius* hingewiesen, der im Jahre 680 in Crediton geboren wurde und vor allem in Deutschland und den Niederlanden missionierte. Während der sächsischen Zeit war die Stadt Bischofssitz und religiöses Zentrum von Südwestengland, wovon aber nur noch die Statue im Park, die an Bonifatius erinnert, und die spätmittelalterliche *Holy Cross Church*, welche von ihren Dimensionen fast an eine Kathedrale heranreicht, zeugen.

Tiverton

Bereits in sächsischer Zeit gegründet, ist die zwischen Dartmoor und Exmoor gelegene Stadt – von den Einheimischen liebevoll „Tivvi" genannt – ein traditionelles Zentrum der Wollverarbeitung. Das Wasser, das kraftvoll die Flüsse Exe und Lowman hinabströmt, trieb die Mühlen der Weber an. Von dem normannischen Castle, das über Jahrhunderte Sitz der Earls of Devon war, zeugen heute nur noch zwei Türme, der Rest ging im Bürgerkrieg zu Bruch. Ein Magnat der Wollindustrie ließ 1604 für die Jungen (!) des Ortes die Blundell's School erbauen. Die Schule wurde als Handlungsort von Blackmores „Lorna Doone" bekannt und wird heute vom National Trust verwaltet. Das *Tiverton Museum* in der St Andrew Street besitzt eine gute Sammlung an Werkzeugen vergangener Jahrhunderte, die einen Eindruck von den damaligen Arbeitsbedingungen vermitteln. Wochentags ist in der Newport Street eine aus dem 17. Jahrhundert stammende Bäckerei geöffnet. Wer gerne in voll gestopften Antiquitätenläden wühlt, sollte sich den *Wychware Antiques Market* in der Barrington Street nicht entgehen lassen.

Information **Tourist Information Centre**, Phoenix Lane, Exmouth, Devon EX16 6LU, ✆ 01884/255827.

Südlich von Exeter

Powderham Castle

Powderham Castle ist der Stammsitz der Courtenays, einer im 12. Jahrhundert aus Frankreich eingewanderten Adelsfamilie. Am Ufer des Exe gelegen, besitzt das im 14. Jahrhundert errichtete und später wiederholt umgebaute Landschloss ein weit-

Teignmouth 407

Ein einsamer Surfer auf dem Weg in die Fluten

gehend aus georgianischer Zeit stammendes Interieur. Kinder erfreuen sich an einem alten viktorianischen Garten mit Kaninchen, Meerschweinchen, Pfauen, Fasanen und Ziegen.

⏰ von April bis Okt. tgl. außer Sa 10–16.30 Uhr, Mitte Juli und Aug. bis 17.30 Uhr. Eintritt: £ 9.50, erm. £ 7.50, Familien £ 26. www.powderham.co.uk.

Dawlish

Literaturfreunden ist Dawlish vor allem als Geburtsort von Nicholas Nickleby bekannt, den Charles Dickens in seinem gleichnamigen Roman hier das Licht der Welt erblicken ließ. Als Seebad hat Dawlish für Touristen wenig zu bieten, der Strand ist durch ein Eisenbahnviadukt vom Ort getrennt. Schöner sind die Badebuchten entlang der Küste: Am *Boat Cove* (Boote zu mieten), *Coryton Cove* und *Shell Cove* südlich der Stadt Dawlish tummeln sich an sonnigen Tagen vor allem englische Familien. Nördlich davon stehen die Chalets und Caravans wie Reihenhaussiedlungen am Meer.

• *Information* **Tourist Information Centre**, The Lawn, Dawlish, Devon EX7 9PW, ✆ 01626/863589. www.dawlish.gov.uk.
• *Camping* In Starcross: ****** Cofton Holiday Park**, Luxus-Campingplatz mit Swimmingpool. 450 Stellplätze für Zelte; Zweimannzelt und Caravan ab £ 14. Es werden auch zahlreiche Cottages vermietet. März bis Okt. geöffnet. ✆ 0800/0858649. www.coftonholidays.co.uk.
Ein weiterer gut ausgestatteter Campingplatz bei Dawlish ist der ****** Peppermint Park**, Warren Road (ausgeschildert). Ebenfalls mit beheiztem Pool, 48 Stellplätze für Zelte, ab £ 12. ✆ 01626/863436. www.peppermintpark.co.uk.

Teignmouth

Teignmouth – ausgesprochen „Tinmouth" – ist ein typisch englischer Badeort an der Mündung des Flusses Teign. Früher war der Hafen nicht nur für die Fischerei, sondern auch für die Verbindung nach Frankreich von Bedeutung. Waren die Be-

408   Devon

ziehungen zwischen den beiden Ländern – wie so oft – allerdings nicht die besten, bekam es die Hafenstadt manches Mal zu spüren: 1340 und 1690 wurde sie von den Franzosen niedergebrannt. Bereits im 18. Jahrhundert wurde Teignmouth ein beliebtes Seebad, in dem beispielsweise auch John Keats, Fanny Burney und Jane Austen ihre Ferien verbrachten. Selbstverständlich darf auch ein Pier nicht fehlen. Die Außenbezirke wirken nicht gerade einladend, aber das historische Zentrum ist allemal einen Abstecher wert. Wer will, kann mit der Fähre zum historischen Fischerdorf *Shaldon* oder zum Strand von Ness Cove fahren.

● *Information*   **Tourist Information Centre**, Sea Front, Devon TQ14 8BE, ✆ 01626/779769. www.teignmouth-town.co.uk bzw. www.southdevon.org.uk.

● *Übernachten*   **Thomas Luny House**, schmuckes Stadthaus aus dem späten 18. Jahrhundert. Individuell eingerichtete Zimmer. B & B ab £ 37.50 (bei einer Woche Aufenthalt, sonst bis zu £ 49, jeweils inkl. Afternoon tea). Teign Street, ✆ 01626/772976. www.thomas-luny-house.co.uk.

Teign Crest, ein Lesertipp von Carmen Fellner: „Diese Unterkunft befindet sich in einem antiken Strandhaus in Shaldon nur 20 Meter vom Strand entfernt. Die geschmackvoll eingerichteten Zimmer besitzen einen Blick aufs Meer sowie auf Teignmouth." Diesem Urteil kann man nur beipflichten: Eines der schönsten B & B's in Devon mit einer herrlichen Aussicht! Obwohl sich die Vermieter schon im Ruhestand befinden, lässt sich nur hoffen, dass sie ihr Guesthouse noch lange betreiben. B & B £ 37.50 pro Person. ✆ 01626/873212. www.teigncrest.co.uk.

● *Camping*   *** **Leadstone Camping**, dieser fünf Kilometer nördlich in Dawlish Warren gelegene Platz gehört zu den schönsten der Region und ist einen knappen Kilometer vom Meer entfernt. Von Mitte Juni bis Mitte Sept. geöffnet. ✆ 01626/864411. www. leadstonecamping.co.uk.

Newton Abbot

Newton Abbot liegt verkehrsgünstig zwischen Torbay, Exeter und dem Dartmoor und ist Standort für Industriebetriebe, die landwirtschaftliche Erzeugnisse weiterverarbeiten. Gleichzeitig fungiert die Stadt als Marktzentrum für das Umland (mittwochs und samstags Markt neben dem großen Parkhaus). Wer sehen bzw. probieren will, was in der Region hergestellt wird, kann die Töpferei (Abbot Pottery, Hopkins Lane), die Mälzerei (Teign Road) oder die Cider-Bar (East Street) besuchen.

● *Camping*   ***** **Dornafield**, Dornafield Farm; sehr gut ausgestatteter Campingplatz. Anfahrt: Von Newton Abbot auf die A 381 (Richtung Totnes), nach knapp vier Kilometern am Two Mile Oak Inn rechts, nach etwa 800 Metern die erste links, jetzt noch ca. 150 Meter (ausgeschildert). März bis Okt. geöffnet. Two Mile Oak, ✆ 01803/ 812732. www.dornafield.com.

Torquay

Zusammen mit den Nachbarorten Paignton und Brixham bildet Torquay die berühmte English Riviera. Mildes Klima und eine palmengesäumte Uferpromenade sorgen für das richtige Urlaubsflair.

Torquay, die „Königin der englischen Riviera", erstreckt sich über sieben Hügel am nördlichen Rand der Torbay. Der Dichter Alfred Tennyson schwärmte von Torquay als „the loveliest sea-village in England". Die einst so mondäne Atmosphäre des Seebads blitzt heute nur noch gelegentlich auf, hauptsächlich jüngere Besucher und Sprachschüler verbringen in Torquay – sprich „Toorkih" – ihre Ferientage um zu schwimmen, sich am Sandstrand zu aalen, um zu sehen und gesehen zu werden, und sie verspielen ihr Taschengeld an den überaus zahlreich vorhandenen Spielautomaten. Wer wissen möchte, wie Torquay vor drei Jahrhunderten ausgesehen hat, sollte das vor den Toren der Stadt gelegene, noch gut erhaltene „Märchendorf" Cockington Village aufsuchen. Die bekannteste Tochter der Stadt ist übrigens die Krimiautorin Agatha Christie (1890–1976), die mit Miss Marple und Hercule Poirot zwei der bekanntesten Detektive der Literaturgeschichte erfunden hat.

• *Information* **Tourist Board**, English Riviera, Guide Research, Vaughan Parade, Torquay, Devon, TQ2 5JG, ✆ 01803/2112111, ℡ 01803/214885. www.TheEnglishRiviera.co.uk. Ein kleineres Büro auch in Paignton (Festival Hall, The Esplanade, ✆ 01803/558383, ℡ 01803/551959) sowie in Brixham (The Old Market House, The Quay, ✆ 01803/852861).

• *Einwohner* 60.000 Einwohner.

• *Verbindungen* **Zug** – Bahnhof an der Rathmore Road, zumeist ist das Umsteigen in Newton Abbot erforderlich, um einen Anschluss nach Bristol, Cardiff, Exeter oder London Paddington zu erhalten. www.nationalrail.co.uk. **Bus** – Vom Pavilion häufige lokale Busverbindungen nach Paignton und Brixham sowie nach Totnes und Plymouth sowie mehrmals tgl. nach London Victoria, ✆ 0871/7818181.
www.nationalexpress.com.

• *Babbacombe Cliff Railway* Historische Zahnradbahn, die auf die 73 Meter hohen Klippen von Babbacombe führt. Return-Ticket £ 1.80. www.cliffrailway.com.

• *Hiflyer* Eine andere Möglichkeit ist es, mit dem Fesselballon nahe der Torre Abbey rund 130 Meter hoch in die Lüfte zu steigen. Kosten: £ 14, erm. £ 11.50 bzw. £ 8. www.thehiflyer.com.

• *Bootstouren* Vom Hafen sind Ausflüge nach Brixham oder Dartmouth möglich.

• *Post* Fleet Street.

• *Golf* **Torquay Golf Club**, 18-Loch-Anlage in der Petitor Road, ✆ 01803/528228. www.torquaygolfclub.com.

• *Internet* **Net Zone**, 6 Newton Road.

• *Reiten* In Torquay und Paignton gibt es mehrere Reitschulen. Auskünfte und Tarife hält das Tourist Office bereit.

• *Übernachten* **Osborne Hotel (13)**, ein nahezu feudales Anwesen mit einem parkähnlichen Garten samt Palmen im Osten

Golden Hind in Brixham

der Stadt. Selbstverständlich fehlen auch ein Hallen- sowie ein Freibad nicht. DZ ab £ 110 inkl. Frühstück. Hesketh Cresent, ✆ 01803/213311.
www.osborne-torquay.co.uk.

Livermead Cliff Hotel (14), das einzige Hotel (Best Western) von Torquay, das nicht durch eine Straße vom Meer getrennt ist (direkter Zugang zum Strand). Schöne geräumige Zimmer (plüschig), einige mit direktem Zugang zur Terrasse. Wem das Meer zu kalt ist, der kann sich im beheizten Swimmingpool tummeln. Je nach Saison und Aufenthaltsdauer B & B ab £ 65 pro Person, die Zimmer mit Meerblick sind naturgemäß teurer. Sea Front, an der Straße nach Paignton, ✆ 01803/299666, ℡ 01803/294496, www.livermeadcliff.co.uk.

Chesterfield Hotel (7), in Bahnhofs- und Jachthafennähe. Eines der zahlreichen Hotels an der Belgrave Road. Zwölf moderne

410 Devon

ansprechende Nichtraucher-Zimmer, alle mit eigenem Bad. Gutes Preis-Leistungs-Verhältnis! B & B £ 25–28. 62 Belgrave Road. ℡ 01803/292318, ℻ 01803/293676, www.chesterfieldhoteltorquay.co.uk.

Hotel Cimon (6), geschmackvolles Hotel mit ansprechenden Zimmern, die in verschiedenen Farbtönen gehalten sind. Im Sommer locken die schöne Terrasse und der beheizte Swimmingpool. WLAN vorhanden. B & B je nach Ausstattung und Reisezeit £ 35–49. 82 Abbey Road, ℡/℻ 01803/294454, www.hotelcimon.co.uk.

Ascot House (2), schmucke viktorianische Villa, die viel Geschmack und Liebe ins Detail verrät. Die Zimmer im ersten Stock haben einen kleinen Balkon. B & B je nach Saison £ 30–65, EZ ab £ 45, günstiger bei längeren Aufenthalten. The Church Road, ℡ 01803/295142, www.ascothousetorquay.co.uk.

Mulberry House (5), angenehmes Guest House in einem Eckhaus, die Zimmer gefallen mit ihren Tapeten an der Stirnseite des Bettes. B & B £ 28–30. 1 Scarborough Road, ℡ 01803/213639. www.mulberryguesthousetorquay.co.uk.

Red House Hotel (8), angenehmes Hotel mit Garten und beheiztem Pool. Hallenbad, Sauna und Fitnessraum ebenfalls vorhanden. B & B je nach Reisezeit und Aufenthaltsdauer £ 36–45. Rousdown Road, ℡ 01803/607811, ℻ 01803/200592, www.redhouse-hotel.co.uk.

The Garlieston Hotel (3), drei nett eingerichtete DZ mit Dusche, ein EZ und ein Mehrbettzimmer; Kostenloses WLAN. B & B £ 23–27, im Winter und bei längerem Aufenthalt günstiger. 5 Bridge Road, ℡/℻ 01803/294050, www.thegarlieston.com.

Torquay Backpackers (4), eine gute Alternative, wenn die Jugendherberge einmal voll ist. Unterbringung in Mehrbettzimmern, legere Atmosphäre und Selbstverpflegung; keine Sperrstunde, Terrasse vor dem Haus. WLAN. Preise: ab £ 15 pro Nacht im Mehrbettzimmer, im Winter und bei längeren Aufenthalten günstiger. Doppelzimmer £ 16 pro Person. Zehn Fußminuten vom Bahnhof entfernt. 119 Abbey Road, Torquay, ℡ 01803/299924, ℻ 213479, www.torquaybackpackers.co.uk.

• *Jugendherberge* **Maypool House (15)**, Herberge in einem viktorianischen Anwesen, Nov. bis Febr. meistens geschlossen. Erwachsene zahlen ab £ 14, Jugendliche ab £ 10.50. Sie findet man in Galmp-

Übernachten
2 Ascot House
3 The Garlieston Hotel
4 Torquay Backpackers
5 Mulberry House
6 Hotel Cimon
7 Chesterfield Hotel
8 Red House Hotel
13 Osborne Hotel
14 Livermead Cliff Hotel
15 JH Maypool House

ton, östlich von Brixham, ℡ 0845/3719531, ℻ 01803/845939.

• *Essen/Trinken/Nachtleben* **Elephant (12)**, jahrzehntelang war Torquay ein kulinarisches Niemandsland, doch das unlängst von Chefkoch Simon Hulstone eröffnete Restaurant war sogar den Michelin-Testessern einen Stern wert! Lecker ist das Risotto mit Blumenkohl und Haselnüssen oder ein in Zitronengrassoße gerösteter Heilbutt. Während in der Brasserie im Erdgeschoss eine ansprechende, aber erschwingliche Küche geboten wird (Menüs ab £ 25), öffnet sich im The Room der Gourmethimmel bei Menüpreisen von £ 45 und £ 55. So und Mo Ruhetage. 3–4 Beacon Terrace, ℡ 01803/200044. www.elephantrestaurant.co.uk.

Spice Club (9), günstiges indisches Restaurant im modernen Ambiente. Wo gibt es schon ein Chicken Korma für £ 5.95? 39 Tor-

Torquay 411

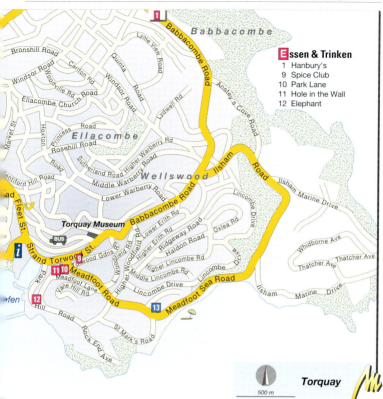

wood Street, ℘ 01803/295556. www.spiceclubdevon.com.

Hole in the Wall (11), das älteste Pub der Stadt serviert auch ein akzeptables Pub Grub Menu (auch für Vegetarier). 6 Park Lane, ℘ 01803/200755.

Park Lane (10), beliebter abendlicher Treffpunkt unweit des Meers. Torwood Street.

Hanbury's (1), das mehrfach preisgekrönte Fish'n'Chips ist ein Lesertipp von Christian Allgöwer. So geschlossen Babbacombe, Princes Street, ℘ 01803/314616.

Sehenswertes

Torre Abbey: Die Ursprünge Torquays gehen auf eine *Prämonstratenserabtei* aus dem Jahre 1196 zurück. Nachdem unter Heinrich VIII. die Klöster aufgelöst worden waren, zerfiel auch dieses Gebäude. Heute ist es zum Teil wiederaufgebaut und wird von einer Kunstgalerie genutzt. Umgeben von einem großen Garten samt Gewächshaus befindet sich die Abbey direkt hinter den Tennisplätzen des Abbey Parks.

⌚ März bis Okt. tgl. 10–18 Uhr, im Febr., Nov. und Dez. tgl. außer Mo 10–17 Uhr. Eintritt: £ 5.90, erm. £ 4.90 bzw. £ 2.50, www.torre-abbey.org.uk.

Torquay Museum: Neben archäologischen und anderen naturhistorischen Funden aus Kent's Cavern darf eine Dauerausstellung über Agatha Christie natürlich nicht

412   Devon

fehlen. Interessant ist auch der Einblick in das ländliche Leben von Devon, das anhand einer historischen Bauernküche vorgestellt wird.

Adresse 529 Babbacombe Road. ⏰ Ostern bis Okt. Mo–Sa 10–16.45 Uhr, So 13.30–16.45 Uhr; Nov. bis Ostern Mo–Fr 10–16.45 Uhr. Eintritt: £ 3, erm. £ 1.50. www.torquaymuseum.org.

Kent's Cavern: Die zwei Kilometer außerhalb der Stadt gelegene Tropfsteinhöhle war bereits in prähistorischen Zeiten bewohnt und auch den Römern bekannt. Mit den Darstellungen von prähistorischen Szenen am Lagerfeuer sowie einer anschaulichen Einführung in die ersten wissenschaftlichen Entdeckungen der Höhle ist sie nicht nur für Kinder ein lohnendes Besuchsziel.

Adresse Ilsham Road. ⏰ tgl. 10.30–16 Uhr, Juli/Aug. bis 16.30 Uhr. Eintritt: £ 8.50, erm. £ 7, Familienticket: £ 29. Ilsham Road. www.kents-cavern.co.uk.

Umgebung

Paignton

Paignton kann nicht auf die gleiche glanzvolle touristische Tradition wie sein Nachbarort Torquay zurückblicken. Erst im Zweiten Weltkrieg „entdeckt", ist Paignton ein volkstümlicher Badeort geblieben. Den einzigen architektonischen Glanzpunkt setzt das Oldway Mansion (Eintritt frei!), das ehemalige Wohnhaus des amerikanischen Nähmaschinenfabrikanten Isaac M. Singer.

Paignton Zoo: Der erst unlängst für mehr als sechs Millionen Pfund renovierte Zoo (30 Hektar) besitzt einen ausgezeichneten Ruf. BBC drehte hier die erfolgreiche Serie „The Zookeepers". Im Zoo leben neben Elefanten, Nashörnern, Löwen und Tigern auch zahlreiche Menschenaffen (Gorillas etc.), die zu klimatischen Einheiten (Wüste, Regenwald, etc.) zusammengefasst sind.

⏰ tgl. 10–18 Uhr, im Winter nur bis zum Einbruch der Dämmerung. Eintritt: £ 13.10, erm. £ 9.25, Familien £ 41.25. www.paigntonzoo.org.uk.

Protest gegen die Popkultur

Das Weihnachtsfest 2001 wird in Paignton noch lange in Erinnerung bleiben, allerdings nicht wegen der tollen Geschenke, sondern als Weihnachten ohne Chorgesang. Der zwölfköpfige Chor mit SängerInnen im Alter von 60 bis 87 trat geschlossen zurück, um gegen die Popkultur des Pfarrers zu protestieren. Die Chorsprecherin verkündete, alle Mitglieder hätten die Nase voll, zu Schlagzeug und Gitarre fröhlich in die Hände zu klatschen. Der Pfarrer der Gemeinde Johannes des Täufers verteidigte seine Notmaßnahme mit dem Hinweis, dass der schlechte Gesang regelmäßig die Gemeinde zum Kichern gebracht hatte ...

Brixham

Brixham ist sicherlich die Stadt an der Torbay, die den attraktivsten Hafen besitzt. Über Jahrhunderte hinweg war Brixham einer der wichtigsten Fischereihäfen Devons. Trotz eines nicht abreißen wollenden Touristenstroms bietet der Hafen noch viel Atmosphäre. Wer Lust hat, kann vom Hafen zur in Richtung Westen gelegenen Steilküste von *Berry Head* hinaufsteigen, wobei man auch an einem Meerwasserschwimmbad vorbeikommt. Für die kurze Mühe entschädigt ein toller Ausblick über die Torbay. Als Naturschutzgebiet ist Berry Head eine begehrte Brutstätte für Seevögel.

- *Information* Tourist Information, Brixham Harbourside, ☎ 01803/211211. www.englishriviera.co.uk.
- *Einwohner* 20.000 Einwohner.
- *Markt* Di und Fr in der Scala Hall.
- *Schwimmen* Shoalstone Swimming Pool, großer Meerwasserpool an der Küste südwestlich des Hafens. Eintritt frei!
- *Übernachten* **Quayside Hotel**, vornehmes Hotel mit einem tollen Blick auf den Hafen. Anerkannt gutes Restaurant. B & B je nach Zimmer und Saison ab £ 48 pro Person, mit Meerblick ab £ 56. 71 King Street,

☎ 01803/855751, 📠 01803/882733, www.quaysidehotel.co.uk.

Harbour View, ein paar Häuser weiter, in einem Gebäude aus dem 18. Jh. WLAN vorhanden. B & B je nach Saison und Ausstattung £ 30–37.50 pro Person. 65 King Street. ☎/📠 01803/853052.
www.harbourviewbrixhambandb.co.uk.

Sampford House, ein ehemaliges Fischerhäuschen in der gleichen Straße, mit vergleichbarer Ausstattung. B & B je nach Saison und Aufenthaltsdauer £ 29–35 pro Person. 57 King Street, ☎ 01803/857761, www.sampfordhouse.com.

Sehenswertes

Golden Hind: Originalgetreuer Nachbau des Schiffes, mit dem Sir Francis Drake von 1577 bis 1580 die Welt umsegelte und als erfolgreichster Freibeuter der englischen Geschichte zurückkehrte. Die Lebensbedingungen müssen katastrophal gewesen sein und nur mit eiserner Disziplin ließ sich eine Besatzung von 60 Mann über Jahre hinweg auf einem Schiff wie der Golden Hind zusammenhalten.
⏱ tgl. 10–16 Uhr. Eintritt: £ 4, erm. £ 3. www.goldenhind.co.uk.

Totnes

Im Gegensatz zu Paignton oder Torquay ist Totnes ein sehr geschichtsträchtiger Ort, der noch immer von den Ruinen einer normannischen Burg überragt wird. Das historische Flair der „alternativen Hauptstadt Großbritanniens" wird durch zwei gut restaurierte Stadttore, das East Gate und das North Gate, vervollständigt.

Glaubt man der Sage, so wurde Totnes von Brutus, dem Sohn oder Enkel des Aeneas, gegründet. Die Stadtväter sind jedenfalls davon überzeugt und erinnern mit einem Gedenkstein in der Fore Street an den antiken Helden. Bereits in angelsächsischer Zeit besaß Totnes das Recht, Münzen zu prägen. Doch auch in normannischer Zeit prosperierte das Gemeinwesen. Als das goldene Zeitalter der Stadt am River Dart gilt das 16. Jahrhundert, als die Kaufleute Wolle nach Frankreich exportierten und im Gegenzug Wein für den englischen Markt einkauften sowie im Zinnhandel aktiv waren. Als letztes Großereignis vermerkt die Stadtchronik für das Jahr 1962 den Besuch der Queen, weswegen im Rathaus vorsorglich eine Damentoilette eingebaut wurde.

Wer nach Totnes reist, trifft auf eine Stadt, in der die Moderne kaum Spuren hinterlassen hat. Die Altstadt, die sich von der Fore Street bis zur High Street den Berg hinauf zieht, hat Charme. Malerisch wirkt der elisabethanische Butterwalk, unter dessen Arkaden früher die Bauern aus der Umgebung ihre Produkte verkauften. Auffällig ist zudem die lebendige alternative Szene mit vegetarischen Restaurants und Töpfereien, die sicherlich auch von dem nahen Dartington College profitiert. In den Cafés proben Althippies und Freaks mit verfilzten Dreadlocks ein friedli-

414 Devon

Das East Gate überspannt die High Street von Totnes

ches Miteinander, Punks werfen einen Blick auf die Auslagen einer esoterischen Buchhandlung, und wer will, kann sich an den Markttagen sein persönliches Horoskop erstellen lassen.

• *Information* **Tourist Information Centre**, Town Mill, Coronation Road, Totnes, Devon TQ9 5DF, ℡ 01803/863168, ✆ 01803/865771. www.totnesinformation.co.uk.

• *Einwohner* 7.800 Einwohner.

• *Verbindungen* **Zug** – Verbindungen mit Exeter sowie Plymouth und Penzance, der Bahnhof liegt an der Station Road im Osten des Zentrums, ℡ 08457/484950. www.dartingtonorg/arts. **Bus** – Häufige Verbindungen mit Paignton und Torquay sowie nach Bristol. Die Busse halten an der Coronation Road im Zentrum des Ortes. www.nationalexpress.com, www.traveline.org.uk. **Schiff** – Auf dem River Dart fahren von Ostern bis Oktober Boote nach Dartmouth. Im Sommer ab 8.30 Uhr. www.riverlink.co.uk.

• *Markt* Freitags findet ein Flohmarkt in der Civic Hall statt.

• *Veranstaltungen* **Totnes Festival** in der 2. Septemberwoche. www.totnesfestival.com.

• *Übernachten* **Royal Seven Stars Hotel**, seit 1660 eine Postkutschenstation und noch immer das erste Haus am Platz. Eindrucksvoller Innenhof mit einer Treppe zum Ballroom. Hinzu kommen eine stilvolle Bar und ein gutes Restaurant (TQ7), eine zeitge-

nössische Cafébar und eine große Straßenterrasse. Kostenloses WLAN. Keine Kritik gibt es an den ansprechenden modernen Gästezimmern, EZ ab £ 85, DZ ab £ 119 (inkl. Frühstück), 10 % Ermäßigung bei Internetbuchung! Spezialtarife im Internet. The Plains, ℡ 01803/862125, ✆ 01803/867925, www.royalsevenstars.co.uk.

The Watermans Arms, direkt am Ufer des River Harbourne gelegen, besitzt dieser historische Landgasthof viel Flair (südwestlich von Totnes). Gutes Restaurant mit gepflegter Atmosphäre und herrlicher Terrasse, die Zimmer sind etwas altbacken. Kostenloses WLAN. EZ £ 50, DZ ab £ 70 (inkl. Frühstück). Bow Bridge, Ashprington, rund drei Kilometer von Totnes entfernt, ℡ 01803/732214, ✆ 01803/723314, www.thewatermansarms.net.

The Old Forge, angenehmes Guest House in einem 600 Jahre alten Gebäude mit Garten unweit der High Street. Kostenloses WLAN. B & B je nach Zimmer und Saison £ 34.50–42.50. Seymor Place, ℡ 01803/862174. www.oldforgetotnes.com.

• *Essen/Trinken* **Bistro 67**, nettes Bistro mit einfachen Holztischen. Internationale

Gerichte wie *Chicken Satay* für £ 5.50. Sonntag Ruhetag. 67 Fore Street, ✆ 01803/862604. www.bistro67.co.uk.

Rumour, ansprechende Kneipe mit langem Tresen. Ideal für ein abendliches Pint. Serviert werden kleine Gerichte. Sonntag nur abends geöffnet. 30 High Street, ✆ 01803/864682.

The White Hart, das traditionsreiche Restaurant in der Dartington Hall wurde orginalgetreu renoviert. Ansprechende englische Küche, aber auch vegetarische Kost wie ein *Mushroom Burger*. Hauptgerichte um die £ 12. ✆ 01803/847100. www.dartingtonhall.com.

Willow, empfehlenswertes vegetarisches Restaurant mit Garten. Größtenteils verwendet der Koch sogar Biokost. Hauptrichte zwischen £ 5 und £ 8. Mo–Sa tagsüber geöffnet, Mi, Fr und Sa auch abends. 87 High Street, ✆ 01803/862605.

Waterside Bistro, nur wenige Meter vom River Dart entfernt, gibt es hier internationale Kost und viel frischen Fisch. The Plaines, ✆ 01803/864069.
www.watersidebistro.com.

Sehenswertes

Castle: Die normannische Burg wurde auf einem aufgeschütteten Hügel, einer sogenannten Motte, errichtet. Die Ruinen sind zwar nicht sonderlich beeindruckend, doch bietet sich ein schöner Panoramablick über Totnes.

ⓘ April bis Sept. tgl. 10–17 Uhr, im Juli und Aug. bis 18 Uhr, im Okt. bis 16 Uhr. Eintritt: £ 3.20, erm. £ 2.70 bzw. £ 1.60 (EH).

Elizabethan Museum: Das Stadtmuseum ist in einem elisabethanischen Haus untergebracht. Hier kann man sich anschauen, wie reiche Kaufleute in den vergangenen Jahrhunderten gelebt haben. Interessant ist auch der originalgetreu nachgestellte Kaufladen aus viktorianischer Zeit.

Adresse 70 Fore Street. ⓘ April bis Okt. Mo–Fr 10.30–17 Uhr. Eintritt: £ 2, erm. £ 1.

Guildhall: Das Rathaus von Totnes diente ursprünglich als Speiseraum und Küche eines im 11. Jahrhundert gegründeten Benediktinerklosters. Sowohl die Council Chamber als auch das ehemalige Gefängnis und der Gerichtsraum (bis 1974 als solcher genutzt) sind für Besucher zugänglich.

ⓘ Ostern bis Okt. Mo–Fr 10.30–16.30 Uhr. Eintritt: £ 1.25, Kinder £ 0.30. www.totnestowncouncil.gov.uk.

Umgebung

Dartington Hall

Dartington Hall – drei Kilometer nordwestlich von Totnes gelegen – ist ein spätmittelalterliches Herrenhaus mit herrlichem Garten und beherbergt das 1925 von der amerikanischen Millionärin Dorothy Elmhirst gegründete Dartington College of Arts. Mit seinen Konzerten, Ausstellungen und Vorträgen stellt die Kunstschule eine erhebliche Bereicherung für das Kulturangebot Devons dar. Sehenswert ist auch das High Cross House, ein von William Lescaze im Bauhausstil errichtetes Gebäude, das sich auf einem Hügel unterhalb der Dartington Hall befindet. Zu den berühmtesten Schülern gehörte Lucien Freud, ein Enkel von Sigmund Freud, der längst einer der bestbezahlten Künstler Englands ist.

Im Jahr 2009 wurde das Dartington College of Arts mit dem University College Falmouth zusammengeschlossen und der Sitz trotz Protesten nach Falmouth verlegt. Neben zahlreichen Veranstaltungen und Kursen beherbergt Dartington Hall auch ein Restaurant, zudem werden Zimmer vermietet (www.dartingtonhall.org.uk).

Dartmouth

Dartmouth wird als schönste Hafenstadt von Devon gehandelt. Das Zentrum ist ein kleines Hafenbassin, The Quay genannt, in dem ein paar kleine Boote in den Wellen schaukeln.

Stolz verweisen die Bürger auf Dartmouths ruhmreiche Vergangenheit als Seehafen: Richard Löwenherz ging 1190 hier an Bord eines Schiffes, um zum dritten Kreuzzug ins Heilige Land aufzubrechen; 1347 sammelte Eduard III. in Dartmouth die englische Flotte zur Belagerung von Calais, 1588 trafen sich die englischen Schiffe zum Kampf gegen die Spanische Armada. Den Schlusspunkt setzten 400 amerikanische Schiffe, die 1944 im Warfleet Creek ankerten, um sich auf die Invasion der Normandie vorzubereiten. Angesichts dieser Vergangenheit verwundert es auch nicht, dass die Kriegsmarine in Dartmouth seit 1905 ihre Offiziere ausbildet. Oberhalb der Stadt thront gut sichtbar der riesige Gebäudekomplex des *Royal Naval College*, in dem die männlichen Mitglieder der Royal Family traditionell ihren Dienst in der Kriegsmarine absolvieren. Das eigentliche Stadtzentrum mit einigen schönen Fachwerkhäusern wurde auf einem zugeschütteten Bachbett errichtet. Eine besonders malerische Häuserzeile mit Kolonnaden aus dem 17. Jahrhundert ist *The Butterwalk*, dessen reich verzierte Obergeschosse auf Granitsäulen ruhen. Im Süden der Stadt, wo sich der Fluss zum Meer hin wieder verengt, steht das Dartmouth Castle, von dem aus die Hafeneinfahrt bewacht wurde. Die kleine *St Petroc's Church*, die kurz vor dem Castle liegt, ist im normannischen Stil errichtet. Ihr Ursprung soll jedoch bis ins 6. Jahrhundert zurückreichen. Steigt man den steilen Pfad auf der anderen Seite des Castle hinab, erreicht man zwei kleine Badebuchten. Noch bessere Bedingungen herrschen in der Bucht von *Blackpool Sands*, wo das Schwimmen sicherer ist als an der Flussmündung des Dart.

• *Information* **Dartmouth Tourism Services**, Mayor's Avenue, The Engine House, Dartmouth, Devon TQ6 9YY, ✆ 01803/834224, ✆ 01803/835631. www.discoverdartmouth.com.
• *Einwohner* 5.400 Einwohner.
• *Verbindungen* **Bus** – Western National Local Bus verbindet Dartmouth regelmäßig mit der Umgebung, beispielsweise mit Plymouth, Kingsbridge oder Totnes (stdl.). www.stagecoachbus.com. **Zug** – Der nächste Bahnhof befindet sich in Totnes bzw. Kingswear (mit der Fähre zu erreichen). **Schiff** – Zwei Fähren, die auch Pkws transportieren, stellen die regelmäßige Verbindung zum nördlichen Ufer des breiten Flusses, nach Kingswear, her (£ 4.50). Zudem bestehen regelmäßige Bootsverbindungen nach Totnes (im Sommer ab 8.30 Uhr).
• *Veranstaltungen* Jeden Sommer (Ende August) findet die traditionelle **Segelregatta** statt. Schön anzusehen sind dann die bunten Segelschiffe im Hafen von Dartmouth. Informationen über die genauen Termine sind beim Tourist Office erhältlich. www.dartmouthregatta.co.uk.

Beliebt ist auch das Mitte Mai stattfindende **Dartmouth Music Festival**, dessen Spektrum von Jazz, Folk, Rock bis zur klassischen Musik reicht. www.dartmouth-music-festival.org.uk.

Achtung: Während dieser Veranstaltungen sind die Hotels in Dartmouth ausgebucht! Zudem ist das Preisniveau in Dartmouth recht hoch.

• *Übernachten* **Royal Castle Hotel**, traditionsreiches Hotel aus dem 17. Jahrhundert, direkt am inneren Hafenbecken gelegen. Zu den Gästen gehörten schon Francis Drake und Queen Victoria. Gutes Restaurant und nette Bar. WLAN. B & B ab £ 72.50 pro Person im Standardzimmer oder ab £ 99.50 in den individuell eingerichteten Komforträumen mit Flussblick, EZ £ 105, bei Internetbuchungen gibt es 10 % Rabatt. The Quay, ✆ 01803/833033, ✆ 01803/835445, www.royalcastle.co.uk.

Browns Hotel, Übernachten mit Stil – das ehemaige Victoria Hotel bietet zehn geschmackvolle Zimmer (jedes mit eigenem Bad und viel Liebe zum Detail eingerichtet) in

Dartmouth 417

zentraler Lage. Ansprechendes Foyer. Abends isst man im zugehörigen Restaurant leckere Tapas für £ 4.50–8.50. B & B im DZ ab £ 35 pro Person (So–Do) bis zu £ 80 pro Person in den großen Zimmern am Wochenende. 27 Victoria Road, ✆ 01803/832572, ℻ 01803/835815, www.brownshoteldartmouth.co.uk.

Avondale, kleines elegantes B & B, nur fünf Fußminuten vom Fluss entfernt. B & B je nach Reisezeit und Zimmer £ 60–85 (DZ) bzw. £ 45–60 (EZ). 5 Vicarage Hill, ✆ 01803/835831, www.avondaledartmouth.co.uk.

Townstal Farm House, ein altes Haus mit Flair, einen knappen Kilometer vom Zentrum entfernt. Zimmer mit TV, Radio und Teekocher. B & B ab £ 35. Townstal Road, ✆ 01803/832300, ℻ 01803/835428, www.townstalfarmhouse.com.

Hill View House, nur ein Katzensprung bis zum Hafen. Fünf geschmackvolle helle Zimmer. WLAN. B & B ab £ 35. 76 Victoria Road, ✆ 01803/839372, www.hillviewdartmouth.co.uk.

• *Jugendherberge* Die nächste Herberge befindet sich in Galmpton (siehe Torquay).

• *Camping* **Deer Park Holiday Estate**, in Stoke Fleming, mit Laden, Pub, Restaurant und beheiztem Swimmingpool. ✆ 01803/770253, www.deerparkinn.co.uk.

• *Essen/Trinken* **The New Angel**, eines der besten und teuersten Restaurants von Devon. Chefkoch Nathan Thomas ist stolzer Besitzer eines Michelin-Sterns. Tolles Ambiente! Wer sich den köstlichen Gaumenfreuden wie einem *Tranche of Turbot with Crab Boudin* hingeben will, muss abends mehr als £ 50 zahlen, mittags kann man schon für £ 19.50 (zwei Gänge) oder £ 25 (drei Gänge) schlemmen. Sonntagabend und Mo geschlossen. Auch Zimmervermietung ab £ 125 inkl. Frühstück. 2 South Embankment, ✆ 01803/839425. www.thenewangel.co.uk

Taylor's Restaurant, ein weiteres ausgezeichnetes, aber etwas günstigeres Fischrestaurant mit schönem Blick auf den Hafen. Stilvoll renovierte Galtrume im ersten Stock. Der frische Fisch wird täglich auf dem Markt im benachbarten Brixham gekauft. Die Auswahl reicht von Lobster über Krabben, Steinbutt und Barsch bis zu Forellen und Lachs aus dem River Dart (saisonabhängig). Die Preise bewegen sich in der mittleren bis oberen Kategorie, Zwei-Gang-Mittagsmenü £ 12.95, abends £ 15.50. So und Mo Ruhetage. 8 The Quay, ✆ 01803/832748. www.taylorsrestaurant.co.uk.

Lohnend: ein Spaziergang an der Hafenpromenade von Dartmouth

The Sloping Deck, das im ersten Stock gelegene Restaurant macht seinem Namen alle Ehre, denn keine Wand des alten Hauses steht mehr gerade. In uriger Atmosphäre wird köstlicher Tee gereicht. Der Kuchen ist zuckersüß und macht das größte Leckermäulchen satt (Bäckerei im Erdgeschoss). Die anderen Gerichte wie geräucherte Makrele oder Ploughman's Lunch sind relativ günstig. Nur bis 17 Uhr geöffnet. The Butterwalk.

RB's Restaurant, ein kleines Restaurant mit einem schönen Ambiente. Internationale Küche zu etwas höheren Preisen, zweigängiges Menü £ 22.95, drei Gänge £ 27.95. Nur abends geöffnet, Di und Mi Ruhetag. 33 Lower Street, ✆ 01803/832882. www.rbsrestaurant.com.

Café Alf Resco, beliebter Treff mit gutem Frühstück und dem Flair einer Trattoria, net-

418   Devon

te Terrasse zum Draußensitzen. Viele Gerichte werden mit biologischen Zutaten zubereitet. Über dem Café werden auch zwei Zimmer und eine Ferienwohnung (toller Blick!) vermietet. 37 Lower Street, ✆ 01803/835880. www.cafealfresco.co.uk.

The Frying Pan, das Fish-&-Chips-Restaurant ist ein Lesertipp von Bettina Dönnebrink: „Echt englisch, typischer, freundlicher Service („what can I do for you, dar-

ling?"), große und vor allem leckere Portionen zu fairen Preisen." 11 Broadstone (Market Street), ✆ 01803/832546.

Cherub Inn, ein Pub wie aus dem Bilderbuch. Bereits 1380 urkundlich erwähnt, dürfte wohl so mancher Balken mehr als 600 Jahre alt sein. Das Restaurant im ersten Stock serviert traditionelle englische Küche. 13 Higher Street, ✆ 01803/832571. www.the-cherub.co.uk.

Sehenswertes

Dartmouth Castle: Das wuchtige Castle mit seinen zinnenbekrönten Türmen wurde im 15. Jahrhundert errichtet, um die Mündung des Dart mit Kanonen kontrollieren und den Hafen von Dartmouth sichern zu können.

⏰ Juli und Aug. tgl. 10–18 Uhr, Mai, Juni, Sept. und Okt. tgl. 10–17 Uhr, Nov. bis März Sa/So 10–16 Uhr. Eintritt: £ 4.50, erm. £ 3.80 oder £ 2.30 (EH).

Newcomen's Steam Engine: *Thomas Newcomen* (1663–1729) war Schmied in Dartmouth. Er erfand und baute rund siebzig Jahre vor James Watt die erste Dampfmaschine, ein technischer Meilenstein der Industriellen Revolution. Das Prinzip ist denkbar einfach: In einen Zylinder, in den ein Kolben hineinreicht, der wegen des Pumpengestänges nach oben zieht, wird Wasserdampf eingelassen. Wenn der Zylinder mit Dampf gefüllt ist, wird kaltes Wasser zugespritzt. Dadurch kondensiert der Dampf, und es bildet sich ein Vakuum, das den Kolben nach unten zieht. Diese Art Dampfmaschine war in Englands Kohlebergwerken, aber auch in Deutschland, Österreich, Frankreich und den USA weit verbreitet. Wer sich selbst ein Bild machen will, kann eine wieder aufgebaute Maschine im Newcomen Engine House beim Tourist Office in der Mayor's Avenue bewundern.

Coleton Fishacre: Um zum Coleton Fishacre zu gelangen, muss man entweder von Dartmouth die Fähre nach Kingswear nehmen oder von Brixham ein paar Kilometer nach Süden fahren. Coleton Fishacre ist ein herrlicher Landsitz samt ausgedehntem Park, der in den Zwanzigerjahren des 20. Jahrhunderts in der Tradition der Arts-&-Crafts-Bewegung entstanden ist.

⏰ April bis Okt. Mi–So 11–17 Uhr. Eintritt: £ 7.40, erm. £ 3.70 (NT).

Blackpool Sands: Der gut fünf Kilometer südlich von Dartmouth, zwischen Stoke Fleming und Strete gelegene Strand ist zwar in den Sommermonaten alles andere als einsam, bietet aber mit seinem hellen Sand und den dahinter stehenden Pinien einen sehr idyllischen Anblick. Direkt neben der A 379. Duschen und Cafés sind vorhanden, das Strandvergnügen wird allerdings durch horrende Parkgebühren getrübt.

East Portlemouth

Der kleine, geruhsame Hafenort lohnt einen Abstecher. Eine Fähre setzt regelmäßig nach Salcombe über. Von den Felsen aus bietet sich ein schöner Blick über die Förde bis nach Kingsbridge. In der Hauptstraße stehen einige sehenswerte alte Häuser, neben dem Hafen gibt es Sandstrände zum Baden.

Wandern: Von East Portlemouth führt der Coast Path südostwärts zum südlichsten Punkt von Devon, dem *Prawle Point*. Hier liegt auch das Wrack eines Frachters, der Opfer eines Sturms wurde.

Salcombe 419

Kingsbridge

Die „Hauptstadt" der *South Hams* ist ein idealer Ausgangsort, wenn man die Hügelkette zu Fuß oder mit dem Fahrrad kennenlernen will. Nur zehn Kilometer sind es nach Salcombe oder nach Torcross, einem kleinen verträumten Fischerort. Von einiger Bedeutung waren der Markt und der kleine Fördenhafen der Stadt. Rings um das Rathaus sind noch einige alte Bauten erhalten. Über die regionale Geschichte und die Anfänge der Porzellanindustrie informiert das *Cookworthy Museum* im Gebäude einer ehemaligen Schule, das aus dem 17. Jahrhundert stammt (108 Fore Street).

• *Information* **Tourist Information**, The Quay, South Devon TQ7 1HS, ✆ 01548/853195, ✆ 854185. www.kingsbridgeinfo.co.uk.
• *Einwohner* 5.800 Einwohner.
• *Markt* Di und Fr in der Town Hall.
• *Kino* The Reel Cinema, Fore Street, ✆ 001548/856636.
• *Übernachten/Essen/Trinken* **Kings Arms Hotel**, das alteingesessene Hotel mitten im Ortszentrum wurde zum Zeitpunkt der Recherche von einem neuen Besitzer renoviert. Fore Street, ✆ 01548/852071, ✆ 01548/852977, www.kingsarmshoteldevon.co.uk.

Salcombe

Wer sich in den South Hams aufhält, der sollte auf keinen Fall an Salcombe vorbeifahren. Der Ort liegt an einem wunderschönen Küstenabschnitt mit üppiger Vegetation und vielen hübschen Badestränden. Salcombe schmiegt sich eng an die steil zur See abfallenden Hügel. Da das Parken an diesen Stellen so gut wie unmöglich ist, stößt man selten auf Ausflugsscharen. Alljährliches Großereignis ist die *Salcombe Town Regatta*, die im August Hunderte von Seglern und Zuschauern anlockt. Da der Segelsport auch in England meistens ein

An der gesamten Küste führen Wanderwege entlang

Hobby von Besserverdienenden ist, sind die Preise für Unterkunft und Verpflegung in der Saison entsprechend hoch. Trotzdem gibt es außerhalb des Ortes einige erschwingliche B & Bs. Einige Pubs und Restaurants findet man bei einem Spaziergang durch die Stadt. Wer es ein wenig ausgelassen mag, sollte im *Ferry Boat Inn* am Hafen vorbeischauen. An Bord trifft sich ein junges Publikum auf ein Bier, zum Dart oder Billard.

• *Information* **Tourist Information Centre**, Market Street, Salcombe, Devon TQ8 8DE, ✆ 01548/843027, ✆ 01548/842736. www.salcombeinformation.co.uk
• *Einwohner* 1.500 Einwohner.

• *Verbindungen* Busse nach Plymouth und Totnes, ✆ 08705/808080. www.nationalexpress.co.uk.
• *Fähren* Passagierfähren nach South Sands und nach East Portlemouth auf der

420 Devon

anderen Seite der Bucht legen vom Ferry Inn ab. Während des Sommers fahren auch unregelmäßig Schiffe nach Kingsbridge.

● *Übernachten* **Tides Reach Hotel**, nur durch eine Straße vom Strand getrennt bietet dieses südlich des Ortes gelegene Hotel viel Komfort und große Zimmer, teilweise mit herrlichem Meerblick und Balkon. Triste Tage versüßt ein kleines Hallenbad. Restaurant vorhanden. Halbpension je nach Saison und Zimmer £ 76–150 pro Person. South Sands, ✆ 01548/843466, 📠 01548/843954, www.tidesreach.com.

The Sunny Cliff Cliff Road, moderne, helle Apartments in einer phantastischen Lage über dem Meer. Kleiner Swimmingpool und Sonnenterrasse vorhanden. Je nach Jahreszeit und Apartment £ 595–1755 pro Woche (für 4–6 Personen). ✆ 01548/842207, www.sunnycliff.co.uk.

● *Jugendherberge* **Sharpitor**, ein paar Kilometer südlich von Salcombe, auf einem Kliff gelegen. Ein wunderschönes Haus mit Blick auf den tropischen Garten von Overbecks. Nov. bis März geschlossen. Erwachsene ab £ 14, Jugendliche ab £ 10.50. Salcombe, ✆ 0845/3719341, 📠 0845/3719342.

Sehenswertes

Overbecks Garden: Gartenliebhaber sollten einen Abstecher zum Overbecks Garden (wenige Kilometer südwestlich), einem vom National Trust geführten Garten, nicht versäumen. Belohnt wird man mit einer mediterranen Pracht samt Palmen, Olivenbäumen, Agaven und Zitrusgewächsen. Auch der große, seltene Kampferbaum und die aus dem Himalaja stammende *Magnolia campbellii* sind vertreten. Benannt ist der Garten nach dem Chemiker Otto Overbeck, der das Grundstück 1928 erwarb und den Garten anlegen ließ. In dem zum Garten gehörenden Herrenhaus befindet sich ein Museum mit ausgestopften Tieren und Schiffsmodellen. Ein toller Blick auf die Bucht von Salcombe krönt den Ausflug.

🕐 Mitte März bis Okt. tgl. außer Fr 11–17 Uhr, im Aug. auch Fr 11–17 Uhr, im Winter ist nur der Garten geöffnet: Mo–Do 11–16 Uhr. Eintritt: £ 6.70, erm. £ 3.40, Familien £ 16.80. (NT).

Hope Cove

Hope Cove ist ein netter Badeort mit Fischerflair. Eigentlich handelt es sich um zwei Orte, Inner und Outer Hope, die durch steile Felsenklippen voneinander getrennt sind. Ein Fußpfad und eine weiter landeinwärts verlaufende Straße verbinden beide Stadtteile. Von der Klippe hat man eine gute Sicht.

Wandern: Eine wunderschöne Küstenwanderung führt über zerklüftete Schieferfelsen vom *Bolt Tail* zum elf Kilometer entfernten *Bolt Head*.

Burgh Island

Burgh Island ist eine malerische kleine Insel samt Hotel, die dem Festland wenige hundert Meter vorgelagert liegt. Zu der Insel gelangt man bei Ebbe zu Fuß, sonst mit dem Sea Tractor. Im Pub auf der Insel, *The Pilchard Inn*, spürt man noch die Atmosphäre aus vergangenen, ereignisreichen Jahrhunderten, als nicht Touristen, sondern Schmuggler ihr Ale an der Bar tranken. Das auf dem Festland gelegene *Bigbury-on-Sea* ist ein netter Badeort mit Sandstrand, der vor allem bei Surfern beliebt ist.

● *Übernachten* **Burgh Island**, das im Artdéco-Stil errichtete Nobelhotel, das schon Crime-Queen Agatha Christie auf der Suche nach Inspiration gerne zum Schreiben aufsuchte (Sie schrieb hier die Krimis „Das Böse unter der Sonne" und „Letztes Weekend"), ist seit seiner Restaurierung wieder eine feine Adresse. Übernachtung mit Frühstück und Abendessen ab £ 195 pro Person. Im Restaurant wird auf angemessene Kleidung Wert gelegt. ✆ 01548/810514, 📠 01548/810243. www.burghisland.com.

Plymouth Hoe: Sport mit Aussicht

Plymouth

Das traditionsreiche Plymouth ist nach Southampton die wichtigste Hafenstadt an der englischen Küste. Bedingt durch schwere Kriegsschäden und ein recht langweiliges Geschäftszentrum, verlockt Plymouth kaum zu einem längeren Aufenthalt.

Plymouth, das aus dem Fischerdorf Sutton hervorging, stand einige Male im Rampenlicht der Geschichte. Als 1588 die „unbesiegbare" Spanische Armada vor der Küste auftauchte, musste *Sir Francis Drake* extra eine Bowlingpartie abbrechen, um sein Vaterland zu verteidigen. Mit der königlichen Flotte setzte er der spanischen Elite-Flotte dermaßen zu, dass sie, beziehungsweise die verbleibenden Schiffe, umgehend den Rückzug antraten. Beruhigt konnte Drake daraufhin sein Bowling-Match zu Ende bringen. Am 6. September 1620 lichtete dann die legendäre *Mayflower* der Pilgerväter in Plymouth ihren Anker, um nach Amerika zu segeln. Im Jahre 1768 war Plymouth Ausgangshafen für die erste Expedition des wohl bedeutendsten englischen Seefahrers *James Cook*. Auf dieser Fahrt entdeckte und erforschte er die Ostküste Australiens und nahm sie als Neusüdwales für die englische Krone in Besitz. Und auch Francis Chichester wählte Plymouth 1967 zum Ausgangspunkt eines „Segeltörns", auf dem er als erster Mensch alleine um die Welt segelte, woraufhin er von Queen Elizabeth II. in den Ritterstand erhoben wurde. Plymouths Wohlstand spiegelte sich lange in den prächtigen Kaufmannshäusern wider. Im März und April des Jahres 1941 jedoch wurde der größte englische Marinestützpunkt von deutschen Bombern in Schutt und Asche gelegt. Wie so viele andere Städte in Europa war Plymouth nicht mehr wiederzuerkennen. Einzig *The Barbican*, ein Stadtteil am Hafen aus elisabethanischer Zeit *(Sutton Harbour)*,

422 Devon

Royal Citadel in Plymouth

blieb von der totalen Zerstörung verschont. Heute finden sich hier mehrere ansprechende Kneipen und Szeneclubs. Das *Merchant's House* und das *Elizabethan House*, beides Museen, erinnern ebenfalls noch an die glorreiche Epoche. Das gegenwärtige Plymouth ist aber vor allem eine lebendige Hafen- und Industriestadt. Entlang der großen Fußgängerzone gibt es hervorragende Einkaufsmöglichkeiten, hinzu kommt ein überdachtes, modernes Shopping Center – der *Drake-Circus*. In den letzten Jahren hat man erfolgreich versucht, Plymouth wieder mehr zum Wasser hin auszurichten. Am Hafen wurde das *National Marine Aquarium* errichtet, zudem wandelte man mehrere historische Gebäude wie den *Royal William Yard* in komfortable Apartments mit Meerblick um. Zudem wurde das Tinside Lido renoviert. Das traditionsreiche Freibad im Art-déco-Stil direkt unterhalb des Hoe Park bietet sommerliches Badevergnügen.

*I*nformation/*V*erbindungen/*D*iverses

• *Information* **Tourist Information Centre**, Plymouth Mayflower, 3–5 The Barbican, Plymouth, Devon PL1 2TR, ✆ 01752/306330, ✆ 0870/2254954. www.visitplymouth.co.uk.
• *Einwohner* 250.000 Einwohner.
• *Verbindungen* **Bus** – Stadt- und Nahverkehrsverbindungen ab Royal Parade, Fernbusse von First Western National ab Bretonside Station (✆ 01752/402060) nahe St Andrew's Cross. National Express fährt u. a. London, Bristol und Exeter an. Das Ticket Office ist Mo–Sa 7–19 Uhr und So 9–17 Uhr geöffnet. In den Sommermonaten verkehrt der Transmoor Link über Princetown, Two Bridges nach Moretonhampstead regelmäßig (siehe Dartmoor), im Winter nur samstags. Verbindungen nach London, Exeter und Bristol mit National Express, nach Exeter auch mit Stagecoach (etwas billiger). www.nationalexpress.com. **Zug** – Hauptbahnhof Milehorse in der North Road nördlich des Zentrums; liegt an der Strecke Penzance–Exeter über Truro, Totnes, Newton Abbot. Nach London (Paddington) und Bristol über Exeter. www.firstgreatwestern.co.uk. **Flug** – Flugverbindungen mit London Gatwick sowie Bristol, Leeds und Manchester über Air South West (✆ 0870/2418202). www.airsouthwest.com. **Fähren** – Brittany Ferries starten von den Millbay Docks. Vom Stadtzentrum kann man den Bus 34 hierher nehmen. **Schiff** – Vom Hafen aus bieten mehrere Gesellschaften Bootstouren entlang der Mündungen der Flüsse Plym und Tavy sowie nach Cawsand an. Am besten vergleicht man zunächst die Preise und Routen, bevor man sich für einen Cruiser entscheidet. Plymouth Sound Cruises, ✆ 01752/408590, www.soundcruising.com; Cawsand Ferry, von April bis Okt., ✆ 07971/208381, www.cawsandferry.com.
• *Veranstaltungen* Barbican Jazz and Blues Festival, zehn Tage Anfang Mai. www.barbicanjazzandbluesfestival.com; British Firework Championships, Mitte August, www.britishfireworks.co.uk; ein Überblick: www.plymouthsummerfestival.com.
• *Kinos* **Reel Cinema**, Derry's Cross, ✆ 01752/225553, www.reelcinemas.co.uk; **Warner Village Cinema** im Barbican Leisure Centre, ✆ 01752/225553; **Plymouth Arts Centre**, 38 Looe Street, ✆ 01752/206114.

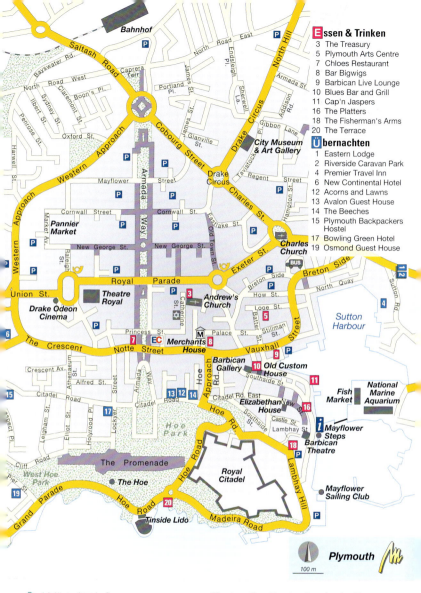

- *Post* 5 St Andrew's Cross.
- *Galerie* **45 Southside**, zeitgenössische dekorative Kunst aus Keramik, Glas und Metall. Geführt wird die Galerie von zwei Hamburgern. 45 Southside Street. www.45southside.co.uk.
- *Schwimmen* **Central Park Leisure Pools**, beheiztes Hallenbad. ☏ 0870/3000010. Eintritt: £ 3.25. **Tinside Lido**, → Sehenswertes.
- *Theater* Das **Theatre Royal** zeigt Tanz, Opern, Musicals und Theateraufführungen und gilt als die künstlerisch beste Adresse im ganzen West Country. Royal Parade, ☏ 01752/267222. www.theatreroyal.com. Gastspiele bietet das **Barbican Theatre**, Castle Street, ☏ 01752/267131, www.barbicantheatre.co.uk.

424   Devon

Übernachten (siehe Karte S. 423)

Plymouth besitzt ein großes Angebot an B & Bs, die zumeist entlang der Citadel Road und ihren Nebenstraßen im Stadtteil The Hoe zu finden sind.

Premier Travel Inn (4), passables Kettenhotel in unmittelbarer Nähe des Hafens und des National Marine Aquarium, mit Parkplätzen vor der Tür. Parken kostet allerdings extra. Mit Zimmerpreisen ab £ 69 für englische Verhältnisse ausgesprochen günstig, gelegentlich Schnäppchen ab £ 29. 28 Sutton Road, ℰ 0870/9906458, ℰ 0870/9906459, www.premiertravelinn.co.uk.

New Continental Hotel (6), großes modernes Hotel in einem denkmalgeschützten viktorianischen Gebäude mit viel Komfort, Fitness-Studio sowie Hallenbad vorhanden. Die Zimmer sind in einem klassisch-modernen Stil eingerichtet. Kostenpflichtiges WLAN. B & B ab £ 70 im EZ, ab £ 80 im DZ. Millbay Road, ℰ 01752/220782, ℰ 01752/227013, www.newcontinental.co.uk.

Osmond Guest House (19), nettes B & B (Nichtraucher) in Meeresnähe mit sechs gemütlichen Zimmern. B & B ab £ 20 pro Person. 42 Pier Street, ℰ 01752/229705, ℰ 01752/269655, www.osmondguesthouse.co.uk.

Bowling Green Hotel (17), wie der Name bereits andeutet, direkt beim Bowling Green am Hoe Park. Insgesamt werden 12 Zimmer in dem gut geführten Hotel vermietet. Kostenloses WLAN. EZ £ 60, DZ £ 70–72. 9–10 Osborne Place, ℰ 01752/209090, ℰ 01752/209092. www.thebowlinggreenplymouth.com.

Avalon Guest House (13), dieses Guesthouse von Louise und Joe McShane bietet durchaus moderne und geschmackvoll eingerichtete Zimmer, wobei das schon in den Markisen angedeutete Rot die vorherrschende Farbe ist. Zudem gibt es wahrscheinlich eines der kleinsten Einzelzimmer von ganz Devon (Zimmer Nr. 1). Kostenloses WLAN. B & B ab £ 24. 167 Citadel Road, ℰ 01752/668127. www.avalonguesthouse.moonfruit.com.

Acorns and Lawns (12), schönes B & B mit hellen Räumen, direkt am Hoe Park. Kostenloses WLAN. B & B im DZ £ 30–37.50. 171 Citadel Road, ℰ 01752/229474, www.plymouthhoeguesthouse.co.uk.

The Beeches (14), zentral gelegen und mit Preisen, die jeder Jugendherberge Konkurrenz machen können. WLAN. B & B ab £ 30. 177 Citadel Road, ℰ 01752/266475, www.beechesplymouth.moonfruit.com.

Plymouth Backpackers Hostel (15), eine Alternative zur Jugendherberge. Einfache Schlafräume, lockere Atmosphäre. In der Nähe des Hoe Parks. Ermäßigung bei längerem Aufenthalt. Übernachtung im Schlafraum ab £ 8.50, im Dreibettzimmer £ 12 pro Person. 172 Citadel Road, ℰ 01752/225158, ℰ 01752/207847, www.backpackers.co.uk/plymouth.

Eastern Lodge (1), die romantisch-verspielte Herberge in der Umgebung von Plymouth (12 Kilometer südöstlich) ist ein Lesertipp von Mathias Landwehr. B & B £ 35. Membland bei Newton Ferrers, ℰ 01752/871450. www.easternlodge.co.uk.

●*Camping* Der nächstgelegene Campingplatz in Richtung Exeter (Richtung Osten, A 38 oder A 374 bzw. Bus 21) ist der **Riverside Caravan Park (2)**. Schöne Anlage mit beheiztem Swimmingpool. Ein Zweimannzelt kostet £ 7–10. Das ganze Jahr über geöffnet. Longbridge Road, Marsh Mills, ℰ 01752/344122. www.riversidecaravanpark.com.

Essen/Trinken (siehe Karte S. 423)

Chloes Restaurant (7), die französische Küche des modernen Restaurants wird von Michelin gelobt. Gekocht wird kreativ wie traditionell, so beim *Lapin Moutarde with Gratin Dauphinois*. 2-Gang-Menü ab £ 13.50, 3-Gang-Menü ab £ 18.50. So und Mo Ruhetage. Princess Street, ℰ 01752/201523. www.chloesrestaurant.co.uk.

The Platters (16), seit mehr als 20 Jahren bekannt für seine großen Portionen fangfrischen Fisch. Empfehlenswert ist das *Plat-* *ters Trio* mit drei verschiedenen gegrillten Fischen für £ 13.95. 12 The Barbican, ℰ 01752/227262. www.platters-restaurant.co.uk.

The Fisherman's Arms (18), mehr eine schicke Weinbar als ein Pub und seit kurzem mit exzellenter Küche. Etwas versteckt im Barbican, zu finden gegenüber den Mayflower Steps, die Treppen den Hügel hoch und der Beschilderung folgen. 31 Lambhay Street, ℰ 01752/661457. www.thefishermansarms.com.

Plymouth

Berühmte Imbissbude: Cap'n Jaspers

Watering Hole, direkt am Fischerhafen; unten traditioneller Pub, Restaurant im ersten Stock. Im gepflegten Ambiente wird eine Vielzahl verschiedener Gerichte serviert. Hinter den Lunch-Specials (12–14.30 Uhr) verbergen sich große Portionen zu anständigen Preisen. 6 The Quay, ✆ 01752/667604.

Cap'n Jaspers (11), laut Eigenwerbung eine „weltberühmte" Imbissbude am Hafen, in der es frisch gefangenen Fisch und Crêpes, aber auch hausgemachte Hamburger gibt (knapp fünf Minuten Wartezeit). Barbican, South Street, ✆ 01752/262444.
www.capn-jaspers.co.uk.

Plymouth Arts Centre (5), Kunstgalerie und Kino mit vegetarischem Café/Restaurant. Ein vorwiegend junges, studentisches Publikum genießt hier preiswerte Mahlzeiten, vor allem vegetarische Kost. Selbstbedienung. So und Mo Ruhetage. 38 Looe Street, ✆ 01752/206114.
www.plymouthac.org.uk.

The Treasury (3), coole Mischung zwischen Restaurant und Bar in der ehemaligen Schatzkammer einer Kirche. Man sitzt mit Lounge-Atmosphäre unter hohen Stuckdecken. Die Küche ist Modern British und fühlt sich mediterranen genauso wie asiatischen Einflüssen verpflichtet. Hauptgerichte rund £ 10. Catherine Street, Royal Parade, ✆ 01752/672121.
www.thetreasurybar.co.uk.

The Terrace (20), in Plymouth gibt es keine Adresse mit einer besseren Aussicht als dieses schräg oberhalb des Tinside Lido gelegene Café, das bereits Frühstück anbietet. Die Küche ist nicht spektakulär (einfache Gerichte), aber man kommt auch wegen dem Flair. Hoe Road, ✆ 01752/603533.

Bar Bigwigs (8), moderne Bar mit großem Tresen und hellen Holztischen, serviert wird bodenständige Küche mit internationalem Einschlag. Lecker: *Wellington Pigeon with Cauliflower cheese*. Jüngeres Publikum. In unmittelbarer Nähe vom Merchant's House. Sonntag und Montag Ruhetage. Achtung: Es steht eventuell ein Pächterwechsel bevor. 15 St Andrews Street, ✆ 01752/661263.

Barbican Live Lounge (9), der ultimative Treff für alle Musikfreunde. Zünftige Stimmung unter einem steinernen Tonnengewölbe am Hafen. Liveacts. Bis 2 Uhr geöffnet. 11 The Parade, ✆ 01752/672127.
www.barbicanlivelounge.com.

Blues, Bar and Grill (10), auf zwei Etagen werden hier eine annehmbare Küche sowie viel Live Musik geboten. Tgl. ab 12 Uhr geöffnet. Große Straßenterrasse. 8 The Parade, ✆ 01752/257345. www.bluesbarandgrill.co.uk.

426   Devon

Sehenswertes

National Marine Aquarium: Das 1998 am Hafen eröffnete Aquarium bietet auf drei Etagen einen faszinierenden Einblick in die Vielfalt der Unterwasserwelt mit Korallen und Riffen. In keinem anderen Aquarium in Europa leben mehr Seepferdchen als in Plymouth! Natürlich fehlt auch das schon fast obligatorische Haifischbecken nicht. Das zugehörige Restaurant bietet ein gutes Preis-Leistungs-Verhältnis.
Adresse Barbican. ☉ April bis Okt. 10–18 Uhr, Nov. bis März 10–17 Uhr. Eintritt: £ 11, erm. £ 9 bzw. £ 6.50, Familien £ 30. www.national-aquarium.co.uk.

Merchant's House: Das hübsche alte Fachwerkhaus, das aus dem 17. Jahrhundert stammt, vermittelt einen Eindruck vom historischen Plymouth. Innen befindet sich heute ein kleines und sehr interessantes Stadtmuseum, das sich sozialhistorischen Themen widmet.
Adresse 33 St Andrews Street. ☉ April bis Okt. Mo–Sa 10–17 Uhr. Eintritt: £ 2, erm. £ 1.

Elizabethan House: Das schmucke Gebäude aus dem 16. Jahrhundert gehört zu den wenigen historischen Bauten, die den Bombenhagel des Zweiten Weltkrieges überstanden haben. Die Einrichtung besteht aus zeitgenössischen Möbeln und alten Teppichen.
Adresse 32 New Street. ☉ Juni bis Sept. Di–Sa 10–17 Uhr. Eintritt: £ 2, erm. £ 1.

City Museum & Art Gallery: Interessante Ölgemälde aus verschiedenen Jahrhunderten (u. a. Joshua Reynolds), die die Entwicklung der Stadt dokumentieren. Daneben werden ständig wechselnde Kunstausstellungen, archäologische Funde, Porzellan und Heimatkundliches gezeigt.
Adresse Drake Circus. ☉ Di–Fr 10–17.30 Uhr, Sa bis 17 Uhr. Eintritt frei! www.plymouthmuseum.gov.uk.

Merchant's House

Tinside Lido: Das einzigartige Bad im Art-déco-Stil wurde 1935 direkt am Ufer des Plymouth Sound errichtet. Nachdem das Bad (dessen halbkreisförmiges Becken einen Durchmesser von 55 Metern hat) aufgrund rückgängiger Besucherzahlen 1992 geschlossen worden war, setzte sich eine Bürgerinitiative für die Restaurierung ein, sodass 2005 die Wiedereröffnung erfolgte. Geplanscht wird in gefiltertem Meerwasser.
☉ Juni bis Anfang Sept. tgl. 10–18 Uhr, im Juni und Juli Mo–Fr erst ab 12 Uhr. Eintritt: ab £ 3.65, erm. ab £ 2.40.

Mayflower Steps: Eine in den Boden eingelassene Steinplatte am alten Hafen von Plymouth markiert den bedeutungsvollen Ort, von wo aus die berühmten Pilgrim Fathers zu ihrem Ruderboot hinabstiegen, das sie zur *Mayflower* brachte. Eine weitere Steinplatte erinnert an die 102 puritanischen Aussiedler, von denen einige ihre letzte Nacht auf englischem Boden im Island House, der heutigen Tourist Information verbrachten. Auch Captain Cook brach von hier in die Südsee, nach Australien und zur Antarktis auf.

The Hoe: Auf einem Hügel direkt am Meer breitet sich der Hoe Park aus. Schon von weitem kann man das Denkmal für Sir Francis Drake ausmachen, war doch The Hoe jener legendäre Ort, an dem Drake erst noch seine Bowling-Partie abschließen wollte, bevor er sich der Spanischen Armada zum Kampf stellte. Daneben erhebt sich der rot-weiß gestreifte *Smeaton's Tower*, von dem man einen schönen Rundblick hat. John Smeaton errichtete den Leuchtturm 1759 auf den rund zwanzig Kilometer entfernten Eddystone Rocks. Als 1882 dort ein modernerer Leuchtturm aufgebaut wurde, brachte man den Smeaton's Tower hierher. Wer die kurze Anstrengung, 93 Treppen zu erklimmen, auf sich nimmt, wird mit einem herrlichen Ausblick belohnt.

① **Smeaton's Tower**: Ostern bis Okt. Di–Fr 10–12 und 13–16.30 Uhr, Sa/So 10–12 und 13–16 Uhr. Eintritt: £ 2, erm. £ 1.

Francis Drake: Piratengold für England

Francis Drake gilt als der größte Seefahrer der britischen Geschichte. Von 1577 bis 1580 gelang es ihm als zweiter Mensch nach dem Portugiesen Magellan, die Welt zu umsegeln. Der Abenteurer und Admiral in königlichen Diensten war aber auch ein berüchtigter Pirat, der noch immer die Phantasie von Schriftstellern und Regisseuren belebt. Seine Biographie ist ebenso bunt wie blutig: Als Günstling der englischen Queen Elizabeth I. – sie schlug ihn 1580 zum Ritter – wurde er 1588 zum Helden einer ganzen Nation, als er im Kampf gegen die Spanische Armada einen glorreichen Sieg errang. Zuvor füllte Drake die englische Staatskasse, indem er im Namen der Queen spanische Städte und Galeonen überfiel, um jenes Goldes und Silbers habhaft zu werden, das die spanischen Konquistadoren aus den von ihnen entdeckten und ausgebeuteten südamerikanischen Ländern in die Heimat verschifften. Der Name Drake, auch „El Draque" (der Drache) genannt, versetzte die Spanier jahrzehntelang in Angst und Schrecken.

Geboren wurde Francis Drake zwischen 1540 und 1545 als Sohn eines Pächters in einem kleinen Dorf in der Nähe von Tavistock. Schon in jungen Jahren lockte ihn die See, zuerst verdiente er sein Geld als Werftarbeiter, später als Matrose. John Hawkins, der damals den englischen Sklavenhandel leitete, bildete ihn zum Kapitän aus. Bereits auf seinem ersten eigenen Kommando plünderte er 1572 die Stadt Nombre de Dios in der Karibik, ein Jahr später kaperte er ein spanisches Schiff, das mit Silber im Wert von 40.000 Pfund beladen war! Die Karibik wurde Francis Drake letztlich aber zum Verhängnis: Auf einer erfolglosen Kaperfahrt erkrankte Englands Seeheld an der Ruhr – so schwer, dass er am 28. Januar 1596 in Panama verstarb.

Umgebung

Cotehele House

Der spätmittelalterliche Herrensitz liegt knapp zwanzig Kilometer nordwestlich von Plymouth inmitten eines verträumten Gartens mit Magnolien, Rhododendren und Azaleen. Bis ins 20. Jahrhundert gehörte das verwinkelte Anwesen den Earls of

428 Devon

Mount Edgcumbe. Eindrucksvoll sind die prunkvolle Great Hall sowie die kostbaren Möbel aus der Stuart-Epoche. Im einstigen Stall wurde ein ansprechendes Restaurant eröffnet.

Ⓣ Mitte März bis Okt. tgl. außer Fr 11–16.30 Uhr, der Garten ist ganzjährig von 10 Uhr bis zum Einbruch der Dämmerung zugänglich. Eintritt: £ 8.70, erm. £ 4.35, nur Garten £ 5.20, erm. £ 2.60 (NT).

Buckland Abbey

Rund zehn Kilometer nördlich von Plymouth liegt Buckland Abbey am Rande des Dartmoors. Einst war dies die am westlichsten gelegene Zisterzienserabtei Englands. Nachdem Heinrich VIII. die Auflösung aller Klöster verkündet hatte, wurde Buckland Abbey Privatbesitz. 1582 kaufte Sir Francis Drake das Anwesen und wohnte hier bis zu seinem Tod. Heute findet man in dem Gebäude einige persönliche Gegenstände von Drake (Karte, Portraits usw.) sowie mehrere Stücke aus elisabethanischer Zeit und zahlreiche Schiffsmodelle. Auch die Geschichte des Zisterzienserklosters ist dokumentiert.

Ⓣ Mitte März bis Okt. tgl. 10.30–17.30 Uhr, Nov. bis März nur Fr bis So 11–16.30 Uhr, im Januar geschlossen. Eintritt: £ 7.80, erm. £ 3.90 (NT). Anfahrt: Von Plymouth mit Bus 83, 84 oder 86 (Richtung Tavistock), in Yelverton in Minibus 55 umsteigen.

Saltram House

Saltram House ist einer der prachtvollsten Landsitze im Südwesten Englands. Im 18. Jahrhundert beauftragte der Hausherr John Parker den berühmten Architekten Robert Adams mit dem Umbau des Speisesaals und des Salons. Die Räumlichkeiten sind mit stilvollen Möbeln vergangener Jahrhunderte und wertvollem Porzellan eingerichtet. Herausragend ist eine Sammlung mit 14 Portraits des englischen Malers Joshua Reynolds (1723–1792), der oft als Gast im Saltram House weilte. Der Landschaftsgarten samt Orangerie lädt zum Entspannen ein; im Herbst sorgen der japanische Fächerahorn und andere Bäume für eine abwechslungsreiche Farbgestaltung. Saltram House diente auch schon als Kulisse für die Verfilmung von Jane Austens „Sinn und Sinnlichkeit".

Ⓣ Mitte März bis Okt. tgl. außer Fr 12–16.30 Uhr. Eintritt: £ 8.70, erm. £ 4.30, nur Garten £ 4.50, Familienticket £ 21.70 (NT). Anfahrt: Mit dem Bus Nr. 22 von der Royal Parade bis nach Cott Hill, von dort zehnminütiger Spaziergang (ausgeschildert).

Mount Edgcumbe

Von Plymouth gelangt man mit der stündlich verkehrenden Passagierfähre nach Cremyll, von wo aus es nicht mehr weit zum Anwesen Mount Edgcumbe ist. Die Anlage – noch immer im Besitz des Earls of Mount Edgcumbe – ist das ganze Jahr über von acht Uhr bis zur Dämmerung geöffnet, der Eintritt ist frei. Das Herrschaftshaus aus der Tudor-Zeit wurde restauriert und ist nur in den Sommermonaten für die Öffentlichkeit zugänglich. Ein Rundgang führt durch Räume, die im Regency-Stil eingerichtet sind. Beeindruckender noch als das Gebäude ist der vom Meer umgebene Park mit seinen gepflegten Blumenbeeten und exotischen Bäumen, wie beispielsweise den mexikanischen Pinien. Teile des Parks „zitieren" landschaftsarchitektonische Vorbilder (Englischer Garten, Französischer Garten) oder sind bestimmten Vegetationen gewidmet (Amerikanischer Garten, Neuseeländischer Garten).

Ⓣ April bis Sept. So–Do 11–16.30 Uhr. Eintritt: £ 6, erm. £ 5 oder £ 3.50. www.mounte dgcumbe.gov.uk.

Cawsand ist von Plymouth mit dem Schiff zu erreichen

Antony House

Der Herrensitz der Familie Carew mit seinen ausgedehnten Gartenanlagen samt japanischem Zierteich lohnt einen Abstecher. Das am Lynher River errichtete Antony House ist ein wohlproportionierter Bau aus dem frühen 18. Jahrhundert. Die Inneneinrichtung ist familiär, die Räume sowie die Bibliothek sind geschmückt mit Portraits von Reynolds und van Dyck. Übrigens diente das Antony House als Drehort für den Film *Alice in Wonderland* mit Johnny Depp.

⏱ Mitte März bis Okt. Di–Do sowie So 12–17 Uhr, Garten tgl. außer Fr 11–17 Uhr. Eintritt: £ 7.50, erm. £ 4.80, nur Garten £ 4.90 (NT).

Rame Head

Eine kleine Wanderung führt von Mount Edgcumbe den Cornwall Coast Path entlang zum Rame Head und zur *St Michael's Chapel* an der südlichen Spitze der Halbinsel, die 1397 als Leuchthaus für die Schiffe im Plymouth Sound erbaut wurde. Ein Mönch hatte die Aufgabe übernommen, das Feuer in Gang zu halten. Bevor man vor dieser Sehenswürdigkeit steht, passiert man noch Kingsand und Cawsand.

Kingsand/Cawsand

Die zwei kleinen Fischerdörfer am Plymouth Sound sind über eine steil abfallende Straße von Millbrook aus erreichbar. Cawsand war einst eines der typischen cornischen Dörfer – ideal zum Schmuggeln. Zum einen lag der große Markt von Plymouth direkt vor der Tür, so dass man Schmuggelgut günstig absetzen konnte, gleichzeitig gab es genügend Verstecke.

Whitsand Bay

Rund zwei Kilometer südwestlich von Kingsand beginnt die lange Whitsand Bay. Endlos zieht sich der Sandstrand hinauf, eingerahmt von senkrecht abfallenden Klippen. Oben führt der Cornwall Coast Path entlang. Immer wieder führen Serpentinenwege hinab zum Strand. Obwohl hier viele Leute baden, kann der Spaß durch widrige Strömungen zum gefährlichen Abenteuer werden.

St Germans

Das verträumte 600-Einwohner-Dorf an der Mündung des River Tiddy ist nicht nur der Geburtsort von Sir John Eliot – er verteidigte die Rechte des Parlamentes gegen die Willkür des Königs Karl I. –, es besitzt auch ein sehr gefälliges Ortsbild mit alten Häusern und einer mächtigen Kirche aus dem 12. Jahrhundert, die einst zu einer Augustinerabtei gehörte. Ansehnlich ist ebenfalls eine Reihe von sechs Armenhäusern aus dem 16. Jahrhundert mit schmucken Balkonen.

Verträumte Küstenszenerie

Dartmoor: ein Paradies für Reiter

Dartmoor

Der Dartmoor National Park hat viele Gesichter. Mit Heidekraut spärlich bewachsene Hügel und schroffe Bergspitzen, deren nackter Fels sich in den wolkenverhangenen Himmel bohrt – das ist die eine Seite des Dartmoors; munter plätschernde Bäche, grüne Flusstäler und von hohen Bruchsteinmauern umgebene Weiden eine andere.

Kommt man an einem der vielen Regentage – durchschnittlich 218 pro Jahr! –, so befällt eine düstere Stimmung das Gemüt. Dartmoor, Land der Legenden und Gruselgeschichten. Wie ein undurchsichtiger Schleier legt sich der Nebel über das Moor. Schatten scheinen hin und her zu huschen. Befindet sich hier nicht auch das berüchtigte „Dartmoor Prison" für Lebenslängliche? So manch entflohener Sträfling hat sich in der Finsternis des Moors verborgen – nicht nur in *Sir Arthur Conan Doyles* (1859–1930) Roman „Der Hund von Baskerville". Die Anregungen zu den schaurigen Geschichten holte sich Doyle bei seinen Aufenthalten im Dartmoor. Einen örtlichen Kutscher verewigte Doyle im Titel – der Mann hieß Baskerville. Der fiktive Hugo Baskerville ermahnte seine Söhne, sich vor dem Moor in Acht zu nehmen: „Ich rate Euch, das Moor in jenen dunklen Stunden, da die Kräfte des Bösen am Werk sind, nicht zu überschreiten." Sherlock Holmes und Dr. Watson nehmen die Ermittlungen auf. Den voraus reisenden Watson schlägt das Dartmoor sofort in seinen Bann: „Wiesen mit wogendem Gras lagen zu beiden Seiten und Giebel alter Häuser blickten aus dem dichten Grün des Blattwerks heraus; aber hinter der friedlichen und sonnendurchfluteten Landschaft hob sich dunkel gegen den Abendhimmel die lange, düstere Linie des Moors ab, hier und da von zerklüfteten Höhen überragt." Begeistert ist Watson nicht; er begegnet einem „gottverlassenen Winkel"

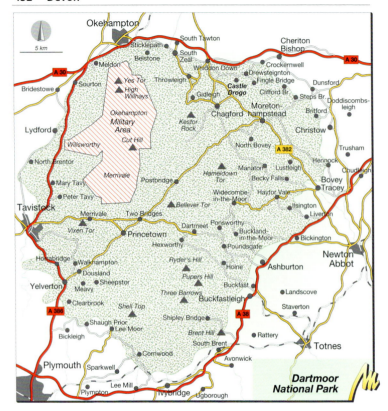

und berichtet in die Baker Street: „Je länger man hier bleibt, desto mehr drückt sich einem der Geist des Moors in die Seele ein, und man wird zum Opfer seiner Ode und seines schaurigen Reizes." Wenn man das Moor betrete, lasse man „alle Spuren des modernen England hinter sich", und käme aus einer der alten Steinhütten „ein in Felle gehüllter und behaarter Mann herausgekrochen, der einen Pfeil mit Feuersteinspitze auf die Sehne eines Bogen legte, dann würde man das viel natürlicher finden als die eigene Anwesenheit."

Einer der seltenen Sonnentage im Moor offenbart jedoch die ganze Schönheit dieser Region. Von den Höhen herab verliert sich der Blick in der Weite des Dartmoors. Immer wieder stößt man auf frei umherlaufende Tiere, wie Schafe, Rinder und Ponys. Letztere sind besonders übermütig. Wenn man von langer Wanderschaft erschöpft und hungrig eine Rast einlegt und seinen Proviant auspackt, wird man im Nu von einer Herde kleinwüchsiger Wildpferde belagert. Das Füttern der Ponys ist jedoch zu deren eigenem Wohl streng verboten. Selbst wenn die zotteligen Gesellen noch so sehr bitten und betteln, sollte man hart bleiben und seine Sandwiches und Schokoladenkekse selber essen. Bedenkenswert ist, dass von den ehedem mehr als 30.000 reinrassigen Dartmoor Ponys heute nur noch rund 3.000

Dartmoor 433

Tiere leben. Obwohl das Dartmoor 1951 zum Nationalpark erklärt wurde, befindet sich über die Hälfte des knapp 1.000 Quadratkilometer großen Territoriums in Privatbesitz, der größte Teil gehört als Herzogtum Cornwall dem Prince of Wales. Rund 14 Prozent unterstehen dem Verteidigungsministerium, weitere 3,7 Prozent dem National Trust.

Das Dartmoor bietet für jeden Besucher etwas. Im Osten grüne Hügel, Wälder und klare Bäche, an denen vereinzelt kleine Dörfer und Bauernhöfe zu finden sind, die sich rings um eine aus Granit erbaute Kirche reihen. Zwei Autostraßen führen diagonal durch das Moor und kreuzen sich an einem Ort, der passenderweise Two Bridges heißt. Im Osten sind manche Straßen kaum breiter als ein Auto, beiderseits von hohen Hecken begrenzt. Im Westen erhebt sich das karge Hochmoor auf über 600 Meter Höhe: High Willhays markiert mit 621 Metern die höchste Erhebung im Dartmoor und in Südengland. Immer öfter trifft man hier auf Schafe, Ponys und zottelige Rinder, immer seltener aber auf Siedlungen. Dennoch, in dieser Gegend wohnten schon vor über 5.000 Jahren Menschen, von denen verschiedene Gräber und Steinzirkel wie der bronzezeitliche Scorhill Circle bei Gidleigh zeugen. Erst als sich das Klima vor knapp drei Jahrtausenden verschlechterte, begannen die Menschen das unwirtliche Moor zu meiden. Einzig um Torf zu stechen, Steine zu brechen und Ton zu gewinnen, drang man in das Moor vor.

Interessante Hintergrundinformationen bekommt man, wenn man sich archäologischen oder prähistorischen Touren anschließt (regelmäßig während der Sommermonate). Sie dauern bis zu sechs Stunden und kosten höchstens fünf Pfund pro Person. Die genauen Termine dieser *Guided Walks* halten die Informationsbüros bereits oder können in der kostenlosen Zeitung Dartmoor Visitor nachgelesen werden. Außerdem werden auch geologisch orientierte Touren angeboten, die bis zu einem ganzen Tag dauern.

> **Achtung!** Das nördliche Dartmoor ist militärisches Sperrgebiet („Range Danger Area"). Hier wird scharf geschossen! Das Gebiet ist mit rot-weißen Markierungen am Boden und mit Schildern gekennzeichnet. Will man dennoch durch diesen Teil des Dartmoors wandern, sollte man unbedingt vorher abklären, ob geschossen wird. Fragen Sie nach den „Weekly Firing Timetables", die in den Informationsbüros, Herbergen, Campingplätzen, Polizeistationen und auch in den Pubs ausliegen oder erkundigen Sie sich beim Ministry of Defense (✆ 0800/4584868, www.dartmoor-ranges.co.uk). Heben Sie vorsichtshalber keinen metallischen Gegenstand auf, es könnte sich um ein scharfes Geschoss handeln!

Information/Verbindungen/Diverses

● *Information* **Dartmoor Tourist Association**, Highmoorland Business Centre, Princetown, Yelverton, West Devon, ✆ 01822/800567 www.discoverdartmoor.com. **Dartmoor National Park Authority**, Parke, Bovey Tracey, Newton Abbot, Devon, TQ13 9JQ, ✆ 01626/832093, ✆ 01626/834684. www.dartmoor-npa.gov.uk.

Im Bereich des Nationalparks gibt es mehrere Informationsbüros, die mit Broschüren und Kartenmaterial bestens ausgerüstet sind. Im Winter, wenn die anderen Information Offices geschlossen sind, kann man sich in Princetown im **High Moorland Visitor Centre** (✆ 01822/890414, tgl. 10 17 Uhr, im Winter bis 16 Uhr) beraten lassen. Hier

Devon

Karte S. 382/383

434   Devon

erhält man u. a. ein Faltblatt über den Dartmoor National Park mit einer brauchbaren Karte und guten Informationen, außerdem die Termine der geführten Wanderungen und Tourenvorschläge.

Postbridge Visitor Centre, ✆ 01822/880272, befindet sich auf einem Parkplatz an der B 3212 (April bis Okt. tgl. 10–17 Uhr). **Tavistock**, ✆ 01822/612938, ✆ 01822/618389, am Bedford Square in der Town Hall (April bis Okt. Mo–Sa 10–17 Uhr, in der Hochsaison auch So). **Haytor Visitor Centre**, ✆ 01364/661520, an einem Parkplatz neben der Hauptstraße (April bis Okt. tgl. 10–17 Uhr). **Newbridge**, ✆ 01364/631303, am Dart River. **Okehampton**, 3 West Street, ✆ 01837/53020, in unmittelbarer Nachbarschaft zum White Hart Hotel in der Hauptstraße (April bis Okt. Mo–Sa 10–17 Uhr, in der Hochsaison auch So). **Ivybridge**, Leonard's Road, ✆ 01752/897035 (ganzjährig Mo–Sa 9.30–17 Uhr, im Hochsommer auch So).

● *Internet* www.dartmoor.co.uk; www.dartmoorway.org.uk; www.dartmooraccommodation.co.uk.

● *Verbindungen* **Zug** – Sonntags sechs Zugverbindungen zwischen Exeter und Okehampton. www.dartmoor-railway.co.uk. **Bus** – Busse stellen im Gebiet des Moors das einzige öffentliche Transportmittel dar (auch sonntags). Die Orte rings um das Moor werden das ganze Jahr über angefahren. Von Okehampton bestehen Verbindungen nach Exeter sowie Plymouth, von Tavistock fahren Busse ebenfalls nach Plymouth. Ashburton und Bovey Tracey sind von beiden Städten aus gut zu erreichen. Hilfreich ist der in den Informationszentren erhältliche Dartmoor Public Transport Guide.

Auf der **Transmoor Link** verkehrt der Devon Bus 82 (Plymouth–Yelverton–Princetown–Two Bridges–Postbridge–Moretonhampstead–Exeter) im Sommer tgl.; im Winter nur am Wochenende drei Busse in jede Richtung. www.firstgroup.com. Die Strecke Okehampton–Moretonhampstead wird von der Linie 173 das ganze Jahr über gefahren. Auskünfte zu den ständig wechselnden Busverbindungen sind bei der **De-**

von County Council's Public Transport Helpline (Devon County Council, County Hall, Exeter, Devon EX2 4QW, ✆ 0871/2002233) erhältlich. Sehr gerne helfen auch die Informationsbüros mit Fahrplänen aus.

● *Fahrradverleih* **Tavistock Cycles Ltd.**, Vermietung von Tandems und Mountainbikes. Paddons Row, Brook Street, Tavistock, ✆ 01822/617630.

● *Reiten* Reiten ist eine beliebte Sportart im Moor. Sollten auch Sie Lust haben, auf dem Rücken eines Pferdes die schöne Landschaft zu erkunden, hier einige Adressen. Man sollte sich immer mindestens einen Tag im Voraus anmelden. Überall sind auch Anfänger willkommen. Die Preise variieren nach Dauer und beginnen ab etwa £ 8 pro Stunde.

Cholwell Riding Stables, Mary Tavy, Tavistock, ✆ 01822/810526.
Shilstone Rocks Riding & Trekking Centre, Widecombe-in-the-Moor, ✆ 01364/621281. www.dartmoorstables.com.
Moorland Riding Stables, Horndon, Mary Tavy bei Tavistock, ✆ 01822/810293.
Babeny Farm Riding Stables, Poundsgate, Dartmeet, ✆ 01364/631296. www.babenystables.co.uk.
Skaigh Stables, Skaigh Lane, Sticklepath, ✆ 01837/840417; Ostern bis Okt. geöffnet. www.skaighstables.co.uk.

● *Trampen* Wer das Dartmoor als Wanderer durchstreift, hat gute Chancen, beim Trampen mitgenommen zu werden.

● *Camping* In der kostenlosen Zeitung **Dartmoor Visitor Guide**, die in den Tourist Offices erhältlich ist, sind alle Campingplätze der Umgebung aufgeführt. Hier eine Auswahl:

**** Harford Bridge Holiday Park, schöner Campingplatz am River Tavy. Auch Caravanvermietung. Zelt und 2 Personen ab £ 14. Von Ostern bis Nov. geöffnet. Peter Tavy (2 Meilen von Tavistock), ✆ 01822/810349, www.harfordbridge.co.uk.

***** Woodovis Park, sehr komfortabler Campingplatz mit Hallenbad und Cottagevermietung. Vier Meilen westlich von Tavistock. Gulworty, ✆ 01822/832968, www.woodovis.com.

Moretonhampstead

Moretonhampstead, ein an der Hauptstraße gelegener Marktflecken, ist ein idealer Ausgangspunkt für Ausflüge in den nordöstlichen Teil des Dartmoors. Sehenswert sind die Armenhäuser an der Cross Street sowie die 500 Jahre alte Granitkirche. Besonders lebhaft geht es im August zu, denn am 4. Donnerstag feiert Moreton-

Chagford 435

hampstead eine Woche lang seinen berühmten Carnival. Lohnend ist auch ein Abstecher ins nahe North Bovey mit seinen Reetdachhäusern.

● *Übernachten* **Bovey Castle**, ein idealer Ort zum Gruseln? In diesem Schlosshotel wurde Conan Doyles „Der Hund von Baskerville" verfilmt. Nein, das vollkommene Gegenteil: ein herrliches Anwesen mit Golfplatz, Restaurant, Spa samt großem Pool. Die großzügigen Zimmer lassen nichts vermissen und besitzen Charme und Stil. Nur die Preise reißen ein größeres Loch in die Reisekasse ... EZ ab £ 149, DZ £ 199–299 (jeweils inkl. B & B), im Winter etwa 15 % günstiger. In North Bovey, südwestlich von Moretonhampstead. ✆ 01647/445016, 445020. www.boveycastle.com.

The White Hart Hotel, direkt im Zentrum gelegen, bietet dieses jüngst renovierte Hotel viel Komfort (Flat-Screen-TV, CD-Player etc.) in sehr ansprechend gestalteten Zimmern. Ideal nach einer langen Wanderung durch das Dartmoor. Ausgezeichnetes Restaurant, lecker ist das *Rack of Devon*

Lamb für £ 16.50. WLAN. B & B je nach Saison im DZ ab £ 45, im EZ ab £ 60. The Square, ✆ 01647/441340, 🖷 01647/441341. www.whitehartdartmoor.co.uk.

Great Sloncombe Farm, Farmhaus aus dem 13. Jahrhundert. B & B ab £ 30 (en suite) ✆/🖷 01647/440595. www.greatsloncombefarm.co.uk.

Sparrowhawk Backpackers, einfache, aber dennoch charmante Unterkunft in einem ehemaligen Stall. Von Okt. bis April nur am Wochenende geöffnet, im Sommer durchgehend. Übernachtung £ 16. Belgrave House. 45 Ford Street, ✆ 01647/440318. www.sparrowhawkbackpackers.co.uk.

Gate House, wunderschönes, reetgedecktes Fachwerkhaus aus dem 15. Jahrhundert. Garten mit Swimmingpool. B & B ab £ 35 (inkl. afternoon tea). Dinner £ 20. North Bovey, ✆/🖷 01647/440479. www.gatehouseondartmoor.co.uk.

Letterboxing – Auf der Suche nach dem Briefkasten

Ein Netz von rund 4.000 Briefkästen ist über das gesamte Dartmoor verteilt – keine offiziellen roten Briefkästen, sondern versteckte, von Wanderern oder Clubs eingerichtete Briefkästen; das können ausgehöhlte Baumstämme oder Plastikschachteln sein. Die Briefkästen dienen dem *Letterboxing* – einer im Dartmoor sehr beliebten „Sportart": Man wandert auf der Suche nach einer Letterbox durch das Moor, um sich bei Erfolg in das dort hinterlegte Visitor Book einzutragen und mit dem jeweiligen Stempel den eigenen Besuch zu dokumentieren. Wer mehr als 100 Stempel gesammelt hat, wird in den „100 Club" aufgenommen. Mitgebrachte Post wird in den Briefkästen hinterlegt, vorgefundene Briefe nimmt man mit zurück in die Zivilisation, damit sie von der Royal Mail zum Adressaten befördert werden können.

Die Anfänge des Letterboxing gehen in das Jahr 1854 zurück, ein zweiter Briefkasten kam erst 1938 hinzu, doch nach Ende des Zweiten Weltkrieges nahm die Zahl der Briefkästen lawinenartig zu. Mittlerweile gibt es sogar *Mobile Boxes* – hierunter sind etwas schräge Charaktere zu verstehen, die mit einem Stempel durch das Moor wandern, den sie zücken, sobald jemand sie mit den Worten: „Are you a travelling stamp?" begrüßt.

Weitere Infos www.dartmoorletterboxing.org.

Chagford

Chagford ist kleiner als Moretonhampstead, gelangte aber bereits im Mittelalter durch den Woll- und Zinnhandel zu beachtlichem Wohlstand. Schon im 12. Jahrhundert wurde im Dartmoor Zinn gefunden und bis ins 19. Jahrhundert abgebaut.

436　Devon

Den Ruinen der verlassenen Bergwerke und Schmelzöfen begegnet man auf Wanderungen überall. Die Schafzucht auf den öden Flächen des Hochmoors begann im 14. Jahrhundert, und in den windgeschützten Tälern ließen sich Siedler nieder, die die Wolle in den umliegenden Dörfern verkauften. Die größte Attraktion von Chagford ist das Freibad bei der Rushford Mill, das von Flusswasser gespeist wird (Ende Mai bis Anfang September geöffnet, www.chagfordpool.co.uk).

Castle Drogo

Castle Drogo ist keine mittelalterliche Burg, sondern das „Traumhaus" des Teebarons Julius Drewe. Den formalistischen Garten legte George Dillistone mit Unterstützung von Getrude Jekyll an. Benannt ist die Burg nach Drogo de Teine, einem Kampfgefährten Wilhelms des Eroberers, in dem Julius Drewe einen seiner Vorfahren vermutete. Um seine Pläne zu verwirklichen, engagierte der auf einen adeligen Ahnherrn erpichte Teehändler 1910 den berühmten Architekten Sir Edwin Lutyens, der Castle Drogo oberhalb des River Teign als Unikum errichtete. Neben Artdéco-Anklängen durften römische und normannische Bauelemente selbstverständlich auch nicht fehlen.

⏱ Mitte März bis Okt. tgl. außer Di 11–17 Uhr, April bis Aug. auch Di 11–17 Uhr. Eintritt: £ 7.80, erm. £ 3.90, Familienticket £ 19.60 (NT).

Okehampton

Die kleine Marktstadt Okehampton ist die bedeutendste Siedlung am nördlichen Rand des Dartmoors. Dementsprechend lebhaft geht es in den Sommermonaten zu. Sehr interessant ist *The Courtyard*, ein Arts and Crafts Centre mit Ausstellungen einheimischer Künstler, Workshops, Theateraufführungen und kleinen Verkaufsräumen (direkt neben der Kirche im Zentrum). Im Südwesten, am Rand der Stadt, steht das *Okehampton Castle*, eine normannische Befestigungsanlage. Die Geschichte dieser Gegend erklärt das *Museum of Dartmoor Life*. In der Nähe des Ortes liegen zahlreiche frühgeschichtliche Fundstellen, darunter Steinkreise und Grabkammern. Doch nicht nur das Moor hat seine Reize, auch die Gegend nördlich der A 30 ist einen Besuch wert. Zahlreiche kleine Dörfer mit schönen Pubs, dazwischen große Bauernhöfe und einige Herrenhäuser lohnen einen Abstecher. Vor allem auch, weil sich in diese Gegend nur selten Touristen verirren. Wer wandern möchte, kann über rund zwanzig Kilometer dem gut ausgeschilderten *West Devon Way* bis Tavistock folgen oder vom Okehampton Moor Gate (südlich der Stadt bei Okehampton Camp) in eineinhalb Stunden zum höchsten Punkt des Dartmoors, dem *High Willhays*, hinaufwandern.

● *Information* Okehampton Tourist Information Centre, ✆ 01837/53020. www.okehamptondevon.co.uk.

● *Einwohner* 4.000 Einwohner.

● *Okehampton Castle* April bis Sept. tgl. 10–18 Uhr, im Okt. bis zum Einbruch der Dunkelheit. Eintritt: £ 3.50, erm. £ 1.80 (EH).

● *Museum of Dartmoor Life* Interessanter Einblick in die Geschichte und Natur des Dartmoors. April bis Okt. tgl. außer So 10.15–16.15 Uhr. Eintritt: £ 2, erm. £ 1. 3 West Street. www.museumofdartmoorlife. eclipse.co.uk.

● *Übernachten* **Highwayman Inn**, in Sourton (südlich von Okehampton) befindet sich dieser skurrile Gasthof, der vom Vater der heutigen Besitzerin Sally im Laufe der Zeit mit allerlei Nippes, Antiquitäten und Kuriositäten eingerichtet wurde. Die Barräume erinnern einmal an ein Schiff, ein anderes Mal an ein gotisches Gewölbe. Es werden auch ein paar Zimmer vermietet. B & B je nach Ausstattung ab £ 20. ✆ 01837/861243. www.thehighwaymaninn.net.

Higher Cadham Farm, schöner, großer Bauernhof – die ältesten Teile stammen

Ponys im Nationalpark

noch aus dem 16. Jahrhundert – am Rand des Nationalparks mit neun ansprechenden Zimmern. B & B £ 30 pro Person. Im zugehörigen Farmhouse Kitchen wird typische englische Kost serviert. Jacobstowe, ✆ 01837/851647, ✉ 01837/851410. www.highercadham.co.uk.

Fountain Hotel, alte Postkutschenstation mit viel Atmosphäre mitten in Okehampton. Schöner Garten und Parkplätze hinter dem Haus. Vermietet werden sechs passable Gästezimmer, teilweise mit offener Bruchsteinmauer. Im Restaurant wie auch im Pub wird eine bodenständige Küche serviert, die allerdings ohne jeglichen kulinarischen Anspruch daherkommt. B & B £ 35. Fore Street, ✆ 01837/53900.

● *Jugendherberge* Sehr schön und ruhig gelegen, 102 Betten; Erwachsene £ 13.95, Jugendliche £ 10. Ostern bis Sept. geöffnet. ✆ 0845/3719651, ✉ 01837/53965.

● *Essen/Trinken* Eines der schönsten Inns ist sicher das **New Inn** an der A 3072, nordöstlich von Okehampton, nahe Sampford Courtenay. Das reetgedeckte Haus (16. Jh.) mit Garten wurde vor einigen Jahren zum Restaurant umgebaut (gutes Essen!); schön als Zwischenstation auf dem Weg nach Westen.

Eher ländlich-familiär geht es im **Oxenham Arms** von South Zeal (nördlich der A 382, östlich von Okehampton) zu. Dicke Wände aus Granit, dunkles Eichenholz und ein großer Kamin. Hier wird auch B & B angeboten.

Auf dem Weg von Okehampton in Richtung Süden bietet sich eine Einkehr in Sourton (A 386) im **Highwayman Inn** an. Dieses Pub soll es schon seit 1280 geben. Entsprechend viele Antiquitäten und mit ihnen verbundene Geschichten gibt es hier (→ Übernachten).

Mittagessen mit leicht französisch-italienischem Touch im **Bearslake Inn**, einem alten Bauernhaus südlich des Dorfes Sourton.

Lydford

Bereits in sächsischer Zeit besiedelt, lebte Lydford jahrhundertelang hauptsächlich vom Zinnabbau. Die Ruinen des auf einer Motte (aufgeschütteter Erdhügel) errichteten Lydford Castle erinnern noch an die Normannen. Unbedingt besuchen sollte man die nahe **Lydford Gorge**, eine tief eingeschnittene Schlucht, deren Hauptattraktion ein 28 Meter hoher Wasserfall (White Lady Waterfall) ist. Wer sich nicht

438   Devon

nur mit dem Blick von der Brücke zufrieden geben will, kann weitere drei Kilometer auf schmalen Pfaden durch die dem National Trust gehörende Schlucht wandern und dabei auch Devil's Cauldron entdecken, wo einem das Wasser direkt unter den Füßen durchrauscht. Der Abstieg befindet sich rechts oberhalb der Brücke. Gutes Schuhwerk ist ratsam, da die Schieferplatten nass und rutschig sind!
① Mitte März bis Okt. tgl. 10–17 Uhr, im Okt. 10–16 Uhr, Nov. bis März nur am Wochenende 11–15.30 Uhr. Eintritt: £ 5.50, erm. £ 2.80 (NT).

• *Übernachten/Essen/Trinken* In Lydford gibt es mehrere Hotels, z. B. das **Lydford House** am nördlichen Ende des Dorfes, das seit Ende 2004 von neuen Besitzern geführt wird. B & B ab £ 40. Leser lobten die komfortablen Zimmer (teilweise mit Himmelbetten). Im zugehörigen Restaurant „La Cascata" wird anspruchsvolle italienische Küche serviert. Es werden auch zwei Apartments vermietet. Hunde erlaubt, Unterstellmöglichkeiten für Pferde sind ebenfalls vorhanden. ☎ 01822/820347, 🖷 01822/820539. www.

lydfordhouse.com.
Castle Inn, direkt neben dem Castle befindet sich dieser heimelige Gasthof, der für sein gutes Essen bekannt ist (Hauptgerichte ab £ 9.50). Großer Biergarten. Urgemütliche Atmosphäre, acht komfortable, individuell eingerichtete Zimmer, besonders schön der Premiere Suite Room mit Balkon. B & B ab £ 32.50 pro Person (ab £ 45 im EZ, Kind £ 15). ☎ 01822/820241, 🖷 01822/820454. www.castleinnlydford.co.uk.

Tavistock

Eine geschäftige Stadt mit viel Geschichte. Schon im Jahr 961 wurde hier eine Benediktinerabtei gegründet. Später wurde in Tavistock das Zinn taxiert – und etwas Geld blieb auch in der „stannery town" hängen. Die monumentale Figur mit dem Globus erinnert an den wohl bekanntesten Sohn der Stadt, *Sir Francis Drake*, dem im Stadtzentrum ein würdiges Denkmal gesetzt wurde. Am Bedford Square steht eine schöne alte Kirche, die weitgehend aus dem 15. Jahrhundert stammt und früher einmal zu einem der bedeutendsten Klöster im Südwesten Englands gehörte. Bekannt sind auch die Tavistock Markets, die bereits seit dem Jahre 1105 abgehalten werden. Der bekannte Charter Market findet freitags statt, aber auch am Dienstag, Mittwoch und Donnerstag ist Markttreiben im überdachten Pannier Market angesagt.

• *Übernachten/Essen/Trinken* Wer kein eigenes Fahrzeug zur Erkundung des Dartmoor hat, wohnt besser direkt in Tavistock, z. B. in der Chapel Street oder der Plymouth Road. **Browns Hotel**, dieses Hotel – eine Postkutschenstation aus dem 17. Jahrhundert – ist ein Lesertipp von Sandra Litscher und Andreas Marty, die die ebenso vorzügliche wie experimentierfreudige Küche des Restaurants lobten (zwei Gänge £ 19, drei Gänge £ 25). Tolle Bar. Doch nicht nur das Restaurant, auch die Zimmer sind sehr geschmackvoll eingerichtet. Ein Fitnessraum und WLAN sind auch vorhanden. EZ ab £ 79, DZ ab £ 119–149. 80 West Street, ☎ 01822/618686, 🖷 618646, www.brownsdevon.com.
Mallards Guest House, ein schmuckes viktorianisches Haus etwas außerhalb vom Zentrum an der Straße nach Plymouth. Helle, freundliche Zimmer. Hinweise: Nur für Nichtraucher, keine Hunde sowie keine Kinder bis 10 Jahre. B & B ab £ 33. 48 Plymouth

Road, ☎ 01822/615171, www.mallardsoftavistock.co.uk.
The Horn of Plenty, etwas außerhalb im Tamar Valley bei Gulworthy gelegen. Das anspruchsvolle Hotel mit seinen großzügigen Zimmern, bietet viel ländlichen Charme, verbunden mit einem exquisiten kulinarischen Angebot (auch für Nicht-Hotelgäste). Lunch (drei Gänge) £ 26.50, Dinner (drei Gänge) £ 47. B & B £ 60–100 pro Person, im EZ ab £ 110. ☎/🖷 01822/832528, www.thehornofplenty.co.uk.
Harrabeer Country House Hotel, kleines, angenehmes Landhaus bei Yelverton. B & B ab £ 35 pro Person. Drei-Gang-Dinner £ 22. ☎/🖷 01822/853302. www.harrabeer.co.uk.
Tavistock Inn, mit gemütlichem Biergarten. Hier kehren zur Lunch- oder Tea-Time zahlreiche Wanderer ein. Das Angebot reicht vom Steak über Hähnchen bis zum Dartmoor Breakfast; vegetarische Spezialitäten. Poundsgate, ☎ 01364/63125.

Princetown

Die mitten im Moor gelegene Ortschaft Princetown strahlt eine gespenstische, bedrückende Atmosphäre aus. Selbst an sonnigen Tagen wirkt alles grau. Kommt man näher, lässt sich unschwer der riesige Gebäudekomplex des Gefängnisses von Dartmoor ausmachen. Im Jahre 1806 begann man inmitten eines unbewohnten tristen Geländes mit diesem Bau für französische Kriegsgefangene, die das Moor trockenlegen sollten – ein Unterfangen, das sich schnell als unmöglich erwies. Die auf diese Art entstandene Stadt nannte man nach dem späteren König Georg IV. Princetown. Statt Kriegsgefangene internierte man ab 1850 Schwerverbrecher im Dartmoor Prison; die Wächter und anderes Personal wohnten in Häusern rings um die Mauer. Zeitweise waren bis zu 9.000 Menschen hier eingesperrt. Gepeinigt von Hunger und Kälte, unternahmen immer wieder Sträflinge Fluchtversuche. Dann schwärmten Suchtrupps aus und hetzten die Flüchtigen mit Bluthunden durch das Moor. Als Rekordhalter von Princetown ging David Davies in die Geschichte ein. Im Jahre 1879 inhaftiert, verbrachte er insgesamt 50 Jahre in dem Gefängnis. Die meiste Zeit arbeitete er als Schäfer im Moor. Als Davies wegen guter Führung vorzeitig entlassen wurde, beging er eine Straftat, um zu seinen Schafen und seinem Moor zurückkehren zu können.

HM Prison Dartmoor Museum: Die Haftanstalt von Dartmoor ist eines der bekanntesten Gefängnisse Englands. Heute informiert ein kleines Museum über den Alltag sowie über die menschenunwürdigen Zustände, die einst in dem Moorgefängnis herrschten.

⊙ tgl. 9.30–12.30 Uhr und 13.30–16.30 Uhr, Fr und So nur bis 16 Uhr. Eintritt: £ 3, erm. £ 2. www.dartmoor-prison.co.uk.

• *Übernachten/Essen/Trinken* **The Plume of Feathers Inn**, das älteste Gebäude von Princetown dient als private und absolut billige Herberge mit Restaurant. Im Sommer sollte man auf jeden Fall vorher anrufen, da die Herberge meistens durch Gruppen ausgebucht ist. Im Restaurant kosten die Hauptgerichte £ 5–10. Die Übernachtung kostet £ 7.50 im alten Schlafsaal oder ab £ 11.50 im neuen. Die Schlafsäle fassen jeweils 4 und 10 Personen, einige Doppelzimmer gibt es auch (B & B £ 37). Eine Gemeinschaftsküche steht zur Verfügung. Auf der Wiese hinter dem Haus kann man zelten

Das Gefängnis von Princetown

440 Devon

(£ 7 pro Person). Princetown, The Square, ☎ 01822/890240, ✆ 890780, www.theplumeoffeathers.co.uk.

Price Hall Hotel, kleines, vornehmes Hotel mit nur acht großzügigen Zimmern. B & B £ 70–85 pro Person im DZ. ☎ 01822/890403, ✆ 01822/890676. www.princehall.co.uk.

Two Bridges Hotel, historisches Landhotel mit Stil und gutem Restaurant sowie schönem Garten. Manche Zimmer haben sogar ein Himmelbett, B & B ab £ 70 pro Person, im EZ ab £ 115. Princetown, ☎ 01822/890581, ✆ 01822/892306, www.twobridges.co.uk.

The Forest Inn, Hexworthy, befindet sich an der Strecke Holne–Princetown. Die Gerichte sind durchwegs lecker, sie werden aus frischen Zutaten der Region zubereitet. Ein Drei-Gang-Menü belastet die Reisekasse dann auch mit £ 25. B & B ab £ 32.50. ☎ 01364/631211, ✆ 631515, www.theforestinn.co.uk.

Postbridge

Der knapp zehn Kilometer nordöstlich von Princetown gelegene Ort besitzt eine Clapper Bridge, deren genaues Alter nicht zu bestimmen ist. Fest steht aber, dass diese Brücken, die aus großen, flachen Steinen bestehen, bereits in frühgeschichtlicher Zeit errichtet wurden.

• *Übernachten/Essen* Im zentralen Teil des Dartmoors findet man einige Farmen, die B & B anbieten, aber auch vornehme Hotels wie das **Lydgate House**. Dieses in einem spätviktorianischen Haus untergebrachte Hotel bietet viel Komfort zu einem angemessenen Preis. Absolut ruhig mitten im Nationalpark und einen knappen Kilometer südöstlich von Postbridge gelegen. Gutes Restaurant (3-Gang-Menü £ 28.50, So und Mo bleibt die Küche kalt). B & B im EZ ab £ 55, im DZ £ 50–60, ab drei Nächten Aufenthalt gibt es £ 5 Rabatt. Warum Hunde erlaubt sind, Kinder unter 12 Jahren jedoch nicht, lässt uns allerdings rätseln ... Von Nov. bis Mitte März nur am Wochenende geöffnet. ☎ 01822/880209, ✆ 01822/880202, www.lydgatehouse.co.uk.

• *Jugendherberge* Mitten im Moor liegt die kleine Jugendherberge **Bellever**, südlich von Postbridge in Yelverton. 38 Betten; Erwachsene ab £ 14, Jugendliche ab £ 10.50. Ganzjährig geöffnet. ☎ 0845/3719622, ✆ 01822/880302, bellever@yha.org.uk.

Historische Clapper Bridge in Postbridge

Buckfast Abbey 441

● *Essen/Trinken* **Warren House Inn**, eines der höchstgelegenen Pubs Englands. Man erreicht es über die B 3212 in Postbridge. Bevor die Touristen kamen, waren die meisten Gäste hier Minenarbeiter aus den umliegenden Zinnminen. Das Feuer im Kamin brennt angeblich seit dem Jahr 1845 ohne Unterbrechung. Serviert wird eine bodenständige Küche (*Braised Dartmoor Lamb Shank* £ 11.75). ✆ 01822/880208.

Widecombe-in-the-Moor

Der in einem Talkessel gelegene Ort gehört zu den beliebtesten Zielen im Dartmoor. Optisch wird Widecombe von der Pfarrkirche St Pancras dominiert. Die dunkle Granitkirche mit ihrem 37 Meter hohen Turm wird aufgrund ihrer Größe als „Kathedrale des Moors" bezeichnet. Lohnend ist ein Besuch am zweiten Dienstag im September, wenn ein großer Markt *(Widecombe Fair)* abgehalten wird.

● *Übernachten/Essen/Trinken* **The Old Inn**, der aus dem 14. Jahrhundert stammende Gasthof ist ein Lesertipp von Christine Nett und Hans-Jürgen Martin, die von der Küche des Restaurants begeistert waren: „Man isst dort hervorragend, vor allem das Lamm können wir empfehlen. Unbedingt testen muss man die geniale *Purbeck Ice Cream*. An den Wänden des Speiseraums und der Toilette sind geistreiche Sprüche wie ‚One cannot think well, love well, sleep well, if one has not dined well' (Virginia Woolf) oder ‚Bigamy is having one wife too many, Monogamy is the same' (Oscar Wilde, an der Wand der Herrentoilette) zu finden." ✆ 01364/621207.

Wanderungen im Dartmoor

Weder der raue Wind, der einem um die Nase weht, noch der Anblick der in dicke Pullover und Windjacken gehüllten Touristen sollte einen davon abhalten, einige Tage durch das Dartmoor zu wandern. Knapp 1.000 Quadratkilometer umfasst dieser 1951 gegründete Nationalpark mitten in Devon. Hier hat man wie nirgends sonst in England die Möglichkeit, querfeldein zu wandern, ohne über Hecken und Zäune steigen zu müssen. Nicht grundlos wurde das Dartmoor wiederholt als „letzte Wildnis in Europa" beschrieben. Daher sollte man bei Wanderungen stets auf einen Wetterumschwung vorbereitet sein: Wetterfeste Kleidung, gutes Schuhwerk, eine Landkarte (Outdoor Leisure 28 von Ordnance-Survey, Maßstab 1 : 25.000), ein Kompass und Notproviant dürfen nicht fehlen. Es gibt auch gut ausgeschilderte Fernwanderrouten. Zu empfehlen ist vor allem der *Dartmoor Way*, der auf mehreren Etappen durch die Moorlandschaft führt: www.dartmoorway.org.uk.

Buckfast Abbey

Bereits im 11. Jahrhundert stand hier ein Kloster, das aber der „Dissolution" Heinrichs VIII. zum Opfer fiel. Auf den Grundmauern des Klosters entstand dann an der Wende zum 20. Jahrhundert unter Federführung französischer Benediktiner ein Klosterneubau im historisierenden Stil, der 1938 geweiht wurde. In der Krypta befindet sich eine Ausstellung zur Geschichte der Abtei. Zudem liegt auch ein „medizinischer" Garten auf dem Gelände, in dem Heil- und Küchenkräuter sowie giftige Pflanzen wachsen, welche die Mönche im Mittelalter verwendeten. Eine schöne Wanderung durch das Dartmoor ist der markierte *Abbot's Way*, der von Buckfast Abbey über rund zwanzig Kilometer bis nach Princetown führt. Zum Einkaufen bietet sich das nahe Marktstädtchen *Buckfastleigh* an.

🕐 Mai bis Okt. tgl. 9–17.30 Uhr, Nov. bis April tgl. 10–16 Uhr. Eintritt frei! www.buckfast.org.uk.

Cornwalls einsame Küste ist das Ziel vieler Reisen nach Südengland

Cornwall

Cornwall, die bekannteste englische Region, verdankt dem Golfstrom nicht nur einen zeitigen Frühling und einen lang anhaltenden Sommer, sondern ein Mikroklima, das für Pflanzen geradezu ideal ist. Natürlich begeistert nicht nur das Klima, sondern viel mehr noch die einzigartige Landschaft mit ihren steilen Klippen, Fjorden, kleinen Flüssen, vielen Sandstränden und verträumten Dörfern.

Die westlichste der englischen Grafschaften unterscheidet sich in vieler Hinsicht von den anderen Regionen der Britischen Insel. Zum einen ist Cornwall keine County, sondern ein *Duchy*, und zwar das älteste Herzogtum Englands. Der Herzog von Cornwall ist seit dem Spätmittelalter traditionell der älteste Sohn des Regenten beziehungsweise der Regentin, und seit ein paar Jahrzehnten kann daher Prince Charles, der britische Thronfolger, weite Teile des Landes, darunter die Isles of Scilly, zu seinem Besitz zählen. Als Anhänger der ökologischen Landwirtschaft hat er seine Pächter dazu verpflichtet, Äcker und Felder streng nach ökologischen Prinzipien zu bewirtschaften. Erst unlängst, im Jahre 1998, wurde Cornwall eine eigene regionale Identität zugestanden. Allerdings wollte man dadurch keine separatistischen Neigungen befriedigen, sondern die strukturschwache Region in den Genuss von Fördergeldern der Europäischen Union kommen lassen.

Allein das milde Klima macht Cornwall zu etwas Besonderem – so werden in Falmouth an der Südküste noch im Winter Durchschnittstemperaturen von 6,3 Grad Celsius gemessen. Subtropische Pflanzen wachsen hier überall! Je weiter man nach Westen in Richtung Land's End fährt, desto mehr dominieren Grüntöne die Landschaft, kaum ein Felsen, der nicht von einer Moosschicht überzogen wäre. Bäume werden rar, so dass gespottet wird, im westlichen Cornwall gebe es nicht einmal genügend Holz, um einen Sarg daraus zu zimmern. An der Nordküste sind die Winde und Stürme heftiger, die Gezeiten gefährlicher und das Licht intensiver – ein Grund, weshalb die Künstler sich so sehr für St Ives begeisterten.

Der Schriftsteller *Wolfgang Hildesheimer* verglich Cornwall mit einem Labyrinth: „Eine Landzunge, getragen von steilen Felsküsten, an ihren Längsseiten zeigen sie sich als Schnitt; ein Tablett, das sich vor Alter und Abnutzung geworfen hat, in unregelmäßigen Abständen durch den Einriss einer engen gewundenen Bucht unterbrochen oder von einem breiten Streifen Sandstrand ausgehöhlt, angenagt und allmählich abgeschliffen, da arbeitet es noch immer. Zwischen den Küsten, auf dem Tablett, liegt Heide, dehnt sich hügeliges Brachland oder magere Weide, durchzogen und unregelmäßig kreuz und quer zerteilt von dem Gassennetz, das ich soeben durchfahre."

Britische Geschwindigkeitsrekorde

Seit mehr als 100 Jahren sind die Menschen von der Idee begeistert, mit eigener Kraft vom nordöstlichen Ende bis zur südwestlichen Spitze der britischen Insel zu gelangen. Als erster machte sich 1875 der Amerikaner Eliuh Burrit auf, um „in mehreren Wochen" vom schottischen John o'Groats zum cornischen Land's End zu wandern. Derzeit hält Malcolm Barnish den Rekord: Er benötigte zu Fuß zwölf Tage, drei Stunden und 45 Minuten für die 1394 Kilometer lange Strecke. Andy Wilkinson stellte 1990 mit 45 Stunden, zwei Minuten und einer Sekunde einen Rekord mit dem Fahrrad auf. Doch es gibt auch reichlich skurrile Bestzeiten: Neuneinhalb Tage mit Roller Skates oder dreißig Tage mit dem Schubkarren. Nicht zu vergessen: Arvind Pandya. Er bewältigte die Strecke 1990 in 26 Tagen und sieben Stunden. An sich keine besondere Leistung, sieht man von dem Umstand ab, dass er die gesamte Distanz rückwärts lief!

Unter dem Druck der Römer und später der Angelsachsen zogen sich viele keltische Bewohner des Südens in den Südwesten Englands zurück, ein Teil setzte auch über in die Bretagne. Irische Missionare brachten den rechten Glauben ins Land. Den sächsischen Eindringlingen wurde erbitterter Widerstand entgegengesetzt – erst nach der normannischen Invasion konnte der Südwestzipfel der Insel dem englischen Königreich einverleibt werden. Noch heute lässt sich die keltische Vergangenheit an den Ortsnamen, die mit den Vorsilben Tre-, Pen-, Pol- oder Bosbeginnen, ablesen. Tre steht für Heim oder Siedlung, Pol bedeutet Teich und Pen entweder Hügel oder Dorfältester. Ideologisch versöhnte die Artus-Legende die um ihre Eigenständigkeit besorgten Einwohner. Der Mönch Richard von Devizes wusste im Mittelalter zu berichten: „Die Menschen von Cornwall kannst du jederzeit als solche erkennen, sie werden ebenso hoch geschätzt wie die Flamen in Frankreich. Dennoch ist die Gegend besonders wohlhabend, wegen des Taus, der vom Himmel fällt, und der Fruchtbarkeit des Bodens." „Fish, tin and copper!" heißt ein bekannter cornischer Trinkspruch, und genau genommen müsste man noch die Schmuggelei hinzufügen, um die traditionellen Haupterwerbszweige zu vervollständigen. Im letzten Jahrhundert ist dann noch der Tourismus hinzugekommen.

444   Cornwall

Cornwalls Nordküste unterscheidet sich grundsätzlich von der im Süden. Findet man im Norden richtig wilde Steilküsten mit kleinen Buchten und schwer zugänglichen Sandstränden, so gibt es im Süden eine Fjordküste mit tiefen, ins Landesinnere führenden Meeresarmen. Noch heute müssen hier Fähren die Verbindungen aufrechterhalten. Oder es reichen uralte Brücken von der einen auf die andere Seite, wie etwa in Looe. Eine ganz moderne Brücke über den Tamar River verbindet Cornwall mit Devon. Überzeugte cornische Nationalisten gehen daher davon aus, dass ihr Land fast eine Insel sei und nur im äußersten Nordosten eine gemeinsame Landesgrenze mit Devon habe. In Cornwall liegen gleichzeitig der westlichste und der südlichste Punkt Großbritanniens. Von Land's End hat wahrscheinlich jeder schon gehört, doch wer kennt den Lizard Point auf der gleichnamigen Halbinsel im äußersten Süden des Landes? Die Halbinsel ist übrigens viel interessanter als Land's End, wo man kaum mehr als Nebel, Regen und viel atlantischen Wind erlebt.

An der Küste im Norden und Süden Cornwalls liegen zahlreiche, jedem Engländer bekannte Ferienorte, die schon eine Menge touristisches Eigenleben entwickelt haben – Campingplätze vollgepfropft mit Wohnwagen, in den Sommermonaten total ausgebuchte Hotels und auf den Hauptstraßen endlose Schlangen sonnenhungriger Urlauber aus den Midlands oder anderen Gegenden der Insel. Günstige Reisezeiten sind daher auf alle Fälle Frühling und Frühsommer oder Herbst. Natürlich lohnt sich die 450 Kilometer lange Anfahrt von London auch in den Sommermonaten, gerade zwischen den großen Urlaubszentren findet man noch viel ursprüngliches Cornwall.

● *Information* **Cornwall Tourist Board**, Pydar House, Pydar Street, Truro, Cornwall TR1 1EA, ✆ 01872/322908, ✉ 01872/322919. www.visit.cornwall.gov.uk oder www.cornwalltouristboard.co.uk sowie www.theguide-cornwall.com. Weitere Internetadressen: www.cornwall-devon.com; www.northcornwall-live.com.

Looe

Looe ist eines der traditionsreichsten Fischerdörfer Cornwalls und wird durch den gleichnamigen Fluss in zwei Hälften geteilt. Dank eines Sandstrandes im Ortszentrum bietet Looe auch für Familien mit Kindern viel Abwechslung.

Von den beiden Stadtteilen ist East Looe der größere, mit engen Gassen, mittelalterlichen Häusern und gepflasterten Straßen. Recht erfindungsreich haben die Stadtväter von Looe den East Looe Beach vergrößert: Man hat Steinterrassen in die dahinter liegenden Felsen gehauen. Leider zählt der Strand seit Jahren zu den verschmutztesten von ganz England. Dennoch ist hier im Sommer recht viel los. Bes-

446   Cornwall

ser scheint es angesichts der schlechten Wasserqualität, den Strand in Millendreath anzusteuern. Dieser Sandstrand befindet sich zwei Kilometer östlich von Looe und ist zu Fuß gut zu erreichen. Besonders schön, wenn auch nicht in der Hochsaison, ist ein Kurztrip zum *St George's Island*, auch *Looe Island* genannt, einer winzigen Insel ohne Läden, Straßen und ohne Verkehr!

Hochseeangeln

In Looe sollte man einmal das Hochseeangeln versuchen, die Stadt ist der Sitz des Shark Fishing Club of Great Britain. In den vergangenen 25 Jahren wurden hier um die 90.000 Haie aus dem Wasser gezogen. Trotzdem keine Angst! Vor den Badestränden Cornwalls treiben sich diese Tiere nun doch nicht herum – man muss dann schon etwa 10 bis 20 Meilen mit dem Boot hinausfahren. Billiger und kürzer sind die Trips zum Makrelenfischen.
Kontakt **The Tackle Shop**, Phil Gould (Skipper), East Looe, ✆ 01503/263944. Motto: „Keep all you catch" (Dauer 2:30 Std.).

• *Information* **Tourist Information Centre**, hier gibt es auch Broschüren und Wanderkarten. Der „Looe Guide" beinhaltet einen Zimmernachweis. The Guildhall, Fore Street, Looe, Cornwall PL13 1AA, ✆ 01503/262072, 🖷 01503/265462. www.looecornwall.com bzw. www.visitsoutheastcornwall.co.uk.

• *Einwohner* 4.200 Einwohner.

• *Verbindungen* **Bus** – Regelmäßig kommt man nach St Austell, Liskeard, Plymouth, Polperro und Saltash. **Zug** – Bahnhof direkt am Zusammenfluss der beiden Flussarme im Ostteil der Stadt. Die Bahn fährt nach Liskeard, von wo aus man nach Plymouth, Exeter oder Penzance weiterreisen kann. ✆ 0845/7484950. www.nationalrail.co.uk. **Schiff** – Fährverbindungen zwischen East und West Looe (£ 0.40) sowie Bootsausflüge vom Banjo Pier zum St George's Island.

• *Übernachten* **Fieldhead Hotel**, ansprechendes, kleines Hotel (16 Zimmer) in West Looe mit schönem Blick über die Bucht. Besonders reizvoll ist der zugehörige Swimmingpool. Sehr kinderfreundlich. Kostenloses WLAN. B & B ab £ 67, Preisnachlass bei längerem Aufenthalt und im Winter. ✆ 01503/262689, 🖷 01503/264114, www.fieldheadhotel.co.uk.

Polraen Country House Hotel, etwa zwei Kilometer außerhalb von Looe liegt dieses charmante, in einem Haus aus dem 18. Jh. untergebrachte Hotel. Großer Garten, kostenloses WLAN. B & B je nach Saison ab £ 38.50 im DZ, im Winter günstiger, 3-Gang-Abendmenü £ 23. Sandplace, ✆ 01503/263956, www.polraen.co.uk.

Dolphin House, altertümliches, aber nettes Hotel, an den grünen Jalousien zu erkennen. Die sieben Zimmer sind mit alten Holzmöbeln, die für ein stimmungsvolles Flair sorgen, ausgestattet. B & B ab £ 33 im DZ, £ 45 im EZ. Kostenlose Parkplätze. Station Street, ✆ 01503/262578, www.dolphin-house.co.uk.

Sea Breeze, gemütliches Gästehaus im historischen Zentrum, zentrale Lage unweit vom Hafen. Das neue Besitzerpaar ist eifrig am renovieren. Kostenloses WLAN. B & B ab £ 32. Lower Chapel Street, ✆ 01503/263131. www.seabreezelooe.com.

Schooner Point Guest House, nettes und familiär geführtes Gasthaus in West Looe. Aus den meisten Zimmern hat man einen schönen Blick auf den Fluss. B & B je nach Zimmer £ 25–30. 1 Trelawney Terrace, Polperro Road, ✆ 01503/262670, www.schoonerpoint.co.uk.

Mawgan's of Looe, eine gelungene Kombination von Hotel und Restaurant, dessen Fischgerichte Charlotte Heuser empfiehlt: „Das Restaurant sieht ein bisschen verstaubt wie ein englisches Wohnzimmer aus, mit einer alten Pub-Theke und dahinter grün gekachelt." Serviert wird auch ein Thaicurry mit Seeteufel. Es werden auch drei Zimmer vermietet (B & B £ 40, bei 3 Nächten Aufenthalt £ 30). Higher Market Street, ✆ 01503/265331. www.mawgans.co.uk.

• *Camping* ****** Tregoad Farm**, angenehmer, ruhiger Platz einen Kilometer westlich des Zentrums gelegen. Kleiner beheizter Swimmingpool. Ganzjährig geöffnet. Pol-

Blick auf East Looe

perro Road, ☏ 01503/262718. www.tregoadpark.co.uk.
• *Essen/Trinken* **The Old Sailloft**, kleines Haus hinter den Kais am River Looe. Unter einer zünftigen Holzbalkendecke erfreut man sich an leckeren Fischgerichten. Hauptgerichte £ 15. Dienstag und Sonntagmittag geschlossen. Quay Street, ☏ 01503/262131. www.theoldsailloftrestaurant.com.
Preisgünstige Fischgerichte (drei Gänge für £ 11.95) gibt es im **Golden Guinea**, Fore Street, ☏ 01503/262780. Hier werden auch Cream Teas serviert. Davon abgesehen ist Fisch gerade in Looe uneingeschränkt empfehlenswert.

Sehenswertes

Old Guildhall Museum: Interessant ist auch ein Besuch im städtischen Museum, das in der Old Guildhall aus dem 15. Jahrhundert untergebracht ist. Eine großartige Zusammenstellung zu den Themen Geschichte, Bergbau, Leuchttürme, Fischerei, Schmuggel usw. sowie eine Sammlung von allem, was irgendwie mit Hexerei zu tun hat, ist hier zu finden Aberglaube und magische Zauberkunst haben in der Abgeschiedenheit von Cornwall länger überlebt als in anderen Teilen Englands.
Adresse Higher Market Street. ⏰ Ostern sowie Ende Mai bis Sept. tgl. außer Sa 11.30–16.30 Uhr. Eintritt: £ 2.

Polperro

Das Tausendseelendorf liegt an einer tief eingeschnittenen Bucht, die sicherlich die Bezeichnung „pittoresk" verdient. Wahrscheinlich war dies ein Grund, weshalb der Maler Oskar Kokoschka im Zweiten Weltkrieg als Emigrant in Polperro lebte und arbeitete.

Das vom National Trust zum „Historic Fishing Village" geadelte Dorf liegt am Ende eines engen, langen Tals, das sich durch die hohen Klippen frisst. Es hat enge Gassen und einen kleinen Hafen mit uralten Hafenmauern. Tagsüber darf kein Auto in die Stadt, Fahrzeuge sind auf dem Parkplatz – wie immer in England, so ist auch in Polperro das Parken gebührenpflichtig – am Ortseingang abzustellen. An Eisbuden und Souvenirläden vorbei führt der Weg hinunter zum pittoresken Hafen. Trotz

448   Cornwall

der mehr als zahlreichen Touristen bleiben die Bucht, die steilen Klippen und die schönen alten Häuser nicht ohne Wirkung auf den Betrachter. Mit ein bisschen Phantasie kann man sich dann in alte Zeiten zurückversetzen, in denen die cleveren Schmuggler von Polperro so manches Fässchen ins Trockene gebracht haben. Die Schmuggeltradition war hier besonders ausgeprägt. Polperro hatte sich darauf spezialisiert, wendige und gut bewaffnete Schiffe zu bauen, die viel schneller als die der legalen Widersacher waren. Die Geschichte des Schmuggels in Cornwall kann man im kleinen *Polperro Heritage Museum of Smuggling & Fishing* nachverfolgen. Wem der Trubel in Polperro zu groß ist, sollte in das ein paar Kilometer weiter westlich gelegene Polruan oder nach Bodinnick fahren.

Ein florierender Gewerbezweig mit hoher Gewinnspanne

Es gibt wohl kaum einen Ort an der englischen Küste, der sich nicht seiner Vergangenheit als Schmugglernest rühmt. Seit Eduard I. im 13. Jahrhundert Zölle auf den Export von Wolle sowie den Import von Wein erhob, um seine maroden Kassen zu füllen, wurde an den englischen Küsten geschmuggelt. Vor allem Seeleute und Händler ließen sich die hohen Gewinnspannen, die man durch die Umgehung des königlichen Zolls erzielen konnte, nicht entgehen. Schmuggeln war ein geradezu verlockend einfaches Unterfangen, denn erst im Jahre 1680 ließ die englische Krone Zöllner auf Schiffen entlang der Küste patrouillieren. Diese waren allerdings ortsfremd und zudem recht schlecht bezahlt, so dass der Korruption Tür und Tor geöffnet waren. Wie im Fall von Polperro waren oft ganze Dörfer in das Schmuggelgeschäft involviert, unterirdische Gänge wurden gegraben, um die Waren unbemerkt an das andere Ende des Dorfes transportieren zu können. Neben Wein und Schnaps gehörten Tabak, Tee, Kaffee, Schokolade und Seide zu den gewinnträchtigsten Schmuggelwaren. Im 18. Jahrhundert nahm der Schmuggel derart zu, dass wahrscheinlich drei von vier Tassen Tee, die in England getrunken wurden, aus unversteuerten Beständen stammten. In der öffentlichen Meinung genossen die Schmuggler ein durchaus respektables Ansehen, sie galten als ehrenwerte Diebe und wurden als romantische Helden verehrt. Schließlich profitierte man selbst von dem günstigen „zollfreien Einkauf". Erst durch den Einsatz einer effektiven Küstenpatrouille gelang es Mitte des 19. Jahrhunderts, den meisten Schmugglern das Handwerk zu legen. Letztlich waren es aber die neuen wirtschaftlichen Vorstellungen von einem freien Handel, die zu einer Reduzierung der Einfuhrzölle und somit zum Ende der Schmuggelei führten.

● *Übernachten/Essen* **Talland Bay Hotel**, ruhige Herberge zwischen Polperro und Looe gelegen. Die Zimmer sind in einem hellen, klassisch modernen Stil eingerichtet. Schöner Garten, kostenloses WLAN, eigenes Restaurant. B & B £ 65–100 pro Person, die teureren Zimmer mit Seeblick; im Winterhalbjahr etwas günstiger. Talland-by-Looe, ✆ 01503/272667, 📠 01503/272940, www.tallandbayhotel.co.uk.
Claremont Hotel, nette Unterkunft mitten im Dorfzentrum. B & B je nach Saison und Ausstattung £ 30–38 pro Person. Eigener Parkplatz! ✆ 01503/272241, 📠 01503/272152, www.theclaremonthotel.co.uk.
Penryn House Hotel, ansprechende Zimmer mit modernen Bädern und ein freundlicher Empfang. Je nach Ausstattung zahlt man zwischen £ 35 und £ 40 für B & B in dem viktorianischen Haus. Parkplätze vor dem Haus. The Coombes, ✆ 01503/272157, 📠 01503/273055, www.hotelscornwall.org.

House on the Props, empfehlenswertes Restaurant am Hafen. Überall hängen Schiffslaternen, Netze und andere Seefahrtserinnerungen. Besonders gut schmeckt das selbst gebackene Brot. Der schmackhafte Fisch ist ab £ 10 zu haben. Lecker ist das *Trio of cornish fish* mit Scholle, Seeteufel und Schellfisch in Weißweinsoße für £ 14.95. Auch Zimmervermietung (B & B £ 40 pro Person). Talland Street, ✆ 01503/272310, www.houseontheprops.co.uk.

Crumplehorn, ein hübsches Pub mit Garten gleich an der Ortseinfahrt gegenüber dem großen Parkplatz. Ursprünglich ein altes Farmhaus, irgendwann vom Schmugglerkönig Job gekauft, heute kleine Bar und Restaurant. Es werden auch Zimmer (B & B je nach Ausstattung £ 35–55) vermietet. ✆ 01503/272348, www.crumplehorn-inn.co.uk.

The Old Rectory, in einem ehemaligen Pfarrhaus in Lanreath werden sieben schöne und gut ausgestattete Ferienwohnungen vermietet. Strom wird zusätzlich nach Verbrauch bezahlt. Ein weiteres Plus: der wunderschöne Garten und ein kleiner beheizter Swimmingpool. Das kleine Dorf Lanreath liegt etwa zehn Kilometer nördlich von Polperro im Landesinnern. Die moderaten Preise variieren je nach Reisezeit und Apartmentgröße und beginnen ab £ 230 die Woche. ✆ 01503/220247, www.oldrectory-lanreath.co.uk.

Muschelkunst in Polperro

Fowey

Fowey, die „Perle der cornischen Riviera", ist eines der bekanntesten Segelzentren im englischen Südwesten. Schmale Gassen ziehen sich zum Hafen hinab, bunte Häuser und zahllose Jachten sorgen für Ferienstimmung.

Fowey – „Foy" ausgesprochen – war im Mittelalter ein berüchtigtes Seeräubernest. Schiffe aus Fowey plünderten französische und spanische Küstenorte. Ein Umstand, der die Spanier 1380 zu einem Gegenangriff bewog. Doch die kriegerischen Zeiten sind lange vorbei, Fowey präsentiert sich heute als schmuckes Fischerdorf, das als Hauptschiffungshafen von Kaolin zu einem gewissen Reichtum gekommen ist; Möwen kreischen, während sich die Masten der Jachten behutsam im Wasser hin- und herbewegen. Alle zehn Minuten überquert die kleine Autofähre den Fluss Fowey und verbindet so die Stadt mit ihren östlichen Nachbardörfern. Den besten Ausblick auf den Hafen und die Ansiedlung hat man vom *St Catherine's Castle*, selbst nur noch eine Ruine aus vergangenen Zeiten. Von hier aus führt auch der Coastal Path die beeindruckende Steilküste entlang bis ins zehn Kilometer entfernte Polkerris. Die Schriftstellerin *Daphne du Maurier* (1907–1989) verliebte sich in den Ort und wohnte lange Zeit in ihrem Haus „Ferryside", wo sie auch ihren Roman „Der Geist der Liebe" verfasste. Zwei weitere, zumeist allerdings nur Anglisten bekannte Schriftsteller lebten ebenfalls in Fowey: Kenneth Grahame und Sir Artur Quiller Couch.

• *Information* **Tourist Information Centre**, hier ist die Broschüre „Walking around Fowey" erhältlich, die einige Ausflugsziele beschreibt. 5 South Street, Fowey, Cornwall PL23 1AA, ✆ 01726/833616, ✉ 01726/834939. www.fowey.co.uk.

• *Einwohner* 2.600 Einwohner.

• *Verbindungen* **Bus** – Mehrmals täglich Verbindungen nach St Austell. ✆ 01208/79898. www.travelinesw.com.

Cornwall

- *Fähre nach Polruan* Alle 15 Min., einfach £ 1.20 pro Person. Nach Mevagissey von April bis Sept. tägl. drei bis sechs Abfahrten. Autofähre nach Bodinnick, £ 3 pro Fahrzeug.
- *Aquarium* Direkt am Hafen, kleines Aquarium mit vielen lokalen Fischen. Von Ostern bis Sept. Mo–Fr 10–16.30 Uhr geöffnet. Eintritt: £ 2, erm. £ 1.50.

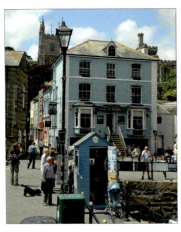

Am Hafen von Fowey

- *Fowey Museum* Nebenan informiert ein kleines Museum über die lokale Vergangenheit. Von Ostern bis Sept. geöffnet. Eintritt: £ 1.
- *Post* 4 Custom House Hill.
- *Veranstaltungen* **Daphne-du-Maurier-Festival**, Mitte Mai. www.dumaurierfestival.co.uk.
- *Übernachten* **Fowey Hall Hotel**, ein wunderschönes Familienhotel der gehobenen Preisklasse mit gutem Restaurant. Es liegt von einem Park umgeben auf einer Anhöhe über dem Ort. Das Ambiente ist ein wenig plüschig, aber very British. Ein Spa gibt es selbstverständlich auch. Das Hotel besitzt 23 Zimmer (Halbpension im DZ je nach Saison £ 150–235) und elf Suiten (ab £ 195), in denen man sich glatt verlaufen könnte. Hanson Drive, ✆ 01726/833866, ✆ 01726/834100, www.foweyhall.com.

Old Quay House, modern gestyltes Restaurant namens „Q" mit Schwerpunkt Fisch sowie frischen Muscheln, von mehreren Restaurantführern gelobt. Mittags Hauptgerichte um die £ 10, abends um die £ 18. Es werden auch zwölf sehr ansprechende Zimmer, teilweise mit freistehender Badewanne vermietet (B & B ab £ 90 pro Person). Fore Street, ✆ 01726/833302. www.theoldquayhouse.com.

St Kerverne, kleines Guest House gleich beim zentralen Parkplatz. Zwei liebevoll eingerichtete Zimmer mit vielen kleinen Details, eins ist Daphne du Maurier gewidmet, das andere variiert das Thema Hollywood. Leser lobten das exzellente Frühstück. B & B £ 32.50 pro Person. 4 Daglands Road, ✆ 01726/833164.
www.jabedesign.co.uk/keverne.

- *Jugendherberge* **Penquite House**, die Jugendherberge liegt in der Ortschaft Golant, westlich des River Fowey. Ein schönes georgianisches Haus in mittelmäßigem Zustand, dafür lockt ein großer Garten. Erwachsene ab £ 12, Jugendliche ab £ 9. Anfahrt mit Western National Bus Nr. 24 (von Fowey nach St Austell). An der Castle Dore Crossroad aussteigen (Fahrer fragen). Von dort noch etwa drei Kilometer zu Fuß nach Golant. ✆ 0845/3719019, ✆ 01726/832947.
- *Essen/Trinken* **The Ship**, nettes, zünftiges Pub aus dem Jahre 1570 mit preisgünstigen Lunch-Specials, auch Zimmervermietung. Trafalgar Square, Kreuzung Lostwithiel Street, ✆ 01726/833751.

Food for Thought, exklusives Fischrestaurant direkt am Hafen, mit einladender Terrasse. Bereits am Eingang locken frische Schalentiere. Drei-Gänge-Menü £ 19.95, Hauptgerichte ab £ 15. ✆ 01726/832221.

The Galleon, der zentral gelegene Gasthof besitzt eine wunderschöne Terrasse zum Fluss. Internationale Küche, von Lasagne über Curry of the day bis hin zu Fish pie. WLAN. Für Gäste stehen sieben Zimmer zur Verfügung, davon zwei mit Meerblick. B & B ab £ 35–40 pro Person. Fore Street, ✆ 01726/833014. www.galleon-inn.com.

Pinky Murphys Cafe, dieses 50 Meter vom Post Office entfernte Café ist ein Lesertipp von Gudrun und Rudi Straub: „Der Tee und die Scones wurden uns in bunt zusammengewürfeltem Geschirr serviert auf umgedrehten Bierkisten. Im Café standen verschiedene Möbelstücke wie vom Flohmarkt, von der winzigen Terrasse aus hatte man eine gute Sicht auf das Wasser." Kostenloses WLAN. Geöffnet Mo–Sa 9–17 Uhr, So 9.30–16 Uhr. 19 North Street, ✆ 01726/832512. www.pinkymurphys.com.

Weiter in Richtung Westen

Lostwithiel

Noch im 13. Jahrhundert war das beschauliche Lostwithiel die Hauptstadt Cornwalls. Als *Stannary Town* kam Lostwithiel zu Reichtum, da hier das Zinn aus den nahen Minen gewogen und gestempelt wurde (das lateinische *stannum* bedeutet Zinn). Das nördlich der Stadt gelegene *Restormel Castle* besitzt einen mächtigen Bergfried samt Wallanlagen. Das Torhaus dürfte um das Jahr 1100 errichtet worden sein.

🕐 April bis Sept. tgl. 10–17 Uhr, im Juli und Aug. tgl. 10–18 Uhr, im Okt. tgl. 10–16 Uhr. Eintritt: £ 3.20, erm. £ 2.70 bzw. £ 1.60 (EH).

St Austell

St Austell ist sicherlich keine besonders aufregende Stadt, aber einer der wichtigsten Verkehrsknotenpunkte in Cornwall. Von kunsthistorischem Interesse ist einzig die hoch aufragende Kirche Holy Trinity. Im 18. Jahrhundert wurde in der Umgebung von St Austell Kaolin gefunden, ein zur Herstellung von Porzellan notwendiger Rohstoff. Heute wird Kaolin sowohl für die Papierindustrie als auch für die Produktion von Farben sowie für die Medizin abgebaut. *Charlestown* ist der Hafen von St Austell. Nur ein paar Autominuten entfernt, kann er mit seinen historischen Schiffen mühelos zu Fuß erkundet werden. Von hier wurde und wird das Kaolin verschifft.

• *Information* **Tourist Information Centre**, Southbourne Road, St Austell, Cornwall, PL25 4RS, ✆/📠 01726/76333. www.staustelltown.co.uk.
• *Einwohner* 22.700 Einwohner.
• *Verbindungen* **Bus** – Vom Busbahnhof am Bahnhofsvorplatz verkehren Linien nach Plymouth, Penzance, Liskeard, Camborne und London. Busse fahren regelmäßig nach Fowey, Mevagissey und Gorran Haven. Außerdem fahren National-Rail-Züge nach London. www.nationalrail.co.uk.
• *Shipwreck Rescue & Heritage Centre* In Charlestown befindet sich hinter dem Hafen ein Museum, das die lokale Seefahrtsgeschichte dokumentiert. März bis Okt. tgl. 10–17 Uhr. Eintritt: £ 5.95, erm. £ 3.95, Kinder unter 10 Jahren frei!
www.shipwreckcharlestown.com.

Eden Project

Keine Kosten und Mühen wurden gescheut, um in der Nähe von St Austell das Millenniumsprojekt „Eden" einzurichten. Stolze 76 Millionen Pfund standen hierzu zur Verfügung! Tim Smit, der bereits die Gärten von Heligan wieder zum Leben erweckte, hat zusammen mit dem Architekten Nicholas Grimshaw eine verlassene Kaolingrube auserkoren, um hier einen Garten Eden zu schaffen. Neben einem Außenbereich wurden in der rund 15 Hektar großen und 60 Meter tiefen Kaolingrube acht riesige Gewächshäuser errichtet, die an „Kunststoffblasen" erinnern und 195.600 Kubikmeter Raum umschließen. Zur besseren Vorstellung: Die Gewächshäuser könnten bequem den Londoner Tower beherbergen. Von Weitem sieht man die riesigen Treibhäuser dennoch nicht, da die mit dem Boden verschmolzenen Gebilde in einem tiefen Kessel errichtet wurden. Zwischen die mächtige Stahlkonstruktion sind sechseckige Plastikluftkissen eingespannt, deren milchige Haut sonnendurchlässiger als Glas ist und zudem bessere Isolationseigenschaften aufzuweisen hat. Praktische und nicht etwa ästhetische Aspekte bestimmen die Architektur, die weder Heizaggregate noch Belüftungsstutzen kaschiert und Natur und Technik auf ansprechende Weise miteinander verbindet. Den Besuchern soll vor allem Respekt für die Natur und ein interessanter Zugang zur Schöpfung vermittelt werden.

Cornwall

Eden Project: futuristische Glaswaben

Ein optimistischer Ansatz, doch in der Wirklichkeit sind Ökologie und Naturschutz nur Phrasen. Der Strom für die energieintensiven Treibhäuser kommt weder aus Solar- noch aus Windkraftanlagen,.

Im größten Gewächshaus wird ein feucht-tropisches Klima erzeugt, das zweitgrößte bietet mediterranen und anderen Pflanzen, die ein gemäßigt warmes Klima gewohnt sind, eine Heimat. Eindrucksvoll ist vor allem das 50 Meter hohe subtropische Gewächshaus, das auf einer Fläche von 15.000 Quadratmetern einen ganzen Regenwald aufnehmen kann und so fehlen hier weder ein Wasserfall noch ein rauschender Bach. Die gesamte Kaolingrube, die man auf mehreren Wegen erkunden kann, wurde in einen einzigartigen Landschaftspark mit modernen Skulpturen verwandelt und mit einheimischer Flora bepflanzt. Insgesamt sollen im Eden Project rund 100.000 Pflanzen zu bewundern sein. Im Frühjahr 2001 eröffnet, gilt das Eden Project mit mehr als 750.000 Besuchern pro Jahr als die größte touristische Attraktion Cornwalls. Die Briten wissen, wie man das Ganze medial vermarkten muss, und so schwebte Halle Barry in dem Bond-Abenteuer „Stirb an einem anderen Tag" wie eine Spinne in das Gewächshaus hinab. Da man im Eden Project leicht einen ganzen Tag verbringen kann, gibt es selbstverständlich auch eine Öko-Cafeteria (Jo's Café) und einen ansprechenden Laden (Bio-Lebensmittel, Geschenke etc.).

● ⓘ tgl. März bis Okt. 9–18 Uhr, Nov. bis Febr. 10–16.30 Uhr. Genaue Informationen erhält man unter folgender Rufnummer: ✆ 01726/222900. Eintritt: £ 16, erm. £ 11, £ 8 bzw. £ 6, Familienticket £ 39 (alle Tickets im Internet £ 1 günstiger). www.edenproject.com. Busverbindungen von St Austell oder Newquay mit Truronian, ✆ 01872/273453.

Lost Gardens of Heligan

Der Garten von Heligan gehörte einst der Familie Treymayne, die sich im 19. Jahrhundert den Luxus leistete, in ihrem Park mehr als zwanzig Gärtner zu beschäftigen. Nach dem Ersten Weltkrieg, als der letzte männliche Erbe starb, verwilderte der größte Teil des 32 Hektar großen Areals zunehmend und das Anwesen wurde verkauft. Erst als sich 1991 der Holländer Tim Smit dem mit Efeu, Brennnesseln und Lorbeer überwucherten „verlorenen Garten" annahm, erlebte Heligan eine grandiose Wiedergeburt. Mithilfe von Gartenhistorikern und Botanikern wurde der Garten in seiner ursprünglichen Form rekonstruiert. Die *Times* jubelte nach der Eröffnung: „The garden restauration of the century." Der inzwischen mehrfach ausgezeichnete Garten bietet viel Abwechslung, ein Besuch kann sich leicht einen halben Tag hinziehen. Besonders reizvoll sind der neun Hektar große subtropische „Dschungel" mit Palmen und Bambuswäldern sowie ein 14 Hektar großes „verlorenes Tal" mit Teichen. Dazwischen finden sich immer wieder verwunschene Baum- und Landschaftsskulpturen wie die schlafende Schönheit *Mud Maid*. Aber auch ein Spaziergang durch den Blumen- sowie Gemüsegarten mit mehr als zwei Dutzend Kartoffelsorten und rund 50 Apfelbaumsorten sollte nicht versäumt werden. Im Wildlife Project

Subtropische Vegetation in den Lost Gardens of Heligan

kann man zudem heimische Vögel beobachten. Der einzige Nachteil: Man muss den Garten jeden Tag mit durchschnittlich mehr als 1000 Besuchern teilen.

⌚ tgl. 10–18 Uhr (letzter Einlass 16.30 Uhr, im Winter 15 Uhr). Eintritt: £ 10, erm. £ 9 oder £ 6, Familien £ 27. www.heligan.com.

Mevagissey

Mevagissey gehört zu den bekanntesten cornischen Fischerdörfern. Ähnlich wie Polperro besteht das Dorf aus alten Häusern, die sich um das Hafenbecken drängen.

Früher lebte auch Mevagissey vom Schmuggel und vom Fischfang. Zu Beginn des 18. Jahrhunderts erreichte der Sardinenfang seinen Höhepunkt. Eingelegt in Salz, wurden die Fische nach Italien und sogar auf die westindischen Inseln exportiert. Für die britische Marine waren sie wichtiger Proviant. Heute ist der Tourismus zur Einnahmequelle Nummer eins geworden, glücklicherweise ist das Gedränge nicht ganz so schlimm wie in Polperro. Bei einem Bummel entlang der breiten Kaimauer kann man den Fischern bei ihren Vorbereitungen zum Auslaufen oder beim Löschen des Fangs zusehen. Das *Mevagissey Museum* ist am Ende des Westkais in ei-

454 Cornwall

Mevagissey gehört zu den beliebtesten Küstenorten

nem alten Werftgebäude untergebracht. Man findet viele Dinge, die mit dem Schiffsbau zusammenhängen, denn früher liefen in Mevagissey die schönsten Schoner vom Stapel.

- *Information* **Tourist Information Centre**, St George's Square, Mevagissey, PL26 6UB, 01726/844857. www.mevagissey-cornwall.co.uk bzw. www.mevagissey.net.
- *Einwohner* 2.000 Einwohner.
- *Verbindungen* **Bus** – Stdl. Verbindungen nach St Austell.
- *Museum* Mevagissey Museum. Lokalgeschichte auf drei Etagen. Geöffnet von Ostern bis Okt. tgl. 11–17 Uhr. Eintritt frei!
- *Einkaufen* **Cloudcuckooland**, phantastischer Skurrilitätenladen, direkt im Zentrum in der Fore Street (Lesertipp von Siegmar Roscher). www.cloudcuckooland.biz.
- *Übernachten/Essen/Trinken* **Trevalsa Court Hotel**, das am Ortsrand auf einer Klippe gelegene Hotel mit seinen detailverliebten Räumlichkeiten ist ein Lesertipp von Wilfried Krauth, der nicht nur von dem Kaminzimmer begeistert war. „Der Hotelchef und sein Team sind sehr aufmerksam und kundenorientiert. Zuletzt das Essen: Basierend auf cornischer Grundidee wird hier regelrecht „gezaubert" – und das in England! Der Garten und der herrliche Blick über das Meer runden einen wunderschönen Aufenthalt ab!", 3-Gang-Menü für £ 30. Kostenloses WLAN. Das tolle Ambiente belastet die Reisekasse je nach Zimmer und Saison mit £ 52.50–112.50 (B & B pro Person), lohnend ist die Halbpension. Scholl-Hill, Mevagissey-South, 01726/842468, 01726/844482, www.trevalsa-hotel.co.uk.

The Wheelhouse, direkt am Hafen liegt das beliebte Fischrestaurant mit der großen Straßenterrasse, das von Lesern gelobt wurde. Kinder und Hunde sind im Hotel unerwünscht. DZ £ 60–70 ohne Frühstück. 01726/843404. www.wheelhouse.me.uk.

Fountain Inn, ein zünftiges Pub in einem Anwesen aus dem 15. Jh. Serviert werden Fish'n'Chips oder Ploughman's Lunch. Es gibt auch B & B für £ 22.50–30, bei den günstigen Zimmern ohne eigenes Bad/WC. St George's Square, 01726/842320. www.mevagissey.net/fountain.htm.

- *Jugendherberge* Boswinger, sechs Kilometer südlich von Mevagissey, eineinhalb Kilometer südwestlich der Ortschaft Gorran und nur schwer mit öffentlichen Verkehrsmitteln zu erreichen. Nov. bis Ostern geschlossen. Erwachsene zahlen ab £ 14, Jugendliche ab £ 10.50. 0845/3719107, 01726/844527.

Mevagissey 455

• *Camping* ***** **Sea View**, gut ausgestatteter Zeltplatz mit Swimmingpool nahe der Jugendherberge. Zweimannzelt ab £ 12. Im Juli und Aug. ist hier alles ausgebucht. Ostern bis Sept. geöffnet. Boswinger, ℡ 01726/843425. www.seaviewinternational.com.

Treveor Farm, 50 Stellplätze auf einem Milchhof, etwa fünf Meilen von Mevagissey entfernt. Mit Angelmöglichkeit. April bis Okt. geöffnet. Gorran, St Austell, ℡ 01726/842387. www.treveorfarm.co.uk.

Umgebung

Als Ausflugsziele bieten sich *St Gorran Churchtown* – etwa drei Kilometer südlich auf einem Hügel gelegen – und *Gorran Haven* unten am Meer an. Beide Ortschaften besitzen interessante Kirchen. Von den Klippen über dem einstigen Krabbenfischerdorf Gorran Haven kann man bei gutem Wetter bis hinüber nach Prawle Point in Devon sehen (etwa 80 Kilometer Luftlinie). Eine interessante Kurzwanderung führt von Mevagissey auf den Coastal Path bis Gorran Haven, wobei man am Chapel Point – eine Felsnase, auf der einst eine Kapelle gestanden haben soll – vorbeikommt.

Caerhays Castle: Kuhweide mit Flair

Noch weiter südlich, am 125 Meter hohen *Dodman Point,* befindet man sich auf geschichtsträchtigem Gelände. In Sichtweite versammelte sich am 20. Juli 1588 die spanische Armada vor der Küste, bevor sie zum Angriff gegen die englische Flotte in Richtung Plymouth segelte. Etwas weiter westlich vom Dodman Point befindet sich *Hemmick Beach,* ein hübscher Strandabschnitt zum Baden. Noch schöner ist die bei Familien beliebte *Porthluney Cove* mit dem 1808 von John Nash errichteten Caerhays Castle (tgl. 10–17 Uhr, Eintritt: £ 9.50 erm. £ 3.50, www.caerhays.co.uk). Wer möchte, kann von hier aus in rund drei Stunden nach Portloe wandern.

Portloe

Cornwall bedeutet für viele Ursprünglichkeit und unberührte Natur oder auch Melancholie und Einsamkeit. In Portloe kann man von all dem ein wenig finden, denn

In Portloe ist kein Platz für einen Hafen

das Fischerdorf liegt abseits der überlaufenen Tourismuszentren. Sein Hafen ist winzig, und die weiß gestrichenen Häuser stehen dicht gedrängt. Von den umliegenden Klippen bietet sich eine grandiose Aussicht auf die zerklüftete cornische Küste. Lohnend ist eine Wanderung über den Cornwall Coast Path entlang der beeindruckenden Steilküste zum drei Kilometer entfernten *Nare Head*.

• *Übernachten/Essen* **The Lugger Hotel**, einst war der Gasthof aus dem 17. Jh. ein beliebter Schmugglertreff, heute können hier Feriengäste die traumhafte Atmosphäre des kleinen Fischerdorfes genießen. Die über mehrere Gebäude verteilten Zimmer – tolle Bäder! – verfügen teilweise über eine Terrasse. Ein Spa sowie WLAN sind auch vorhanden. Abends speist man im zugehörigen Restaurant auf hohem Niveau (ausgezeichnete Fischgerichte, 3-Gänge-Menü mit Kaffee £ 37.50). Empfehlenswert ist die Halbpension. B & B je nach Saison ab £ 70 (NS), im Sommer je nach Zimmer £ 100–140. ℡ 01872/501322, 01872/501691, www.luggerhotel.com.

Truro

Mit ihren vornehmen georgianischen Häuserzeilen ist Truro die attraktivste Stadt im Landesinneren von Cornwall. Ein weiteres Plus stellen die hervorragenden Einkaufsmöglichkeiten dar.

Truro, dessen Name sich vom cornischen Tri-veru (drei Flüsse) ableitet, war als Stannery Town bereits im Mittelalter eine der bedeutendsten Städte Cornwalls. Zinn (lat. *stannum*) aus den umliegenden Minen wurde hier geschmolzen, gewogen und gestempelt. Anschließend transportierte man den kostbaren Rohstoff mit dem Schiff zu seinem jeweiligen Empfänger. Die zahlreichen georgianischen Häuser zeugen noch vom Boom, den die Zinnbranche zu Beginn des 19. Jahrhunderts erlebte. Im Jahre 1876 zum Bischofssitz erhoben, stand für die Stadt die Errichtung einer Kathedrale im Vordergrund. Die 1910 vollendete neugotische Kathedrale war

Truro   457

die erste anglikanische Kathedrale, die in Großbritannien nach dem Bau der Londoner St Paul's Cathedral errichtet wurde. Seit 1989 ist Truro die Verwaltungshauptstadt von Cornwall; ein Umstand, der sich auf das städtische Leben sehr positiv ausgewirkt hat. Erst unlängst wurde ein postmodernes Gerichtsgebäude errichtet. Die Fußgängerzone eignet sich für einen ausgedehnten Einkaufsbummel, denn die meisten großen englischen Handelsketten unterhalten hier eine Filiale.

● *Information* **Tourist Information Centre** im Municipal Building, Boscawen Street, Truro, Cornwall TR1 2NE, ✆ 01872/274555, ✉ 01872/263031. www.truro.gov.uk.

● *Einwohner* 21.000 Einwohner.

● *Verbindungen* **Bus** – Busbahnhof in der City am Lemon Quay. National Express (✆ 0990/808080) fährt viermal tgl. nach London sowie nach Liskeard und Plymouth, Western National und Western Greyhound nach Penzance und Falmouth. Informationen unter ✆ 0870/6082608. www.firstgroup.com; www.westerngreyhound.com. **Zug** – Der Bahnhof liegt etwas außerhalb in der Station Road (den Richmond Hill hinauf). Truro liegt an der Strecke Penzance–London Paddington. Von hier aus führt auch eine Stichlinie nach Falmouth sowie nach St Ives. www.nationalrail.co.uk. **Ausflugsboote** – Von Truro (ab Town Quay) fahren fünfmal tgl. Ausflugsschiffe nach Falmouth. www.falriverlinks.co.uk.

● *Markt* Mi und Sa auf dem Lemon Quay.

● *Veranstaltungen* Truro Carnival im September.

● *Kino* Plaza Cinema, Lemon Street, ✆ 01872/272894. www.wtwcinemas.co.uk.

● *Fahrradverleih* **Truro Cycles**, 110 Kenwyn Street, Truro, ✆ 01872/71703.

● *Post* High Cross.

● *Schwimmen* **Truro Leisure Centre**, Glowth, ✆ 01872/261628.

● *Übernachten* **Mannings Hotel (8)**, alteingesessenes Hotel mit gutem Restaurant und Lounge-Bar. Die Räumlichkeiten wurden unlängst sehr geschmackvoll im Designer-Stil renoviert, herrliche Bäder. Schöner kann man in Truro nicht übernachten. Kostenloses WLAN. EZ je nach Wochentag £ 55–69, DZ £ 75–85 (inkl. Frühstück). Lemon Street, ✆ 01872/270345, ✉ 01872/242453, www.manningshotels.co.uk.

The Riverbank (2), im Schatten der Kathedrale bietet dieses unlängst eröffnete Hotel acht moderne und geschmackvoll eingerichtete Gasträume. Im Untergeschoss finden sich ein Restaurant, eine Bar und ein Beer Garden mit Blick auf den Fluss. Kostenloses WLAN. B & B £ 40 im DZ, £ 65 im EZ. Old Bridge Street, ✆ 01872/242090. www.theriverbanktruro.co.uk.

Gwel-Tek Lodge (9), knapp 15 Fußminuten vom Zentrum entfernt, in einem viktorianischen Gebäude. In der gleichen Straße gibt

---

Ein paar Worte Cornisch:

alls	Klippe	*lyn*	See
bean	klein	*morreb*	Strand
bod	Wohnsitz	*nan*	Tal
car	Befestigung	*pen*	Kopf
carrack	Felsen	*plu*	Gemeinde
chy	Haus	*porth*	Bucht
coombe	Tal	*ruth*	Rot
zawn	Schlucht	*tewen*	Düne
ennis	Insel	*tre*	Haus, Stadt
forth	Straße	*treath*	Strand
garrack	Felsen	*ty*	Haus
yarth	Garten	*veneth*	Hügel
goose	Holz/Wald	*win*	Weiß
innis	Insel	*zance*	heiliger Boden

Cornwall
Karte S. 444/445

es noch weitere B & Bs. Ab £ 30 pro Person. 41 Treyew Road, ✆ 01872/276843, www.gweltek.co.uk.

The Haven (1), dieses nur fünf Fußminuten von der Kathedrale entfernte B & B ist ein Lesertipp von Antje Beutner, die die „großzügigen, sauberen und mit Liebe zum Detail eingerichteten Zimmer" ebenso lobte wie die freundlichen Gastgeber. Kostenloses WLAN, Parkplätze vorhanden. Von Febr. bis Ende Okt. geöffnet. B & B £ 31–34 pro Person, £ 5 Aufschlag bei einer Nacht. Vean Terrace, ✆ 01872/264197. www.thehaven-truro.co.uk.

• *Camping* ***** **Carnon Downs Park**, Anfahrt über die A 39, etwa 5 Kilometer in westliche Richtung. 150 Stellplätze für Caravans und Zelte; Zelt plus zwei Pers. ab £ 18. Ganzjährig geöffnet. Carnon Downs, ✆ 01872/862283. www.carnon-downs-caravanpark.co.uk.

• *Ferienhäuser* **The Valley**, ruhiger Ferienpark (46 Häuser) mit Café und Swimmingpool. Die Häuser (tolle Ausstattung in einem modernen, zeitlosen Design!) kosten je nach Größe und Saison zwischen £ 495 und £ 1750 pro Woche. Bissoe Road, Carnon Downs Village, ✆ 01872/862194. www.the-valley.co.uk.

• *Essen/Trinken* **Kazbah (6)**, lockere Kneipe im Orientstil mit Lounge-Atmosphäre. Abwechslungsreiche internationale Küche von Thailändisch bis zu Italienisch. Günstige Mittagsmenüs. 3–4 Quay Street.

Saffron (4), das Restaurant im Bistrostil gilt als eines der besten der Stadt und wurde schon von Michelin empfohlen. Lecker ist das Lammkarree für £ 15, günstig das Mittagsmenü für £ 12.50. Sonntag Ruhetag. 5 Quay Street, ✆ 01872/263771.

Baba (10), ausgezeichnetes indisches Restaurant im Zentrum (ein Lesertipp von Alexandra und Klaus-Peter Müller, die das Preis-Leistungs-Verhältnis genauso wie das Ambiente lobten). Vindaloo Curry £ 9.95. Wer zwischen 12 und 14 Uhr sowie 17 und 19.30 Uhr bestellt, bekommt 25 % Ermäßigung, als Take-away sogar 50 %! Montag Ruhetag. 32 Lemon Street, ✆ 01872/262694. www.babatruro.co.uk.

Feast (7), hier werden vor allem Vegetarier glücklich. Sehr günstig, Hauptgerichte ab £ 6. Auch Süßspeisen und Kuchen sind im Angebot. Abends und sonntags geschlossen. Kostenloses WLAN. 15 Kenwyn Street, ✆ 01872/272546.

Übernachten
1 The Haven
2 The Riverbank
8 Mannings Hotel
9 Gwel-Tek Lodge

Essen & Trinken
3 The Old Grammar School
4 Saffron
5 One Eye Cat
6 Kazbah
7 Feast
10 Baba

One Eye Cat (5), ansprechende Bar und Restaurant in einer ehemaligen Kirche. Serviert wird internationale Küche vom *Seafood Risotto* bis zum *Onglet Steak Medaillon*. Hauptgerichte um die £ 12. Nette Straßenterrasse. Kenwyn Street, ✆ 01872/222122.

The Old Grammar School (3), mit dem langen Tresen und dem riesigen Holztisch ist diese Szene-Kneipe fraglos unsere Lieblingsadresse für ein paar lockere Stunden, einen Cocktail inklusive. Mittags Hauptgerichte um die £ 9, abends Tapas £ 3–5. Schöne Straßenterrasse. Am Wochenende legen abends DJs Musik auf. St Mary's Street. ✆ 01872/278559.

www.theoldgrammarschool.com.

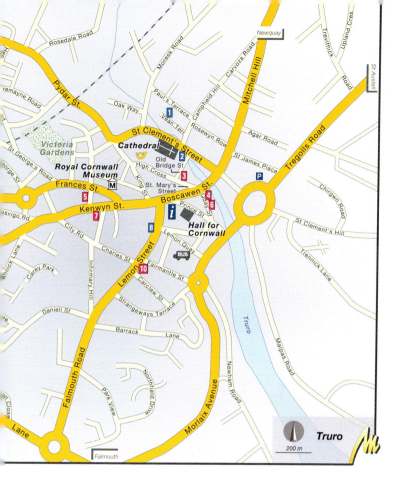

Sehenswertes

Royal Cornwall Museum: Das Grafschaftsmuseum bietet einen respektablen Einblick in die Geschichte Cornwalls. Der Schwerpunkt liegt auf der berühmten Mineraliensammlung, daneben werden aber auch die Themen Bergbau und Industriegeschichte (Cookworthy-Porzellan) vorgestellt. Die Gemäldegalerie wartet mit Bildern von John Opie, Canaletto und Kneller auf. Kneller verdanken wir ein lebensgroßes Portrait des cornischen Riesen Anthony Payne (1612–1691), der wegen seiner überaus stattlichen Körpergröße von 2,24 Metern der wohl bekannteste Soldat der königlichen Armee war.

Adresse River Street. ✆ Mo–Sa 10–17 Uhr. Eintritt frei! www.royalcornwallmuseum.org.uk.

Cathedral: Die neugotische Kathedrale von Truro ist die jüngste Kathedrale von England. Cornwall wurde erst im Jahre 1876 zum Bistum ernannt; dieser Umstand erforderte den Bau einer Kathedrale. Die englischen Kirchenfürsten entschlossen sich zu einem Gotteshaus im Stil des Historismus. Fraglos sind die großen mittelal-

Cornwall

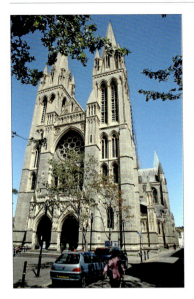
Die Kathedrale von Truro

terlichen Kathedralen das Vorbild für die zwischen 1880 und 1910 errichtete Bischofskirche von Truro. Emporen, spitzbogige Arkaden und diverser gotischer Zierrat prägen den weitgehend gelungenen Neubau.

⏱ tgl. 7.30–18 Uhr, So 9–19 Uhr. Pflichtspende: £ 4. www.trurocathedral.org.uk.

Umgebung

Trewithen Gardens: Der an der A 390 zwischen Truro und St Austell gelegene Garten ist bekannt für seine üppige Vegetation. Der cornische Name Trewithen, der so viel wie „Haus im Dickicht" bedeutet, erinnert noch daran, dass der Garten völlig überwuchert war, bevor George Johnstone ab 1904 ans Werk ging, um neben seinem ererbten Herrenhaus einen Garten nach eigenen Vorstellungen zu gestalten. Das Projekt ist gelungen: Heute wachsen auf dem zwölf Hektar großen Areal mehr als 100 verschiedene Kamelien-, Rhododendren- und Magnolienarten sowie seltene Bäume und Sträucher. Wer will, kann sich im zugehörigen Gartencenter mit Samen für den heimischen Garten eindecken.

⏱ von März bis Sept. tgl. außer So 10–16.30 Uhr, im April und Mai auch So 10–16.30 Uhr. Eintritt: £ 7, erm. £ 5. www.trewithengardens.co.uk.

Falmouth

Das an einem Naturhafen gelegene Falmouth hat zwei Gesichter: Das alte Falmouth am Inner Harbour ist eine echte cornische Stadt mit steilen engen Straßen und vielen Fischerbooten im Hafen, der neue Teil der Stadt liegt auf einem Hügel direkt an der Südküste. Die Geschäfte, Cafés und Restaurants erstrecken sich von der High Street bis zur Arwenack Street auf über einem Kilometer Länge.

Falmouth, einer der größten Naturhäfen der Welt, verdankt seine Entstehung – wie sollte es in Cornwall anders sein – dem Schmuggel. Die einflussreiche Familie der *Killigrews* gründete den Ort. Sir John Killigrew, der neben seiner Tätigkeit als Pirat und Schmuggler auch Vizeadmiral von Cornwall war, leitete selbst die blutigen Überfälle auf spanische und französische Schiffe. Genau genommen war er keinem Herren treu und diente nur sich selbst. Um Gegenangriffe abzuwehren und die englische Küste zu sichern, ließ Heinrich VIII. im 16. Jahrhundert Pendennis Castle errichten, dessen Pendant St Mawes am gegenüberliegenden Ufer ist. Einen erheblichen wirtschaftlichen Aufschwung erlebte Falmouth, als die Postbehörde Falmouth im Jahre 1688 zum Ausgangshafen für Postsendungen zum Mittelmeer, in die Karibik sowie nach Nord- und Südamerika ernannte. Infolge dieser Bestimmung erreichten alle offiziell eingeführten Souvenirs, aber auch Sämlinge exotischer Pflanzen über Falmouth das englische Königreich. Jahrhundertelang war Falmouth gewissermaßen Englands Tor zur Welt. Noch 1881 zählte der Hafenmeister mehr als 19.000 Schiffe, die in die Bucht einliefen. Mit 244 ankernden Schiffen wurde am 3. Mai 1881 ein bis heute gültiger Hafenrekord aufgestellt. Doch schon kurze Zeit später ging es mit der wirtschaftlichen Bedeutung Falmouths stetig bergab. Der Schiffsbau wurde 1939 endgültig eingestellt.

Heute lebt Falmouth in erster Linie vom Tourismus – die Bevölkerung verdoppelt sich in den Sommermonaten – und dem Hafen. Seit jedoch die Reparaturdocks geschlossen wurden, ist die Arbeitslosenquote in die Höhe geschossen. Mit dem Bau des im Frühjahr 2003 eröffneten National Maritime Museum hat Falmouth einen Teil seiner Hafenanlagen aufgepeppt und eine neue Attraktion hinzugewonnen. Zudem wurde von der British National Oil Corporation in Falmouth ein Stützpunkt zur Erkundung von Offshoreöl errichtet, und die Stadtväter hoffen auf weitere neue Arbeitsplätze.

Die Warmwasserheizung Europas

Das Klima und die dadurch geprägte Vegetation Südenglands basiert auf einem einzigartigen Naturphänomen, dem Golfstrom. Erstmals entdeckte der spanische Seefahrer Juan Ponce de León im Jahre 1513 eine starke Meeresströmung, die sein Schiff ostwärts in Richtung Europa trug. Wie der Name schon andeutet, nimmt die Meeresströmung ihren Ausgang im Golf von Mexiko und gehört daher zu einem subtropischen, antizyklonalen Stromwirbel im Nordatlantik. Als relativ schmales Band von bis zu 150 Kilometern Breite und mit einer Tiefe von bis zu 300 Metern erstreckt sich der Golfstrom zwischen der Floridastraße (Floridastrom) beziehungsweise Kap Hatteras und den Neufundlandbänken, um sich dann – unterstützt von einem kräftigen Westwind – mit einer sehr hohen Stromgeschwindigkeit von bis zu 2,5 Metern in der Sekunde ostwärts zu wenden. Dabei wird eine riesige Wassermenge von bis zu 150 Millionen Kubikmetern pro Sekunde transportiert. Im Vergleich zu den umgebenden Wassermassen ist der Golfstrom sehr warm und salzreich.

Der Golfstrom fächert sich auf der europäischen Seite des Atlantiks in verschiedene Einzelströmungen auf, deren Temperatur auch im Winter nicht unter 10 Grad Celsius fällt. Dabei geht der Hauptteil des Stromes als warme Strömung zwischen den Färöer und den Britischen Inseln entlang und längs der norwegischen Küste weiter nach Norden. Die Küsten Cornwalls und Devons profitieren von dieser gigantischen Wärmezufuhr; die Durchschnittstemperaturen liegen etwa 6 bis 8 Grad Celsius über denen, die dieser Breitenlage entsprechen.

Information/Verbindungen/Diverses

● *Information* **Tourist Information Centre**, hier gibt es Informationen zu den Fähren und Booten sowie einen Stadtplan. 11 Market Strand, Prince of Wales Pier, Falmouth, Cornwall TR11 3DF, ✆ 01326/312300, ✆ 01326/313457. So geschlossen. www.acornishriver.co.uk bzw. www.go-cornwall.com.

● *Einwohner* 19.000 Einwohner.

462   Cornwall

• *Verbindungen* **Bus** – Haltestelle auf The Moor neben dem Tourist Office. Alle umliegenden Orte bedient First bzw. Truronian, ✆ 01872/261111; NatEx-Busse fahren regelmäßig nach Penzance, Plymouth, Newquay und London. www.nationalexpress.com. **Zug** – Bahnhof The Dell Station an der Avenue Road, ✆ 08457/484950. Zugtickets gibt es bei Newell's Travel Agency, Killigrew Street, ✆ 01326/312300. Verbindungen ausschließlich über Truro, da Falmouth nur über eine kleine Stichbahn bedient wird. Nach St Ives sollte man lieber nicht mit der Bahn fahren, furchtbar umständlich! www.nationalrail.co.uk. **Fähren** – Regelmäßig verkehren Fähren nach St Mawes und Flushing ab dem Prince of Wales Pier. Im Sommer touren Boote auf dem River Fal nach Truro (nur bei Flut) und nach Malpas, z. B. mit **Enterprise Boats** (Prince of Wales Pier) in 2 Std. den River Fal hinauf nach Truro. www.enterprise-boats.co.uk.

• *Parken* **Park & Float**, es gibt in Falmouth zwar mehrere große Parkplätze, doch ungewöhnlich ist dieser im Norden der Stadt gelegene Parkplatz. Alle 20 Minuten verkehren ab 9.45 Uhr Fähren ins Stadtzentrum sowie zum National Maritime Museum.

• *Bootsverleih* **Moonfleet**, es werden einfache, aber stabile kleine Motorboote (bis zu 4 Personen, 5 PS/ohne Führerschein) vermietet, womit sich die gesamte Bucht und der River Fal gut befahren lassen. Custom House Quay, ✆ 07971/270216, www.falmouthboathire.co.uk.

• *Post* The Moor.

• *Schwimmen* **Ships & Castles Leisure Pool**, Freizeitbad mit Riesenrutsche. Castle Drive, Pendennis Headland, ✆ 01326/212129. www.carrickleisureservices.org.uk.

• *Squash* **Falmouth Squash Club**, ✆ 01326/311056.

• *Tennis* **Municipal Courts** am Gyllyngvase Beach, ✆ 01326/318084.

• *Veranstaltungen* Anfang Mai findet das **Maritime Festival** statt. Drei Tage Mitte Okt. kommen nicht nur Fischliebhaber beim **Oyster Festival** auf ihre Kosten (www.falmouthoysterfestival.com). Kultur (Theater, Konzerte etc.) gibt es auch im **Falmouth Arts Centre** in der Church Street (www.falmouthart.com).

Übernachten

Viele B & Bs in der Melville Road und der Marlborough Road. Die Gasthäuser an der Cliff Road und am Castle Drive bieten einen imposanten Blick auf das Meer, sind daher aber auch teurer. Die Zimmervermittlung des Tourist Office hilft bei der Unterkunftssuche. Übrigens vermieten manche B & Bs im Sommer nur wochenweise.

Falmouth Hotel (13), ein stattlicher viktorianischer Bau an der Seepromenade beim Castle Beach, fraglos das erste Haus am Platz. Verschiedene Raumtypen, von Standard bis zu Premier. Schwimmen kann man auch im Hallenbad. B & B ab £ 70 (nur im Winterhalbjahr etwas günstiger). Castle Beach, ✆ 01326/312671, www.falmouthhotel.com.

The Falmouth Townhouse (10), hinter einer dunkelgrauen Fassade verbirgt sich das wohl modernste und attraktivste Hotel von Falmouth. Eine coole Location mit Mut zum Design! Manche Zimmer, wie das mit der Nr. 4, haben gar eine freistehende Badewanne. Abhängen kann man in der hauseigenen Bar oder auf der Terrasse vor dem Haus. Kostenloses WLAN. DZ je nach Ausstattung und Saison £ 85–120 (inkl. B & B), EZ ab £ 75. 3 Grove Place, ✆ 01326/312009, ✆ 01326/311941. www.falmouthtownhouse.co.uk.

Green Lawns Hotel (12), völlig mit Efeu beranktes Hotel, das einem verwunschenen Schlösschen ähnelt. Wer in einem der vierzig komfortablen Zimmer übernachtet, kann sich nebenbei im hauseigenen Hallenbad mit Sauna, Solarium und Fitnessraum in Schwung bringen. Höhepunkt aber ist die „Honeymoon-Suite" mit Himmelbett und (gleich daneben) einem kleinen Whirlpool. Übernachtungen sind entsprechend teuer; B & B £ 65–105 pro Person. Günstiger bei längerem Aufenthalt. Western Terrace, ✆ 01326/312734, ✆ 01326/211427, www.greenlawnshotel.co.uk.

Arwenack Hotel (7), alteingesessenes Hotel mitten im Zentrum von Falmouth. Ein wenig skurril mit viel Patina. Man sollte sich daher nicht zu viel versprechen. Wegen der Aussicht sollte man ein Zimmer im obersten Stock mit Meerblick wählen. B & B im EZ £ 29, im DZ £ 25 – allerdings ohne Bad und WC. En suite kostet das DZ £ 28 pro Person. Günstigere Wochentarife. 27 Arwenack Street, ✆ 01326/311185, www.falmouthtownhotels.co.uk.

Falmouth 463

Falmouth Beach Resort Hotel (17), komfortables Best-Western-Hotel, direkt am Gyllyngvase Beach gelegen. Extras: beheiztes Hallenbad, Whirlpool und Sauna. Zimmer ab £ 71, die teureren mit Balkon. Es werden in einem Nebengebäude auch Apartments vermietet. ℘ 01326/318084, ℘ 01326/319147, www.bw-falmouthbeachhotel.co.uk.

Dolvean House (14), empfehlenswerte Unterkunft in einem viktorianischen Haus, das seit März 2008 von Renate Davie, einer gebürtigen Deutschen, die mit Shaun, einem Engländer aus der Hotelbranche, verheiratet ist, gemanagt wird. „Sie haben 10 Zimmer, jedes in seinem eigenen, typisch englischen Stil eingerichtet, jeweils mit komfortablen Bäder und ein Super-Frühstück", begeisterte sich Leserin Inge Croé. Parkplätze und WLAN vorhanden. B & B £ 43–48. 50 Melville Road, ℘ 01326/313658, ℘ 01326/313995, www.dolvean.co.uk.

Rosemary (16), liebevoll geführtes Gästehaus, nur zwei Fußminuten vom Gyllyngvase Beach entfernt. Durch die komfortable Ausstattung und die Größe der Zimmer erinnert es eher an ein Hotel als an ein B & B.

Cornwall Karte S. 444/445

464   Cornwall

Tolle Bäder! B & B je nach Saison £ 37–44. Gyllyngvase Terrace, ☏ 01326/314669, www.therosemary.co.uk.

Falmouth Lodge (15), günstiges, sehr ordentlich geführtes Backpackerhostel, nur wenige Fußminuten zum Strand. Eine Lounge, kostenloses WLAN und ein schöner Frühstücksraum stehen den Gästen zur Verfügung. B & B ab £ 19 im Schlafraum, ab £ 21 im DZ. 9 Gyllyngvase Terrace, ☏ 01326/319996, mobil 0725/722808, www.falmouthbackpackers.co.uk.

Pendra Loweth (20), eine traumhafte Feriensiedlung, etwa zwei Kilometer westlich von Falmouth. Die 2003 gebauten Ferienhäuser verfügen über zwei oder drei Schlafräume und sind sehr modern und komfortabel ausgestattet. Zu jedem Haus gehört eine Terrasse mit Gartenmobiliar. Zum Strand läuft man etwa 20 Minuten. Im Preis (£ 250–790 pro Woche, je nach Größe und Reisezeit) inbegriffen ist die Nutzung des Fitnessraums, der Dampfsauna und eines sehr kleinen Hallenbades mit Whirlpool. ☏ 01326/312190, ☏ 01326/211120, www.pendraloweth.co.uk.

Wodehouse Place (11), einen knappen Kilometer vom Zentrum und von den Stränden entfernt, werden in dem netten Haus von Juli bis September vier gut ausgestattete Apartments (4–6 Pers.) vermietet. Der Garten kann zum Spielen und Grillen genutzt werden. Je nach Saison und Größe kosten die Wohnungen zwischen £ 290 und £ 490 pro Woche. 31 Woodlane, ☏ 01326/314311.

● *Camping* **Tregedna Farm (19)**, günstiger Campingplatz im Mean Valley nahe beim Maenporth Beach. ☏ 01326/250529, ☏ 250435, www.tregednafarmholidays.co.uk.

Pennance Mill Farm (21), zwei Kilometer westlich von Falmouth, unweit des Maenporth Beach. Schöne ländliche Lage. Von Ostern bis Okt. geöffnet. ☏ 01326/317431, ☏ 317431, www.pennancemill.co.uk.

Essen/Trinken (siehe Karte S. 463)

Harbour View (6), wie der Name schon andeutet, besitzt das Café-Restaurant eine Terrasse mit herrlichem Blick auf den Hafen. Kulinarisch nur Durchschnitt. Hauptgerichte um die £ 10. Montag- und Dienstagabend geschlossen. 24 Arwenack Street, ☏ 01326/315315. www.harbourdining.com.

Hunky Dory (5), neben Fisch- stehen hier ansprechend präsentierte Fleischgerichte im Mittelpunkt, wobei die asiatischen Einflüsse nicht zu übersehen sind. Lecker ist die mit Orangen und Chili zubereitete Entenbrust. Die niedrige Holzdecke sorgt für eine zünftige Stimmung. Wer zwischen 18 und 19 Uhr bestellt, bekommt ein 2-Gänge-Menü für £ 15, ein 3-Gänge-Menü für £ 18. 46 Arwenack Street, ☏ 01326/212997. www.hunkydoryfalmouth.co.uk.

Bistro de la Mer (5), dieses traditionsreiche Restaurant wurde auch von Michelin gelobt. Gute regionale Küche in lockerer Bistroatmosphäre. Ein Tipp: *Trio of Cornish Fish* für £ 17.50. Mittags gibt es ein 2-Gang-Menü für £ 14.50. In der Nebensaison So und Mo Ruhetage. 28 Arwenack Street, ☏ 01326/316509. www.bistrodelamer.com.

Gem's Fish Bar (2), dieses Fish'n'Chips ist ein Lesertipp von Conny Spiess: „Preis-Leistung ist einfach der absolute Hammer: Leckersten und frischesten Fisch mit netter Bedienung zu unheimlich angenehmen Preisen (£ 4.50–5). Man trifft dort fast nur Einheimische, und jeder Tourist, der den Weg dorthin findet, ist danach richtig begeistert." Völlig unscheinbar in einem modernen Haus am Hügel versteckt. Sonntag, Montag und Dienstagmittag geschlossen. 6 Quarry Hill, ☏ 01326/313640.

Rick Stein's Fish'n'Chips (9), Cornwalls Starkoch hat jetzt auch eine Fish'n'Chips-Filiale in Falmouth eröffnet (direkt beim Maritime Museum). Den frischen Fisch gibt es entweder im Bierteig frittiert oder gegrillt. Und für Feinschmecker gibt es im ersten Stock auch frische Austern, sechs Stück für £ 9. Kein Ruhetag. Discovery Quay.

Da Vinci (1), eine Adresse für die Freunde von Pizza und Pasta (jeweils ab £ 7.50). Man sitzt an einfachen Holztischen und labt sich an einer Flasche Wein (ab £ 12.50). Mittags und sonntags geschlossen. 35 High Street, ☏ 01326/312277.

De Wynn's Coffee & Tea House (3), leckeren Kuchen und sehr guten Kaffee gibt es in diesem Traditionslokal mit der stilvollen Einrichtung und viktorianischen Fenstern. Die gerösteten Bohnen stapeln sich in den Schubladen. Sehr beliebt. Bis 17 Uhr geöffnet, im Winterhalbjahr Sonntag geschlossen. 55 Church Street.

Indaba (22), in traumhafter Lage, direkt neben dem Swanpool Beach werden in die-

Falmouth

sem Restaurant leckere Fischgerichte serviert. Bei schönem Wetter wird unter freiem Himmel auf der großen Terrasse gegrillt. Hauptgerichte rund £ 15 (*Grilled Sea Bream*). ℅ 01326/311886. www.indabafish.co.uk.

The Gylly Beach (18), dieses Café-Restaurant direkt am Gyllyngvase Beach begeistert nicht nur mit seiner sonnigen, windgeschützten Terrasse. Ein Tipp: Gourmetburger. Hauptgerichte um die £ 10–15. Tgl. ab 9 Uhr geöffnet. Cliff Road, ℅ 01326/312884. www.gyllybeach.com.

5 Degrees West (8), zur Abwechslung mal ein modernes einladendes Pub ohne jede Seefahrerromantik. Serviert wird internationale Küche mit vielen Grillgerichten, wobei meist auf Regional- wie auch Ökoprodukte zurückgegriffen wird. Große Terrasse. Kein Ruhetag. 7 Grove Place, ℅ 01326/311288.

Sehenswertes

National Maritime Museum Cornwall: Die größte Attraktion von Falmouth ist das im Frühjahr 2003 eröffnete Museum für Seefahrtsgeschichte, dessen Bau stolze 21 Millionen Pfund gekostet hat. Der moderne Freizeit- und Tourismuskomplex – ein architektonisch sehr ansprechender Bau – zeigt 150 historische Boote (zumeist Segelboote) und eine umfangreiche maritime Bibliothek. Die interaktive Ausstellung entführt in die Geschichte und Mythen des Meeres und thematisiert, wie das Wasser den lokalen Alltag und die Mentalität der Menschen beeinflusst hat. Kinder können Miniaturboote über das Wasser segeln lassen oder versuchen, bei diversen Computeranimationen den richtigen Kurs zu halten. Im Untergeschoss *(tidal zone)* bieten große Fenster – sie werden nach unten hin schmäler, um dem Druck der Gezeiten besser standhalten zu können – die faszinierende Möglichkeit, die Unterwasserwelt von Cornwall live zu beobachten. Sehr interessant ist auch die Ausstellung über den Schiffsbau und die Restaurierung alter Boote. Unbedingt sollte man auf die Aussichtsterrasse des Museumsturms steigen und den herrlichen Blick über die Bucht von Falmouth genießen. Fast ebenso schön, aber gemütlicher ist der

Das National Maritime Museum in Falmouth

466 Cornwall

Blick durch die Panoramafenster des einladenden Museumscafés, dessen Angebot übrigens ausgezeichnet ist.

⏱ tgl. 10–17 Uhr. Eintritt: £ 9.50, erm. £ 7.75 bzw. £ 6.50, Familien £ 27. www.nmmc.co.uk.

Pendennis Castle: Pendennis Castle ist Cornwalls größte Festung. Umgeben von zwei Mauerringen erhebt sich der runde Mittelturm wie ein Bollwerk über der Hafeneinfahrt. Im Bürgerkrieg trotzte die Besatzung der Festung 23 Wochen lang den Truppen Cromwells. Erst als keine Vorräte mehr vorhanden waren und der Hungertod drohte, kapitulierte der Kommandant.

⏱ April bis Sept. tgl. 10–17 Uhr, Juli und Aug. tgl. 10–18 Uhr, Okt. bis März tgl. 10–16 Uhr. Eintritt: £ 6, erm. £ 5.10 oder £ 3 (EH).

Falmouth Art Gallery: Die 1978 eröffnete Kunstgalerie zeigt neben einer Dauerausstellung mit Werken u. a. von Alfred Manning, H. S. Tuke, J. W. Waterhouse und Henry Moore auch immer wieder anspruchsvolle Wechselausstellungen mit zeitgenössischer Kunst.

Adresse The Moor. ⏱ Mi–Sa 10–17 Uhr. Eintritt frei! www.falmouthartgallery.com.

Strände

Castle Beach: Feiner, zentrumsnaher Kiesstrand mit Café und Toiletten.

Gyllyngvase Beach: Großer halbmondförmiger Strand, ideal zum Schwimmen bei Ebbe und Flut. Viele Windsurfer ziehen ihre Kreise. Umkleidekabinen, Toiletten, Cafeteria.

Swanpool: Ein kleiner, recht voller Sandstrand, dahinter befindet sich ein Teich, an dem Boote vermietet werden (alles mit typischer Ferienpark-Atmosphäre).

Maenporth Beach: Geschützter Strand ähnlichen Charakters. Von hier aus lassen sich schöne Spaziergänge über die Klippen unternehmen.

Umgebung

Isle of Roseland

Eine Fähre pendelt halbstündlich zwischen Falmouth und der Roseland Peninsula, deren bekanntester Ort St Mawes ist, hin und her. Die kleine Halbinsel zwischen dem River Fal im Westen und der Gerran Bay im Osten hat ihren Namen nicht etwa vom englischen Wort „rose", sondern vom cornischen „rosinis", was so viel wie „Moorinsel" bedeutet. Man findet eine naturbelassene Landschaft mit einsamen Badeplätzen vor, die es auf Wanderungen zu entdecken gilt. Die südlichste Spitze der Halbinsel, St Anthonys Head, ist durch einen Leuchtturm markiert.

Fährverbindungen Im Sommer verkehrt die King Harry Ferry Mo–Sa 7.20–21 Uhr, So ab 9 Uhr; im Winter Mo–Sa 8–19 Uhr, So ab 9 Uhr. Gebühr: £ 5 pro Auto, Fußgänger kostenlos! www.kingharryscornwall.co.uk.

St-Just-in-Roseland

Einen Besuch, auch wegen ihrer einmalig schönen Lage, lohnt die kleine Kirche in St-Just-in-Roseland, die hinter Rhododendren versteckt am Ufer eines Flüsschens liegt. Ein malerisches Szenario.

St Mawes

An der Mündung des Fal River gelegen, wird St Mawes häufig mit einem Jachthafen an der Riviera verglichen. Viele subtropische Pflanzen wachsen im milden Klima, der Ort ist durch seine Lage auch von Nordwinden geschützt. Vom Kai aus kann man Bootstouren unternehmen. Das *St Mawes Castle* wurde unter Heinrich VIII. erbaut und gilt mit seinen halbkreisförmigen Bastionen als Meisterleistung der damaligen Verteidigungstechnik.

① Juli und Aug. tgl. 10–18 Uhr, April, Juni, Sept. tgl. 10–17 Uhr, Okt. tgl. 10–16 Uhr, Nov. bis März Fr–Mo 10–16 Uhr. Eintritt: £ 4.20, erm. £ 3.60 bzw. £ 2.10 (EH).

Trelissick Gardens

In den Trelissick Gardens lassen sich Rhododendren, Hortensien, Magnolien und Kamelien in ihrer ganzen Vielfalt bewundern. Stattlich wirken auch die mehr als hundert Jahre alten nordamerikanischen Zypressen. Die heimische Vegetation wird unter anderem durch einen Obstgarten repräsentiert, in dem verschiedene cornische Apfelbäume wachsen. Hinzu kommt ein toller Ausblick bis hinunter zum River Fal. Lohnend ist auch der Woodland Walk, ein Rundwanderweg, der in rund 40 Minuten auch hinunter zu einem Strand führt.

① März bis Okt. tgl. 10.30–17.30 Uhr, So erst ab 12 Uhr. Eintritt: £ 7.40, erm. £ 3.40, Familienticket £ 18.40, Parken nochmals £ 3.40 (NT).

St-Antony-in-Roseland

Glendurgan Garden

Das milde cornische Klima eignet sich bekanntlich vorzüglich für subtropische Pflanzen. Die in einem Tal am Helford River gelegene Gartenanlage wurde von dem Reeder Alfred Fox in der ersten Hälfte des 19. Jahrhunderts angelegt. Das Herrenhaus ist noch immer im Besitz der Familie. Neben exotischen Pflanzen, Rhododendren, Kamelien und Magnolien begeistert Glendurgan vor allem durch einen historischen Irrgarten. Nicht nur Kinder sind von dem Heckenlabyrinth aus Kirschlorbeer fasziniert.

① Mitte Febr. bis Okt. Di–Sa 10.30–17.30 Uhr, im Aug. auch Mo 10.30–17.30 Uhr. Eintritt: £ 6, erm. £ 3, Familienticket £ 15.10 (NT).

Trebah Garden

Für viele Besucher ist Trebah der schönste Garten Cornwalls. Kaum mehr vorstellbar, dass der Park jahrzehntelang sich selbst überlassen blieb. Erst als Tony und Eira Hibbert das Anwesen 1981 erwarben, wurde die Schönheit des seit 1987 öffentlich zugänglichen Gartens wiederhergestellt. Das Markenzeichen der subtropischen Gartenanlage sind urzeitliche Baumfarne, Wasserfälle, Wassergärten und ein Karpfenteich. Urzeitliche Baumfarne und Palmen schaffen in dem klimatisch ge-

468 Cornwall

schützten Tal ein regelrechtes Dschungelambiente. Der Garten endet an einem Sandstrand, auf dem die Besucher baden und picknicken dürfen.

⏰ tgl. 10–18 Uhr. Eintritt: £ 7.50, erm. £ 6.50 bzw. £ 2.50, von Nov. bis Febr. £ 3, erm. £ 2.50 bzw. £ 1. www.trebah-garden.co.uk.

Helston

Die alte, verwinkelte Marktstadt, deren Geschichte bis in die Zeiten König Alfreds zurückreicht, war eine der wenigen Münzstädte im Südwesten; auch das in Cornwall abgebaute Zinn wurde hier auf seine Reinheit geprüft.

Die touristische Hauptattraktion der Stadt sind die im Mai stattfindenden *Furry Days* oder *Flora Days*. Furry hat übrigens nichts mit Fellen oder Ähnlichem zu tun, sondern leitet sich von dem cornischen Wort „feur" für „Feier" ab. Bereits seit Jahrhunderten tanzen die Einwohner Helstons – und nur diese dürfen an dem Tanz teilnehmen – an jedem 8. Mai in festgelegter Reihenfolge durch die Straßen der Stadt. Der Rummel beginnt bereits morgens um sieben Uhr. Zuerst tanzen die Schulkinder, später folgen die Erwachsenen, die sich in einer unendlich langen Schlange in traditionellen Kostümen an den fotografierenden Touristen vorbeidrängen. Ein riesiges Spektakel, bei dem die ganze Stadt auf den Beinen ist. Ansonsten hat Helston eher wenig zu bieten. Wer sich auf The Lizard einquartiert hat oder dorthin will, sollte am besten noch in den örtlichen Geschäften und Supermärkten einkaufen, denn weiter im Süden sieht es in dieser Hinsicht düster aus.

„In Britannien sind bei einem Kap, das man Belerion (Land's End) nennt, die Einheimischen besonders fremdenfreundlich und durch den häufigen Umgang mit auswärtigen Kaufleuten kultiviert. Sie produzieren Zinn, das sie aus Felsen holen, in die sie Stollen treiben. Sie gießen das Metall in Barren und bringen es auf eine Insel vor der britischen Küste, die man Ictis (Wight) nennt. Bei Ebbe fällt der Bereich zwischen Britannien und der Insel trocken, so dass man große Mengen Zinn auf Fuhrwerken herüberbringen kann. Dorthin kommen dann Kaufleute, kaufen das Zinn und transportieren es nach Gallien."

Diodor (griechischer Geschichtsschreiber)

• *Information* **Tourist Information Centre**, 79 Meneage Street, Helston, Cornwall, TR13 8RB, ✆ 01326/565431.
www.helston-online.co.uk.

• *Einwohner* 13.000 Einwohner.

• *Verbindungen* **Bus** – Verschiedene Routen von Western National führen über Helston; 2/2A Falmouth–Penzance, T1 Truro–The Lizard und 13/13 Avon und nach St Ives. Informationen unter ✆ 01209/719988. Die Busse halten in der Coinagehall Street.

• *Badestrände* Auf dem Weg nach Penzance sind an der A 394 zwei schöne Badestrände – **Praa Sands** und kurz danach **Perranuthnoe** in der Nähe von **Marazion**.

• *Fahrradverleih* **Family Cycling**, 7 Church Street, ✆ 01326/573719. Mountainbike für £ 10 pro Tag. Ideal für Touren zum Lizard Point.

• *Übernachten/Essen/Trinken* Auf der Fahrt durch Helston sollte man auf jeden Fall in einem der beiden alten Pubs eine kurze Pause einlegen:

Blue Anchor Inn, das zünftige Pub liegt direkt im Stadtzentrum und stammt aus dem 15. Jh. Da es das einzige Pub weit und breit ist, in dem das Bier selbst gebraut wird, lohnt ein Besuch allein schon, um das Bingo Real Ale zu testen. In einem edwardinischen Gebäude direkt nebenan werden vier einfache Zimmer vermietet. B & B £ 25—

27.50. 50 Coinagehall Street, ☎ 01326/562821. www.spingoales.com.

Chycarne Farm Cottages, etwa vier Kilometer nordwestlich von Helston befindet sich in Sichtweite des Meeres eine Farm, auf der mehrere Cottages vermietet werden. Extras: Kleines Fitnessstudio und WLAN. Für eine Woche bezahlt man £ 195–460, abhängig von der Jahreszeit und von der Größe des jeweiligen Cottage (3–8 Personen). Reservierungen bei Mrs. Koss, Balwest, Ashton, Helston, ☎/☏ 01736/762473, www.chycarne-farm-cottages.co.uk.

The Halzephron Inn, der acht Kilometer südlich von Helston bei Gunwalloe gelegene Gasthof (von der A 3083 rechts abbiegen) erinnert an einen alten Schmugglertreff mit mehreren Gasträumen und ist ein Lesertipp von Brigitte Schäfer, die das köstliche Essen (Sirlion Steak mit Pommes und Salat für £ 16.95) und den Meerblick von der Terrasse (bis Land's End) lobte. Es werden auch zwei gemütliche Zimmer mit antiquierten Bädern vermietet. B & B £ 42, im EZ £ 50. ☎ 01326/240406, ☏ 241442, www.halzephron-inn.co.uk

Sehenswertes

Helston Folk Museum: Das Heimatmuseum in der Church Street widmet sich vor allem dem 19. und 20. Jahrhundert. Auffälligstes Exponat ist eine Kanone der 1807 an der Küste bei Loe Bar gesunkenen *HMS Anson*.

① tgl. außer So 10–13, in den Ferien bis 16 Uhr. Eintritt: £ 2.

Godolphin House: Das schmucke Herrenhaus – rund acht Kilometer nordwestlich von Helston – stammt aus dem späten 15. Jahrhundert und ist von einem großzügigen Garten samt Stallungen umgeben.

① von Ostern bis Ende Sept. tgl. 11–17 Uhr. Eintritt: £ 3.70, erm. £ 1.85 (NT). www.nationaltrust.org.uk/main/w-godolphinestate

Flambards Village Theme Park: Flugzeugfans kommen in der Nähe von Helston auf ihre Kosten. Das Gelände liegt an der A 3083 in der Nähe des Culdrose Militärflughafens. Viele ältere und neuere Flugzeuge können hier besichtigt werden, aber auch das Cockpit einer Concorde. Es gibt zudem ein *Victorian Village* in Originalgröße und „Britain in the Blitz", den Nachbau einer englischen Straße zur Zeit der deutschen Bombenangriffe. Weiterhin gibt es hier viele Vergnügungen, vor allem für Kinder (Wasserrutschen, Karussells, Boote usw.).

① April bis Okt. tgl. 10–17 Uhr, in der Hochsaison bis 18 Uhr. Eintritt: £ 19.50, erm. £ 12.50. www.flambards.co.uk.

Lizard Peninsula

Die Lizard-Halbinsel mit ihren zahlreichen Stränden, kleinen Dörfern und schroffen Klippen wird von Liebhabern als schönster Teil Cornwalls gehandelt. Einen Abstecher – egal ob zu Fuß, per Rad oder mit dem Auto – darf man sich nicht entgehen lassen.

Die raue Landschaft der Lizard-Halbinsel – der Name Lizard hat nichts mit Eidechsen zu tun, sondern soll sich von dem cornischen *lys ardh* (hoher Punkt) ableiten – ist im Gegensatz zu Land's End vom Tourismus weitgehend verschont geblieben. Bei einer kurzen Wanderung über die Klippen stößt man auf goldgelbe Strände mit türkisblauem Wasser, wie beispielsweise in der Kynance Cove. Der National Trust, dem der größte Teil der Küste gehört, kümmert sich vorbildlich um ihren Erhalt. Einzig in der Heidelandschaft der Goonhilly Downs wird das Naturerlebnis durch riesige Parabolantennen einer Satellitenstation (Goonhilly Satellite Earth Station, siehe unten) gestört.

470 Cornwall

Mullion Cove

• *Verbindungen* Die Lizard-Halbinsel ist nicht einfach mit öffentlichen Verkehrsmitteln zu erkunden. Mit dem **Pkw** oder mit einem **Fahrrad** lassen sich die entlegensten Ecken erreichen. Wer dennoch auf den **Bus** angewiesen ist, kann vom „Verkehrsknotenpunkt" Helston mit dem Bus 2 (von Falmouth nach Penzance) nach Porthleven fahren. Bus T1 (von Truro) fährt durch Helston und Mullion zum Ort The Lizard. Ferner verbinden die Busse T2/3 7-mal tgl. (Mo–Fr) Helston mit St Keverne und Coverack.

Porthleven

Südlich von Porthleven, einem mittelgroßen Fischerdorf, erstreckt sich über fünf Kilometer hinweg ein niemals überlaufener Sand- und Kieselstrand. Unmittelbar dahinter befindet sich der Loe Pool, Cornwalls größter Süßwassersee.

Mullion

Das rund zehn Kilometer von Helston entfernte Mullion ist das größte Dorf auf der Lizard-Halbinsel. Eine Meile entfernt befindet sich an der Mullion Cove ein winziger Hafen mit Schmugglertradition. Surfer bevorzugen die benachbarten Strände *Polurrian* und *Poldhu*.

• *Übernachten* **Mullion Cove Hotel**, hoch über dem kleinen Hafen eignet sich dieses in einem stattlichen viktorianischen Haus untergebrachte Hotel für einen angenehmen, wenngleich nicht unbedingt günstigen Aufenthalt. Relaxen kann man am zugehörigen Swimmingpool (solarbeheizt). B & B je nach Saison und Ausstattung pro Person zwischen £ 60 und £ 115. Gutes Restaurant, Möglichkeit zur Halbpension für £ 10 Aufschlag. ✆ 01362/240328. www.mullioncove.com.

Kynance Cove

Inmitten einer beeindruckend schönen Landschaft an der Westküste liegt die Bucht Kynance Cove, allerdings ist sie nur über eine Privatstraße zu erreichen. Bei Ebbe kann man hinüber zum *Asparagus Island* laufen. Die See hat unzählige Höhlen in die hohen Klippen gewaschen, von der jede einen Namen trägt: *The Kitchen, The Draw-*

Lizard Point

Kynance Cove besitzt einen der herrlichsten Sandstrände Cornwalls

ing Room oder *The Devil's Mouth*. Überragend ist der Blick entlang der steilen Felsküste. Unterhalb befindet sich ein schöner Sandstrand, den man über einen kleinen Pfad erreichen kann. Ein kleines Café mit großem Garten lädt zum Verweilen ein. Bei Wind und Regen ist es hier besonders aufregend, weil man dann meist alleine ist und sich buchstäblich gegen die starke Brise stemmen muss. Ein weiterer schöner Strand ist der Pentreath Beach, auf halbem Wege zwischen Kynance Cove und Lizard Point.

Lizard Point

Lizard Point ist der südlichste Punkt Großbritanniens. Der Ort besteht aus ein paar Bauernhöfen, einem Restaurant, Cafés und Souvenirbuden sowie einem großen, ausnahmsweise gebührenfreien Parkplatz. Zum Lizard Point sind es nur wenige Fußminuten, etwas weiter östlich steht ein Leuchtturm aus dem Jahre 1752. Er besitzt eines der stärksten Leuchtfeuer der Welt, welches alle drei Sekunden über den Ärmelkanal blinkt.

• *Übernachten* **Housel Bay Hotel**, das 21-Zimmer-Hotel rühmt sich zu Recht, das südlichste Englands zu sein. Doch weniger dieser Umstand, als die tolle Lage über den Klippen unweit des Lizard Point machen das Hotel zu einem lohnenden Aufenthaltsort an Englands Südspitze. Weitere Pluspunkte: schöne Zimmer und gutes Restaurant. B & B je nach Zimmer (diejenigen mit Meerblick sind teurer) £ 85–150 für zwei Personen. Halbpension zusätzlich £ 30 pro Person. Günstigere Arrangements bei längeren Aufenthalten. ✆ 01326/290417. www.houselbay.com.

Parc Brawse House, Ben und Jo Charity vermieten in ihrem allein stehenden Haus sieben Zimmer an Gäste. B & B je nach Zimmer und nach Reisezeit £ 25–30 pro Person. Es wird auch ein Cottage für vier Personen vermietet. ✆ 01326/290466. www.cornwall-online.co.uk/parcbrawsehouse.

• *Jugendherberge* **Youth Hostel**, im Frühjahr 2003 eröffnete am Lizard Point eine Jugendherberge in einer einstigen viktorianischen Villa. Leserin Marianne Pfaff schwärmte von dem wunderschönen Ausblick und lobte die Herberge in den höchsten Tönen. Von Nov. bis März geschlossen. Erwachsene ab £ 14, Jugendliche ab £ 10.50. ✆ 0845/3719550, ✆ 0870/7706121. lizard@yha.org.uk.

Goonhilly Satellite Earth Station Experience

Die 1962 eröffnete Goonhilly Satellite Earth Station ist die größte Satellitenanlage der Welt. Mit einem Durchmesser von bis zu 32 Metern übertragen die 61 Satellitenantennen nicht nur Fernsehprogramme, sondern auch Telefongespräche. Auch die Bilder von der Mondlandung der Apollo 11 wurden von Goonhilly übertragen. Ein Besuch im Visitor Centre und die anschließende Busrundfahrt über das Gelände vermitteln den Besuchern einen guten Einblick in die modernste Nachrichtentechnik. Kinder begeistert vor allem der Multimediabereich.

ⓘ Juni bis Sept. tgl. 10–18 Uhr, im April, Mai und Okt. tgl. bis 17 Uhr, im Winter tgl. außer Mo 11–16 Uhr, im Januar geschlossen. Eintritt £ 7, erm. £ 5.50 bzw. £ 5. www.goonhilly.bt.com.

Wandern auf dem Cornwall Coast Path

Wer gut zu Fuß ist, kann The Lizard auf Schusters Rappen umrunden. Der etwa 55 Kilometer lange Küstenpfad führt von Falmouth bis Porthleven. Die schönste Strecke mit zahlreichen Buchten ist der Weg von Church Cove über den Lizard Point zur Kynance Cove.

Wer die gesamte Strecke erwandern möchte, kann sich neben einer guten Karte die Broschüre *Cornwall Coast Path,* eine Publikation des Cornwall Tourist Board (Municipal Building, Truro, ✆ 01872/74555) besorgen, in der sämtliche Wanderwege durch Cornwall detailliert beschrieben sind. Eine gute Hilfe ist auch *Bartholomew Map & Guide* „Walk the Cornish Coastal Path" für rund £ 6 (in den Tourist Offices oder im Buchhandel erhältlich) sowie der Association Guide der South West Coast Path Association mit Fahrplänen und Gezeitentabelle (für £ 16 im Internet: www.swcp.org.uk).

Cadgwith

Außerhalb der Saison zeigt sich der Ort als verschlafenes Nest mit einer Handvoll reetgedeckter Häuser und einem Miniaturhafen, der von schroffen Felsen eingerahmt ist. Die Boote stehen fast schon auf der engen Straße, die durch den hübschen Fischerort führt.

Essen **The Old Cellars**, das direkt am Meer gelegene Restaurant ist ein Lesertipp von Christine Nett und Hans-Jürgen Martin. Sie lobten vor allem das große Angebot fangfrischer Fische und die wunderbar angerichteten Starter. ✆ 01326/290727.

Coverack

Hier geht es schon etwas touristischer zu, obwohl der Ort selbst viel Charakter bewahrt hat. Ein paar Häuser verteilen sich über die breite, felsige Bucht, deren Strand bei Flut nahezu verschwindet. Ein paar Cafés und Restaurants verpflegen die Ausflügler.

● *Übernachten/Essen* **The Bay Hotel**, nur von einer Straße vom Strand getrennt, begeistert dieses stilvolle Hotel mit seiner familiären Atmosphäre und seinem guten Restaurant. Halbpension je nach Saison und Zimmerausstattung £ 67–99 pro Person im DZ, im EZ ab £ 100. ✆ 01326/280464. www.thebayhotel.co.uk.

Parc Behan ist eine Jugendherberge auf der Lizard Peninsula. Sie liegt wunderschön oberhalb des kleinen Ortes Coverack und bietet einen großartigen Blick auf die Küste. Erwachsene ab £ 14, Jugendliche ab £ 10.50. Im Winter geschlossen. School Hill, Coverack, ✆ 0845/3719014, ✆ 0845/3719015. coverack@yha.org.uk.

Von St Keverne nach Helford

Von *St Keverne* fährt man über die beiden kleinen Orte *Porthoustock* und *Porthallow* nach *Helford,* das durch die Romane von *Daphne du Maurier* bekannt geworden ist. Die Miniaturstraßen zwischen den reetgedeckten Häusern und einigen Palmen erfordern fahrerische Höchstleistungen. Eine Fähre hinüber nach Helford legt am alten Ferry Boat Inn ab (im Sommer). Von hier aus können Bootsfahrten auf dem Helford River unternommen werden. Im Garten des strohgedeckten Shipwright's Arms sollte man eine Pause einlegen. Recht interessant ist die Austernfarm in *Porthnavas.*

National Seal Sanctuary

Ganz am westlichen Zipfel des Helford Rivers bei der Ortschaft Gweek befindet sich seit 1975 das National Seal Sanctuary, das sich der Pflege von kranken und verletzten Seehunden verschrieben hat. Sobald sich die Tiere erholt haben, werden sie wieder „ausgewildert", nur diejenigen, die im Meer keine Überlebenschancen mehr hätten, leben dauerhaft in einem der zahlreichen Pools. Neben verschiedenen Seehunden sind im National Seal Sanctuary auch Seelöwen und Otter zu bewundern. Der Höhepunkt eines Besuchs ist natürlich die mehrmals täglich stattfindende Fütterung.

⏰ tgl. 10–17 Uhr. Eintritt: £ 12.95, erm. £ 10.95. www.sealsanctuary.co.uk.

Penzance

Penzance liegt geschützt an der Mount's Bay. Große Temperaturschwankungen gibt es hier nicht, und der Golfstrom lässt sogar im Winter Blumen blühen, die in anderen Landesteilen erst im Mai oder Juni zu sehen sind. In den städtischen Morrab Gardens wachsen subtropische Pflanzen in einer solchen Fülle, wie man sie sich für England kaum vorstellen kann.

Penzance ist die größte Stadt an der cornischen Riviera. Wichtig ist die Stadt als Ausgangspunkt für die gesamte Penwith-Halbinsel und für einen Ausflug zu den Isles of Scilly. Zudem bietet Penzance die besten Einkaufsmöglichkeiten im westlichen Cornwall. Wer in der Hochsaison durch Cornwall reist, wird in Penzance mit großer Wahrscheinlichkeit noch eine Unterkunft finden. Im Gegensatz dazu sind die kleinen Orte und Fischerdörfer zu dieser Zeit fast alle überlaufen. Die lang gestreckte Strandpromenade bietet sich an für einen Spaziergang bis hinüber ins benachbarte Newlyn.

Geschichte

Die Geschichte der Stadt reicht zurück bis ins 11. Jahrhundert, als hier eine kleine Siedlung entstand, die 1332 das Marktrecht erhielt. Im Zuge der spanisch-englischen Auseinandersetzungen wurde Penzance 1595 geplündert. Doch der Aufstieg blieb ungebrochen: 1614 wurde Penzance zur Stadt erklärt. Piraten aus Frankreich, Algerien und sogar aus der Türkei griffen noch bis Mitte des 18. Jahrhunderts an, da der Zinnausfuhrhafen eine reiche Beute versprach. Als im Jahre 1859 die Eisenbahn Penzance erreichte, stieg die Zahl der Besucher stetig an. Wie viele andere südenglische Städte wurde auch Penzance im Zweiten Weltkrieg von deutschen Bombergeschwadern angegriffen und heftig in Mitleidenschaft gezogen.

Information/Verbindungen/Diverses

- *Information* **Tourist Information Centre**, der kostenlose Prospekt „The West Cornwall Holiday Magazine" beinhaltet ein Unterkunftsverzeichnis und praktische Tipps zum Erkunden der Umgebung. Station Approach, Penzance, Cornwall TR18 2NF, ✆ 01736/362207. www.penzance.co.uk bzw. www.go-cornwall.com.
- *Einwohner* 20.000 Einwohner.

- *Verbindungen* **Bus** – Fernbusse der Western National fahren in alle Richtungen ab Albert Pier, Wharf Road (Infos unter ✆ 01209/719988); National Express nach London über Heathrow (✆ 08705/808080, www.nationalexpress.com). Bus 2 und 2A nach Falmouth (40 km). Nahverkehrsbusse fahren regelmäßig über die Penwith-Halbinsel: Bus 1 nach Land's End (16 km), Bus 2 nach

Baden im Art-déo-Stil: Jubilee Pool

Penzance 475

Übernachten
1 Hotel Penzance
2 JH Castle Horneck
4 Union Hotel
7 Abbey Hotel
10 Penzance Arts Club
12 Blue Dolphin Penzance Backpackers
14 Summer House

Essen & Trinken
3 Harris's
5 Backen and Steak House
6 Turk's Head
8 Admiral Benbow
9 Chapels
11 The Dolphin Tavern
13 Indulgence

Helston (21 km), Bus 8 nach Hayle (12 km), Bus 6B nach Mousehole (5 km), Bus 16, 17, 17A nach St Ives (16 km), Bus 2, 2A zum St Michael's Mount (5 km). **Zug** – Penzance ist die Endstation der Eisenbahnlinie von London. Bahnhof in der Wharf Road; regelmäßig fahren Züge über Truro und Plymouth sowie nach London Paddington (10 Verbindungen tgl.). Wer nach St Ives reisen will, muss in St Erth umsteigen. Nach Falmouth wechselt man den Zug in Truro, nach Newquay in Par. **Schiff** – Tgl. Verbindungen zu den Isles of Scilly.
www.nationalrail.co.uk.

• *Fahrradverleih* **Cycle Centre**, Mountainbikes und mehr findet man hier in der New Street, ✆ 01736/351671.
www.cornwallcyclecentre.co.uk.

Übernachten

Penzance Arts Club (10), in einem Haus aus dem 18. Jh., das einst die portugiesische Botschaft beherbergte, befindet sich ein sehr unkonventionelles Hotel mit plüschigen Zimmern, eher ein Künstlertreff mit Restaurant, das Biokost serviert. Gelegent-

• *Geldwechsel* Mehrere Banken befinden sich im Zentrum, z. B. **Barclays** und **Lloyds** in der Market Jew Street. Wechseln ist auch bei der Post in derselben Straße möglich.
• *Internet* **Computer**, 36b Market Jew Street.
• *Kino* **The Savoy**, Causewayhead, ✆ 01736/363330. www.merlincinema.co.uk.
• *Polizei* Penalverne Drive, ✆ 0990/777444.
• *Post* 113 Market Jew Street (Kreuzung Jennings Street).
• *Schwimmen* **Jubilee Pool**, Seewasserschwimmbad (gechlort) im Art-déco-Stil aus dem Jahre 1935. 200 Meter westlich des Hafens. Mitte Mai bis Mitte Sept. geöffnet. Eintritt: £ 4, erm. £ 2.90.

lich finden Jazzkonzerte und Lesungen statt. B & B ab £ 45 pro Person im DZ. Chapel House, Chapel Street, ✆/℡ 01736/363761, www.penzanceartsclub.co.uk.

Abbey Hotel (7), kleines, stilvolles Hotel in einem himmelblau gestrichenen Haus aus

476 Cornwall

dem 17. Jh., das dem einstigen Supermodel Jean Shrimpton und ihrem Ehemann gehört. Die Zimmer sind mit Geschmack und viel Liebe fürs Detail im englischen Landhausstil eingerichtet. Schöner Garten. B & B ab £ 65 pro Person in der Nebensaison, EZ ab £ 90, unter der Woche kann man 3 Nächte zum Preis von 2 verbringen. Abbey Street, ☎ 01736/366906, ☏ 01736/351163, www.theabbeyonline.co.uk.

Hotel Penzance (1), wunderschönes Hotel mit mediterranem Garten oberhalb der Stadt. Stilvolle Zimmer mit Charme und Flair sowie ein ansprechendes Restaurant. B & B im DZ je nach Ausstattung £ 75–90, im EZ £ 82–85. Britons Hill, ☎ 01736/363117, ☏ 01736/350970, www.hotelpenzance.com.

Union Hotel (4), eher zünftige Unterkunft mit einem rustikalen Pub. 1805 wurden hier Nelsons Tod und der Sieg von Trafalgar zum ersten Mal öffentlich verkündet. WLAN. Die Zimmer (B & B ab £ 40 im EZ, ab £ 32.50 im DZ) nach hinten blicken teilweise zum St Michael's Mount. Chapel Street, ☎/☏ 01736/362319, www.unionhotel.co.uk.

Summer House (14), das kleine Hotel unweit des Meeres verspricht mediterranen Lebensstil in einem Regency-Ambiente. Schöne Terrasse. Das ausgezeichnete Restaurant ist bekannt für seine leichte Küche. Die Zimmer mit den schönen Bädern sind in Pastelltönen gehalten. Nur von April bis Okt. geöffnet. EZ £ 105, DZ ab £ 60 (jeweils B & B). Cornwall Terrace, ☎ 01736/363744, ☏ 01736/360959, www.summerhouse-cornwall.com.

Blue Dolphin Penzance Backpackers (12), die Alternative zur Jugendherberge, zentrale Lage, nette Lounge, Gemeinschaftsküche. Kostenloses WLAN. Übernachtung im Schlafsaal £ 15, DZ ab £ 16 pro Person. Alexandra Road, ☎ 01736/363836, ☏ 01736/363844, www.pzbackpack.com.

• *Jugendherberge* **Castle Horneck (2)**, die hübsch gelegene Jugendherberge liegt an der Alverton Road, ca. eineinhalb Kilometer in Richtung Land's End, dann nach dem strohgedeckten Haus rechts weg. Freundliche Herbergseltern. Erwachsene ab £ 14, Jugendliche ab £ 10.50. Ganzjährig geöffnet, außer Weihnachten und Januar. Nebenan auf der Wiese kann man für den halben Erwachsenenpreis zelten. Alverton, ☎ 0845/3719653, ☏ 01736/362663, penzance@yha.org.uk.

• *Camping* Das Tourist Office führt eine Liste mit den Campingplätzen der Umgebung.

Bone Valley Park, kleiner, aber gut ausgestatteter Campingplatz mit schönen Parzellen im Norden von Penzance. WLAN. Für einen Stellplatz und zwei Personen zahlt man ab £ 10. Ganzjährig geöffnet. Heamoor, ☎ 01736/360313, www.bonevalleyholidaypark.co.uk.

Essen/Trinken (siehe Karte S. 475)

Harris's (3), eine alteingesessene Adresse für Gourmetliebhaber, die einen perfekt gegrillten Seeteufel (*monk fish*) mit Pilzrisotto für £ 18.50 zu würdigen wissen. In einer kleinen Seitenstraße mitten im Zentrum. ☎ 01736/364408. Sonntag und Montag Ruhetage. New Street.

Chapels (9), ansprechende Mischung zwischen Restaurant und Café mit großem Tresen. Ansprechende Küche (Zwei-Gänge-Menü £ 12, drei Gänge £ 15). Sonntag ab 19 Uhr Jazz. 12 Chapel Street, ☎ 01736/350222. www.chapelstbrasserie.com.

Admiral Benbow (8), ein Haus aus dem 16. Jh. Die Räume, die auf zwei Etagen verteilt sind, haben Seefahrtsgerät und Wrackteile an den Wänden. In gemütlicher Pub-Atmosphäre wird eine ordentliche Auswahl an Bar Meals angeboten (£ 9–11), abends ab £ 12. 46 Chapel Street, ☎ 01736/363448.

Turk's Head (6), das älteste Pub in Penzance mit einem Schmugglertunnel direkt zum Hafen. Das Pub ist bekannt für sein ausgezeichnetes Essen, teilweise mit ungewöhnlichen Kreationen, Hauptgerichte ca. £ 10. Ebenfalls in der Chapel Street, Hausnummer 19, ☎ 01736/363093.

Idulgence (13), nettes Café direkt am Jubilee Pool, schöne sonnige Terrasse, serviert kleine Gerichte und Snacks. Tgl. ab 10 Uhr geöffnet. Wharf Road, ☎ 0777/9998590. www.poolside-indulgence.co.uk.

Backen and Steak House (5), dieses in einem Hinterhof gelegene Restaurant hat sich der Zubereitung saftiger Steaks verschrieben, wobei Wert auf regionale Produkte gelegt wird. Sonntag Ruhetag. Chapel Street, ☎ 01736/331331. www.bakehouserestaurant.co.uk.

The Dolphin Tavern (11), führt im Ganzen zehn Biersorten. Natürlich befindet sich auch hier Nautisches an den Wänden, die zusätzlich Bullaugen zieren. Das Frühstück kann den ganzen Tag über bestellt werden. Ansprechende Zimmer, B & B für £ 42.50 im Sommer, im Winter günstiger. Quay Street (an den Docks), ✆ 01736/364106. www.dolphintavern.co.uk.

Sehenswertes

Trinity House National Lighthouse Centre: Das einstige Seefahrtsmuseum wurde in ein Informationszentrum zum Thema Küstensicherung umgewandelt. Ausgestellt ist auch die Wohnung eines Leuchtturmwärters.

Adresse 19 Chapel Street. ⏰ Ostern bis Okt. tgl. 10.30–16.30 Uhr. Eintritt: £ 3, erm. £ 2 oder £ 1. www.trinityhouse.co.uk.

Egyptian House: Das Egyptian House (erbaut 1830) in der Chapel Street mit seinen trapezförmigen Fenstern ist eines der eigenartigsten Gebäude in Cornwall. Der Architekt John Foulston zollte der Ägyptenbegeisterung seiner Zeit Tribut und entwarf die dreistöckige Fassade nach dem Vorbild der Egyptian Hall auf dem Piccadilly.

Penlee House Gallery and Museum: Das in einer viktorianischen Villa untergebrachte Museum besitzt eine umfangreiche Kollektion von Gemälden der 1884 von Stanhope Forbes gegründeten Newlyn School, zumeist impressionistische Küstenszenen.

Skurril: Egyptian House

Adresse Morrab Road. ⏰ tgl. außer So 10.30–16.30 Uhr, von Ostern bis Sept. tgl. außer So 10–17 Uhr. Eintritt: £ 3, erm. £ 2, Sa freier Eintritt! www.penleehouse.org.uk.

Umgebung

St Michael's Mount

St Michael's Mount ist das englische Pendant zum Mont St Michel in der Normandie. Die Ähnlichkeit ist nicht zufällig: Edward the Confessor übergab um 1050 eine auf dem Granitfelsen stehende Kapelle den Benediktinermönchen vom Mont-Saint-Michel, woraufhin diese nach dem normannischen Vorbild eine zweite Abtei gründeten. Das trutzige Kloster war auch von militärischer Bedeutung: So ließ Heinrich V. den Bau im Hundertjährigen Krieg befestigen. Als Heinrich VIII. landesweit die Klöster aufgelöst hatte, stand dem Ausbau der Insel zu einem Fort nichts mehr entgegen. Nach dem englischen Bürgerkrieg ging die Burg in den Besitz der Familie St Aubyn über. Die Familie – Marmorbüsten und Portraits von den Angehörigen sind in mehreren Räumen zu bewundern – ließ das Kloster zum Wohnsitz umbauen, so dass von der ursprünglichen Ausstattung nur noch wenig

478 Cornwall

Märchenhafte Kulisse: St. Michael's Mont

erhalten geblieben ist. Sehenswert ist übrigens auch der im 18. Jahrhundert angelegte Felsengarten, der das gesamte Schloss umgibt.

Noch ein Hinweis: Zu Fuß zu erreichen ist die Insel nur bei Ebbe über einen gepflasterten Damm (15 Minuten). Bei Flut fahren Boote (£ 1.50) ab Marazion.

⏰ April bis Okt. tgl. außer Sa 10.30–17.30 Uhr, im April und Okt. nur bis 17 Uhr, der Garten ist von Mai bis Juni Mo–Fr 10.30–17.30 Uhr sowie von Juli bis Okt. Do und Fr 10.30–17.30 Uhr geöffnet. Eintritt: £ 7, erm. £ 3.50, Garten £ 3.50, erm. £ 1.50. www.stmichaelsmount.co.uk.

• *Übernachten* **Ennys**, ein wunderschönes B & B befindet sich unweit der Ortschaft St Hilary, wenige Kilometer im Hinterland. Alle Zimmer in dem alten Gehöft aus dem 17. Jh. sind individuell eingerichtet. Wer will, kann im großen Garten entspannen, Tennis spielen oder im beheizten Swimmingpool seine Bahnen ziehen. Letzterer darf von den Gästen allerdings nicht zwischen 13 und 16 Uhr genutzt werden. B & B £ 47.50–72.50 pro Person. Es werden auch drei Apartments vermietet, je nach Größe und Jahreszeit £ 475–1400 pro Woche. Anfahrt: Auf der B 3280 zwei Kilometer hinter St Hilary links abbiegen. Trewhella Lane, ✆ 01736/740262, ✉ 01736/740055. www.ennys.co.uk.

Newlyn

Newlyn, der westliche Nachbarort von Penzance, ist der bedeutendste Fischereihafen Cornwalls. Tag für Tag löschen mehr als 100 Tiefseetrawler ihren nächtlichen Fang. Und so verwundert es auch nicht, dass die hiesige Fischfabrik die einzige in England ist, in der noch *Pilchards* (Riesensardinen) verarbeitet werden. Kunstkenner erinnern sich gerne daran, dass sich in Newlyn gegen Ende des 19. Jahrhunderts eine Künstlerkolonie gebildet hatte, zu der Stanhope Forbes, Walter Langley, Norman Garstin und Elisabeth Armstrong gehörten.

Mousehole

Wer von Newlyn aus der Küste folgt, kommt unweigerlich nach Mousehole: Eine einzige Straße führt in den Ort hinunter und auf der anderen Seite wieder hinauf. Mousehole – ausgesprochen nicht etwa wie „Mauseloch", sondern *Mowzle* – ist ein verträumtes Nest mit kleinem Hafenbecken und viel Atmosphäre. Der Geruch von Tang und Algen liegt in der Luft. In Mousehole starb 1777 übrigens *Dorothy Pentreath,* diejenige Frau, von der behauptet wird, sie sei die letzte Person gewesen, die Cornisch gesprochen hat.

Ebbe im Hafen von Mousehole

• **Übernachten Old Coastguard Hotel**, angenehmes 20-Zimmer-Hotel in einer ehemaligen Station der Küstenwache am östlichen Ortseingang. Alle Zimmer bis auf eines haben Meerblick und sind in einem zeitlos-modernen Stil eingerichtet. Das zugehörige Restaurant gilt als eines der besten an der cornischen Südküste. Spezialisiert ist man auf die phantasievolle Zubereitung von frischen Fisch und Meeresfrüchten aus Newlyn (Hauptgerichte um die £ 15). B & B je nach Saison und Zimmer £ 140–210 für das DZ, im EZ ab £ 105. ℡ 01736/731222, ℻ 01736/731720, www.oldcoastguardhotel.co.uk.

The Cornish Range, dieses auf Seafood spezialisierte Restaurant (Mixed Cornish fish £ 17.50, 2-Gänge-Menü vor 19 Uhr ebenfalls £ 17.50) begeistert durch seine kreative Küche und seine wohltuend gediegene Atmosphäre. Gekocht wird nur mit regionalen Zutaten. Es werden auch drei modern eingerichtete Zimmer vermietet. B & B £ 50. 6 Chapel, ℡ 01736/731488, www.cornishrange.co.uk.

Lamorna

Lamorna liegt in einer Bucht, die stark an einen Steinbruch erinnert. Riesige Felsen machen sich überall breit und lassen die Häuser wie Spielzeug aussehen. In dem hiesigen Pub „Lamorna Inn" kann man sich in uriger Atmosphäre ein Glas Bier gönnen.

Wanderung zum Tater-Du Lighthouse

Ein hübscher Spaziergang führt ca. zweieinhalb Kilometer durch eine beeindruckende Klippenlandschaft zum Leuchtturm Tater-Du. Oben an der Straße, am Ausgang des Tales auf der rechten Seite, stehen Relikte aus der geheimnisvollen keltischen Vergangenheit: Die zwei etwa vier Meter hohen Steine heißen *The Pipers*, 19 weitere Steine sind in einem Kreis angeordnet, nicht weit entfernt auf der linken Seite, und werden als *The Merry Maidens* bezeichnet. Die Legende erzählt, dass es sich dabei um junge Mädchen handelt, die das Sonntagstanzverbot missachtet hatten und deshalb in Stein verwandelt wurden.

Porthcurno

Porthcurno besitzt zwei große Attraktionen: herrliche gelbe Sandstrände mit türkisfarbenem Wasser sowie ein einzigartiges Freilichttheater. Von dem gebührenpflichtigen Großparkplatz spaziert man in wenigen Minuten an den phantastischen „Hausstrand" von Porthcurno. Ein weiterer, etwas weniger überlaufener Strand befindet sich einen knappen Kilometer weiter westlich. Herrliche Karibikstimmung, nur die Palmen am Meer fehlen, und das Wasser ist um zehn Grad zu kalt.

Sehenswertes

Minack Theatre: Das Minack Theatre liegt versteckt zwischen steilen Granitklippen hoch über dem Meer. Die Theater-Enthusiastin *Rowena Cade* mauerte eigenhändig fast fünfzig Jahre lang Bühne und Sitzreihen in die Klippen. So entstand das Minack Theatre nach dem Vorbild eines griechischen Amphitheaters. Zur Eröffnung wurde 1932 sinnigerweise Shakespeares „Der Sturm" gespielt. Seither finden hier in den Sommermonaten regelmäßig Aufführungen statt (Regenschutz, Decke und Sitzkissen nicht vergessen!). Das Donnern der Brandung und die melancholische Verfärbung des Abendhimmels spielen dann mit, als wäre es hundertmal geprobt.

• *Öffnungszeiten/Eintritt* Die Spielzeit dauert 17 Wochen, von Mai bis Sept. Einer der 750 Plätze kostet für Erwachsene £ 8 oder £ 9 und für Kinder unter 16 Jahren £ 5 oder £ 4; Parkplätze für Pkws sind vorhanden. Aufführungen finden Mo–Fr um 20 Uhr sowie Mi und Fr um 14 Uhr statt. Spielpläne hält das Tourist Office in Penzance bereit. Eintrittskarten können unter ✆ 01736/810181 (nur während der Spielzeit) vorbestellt (Kreditkarte erforderlich) oder 90 Minuten vor einer Aufführung erstanden werden. Buchungen im Internet sind ebenfalls möglich: www.minack.com.

Das Exhibition Centre ist von April bis Sept. tgl. 9.30–17.30 Uhr, im Winter tgl. 10–16 Uhr geöffnet. Eintritt: £ 3.50, erm. £ 2.50 oder £ 1.40.

• *Anfahrt* Auch mit den Western National Bussen Nr. 1, 1A und 1C ab Penzance bis Porthcurno möglich. Von dort etwa 20 Minuten Fußmarsch. Wenn es abends kühler wird, sollte man sich eine Decke, ein Sitzkissen und für alle Fälle einen Regenschirm mitbringen.

Porthcurno Telegraph Museum: In didaktisch ansprechender Form informiert das Telegraphiemuseum über die Bedeutung und die Möglichkeiten der Kommunikation in Kriegszeiten – angefangen von der Unterwasserverkabelung bis zu zahlreichen historischen Geräten, die vom Geheimdienst im Zweiten Weltkrieg genutzt wurden.

⌚ April–Okt. tgl. außer Sa 10–17 Uhr. Eintritt: £ 5.50, erm. £ 3.10. www.porthcurno.org.uk.

Wanderung von Land's End nach Lamorna

Eine Alternative für Leute mit mehr Zeit und vernünftigen Schuhen ist der Coastal Path zwischen Land's End und Lamorna Cove. Dabei handelt es sich um einen 12-Meilen-Fußmarsch (rund 20 Kilometer) an einem der schönsten Küstenabschnitte Cornwalls. Manchmal hat man auf den Klippen das Meer beinahe 30 Meter direkt unter sich. Der Schwierigkeitsgrad ist mäßig, so dass einem Familienwandertag nichts entgegensteht.

Besonders im ersten Abschnitt zwischen Land's End und Porthgwarra gibt es mehrere stille kleine Buchten. Porthgwarra selbst ist ein winziges Fischerdorf, von der Küste durch Klippen getrennt, durch die zwei Tunnel getrieben wurden. Der vielleicht schönste Strand überhaupt kommt dann in Porthcurno. Naturliebhaber entdecken auf einer solchen Wanderung ungewöhnliche Pflanzen und seltene Vögel, beispielsweise Papageientaucher oder Eissturmvögel.

Housel Cove bei Land's End

Land's End

Der westlichste Zipfel der Britischen Insel präsentiert sich als Touristennepp im großen Stil. Auch dem bestgelaunten Englandfan friert das Lächeln im Gesicht ein. Land's End besteht aus einem Vergnügungspark und dem dazugehörigen Parkplatz. *The Land's End Experience* heißt der 1987 eingerichtete Vergnügungspark mit einer wenig überzeugenden Multimedia-Show. Will man das sich in Privatbesitz befindende Gelände betreten, wird der Geldbeutel nicht unerheblich strapaziert (Parken kostet £ 3). Ganze Busladungen von Touristen strömen hierher. Gute Wetterbedingungen vorausgesetzt, kann man die Isles of Scilly am Horizont ausmachen. Schön und gut – doch genau genommen bietet das Ende des Landes nichts, was andere Stellen Cornwalls nicht auch haben: eine schöne Klippenlandschaft mit Wanderwegen, eine Aussicht, die nicht weiter reicht als anderswo, Möwen, die nach Brotresten suchen, klickende Kameras, bellende Hunde, Omas, Opas, Tante Gerda und die Klasse 5 b der Comprehensive School in Danby. Daher ein Tipp: Wer dem Trubel und den vielen Bussen entgehen will, sollte in Sennen Cove oder Sennen Harbour parken, um von dort auf dem Coast Path in südlicher Richtung in einer halben Stunde nach Land's End zu gelangen (www.landsend-landmark.co.uk).

Von Land's End nach St Ives

Von Land's End führt der Coast Path zur *Whitesand Bay*, einer Bucht mit einem etwa eineinhalb Kilometer langen Strand. Wem das Schwimmen zu langweilig ist, der kann sich an der südlichen Bucht in *Sennen Cove* ein Surfbrett zum Wellenreiten mieten. Ein weiterer schöner Strand befindet sich vier Kilometer weiter nördlich am felsigen Cape Cornwall.

St-Just-in-Penwith

In der Gegend rund um St Just ist bereits 1.800 Jahre vor Beginn unserer Zeitrechnung der Abbau von Zinn und Kupfer nachgewiesen. Überall, wo unbebauter Boden war, wurde nach Zinn gesucht, im Römischen Reich genauso wie im Mittelalter. Ein regelrechter Zinnrausch wurde im 19. Jahrhundert durch die Industrialisierung ausgelöst. Zahllose Schmelzen und Zinndörfer entstanden infolge der großen Nachfrage. Cornwalls Minen, in denen mehr als 50.000 Menschen arbeiteten, deckten zwei Drittel des Weltbedarfs. Doch der Boom fand ein jähes Ende, als in Afrika große Kupfervorkommen entdeckt wurden und in Malaysia Zinn zu konkurrenzlos günstigen Preisen gefördert werden konnte. Einige verlassene Bergwerke mit eingefallenen Gebäuden und Schornsteinen zeugen von dieser Epoche. St Just war Zentrum der hiesigen Zinn- und Kupfergewinnung. Die Bergarbeiter wohnten in grauen Reihenhäusern, die noch heute das Stadtbild prägen. Angeblich ist St Just im Verhältnis zur Einwohnerzahl der kneipenreichste Ort Großbritanniens: Fast jedes vierte Haus ist ein Gasthaus. Mitten im Ort, gleich beim Marktplatz, gibt es noch ein grünes Amphitheater zu bewundern *(Plain-an-Gwary)*.

- *Informationen* www.stjust.org.
- *Einwohner* 4.700 Einwohner.
- *Verbindungen* Regelmäßige Busverbindungen mit Penzance und St Ives. www.firstgroup.com.
- *Übernachten/Essen/Trinken* **Commercial Hotel**, jüngst renoviert, mit hellen Holzmöbeln und vielen Farbakzenten. Schöne Zimmer, in Nr. 4 erwartet den Gast ein Badezimmer mit Aussicht! Im ansprechenden Restaurant gibt es vegetarisches Curry, aber auch eine gegrillte Makrele für £ 7.95. Straßenterrasse. B & B je nach Saison £ 32.50–39.50. Market Square, ✆ 01736/788455, 🖷 788131, www.commercial-hotel.co.uk.

Boscean Country Hotel, angenehmes kleines Landhotel (12 Zimmer, manche mit Messingbetten) mit großem Garten. Kostenloses WLAN. B & B je nach Saison ab £ 45. ✆/🖷 01736/788748, www.bosceancountryhotel.co.uk.

Chymorgen, dieses Women Guesthouse ist ein Lesertipp von Renate Berger, die uns das preiswerte Guesthouse am Rande von Botallack empfahl. Individuelles Flair, gepflegter Garten. Serviert wird zudem ein liebevoll zubereitetes Bio-Frühstück. B & B ab £ 30, bei mehr als 8 Nächten schon ab £ 24. ✆ 01736/788430, www.chymorgen.co.uk.

Kegen Teg, einladendes Café mit Fair-Trade-Coffee und vielen leckeren Bio-Gerichten. Tgl. 9–17 Uhr, So ab 10 Uhr. 12 Market Square, ✆ 01736/788562.

The Beach, allein die Lage direkt oberhalb des Strandes von Sennon Cove ist faszinierend, aber auch das Angebot des Restaurants mit Pasta, Pizzen, Salaten und Grillgerichten begeistert. Herrliche Terrasse, gutes Preis-Leistungs-Verhältnis. Tgl. ab 10.30 Uhr geöffnet. ✆ 01736/871191. www.thebeachrestaurant.com.

Queens Arms, zünftiges Pub in einem wuchtigen Steinhaus in Botallack. Auch Zimmervermietung. ✆ 01736/788318. www.queensarms-botallack.co.uk.

- *Jugendherberge* **Letcha Vean**, die südwestlich von St Just gelegene Herberge ist die nächstgelegene zu Land's End. Anfahrt über Kelynack, und dann der Straße mit dem Schild „No access for motors" folgen. Campingmöglichkeiten vorhanden. Von Ende März bis Okt. geöffnet. Erw. ab £ 16, bis 18 Jahre ab £ 12. ✆ 0845/3719643, 🖷 01736/787337, landsend@yha.org.uk.
- *Camping* **Kelynack Caravan**, kleiner passabler Platz bei der gleichnamigen Ortschaft. Landidylle pur. Auch Zimmervermietung. ✆ 01736/787633, www.kelynackcaravans.co.uk.

In Cornwall gibt es fast so viele Boote wie Autos

484   Cornwall

Geevor Tin Mine

Rund fünf Kilometer nordöstlich von St Just liegen die beiden Dörfer *Trewellard* und *Pendeen*. Bis 1990 wurde hier noch Zinn gewonnen, dann war man wegen sinkender Zinnpreise auf dem Weltmarkt nicht mehr konkurrenzfähig und die bis zu 700 Meter tiefen Schächte wurden geschlossen. Das Bergwerk Geevor Tin Mine wurde inzwischen in eine Besucherattraktion umgewandelt. Heute kann man einen engen, waagerechten Schacht im Rahmen einer Führung begehen und sich selbst einen Eindruck von der Arbeit in den Stollen verschaffen. Außerdem gibt es auf dem Gelände der Geevor Tin Mine noch ein Museum zur Zinnverarbeitung. Eine weitere bekannte Zinnmine befindet sich in dem nahen *Botallack*, in traumhafter Lage direkt am Meer.

⏰ Ostern bis Okt. tgl. außer Sa 9–16 Uhr, im Winter 10–15 Uhr. Eintritt: £ 9, erm. £ 4.50. www.geevor.com.

Zennor

Zennor ist ein kleines Dorf mit einer schmucken Kirche aus dem 15. Jahrhundert und dem *Wayside Folk Museum,* das das Leben in Cornwall von prähistorischen Zeiten bis heute dokumentiert. Anfassen und ausprobieren erlaubt! Im Jahre 1916 lebte der Schriftsteller D. H. Lawrence zusammen mit seiner Frau Frieda von Richthofen für eineinhalb Jahre in Zennor und arbeitete an „Women in Love". Abends kehrte das Paar regelmäßig im Pub „The Tinners Arms" ein. „Ich liebe es, hier in Cornwall zu sein – so friedlich, so fern der Welt", schrieb er an die Schriftstellerin Katherine Mansfield. „Aber die Welt ist für immer verschwunden – es gibt nirgendwo mehr eine Welt: nur hier, und eine reine, dünne Luft, die nichts und niemanden verpestet." Zusammen mit ihrem Mann John Middleton Murry lebte Katherine Mansfield zeitweise mit Lawrence und Frieda in einer Art Modellkommune. Doch die heile Welt fand ein unverhofftes Ende: Lawrence und seiner deutschen Frau wurde 1917 vorgeworfen, feindlichen U-Booten Lichtsignale gegeben zu haben. Aus Trotz sangen die beiden abends deutsche Volkslieder. Nachdem Nachbarn die Militärpolizei gerufen hatten, wurde das Paar als vermeintliche Spione aus Cornwall ausgewiesen und musste ins Landesinnere nach Berkshire ziehen.

• *Wayside Folk Museum* Alles über das Leben im prähistorischen Cornwall. Mai bis Sept. tgl. außer Sa 10.30–17.30 Uhr; im April und Okt. tgl. außer Sa 11–17 Uhr. Eintritt: £ 3.
• *Übernachten* The Gurnard's Head, rund zwei Kilometer westlich von Zennor bietet dieses zünftige Pub eine anspruchsvolle, täglich wechselnde Küche, beispielsweise Cornish Duck mit Blumenkohlpüree und Polenta für £ 16.25. Kein Ruhetag. Auch Zimmervermietung. B & B in den ansprechenden Zimmern je nach Ausstattung £ 45–80, in der Nebensaison günstiger. ✆ 01736/796298, www.gurnardshead.co.uk. Old Chapel Backpackers Hostel, eine einfache und günstige Übernachtungsmöglichkeit in Zennor. Insgesamt werden 32 Betten vermietet. Eine Küche und kostenloses WLAN steht den Gästen zur Verfügung. Übernachtung £ 17.50 pro Person. ✆ 01736/798307, www.zennorbackpackers.net.

Chysauster

Nahe der Straße Richtung Penzance (B 3312), westlich von Zennor, liegen auf einem Hügel die Überreste eines Dorfes aus der Eisenzeit. Chysauster, so sein Name, ist die am besten erhaltene prähistorische Siedlung im Südwesten Englands. Ausgegraben wurden acht Häuser, die um einen ovalen Innenhof mit Garten gruppiert waren.

⏰ Ostern bis Sept. tgl. 10–17 Uhr, Juli und Aug. tgl. 10–18 Uhr, im Okt. tgl. 10–16 Uhr. Eintritt: £ 3.20, erm. £ 2.70 bzw. £ 1.60 (EH).

Einsam: Cornwalls Küsten

Isles of Scilly

Die Isles of Scilly sind ein Archipel, der rund 45 Kilometer von der Südwestspitze Cornwalls entfernt im Atlantik liegt. Von den insgesamt etwa 140 Inseln und Felsformationen sind nur fünf bewohnt: St Mary's, Tresco, St Martin's, Bryher und St Agnes. Die „Hauptstadt" ist Hugh Town auf St Mary's.

Das größte Kapital der Inselgruppe ist ihre Abgeschiedenheit, die unzerstörte Natur und das – dem Golfstrom sei Dank – wärmste Klima Großbritanniens. Palmen, Mimosen und Bambushaine gedeihen, und die weißen Strände und das türkisgrüne Wasser lassen Karibikgefühle aufkommen. Wer Ruhe und Erholung sucht, sollte den Isles of Scilly – sprich *Silly* – einen Besuch abstatten, es wird sich lohnen – nur möglichst nicht im Juli oder August. Eine frühzeitige Reservierung ist dringend geboten. Früher lebten die Menschen von Blumenzucht, Schiffbau, Schmuggel, Meeräschenfang und *Shipwrecking*, heute in erster Linie vom Tourismus, wenngleich die Zahl der Unterkünfte auf 2.000 begrenzt bleiben soll. Autoverkehr gibt es nur wenig, dafür mehr als 1.800 Stunden Sonnenschein pro Jahr.

Geschichte

Geologisch ist die Inselgruppe ein Ausläufer des gleichen Granitgebirgszuges, der vom Dartmoor bis Land's End durch Cornwall verläuft. Archäologischen Funden zufolge waren die Isles of Scilly bereits in der Jungsteinzeit besiedelt. Wahrscheinlich ist die Inselgruppe mit den von dem griechischen Historiker Strabo beschriebenen *Cassiterides* identisch. Bereits die Phönizier sollen auf den „Zinninseln" nach Metall gesucht haben. Den Römern diente die *Insula Silia* als Verbannungsort, den Dänen als Stützpunkt für Kaperfahrten in den Bristol Channel. Unter den Normannen gehörten die nördlichen Inseln zur Abtei von Tavistock, die südlichen wurden

486 Cornwall

von einem Lord für den englischen König verwaltet. Im 16. Jahrhundert machte der desertierte Admiral *Lord Seymour* die Inseln zum Zentrum der Piraterie, bis er wegen Hochverrats hingerichtet wurde. Karl II. suchte nach seiner Flucht aus Falmouth 1645 hier Zuflucht. Im Bürgerkrieg leisteten die königstreuen Inselbewohner bis 1651 Widerstand. Die Kanonenkugeln, die damals von den Republikanern abgefeuert wurden, sind heute noch in den Gärten von Tresco zu sehen. Ein wirtschaftlicher Aufschwung setzte erst ab 1834 ein, als *Augustus Smith* die Inselgruppe pachtete und den Blumenanbau im großen Stil förderte. Als Lord Proprietor führte Smith zudem die Schulpflicht ein, bekämpfte das Schmugglerwesen und richtete einen regelmäßigen Schiffsverkehr mit dem Hafen von Penzance ein.

● *Information* **Tourist Information Centre**, Hugh Street, Hugh Town, St Mary's, Isles of Scilly, Cornwall, TR21 0LL, ✆ 01720/422536, 📠 01720/423782. www.simplyscilly.co.uk.

● *Einwohner* 2.000 Einwohner.

● *Verbindungen* **Fähre** – Von Penzance fährt das Passagierschiff *Scillonian III* St Mary's an, die größte der ca. 140 Inseln vor Englands Westspitze. Es ist eine teure Angelegenheit, die Inseln zu besuchen. Der günstigste Tarif (Day Trip) beträgt immerhin £ 35 für Erwachsene oder £ 17.50 für Kinder bis 16 Jahre. Die Fahrtzeit beträgt 2 Std. und 40 Min., so dass der Aufenthalt auf der Insel nur kurz bemessen ist. Es stellt sich die Frage, was man von ein paar Stunden auf St Mary's hat. Eine normale Rückfahrkarte kostet £ 95 bzw. £ 47.50 (unter 16). Die Schiffe verkehren Mo–Fr (im Sommer auch Sa). Einen Fahrplan gibt es beim Tourist Office, zumeist ist die Abfahrt um 9.15 Uhr ab Penzance bzw. um 16.30 Uhr ab St Mary's. Auskünfte und Buchungen direkt bei: Isle of Scilly Travel Centre, 16 Quay Street, Penzance, ✆ 0845/7105555. www.ios-travel.co.uk.

Flugzeug – Dieselbe Gesellschaft betreibt auch den Skybus (zweimotorige Flugzeuge), der u. a. vom Land's End Aerodrome, Exeter, Newquay, Plymouth oder Bristol zur Insel St Mary's fliegt. Der Flug dauert je nach Abflugort zwischen 15 und 70 Min., ist dafür aber auch um einiges teurer als das Schiff. Same Day Return kostet von Land's End £ 86, von Exeter £ 230 und von Newquay £ 96. Mit einem normalen Rückflugticket ist es noch teurer. Kinder bis 16 Jahre erhalten rund 30 Prozent Ermäßigung. Wer will, kann es spontan mit dem günstigen Stand-by-One-Way-Ticket versuchen. Informationen ebenfalls über ✆ 0845/7105555. www.ios-travel.co.uk.

Hubschrauber – Eine weitere Möglichkeit, die Inseln anzufliegen, bieten die Hubschrauber der British International Ltd., ✆ 01736/363871. www.islesofscillyhelicopter.

com. Abflug ab Heliport, einen Kilometer östlich von Penzance. Der Flug dauert etwa 20 Minuten bis nach St Mary's und geht manchmal auch nach Tresco. Außer sonntags fliegen die Sikorsky-S61-Hubschrauber bis zu 12-mal am Tag, je nach Saison. Flugpreise: Day Return ab £ 96, Normal Single £ 87.50, Normal Return bis zu £ 175. Zwischen Okt. und März kann man ein Saver-Return-Ticket relativ günstig für £ 145 erstehen.

● *Verbindungen zwischen den Inseln* Zu den anderen Inseln fahren von St Mary's regelmäßig **Boote**. Fahrpläne gibt es am Kai in Hugh Town, wo die Boote ablegen. Nach Tresco fahren die Boote tgl. um 10, 10.15, 11.15, 12 und 14 Uhr. Rückfahrt um 14.15, 16 und 16.45 Uhr. Kosten: £ 11.

● *Verbindungen auf den Inseln* Nur auf St Mary's gibt es öffentliche **Busse**.

● *Fahrradverleih* **Buccabu Hire**, Porthcressa, St Mary's, ✆ 01720/42289. Ab £ 4 für einen halben Tag.

● *Geld* Nur auf der Insel St Mary's gibt es zwei Bankfilialen (Lloyds und Barclays).

● *Segeln* Isles of Scilly Windsurfing and Sailing Centre, St Mary's Quay, ✆ 01720/422037.

● *Tauchen* **Underwater Safari**, Old Town, St Mary's, ✆ 01720/422595. **St Martin's Diving Services**, ✆ 01720/422848. www.scillydiving.com.

● *Übernachten* Auf den Isles of Scilly gibt es einige Hotels und B & Bs, die aber relativ teuer sind. Eine Übernachtung ist kaum unter £ 30 pro Person zu haben, zumeist wird zudem nur mit Halbpension vermietet. Die größte Schwierigkeit ist jedoch, überhaupt ein Zimmer zu bekommen. Nach Auskunft des Tourist Office sind alle Unterkünfte bis auf ein Jahr im Voraus ausgebucht. Also früh entscheiden, ob die Inseln ein geeignetes Ausflugsziel sind und dann schleunigst beim Tourist Office buchen. Ansonsten kann man nur einen teuren Tagestrip auf die Inseln machen. Wild zelten ist übrigens streng verboten.

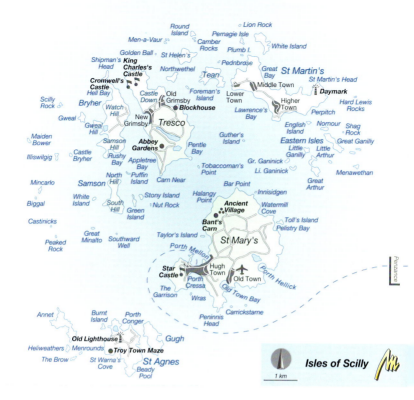

Star Castle Hotel, das zum Hotel umgebaute Star Castle auf St Mary's bietet viel Komfort und die ungewöhnliche Atmosphäre einer alten Festung Ausgezeichnetes Restaurant. Es gibt noch einen Anbau, doch besitzen die Räume dort nicht dieselbe Ausstrahlung. Hallenbad im Garten beim Anbau. Von Ende Dez. bis Jan. Betriebsferien. Halbpension ab £ 89 pro Person, im Sommer ab £ 146. The Garrison, ☏ 01720/422317, ✉ 01720/422343. www.star-castle.co.uk.

Belmont, am Ende von Hugh Town in einem schmucken weißen Haus. Sehr schönes B & B, insgesamt 6 Zimmer (£ 56–80 für das DZ). Church Road, ☏ 01720/423154, www.the-belmont.co.uk.

• *Camping* Bestausgestatteter Zeltplatz der Isles of Scilly ist die **Garrison Farm**, St Mary's, ☏ 01720/422670. Übernachtung ab £ 7.25 pro Person. www.garrisonholidays.com. Auf den Inseln St Martin's, St Agnes und Bryher gibt es einfache Zeltplätze.

St Mary's

St Mary's ist mit einer Länge von knapp fünf Kilometern und einer Breite von drei Kilometern die größte und bevölkerungsreichste Insel. Vier von fünf *Scillonians* leben auf St Mary's, der Hauptinsel der Isles of Scilly. Fast zwangsweise ist Hugh Town auf St Mary's daher auch der wirtschaftliche und administrative Nabel des Archipels. Die Fähren von Penzance legen im Norden der Stadt an. Westlich von Hugh Town ragt die Halbinsel The Garrison ins Meer hinein. Aus Angst vor einem Angriff der spanischen Armada erbaute man im 16. Jahrhundert auf einem Hügel das Star Castle. Die Burg erhielt ihren Namen wegen der sternförmigen Mauer, die das Gebäude umgibt. Die Wehrhaftigkeit musste der Gastfreundlichkeit weichen,

488 Cornwall

als die Festung zu einem Hotel der Spitzenklasse umgebaut wurde. Die gute Aussicht über die gesamte Inselgruppe ist aber an sich schon ein Genuss.

Ab Hugh Town führt ein Wanderweg zum südlich gelegenen Peninnis Headland. Vorbei geht es dabei an beeindruckenden Felsformationen, bis man den Leuchtturm ganz im Süden erreicht. Entlang der Küste spaziert man in Richtung Old Town, der ehemaligen Hauptstadt von St Mary's. Einige Cafés sowie ein Badestrand laden zum Verweilen ein. Ausgesprochen pittoresk ist der alte Friedhof am Rand der Bucht. Die Gravuren in den Grabsteinen erzählen vom Schicksal der Toten, darunter zahlreiche Schiffbrüchige. Der Küstenweg zieht sich südlich am Flughafen entlang, an der Ruine von Giant's Castle vorbei bis zur Porth Hellick Bucht. Wer die gesamte Insel umwandern will, sollte dies als Tagestour planen, die nach Lust und Laune aber auch abgekürzt werden kann.

An den Felsen der Isles of Scilly zerschellt

Vor Porth Hellick kam es am 22. Oktober 1707 zu einer der größten Katastrophen in der Geschichte der britischen Marine. Da die Seeleute damals noch nicht den exakten Längengrad bestimmen konnten und sich vor der Bretagne wähnten, zerschellten vier Kriegsschiffe rund 100 Kilometer nördlich der erhofften Position an den tückischen Felsen der Isles of Scilly. Nach dem Schiffsunglück, das mehr als 1.700 Menschenleben forderte, wurde der Admiral Sir Cloudesley Shovell als einer von zwei Überlebenden an Land gespült. Doch der Admiral hatte Pech: Als eine Strandräuberin den total erschöpften Mann am Strand der Porth Hellick Bucht entdeckte, ermordete die Frau Shovell wegen zwei wertvollen Smaragdringen, die an seinen Fingern glitzerten ...

Diese Katastrophe beschleunigte die Verabschiedung des berühmten *Longitude Act,* in dem für die Lösung des Längengradproblems eine Prämie von 20.000 Pfund ausgesetzt wurde. Es dauerte allerdings noch mehr als drei Jahrzehnte, bis der geniale Uhrmacher John Harrison das Problem mit dem Bau einer exakten Schiffsuhr für alle Zeit löste.

Heute trägt ein schroffer Granitfelsen am Strand Shovells Namen. Nördlich liegt ein rund 4.000 Jahre altes *Hügelgrab,* das vermutlich von Siedlern der Iberischen Halbinsel (Bronzezeit) stammt, die die Isles of Scilly als Erste bewohnten. Auf der nordöstlichen Insel, keine drei Kilometer von Hugh Town entfernt, liegt die Pelistry Bay, eine der schönsten Buchten: glasklares Wasser und ein wenig vorgelagert die Toll's Island. Bei Ebbe ist die kleine Insel mit St Mary's verbunden.

Sehenswertes

Isles of Scilly Museum: Das Inselmuseum bietet einen Einblick in das Leben auf der abgeschiedenen Inselgruppe. Ausgestellt sind unter anderem auch Schätze, die aus Schiffen geborgen wurden, die rund um die Scilly Inseln auf Grund liefen.

Adresse Church Street. ⏱ tgl. außer So 10–16.30 Uhr, Sa nur bis 12 Uhr, im Winter tgl. außer So 10–12 Uhr. Eintritt: £ 3.50, erm. £ 2.50. Adresse: Church Street. www.ios museum.org.

St Agnes   489

Tresco

Tresco, die zweitgrößte Insel, liegt etwa drei Kilometer nordwestlich von St Mary's. Boote machen meistens in Carn Near, dem südlichsten Punkt der Insel, fest. Auf Tresco gibt es viele Sandstrände, von denen der schönste Appletree Bay (bei Carn Near) ist. Auch hier gilt: In den Sommermonaten findet man kein freies Zimmer. Die Engländer buchen daher ihre Hotels schon ein Jahr im Voraus. Ein weiterer schöner Strand liegt in New Grimsby, wohin man auch Bootsausflüge unternehmen kann. Etwa einen Kilometer nordwestlich von dort überblickt man vom King Charles Castle (16. Jh.) das Meer und die Nachbarinsel Bryher. Gleich daneben erhebt sich das besser erhaltene Cromwell's Castle (17. Jh.), das einst den Schiffsverkehr zwischen Tresco und Bryher kontrollierte. Die nördliche Spitze der Insel bildet Piper's Hole, eine 30 Meter tiefe Höhle mit einem kleinen See, erreichbar von der Oberkante der Kliffe.

Sehenswertes

Abbey Garden: Vom Kai aus sind es ungefähr zehn Minuten zu Fuß zum Abbey Garden, der eine für England einmalige Fülle von Blumen und sogar tropische Pflanzen wie Bambus, Bananen, Agaven, Zimtbäume, Palmen usw. aufweisen kann. Für das Englandbild eines Festland-Europäers ist dies eine wohl unerwartete, einmalige Überraschung. Angeblich blühen hier mehr als 5.000 subtropische und exotische Pflanzen. Selbstverständlich darf auch die Scilly White, eine weiße Narzissenart, nicht fehlen. Mit der Eintrittskarte kommt man auch in die *Valhalla*, eine farbenfrohe Sammlung von hölzernen Galionsfiguren und anderen Kuriositäten. Hervorgegangen ist der ab 1834 von Augustus Smith angelegte Garten aus einer ehemaligen Benediktinerabtei, deren Ruinen den Park stimmungsvoll verschönern.
② tgl. 10–16 Uhr. Eintritt: £ 10. www.tresco.co.uk.

St Martin's

Wegen ihrer herrlichen Sandstrände ist die Insel St Martin's das Ziel von vielen Tagesausflüglern. Bis auf ein Hotel und ein paar wenige Privatzimmer gibt es allerdings kaum Unterkunftsmöglichkeiten. Die Anlegestelle liegt bei der Higher Town Bay, einem wunderschönen Sandstrand. Von hier aus führt eine Straße nach Higher Town, mit einigen Häusern und einem Geschäft die „Hauptstadt" der Insel. Im Osten, am St Martin's Head, dient der rot-weiße Daymark als Navigationshilfe für die Schifffahrt. An klaren Tagen sieht man von hier etwa zehn Kilometer draußen auf dem Meer eine Stelle, wo sich Wellen brechen. Dort liegt das Seven Stones Reef, auf das 1967 der Tanker Torrey Canyon auflief und die größte Umweltkatastrophe in der Geschichte Cornwalls verursachte. Nicht weit entfernt sind die Eastern Isles mit ihren großen Seehund- und Vogelkolonien.

St Agnes

St Agnes, die südwestlichste Gemeinde der Britischen Inseln, gilt als die Vogelinsel unter den Scilly Isles. Sturmvögel, Kormorane, Sturmtaucher, Krähenscharben und natürlich Möwen kann man hier beobachten. Westlich vorgelagert liegen die Western Rocks, die im Rahmen von Bootstouren erkundet werden können. Auf den kleinen Inselchen, an denen schon viele Schiffe zerschellten, tummeln sich auch Seehunde. Besucherboote legen auf St Agnes in Porth Conger an. Eine Straße zum westlichen Teil der Insel führt an einem der ältesten Leuchttürmen Englands (1680) vorbei. Im Osten ist bei Ebbe die Insel Gugh mit St Agnes durch eine Sandbank verbunden. Dann kann man zu Fuß hinüberlaufen und sich Überreste prähistorischer Siedlungen anschauen.

Bryher

Bryher ist die „wildeste" der bewohnten Inseln: Farn-, Heide- und Moosflächen im Inneren, wellenbrechende Felsküste im Norden und friedliche Sandstrände im Süden. Das ganze Panorama kann vom Watch Hill überblickt werden. Hell Bay im Nordwesten ist die Stelle, wo die Wellen am spektakulärsten und am lautesten auf das zerklüftete Gestein treffen. Vom Quay (im Osten) aus werden Bootstouren unter anderem auch zur benachbarten Insel Samson angeboten. Noch bis zur Mitte des 19. Jahrhunderts lebten rund fünfzig Menschen auf Samson. Der harten Lebensbedingungen überdrüssig, verließen sie jedoch im Jahre 1855 das wasserarme Eiland.

St Ives

Mit seinen engen, gewundenen Gassen und den kleinen Häusern, die den steilen Hügel rund um den Hafen säumen, ist St Ives ein überaus attraktiver Ort, der im Hochsommer allerdings ziemlich überlaufen ist. Kultureller Höhepunkt ist fraglos ein Besuch der Tate Gallery.

St Ives ist nach der heiligen Ia benannt, die im 5. Jahrhundert die Kelten missionierte. Jahrhundertelang war der Ort das Zentrum der Sardinenfischerei. Virginia Woolf erlebte in ihrer Jugend noch eine „windige, lärmende, nach Fisch riechende, bewegte, enge Stadt; von der Farbe einer Muschel oder Schnecke; wie ein Klumpen Miesmuscheln auf einer grauen Mauer". St Ives war einer der wichtigsten britischen Sardinenhäfen. Im Jahre 1868 wurden 16 Millionen Fische in einem einzigen Schlagnetz gefangen. Doch als die Sardinenschwärme bei ihren frühsommerlichen Wanderungen einen anderen Weg wählten, war es wenige Jahrzehnte später mit dem glitschigen Reichtum vorbei. Gewissermaßen als Entschädigung entwickelte sich St Ives in dieser Zeit zur renommiertesten englischen Künstlerkolonie. Hinzu kam der Fremdenverkehr, der durch den nach Ende des 19. Jh. erfolgten Anschluss an das englische Eisenbahnnetz prosperierte.

Im milden Klima gedeihen Palmen

St Ives **491**

In Tourismusprospekten wird St Ives als schönste Stadt Cornwalls gepriesen: malerische Lage, Kunstzentrum und darüber hinaus noch schöne Sandstrände. Und tatsächlich macht die Stadt einen idyllischen, fotogenen Eindruck. Subtropische Vegetation und das Flair einer Künstlerstadt erinnern fast an Südfrankreich, nur wirkt es hier englisch-kühler. In den engen, mit Kopfstein gepflasterten Gassen der Altstadt herrscht eine geschäftige Hektik. Schnitzereien und Muschelketten von den Philippinen, Korbarbeiten aus China, etwas cornisch angehauchten Nippes findet man auch darunter. Anspruchsvolle Kunstgalerien dürfen im einstigen Fischerviertel *Downalong* selbstverständlich auch nicht fehlen. Wer St Ives während der Vor- oder Nachsaison besucht, wird den Ort von seiner angenehmsten Seite kennen lernen. Zu dieser Zeit tummeln sich auch weniger Leute am malerischen Carbis Bay Beach. Den schönsten Blick über Stadt und Hafen hat man von der Straße The Terrace oben auf dem Hügel.

Künstler in St Ives

Die verträumte Bucht von St Ives übte auf Maler stets eine faszinierende Anziehungskraft aus. Der Amerikaner James Whistler und sein Schüler Walter Sickert „entdeckten" 1883 das Fischerdorf auf der Suche nach neuen Inspirationsquellen. Ein Beispiel, das Schule machte: Angezogen von den klaren Farben, der eigentümlichen Dramatik des Lichts und der rauen Landschaft, entstand in den 1930er-Jahren in St Ives eine regelrechte Künstlerkolonie, durch die der Ort auch überregional bekannt wurde. Zu den bekanntesten Vertretern gehörten Barbara Hepworth, Naum Gabo, Roger Hilton, Ben Nicholson, Bernard Leach und Patrick Heron. Einen hervorragenden Einblick in die Arbeiten der einstigen Künstlerkolonie bieten die Tate Gallery und das Barbara Hepworth Museum.

Information/Verbindungen/Diverses

- *Information* **Tourist Information Centre**, The Guildhall, Street-an-Pol, St Ives, Cornwall TR26 2DS, ☎ 01736/796297, ✆ 01736/798309. www.stives-cornwall.co.uk.
- *Einwohner* 11.100 Einwohner.
- *Verbindungen* **Bus** – Western-National-Busse starten am Busbahnhof am Hafen (The Malakoff), ☎ 01209/719988. Die Busse 16, 17, 17A und 17C fahren nach Penzance. Cornwall Express fährt bis zu sechsmal täglich über Redruth, Truro und St Austell nach Plymouth. Nur im Sommer kommt man mit dem Bus 15 auf der Küstenstraße nach Land's End. National Express fährt dreimal täglich nach London (☎ 0871/7818181, www.nationalexpress.com). **Zug** – Bahnhof an der Straße The Terrace, vielleicht der Bahnhof mit der besten Aussicht Englands. Information: ☎ 08457/7484950. www.nationalrail.co.uk. Die Nebenlinie, die als eine der

schönsten Eisenbahnlinien der Region gilt, führt an der Küste entlang von St Ives über Carbis Bay und Lelant nach St Erth. Von St Erth hat man dann wieder Anschluss in alle Richtungen (z. B. London Paddington). Manche Züge fahren direkt nach Penzance und weiter nach Plymouth.
- *Parken* Es gibt in St Ives kaum Parkmöglichkeiten (wenige Plätze am Bahnhof), so dass man am besten direkt zu dem gebührenpflichtigen Großparkplatz oberhalb der Trewidden Road (ausgeschildert) fährt. Von dort erreicht man mit dem Shuttlebus (£ 0.50) oder zu Fuß (20 Min.) den Hafen.
- *Galerien* Es gibt in St Ives knapp ein Dutzend ansprechender Kunstgalerien. Zwei Tipps: **Belgrave Gallery** (22 Fore Street) und **Penwith Galleries** (Back Road West).
- *Leisure Centre* Mit Hallenbad und Fitnesscenter. Direkt am Großparkplatz an der

Cornwall
Karte S. 444/445

492　Cornwall

Trewidden Road. www.stives-cornwall.co.uk/stives-leisure-centre.html.

• *Kino* Royal Cinema, The Stennack, ℡ 01736/796843. www.merlincinema.co.uk.

• *Post* 1 Tregenna Place.

• *Strände* Zusammen mit dem Nachbarort Hayle hat St Ives fünf, zum Teil sehr lang gestreckte Sandstrände. Der schönste unter ihnen ist ohne Zweifel die zwei Kilometer östlich gelegene **Carbis Bay**. Aber auch der **Porthmeor Beach** sowie der **Porthgwidden Beach** und **Porthminster Beach** in St Ives sind einen Besuch wert. Selbst im Hafenbecken kann gebadet werden.

• *Veranstaltungen* **St Ives September Festival of Music and the Arts**, Mitte September mit zahlreichen Musikaufführungen (Folk, Jazz und Blues) und Kinovorstellungen. www.stivesseptemberfestival.co.uk.

Übernachten

The Pedn-Olva Hotel (17), schon allein seine Lage direkt oberhalb des wunderschönen Porthminster Beach ist ein großer Vorteil. Das Panorama über die Bucht von St Ives ist fantastisch. Schon beim Frühstück kann man die Aussicht genießen. Ein kleiner, beheizter Pool verlockt auch an kalten Tagen zum Baden. Restaurant vorhanden (3-Gänge-Menü für £ 25). Die Zimmer sind großzügig ausgestattet und in hellen Farben gehalten. Wenige Parkplätze verfügbar. B & B je nach Saison ab £ 75 im DZ (im Sommer £ 85) bzw. ab £ 85 im EZ. Zimmer mit Balkon ab £ 8 Aufschlag. Porthminster Beach, ℡ 01736/796222, ℡ 01736/797710, www.pednolva.co.uk.

The Garrack Hotel (12), wunderschönes Landhotel mit Hallenbad, Sauna und großem Garten am westlichen Ortsrand von St Ives. In den honigfarbenen Zimmern fühlt man sich sofort wohl. Das gute Restaurant mit Schwerpunkt auf Fisch, in dem aber auch Vegetarier nicht zu kurz kommen, steht auch Nicht-Hotelgästen offen. 3-Gänge-Menü £ 26.50. Gut zehn Fußminuten vom Hafen entfernt. B & B je nach Saison und Ausstattung ab £ 67 pro Person. Burthallan Lane, ℡ 01736/796199, ℡ 01736/798955, www.garrack.com.

Primerose Valley Hotel (20), traumhaftes Boutique-Hotel in einer edwardinischen Villa

Übernachten

3　Cornerways
5　The Grey Mullet
8　Tregony
12　The Garrack Hotel
14　Ayr Holiday Park
15　Blue Mist
16　St Ives Backpackers
17　The Pedn-Olva Hotel
19　The Old Count House
20　Primrose Valley Hotel

Essen & Trinken

1　Porthgwidden Beach Café
2　Olive
4　The Loft
6　The Digey
7　Sloop Inn
9　Tate Gallery Coffee Shop
10　Seafood Café
11　Hub
13　Alba
18　Porthminster Beach Café

494   Cornwall

am Porthminster Beach. Die Zimmer sind in einem ansprechenden, zeitgenössischen Stil (Retrolampen, Blumentapete etc.) eingerichtet, einige mit Meerblick, zwei mit Balkon. Schöner Frühstücksraum, Bio-Frühstück, kostenloses WLAN. B & B im DZ £ 50–82.50 pro Person, im Winter etwas günstiger. Porthminster Beach, ☎ 01736/794939, www.primroseonline.co.uk.

The Old Count House (19), in einem stattlichen Granithaus aus dem frühen 19. Jh. werden neun Zimmer vermietet. Von den meisten Räumen hat man einen Blick auf das Meer, das allerdings einen knappen Kilometer entfernt ist. Saunamöglichkeit gegen Aufpreis vorhanden. Wenig begeistert allerdings das mickrige EZ. Lage: nur unweit vom Kreisverkehr beim Leisure Centre (Großparkplatz). B & B ab £ 40. Trenwith Square, ☎ 01736/795369, ☎ 01736/799109, www.theoldcounthouse-stives.co.uk.

Cornerways (3), in diesem Guesthouse war schon Daphne du Maurier zu Gast. Heute betreibt es Tim mit Liebe und Sorgfalt. Individuelle Zimmer mit schönen, schwarz gefliesten Bädern, von ganz oben hat man gar einen Blick auf das Meer. Zwei Parkplätze vorhanden. B & B je nach Zimmer und Saison £ 35–47.50. 1 Bethesda Place, ☎ 01736/796706. www.cornerwaysstives.com.

The Grey Mullet (5), unter Denkmalschutz stehendes Fischerhaus aus dem Jahre 1776, zum Teil mit Efeu berankt. Eine Kopfsteinpflastergasse führt von hier zum nahen Strand. B & B ab £ 30. 2 Bunkers Hill, ☎ 01736/796635, www.touristnetuk.com/sw/greymullet.

Tregony (8), hübsche Zimmer mit TV und En-suite-Ausstattung, (teilweise mit Meerblick) in einem Haus mit blauer Markise, hilfsbereite Besitzer, von Lesern gelobt. B & B £ 33 ohne, £ 35 mit Meerblick. Lage: beim Porthmeor Beach. 1 Clodgy View, ☎ 01736/795884, ☎ 01736/798942, www.tregony.com.

Blue Mist (15), ebenfalls an der beliebten Fußgängerpromenade zum Hafen gelegen, die oberen Zimmer mit Meerblick. Ein Lesertipp von Barbara Liebold: „Das englische Frühstück ausgezeichnet und das ganze Ambiente in den Zimmern und im Frühstücksraum modern und sehr stilvoll." B & B £ 38, EZ-Zuschlag £ 15. 6 The Warren, ☎ 01736/793386, www.blue-mist.co.uk.

St Ives Backpackers (16), in einem historischen Gebäude (ehemalige Wesleyan Chapel) im Zentrum. Nicht gerade das Gelbe vom Ei, dafür zentral gelegen. Übernachtung im Schlafsaal je nach Saison ab £ 14.95 (Nebensaison). The Stennack, ☎ 01736/799444, www.backpackers.co.uk/st-ives.

● *Apartments* **Talland House**, in diesem stattlichen Anwesen verbrachte Virginia Woolf ihre Sommerferien. Heute werden hier drei schmucke Apartments vermietet, die je nach Größe und Saison zwischen £ 250 und £ 950 pro Woche kosten. Talland Road, ☎ 01736/755050. www.tallandhouse.co.uk.

● *Camping* **Ayr Holiday Park (14)**, weniger als einen Kilometer westlich vom Zentrum befindet sich dieser Zeltplatz. Über die B 3306 knapp 500 Meter Richtung St Ives, dann in die Bullans Lane einbiegen. Von hier hat man einen schönen Blick auf die Bucht. Nur von April bis Okt. geöffnet. Zweimannzelt ab £ 13. Higher Ayr, ☎ 01736/795855. www.ayrholidaypark.co.uk.

Essen/Trinken (siehe Karte S. 492/493)

Alba (13), als Museumsort zieht St Ives viele Kulturreisende an, die gerne auch im entsprechenden Ambiente tafeln. Das im Old Lifeboat House eingezogene Alba mit seinem zeitlos modernen Interieur erfüllt diese Ansprüche und hat darüber hinaus noch eine ansprechende Fischküche im Modern-European-Style zu bieten. Mittagsgerichte ab £ 9.95, abends Hauptgerichte ab £ 15.95. Zweigängiges Menü £ 13.95, drei Gänge £ 16.95 (bis 19 Uhr). Weitere Sitzplätze im 1. Stock. The Warf, ☎ 01736/797222. www.thealbarestaurant.com.

Hub (11), ebenfalls direkt am Hafenkai, ein angenehmer Ort zum Abhängen mit Lounge-Ambiente. Gute Musik düdelt im Hintergrund, während auf dem Plasmascreen Surfer ihrer Traumwelle nachjagen. Gemütlicher ist es im ersten Stock. Zu trinken gibt es Kaffee und Cocktails, serviert werden einfache Gerichte (Sandwiches und Burgers). 4 The Warf, ☎ 01736/799099. www.hub-stives.co.uk.

Porthminster Beach Café (18), es gibt keinen besseren Ort in St Ives, wenn man hervorragend tafeln und zudem das richtige

Cooles Design: Restaurant Alba

Beachflair atmen will. Direkt hinter dem Strand, mit großer Terrasse, selbst bei schlechtem Wetter verscheuchen die großen Fenster jeden Anflug von Depression. Die Küche ist mediterran, zeigt sich aber auch asiatischen und englischen Inspirationen gegenüber aufgeschlossen. Lecker ist ein *Crispy Fried Squid* mit *Thai Salad* für £ 8.95. Mittags sind die Hauptgerichte deutlich günstiger, abends ab £ 10. Im Sommer ist eine Reservierung ratsam. Porthminster Beach, ✆ 01736/795352. www.porthminstercafe.co.uk.

Porthgwidden Beach Café (1), das kleinere Schwesterncafé mit einem ähnlichen Angebot und ebenso tollem Blick. Wundervolle Terrasse, auf der man bereits am Morgen frühstücken kann! Viele Fischgerichte, so Paella mit Chorizo für £ 13.95. ✆ 01736/796791. www.porthgwiddencafe.co.uk.

The Digey (6), nettes Café-Restaurant unweit der Tate Gallery. Die Küche ist international, von mediterran bis cornisch. Mittagsgerichte zwischen £ 7 und £ 10. Zudem gibt es eine Feinkosttheke. Tgl. außer So 10–17 Uhr geöffnet. 6 The Digey, ✆ 01736/799600.

Tate Gallery Coffee Shop (0), eine ausgezeichnete Adresse für all diejenigen, die beim Essen Wert auf eine designte Atmosphäre legen. Terrasse. Porthmeor Beach.

Seafood Café (10), schlichtes Ambiente und eine exzellente Auswahl an Fischgerichten. Man darf aus mehr als zwanzig verschiedenen Fischarten auswählen (£ 10.95–17.95). Serviert wird das Gericht mit einer Wunschsauce (Thai, Hollandaise etc.) und auf verschiedene Art zubereiteten Kartoffeln. Besonders lecker ist der Kartoffelbrei mit Parmesan. Günstige Mittagsgerichte! 45 Fore Street, ✆ 01736/794004. www.seafoodcafe.co.uk.

The Loft (4), eine weitere Adresse für anspruchsvolle Fischgerichte. Fantastisch ist die gegrillte Seebrasse für £ 15.95. Herrliche Terrasse. Im Winter Sonntag und Montag Ruhetage. Norway Lane, ✆ 01736/794204. www.theloftrestaurantandterrace.co.uk.

Sloop Inn (7), historisches Pub aus dem frühen 14. Jh. Gute Atmosphäre und frischer Fisch (ab £ 7.95). Literaturfreunde kennen das Pub als *Sliding Tackle* aus den Romanen von Rosamunde Pilcher. Große Terrasse mit Hafenblick. Kostenloses WLAN. Auch Zimmervermietung (B & B £ 38–47). The Wharf, ✆ 01736/796584. www.sloop-inn.co.uk.

Olive (2), kleines Café, ein wenig vom Trubel entfernt. Nette Terrasse mit grünen Stühlen. Island Square, ✆ 01736/793621.

496 Cornwall

St Ives, Porthminster Beach

Sehenswertes

Tate Gallery St Ives: Die Tate Gallery in St Ives wurde 1993 gebaut, um die Werke der St Ives Künstlerschule an ihrem Entstehungsort ausstellen zu können. Gleich ein Lob vorweg: Das von Eldred Evans und David Shalev entworfene Museum ist ein architektonisches Glanzstück im englischen Südwesten. Der Haupteingang liegt am tiefsten Punkt des Grundstücks. Die fünf Hauptausstellungsräume wurden in Form und Größe verschiedenen Künstlerateliers nachempfunden. Zu sehen sind Arbeiten von Patrick Heron, Terry Frost und Peter Lanyon sowie Keramiken von Bernard Leach und Skulpturen von Barbara Hepworth. Hinzu kommen die naiven Bilder von Alfred Wallis, einem Fischer, der erst im Alter von 70 Jahren mit der Malerei begann. Dies ist auch das Außergewöhnliche an der Tate Gallery von St Ives: Es sind nur Werke von Künstlern ausgestellt, die in der Region gelebt und gearbeitet haben. Sehenswert ist auch das Restaurant in der oberen Etage: Von der Terrasse bietet sich ein schöner Blick hinunter auf den Porthmeor Beach und in den offenen, von einer Glaswand abgeschirmten Innenhof.
① März bis Okt. tgl. 10–17.20 Uhr, im Winter tgl. außer Mo 10–16.20 Uhr. Eintritt: £ 5.75, erm. £ 3.25. Kombiticket mit Barbara Hepworth Museum £ 8.75, erm. £ 4.50. www.tate.org.uk/stives.

Barbara Hepworth Museum and Sculpture Garden: Die Bildhauerin *Barbara Hepworth* (1903–1975) war zeitlebens von der „bemerkenswert heidnischen Landschaft fasziniert, die zwischen St Ives, Penzance und Land's End liegt; eine Landschaft, die immer wieder einen tiefen Eindruck auf mich macht und in der ich all meine Gedanken über die Beziehung der menschlichen Gestalt zur Landschaft entwickelte ... im Wesentlichen eine Beziehung zwischen Form und Lichtqualität, die eine neue Möglichkeit bot, Farben durch Gestaltung der Form hervorzubringen." Barbara Hepworth, die zu den bedeutendsten Bildhauerinnen des 20. Jahrhunderts gezählt wird, stammte aus Yorkshire und war von ihrem Studienfreund Henry Moore beeinflusst. Ab 1939 lebte Barbara Hepworth zusammen mit ihrem zweiten Mann Ben Nicholson und ihren Drillingen in St Ives. Nach der Trennung von Nicholson bezog sie 1949 das von hohen Mauern abgeschiedene Anwesen. In ihren Arbeiten (Holz, Marmor und Bronze) fühlte sie sich stets einer organischen Formensprache verpflichtet. Nachdem Barbara Hepworth 1975 bei einem Brand in ihrem Atelier auf tragische Weise ums Leben gekommen war, wurde ihr einstiges Wohnhaus samt Atelier und dem wunderschönen, von ihr selbst angelegten Garten in ein Museum verwandelt.

Adresse Barnoon Hill. ⏱ März bis Okt. tgl. 10–17.20 Uhr, im Winter tgl. außer Mo 10–16.20 Uhr. Eintritt: £ 4.75, erm. £ 2.75. Kombiticket mit Tate Gallery £ 8.75, erm. £ 4.50.

St Ives Museum: Das städtische Museum zeigt Sammlungen zur Fischerei, Seefahrt und Lokalgeschichte. Zu sehen sind alte Bilder und Fotografien sowie Keramik und viktorianische Kleidung.

Adresse Wheal Dream. ⏱ Mitte Mai bis Mitte Okt. tgl. 10–17 Uhr, am Wochenende nur bis 16 Uhr. Eintritt: £ 1.50, erm. £ 0.50.

Von St Ives nach Newquay

Es gibt zwei Möglichkeiten, um von St Ives nach Newquay zu fahren. Zum einen kann man die Inlandsroute (A 30), die von Hayle in Richtung Camborne und Redruth führt, wählen. Lohnenswerter ist aber eine Fahrt auf der Küstenstraße (B 3301). Zum Schwimmen und für Dünenspaziergänge bietet die St Ives Bay ausreichend Gelegenheit. Die Region zwischen Hayle und Redruth spielte eine wichtige Rolle bei der Industrialisierung von Cornwall. Schon um 1100 waren in diesem Gebiet Zinn- und Kupferminen in Betrieb. Die Bergbauregion hatte ihre eigenen Gesetze, die Zinnschürfer waren unabhängig und keinem Lehensherrn untertan. Die Schmelzöfen standen vor allem in der Umgebung von Hayle, wo noch heute die Ruinen alter Fabriken mit dicken Schornsteinen aus der Landschaft ragen. Das geförderte Metall wurde in die *Stannery Towns* (Münzstätten) Truro, Helston, Liskeard oder Lostwithiel gebracht, wo es auf seine Reinheit hin untersucht wurde und eine entsprechende Prägung erhielt.

Hayle

Bevor die Flussmündung weitgehend verschlammte, war Hayle einer der bedeutendsten Häfen von Cornwall. Vor allem die Ausfuhr von Zinn wurde von Hayle aus abgewickelt. Beeindruckend ist auch die Mündung des River Hayle, an der heftige Gezeitenströmungen zu beobachten sind, während die sich nordöstlich erstreckenden Strände der St Ives Bay zum Baden und Wandern anbieten.

Camborne

Eine touristisch wenig interessante Stadt, die jedoch mit ihrer Bergbauschule für den cornischen Bergbau eine besondere Rolle spielte. Der industrielle Erfindungsreichtum war eindrucksvoll: Schon 1797 konstruierte *Richard Trevithick* die erste dampfgetriebene Pumpe. Weniger erfolgreich waren die Erfinder Woolf und Brunton mit ihrem ersten dampfgetriebenen „laufenden Pferd". Die Konstruktion explodierte, und 13 neugierige Zuschauer fanden den Tod. Im nahen Pool geben die dem National Trust gehörenden **Cornish Mines and Engines** (*Industrial Discovery Centre*) einen gut restaurierten Einblick in die Industriegeschichte der Kupfer und Zinnförderung.

⏱ April bis Okt. tgl. außer Di und Sa 11–17 Uhr. Eintritt: £ 5.20, erm. £ 2.60 (NT).

Gwithian

Gwithian ist ein beschauliches kleines Dorf inmitten der Dünen. Völlig verändert sieht die Landschaft aus, wenn man weiter nach Osten kommt. Das Land fällt dann in bis zu 100 Meter hohen Steilklippen zum Meer hin ab. Eindrucksvoll ist der sechs Kilometer lange, einsame Sandstrand, der sich vom Black Cliff bis zum Godrevy Point erstreckt.

St Agnes

Bei St Agnes handelt es sich um ein weiteres ehemaliges Bergbauzentrum, das auf seine Verbindung zur Industriegeschichte immer noch stolz ist. Mitte des 19. Jahrhunderts waren insgesamt zwölf Minen in Betrieb. In einigen Bergwerken von St Agnes wurden gleichzeitig Kupfer und Zinn gefördert. Die meisten Ruinen der alten, efeuumrankten Maschinenhäuser sieht man südwestlich der Stadt, insgesamt macht der Ort einen recht gefälligen Eindruck. Hinter St Agnes liegt die Trevaunance Cove mit einem kleinen Strand, der interessant für Windsurfer ist. Die Wellen türmen sich an der Nordküste höher als im Süden, da die Westwinde ungehindert vom Atlantik her wehen – weniger ideal für Schwimmer.

Cornisch – eine vergessene Sprache?

Die Menschen von Cornwall haben in ihrer langen, wechselvollen Geschichte viele Eigenheiten bewahrt – die cornische Sprache erlebte in den vergangenen Jahren eine Renaissance. Sie gehört zur Familie der keltischen Sprachen, ist also verwandt mit dem Walisischen, dem Bretonischen und dem Gälischen. Erst seit dem Spätmittelalter wurde das Cornische vom Englischen – auch mit Gewalt – verdrängt. So kam es nach der zwangsweisen Einführung des englischsprachigen Gebetbuchs im Jahre 1549 zu blutigen Aufständen. Da sich im Gebrauch des Englischen der soziale Aufstieg manifestierte, wurde das Cornische später nur noch in der bäuerlichen Unterschicht gesprochen.

Als letzte Person, die tatsächlich noch Cornisch sprechen konnte, gilt die 1777 verstorbene *Dorothy Pentreath,* eine Marktfrau aus dem Fischerdorf Mousehole. Seit dem 19. Jahrhundert gilt die Sprache als ausgestorben, wenngleich es damals auf den Fischerbooten noch üblich war, die Ausbeute an Fischen auf Cornisch zu zählen. Um die eigene Tradition zu beleben, wurde im Jahre 1902 die *Celtic-Cornish Society* gegründet, ein Wörterbuch und eine Grammatik der cornischen Sprache folgten wenig später. Heute hört man Cornisch auf den Märkten und auf Volksfesten, wenn cornische Barden auftreten, und immer mehr Menschen, Jung und Alt, lernen die beinahe vergessene Sprache und die alten Weisheiten: *Nag ew daa kerras en dand an skeal* („Es ist nicht gut, unter einer Leiter hindurchzugehen").

Perranporth

Perranporth hat im Gegensatz zu St Agnes einen etwa fünf Kilometer langen Sandstrand, der sich bei Ebbe schier endlos verbreitert. Weiter im Nordosten erstrecken sich riesige Sanddünen (Penhale Sands), die ins Landesinnere wandern und langsam das fruchtbare Land verschlucken. Zusammen mit Newquay ist Perranporth das Zentrum für Windsurfer – einige Leute behaupten sogar, der Gründer des Ortes, St Piran, sei selbst ein begeisterter Surfer gewesen. Bei Flut muss allerdings mit hohen Brechern gerechnet werden. Doch nicht nur Surfer, sondern auch FKK-Liebhaber haben die Penhale Sands für sich entdeckt, da der nördliche Abschnitt der Dünen nur zu Fuß zu erreichen ist.

Die Stadt selbst ist voller Geschichte: Die älteste Kapelle Englands wurde hier im 7. Jahrhundert von keltischen Missionaren erbaut. Im 16. Jahrhundert verschwand sie allerdings unter einer Düne, diese wanderte weiter und gab die Kapelle im 19. Jahrhundert wieder zeitweise frei. Vor der Reformation war die Kapelle eine Pilgerstätte, da hier eine Reliquie des *heiligen Piran* aufbewahrt wurde. Im Jahre 1804 erbaute man in sicherer Entfernung zu den Dünen eine weitere Kirche. Heute lebt die Stadt (3.600 Einwohner) eher von den sonnenhungrigen Pilgern. Verschiedene Freizeiteinrichtungen sorgen dafür, dass sich auch Kinder gut amüsieren.

Information **Tourist Information Centre**, Perranporth, Cornwall, TR6 0DP, ✆ 01872/573368, ✆ 01872/573138. www.perranporthinfo.co.uk.

Holywell Bay

Willkommen in Korea! Richtig gelesen, die Holywell Bay liegt im Grenzgebiet zwischen Nord- und Südkorea, haben jedenfalls die Location-Scouts bestimmt, als sie einen geeigneten Drehort für den James-Bond-Thriller „Stirb an einem anderen Tag" suchten. Die von hohen Dünen umrahmte Bucht ist so unverbaut, dass selbst bei weiten Schwenks mit der Kamera der Eindruck entstehen kann, dies sei Korea. Es störte nur die Hütte des örtlichen Surf-Clubs, die kurzerhand zum Bunker umfunktioniert wurde. Stilecht landet James Bond im Film mit dem Surfbrett an der Küste. Ein Tarnanzug, ein bisschen Dämmerung samt Stacheldraht und Kampfgetöse, und die Illusion war perfekt. Ein Detail ist aber richtig: Die zwischen Perranporth und Newquay gelegene Bucht bietet ideale Voraussetzungen zum Wellenreiten. Dem Filmteam war das Wasser dennoch zu kalt, und so drehte man die entsprechenden Szenen lieber auf Hawaii.

Newquay

Cornwalls größtes Seebad ist das Mekka aller Surffreaks. Höhere Wellen als am Fistral Beach lassen sich in Europa kaum finden. Doch nicht nur die braun gebrannte Fun-Generation, sondern auch Rentner und Familien haben Newquay ins Herz geschlossen.

Der Name *Newquay* geht auf einen „neuen" Quay zurück, der im Jahre 1439 im Auftrag des Bischofs von Exeter errichtet worden ist. Bis vor hundert Jahren war Newquay ein kleines Fischerdorf. Etwa einen Kilometer nordöstlich vom Zentrum steht noch ein altes Gebäude am Meer, das *Huer's House,* ein letztes Überbleibsel der Fischereiindustrie des Ortes. Von dem alten Granitgebäude aus hat man einen schönen Blick auf die Bucht. Hier oben saß der *Huer* (Schreier) – manchmal auch als *Hewer* bezeichnet –, der die Aufgabe hatte, das Wasser nach Fischschwärmen abzusuchen. Sobald die herannahenden Sardinenschwärme das Wasser verfärbten, schrie er den am Strand wartenden Fischern die Nachricht zu. Die Fischer kreisten die Beute mit ihren Netzen ein und brachten so einen reichen Fang an Land. Nicht die Fischereipolitik der EU, sondern der Bau der Eisenbahn vor hundert Jahren bescherte dem *Huer* die Kündigung.

500 Cornwall

Bei Ebbe ist der Strand von Newquay mehr als hundert Meter breit

Mit dem Bahnanschluss wurde Newquay für den aufkommenden Tourismus erschlossen – die Schönheit der breiten weißen Strände sprach sich herum, und vorbei war es mit der Fischerdorf-Idylle. Innerhalb weniger Jahrzehnte schnellte die Einwohnerzahl von 1.000 auf 15.000 empor. Das gesamte Kliff wurde langsam zugebaut. Die alles überragende Kirche entstand zu Beginn des 20. Jahrhunderts. Pro Jahr wird etwa eine Million sonnenhungriger Urlauber auf die 78.000 Betten und die zahlreichen Campingplätze verteilt. Während hier in den Frühlings- und Herbstmonaten viele Rentner Erholung finden, wird Newquay im Sommer zur übervölkerten Badestadt. Schon im März kann man eine Hand voll Surfer in neonfarbenen „Antigefrieranzügen" beobachten, die sich mutig in die Brandung werfen und auch bei nur zehn Grad barfuß durch die Straßen nach Hause laufen. In der Hochsaison geht es in den Kneipen und Bars hoch her, der Alkohol fließt in Strömen, so dass man unweigerlich denken kann, man habe sich zum Ballermann verirrt. Nur Sangria wird nicht aus Eimern getrunken ... Nachdem im Sommer 2009 zwei betrunkene Teenager von den Klippen in den Tod gestürzt waren, kam es zu einer größeren öffentlichen Debatte, wie man die Trinkgelage einschränken könne.

*I*nformation/*V*erbindungen/*D*iverses

●*Information* **Tourist Information Centre**, Marcus Hill (gegenüber dem Busbahnhof), Newquay, Cornwall TR7 1BD, ✆ 01637/854020, ✉ 01637/854030.
www.visitnewquay.org.
●*Einwohner* 20.000 Einwohner.
●*Verbindungen* **Bus** – Busbahnhof an der East Street. National Express (✆ 08705/808080) fährt nach Bournemouth, Exeter und Plymouth sowie zweimal tgl. nach London, Western National nach St Austell (✆ 01208/79898). www.nationalexpress.com. **Zug** – Der Bahnhof befindet sich hinter der Cliff Road im Zentrum der Stadt an der Station Parade (Auskunft: ✆ 08457/484950). Newquay liegt an einer Nebenstrecke, daher muss man in Par umsteigen, wenn man nach Penzance, Plymouth oder Richtung

Newquay   501

London reisen will. www.nationalrail.co.uk.
Flugzeug: Vom Newquay Airport (südöstl. der Stadt) gibt es Flugverbindungen u. a. nach London, Isles of Scilly sowie einmal wöchentlich nach Düsseldorf.
www.newquaycornwallairport.com.

- *Aquarium* Das **Bluereef Aquarium** bietet tolle Einblicke in die Unterwasserwelt (Haie, Rochen etc.). Tgl. 10–17 Uhr (im Winter bis 16 Uhr). Eintritt: £ 9.20, erm. £ 8.20 bzw. £ 7.20. Towan Beach, ✆ 01637/878134. www.bluereefaquarium.co.uk.
- *Fahrradverleih* **Atlantic Bike Hire**, ✆ 07564/942105, Mountainbikes ab £ 10 pro Tag. www.atlanticcyclehire.co.uk.
- *Geldwechsel* Mehrere Banken im Zentrum in der Fußgängerzone (Bank Street).

- *Hallenbad* **Waterworld** mit diversen Attraktionen. Hallenbad mit Riesenrutsche. Trenance Leisure Park, ✆ 01637/853828. www.newquaywaterworld.co.uk.
- *Polizei* Tolcarne Road, ✆ 0990/777444.
- *Post* 31–33 East Street.
- *Surfschulen* **King Surf School**, The 12 Steps Trenance, ✆ 01637/860091 oder **Cornwall Surf Academy**, auch Vermietung von Surfbrettern, www.cornwallsurfacademy. com. www.surfnewquay.co.uk.
- *Zoo* **Newquay Zoo** (Löwen, Zebras, Faultiere etc.) ist tgl. 9.30–18 Uhr, im Winter 10–17 Uhr geöffnet. Eintritt: £ 10.95, erm. £ 8.25. Edgcumbe Avenue.
www.newquayzoo.co.uk.

Übernachten (siehe *K*arte *S.* 503)

Headland Hotel (2), exponiert gelegenes Hotel in unmittelbarer Nähe zum Fistral Beach. Hier wurde Roald Dahls „Hexen hexen" verfilmt. Die Atmosphäre erinnert an ein viktorianisches Grand Hotel. Ausgezeichnetes Restaurant. Weitere Annehmlichkeiten: beheizter Swimmingpool (Mai bis Anf. Sept.) sowie Hallenbad, Sauna und Kinderspielplatz. Kostenloses WLAN. B & B ab £ 39.50 pro Person in der Wintersaison. Im Sommerhalbjahr kostet ein DZ mit Frühstück ab £ 130, im Juli/Aug. ab £ 169. Die billigsten Zimmer liegen allerdings nach innen! Für ein DZ mit Frühstück und Meerblick muss man mit mindestens £ 200 rechnen. Es werden auch mehrere komfortable Cottages vermietet (je nach Größe ab etwa £ 850 pro Woche). Fistral Beach, ✆ 01637/872211, ✆ 01637/872212, www.headlandhotel.co.uk.

Sands Resort (4), nun, zugegeben: Der Architekt hat für die Außenfront keinen Preis gewonnen, doch ansonsten ist das knapp 3 Kilometer nördlich von Newquay gelegene Hotel vor allem Familien mit Kindern zu empfehlen. Es gibt ein Spielzimmer, einen Spielplatz sowie ein Hallen- und ein Freibad, und einen Tennisplatz sowie eine Sauna gibt es auch. Das Hotel liegt auf den Klippen, zum Strand sind es ein paar hundert Meter. Die Zimmer sind modern eingerichtet und die etwas teureren Suiten bieten ausgesprochen viel Platz. B & B je nach Reisezeit und Ausstattung £ 50–85. Großzügige Kinderermäßigung. Watergate Road, Porth, ✆ 01637/872864, ✆ 01637/876365, www.sandsresort.co.uk.

Watergate Bay Hotel (1), familiär geführtes Hotel direkt hinter dem Strand der Watergate Bay (4 km nordöstl.). Großes Sport- und Freizeitangebot: Squash, Tennis und beheiztes Freibad. Die anspruchsvollen Zimmer (teilweise mit Balkon) sind in einem klassisch modernen Stil mit dezenten Farbakzenten gehalten. B & B je nach Ausstattung und Saison £ 60–157.50 pro Person. Watergate Bay, ✆ 01637/860543, ✆ 01637/860333, www.watergatebay.co.uk.

Bedruthan (6), ein tolles Hotel, mehrere Kilometer nordöstl. von Newquay entfernt an der Küste gelegen. Ein Spa mit Hallenbad sowie zwei beheizte Outdoor-Pools stehen den Gästen zur Verfügung. Gutes Restaurant! B & B £ 75. Mawgan Porth, ✆ 01637/860555, www.bedruthan.com.

Wheal Treasure Hotel (20), hübsches, kleines Hotel (12 Zimmer) mit schönem Garten und Pool nahe den Trenance Gardens. B & B ab £ 25, während des Sommers nur wochenweise, £ 140–210. 72 Edgcumbe Avenue, ✆ 01637/874136, www.whealtreasurehotel.co.uk.

Rockpool Cottage (8), zentral gelegen und gut ausgestattet ist dieses von einem ehemaligen Surf-Champion geführte B & B. Ab £ 27. 92 Fore Street, ✆ 07971/594485, www.rockpoolcottage.co.uk.

St. Bernards Guesthouse (17), ein schmuckes Guesthouse jenseits von langweiligem englischem Plüsch. Einladend sind auch die Lounge und der Frühstücksraum. Gutes Preis-Leistungs-Verhältnis. WLAN. B & B £ 34–38. 9 Berry Road, ✆ 01637/872932. www.stbernardsguesthouse.com.

Cornwall
Karte S. 444/445

502   Cornwall

Cliff House (11), bereits im Garten vor dem Haus locken einladende blaue Stühle. Das Guesthouse mit seinen neun schlichten, aber ordentlichen Zimmern begeistert mit der Aussicht auf das Meer, die sich auch vom Frühstücksraum bietet (unbedingt ein Zimmer mit Seeblick reservieren!). B & B £ 25, im Juli und Aug. £ 30 pro Person. 61 Fore Street, ✆ 01637/876869. www.cliffhousenewquay.co.uk.

Croftlea (3), schönes Haus mit großem Garten und beheiztem Swimmingpool. Es werden Apartments für zwei, vier und sechs Personen vermietet. Je nach Saison und Größe £ 260–750. Wildflower Lane, ✆ 01637/852505, www.croftlea.co.uk.

● *Hostels*   Es gibt keine Jugendherberge, aber dafür sechs „Backpacker-Hostels", von denen im Folgenden zwei aufgelistet sind.

Newquay International Backpackers (16), alternative Herberge und Surfertreff in einem blauen Haus in der Nähe des Fistral Beach. Eine Übernachtung kostet je nach Saison £ 12.95–19.95 im Schlafsaal, im DZ £ 3 teurer. 69 Tower Road, ✆ 01637/879366, www.backpackers.co.uk.

Reef Surf Lodge (19), beliebter Backpacker- und Surfertreff im Stadtzentrum, abends trifft man sich an der hauseigenen Bar. Modern und sauber! Alle Zimmer mit Flat-Screen-TV. Je nach Saison und Zimmer Übernachtung £ 15–29.50. 10–12 Berry Road, ✆ 01637/879058, www.reefsurflodge.info.

● *Camping*   In Newquay und Umgebung gibt es zahlreiche Campingplätze (Liste im Tourist Office), zumeist riesige Anlagen mit allem Schnickschnack.

**** Hendra Holiday Park, der größte Campingplatz weit und breit liegt im Ortsteil Trennick (ausgeschildert!). 700 Stellplätze für Wohnwagen und Zelte. Im Sommer gibt es sogar Live-Entertainment. Großes Freizeitbad (£ 2.50 extra). Das Zelten kostet für zwei Personen mit Auto um die £ 25. Nur Familien oder Paare. Von April bis Okt. geöffnet. ✆ 01637/875778, ✆ 879017, www.hendra-holidays.com.

Porth Beach, beliebter, gut ausgestatteter Campingplatz in Porth, nur 100 Meter vom Meer entfernt. Von Anfang März bis Okt. geöffnet. ✆ 01637/876531. www.porthbeach.co.uk.

Essen/Trinken/Nachtleben

Feinschmecker sind in Newquay eher am falschen Platz. Englisches Durchschnittsessen gibt es an jeder Ecke, und Snackbars bzw. Imbissbuden sind leicht zu finden.

Fifteen Cornwall (5), wenn der englische Kultkoch Jamie Oliver („The Naked Chef") ein Restaurant betreibt, dann stellen sich die Gäste quasi von alleine ein. Zudem unterstützt man eine soziale Idee: Denn Jamie Oliver beschäftigt 15 zuvor arbeitslose Jugendliche und bildet sie hier aus. Nach seinem Londoner Restaurant hat Jamie Oliver auch in Cornwall ein Restaurant eröffnet. Direkt an der Watergate Bay (vier Kilometer nordöstlich von Newquay) mit herrlichem Blick aufs Meer kann man sich hier auf hohem Niveau verwöhnen lassen. Zumeist sind die Gerichte von der italienischen Küche inspiriert (viel Pasta und Fischgerichte), doch werden auch die kulinarischen Traditionen Cornwalls nicht gänzlich vergessen (80 Prozent der Zutaten stammen übrigens aus der Region). Billig ist es allerdings nicht: Ein dreigängiges Mittagsmenü schlägt mit £ 26 zu Buche, für ein sechsgängiges Abendmenü muss man £ 55 (£ 97 inkl. Wein) bezahlen. Dafür kommen alle Gewinne einer Stiftung zugute. Wer will, kann ab 8.30 Uhr auch frühstücken

(ab £ 5.50). Eine Reservierung ist empfehlenswert! ✆ 01637/861000. www.fifteencornwall.co.uk.

Maharajah Indian (9), mit seiner z. T. scharfen indischen Küche und den leckeren vegetarischen Gerichten stellt das Restaurant sicherlich eine Abwechslung dar. Schöner Panoramablick vom Wintergarten auf den Strand. Alle Gerichte auch zum Mitnehmen. Von Lesern gelobt! 39 Cliff Road, ✆ 01637/877377. www.maharajah-restaurant.co.uk.

The Fort Inn (10), beliebtes Family Pub mit guter Küche. Der große Reiz ist allerdings die weite Terrasse mit ihrem fantastischen Blick aufs Meer. Fore Street, ✆ 01637/875700.

Kahuna (7), direkt am Tolcarne Beach besitzt dieses Restaurant viel Strand-Flair. Serviert wird eine internationale Küche mit asiatischen Einschlägen wie auch dem beliebten *Kahuna veggie Burger* mit gegrillten Auberginen für £ 10. Tgl. ab 10 Uhr geöffnet. Tolcarne Beach, ✆ 01637/850440. www.kahunatolcarne.co.uk

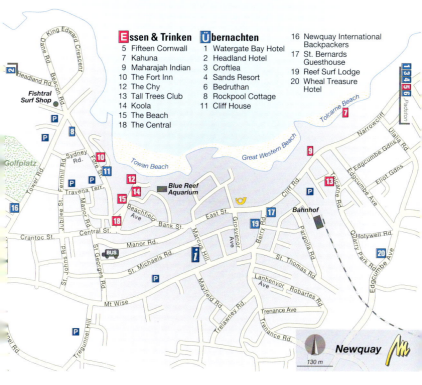

The Central (18), beliebte Kneipe im Zentrum mit großer Terrasse. Central Square, ✆ 01637/873810.

The Chy (12), modern gestylter Treff mit zwei Terrassen und einer tollen Aussicht auf das Meer. Zu essen gibt es hauptsächlich Burger und Steaks, günstige Mittagsgerichte. Abends legen DJs auf. Tgl. bis 2 Uhr geöffnet. 12 Beach Street, ✆ 01637/873415.

Tall Trees Club (13), Newquay ist bekannt für sein ausschweifendes Nachtleben. Der Tall Trees Club gilt derzeit als der angesagteste Nachtclub in ganz Cornwall. Es gastieren zahlreiche Top-DJs und da es in verschiedenen Räumlichkeiten mehrere Mischpulte gibt, findet sich sicher für jeden Geschmack etwas. Tolcrane Road, ✆ 01637/850313. www.talltreesclub.com.

Koola (14), beliebter Nachtclub mit Hip-Hop, House, Drum & Bass. 12 Beach Road. www.thekoola.com.

The Beach (15), die Disco in der Beach Road ist bekannt für heiße Rhythmen und coole Sounds. ✆ 01637/872194. www.beachclubnewquay.com.

Strände

Historische Höhepunkte sind in der Bade- und Surfstadt Newquay nicht zu finden. Dafür kommen aber die Strandgänger auf ihre Kosten. Newquays Küste ist gesäumt von einem langen Sandstrand, der allerdings bei Flut einiges an Fläche einbüßt. Dann wimmelt es hier von Wellenreitern und Surfern. Der *Fistral Beach* ist in ganz England für seine hervorragenden Surfbedingungen bekannt. Bis 1998 wurden hier alljährlich im August die World-Surf-Championships ausgetragen, jetzt finden nur noch die nationalen Surfmeisterschaften hier statt. Gebadet wird auch am Fistral Beach, aber ebenso in der *Newquay Bay* und weiter nordwestlich in der *Watergate Bay*. Ein traumhafter, von Klippen eingerahmter Strand findet sich bei den zehn Kilometer nordöstlich von Newquay gelegenen *Bedruthan Steps* (National Trust

504 Cornwall

Parkplatz mit Tearoom). Mächtige Granitfelsblöcke, die angeblich der Riese Bedruthan nutzte, um an Land zu kommen, liegen vor den Klippen im Meer. Bei stürmischer See und hereinbrechender Flut ist allerdings Vorsicht angebracht. Noch ein paar Kilometer nördlich erstrecken sich die Dünen der *Constantine Bay* von dem Örtchen Treyarnon bis hinauf zum Trevose Head.

Umgebung

Trerice Manor

Trerice Manor ist ein mächtiges Landhaus südöstlich von Newquay. Der englische Adel ging hier der Fuchsjagd und anderen Vergnügungen nach. Mit Efeu überwucherte Bauten stehen hier einsam inmitten einer riesigen, parkähnlichen Wiesenlandschaft samt Obstgarten. Trerice wurde im 16. Jahrhundert erbaut, blieb über Jahrhunderte im Besitz der Familie Arundell und gehört heute dem National Trust. Skurril ist das kleine Rasenmähermuseum. Eine Besichtigung des Hauses ist auch möglich: dunkle Möbel und riesige Kamine – eine Atmosphäre, die uns nur aus Filmen bekannt ist.

⏱ Mitte März bis Okt. tgl. außer Fr 11–17 Uhr. Eintritt: £ 6.70, erm. £ 3.30 (NT). Anfahrt: Über die A 3058 Richtung St Austell (Bus Nr. 50).

St Columb Minor

Fährt man weiter nach Norden, so eignet sich St Columb Minor für einen kurzen Zwischenstopp. Sehenswert ist die Kirche, an der eine besonders schöne Sonnenuhr angebracht ist. Hinter dem Friedhof befindet sich ein beachtenswertes altes Haus, das Glebe Cottage.

Phantastische Naturkulisse: Bedruthan Steps

Padstow

Mit seinen engen Gassen und mittelalterlichen Häusern besitzt Padstow mehr Flair als das hektische Newquay. Ein weiteres Plus der Stadt am River Camel: schöne Strände und gute Restaurants. Das Manko: Im Hochsommer ist der Ort total überlaufen.

Padstow zählt zu den beliebtesten Ausflugszielen in Cornwall. Alljährlich kommen rund eine Million Besucher in den malerischen Hafenort. Nur im Winter oder abends, wenn die Tagesausflügler wieder verschwunden sind, geht es etwas geruhsamer zu. Vielen Touristen gefällt Padstow so sehr, dass sie sich ein Haus oder eine

Padstow 505

Wohnung gekauft haben. Inzwischen ist Padstow einer der teuersten Orte an der englischen Küste, allein in den letzten drei Jahren sind die Immobilienpreise um über 150 Prozent gestiegen.

Am Hafen von Padstow liegen zahlreiche Boote vor Anker. Lohnenswert ist eine hier angebotene Vergnügungsfahrt in die Padstow Bay. Außerdem setzt von hier eine Fähre nach *Rock* über, wo man die St Enodoc Church anschauen oder sich an einem der Sandstrände um Polzeath tummeln kann. Zahlreiche Surfer nutzen die hohen Wellen zu gewagten Ritten auf ihren Boards.

Ganz Padstow ist auf den Beinen, wenn am 1. Mai das „Obby-Oss-Fest" gefeiert wird. Eigentlich heißt das Fest *Hobby Horse*, also Steckenpferd, aber die Leute hier sprechen bekanntlich das „H" nicht aus. Alle sind eingeladen, beim Tanz um den Maibaum mitzumachen. Der „Oss" ist eine ganz in Schwarz gekleidete Figur mit einer furchterregenden Maske, die von einem keulenschwingenden Mann verfolgt wird. Und jeder weiß, dass der Winter nun endgültig ausgetrieben wird.

Wie Padstow zu Padstein wurde

Padstows Aufstieg zu einem der beliebtesten Ausflugsziele in Cornwall ist unmittelbar mit dem Namen Rick Stein verbunden, so dass Zyniker schon davon sprachen, den Ort in „Padstein" umzubenennen. Seit Rick Stein Mitte der 1970er-Jahre sein berühmtes Seafood Restaurant eröffnete, hat sich Padstow zu einem kulinarischen Zentrum Cornwalls entwickelt. Der umtriebige Meisterkoch ist durch TV-Shows und die Veröffentlichung seiner Kochbücher in ganz England bekannt geworden und hat viele Touristen nach Padstow geführt. Zum „Steinimperium" gehören neben zwei Restaurants (Seafood und St Patroc's) mit angegliedertem Hotelbetrieb ein Ferienhaus, ein Café sowie eine Patisserie, ein Geschenkeladen, ein Delikatessengeschäft, und selbst ein nobles Fish'n'Chips am Hafenparkplatz darf nicht fehlen. Auch in Bezug auf modernes Design erfüllen die Restaurants und Geschäfte höchste Ansprüche. www.rickstein.com.

• *Information* **Tourist Information Centre**, Red Brick Building, North Quay (am Hafen), Padstow, Cornwall PL28 8AF, ☎ 01841/533449, ✆ 01841/532356. www.padstow-cornwall.co.uk.

• *Einwohner* 3.100 Einwohner.

• *Verbindungen* **Bus** – Western National fährt nach Wadebridge, von dort aus gibt es weitere Busse nach Tintagel, Bodmin oder Plymouth. Am Tag fahren sechs Busse von Padstow nach Newquay, von wo aus man den Rest von Cornwall mit dem Bus bereisen kann. www.travelinesw.com. **Zug** – Der nächste Bahnhof ist Bodmin Parkway.

• *Fähre* Die Fußgängerfähre pendelt beständig zwischen Padstow und Rock hin und her. Kosten: £ 2.

• *Fahrradverleih* **Padstow Cycle Hire**, beim Großparkplatz am Hafen werden zahlreiche Fahrräder (darunter auch Tandems) vermietet. Pro Tag ab £ 10, ☎ 01841/533533. www.padstowcyclehire.com.

• *Parken* Großer Parkplatz östlich des Hafens. Weitere Parkplätze oberhalb des Ortes. Je nach Parkdauer ab £ 1.

• *Stadtmuseum* Das **Padstow Museum** illustriert mit Fotos und Displays die Stadtgeschichte. Mo–Fr 10.30–16.30 Uhr und Sa 10.30–13.30 Uhr. Eintritt: £ 1.50 www.padstowmuseum.co.uk.

• *Übernachten* **Old Ship Hotel**, mehrere Fischerhäuser wurden zu einem komfortablen Hotel umgebaut. Das Preisniveau der Unterkünfte in Padstow ist allgemein höher als in den umliegenden Orten. Übernachtung und Frühstück ab £ 50 pro Person in der Nebensaison, ab 3 Nächten etwa 10

Cornwall Karte S. 444/445

506 Cornwall

Prozent Ermäßigung. Zum Pub gehört ein netter Innenhof. Mill Square, ✆ 01841/532357, ✆ 01841/533211, www.oldshiphotel-padstow.co.uk.

The Old Custom House, sehr angenehmes, vorbildlich geführtes Hotel mit geräumigen Zimmern, unmittelbar am Hafenbecken gelegen. Zentraler geht es nicht. Von Zimmer 8 hat man den Hafen sogar aus zwei verschiedenen Winkeln im Blick. Ein besonderes Lob verdienen die ausgezeichneten Matratzen! EZ ab £ 100, DZ ab £ 120, mit Seeblick jeweils £ 15 teurer (jeweils inkl. B & B). South Quay, ✆ 01841/532359, ✆ 01841/533372, www.oldcustomhousepadstow.co.uk.

Cyntwell, gut geführtes B & B in einem alten Haus in Hafennähe. Die Decken sind niedrig, der Boden schief, aber alles hell und freundlich. Gutes Frühstück (ein Lesertipp von Nicole Vornberger). B & B je nach Saison und Zimmer £ 32.50–44 pro Person. 4 Cross Street, ✆ 01841/533447. www.cyntwell.co.uk.

The Woodlands, einladendes B & B einen Kilometer westlich des Zentrums. Die Zimmer und der Frühstücksraum sind in sehr freundlichen hellen Tönen gehalten. B & B je nach Saison £ 59–68, bei längerem Aufenthalt und in der Nebensaison deutlich günstiger. ✆ 01841/532426, ✆ 533353, www.woodlands-padstow.co.uk.

• *Jugendherberge* **Treyarnon**, wunderschön gelegen am Strand der Treyarnon Bay (am Coastal Path), eine der schönsten Herbergen Cornwalls. Mit öffentlichen Verkehrsmitteln von Padstow aus nicht einfach zu erreichen: Bus 556 oder 595 nach Constantine, dann ca. 1 km Fußmarsch. Erwachsene ab £ 14, Jugendliche ab £ 10.50. Tregonnan, Treyarnon Bay, ✆ 0845/3719664, ✆ 01841/541457.

• *Camping* Gleich neben der Jugendherberge befindet sich ein kleiner Campingplatz: **Trethias Farm**, nur von April bis Sept. geöffnet. ✆ 01841/520323.

Carnevas Holiday Park, in St Merryn. April bis Okt. geöffnet. Zelt und zwei Personen ab £ 12. ✆/✆ 01841/520230, www.carnevasholidaypark.co.uk.

• *Essen/Trinken* **The Seafood Restaurant**, Rick Steins Restaurant gilt als das beste Fischrestaurant im ganzen Südwesten Englands. Seit Jahrzehnten ist es für seine phantasievoll zubereiteten Meeresfrüchte bekannt. Billig ist der Gaumenschmaus zwar nicht, doch die Investition lohnt sich. Hauptgerichte £ 25, 3-Gänge-Mittagsmenü zu £ 35. Dinner (6 Gänge) £ 65.50, die Flasche Wein ab £ 25. Wer will, kann in der Seafood School einen Kochkurs ab £ 148 belegen. So Ruhetag. Riverside, ✆ 01841/532700. Es werden auch ein paar Zimmer vermietet (£ 135–210). www.rickstein.com.

Pescadou, ebenfalls ein hervorragendes Fischrestaurant mit einladend schlichtem Ambiente, direkt am Hafen. Die Komposition aus dreierlei Filet (Heilbutt, Seehecht und Seebrasse) serviert auf einem Bett aus Brokkoli, Kartoffeln und Muscheln, in einem Bouillabaisse-ähnlichen Sud ist absolut zu empfehlen. Hauptgerichte ab £ 17.95 (abends), Mittagsmenü (2 Gänge) £ 11.95. North Quay, ✆ 01841/532359.

Rick Steins Café, preiswerte Alternative für alle Rick-Stein-Fans. Schlichtes Ambiente, leichte Küche. Abendmenü (drei Gänge) zu

*Beliebtes Ausflugsziel:
Padstows Hafen*

Padstow

£ 21.75, Hauptgerichte ab £ 9.95. 10 Middle Street, ✆ 01841/532700.

No 6, mediterrane Küche auf hohem Niveau. Das Lokal wurde 2007 von einem regionalen Restaurantführer zum „Best Restaurant in Cornwall" gekürt. Zumeist werden Produkte aus ökologischem Anbau verwendet. Menüs zu £ 38 und £ 45. Mo u. Di Ruhetage. 6 Middle Street, ✆ 01841/532093. www.number6inpadstow.co.uk.

Rojano's, nicht nur wegen der günstigen Preise (Pasta und Pizza ab £ 8) ist dieser hinter dem Hafen gelegene Italiener eine echte Alternative. Kleine Straßenterrasse. Mo Ruhetag. 9 Mill Square, ✆ 01841/532796.

Stein's Fish and Chips, direkt am Großparkplatz am Hafen gelegen, zählt dieses Fish'n'Chips sicher zu den besten Englands. Große Auswahl an Fischarten! Leider muss man sich oft lange in der Schlange gedulden. Wer will, bekommt seinen Fisch auch gegrillt (ab £ 7.50). Mo–Sa 12–14.30 Uhr und 17–21 Uhr sowie So 12–18 Uhr geöffnet. South Quay.

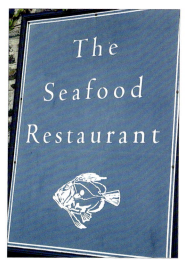

Cornwalls Gourmettempel

Sehenswertes

Prideaux Place: Nahe der St Petroc's Church erhebt sich Prideaux Place, der elisabethanische Sitz der Prideaux-Familie, der 1592 auf einem „E"-förmigen Grundriss errichtet wurde. Ein sechzehn Hektar großer Park – toller Blick auf die Carmel-Mündung – umgibt das Anwesen. Die Räumlichkeiten sind mit sehenswerten Möbelstücken ausgestattet, allerdings nur im Rahmen einer Führung zu besichtigen.
⏱ Ostern bis Sept. So–Do 13.30–17 Uhr, Garten 12.30–17 Uhr. Letzte Führung 16 Uhr. Eintritt: Haus und Park £ 7, nur Park £ 2. www.prideauxplace.co.uk.

> ### Kurzwanderung zum Stepper Point
>
> Ein Spaziergang zur etwa neun Kilometer langen und manchmal über einen Kilometer breiten Mündung des Camel River ist beeindruckend. Flussabwärts geht es zunächst zur Rock Ferry, mit der man auch über den Camel setzen kann. Danach zur St George's Well, einer Quelle mit kühlem Wasser aus dem Felsen. Hinter einer kleinen Landzunge kommt Tregirls Beach, gegenüber liegt die Doom Bar, eine Sandbank, die nach der Legende von einer Nixe, die von einem jungen Mann aus Padstow tödlich verletzt worden war, aufgeschüttet wurde. Von hier ist es nicht mehr weit zum Stepper Point, einer 80 Meter hohen Klippe an der Flussmündung.

St Petroc's Church: Auf einem Hügel überragt die St Petroc's Church die Szenerie. Sie ist Cornwalls wichtigstem Heiligen geweiht, der, von Wales oder Irland kommend, im 6. Jahrhundert hier lebte und der Stadt ihren damaligen Namen gab: Petroc's Stow. Von der Kirche aus schweift der Blick über die sehenswerte Umgebung von Padstow.

National Lobster Hatchery: Lobster leben bekanntlich nicht im Kochtopf. Direkt am Hafen bekommt man in einem jüngst eröffneten Informationszentrum eine

508   Cornwall

kleine, aber spannende Einführung in ihre Lebenswelt. Wer weiß schon, dass Lobster drei Mägen haben oder mehr als 100 Jahre alt werden können – falls sie nicht im Kochtopf landen.

⏱ Mai bis Mitte Sept. tgl. 10–18 Uhr, sonst tgl. außer So 10–14 Uhr. Eintritt: £ 3.50, erm. £ 2 bzw. £ 1.50. www.nationallobsterhatchery.co.uk.

Port Isaac

Früher war Port Isaac ein einfaches Fischerdörfchen. Zwar hat auch hier der Tourismus Einzug gehalten und zahlreiche Häuser wurden zu Zweitwohnsitzen umfunktioniert, dennoch ist die ursprüngliche Atmosphäre erhalten geblieben, so beispielsweise im Golden Lion, einem alten Pub aus dem Jahre 1715. Angeblich gab es von hier aus einen Tunnel zum Hafen, der zur Zeit des einträglichen Schmuggels wohl recht oft benutzt wurde. Später ist er dann von pflichtbewussten Zöllnern zugemauert worden. Die Ortschronik weiß von einem katastrophalen Sturm zu berichten, als sich 1910 die Atlantikwellen so hoch auftürmten, dass sie im Golden Lion die Fenster im Obergeschoss einschlugen. Wegen der schmalen Straßen empfiehlt es sich, das eigene Fahrzeug oberhalb des Dorfes abzustellen und in zwei Minuten zum Hafen hinunter zu laufen.

Ein paar hundert Meter weiter östlich stößt man auf *Port Gaverne*, noch ein kleineres Fischerdorf an einer tief eingeschnittenen, schmalen Bucht. Lohnend ist auch eine Wanderung entlang der Küste zu dem rund drei Kilometer weiter westlich gelegenen *Port Quin*, einem verlassenen Fischerdorf.

- *Einwohner* 1200 Einwohner.
- *Verbindungen* Busverbindungen nach Wadebridge.
- *Veranstaltungen* Im Sommer singt am Freitagabend oft der Shanty-Chor „The Fisherman's Friends" am alten Hafen.
- *Übernachten/Essen/Trinken* **Slipway Hotel**, alteingesessenes Hotel-Restaurant mit Patina, direkt am Hafen (das Gebäude stammt aus dem 16. Jh.). Die Zimmer in dem verschachtelten Gebäude sind modern ausgestattet und gepflegt, zwei (Nr. 1 und 2) verfügen gar über eine kleine Terrasse mit Meerblick, manche (wie das mit der Nr. 9) sind aber recht klein dimensioniert, die Betten jedoch durchwegs komfortabel. Nette Terrasse mit Cafébetrieb vor dem Haus. Kostenloses WLAN. B & B ab £ 45 im DZ, ein EZ ab £ 75 (mit Hafenblick entsprechend teurer). Harbour Front, ✆ 01208/880264, ✆ 01208/880408, www.portisaachotel.com.

Old School, das alte, 1875 errichtete Schulhaus von Port Isaac wurde zu einem verwinkelten Hotel mit Restaurant umgebaut. Einige Zimmer besitzen einen schönen Blick auf den Hafen. Um an die schulische Vergangenheit zu erinnern, tragen die 12 Zimmer Namen von Schulfächern (Latin, Chemistry etc), wobei man sich im Einzelzimmer den „Religious Studies" widmen

kann. Das Restaurant versteht sich auf die Zubereitung von Fischgerichten, Hauptgerichte von £ 10 (mittags) bis £ 18 (abends). Parkplätze direkt am Hotel vorhanden! Kostenloses WLAN. B & B ab £ 53.50 pro Person, in der Nebensaison günstiger. Fore Street, ✆/✆ 01208/880721, www.theoldschoolhotel.co.uk.

Hotel Port Gaverne, eine weitere nette Adresse in der Nachbarbucht. Dafür stammt das Haus aus dem 17. Jh. und wirkt mit seinen Paneelen und dem Seemannsdekor recht zünftig. Das ausgezeichnete Restaurant hat was – man wundert es? – auf die Fischküche spezialisiert, gute Weinauswahl. Allerdings auf einem gehobenen Preisniveau: B & B £ 55. ✆ 01208/880244, ✆ 880151, www.port-gaverne-hotel.co.uk.

The Bay Hotel, kleine, aber angenehme Unterkunft mit Flair, oberhalb des Hafens gelegen. Die teureren Zimmer verfügen über einen herrlichen Balkon. Parkplätze vorhanden. B & B je nach Zimmer £ 45–67.50. The Terrace, ✆ 01208/880380. www.cornwall-online.co.uk/bayhotel-portisaac.

Hathaway Guesthouse, kein anderes Gebäude in Port Isaac kann mit einer vergleichbaren Lage aufwarten wie dieses viktorianische Gästehaus. Man fährt hinunter zum Hafen und auf die Westseite der Bucht, wo es das letzte Haus oben am Hü-

Geruhsam: Der Hafen von Port Isaac

gel ist. Es gibt fünf Zimmer und ein Apartment. B & B £ 34–44 pro Person, je nach Zimmer und Aufenthaltsdauer, die herrliche Aussicht ist inklusive. ✆ 01208/880416. www.hathawayguesthouse.co.uk.
The Harbour, kleines intimes Restaurant direkt am Hafen. Kreative Küche, so beim Seeteufel mit in Wein geschmorten Tomaten und Chorizo für £ 16.75. 1 Middle Street, ✆ 01208/880237.

www.theharbourportisaac.com.
Golden Lion, einladendes Pub direkt am Hafen. Serviert werden neben Fish and Chips auch Backed Potatoes (ab £ 5.95) sowie wechselnde Tagesgerichte. Falls noch ein Platz frei ist, sollte man sich unbedingt auf der kleinen Terrasse niederlassen und dem Hafentreiben zusehen. Fore Street, ✆ 01208/880336.

Tintagel

Die bekannteste Burgruine Englands ist Tintagel, die legendäre Festung von König Marke, Geburtsort von König Artus und Schauplatz des Ehebruchs zweier Königinnen. Inspiriert durch Tennysons „Idylls of the King", pilgerten schon im 19. Jahrhundert viele Touristen in den Ort, der damals noch Trevena hieß, ein winziges Dorf ohne Zuganschluss oder Telegraphen, dessen Bevölkerung von der Landwirtschaft, dem Fischen und einem Steinbruch lebte. Die Straßen waren schlecht, und die Boote am Strand der kleinen Bucht wurden oft von der Flut zertrümmert. Im Jahre 1900 änderte Trevena seinen Namen offiziell in Tintagel um – Tourismusmanager würden heute von einer genialen Marketingidee sprechen. Seither fallen die Besucher Tag für Tag in regelrechten Horden über das kleine Dorf her, und Artus wird gnadenlos vermarktet. In den Souvenirläden ziert der Name des legendären Königs sogar Aschenbecher und Flaschenöffner, und für die Kleinen gibt es eine Plastikversion des Schwertes Excalibur.

• *Information* Tourist Information Centre, Bossiney Road, Tintagel, Cornwall, PL34 0AJ, ✆/≈ 01840/779084 und 01840/250010.
www.visitboscastleandtintagel.com.
• *Einwohner* 1.700 Einwohner.
• *Verbindungen* **Bus** – Von Newquays

510 Cornwall

East Bus Station fahren Western National Nr. 122 und 125 ein paar Mal am Tag nach Tintagel.

● *Parken* Im Ort mehrere große Parkplätze, die je nach Parkdauer ab £ 0.50 kosten.

● *Übernachten/Essen/Trinken* **Bossiney House Hotel**, sehr schönes Hotel mit Restaurant am Ortsrand von Tintagel. Von Lesern gelobt! Extra: kleines Hallenbad, kostenloses WLAN. B & B ab £ 30. Bossiney Road, ☎ 01840/770240, 📠 01840/770501, www.bossineyhouse.co.uk.

Pendrin Guest House, angenehme Unterkunft in einem viktorianischen Haus. B & B ab £ 25. Atlantic Road, ☎/📠 01840/770560, www.pendrintintagel.co.uk.

Bosayne, nettes viktorianisches Gästehaus mitten im Ort, wobei die Zimmer unter der Dachschräge recht klein sind. Zum Frühstück gibt es selbstgebackenes Bio-Brot. Kostenloses WLAN. B & B je nach Saison £ 29–32.50. Atlantic Road, ☎ 01840/770514. www.bosayne.co.uk.

Lewis, vier liebevolle Gästezimmer an der Hauptstraße, die Zimmer sind in den Farben gelb, rosa und grün gehalten. B & B ab £ 30. Bossiney Road, ☎ 01840/770427. www.cornwall-online.co.uk/lewis-bedand breakfast.

● *Jugendherberge* **Dunderhole Point**, über 150 Jahre altes Haus, das früher zum Schiefersteinbruch gehörte. Überwältigend ist seine atemberaubende Lage auf dem Glebe Cliff. Zu erreichen über den Weg, der zur Tintagel Church führt. Nach 400 Metern auf National-Trust-Schilder achten (die Jugendherberge ist vom Dorf aus nicht zu sehen). Nur 22 Betten. Erwachsene ab £ 14, Jugendliche ab £ 10.50. Okt. bis Ostern geschlossen. ☎ 0845/3719145, 📠 01840/770733.

Mystischer Artus

Obwohl King Arthur – oder König Artus – in aller Munde ist, gibt es kaum gesicherte Erkenntnisse, ob er tatsächlich gelebt hat. Die Legende wurzelt im 6. Jahrhundert, als die Sachsen, Pikten und Jüten blutige Überfälle auf die einheimischen Briten verübten. Die römischen Legionäre hatten sich in ihr zerfallendes Reich zurückgezogen. Schutzlos waren die Bewohner Britanniens den brutalen Angriffen ausgeliefert. Eine Gruppe von mehreren tausend tapferen Männern unter Ambrosius Aurelianus, selbst „Überbleibsel" der römischen Herrschaft, begann sich standhaft zu wehren. In einer Schlacht am Badon Hill (etwa um 516, wahrscheinlich in der Nähe des heutigen Bath) fiel Ambrosius. Die Führung übernahm von nun an der junge Artus – und hier beginnt auch die Legende, die Artus zum Vermittler zwischen christlichem Sendungsbewusstsein und keltischer Götterwelt werden lässt. In geradezu heroischer Manier konnte er die Eindringlinge verjagen und den Bauern der Gegend eine friedliche Existenz sichern. Artus versammelte 24 edle Ritter an seiner Tafelrunde, die das Volk höchst ehrenhaft leiteten und beschützten. Zentrum seiner Macht war das rätselhafte Camelot, der bis heute unentdeckte legendäre Königshof.

Es gibt unzählige literarische Abwandlungen der Artuslegende. Seit der Mönch Geoffrey of Monmouth die Geschichte um das Jahr 1100 aufgeschrieben hat, bearbeiteten unter anderem Wolfram von Eschenbach („Parzival"), Sir Thomas Malory („Le Morte d'Arthur") und Geoffrey Chaucer („The Wife of Bath's Tale") diesen Heldenstoff für eigene Werke.

Sehenswertes

Tintagel Castle: Die Burg von Tintagel ist angeblich der Geburtsort von König Artus. *King Arthur's Castle* stand ursprünglich auf einer Insel, doch haben Wind und

Boscastle

Strömung eine Verbindung zum Land hergestellt. Heute sind nur noch unspektakuläre Ruinen zu besichtigen, die zu einer normannischen Festung gehörten, so dass man nicht viel versäumt, wenn man das Castle nur aus der Ferne betrachtet. Der Baubeginn der Burg wird auf das Jahr 1145 datiert. Ausgrabungen haben jedoch ergeben, dass an dieser Stelle schon im 6. Jahrhundert ein keltisches Kloster gestanden hat. Manche Wissenschaftler gehen davon aus, dass in diesem Teil Cornwalls schon früh das Christentum Fuß fassen konnte.
① April bis Sept. tgl. 10–18, Okt. tgl. 10–17, Nov. bis März 10–16 Uhr. Eintritt: £ 5.20, erm. £ 4.40 oder £ 2.60 (EH).

The Old Post Office: Das aus dem 14. Jahrhundert stammende windschiefe Anwesen gehört zu den charaktervollsten Gebäuden Cornwalls. Von 1844 bis 1892 war hier das Postamt untergebracht, weshalb auch eine viktorianische Poststube eingerichtet wurde.
① Mai bis Sept. tgl. 10.30–17.30 Uhr, im März, April und Okt. tgl. 11–16 Uhr. Eintritt: £ 3.20, erm. £ 1.60 (NT).

St-Nectan's-Waterfall: Nur wenige Reisende wissen von der Existenz dieser Einsiedelei und dieses 20 Meter hohen Wasserfalls ganz in der Nähe von Tintagel. Den St-Nectan's-Wasserfall und eine kleine Kapelle erreicht man nach etwa 2,5 Kilometern auf der Straße nach Boscastle (in Trethevy zum Rock Valley Hotel – ab da ausgeschildert) und einem halbstündigen Fußmarsch.
Eintritt £ 3.50, erm. £ 1.75.

Die Ruinen von Tintagel Castle

Boscastle

Boscastle ist ein schwer zugänglicher Hafen am Ende eines langen, schmalen Tals, das durch die Mündung der Flüsse Jordan, Valency und Paradise entstand. Gegen Ende des 16. Jahrhunderts ließ Sir Richard Grenville einen Hafen anlegen, um Schiefer aus den nahen Steinbrüchen verschiffen zu können. Die mächtigen Kaimauern schützten den Ort vor Sturmfluten. Später diente Boscastle auch als Schmugglerhafen. Heute macht sich die Enge im Sommer in einer akuten Parkplatznot bemerkbar, außer einem Hexenmuseum (Whitchcraft Museum) und dem verträumten Weg zum Meer hat Boscastle allerdings wenig zu bieten. Das eigentliche Dorf liegt einen halben Kilometer landeinwärts auf einer Anhöhe. Gegründet wurde der Ort im Mittelalter von der aus der Normandie stammenden Familie Botterell, die hier einst das Bottreaux Castle errichtete.

512 Cornwall

Am 16. August 2004 wurden große Teile des Hafens durch eine gigantische Flut zerstört und zahlreiche Häuser verwüstet. Nachdem es in zwei Stunden mehr geregnet hatte, als normalerweise in einem Monat, schwollen die durch den Ort führenden Bäche zu reißenden Flüssen an. Hinzu kam der unglückliche Zufall, dass gerade die Flut ihren Höchststand erreicht hatte und durch einen Sturm in den Hafen gedrückt wurde, so dass das Regenwasser nicht abfließen konnte. Eine Brücke wurde fortgerissen und Autos wie Spielzeuge ins Meer gespült. Rund 100 Menschen wurden von der Royal Air Force rechtzeitig von den Dächern ihrer Häuser gerettet, so dass die Jahrhundertkatastrophe glücklicherweise keine Todesopfer gefordert hat.

- *Information* **Tourist Information Centre**, → Tintagel.
- *Einwohner* 800 Einwohner.
- *Verbindungen* **Bus** – Fry's Bus Services und Western National (Nr. 122 und 125) fahren von Tintagel nach Boscastle (siebenbis achtmal täglich).
- *Übernachten/Essen/Trinken* **The Wellington Hotel**, ein mächtiges, wuchtiges Gebäude, das im Kern aus dem 16. Jh. stammt und lange Zeit als Postkutschenstation diente. Wenige hundert Meter vom Meer entfernt. Schöner Garten. Ansprechend ist auch das zugehörige Waterloo Restaurant, in dessen modernem Ambiente englische und französische Küche serviert wird. WLAN. B & B je nach Saison ab £ 40. ✆ 01840/250202, www.boscastle-wellington.co.uk.

The Bottreaux Hotel, kleines, im Dezember 2002 eröffnetes Hotel mit ausgezeichnetem Restaurant (Mi und So Ruhetage). Im Zentrum gelegen. Von April bis Okt. geöffnet. B & B im DZ ab £ 40. ✆ 01840/250231, ✉ 01840/250170, www.boscastlecornwall.co.uk.

Trerosewill Farm, etwas außerhalb gelegene Farm, die bekannt ist für ihr gutes Essen und mehrfach für ihre Küche ausgezeichnet wurde. B & B je nach Saison und Zimmer £ 37.50–52.50. ✆/✉ 01840/250545, www.trerosewill.co.uk.

Napoleon, zünftiges Pub aus dem 15. Jh. im Herzen von Boscastle. ✆ 01840/250204.

- *Jugendherberge* **Boscastle Harbour**, die Jugendherberge liegt am alten Fischerhafen (das letzte Haus auf der rechten Seite, hinter dem „Pixie House"). Die in einem

Dieser kleine Fluss überschwemmte im August 2004 ganz Boscastle

Bodmin Moor 513

ehemaligen Stall untergebrachte Herberge ist durch die Flut stark beschädigt worden und musste umfassend renoviert werden. Achtung: Kein Frühstück erhältlich. Zufahrt mit dem eigenen Auto nur zum An- und Ausladen möglich, danach muss man einen öffentlichen Parkplatz im Ort ansteuern. Von April bis Anfang Nov. geöffnet. Erwachsene ab £ 14, Jugendliche ab £ 10.50. Palace Stables, ✆ 0845/3719006, ✉ 01840/250977.

Bude

Den äußersten Norden von Cornwall markiert Bude, ein kleines, beliebtes Seebad mit Felstümpeln, einem Gezeitenschwimmbad sowie einem Golfplatz, der den Ort fast in zwei Teile spaltet. Ein aus dem frühen 19. Jahrhundert stammender Kanal erinnert noch an die Industrialisierung. Den besonderen Reiz dieser Gegend machen die Sandstrände um Bude aus. Im Ort selbst findet man den *Summerleaze-Beach*, eine mehrere Kilometer lange und saubere Sandküste, die vor allem bei Familien beliebt ist. Südlich von Bude liegt die *Widemouth Bay*. Hier tummeln sich Badefreunde und Surfer. Bei Ebbe sollte man beim Schwimmen auf den steinigen Untergrund achten. In *Crackington Haven*, zwölf Kilometer weiter südlich, nutzen ebenfalls Surfer die steife Brise und den recht beachtlichen Wellengang. Über 100 Meter hohe Klippen säumen die Bucht. Nudistenfreunde treffen sich noch etwas weiter südlich: An dem *Strangles* genannten Strand kann man problemlos die Hüllen fallen lassen.

● *Information* **Bude Visitor Centre**, The Crescent Car Park (im Zentrum), Bude, Cornwall EX23 8LE, ✆ 01288/354240, ✉ 01288/355769. www.visitbude.info, www.bude.co.uk.

● *Einwohner* 2.700 Einwohner.

● *Verbindungen* **Bus** – Fry's Bus Services und Western National (Nr. 122 und 125) fahren von Tintagel über Boscastle nach Bude (sieben- bis achtmal täglich).

● *Veranstaltungen* **Bude Jazz Festival**, Ende August.

● *Übernachten* **Falcon Hotel**, traditionsreiches Hotel mit viel Atmosphäre, direkt beim Bude Canal und dem Tourist Office gelegen. Standesgemäß trifft sich hier auch der örtliche Lions Club. B & B ab £ 65.50. Breakwater Road, ✆ 01288/352005, www.falconhotel.com.

Elements, direkt an der Küstenstraße von Bude zur Widemouth Bay liegt dieses moderne Surfhotel in einer traumhaften Landschaft (auch Nichtsurfer sind willkommen). In den elf gut ausgestatteten Zimmern (Flat-Screen-TV etc.) nächtigt zumeist jüngeres Publikum. Fitnessraum, Sauna und Solarium sowie ein ansprechendes, von Lesern gelobtes Restaurant sind ebenfalls vorhanden. Schöne Terrasse vor dem Haus, die Strände sind in der Nähe. Es werden auch Surfkurse angeboten, der Besitzer Mike Raven ist ein ehemaliger europäischer Champion. B & B £ 52.50. Marine Drive, ✆ 01288/352386, www.elements-life.co.uk.

Camelot Hotel, ein stattliches weiß gestrichenes Hotel mit familiärem Flair, in der Nähe des Golfplatzes. Eine große Palme säumt den Eingang. B & B ab £ 49. Downs View, ✆ 01288/352361, ✉ 355470, www.camelot-hotel.co.uk.

Bodmin Moor

Das Bodmin Moor ist neben dem Dartmoor und dem Exmoor das dritte Hochmoor im Südwesten Englands. Allerdings ist es kleiner, weniger überlaufen und hat ein milderes Klima. Da es mitten in Cornwall liegt – Süd- und Nordküste sind gleich weit entfernt –, ist es von überall her gut zu erreichen.

Das Bodmin Moor erinnert an ein weites wogendes Meer aus Gelb- und Grautönen, gesprenkelt mit Inseln aus Heide und leuchtend grünem Moos. Die zerklüfteten Höhen werden von „Tors" gekrönt, mächtigen Granittürmen, die Regen und

Cornwall Karte S. 444/445

514　Cornwall

Sturm seit Urzeiten trotzen. Die unwirtliche Ebene erstreckt sich über rund 260 Quadratkilometer und lässt sich mit dem eigenen Fahrzeug relativ leicht erkunden, da sie von der A 30 geteilt wird. Daphne du Maurier hat die Landschaft in ihrem Roman „Jamaica Inn" eindrucksvoll beschrieben: „Es war eine schweigsame, verlassene Gegend, aber gewaltig und von Menschenhand unberührt. Auf den hohen Felsblöcken standen aneinander gelehnt die Steinplatten als seltsame Formen und Gestalten, wuchtige Schildwachen. Einige sahen aus wie riesige Möbel. Große, lange Steine standen wie zurückgelehnt und schienen wunderlich zu schwanken, als überließen sie sich dem Wind. Und da gab es flache Altäre, deren glatte und glänzenden Flächen gen Himmel schauten, auf Opfer wartend, die niemals kamen."

Bodmin

Bodmins günstige Lage im Zentrum von Cornwall war auch der Grund für die Bedeutung als Handelsstadt. Im späten 19. Jahrhundert allerdings verweigerte man die Anbindung an das Netz der Great Western Railway. Folglich wanderten zahlreiche Geschäftsleute nach Truro ab. Bis 1989 war Bodmin die Hauptstadt von Cornwall, obwohl sie längst im Schatten anderer cornischer Städte stand. Sehenswert ist die St Petroc's Church, die größte mittelalterliche Kirche Cornwalls. In ihrem Inneren steht ein normannisches Taufbecken aus dem 12. Jahrhundert. Außerdem befindet sich hier ein Kästchen aus Elfenbein, in dem einst die Gebeine des heiligen Petroc aufbewahrt wurden. Nebenan zieht eine ganz andere Attraktion die Besucher an. Im *Bodmin Jail* (Berrycombe Road) wurden bis ins frühe 20. Jahrhundert hinein Hinrichtungen durchgeführt. Das war „notwendig" geworden, weil ab 1862 öffentliche Exekutionen verboten waren. Ein Rundgang führt durch die Zellen des Gefängnisses.

- *Information* **Shire House**, Mount Folly Square, Bodmin, Cornwall PL31 2DQ, ✆/℡ 01208/76616. www.bodminlive.com.
- *Einwohner* 15.000 Einwohner.
- *Verbindungen* **Bus** – Western-National-Busse fahren regelmäßig von Padstow (Bus 55) und St Austell (Bus 29, 29A). Einmal täglich kommt der Bus X2 von Plymouth und Newquay. www.nationalexpress.com. Die Busverbindungen im Moor sind allerdings nicht so günstig. Tilley's Coaches Nr. 225 pendelt unregelmäßig zwischen Bolverton, Altarnun und Launceston. Western National-Bus X3 fährt noch seltener von Bodmin nach Bolventor. Bus 77 fährt von Liskeard nach St Neot.

Zug – Bodmin Parkway Station liegt an der Linie Penzance–Plymouth, stündlich Anschluss. Der Bahnhof liegt ca. sechs Kilometer außerhalb der Stadt (Bus 55). Auskunft: ✆ 0872/76244. www.nationalrail.co.uk.
- *Bodmin Jail* Tgl. 10–18 Uhr. Berrycombe Road. Eintritt: £ 6, erm. £ 4.25. www.bodminjail.org.

Lanhydrock House

Rund drei Kilometer südlich von Bodmin liegt Lanhydrock, ein aus einer Benediktinerabtei hervorgegangener Landsitz. Das sehenswerte Landhaus mit seiner 35 Meter langen Long Gallery stammt ursprünglich aus dem 17. Jahrhundert, wurde aber durch einen Brand im Jahre 1881 stark beschädigt und wieder neu aufgebaut. Dementsprechend sind auch die Räume im viktorianischen Stil eingerichtet. Im Jahre 1993 wurden hier übrigens „Die drei Musketiere" verfilmt. Umgeben wird das Anwesen von einem schönen Park mit bunten Blumenbeeten, vielen Magnolien, einem wunderschönen Staudengarten sowie winterharten Rhododendron-Hybriden.

℗ März bis Okt. Di–So 11–17.30 Uhr, im Okt. bis 17 Uhr. Der Garten ist ganzjährig tgl. von 10–18 Uhr geöffnet. Eintritt: Haus und Park £ 9.90, erm. £ 4.90, nur Park £ 5.80, erm. £ 3.10 (NT).

Bodmin Moor ist eine herrliche Wanderregion

Bolventor

Genau zwischen Bodmin und Launceston liegt die Ortschaft Bolventor inmitten des Bodmin Moors. Das hiesige Jamaica Inn war einst Treffpunkt von Schmugglern, die ihr kostbares Gut von der Küste Cornwalls ins Landesinnere schafften. Die englische Erzählerin Daphne du Maurier sammelte hier 1930 Inspirationen für einige Werke über das Schmugglerdasein. Alfred Hitchcock verfilmte übrigens mehrere Romane von du Maurier, u. a. „Jamaica Inn", „Die Vögel" und „Rebecca". Neben einigen Erinnerungsstücken, die dem Besuch der Schriftstellerin gewidmet sind, gibt es noch ein kleines *Museum of Curiosities* mit viktorianischem Krimskrams und ausgestopften Tieren. Der Parkplatz des Gasthofs eignet sich gut als Ausgangspunkt für Wanderungen.

Museum ⏰ Ostern bis Okt. tgl. 10–17 Uhr, im Winter 11–16 Uhr. Eintritt: £ 3.50. www.jamaicainn.co.uk.

Dozmary Pool

Weniger als zwei Kilometer südlich von Bolventor erstreckt sich der Dozmary Pool, ein See, der mit der Artus-Sage in Verbindung gebracht wird. Nach dem Tod von König Artus schleuderte Sir Bedevere Excalibur, das Schwert des Helden, in den See. Eine Hand, die aus der unendlichen Tiefe herausragte, nahm die Waffe in Empfang. Wenn allerdings im Sommer der Dozmary Pool größtenteils ausgetrocknet ist, platzt die mystische Stimmung wie eine Seifenblase.

Altarnun

Im Nordosten des Bodmin Moors liegt Altarnun, ein nettes kleines Dörfchen mit einer sehenswerten Kirche, „Kathedrale des Moors" genannt. Ihr Taufbecken stammt noch aus normannischer Zeit. Südlich des *North Hill* befindet sich ein natürliches Kunstwerk: *The Cheesewring,* mehrere Gesteinsblöcke, die von Wind und Wetter verformt wurden. Drei Kilometer südlich bilden drei Steinzirkel ein Relikt aus der Bronzezeit: *The Hurlers* wurden schätzungsweise 1.500 Jahre vor unserer Zeitrechnung aufgebaut. Am besten gelangt man über die Ortschaft *Minions* hierher. Auch *Trethevy Quoit* ist von Minions aus zu erreichen. Hierbei handelt es sich um ein über 2,5 Meter hohes Hügelgrab mit einem massiven Stein oben drauf.

Liskeard

Die Stadt ist der Anlaufpunkt für den Südosten des Moors und besitzt eine Anbindung an das Eisenbahnnetz. Von hier aus fahren außerdem Busse nach *St Neot,* das zu den schönsten Ortschaften im Moor zählt. Mitten im Zentrum erhebt sich eine Kirche aus dem 15. Jahrhundert. Aus dieser Zeit stammen auch die Fenster aus buntem Glas, einzigartig in ganz England. Dieser Teil des Moores ist grüner und bewaldeter als der Norden. Der Grund dafür sind die zahlreichen kleinen Flüsse, die in den River Fowey münden. Eine der landschaftlich schönsten Stellen markieren die Golitha Falls, mehrere kleine Wasserfälle unterhalb der Draynes Bridge. Ein Wanderweg führt durch den Wald zum zwei Kilometer nördlich gelegenen Damm des *Siblyback Lake.*

Launceston

Bis zum Jahr 1835 war das verschlafene Launceston (sprich „Lanceson") die Hauptstadt von Cornwall. Und noch heute besitzt der von einer normannischen Burgruine gekrönte Ort ein altertümliches Stadtbild. Die Burg geht auf Wilhelm den Eroberer zurück.

Cheesewring im Bodmin Moor

⌖ tgl. 10–18 Uhr, im Winter bis 16 Uhr. Eintritt: £ 3.20, erm. £ 2.70 bzw. £ 1.60 (EH).

Camelford

Die Einheimischen behaupten gerne, das im nördlichen Teil des Bodmin Moors gelegene Camelford sei König Artus legendäres Camelot. Archäologische Beweise für diese Theorie fehlen indes. Für Besucher ist Camelford in erster Linie eine relativ uninteressante Stadt, abgesehen davon, dass man von hier aus Wanderungen ins Bodmin Moor unternehmen kann. Hat man hier sein Lager aufgeschlagen, liegt es nahe, sich im *North Cornwall Museum* über die Geschichte der Region zu informieren. Im gleichen Gebäude ist auch das Tourist Office untergebracht. Sechs Kilometer südöstlich von Camelford erhebt sich der *Rough Tor* knapp 400 Meter hoch und ist damit der zweithöchste Berg im Moor. *Brown Willy* (südöstlich) überragt den Rough Tor nur um 20 Meter.

Museum ⌖ April bis Sept. tgl. außer So 10–17 Uhr. Eintritt: £ 2.50, erm. £ 2 oder £ 1.

The Hurlers: mystischer Steinzirkel

▲ City of London

London erleben

City of London	545
Strand, Fleet Street, Holborn und Clerkenwell	550
Bloomsbury	552
Marylebone	554
Soho und Covent Garden	558
Mayfair und St James's	561
Westminster	564
Chelsea	568
Kensington	569
Notting Hill	573
Lambeth und Southwalk	574
East End	578
Docklands	579
Greenwich	580
Millennium Dome	580

Trafalgar Square mit Blick auf Big Ben

London

London ist die weltoffenste Metropole Europas, eine Metropole, die geradezu von Lebenslust sprüht. Ständig erobern neue Trends von hier aus die Welt – egal, ob in der Mode, im Design oder in der Musik. London ist der Trendsetter schlechthin, eine Stadt, die geradezu süchtig macht und bei einem Südengland-Trip nicht ausgespart werden darf.

Sicherlich gibt es auch noch jene Ecken, die nach wie vor vom Glanz vergangener Zeiten zeugen, als das British Empire tonangebend war. Doch das wahre London erschließt sich einem jenseits von Westminster und St Paul's Cathedral. London, das ist ein gigantischer Moloch, der sich weit in das Umland gefressen hat. Groß-London weist einen Durchmesser von rund 50 Kilometern auf und erstreckt sich von Barnet im Norden bis in das südliche Bexley, in westöstlicher Richtung von Heathrow bis nach Upminster. Ein Grund für die gewaltige Ausdehnung der Stadt ist auch, dass auf der Wunschliste fast aller Briten ein eigenes Haus mit Garten steht. „My home is my castle", lautet die Devise. Gleichwohl bietet die immense Größe Londons auch die einmalige Gelegenheit, bei jedem Besuch ein neues Stadtviertel zu entdecken. Wer kennt schon Primrose Hill? Neugierige sollten sich vielleicht von dem Schriftsteller Hanif Kureishi inspirieren lassen: „London kam mir vor wie ein Haus mit fünftausend verschiedenen Zimmern; der ganze Reiz lag darin, zu entdecken, wie die Zimmer untereinander verbunden waren, und sie allmählich alle zu durchlaufen."

Information/Diverses

● *Information* **London Tourist Board**, in London angekommen, erhält man an den Zweigstellen des London Tourist Board zahlreiche nützliche Informationen, so bspw. am Flughafen Heathrow, in Southwark, am St Paul's Churchyard, am Waterloo International Terminal und am Piccadilly Circus in der 1 Regent Street (Mo–Fr 9.30–18.30 Uhr sowie am Wochenende 10–16 Uhr). Die längsten Öffnungszeiten hat das London Information Centre am Leicester Square, das tgl. von 8–23 Uhr geöffnet ist. Glen House, Stag Place, London SW1E 5LT, ✆ 0044/20/79322000, ✉ 0044/20/79320222. www.visitlondon.com.

Wer sich bereits vorab beim Surfen im Internet über London informieren möchte, kann dies unter folgenden Adressen tun:

www.visitlondon.com (die offizielle Seite des Londoner Tourismusamtes);

www.londontown.com (sehr informativ mit Möglichkeit zum Hotelbuchen);

www.london.de (informative Seite rund um einen London-Aufenthalt);

www.visitbritain.de (die offizielle Seite des britischen Tourismus);

www.londontoolkit.com sehr praktische englische Homepage für eine Londonreise;

www.visitbritain.de;

www.thisislondon.co.uk;

www.londonfreelist.com (Sehenswürdigkeiten mit einem Eintritt unter £ 3);

www.londonnet.co.uk (thematische Rundgänge und viele Links);

www.royal.gov.uk (das ultimative Angebot für überzeugte Monarchisten);

www.timeout.com (aktuelle Infos aus dem bekannten Londoner Stadtmagazin);

www.latenightlondon.co.uk (interessante Ausgehtipps);

www.pubs.com;

www.easyEverything.com (betreibt mehrere Internetcafés in London);

www.londontransport.co.uk (alles über Fahrpläne und -preise im öffentlichen Nahverkehr);

www.streetmap.co.uk (Detailstadtpläne zur ersten Orientierung);

www.virtual-london.com/ (englischer Online- Reiseführer mit allgemeinen Infos, Veranstaltungen, Hinweisen, Sehenswürdigkeiten u. a.).

● *Fundbüro* Wer sein Handgepäck in der U-Bahn oder im Bus verloren hat, erhält es mit viel Glück im Fundbüro von London Transport zurück: **Lost Property Office**, 200 Baker Street, NW 1. Mo–Fr 9.30–16 Uhr. ✆ 020/79182000.

● *Goethe Institut* Informationen über das aktuelle politische Geschehen in Deutschland sowie eine große Auswahl an Zeitungen und Zeitschriften in der Bibliothek. 50 Princes Gate – Exhibition Road, SW7 2PH, ✆ 020/75964000, ✉ 020/75940240. www.goethe.de/london. Ⓤ South Kensington.

● *Stadtführungen* In London gibt es weit mehr als ein Dutzend Veranstalter, die Stadtführungen zu den unterschiedlichsten Themen anbieten: **The Original London Walks**, ✆ 020/76243978. www.walks.com.

Mystery Walks, ✆ 020/85589446.

Architectural Tours, ✆ 020/83411371.

Black Taxi Tours of London, individuelle Stadtführung mit speziell geschulten Taxifahrern. ✆ 020/72894371. www.blacktaxitours.co.uk.

Londontoursaufdeutsch, fünf verschiedene deutschsprachige Rundgänge (£ 15), ✆ 020/74874736. www.londontoursaufdeutsch.com.

● *Schwule und Lesben* Infos gibt es beim 24 Stunden besetzten Lesbian and Gay Switchboard, ✆ 020/78377324. www.ligs.org.uk.

● *Stadtplan* Sehr hilfreich und übersichtlich ist *London AZ*, den es als Stadtplan oder in Taschenbuchform gibt. Wer patent gefaltete Stadtpläne vorzieht, kann sich im heimischen Buchhandel einen Falkplan besorgen.

● *Stadtmagazine* Die Stadtmagazine *Time Out* (jeden Mı für £ 2.99, www. timeout.com) und *What's On* informieren umfassend über das Londoner Kulturleben von aktuellen Ausstellungen bis zu den neuesten Restauranttipps.

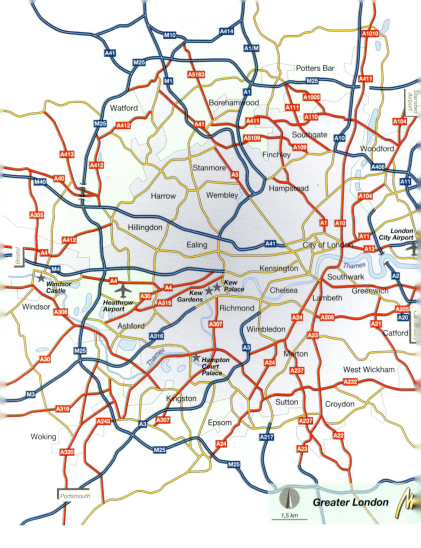

Verbindungen

London ist der englische Verkehrsknotenpunkt schlechthin. Von hier fahren Busse und Bahnen in (fast) jeden Winkel Englands.

Bus: Die *Victoria Coach Station* ist das Zentrum des Busnetzes der gesamten Insel. Von hier aus fahren die vielen Busunternehmen in die entlegensten Ecken Englands, aber genauso nach Schottland oder Wales. Dabei unterscheiden sich ihre Tarife kaum. *National Express* steuert von der Victoria Coach Station aus (in der Buckingham Palace Road, 5 Minuten Fußweg vom Victoria Bahnhof für Züge) Ziele in ganz England und Wales an. *Green Line Coaches* verbinden den Stadtkern mit den Orten der Umgebung. Die Reise dieser Busse beginnt an der Eccleston Bridge

Unterwegs in London 523

(hinter der Victoria Station). Hier gibt es auch ein Büro, in dem man sich genauer informieren kann (Mo–Fr 9–17 Uhr, Sa/So 8.30–16.30 Uhr). Die Fahrkarten werden beim Busfahrer gekauft; die Preise sind übrigens wochentags vor neun Uhr (Rush-hour!) höher.

Information **NatEx**, 52 Grosvenor Gardens und 13 Lower Regent Street, ✆ 0990/808080. **Green Line Coaches**, ✆ 081/6687261.

Bahn: Das Reisen auf den Schienen kann richtig erholsam sein. Schnell lässt man die endlosen Verkehrsschlangen hinter sich. In den *Intercity-Zügen,* die London mit den wichtigsten Hafen- und Industriestädten, aber auch mit Urlaubsorten wie Bournemouth, Brighton, Penzance und York verbinden, kann man direkt sein gewünschtes Ziel erreichen. Von den acht großen Bahnhöfen, King's Cross, Euston, St Pancras, Paddington, Charing Cross, Waterloo, Victoria und Liverpool Street, werden jeweils verschiedene Regionen angefahren. Die Bahnhöfe sind mit der *Tube* einfach und schnell zu erreichen. Die jeweilige Tube-Station hat immer denselben Namen wie der Bahnhof. *Fahrkarten* bekommt man in den Bahnhöfen oder in einem der zahlreichen *British Rail Travel Centres* (z. B. 12–16 Regent Street oder 14 Kingsgate Parade oder in den Flughäfen). Züge verlassen London nur in eine bestimmte Richtung.

- *King's Cross* Euston Road: Intercity-Züge in den Norden und Nordosten, nach West Yorkshire und Schottland; Informationen unter ✆ 0345/484950 (gilt auch für alle anderen Bahnhöfe).
- *Charing Cross* Strand: Nahverkehrszüge nach Südostengland.
- *Euston* Euston Road: Intercity-Züge in den Norden und Nordwesten, aber auch einige Nahverkehrszüge nach Watford.
- *Liverpool Street* Liverpool Street: Schnellzüge nach Ostengland, Stansted Airport und Nahverkehrszüge in den Osten und Nordosten.
- *Paddington* Praed Street: Schnellzüge nach Bristol sowie in den Südwesten, Westen und Nordwesten.
- *Victoria* Terminus Place: Schnellzüge zu den Kanalhäfen, nach Brighton, Canterbury und Gatwick.
- *Waterloo* York Road: Schnellzüge nach Portsmouth, Southampton, Salisbury sowie Dorset und Nahverkehrszüge in den Südwesten von London.

Unterwegs in London

Auto: London mit dem eigenen Auto zu erkunden, empfiehlt sich nicht. Nicht nur während der Hauptverkehrszeiten erfordert eine Autofahrt ein strapazierfähiges Nervenkostüm. Wenn irgendwie möglich, sollte man die öffentlichen Verkehrsmittel benutzen; sie sind dem Auto in vielerlei Hinsicht überlegen, und man muss sich weder über Parkplätze, Strafzettel noch über Autoaufbrüche Gedanken machen.

Innenstadt-Maut

Seit dem Jahr 2003 wird in der Londoner Innenstadt eine Mautgebühr *(Congestion Charge)* erhoben, die auch für Mietwagen gilt. Die Zufahrtsstraßen werden elektronisch registriert. Die Gebühr beträgt bis 22 Uhr £ 8, bis 24 Uhr £ 10 und muss bis spätestens 22 Uhr bezahlt werden, indem man sie unter der Rufnummer 0845/9001234 von seiner Kreditkarte abbuchen lässt oder in einem Kiosk bezahlt. Ansonsten droht eine Strafe von mindestens £ 50. www.cclondon.com.

Parken: Diejenigen, die im Rahmen eines längeren Englandurlaubs auch London für ein paar Tage besuchen möchten, sollten das Auto für die Zeit ihres Aufenthaltes am besten auf dem Hotelparkplatz oder in einem der öffentlichen Parkhäuser

524 London

abstellen. *National Car Parks (NCP)* gibt die kostenlose Broschüre „London Parking Guide" heraus, in der alle Parkplätze aufgeführt sind. Sie ist im NCP Office erhältlich.

NCP Office, 12 Bryanston Street, W1A 4NH London, ℡ 020/74997050. www.ncp.co.uk. Ⓤ Marble Arch.

Underground: Die Londoner U-Bahn ist die älteste der Welt: 1863 verkehrte die erste Untergrundbahn, „Tube" genannt. Bis heute wurde das System auf zwölf Linien ausgebaut und ist immer noch unschlagbar, was Schnelligkeit und Effizienz betrifft. In London gibt es mehr als 280 U-Bahnhöfe sowie zwölf Linien (Bakerloo, Central, Circle, District, East London, Hammersmith & City, Jubilee, Metropolitan, Northern, Piccadilly, Victoria und Waterloo & City), die bis zu 50 Meilen ins Umland fahren. Die ersten Züge nehmen am Morgen um 5.30 Uhr (sonntags später) den Betrieb auf, und kurz nach Mitternacht (0.30 Uhr) ertönt zum letzten Mal das obligatorische „Mind the gap".

Tickets werden vor Fahrtantritt am Automaten oder am Schalter gelöst. Dabei gibt man seinen Zielbahnhof an, denn die U-Bahn-Tarife sind nach Zonen gestaffelt. Umsteigen, falls für die Strecke erforderlich, ist inbegriffen, nicht jedoch das Umsteigen von Tube auf Bus oder umgekehrt und nicht von einem Bus zum anderen. Wohnt man weit außerhalb, summiert sich das Fahrgeld schnell. Das sollte man besonders bei der Hotelsuche berücksichtigen. Am Ende der Fahrt wird das Ticket eingezogen (nicht aber die Travelcard) – man muss es also bis zum Zielbahnhof aufbewahren. Um Schlangen vor den automatischen Sperren zu vermeiden, empfiehlt es sich, den Fahrschein rechtzeitig bereit zu halten. War der Fahrschein nur für eine Fahrt gültig, so verbleibt er beim Verlassen in der Sperre. Wer größeres Gepäck mitführt, wendet sich an einen Mitarbeiter der Verkehrsbetriebe; sie sind an ihren orangefarbenen Westen zu erkennen und öffnen spezielle Schwenktüren.

> **Hinweis**: Um die Orientierung zu erleichtern, ist in diesem Reiseführer bei allen Londoner Sehenswürdigkeiten, Hotels oder Restaurants die nächstgelegene Underground-Station angegeben.

● *Informationsbroschüren und Pläne* Empfehlenswert ist es, sich nach der Ankunft in London bei einem der London Transport Information Centres die verschiedenen Pläne und Informationsbroschüren zu holen. Offices gibt es beispielsweise in den folgenden U-Bahnhöfen: Heathrow Central, St James's Park, Euston Station, King's Cross, Victoria Station, Oxford Circus, Waterloo, Piccadilly Circus.

● *Tarife* Die „Tube" ist in sechs verschiedene Zonen eingeteilt. In der Regel reicht ein Ticket für zwei Zonen vollkommen aus. Nur wer einen Ausflug nach Kew Gardens, Richmond oder Wimbledon unternimmt, muss einen geringfügigen Aufschlag bezahlen. Ähnliches gilt für Windsor Castle, das nur mit dem Zug zu erreichen ist. Einfache Tickets sind an den jeweiligen Fahrkartenautomaten erhältlich, Travelcards an

den Schaltern der U-Bahnhöfe. Am besten kauft man sich sofort eine **Oyster Card** oder **Travelcard**, mit der man sich ohne das lästige Ticketkaufen mit der Tube, aber auch mit Bussen fortbewegen kann (siehe unten).

One Day Travelcard: Gültig von Mo–Fr ab 9.30 Uhr sowie am Wochenende; für 2 Zonen £ 5.60, für bis zu 4 Zonen £ 6.30 (Off-Peak). Wer werktags ohne Ausschlusszeiten fahren will, wählt eine Peak Day Travelcard für £ 7.20 bzw. £ 10.

Weekly Travelcard: Gültig an sieben aufeinanderfolgenden Tagen ohne Ausschlusszeiten. Für 2 Zonen £ 25.80, für bis zu 6 Zonen £ 47.60. Nur in Kombination mit der Oyster Card.

Single Fare: Wer nur gelegentlich in der Zone 1–4 die U-Bahn benutzt, kann für £ 4 einen Einzelfahrschein erwerben (Kinder £ 2).

Unterwegs in London 525

Oyster Card: Seit 2006 gibt es in London die Oyster Card, ein aufladbarer elektronischer Verkehrspass, der einen schnelleren Zugang zu den öffentlichen Verkehrsmitteln ermöglicht und übertragbar ist. Lohnend bei längeren Aufenthalten. Automatisch wird der niedrigste Preis für eine Fahrt abgebucht, wobei der maximale Abbuchungsbetrag pro Tag für Fahrten innerhalb der Zone 1–2 in der Hauptzeit £ 7.20 und in der Nebenzeit £ 5.60 beträgt.

Achtung: Kinder bis zu 5 Jahren fahren kostenlos; Jugendliche im Alter von 14 und 15 Jahren benötigen für die verbilligten Tickets eine Photocard; sie ist kostenlos an jeder Tube-Station erhältlich, daher sollte man rechtzeitig an das Passbild denken. www.tfl.gov.uk.

Bus: Nachdem die berühmten *Routemaster*, wie die knallroten historischen Doppeldecker genannt werden, im Dezember 2005 endgültig aus dem Verkehr gezogen wurden, muss man bei Stadterkundungen auf die modernen und behindertengerechten Niederflurbusse – *Hoppa* –, oder auf die als *Bendies* bezeichneten, 18 Meter langen Gelenkbusse zurückgreifen, die den Standards der Europäischen Union entsprechen. Ein Trostpflaster ist den Nostalgikern geblieben: Nach wie vor verkehren insgesamt 16 dieser *Routemaster* auf zwei Touristenstrecken, den sogenannten „Heritage-Routemaster-Linien". Auf den Routen zwischen Aldwych und der Royal Albert Hall (Linie 9) sowie zwischen Trafalgar Square und Tower Hill (Linie 15) fahren nun altmodische und moderne Doppeldecker im Wechsel. Wer will, kann auf diesen Linien weiterhin in bewährter Weise zwischen den Haltestellen auf das offene Heck auf- bzw. abspringen. In den letzten Jahren wurden zudem einige Strecken (meist in die Vororte) privatisiert und jetzt von *Grey*, *Green*, *Yellow* und *Blue Buses* befahren. Die 17.000 Londoner Bushaltestellen sind immer an dem Zeichen „Bus Stop" zu erkennen. Einige sind Bedarfshaltestellen *(on request)*, an denen man einen Bus heranwinken muss, da er sonst vorbeifährt. In der Regel fahren die Stadtbusse von 6 Uhr morgens bis 0.30 Uhr. Danach steigt man auf Nachtbusse um, die bis in die frühen Morgenstunden verkehren. Diese Linien sind mit einem „N" vor der entsprechenden Nummer gekennzeichnet. *One Day Travelcards* haben nachts keine Gültigkeit (im Gegensatz zu Wochen- oder Monatskarten). Ansonsten sind auch die Busfahrpreise nach Zonen gestaffelt und man muss dem Fahrer oder Schaffner *(Conductor)* sagen, wo man aussteigen möchte (z. B. Oxford Street, Ecke New Bond Street). Je nach

Praktisch: Mit dem Bus durch London

526   London

Tageszeit kostet eine Busfahrt bis zu £ 2, Kinder unter 14 Jahren fahren kostenlos (15- und 16-jährige benötigen hierfür eine *Photocard*). Eine Fahrt mit dem Nachtbus kostet £ 1.50, eine Bustageskarte £ 3.90 (4 Zonen). Achtung: Seit 2003 können die Fahrkarten an einer Ticket-Maschine neben der Haltestelle erworben werden; Bustickets darf man nicht für die Tube benutzen.

● *Information* London Transport gibt den kostenlosen und recht praktisch zu handhabenden Plan **Central Bus Guide** heraus, auf dem die Buslinien im Citybereich eingezeichnet sind. Er ist in allen Tube-Stations und LT-Informationsbüros erhältlich. Zudem liegen auch die Buspläne für vier weitere Stadtbereiche (South West, North West, North East und South East) aus. www.londontransport.co.uk.

Schiff: Bootstouren auf der Themse, die einst die wichtigste Verkehrsader Londons war, sind eine nette Abwechslung zum U-Bahn- und Busfahren. Wenn man vorne im Boot Platz nimmt, hat man die beste Aussicht auf die Sehenswürdigkeiten der Stadt. Die Themse kann man bis nach Greenwich oder flussaufwärts zum Hampton Court Palace entlangschippern. Die meisten Boote sind auch für *Rollstuhlfahrer* geeignet, dennoch sollte man sich vorher informieren (☎ 0839/123432, nur in England wählbar). Boote zum *Hampton Court* sowie nach *Kew* und *Richmond* fahren nur in den Sommermonaten. Weitere Informationen gibt es über die *Westminster Passenger Service Association* (☎ 020/79302062). An folgenden Piers legen die Boote ab:

Embankment Pier, gegenüber der Tube-Station Embankment. Boote nach Greenwich (alle 30 Min.) und zum Tower of London (alle 30 Min.).

Westminster Pier, die Treppen an der Westminster Bridge hinuntersteigen (Tube Westminster). Boote nach Greenwich (alle 30 Min.), zum Hampton Court (dreimal tgl.), nach Kew Gardens (fünfmal tgl.), zur Thames Barrier (zwei- bis dreimal tgl.) und zum Tower of London (alle 40 Min.).

Tower Pier, Tower Hill, gegenüber dem Haupteingang zum Tower (Tube Tower Hill). Boote zur Thames Barrier (dreimal tgl., umsteigen in Greenwich), nach Greenwich (alle 30 Min.) und Westminster (alle 30 Min.).

Greenwich Pier, Cutty Sark Gardens (mit British Rail bis Greenwich oder Docklands Light Railway bis Cutty Sark). Boote nach Charing Cross (alle 30 Min.), Thames Barrier (drei- bis viermal tgl.) und Westminster (alle 30 Min.).

Taxi: Eine Fahrt mit einem der 20.000 Black Cabs gehört schon fast zum Pflichtprogramm eines Londonbesuchs. Taxistände finden sich an Bahnhöfen und zahlreichen öffentlichen Plätzen. Es ist aber jederzeit möglich, einen Wagen an der Straße anzuhalten, falls das gelbe Taxizeichen leuchtet („Taxi" oder „For Hire"). Zu Stoßzeiten und bei Regen sind die Taxis allerdings genauso rar wie in den Abendstunden.

Übernachten von edel bis preiswert

Aufgrund der starken Nachfrage verfügt der Großraum London derzeit über mehr als 100.000 Nachtquartiere. Was die Preise betrifft, so erwartet den Londonbesucher ein breites, vor allem nach oben offenes Spektrum. Neben persönlichen Vorlieben setzt nur der eigene Geldbeutel Grenzen.

The Hempel, wenige Fußminuten nördlich des Hyde Park gelegen, verbirgt sich hinter der viktorianischen Fassade ein anspruchsvolles Designerhotel mit nur 36 Zimmern und 12 Suiten. Die Zimmer sind nicht nur hinsichtlich der Ästhetik, sondern auch in Bezug auf den Komfort vorbildlich. So gehört beispielsweise auch ein CD-Player zur Ausstattung. Der mit geometrischen For- men und fernöstlichen Traditionen spielende Zen-Garten ist eine wahre Oase der Sinnlichkeit (Hier wurde übrigens die Hochzeitsszene aus dem Film „Notting Hill" gedreht). Das Restaurant hat sich auf die thailändische und italienische Küche spezialisiert. WLAN. DZ ab £ 160, Suiten ab £ 280, günstigste Preise im Internet. Jeweils plus VAT. 31–35 Craven Hill Gardens, W2 3 EA,

Übernachten 527

Blick von der Tate Modern auf die City of London

📞 020/72989000, 📠 020/74024666, www.thehempel.co.uk. Ⓤ Bayswater und Lancaster Gate.

One Aldwych (→ Karte S. 558/559, **17**) bereits die stimmungsvoll klassisch-nüchterne Hotel-Lobby mit ihrer sakralen Atmosphäre hebt sich von anderen Hotels ab. Zeitgemäßer britischer Minimalismus ist angesagt. Und im 18-Meter-Pool ist die Musik auch nur zu hören, wenn man den Kopf unter Wasser hält. Glücklicherweise enttäuschen auch die Zimmer und der Service des Design-Hotels nicht. WLAN. Lohnend ist auch ein Besuch des Restaurants Axis, das sich im Untergeschoss befindet. DZ ab £ 270 (inkl. Frühstück), im Sommer ab £ 205 ohne Frühstück, jeweils zzgl. VAT. 1 Aldwych, WC2B 4RH, 📞 020/73001000, 📠 020/73001001. www.onealdwych.co.uk. Ⓤ Charing Cross bzw. Temple.

No. 11 Cadogan Gardens, sehr schönes, im typisch englischen Stil mit viel Holz eingerichtetes Hotel in unmittelbarer Nähe des Sloane Square. Zur Tea Time lodert das Kaminfeuer. Die teureren Zimmer haben einen Blick auf den Park. Fitnessstudio, Spa und WLAN vorhanden. EZ ab £ 165, DZ ab £ 250, jeweils plus 17,5 % VAT (günstigere Wochenendtarife). 11 Cadogan Gardens, SW3 2RJ, 📞 020/77307000, 📠 020/77305217. www.number-eleven.co.uk. Ⓤ Sloane Square.

Myhotel Bloomsbury, am Rande von Bloomsbury gelegen, wird dieses geschmackvolle Designerhotel auch höchsten Ansprüchen gerecht. Wer Lust hat, kann mit seiner Lieblingsmusik in der Mini-Stereo-Anlage einschlafen. Der Architekt orientierte sich übrigens an der Feng-Shui-Lehre, damit die Energie schön fließen kann. Kostenloses WLAN. EZ ohne Frühstück ab £ 112, DZ ohne Frühstück ab £ 142 (jeweils plus VAT), günstige Wochenend- und Sommerangebote im Internet buchbar. 11–13 Bayley Street, WC1B 3HD, 📞 020/76676000, 📠 020/76676001. www.myhotels.co.uk. Ⓤ Goodge Street.

The Zetter, jüngst eröffnetes Designhotel in einem ehemaligen viktorianischen Lagerhaus im „In-Stadtteil" Clerkenwell. Die hellen Zimmer sind geschmackvoll eingerichtet und mit Internetanschluss, CD-/DVD-Player, Flat-Screen sowie weiteren Extras ausgestattet. Billig ist das Vergnügen nicht, aber im Vergleich zu anderen Londoner Hotels keineswegs überteuert. Ganz oben gibt es sogar Zimmer mit Dachterrasse. Cooles Restaurant im Erdgeschoss. Zimmer je nach Ausstattung ab £ 180 (am Wochenende ab £ 153), jeweils zzgl. VAT. Großzügige Studios im Dachgeschoss ab £ 250. 86–88 Clerkenwell Road, EC1M 5RJ, 📞 020/73244455. www.thezetter.com. Ⓤ Farringdon.

528 London

B+B Belgravia, wunderschönes, modernes B & B im Stadtteil Belgravia. Die Zimmer sind zeitlos modern eingerichtet und lassen keinen Komfort vermissen. Kostenloses WLAN vorhanden. B & B im EZ £ 97, DZ £ 125–135. 64–66 Ebury Street, ✆ 020/72598570. www.bb-belgravia.com. Ⓤ Sloane Square.

Twenty Nevern Square, dieses Hotel gefällt ebenfalls durch seine ausgesuchten exotischen Holzmöbel aus Indonesien. Vom Komfort und Ambiente muss es in ganz London keinen Vergleich in dieser Preisklasse scheuen. Zum Zimmer 16 gehört eine wunderschöne Terrasse zum Innenhof, die Pasha Suite verfügt über einen Balkon zum Nevern Square. Einladender Frühstücksraum. EZ ab £ 79, DZ ab £ 89. 20 Nevern Square, SW5 9PD, ✆ 020/75659555, ✉ 020/75659444, www.twentynevernsquare.co.uk. Ⓤ Earl's Court.

E ssen & Trinken
1 Café Below
2 Taberna Etrusca
3 Thai Square City
5 Simpson's Tavern
6 Shaw's Booksellers
7 Franco's
8 Chez Gérard

Ü bernachten
4 London St. Paul's

Fielding Hotel (→ Karte S. 558/559, **11**), in einer verkehrsberuhigten Zone gelegen, findet man im historischen Gebäude aus dem 18. Jahrhundert geruhsam in den Schlaf. Zuvor tragen die umliegenden Opern- und Musicalhäuser zum Amüsement bei, tagsüber geht es in ein paar Minuten zu Fuß zum Einkaufen in den Covent Garden. WLAN. EZ £ 90, DZ £ 125–135. 4 Broad Court, Bow Street, WC2B 5QZ, 020/ 78368305, 020/74970064. www.the-fielding-hotel.co.uk. Ⓤ Covent Garden.

Windermere Hotel (→ Karte S. 565, **4**), einladendes Hotel mit Restaurant und gepflegter viktorianischer Architektur. Saubere Zimmer, WLAN vorhanden. EZ £ 110, DZ £ 130–165 (inkl. Frühstück). 142–144 Warwick Way, SW1V 4JE, 020/78345163, 020/76308831. www.windermere-hotel.co.uk. Ⓤ Victoria.

Morgan Hotel, das Hotel in einem Gebäude aus dem 18. Jh. ist eine ideale Adresse für den wahren Kunstfreund: Das British Museum ist nicht einmal zwei Fußminuten entfernt. EZ ab £ 95, DZ ab £ 115 (Preise inkl. English Breakfast). 24 Bloomsbury Street, WC1 3QJ, 020/76363735. www.morganhotel.co.uk. Ⓤ Tottenham Court Road.

Ibis Euston, sicherlich kein kleines charmantes Hotel, dafür ist angesichts der mehr als 300 Zimmer die Wahrscheinlichkeit hoch, auch an Ostern oder Pfingsten kurzfristig eine Unterkunft zu bekommen. Die Einrichtung ist modern und funktional, und es ist schwer, in London mehr Komfort zu einem günstigeren Preis zu finden. Das Frühstücksbuffet (kontinental) mit Kantinenflair bietet eine vergleichsweise große Auswahl für £ 6.95, und zur Tubestation Euston sind es nur zwei Fußminuten. DZ ab £ 80 (je nach Wochentag). Ein großes Plus ist die hoteleigene Tiefgarage (kostenpflichtig, £ 28). Sehr praktisch, da Parkplätze in London mehr als knapp sind. 3 Cardington Street, NW1 2LW, 020/73887777, 020/ 73880001. Ⓤ Euston.

Hampstead Village Guesthouse, liebevoll exzentrisch eingerichtete Herberge mit nur sechs Zimmern in einem viktorianischen Stadthaus. EZ £ 55–75, DZ £ 80–95, wobei man bei den günstigen Preisen sein eigenes Bad/WC hat. Nur Nichtraucherzimmer, familienfreundlich (Babysitterservice). 2 Kemplay Road, NW3 1SY, 020/74358679, 020/77940254. www.hampsteadguesthouse.com. Ⓤ Hampstead.

Gate Hotel, kleine, geschmackvolle Unterkunft in Notting Hill. Ein Tipp für all jene, die der mittlerweile berühmten Portobello Road mit ihren zahlreichen Trödlern und Antiquitätengeschäften ganz nahe sein wollen. EZ £ 60–67, DZ £ 85–105 (inkl. Continental Breakfast). Preise je nach Wochentag und Reisezeit). 6 Portobello Road, W11 3DG, 020/72210707, 020/72219128. www. gatehotel.com. Ⓤ Notting Hill Gate.

Harlingford Hotel, schmuckes georgianisches Haus (kein Aufzug) mit 43 Zimmern

530 London

im Herzen von Bloomsbury. Ein Hotel in ruhiger Lage, mit Flair und familiärer Atmosphäre, die Zimmer gefallen mit ihren modernen renovierten Bädern bzw. Duschen. Wunderschöner Frühstücksraum. EZ £ 86–95, DZ £ 112–120 (inkl. English Breakfast). 61–63 Cartwright Gardens, WC1 9EL, ✆ 020/73871551, 🖷 020/73874616, www.harlingford hotel.com. ⓤ Russel Square.

Lord Jim Hotel, sehr günstiges Hotel. Die Zimmer sind allerdings so klein, dass sogar der Platz fehlt, um am Morgen ein paar Liegestütze zu machen. Gelegentlich von Schulklassen besucht. In der gleichen Straße finden sich fünf weitere Hotels mit ähnlichen Preisen. EZ je nach Ausstattung ab £ 75, DZ ab £ 85 (jeweils inkl. Continental Breakfast). 23–25 Penywern Road, SW5 9TT, ✆ 020/73706071, 🖷 020/73708919. www.lgh-hotels.com. ⓤ Earl's Court.

Oxford Hotel, dieses kleine, aber sehr zentral gelegene Hotel ist ein Lesertipp von Michael Reiner: „Urgemütlich und gleichzeitig nett, freundlich und mit £ 66 für das Doppelzimmer mit Frühstück für Londoner Verhältnisse recht günstig." **EZ ab £ 65, DZ ab £ 78**. 13 Craven Terrace, W2 3QD, ✆ 020/74026860, 🖷 020/72627574. www.oxfordhotel london.co.uk. ⓤ Lancaster Gate.

Luna-Simone Hotel, das kleine, seit zwei Generationen von einer Familie geführte Hotel (von Lesern gelobt) gefällt nicht nur durch seinen modernen, in hellblauen Tönen gehaltenen Frühstücksraum. Ein Internetanschluss steht auch zur Verfügung. Sehr freundlicher Empfang, die Zimmer sind meist klein, aber sehr ordentlich. Bushaltestelle direkt vor der Haustür. Je nach Saison EZ ab £ 65, DZ ab £ 90, (inkl. English Breakfast). 47–49 Belgrave Road, SW1V 2BB, ✆ 020/78345897, 🖷 020/78282474. www.lunasimonehotel.com. ⓤ Victoria.

easyHotel, in London herrscht ein großer Bedarf an billigen, aber guten Übernachtungsmöglichkeiten. Dieses Mitte 2005 eröffnete Hotel beschreitet dabei eine Vorreiterrolle. Die im minimalistischen Design eingerichteten Zimmerboxen (3 x 3,5 Meter) bestehen aus Fiberglas und präsentieren sich in orangenen Farbtönen. Dusche und WC sind vorhanden, TV, Frühstück oder Bettenmachen während des Aufenthaltes kosten extra. Frühentschlossene können ein Zimmer ab £ 30 im Internet buchen, später steigert sich der Preis auf £ 45, die letzten Zimmer gehen dann für £ 75 weg. 14 Lexham Gardens, W8 5JE. www.easyHotel.com. ⓤ Earl's Court.

The Generator, eine trendige Alternative zur Jugendherberge in absolut zentraler Lage. In dem versteckt in einem Hinterhof gelegenen Jugendhotel trifft sich ein internationales Publikum zwischen 18 und 35. Insgesamt 837 (!) Betten stehen in Schlafräumen sowie in DZ zur Verfügung. WLAN. Die Übernachtungspreise beginnen ab £ 15 pro Person, im DZ £ 30 pro Person, jeweils inkl. Continental Breakfast. Es gibt mehrere Gemeinschaftsräume, eine Bar sowie einen Internet Room. 37 Tavistock Place, WC1H 9SE, ✆ 020/73887666, 🖷 020/73887644. www. generatorhostels.com. ⓤ Russel Square.

● *B & B* Zimmer in Privathäusern, die je nach Lage und Ausstattung zwischen £ 25 und £ 50 pro Nacht und Person kosten, vermittelt London Homestead Services, ✆/🖷 020/72865115, www.lhslondon.co.uk. Ein anderer Anbieter ist www.privatehomes.co.uk bzw. die deutsche Agentur www.bed-breakfast.de.

● *Jugendherbergen* In London gibt es mittlerweile sieben Jugendherbergen *(Youth Hostel Association)*, die aber im Sommer schon Monate im Voraus ausgebucht sind. Dennoch werden oft ein paar Betten für Kurzentschlossene freigehalten:

Holland Park, Holland Park ist vielleicht die am schönsten gelegene Herberge Londons. Sie befindet sich im Holland Park, umgeben von viel Grün. Das jakobinische Haus mit seiner eigenartig geschwungenen Giebelfront ist schon einen Besuch wert. 200 Betten; eine Gemeinschaftsküche steht zur Verfügung. WLAN. Erwachsene ab £ 18, Jugendliche ab £ 13.50 (jeweils inkl. Frühstück). Holland Walk, Kensington, W8 7QN, ✆ 0845/3719122. hollandhouse@yha.org.uk. ⓤ Holland Park oder High Street Kensington.

Earl's Court, altes Stadthaus in einem Wohngebiet, erst 2006 vollkommen renoviert. Große Gemeinschaftsküche, 186 Betten, von denen meistens zehn in einem Zimmer stehen. WLAN. Erwachsene ab £ 18, Jugendliche ab £ 13.50. 38 Bolton Gardens, SW5 0AQ, ✆ 0845/3719114. earls court@yha.org.uk. ⓤ Earl's Court (von der U-Bahnhaltestelle – Ausgang Earl's Court – rechts, dann die fünfte Straße links).

London St Paul's (→ Karte S. 528/529, **4**), Carter Lane, der alte Schlafsaal der Sängerknaben von St Paul's, wurde in den letzten Jahren von Grund auf renoviert. Extras: Kantine, Geldwechsel und Theater-Ticket-Verkauf. WLAN. Erwachsene ab £ 16, Jugendliche ab £ 12. 36 Carter Lane, EC4V

Essen/Trinken/Nachtleben 531

5AB, ✆ 0870/7705764, ✉ 0845/3719012. city@yha.org.uk. Ⓤ Blackfriars oder St Paul's.

Thameside, eine der neueren Jugendherbergen von London im modernen Design (Glas-Stahl-Konstruktion). Zwei bis sechs Betten pro Zimmer. Restaurant und Bar im Haus. WLAN. Erwachsene ab £ 16, Jugendliche ab £ 12 (inkl. Frühstück). Island Yard, 20 Salter Road, SE16 5PR, ✆ 0845/3719756, rotherhithe@yha.org.uk. Ⓤ Rotherhithe (ca. 15 Min. von der U-Bahnstation die Brunel Road hinunter, bis sie zur Salter Road wird, dann auf der linken Seite).

Oxford Street (→ Karte S. 558/559, **3**), verkehrstechnisch günstig mitten in London gelegen. Knapp 90 Betten in Zwei- bis Vierbettzimmern. Keine Küche. WLAN. Erwachsene ab £ 18, Jugendliche ab £ 13.50. 14–18 Noel Street, W1F 8GJ, ✆ 0845/3719133, oxfordst@yha.org.uk. Ⓤ Oxford Circus (von der U-Bahnstation in östliche Richtung auf die Oxford Street, dann rechts in die Poland Street).

St Pancras, St Pancras ist eine der teuersten und zentralsten Jugendherbergen mit 153 Beten (in 2- bis 6-Bettzimmern). Dafür sind alle Zimmer mit Bad oder Dusche ausgestattet. Direkt gegenüber der neuen British Library. WLAN. Erwachsene ab £ 20, Jugendliche ab £ 15. 79–81 Euston Road, NW1 2QS, ✆ 0845/3719344, stpancras@yha.org.uk Ⓤ King's Cross.

• *Camping* **Lee Valley Campsite**, ein großer Zeltplatz rund 20 km nördlich der City, aber dafür auch sehr preiswert. Insgesamt 200 Stellplätze, Shop- und Duschmöglichkeiten sind vorhanden, geöffnet April bis Oktober. Ein Zelt inkl. zwei Personen ab

Preislich kaum mehr zu unterbieten...

£ 15, Einzelreisende ohne Auto zahlen die Hälfte. Sewardstone Road, Chingford, E4 7RA, ✆ 020/85295689. www.leevalleypark.org.uk. Ⓤ Walthamstow, dann Bus 215.

Crystal Palace, ganzjährig geöffneter Campingplatz südlich der City. Crystal Palace Parade, London SE19 1UF, ✆ 020/87787155. British Rail ab Victoria Station nach Crystal Palace oder Bus 3 ab Piccadilly. www.caravanclub.co.uk.

Essen/Trinken/Nachtleben

City of London (siehe Karte S. 528/529)

Franco's (7), mitten in der City gelegen, begeistert das Tapa-Restaurant durch seine freundliche Atmosphäre und die Qualität der kleinen „Deckel". Ausgezeichnet sind die *calamares a la plancha* (gogrillte Tintenfische). Am Wochenende geschlossen. 1a Pudding Lane, EC3, ✆ 020/79293366. Ⓤ Bank oder Monument.

Chez Gérard (8), ansprechende französische Küche vom *Salade de chèvre chaud* bis zum *Boeuf Bourguignon* zu angemessenen Preisen. Das zweigängige Menü kostet £ 16.95, das dreigängige schlägt mit £ 20.95 zu Buche. Am Wochenende geschlossen. 64 Bishopsgate, EC2, ✆ 020/75881200. www.chezgerard.com. Ⓤ Tower Hill.

Café Below (1), in der Krypta der Kirche von St-Mary-le-Bow befindet sich eines der besten vegetarischen Restaurants von London. Hervorragende Suppen und Salate sowie Hauptgerichte zwischen £ 6 und £ 10. Mo–Fr 7.30–21 Uhr. Cheapside, EC2, ✆ 020/73290789. www.cafebelow.co.uk. Ⓤ Bank.

Taborna Etrusca (2), ansprechendes italienisches Restaurant mit langgestrecktem Gastraum. Lecker ist der *Baby squid with*

532   London

chilli, olives & tomatoes. Nudelgerichte ab £ 8, Hauptgerichte £ 15. 12,5 % *service charge*. Straßenterrasse. 9–11 Bow Churchyard, EC4, ℡ 020/72485552. www.etruscarestaurants.com. Ⓤ Bank.

Thai Square City (3), der derzeit beliebteste Thailänder in der City. Auf zwei Etagen werden im modernen Ambiente fernöstliche Köstlichkeiten zu angemessenen Preisen serviert. Hauptgerichte £ 7, Menüs ab £ 18. Am Wochenende geschlossen. 136–138 The Minories, EC3, ℡ 020/76801111. Ⓤ Aldgate.

Shaw's Booksellers (6), der Name verwirrt; es handelt sich hier keinesfalls um eine Buchhandlung, sondern um eines der angenehmsten Pubs in der Londoner City, mit schönen großen Fenstern. Gute Küche. Am Wochenende geschlossen. 31–34 St Andrews Hill, EC4, ℡ 020/74897999. Ⓤ Blackfriars.

Simpson's Tavern (5), kleiner, alteingesessener Pub in einem 300 Jahre alten Haus, etwas versteckt in einem Hinterhof. Restaurant im ersten Stock. Nur werktags von 8–15.30 Uhr geöffnet. Off Ball Court, 38 Cornhill, EC3, ℡ 020/76269985. Ⓤ Bank oder Monument.

*S*trand/*H*olborn/*C*lerkenwell

Fifteen, wenn der englische Kultkoch Jamie Oliver („The Naked Chef") ein Restaurant betreibt, dann stellen sich die Gäste quasi von alleine ein, zudem unterstützt man eine soziale Idee: Denn Jamie Oliver beschäftigt arbeitslose Jugendliche und bildet sie hier aus, außerdem kommen alle Gewinne einer Stiftung zugute. Jetzt zum Essen: Die Trattoria im Erdgeschoss bietet ausgezeichnete italienische Küche, leckere Nudelgerichte (£ 10) oder Hauptgerichte wie ein Seeteufel auf Linsen (£ 17). Auf die Rechnung kommen allerdings noch 12,5 % *service charge*. Wer will, kann ab 8.30 Uhr auch frühstücken. Etwas anspruchsvoller ist das im Untergeschoss gelegene Restaurant (Mittagsmenüs ab £ 22.50), für das man allerdings telefonisch reservieren muss (℡ 0871/3301515). 15 Westland Place, N1, ℡ 020/72513909. www.fifteenrestaurant.com. Ⓤ Old Street.

Smiths of Smithfield, auf drei Etagen verteilt, findet sich in dem ehemaligen Lagerhaus am Smithfield Market für jeden Geschmack etwas. Im Erdgeschoss sitzt man bequem in einem Tagescafé im Stil eines Industrielofts unter gusseisernen Stützen, weiter oben relaxt man in der Cocktailbar oder diniert in einem ansprechenden Restaurant mit toller Terrasse samt Blick auf die Londoner City. Gekocht wird *Modern European*. Das Restaurant hat sonntags geschlossen. 67–77 Charterhouse Street, EC1, ℡ 020/72517950. Ⓤ Farringdon.

St John, eine der empfehlenswertesten Adressen in London, um sich intensiv mit der traditionellen englischen Küche zu beschäftigen. Das St John mit seinem wohltuend unterkühlten Ambiente gilt als eines der einflussreichsten englischen Restaurants der letzten Jahre und hat einen neuen Kochstil geprägt. Es gibt zwar auch vegetarische Gerichte, doch genau genommen geht es hier recht herzhaft zur Sache, schließlich befindet sich das Restaurant in Sichtweite vom Londoner Fleischgroßmarkt. Allerdings werden hier nicht nur Lende und Steaks serviert, sondern auch viele Innereien und andere, auf den ersten Blick gewöhnungsbedürftige Kreationen, so bspw. gebratenes Knochenmark auf Vollkornbrot mit Petersiliensalat, Lammherzen mit Kohlrüben oder ein lauwarmer Schweinskopfsalat. Der Besitzer Fergus Henderson hat Kochbücher mit so vielsagenden Titeln wie *Nose to Tail Eating* oder *The Whole Beast* geschrieben, die für den Verzehr des ganzen Tieres plädieren und im Restaurant erworben werden können. Gehobenes Preisniveau, Hauptgerichte £ 15–20. Samstagmittag und Sonntag geschlossen. 26 St John Street, EC1, ℡ 020/72510848. www.stjohnrestaurant.co.uk. Ⓤ Farringdon.

Medcalf, dieses in der ehemaligen Medcalf-Metzgerei untergebrachte Restaurant mit seinen einfachen Holztischen bietet eine moderne englische Küche, die sich stark am saisonalen Angebot orientiert. Exzellente Fischgerichte! Hauptgerichte £ 11–13.50. Freitag- und Sonntagabend geschlossen. 40 Exmouth Market, EC1, ℡ 020/78333533. www.medcalfbar.co.uk. Ⓤ Farringdon oder Angel.

Moro, inmitten des beliebten Exmouth Market gelegen, ist das Speiseangebot des recht spartanisch eingerichteten Restaurants deutlich von der Küche Spaniens und Nordafrikas beeinflusst. So geschlossen. 36 Exmouth Market, EC1, ℡ 020/78338336. Ⓤ Farringdon oder Angel.

Essen/Trinken/Nachtleben 533

Punch Tavern, stilvolles viktorianisches Pub mit vielen alten Karikaturen, verblichenen Zeitungen und einer Messingfigur von Mr. Punch. Noch immer treffen sich hier Journalisten, Reporter und andere Zeitungsleute. Am Wochenende abends geschlossen. 99 Fleet Street, EC4, ✆ 020/73536658. Ⓤ Blackfriars.

Ye Olde Cheshire Cheese Pub, eine Alternative zur Punch Tavern ist das 1667 erbaute Pub auf der Fleet Street gleich neben der Nummer 143, die man leicht an der *Statue der Queen Mary of Scotland* erkennen kann. Früher verkehrten hier Berühmtheiten wie Pope, Dickens, Voltaire und Doyle. Wer ein Jurastudium erfolgreich absolviert hat, wird sich unter seinen Standesgenossen sichtlich wohl fühlen. Serviert wird recht gutes englisches Essen. 145 Fleet Street, EC4. Ⓤ Blackfriars.

Fabric, die Riesendisco befindet sich in einer unterirdischen Fabrikhalle. Aufgelegt wird viel Hip-Hop und Drum & Bass. Ungewöhnlich ist die 24-Stunden-Lizenz für Alkoholausschank. 77a Charterhouse Street, WC1. www.fabric-london.com. Ⓤ Farringdon.

*C*amden

Jazz Café, derzeit eine der angesagtesten Adressen für anspruchsvolle Jazz-Livemusik, auch Courtney Pine und Gil Scott Heron standen hier schon auf der Bühne. Den besten Blick hat man vom Balkonrestaurant aus (3-Gang-Menü £ 26.50, Mindestkonsum £ 16.50). Achtung: Das musikalische Angebot beschränkt sich nicht auf Jazz, es wird auch Reggae oder Irish gespielt. Tgl. 19–24 Uhr, am Wochenende bis 2 Uhr, So auch 12–16 Uhr geöffnet. Eintritt: £ 4–7. 5 Parkway, NW1, ✆ 020/73440044. www.jazzcafe.co.uk. Ⓤ Camden Town.

Szenestadtteil Camden

Camden Lock, die beliebteste Disco in Camden. Bis 2 Uhr nachts kann man sich hier bei Soul, Funk oder House amüsieren. 18 Kentish Town Road, NW1, ✆ 020/72842131. Ⓤ Camden Town.

*M*arylebone

Paul Rothe & Son, ein herrliches Feinkostgeschäft mit altertümlichem 1970er-Jahre-Flair. Gegründet wurde es im Jahre 1900 von einem deutschen Einwanderer und wird jetzt in der vierten Generation als Familienbetrieb geführt. Wer will, kann nur einen Kaffee trinken oder sich ein Sandwich bestellen. Lecker und günstig sind die beiden täglich frisch zubereiteten Suppen, darunter eine vegetarische. Eine Hausspezialität ist der Thunfischsalat, der nur mit Rotweinessig und Pfeffer gewürzt auf Roggenbrot serviert wird. Mo–Fr 8–18 Uhr, Sa 11.30–17.30 Uhr. 35 Marylebone Lane, W1, ✆ 020/79356783. Ⓤ Bond Street.

Giraffe, interessant designtes „Ethno-Restaurant". Passend zur musikalischen Berieselung mit World Music werden an den lang gestreckten Tischen Delikatessen aus der ganzen Welt serviert. Auf der kleinen netten Straßenterrasse kann man aber auch einfach nur einen Cappuccino genießen. Zu loben sind das ausgezeichnete Brunchangebot (bis 16 Uhr), der zuvorkom-

534 London

mende Service und die nicht überteuerten Preise. 6–8 Blandford Street, W1, ✆ 020/779352333. ⓤ Bond Street oder Baker Street.

L'Autre Pied, gehobene Küche, Modern European in einem stilvollen Ambiente. Was will man mehr? Mittagsmenü £ 20.95, abends £ 55 für das 7-Gang-Menü. Samstagmittag und Sonntag geschlossen. 5–7 Blandford Street, W1, ✆ 020/74869696. www.lautrepied.co.uk. ⓤ Bond Street oder Baker Street.

Fairuz, wer lieber arabische Spezialitäten tafeln möchte, sollte das libanesische Restaurant nebenan aufsuchen. Es gehört zu den besten Londons. Vorspeisen ab £ 4.50,

Hauptgerichte ab £ 13, *Mezza-Menu* für £ 19.95. 3 Blandford Street, W1, ✆ 020/74868108. ⓤ Bond Street oder Baker Street.

The Providores, im Erdgeschoss präsentiert sich eine wunderbare Tapa-Bar, in der es am Wochenende auch Brunch gibt. Im ersten Stock befindet sich ein Restaurant (Hauptgerichte £ 18–25 plus 12,5 % *service charge*), das sich der anspruchsvollen internationalen Küche verschrieben hat. Phantastisch mundete die Entenbrust auf einem Beet von Chorizo und Linsen. 109 Marylebone High Street, W1, ✆ 020/79356175. www.theprovidores.co.uk. ⓤ Baker Street oder Great Portland Street.

Soho (siehe Karte S. 558/559)

L'Atelier de Joel Robuchon (14), der als „Koch des Jahrhunderts" gerühmte Joel Robuchon eröffnet seit ein paar Jahren weltweit Filialen, die er „Ateliers" nennt, da man den Köchen beim Zubereiten der Speisen weitgehend zusehen kann. In den dunkel gehaltenen Räumlichkeiten wird französische Küche mit italienischen und spanischen Einflüssen geboten, wobei die meisten Gerichte in Tapasgröße serviert werden. Selbstverständlich gibt es als Beilage auch Robuchons famosen Kartoffelbrei. Zweigängiges Mittagsmenü £ 22, dreigängiges Mittagsmenü £ 27, abends £ 125 für ein 10-Gang-Menü bzw. £ 165 inkl. korrespondierenden Weinen. 12,5 % *service charge*. 13–15 West Street, W1, ✆ 020/70108600. www.joel-robuchon.com. ⓤ Piccadilly Circus.

busaba eathai (5), in einem trendigen, in dunklem Holz gehaltenen Ambiente wird eine hervorragende moderne Thaiküche serviert. Man sitzt in lockerer Atmosphäre auf Bänken an großen, quadratischen Tischen zusammen mit anderen Gästen, so dass sich oft eine spontane Konversation mit den Tischnachbarn ergibt. Störend ist einzig der daraus resultierende hohe Geräuschpegel. Hervorragend munden das rote Lammcurry oder die gerillten Tintenfische, Hauptgerichte (ohne Reis) zwischen £ 6 und £ 10. Übrigens: In Thailand isst man eigentlich ohne Stäbchen ... Durchgehend ab 12 Uhr geöffnet. 106 Wardour Street, W1, ✆ 020/72558686. www.busaba.com. ⓤ Piccadilly Circus.

Imli (6), der neue Trend in London sind moderne indische Restaurants mit tollem Design und perfektem Service. Das Imli gehört dazu und ist alles andere als eine teure

oder gar schlechte Wahl. Early Evening Dinner für nur £ 9.95! Die meisten Gerichte werden als Tapas (£ 3–8) angeboten, wobei man je nach Hunger zwei oder drei ordern sollte. Mittags gibt es auch hier ein spezielles Kombi-Angebot (£ 8.50). Tgl. 12–23 Uhr. 167 Wardour Street, W1, ✆ 020/72874243. ⓤ Piccadilly Circus.

Bar Italia (9), die rund um die Uhr geöffnete Coffeebar ist längst eine Institution in Soho. Angeblich wird hier der beste Cappuccino von London zubereitet, nachts trifft sich ein zumeist recht buntes Publikum. 22 Frith Street, W1, ✆ 020/74374520. ⓤ Leicester Square, Tottenham Court Road oder Piccadilly.

Axis (18), nur ein paar Häuser weiter trifft man auf den nächsten gelungenen Design-Tempel. Zudem ist die Küche des im Untergeschoss des One Aldwych Hotels gelegenen Restaurants exzellent. Lecker ist beispielsweise die gegrillte Seebrasse mit Brokkoli. Lunchmenü mit zwei Gängen £ 16.75, mit drei Gängen £ 19.75. Sonntag geschlossen. 1 Aldwych, WC2, ✆ 020/73000400. ⓤ Covent Garden.

Wagamama (1), die derzeit populärste Noodle Bar Londons hat auch am Covent Garden eine Filiale eröffnet. Die japanischen Köstlichkeiten werden absolut frisch zubereitet. Kühl designtes Flair. Hauptgerichte £ 6–10. Das Restaurant befindet sich im Untergeschoss. Southampton Street, WC2, ✆ 020/78364545. ⓤ Covent Garden.

Punjab (2), das 1951 gegründete Restaurant rühmt sich, eines der ältesten Londoner Curry-Restaurants zu sein. Der 1962 installierte Tandoor-Ofen soll zu den ersten in Großbritannien gehört haben. Wie dem

Essen/Trinken/Nachtleben 535

auch sei, die Küche verdient noch immer ein Lob, vor allem, weil man bemüht ist, den Gast jenseits der klassischen Gerichte für die indische Küche zu begeistern. Zu empfehlen ist das mit Lamm zubereitete *acharri gosht* für £ 8.95. 80/82 Neal Street, WC2, ✆ 020/78369787. Ⓤ Leicester Square.

Belgo Centraal (8), hinter der rot angestrichenen Ziegelsteinfassade werden belgische Spezialitäten serviert. Das Ambiente ist zeitlos modern. Wer will, kann sich mit einem Blick durch den gläsernen Boden davon überzeugen, dass die Köche im Untergeschoss mit viel Geschick zu Werke gehen. Das Mittagsmenü zu £ 7.95 ist zwar günstig, aber wenig einfallsreich. Ein *maes lager* ist auch inklusive. 50 Earlham Street, WC2, ✆ 020/78132233. Ⓤ Covent Garden.

The Rock and the Sole Plaice (4), bereits 1871 eröffnet, behauptet das Restaurant, der älteste Fish'n'Chips Shop in London zu sein. Positiv: Die günstigen Preise und die große Straßenterrasse. 47 Endell Street, WC2, ✆ 020/78363785. Ⓤ Covent Garden.

Mr Kong (19), eine der empfehlenswertesten Adressen in Chinatown. Die Einrichtung ist eher langweilig, was die gute chinesische Küche aber schnell vergessen lässt. Mehrere Hauptgerichte zwischen £ 6 und £ 12 stehen zur Auswahl, Menüs ab £ 9.30. Tgl. von 12 bis 3 Uhr nachts geöffnet. 21 Lisle Street, WC2, ✆ 020/74377341. Ⓤ Leicester Square.

Rosa's (15), ein kleines, modernes Thairestaurant mit innovativer Küche. Ausgesprochen große Salatauswahl. Hauptgerichte £ 6.50–10.50. Kein Ruhetag, So erst ab 17 Uhr. 40 Dean Street, W1D, ✆ 020/74941638. www.rosaslondon.com. Ⓤ Piccadilly Circus.

Princi (10), was auf den ersten Blick wie ein cooler Designerladen aussieht, entpuppt sich als eine Art Brasserie mit italienischer Küche, von Pizza bis zu erlesenen Süßwaren. Ideal nicht nur für einen kleinen Imbiss. Tgl. 7–24 Uhr, So 9–22 Uhr. 135 Wardour Street, W1, ✆ 020/724788888. www.princi.co.uk. Ⓤ Piccadilly Circus.

Masala Zone (13), keine Frage: dieses indisches Restaurant liegt voll im Trend. Erstklassige Küche zu passablen Preisen (Hauptgerichte ab £ 7.95) serviert in einem tollen Designambiente, im Hintergrund läuft Loungemusik, während man die Köche werkeln sieht. Wer sich mit der indischen Küche nicht auskennt, bestellt am besten ein aus verschiedenen kleinen Gerichten bestehendes *thali*, das es mit Lamm, Hühnchen oder Prawns genauso gibt wie für Vegetarier (ab £ 8.15). Serviert werden die Köstlichkeiten mit *rice* und *dhal* auf einem großen Tablett. Bis 18 Uhr günstige Menüs. 10 % *service charge*. 9 Marshall Street, W1, ✆ 020/72879966. Ⓤ Oxford Circus.

Freedom (16), trendige Bar mit viel Gay-Publikum. Tgl. 17–3 Uhr, So nur bis 23.30 Uhr geöffnet. 60–66 Wardour Street, W1. Ⓤ Piccadilly Circus oder Leicester Square.

Dog & Duck (7), das 1734 eröffnete Pub besitzt viel Flair und Atmosphäre. 18 Bateman Street, W1, ✆ 020/74940697. Ⓤ Leicester Square oder Tottenham Court Road.

Lamb & Flag (20), in dem traditionsreichen Pub wurden früher Boxkämpfe veranstaltet. Sonntags gibt es Jazzmusik. 33 Rose Street, WC2, ✆ 020/74979504. Ⓤ Covent Garden oder Leicester Square.

Ronnie Scott's (12), im ältesten und wohl renommiertesten Jazz-Club Londons treten immer wieder absolute Topstars auf. Eine Vorausbuchung ist ratsam. 47 Frith Street, W1, ✆ 020/74390747. Ⓤ Leicester Square.

Bar Rumba (21), die derzeit beliebteste Party-Bar in Soho, im Untergeschoss eines Kinokomplexes. Eintritt ab £ 5, vor 21 Uhr Eintritt frei! Tgl. bis 3 Uhr morgens geöffnet. 36 Shaftesbury Avenue, W1, ✆ 020/74343820. www.barrumba.co.uk. Ⓤ Piccadilly Circus.

*M*ayfair/*S*t. *J*ames's *(siehe *K*arte *S*. 565)*

Umu (1), japanische Küche auf höchstem Niveau (ein Michelin-Stern) bietet Londons einziges Restaurant im Kyoto Style. Ein siebengängiges Kaiseki-Menü kostet £ 65 bzw. £ 95 mit Sake oder Wein (beide auch als Sushi-Variante). Samstagmittag und Sonntag geschlossen. 14–16 Bruton Place, W1, ✆ 020/74998881. www.umurestaurant.com. Ⓤ Green Park.

Chor Bizarre (4), hinter dem etwas seltsam anmutenden Namen verbirgt sich ein indisches Restaurant mit Anspruch und Stil. Hauptgerichte zwischen £ 10 und £ 18. Sonntagmittag geschlossen. 16 Albemarle Street, W1, ✆ 020/76299802. Ⓤ Green Park.

Sumosan (3), das Restaurant, das sich der japanischen Küche verschrieben hat, trägt eindeutig die Handschrift eines Designers.

536 London

Nobelkaufhaus Harrods

Gehobenes Preisniveau, das Mittagsmenü für stolze £ 22.50 zzgl. *service charge*. Am Wochenende nur abends geöffnet. 26B Albemarle Street, W1, ✆ 020/74955999. Ⓤ Green Park.

Momo (2), zwei Häuser weiter öffnet sich das Tor zum Orient. Gehobene marokkanische Küche in feinstem Dekor. Menüs ab £ 15. P. S.: Den Gang auf die Toilette sollte man nicht versäumen ... Sonntagmittag geschlossen. 25 Heddon Street, W1, ✆ 020/74344040. Ⓤ Piccadilly Circus oder Oxford Circus.

The Hard Rock Café (6), in den 1970er-Jahren eröffnet, ist das Original Hard Rock Café längst zum Klassiker avanciert. Die Schlange am Eingang reicht manchmal sogar bis um die Ecke. Ein Rätsel bleibt allerdings, warum das Hard Rock Café im noblen Mayfair eröffnet wurde. Das Speisenangebot lässt sich auf die Kurzformel Tex-Mex and Burgers bringen. P. S: Es gibt auch vegetarische Burger. Reservierungen werden nicht angenommen. 150 Old Park Lane, W1, ✆ 020/76290382. Ⓤ Hyde Park Corner.

Inn the Park (5), eine wundervolle Adresse inmitten des St James's Park. Wer will, kann hier entweder frühstücken, zu Mittag essen oder für ein anspruchsvolles Dinner reservieren – und zwischendrin ist für Snacks und Tee geöffnet. Nur ganz billig ist es nicht ... Tgl. 8–23 Uhr. St James's Park, SW1, ✆ 020/74519999. Ⓤ Charing Cross.

Westminster (siehe Karte S. 565)

Jenny Lo's Teahouse (3), das ansprechend nüchtern gestylte Ambiente ist ein lobenswerter Kontrast zu dem kitschigen Stil der meisten chinesischen Restaurants. Glücklicherweise enttäuscht auch die Küche nicht, denn schließlich gehört das Restaurant der Tochter von Englands bekanntestem Autor über chinesische Kochkunst. Hauptgerichte £ 7–9.50. So Ruhetag. 14 Ecclestone Street, SW1, ✆ 020/72590399. Ⓤ Victoria.

Boisdale (2), von Geschäftsleuten gerne besuchtes schottisches Restaurant mit Clubatmosphäre. Selbstverständlich gibt es auch Lachs und Malt Whiskey. 2-Gang-Menü zu £ 19.50. Samstagmittag und So geschlossen. 15 Ecclestone Street, SW1, ✆ 020/77306922. www.boisdale.co.uk. Ⓤ Victoria.

Red Lion (1), das Pub in unmittelbarer Nähe des Parlaments wird seit jeher gern von Politikern aller Fraktionen besucht. Charles Dickens hat es in „David Copperfield" verewigt. 48 Parliament Street, SW1, ✆ 020/79305826. Ⓤ Westminster.

Chelsea

Bluebird, Terence Conrans „Filiale" in Chelsea trägt den Namen eines legendären Rennautos, schließlich befindet sich das Bluebird in einer Autowerkstatt aus den 1930er-Jahren. Neben einem anspruchsvollen Restaurant gehören auch eine Bar, ein Café und ein Delikatessen-Geschäft zu diesem Designertempel. Große Straßenterras-

Essen/Trinken/Nachtleben 537

se. Hauptgerichte ab £ 15 im Restaurant (Mittagsmenü £ 17 bzw. £ 21) sowie ab £ 10 im Café, wo man auch nur kurz etwas trinken kann. Im Restaurant zzgl. 12,5 % *service charge*. 350 King's Road, SW3, ✆ 020/75591000. Ⓤ Sloane Square.

The Pheasantry (Pizza Express), das stattliche Haus mit seinem von einer Quadriga gekrönten Portikus beherbergte einst einen bekannten Nachtclub, zu dessen Stammgästen Eric Clapton und Dylan Thomas gehörten. Heute bietet ein Restaurant mit Café – eine Filiale der Pizza-Express-Kette – seinen Gästen vergleichsweise günstige Preise. Pizza ab £ 7. Schöne Straßenterrasse. 152 King's Road, SW3. Ⓤ Sloane Square.

New Culture Revolution, *Noodle Bar* mit zeitlos minimalistischem Interieur. Die leckeren Nudelsuppen kosten zwischen £ 5.40 und £ 7.90, aber auch die anderen Gerichte, wie beispielsweise die gegrillten Scampis mit Chilli und Knoblauch, enttäuschen nicht. Schneller Service, zur Mittagszeit muss man wegen des großen Andrangs dennoch Schlange stehen. 305 King's Road, SW3, ✆ 020/73529281. Ⓤ Sloane Square.

Chelsea Potter, das Pub ist ein beliebter Treffpunkt in Chelsea. Durch die großen Fenster lässt sich das Treiben auf der King's Road gut beobachten, während man sich mit *Ham & Eggs* oder *Barbecue Chicken* für £ 7.95 stärkt. 119 King's Road, SW3, ✆ 020/734529479. Ⓤ Sloane Square.

Kensington

Victoria & Albert Café and Restaurant, das im Innenhof des Museums gelegene Café und Restaurant ist eine traumhafte Adresse für eine Pause. Tgl. 10–17.45 Uhr, Mi und letzter Fr des Monats bis 22 Uhr. SW3. Ⓤ South Kensington.

The Bunch of Grapes, urkundlich bereits 1770 erwähnt, besitzt der Pub viel Patina. Traditionelle Fish'n'Chips für £ 9.95. 207 Brompton Road, SW3, ✆ 020/75849944. Ⓤ Knightsbridge oder South Kensington.

The Collection, imposant ist schon allein der Eingang Ein beleuchteter Laufsteg führt in den riesigen Gastraum, der von einer langen Theke dominiert wird. Das Restaurant befindet sich auf einer Empore über einer lauten Bar mit Clubatmosphäre. Die Küche zeigt sich Modern British, Menüs beim Early Dinner Menu £ 16 und £ 20 (18–20 Uhr). Nur abends geöffnet. 264 Brompton Road, SW3, ✆ 020/72251212. Ⓤ South Kensington.

Bibendum Oyster Bar, im phantastischen Michelin House, Sir Terence Conrans Lieblingslocation, warten ein Café im Foyer und ein anspruchsvolles Restaurant auf Gäste, die das in London einmalige Dekor und die Qualität der Speisen zu würdigen wissen. Meeresfrüchteteller £ 29.50, zzgl. 12,5 % *service charge*. 81 Fulham Road, SW3, ✆ 020/75891480. www.bibendum.co.uk. Ⓤ South Kensington.

The Orangerie, das in der Orangerie des Kensington Palace untergebrachte Café ist ein angenehmer Ort, um bei Kaffee und Kuchen einige Mußestunden zu verbringen. Mittags werden auch warme Speisen serviert. Tgl. 10–18 Uhr, im Winter nur bis 16 Uhr geöffnet. Kensington Garden, W8. Ⓤ High Street Kensington oder Queensway.

Kulu Kulu, originelles japanisches Restaurant. Man sitzt entlang eines Förderbands, schnappt sich diverse Sushi-Köstlichkeiten (£ 1.20–3.60), anschließend geht man mit den verschieden farbigen Untersetzern zur Kasse und bezahlt. 39 Thurloe Place, SW7, ✆ 020/75892225. Ⓤ South Kensington.

Notting Hill

Books for Cooks, eigentlich eine gut sortierte, auf Kochbücher spezialisierto Buchhandlung (angeblich gibt es mehr als 8.000 Exemplare). Im hinteren Teil des Geschäfts, dem „Kochstudio", werden die besten Rezepte gleich vor Ort ausprobiert und von don lesenden Feinschmeckern mit Begeisterung „verkostet". Serviert werden täglich wechselnde Mittagsgerichte zu günstigen Preisen, aber auch Kaffee und leckere Ku-chen. 4 Blenheim Crescent, W11. www.booksforcooks.com. Ⓤ Ladbroke Grove oder Notting Hill Gate.

Taqueria, preisgünstiger Mexikaner in einem modernen Ambiente. Keine fade Einheitskost, sondern chilli-würzige Gerichte wie *jicama sticks*. Tacos ab £ 4. Kein Ruhetag. 139 Westbourne Grove, W11, ✆ 020/72294734. Ⓤ Notting Hill Gate.

Ground Floor Bar, freundliche Eckkneipe

London
Karte S. 522

538   London

mit Patina und schlichtem Interieur. Die leicht zerschlissenen Sofas und die Straßenterrasse laden ein, sich durch den Tag treiben (ab 12 Uhr geöffnet) zu lassen und das illustre Publikum zu beobachten. Gegen Abend wird die Stimmung relaxter und das Publikum immer hipper. Do bis Sa legen abends DJs auf. Im ersten Stock befindet sich zudem ein ansprechendes Restaurant namens **First Floor** mit intimer Atmosphäre, das Zwei-Gang-Mittagsmenü kostet £ 12, abends ab £ 15. 186 Portobello Road, W11, ✆ 020/72438701. www.firstfloor portobello.co.uk. Ⓤ Ladbroke Grove oder Notting Hill Gate.

202, eine der besten Brunchadressen in London, integriert in einer Boutique. Kein Wunder, dass sich die coolsten Typen von Notting Hill hier versammeln und sich an leckeren *Blueberry Pancakes* laben. Tgl. 8.30–22.30 Uhr, So und Mo 10–17 Uhr geöffnet. 202 Westbourne Grove, W11, ✆ 020/77272722. Ⓤ Notting Hill Gate.

Osteria Basilico, die preisgünstige italienische Variante mitten in Notting Hill, und dies trotz des tollen Ambientes mit den blank gescheuerten Holztischen. An der Küche gibt es ebenfalls nichts auszusetzen. Lecker ist das Lamm mit Tomaten und Auberginen. Nudelgerichte und Pizzen ab £ 10, Hauptgerichte ab £ 17.50. 12,5 % *service charge*. 29 Kensington Park Road, ✆ 020/77279372. Ⓤ Notting Hill Gate.

The Churchill Arms, das Churchill sieht von außen aus wie ein ganz gewöhnlicher Pub, doch wird im grün bepflanzten Hinterzimmer (wie auch im Pub) überraschenderweise eine hervorragende Thaiküche serviert. Und der Clou: Jedes der üppig bemessenen Hauptgerichte – stets frisch zubereitet – kostet nur £ 6.50. Die Getränke muss man sich mittags selbst am Tresen holen. Schneller Service, das einzige Manko: Es gibt weder Salate noch Suppen – stattdessen Currys, gebratenen Reis und Nudelgerichte in verschiedenen Variationen. Und selbst wer nur Pub-Atmosphäre schnuppern will, wird nicht enttäuscht sein, der Laden ist abends immer voll. Kinder willkommen. Bis 23 Uhr geöffnet, Fr und Sa bis 24 Uhr. 119 Kensington Church Street, W8, ✆ 020/77921246. Ⓤ Notting Hill Gate.

Notting Hill Arts Club, die beste Adresse im Nachtleben: Gute Bands oder DJs und viel Szenepublikum. Vor 20 Uhr Eintritt frei, danach ab £ 5. 21 Notting Hill Gate, W11, www.nottinghillartsclub.com.   Ⓤ Notting Hill Gate.

*L*ambeth und *S*outhwalk

Ministry of Sound, zählt unter Insidern zu den besten Londoner Discos. An den Plattentellern stehen die bekanntesten DJs aus Großbritannien und Amerika. Ab Mitternacht geöffnet. 103 Gaunt Street, SE1, ✆ 0171/3786528. www.ministryofsound.com. Ⓤ Elephant & Castle.

Blueprint Café, im ersten Stock des Design Museum gelegen, bietet das Blueprint Café viel für das Auge. Wundervoll ist die offene Terrasse mit Blick auf die Tower Bridge! Glücklicherweise enttäuschen auch die Leistungen des Küchenchefs nicht, der seine Gäste in Modern-British-Manier verwöhnt. Zwei-Gang-Menü zu £ 15, drei Gänge zu £ 20, abends £ 20 und £ 25 (*service charge*). Sonntagabend geschlossen. Butlers Wharf, SE1, ✆ 020/73787031. www.blue printcafe.co.uk. Ⓤ Tower Hill.

Butlers Wharf Chop House, ebenfalls ein durchgestyltes Conran-Restaurant, gekocht wird allerdings ziemlich traditionell. Wie wäre es einmal mit *Steak Kidney Pudding*? Schön sitzt man auf der Straßenterrasse direkt über der Themse. Recht preisgünstig ist das Bar Set Menu zu £ 12 und £ 14, im Restaurant kostet ein zweigängiges Menü beachtliche £ 22, ein dreigängiges Menü £ 26. 12,5 % *service charge*. Butlers Wharf, SE1, ✆ 020/74033403. Ⓤ Tower Hill.

Cantina del Ponte, nur ein paar Meter weiter werden anspruchsvolle italienische Gerichte mit einem orientalischen Einschlag serviert. Pizzen und Pasta zwischen £ 9.50 und £ 13, günstig sind die Mittagsmenüs für £ 15.95 (2 Gänge) bzw. £ 18.95 (3 Gänge), hinzu kommen noch jeweils 12,5 % *service charge*. Schöne Straßenterrasse mit Blick auf die Themse. Butlers Wharf, SE1, ✆ 020/74035403. www.cantina.co.uk. Ⓤ Tower Hill.

Wagamama, japanische Nudelvariationen in zahlreichen Variationen, beispielsweise als Suppe zu annehmbaren Preisen (Hauptgerichte £ 6–10). Modernes, unterkühltes Ambiente, im Sommer sitzt man auf der Straßenterrasse. Riverside, SE1, ✆ 020/70210877. www.wagamama.com. Ⓤ London Bridge.

Fish!, der Name ist Programm! Das in einem Glaspavillon untergebrachte Restaurant hat sich ganz dem Fisch verschrieben. Wer will, darf sich zwischen 17 verschiedenen Fischarten entscheiden, die nach Wunsch entweder gedünstet oder gegrillt und mit einer Sauce nach Wahl serviert werden (£ 10–20). Straßenterrasse mit Blick auf die Kathedrale. Cathedral Street, SE1, ℡ 020/74073803. www.fishdiner.co.uk. Ⓤ London Bridge.

The George Inn, das ehrwürdige Pub mit seinen doppelstöckigen hölzernen Galerien ist eine Londoner Institution. Bereits Chaucer, Johnson und Dickens haben hier gezecht. 77 Borough High Street, SE1, ℡ 020/74072056. Ⓤ Borough oder London Bridge.

Kultur

In kultureller Hinsicht wartet London mit einem geradezu überwältigenden Angebot auf. Abend für Abend kann man allein im West End zwischen 50 verschiedenen Aufführungen auswählen. Das Spektrum reicht von modernen Musicals wie „Chicago" über klassische Konzerte bis hin zu Agatha Christie's „The Mousetrap", einem Klassiker, der seit 1953 ununterbrochen auf dem Spielplan des *St Martin Theatre* steht. Die etablierten Theater befinden sich fast alle im West End. Das erst 1976 eröffnete *Royal National Theatre* liegt am südlichen Ufer der Themse in einem großen Kulturkomplex, dem South Bank Centre. *Fringe* nennt man die Avantgardebühnen am Rande des etablierten Geschehens. Das Programm dieser Theater ist oft interessanter und spannender. In den letzten Jahren sind jedoch viele erfolgreiche Fringe-Stücke von West-End-Theatern übernommen worden.

Über das aktuelle Kino-, Konzert und Theaterprogramm informiert das Stadtmagazin *Time Out,* Theaterfreude sollten das Magazin *Hot Tickets* intensiver studieren, das jeden Donnerstag dem *Evening Standard* beiliegt.

Theater, Oper und Tanz

Royal National Theatre, Londons renommiertestes Theater verfügt über drei Säle: das große Olivier, das Lyttelton und die Studiobühne Cottesloe. South Bank, SE1, ℡ 020/74523000. www.nationaltheatre.org.uk. Ⓤ Waterloo.

Shakespeare's Globe Theatre, seit ein paar Jahren besitzt London eine Rekonstruktion von Shakespeares berühmtem, 1644 abgerissenen Theater. Gespielt wird nur bei Tageslicht, 500 Zuschauerplätze auf den Rängen und 1.000 Stehplätze im Hof. Tickets ab £ 5. Bankside, Southwark, ℡ 020/74019919. www.shakespeares-globe.org. Vorverkauf in Deutschland: West End Theatre Tickets, ℡ 0228/361569. www.westendtickets.de. Ⓤ Blackfriars oder London Bridge.

The Royal Shakespeare Company, das renommierte Ensemble bespielt Bühnen im Barbican Centre: das größere *Barbican Theatre* sowie das intimere *The Spit*. Tickets ab £ 8. Barbican Centre, Silk Street, EC2, ℡ 020/76384141. www.rsc.org.uk. Ⓤ Barbican oder Moorgate.

Kunsttempel: Tate Modern

540 London

Donmar Warehouse, experimentelles Theater, das gelegentlich auch große Stars ins Rampenlicht lockt. Als Nicole Kidman 1998 in „The Blue Room" mitspielte, löste sie einen nicht enden wollenden Besucheransturm aus. Thomas Neal's, 41 Earlham Street, WC2, ✆ 0870/0606624. www.donmar-warehouse.com. Ⓤ Covent Garden.

Almeida, kleines, sehr ambitioniertes Theater. Tickets ab £ 8. Almeida Street, N1, ✆ 020/73594404. www.almeida.co.uk. Ⓤ Angel oder Highbury & Islington.

King's Head Theatre, anspruchsvolle Kleinkunstbühne im Hinterzimmer eines Pub. Vor der Aufführung wird ein dreigängiges Menü serviert. 115 Upper Street, N1, ✆ 020/72261916. Ⓤ Angel oder Highbury & Islington.

Royal Opera House, nach seiner Renovierung für 80 Millionen Pfund bietet das Opernhaus seit seiner Wiedereröffnung im Dezember 1999 hervorragende Inszenierungen. Bow Street, WC2, ✆ 020/73044000. www.royaloperahouse.org. Ⓤ Covent Garden oder Charing Cross.

Musicals

Chicago, eines der derzeit begehrtesten Londoner Musicals über eine Tänzerin, die ihren Liebhaber ermordet hat. Im Cabaretstil geht es durch das Chicago von Al Capone. Cambridge Theatre, Earlham Street, WC2, ✆ 020/74945081. www.chicagolondon.com. Ⓤ Charing Cross.

Les Miserables, freie Interpretation des berühmten Romans von Victor Hugo. Spielt im Paris des Jahres 1832. Queen's Theatre, Shaftesbury Avenue, W1, ✆ 020/78127434. www.lesmis.com. Ⓤ Leicester Square.

Mamma Mia, ein Must für alle Abba- und Siebzigerjahre-Fans. Prince of Whales Theatre, Coventry Street Street, W1, 020/74475400. Ⓤ Leicester Square.

The Phantom of the Opera, Andrew Lloyd Webbers beliebtestes Musical. Her Majesty's Theatre, Haymarket, SW1, ✆ 020/74945400. www.thephantomoftheopera.com. Ⓤ Piccadilly Circus.

The Lion King, ideal, nicht nur für Kinder: Disneys großer Zeichentrickfilm in einer ansprechenden Bühnenshow. Lyceum Theatre, Wellington Street, WC 2, ✆ 0870/2439000. www.thelionking.co.uk. Ⓤ Covent Garden.

Half Price Ticket Booth

Kurzentschlossene können am Half Price Ticket Booth auf dem Leicester Square noch Karten zum halben Preis für nicht ausverkaufte Vorstellungen des jeweiligen Abends erstehen. Der Schalter ist Mo–Sa 12–19 Uhr und So 12–15 Uhr geöffnet. Pro Karte wird zusätzlich eine Gebühr von £ 2 erhoben. www.officiallondontheatre.co.uk.

Musik

Astoria, unterschiedliche Konzerte, von Hip-Hop bis Hardrock sowie Crossover. Schwerpunkt Independent. 157 Charing Cross Road, W1, ✆ 020/74349592. Ⓤ Tottenham Court Road.

Brixton Academy, viele Hip-Hop- und Reggae-Konzerte vor größerem Publikum. Auch die Rolling Stones waren schon da. 211 Stockwell Road, SW9, ✆ 0870/7712000. www.brixton-academy.org.uk. Ⓤ Brixton.

Forum, hier finden zahlreiche Konzerte von Rock- und Pop-Größen statt. 1999 gab beispielsweise Natalie Imbruglia ein Konzert. 9–17 Highgate Road, NW5, ✆ 0870/5344444. Ⓤ Kentish Town.

Ronnie Scott's, im ältesten und wohl renommiertesten Jazz-Club Londons treten immer wieder absolute Topstars auf. Eine Vorausbuchung ist ratsam. 47 Frith Street, W1, ✆ 020/74390747. www.ronniescotts.co.uk. Ⓤ Leicester Square.

Hammersmith Apollo, beliebter Treff, Mainstream-Musik. Queen Caroline Street, W6, ✆ 020/87488660. Ⓤ Hammersmith.

Jazz Café, momentan eine der angesagtesten Adressen für anspruchsvolle Livemusik, auch Courtney Pine und Gil Scott Heron standen hier auf der Bühne. Stilrichtung: Jazz und World Music. 5 Parkway, NW1, ✆ 020/779166060. www.jazzcafe.co.uk. Ⓤ Camden Town.

Royal Albert Hall, in dem weltberühmten Konzertsaal treten neben Klassik- und Jazzinterpreten auch immer mehr Popmusiker auf. Kensington Gore, SW7, ✆ 020/75898212. www.royalalberthall.com. Ⓤ Knightsbridge oder South Kensington.

Wembley Arena, riesige Musikhalle für Mammutkonzerte. Hier spielen fast ausnahmslos nur die absoluten Musikgrößen. Empire Way, Wembley, Middlesex, ✆ 020/89020902. Ⓤ Wembley Park oder Wembley Central.

Kinos

Everyman, Londons ältestes und ambitioniertestes Programmkino. Viele Schwarz-Weiß-Klassiker. 5 Hollybush Vale, NW3, ✆ 0870/0664777. Ⓤ Hampstead.

ICA Cinema, abwechslungsreiche Kinokost für Cineasten. Nash House, The Mall, SW1, ✆ 020/79303647. www.ica.org.uk. Ⓤ Charing Cross oder Piccadilly Circus.

National Film Theatre, alljährlich im November findet hier das renommierte London Film Festival statt, sonst gibt es aber viele Hollywood-Produktionen. South Bank, SE1, ✆ 020/79283232. Ⓤ Waterloo oder Embankment.

Barbican Cinema, modernes Kino im Barbican Centre. Silk Street, EC2, ✆ 020/73827000. www.barbican.org.uk. Ⓤ Moorgate oder Barbican.

Notting Hill Coronet, günstiges, älteres Kino. 11 Rupert Street, W11, ✆ 020/77276705.

Ⓤ Notting Hill Gate.

IMAX, für 20 Millionen Pfund wurde 1999 das neue IMAX-Kino mit 500 Sitzplätzen eröffnet. Waterloo Bullring, SE1, ✆ 020/79283535. www.bfi.co.uk. Ⓤ Waterloo.

Odeon Leicester Square, mit 1943 Sitzplätzen der größte Kinosaal Londons. Anspruchsvolle Kinokost darf man bei abendlichen Preisen von mindestens £ 9 allerdings nicht erwarten. Leicester Square, WC2, ✆ 0870/5050007. Ⓤ Leicester Square.

Empire Leicester Square, der zweitgrößte Londoner Kinopalast. Leicester Square, WC2, ✆ 0870/0102030. Ⓤ Piccadilly Circus.

Prince Charles Cinema, hier laufen zwar nicht die aktuellsten Filme (meist ein paar Wochen alt), aber dafür kosten die Vorstellungen nur £ 6. Leicester Place, ✆ 020/74377003. www.princecharlescinema.com. Ⓤ Leicester Square.

Einkaufen

Kaufhäuser

Harrods, das berühmteste Kaufhaus von London, wenn nicht gar das der ganzen Welt. Hier gibt es nichts, was es nicht gibt. Und auch die Queen geht bei Harrods einkaufen, allerdings zu besonderen Öffnungszeiten. Eindrucksvoll sind die Food Halls und die Egyptian Hall. P. S.: Wer nur einmal schnell auf die Toilette möchte, sollte sich hierfür £ 1 einstecken … Auch So 12–18 Uhr geöffnet. Knightsbridge, SW1X. Ⓤ Knightsbridge.

Harvey Nichols, unweit von Harrods entfernt, ist das Kaufhaus vor allem für seine ausgefallene Schaufensterdekorationen bekannt. Modebewusste KundInnen finden bei „Harvey Nicks" eine breite Auswahl an bekannten Namen wie Gaultier, YSL, John Smedley, Tommy Hilfiger, Hugo Boss und Ralph Loren. Anschließend trifft man sich im fünften Stock zum Lunch. Auch So 12–18 Uhr geöffnet. 109–125 Knightsbridge, SW1X. Ⓤ Knightsbridge.

Selfridges, eines der großen, alteingesessenen Kaufhäuser von London. Umfassendes Warenangebot mit verlockenden Food Halls. Es gibt (fast) keinen Wunsch, der unerfüllt bleibt. Die Parfümabteilung ist angeblich die größte der Welt. Auch So 12–18 Uhr geöffnet. 400 Oxford Street, W1A. Ⓤ Bond Street.

Fortnum & Mason, F & M ist weniger ein Kaufhaus, denn eine Londoner Institution. Schon vor der Schlacht von Waterloo labten sich die englischen Offiziere an den Köstlichkeiten des Delikatessenhändlers. Sehenswert ist vor allem die Lebensmittelabteilung im Erdgeschoss, Antiquitäten und erlesene Möbel gibt es im 4. Stock. Auch wenn man nur ein kleines Glas Orangenmarmelade erstanden hat, eine Tüte von Fortnum & Mason macht sich einfach gut. 101 Piccadilly, W1. Ⓤ Green Park oder Piccadilly Circus.

542 London

Auf dem Portobello Market lässt sich so manches Schnäppchen machen

Marks & Spencer, die Filiale in der Oxford Street ist das Flaggschiff der größten britischen Warenhauskette. Textilien wie Pullover, Socken und Kinderkleidung sind hier immer noch günstig. Bekannt ist M & S für seine Wäscheabteilung. Das umgangssprachlich „Marks 'n' Sparks" genannte Kaufhaus ist das Harrods des kleinen Mannes. Ebenfalls So von 12–18 Uhr geöffnet. 458 Oxford Street, W1. Ⓤ Marble Arch.

Liberty, das mit Pseudofachwerk verkleidete Kaufhaus wurde 1924 als Reminiszenz an die Tudor-Epoche konzipiert. Im holzgetäfelten Interieur wird anspruchsvoller Kommerz bis hin zu Haushaltswaren feilgeboten. Berühmt ist das Liberty für seine hochwertigen Baumwoll- und Seidenstoffe. 210–220 Regent Street, W1R. Ⓤ Oxford Circus.

Peter Jones, nach Harrods und Selfridges gilt Peter Jones als die Nummer drei unter den Londoner Kaufhäusern. Die Präsentation der Waren wirkt aber ziemlich antiquiert. Sloane Square, SW1. Ⓤ Sloane Square.

*K*lamotten & *S*chuhe

Dr Martens Department Store, ein El Dorado für alle Liebhaber von Dr-Martens-Schuhen, die auch in Deutschland längst ein Klassiker sind. In der Nähe des Covent Garden wird allerhand Schuhwerk in den Farben schwarz, braun, burgund und pastell verkauft. 21 Neal Street, WC2. Ⓤ Covent Garden.

Nike Town, der ultimative Shop für alle Nike-Fans. Zahlreiche Animationen lassen einen Besuch in der weltweit größten Filiale des Sportartikelherstellers zum Einkaufserlebnis werden. 236 Oxford Street, W1. Ⓤ Oxford Circus.

Topman, große Bekleidungsboutique mit Friseurabteilung. Vergleichsweise günstiges Angebot an hochmodischen Klamotten, die nicht nur bei jungen Londonern beliebt sind. Auch So 12–18 Uhr geöffnet. 214 Oxford Street, WR1. Ⓤ Oxford Circus.

Agent Provocateur, phantasievoll-erotische Dessous von namhaften Modemachern. Die beeindruckende Wirkung sollte frau schon mindestens £ 35 wert sein, schließlich gehört auch Kate Moss zu den Kundinnen. 6 Broadwick Street, W1. Ⓤ Oxford Circus oder Tottenham Court Road.

Burlington Arcade, vornehme, 1819 eröffnete Einkaufspassage für den „Verkauf von Kurzwaren, Kleidungsstücken und Gegenständen, die weder durch ihr Aussehen noch ihren Geruch Anstoß erregen". W1. Ⓤ Piccadilly Circus.

Einkaufen 543

Vivienne Westwood, die Queen unter den englischen Modemachern bietet in ihrer Boutique ausgefallene Kreationen feil. So geschlossen. 6 Davies Street, W1Y. Ⓤ Bond Street.

John Lobb, wer bei Londons berühmtestem Schuhmacher ein Paar Schuhe kaufen möchte, muss mindestens ein halbes Jahr warten. Schließlich wird exakt Maß genommen und ein Holzmodell des Fußes gefertigt, bevor der Schuh nach den Wünschen des Kunden in reiner Handarbeit hergestellt wird. Das Endprodukt kostet dann ab £ 1.200 aufwärts und hält ein Leben lang. P. S.: Das zweite Paar ist billiger … 9 St James's Street, SW1. Ⓤ Green Park.

World's End, die Stammboutique von Vivienne Westwood, die in den Siebzigerjahren den Punk-Look salonfähig gemacht hat, ist an ihrer großen Uhr mit den rückwärtslaufenden Zeigern leicht zu erkennen. 430 King's Road, SW3. Ⓤ Sloane Square.

Steinberg & Tolkien, riesige Auswahl an Secondhand-Klamotten, darunter auch so manches edle Designerstück. 193 King's Road, SW3. Ⓤ Sloane Square.

Muji, die japanische Muji-Kette unterhält in London mehrere Shops. Das Konzept setzt auf minimalistisches funktionales Design (schlichter ist schöner), gute Qualität und günstige Preise. Von der Klobürste bis zum Fahrrad ist hier alles zu haben. Der Schwerpunkt liegt allerdings auf Kleidung und Wohnaccessoires. Das Londoner *Time Out Magazin* verlieh Muji kürzlich das Adjektiv „über-cool" (sic!). Auch So 12–18 Uhr geöffnet. 157 Kensington High Street, W8. Ⓤ High Street Kensington.

*M*usik

HMV, sowohl von den Ausmaßen als von dem Angebot mit dem Virgin Megastore zu vergleichen. Ebenfalls So 12–18 Uhr geöffnet. 150 Oxford Street, W1N. Ⓤ Oxford Circus oder Tottenham Court Road.

*B*ücher

Hatchard's, zurückhaltend vornehm präsentiert sich die älteste, noch bestehende Buchhandlung Londons. Genau genommen, gehört Hatchard's allerdings schon längst zum Waterstone-Imperium. Auch So 12–18 Uhr geöffnet. 187 Piccadilly, W1V. Ⓤ Piccadilly Circus.

Daunt Bookshop, die Buchhandlung aus eduardinischer Zeit mit ihrem großen Glasdach gilt als die schönste Londons. Der Schwerpunkt liegt auf der Reiseliteratur, wobei die Reiseführer zusammen mit der entsprechenden Literatur und Sachbüchern nach Ländern sortiert sind. Auf den Holzgalerien findet man auch eine gute Auswahl gebrauchter Bücher. Tgl. 9–19.30 Uhr, So 11–18 Uhr geöffnet. 83 Marylebone High Street. W1U. Ⓤ Baker Street. www.dauntbooks.co.uk.

Foyles, im Vergleich zu den zahllosen modernen Buchketten ist ein Besuch bei Foyles wie eine Zeitreise. Über mehrere Stockwerke verteilt, präsentiert sich Foyles als wahre Bücherfundgrube, selbst Titel, die schon lange vergriffen sind, stehen hier noch in den Regalen. Falls man sie findet … 113–119 Charing Cross Road, WC2H. Ⓤ Leicester Square.

Stanfords, laut Eigenwerbung „das weltgrößte Karten- und Reisebuchgeschäft". Und das stimmt: Allein mehr als 500 französische Wanderkarten gibt es hier zur Auswahl, kein Land der Welt bleibt unberücksichtigt! 12 Long Acre, WC2. www.stanfords.co.uk. Ⓤ Leicester Square.

Silver Moon, der größte Frauenbuchladen Europas bietet alles von und über Frauen. Große Auswahl an lesbischer Literatur. Seit 2002 in der 3. Etage von Foyles. 113–119 Charing Cross Road, WC2H. Ⓤ Leicester Square.

European Bookstore, hervorragende Auswahl an fremdsprachiger Literatur (vor allem in französischer und deutscher Sprache). Wer noch eine anspruchsvolle Urlaubslektüre sucht, wird hier garantiert fündig. 5 Warwick Street, W1. Ⓤ Piccadilly Circus.

Travel Bookshop, der zu Filmehren gekommene Reisebuchladen besitzt ein umfassendes Sortiment an englischsprachigen Reiseführern, Bildbänden, Reiseliteratur und Landkarten. 13 Blenheim Crescent, W11. Ⓤ Ladbroke Grove oder Notting Hill Gate.

London
Karte S. 522

London

Märkte

Spitalfields Market, nicht so bekannt wie der Camden Market und daher noch mit ursprünglicherem Flair. Tgl. außer Sa geöffnet; besonders gut besucht ist der Markt am So. Großes Angebot an Biokost. Commercial Street (zwischen Lamb und Brushfield Street), E1. Ⓤ Liverpool Street.

Petticoat Lane Market, auch wenn man es sich bei den von modernen Glas- und Betonbauten eingerahmten Marktständen kaum vorstellen kann, besitzt der Petticoat Lane Market eine mehr als 250-jährige Geschichte. Jeden So werden in der Middlesex Street und ihren Nebenstraßen vor allem Klamotten verkauft. Das Secondhand-Angebot ist stark rückläufig, die Preise sind dennoch günstig. Ⓤ Aldgate oder Aldgate East oder Liverpool Street.

Brick Lane Market, der sonntägliche Brick Lane Market wird nie wie der Camden Market zum touristischen Kanon Londons gehören. Dieser Markt, der zwischen der Eisenbahnunterführung und der Bethnal Green Road sowie auf der Scalter Street und der Cheshire Street stattfindet, ist ein authentischer Straßenmarkt der einfachen Leute. Zwischen schäbigen Häusern werden ab 6 Uhr morgens Gemüse, billige Kleidung, Fahrräder sowie allerlei Ramsch und Schrott an den Mann bzw. die Frau gebracht, mittags ist bereits alles vorbei. Ⓤ Aldgate East oder Liverpool Street.

Columbia Road Market, der schönste Blumenmarkt Londons. Jeden So werden in der Columbia Road Sonnenblumen, Anemonen und Gummibäume palettenweise verhökert. Ⓤ Shoreditch.

Leadenhall Market, eigentlich eine viktorianische Einkaufsarkade und daher schon von der Architektur her interessant. Unter den gusseisernen Bögen werden Gemüse, Fisch, Wild und Geflügel sowie zahlreiche andere Köstlichkeiten angeboten (besonders geschäftig geht es in den Mittagsstunden zu). Wer will, kann sich auch vor dem Restaurantbesuch meisterlich die Schuhe putzen lassen. Werktags von 7–16 Uhr geöffnet. Whittington Avenue, EC3. Ⓤ Bank oder Monument.

Camden Market, in der Camden High Street und der Chalk Farm Road wird am Wochenende ab 10 Uhr einer der buntesten Londoner Straßenmärkte abgehalten. Das vielfältige Angebot reicht von Klamotten über diversen Nippes bis hin zu exotischen Schrumpfköpfen. Mehrere Imbissbuden sorgen für das leibliche Wohl. Die Geschäfte im überdachten, auf Kunsthandwerk spezialisierten Camden Lock haben täglich außer Mo geöffnet. Ⓤ Camden Town.

Portobello Market, der samstägliche Markt auf der Portobello Road wird als der schönste der Stadt gerühmt. Mehr als 1.000 Händler säumen den sich über eine Meile hinziehenden Markt. Neben viel Ramsch lässt sich dennoch das eine oder andere Schnäppchen machen. Unter der Woche werden hingegen vor allem Obst und Gemüse feilgeboten. W11. Ⓤ Notting Hill Gate.

Berwick Street Market, mitten in Soho gelegen bietet der kleine Obst- und Gemüsemarkt in der Berwick Street erstaunlich günstige Preise. Die Musikgeschäfte direkt neben dem Markt führen eine gute Auswahl an Schallplatten und CD's. Ⓤ Leicester Square oder Piccadilly.

Brixton Market, großer Markt mit echt karibischem Einschlag: Reggae-Musik, Gewürze, exotisches Essen und viel westindisches Publikum. Oben auf der Brixton Station Road konzentrieren sich die Secondhand-Stände. Die beste Atmosphäre herrscht hier am Samstagvormittag. Brixton Station Road und Electric Avenue. Ⓤ Brixton.

Kult: Camden Market

Auf der Millenium Bridge übder die Themse

Stadterkundung

City of London

Die City of London erstreckt sich nur über wenig mehr als eine Quadratmeile. Sie wird von der *Temple Bar* im Westen begrenzt, im Norden von der *Smithfield Long* und der *Chiswell Street* (bis zur Liverpool Station), östlich von der *Middlesex Street* (bis zum Tower Hill) und im Süden von der *Themse*. Vermutlich befand sich hier schon vor Ankunft der Römer eine Ansiedlung mit einem kleinen Hafen. Die Eroberer nannten sie *Londinium* und befestigten sie mit einer Mauer. In der Folgezeit entwickelte sich daraus ein blühendes Handelszentrum, dessen Zeugnisse heute in den hiesigen Museen zu besichtigen sind. Seit dem Jahr 1215 ist die City durch die *Magna Carta* in rechtlicher Hinsicht weitgehend unabhängig; der Bürgermeister genießt seither zahlreiche Privilegien und hat einen direkten Zugang zum Königlichen Hof. Zweimal wurde das Gesicht der City of London entscheidend verändert: 1666 zerstörte ein Großfeuer zwei Drittel der überwiegend aus Holz errichteten Stadt; ähnlich verheerend waren die Verwüstungen durch die deutschen Luftangriffe im Zweiten Weltkrieg.

Das jetzige Stadtbild wurde in der zweiten Hälfte des 20. Jahrhunderts geprägt. Sofort fallen dem Besucher die Gebäudekomplexe der Banken und Versicherungsgesellschaften ins Auge. Wohnraum ist eine Seltenheit. In der City wird nicht gewohnt, sondern gearbeitet. Nur noch rund 6.000 Menschen – fast zwei Drittel in den begehrten Eigentumswohnungen des Barbican Centre – leben im historischen Zentrum Londons; den City-Bewohnern stehen mehr als 300.000 Pendler *(commuters)* gegenüber, die Tag für Tag aus den Vorstädten hereinfahren. Nachts und am

546   London

Wochenende ist das Viertel vollkommen ausgestorben, doch nach Feierabend und während der Mittagspause, wenn die Angestellten in die umliegenden Cafés und Sandwich-Bars strömen, geht es richtig hektisch zu.

Sehenswertes

The Monument: Eine 62,15 Meter hohe dorische Säule erinnert an die Verwüstungen durch das Große Feuer im Jahre 1666. Die Höhe des Denkmals entspricht exakt der Entfernung zu jener Bäckerei in der Pudding Lane, wo der schreckliche Brand ausbrach. Das eindrucksvolle Monument stammt von Sir Christopher Wren, der maßgeblich am Wiederaufbau der City beteiligt war. Der kurze, aber anstrengende Aufstieg – für die 311 Stufen bekommt man hinterher sogar eine Urkunde – wird mit einem schönen Panoramarundblick über die Dachlandschaft der City belohnt.
Monument Street, EC3. Ⓤ Monument. Tgl. 9.30–17.30 Uhr. Eintritt: £ 3, erm. £ 2 (Kombiticket mit Tower Bridge £ 8, erm. £ 5.50). www.themonument.info.

Der Große Brand

Innerhalb weniger Jahrzehnte hatte sich die Londoner Bevölkerung im 17. Jahrhundert auf über 200.000 verdoppelt, als in den frühen Morgenstunden des 2. September 1666 in einer Bäckerei an der Pudding Lane ein kleiner Brand ausbrach, der als ungefährlich eingestuft wurde. Der damalige Lord Mayor Sir Thomas Bloodworth murmelte etwas von „Kinderkram, den sogar eine Frau auspinkeln könnte" und legte sich wieder in sein Bett. Eine fatale Fehleinschätzung – denn wegen ungünstiger Winde breitete sich der „Kinderkram" zu einer fünf Tage währenden Feuersbrunst aus: „Und der mächtig starke Wind trieb das Feuer in die Stadt, und alles erwies sich nach so langer Trockenheit als brennbar, selbst die steinernen Kirchenmauern", notierte der Augenzeuge Samuel Pepys in seinem Tagebuch. Der Schaden war verheerend: Vier Fünftel der Londoner City und die Hälfte der westlichen Peripherie waren vernichtet. Rund 13.000 Häuser sowie 87 Kirchen, darunter die alte St Paul's Cathedral, wurden ein Opfer der Flammen. Das einzig Positive an der Feuersbrunst war, dass auch die Pest aus London verschwand.

Tower of London: Der Tower of London ist die am besten erhaltene mittelalterliche Festung Großbritanniens. Gleich nach der Schlacht von Hastings (1066) befahl Wilhelm der Eroberer den Bau einer Bastion außerhalb der Stadtmauern, um die Bevölkerung besser unter Kontrolle zu haben und seine Macht zu demonstrieren. Diese später als *White Tower* bezeichnete Burganlage – Baumeister war der Bischof Gundulf von Rochester – diente zunächst als Wohnsitz und Beobachtungsposten. Die Mauern sind mehr als drei Meter dick! Im Laufe des 12. und 13. Jahrhunderts wurde die Anlage wesentlich erweitert, unter anderem durch den *Bell Tower,* einen äußeren Befestigungsring und einen Wassergraben. Eine Besichtigung des Towers beginnt am *Middle Tower,* wo sich einst eine Zugbrücke befand. Danach gibt es keine vorgeschriebene Route, doch empfiehlt es sich, zuerst die interessanteste Dauerausstellung zu besuchen: Im *White Tower* wird man nämlich umfassend über die Baugeschichte des Towers informiert. Für die meisten Besucher ist es überraschend, dass bis 1835 zum Tower auch eine Menagerie mit Löwen und Elefanten gehörte, die später im Londoner Zoo aufging. Kinder sind besonders für die ausge-

Horse Guards Parade House

stellten mittelalterlichen Waffen und Rüstungen zu begeistern. Die *St John's Chapel* im zweiten Stockwerk, ein schlichter romanischer Sakralbau, ist das älteste erhaltene Gotteshaus Londons.

Empfehlenswert ist eine eingehende Betrachtung der Kronjuwelen im *Jewel House*, die sich trotz langer Warteschlangen lohnt. Die meisten Kroninsignien sind während der kurzlebigen Republik eingeschmolzen worden. Die älteste Krone stammt deshalb aus der Zeit der Restauration (der Zeit nach der Republik), sie wiegt fünf Pfund und wird noch heute für Krönungen benutzt. Schön ist Königin Viktorias *Imperial State Crown*, die mit mehr als 3.000 Diamanten aufwarten kann. Die Krone der Queen Mother aus dem Jahre 1937 wird u. a. vom berühmten Diamanten *Kohinoor* mit 108 Karat (1 Karat entspricht 0,2 Gramm) geschmückt. Er ist einer der größten Diamanten der Welt; überreicht wurde er Königin Viktoria 1850 von der britischen Indienarmee. Außerdem sind natürlich viele Kronen, Zepter, Reichsäpfel und Staatsschwerter zu besichtigen. Auf einem Rollband wird man an den Kronjuwelen vorbeigefahren, damit es nicht zu Staus kommt (die sich trotzdem bilden).

Nicht versäumen sollte man eine Besichtigung des zur Themse zeigenden *Traitor's Gate* und des angrenzenden *Medieval Palace*, in dem einst Eduard I. residierte. Im *Beauchamp Tower* haben bedeutende Staatsgefangene ihre Mauerkritzeleien hinterlassen, im *Bloody Tower* verbrachte *Sir Walter Raleigh*, der Gründer der englischen Kolonie Virginia, zusammen mit seiner Frau und seinen beiden Kindern zwölf lange Jahre und schrieb dabei seine „History of the World". Der *Wall Walk* führt entlang der östlichen Befestigungsmauer. Von einem Besuch des Infanteriemuseums *(Fusiliers' Museum)*, für den ein zusätzlicher Obolus berechnet wird, kann man getrost Abstand nehmen. Wer im Tower die Orientierung verloren hat, sollte sich mit seinen Fragen an die *Yeomen Warders* wenden. Die uniformierte königliche Garde – im Volksmund werden sie *Beefeaters* genannt – gibt gerne Auskunft.

London

Hinter der Tower Bridge ragen die Wolkenkratzer in den Himmel

Ein Beleg für das ausgeprägte Traditionsbewusstsein der Engländer ist die nächtliche Zeremonie der Schlüsselübergabe. Seit etwa 700 Jahren wird immer um Punkt 21.53 Uhr das Haupttor des Towers abgeschlossen. Eine Teilnahmeerlaubnis dafür ist mindestens vier, besser noch acht Wochen vorher bei *Ceremony of the Keys* zu beantragen. Achtung: Legen Sie dem Brief einen internationalen Antwortschein bei. Die schriftliche Genehmigung muss man um 21.30 Uhr dem diensthabenden Offizier am Haupttor vorlegen.

SE1. Ⓤ Tower Hill. Tgl. 9–17.30 Uhr, So und Mo erst ab 10 Uhr, im Winter nur bis 16.30 Uhr. Eintritt: £ 17, erm. £ 14.50 bzw. £ 9.50, Familienticket £ 47. Wer online bucht, spart £ 1 pro Erwachsenen. www.hrp.org.uk/ TowerOfLondon. Empfehlenswert ist der Audioguide. Ceremony of the Keys, 2nd Floor, Waterloo Block, HM Tower of London, EC3N 4AB.

Tower Bridge: Obwohl gerade erst ein gutes Jahrhundert alt, ist die Tower Bridge das am meisten fotografierte Wahrzeichen Londons. Die 1894 in der Nähe des Towers errichtete Hängebrücke wurde als technisches Wunderwerk bestaunt, da ihr bewegliches Mittelteil hochgezogen werden kann, um so auch größeren Schiffen die Durchfahrt zu ermöglichen. Die Zugbrücke – Architekt war *Sir Horace Jones* – gilt als technische Meisterleistung: Innerhalb von 90 Sekunden ist es möglich, die beiden Flügel hochzuziehen. Obwohl die Brücke damals mit modernster Hydrauliktechnik betrieben wurde, hüllte man den Mechanismus in ein mittelalterliches Gewand, damit Brücke und Tower ein harmonisches Ensemble bildeten.

SE1. Ⓤ Tower Hill. Tower Bridge Experience. Tgl. 10–17.30 Uhr, im Winter bis 17 Uhr. Eintritt: £ 7, erm. £ 5 oder £ 3 (Kombiticket mit The Monument £ 8, erm. £ 5.50). www.towerbridge.co.uk.

Lloyd's Building: Lloyd's, die wohl berühmteste Versicherungsgesellschaft der Welt, ließ sich von 1978 bis 1986 für 169 Millionen Pfund den wohl architektonisch an-

spruchsvollsten Bau in der Londoner City errichten. Die Pläne stammen von Richard Rogers, der zuvor mit seinem Pariser Centre Pompidou für Furore gesorgt hatte.
Lime Street, EC3. Ⓤ Monument.

Museum of London: Zugegeben, der weiß gekachelte Bau wirkt nicht gerade anziehend, doch sollte man keinesfalls einen Besuch des 1976 eröffneten Londoner Stadtmuseums versäumen. Direkt neben einem Teilstück der römischen Stadtmauer gelegen, lädt das Museum zu einer didaktisch sehr ansprechenden Erkundung der Stadtgeschichte ein. Im Vordergrund stehen – abgesehen vom großen Feuer des Jahres 1666 – weniger die bedeutenden Ereignisse, sondern in erster Linie die Sozial- und Kulturgeschichte der englischen Hauptstadt. Von der Frühgeschichte über die römische Epoche bis zum multikulturellen London der 1990er-Jahre wird nichts ausgelassen. Besonders prachtvolle Exponate sind die reich verzierte Kutsche des Lord Mayor – die 1757 gefertigte Staatskarosse bringt mit ihren drei Tonnen mehr Gewicht auf die Waage als ein moderner Mercedes-Benz – und ein Artdéco-Aufzug, der aus dem an der Oxford Street gelegenen Kaufhaus Selfridges stammt. Die Lower Galleries, die sich mit der Geschichte Londons von 1666 bis in die Gegenwart beschäftigen, präsentieren sich nach umfangreichen, zwanzig Millionen Pfund teueren Renovierungsarbeiten seit dem Sommer 2010 mit einer vollkommen neuen Dauerausstellung.

Ein Tipp: Da sich das Museum stets um ansprechende Sonderausstellungen bemüht, lohnt sich ein Besuch bei jedem Londonaufenthalt.
London Wall, EC2. Ⓤ St Paul's. Tgl. 10–17.50, So ab 12 Uhr. Eintritt frei! www.museumof london.org.uk.

Barbican Centre: Der riesige, zwischen 1959 und 1981 errichtete Komplex des Barbican Centre – der Name erinnert an einen mittelalterlichen Wachtturm – wird von manchen Leuten als das englische Gegenstück zum New Yorker Lincoln Centre bezeichnet. Unter „einem Dach" sind hier die *Concert Hall*, das *Royal Shakespeare Company Theatre*, das *Pit Theatre*, die Kunstgalerie *Barbican Art Gallery*, die *Exhibition Hall*, eine *Bibliothek* und mehrere Kinos vereint. Im Konservatorium spielt auch das berühmte *London Symphony Orchestra*. Innenhöfe, Cafés, Bars und Restaurants sorgen für einen gemütlichen Rahmen.
Silk Street, EC2. Ⓤ Barbican oder Moorgate.

St Paul's Cathedral: Der Sitz des anglikanischen Bischofs von London ist nach dem Petersdom zu Rom das zweitgrößte Gotteshaus Europas: Das Kirchenschiff misst 152 Meter in der Länge! Ähnlich wie in der Westminster Abbey ruhen in der Krypta von St Paul viele Persönlichkeiten der englischen Geschichte, wie beispielsweise der Duke of Wellington, Lord Horatio Nelson sowie der Architekt der Kirche, Sir Christopher Wren (der von außen zugängliche Eingang befindet sich beim nördlichen Kirchturm). Die Kirche selbst zeigt sich trotz ihrer Dimensionen als ein harmonischer, von der italienischen Renaissance beeinflusster Bau mit zwei Barocktürmen. Verglichen mit der Formenfülle deutscher Barockkirchen strahlt die Kathedrale eine geradezu unterkühlte Atmosphäre aus. St Paul ist gewissermaßen das Meisterwerk von Christopher Wren (1632–1723), dem wohl bekanntesten Baumeister im nachrepublikanischen London. Wer die Kirche besucht, sollte trotz des zusätzlichen Entgeltes nicht versäumen, die 530 Stufen zur 111 Meter hohen Kuppel und der Flüstergalerie *(Whispering Gallery)* emporzusteigen. Die Aussicht ist phantastisch!
St Paul's Churchyard, EC4. Ⓤ St Paul's. Mo–Sa 8.30–16 Uhr, Galleries ab 9.30 Uhr. Eintritt: £ 12.50, erm. £ 11.50 bzw. £ 9.50, bis 16 Jahre £ 4.50. Führungen: £ 3 zusätzlich. www.stpauls.co.uk.

550   London

Old Bailey: Das oberste Gerichtsgebäude der Stadt *(Central Criminal Court)* wird überragt von einer 165 Meter hohen Kuppel. Auf dieser befindet sich die vier Meter hohe Statue der *Justitia* (Lady of Justice). Alle fünf Jahre wird sie neu vergoldet und jedes Jahr im August gründlich gereinigt.

Newgate Street, EC2. Ⓤ St Paul's. Hinweis: Die Gerichtssitzungen sind generell öffentlich, man kann Mo–Fr von 10.30 bis 13 Uhr sowie zwischen 14 und 16 Uhr daran teilnehmen. Das Mindestalter für Zuschauer liegt bei 14 Jahren.

Strand, Fleet Street, Holborn und Clerkenwell

Da London ursprünglich aus zwei Städten, der City of London und der City of Westminster, bestand, kann man die Law Courts guten Gewissens als Nahtstelle bezeichnen. Die Gerichtshöfe liegen direkt an der Fleet Street, die als „Straße der Tinte" weltberühmt geworden ist. Die Geburtsstunde der Inns of Court schlug gegen Ende des 13. Jahrhunderts, als König *Eduard I.* einen großen Teil der Rechtsprechung auf einige vom Gericht bestimmte Personen übertrug, um den Kirchenfürsten die Gerichtsbarkeit zu entziehen. Um diesen Einstieg in das *English Common Law* zu ermöglichen, wurden auf einem Areal, das einst dem Orden der Tempelritter gehört hatte, die ersten Rechtsschulen gegründet. Im Laufe des 15. und 16. Jahrhunderts entstand dann eine beschauliche Anlage mit Höfen, Gärten und Kirchen. In unmittelbarer Nachbarschaft, in der Fleet Street, eröffnete *Wynkyn de Worde* im Jahre 1491 eine Druckerwerkstatt. Mit einiger Verzögerung zogen auch die Zeitungsverleger in die Fleet Street. Den Anfang machte der *Daily Courant,* der am 11. März 1702 erstmals erschien. Zahllose weitere renommierte Tageszeitungen, darunter die *Times* sollten folgen. Ein Standortvorteil war die Nähe zu den Gerichten und zur Börse, so dass die Journalisten noch kurz vor Redaktionsschluss die neuesten Urteile kommentieren konnten. Bis in die Achtzigerjahre war der „Straße der Tinte", wie die Fleet Street liebevoll genannt wurde, das Zentrum der britischen Zeitungsindustrie. In den Untergeschossen der Bürohäuser wurden alle großen Zeitungen, wie der *Daily Telegraph,* die *Financial Times* und der *Daily Express,* gedruckt. Da es durch die Entwicklung neuer Redaktions- und Produktionstechnologien nicht mehr länger notwendig war, dass Journalisten, Setzer und Drucker gemeinsam unter einem Dach arbeiten, lagerten viele Zeitungen ihr Druckhaus in die Docklands aus.

Nordöstlich der Fleet Street liegt Clerkenwell, einer jener Stadtteile, die derzeit voll im Trend liegen. Nach dem Ende des Zweiten Weltkriegs verkam Clerkenwell zunehmend, bis das durch verlassene Industriebauten geprägte Viertel zu Beginn der 1990er-Jahre unerwartet vom Schmuddelkind zum Geheimtipp mutierte. Leer stehende Fabrikgebäude wurden zu schicken Lofts umgebaut, Architekturbüros und Werbeagenturen gegründet. Aufgrund der günstigen Mieten und der vorteilhaften Nähe zur City und nach Soho richteten sich Künstler ihre Ateliers ein, Galerien und Szenekneipen folgten nach. Quasi über Nacht war Clerkenwell en vogue. Der urbane Charakter, gepaart mit verwinkelten Gassen und kleinen Plätzen, gefiel auch den Fotografen, Grafikern und Architekten. Es wird nicht mehr lange dauern, bis sich die Künstler die Mieten für ihre Ateliers nicht mehr leisten können, da es in Yuppiekreisen als chic gilt, ein Loft in Clerkenwell zu besitzen.

Sehenswertes

Courtauld Gallery: Obwohl die Courtald Gallery nur über eine bescheidene Ausstellungsfläche verfügt, besitzt sie eine der hochkarätigsten Sammlungen von ganz

Strand, Fleet Street, Holborn und Clerkenwell 551

Ein Hauch von Nostalgie: Holborn Viaduct

England. Zu ihrem Fundus gehören Werke von Rubens, Tiepolo, Botticelli, Pieter Brueghel, Lucas Cranach bis hin zu Manet, Degas, Cézanne, Monet, Pissarro, Gauguin, Renoir, Seurat, Toulouse-Lautrec und Vincent van Gogh.
Somerset House, Strand, WC2R. Ⓤ Temple. Tgl. 10–18 Uhr. Eintritt: £ 5, erm. £ 4. Mo 10–14 Uhr: Eintritt frei. www.courtauld.ac.uk.

Royal Courts of Justice: Seit Ende des 19. Jahrhunderts hat der oberste Gerichtshof von England hier seinen Sitz. 1874 begannen die Arbeiten unter Anleitung des Architekten G. E. Street, doch es dauerte acht Jahre, bis Queen Viktoria den neogotischen Bau einweihen konnte. Über tausend Räume und mehr als 5,5 Kilometer lange Korridore findet man im Inneren. Von der riesigen Eingangshalle mit ihrem eindrucksvollen Mosaikfußboden kommt man in einen kleineren Nebenraum, in dem einige Roben ausgestellt sind. Während der Öffnungszeiten darf man auf allen *Public Galleries* den Verhandlungen beiwohnen.
Strand, WC2. Ⓤ Temple. Mo–Fr 9.30–16.30 Uhr.

Inns of Court: In der unmittelbaren Umgebung der Royal Courts of Justice befinden sich die vier *Inns of Court* (Lincoln's Inn, Inner Temple, Middle Temple und Gray's Inn). Hier werden die *barristers*, jene Rechtsanwälte, die vor Gericht plädieren dürfen, ausgebildet. Ihr besonderer Status – im Vergleich zu den übrigen Advokaten – ist allein an ihrer kleinen Zahl zu erkennen, denn in England und Wales gibt es gerade einmal 6.000 *barristers* (alle anderen Juristen heißen *solicitors*). Und nur ein *barrister* kann in den Richterstand erhoben werden. Wer allerdings ein solcher Elitejurist werden will, muss zunächst den mühevollen Weg durch die altehrwürdigen Rechtsschulen gehen.
Strand, WC2. Ⓤ Temple (für die beiden Temple Inns), Holborn oder Chancery (für Lincoln's Inn) und Chancery (für Gray's Inn).

Dr Johnson's House: Der Kritiker *Samuel Johnson* (1709–1784) gilt als der herausragende Gelehrte der englischen Spätaufklärung. Außer Shakespeare wird kein eng-

552   London

lischer Schriftsteller so häufig zitiert wie Samuel Johnson. Von 1748 bis 1759 lebte Johnson in diesem Haus und arbeitete zusammen mit sechs Sekretären an seinem berühmten „Dictionary of the English Language".

17 Gough Square, EC4. ⓤ Chancery Lane. Tgl. außer So 11–17.30 Uhr, im Winter bis 17 Uhr. Eintritt: £ 4.50, erm. £ 3.50 bzw. £ 1.50. www.drjohnsonshouse.org.

Sir John Soane's Museum: Das Sir John Soane's Museum ist das wahrscheinlich ungewöhnlichste Museum in ganz London. Mit seinen verwinkelten, ineinander verschachtelten Räumlichkeiten erinnert es stark an ein frühneuzeitliches Kuriositätenkabinett. Der Architekt *Sir John Soane* (1753–1837) hat hier 24 Jahre seines Lebens verbracht und das Haus sukzessive in ein Museum umgewandelt. Seither steht das im nahezu unveränderten Zustand erhaltene Museum allen interessierten Besuchern offen. Zu den wertvollsten Exponaten zählt ein ägyptischer Sarkophag des Herrschers Seti I.; im Picture Room und anderen Zimmern hängen Bilder von Hogarth, Turner und Watteau.

13 Lincoln's Inn Fields, WC2. ⓤ Holborn. Di–Sa 10–17 Uhr sowie am 1. Di des Monats 18–21 Uhr bei Kerzenlicht. Eintritt frei! Sonderausstellungen: £ 3. www.soane.org.

Bloomsbury

Bloomsbury ist traditionell das Viertel der Dichter und Intellektuellen, der Universitäten und Bibliotheken. Mit dem British Museum besitzt Bloomsbury zudem einen der größten Londoner Publikumsmagneten, der im Jahre 2003 sein 250. Jubiläum feiern konnte. Die vielen Studenten machen auf die 1836 am Gordon Square, im Herzen von Bloomsbury, eröffnete *University of London* aufmerksam. Nach einem Campus sucht man allerdings vergeblich, denn die Universität ist auf mehr als hundert Gebäude von Bloomsbury verteilt. Obwohl in der imaginären Rangfolge der englischen Universitäten hinter Oxford und Cambridge nur an dritter Stelle stehend, genießt das „Cockney College" einen fortschrittlichen Ruf. Dies gründet sich auf dem Umstand, dass hier auch Studenten aufgenommen wurden, die nicht der anglikanischen Kirche angehörten, zudem beschritt man mit der Einrichtung von naturwissenschaftlichen und neusprachlichen Lehrstühlen akademisches Neuland.

Sehenswertes

British Museum: Den Grundstock für das 1759 gegründete British Museum bildete die Sammlung des irischen Arztes Hans Sloane, die der englische Staat wenige Jahre zuvor erworben hatte. In der Anfangsphase fungierte diese nationale Institution nur als Bibliothek und naturwissenschaftliche Sammlung, die von den Zeitgenossen als „the old curiosity shop" verspottet wurde; Fürst Pückler Muskau stufte die Sammlung gar als „Mischmasch" ein. Erst infolge der napoleonischen Kriege und Beutezüge stieg das British Museum im frühen 19. Jahrhundert, dem Vorbild des Pariser Louvre nacheifernd, zur ersten Adresse unter den Antikensammlungen auf. Hatte das Museum bis dato im alten Montague House Platz gefunden, legte John Smirke 1823 einen Entwurf für einen Neubau vor, den sein Bruder Robert 1857 vollendete: Der mächtige Bau des Greek Revival mit ionischem Portikus wies demonstrativ auf die Kostbarkeiten der Sammlung hin. Ganz im Geiste der Aufklärung war man darum bemüht, alle Ausdrucksformen der menschlichen Kultur wie eine lebendige Enzyklopädie unter einem Dach zu versammeln.

Um sich einen ersten Überblick über die einzelnen Sammlungen zu verschaffen, empfiehlt es sich, am Eingang des „BM" einen der kostenlosen Übersichtspläne so-

Bloomsbury   553

wie aktuelles Informationsmaterial mitzunehmen. In vielen Sälen enttäuscht jedoch die antiquierte Darbietung der Kunstschätze; mithilfe einer modernen museumsdidaktischen Präsentation würde das British Museum sicher an Attraktivität gewinnen. Nichtsdestotrotz können Kunstliebhaber problemlos mehrere Tage in diesem musealen Labyrinth verbringen. Von herausragender Bedeutung ist fraglos die im Westflügel untergebrachte Sammlung griechischer und römischer Altertümer mit den *Elgin Marbles* in Raum 18. Die kostbaren Marmorreliefe gehörten zu einem Fries, der die Cella des Parthenons umgab und den Festzug der Panathenäen zu Ehren der Athena darstellt. Großer Beliebtheit erfreut sich die ägyptische Abteilung mit ihren Mumien (Raum 61 bis 66) und der in Raum 4 stehende *Rosetta Stone*, mit dessen Hilfe Jean-François Champollion 1822 die Entzifferung der ägyptischen Hieroglyphen glückte. Ebenfalls im Westflügel befinden sich die Altertümer aus dem Nahen Osten mit vielen sehenswerten assyrischen Skulpturen. Einblicke in die prähistorische und römische Vergangenheit Großbritanniens bieten die Exponate in den Räumen 41, 49 und 50; hier ist auch der *Mildenhall Treasure* – ein reich verziertes römisches Tafelsilber aus dem vierten Jahrhundert unserer Zeitrechnung – zu bewundern. Die orientalischen Sammlungen umfassen seltene Keramiken aus Japan, China und Persien (Räume 33a, 33b, 35 sowie 56 bis 94). Für Kinder ist sicherlich die ethnographische Abteilung (Räume 26 und 27) mit ihren Exponaten zur Geschichte und Kultur der Indianer in Nordamerika und Mexiko besonders interessant.

Raub oder Kauf?

Die berühmtesten Exponate aus der Sammlung griechischer und römischer Altertümer sind die vom Athener Pantheon stammenden *Elgin Marbles*. Als Athen im frühen 19. Jahrhundert von den Türken besetzt war, kaufte der namensgebende Lord Thomas Elgin die Reliefs und rettete sie vor dem Verfall – so die englische Version; für die Griechen stellt der „Kauf" einen klassischen Kunstraub dar, weshalb sie nicht müde werden, die *Elgin Marbles* zurückzufordern. Und sie haben Recht: Lord Elgin hat nämlich nicht nur eine der Koren des Erechtheion abtransportiert, sondern auch fast die Hälfte des Frieses vom Pantheon sowie die Giebelfiguren und Metropen abreißen lassen, weshalb ihn schon ein Zeitgenosse, der bayerische König Ludwig I., der „Barbarei" bezichtigte. Die Bemühungen um die Rückgabe der *Elgin Marbles* sind aber fast zwangsläufig vergeblich, denn ein großer Teil der Exponate des British Museum ist das Ergebnis eines einzigartigen Kunstimperialismus. Wo auch immer in der Welt Vertreter des Empires auftauchten, klauten – respektive kauften – sie, soviel sie nur konnten. Würde man nun die griechischen Forderungen als rechtmäßig anerkennen, müssten die Engländer sich von einem beachtlichen Teil der im British Museum ausgestellten Exponate trennen …

An die ursprünglich dem British Museum angeschlossene British Library erinnert nur noch der kreisrunde Lesesaal, die kostbaren Bücher und Handschriften sind vor einigen Jahren in einen Neubau an der Euston Road gebracht worden. Dieser weltberühmte *Reading Room*, in dem bereits Marx an seinem „Kapital" gearbeitet hat, bildet auch das Herz des von *Lord Norman Foster* geplanten Umbaus des British Museum (Gesamtkosten: £ 100 Millionen). Im Rahmen der im Dezember 2000

London
Karte S. 522

554 London

abgeschlossenen Arbeiten wurde der gesamte Innenhof mit einem grazilen Glasdach mit 3312 einzelnen Fensterscheiben überzogen, um so neue Ausstellungsflächen für die ethnographischen Sammlungen sowie Platz für Seminarräume, Shops und Restaurants zu schaffen. Der *Reading Room* beherbergt das kultursoziologische Annenberg Centre mit der Paul Hamlyn Library und ist seither erstmals auch Besuchern zugänglich.

Tipp: Wegen des stets großen Andrangs empfiehlt es sich, das Museum in den Vormittagsstunden zu besuchen; Sonntage gilt es, wenn möglich, zu meiden. Wer will, kann sich für £ 3 einen Audioguide leihen, der die *Elgin Marbles* ausführlich kommentiert.

Great Russell Street, WC1, Ⓤ Tottenham Court Road (ein zweiter Eingang befindet sich am Montague Place). Tgl. 10–17.30 Uhr, Do bis 20.30 Uhr, Fr 12–20.30 Uhr (nur Teile des Museums sind abends geöffnet). Der Great Court ist tgl. 9–18 Uhr sowie Do–Sa bis 23 Uhr geöffnet. Eintritt frei! www.the britishmuseum.ac.uk.

Dickens House: Nach der auch in finanzieller Hinsicht sehr erfolgreichen Veröffentlichung der „Pickwick Papers" bezog Charles Dickens (1812–1870) ein Haus in der Doughty Street. Zwischen 1837 und 1839 lebte er in dem georgianischen Reihenhaus und schrieb große Teile von „Oliver Twist" und „Nicholas Nickelby". Da das Haus als einziges von Dickens zahlreichen Wohnsitzen erhalten geblieben ist, lag es nahe, hier ein Museum einzurichten. Die Räume des *Dickens House* wurden weitgehend in den damaligen Zustand versetzt. Neben einer umfangreichen Dickens-Bibliothek sind vor allem Portraits, Fotos, Manuskripte, Briefe und weitere Gegenstände aus Dickens persönlichem Besitz zu sehen. Ein Raum ist seiner Schwägerin und heimlichen Liebe Mary Hogarth gewidmet, die hier im zarten Alter von 16 Jahren verstarb. Im Keller ist die Küche von Digley Dell, die in den „Pickwick Papers" beschrieben wird, nachgebildet.

48 Doughty Street, WC1, Ⓤ Chancery Lane oder Russell Square. Mo–Sa 10–17 Uhr, So 11–17 Uhr. Eintritt: £ 5, erm. £ 4 oder £ 3. www.dickensmuseum.com.

Marylebone

Zwischen Hyde Park und Regent's Park gelegen, gefällt Marylebone mit seinen beschaulichen Straßenzügen. Madame Tussaud's und das London Planetarium sind die Hauptattraktionen des Viertels; im Vergleich dazu führt die hochkarätig bestückte Wallace Collection ein regelrechtes Schattendasein. Noch vor weniger als 300 Jahren war Marylebone ein unbedeutendes Dorf am nördlichen Rand von London, dem die Kirche *St Mary by the bourne* ihren Namen gab; der nördliche Teil – der heutige Regent's Park – diente als königliches Jagdgebiet. Mit anderen Worten: Eine ländliche Idylle, in der die Londoner wie beispielsweise Samuel Pepys gerne spazieren gingen. Im Laufe des 18. Jahrhunderts erfolgte dann durch Edward Harley, den 2. Earl of Oxford, eine planmäßige Bebauung im georgianischen Stil. Das Viertel wuchs schnell zu einem Stadtteil heran, in dem sich vor allem Prostituierte niederließen. Nichtsdestotrotz gehörte Marylebone, sieht man einmal von den 1970er-Jahren ab, als die Gegend erneut in dem Ruf stand, dass sich hier reiche Geschäftsleute von jungen Frauen in gepflegtem Ambiente verwöhnen lassen konnten, stets zu den beliebtesten Wohnadressen des Londoner Großbürgertums. Besonders die Luxuswohnungen in den sogenannten Nash Terraces am Regent's Park sind schier unerschwinglich. Positiv zu vermerken ist, dass sich Marylebone trotz seiner Nähe zur Oxford Street bis heute ein kleinstädtisches Flair bewahren konnte.

Little Venice

Mit der *Bakerloo Line* sind es von Marylebone nur ein paar Stationen zur Warwick Avenue. In unmittelbarer Nähe der Tubestation eröffnet sich dem Besucher eine andere Welt: Little Venice. Dort, wo der Grand Union Canal, der Paddington Zweig und der Regent's Canal zusammentreffen und ein kleines Hafenbecken bilden, liegen bunte Hausboote vor Anker, einige wurden zum Café oder Restaurant umfunktioniert. Eine absolut malerische Kulisse! Vor allem in den 1960er- und 1970er-Jahren war es in Hippiekreisen sehr beliebt, auf einem Hausboot in Little Venice zu wohnen. *Richard Branson*, der Gründer des Virgin Imperiums, gehörte in seinen jungen Jahren zur eingeschworenen Gemeinde der Hausbootbesitzer. Wer will, kann mit dem Boot einen Ausflug bis zum Camden Lock unternehmen oder am Kanal entlang bis zum London Zoo wandern.

Sehenswertes

Madame Tussaud's: Madame Tussaud's Wachsfigurenkabinett ging aus einer 1770 in Paris begründeten Wanderausstellung hervor, die im Jahre 1802, als die Einnahmen aufgrund der napoleonischen Kriege zurückgingen, erstmals nach England kam. Die anfangs 36 Figuren umfassende Ausstellung wuchs so schnell an, dass sich Marie Tussaud 1835 dauerhaft in London niederließ. Seit 1884 ist die Sammlung am Nordrand von Marylebone untergebracht. Um stets auf der Höhe der Zeit zu sein, werden beständig berühmte Persönlichkeiten in den erlesenen Wachsfigurenzirkel aufgenommen. Wer also schon immer einmal der Royal Family tief in die Augen blicken wollte, dem bietet sich bei Madame Tussaud's die einmalige Gelegenheit. Glaubensfeste Katholiken können sich vor Papst Johannes Paul II. verbeugen, und auch die Fans von Mel Gibson und Pierce Brosnan kommen selbstverständlich nicht zu kurz; egal, ob man nun Elvis oder John Lennon verehrt, jeder Besucher wird hier sein Idol finden. Ausführlichere Informationen zu den dargestellten Personen werden leider nicht gegeben.

556 London

Geradezu geschmacklos und politisch borniert ist die Abteilung mit den *World Leaders*. Da stehen Mahatma Gandhi und Nelson Mandela einträchtig in einem Raum mit Fidel Castro, Saddam Hussein und Adolf Hitler. Und wenn man nur fünf Minuten wartet, stellt sich irgendein dämlich grinsender Besucher neben den „Führer" und lässt sich mit einem zum Hitlergruß erhobenen Arm fotografieren. Die Wachsfigur von Adolf Hitler stammt übrigens aus den 1930er-Jahren und „überlebte" im Jahre 1940 ironischerweise einen deutschen Bombenangriff, durch den damals ein Großteil der Sammlung zerstört wurde. Kritische Anmerkungen oder weitere Informationen zu den dargestellten Personen fehlen vollkommen, stattdessen wird man aufgefordert, sich für einen Tag als „King of the World" zu fühlen. Ein wahrlich erhabenes Gefühl. Die erst unlängst eröffnete Abteilung *Spirit of London* lädt zu einer effekthaschenden Zeitreise in einem Pseudotaxi durch die Londoner Geschichte ein. Insgesamt erinnert das Spektakel mit Great Fire und Swinging London eher an eine langweilige Kinderkarussellfahrt, einzig das Pseudosteuer fehlt, denn dann könnten sich wenigstens die kleinsten Besucher vorstellen, sie würden das Taxi selber lenken. Und wenn sich die Türen von Madame Tussaud's hinter einem geschlossen haben, dann zweifelt man daran, ob man den Eintrittspreis nicht vielleicht in ein leckeres Menü hätte investieren sollen ...

Ein Tipp: Wer keine Lust hat, sich in die schier endlose Schlange vor der Kasse einzureihen und eine Kreditkarte besitzt, kann sich vorab telefonisch ein Ticket bestellen: ✎ 0870/4003000.
Marylebone Road, NW1. ⓤ Baker Street. Tgl. 9.30–19 Uhr, am Wochenende und in den britischen Schulferien ab 9 Uhr. Eintritt: Bis 15 Jahre £ 21.60–24, Erwachsene £ 25.20–28. www.madame-tussauds.co.uk.

Sherlock Holmes Museum: Bereits an der Tube-Station Baker Street betreibt ein als Sherlock Holmes kostümierter Mann Werbung für das Museum. Diese verheißungsvolle Werbeaktion hat das dem berühmten Detektiv gewidmete Museum gewiss nötig: Das kleine Haus mit Kaminzimmer und diversem viktorianischen Nippes besitzt zwar fraglos eine gewisse Atmosphäre, ob diese allerdings den happigen Eintrittspreis rechtfertigt, ist zu bezweifeln. Hintergründiges, beispielsweise über den Schriftsteller *Sir Arthur Conan Doyle*, erfährt der Besucher jedenfalls nicht. Und der fiktive Meisterdetektiv lebte sowieso in der Baker Street 221b ...
239 Baker Street, NW1. ⓤ Baker Street. Tgl. 9.30–18 Uhr. Eintritt: £ 6, erm. £ 4. www. sherlock-holmes.co.uk.

Regent's Park: Der Regent's Park ist eine der größten und schönsten Londoner Grünanlagen. Sein besonderes Flair verdankt der Park vor allem den ihn umrahmenden Wohnpalästen, die im frühen 19. Jahrhundert nach Plänen von *John Nash* (1752–1835) errichtet wurden. Die Grundidee für die Anlage des Regent's Park war, ein aristokratisches Wohnquartier zu schaffen, in dem anspruchsvolle Baukunst und gepflegte Natur zu einer harmonischen Einheit finden. Nash war der Lieblingsarchitekt von *Georg IV.*, der bereits als *Prince Regent* bemüht war, London von seinem provinziellen Touch zu befreien.

Es gibt zwei Möglichkeiten, den Regent's Park zu erkunden. Entweder folgt man dem rund 3,2 Kilometer langen *Outer Circle*, der das gesamte Areal samt des *London Zoo* einschließt oder man strebt direkt dem kreisrunden *Inner Circle* zu. Letzterer beherbergt die *Queen Mary's Gardens*, deren größter Teil von einem traumhaften Rosengarten eingenommen wird, sowie das *Open Air Theatre*. Wasserfreunde können am künstlichen, ypsilonförmigen *Boating Lake* zu einer Bootsfahrt auf-

Marylebone

Grüne Lunge: Regent's Park

brechen oder am *Regent's Canal* entlangspazieren. Am Westrand des Parks befindet sich auch die Londoner Zentralmoschee mit ihrem auffälligen Kuppelmosaik.

London Zoo: Im Jahre 1828 gegründet, ist der Londoner Zoo der älteste zoologische Garten Europas, der sich seither um den Erhalt bedrohter Tierarten verdient gemacht hat. Es gibt auf dem Areal des Tiergartens auch anspruchsvolle moderne Architektur zu bewundern, so das Elefantenhaus von Hugh Casson oder das Pinguinbecken aus den 1930er-Jahren. Die jüngsten Besucher können in dem attraktiven Children's Zoo herumtollen.

Regent's Park, NW1. Ⓤ Baker Street oder Camden Town. Tgl. 10–17.30 Uhr, im Winter nur bis 16 Uhr. Eintritt: £ 18, erm. £ 14.20. www.londonzoo.co.uk.

The Wallace Collection: Die Familie des Marquess of Hertford hat über mehrere Generationen eine außergewöhnliche Kunstsammlung zusammengetragen. Besonders *Sir Richard Wallace*, der Sohn des vierten Marquess, hat sich um die Gemäldesammlung verdient gemacht und diese durch gezielte Zukäufe erweitert. Seine Witwe überließ die Kunstwerke 1897 dem Staat mit der Auflage, dass diese für immer in London verbleiben müssen. Die Wallace Collection ist seither im ehemaligen Stadtpalast der Hertfords untergebracht und bietet einen guten Einblick in die europäische Malerei. Ausgestellt sind Werke von Rembrandt, Rubens, Tizian, Fragonard, Boucher, Watteau, Delacroix, Velázquez, Murillo und Turner. Abgerundet wird die Sammlung durch wertvolle Möbel, Porzellan, Keramik, Medaillen und Uhren. Für Kinder ist sicherlich die Waffensammlung mit zahlreichen Rüstungen aus dem Orient und Okzident am interessantesten. Erst vor einigen Jahren wurde das Museum für 10,5 Millionen Pfund umgebaut. Die Ausstellungsfläche wurde vergrößert, der Innenhof mit einem Glasdach geschlossen, wodurch Platz für einen Skulpturengarten, ein Restaurant, eine Buchhandlung und einen Vortragssaal entstand.

Manchester Square, NW1. Ⓤ Bond Street. Tgl. 10–17 Uhr. Eintritt frei! www.wallacecollection.org.

558 London

Speaker's Corner: Speaker's Corner ist in der ganzen Welt bekannt. Bei einem Brainstorming zum Thema London denkt wahrscheinlich jeder Zweite innerhalb von einer Minute an Speaker's Corner. Wie so oft, ist aber der Ruf besser als die Realität. Seit 1872 hat zwar jeder Bürger das Recht, hier öffentlich seine Meinung vorzutragen, doch gehören hitzige Debatten und kontroverse politische Diskussion der Vergangenheit an; schon seit langem beherrschen religiöse Fanatiker die Szenerie. Statt Gedankenfreiheit wird heute oft Intoleranz gepredigt. „Hochbetrieb" herrscht besonders an den Sonntagen. Wer des Englischen ein bisschen mächtig ist, wird an den teilweise sehr schlagfertigen Zwischenrufen, mit denen die Zuhörer die dargebotenen Heilsbotschaften kommentieren, seinen Spaß haben.

Soho und Covent Garden

Soho und Covent Garden – das ist Nachtleben pur. Auf einer Quadratmeile drängen sich Kinos, Kneipen, Theater und Restaurants. Bis spät in der Nacht stehen Menschentrauben auf der Straße; es wird gelacht, getrunken und musiziert, gerade so, als befände man sich in Florenz oder Siena. Angeblich leitet sich der Name Soho von einem Jagdruf ab. Mit *so ho!* soll man ehedem in den königlichen Waidgründen, die hier lagen, die Hunde angetrieben haben. Nachdem Karl II. 1675 Soho zur Bebauung freigegeben hatte, entwickelte sich das Areal schnell zu einer beliebten, nicht allzu vornehmen Wohngegend, in der sich auch viele Hugenotten niederließen. In der Mitte des 19. Jahrhunderts war Soho der am dichtesten besiedelte Stadtteil Londons. Prostitution und Kleinkriminalität hielten ihren Einzug und schufen ein Klima, das Literaten und Bohemiens magisch anzog. Rimbaud und Verlain lebten und amüsierten sich genauso in Soho wie Francis Bacon. In den 1970er-Jahren drohte Soho zu einer wahren Lasterhöhle zu verkommen, doch konnte die Prostitution glücklicherweise eingedämmt werden. Der *Red Light District* beschränkt sich heute nur noch auf wenige Straßen mit ein paar Stripteaselokalen, Peepshows und Sexshops, die ihren

E ssen & Trinken
1 Wagamama
2 Punjab
4 The Rock and the Sole Plaice
5 busaba eathai
6 Imli
7 Dog & Duck
8 Belgo Centraal
9 Bar Italia
10 Princi
12 Ronnie Scott's
13 Masala Zone
14 L'Atelier de Joel Robuchon
15 Rosa's
16 Freedom
18 Axis
19 Mr Kong
20 Lamb & Flag
21 Bar Rumba

Ü bernachten
3 JH Oxford Street
11 Fielding Hotel
17 One Aldwych

Soho und Covent Garden 559

Umsatz mit Softpornomagazinen und diversen „Spielgeräten" bestreiten. Während der Thatcher-Jahre entwickelte sich Soho zu einem Brennpunkt der Medien-, Film- und Modewelt. Viele Yuppies sind der *Sohoitis* verfallen, einer Art Krankheit, bei der sich der Infizierte regelmäßig in dem Gewirr von Sohos Straßen und Kneipen verliert. Sich zu infizieren ist nicht schwer: Manche Coffeebars haben rund um die Uhr geöffnet. Angesichts der pulsierenden Glitzerwelt übersieht man allzu leicht, dass neben den Musicalpalästen die Obdachlosen unter Pappkartons liegen.

560 London

Chinatown

Londons Chinatown ist eine eigene Welt, die man durch drei, mit viel Gold und Rot dekorierte Torbögen betritt. In den Schaufenstern der Restaurants glänzen lackierte Enten, zweisprachige Straßenschilder und Telefonzellen mit asiatischen Plastikdächern lassen keinen Zweifel daran, dass man sich auf chinesischem „Territorium" befindet. Bereits im 19. Jahrhundert gab es in London eine kleine chinesische Gemeinde. Chinatown entstand jedoch erst in den Fünfzigerjahren des 20. Jahrhunderts, als sich zahlreiche Hong-Kong-Chinesen in der Lisle Street und der Gerrard Street niederließen. Die Neuankömmlinge eröffneten Restaurants, Einzelhandelsgeschäfte, kleine Supermärkte und – so wird jedenfalls behauptet – mehrere illegale Spielhöllen in dunklen Kellergewölben. Selbstverständlich wohnt in Chinatown nur ein Bruchteil der 60.000 Londoner Chinesen, doch sind die Straßenzüge am Südrand von London der Mittelpunkt der *chinese community*. Die meisten Besucher kommen aus kulinarischen Gründen nach Chinatown. Allerdings ist Vorsicht geboten: Die *all-you-can-eat* Angebote der Restaurants sind für Londoner Verhältnisse mit £ 5 oder £ 6 zwar erstaunlich günstig, doch lässt die Qualität der Selbstbedienungsbüfetts meist sehr zu wünschen übrig. Wer chinesisch essen möchte, sollte daher besser nicht an der falschen Stelle sparen.

Sehenswertes

Covent Garden: Bis in das 16. Jahrhundert hinein wurde diese Gegend als Covent Garden („Klostergarten") von den Mönchen der Westminster Abbey genutzt. Nach der Auflösung der Klöster durch Heinrich VIII. gelangte der Besitz in die Hände der Earls of Bedford. Im 17. Jahrhundert verwandelte der Architekt *Inigo Jones* den Garten in eine Piazza nach italienischem Vorbild. Es entstand der berühmte Covent Garden Market, ein Obst-, Gemüse- und Blumenmarkt. Im frühen 19. Jahrhundert wurde dann ein klassizistisches Gebäude errichtet, um die einzelnen Marktstände unterzubringen. Das *Central Market Building* erhielt 1889 eine Dachkonstruktion aus Glas und Eisen. Sorgfältig erneuert und in eine obere und untere Passage unterteilt, erstrahlt das Herzstück des Covent Garden Market heute wieder in seinem alten Glanz. Draußen sorgen Clowns, Akrobaten und Artisten für Abwechslung. Der Gemüsemarkt zog 1974 in die Nine Elms Lane (Battersea) und erhielt den Namen *New Covent Garden Market.*

London Transport Museum: Ein Lob vorweg: Das London Transport Museum setzt sich in geradezu mustergültiger Weise mit der Geschichte des öffentlichen Nahverkehrs auseinander. Von den ersten Pferdebahnen bis zu den roten Doppeldeckerbussen verschiedener Modellreihen und der unterirdischen Tube ist alles vertreten. Interessant sind auch die Werbeplakate, anhand derer sich die Weiterentwicklung und Veränderung der Plakatkunst anschaulich nachvollziehen lässt. Für Kinder wurden nicht nur spezielle „Kid Zones" eingerichtet, sie können das Museum auch mit einer Laufkarte erkunden und diese abstempeln lassen.

Covent Garden Piazza, WC2. Ⓤ Covent Garden. Tgl. 10–18 Uhr, Fr erst ab 11 Uhr. Eintritt: £ 10, erm. £ 8 oder £ 6, Kinder unter 16 Jahren frei! www.ltmuseum.co.uk.

Photographer's Gallery: Seit Jahrzehnten ist Photographer's Gallery die allererste Londoner Adresse für Freunde anspruchsvoller Fotokunst und sozialkritischer Fotoreportagen. Im Jahre 2009 erfolgte der Umzug in ein neues Gebäude nahe des Oxford Circus. Gezeigt werden absolut hochkarätige Wechselausstellungen, in den letzten Jahren beispielsweise von Robert Capa, Jürgen Teller, Andreas Gursky oder Martin Parr. Zur Galerie gehören noch ein gut sortierter Bookshop und ein sehr ansprechendes Café.

16–18 Ramilies Street, W1. Ⓤ Oxford Circus. Tgl. 11–18 Uhr, Do und Fr bis 20 Uhr, So erst ab 12 Uhr. Eintritt frei! www.photonet.org.uk.

Mayfair und St James's

In Mayfair und St James's zeigt sich London von seiner vornehmsten Seite. Die Herren der Londoner „High Society" treffen sich in den distinguierten Clubs, während sich ihre Ehefrauen in den edlen Geschäften der Bond Street wie im Paradies fühlen. Mayfair verdankt seinen Namen einer Frühjahrsmesse, die über Jahrhunderte hinweg stets im Mai abgehalten wurde. Als das Stadtviertel aber im 17. Jahrhundert zu einem adeligen Wohnquartier aufstieg, mehrten sich die Klagen über die Lärmbelästigung während der Messe; 1764 fand dann letztmals eine Mayfair statt. Seit mehr als drei Jahrhunderten gehören Mayfair und das benachbarte St James's zu den exklusivsten Wohngegenden Londons. Hier findet man die teuersten und luxuriösesten Hotels der Stadt, darunter die Hotellegende Ritz, die Auktionshäuser Sotheby's und Christie's sowie mehrere Botschaften, zahlreiche Bürohäuser und verschiedene Vertretungen der großen Fluggesellschaften. Während Erholungssuchende nur einen Katzensprung vom St James's Park sowie vom Hyde Park entfernt sind, reihen sich links und rechts der Old Bond Street und der New Bond Street, die die Oxford Street mit Piccadilly verbindet, teure Antiquitäten-, Möbel- und Modegeschäfte aneinander.

Sehenswertes

Trafalgar Square: Unzählige Tauben werden am Trafalgar Square von Touristen gefüttert, und dies alles inmitten des chaotischen Londoner Verkehrs. Auf einer 56 Meter hohen Granitsäule thront die Bronzestatue von *Lord Horatio Nelson*, der am 21. Oktober 1805 in der Schlacht von Trafalgar Napoleons Flotte vernichtend geschlagen und dabei sein Leben verloren hatte. Wenige Jahrzehnte nach Nelsons Tod dankten die Engländer ihrem Nationalhelden mit dem Denkmal für seine glorreiche Tat, die eine drohende Invasion der Franzosen verhinderte. Flankiert wird die Säule von vier überdimensionalen Bronzelöwen, die scheinbar den Kletterinstinkt aller Kinder und Jugendlichen dieser Welt herausfordern. Interessant ist die Geschichte der vier Reliefs am Sockel der Statue. Aus dem Metall der eroberten französischen Kanonen wurden hier vier bedeutende Seeschlachten verewigt. Das Denkmal zieht den Betrachter so sehr in den Bann, dass die mit Tritonen verzierten Brunnen von *Sir Edwin Lutyen* fast übersehen werden.

National Gallery: Gewissermaßen als Ergänzung zum British Museum planten kunstinteressierte Kreise an der Wende zum 19. Jahrhundert die Einrichtung einer nationalen Gemäldegalerie. Der Architekt *William Wilkens* entwarf direkt am Trafalger Square einen lang gestreckten klassizistischen Bau, der seither mehrere Erweiterungen erfuhr. Architektonisch besonders gelungen ist der sog. „Sainsbury Wing", ein Anbau, der von 1989 bis 1991 errichtet wurde und seither die Gemälde der italienischen Frührenaissance sowie ein Restaurant und einen Vortragssaal beherbergt; zudem finden hier Wechselausstellungen statt.

London

Blick vom Trafalgar Square auf Big Ben

Zum Fundus der National Gallery gehören mehr als 2000 Gemälde aus der Zeit von 1260 bis 1900, darunter Werke von Leonardo da Vinci, van Eyck, Bellini, Botticelli, Raffael, Holbein, Cranach, Brueghel, El Greco, Tintoretto, Tizian, Veronese, Rembrandt, Vermeer, Rubens, Bosch, Memling, Dürer, Poussin, Claude, Velázquez, Caravaggio, Lorrain, Turner, Caspar David Friedrich, Tiepolo, Hogarth, Goya, Renoir, Monet, Manet, Seurat, Degas, van Gogh, Cézanne und Picasso. Mit anderen Worten: Es gibt kaum einen bedeutenden westeuropäischen Maler, der hier nicht mit mindestens einem Bild vertreten wäre.

Trafalgar Square, WC2. Ⓤ Charing Cross. Tgl. 10–18 Uhr, So erst ab 12 Uhr und Mi bis 21 Uhr. Eintritt: normale Sammlung frei! Sonderausstellungen £ 9, erm. £ 4.50. www.nationalgallery.org.uk. Hinweis: Es empfiehlt sich, einen Audioguide auszuleihen, der für £ 4 die Kunstwerke sehr ausführlich kommentiert. Wer des Englischen mächtig ist, sollte unbedingt die englischsprachige Version wählen, da diese – im Gegensatz zur deutschen Version – alle Kunstwerke vorstellt. Ein genauer Lageplan ist am Eingang erhältlich.

National Portrait Gallery: In unmittelbarer Nähe der National Gallery gelegen, spiegelt sich in der 1856 gegründeten Galerie die englische Geschichte in bedeutenden Porträtstudien wider. Von den Tudors – sehenswert ist Hans Holbeins Porträt Heinrich VIII. – über Elizabeth I. und Shakespeare bis hin zu Oliver Cromwell und Horatio Nelson sind hier die wichtigsten Persönlichkeiten des Königreichs vereint. Besonders wertvoll ist das Porträt von Shakespeare, da es als das einzige authentische Bildzeugnis des großen Schriftstellers gilt. Was das 20. Jahrhundert betrifft, dürfen Elizabeth II., Margaret Thatcher und Lady Diana selbstverständlich auch nicht fehlen. Ende der 1960er-Jahre wurden auch Fotografien bekannter zeitgenössischer Persönlichkeiten aufgenommen.

St Martin's Place, Trafalgar Square, WC2. Ⓤ Charing Cross oder Leicester Square. Tgl. 10–18 Uhr, So erst ab 12 Uhr. Eintritt frei! www.npg.org.uk.

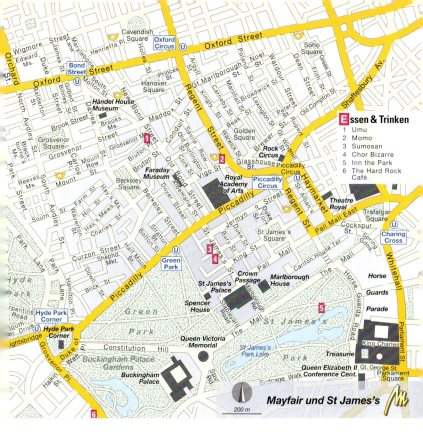

St James's Palace: Im Mittelalter stand hier noch ein Spital für Leprakranke, das Heinrich VIII. abreißen ließ, um sich stattdessen eine neue prachtvolle Residenz errichten zu lassen. Der Ziegelbau im Tudor-Stil wurde 1698 zur offiziellen Hauptresidenz, nachdem der Whitehall Palace einem Brand zum Opfer gefallen war. Dies änderte sich erst, als es Königin Victoria 1837 vorzog, im nahen Buckingham Palace zu residieren. Der St James's Palace wurde aber dennoch weiterhin von Mitgliedern der Königsfamilie bewohnt, derzeit beispielsweise von Prince Charles, der sich nach seiner Trennung von Diana hier häuslich eingerichtet hat.
W1, Ⓤ Piccadilly Circus.

St James's Park: Der St James's Park ist der älteste und zugleich kleinste der königlichen Parks in London. Heinrich VIII. veranlasste die Trockenlegung des einstigen Sumpfgebietes sowie die Umgestaltung zu einem Park, den Jakob I. um eine Menagerie und Vogelvolieren erweiterte. Da die Downing Street No. 10 gleich ums Eck liegt, versammeln sich hier auch gelegentlich hochrangige Staatsgäste zum Fototermin. Zusammen mit dem angrenzenden Green Park ist der St James's Park für die Angestellten aus den umliegenden Büros im Sommer ein beliebtes Ziel, um die Mittagspause zu verbringen.

564   London

Westminster

So wie sich in der City of London alles um das Geld dreht, so steht in Westminster die hohe Politik im Mittelpunkt des Geschehens: Die Ministerien haben an der Whitehall ihren Sitz, der Premierminister wohnt in der Downing Street No. 10, die Queen im Buckingham Palace und das Ober- sowie das Unterhaus tagen in den Houses of Parliament. Die Keimzelle von Westminster ist die gleichnamige Abtei, die Benediktinermönche auf einer ehemals sumpfigen Insel im Westen von London errichteten. Eduard der Bekenner, der große Förderer des Benediktinerklosters, verlegte im 11. Jahrhundert seine Hauptresidenz aus der City in die Nähe des „westlichen Münsters" direkt an die Themse, um den Baufortschritt besser mitverfolgen zu können. Als Residenz ließ er sich einen Palast erbauen, der Ende des 12. Jahrhunderts unter Wilhelm II. erweitert wurde und heute als Westminster Hall bekannt ist. Sie gehört heute zu den Houses of Parliament, also zum Sitz des englischen Ober- und Unterhauses. Westminster Abbey, Big Ben und die Houses of Parliament bilden ein Dreieck, das Besucher geradezu magisch anzuziehen scheint. Nördlich von Westminster erstreckt sich entlang der Whitehall das Londoner Regierungsviertel. Verwaltungstechnisch umfasst der Stadtteil Westminster einen großen Teil des West End. Die Grenzen der City of Westminster bilden die Themse und die Chelsea Bridge im Süden, Kensington im Westen, Regent's Park im Norden und Soho beziehungsweise Covent Garden im Nordosten.

Sehenswertes

Downing Street No. 10: Downing Street No. 10 – wer kennt die Dienstwohnung des englischen Premierministers *(Prime Minister)*, ein von außen unscheinbares Häuschen, nicht. Die Straße selbst wurde von *Sir Georg Downing* im späten 17. Jahrhundert entworfen. Im Jahre 1732 schenkte König Georg II. das Haus mit der Nummer 10 dem damaligen Premierminister *Sir Robert Walpole*, der es wiederum an seinen Nachfolger abtrat. *Gordon Brown* kommt man allerdings nicht nahe, da die Straße nur von dem 1989 angebrachten Eisengatter eingesehen werden kann.
Downing Street, SW1. Ⓤ Westminster.

Churchill Museum and Cabinet War Rooms: Die „Kabinettsräume", von denen aus Winston Churchills Regierung im Zweiten Weltkrieg den Kampf gegen Deutschland aufnahm, sind im Originalzustand erhalten und ein Besuch dank einer informativen Audio Tour sehr zu empfehlen. Wer jetzt an üppig ausgestattete Konferenzräume denkt, wird sich verwundert die Augen reiben, denn die Cabinet War Rooms sind nichts anderes als eine zur Kommandozentrale ausgebaute Bunkeranlage. Die unterirdischen Räume vermitteln einen hervorragenden Eindruck von der Zeit des Zweiten Weltkriegs, auch wenn man sich den Lärm, die Enge und die Hektik, die damals geherrscht haben müssen, nur schwer vorstellen kann. Die beiden wichtigsten Räume waren das Sitzungszimmer des Kabinetts und der Kartenraum, in dem die exakten Truppenbewegungen vermerkt wurden, obwohl sich die meisten Besucher für Churchills Schlafzimmer inklusive Nachttopf interessieren.
King Charles Street, SW1. Ⓤ Westminster. Tgl. 9.30–18 Uhr. Eintritt: £ 14,95, erm. £ 12, Kinder unter 16 Jahren frei! www.iwm.org.uk.

Houses of Parliament: Am Anfang der Baugeschichte stand die *Westminster Hall*, ursprünglich von Eduard dem Bekenner errichtet und von Wilhelm II. erweitert. Hier residierten bis zur Ära Heinrichs VIII. die Könige von England. Ab 1550 tagte

London Westminster

250 m

---

das *House of Commons* in der *St Stephen's Chapel* und das *House of Lords* in einem heute nicht mehr vorhandenen Gebäudeteil, der den *Old Palace Yard* umgab. Im Jahre 1605 planten der konvertierte Katholik *Guy Fawkes* und seine Komplizen den *Gunpowder Plot*. Dabei sollte das Parlament samt König Jakob I. in die Luft gesprengt werden. Der Plan wurde jedoch vereitelt und die Übeltäter zum Tode verurteilt. Seither werden vor jeder neuen Sitzungsperiode die Kellerräume nach Sprengstoff durchsucht. Ein großes Feuer zerstörte am 16. Oktober 1834 fast den gesamten Palace of Westminster. Den Brand überstanden nur die *Westminster Hall* und die Kellergewölbe der *St Stephen's Chapel.* Ein Wettbewerb für den Wiederaufbau wurde ausgeschrieben, der sich zu einem heftigen Ringen zwischen den Vertretern der neugotischen und der neoklassizistischen Stilrichtung entwickelte. Aus rund 1400 Entwürfen von 97 Architekten fiel die Wahl auf *Charles Barry,* dessen Houses of Parliament dem neugotischen Stil in ganz England zum Durchbruch verhalfen.

Westminster, SW1. Ⓤ Westminster. Nur im Sommer (ca. Ende Juli bis Ende Sept.) gibt es Führungen (auch auf Deutsch) für £ 12, erm. £ 8, die im Voraus unter der Rufnummer ✆ 0870/9063773 oder im Internet unter www.parliament.uk gebucht werden können. Zudem gibt es bei Verfügbarkeit Tickets für die nächsten freien Führungen beim Juwel Tower zu kaufen.

566 London

Houses of Parliament

Big Ben: Die Silhouette der Houses of Parliament (auch Palace of Westminster genannt) mit ihrem Clock Tower ist das Wahrzeichen Londons. In diesem Turm befindet sich die 13,5 Tonnen schwere Glocke *Big Ben*, die jede volle Stunde mit 16 Schlägen einläutet. Das berühmte Läuten, das eine Arie aus Händels „Messias" interpretiert, wird übrigens von der BBC in die ganze Welt übertragen. Der Glockenturm ist für die Öffentlichkeit leider nicht zugänglich, dabei wäre es wirklich eine Herausforderung, die 344 Stufen hinaufzusteigen. Der Minutenzeiger hat übrigens eine Länge von 4,27 Metern!
Westminster, SW1. Ⓤ Westminster.

Westminster Abbey: Gleich neben den Houses of Parliament steht die Westminster Abbey, eines der bedeutendsten Zeugnisse der englischen Geschichte. Wie kein anderes Bauwerk erinnert das altehrwürdige Gotteshaus an die Königshäuser und den Glanz der englischen Nation. Westminster Abbey ist mehr als ein Gotteshaus, Westminster Abbey ist ein steinernes Monument der englischen Geschichte und ein Symbol für die anglikanische Kirche. Eduard der Bekenner ließ hier in der Mitte des 11. Jahrhunderts eine Abtei und eine Kirche nach normannischen Vorbildern erbauen. Die Abtei erhielt den Namen „West Minster", da sie westlich des alten Stadtkerns lag. Nur wenige Reste dieser Bauten sind heute noch zu sehen. Als Eduard am 28. Dezember 1065 starb, wurde er direkt vor dem Hochaltar beigesetzt. Seither haben sich – mit wenigen Ausnahmen – die englischen Könige hier krönen lassen. Den Anfang machte Harold I., und wenige Monate später folgte Wilhelm der Eroberer seinem Beispiel. Heinrich III. entschied sich im Jahre 1145, dem Gotteshaus ein neues, imposanteres Aussehen zu verleihen. Nachdem Heinrich VIII. alle englischen Klöster aufgelöst hatte, verstärkte sich der Einfluss der Krone auf Westminster Abbey: Da bereits Heinrich VII. seine letzte Ruhestätte in Westminster gefunden hatte – seine prachtvolle Grabkapelle wird von einem wunderschön gearbeiteten Fächergewölbe gekrönt

Westminster

–, wurde die Kirche zur königlichen Begräbnisstätte erklärt. Insgesamt befinden sich die Gräber von 16 Königen, darunter auch das von Elizabeth I., in dem Gotteshaus; der letzte König, der in Westminster beigesetzt wurde, war Georg II. (gestorben 1760).

Bei einer Besichtigung sollte man auf keinen Fall die *Poets' Corner* versäumen. Hier liegen die führenden britischen Dichter begraben. *Geoffrey Chaucer* war der erste seiner Zunft, der seine letzte Ruhe im südlichen Querschiff fand (1400). Ihm folgten literarische Größen wie *Spenser, Ben Jonson, Dryden, Samuel Johnson, Browning* und *Tennyson*. Anderen wiederum wurde eine Gedenktafel gewidmet (z. B. Shakespeare, Epstein, Shelley, Coleridge, Wordsworth, Dickens, T. C. Eliot und D. H. Lawrence), obwohl sie hier nicht begraben liegen. Die Gräber von *Newton, Rutherford, Kelvin, Stephenson, Telford* und *Darwin* sind ebenfalls in der Kirche zu finden. Alle auf den Schlachtfeldern Gefallenen werden stellvertretend durch das Grab des Unbekannten Soldaten geehrt.

Broad Sanctuary, SW1. Ⓤ St James's Park. Mo–Fr 9.30–16.30 Uhr, Sa 9.30–14.30 Uhr, Mi bis 19 Uhr (letzter Zugang jeweils eine Stunde vor Schließung). Eintritt: £ 15, erm. £ 12 bzw. £ 6, Familie ab £ 30. Der Eintritt ins Kloster und zum College Garden ist frei! Führung durch die Abbey zusätzlich £ 3. www.westminster-abbey.org.

Tate Gallery of British Art: Die direkt an der Themse gelegene Tate Gallery gibt einen Gesamtüberblick über die britische Malerei der letzten fünf Jahrhunderte, mit Ausnahme der Kunst des 20. Jahrhunderts, die seit dem Mai 2000 in der Tate Gallery of Modern Art im Stadtteil Southwark präsentiert wird. In den angestammten Räumen an der Millbank sind Werke der bekanntesten englischen Maler wie William Turner, Joshua Reynolds, Thomas Gainsborough, William Blake, George Stubbs, John Constable, William Hogarth und Lawrence sowie von renommierten internationalen Künstlern ausgestellt. Durch die 2001 eröffnete Tate Gallery of Modern Art konnten sechs weitere Galerien eingerichtet, andere neu konzipiert werden. Begründet wurde die Tate Gallery 1897 von dem namensgebenden *Sir Henry Tate,* der es im Zuckerhandel zum mehrfachen Millionär gebracht hatte. Tate übereignete seine Kunstsammlung der Öffentlichkeit und versprach, ein Museum zu stiften, falls die britische Regierung hierfür ein Grundstück zur Verfügung stellen sollte.

Millbank, SW1. Ⓤ Pimlico. Tgl. 10–18 Uhr. Eintritt frei! Es empfiehlt sich aber, einen Audioguide für £ 3 auszuleihen. Eintritt bei Sonderausstellungen: £ 9, erm. £ 8 bzw. £ 7. www.tate.org.uk.

Fast 100 Meter hoch: Big Ben

568 London

Buckingham Palace: Für überzeugte Royalisten gehört ein Besuch zum Pflichtprogramm. Der Palast hatte in der ersten Hälfte des 18. Jahrhunderts dem Duke of Buckingham gehört, ehe er 1762 an Georg III. verkauft wurde. Queen Victoria war schließlich die Erste, die hier residierte. Ihr Denkmal steht direkt vor dem Eingangstor, wo sich heute die Touristenmassen versammeln, in der Hoffnung, ein Mitglied der königlichen Familie zu sehen. Doch das passiert höchst selten. Ragt die königliche Standarte nicht über dem Gebäude, ist die Queen erst gar nicht zu Hause. Insgesamt zählt der Buckingham Palace über 600 Räume, aber nur zwölf werden von der Queen und ihrem Gemahl genutzt. Nach dem Feuer im Windsor Castle hatte die Queen entschieden, die teuren Reparaturen durch die Öffnung des Buckingham Palace für die Allgemeinheit zu finanzieren – allerdings nur für zwei Monate im Jahr. Nach mehr als zwei Stunden Schlangestehen können die Besucher allerdings nur 18 Zimmer besichtigen, die aber interessante Einblicke in die königlichen Repräsentationsformen vermitteln. Der kostenlose Audioguide beschreibt die Vorgänge im Palast. Die meisten Besucher warten auf die königliche Zeremonie der Wachablösung; sie beginnt um 11.30 Uhr vor dem Buckingham Palace und endet nach rund 45 Minuten. Von April bis Juli findet die Wachablösung täglich statt, im Herbst und Winter jeden zweiten Tag, doch kann sie bei Regen ausfallen.
Buckingham Palace Road, SW1. Ⓤ Victoria. Ende Juli/Anfang Aug. bis Ende Sept. (jedes Jahr um ein paar Tage leicht schwankend) tgl. 9.45–16 Uhr. Eintritt: £ 17, erm. £ 15.50 bzw. £ 9.75. www.royalcollection.org.uk.

Chelsea

Die Swinging Sixties und die punkigen Achtziger sind längst Geschichte, doch Chelsea und die King's Road haben noch immer einen klangvollen Namen. Chelsea ist ein uraltes Fischerdorf, dessen Bewohner trotz unmittelbarer Nähe zur Londoner City von der hohen Politik unbeeindruckt in den Tag hinein lebten, bis der Humanist *Thomas Morus* im Jahre 1520 hier ein Landhaus bezog. Sowohl der Hochadel als auch König Heinrich VIII. ließen sich, seinem Beispiel folgend, prächtige Herrenhäuser errichten, und Chelsea stieg somit zum „Village of Palaces" auf. Die berühmte King's Road ging beispielsweise aus einer dem König und seinem Gefolge vorbehaltenen Privatstraße hervor, die erst 1820 für die Öffentlichkeit freigegeben wurde. Im 18. Jahrhundert trafen sich berühmte Schriftsteller wie Jonathan Swift und John Gay sowie William Congreve und Alexander Pope regelmäßig zum gemeinsamen Gedankenaustausch in Chelsea. Aber auch die Maler William Turner, Joseph Mallord, Dante Gabriel Rossetti, John Singer Sargent und Steer nannten Chelsea ihre Heimat. Langsam entwickelte sich Chelsea zu einem Künstlerviertel. Eine Vorreiterrolle kam dem Dichter Percy Bysshe Shelley zu; auch George Eliot, Oscar Wilde, Henry James und Jack London wohnten – zumindest zeitweise – in der Nähe des Cheyne Walk. Wer mit offenen Augen durch Chelsea schlendert, wird zahlreiche blaue Gedenktafeln entdecken, die an die berühmten Bewohner des Stadtteils erinnern.

Saatchi Gallery: Charles Saatchi ist wohl der bekannteste Sammler zeitgenössischer Kunst in England. Seit dem Frühjahr 2009 präsentiert er seine Kollektion in Chelsea. Auf 6.500 Quadratmetern werden in 15 Räumen Installationen, Skulpturen und Bilder in ständig wechselnden Ausstellungen präsentiert. Mit anderen Worten: Ein Muss für Freunde von zeitgenössischer Kunst.
Sloane Square. Ⓤ Sloane Square. Tgl. 10–18 Uhr. Eintritt frei! www.saatchi-gallery.co.uk.

King's Road – Laufsteg modischer Provokationen

In den letzten vier Jahrzehnten konnte man in den Geschäften und Boutiquen der *King's Road* den letzten modischen Schrei erwerben. In Mary Quants „Bazaar" wurde der Minirock erfunden, während Mick Jagger, David Bailey und George Best sowie der Rest vom „Chelsea Set" wüste Partys feierten. Spätestens in den 1970er-Jahren waren die letzten Metzgereien, Gemüsehändler und Bäcker von modernen Designerläden und Galerien verdrängt worden. *Vivienne Westwood*, die damals mit Malcolm McLaren, dem Manager der Sex Pistols zusammenlebte, eröffnete eine Boutique mit ihren avantgardistischen Kreationen. Punks aus Nah und Fern kauften in Chelsea ihre zerfetzten Klamotten, Ketten, Nieten und Nägel ein, um anschließend auf irgendeiner Treppenstufe von einer Freiheit jenseits aller bürgerlichen Konventionen zu träumen. Heute ist nur noch wenig von diesem Flair zu spüren. Ein Schaufensterbummel durch die King's Road macht zwar nach wie vor viel Spaß, die Trends von Morgen wird man hier allerdings nicht mehr entdecken können.

Kensington

Kensington – das sind Nobelkaufhäuser, attraktive Museen und gepflegte viktorianische Häuserzeilen. Naturliebhaber lockt Londons „grüne Lunge": der Hyde Park und die angrenzenden Kensington Gardens.

Kensington, das bereits 1068 im *Domesday Book* erwähnt wurde, hat dem Pioniergeist von Prinz Albert von Sachsen-Coburg-Gotha (1819–1861) viel zu verdanken. Der deutschstämmige Gemahl von Königin Victoria initiierte nicht nur die Weltausstellung von 1851, die in einem riesigen Kristallpalast im Hyde Park stattfand, sondern finanzierte mit den dadurch erwirtschafteten Gewinnen zudem den Kauf eines 35 Hektar großen Grundstücks südlich der Kensington Road. Der Prinzgemahl, der übrigens zugleich auch Victorias Cousin war, plante nämlich dort den Bau eines der weltweit größten Museenkomplexe, der auch scherzhaft-ehrfürchtig als „Albertopolis" bezeichnet wurde. Eineinhalb Jahrhunderte später lässt sich das Resümee ziehen, dass sich mit dem auf Kunstgewerbe spezialisierten *Victoria and Albert Museum*, dem *Natural History Museum* und dem *Science Museum* die hehren Vorstellungen des Prinzgemahls mehr als erfüllt haben.

Sehenswertes

Apsley House: Der am Rande des Hyde Park gelegene Stadtpalast widmet sich vor allem dem Gedenken seines berühmtesten Bewohners, des Herzogs von Wellington. Da das Haus ursprünglich zwischen 1771 und 1778 für den Grafen Bathurst, der auch den Titel eines Baron Apsley führte, errichtet worden war, führt es allerdings noch immer den Namen Apsley House. Wellington erwarb das Anwesen aus rotem Backstein im Jahre 1817, als er nach der Schlacht von Waterloo den Zenit seiner Karriere erreicht hatte.

Die vornehmen, reich verzierten Räumlichkeiten beherbergen heute das *Wellington Museum* mit einer kostbaren Gemäldegalerie, darunter Werke von Velázquez, Goya, Rubens, van Dyck, Brueghel und Correggio. Neben dem Treppenaufgang

570 London

steht eine von Antonio Canova geschaffene überlebensgroße Statue Napoleons, die den Imperator im Adamskostüm zeigt. Wellington erhielt die Skulptur 1816 vom Prinzregenten als Geschenk für seine Verdienste.

Hyde Park Corner, W1V. Ⓤ Hyde Park Corner. Tgl. 10–17 Uhr, im Winter bis 16 Uhr. Eintritt: £ 6, erm. £ 5.10 bzw. £ 3. Am Waterloo Tag (18. Juni) ist der Eintritt für alle Besucher kostenlos!

Victoria and Albert Museum: Das V & A, wie die Londoner das größte Kunstgewerbemuseum der Welt nennen, besitzt ein geradezu erschlagendes Spektrum an Kunstschätzen. Daher empfiehlt es sich, ausgerüstet mit einem der kostenlosen Übersichtspläne, das Museum je nach persönlicher Interessenlage zu erkunden. Präsentiert werden Bilder, Miniaturen, Zeichnungen, Textilien, Glas, Musikinstrumente, Juwelen, edle Gold-, Silber- und Töpferarbeiten sowie Porzellan und Wandschmuck aus nahezu allen Ecken unseres Kontinents.

Victoria and Albert Museum

Ein kurzer Überblick über die bedeutendsten Sammlungen erleichtert die Orientierung: Die meisten Besucher zieht es zu den *Raphael Cartoons* (Level A, Raum 48a), die der Renaissancekünstler 1516 im Auftrag von Papst Leo X. als Vorlage für die Wandteppiche der Sixtinischen Kapelle angefertigt hat. Besonders spektakulär sind die beiden Räume mit den *Plaster Casts* (Level A, Raum 46a und 46b), maßstabsgetreue Abgüsse weltberühmter Kulturgüter, darunter Michelangelos „David", die römische Trajanssäule – aus Platzgründen in zwei Teile „gesägt"– sowie das Hauptportal der Kathedrale von Santiago de Compostela. Wer die europäischen Grenzen in künstlerischer Hinsicht überschreiten will, dem empfiehlt sich eine Besichtigung der *Nehru Gallery of Indian Art* (Level A, Raum 41) sowie der benachbarten Räume, die der islamischen (Raum 42), chinesischen (Raum 44) und japanischen Kunst (Raum 45) gewidmet sind. In der *Canon Photography Gallery* (Level A, Raum 38) sind historische Fotografien ausgestellt, einen Besuch lohnt die Gallery aber insbesondere wegen der anspruchsvollen Wechselausstellungen berühmter Fotografen (Cartier-Bresson etc.). Modernes Wohndesign von Bauhaus bis Alvar Aalto zeigen die *Twentieth-Century Galleries* (Level B, Räume 70–74). Die *Frank Lloyd Wright Gallery* im Henry Cole Wing besticht durch ein in den 1930er-Jahren nach den Plänen des Avantgardearchitekten gefertigtes Bürointerieur (Level 2, Raum 202) sowie mehrere Skulpturen von August Rodin, die der Künstler dem Museum 1914 geschenkt hat (Level 6, Raum 603a). Besonders attraktiv ist der 2005 vollkommen neu gestaltete John Madejski Garden im Innenhof: eine grüne Oase mit Wasserbecken und Mini-Bäumen, ideal zum Ausspannen. Im zugehörigen Café und Restaurant kann man diverse Köstlichkeiten und Snacks probieren.

Cromwell Road (Haupteingang), SW7 2 RL. Ⓤ South Kensington. Tgl. 10–17.45 Uhr, Mi und letzter Fr des Monats bis 22 Uhr. Eintritt nur bei Sonderausstellungen! www.vam.ac.uk.

Natural History Museum: Das Natural History Museum gehört zu den interessantesten naturhistorischen Museen der Welt. Aufgeteilt in die *Earth Galleries* und *Life Galleries*, wartet das Museum mit einem faszinierenden Einblick in die Geschichte der Erde und ihrer Bewohner auf. Faszinierend sind die erst kürzlich neu konzeptionierten *Earth Galleries*.

National History Museum

Wer in der Exhibition Road das Museum *(Earth Galleries)* betritt, dringt auf einer lang gestreckten Rolltreppe gewissermaßen in das Innere eines langsam rotierenden Globus vor. Die Entstehungsgeschichte unseres Planeten wird mithilfe von Videofilmen, bedienbare Maschinen und interaktiven Displays auch für Kinder interessant dargestellt. Neu sind die Abteilungen „The Power Within", in der auf recht spektakuläre Weise Erdbeben und Vulkanausbrüche nachgebildet werden, und „The Restless Surface" zu den Themen Erosion und Erwärmung der Erdatmosphäre. Im Erdgeschoss mahnt die Abteilung „The Earth Today and Tomorrow" einen bewussteren Umgang mit den natürlichen Ressourcen unseres Planeten an und warnt vor den Folgen der globalen Umweltverschmutzung. Die meisten Besucher widmen sich dennoch den *Life Galleries*, deren große Attraktionen ein 30 Meter langes Modell eines Blauwals und mehrere Dinosaurierskelette sind. Einige Modelle dieser Urviecher sind automatisiert und können bewegt werden. Aber auch kleinere Tierarten wie Amphibien, Reptilien und Vögel werden eingehend behandelt. Von Experten hoch geschätzt wird die Paläontologische Abteilung. Beeindruckend ist eine riesige Baumscheibe eines 1300 Jahre alten Sequoia-Baumes.

Exhibition Road/Cromwell Road, SW7. Ⓤ South Kensington. Tgl. 10–17.50 Uhr, So erst ab 11 Uhr. Eintritt nur bei Sonderausstellungen! www.nhm.ac.uk.

Science Museum: Auf sieben Ebenen zeigt sich das Science Museum als wahres El Dorado für Technikfreunde; es bietet einen umfassenden Einblick in die Wissenschafts- und Technikgeschichte von ihren Anfängen bis ins 21. Jahrhundert. Zu den Exponaten gehören viele, für die industrielle Entwicklung Englands wegbereitende Erfindungen, beispielsweise Dampfmaschinen von James Watt, der erste Dieselmotor und die älteste Lokomotive der Welt („Puffing Billy"); ein alter Benz von 1888,

572   London

ein Rolls Royce von 1904 sowie viele Flugzeugmodelle und ein originalgetreuer Nachbau der Apollo-11-Landekapsel fehlen ebenfalls nicht. Egal ob man sich für das Thema „Optik", „Medizin", „Fotografie", „Computer", „Telekommunikation", „Mathematik", „Chemie", „Wetter", „Papier und Druck", „Landwirtschaft", „Luftfahrt", „Schifffahrt" oder „Weltraumfahrt" interessiert, in jeweils einer eigenen Abteilung wird man darüber umfassend informiert. Nicht nur Kinder und Jugendliche sind von den zahlreichen Simulatoren und interaktiven Displays begeistert. Das Experimentieren ist ausdrücklich erwünscht! Im Rahmen des im Sommer 2000 abgeschlossenen Erweiterungsbaus erhielt das Museum einen neuen Eingangsflügel mit einer Ausstellung zum Thema „Making the Modern World" und ein IMAX-Kino mit 450 Sitzplätzen.

Exhibition Road, SW7. Ⓤ South Kensington. Tgl. 10–18 Uhr. Eintritt nur bei Sonderausstellungen! www.nmsi.ac.uk oder www.sciencemuseum.org.uk.

Royal Albert Hall: Die mit schönen Mosaikarbeiten und einem Terrakottafries verzierte Konzerthalle, ein mächtiger Ziegelrundbau, ist eine wahre Augenfreude. Um die immensen Baukosten zu finanzieren, verfiel Sir Henry Cole, der Vorsitzende der *Society of Arts*, auf die Idee, Sitzplätze für einen Preis von £ 100 für die Dauer von 999 Jahren zu „vermieten". Insgesamt 1.300 der 8.000 Sitzplätze wurden so verkauft und seither von einer Generation auf die nächste vererbt, die sich über kostenlose Konzertbesuche freuen darf. Am 29. März 1871 war es soweit: Der Prince of Wales eröffnete den Prachtbau am Hyde Park. Die erwartungsvoll gestimmten Zuschauer erlebten allerdings eine herbe Enttäuschung: Um die Akustik der „Suppenschüssel" war es alles andere als gut bestellt, ein lästiger Echoeffekt störte das Konzertvergnügen. Erst 1960 konnten die unangenehmen Störungen endgültig beseitigt werden.

Kensington Road, SW7. Ⓤ Knightsbridge oder High Street Kensington. www.royalalberthall.com.

Hyde Park: Der Hyde Park, der nach Westen in die Kensington Gardens übergeht, ist Londons größte Grünfläche. Von West nach Ost misst der Park mehr als drei Kilometer! Berühmt ist der Hyde Park aber vor allem für die *Speakers' Corner* (siehe Marylebone) an seiner nordöstlichen Ecke. Der ehemalige königliche Park wurde 1640 für die Öffentlichkeit zugänglich gemacht und 1830 durch die *Serpentine*, einen künstlichen See, der sich zum Rudern und Schwimmen eignet, bereichert. Der *Lido* ist eines der wenigen Londoner Freibäder. In unmittelbarer Nähe des Lido befindet sich der *Princess Diana Memorial Fountain*, ein überdimensionaler Brunnen, in dem man sich herrlich die Füße abkühlen kann.

Hyde Park. Ⓤ Knightsbridge, Marble Arch, Hyde Park Corner oder Lancaster Gate. Tgl. 5–24 Uhr.

Kensington Palace: Tag für Tag pilgern noch immer zahllose Verehrer und Verehrerinnen zum letzten offiziellen Wohnsitz der im Sommer 1997 bei einem Verkehrsunfall tragisch ums Leben gekommenen Prinzessin Diana. Diana wohnte nicht zufällig im Kensington Palace: Seit 1689 ist der Landsitz, der von Christopher Wren zu einem Palast umgebaut wurde, im Besitz der Königsfamilie. Allerdings ist der größte Teil des Palastes nicht zugänglich, da hier Prinzessin Margret, die Schwester der Königin, der Herzog und die Herzogin von Kent sowie der Herzog und die Herzogin von Gloucester wohnen; Besucher – der Eingang befindet sich an der Nordseite – haben nur Zutritt zu den *State Apartments*. Hierzu gehören die einst dem König und der Königin vorbehaltenen Räumlichkeiten. Ebenfalls besich-

Notting Hill 573

Der Kensington Palace ist eine Pilgerstätte für Fans von Prinzessin Diana

tigt werden kann die *Royal Ceremonial Dress Collection*, eine Ausstellung zur Kleidung, die in den letzten 250 Jahren am englischen Hof getragen wurde.
Hyde Park. Ⓤ High Street Kensington oder Queensway. Tgl. 10–18 Uhr, im Winter bis 17 Uhr. Eintritt: £ 12.50, erm. £ 10 oder £ 6.25. www.hrp.org.uk.

Notting Hill

Notting Hill ist seit dem gleichnamigen Film mit Julia Roberts und Hugh Grant quasi über Nacht zu einem der weltweit bekanntesten Londoner Stadtteile aufgestiegen. Zuvor war Notting Hill allerdings schon für seinen lebendigen Samstagsmarkt und den farbenprächtigen Notting Hill Carnival berühmt.

Notting Hill Carnival

Der Notting Hill Carnival war gewissermaßen die friedliche Antwort auf die Unruhen von 1958. Sieben Jahre später fand Ende August am *August Bank Holiday* erstmals ein Straßenfest statt, das sich seither zum weltweit zweitgrößten Karneval nach Rio de Janeiro entwickelt hat. Drei Tage dauert das Spektakel, bei dem mehr als eine Million Menschen tanzend und feiernd auf den Straßen zusammenkommen. Der sonntaglichen Kostümparade der Kinder folgen am Montag die Umzüge der Erwachsenen, begleitet von prächtig geschmückten Wagen und Livemusik. Der rund fünf Kilometer lange Rundkurs beginnt am Ladbroke Grove und führt durch die Westbourne Grove, die Chepstow Road und die Great Western Road.

574 London

In den späten 1980er-Jahren entwickelte sich Notting Hill zu einem Szeneviertel mit Werbeagenturen, Bars, Secondhand-Shops und Boutiquen. Die Mieten zogen schnell an, so dass die alteingesessene schwarze Bevölkerung langsam wieder zur Minderheit wurde. Quadratmeterpreise von umgerechnet 8.000 Euro sind keine Seltenheit. Besonderer Beliebtheit erfreuen sich die Häuser, die einen *communal garden* umschließen, der nur von den angrenzenden Anwesen aus zugänglich ist. Zu den berühmtesten Bewohnern gehören beispielsweise Richard Branson, der Gründer des Virgin-Imperiums, Madonna und das Supermodel Kate Moss.

Lambeth und Southwalk

Das schlecht beleumundete Südufer der Themse, die South Bank, wurde jahrhundertelang auch in städtebaulicher Hinsicht vollkommen vernachlässigt. Eine Aufwertung des Viertels erfolgte erst in den letzten Jahrzehnten. Mehrere ansprechende Museen, darunter das *Design Museum* und die *Tate Gallery of Modern Art*, machen das Südufer für viele Reisende und Kulturfreunde interessant. Durch die Verlängerung der Jubilee Line bis nach North Greenwich und den Bau einer Fußgängerbrücke über die Themse verbesserte sich die Infrastruktur des Südufers erheblich. Verwaiste Dockanlagen wurden in moderne Büros und Einkaufszentren verwandelt, citynahe Luxuswohnungen mit Themseblick erzielen auf dem Immobilienmarkt ausgezeichnete Preise. Bei einem gemütlichen Spaziergang entlang der Uferpromenade kann man das faszinierende Panorama der britischen Metropole genießen.

Sehenswertes

Design Museum: Seit 1989 befindet sich das weltweit erste Design Museum in einem einstigen Lagerhaus mit einer hell leuchtenden Fassade. In der Dauerausstellung wird die Bedeutung des Designs für die industrielle Massenfertigung vom Kinderstuhl über Rollstühle bis hin zur Waschmaschine und Kaffeekanne veranschaulicht. Wechselausstellungen ergänzen das Konzept. Manche Entwürfe können im Museumsshop, dem ein Café angegliedert ist, erworben werden. Im gleichen Gebäude befindet sich zudem das Blueprint Café – designed by Museumsgründer Sir Terence Conran –, das einen tollen Blick auf die Tower Bridge bietet.
Butler's Wharf, Shad Thames, SE1 2 YD. Ⓤ Tower Hill. Tgl. 10–17.45 Uhr. Eintritt: £ 8.50, erm. £ 6.50 bzw. £ 5. www.designmuseum.org.

HMS Belfast: Direkt neben der Tower Bridge liegt Europas einziger noch existierender Zerstörer aus dem Zweiten Weltkrieg vor Anker. Die 1938 gebaute *HMS Belfast* war beim Kampf um das deutsche Schlachtschiff *Scharnhorst* beteiligt und bis zum Ende des Korea Krieges aktiv im Einsatz. Das 187 Meter lange schwimmende Museum mit neun Decks kann von der Admiralsbrücke bis hinunter in den Maschinenraum erkundet werden und vermittelt einen authentischen Eindruck vom Leben auf einem Kriegsschiff, der durch Filmvorführungen und Tondokumente ergänzt wird.
Morgan's Lane, Tooley Street, SE1. Ⓤ Tower Hill. Tgl. 10–18 Uhr, im Winter nur bis 17 Uhr. Eintritt: £ 12.95, erm. £ 10.40, Kinder unter 16 frei! www.iwm.org.uk.

Winston Churchill's Britain at War Museum: Die Nächte, als Hitlers Flugzeuge ihre Bombenteppiche über der englischen Hauptstadt abwarfen, sind vielen Londonern als traumatisches Erlebnis in Erinnerung geblieben. In Winston Churchill's Britain at War Museum wird die düstere Atmosphäre der Kriegsjahre anschaulich zum Leben erweckt. Eingestimmt von zeitgenössischer Musik und Radioshows reist der

Lambeth und Southwalk 575

Einst Kriegsschiff, heute Museum: HMS Belfast

Besucher mit dem „Aufzug" in die 1940er-Jahre, wo er sich durch Gasmasken, Notunterkünfte und Bombenangriffe den Weg in die rettende Freiheit bahnen muss.
Tooley Street, SE1. Ⓤ London Bridge. Tgl. 10–17 Uhr, im Winter bis 16.30 Uhr. Eintritt: £ 12.95, erm. £ 6.50 bzw. £ 5.50. www.britainatwar.co.uk

London Dungeon: Unter dem Bogen einer Eisenbahnbrücke hat sich der London Dungeon, ein modernes Horrorkabinett, als beliebte Touristenattraktion etabliert. Die Glorifizierung von Folter, Schmerz und Tod mutet allerdings recht seltsam an: Die mittelalterliche Geschichte Englands wird mit all ihren schlimmen Ereignissen in Lebensgröße dargestellt: Thomas Becket liegt in einer Blutlache vor dem Altar, eine Familie wird von der Pest dahingerafft, auf Lanzen gespießte Köpfe „grüßen" die Besucher. Dass auch Jack the Ripper nicht fehlen darf, versteht sich fast von selbst. Für Kinder unter zehn Jahren ist von einem Besuch abzuraten, auch wenn sie in Begleitung eines Erwachsenen Zutritt hätten.
28–34 Tooley Street, SE1. Ⓤ London Bridge. Tgl. 10–18.30 Uhr, im Winter nur bis 17.30 Uhr. Eintritt: £ 22.50, erm. £ 20.50 oder £ 16.50. www.thedungeons.com

Golden Hinde: Sieht man die *Golden Hinde* auf ihrem Trockendock liegen, so kann man sich schwer vorstellen, dass *Sir Francis Drake* mit einem Schiff von solch bescheidenen Ausmaßen von 1577 bis 1580 die Welt umsegelt hat und als erfolgreichster Freibeuter der englischen Geschichte zurückkehrte. Die ursprüngliche Golden Hinde ist zwar längst verrottet, doch haben sich ein paar Enthusiasten zusammengefunden, um Drakes Flaggschiff originalgetreu nachzubauen.
Cathedral Street, SE1. Ⓤ London Bridge. Tgl. 10–18 Uhr. Eintritt: £ 6, erm. £ 4.50. www.goldenhinde.com.

Shakespeare's Globe Theatre: Das erste, 1599 errichtete *Globe Theatre* brannte schon 1613 während einer Aufführung des Dramas „Heinrich VIII." bis auf die Grundmauern nieder. Innerhalb von nur einem Jahr wiederaufgebaut, fiel das

576 London

Theater 1642 der puritanischen Sittenstrenge zum Opfer. Erst durch die unermüdliche Initiative des amerikanischen Schauspielers und Regisseurs Sam Wanamaker kamen in den Neunzigerjahren des 20. Jahrhunderts so viele Spendengelder zusammen, dass heute nur wenige Meter vom ursprünglichen Standort entfernt, wieder eine weiß verputzte Rekonstruktion von Shakespeares berühmtem *Globe Theatre* auf Besucher wartet. Die drei Ränge und der Innenhof bieten Platz für rund 1.500 Zuschauer; Theateraufführungen finden wie zu Shakespeares Zeiten von Mitte Mai bis Mitte September bei Tageslicht unter freiem Himmel statt, die Schauspieler agieren vor einem minimalistischen Bühnenbild, der Schauplatz eines Dramas wird einzig durch die Magie der Worte beschworen. Übrigens: Essen und Trinken ist ausdrücklich erlaubt.

Die dem Theater angegliederte *Shakespeare's Globe Exhibition* bietet eine Einführung in die Geschichte des elisabethanischen Theaters. Ein Café und ein Restaurant sorgen für das leibliche Wohl.

New Globe Walk, Bankside, SE1. ⓤ Mansion House. Von Mai bis Sept. tgl. außer So 9– 12.30 Uhr, im Winter tgl. 10–17 Uhr. Eintritt: £ 10.50, erm. £ 8.50 bzw. £ 6.50. www. shakespeares-globe.org.

Tate Gallery of Modern Art: Keine Frage: Die Tate Gallery of Modern Art ist eine „Kathedrale der Modernen Kunst", atemberaubend und faszinierend zugleich. Dies liegt – abgesehen von den faszinierenden Kunstwerken – an dem wuchtigen Backsteingebäude, in dem das Museum residiert. Es handelt sich um das ehemalige Kraftwerk der Bankside Power Station, das von *Sir Giles Gilbert Scott* – dem Erfinder der roten Telefonhäuschen – errichtet wurde. Rund 134 Millionen Pfund kostete der von den Schweizer Architekten Herzog & de Meuron entworfene Umbau, durch den nicht nur die moderne Kunst der Tate Gallery endlich den ihr zustehenden Platz erhielt, sondern der es nun auch London ermöglicht, endlich in der gleichen Liga zu spielen wie New York mit seinem Museum of Modern Art und Paris mit dem Centre Pompidou. Bis auf einen zweistöckigen Glasaufbau, der die Proportionen des Gebäudes positiv beeinflusste, ist das einstige Kraftwerk äußerlich unverändert. Die Dimensionen sind wahrhaft gewaltig: Allein die Haupthalle der Tate Gallery of Modern Art ist 160 Meter lang und 30 Meter hoch. Hinzu kommen weitere Ausstellungsräume mit einer Raumhöhe bis zu zwölf Metern. Somit können moderne, überdimensionale Kunstwerke, die in ehemaligen Industriehallen oder Lofts entstanden sind, angemessen präsentiert werden. Über eine Rampe werden die Besucher in den Bauch des Museums geleitet. Zu besichtigen sind Kunstwerke aus dem 20. Jahrhundert, beispielsweise von Picasso, Matisse, Duchamp, Dalí, Moore, Bacon, Giacometti, Beuys und Warhol. Hinzu kommen wechselnde zeitgenössische Installationen sowie ein Skulpturengarten.

Bank Side, SE1. ⓤ Mansion House. Tgl. 10–18 Uhr, Fr und Sa bis 22 Uhr. Eintritt frei! Sonderausstellungen £ 11, erm. £ 9. www.tate.org.uk.

Hayward Gallery: Die 1968 eröffnete Galerie bietet der modernen Kunst ein respektables Forum. Einen festen Fundus gibt es nicht, dafür finden mehrmals im Jahr anspruchsvolle Wanderausstellungen statt.

SE1. ⓤ Queen Walk, Waterloo oder Embankment. Tgl. 10–18 Uhr, Fr 10–22 Uhr. Eintritt: £ 11, erm. £ 10 bzw. £ 8. www.hayward-gallery.org.uk.

London Eye: Auf der Suche nach neuen Attraktionen für die Millenniumsfeierlichkeiten durfte anscheinend auch ein Riesenrad nicht fehlen. Dass es sich bei dem 135 Meter hohen Riesenrad um das größte der Welt handelt, versteht sich dabei

Lambeth und Southwalk 577

Panoramablick pur: London Eye

fast schon von selbst. Auf der rund 30-minütigen Fahrt mit dem „London Eye" erheben sich die gläsernen Gondeln im Zeitlupentempo über die britische Metropole. Ein phantastischer Panoramablick ist garantiert! Pro Jahr werden mit dem Riesenrad 3,5 Millionen Fahrgäste transportiert. Achtung: Tickets vorab per Telefon oder im Internet bestellen.

Jubilee Gardens, SE1. Ⓤ Westminster oder Waterloo. Tgl. 10–20 Uhr, im Sommer bis 21.30 Uhr. Fahrtkosten: ab £ 17.95, erm. ab £ 14.30 bzw. ab £ 9.50. www.londoneye.com.

London Aquarium: Das London Aquarium bietet einen faszinierenden Einblick in die Unterwasserwelt. In den verschiedenen Sektionen des Aquariums werden die für die jeweiligen Meere (Atlantik, Pazifik und Indischer Ozean) typische Flora und Fauna vorgestellt. Ein Korallenriff, Mangrovensümpfe und ein Becken mit tropischem Süßwasser dürfen selbstverständlich nicht fehlen. Die größte Attraktion sind natürlich die Haifische im Pazifikbecken, bei Kindern besonders beliebt ist ein Bassin mit Rochen, die sich bereitwillig streicheln lassen.

County Hall, Riverside Building, SE1. Ⓤ Westminster oder Waterloo. Tgl. 10–18 Uhr, im Sommer bis 19 Uhr. Eintritt: £ 18 erm. £ 16.50 bzw. £ 12.50. www.londonaquarium.co.uk.

Florence Nightingale Museum: Es gibt wohl kaum jemanden, der in den 1960er-Jahren geboren und im Englischunterricht nicht mit der Lebensgeschichte von Florence Nightingale (1820–1910) konfrontiert wurde. Das St Thomas's Hospital ist der richtige Ort für ein Florence-Nightingale-Museum, denn hier gründete Florence 1860 die weltweit erste professionelle Schule zur Ausbildung von Krankenschwestern (noch heute werden die Schwestern des St Thomas's Hospital *Nightingales* genannt).

2 Lambeth Palace Road, SE1. Ⓤ Westminster oder Waterloo. Tgl. 10–17 Uhr. Eintritt: £ 5.80, erm. £ 4.80. www.florence-nightingale.co.uk.

Imperial War Museum: Man sollte sich von den vielen Kampfflugzeugen, Raketen und Kanonen im Erdgeschoss nicht abschrecken lassen, denn das Imperial War

578   London

Museum ist sicherlich das anspruchsvollste Kriegsmuseum in London. Untergebracht in einer ehemaligen Nervenheilanstalt, wird hier die Geschichte des britischen Militärs seit dem Ersten Weltkrieg festgehalten. U-Boote, Panzer, Flugzeuge,
Kanonen, Uniformen, Schlachtendarstellungen usw. können besichtigt werden.
Filmvorführungen zeigen das Kriegsmaterial im Einsatz. Didaktisch sehr gut konzipiert sind die Ausstellungen zu den beiden Weltkriegen, dem Holocaust und „The
Age of the Total War". Eine technische Meisterleistung ist „The Blitz Experience",
ein simulierter Bomben- bzw. Raketenangriff auf London, bei dem sogar der Boden
bebt. Ebenfalls sehr eindrucksvoll ist die Szenerie „The Trench Experience", die
eine authentische Vorstellung vom Leben und Sterben in den Schützengräben des
Ersten Weltkriegs vermittelt.

Lambeth Road, SE1. Ⓤ Waterloo oder Elephant & Castle. Tgl. 10–18 Uhr. Eintritt frei!
www.iwm.org.uk.

Ein Mann namens Jack the Ripper

Die fünf Morde, die sich 1888 im Londoner East End ereigneten, gehören zu
den mysteriösesten und grausamsten Fällen der englischen Kriminalge-
schichte. Der erste Mord geschah am 31. August, als eine Prostituierte in einer nebeligen Nacht verstümmelt aufgefunden wurde. Im East End standen
damals Mord und Totschlag auf der Tagesordnung, so dass diese Tat noch
kein großes Aufsehen erregte. Erst als am 8. September erneut eine Prostituierte unter den gleichen Umständen ums Leben kam, breiteten sich Angst
und Schrecken aus, die dadurch noch gesteigert wurden, dass der Mörder in
einem mit „Jack the Ripper" unterschriebenen Brief an eine Londoner Zeitung weitere Morde ankündigte. In der Nacht vom 30. September ereigneten
sich die nächsten beiden Morde. Ihren Höhepunkt erreichte die schreckliche
Serie am 9. November: Die junge, hübsche Prostituierte Mary Jane Kelly
wurde in ihrem Zimmer in der Hanbury Street vollkommen zerstückelt aufgefunden, ihre Eingeweide waren über den Fußboden verteilt. Danach brach
die Mordserie unvermittelt ab. Wer „Jack the Ripper" war, konnte nie aufge-
klärt werden.

Es gab zwar einen großen Kreis von Verdächtigen, zu denen auch der Duke
of Clarence gezählt wurde, da sich der homosexuelle Sohn von Eduard VII.
bekanntlich in den einschlägigen Lokalitäten des East End herumtrieb. Zwei
der Hauptverdächtigen kamen kurze Zeit nach dem letzten Mord unter tragischen Umständen ums Leben, was das abrupte Ende der Serie erklären
könnte.

East End

Das East End ist die Heimat der Cockneys. Aber auch die Hugenotten und Juden
haben hier ihre erste Heimstätte gefunden. Heute wird das Armenviertel im Londoner Osten vor allem von Pakistanis und Bengalen geprägt. Große Sehenswürdigkeiten gibt es abgesehen von den vier bekannten Märkten (Spitalfield Market, Petticoat Lane Market, Brick Lane Market, Columbia Road Market) nicht. Einen
schlechten Ruf hatte das East End schon immer: Bereits aus dem Mittelalter gibt es

Berichte über Elendsquartiere, die sich dicht an dicht in den Sümpfen außerhalb von Aldgate drängten. Im Zeitalter der industriellen Revolution waren es vor allem irische Immigranten, Fabrikarbeiter und Hafenarbeiter, die in den Slums des East End eine billige Unterkunft fanden. Im Jahre 1870 wurden im Londoner Osten 600.000 Menschen gezählt. Zumeist lebten ganze Familien in einem einzigen Zimmer ohne Wasseranschluss, von sanitären Einrichtungen ganz zu schweigen. In der Hochphase der Industrialisierung lag im East End die durchschnittliche Lebenserwartung bei 16 Jahren; 55 Prozent aller Kinder starben, bevor sie das fünfte Lebensjahr erreicht hatten! Angesichts dieser Zustände verwundert es nicht, dass die von *William Booth* gegründete Heilsarmee 1878 in Whitechapel mit ihrer Missionsarbeit begann und 1888 dort das erste Nachtasyl für Obdachlose eröffnet wurde.

Docklands

Der einstmals größte Dockhafenkomplex der Welt mit seinen gigantischen Lagerhäusern und Hafenbecken wurde in den letzten Jahrzehnten in ein hypermodernes Büroviertel verwandelt. Im Jahre 1981 begann die London Docklands Development Corporation das brachliegende, 2.200 Hektar große Areal einer neuen Nutzung zuzuführen. Doch anstatt den großen städteplanerischen Wurf zu wagen, entstand auf der sogenannten *Isle of Dogs*, die eigentlich eine Halbinsel ist, ein architektonisches Potpourri aus Glas, Stahl, Marmor und Granit. Das Ergebnis ist ein seelenloses Terrain mit riesigen Häuserklötzen und postmodernem Schnickschnack. Abends und am Wochenende sind die Docklands fast menschenleer, grundlegende Versorgungseinrichtungen fehlen weitgehend. Auch Prince Charles rümpfte die Nase angesichts der „mittelmäßigen Bauten" mit ihrer unterkühlten Eleganz. Zum Wahrzeichen der Docklands wurde der einer Rakete oder einem überdimensionalen Obelisk ähnelnde *Canary Wharf Tower* von Cesar Pelli. Seit seiner Fertigstel-

Im Schatten des Canary Wharf Towers – Docklands

580   London

lung 1991 ist das 244 Meter hohe Bürohochhaus zwar das höchste Gebäude in
Großbritannien, doch konnten bis dato noch immer einige Etagen nicht vermietet
werden. Zum Teil liegt es auch an der schlechten Infrastruktur. Architektonisch
ausgefallen wirkt *Cascades,* ein zwanzigstöckiges Gebäude von Piers Gough, das direkt an der Themse emporwächst. Mit seinen Türmchen, Bullaugen und seinem
abgeschrägten Anbau erinnert es an einen steinernen Wasserfall.

Greenwich

Greenwich ist ein traditionsreicher Ort am Südufer der Themse. Durch seine Königliche Sternwarte und den Nullmeridian ist Greenwich gewissermaßen zum Nabel der Welt geworden. Einen Besuch lohnt aber auch das National Maritime Museum. Ursprünglich war Greenwich ein kleines Fischerdorf an der Themse. Dies
änderte sich erst, als der Herzog von Gloucester 1428 ein Schloss errichten ließ.
Letztlich war es aber Karl II., der die „Schuld" am Aufstieg von Greenwich trug; der
englische König beschloss 1685, „auf dem höchsten Punkt in unserem Park in
Greenwich eine kleine Sternwarte zu bauen."

Sehenswertes

Royal Naval College: Das Royal Naval College zählt zu den vier weltlichen Bauten
von *Christopher Wren.* Allerdings war Wren hier nicht allein am Werk, Teile des
klassizistischen Ensembles wurden von seinem Schüler *Nicholas Hawksmoor* entworfen. Auftraggeberin war Königin Maria II., die sich Greenwich als Standort für
ein Marinehospital wünschte, das als Pendant zum Chelsea Hospital alten Seeleuten einen geruhsamen Lebensabend gewährleisten sollte. Die architektonische Vor-
gabe war, dass das dahinterliegende *Queen's House* von *Inigo Jones* von der Themse
aus weiterhin sichtbar bleiben müsse und daher nicht verdeckt werden durfte.
Greenwich, SE 10. DLR: Island Gardens. Tgl. 10–17 Uhr, So erst ab 12.30 Uhr. Eintritt frei!
www.oldroyalnavalcollege.org.

National Maritime Museum: Großbritannien war einst die größte Seefahrernation
der Welt. An diese hehre Vergangenheit erinnert das Museum zur Geschichte der
Seefahrt in mustergültiger Form. Rund um einen überdachten Innenhof sind die
verschiedenen Sektionen des Museums gruppiert, die beispielsweise sehr anschaulich die großen Entdecker und ihre Expeditionen, allen voran *James Cook* (1728–
1779), vorstellen; aber auch Fragen nach der Zukunft der Ozeane bleiben nicht aus-
geklammert. Wer sich für Seeschlachten interessiert, kommt auch nicht zu kurz.
Greenwich, Romney Road, SE 10. DLR: Island Gardens. Tgl. 10–17 Uhr. Eintritt frei!
www.nmm.ac.uk.

Royal Observatory: Sir Christopher Wren entwarf die königliche Sternwarte nebst
einem Haus für den Hofastronomen John Flamsteed. Bis 1945 blickten Flamsteeds
Nachfolger von hier aus in den nächtlichen Himmel, dann musste die Sternwarte
aufgrund der zunehmenden Luftverschmutzung nach Herstmonceux in East Sussex verlegt werden. Das Royal Observatory wurde daraufhin in ein Museum umgewandelt.
Greenwich, SE 10. DLR: Island Gardens. Tgl. 10–17 Uhr. Eintritt frei! www.rog.nmm.ac.uk.

Millennium Dome

Wie eine riesige Schildkröte ruht der Millennium Dome auf dem Areal eines aufge-
lassenen Gaswerks im Norden von Greenwich. Der Dome war ein Prestigeobjekt

Millennium Dome 581

von Tony Blair, das den Geist von „Cool Britannia" mit dem Vertrauen auf die zukünftige Welt vereinen sollte. Für diese hehren Pläne scheute die britische Regierung weder Kosten noch Mühen. Der britische Staat stellte knapp 800 Millionen Pfund für den Bau und die Vermarktung des Millennium Dome bereit. Hierbei sind die 140 Millionen Pfund, die aufgewendet wurden, das verseuchte Areal zu dekontaminieren sowie die Kosten für die Verlängerung der Jubilee Line, gar nicht eingerechnet. Stararchitekt Richard Rogers wurde ausgewählt, um den größten Kuppelbau der Welt mit einer Grundfläche von 80.000 Quadratmetern zu errichten. Ironischerweise wusste zu diesem Zeitpunkt noch niemand, welche Attraktionen unter dem lichtdurchlässigen Zeltdach Platz finden sollten. Allein die Dimensionen des Bauwerks sind gewaltig: Der Dome ist nach Flächengröße hinter dem Kennedy Space Center in Florida und der Montagehalle von Boeing in Seattle der drittgrößte Bau der Welt. Die Kuppel könnte bequem den Trafalgar Square samt der 50 Meter hohen Säule Nelsons überspannen; das Fassungsvermögen entspricht 18.000 Doppeldeckerbussen. Hielte man den Millennium Dome unter die Niagara Fälle, so würde es rund zehn Minuten dauern, bis er mit Wasser gefüllt wäre. Die zwölf gelben, knapp 90 Meter hohen Stahlmasten, die die Konstruktion tragen, sind schnell zum Erkennungszeichen des Domes geworden. Publicitywirksam rutschte James Bond in seinem Film „007 – Die Welt ist nicht genug" das Dach hinunter. Trotz aufwändiger Werbemaßnahmen geriet der Millennium Dome zum gigantischen (Jahrtausend-?) Flop. Bei Eintrittspreisen von 20 Pfund blieben die erhofften Besuchermassen aus, so dass die Regierung auf einem riesigen Verlust sitzen blieb. Derzeit wird der Millennium Dome unter dem Namen „The O2" als Veranstaltungsort für Konzerte und Ausstellungen genutzt.

Millennium Dome. Ⓤ North Greenwich (Tarifzone 3). www.theo2.co.uk.

Milliongrab: Millennium Dome

Kleines Speiselexikon

Zubereitungen

baked	gebacken	medium rare	halb durchgebraten
battered	paniert	poached	gedünstet
boiled	gekocht (z. B. Wasser)	rare (raw)	fast roh
		roasted	im Ofen gebacken
braised	geschmort	smoked	geräuchert
cooked	gekocht	steamed	gedämpft
fried	gebraten	stewed	geschmort
lean	mager	stuffed	gefüllt
jellied	geliert	well done	durchgebraten
marinated	mariniert		

Eintöpfe (stews)

Irish Stew	Eintopf aus Hammelfleisch, Kartoffeln und Zwiebeln, gewürzt mit viel Thymian und Petersilie	Dublin Coddle	Eintopf aus Würstchen, Schinken, Zwiebeln und Kartoffeln

Fisch, Meeresfrüchte (seafood)

bass	Barsch	monkfish	Seeteufel
bream	Brasse	mussels	(Mies-)Muscheln
brill	Meerbutt	oysters	Austern
chowder	Suppe vom Fisch oder von Schalentieren	Plaice	Scholle
		Prawn	Garnele
clams	Venusmuscheln	red mullet	Seebarbe
cockles	Herzmuscheln	salmon	Lachs
cod	Kabeljau	scallops	Jakobsmuscheln
crabs	Krabben	shellfish	Schalentiere
crawfish	Languste	sea trout	Meeresforelle
eel	Aal	squids	Kalamares
haddock	Schellfisch	sole	Seezunge
hake	Seehecht	trout	Forelle
halibut	Heilbutt	tuna	Thunfisch
kippers	geräucherte Heringe	turbot	Steinbutt
lobster	Hummer	on/off the bone	mit/ohne Gräten
mackarel	Makrele		

Fleisch (meat)

bacon	Schinkenspeck
bacon & cabbage	Kohl (meist Wirsing) mit Speck
beef	Rindfleisch
blackpudding	Blutwurst
chicken	Huhn
chicken curry	Hühnerfrikassee
chop	Kotelett
duck	Ente
escalope	Schnitzel
gammon steak	gegrillter Schinken
ham	gekochter Schinken
hare	Hase
joint	Keule
kidney pie	mit Nieren gefüllte Pastete
lamb	Lammfleisch
leg of lamb	Lammkeule
liver	Leber
loin	Lendenstück
meatballs	Fleischklößchen
minced meat	Hackfleisch
minced pies	Hackfleischpasteten
mutton	Hammelfleisch
quail	Wachtel
rabbit	Kaninchen
roast	Braten
roast beef	Rinderbraten
pheasant	Fasan
pork	Schweinefleisch
poultry	Geflügel
saddle of lamb	Lammrücken
rib	Rippe
sausage	Wurst
shepherd's pie	Rind-, Hammelfleisch mit Zwiebeln und Kartoffeln überbacken
sirloin steak	Rumpsteak
snails	Schnecken
steak and kidney pie	Fleischpastete mit Nieren
turkey	Truthahn
veal	Kalbfleisch
venison	Reh bzw. Hirsch

Gemüse (vegetables), Salate (salads), Obst (fruit)

asparagus	Spargel
baked potatoes	in Folie gebackene Kartoffeln
beetroot	rote Beete
beans	Bohnen
Brussels sprouts	Rosenkohl
cabbage	Kohl
cauliflower	Blumenkohl
carrots	Karotten
celery	Sellerie
chips	Pommes Frites
colecannon	Kartoffelbrei mit Kohl, Butter, Milch
ooloclaw	Krautsalat
corn	Mais
creamed potatoes	Kartoffelbrei
cucumber	Salatgurke
date	Dattel
egg mayonnaise	russische Eier
egg plant	Aubergine
fennel	Fenchel
French beans	grüne Bohnen
fruit salad	Obstsalat
grapes	Weintrauben
jacket potato	in der Schale gebackene Kartoffel
horseradish	Meerrettich
leek	Lauch
lentils	Linsen
lettuce	Kopfsalat
mashed potatoes	Kartoffelbrei
mushrooms	Pilze (Champignons)
onions	Zwiebeln
parsley	Petersilie
pawpaw	Papaya
peach	Pfirsich
pear	Birne
peas	grüne Erbsen
peppers	Paprikaschoten
pineapple	Ananas

potato	Kartoffel	*strawberries*	Erdbeeren
quince	Quitte	*spinach*	Spinat
radish	Radieschen	*turnips*	weiße Rüben
raisin	Rosine	*yam*	Süßkartoffel
stewed fruit	Kompott		

Sonstiges

carageen	mit Milch gekochter Seetang	*noodles*	(asiatische) Nudeln
cereals	Müsli	*oats*	Haferflocken
cheese	Käse	*pancake*	Pfannkuchen
cream	Sahne	*pasta*	(italienische Nudeln
custard	Vanillesauce	*porridge*	Haferbrei
Danish blue	Blauschimmelkäse	*rice*	Reis
dumplings	Klöße	*scrambled eggs*	Rühreier
egg	Ei	*slice*	Scheibe
garlic	Knoblauch	*sour cream*	saure Sahne
horseradish	Meerrettich	*soup*	Suppe
jam	Marmelade, Konfitüre	*sugar*	Zucker
marmalade	Bittermarmelade	*trifle*	(süßer) Auflauf
mint sauce	Pfefferminzsauce	*tartar sauce*	Remouladensauce
mustard	Senf	*vinegar*	Essig

Brot (bread), Gebäck (pastry)

apple crumble	mit Streuseln überbackenes Apfeldessert	*Guinness cake*	mit Bier gewürztes Früchtebrot
barm bread	süßes Brot	*gateau*	Sahnetorte
biscuits	Kekse	*lemon meringue pie*	Zitronencremekuchen mit Baiserhaube
boxties	gefüllte Pfannkuchen	*scones*	Teegebäck
brown bread	Weizenvollkornbrot	*soda bread*	Sodabrot
cream puff	Windbeutel	*tart*	Obsttorte

Getränke (beverages)

beer	Bier	*Irish coffee*	Kaffee mit einem Schuss Whiskey, zwei Teelöffel braunem Rohrzucker und einer Sahnehaube obenauf
stout	dunkles Bier, Typ Guinness		
lager	helles pilsähnliches Bier	*Irish cream*	Likör auf Whiskey-Basis mit Schokolade und Sahne
ale	leichtes Dunkelbier, Typ Export	*Irish mist*	Likör auf Whiskey-Basis mit Honig und Kräutern
bitter	leichtes Dunkelbier, Typ Alt	*ginger ale*	Ingwerlimonade
cider	Apfelwein	*malt beer*	Malzbier
mead	Met	*red wine*	Rotwein
Irish tea	Whiskey-Grog, gewürzt mit Nelken und Zitrone	*sparkling wine*	Sekt

Verlagsprogramm

Ägypten
- Ägypten
- Niltal
- Sinai & Rotes Meer

Australien
- Australien – der Osten

Baltische Länder
- Baltische Länder

Belgien
- *MM-City* Brüssel

Bulgarien
- Schwarzmeerküste

China
- *MM-City* Shanghai

Cuba
- Cuba
- *MM-City* Havanna

Dänemark
- *MM-City* Kopenhagen

Deutschland
- Allgäu
- *MM-Wandern* Allgäuer Alpen
- Altmühltal & Fränkisches Seenland
- Bayerischer Wald
- *MM-City* Berlin
- Berlin & Umgebung
- Bodensee
- *MM-City* Dresden
- Fehmarn
- Franken
- Fränkische Schweiz
- *MM-City* Hamburg
- Harz
- *MM-City* Köln
- *MM-City* Lübeck
- Mainfranken
- Mecklenburgische Seenplatte
- Mecklenburg-Vorpommern
- *MM-City* München
- *MM-Wandern* Münchner Ausflugsberge
- Nürnberg, Fürth, Erlangen
- Oberbayerische Seen

- Ostfriesland und Ostfriesische Inseln
- Ostseeküste – von Lübeck bis Kiel
- Ostseeküste – Mecklenburg-Vorpommern
- *MM-Wandern* Östliche Allgäuer Alpen
- Pfalz
- Rügen, Stralsund, Hiddensee
- Südschwarzwald
- Schleswig-Holstein Nordseeküste
- Schwäbische Alb
- Sylt
- Usedom
- *MM-Wandern* Westallgäu und Kleinwalsertal
- *MM-Wandern* Zentrale Allgäuer Alpen

Dominikanische Republik
- Dominikanische Republik

Ecuador
- Ecuador

Frankreich
- Bretagne
- Côte d'Azur
- Elsass
- *MM-Wandern* Elsass
- Haute-Provence
- Korsika
- *MM-Wandern* Korsika
- Languedoc-Roussillon
- Normandie
- *MM-City* Paris
- Provence & Côte d'Azur
- *MM-Wandern* Provence
- Südfrankreich
- Südwestfrankreich

Griechenland
- Athen & Attika
- Chalkidiki
- Griechenland
- Griechische Inseln
- Karpathos
- Kefalonia & Ithaka
- Korfu

- Kos
- Kreta
- *MM-Wandern* Kreta
- Kykladen
- Lesbos
- Naxos
- Nord- u. Mittelgriechenland
- Nördl. Sporaden – Skiathos, Skopelos, Alonnisos, Skyros
- Peloponnes
- Rhodos
- Samos
- Santorini
- Thassos, Samothraki
- Zakynthos

Großbritannien
- Cornwall & Devon
- England
- *MM-City* London
- Schottland
- Südengland

Irland
- *MM-City* Dublin
- Irland

Island
- Island

Italien
- Abruzzen
- Apulien
- Adriaküste
- Chianti – Florenz, Siena, San Gimignano
- Cilento
- Dolomiten – Südtirol Ost
- Elba
- Friaul-Julisch Venetien
- Gardasee
- Golf von Neapel
- Italien
- Kalabrien & Basilikata
- Lago Maggiore
- Ligurien – Italienische Riviera, Genua, Cinque Terre
- *MM-Wandern* Ligurien & Cinque Terre
- Liparische Inseln
- Marken

- Mittelitalien
- Oberitalien
- Oberitalienische Seen
- Piemont & Aostatal
- *MM-Wandern* Piemont
- *MM-City* Rom
- Rom & Latium
- Sardinien
- *MM-Wandern* Sardinien
- Sizilien
- *MM-Wandern* Sizilien
- Südtirol
- Südtoscana
- Toscana
- *MM-Wandern* Toscana
- Umbrien
- *MM-City* Venedig
- Venetien

Kanada

- Kanada – der Osten
- Kanada – der Westen

Kroatien

- Istrien
- Kroatische Inseln & Küste
- Mittel- und Süddalmatien
- Nordkroatien – Kvarner Bucht

Malta

- Malta, Gozo, Comino

Marokko

- Südmarokko

Montenegro

- Montenegro

Neuseeland

- Neuseeland

Niederlande

- *MM-City* Amsterdam
- Niederlande

Norwegen

- Norwegen
- Südnorwegen

Österreich

- Salzburg & Salzkammergut
- Wachau, Wald- u. Weinviertel
- *MM-City* Wien

Polen

- *MM-City* Krakau
- Polnische Ostseeküste
- *MM-City* Warschau

Portugal

- Algarve
- Azoren
- *MM-City* Lissabon
- Lissabon & Umgebung
- Madeira
- *MM-Wandern* Madeira
- Nordportugal
- Portugal

Russland

- *MM-City* St. Petersburg

Schweden

- Südschweden

Schweiz

- Genferseeregion
- Graubünden
- Tessin

Slowakei

- Slowakei

Slowenien

- Slowenien

Spanien

- Andalusien
- *MM-Wandern* Andalusien
- *MM-City* Barcelona
- Costa Brava
- Costa de la Luz
- Gomera
- *MM-Wandern* Gomera
- Gran Canaria
- *MM-Touring* Gran Canaria
- Ibiza
- Katalonien
- Lanzarote
- La Palma
- *MM-Wandern* La Palma
- *MM-City* Madrid
- Madrid & Umgebung
- Mallorca
- *MM-Wandern* Mallorca
- Menorca
- Nordspanien
- Spanien
- Teneriffa
- *MM-Wandern* Teneriffa

Tschechien

- *MM-City* Prag
- Südböhmen
- Tschechien
- Westböhmen & Bäderdreieck

Türkei

- *MM-City* Istanbul
- Türkei
- Türkei – Lykische Küste
- Türkei – Mittelmeerküste
- Türkei – Südägäis von İzmir bis Dalyan
- Türkische Riviera – Kappadokien

Tunesien

- Tunesien

Ungarn

- *MM-City* Budapest
- Westungarn, Budapest, Pécs, Plattensee

USA

- *MM-City* New York

Zypern

- Zypern

Aktuelle Informationen zu allen Reiseführern finden Sie im Internet unter

www.michael-mueller-verlag.de

Michael Müller Verlag GmbH, Gerberei 19, 91054 Erlangen
Tel. 0 91 31 / 81 28 08-0; Fax 0 91 31 / 20 75 41; E-Mail: info@michael-mueller-verlag.de

- ABRUZZEN
- ALENTEJO
- ALGARVE
- ANDALUSIEN
- APULIEN
- DODEKANES
- IONISCHE INSELN
- KRETA
- LISSABON & UMGEBUNG
- MARKEN
- SARDINIEN
- SIZILIEN
- TENERIFFA
- TOSKANA
- UMBRIEN

CASA FERIA
Land- und Ferienhäuser

Nette Unterkünfte bei netten Leuten

CASA FERIA
die Ferienhausvermittlung
von Michael Müller

Im Programm sind ausschließlich persönlich ausgewählte Unterkünfte abseits der großen Touristenzentren.

Ideale Standorte für Wanderungen, Strandausflüge und Kulturtrips.

Einfach www.casa-feria.de anwählen, Unterkunft auswählen, Unterkunft buchen.

Casa Feria wünscht
Schöne Ferien

www.casa-feria.de

MM-Wandern
Die innovativen Tourenbegleiter aus dem Michael Müller Verlag

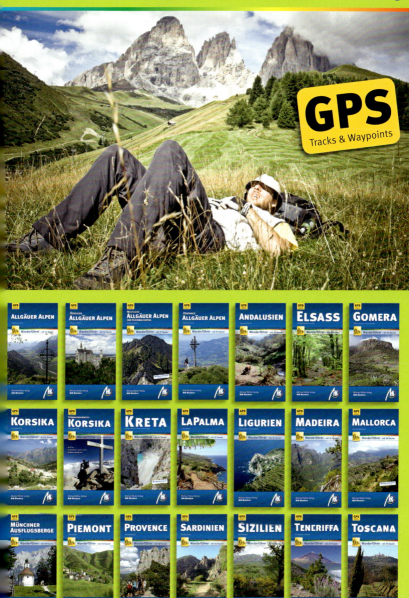

Was haben Sie entdeckt?

Haben Sie ein empfehlenswertes Restaurant gefunden, einen netten Pub, ein gemütliches Hotel oder einen schönen Wanderweg? Wenn Sie Tipps, Anregungen oder Verbesserungsvorschläge zum Buch haben, lassen Sie es uns bitte wissen.

Ralf Nestmeyer
Stichwort „Südengland"
c/o Michael Müller Verlag
Gerberei 19
91054 Erlangen
ralf.nestmeyer@michael-mueller-verlag.de

Register

*A*bba 176
Abbotsbury 375
Admiral's Cup, Regatta 245
Aethelred (König) 35
Albert (Prince) 246
Albert (Prinz von Sachsen-Coburg-Gotha und Gemahl von Königin Victoria) 569
Alderny 25
Alfred der Große (König) 34, 221
Alfriston 167
Alice im Wunderland 207
Altarnun 515
Alton 230
Alum Bay 252
Amberley 194
Amelia (Prinzessin) 190
Angeln 85
Angelsachsen 34
Anning, Mary 375
Anreise 58
   mit dem Auto oder Motorrad 59
   mit dem Bus 66
   mit dem Flugzeug 63
   mit dem Zug 65
Anselm von Canterbury 123
Antony House 430
Appuldurcombe House 250
Architektur 51
Arimathäa, Joseph von 320
Arlington Court 385
Armada 43
Artus, König 510
Arundel 191
Ascot 256
Ashdown Forest 151
Ashford 141
Asparagus Island 470
Astor, William Waldorf 144
Athelhampton House 361
Attlee, Clement 48
Aubrey, John 268
Augustinus (Bischof von Canterbury) 125

Auslandskranken-versicherung 92
Austen, Jane 222, 230, 309
Avebury 272
Avon 280
Axbridge 319

*B*acon, Francis 558
Badbury Rings 351
Baden 88
Baden-Powell, Lord Robert 347
Badminton 85
Badminton House 310
Baedeker Raids 48
Baggy Point 390
Bakes, Lady Mary 355
Ball, John 38
Ballonfahrten 87
Bankes, William John 349
Barnstaple 384
Barry, Charles 565
Barton-on-Sea 238
Basingstoke 230
Bateman's 160
Bath 298
Battle 160
Battle of Hastings 35, 161
Bayham Abbey 149
Beachy Head 165
Beale, Benjamin 120
Beaminster 379
Beatles 247
Beaulieu 239
Becket, Thomas 124
Bed & Breakfast (B&B) 76
Bedruthan Steps 503
Beer 403
Behinderte 90
Bell, Clive 172
Bell, George 198
Bell, Vanessa 172
Bennetts Water Gardens 373
Benzin 62
Bergsteigen 89
Berkeley Castle 297

Berkshire 253
Berry Head 412
Berwick 173
Betjeman, John 338
Bexhill-on-Sea 161
Bideford 391
Bigbury-on-Sea 420
Bignor Roman Villa 195
Birdwatching 86
Bisexualität 173
Bishop's Waltham 230
Bishops Lydeard 328
Blackmore, Richard Doderidge 329
Blackpool Sands 418
Blake, Robert (Admiral) 327
Blanchard, Jean Pierre 64
Blathway, William 310
Blean Woods 132
Blériot, Louis 64
Blitz (The) 48
Bloody Assize 325
Bloomsbury Group 173
Blyton, Enid 352
Bodiam Castle 156
Bodinnick 448
Bodmin 514
Bodmin Moor 513
Bognor Regis 23, 201
Boleyn, Anne 144
Bolt Head 420
Bolt Tail 420
Bolventor 515
Bonchurch 250
Boniface Down 250
Bonifatius 406
Booth, William 579
Boscastle 511
Botallack 484
Bournemouth 338
Bovington Camp 363
Bowood House 272
Box Hill 203
Bradford-on-Avon 310
Bradford-on-Tone 325
Brading 249

592   Register

Brading Roman Villa 249
Branscombe 404
Branson, Richard 555
Braunton Burrows 391
Bridgwater 327
Bridport 378
Brighstone 252
Brighton 175
Bristol 281
Brixham 412
Broadlands 229
Broadstairs 119
Brown, Willy 516
Brown, Gordon 564
Brown, Lancelot 133, 194
Brownsea Island 347
Brunel, Isambard Kingdom
   295
Bryher 490
Buckfast Abbey 441
Buckfastleigh 441
Buckland Abbey 428
Buckler's Hard 240
Bude 513
Budleigh Salterton 405
Bull Point 387
Burgh Island 420
Burling Gap 171
Burnham-on-Sea 319
Burt, George 352
Burwash 160
Bus 72
Buspauschalreisen 66
Butlin, Billy 201

*C*abot, John 284
Cadbury Castle 325
Cade, Rowena 480
Cadgwith 472
Caerhays Castle 455
Caesar, Julius 32, 114
Calbourne 252
Calshot 238
Camborne 497
Camelford 516
Cameron, Julia Margaret
   251
Camping 78
Canterbury 123
Cape Cornwall 481

Carlyle, Thomas 47
Carn Near 489
Carroll, Lewis 207
Castle Combe 271
Castle Drogo 436
Cavendish, William 161
Cawsand 430
Celtic-Cornish Society 498
Ceremony of the Keys 548
Cerne Abbas 363
Chagall, Marc 144
Chagford 435
Chantry Chapels 226
Chapel Point 455
Charles (Prince) 357
Charleston Farmhouse 172
Charlestown 451
Charmouth 376
Chartwell 146
Chatham 134, 137
Chaucer, Geoffrey 124,
   131, 567
Chawton 230
Cheddar 318
Cherchill 274
Chesil Beach 374
Chichester 195
Chichester Festival 196
Chichester, Francis 421
Chichester, Rosalie 385
Chiddingstone Castle 144
Chideok Hill 376
Chilham 133
Chippenham 270
Chipperfield, David 121
Christchurch 343
Christianisierung 34
Christie, Agatha 409
Christie, John 171
Churchill Museum 564
Churchill, Sir Winston 146,
   564
Chysauster 484
Cider 84
Cinque Ports 106
City Airport 65
Clairvaux, Bernhard von
   210
Clandon Park 207
Clark, William 176

Claverton Manor 309
Cleeve Abbey 334
Clegly House 166
Clevedon 296
Clotted Cream 81
Cloud's Hill 363
Clovelly 392
Coach 72
Cobbe Collection 208
Cobbett, William 209
Cockington Village 409
Cole, Sir Henry 572
Coleridge, Samuel Taylor
   284, 328, 402
Coleton Fishacre 418
Colyton 403
Combe, Martin 386
Conran, Sir Terence 574
Constantine Bay 504
Cook, James 421, 580
Cook, Thomas 28
Corfe 355
Corfe Castle 355
Cornisch 457
Cornish Pasties 80
Cornwall 442
Cornwall Coast Path 472
Cotehele House 427
Coverack 473
Cowdray 202
Cowes 245
Crace, Frederick 186
Crackington Haven 513
Crawley 230
Cream Tea 81
Crediton 406
Cremyll 428
Cricket 86
Cromwell, Oliver 41
Crosby, Bing 176
Croyde 390
Cubitt, Thomas 246

*D*aguerre, Louis 272
Dampfmaschinen 418
Daniel, James 379
Dartington Hall 415
Dartmoor 431
Dartmouth 416
Darwin, Charles 147

Register 593

Davies, David 439
Dawlish 407
D-Day 219
De La Warr Pavilion 161
Deal 113
Debussy, Claude 162
Decorated (Architektur) 52
Defoe, Daniel 42, 44, 292
Der Große Brand 546
Devil's Dyke 171
Devizes 275
Devizes, Richard von 36, 222
Devon 380
Diana (Prinzessin) 572
Dickens World (Chatham) 137
Dickens, Charles 119, 134, 218, 554
Dimbola Lodge 252
Diplomatische Vertretungen 90
Dodgson, Charles Lutwidge 207
Dodman Point 455
Dokumente 90
Domesday Book 36
Donkey Sanctuary 404
Doone Valley 329
Dorchester 356
Dorking 203
Dorset 335
Dorset Coast Path 354
Dover 106
Down House 147
Doyle, Sir Arthur Conan 431, 556
Dozmary Pool 515
Drake, Sir Francis 40, 421, 427, 438, 575
Dreadnought-Streich 370
Drewe, Julius 436
Dulverton 328
Dungeness 113
Dunkery Beacon 329
Dunster 332
Dunster Castle 334
Durdle Door 356
Dyrham Park 309

Early Closing Day 96
Early English (Architektur) 51
East Meon 221
East Portlemouth 418
Eastbourne 161
Eastern Isles 489
Easton 373, 404
Eden Project 451
Eduard der Bekenner (König) 35
Edward I. 550
Eisenbahn 69
Elgin Marbles 553
Elgin, Lord Thomas 553
Eliot, Sir John 430
Elizabeth I. 40
Elmhirst, Dorothy 415
Elmley Marshes 141
Emigranten 48
Emin, Tracey 122
Engels, Friedrich 165
English Heritage (EH) 95
Epsom 203
Erbmonarchie 26
Esher 203
Essen und Trinken 79
Eton College 254
Eurotunnel 60
Exbury Gardens 240
Excalibur 515
Exeter 395
Exeter Book 401
Exford 331
Exil 48
Exmoor National Park 328
Exmoor-Ponys 330
Exmouth 405

Fähre 59
Fahrenheit 24
Fahrrad 72
Falmer 175
Falmouth 460
Farleigh Hungerford Castle 310
Farley Farm House 168
Farnham 208
Fauna 24
Faversham 133

Fawkes, Guy 41, 565
Feiertage 91
Feisal (König des Irak) 362
Ferienhäuser und -wohnungen 77
Fernsehen 97
Feste 29
Feudalismus 36
Firle 173
Fishbourne Roman Palace 200
Fistral Beach 503
Fitzherbert, Maria Anne 178
Flamsteed, John 580
Flat Holm 296
Flora 24
Flughäfen 63
Folkestone 110
Fontane, Theodor 178
Forde Abbey 379
Forst, Terry 496
Fortuneswell 373
Foster, Lord Norman 553
Fowey 449
Freshwater 242, 251
Fudge 81
Furry Days 468
Fußball 86

Gabriel, Peter 253
Garnett, Angelica 172
Gatwick 63
Geevor Tin Mine 484
Geld 91
Georg I. 42
Georg IV. 177, 556
Gerran Bay 466
Geschichte 31
Gesundheit 92
Gezeiten 92
Gidleigh 433
Gillingham 134
Gittisham 402
Glastonbury 320
Glendurgan Garden 467
Glyndebourne 171
Godrevy Point 498
Godshill 249
Godwinson, Harold 35

594 Register

Goethe-Institut 93
Golant 450
Golden Cape 376
Golf 87
Golfstrom 461
Goodwood 201
Goonhilly Downs 469
Goonhilly Satellite Earth
  Station Experience 472
Gorran Haven 455
Gotik 51
Grafschaften 26
Gral, heiliger 320
Grant, Duncan 172, 173,
  370
Grant, Hugh 573
Great British Heritage Pass
  94
Great Dixter 157
Great Torrington 393
Greenaway, Peter 147
Grenville, Richard 391
Greyhoundracing 87
Groombridge Place
  Gardens 147
Gugh 490
Guildford 204
Gulworthy 438
Gunpowder Plot 41, 565
Gweek 473
Gwithian 498

Hailsham 167
Hampshire 212
Hampton Court Palace 210
Hanse 38
Hardy, Thomas 356, 360
Hargreaves, Reginald 238
Hart, Emma 202
Hartland Abbey 393
Hartland Point 393
Hartland Quay 393
*Haschenperg, Stephan
  von* 114
Hastings 157
Hatchlands Park 208
Haustiere 93
Hawkinge 112
Hayle 497
Headcorn 139

Heale House Garden 266
Heathrow 63
Heine, Heinrich 44
Heinrich II. (König) 124
Heinrich VIII. 39, 210, 563
Heißluftballon 87
Helford 473
Hell Bay 490
Helston 468
Hemmick Beach 455
Hepworth, Barbara 496
Herne Bay 132
Heron, Patrick 496
Herstmonceux 166
Hestercombe House &
  Gardens 327
Hever Castle 144
High Willhays 433
Higher Bockhampton 356
Hildesheimer, Wolfgang
  443
Hill, Octavia 166
Hitchcock, Alfred 515
HMS Victory (Schiff) 217
HMS Warrior (Schiff) 216
Hoare, Henry d. J. 276
Hobby Horse 505
Hochseefischen 446
Holywell Bay 499
Honiton 402
Hope Cove 420
Horton Court 310
Hotels 75
Hove 175
Howard, Luke 22
Hugenotten 42
Hugh Town 487
Hundertjähriger Krieg 39
Hunter, Sir Robert 166
Hurn 344
Hussey, Edward 149
Hussey, Walter 199
Hythe 113

Ightham Mote 146
Ilchester 324
Ilfracombe 386
Industrielle Revolution 44
Information 93
Internet 93

Isle of Portland 373
Isle of Purbeck 351
Isle of Roseland 466
Isle of Sheppey 140
Isle of Thanet 118
Isle of Wight 241
Isle of Wight Steam
  Railway 248
Isles of Scilly 485

Jack the Ripper 578
Jakob I. 41
James, Henry 155
Jeffreys, Judge 325
Jeffries, John 64
Jekyll, Gertrude 327
Johnson, Samuel 551
Johnson, Uwe 141
Johnstone, George 460
Jones, Inigo 40, 266, 560
Jones, Sir Horace 548
Jugendherbergen 77

Karl I. 41
Karl I. (König) 245
*Karoline von
  Braunschweig* 178
Kathedralen 37
Keats, John 203, 249
Keiller, Alexander 273
Kelten 31
Kent 104
Kent's Cavern 412
Keynes, John Maynard 173
Killigrew, Sir John 460
Kimmeridge 354
Kingsand 430
Kingsbridge 419
Kingsley, Charles 391
Kingston Lacy 349
Kingswear 418
Kipling, Rudyard 160, 391
Klima 21
Klimadaten 23
Knole 146
Knut der Große (König) 35
Kokoschka, Oskar 447
Krier, Leon 357
Kronjuwelen 547
Kynance Cove 470

Register 595

Lacock Abbey 271
Ladram Bay 405
Lady Hamilton 202
Lamberhurst 149
Lamorna 479
Landkarten 94
Land's End 481
Landschaft 19
Landschaftsgarten 20
Landwirtschaft 28
Lanhydrock House 514
Lanyon, Peter 496
Launceston 516
Lawrence, David Herbert
338, 484
*Lawrence, Thomas
Edward (Lawrence von
Arabien)* 356, 362
Leach, Bernhard 496
Lee 387
Lee, Christopher 159
Leeds Castle 139
Legoland (Freizeitpark) 255
Leigh Woods 295
Leith Hill 203
Lennon, John 247
Lepe 238
Lesben 98
Letterboxing 435
Lewes 168
Lichtenberg, Christoph 120
Liskeard 516
Literaturtipps 54
Littlebredy 375
Littlehampton 195
Lizard Peninsula 469
Lizard Point 471
Loe Pool 470
Londinium 33
London 520
   Apsley House 569
   Barbican Centre 549
   Big Ben 500
   Bloomsbury 552
   British Museum 552
   Buckingham Palace
   568
   Cabinet War Rooms
   564

Canary Wharf Tower
579
Chelsea 568
Chinatown 560
City of London 545
Clerkenwell 550
Courtauld Gallery 550
Covent Garden 558,
560
Design Museum 574
Dickens House 554
Docklands 579
Downing Street No. 10
564
Dr Johnson's House
551
East End 578
Fleet Street 550
Florence Nightingale
Museum 577
Gerrard Street 560
Golden Hinde 575
Green Park 563
Greenwich 580
Hayward Gallery 576
HMS Belfast 574
Holborn 550
Houses of Parliament
564
Hyde Park 572
Imperial War Museum
577
Inns of Court 551
Isle of Dogs 579
Jewel House 547
Kensington 569
Kensington Gardens
572
Kensington Palace 572
King's Road 569
Lambeth 574
Lisle Street 560
Little Venice 555
Lloyd's Building 548
London Aquarium 577
London Dungeon 575
London Eyo 577
London Transport
Museum 560
London Zoo 557
Madame Tussaud's
555
Marylebone 554
Mayfair 561

Millennium Dome 580
Millennium Wheel 576
Museum of London
549
National Gallery 561
National Maritime
Museum 580
Natural History
Museum 571
Notting Hill 573
Notting Hill Carnival
573
Old Bailey 550
Photographer's Gallery
560
Pudding Lane 546
Queen Mary's Gardens
556
Regent's Park 556
Royal Albert Hall 572
Royal Courts of Justice
551
Royal Naval College
580
Royal Observatory 580
Saatchi Gallery 568
Science Museum 571
Serpentine 572
Shakespeare's Globe
Theatre 575
Sherlock Holmes
Museum 556
Sir John Soane's
Museum 552
Soho 558
Southwalk 574
Speaker's Corner 558
St James's 561
St James's Palace 563
St James's Park 563
St Mary by the Bourne
554
St Paul's Cathedral 549
Strand 550
Tate Gallery of British
Art 567
Tate Gallery of Modern
Art 576
The Monument 546
Tower Bridge 548
Tower of London 546
Trafalgar Square 561
University of London
552
Wallace Collection 557

596 Register

Wellington Museum 569
Westminster 564
Westminster Abbey 566
Westminster Hall 564
White Tower 546
Winston Churchill's Britain at War Museum 574
Longleat 278
Looe 445
Lorna Doone (Roman) 329
Lost Gardens of Heligan 452
Lostwithiel 451
Lullingstone Roman Villa 137
Lulworth 355
Lulworth Cove 355
Lundy 394
Luton 64
Lutyen, Sir Edwin 561
Lydford 437
Lydford, Gorge 437
Lyme Regis 375
Lymington 239
Lyndhurst 238
Lynmouth 381
Lynn 113
Lynton 381
Lytes Cary Manor 324

Magna Carta Libertatum 38, 264
Maiden Castle 361
Maidstone 138
Malmsmead 329
Mansfield, Katherine 484
Marazion 468, 478
Margate 120
Maria Stuart 40
Marisco, Familie 394
Marlborough 276
Marlowe, Christopher 40, 124
Mary Rose (Schiff) 216
Maße und Gewichte 94
Massentourismus 28
Mathieu, Albert 112
Matrosenanzug 30

Maugham, Somerset 124
Maurier, Daphne du 449, 514
Mells 318
Mendip Hills 319
Meon Valley 221
Mevagissey 453
Michelham Priory 167
Middle Woodford 266
Midhurst 202
Mildenhall Teasure 553
Milford-on-Sea 238
Millbrock 430
Millendreath 446
Miller, Lee 168
Milton Abbas 364
Minack Theatre 480
Minehead 330
Minions 516
Mitfahrzentralen/Trampen 66
Modern British 82
Monk's House 173
Monmouth, Duke of 325
Montacute House 324
Montfort, Simon de 168
Moreton 356, 362
Moretonhampstead 434
Morte Bay 390
Morte Point 387
Morwenstow 393
Mosley, Sir Oswald 47
Mottisfont Abbey 229
Mounbatten, Louis Lord 229
Mount Edgcumbe 428
Mousehole 478
Mowlem, John 352
Mullion 470
Mullion Cove 470
Museen (Vergünstigungen) 94

Nare Head 456
Nash, John 42, 186, 556
Nash, Richard Beau 300
National Express 72
National Portrait Gallery 562
National Seal Sanctuary 473
National Trust (NT) 95, 166

Naturschutz 24
Needles 252
Nelson, Lord Horatio 217, 561
Ness Cove 408
Nether Stowey 328
Netley Abbey 236
New Forest 236
New Romney 113
Newcomen, Thomas 418
Newhaven 179
Newlyn 478
Newport 244
Newquay 499
Newton Abbot 408
Nicholson, Ben 497
Nicolson, Sir Harold 150
Nightingale, Florence 577
Normannen 36
North Bovey 435
North Devon Coast Path 386
North Downs 203
North Hill 516
Notruf 96
Notting Hill (Film) 573
Nunney 318

Oast Houses 104
Öffnungszeiten 96
Oglander, Good Sir John 249
Ohneland, Johann 38
Okehampton 436
Old Harry Rocks 355
Old Sarum 265
Old Town 488
Old Wardour Castle 366
Oldfield, Mike 253
Oliver, Jamie 82, 502, 532
Olivier, Sir Lawrence 196
Osmington 373
Ottery Saint Mary 402

Padstow 504
Paignton 412
Paine, Thomas 170
Palladino, Andrea 40
Papageientaucher 394
Parham House 194

Parken 96
Parlament 26
Parry, J. D. 177
Payne, Anthony 459
Pelistry Bay 488
Pendeen 484
Pendennis Castle 466
Penhale Sands 498
Peninnis Headland 488
Penn, William 291
Penrose, Roland 168
Penshurst Place 145
Pentreath Beach 471
Penzance 473
Pepys, Samuel 546, 554
Perpendicular 52
Perranporth 498
Pest 39
Petworth 194
Petworth House 194
Pevensey Castle 165
Pewsey 274
Phelips, Sir Edward 324
Phonecard 99
Piran, hl. 499
Pitt, William 265
Ploughman's Lunch 80

Plymouth 421
Poldhu 470
Politik 26
Polkerris 449
Polperro 447
Polruan 448
Polurrian 470
Polzeath 505
Pool 497
Poole 344
Porlock 331
Porlock Weir 331
Port Gaverne 508
Port Isaac 508
Port Lympne Wild Animal Park 112
Port Quin 508
Portchester Castle 220
Porth Conger 489
Porthallow 473
Porthcurno 480
Porthgwarra 480
Porthleven 470
Porthluney Cove 455
Porthnavas 473
Porthoustock 473
Portland Castle 373

Portloe 455
Portsea Island 214
Portsmouth 214
Post 96
Poundbury 357
Powderham Castle 406
Powys, John Cowper 374
Prawle Point 418
Preston Manor 190
Princess Diana Memorial Fountain 572
Princetown 439
Prior Park 309
Prostitution 554
Pubs 83
Puddletown 361
Pulborough 194
Purbeck (Halbinsel) 351

Quadrophenia 176
Quantock Hills 328
Queen Victoria 46
Queensborough 140

Radio 97
Raleigh, Sir Walter 367, 368, 547
Rame Head 430

598 Register

Ramsgate 118
Rauchen 97
Rawnsley, Hardwicke 166
Reading 253
Reading Room 553
Reculver 132
Redruth 497
Reisegepäckversicherung 98
Reisezeit 21
Reiten 87
Restormel Castle 451
Reynolds, Joshua 428
Richard II. (König) 38
Richard III. (König) 39
Richard Löwenherz 37
Richborough Roman Fort 117
Rimbaud, Arthur 558
Ripley 208
Roberts, Julia 573
Robinson Crusoe 292
Rochester 134
Rock 505
Rockbourne Roman Villa 266
Rodmell 173
Rogers, Richard 549, 581
Römer 33
Romney Marshes 113
Romsey 229
Rosenkriege 39
Rosetta Stone 553
Rotten Borough 265
Rough Tor 516
Round Table 228
Royal Horticultural Society 208
Royal Tunbridge Wells 142
Runnymede 203
Russell, Bertrand 173
Russell, Richard 176
Ryde 247
Rye 152

Saatchi, Charles 568
Sackville-West, Vita 146, 149
Safari Park 278
Salcombe 419

Salisbury 258
Salisbury Plain 257
Saltram House 428
Samson 490
Sandown 248
Sandwich 116, 117
Sauna 87
Savernake Forest 257
Schmuggler 448
Schopenhauer, Johanna 284
Schwule 98
Scones 81
Scotney Castle 149
Scott, Sir Georges Gilbert 247
Scott, Sir Giles Gilbert 576
Seaton 403
Seatown 376
Segeln 87
Selkirk, Alexander 292
Selworthy 332
Sennon Cove 481
Seven Sisters 165
Sevenoaks 146
Seymour, Lord 486
Shaftesbury 364
Shakespeare Cliff 110
Shakespeare, William 40
Shaldon 408
Shanklin 248
Sheerness-on-Sea 140
Sheffield Park 174
Shelley, Mary 339
Shepton Mallet 318
Sherborne 366
Shovell, Sir Claudesley 488
Siblyback Lake 516
Sidmouth 404
Silbury Hill 274
Singleton 202
Sissinghurst 149
Sklavenhandel 284
Sloane, Hans 552
Smit, Tim 451
Smith, Augustus 486
Soane, Sir John 552
Sohoitis 559
Somerset 312

South Cadbury 325
South Cotswolds 280
South Downs Way 171
South Foreland Lighthouse 110
Southampton 230
Southsea 214
Southwell 373
Sport 85
Sprachkurse 98
St Agnes 498
St Agnes (Isles of Scilly) 489
St Anthony's Head 466
St Austell 451
St Catherine's Castle 449
St Catherine's Point 250
St Columb Minor 504
St George's Island 446
St Germans 430
St Gorran Churchtown 455
St Hilary 478
St Ives 490
St Just-in Penwith 482
St Just-in-Roseland 466
St Keverne 473
St Lawrence 250
St Margaret's-at-Cliffe 110
St Martin's 489
St Mary's 487
St Mawes 466
St Michael's Mount 477
St Nectan's Waterfall 511
St Neot 516
St Swithun 226
Stadtmagazine 101
Stansted 64
Stein, Rick 505
Stepper Point 507
Stevenson, Robert Louis 339
Steyning 191
Sting 176
Stinsford 360
Stoke 393
Stoke Fleming 418
Stoneacre 140
Stonehenge 267
Stourhead 276
Strachey, Lytton 173

Register 599

Strände 85, 88
Strangles 513
Strete 418
Strom 99
Studentenausweis
(Internationaler) 96
Studland 354
Studland Heath 354
Sub-Tropical Gardens 375
Surfen 87
Surrey 203
Sussex 151
Sutherland, Graham 235
Swanage 352
Swanage Steam Railway
351

Talbot, William Henry Fox
272
Tarka Trail 385
Tarr Steps 331
Tate, Sir Henry 567
Taunton 325
Tavistock 438
Taxi 73
Tea Time 81
Tee 81
Teignmouth 407
Telefonieren 99
Tennis 88
Tennyson, Alfred Lord 252
*Thackeray, William
Makepeace* 296
The Cheesewring 516
The Garrisson 487
The Hurlers 516
The Long Man of
Wilmington 167
Theroux, Paul 121
Tintagel 509
Tintinhull 324
Titanic 232
Tiverton 406
Tolkien, J.R.R. 339
Toll's Island 488
Tolpuddle 362
Tolpuddle Martyrs 363
Tonbridge 143
Tonbridge Castle 143
Topsham 402

Torcross 419
Torquay 408
Torre Abbey 411
Totnes 413
Tourismus 28
Trebah Garden 467
Tregonwell, Henrietta 338
Tregonwell, Lewis 338
Trelissick Gardens 467
Trentishoe 386
Trerice Manor 504
Tresco 489
Trethevy Quoit 516
Trevaunance Cove 498
Trevithick, Richard 497
Trevose Head 504
Trewellard 484
Trewithen Gardens 460
Treyarnon 504
Trinkgeld 100
Truro 456
Tudeley 144
Tussaud, Marie 555
Tyler, Wat 38
Tyntesfield 297

Übernachten 74
Uffenbach, Zacharias von
58
Uffington White Horse 274
Uhrzeit 100
Unterkunft 74
Uppark 202

Valley of Rocks 386
Ventnor 250
Victoria (Königin) 178
Victoria and Albert
Museum 570
Viktorianisches Zeitalter 46
Vogelarten 86
Volk, Magnus 189
Vyne, The 230

Wade, William 177
Walker, William 227
Wallace, Alfred Russel 350
Wallace, Sir Richard 557
Wallis, Alfred 496
Walmer Castle 115
Walpole, Horace 276

Walpole, Sir Robert 564
Wanamaker, Sam 576
Wandern 89
Wareham 356
Warenne, William de 168
Watergate Bay 503
Watts, Richard 136
Waverley Abbey 209
Weald & Downland Open
Air Museum 202
Webb, Matthew 64
Wellington, Duke of 115
Wells 313
Wells, H. G. 202
Weltausstellung (1851) 47
Wesley, John 294
West Bay 378
West Kennet Long Barrow
274
West Meon 221
West Somerset Railway
328
Westbury 274
Westerham 147
Western Rocks 489
Weston-super-Mare 295
Westward Ho! 391
Westwood, Vivienne 569
Weymouth 369
Whistler, James 491
Whistler, Rex 229
White Horses 274
Whitesand Bay 481
Whitsand Bay 430
Whitstable 132
Who, The 176
Wickham 221
Widecombe-in-the-Moor
441
Widemouth Bay 513
Wikinger 34
Wilde, Oscar 253
Wilhelm der Eroberer 35,
546
Wilhelm II. (dt. Kaiser) 241
Wilhelm II. Rufus 237
Wilhelm III. 211
Wilkens, William 561
Willesborough Windmill
141

600 Register

Williamson, Henry 385
Wills Neck 328
Wilton 266
Wilton House 266
Wiltshire 257
Wimborne Minster 347
Winchelsea 155
Winchester 221
Windsor 254
Windsor Castle 254
Wirtschaft 26
Wisley 208
WLAN 93
Wohnungstausch 77
Wolsey, Thomas 210

Wood, John 308
Woodhenge 270
Wookey Hole 314
Wookey Hole Caves and
   Papermill 317
Woolacombe 390
Woolf, Leonard 173
Woolf, Virginia 173, 370, 490
Worde, Wynkyn de 550
Wordsworth, William 328
World Naval Base 137
Worsley, Robert 250
Worthing 190
Wotton Bridge 248
Wraxhall 297

Wren, Sir Christopher 549
Wye 141
Wykeham, William of 227
*Wyndham, Sir George
   O'Brien* 194
Wynford, William 226

Yarmouth 250
Yeovil 324

Zeitungen/Zeitschriften
   100
Zennor 484
Zisterzienser 210
Zollbestimmungen 101

Danksagung: Für ihre Hilfe und Unterstützung dankt der Autor Andrew Bateman, Sue Emmerson, Christine Geno, Alice Gugan, Kathryn Houldroft, Eleanor Mahon, Amanda Monk, John Durcan, Janet Parsons, Juliette Scott, Kate Davies, Claire Vickers sowie Nick Volwes.

Dank für Tipps, Mails und Briefe gilt auch den Lesern: Christian Allgöwer, Annette und Holger Bartels, Johann Baumer, Michael Bergmann, Antje Beutner, J. Blanke, Ruth Brändli, Dr. Rüdiger Bringe, Walter Brok, Stefan Brumme, Sonja Dalacker, Hildegard Degen, Werner Exel, Carmen Fellner, Norbert Ficks, Manuela Focke, Michael Fresz, Kerstin Gehrmann, Christine Golawski, Dr. Matthias Grosse, Simone Gundelach, Julia Hartwig, Clemens Hellenschmidt, Claudia Hermes, Andrea Hütt, Werner Huetten, Christine Janisch, Marion Junker, Barbara Karling, Sigrid Katschinski, Uli Kehrer, Hella Kettnaker, Sven Kielau, Ernst Jürgen Köhler, Adolf Kremer, Verena Krieger, Bärbel Lach, Christa Landmesser, Barbara Liebold, Sandra Litscher, Josef Loibl, Oliver Maier, Hans-Jürgen Martin, Andreas Marty, Rolf Meier, Joseph und Rita Meyer, Ulrike Münker, Christine Nett, Karin Oppolzer, Alice und Axel Pater, Marianne Pfaff, Rita Pietig, Catherine Ponath, Lars Rehl, Renate und Werner Rickert, Rose Rieke-Niklewski, Peter Ritter, Christine Roos, Siegmar Roscher, Guido Roßkopf, Jan-Christoph Rülke, Prof. Dr. Thomas Sauer, Gerhard Sautter, Brigitte Schäfer, Gerlinde Scheide, Manfred Scherner, Ute und Michael Schmied, Jürgen Schrieb, Theo Sievering, Ulrich Waak, Brigitte Walsch, Christopher Williamson, Ina Wojaczek, Gert Wolf, A. Wormland, Marco Zelano, Martin Zimmermann, Ute Zumholte sowie den Lesern, die Tipps zu den Reiseführern London, Cornwall und England gegeben haben.